陈其光教授

◎陈其光／著

苗瑶语文

MIAO AND YAO LANGUAGE

中央民族大学出版社
China Minzu University Press

图书在版编目（CIP）数据

苗瑶语文/陈其光著. —北京：中央民族大学出版社，2012.11
ISBN 978-7-5660-0326-3

Ⅰ. ①苗… Ⅱ. ①陈… Ⅲ. ①苗瑶语族—研究 Ⅳ. ①H43

中国版本图书馆 CIP 数据核字（2012）第 274534 号

苗瑶语文

作　　者　陈其光
责任编辑　宁　玉
封面设计　布拉格
出 版 者　中央民族大学出版社
　　　　　北京市海淀区中关村南大街 27 号　邮编：100081
　　　　　电话：68472815(发行部)　传真:68932751(发行部)
　　　　　　　　68932218(总编室)　　　68932447(办公室)
发 行 者　全国各地新华书店
印 刷 厂　北京宏伟双华印刷有限公司
开　　本　787×1092（毫米）　1/16　印张：57.5
字　　数　970 千字
版　　次　2013 年 3 月第 1 版　2013 年 3 月第 1 次印刷
书　　号　ISBN 978-7-5660-0326-3
定　　价　158.00 元

目　录

第一章　绪　论

第一节　说苗瑶语的民族

以苗瑶语为母语的民族有苗族、瑶族和畲族。要研究苗瑶语就必须首先了解苗、瑶、畲的渊源和他们现在的分布。

一、族源和迁徙

在中华大地上，早在原始社会就有许多族群在黄河流域生存发展，其中三苗（有的称有苗）的活动常见于汉文上古典籍。例如：“窜三苗于三危”①。“帝尧陶唐氏……有苗氏处南蛮而不服”。“尧战于丹水之浦”②。“昔尧以天下让舜，三苗之君非之”③。“当舜之时，有苗不服，禹请伐之”④。

丹水是汉水的支流，流经陕西南部。可见四千年前的唐虞夏时代，三苗（或有苗）分布在现在的黄河以南的陕西南部、河南西部、湖北北部的广大地区、势力很大，敢与部落联盟首领抗争，引起了战争。战争结果，三苗失败，其中为首的一部分被放逐到了三危。

三危在哪里？具体的地点说法不一。苗族学者杨汉先说：“传说者根据苗语山名含意，认为是积石山；就苗语含意而言，确有‘积石山’的意思，Dau 是山，ave 是石头，nchau 是枕或堆的意思。”⑤ 黄河古称“河”，它的上游流经今积石山一带。苗瑶语偏西的方言至今把“河”称为 ʁlei^{31} 或 tɬe^{31}，ʁlei^{31} 或 tɬe^{31}，与汉语“河”的古音 ɣa 有对应关系，可见“窜三苗于三危”不是无稽之谈。不过当年三苗的大部分可能仍留在丹江一带。

---

① 《尚书·舜典》。

② 《吕氏春秋·召类》。

③ 郭朴注《山海经·海外南经》。

④ 《韩非子·五蠹》。

⑤ 《苗族研究论丛·贵州省威宁县苗族古史传说》，1988 年，贵州民族出版社。

到了商周时代，华夏族继续壮大，留在丹江一带的三苗被迫南迁，称为荆蛮或南蛮。这时候“蛮”已扩大为对南方非华夏族的总称，里面除了三苗之裔外，还有其他的族群。春秋战国时代，荆蛮是大诸侯国楚国的重要部分，楚君也有称“我蛮夷也。”①

在三苗南迁荆楚时，积石山的那部分三苗也南迁巴蜀，史称“髳”或“髦”。

秦汉时荆蛮的一部分南迁到武陵地区，称武陵蛮；另一部分从右洞庭左彭蠡之间南迁，称长沙蛮。那些顺着沅水支流南迁的称五溪蛮。这时候以湖南为中心的广大地区是苗、瑶、畲先民的主要分布地。

到了隋唐时代，“苗”已从蛮里分离出来，作为苗族的专称，② 他们从巴蜀、武陵、五溪向贵州、四川西迁。与此同时，“莫徭”（徭后改为“瑶”）也从蛮里分离出来，成了瑶族的专称，③ 五岭地区成了瑶族的主要分布区。

瑶的一支到了广东以后，向东迁徙，达到粤东的潮州、莲花山一带，宋代开始被称为“畬”④ 后改为“畲”。

“蛮”和“苗”是音译，因为汉语的“蛮”和“苗”声母都是双唇鼻音，声调是平声，“蛮”有鼻音韵尾。苗族的自称绝大多数也是声母是双唇鼻音，声调是平声，韵母多数有鼻音韵尾。特别是贵州的西家苗，现在自称 mjo^{31}，与汉语“苗”的读音非常相近。“莫徭”与免徭役有关。各地瑶族保存着一份传抄的《过山榜》，主要内容是：瑶族的始祖有功于国，朝廷颁下榜文，允许他的子孙可以到处开垦山林，永不服徭役。“畬”的本意是“焚烧地里的草木，用其灰做肥料的耕作方法。”而畲族以前都是居住山林，从事刀耕火种的。

武陵、五溪地区的苗族向西继续迁徙，宋元时遍布贵州。五溪、五岭地区的一些瑶族也向西继续迁徙，宋、元时遍布广西。粤东的畲族因为已到海边，只好折向东北迁徙。明、清时从贵州、广西西迁的一些苗族和瑶族达到云南；北迁的畲族达到福建、江西、浙江、安徽；一部分广西的瑶族跨海迁到海南岛，改称为苗族。

清代，云南、广西的一些苗族和瑶族南迁印度支那的越南、老挝、泰

① 《史记·楚世家》
② 唐樊绰《蛮书》。
③ 《梁书·张缵传》，
④ 刘克庄《后村先生大全集·漳州谕畲》。

国、缅甸。上世纪中期，印支的一些苗族和瑶族分别迁到了美国、法国、澳大利亚、加拿大、圭亚那。至此，苗瑶这两个民族已广布于世界几大洲。附：苗、瑶、畲族源和迁徙示意图。

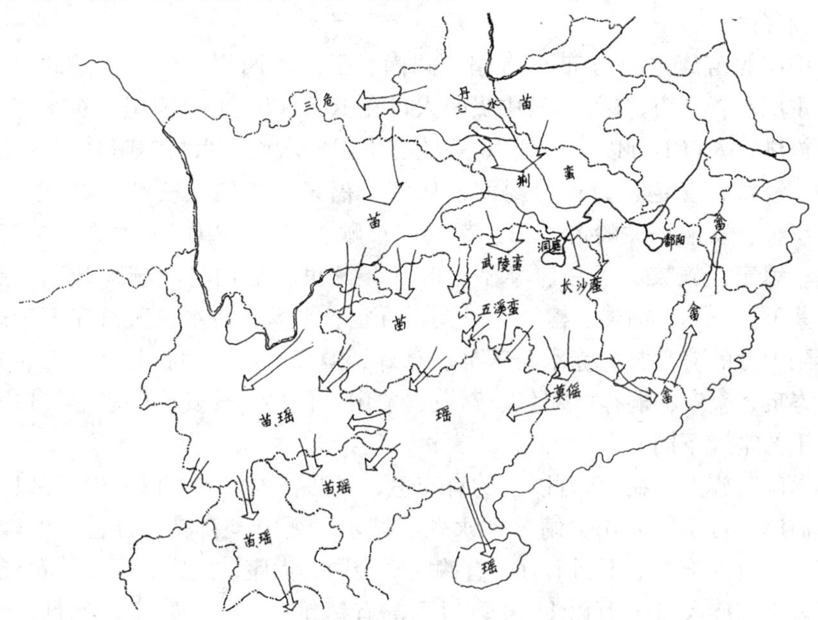

苗瑶畲族源和迁徙示意图

总的来看，三苗、南蛮的后裔在亚洲从中国的中原向西南迁徙，只有畲族后期折向东北。他们迁徙的特点不像牧民搬家，举家转移；而像山羊拉屎，一路遗留。迁徙的原因，一是逃避统治者的压迫，二是寻找较好的猎场或耕地，三是被征调。

必须说明，远古的三苗或南蛮发展成了今天的苗族、瑶族和畲族，但不是这三族中现在的每一个人都是三苗之裔，其中有少数人是其他民族转化来的。例如 1953 年我在贵州雷山西江调查苗语时，西江的苗族告诉我："对面那个寨子的苗族，他们的祖先是汉人，因为在这里驻屯久了，其子孙学会了苗语，就变成了苗族"。

二、人口和分布

据 1990 年统计，中国苗族有 739，8035 人，占少数民族人口的第 5 位；瑶族有 213，4013 人，占第 13 位；畲族有 63，0378 人，占第 20 位。

三族合计1017，2426人。中国之外，越南约有苗族20多万，瑶族20万；老挝约有苗族15万，瑶族5万；泰国约有苗族10万，瑶族1万多；此外，近几十年来美国、缅甸、法国、澳大利亚、加拿大、圭亚那等地也有苗族或瑶族移民。

中国的苗族主要分布在贵州、湖南、云南、四川、广西、湖北、海南、重庆8省（市、区）。其中贵州人口在10万以上的有凯里、黄平、台江、松桃，人口1万以上不到10万的有贵阳、水城、六枝、晴隆、安龙、金沙、赫章、普定、镇远、剑河、从江、福泉、罗甸、三都、贞丰、毕节、织金、安顺、关岭、雷山、都匀、长顺、兴仁、望谟、大方、纳雍、清镇、镇宁、施秉、天柱、黎平、麻江、龙里、黔西、威宁、开阳、平坝、紫云、三穗、锦屏、榕江、丹寨、贵定、平塘、惠水，人口在1千以上不到1万的有盘县、赤水、玉屏、息烽、遵义、习水、石阡、兴义、修文、岑巩、瓮安、桐梓、铜仁、荔波、独山、仁怀、普安、册享。人口不到1千的略（下同）。

湖南苗族人口在10万以上的有花垣、凤凰，人口1万以上10万以下的有泸溪、古丈、龙山、靖县、永顺、城步、绥宁、新晃、吉首、保靖、桑植，人口1千以上不到1万的有武冈、会同、大庸、通道、沅陵、芷江。

云南苗族人口1万以上10万以下的有镇雄、开远、富宁、彝良、武定、蒙自、文山、马关、永善、威信、禄劝、屏边、砚山、丘北、金平、西畴、广南，人口1千以上不到1万的有昆明、安宁、富民、东川、昭通、鲁甸、巧家、盐津、大关、永善、沾益、马龙、宣威、罗平、师宗、宜良、寻甸、嵩明、华宁、个旧、建水、弥勒、泸西、元阳、河口、南涧、巍山、永平、云龙、鹤庆、保山、昌宁、丽江、华坪、凤庆、镇康。

重庆苗族人口10万以上的有彭水，1万到10万的有酉阳、秀山、黔江。

四川苗族人口1万到10万的有叙永、古蔺、筠连、珙县、兴文，人口1千至1万的有綦江、合江、长宁、高县、木里。

广西苗族人口10万以上的有融水，1万到10万的有三江、龙胜、资源、隆林，人口1千至1万的有来宾、融安、忻城、那坡、环江、南丹、都安。

湖北苗族人口1万到10万的有利川、宣恩、咸丰、来凤，人口1千到1万的有鹤峰、建始、恩施。

海南苗族人口1千到1万的有琼海、石宁、宣安、屯昌、儋县、崖县、乐东、琼中、保亭、白沙。

中国瑶族主要分布在广西、湖南、云南、广东、贵州5个省区。其中广西瑶族人口在10万以上的有都安，人口在1万以上不到10万的有上林、马山、融水、金秀、临桂、全州、灌阳、龙胜、荔浦、恭城、贺县、钟山、富川、田东、平果、凌云、田林、宜山、南丹、凤山、东兰、巴马、防城，人口1千以上不到1万的有桂林、阳朔、邕宁、宾阳、隆安、鹿寨、来宾、融安、三江、忻城、灵川、兴安、永福、资源、平乐、苍梧、昭平、蒙山、桂平、平南、百色、德保、那坡、乐业、西林、河池、罗城、环江、天峨、上思、钦州。

湖南瑶族人口10万以上的有江华，人口在1万以上不到10万的有道县、宁远、江永、蓝山，人口1千以上不到1万的有隆回、洞口、新宁、城步、常宁、祁阳、郴县、桂阳、宜章、资兴、零陵、东安、新田、双牌、辰溪、溆浦、通道、保靖。

云南瑶族人口1万以上不到10万的有金平、河口、麻栗坡、广南、富宁，人口1千以上不到1万的有师宗、元阳、红河、绿春、马关、丘北、景东、江城、景洪、勐腊。

广东瑶族人口1万以上不到10万的有连南，人口1千以上不到1万的有曲江、始兴、连县、阳山、翁源、连山。

贵州瑶族人口1千以上不到1万的有黎平、榕江、从江、荔波。

畲族主要分布在福建、浙江两省。福建畲族人口1万以上的有宁德、连江、罗元、福鼎、霞浦、福安，人口1千以上不到1万的有福州、闽侯、南平、顺昌、建阳、建瓯、邵武、光泽、松溪、古田、寿宁、柘荣、永泰、仙游、漳平、宁化、龙溪。

浙江畲族人口1万以上的有苍南、泰顺、衢州、丽水、遂昌，人口1千以上不到1万的有桐庐、临安、建德、平阳、文城、金华、兰溪、武义、青田、云和、龙泉、松阳。

广东的潮安、增城、博罗、惠东和安徽的宁国共有几千畲族。

总的来看，1千多万苗族、瑶族、畲族分布在长江以南十几个省区的广大地区，较大的聚区只有黔东南和湘西两个自治州，其他的都是大分散，小聚居。所谓大分散是与其他民族交错杂居，小聚居是以自然村为单位本族人集中居住。

苗、瑶、畲为什么居住这样分散，我认为原因有四：一、竞争对手强大，处于弱势时只好远走他乡。二、所到地区，较好的土地已被其他族群占有，形成汉族住街头，×族住水头，苗（或瑶、畲）住山头的局面。三、生产方式落后，许多人以游猎或游耕为生，当猎物已尽或地力耗尽时不得不另觅场所。四、各个支系发展水平不同，像湘西的红苗，黔东南的黑苗，湘南、桂东的平地瑶，不仅开垦山林、也种水田、施肥灌溉，在好几百年前已经定居，不再赶山吃饭；而瑶族中的过山瑶、蓝靛瑶，苗族中的青苗、白苗，到 20 世纪初，依然是全家一个背篓、一把砍刀、一支猎枪、一条猎狗，说走就走。例如 1983 年日本的竹村卓二在泰国北部山区看到瑶民邓福昌的家谱记载了 12 代人：第一代在广东某府，第二代、第三代在广西柳州府，第四代至第六代在广西泗城府，第七代在云南临安府，第八代在越南芒雅，第九代在老挝芒雅泰，第十代在老挝拉芒雅，第十一代在泰国西颂县咩跌区巴老村。

三、族称

族称包括三个方面：一、族名，国家认定的某个民族的名称。二、自称，人群集团用本族语对本集团的称呼。三、他称，其他民族的称呼或本民族其他支系对这一支系的称呼。

下面列出苗、瑶、畲的自称、他称和族名。虽经几十年的调查收集，自称和他称并未穷尽，所以所列仍是举例性质。

自　称	他　称	族　名
qo^{05}mjo^{31}苗	西家	苗族
ʔə^{05}m̥ø^{31}苗	栽姜苗	苗族
qɔ^{35}ɕoŋ^{35}苗	红苗	苗族
qɔ^{35}sɤ^{53}苗	红苗	苗族
suaŋ^{53}苗	红苗	苗族
m̥u^{33}苗	黑苗	苗族
qa^{33}nə^{13}麻雀	短裙苗	苗族
ta^{33}m̥u 苗	黑苗	苗族
ta^{33}mu^{33}苗	黑苗	苗族
ta^{33}m^{33}苗	黑苗	苗族
qa^{02}m̥ao^{13}苗	海肥苗	苗族
m̥oŋ^{43}苗	青苗	苗族
mɯŋ^{44}苗	银碗苗	苗族
maŋ^{22}苗	老苗	苗族

m̥aŋ^{55}苗	偞俛	瑶族
m̥hoŋ^{24}苗	红毡苗	苗族
m̥au^{55}苗	花苗	苗族
qa^{24}muŋ^{44}苗	东家	苗族
tuŋ^{33} m̥uŋ^{33}苗仔	长袍瑶	瑶族
toŋ^{35} m̥uŋ^{35}苗仔	棉花苗	苗族
moŋ^{53} ʂʅ^{53}轻苗	青苗	苗族
m̥oŋ^{53} ʔlou^{53}白苗	白苗	苗族
m̥oŋ^{43} ɳʈaŋ^{21}平坝苗	坝苗	苗族
m̥oŋ^{53} ɳʈʂau^{53}绿苗	绿苗	苗族
nu^{55} m̥au^{33}苗人	黑裤瑶	瑶族
mm^{35} nai^{33}苗人	花衣瑶	瑶族
pa^{11} ŋ̥ŋ^{24}苗	八姓瑶	瑶族
pu^{53}nu^{42}人	背篓瑶	瑶族
nu^{42}nu^{42}人	土瑶	瑶族
nau^{45}klau^{42}白人	白裤瑶	瑶族
pa^{42}na^{213}人	红苗	苗族
kjɒŋ^{33}nai^{33}山里人	花蓝瑶	瑶族
hɔ^{11}ne^{31}山里人	山畲	畲族
jəu^{32}no^{35}瑶人	红瑶	瑶族
min^{21}人	过山瑶	瑶族
jeu^{31}mjen^{31}瑶人	盘瑶	瑶族
ki:m^{33}mun^{33}山里人	蓝靛瑶	苗族
kim^{11}mun^{11}山里人	蓝靛瑶	瑶族
bjau^{31}min^{31}瑶人	东山瑶	瑶族
dzau^{53}min^{53}瑶人	排瑶	瑶族
ʔə^{33}ʐu^{31}水友	绕家	瑶族
lak^{31}kja^{24}山里人	茶山瑶	瑶族
mau^{55}ka^{55}苗家	青衣苗	苗族
pjoŋ^{21}toa^{42}jəu^{21}平地瑶	平地瑶	瑶族
ju^{12}ŋjɛn^{12}瑶人	平话红瑶	瑶族

自称可分两大类，多数是民族语自称，只有最后3种是汉语自称。民

族语自称中除 ʔəu^{33} ʑu^{31} 、lak^{31} kja^{24} 外，其他的可分三种：第一种，除前缀或修饰成分外，词根的声调是阴平，声母是双唇鼻音或舌根鼻音或清擦音，彼此有对应关系。第二种，除前缀或修饰成分外，词根的声调是阳平，声母是舌尖鼻音，彼此有对应关系。第三种，除修饰成分外，词根的声调也是阳平，声母是双唇鼻音，彼此有对应关系。nu^{35} m̥au^{33} 和m̥m^{35} nai^{33} 这两个自称中，既有第一种成分，也有第二种成分，说明二者不易区分。

他称主要来自汉语，少数来自壮语、布依语、侗语或本民族的其他支系。他称的根据主要有：服饰，如黑苗、花苗、长袍瑶、白裤瑶；经营特征，如栽姜苗、蓝靛瑶；居住特征，如老苗、坝苗、东山瑶、过山瑶。这些他称有的已被本民族接受，如青苗、花苗。大多数本民族不喜欢，而且随着生产的发展和生活改善，很多已名不副实。

族名是经过调查鉴定，听取本族人的意见后定的。但是少部分人的族名和自称现在仍不一致，例如云南的 kim^{11} mun^{11} 是瑶族，而海南的 ki:m^{33} mun^{33} 是苗族；贵州罗甸的 toŋ^{33} m̥aŋ^{33} 是苗族，而望谟的m̥aŋ^{55} 是瑶族。

第二节 苗瑶畲所操语言

苗族、瑶族、畲族使用的母语有苗瑶语、汉语方言、侗台语三类，其中有许多人学会了母语以后，又学了第二、第三……兼通语。兼通语多数是汉语方言，少数是其他民族语或其他支系的苗瑶语。本节只论述母语，不谈兼通语。

一、苗瑶语

苗瑶语是区别于汉语、藏缅语、侗台语的独立语族，这一点没有争论，它是否属于汉藏语系，则有不同看法。法国的欧德里古尔（A. G. Haudricourt）认为属于澳亚语系（Auctro – Asiatic – family）。美国的白保罗（P. K. Benedict）和马提索夫（J. A. Matisoff）等认为属澳台语系（Austro – Tai）。华人学者李方桂、张琨和中国学者认为它属于汉藏语系。

我在《汉语苗瑶语比较研究》中找到了汉苗瑶同源字166个。抄录如下：

汉语		苗瑶语	
* gwaŋ^{平}	皇	* NGwə^{平}	天
* njit^{入}	日	* n̥ɐi^{平}	太阳

* seŋ^{平}	星	* qɛŋ^{平}	星星
* gwjəp^{入}	晔	* rap^{入}	闪电
* pjəŋ^{平}	冰	* mpɛn^{去}	冰、雪
* ljəm^{平}	林	* rem^{平}	岭
* dzjak^{入}	石	* ʔrau^{平}	石头
* khoŋ^{上}	孔	* qhɔŋ^{上}	洞
* ʔjam^{平}	淹	* ʔwum^{平}	水
* gai^{平}	河	* Gle^{平}	河
* tok^{入}	烛	* tok^{入}	燃
		* teu^{上}	火
* than^{去}	炭	* thɑn^{去}	炭
* ljeŋ^{上}	岭	* rɔŋ^{上}	村寨
* klaʔ^{入}	路	* klau^{上}	路
* mjuk^{入}	目	* mɐi^{去}	眼睛
* bjiʔ^{入}	自	* mbrit^{入}	鼻子
* njə^{上}	耳	* mbrau^{平}	耳朵
* tswje^{上}	觜	* ndzjui^{平}	嘴
* djat^{入}	舌	* mbljet^{入}	舌
* kaŋ^{平}	亢	* qlaŋ^{平}	脖子
* tji^{上}	指	* nta^{上}	手指
* njam^{平}	髯	* ŋjaŋ^{去}	胡须
* bian^{上}	辫	* mbjin^{上}	辫子
* sjəm^{平}	心	* r̥an^{平}	心、肝
* skji^{上}	屎	* qai^{平}	屎
* ko^{上}	垢	* ŋkjeu^{上}	污垢
* mjəʔ^{入}	寐	* mpei^{去}	梦
* skjeŋ^{平}	声	* r̥iŋ^{平}	声音
* ljək^{入}	力	* rək^{入}	力气
* mra^{上}	马	* mja^{上}	马
* ŋiə^{平}	牛	* ŋjəŋ^{平}	牛
* krok^{入}	角	* kləŋ^{平}	角
* ko^{上}	狗	* qlau^{上}	狗
* rjaŋ^{平}	羊	* juŋ^{平}	羊

* pra^{平}	豝	* mpɑu^{去}	猪
* ljə^{上}	鲤	* rɔi^{去}	穿山甲
* ɬat^{入}	獭	* ntshrai^{平}	水獭
* kie^{平}	鸡	* qəi^{平}	鸡
* ʔrap^{入}	鸭	* ʔap^{入}	鸭
* ʔjəŋ^{平}	鹰	* qlaŋ^{上}	老鹰
* kwa^{平}	鸪	* Nqu^{平}	斑鸠
* ŋja^{平}	鱼	* mprau^{上}	鱼
* njam^{平}	蚺	* ʔnaŋ^{平}	蛇
* ljoŋ^{平}	龙	* roŋ^{平}	龙
* drjuŋ^{平}	虫	* klaŋ^{平}	虫
* klwai^{平}	蜗，蠃	* Groi^{平}	螺蛳、蜗牛
* tsjə^{上}	子	* pjou^{上}	果子
* dau^{平}	桃	* Glau^{平}	桃
* lji^{平}	梨	* rai^{平}	梨
* du^{上}	稌	* mblau^{平}	稻
* dwjət^{入}	秫	* mblut^{入}	糯（米）
* təp^{入}	荅	* dup^{入}	豆
* srja^{平}	蔬	* ʔræi^{平}	菜
* kwra^{平}	瓜	* qwa^{平}	瓜
* graʔ^{入}	薤	* qliu^{平}	藠头
* bwjək^{入}	菔	* bɑk^{入}	萝卜
* gran^{去}	苋	* Gin^{去}	苋菜
* khrok^{入}	壳	* qhok^{入}	壳
* kwa^{平}	菰	* ŋkjau^{平}	菌子
* drja^{上}	苎	* ndu^{去}	苎麻
* glam^{平}	蓝	* ŋglam^{平}	蓝靛
* kran^{平}	菅	* Nqɑn^{平}	茅草
* njin^{平}	人	* nən^{平}	人
* khrak^{入}	客	* qhɛk^{入}	客人
* mə^{上}	母	* mjɛp^{入}	母
* bwja^{去}	父	* pa^{上}	父亲
* tshjap^{入}	妾	* mphjɛk^{入}	女儿

*drjaŋ上	丈	*gjaŋ去	男子
*lieŋ平	灵	*qljaŋ去	鬼
*dra平	茶	*gji上	茶
*duk入	毒	*duk平	毒
*tjəm平	箴	*kjem平	针
*drjo上	柱	*ŋgjau平	柱子
*glan平	栏	*ŋglɔn平	圈
*ljəm上	廪	*rɛm上	仓
*tjəm上	枕	*ŋkjum去	枕头
*tjak入	斫	*tluk入	斧子
		*ntɔ上	砍伐
*dwjan平	船	*ŋglɔŋ平	船
*sak入	索	*ɬou去	绳子
*doŋ平	筩	*druŋ去	筒
*loŋ平	笼	*roŋ平	笼
*trjuk平	竹	*ntsjuk入	篾
*srja平	梳	*rɑu去	梳子
*nwa上	弩	*n̥a上	弓
*kwa上	鼓	*ndru上	鼓
*tje上	纸	*nteu上	纸
*thjəŋ去	秤	*ntshjɛŋ去	秤
*pwjən上	粉	*mpɛn上	粉
*kra去	价	*Nqɛ去	价钱
*jit入	一	*ʔi平	一
*sjiʔ入	四	*plei平	四
*gljuk入	六	*krɔk入	六
*kju上	九	*gju平	九
*dzjəp入	十	*gjəp入	十
*liaŋ平	量	*Gljaŋ平	庹
*nji上	尔	*mi平	你
*njə上	迩	*ʔnæŋ上	这
*trwəŋ平	中	*ntroŋ平	中间
*mwjan上	晚	*m̥ɔŋ去	晚上

* mwjə^{平}	毋	* mjə^{平}	不
* skjəŋ^{平}	升	* r̥eŋ^{平}	高
* gra^{上}	下	* Gɛ^{上}	低矮
* gra^{去}	下	* NGɛ^{上}	下
* stja^{平}	奢	* ɬjəu^{平}	大
* tai^{平}	多	* ntɔi^{去}	多
* sju^{平}	修	* ntlau^{上}	长
* twan^{上}	短	* ʔlɛŋ^{上}	短
* kwaŋ^{上}	广	* qwaŋ^{上}	宽
* grap^{入}	狭	* NGak^{入}	窄
* gwaŋ^{平}	黄	* Gwaŋ^{平}	黄
* gwaŋ^{平}	煌	* Gwaŋ^{平}	亮
* pljok^{入}	绿	* mpru^{平}	绿
* gjaŋ^{平}	黥	* qlɛŋ^{平}	黑
* kiau^{上}	皎	* qleu^{平}	白
* sok^{入}	速	* r̥ak^{入}	快
* kwaŋ^{平}	光	* qwaŋ^{平}	光
* tshjeŋ^{平}	清	* nshreŋ^{平}	清
* drok^{入}	浊	* ndrəu^{上}	浊
* gwjen^{平}	圆	* Glun^{上}	圆
* khjok^{平}	曲	* ŋkhok^{入}	弯曲
* kam^{平}	甘	* qam^{平}	甜
* plat^{入}	辣	* mbrɛt^{入}	辣
* lu^{上}	老	* ləu^{上}	老
* nwan^{去}	嫩	* ʔnun^{平}	嫩
* sreŋ^{平}	生	* tshreŋ^{平}	新
* kwa^{去}	故	* qo^{去}	旧
* lan^{上}	懒	* ŋglən^{上}	懒
* khwa^{平}	枯	* Nqhai^{平}	干
* ljiʔ^{入}	利	* rai^{去}	锋利
* khat^{入}	渴	* Nqhɔt^{入}	渴
* tsu^{上}	早	* ntsɛu^{上}	早
* gwrət^{入}	滑	* NGut^{入}	滑

* srja^{平}	疏	* r̥ɛ^{平}	稀
* tsrap^{入}	眨	* ntsop^{入}	眨
* sljo^{上}	数	* r̥au^{上}	数
* həp^{入}	喝	* hup^{入}	喝
* thwjai^{平}	吹	* phru^{平}	吹
* pwat^{入}	拨	* put^{入}	开（ij）
* kwjak^{入}	攫	* kwjak^{入}	捉
* thwat^{入}	脱	* nthai^{上}	解开
* tsjoŋ^{去}	纵	* tsɔŋ^{去}	释放
* gwian^{平}	悬	* Gwan^{平}	挂
* tshrap^{入}	插	* threp^{入}	插
* tjak^{入}	炙	* ntau^{去}	烤（火）
* tjiʔ^{入}	至	* dai^{平}	来
* skju^{上}	守	* ʔrəu^{上}	守
* gwjəi^{平}	围	* woi^{平}	围
* kwai^{去}	过	* qwai^{去}	过
* stjt^{入}	失	* ʔrak^{入}	藏
* braʔ^{入}	败	* bai^{去}	败
* kra^{上}	假	* qa^{上}	借
* sji^{上}	死	* tai^{去}	杀
		* dai^{去}	死
* krap^{上}	夹	* klɛp^{去}	剪
* ljan^{平}	联	* run^{平}	缝
* pwa^{上}	补	* mpjɛ^{上}	补
* tsau^{上}	澡	* ntsɑu^{上}	洗（手）
* ko^{平}	钩	* Nqau^{去}	钩
* tsuk^{入}	筑	* ntsrok	塞
* gau^{平}	嗥	* Gau^{平}	叫
* kiu^{去}	叫	* qai^{去}	打鸣
* to^{去}	斗（争）	* ntreu^{去}	斗（牛）
* bu^{上}	抱	* bu^{去}	孵
* trok^{入}	啄	* ntrsjok^{入}	啄
* pwjəʔ^{入}	沸	* mpei^{去}	沸

* twan^去	断	* tlɛŋ^去	断
* phjuk^入	覆	* mphui^去	翻（船）

我认为苗瑶语跟汉语是同源关系而非借贷关系的理由如下：

1. 上面列举的是原始词，而不是文化词。
2. 核心词的阶曲线是向下的，即高阶词对应的多，低阶词对应的少。
3. 有许多语义关联的词群对应，而不是孤立词的对应。
4. 异类音对应，即同质音对应，还有异质音对应。
5. 语法中的交互态对应。

不过，从现有的成果看，还找不到贯串汉语、苗瑶语、藏缅语、侗台语诸语族的大批同源词，所以我认为汉藏语系是以汉语为主体的聚合型语群。[①]

苗瑶语族包含的语言，在不同时间因调查研究不断深入数目逐渐增加。1954年罗常培、傅懋勣在《国内少数民族语言文字概况》[②] 一文中只列出了苗语、瑶语。1988年《中国大百科全书·语言文字》增为苗语、布努语、勉语、畲语4种。1995年王辅世、毛宗武的《苗瑶语古音构拟》[③] 增为苗、布努、巴哼、炯奈、勉、畲6种。2007年《中国的语言》[④] 增为苗、布努、巴哼、炯奈、勉、畲、巴那7种。这一方面是因为早年调查研究太少，没有全面掌握语料，另一方面是偏重民族名称，认为一个民族不应该使用多种语言，语言分多了会影响民族团结。但是语言和民族不是同一个范畴，不同的民族可以共用一种语言，同一个民族也可以使用不同的语言。语言是表示意义，人与人用来沟通思想感情的符号系统，是否是同一系统应由它的内部差异来划分。

苗瑶语是内部差异纷繁复杂的语族，其原因：一、许多支系长期处于分散迁徙状态，缺少在一起沟通的机会。二、居住分散，不同支系与不同民族族杂居，受不同语言的影响。三、没有建立过以苗瑶为领导的政权，未产生权威的中心方言。四、没有创造完备的文字，缺少共同的书面语。因此有的外国学者就划分出了21种苗语。[⑤]

多年以来，我一直在寻找划分语言和方言的可操作方法。我觉得“通

---

① 《汉语源流设想》，《民族语文》，1996年第5期。

② 《中国语文》1954年3月号。

③ 中国科学出版社。

④ 商务印书馆。

⑤ 黄行《我国少数民族语言的方言划分》，《民族语文》2007年第6期。

解度”是唯一的依据。怎样鉴定通解度呢？下面 4 点不能缺一。

1. 选定核心词。交际的内容多种多样。交际者所谈的内容如果非常专，术语行话多，即使说同一种语言的人也不能通解，因此内容必须是大家都常用的。一个语言的常用词数量很多、每个都拿来鉴定，工作量太大，因此必须从常用词中选出少量的核心词做代表。

语言年代学创始人 M. Swadesh 提出了 100 个核心该。但那是以印欧语为根据的，有些词如“树皮”、“全部”在汉藏语里算不上核心词，所以我根据同源词在方言里出现的频率进行增删，选定苗瑶语的 100 核心词（汉义）为：

我	你	我们	这	那
不	许多	一	二	三
四	五	大	长	小
人	族称	鱼	鸟	狗
鸡	虫	虱子	树	果
菜	翅膀	花	叶子	根
皮	肉	血	骨头	蛋
尾巴	毛	头	耳朵	眼睛
鼻子	牙齿	舌头	脚	手
肚子	脖子	喝	吃	咬
看见	知道	睡	死	杀
飞	走	来	坐	站
给	说	太阳	月亮	星星
天	风	水	雨	石头
地	云	烟	火	灰
路	山	屎	尿	哭
笑	听见	红	黄	白
黑	夜	热	冷	满
新	好	干	早	甜
苦	雪	肥	有	名字

2. 找出核心词中的同源字

核心词虽然大家都常用，但方言之间不一定个个都同源，那些异源的核心词影响交际，计算通解度时应该排除。

我选了彼此差别比较大的 15 个方言点的核心词做了比较，其同源字

（不含前缀）数如附表。

这些数字大体可以表示各点分化的时间，同源字数少的分化在先，多的分化在后。据此我们可以画出苗瑶语的发展树形图。

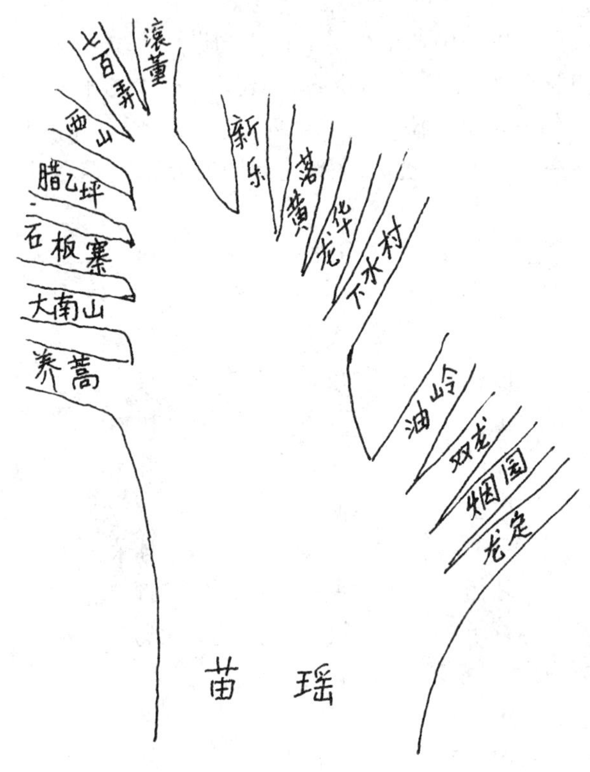

苗瑶语发展树形图

3. 比较同源字的区别特征

核心词中同源字的多少不能完全反映通解度，因为语言分化时，同源字音值的变化快慢不同，多少不一。例如养蒿和大南山的 ʐaŋ^{44}—ʐaŋ^{44} “飞”，声韵调完全相同；ki^{44}—qe^{44} “蛋”，不同但相近；vɛ^{55}—nto^{31} “天”，迥不相同。

15 方言点核心字同源字数表

语言点＼同源字数＼语言点	养蒿	腊乙坪	大南山	石板寨	滚董	黄落	七百弄	西山	下水村	龙华	新乐	龙定	烟园	双龙	油岭
养 蒿		76	84	83	73	70	83	63	76	76	77	66	64	65	70
腊乙坪			75	72	69	66	74	69	69	64	65	62	64	56	64
大南山				84	76	67	87	68	73	74	73	65	66	66	69
石板寨					76	67	81	63	73	67	74	64	63	61	70
滚 董						75	76	61	74	70	71	61	58	61	66
黄 落							74	57	71	71	71	63	66	66	69
七百弄								75	75	75	74	67	66	66	71
西 山									61	61	60	50	51	50	55
下水村										75	76	64	63	62	67
龙 华											69	62	64	59	67
新 乐												61	64	62	69
龙 定													80	74	74
烟 园														72	77
双 龙															77
油 岭															

显然，除了异源字降低通解度外，同源字的不同音值也不同程度地降低通解度。因此有必要分析同源字各音素的区别特征，然后确定各音素是否相同、相近、相异。

怎样判断相同、相近、相异？这里我提出一个方法。

辅音看发音部位、塞擦、清浊、气流强弱 4 项，全部相同的算相同，部分相同的算相近，全部不同的算相异。

元音看舌位的前后、舌位的高低、唇形圆展 3 项。舌位的前后和高低如果相差一度算相近，相差两度以上算相异。

声调分平、升、降、折四形，1、2、3、4、5 五度。调形相同，高低相同或只相差 1 度的算相同，相差两度的算相近，相差 3 度以上的算相异。

调形为平与升或平与降或平与折的为相近。调形相反的为相异。

相同特征用符号✓表示，相近的用/，相异的用×。一方有一方无的算×。

下面标出养蒿与大南山 100 个核心字中 84 个同源字的区别特征异同。

为了反映实际音值，一些重要的音位变体如 ʅ、ɿ、i，t、ɖ 等也要分别标出。介音一栏包括声尾 -l、-j、-w 和韵头 i-、u-，因为在苗瑶语里声尾和韵头从不对立区别意义，故合称为介音。

字义	字音	声头	声干	介音	韵干	韵尾	声调
天	vε^{55}—nto^{31}	×	×		×		×
太阳	n̥ε^{33}—n̥o^{43}		✓		×		/
月亮	ɬa^{44}—ɬi^{44}		✓		×		✓
星	qε^{33}—qo^{33}		✓		×		/
雪	pε^{44}—mpo^{44}	×	✓		×		✓
风	tɕin^{44}—tɕua^{44}		✓	×	×	×	✓
雨	noŋ^{13}—naŋ^{13}		✓		×	✓	✓
地	ta^{33}--te^{43}		✓		×		/
石头	ɣi^{33}—ʐe^{43}		/		/		/
火	tu^{11}—deu^{21}		/		×	×	/
路	ki^{35}—ke^{55}		✓		/		/
族称	m̥u^{33}—m̥oŋ^{43}		✓		/	×	/
人	nε^{55}—nen^{43}		✓		/	×	/
头	fu^{35}—hou^{55}		/		/	×	/
眼睛	mε^{13}—mua^{13}		✓	×	/		✓
鼻子	zε^{13}—ɳdʐu^{13}	×	/		×		✓
牙齿	m̥i^{35}—n̥a^{55}		/		×		/
舌	nji^{31}—mplai^{24}	×	×	/	×	×	×
皮	tu^{35}—teu^{55}		✓		×	×	/
毛	ɬju^{33}—plou^{43}		×	/	/	×	/
手	pi^{11}—dɯ^{21}		×		/		/

续表

字义	字音	声头	声干	介音	韵干	韵尾	声调
耳朵	zɛ^{55}—ɳdʐe^{31}	×	/		/		×
骨头	shoŋ^{35}—tshaŋ^{44}		/		×	✓	/
血	ɕhaŋ^{35}—ɳtʂhaŋ^{55}	×	/		✓	✓	/
肉	ŋi^{55}—Nqai^{31}	×	×		×	×	×
屎	qa^{35}—qua^{55}		✓	×	✓		/
尿	va^{11}—ʐʅ^{21}		/		×		/
鸟	nə^{13}—noŋ^{13}		✓		/	×	✓
鸡	qei^{33}—qai^{43}		✓		×	✓	/
狗	ɬa^{35}—tɬe^{55}		/		×		/
尾巴	tɛ^{35}—tu^{55}		✓		×		/
翅膀	ta^{53}—ti^{33}		✓		×		/
鱼	zɛ^{11}—ɳdʐe^{21}	×	/		/		/
虫	kaŋ^{33}—kaŋ^{43}		✓		✓	✓	/
蛋	ki^{44}—qe^{44}		/		/		✓
虱	tɛ^{35}—to^{55}		✓		×		/
树	tə^{44}—ntoŋ^{44}	×	✓		/	×	✓
果子	tsen^{35}—tsʅ^{55}		✓		/	×	/
花	paŋ^{55}—paŋ^{31}		✓		✓	✓	×
根	tɕoŋ^{55}—dʑaŋ^{13}		/		×	✓	×
菜	ɣu^{33}—ʐou^{43}		/		/	×	/
叶子	nə^{55}—mploŋ^{31}	×	×	×	/	×	×
晚上	m̥aŋ^{44}—m̥au^{44}		✓		✓	×	✓
灰	ɕhu^{35}—tʂhou^{55}		/		/	×	/
一	ʔi^{33}—ʔi^{43}		✓		✓		/
二	ʔo^{33}—ʔau^{43}		✓		×	×	/
三	pi^{33}—pe^{43}		✓		/		/

续表

字义	字音	声头	声干	介音	韵干	韵尾	声调
四	ɬu^{33}—plou^{43}		×	×	/	×	/
五	tsa^{33}—tʂʅ^{43}		/		×		/
我们	pi^{33}—pe^{43}		✓		/		/
这	noŋ^{35}—na^{55}		✓		×	×	/
那	ʔi^{35}—ʔi^{55}		✓		✓		/
名字	pi^{44}—mpe^{44}	×	✓		/		✓
有	mɛ^{55}—mua^{31}		✓	×	/		×
干	qha^{33}—Nqhua^{43}	×	✓	×	✓		/
好	ɣu^{44}—ʐoŋ^{44}		/		/	×	✓
多	nɛ^{44}—ntou^{44}	×	/		×	×	✓
大	ɬjhə^{33}—ɬo^{43}		/	×	/		/
小	ʐu^{44}—ʐou^{44}		✓		/	×	✓
白	ɬu^{33}—tɬeu^{43}		/		×	×	/
黑	ɬɛ^{33}—tɬo^{43}		/		×		/
黄	faŋ^{55}—tɬaŋ^{31}		×		✓	✓	×
苦	ʔi^{33}—ʔa^{43}		✓		×		/
肥	tjaŋ^{13}—ɖau^{13}		/	×	✓	×	✓
长	ta^{35}—nte^{55}	×	✓		×		/
新	xhi^{33}—tʂha^{43}		/		×		/
甜	qaŋ^{33}—qaŋ^{43}		✓		✓	✓	/
早	so^{35}—ntso^{55}	×	/		✓		/
满	pɛ^{35}—po^{55}		✓		×		/
听见	n̥aŋ^{35}—n̥au^{55}		✓		✓	×	/
看见	poŋ^{31}—po^{24}		✓		✓	×	×
来	ta^{55}—tua^{31}		✓	×	✓		×
坐	njaŋ^{33}—ȵau^{43}		/	×	✓	×	/

续表

字义	字音	声头	声干	介音	韵干	韵尾	声调
睡	pi^{44}—pu^{44}		✓		×		✓
吃	naŋ^{55}—nau^{31}		✓		✓	×	×
站	ɕhu^{35}— ʂeu^{55}		/		×	×	/
喝	hə^{53}—hou^{33}		✓		/	×	/
知道	pu^{33}—pou^{43}		✓		/	×	/
笑	tjə^{53}—ʈo^{33}		/	×	/		/
死	ta^{13}—dua^{13}		/	×	✓		✓
飞	ʐaŋ^{44}—ʐaŋ^{44}		✓		✓	✓	✓
杀	ta^{44}—tua^{44}		✓	×	✓		✓
咬	tə^{31}—to^{24}		✓		/		×
哭	njaŋ^{55}—ȵa^{55}		/	×	✓		/

表里养蒿和大南山 84 个同源字里 324 个音素中区别特征相同的 92 个，相近的 112 个，相异的 115 个。我认为 1 个相近的可以折合为 0.5 个相同的和 0.5 个相异的。这样，相同的有 153 个，占 47.3%；相异的 171 个，占 52.7%。

用同样的方法我分析了 10 对苗瑶语地点方言同源字的区别特征，结果如下：

比　较 方言点	同源 字数	相　同 音素数	相　异 音素数
养蒿—大南山	84	153，占 47.3%	171，占 52.7%
养蒿—腊乙坪	76	111.5，占 40.1%	166.5 占 59.9%
养蒿—七百弄	83	126.5，占 39.3%	195.5，占 60.7%
养蒿—石板寨	83	69，占 34.61%	122，占 65.39%
石板寨—大南山	84	174，占 49.4%	178，占 50.6%
石板寨—七百弄	81	141，占 43.2%	186，占 56.8%
大南山—七百弄	87	151.5，占 42.6%	206.5，占 57.4%
养蒿—河坝	85	207，占 65.2%	109，占 34.8%

续表

七百弄—西山	75	183.5，占66%	100.5，占34%
龙定—烟园	80	233.5，占70.5%	97.5，占29.5%

4. 用听感确定通解度

上表各对地点方言之间核心词的同源字数和同源字的相同音素数只显示差异大小，并不能告诉我们何者是方言差异、何者是语言差异，因此我们只好求助于交际者的听感。

上世纪50年代，在中央民族学院教苗语的老师的母语，有的是养蒿话，有的是腊乙坪话，有的是大南山话，他们长期在一起工作，但是彼此不能用母语交际，因此创制苗文时分别创制了三种不同的文字。可见核心词虽有75%以上同源，而同源字的区别特征有50%以上不同时是不能通解的，应是语言差异。1983年我到贵州麻江调查河坝话。我初通养蒿话，基本上能与当地人沟通。1985年我到广西七百弄调查，同行的韦秀清母语是西山话，她基本上能听懂七百弄话。可见同源字的区别特征有65%以上相同时是可以通解的，应是方言差异。所以我初步认定：核心词里同源字的区别特征65%相同是语言的最低通解度。

根据这个通解度，苗瑶语可以划分为11个语言。即：

罗泊河苗语

以前称苗语川黔滇方言罗泊河次方言。分布在贵州省凯里、开阳、福泉、瓮安等县市，使用人口约有6万。主要特征有：声调少，有的有平、上、去、入4个，少只有平入、上、去3个。韵母也少，拼固有词的只有十几个。声母多，除单辅音声母外，还有二合复辅音声母和三合复辅音声母；古代的清、气、浊三大类断音声母仍然对立区别意义，但不带鼻音声头的浊断音已弱化成浊擦音。名词的构词前缀发达，出现率也高，单音节名词很少。形容词也有构词前缀。分东部、西部两个方言。

川黔滇苗语

以前称苗语川黔滇方言。分布在四川南部、贵州中部和西部、云南东部和印度支那。使用人口约有300万。主要特征有：古鼻断音声母，无论清、气、浊，鼻音声头依旧保留着，[①] 所以复辅音声母较多。古浊断音声母，除个别方言外，都已清化，与古清断音声母并成了一类，而古声调则

① 个别点已消失。

各一分为二，因此声调比较多。连读变调复杂，前字是古平声字时，后字都要变调，有的变调时，还增减气嗓音，改变元音的舌位。构词前缀有减少消失的趋势。借词除来自汉语西南官话外，有的还来自彝语、布依语、印支语言。分川黔滇、滇东北、黔中、黔南4个方言。

湘西苗语

以前称苗语湘西方言。主要分布在湖南、贵州、重庆、湖北毗邻的十几个县市。使用人口约有70多万。主要特征有：古代带鼻音声头的复声母发生了分代，其中浊断音已普遍消失，只保留了鼻音，清断音和气断音中，有的鼻音和断音都保存着；有的鼻音已经消失，断音变成了浊音。古声调平、上、去、入各一分为二以后，有的合并了，所以都不到8个。构词前缀出现率比较高。有连读变调，但是比较简单。单音节名词可以重叠，表示小巧的事物。借词主要来自汉语湘方言，少数来自仡佬语，分东部、西部两个方言。

黔东苗语

以前称苗语黔东方言。主要分布在贵州、湖南、广西毗连的20多个县市里，使用人口约150万。主要特征有：没有复辅音声母。古代带鼻音声头的复辅音声母，浊的保存了鼻音，消失了口音；清的消失了鼻音，保存了口音。古代带声尾的复声母简化成了塞擦音或擦音。声调较多，多数方言有8个，但没有连读变调。状词发达，可以单独做句子成分。构词前缀少。借词主要来自汉语西南官话，有一些侗语借词。分北部、东部、南部、西部四个方言。

巴哼语

说这种语言的是瑶族，多数人自称pa^{21}ɵŋ^{35}，分布在湖南西南、贵州东南、广西东北的毗连处，使用人口约有5万。主要特征有：小舌塞音声母字特别多，一些字在其他有小舌音的语言里是舌根塞音声母，而巴哼语是小舌音。鼻音m、n、ŋ除了做声母外，还可以单独做韵母，而且随后字声母的发音部位而改变发音部位。声调有8个或7个、其调值各地几乎完全一致；没有连读变调。数词“一”、“二”、“三”各有两个，其中固有的使用范围较广，借用汉语的只出现在多位数中。单音节名词单说时前面要带量词，因此带前缀的名词与带量词的名词不易区分，但二者结构不同，必须区分，分西部、东部两个方言。

布努语

说这种语言的也是瑶族，多数人自称pu^{53}no^{13}故名“布努语”。分布在苗岭以南，贵州南部，广西北部，东起贵州荔波，西至云南东南角的狭长山区，使用人口30多万。主要特征有：多数方言有鼻断音声母，但没有小舌塞音声母。舌尖塞擦音与擦音可以自由变读，韵母较多，其中有塞音韵尾的只拼壮语借词。构词前缀有消失的趋势，消失前的连读变调消失后成为词根的本调，于是形成一种特殊的声调分化。数词“二”有两个，一个借自汉语，一个是固有的，二者数值相同而功能互补。分布努、努努、努茂三个方言。

巴那语

说这种语言的是苗族，但自称 $pa^{53}na^{313}$ 所以他们的语言称“巴那语”。说这种语言的只有湖南城步、绥宁的几个村子里的老年人，人数约一千，是一种濒危语言。主要特征有：没有复辅音声母、小舌音声母。古代带鼻音声头的断音声母，无论清、气、浊，都合并成了浊断音。古浊断音声母在阳上、阳入两个调的字里现在都读清音，在阳平、阳去两个调的字里则有的是清音，有的是气音。舌根鼻音 ŋ 可以做声母，可以自成音节，还可以单独做韵母，与不同发音部位的声母构成音节。前缀都是固有的，后缀借自汉语。这两类词缀都可以交叉与固有词根、借汉词根构成混合词。名词、形容词都可以重叠。系数词有两组，都可以单说，但固有的只用于量词前，借汉语的只用于多位数。一些名词单说时无前缀，进入句子时有前缀。不分方言。

优诺语

说优诺语的是瑶族的红瑶支系。红瑶中的大多数已转用汉语，只有广西龙胜和融安的一些村寨还使用本族语，人口约5千。没有复辅音声母。古鼻口复辅音声母都已单化，其中清声母多数保存鼻音，少数保存口音；浊声母都保存鼻音，气声母都保存口音。古浊口音声母都已清化，其中多数变不送气音，少数变送气音。部分古清鼻音声母变成了清口音。汉语借词多，汉优诺混合词也多。定语中只有指示词仍是后置，形容词已改为前置，部分名词也改成了前置。不分方言。

畲语

畲族有70多万，广布于东南五省，但只有广东东江流域博罗、增城、海丰、惠东的约千把人还会说畲语，且年龄较大、因此畲语也成了濒危语言。主要特征有：没有复辅音声母，古鼻口复辅音声母中的鼻音都已消失。古不带鼻音的浊断音清化时都变成了气音。韵母中有塞音尾的都是汉语客家话借词带进来的。在8个调值中有两个是连读变调时新产生的。借用汉语数词组成的日子名称和月份名称，有音节合并、增音、减音、变声、变韵等复杂变化。派生词比较多，除了构词前缀外，还有构词后缀，前缀、后缀可以出现在同一个词里，动词和形容词都可以简单重叠和变调重叠。不分方言。

炯奈语

说这种语言的是瑶族中的花蓝瑶，分布在广西金秀的一些村子里，人口只有一千多。主要特征是：有鼻断音复声母，其中的送气成分弱化成了气嗓音。有塞音韵尾，其中 -p、-t、-k 是壮语和瑶语借词带来的，-ʔ 是固有的。否定副词“不”由一个鼻音和声调构成，因后随字的发音部位而有许多变体。借自汉语的系数词构成多位数和日名、月名时，跟畲语一样，产生了许多变体。状词丰富，都是叠音词，形容词做定语时多数位于中心语后面，名词做定语时多数位于中心语前面。内部有差别。

瑶语

以前称勉语。使用人口约有 100 万，广布于广东、广西、湖南、贵州、云南，国外美国、印支也有。主要特征有：古代的鼻断音声母，无论清、气、浊，一般都变成了浊断音，只有广东阳山的变成了气音。古代不带鼻音声头的浊断音清化了，相反，双唇和舌尖清断音却浊化了。没有小舌音声母。韵母较多，有塞尾，但多少不一，少的只有一个 -t，其次有 -p、-t 两个，多的有 -p、-t、-k 或 -ʔ 三个。主要元音分长短，其中低元音最全，其次是次低、次高元音，高元音对立的少。声调较多，有的方言因元音长短或声母送气与否又一分为二。连读变调都发生在字组的前字里，是轻声性质的变调。系数词有两组，固有的表示一位数，借汉的表示多位数，功能互补。名词定语多数已移到中心语前面。分勉、金门、标敏、藻敏四个方言

二、汉语方言

（一）客家话

全国畲族约有 70 万（2000），现在除广东东江流域的 1 千多人还保存固有的民族语外，其他地方的都已转用客家话。但是他们说的客家话与汉族说的客家话有差别，其分布区域也不同。下面引罗美珍一篇文章①的材料介绍畲族客家话的一些特点。

① 《畲族所说客家话》，《中央民族学院学报》1980 年 1 期。

1. 中古的全浊声母清化，其中有的送气，有的不送气。例如：

送气的		不送气的	
pha^{22}爬	pha^{ʔ53}白	ty^{22}除	tiu^{22}愁
phui^{22}肥	thiu^{22}头	toŋ^{22}堂	tsa^{ʔ53}杂
thoi^{31}代	thu^{ʔ21}毒	ki^{22}旗	kioŋ^{22}强
khi^{22}骑	khi^{31}件	tsoi^{31}在	peŋ^{22}朋

2. 中古非、敷、奉、微现在读双唇音。例如：

非母：	pun^{33}分	pui^{33}飞	pu^{35}斧
敷母：	phiu^{33}鹏	phioŋ^{35}纺	
奉母：	phuan^{31}饭	phui^{22}肥	
微母：	mui^{22}微	mun^{33}问	mœŋ^{35}网

3. 没有送气塞擦音声母。中古汉语的一些塞擦音声母现在读送气擦音，加上一些古塞音字也读擦音，因此擦音字特别多。例如：

清母：	shou^{35}草	shiu^{33}秋	shi^{ʔ53}七
初母：	shou^{35}炒	shœ^{33}初	
从母：	shioŋ^{22}墙	she^{22}齐	sho^{33}坐
崇母：	shoŋ^{22}床	shai^{22}柴	shœ^{31}助
生母：	shaŋ^{33}生	θoŋ^{33}霜	θai^{33}师
心母：	θam^{33}三	θia^{ʔ53}削	θap^{53}塞
书母：	θiu^{33}收	ɕhin^{33}身	ɕhy^{35}水
昌母：	ɕhiŋ^{33}称	ɕhiu^{33}臭	ɕha^{ʔ53}赤
禅母：	ɕhiŋ^{22}成	ɕhi^{33}是	ɕhi^{31}市
澄母：	ɕhyŋ^{22}虫	ɕhi^{ʔ21}直	ɕhioŋ^{21}丈
溪母：	hy^{31}去	hi^{35}起	hak^{53}客

4. 四呼俱全。例如：

开口呼：	ma^{35}马	mai^{22}埋	nau^{31}闹
齐齿呼：	tia^{33}爹	tsiau^{33}焦	liaŋ^{22}良
合口呼：	huat^{53}活	kuai^{33}这	kuan^{33}官
撮口呼：	tɕy^{33}猪	ɕhyn^{33}春	khy^{ʔ53}曲

5. 有 -m、-n、-ŋ3 个鼻音韵尾。例如：

-m 尾：	tam^{33}担	kam^{35}感	nam^{31}念
-n 尾：	than^{33}天	kan^{33}间	nan^{22}年
-ŋ 尾：	laŋ^{33}冷	haŋ^{22}行	shaŋ^{22}晴

甘棠话与闽语福安话毗邻分布，福安话只有一个鼻韵尾，而甘棠话有三个，这一点，畲族说的与闽语显著不同。

6. 有 -p、-t、-ʔ3 个塞音韵尾。例如：

-p 尾：	tap⁵³答	lip²¹粒	khep⁵³缺
-t 尾：	pat⁵³八	lit²¹历	ket⁵³结
-ʔ 尾：	paʔ⁵³百	keʔ⁵³给	muʔ⁵³木

-p 尾主要是咸、深两摄的字，少数是山、梗两摄的字；-t 尾主要是山、臻两摄的字，少数是咸、梗两摄的字；-ʔ 主要是梗、宕、曾、江、通 5 摄的字，少数是山、深、臻 3 摄的字。

跟鼻尾相应，甘棠话有 -p、-t、-ʔ3 个塞尾，而福安话只有 -ʔ1 个，这也证明甘棠话是客家话，而不是闽语。

7. 表示亲属称谓的词有前缀 ʔa³³ "阿"。例如：ʔa³³ ŋia³⁵ "母亲"，ʔa³³ tia³³ "父亲"，ʔa³³ tsi³⁵ "姐姐"，ʔa³³ ku³⁵ "姑姑"。

8. 指示词分 3 级

近指：	kuai³³	这
中指：	nai³⁵	那一
远指：	maŋ³⁵	那二

（二）五岭话

隋唐时代，瑶族已广布于湘粤桂毗邻的五岭地区。经朝廷多次征剿以后，居住在山区的过山瑶保持母语迁走了，居住在平地的四大民瑶归顺朝廷就地发展，转用了当地汉语方言。我称这种汉语方言为五岭话。

五岭话与西南官话交错分布（一般是城镇用西南官话，农村用五岭话），使用人口有几百万，其中瑶族约有 50 万，分布在湖南的东安、永州、双牌、新田、桂阳、宜章、嘉禾、临武、宁远、蓝山、道县、江永、江华，广西的全州、灌阳、恭城、富川、钟山、贺县、平乐、荔浦。在江永、道县还产生了书写这种话的文字——女字。

五岭话不仅与交错的西南官话不同，与相邻的湘语、客家话、粤语也有很大差别。它的内部差异也错综复杂，不仅县与县不同，村与村也有差别。下面介绍一些五岭话的特征。

1. 全浊声母读清音，一般不送气。例如富川秀水的："赔"（并母）读 pei²¹，"定"（定母）读 tio³¹，"茶"（澄母）读 tsuo²¹，"坐"（从母）读 tso³³，"锄"（崇母）读 tsau²¹，"桥"（群母）读 to²¹。

2. 全清帮、非、端、知 4 母读浊音。例如富川新华的：

帮母	非母	端母	知母
bau^{44}布	buŋ^{54}风	dau^{54}都	di^{54}猪

全浊变清很常见，全清变浊则罕有。这应是侗台语底层的反映，因为秦汉以前，五岭地区是越人分布区。

3. 塞音韵尾全部消失，转化为与平、上、去对立的声调入声。例如江永的：

平声	上声	去声	入声
tsho^{44}猜	tsho^{35}彩	tsho^{21}菜	tsho^{55}插
kɯ^{44}该	kɯ^{35}改	kɯ^{21}概	kɯ^{55}割
pə^{44}巴	pə^{35}把	pə^{21}罢	pə^{55}百

4. 阳声韵字的鼻尾许多已经消失或变成了元音尾，保存下来的已合并为一个 ŋ。已经消失或元音化的如江永的：

古咸摄－m 尾	pai^{41}	凡
古深摄－m 尾	tɕiə^{44}	针
古山摄－n 尾	soi^{44}	山
古臻摄－n 尾	mai^{41}	民
古通摄－ŋ 尾	lai^{44}	东
古曾摄－ŋ 尾	ɕiə^{44}	兴

合并为－ŋ 尾的如：

古咸摄－m 尾	noŋ^{41}	南
古山摄－n 尾	tɕiŋ^{21}	件
古宕摄－ŋ 尾	paŋ^{44}	帮
古江摄－ŋ 尾	saŋ^{44}	双
古梗摄－ŋ 尾	lioŋ^{21}	冷
古通摄－ŋ 尾	maŋ^{33}	梦

5. 止摄和蟹摄四等读洪音

止摄字和蟹摄四等字的韵母，许多汉语方言现在读细音，但是五岭话读洪音。例如：

富川：	ta^{21}迟	da^{21}知	pa^{54}飞
道县：	pa^{35}碑	pa^{44}比	la^{45}梨
江永：	ma^{41}迷	pa^{44}悲	la^{44}知

6. 溪母擦音化，与晓母的读音相同。例如江永的：

x－：	xu^{44}枯	xɯ^{44}开	xaŋ^{44}糠

f－：	$fɯ^{55}$阔	$fɯ^{44}$恢	$fuə^{55}$客
ɕ－：	$ɕy^{44}$墟	$ɕiŋ^{44}$磬	

7. 有许多词可以写出汉字本字，但是说其他方言的人不易理解。例如江永女书中的：

五岭话	普通话意义
白公	曾祖父
德公	外公
重归	再婚
虫婆	母老虎（凶恶的女人）
打澡	洗澡
隔天花孙	遗腹孙女

8. 有许多词可以写出本字，但是操其他方言的人容易误解。例如女书中的：

五岭话	普通话意义
细姊、细哥	二姐、二哥
行归步	再婚、改嫁
他乡	婆家
当朝	当兵
腹	里面
大神	大庙

9. 一些词语的中心成分在前，修饰成分在后，可能是民族语语法底层的反映。例如：

五岭话	普通话	五岭话	普通话
蘑菇焦	干蘑菇	猫公	公猫
娘奶	祖母	夜黑	黑夜
脚包	裹脚	凳板	板凳
爷亲	亲爸爸	担扁	扁担

10. 人称代词有多种形式，功能有差别，但不是同一个词的形态变化。例如：

第一人称单数：$iə^{21}$；$ŋu^{21}$；$ŋoi^{41}$；$ŋ^{41}$

第二人称单数：na^{21}；ai^{21}；$ɕi^{21}$；$iŋ^{21}$

第三人称单数：thu^{44}；$tɕi^{41}$；$təɯ^{33}$；$lɯ^{55}$

11. 量词可以单独使用，充当各种句子成分。例如：

个解个烦算开心。“个”是主语。

世上愁人算开个。“个”是宾语。

只碗双箸分开女。“只”“双”是定语。

一世不得骂句崽。“句”是补语。

12. 一些常用词写不出本字，可能是民族语底层。例如：

汉义	五岭话（女书）	过山瑶语（勉方言）
我	iə^{21}	jə^{33}
肉	u^{35}	ʔo^{52}
打	pou^{35}	po^{55}
久	no^{55}	nai^{23}
吃	iə^{33}	ȵien^{12}

（三）优念话

“优念”是ʑəu^{21}ȵien^{21}的汉字记写，意思是“瑶人”，分布在广西龙胜县的泗水、马堤、潘内、孟山、江柳等地，当地汉族称“红瑶”。讲优念话的约有1万人。

优念话虽然也是汉语方言，但是与邻近的西南官话——桂柳话大不相同，与相隔不远的五岭话也相差很大。这里以孟山话为例，介绍它的一些特点。

1. 古全浊声母清化。清化以后，并、定、群不送气，澄、从、邪送气，床、禅是擦音。

并：	pjo^{31}婆	pja^{11}白
定：	təu^{31}头	ti^{11}地
群：	kjəu^{31}桥	kjəu^{33}舅
澄：	tsha^{31}茶	tshu^{11}柱
从：	thiŋ^{31}晴	tho^{33}坐
邪：	thoŋ^{31}松	then^{31}寻
床：	se^{33}舌	sio^{31}蛇
禅：	sɔ^{33}熟	si^{31}是

在汉语方言里，全浊声母清化以后，它的发音方法，往往因声调而分化。有的平声字送气，仄声字不送气，如北京话。有的入声字送气，平、上、去声字不送气，如新湘语。而因发音部位不同而分送气不送气的少见。

2. 精、清、从、心的发音部位变后，精与端、定并，清、从与透并，心则变为与端、透、定同部位舌边清擦音 ɬ。例如：

精：tin⁵⁴箭	端：tai⁵⁴带	定：tin³¹田
清：thiŋ¹³青	从：thi³¹糍	透：thu⁵⁴兔
心：ɬan¹³三	ɬi⁵⁴四	ɬen⁵⁴信

在汉语方言里，塞音变为塞擦音的很常见，如见、溪、群变 tɕ、tɕh，知、徹、澄变 tʂ、tʂh。相反，塞擦音变塞音的罕见，而优念话里出现了。

3. 果摄和宕摄合口一等字的声母是腭化音。例如：

果摄合口一等：	fjo³³火	pjo³¹婆	kjho¹³窠
	kjo⁵⁴过	pjho⁵⁴破	mjo¹³摸
	mjo³³磨	pjo⁵⁴簸	mjo¹¹磨
宕摄合口一等：	kjoŋ¹³光	vjoŋ³¹黄	mjoŋ¹¹望
	fjoŋ¹³慌	mjoŋ³³网	

一等字，尤其是合口一等字的声母在汉语方言里是不腭化的，可优念话里成批出现了。还有一些合口三等字的声母也是腭化音，如 fjoŋ³³纺、fjoŋ⁵⁴放。三等字的声母腭化虽然很常见，但双唇合口三等字往往变成唇齿音而不腭化，而优念话变成唇齿音后还要腭化。

4. 鼻音韵尾简化，古双唇鼻尾变成了舌尖鼻尾，因此现在只有 -n、-ŋ 两个鼻尾。例如：

* -m→-n：	ɬan¹³三	tsen¹³针	ɬen¹³心
-n：	san¹³山	tsen¹³真	ɬen¹³新
-ŋ：	haŋ¹³风	sjaŋ¹³生	thiŋ¹³青

5. 塞音韵尾已全部消失，但是没有转化为独立的入声调，而是古清声母字读33，与阴上并为一类；古浊声母字读11，与阳上、阳去并为一类。因此优念话只有5个声调。即：

13	阴平	thin¹³天	pei¹³碑
31	阳平	pjo³¹婆	tshoŋ³¹虫
33	阴上	sui³³水	səu³³手
	阳上	ŋo³³我	ni³³你
	阳去	miŋ³³命	moŋ³³梦
	阴入	pa³³八	thə³³七
54	阴去	khi⁵⁴气	sai⁵⁴晒
11	阳去	tai¹¹大	toŋ¹¹洞
	阳上	thei¹¹在	kin¹¹近

阳入	sə^{11}十	pja^{11}白

值得注意的是：优念话声调合并时，是全浊上变去，次浊去变上，这是其他汉语方言少见的。

6. 有许多特殊有趣的词语。例如：

普通话	优念话读音	意义
脐带	ȵi^{31}tshioŋ	儿肠
胎盘	ȵi^{31}tai^{33}	儿袋
癣	toŋ^{31}thin^{31}tshoŋ^{13}	铜钱疮
蝌蚪	tai^{11}tu^{33}ləu^{33}	大肚佬
蟋蟀	thiəu^{54}kie^{13}	跳鸡
花生	nie^{31}təu^{33}	泥豆
梭子	pu^{54}tau^{13}	布刀
棺材	tai^{11}mo^{11}	大木
鸡蛋	kie^{13}ti^{33}	鸡子
粑粑	thi^{31}	糍

7. 村寨之间语法上有的有差别。例如：

孟山：ko^{13}ko^{54}ven^{33}	这个碗
江柳：ku^{53}vun^{31}ni^{22}	个碗这（这个碗）

孟山的 ko^{13}与江柳的 ni^{22}都是“这”的意思，但来源不同。ni^{22}是苗瑶语底层，位于中心语之后；ko^{13}是汉语方言词，位于中心语之前。

（四）青衣苗话

说这种汉语方言的苗族自称 mau^{55}ka^{55}，汉族称青衣苗，总数约有 12 万，分布在湖南城步和其周围的绥宁、武冈、龙胜、资源。

这支苗族为什么转用汉语呢？当地传说：元朝至正年间（1341），苗族首领杨完者领军 10 万保元反朱元璋。这支苗军长期活动在吴语地区，学会了吴语，朱元璋胜利以后就杀苗军。剩下的苗军逃回城步以后，就不敢说苗语，改说汉语了。只有上排、下排、长兴的投降了明朝，所以他们的后代现在还保持民族语——巴那语。下面以城步羊石乡信塘村话为例简要介绍青衣苗话的一些特点。

1. 古全浊声母都已清化，其中塞音多数不送气，少数送气；相反，塞擦音多数送气，少数不送气。如：

塞音		塞擦音	
pa^{21}排	phia^{21}爬	tsho^{33}坐	tsɿ^{33}是

pã^{21}盘	khy^{21}桥	tsho^{12}浊	tsɿ^{33}在
pei^{21}陪		tsha^{21}齐	
ta^{33}大		tsha^{21}裁	
ti^{33}地		tɕhu^{33}树	
toŋ^{33}洞		tɕha^{12}石	
kua^{21}瘸		tɕhiŋ^{33}近	

2. 古鼻音韵尾现在有3种表现形式。第一种，咸、宕、江3摄的完全消失。如：

咸摄：	ɕe^{55}闪	sa^{24}三	xa^{21}咸
宕摄：	to^{21}塘	ko^{24}钢	so^{24}霜
江摄：	xo^{33}巷	ko^{55}讲	tsho^{24}窗

第二种，山、梗两摄的，部分消失；部分残存，弱化为元音的鼻化成分。如：

山摄：	thie^{24}天	tha^{33}炭	so^{33}算
	sã^{24}山	ȵẽ^{55}眼	pã^{33}饭
梗摄：	pie^{55}饼	sie^{24}星	mie^{33}命
	sã^{24}生	tsã 争	

第三种，深、臻、曾、通四摄的保存，合并为-ŋ。如：

深摄：	iŋ^{24}阴	liŋ^{21}林	tɕiŋ^{24}金
臻摄：	ɕiŋ^{24}身	məŋ^{21}门	ȵiŋ^{21}银
曾摄：	tsaŋ^{33}甑	poŋ^{21}朋	piŋ^{24}兵
通摄：	koŋ^{24}工	toŋ^{21}铜	ɕoŋ^{24}凶

3. 古轻唇声母字，现在有的读双唇音，有的读唇齿音或舌根音。如：

非母：	fi^{24}飞	fəŋ^{24}风	fu^{33}傅	xo^{24}方
敷母：	fei^{33}肺	fəŋ^{24}蜂		
奉母：	pu^{21}浮	pã^{33}饭	pu^{33}妇	
微母：	mi^{33}尾	mo^{33}网		

可以看出，古浊声母保持了原来的发音部位，古清声母的发音部位发生了变化。

4. 古舌上字的声母现在多数读作腭化舌头塞音，少数读作舌尖或舌面塞擦音。例如：

知母：	tjo^{24}猪	tjo^{24}张	tju^{44}竹	tsuŋ^{24}中
徹母：	tjho^{44}戳	tsho^{44}拆	tɕhəu^{55}丑	tɕhəu^{24}抽

澄母：	tju^{33}箸	tjo^{21}长	tjo^{33}丈

塞音是较古的读音，塞擦音是后起的。

5. 展唇前低元音 a 与后低元音 ɑ 对立区别意义。例如：

a：	pa^{21}牌	ta^{21}台	xa^{21}鞋	ʔa^{55}矮
ɑ：	pɑ^{21}耙	tɑ^{21}痰	xɑ^{21}咸	ʔɑ^{55}哑

这是因为“牌”、“台”等字属蟹摄，原来有 -i 尾，在 -i 尾的影响下，韵腹前元音化，后来韵尾脱落，整个韵母就成了前元音 a。而“痰”、“咸”等字属咸摄，有鼻尾 -m，后来 -m 尾脱落，整个韵母就成了后元音 ɑ，于是形成了少见的 a、ɑ 对立，区别意义。

6. 全浊声母清化，塞音韵尾消失，平、上、去、入各分阴阳以后，声调又有所合并，因此这种话现在只有 6 个声调。例如：

24	阴平	thie^{24}天	ɕiŋ^{24}身	sɿ^{24}师
21	阳平	xo^{21}河	ŋ^{21}人	mei^{21}毛
55	阴上	sɿ^{55}屎	tɑ^{55}胆	kɑu^{55}狗
33	阳上	tjo^{33}丈	tie^{33}弟	xɑu^{33}厚
		ŋ^{33}五	mie^{33}米	lu^{33}老
	阴去	tsɑŋ^{33}甑	thɑ^{33}炭	tɕi^{33}痣
	阳去	xo^{33}巷	pã^{33}饭	lu^{33}路
44	阴入	fei^{44}血	thɑ^{44}獭	sai^{44}虱
12	阳入	ȵo^{12}肉	po^{12}薄	tsɿ^{12}十

在汉语方言里，阳上与去声合并时，一般只有全浊字合并，次浊字不并，而青衣苗汉话的次浊阳上字也与去声合并了。

7. 名词可以重叠，表示较小的事物。由 tsai^{55}“崽”虚化面来的构词后缀 -tə^{03}也表示较小的事物。因此名词表示小巧事物时，可以用重叠式，也可以用后缀。例如：

xo^{33}巷	xo^{33}xo^{33}巷巷	xo^{33}tə^{03}巷子
to^{21}坨	to^{21}to^{21}坨坨	to^{21}tə^{03}坨子
tshɑ^{24}杈	tshɑ^{24}tshɑ^{24}杈杈	tshɑ^{24}tə^{03}杈子
pɑ^{24}疤	pɑ^{24}pɑ^{24}疤疤	pɑ^{24}tə^{03}疤子
kuɑŋ^{33}罐	kuɑŋ^{33}kuɑŋ^{33}罐罐	kuɑŋ^{33}tə^{03}罐子

8. 一些常用词写不出汉字，下面的例子其意义用汉字加“”号表示。如：

tjɑ^{33}“父亲”	ȵɑ^{33}“母亲”	pɑ^{44}“哥哥”

$suŋ^{24}$ “侄儿”	$sã^{55}phɑ^{55}$ “屁股”	$po^{24}sɿ^{24}$ “蜘蛛”
$po^{24}tɑu^{21}$ “玉米”	ko^{12} “蛋”	y^{12} “吃”
na^{24} “小”	pu^{21} “端”	lei^{12} “游”

9. 内部还有一些差异。如金水乡还保持着全浊声母，而信塘已经清化。例如：

金水	信塘	金水	信塘
bie^{13}	pie^{21} 平	zie^{13}	$tshie^{21}$ 晴
bo^{13}	$pɑŋ^{21}$ 盘	$dʑo^{13}$	$tshio^{21}$ 墙
$diŋ^{13}$	$tiŋ^{21}$ 虫	$dʑy^{23}$	$khio^{33}$ 舅
$dɑ^{13}$	$tshɑ^{21}$ 茶	$dʐɑ^{21}$	$tʐha^{12}$ 石

（五）酸汤话

说酸汤话的是苗族，分布在湘黔毗连的天柱、会同、靖县的白布、地湖、大堡子、三锹一带，人口约有 8 万。

酸汤话这个名称不是来自族称，也不是来自地名，外地人一听，似乎含有贬义，但说者并不在意。这可能是因为它与西南官话有所不同（有点酸）而得名。例如有人说：“他讲得比我还酸。”

这些苗族为什么转用酸汤话？传说一：苗族的一位祖先娶了一个说酸汤话的女子为妻，子孙都跟妈妈、奶奶学，一代又一代，于是大家都讲酸汤话了。传说二：从前有一个苗族武士去参加武考，射箭时，考官叫他向前走 3 步再射。他汉语不好，错听成退后 3 步，结果没射中，落榜了。这人回乡以后，发誓要学好汉语。于是子孙都讲酸汤话了。

酸汤话接近新湘语，与西南官话有一些差别，但是不影响交际。下面讲这种话的一些特点。

1. 古全浊声母都已清化，其中平、上、去声的声母是不送气清音，入声的是送气清音。例如：

平声	上声	去声	入声
pi^{21} 皮	tso^{33} 坐	tai^{33} 大	$phau^{44}$ 薄
tai^{21} 台	$tʃəŋ^{33}$ 重	$tsɿ^{33}$ 字	phe^{44} 白

2. 古知、章两组声母的字，韵母为后低元音 a、ə 时现在是舌叶音，为前高元音 i、y、e 时是舌面音。例如：

舌叶音		舌面音	
$tʃaŋ^{21}$	长	$tɕy^{13}$	猪
$tʃəŋ^{33}$	重	$tɕhi^{44}$	吃

tʃəŋ^{21}	虫	ɕy^{33}	水
tʃha^{13}	车	ɕi^{33}	屎
ʃa^{21}	蛇	ɕe^{44}	舌

3. 舌面音的来源，除知组和章组外，还有精组、端组和见组，因此舌面音声母的出现频率很高。精、端、见读舌面音时也只与前高元音组合，与后低元音或舌尖元音组合时分别读齿音、舌头音、舌根音。例如：

精组：	齿音		舌面音	
	tsai^{33}	崽	tɕiŋ^{13}	睛
	sai^{55}	菜	tɕhiŋ^{13}	青
	tso^{33}	坐	tɕhi^{44}	七
	tsʅ^{33}	紫	ɕiŋ^{13}	星
	sʅ^{55}	四	ɕe^{44}	霜
端组：	舌头音		舌面音	
	ta^{33}	打	tɕi^{13}	第
	tai^{33}	大	tɕe^{13}	爹
	tai^{21}	台	tɕhen^{13}	天
	thaŋ^{13}	汤	tɕhen^{33}	浅
	thəŋ^{33}	桶	tɕen^{21}	甜
见组：	舌根音		舌面音	
	kaŋ^{13}	江	tɕiŋ^{13}	斤
	ko^{55}	过	tɕhiŋ^{13}	轻
	kəu^{33}	狗	tɕhi^{44}	吃
	khu^{33}	苦	tɕiəu^{33}	九
	khəŋ^{33}	孔	tɕio^{44}	脚

齿音、舌叶音、舌根音声母在前高元音之前舌面化在汉语方言里常见，但舌头音在前高元音之前也舌面化罕见。

4. 有 5 个声调。例如：

调值	调类	例字音	义	例字音	义
13	阴平	tɕy^{13}	猪	san^{13}	三
21	阳平	lan^{21}	蓝	taŋ^{21}	糖
33	阴上	thəŋ^{33}	桶	tsʅ^{33}	紫
	阳上	u^{33}	五	ma^{33}	马
	阳去	tsʅ^{33}	字	ȵəu^{33}	尿

55	阴去	sai^{55}	菜	$sɿ^{55}$	四
44	阴入	pa^{44}	八	$tɕhi^{44}$	七
	阳入	phe^{44}	白	la^{44}	辣

从例字可以看出，是浊去变上，而不是浊上变去。

5. 有些词语与当地西南官话的不一样。例如（西南官话只写汉字）：

酸汤话音	义	西南官话
$ji^{44}tau^{21}$	日头	太阳
$ȵe^{44}kuaŋ^{13}$	月光	月亮
$nau^{33}kho^{44}$	脑壳	头
$po^{21}ȵaŋ^{21}$	婆娘	妻子
$mei^{55}tsai^{33}$	妹崽	姑娘
$tɕy^{13}ȵaŋ^{21}$	猪娘	母猪
$tɕy^{13}laŋ^{21}ku^{33}$	猪郎牯	公猪
$lau^{33}tɕiŋ^{21}$	老虫	老虎
$tɕen^{21}ȵy^{21}$	田鱼	鲤鱼
$tai^{21}tsɿ^{33}$	台子	桌子
$ko^{55}kaŋ^{13}$	过江	过河
$lo^{44}ɕe^{44}$	落雪	下雪
$tɕhi^{44}tɕiu^{33}$	吃酒	喝酒
$həŋ^{21}ləu^{33}$	行路	走路
$tɕhiŋ^{13}ha^{21}ma^{55}$	青蛤蟆	青蛙
$tʃha^{33}kən^{13}sai^{55}$	扯根菜	菠菜
$ləŋ^{21}tɕhi^{44}ɕy^{33}$	龙吃水	虹

在上举词语中，“日头”、“脑壳”、“老虫”、“吃酒”、“扯根菜”与新湘语的一致。“田鱼”、“龙吃水”与附近黔东苗语的一致，因为在黔东苗语里 $zɛ^{11}li^{55}$“鲤鱼”就是“田鱼”，$ɣoŋ^{55}hə^{53}ʔə^{33}$“虹”就是“龙吃水”。后面这两个词应是苗族母语底层的一种反映。

（六）西南官话

在湖南、湖北、重庆、毗连的龙山、永顺、新晃、麻阳、桑植、秀山、黔江、彭水、酉阳、来凤、咸丰、宣恩、利川等县市，约有 85 万苗族已转用汉语西南官话。西南官话是大家很熟悉的，这里不举语料介绍。

上面简要叙述了苗族、瑶族、畲族转用的 6 种汉语方言，使用人数约 226 万。除了这 6 种成片的汉语方言外，还有许多散居者也转用了汉语。

二者相加，总人数可能有300万。除西南官话外，其他的5种都跟附近汉语有差别，有的差别相当大，其特点往往是汉族汉语方言里少见的。以往研究汉语的人只研究汉族使用的汉语方言，研究民族语的只研究少数民族使用的民族语，对少数民族使用的汉语方言不注意。其实少数民族使用汉语的人也不少，语言特点突出，是一个富矿。

三、侗台语

（一）拉珈语

居住在广西金秀和平南的15000（2000）多瑶族自称 lak^{11} kja^{24}，其母语不是苗瑶语，而是侗台语族侗水语支的一种语言，称拉珈语。

拉珈语的结构和特点，刘保元在《中国的语言·拉珈语》①，毛宗武、蒙朝吉、郑宗泽在《瑶族语言简志》② 中有比较详细的描写，这里不重复。

（二）壮语

散住在广西上林、忻城、来宾、宾阳、罗城、宜山、天峨、马山和都安的约12万瑶族已转用壮语北部方言。③

壮语北部方言的结构特征，韦庆稳、覃国生的《壮语简志》已有叙述，④ 这里也不重复。

（三） 布央语

据李锦芳调查，在云南，广西交界处的广南、富宁、那坡三县，有一支人数约2000的少数民族，壮族称他们为“布央”人，他们的语言就称为布央语。居住在那坡的布央人自称 ia^{33} ɬɔŋ^{53}，因为他们所戴头巾中的图案与瑶族的相似，所以自上世纪50年代以来，他们一直被定为瑶族。⑤

看来，自称 ia^{33} ɬɔŋ^{53} 的瑶族所操的布央语是母语，并不是转用语。

（四） 草苗话

贵州黎平、湖南通道、广西三江交界处约有5万苗族自称 mju^{55} ŋ̥aŋ^{13}，其意义是“草苗”。但是他们的语言与苗语不同，而跟侗语很近。例如：

汉义	养蒿苗语	草苗话	和里侗语
去	moŋ^{11}	pai^{44}	pai^{55}

① 《中国的语言》，商务印书馆，2007。

② 民族出版社，1982。

③ 蒙朝吉《瑶族布努语方言研究》，民族出版社，2001。

④ 民族出版社，1980。

⑤ 李锦芳、周国炎《仡央语言探索》，中央民族大学出版社，1999。

鸭子	ka^{13}	put^{44}	pət^{55}
八	ʑa^{31}	pet^{33}	pet^{24}
岩石	ɣi^{33}	pja^{44}	pja^{55}
血	ɕhaŋ^{35}	phɑt^{33}	phat^{24}
来	ta^{55}	ma^{24}	mha^{55}
蚂蚁	kaŋ^{33}zo^{13}	mət^{11}	mət^{11}
软	mɛ^{13}	ma^{33}	ma^{35}
猫	pai^{31}	meu^{31}	meu^{11}
脸	maŋ^{11}	na^{33}	na^{35}
吹	tsho^{33}	ɕui^{24}	ȶhui^{55}
纺	nin^{13}	ɕa^{33}	ɕa^{35}
园子	vaŋ^{55}	jen^{24}	jhen^{55}
你	moŋ^{55}	ȵa^{11}	ȵa^{11}
舔	ʑi^{31}	lja^{11}	lja^{11}
六	tju^{44}	ljok^{11}	ljok^{11}
犁	kha^{33}	khai^{24}	khai^{55}
五	tsa^{33}	ŋo^{31}	ŋo^{31}
铁	ɬhə^{44}	qhət^{44}	kwhət^{55}
梯子	thaŋ^{33}	qe^{33}	kwe^{35}
稻子	na^{55}	qok^{33}	qok^{24}

显然，草苗话是侗语，而不是苗语。湘桂黔交界处是侗族聚居地，这里的苗族原来可能是讲黔东苗语的，后来转用了当地的侗语。

（五）那溪话

湖南洞口那溪是一个瑶族聚居乡，有瑶族4280多人（1982）。他们的祖先是明朝永乐二年（1404）从贵州的天柱、黎平、玉屏一带迁过去的。①

但这支瑶族的语言与邻近瑶族的语言迥不相同，而与贵州侗族的语言相近。例如：

汉义	隆回巴哼语	那溪话	贵州侗语
天	waŋ^{33}	pɐn^{213}	mɐm^{55}
河	ʔaŋ^{35}	ȵa^{213}	ȵɑ^{55}
人	nai^{33}	wən^{11}	ȵən^{11}

① 龙明耀《那溪瑶语与侗语的关系》，载《贵州民族研究》1984年第3期。

手	pu^{22}	mjɑ^{11}	mjɑ^{11}
头	tsei^{213}	keu^{53}	kɑu^{323}
脸	muŋ^{213}	mɑu^{53}	nɑ^{13}
眼睛	mɛ^{31}	tɑ^{213}	tei^{55}
耳朵	mpjo^{33}	kjhe^{213}	kjhet^{35}
儿子	taŋ^{35}	lɑ^{31}	lɑk^{31}
哥哥	pa^{55}	ti^{31}	tɕɑi^{31}
妻子	ʔo^{213}	pjɑ^{31}	mɑi^{31}
我	waŋ^{22}	jɑu^{11}	jɑu^{11}
你	m^{31}	ȵɑ^{11}	ȵɑ^{11}
猪	mpe^{55}	ŋ^{35}	ŋu^{453}
马	me^{22}	mo^{31}	mɑ^{31}
鱼	mpjo^{22}	pjɑ^{213}	pɑ^{55}
五	pjɑ^{55}	ŋ^{35}	ŋu^{453}
六	tju^{55}	lji^{31}	ljok^{31}
黄	kwe^{33}	mɑi^{53}	mɑu^{323}

所以那溪话是侗语的一种方言，而不属于苗瑶语。那溪附近并没有说侗语的侗族，因此那溪话也不是瑶族转用的语言。那么这支说侗语方言的少数民族为什么民族成分是瑶族呢？这得从他们的祖先迁居洞口来考察。原来600年前，贵州东部发生了反抗朝廷的苗侗起义。起义失败以后，朝廷镇压当地的苗族和侗族。为了逃避镇压，一部分侗人迁到了当时荒无人烟的洞口山区，报称瑶族（当地瑶族很多），并把那个地方命名为那溪。"那"就是"挪"。

说拉珈语、壮语、布央语、侗语的苗族和瑶族共约有20万，还有一些散居的苗族和瑶族转用了壮语、布依语、侗语、彝语等，二者相加，共约30万。

前面已经说明，苗瑶畲3族总人口约有1000万，其中转用汉语方言的约300万，使用或转用侗台语的约30万，二者相加共330万，约占苗瑶畲总人口的三分之一。这说明：一，民族语仍是主要的交际工具。二，跟汉语比较，苗瑶语的交际功能处于相对弱势；跟侗台语比较，也处于相对弱势。

在往后的章节里，只讲苗瑶语，不再讨论汉语方言和侗台语。

第三节 苗瑶语研究概况

一、汉字文献记录

唐宋以后，苗瑶畲三族已相继为人熟知，许多地方官吏和方志开始记录他们的语言，早期的很简略，后期的详细一些。

明万历时，郭子章任贵州巡抚，他著有《黔记》一书，其中的诗歌句子里有的就夹有苗语词。例如：

吹芦大踏月皎皎，摇铃暗拍声呜呜。

前坡草长苦雅务，后坡石滑愁商讹。

其中的"雅务"是苗语"不好"，"商讹"是苗语"放牛"。

清康熙时，田雯任贵州巡抚，他著有《黔记》一书，记录的苗语词比《黔记》的多，而且可以看出有不同的方言成分。例如：

拨，父也，一曰罢。蒙，母也，一曰明。的，孩也。努介，食也，一曰依躰。忽往，饮酒也，一曰呵交。努拟，食肉也。呵已，饮茶也。呵烟，食烟也。赛，米也。歹，火也。沱，亦火也。瓮，水也。大送，舂米也。介，鸡也。拜，豕也。拟，牛也，一曰讹。商讹，放牛也。麻，马也，一曰米。巴，亦豕也。猛已，赶集也。大弄，日午也。条，汉人也。雅犇条，不识汉语也。雅务，不好也。雅道，不得也。雨曰躰娄。

嘉庆25年溆浦严如熤著的《苗防备览》记录的是湘西苗语词。例如：

呼苗曰果雄。呼人曰蒙。呼黄牛曰大跃。呼水牛曰大业。呼马曰大美。呼猪曰大把。呼鱼曰大某。呼大米曰糟奴。呼糯米曰糟糯。呼吃饭曰拢利。呼茶曰忌。呼吃茶曰歃忌。呼一曰哈。呼二曰偶。呼三曰补。呼四曰彼。呼五曰罢。

清康熙时李来章在广东连山作了4年知县。他深入民间，收集了许多可贵的原始资料，于康熙43年至47年（1704——1708）编撰了《连阳八排风土记》8卷，其中第4卷是言语，分天地、岁时、山川、人伦、身体、宫室、婚姻、生死、疾病、饮食、衣服、五谷、畜物、果品、器用、杂货、农具、器械、乐器、教化、杂言、讼狱22类，收词语494条。例如：

天地类：天，瑶曰横。地，瑶曰汝。日，瑶曰乃。月，瑶曰罗角。星，瑶曰阔岭。风，瑶曰调。云，瑶曰浑。雷，瑶曰表公。下雨，瑶曰本并。天开，瑶曰横盖。旱，瑶曰横送蒙。夜，瑶曰横梦了。云雾，瑶曰浑母。虹霓，瑶曰旱蛟。雷声，瑶曰表公凹。地动，瑶曰髻那动。月光，瑶曰罗养。黑夜，瑶曰磕罢了。半夜，瑶曰道晚了。

畜物类：鸡，瑶曰盔。鸭，瑶曰押倍。鹅，瑶曰凝。牛，瑶曰吾。猪，瑶曰亭。马，瑶曰麻。犬，瑶曰顾。羊，瑶曰盈。山猪，瑶曰野亭。虎，瑶曰坚。鸟，瑶曰闹。雉鸡，瑶曰益功。猪儿，瑶曰精痕。猴，瑶曰柄。虾，瑶曰罄。熊，瑶曰吸。老鸦，瑶曰矮罗婆。鼠，瑶曰羊姜。水牛，瑶曰岁吾。黄牛，瑶曰凉吾。鲤鱼，瑶曰了里。蚯蚓，瑶曰甲英。蛇，瑶曰农。龟，瑶曰旺。蜂，瑶曰每。蝶，瑶曰昔公陂。蝇，瑶曰猛门。

上面只是选择性的摘录。在此之前，记有民族语词的，还有顾炎武的《天下郡国利病书》，屈大均的《广东新语》，李调元的《南越笔记》等；在此之后的有张澍的《续黔书》，刘介的《苗荒小记》，刘锡蕃的《岭表纪蛮》，庞新民的《两广瑶山调查》等。此外，各地的府志、县志也有或详或略的记载。

这种用汉字记音释义的苗瑶语词语，虽然不能准确地表音，没有标地点，也不能描写语言全貌，但是时间较早，我们可以拿来与今天的语料比较，发现一些演变轨迹。另外，如果发生了语言转用，还是一分宝贵的文化遗产。

二、外国人的调查研究

用拼音文字字母或国际音标调查研究苗瑶语，外国人做得比中国人早，而且一直延续到现在。他们研究的有的是中国境内的苗瑶语，有的是印度支那的苗瑶语，有的是迁出了亚洲的苗瑶语。

最早的是葡萄牙教士 Magallas　Gabriel，他于明崇祯十三年（1640）来华，著有《中国语言文字概况》一书，其中谈到了苗语。以后一些国家的教士、旅行家、探险家相继来华，他们把收集到的苗瑶语材料发表在游记、调查报告等书中，有的编了对译词典，翻译了宗教书，到上世纪前半纪末，比较重要的有：法国的 F. M. savina，Joseph　Esguirol，Henri　Maspero，Andre　G. Haudricourt；英国的 George　Abraham　Grierson，S. Pollard；澳大利亚的 M. H. Hutton；美国的 D. C. Graham，paul　Benedict；日本的鸟居龙藏；德国的 P. Withelm　Schmidt 等。外国人早期记录的苗瑶语资料，有的未记极其重要的声调，有的有其他错误。但是也有比较好的。如：F. M. Savina　的《法瑶词典》。这些人的作品除了收罗词语，分析语音外，主要是讨论系属。

到了上世纪后半纪，英国的 G. B. Downer 发表了一系列的论文：《高地瑶语语音》、《汉语台语和苗瑶语》、《苗瑶的进一步的各种联系》、《白苗话的调变和变调》、《瑶语勉方言中汉语借词的层次》、《原始苗瑶语构拟中的问题》。美国的 Sylvia J. Lombard 和 Herbert C. Purnell Jr. 出版了收词较多的《瑶英词典》，其中有许多泰语借词和英语借词。日本的新谷忠彦和杨昭出版了汉英对译的《海南岛门语》—分类词汇集—，收词语较多，还有一些句子。瑞典的 Joakim Enwall（中文名阎幽磬）在中央民族学院学习了 7 年，专攻苗族的文字。他到欧亚澳三洲一些图书馆收集资料，访问了一些老的教士或他们的后代，写出了 A Myth Become Reality (History and Developent of the Miao Written Language Volume 1）一书，系统地介绍了各种流传的文字残卷和传教士创造的几种苗文。日本的田口善久也在中央民族学院学习过，他调查过瑶语和苗语，在《民族语文》发表过文章。从 2000 年，先后 4 次调查了开阳等地的苗语。2008 年出版了《罗泊河苗语词汇集》（东京外国语大学发行），其中的声韵调配合表下了很大的工夫。此外，接触过苗瑶语的还有美国的艾杰瑞、斯特列克、克拉克、苏大卫、露易沙·施恩，日本的乔本万太郎等。

总的来看，近年来外国的苗瑶语研究者，记录比较准确，语料比较丰富，有的观点和结论值得中国学者参考。

三、中国人的调查研究

中国人和定居外国的华人用音标和现代语言学知识研究苗瑶语始于上世纪初。最早有作品问世的是庄启，1917 年他在《东方杂志》14 卷 1 期上发表《苗文略述》，可惜他讲的是彝文，并不是苗文。

1930 年，赵元任出版《广西瑶歌记音》,① 他不仅给瑶歌记了音，注了义，还收集了瑶族仿造的一些仿汉字。同年李方桂发表《广西凌云瑶语》,② 他描写的瑶语现在是布努语的一种方言。

1947 年，张琨用贵州、广东、越南 10 个点的材料比较，构拟出苗瑶语的 8 个调类,③ 奠定了苗瑶语的调类系统，是一篇影响深远的文章。

---

① 史语所单刊甲种之一。

② 史语所集刊一本四分。

③《苗瑶语声调问题》，载史语所集刊 16 本，1947。

在中华人民共和国建立前研究过苗瑶语的还有杨成志、闻宥、罗荣宗、凌纯声、芮逸夫、石启贵等人。

中华人民共和国建立以后，北京和一些省区相继创办民族学院，设立民族语文专业，培养了大批民族语文人才。1956 年中国科学院成立 7 个民族语文工作队，由傅懋勣、马学良、袁家骅、严学宭、罗季光、陈士林、王辅世、王钧、李森、喻世长等率领，到中南、西南、西北各省普查使用人数较多的民族语。第二工作队调查苗瑶语。1957 年在普查的基础上把苗族使用的语言划分为湘西、黔东、川黔滇 3 个方言，给每一个方言创造了拉丁字母文字。瑶族使用的语言也做了划分，但是当时没有创造文字。

从研究成果来看，可以分为两个阶段：文化大革命前发表的作品有：《苗语概况》，《苗语中的汉语借词》，《汉语在瑶族语言丰富发展中的作用》，《苗汉简明词典》（黔东方言），《苗汉简明词典》（川黔滇方言），《苗汉简明词典》（滇东北方言），《汉苗简明词典》（黔东方言）。以上都是第二工作队和贵州省语委合作的产品。

个人署名的成果有：罗季光《广西瑶语》，马学良、邰昌厚《贵州省东南部苗语语音的初步比较》，王辅世《贵州威宁苗语量词》，李永燧、陈克炯、陈其光《苗语声母和声调中的几个问题》，易先培《论湘西苗语名词的类别范畴》，曹翠云《黔东苗语状词初探》，毛宗武、周祖瑶《瑶族语言概况》，张济民《苗语语法纲要》（川黔滇），毛宗武、蒙朝吉《博罗畲语概述》。

“文化大革命”结束，百废复兴，苗瑶语研究者也重操本业。他们或在原来的基础上补充语料，或增加调查点，或比较研究，或重新认识原来的划分和结论，因此成果大量涌现。这些成果可分以下几类：

1. 语言或方言描写。

主要有：王辅世主编《苗语简志》，毛宗武、蒙朝吉、郑宗泽《瑶族语言简志》，毛宗武、蒙朝吉《畲语简志》，陈其光《畲语》，陈其光《巴哼语》，陈其光《巴那语概况》，毛宗武、李云兵《巴哼语研究》，毛宗武、李云兵《炯奈语研究》，毛宗武、李云兵《优诺语研究》，向日征《吉卫苗语研究》，蒙朝吉《瑶族布努语方言研究》，李云兵《苗语方言划分遗留问题研究》，杨再彪《苗语东部方言土语比较》，巢宗祺、余伟文《连南八排瑶语》，王辅世、刘援朝《贵州紫云界牌苗语的语音特点和方言归属》，夏勇良《榕江高同苗语语音初探》，李珏伟《贵州榕江八开摆赖苗语语音概述》，鲜松奎《贵定仰望苗语调查》，徐志淼《荔波茂兰瑶语调查报告》。

2. 对译词典和语法

词典主要有：张永祥主编《苗汉词典》（黔东方言），王春德《汉苗词典》（黔东方言），毛宗武《汉瑶词典》（勉语），向日征《汉苗词典》（湘西方言），蒙朝吉《汉瑶词典》（布努语），石如金《苗汉汉苗词典》（湘西方言），鲜松奎《新苗汉词典》（西部方言）。

语法主要有：贵州省民族语文指导委员会研究室《苗语语法纲要》（川黔滇方言），王春德《苗语语法》（黔东方言），罗安源《松桃苗语描写语法》

3. 专题探讨

主要有：王辅世，王德光的《贵州威宁苗语的方位词》，《贵州威宁苗语的状词》，《贵州威宁苗语的声调》。陈其光的《苗瑶语入声的发展》，《凯棠苗语的诗词格律》，《芦笙语源考》，《古苗瑶语鼻冠闭塞音声母在现代方言中反映形式的类型》，《苗瑶语浊声母的演变》，《苗瑶语鼻音韵尾的演变》，《苗瑶语族语言的几种调变》，《苗瑶语前缀》，《苗瑶语词汇发展的一种方式》。王春德的《苗语黔东方言清鼻音声类的口音化》，《苗语名词修饰物量词和名词补足形容词》。罗安源的《贵州松桃苗语的冠词》，《苗语（湘西方言）的“谓主”结构》。麻树兰的《湘西苗语状词》，《湘西苗语的多义词素 bad》。蒙朝吉的《瑶族布努语 1‘至 4‘调的形成和发展》，《瑶族布努语连读变调初探》。曹翠云的《黔东苗语的谓词》。卢诒常的《瑶族勉方言中的构词变调与构形变调》。盘承乾的《论苗瑶语辅音韵尾的演变问题》。鲜松奎的《贵州紫云水井坪苗语和望谟新寨苗语的连读变调》。向日征的《苗语湘西方言的词头 $tɕi^{44}$》。乐赛月的《贵阳花溪区甲定苗语的前加成分》。王贤海的《国内几种少数民族语言擦音送气实验研究》。孔江平的《苗语浊送气的声学研究》。

4. 跨语比较

主要有：陈其光的《畲语和客家话》，《汉藏语的几种变调》，《华南一些语言的清浊对转》，《汉藏语声调探源》，《语言间的深层影响》，《借词三论》。张永祥、曹翠云的《苗语与汉语特殊语句比较研究》。邓方贵、盘承乾的《从瑶语论证上古汉语复辅音问题》。张济民的《泸溪县达勒寨苗语中的异源词》。麻树兰的《湘西苗汉混合语词句浅析》。熊玉有的《跨国苗语比较研究》。

5. 语族概论

只有陈其光执笔的《汉藏语概论·苗瑶语篇》。

6. 古音构拟

最早构拟苗语语音的是张琨，1976 年他构拟出 86 个原始苗语声母。其次是王辅世，1979 年他在 12 届国际汉藏语言学会议上提出的论文中构拟了 121 个声类，32 个韵类。1994 年他在《苗语古构拟》① 一书中修改为 130 个声类，30 个韵类。

最早构拟苗瑶语语音的也是张琨，1973 年他构拟的原始苗瑶语声母是如下的 94 类：

p	ph	b	mp	mph	mb	ʔm	mh	m
ʔv	f	v	pr	prh	br	mpr	mprh	mbr
pl	plh	bl	mpl	mplh	mbl	t	th	d
nt	nth	nd	ʔn	nh	n	tr	trh	dr
ntr	ntrh	ndr	ʔr	rh	r	ts	tsh	dz
nts	ntsh	ndz	ʔl	lh	l	ʔz	s	z
tš	tšh	dž	ntš	ntšh	ndž	ʔň	ňh	ň
ʔž	š	ž	k	kh	g	ŋk	ŋkh	ŋg
ʔŋ	ŋh	ŋ	ʔh	h	ɦ	kw	kwh	gw
ŋkw	ŋkwh	ŋgw	q	qh	G	Nq	Nqh	NG
ʔN	Nh	N	ʔ					

1995 年王辅世、毛宗武出版《苗瑶语古音构拟》② 一书，构拟的古苗瑶语有如下的 263 声类：

p	ph	b	mp	mph	mb	ʔm	m̥	m̥n̥
m	mn	ʔv	v̥	v	pw	phw	bw	mpw
mphw	mbw	ʔmw	m̥w	mw	mwn	pj	bj	mpj
mbj	m̥j	m̥j n̥	mj	mjn	vj	pwj	phwj	bwj
mpwj	mbwj	m̥wj	mwjn	pts	phts	mpts	mphtsh	mbdz
phs	pwts	bwdz	mpwts	pʈʂ	phʈʂh	mpʈʂ	mbdʐ	vʐ
pl	phl	bl	mbl	mbwl	mblw	mwl	pɭ	bɭ
tθ	dð	ndð	θ	tθw	dðw	tθhj	ntθhj	θj
tθwj	θwj	ts	tsh	dz	nts	ntsh	ndz	ʔns

① 国立亚非语言文研究所，东京。

② 中国社会科学出版社，1995。

n̥s ns s tsw dzw ndzw sw tsj dzj
ntsj ntshj sj dzwj ndzwj swj t th d
nt nth nd ndb ʔn ʔnl n̥ n̥l̥ n
nm nl ʔl l̥ l tw ntw ndw n̥w
nw lw ntj ʔnj n̥j nj ʔlj l̥j dwj
ntwj ʈ ʈh ɖ ɳʈ ɳʈh` ɳɖ ʔɳ ɳ̊
ʈw ʈɭ̥ ɖɭ ɳʈɭ ɳɖɭ ʔɭ ɭ̥ ɭ ɭw
ɭ̥j ɭj ʈʂ ʈʂh dʐ ɳʈʂ ɳʈʂh ɳɖʐ ʂ
ʈʂhw dzj ɳʈʂj ɳʈʂhj ʂj tʃ tʃh dʒ ɳtʃ
ndʒ ʃ tʃw dʒw ɳtʃw tʃhj ɳtʃj ɳdʒj ɳtʃwj
ȶ ȡ ȵȶ ȵȡ ʔȵ ȵ̊ ȵ dw ȵw
ȵȶj tɕ tɕh dʑ ȵȶɕ ȵȶɕh ȵdʑ ʔʑ ɕ
ʑ tɕhw dʑw ʔʑw ʑw tɕj c ch ɟ
ɲc ɲɟ cw ɲɟj ɲwj ɲcwj ɲɟwj cl ɲcl
ɲɟl ɲclj k kh g ŋk ŋkh ŋg ŋ
x kw kwh ŋgw ŋw ŋki ŋj kl khl
gl ŋkl ŋkhl ŋgl klw klj glj ŋklj ŋglj
q qh G Nq Nqh NG qw Gw Nqw
qwj qhwj Gwj Nqwj ql Gl Nql qlw Glw
Nqlw qlj qlj qlwj Glwj qɭ Gɭ ʔ h
ɦ hj

构拟的古韵类有如下 210 类：

i i:u iu i:m im i:n in i:ŋ iŋ
ip it ik I I:u Iu I:m I:n In
Iŋ Ik e e:i ei eu e:m em e:n
en e:ŋ eŋ eə:ŋ eəŋ e:p e:t et ek
ɛ ɛ:i ɛ:u ɛu ɛ:m ɛm ɛ:n ɛn ɛ:ŋ
ɛŋ ɛə:ŋ ɛəŋ ɛp ɛt ɛk æ æ:i æi
æ:u æu æ:m æm æ:n æn æŋ æəŋ æ:p
æp æ:t æt æk a a:i ai a:u au
a:m am a:n an a:ŋ aŋ aəŋ a:p ap
a:t at ak A A:i Ai A:u Au A:m
A:n An A:ŋ Aŋ Aəŋ A:p A:t At Ak

ɐ　ɐ:i　ɐi　ɐu　ɐ:m　ɐm　ɐ:n　ɐn　ɐ:ŋ
ɐŋ　ɐəŋ　ɐp　ɐt　ɐk　ɑ　ɑ:i　ɑai　ɑ:u
ɑu　ɑ:m　ɑn　ɑ:ŋ　ɑŋ　ɑə:ŋ　ɑəŋ　ɑ:p　ɑp
ɑ:t　ɑt　ɑk　ɒ　ɒ:i　ɒi　ɒ:u　ɒu　ɒ:m
ɒm　ɒ:n　ɒn　ɒ:ŋ　ɒŋ　ɒ:əŋ　ɒəŋ　ɒp　ɒ:t
ɒt　ɒk　ɔ　ɔ:i　ɔi　ɔu　ɔ:m　ɔm　ɔ:n　ɔn
ɔ:ŋ　ɔŋ　ɔt　ɔ:k　ɔk　o　o:i　oi　ou
o:m　om　o:n　on　o:ŋ　oŋ　oəŋ　o:p　op
o:t　ot　ok　u　u:i　um　un　u:ŋ　uŋ
up　ut　uk　u　u:i　ui　u:m　um　u:n
un　u:ŋ　uŋ　uə:ŋ　uəŋ　up　u:t　ut　uk
ə　ə:i　əi　əu　əm　ə:n　ən　ə:ŋ　əŋ
əp　ət

2001 年陈其光在《汉语苗瑶语比较研》① 一文中也构拟了古苗瑶语的声母和韵母，同时指出：因语料有限，可能不全。

声母是 127 个如下：

p　ph　b　mp　mph　mb　ʔm　m̥　m
ʔw　ʍ　w　pj　phj　bj　mpj　mphj　mbj
m̥j　mj　ʍj　pl　mbl　ml　plj　mblj　m̥lj
mlj　ɬj　lj　pr　phr　br　mpr　mbr　mr
wr　ts　tsh　dz　nts　ntsh　ndz　s　tsj
tshj　dzj　ntsj　ntshj　ndzj　ʔj　ç　j　tsr
tshr　dzr　ntsr　ntshr　sr　t　th　d　nt
nth　nd　ʔn　n̥　n　ʔl　ɬ　l　tl
thl　dl　ntl　tr　thr　dr　ntr　nthr　ndr
ʔnr　n̥r　nr　ʔr　r̥　r　k　kh　ŋkh
ŋ　khw　gw　ŋw　kj　khj　gj　ŋkj　ŋgj
ʔŋj　ŋ̊j　ŋj　kl　ŋgl　kr　gr　q　qh
G　Nq　Nqh　NG　qw　Gw　Nqw　NGw　ql
Gl　qlj　Glj　qr　qhr　Gr　ʔ　ʔw　h
ɦ

① 载《汉藏语同源词研究》（二），广西民族出版社。

韵母是86个如下：

i		iu	im	in	iŋ	ip	it	ik
e	ei	eu	em	en	eŋ	ep	et	ek
ɛ	ɛi	ɛu	ɛm	ɛn	ɛŋ	ɛp	ɛt	ɛk
æ	æi		æm	æn	æŋ			
a	ai	au	am	an	aŋ	ap	at	ak
ɑ	ɑi	ɑu	ɑm	ɑn	ɑŋ	ɑp	ɑt	ɑk
ɔ	ɔi	ɔu	ɔm	ɔn	ɔŋ		ɔt	ɔk
o	oi	ou	om	on	oŋ	op		ok
u	ui		um	un	uŋ	up	ut	uk
ɐ	ɐi			ɐn	ɐŋ			
ə	əi	əu	əm	ən	əŋ	əp	ət	ək

可以看出，陈其光构拟的古音与王辅世、毛宗武构拟的有较大的差别。

第二章　语　音

第一节　声　母

声母是音节中元音前面的辅音或辅音群。苗瑶语有少数音节没有元音，只有辅音。在这样的音节里，浊辅音前面的清辅音就是声母。如 m̥m 里的 m̥。

本节打算尽量分类列举我收集到的苗瑶语方言中的声母，必要时说明其音值和结构，但不归纳音位。音位问题下面有专节讨论。

列举声母时，例字后面都标明分布地址。地址有省（区）县（市）村（镇）三级，有的缺一级。这些地址都是上世纪调查时记录的，现在行政区划或地名有的已经改变，我已无力校改，只好将就用旧的。

苗瑶语的声母可分单辅音，复辅音两大类。简单地说，单辅音声母在声道上只有一处调音部位，复辅音声母有两处以上调音部位。

一、单声母

我把送气声母、塞擦音声母、腭化声母、唇化声母、既腭化又唇化的声母都看作单声母，因为发这些声母时只是气流较强，除阻变缓，或者声道的形状有所改变，并没有增加调音部位。

1. 清塞音声母

p	pa^{44}	猪	贵州凯里凯棠
pj	pjaŋ^{31}	花	广西全州双龙
pw	pwe^{13}	泻	贵州惠水摆榜
t	to^{43}	儿子	贵州毕节大南山
tj	tjaŋ^{33}	（一）根	贵州凯里养蒿
ʈ	ʈau^{55}	转	贵州毕节大南山
c	cɛ^{44}	冰	湖南花垣腊乙坪
k	kaŋ^{43}	虫	贵州毕节大南山

kw	$kwε^{31}$	卡	湖南花垣腊乙坪
kwj	$kwje^{24}$	过	广西金秀龙定
q	$qaŋ^{33}$	甜	贵州凯里养蒿
qw	qwa^{31}	黄瓜	贵州瓮安复员
qwj	$qwja^{31}$	割（草）	贵州瓮安复员
ʔ	$ʔuŋ^{31}$	河	贵州凯里石板寨

在上列例子中声母 pj 用了两个音标 p 和 j，但并不表示双唇塞音除阻以后再发舌面擦音，而是表示 P 成阻时，同时舌面前部向前腭抬起，因此 j 只表示腭化。同理，w 只表示唇化，wj 只表示既唇化又腭化。

声母 tj 等以前许多文献标作 ȶ 等。我的听感是这些音不是舌面音，而是腭化舌尖音。

2. 清塞擦音声母

pf	pfa^{35}	房子	贵州平坝凯洒
tθ	$tθoŋ^{35}$	桌子	贵州望谟油迈
ts	$tsai^{33}$	娶	贵州毕节大南山
tsj	$tsjaŋ^{31}$	成	广西金秀龙定
tʃ	$tʃa:u^{55}$	风	海南琼中烟园
tɬ	$tɬe^{55}$	狗	贵州毕节大南山
tɬj	$tɬja^{13}$	鹰	贵州罗甸平岩
tʂ	$tʂe^{55}$	房子	贵州毕节大南山
tɕ	$tɕaŋ^{53}$	成	贵州凯里凯棠

在上列例字中，发声母 tɬ 时除阻从舌的一边或两边破裂，而不是从舌尖破裂，然后有同部位的摩擦，所以是单声母，不是复声母。同理，其他声母也都是同部位的塞擦音。

塞音和塞擦音合称断音。

3. 送气清塞音声母

ph	phe^{55}	烧	贵州毕节大南山
pjh	$pjhai^{43}$	女儿	贵州贵阳青岩
th	$thaŋ^{43}$	桶	贵州毕节大南山
tjh	$qa^{33}tjha^{33}$	叉子	贵州凯里养蒿
ʈh	$ʈho^{44}$	拔	贵州毕节大南山
ch	cho^{53}	怪	湖南花垣腊乙坪
kh	$khau^{43}$	杯	贵州毕节大南山

kwh	kwha^{44}	拌	湖南花垣腊乙坪
kwjh	kwjhaːŋ^{24}	虎口	广西金秀龙定
qh	qha^{44}	客人	贵州凯里凯棠
qwh	qwhaŋ^{31}	宽	贵州瓮安复员
qwjh	qwjhen^{55}	姜	贵州瓮安复员
ʔh	ʔhai^{35}	渴	贵州罗甸小苗寨

上列例子中，ph 并不表示双唇塞音 p 除阻以后，紧接着发一个喉擦音 h，而是表示冲破双唇的气流比 p 强，因此 h 在诸声母中都只表示送气。送气符号有的人写作‘，如p‘。

4. 送气清塞擦音声母

p̪fh	pfho^{55}	吹	贵州平坝凯洒
tθh	tθhai^{55}	新	贵州望谟油迈
tsh	tshai^{33}	漆	贵州毕节大南山
ʧh	ʧhaːt^{31}	水獭	海南琼中烟园
tɬh	tɬha^{44}	跳	贵州毕节大南山
tɬjh	tɬjhɒ^{22}tɬjhɒ^{24}Kɒ^{13}	秕子	贵州罗甸平岩
tʂh	tʂhou^{55}	灰	贵州毕节大南山
tɕh	tɕhe^{33}	扫	贵州凯里凯棠

送气塞音和送气塞擦音简称气音。

5. 浊塞音声母

b	ba^{31}	抱	贵州威宁石门坎
bj	bjɑ^{32}	撒种	湖南泸溪洞头寨
d	dau^{53}	豆	贵州威宁石门坎
dj	djɤ^{22}	圈	湖南泸溪洞头寨
ɖ	ɖaɯ^{31}	跑	贵州威宁石门坎
ɟ	ɟaŋ^{33}	龙	广西金秀龙华
g	gi^{31}	你	贵州威宁石门坎
gw	gwɑ^{24}	褴褛	湖南泸溪洞头寨
gwj	gwjaŋ^{24}	躺	广西金秀龙定
G	Gau^{31}	倒	贵州威宁石门坎
Gw	Gwei^{22}	猪下崽	湖南泸溪洞头寨

6. 浊塞擦音声母

dz	dzo^{31}	到	贵州威宁石门坎

dʐ	dʐey^{31}	少	贵州威宁石门坎
dl	dlo^{31}	肥	贵州威宁石门坎
dlj	dljuŋ^{313}	叶子	湖南城步中排
dʒ	dʒo:p^{35}	葫芦	海南琼中烟园
dʑ	dʑi^{31}	燃	贵州威宁石门坎

7. 浊鼻音声母

m	ma^{11}	马	贵州凯里养蒿
mj	mja^{22}	笋子	贵州瓮安复员
n	naŋ^{33}	蛇	贵州凯里养蒿
nj	njaŋ^{53}	船	贵州凯里凯棠
ɳ	ɳɔ^{35}	饭	贵州紫云宗地
ȵ	ȵu^{21}	生	贵州毕节大南山
ŋ	ŋa^{55}	肉	贵州凯里养蒿
ŋw	ŋwɤ^{33}	流	湖南花垣腊乙坪

8. 清鼻音和送气清鼻音声母

m̥	m̥oŋ^{43}	苗族	贵州毕节大南山
m̥j	m̥ja^{24}	软	贵州瓮安复员
n̥	n̥aŋ^{55}	穿（衣）	贵州毕节大南山
n̥j	n̥jɛn^{33}	种子	广西全州双龙
ȵ̥	ȵ̥o^{55}	肠子	贵州毕节大南山
ɳ̊	ɳ̊ əɯ^{55}	种子	贵州平坝凯掌
ŋ̊	ŋ̊ u^{55}	坛子	贵州威宁石门坎
ŋ̊ w	θu^{22}ŋ̊ waŋ^{41}	伏着睡	广西大化弄京
m̥h	m̥haŋ^{44}	夜晚	贵州凯里养蒿
n̥h	n̥hoŋ^{44}	忘记	贵州凯里养蒿
n̥jh	n̥jhuŋ^{35}	重	贵州凯里凯棠

9. 浊边音清边音和送气清边音声母

l	la^{55}	兔子	贵州威宁石门坎
lj	lja^{13}	熟悉	贵州凯里养蒿
ɭ	ɭæĩ^{53}	田	贵州紫云宗地
ɬ	ɬi^{44}	月亮	贵州毕节大南山
ɬj	ɬjaŋ^{33}	鬼	贵州凯里养蒿
ꞎ	ꞎ a^{55}	撕	贵州紫云宗地

ɬh	ɬha^{44}	绳子	贵州凯里养蒿
ɬjh	ɬjhə^{33}	大	贵州凯里养蒿

符号ꞎ是模仿ɬ设计的，表示卷舌清边音。

10. 清擦音和送气清擦音声母

f	fu^{43}	瓢	贵州毕节大南山
fj	fjɛn^{24}	信	广西金秀龙定
θ	θəŋ^{53}	骨头	广西金秀龙华
θj	θja^{44}	收	广西金秀龙华
s	so^{55}	线	贵州毕节大南山
sj	sjaŋ^{33}	新	广西金秀龙定
ʃ	ʃe^{44}	开（门）	广西金秀龙华
ʂ	ʂeu^{55}	起	贵州毕节大南山
ɕ	ɕaŋ^{35}	饱	贵州凯里养蒿
ɥ̥	ɥ̥i^{55}	吹口哨	贵州开阳高寨
x	xu^{33}	唱	贵州威宁石门坎
xw	xwaŋ^{33}	慌	广西金秀龙定
χ	χau^{24}	喝	贵州罗甸小苗寨
χw	ʔa^{31}χwɑ^{31}	绸缎	贵州瓮安复员
h	hə^{53}	喝	贵州凯里养蒿
hw	hwa^{53}	黄	贵州紫云宗地
fh	fhu^{35}	头	贵州凯里养蒿
θh	θhɔŋ^{33}	箭	广西富宁龙绍
sh	sha^{35}	错	贵州凯里养蒿
ʂh	ʂhu^{24}	声音	贵州甲定
ɕh	ɕhaŋ^{44}	揩	贵州凯里养蒿
xh	xhə^{33}	话	贵州凯里养蒿

符号 ɥ̥ 表示圆唇舌面清擦音。

11. 浊擦音声母

w	wen^{55}	锅	贵州瓮安复员
wj	wja^{24}	尿	贵州瓮安复员
v	vaŋ^{53}	园子	贵州凯里凯棠
vj	vja^{55}	酒	贵州瓮安复员
z	zoŋ^{24}	七	贵州瓮安复员

ð	$ða^{31}$	来	贵州瓮安复员
ðj	$ðja^{44}$	药	广西金秀龙华
ʐ	$ʐaŋ^{53}$	龙	贵州紫云宗地
ʑ	$ʑaŋ^{44}$	飞	贵州凯里凯棠
ɥ	$ɥi^{24}$	梳子	贵州凯里石板寨
ɣ	$ɣaŋ^{11}$	寨子	贵州凯里养蒿
ʁ	$ʁa^{55}$	低	贵州瓮安复员
ʁw	$ʁwa^{31}$	逃脱	贵州瓮安复员
ʁwj	$ʁwjaŋ^{31}$	芦笙	贵州瓮安复员

符号 ɥ 表示圆唇舌面浊擦音。

鼻音、边音和擦音合称续音。

12. 鼻化浊擦音声母

发音时声带颤动，声道的某一部位形成狭窄的通道，同时软腭下降，但不堵死口腔通道，因而气流从口腔和鼻腔同时外泄，这就构成了鼻化浊擦音。鼻化浊擦音声母不常见。

z̃	$z̃aŋ^{55}$	草	贵州凯里舟溪
ʑ̃	$ʑ̃aŋ^{33}$	坐	贵州凯里舟溪
ɦ̃	$ɦ̃i^{35}ɦ̃i^{11}$	惊恐声	贵州威宁石门坎

二、复声母

复声母又分为二合复声母、三合复声母两类，前者数量多，后者数量少。

二合复声母

1. 浊鼻音加不送气清断音

这类声母中的鼻音与口音的调音部位完全相同，但是国际音标中口音的调音部位较多，鼻音的调音部位较少（如 tθ、tʃ、ts 等部位就没有相应的鼻音），因此标音时只好用相近部位的鼻音来代替（如 tθ、tʃ、ts 之前的鼻音都标作 n）。发音时调音部位完全闭塞，同时软腭下降堵住鼻腔通道，声带振动约半秒钟后，软腭上升堵住鼻腔通道、同时声带停止振动，接着调音部位除阻。

mp	$mpua^{44}$	猎	贵州毕节大南山
mpj	$mpja^{21}$	扇	贵州紫云宗地
mpw	$mpwi^{31}$	辣	贵州惠水摆榜

ɱpf	ɱpfu^{32}	肺	贵州平坝凯洒
ntθ	ntθai^{13}	洗（手）	贵州望谟油迈
nts	ntso^{55}	早	贵州毕节大南山
nt	ntou^{33}	打	贵州毕节大南山
ntɬ	ntɬu^{22}	褴褛	贵州甲定
ntɬj	ntɬjɛ̃^{31}	平滑	贵州罗甸平岩
ntʃ	ntʃa^{53}	盐	广西金秀龙华
ɳʈ	ɳʈaŋ^{43}	中间	贵州毕节大南山
ɳʈʂ	ɳʈʂe^{31}	耳朵	贵州毕节大南山
ȵtɕ	ȵtɕua^{55}	粑粑	贵州毕节大南山
ɲc	ɲcɯ^{221}	多	广西大化弄京
ŋk	ŋkaŋ^{31}	蓝靛	贵州毕节大南山
ŋkw	ŋkwe^{232}	捉	广西大化弄京
Nq	Nqua^{43}	鸽子	贵州毕节大南山
Nqw	Nqwa^{31}	软	贵州瓮安复员
Nqwj	Nqwja^{24}	叫喊	贵州瓮安复员

2. 浊鼻音加气音

这类声母的发音程序与上一类相同，下一类也是如此。

mph	mphoŋ^{44}	撒	贵州毕节大南山
mpjh	mpjha^{43}	女人	贵州贵阳青岩
ɱpfh	ɱpfha^{32}	鱼	贵州平坝凯洒
ntθh	ntθha^{33}	怕	贵州望谟油迈
ntsh	ntshaŋ^{43}	陡	贵州毕节大南山
ntsjh	ntsjha^{43}	怕	广西南丹里湖
nth	nthua^{44}	锄（草）	贵州毕节大南山
ntjh	ntjhɔ^{53}	凝结	湖南泸溪洞头寨
ntʃh	ntʃhei^{44}	怕	广西金秀龙华
ntɬh	ntɬhi^{44}	倾斜	贵州惠水摆榜
ɳʈh	ɳʈhoŋ^{43}	绑腿	贵州毕节大南山
ɳʈʂh	ɳʈʂhaŋ^{55}	血	贵州毕节大南山
ȵtɕh	ȵtɕho^{44}	烟	贵州毕节大南山
ɲch	ɲchɛ^{44}	打⿰𧾷拜⿰𧾷拜	湖南花垣腊乙坪
ŋkh	ŋkheu^{43}	扬尘	贵州毕节大南山

ŋkwh	ŋkwhau55 ŋkwhjŋ55	蛇盘着	广西大化弄京
Nqh	Nqhe33	渴	贵州毕节大南山

3. 浊鼻音加浊断音

mb	mbo31	盖（房子）	贵州威宁石门坎
mbj	mbja24	笋子	贵州瓮安复员
ndz	ndza31	下（饭）	贵州威宁石门坎
nd	nda53	苎麻	贵州威宁石门坎
ndj	ndjɤ44	回转	湖南泸溪洞头寨
ndl	ndla31	褴褛	贵州威宁石门坎
ɳɖ	ɳɖɛ31	传	湖南花垣腊乙坪
ɳdʐ	ɳdʐɯ31	相信	贵州威宁石门坎
ȵdʑ	ȵdʑɛ35	明白	湖南花垣腊乙坪
ɲɟ	ɲɟe35	金子	湖南花垣腊乙坪
ŋg	ŋgɯ35	菌子	湖南花垣腊乙坪
ŋgw	ŋgwi53	顽皮	湖南花垣腊乙坪
NG	NGa31	勤快	贵州威宁石门坎
NGw	NGwe35	睡	湖南花垣腊乙坪

上列3组复声母在苗瑶语里有一个共同的分布特征，即有多少个断音（ʔ除外），就有同样多的前带同部位鼻音的复声母。不过出现的频率有的多，有的少，那些出现率少的复声母，因收集的语料不够，有时候找不到例字。

这些二合复声母的成分，其作用有主次之分，鼻音是次要的，我称它为声头，断音是主要的，我称它为声干。

4. 断音加流音

pz	pzʅ31	三	贵州凯里石板寨
pl	plou43	毛	贵州毕节大南山
pɭ	pɭɔ32	毛	贵州紫云宗地
pɹ	pɹɑ35	五	湖南花垣腊乙坪
pfl	pfla213	房子	贵州摆省
kl	klə33	虹	广西全州双龙
ql	qla24	撕	贵州瓮安复员
qɹ	qɹɛ55	割	贵州凯里石板寨

5. 气音加流音

phz　phzi^{24}　烧　贵州瓮安复员

phl　phlo^{44}　脸　贵州毕节大南山

phɹ　phɹo^{35}　吹　湖南花垣腊乙坪

pfhl　nti^{21}pfhlɛ^{55}　平坝子　贵州摆省

khl　khla^{53}　力气　广西全州双龙

qhl　qhlei^{31}　脱　贵州瓮安复员

qhɹ　qhɹa^{55}　姜　贵州凯里石板寨

6. 浊塞音或浊擦音加流音

bl　blə^{42}　雨　广西全州双龙

gl　glaŋ^{31}　池塘　广西全州双龙

vl　vlo^{31}　灵魂　贵州甲定

vz　vzoŋ^{31}　平坦　贵州瓮安复员

vzj　vzjaŋ^{33}　平　贵州凯里石板寨

vɹ　vɹi^{31}　斜　贵州普定翁卡

ʁl　ʁlei^{31}　河　贵州瓮安复员

ʁɹ　ʁɹɛ^{55}　头旋儿　贵州凯里石板寨

二合复声母中的后一成分 z、l、ɭ、ɹ 合称流音，音程都轻而短，是声母中的次要成分，我称为声尾，它们前面的成分是声干。

7. 鼻音加流音

ml　mlə̃^{22}　软　贵州甲定

mɹ　mɹɯ^{53}　鱼　湖南花垣腊乙坪

ɱl　ɱlɔ̃^{13}　庙　贵州摆省

nz　nzu^{55}　煤　贵州惠水高坡

m̥l　m̥lɛ^{13}　笑眯眯　贵州惠水高坡

m̥hl　m̥hlɛ^{13}　笑眯眯　贵州甲定

m̥hɹ　m̥hɹaŋ^{55}　藤子　贵州惠水鸭绒

8. 双唇塞音加不送气或送气舌尖前塞擦音

pts　ptsi^{55}　果子　贵州凯里石板寨

ptsj　ptsjau^{33}　跑　贵州凯里石板寨

ptsh　ptshi^{55}　烧山　贵州凯里石板寨

这几个声母可以又读为 pz、pzj、phz，因此可以理解为是一种变体，在苗瑶语里不存在塞音加塞擦音的复声母。

9. 浊鼻声加清擦音

ɱf　　ɱfo^{13}　　岩青杠　　贵州平塘甲桐
ɱfh　　ɱfhai^{35}　　累　　贵州平塘甲桐
nsh　　nshe^{43}　　怕　　贵州甲定

在这些例字中，鼻音是声头，擦音是声干。

10. 喉塞音加断音

发音时声门与口腔中的某一调音部位同时成阻，软腭上抬，堵住鼻腔通道，声门首先向内除阻，紧接着口腔中的调音部位向外除阻，这样的音称为内爆音。内爆音有的人用 ɓ、ɗ 等标记。内爆音既然有两个调音部位，我认为还是用两个符号标记好。

ʔp　　ʔpu^{31}　　手　　海南琼中烟园
ʔpj　　ʔpjaŋ^{33}　　壶　　海南琼中烟园
ʔt　　ʔto：n^{35}　　儿子　　海南琼中烟园
ʔtj　　pa^{55}ʔtjɔŋ^{35}　　睡觉　　贵州罗甸小苗寨
ʔtɕ　　ʔtɕi^{215}　　清　　贵州罗甸小苗寨
ʔtʃ　　ʔtʃA^{53}　　多　　贵州罗甸小苗寨
ʔth　　ʔthaŋ^{35}　　裹脚　　贵州罗甸小苗寨
ʔph　　ʔpu^{33}ʔphəu^{31}　　泡沫　　贵州罗甸小苗寨

11. 喉塞音加续音

ʔm　　ʔmoŋ^{31}　　病　　贵州瓮安复员
ʔmj　　ʔmjɑ^{33}　　肺　　湖南泸溪洞头寨
ʔn　　ʔnoŋ^{55}　　这　　贵州瓮安复员
ʔȵ　　ʔȵoŋ^{55}　　用　　贵州瓮安复员
ʔŋ　　ʔŋɑ^{35}　　跳　　湖南泸溪洞头寨
ʔw　　ʔwen^{31}　　簸箕　　贵州瓮安复员
ʔwj　　ʔwjoŋ^{24}　　好　　贵州瓮安复员
ʔʐ　　ʔʐo^{53}　　菜　　贵州石头
ʔʑ　　ʔʑen^{35}　　飞　　贵州瓮安复员
ʔɥ　　ʔɥu^{55}　　守　　贵州凯里石板寨
ʔɣ　　ʔɣɔ^{44}　　守　　湖南泸溪凋头寨
ʔl　　ʔlen^{31}　　红　　贵州瓮安复员
ʔɭ　　ʔɭau^{42}　　擦　　贵州平坝凯掌
ʔlj　　ʔljɔ^{53}　　春　　湖南泸溪凋头寨

上述这两类复声母中，喉塞音是声头，断音或续音是声干。

三合复声母

1. 鼻音加断音再加流音

mpz	mpzi^{24}	猪	贵州凯里石板寨
mpzj	mpzjaŋ^{31}	老变婆	贵州凯里石板寨
mpl	mple^{31}	稻	贵州毕节大南山
mpɭ	mpɭə^{21}	鞭子	贵州紫云宗地
mpɹ	mpɹa^{32}	绿	贵州紫云宗地
Nql	Nqlei^{31}	光滑	贵州瓮安复员
ɱpfl	ɱpfla^{42}	鱼	贵州摆省

2. 鼻音加气音再加流音

mphl	mphle^{31}	戒指	贵州瓮安复员
mphɹ	mphɹɛ^{44}	光滑	湖南花垣腊乙坪
ɱpfhl	ɱpfhlɛ^{31}	光滑	贵州摆肖

3. 鼻音加塞音再加塞擦音

mpts	mptsɿ^{55}	抿嘴笑	贵州凯里石板寨
mptsj	mptsjaŋ^{31}	疯子	贵州凯里石板寨
mphts	mphtsaŋ^{42}	钹	广西南丹里湖

上面例字中的塞擦音也可以读作 z，因此可以说，塞擦音只是一种变体。

在三合复声母中，前边的鼻音是声头，中间的断音是声干，后边的流音是声尾。整个声母的性质（清、浊、气）由声干决定、声头声尾不起作用。

第二节　韵　母

韵母是音节中的元音或元音后带有辅音的部分，少数字的韵母是浊辅音。

本节也只列举我搜集到的苗瑶语方言里的韵母的实际读音，不归纳音位。

苗瑶语的韵母分单元音韵、复元音韵、元音带单辅音韵、元音带复合尾韵、单辅音韵 5 类。

一、单元音韵母

单元音韵母中包括鼻化元音韵。

ɿ	ntsɿ^{31}	洗（手）	贵州贵阳青岩
ʅ	tʂʅ^{44}	不	云南屏边上坝
i	tɕi^{13}	燃	贵州毕节大南山
ɪ	tɪ44	翅膀	贵州紫云宗地
e	qe^{32}	矮	贵州贵阳青岩
ɛ	tɛ^{33}	儿子	贵州凯里养蒿
æ	mpæ^{54}	耳朵	贵州贵阳青岩
a	qha^{44}	干	湖南花垣腊乙坪
ɑ	ntɑ^{13}	长	贵州贵阳青岩
ɒ	ȵtɕhɒ^{13}	炊烟	贵州罗甸油尖
ɔ	pɔ^{32}	知道	贵州紫云宗地
o	no^{55}	蛇	贵州贵阳青岩
u	pu^{44}	睡	贵州毕节大南山
ø	pø^{35}	暗	贵州贵定谷冰
y	tɕhy^{44}	区	贵州黔西铁石
ɨ	pɨ^{55}	果子	贵州灯草
ʉ	tɕʉ^{13}	酒	贵州罗甸平岩
ə	pə^{35}	哥哥	贵州凯里养蒿
ɤ	tɤ^{33}	火	湖南花垣腊乙坪
ɯ	ʔɯ^{35}	二	湖南花垣腊乙坪
ɚ	ɚ^{13}	（第）二	贵州紫云宗地
ĩ	mĩ^{22}	民（兵）	湖南花垣腊乙坪
ẽ	ʐẽ^{31}	人（民）	贵州甲定
ɛ̃	t ɛ̃^{35}	裙子	湖南花垣腊乙坪
æ̃	pæ̃^{55}	班（长）	贵州紫云宗地
ã	xã^{33}	扁担	贵州罗甸油尖
ɑ̃	ʔɑ̃^{53}	肿	湖南花垣腊乙坪
ɒ̃	ʐɒ̃^{55}	想	贵州罗甸油尖
ɔ̃	n̥hɔ̃^{44}	饭	贵州摆省
õ	nõ^{53}	小米	湖南花垣腊乙坪

ũ	ʔũ^{42}	背	贵州罗甸平岩
ʉ̃	ʔʉ̃^{55}	前年	贵州罗甸平岩
ə̃	mə̃^{31}	去	贵州甲定

二、复元音韵母

复元音韵母并不是由两个或三个独立的元音组合两成的，而是发元音时舌位由某一部位向另一部位滑动，声带不停止振动，因此在滑动过程中产生了一连串的过渡音。例如：ia 实际上有 i……ɪ……e……ɛ……æ……a，ɑu 实际上有 ɑ……ɔ……o……u。

复元音韵母又分二合元音、三合元音两种。二合元音又有前强韵母，后强韵母之别。苗瑶语里没有不分强弱的真性的二合元音。前强韵母里第一个元音是韵干，第二个是韵尾。反之，后强韵母里第一个元音是韵头，第二个是韵干。在三合元音里，中间的元音是韵干，前面的是韵头，后面的是韵尾。韵头、韵尾的舌位一般比韵干的高。

前强韵母

前强韵母和元音后带辅音尾的韵母在瑶语的一些方言里韵干有长短对立。例如广西金秀龙定的 naːu^{231} “老鼠” 和 nau^{231} “舅父”。有的人用重写表示长音，我用：表示长元音。

许多人认为长短韵的区别是韵干分长短，整个韵母也分长短。但是马学良和罗季光两位先生认为“在长元音韵里，韵尾是短的；在短元音韵里，韵尾是长的。就整个韵母的长短来说，长元音韵和短元音韵的长短大体上相等，无所谓长短。”① 我也认真审听了长短韵的差别，觉得长短韵比较起来，不仅长短有差别，音值也有差别。上举例子中的 naːu^{231} 实际音值是［nau^{231}］，韵干舌位比较低；而 nau^{231} 的实际音值是［nɐu^{231}］，韵干舌位比较高。而且长韵音节读得长一些，重一些，韵干后往往有过渡音；短韵音节读得短一些，轻一些，韵干后无过渡音。

长短对立的韵干低元音最多，次高次低元音少一些，高元音最少。

eːi	ɟeːi^{21}	瘦	广西金秀三角村
ei	pei^{55}	知道	广西金秀三角村
eĩ	seĩ^{13}	聪明	贵州紫云宗地
ᴇi	lᴇi^{55}	田	贵州长顺摆圹

① 《我国汉藏语系语言元音的长短》，《中国语文》1962 年 5 月。

ɛi	$lɛi^{44}$	猴子	贵州长顺摆圹
æĩ	$ʐæĩ^{22}$	高	贵州紫云宗地
a:i	sa:i	捆	广西金秀三角村
ai	tai^{21}	死	广西金秀三角村
ɑi	$Nqɑi^{54}$	肉	贵州贵阳青岩
ɔi	$dɔi^{21}$	薯	广西金秀三角村
o:i	$ko:i^{53}$	烧	广西金秀三角村
oi	$tɕhoi^{33}$	吹（喇叭）	广西金秀三角村
u:i	$plu:i^{55}$	滚	广西金秀三角村
yi	$tɕhyi^{44}$	区	贵州瓮安复员
eu	$mpleu^{54}$	糯	贵州贵阳青岩
ɛu	$qɛu^{22}$	跌倒	贵州罗甸小苗寨
a:u	$kla:u^{15}$	还账	广西金秀三角村
au	tau^{55}	答	广西金秀三角村
ɑu	$ntɑu^{13}$	书	贵州贵阳青岩
ou	pou^{33}	知道	贵州黄平枫香
əu	$təu^{21}$	豆	贵州灯草
øu	$møu^{33}$	去	贵州中排
ɑɯ	$ʔɑɯ^{35}$	背	贵州长顺摆梭
əɯ	$kəɯ^{35}$	远	广西都安下坳
ey	$ntey^{55}$	书	贵州威宁石门坎

后强韵母

苗瑶语里腭化声母，唇化声母较多，而以 i、u、y 为韵头的后强韵母不多，因此有这些韵头的后强韵母或三合元音韵母多数是汉语借词带进来的。

ie	pie^{241}	网	广西融水尧告
ia	sia^{31}	牛	广西融水尧告
iɑ	$liɑ^{21}$	脱皮	贵州紫云宗地
iɔ	$tiɔ^{55}$	雕	贵州紫云宗地
io	lio^{21}	（侵）略	贵州贵阳青岩
iu	liu^{42}	柳	贵州紫云宗地
ue	$ʔue^{35}$	鸭子	广东增城下水村
uɛ	$thuɛ^{31}$	团（结）	贵州凯里养蒿

uæ	thuæ21	团	贵州贵阳青岩
ua	tua24	袋	广西融水尧告
uɑ	huɑ43	云	贵州毕节大南山
uɔ	ɕuɔ24	灰	贵州果里
uo	ȵtɕhuo24	熏	贵州果里
uə	ʐuə33	哄	贵州望谟油迈
ye	ɕye55	甩	贵州黔西铁石
əɑ	təɑ13	死	贵州紫云宗地
uɛ̃	tshuɛ̃53	铲	贵州罗甸模引
uæ̃	thuæ̃21	团	贵州紫云宗地
uɑ̃	kuɑ̃55	光（荣）	贵州罗甸平岩
iẽ	ziẽ44	钱	贵州贵定谷冰
iɛ̃	mjiɛ̃44	浅	湖南花垣腊乙坪
iæ̃	tiæ̃42	点	贵州紫云宗地
iɑ̃	liɑ̃22	梁	湖南花垣腊乙坪

三合元韵母

ieu	lieu13	游泳	贵州望谟打狼
iɑu	tiɑu43	碉（堡）	贵州毕节大南山
iɑɯ	ʐi21 liɑɯ31	彝良	贵州威宁石门砍
iou	liou31	（姓）刘	贵州毕节大南山
uei	tuei24	队	贵州瓮安复员
ueĩ	tueĩ42 pi13	准备	贵州紫云宗地
uɛi	kuɛi13	怪	贵州长顺摆梭
uɑi	huɑi23	怀	贵州毕节大南山

三、元音带辅音尾韵母

能做韵尾的辅音只有浊鼻音和不送气清塞音两类。它们做韵尾时都只有成阻，没有除阻，因此带塞尾的音节在听感上与英语、俄语、蒙古语大不相同。带辅音尾的韵母在瑶语的一些方言里有长短对立。

1. 鼻尾韵

又分 m 尾韵、n 尾韵、ŋ 尾韵三类。

m 尾韵

iːm	piːm15	吹	广西金秀三角村

im	nim^{21}	偷	广西金秀三角村
e:m	çe:m^{31}	手镯	广西金秀三角村
em	mem^{53}	躲	广西金秀三角村
a:m	ka:m^{55}	甜	广西金秀三角村
am	ɟam^{21}	暗	广西金秀三角村
ɑ:m	hɑ:m^{11}	闻	广西金秀三角村
ɑm	xɑm^{33}	（马）衔	贵州望谟油迈
ɔ:m	nɔ:m^{31}	叶子	广西金秀三角村
ɔm	koŋ^{33}dɔm^{55}	早晨	广西金秀三角村
o:m	co:m^{55}	热	广西金秀三角村
om	ʔom^{53}	炖	贵州望谟打狼
u:m	n̥u:m^{15}	听见	广西金秀三角村
um	dʑum^{53}	伏	广西金秀三角村
əm	gəm^{21}	病	广西金秀三角村
n 尾韵			
i:n	won^{44}si:n^{35}	泉水	广西金秀三角村
in	ȵin^{21}	吃	广西金秀三角村
en	nen^{43}	人	贵州毕节大南山
ɛn	lɛn^{44}	篮子	贵州紫云四大寨
a:n	ma:n^{21}	慢	广西金秀三角村
an	dan^{53}	打鼾	广西金秀三角村
ɑn	çɑn^{22}	血	贵州三江
ɔn	dɔn^{55}	湿	广西金秀三角村
o:n	po:n^{55}	搬	广西金秀三角村
on	ʔon^{33}	胖	贵州望谟油迈
u:n	lu:n^{53}	滚	广西金秀三角村
un	gun^{53}	嫩	广西金秀三角村
ən	ŋən^{53}	果核	广西金秀三角村
uen	huen^{24}	混	贵州毕节大南山
ŋ 尾韵			
i:ŋ	ni:ŋ^{31}	去	广西金秀三角村
iŋ	niŋ^{15}	短	广西金秀三角村
e:ŋ	ŋe:ŋ^{21}	硬	广西金秀三角村

ɛ:ŋ	tɕɛ:ŋ^{55}	抬	广西金秀三角村
ɛŋ	tɕhɛŋ^{11}	撑	广西金秀三角村
a:ŋ	ɕha:ŋ^{33}	新	广西金秀三角村
aŋ	qaŋ^{33}	甜	贵州凯里养蒿
ɒŋ	tɒŋ^{33}	儿子	贵州罗甸油尖
ɔ:ŋ	lɔ:ŋ^{21}	晾	广西金秀三角村
ɔŋ	kɔŋ^{35}	虫	贵州贵阳青岩
o:ŋ	tɕo:ŋ^{53}	冻	广西金秀龙定
oŋ	koŋ^{55}	角	贵州贵阳青岩
uŋ	luŋ^{44}	锁	贵州罗甸小苗寨
øŋ	m̥øŋ^{33}	苗族	贵州贵定谷冰
əŋ	səŋ^{22}	蒜	贵州长顺摆梭
iaŋ	liaŋ^{31}	梁	贵州毕节大南山
uaŋ	kuaŋ^{55}	管	贵州毕节大南山

2. 塞尾韵

又分 p 尾韵、t 尾韵、k 尾韵、ʔ 尾韵四类。

p 尾韵

i:p	tɕi:p^{44}	吸	广西金秀三角村
ip	ʔip^{55}	腌	广西金秀三角村
e:p	he:p^{44}	缩	广西金秀三角村
ep	ȵep^{55}	夹（菜）	广西金秀三角村
a:p	ʔa:p^{55}	鸭子	广西金秀三角村
ap	hap^{44}	喝	广西金秀三角村
ɔ:p	kɔ:p^{55}	鸽子	广西金秀三角村
o:p	tap^{21}mo:p^{55}	四季豆	广西金秀三角村
op	dop^{55}	皮	广西金秀三角村
up	jup^{55}	签	广东连南油岭
əp	kəp^{33}tɕin^{53}	隔壁	广西金秀三角村

t 尾韵

i:t	kwhi:t^{44}	盘	广西金秀三角村
it	bit^{55}	跳	广西金秀三角村
e:t	me:t^{55}	稠	广西金秀三角村
et	pet^{55}	八	广西金秀三角村

a:t	ma:t^{21}	袜子	广西金秀三角村
o:t	ŋo:t^{55}	傻	广西金秀三角村
ot	dot^{11}	脱	广东连南油岭
u:t	nu:t^{55}	剥（花生）	广西金秀三角村
ut	fut^{55}	屁	广西金秀三角村
k 尾韵			
ɛk	thɛk^{44}	踢	广西金秀三角村
a:k	lə^{33}pa:k^{21}	萝卜	广西金秀三角村
ak	lak^{55}	蘸	广西金秀三角村
ɑ:k	dʑɑ:k^{21}	按	广西金秀三角村
ɔ:k	mɔ:k^{55}	盖	广西金秀三角村
ɔk	tɕɔk^{44}	舂	广西金秀三角村
ok	fok^{55}	富	广西金秀三角村
ʔ 尾韵			
iʔ	mpliʔ^{12}	舌	广西金秀龙华
eʔ	jeʔ^{12}	八	广西金秀龙华
aʔ	ŋaʔ^{55}	咬	广西金秀龙华
ɒʔ	tʃɒʔ^{55}	贵	广西金秀龙华
ɔʔ	pau^{53}pɔʔ^{12}	包袱	广西金秀龙华
oʔ	toʔ^{12}	豆	广西金秀龙华
uʔ	tʃuʔ^{55}	笑	广西金秀龙华

四、元音带复合尾韵母

复合尾韵母有三种。

第一种，韵干后有高元音韵尾，元音韵尾后还有喉塞音 ʔ。这种 ʔ 也不除阻，成阻较弱，有消失的趋势。

eiʔ	neiʔ^{12}	母亲	广西金秀龙华
aiʔ	phaiʔ^{55}	女儿	广西金秀龙华
ɒiʔ	ʃɒiʔ^{55}	摇晃	广西金秀龙华
əuʔ	pjəuʔ^{55}	暗	广西金秀龙华
auʔ	ntjauʔ^{55}	啄	广西金秀龙华

第二种，韵干后带浊鼻音韵尾、鼻尾后还有同部位的塞音韵尾。鼻尾很短，紧接着软腭上升，堵住鼻腔通道，形成鼻腔口腔都堵塞，但不

除阻。

imp	dimp^{11}	闭	广西贺县里头村
emp	tsemp^{11}	十	广西贺县里头村
amp	ʔamp^{44}	鸭子	广西贺县里头村
ɔmp	hɔmp^{11}	盒子	广西贺县里头村
omp	domp^{24}	皮肤	广西贺县里头村
int	mo^{21}mint^{44}	葡萄	广西贺县里头村
ent	tent^{44}	屄	广西贺县里头村
ɛnt	bjɛnt^{11}	舌	广西贺县里头村
ant	tant^{44}	篱笆	广西贺县里头村
ɔnt	sɔnt^{44}	刷子	广西贺县里头村
ont	lo^{21}khont^{44}	胸脯	广西贺县里头村
unt	kai^{21}kunt^{44}	驼子	广西贺县里头村
eŋk	kɛŋ^{21}deŋk^{24}	跳蚤	广西贺县里头村
aŋk	laŋk^{11}khuʔ^{24}	忘记	广西贺县里头村
oŋk	tsam^{31}loŋk^{44}	茧	广西贺县里头村
ɔŋk	dɔŋk^{24}	母鸡叫声	广西贺县里头村

塞音韵尾前带同部位鼻音的这种复辅音韵尾，在苗瑶语里我记录到的只有里头村的。不过广西全州双龙瑶语里也应该有这种韵尾。双龙瑶语是邓方贵先生的母语，他在《苗瑶语方言词汇集》① 标敏瑶语的语料里只标有鼻音韵尾，而同年编写的《瑶语方言比较》② 却有鼻音和塞音两种韵尾。方言词汇集里部分词的鼻尾在方言比较里改成了同部位的塞尾，42 调值也改成了 21，另一部分词的鼻尾和调值却没有改。例如：

汉义	方言词汇集	方言比较
喝	xən^{54}	xət^{54}
鸭	ʔan^{54}	ʔat^{54}
织（布）	dan^{54}	dat^{54}
十	ȶhan^{42}	ȶhat^{21}
辣	blan^{42}	blat^{21}
舌	blin^{42}	blit^{21}

① 中央民族学院出版社，1987。

② 油印讲义，1987。

嫂	ȵan^{33}	ȵan^{33}
甜	kan^{33}	kan^{33}
血	san^{53}	san^{53}
虱	dan^{53}	dan^{53}
肥	kin^{42}	kin^{42}

可见词汇集里的鼻尾实际音值有两种。一种是单纯的鼻尾，方言比较没有改；另一种是鼻尾加同部位塞尾的复合韵尾，方言比较改成了塞尾，而这部分字的声调是入声，未改的是平上去三声。

第三种，元音韵干后带鼻尾、鼻尾后还有喉塞尾。

əŋʔ	ȵəŋʔ^{55}	莽	广西金秀龙华
aŋʔ	ȵaŋʔ^{55}	磕头	广西金秀龙华

用这类韵母构成的字少。

五、单辅音韵母

单辅音韵母以前叫辅音切主。能做切主的辅音都是浊续音，其中主要是鼻音，其次是边音和擦音。它们多数是自成音节，前面无声母，少数与同部位清声母拼，只有个别方言可与不同部位的声母相拼。辅音切主许多人用小竖加在浊辅音下表示，本书省。

m	m̥m^{31}	麦子	湖南隆回毛坳
n	n^{35}	儿媳	湖南隆回毛坳
ȵ	ȵ^{55} ȵ̥ei^{53}	那边	贵州黎平滚董
ŋ	pŋ^{313}	沸	湖南城步中排
N	N^{33} ʔaŋ^{35}	水牛	贵州黎平滚董
V	V^{13}	水	广西融水尧告
l	pl^{33}	野猫	贵州毕节大南山

第三节　声　调

一、声调是区别意义的独立单位

汉藏语系的语言绝大多数有声调。大多数学者认为声调跟声母、韵母一样，是区别意义的独立单位。但是上世纪五十年代苏联的谢尔久琴轲教授给我们讲课时，提出“声调是区分元音音位的成分（间或也区分辅音成分），每个元音出现几个声调，就分成几个元音音位，例如说，北京有四个〈a〉音位：a ˥、a ˧˥、a ˨˩˦、a ˥˩。”其主要论据是声调不能单独发音，主要跟元音结合才能发音。这个观点得到傅懋勣先生的赞同，① 但是许多人不同意。

这是线性分析法的产物。从苗瑶语的实际语音来看，我也觉得不妥，其理由如下：

1. 任何概念都是概括抽象的结果。例如“人”是由“张三”、“李四”、“王五”……概括来的。同样北京话里阴平调˥也可以由 a ˥、o ˥、i ˥、u ˥等概括出来。“人”可以脱离“张三”、“李四”、“王五”存在、为什么阴平˥不能脱离 a、o、i、u 等而存在呢？

2. 声调不但分布在主要元音上，也分布在韵头、韵尾和浊声母上。例如北京话的“柳”liou^{214}，21 分布在 li 上，12 分布在 o 上、24 分布在 u 上。因此声调是整个韵母的高低升降（如果声母是清辅音）或整个音节的高低升降（如果声母是浊辅音），而不仅仅是音节中某个元音的高低升降。

3. 声调可以单独起作用。

第一个例子是黔东苗歌押调而不押韵。例如：

tɔ^{11}tja^{11}ʔa^{44}kaŋ^{44}ŋa^{23}　　后生不勤快，
ɕhe^{11}tɔ^{11}to^{11}təu^{44}ve^{23}　　尽砍马桑柴。
tɕi^{33}tɕi^{11}ʔa^{44}tei^{44}muŋ^{23}　　烤酒不喷香，
tei^{11}ɬɔ^{11}ʔa^{44}nju^{44}həu^{23}　　阿妹不愿尝。

这是一首谐音的歌、主要表现在每一句的末一字上。可以看出，末一字的韵母分别是 a、e、uŋ、əu，彼此互不相同，但是声调都是有 23，也和谐上口。可见声调在这里脱离了韵母，单独起了谐音作用。

第二个例子是广东增城下水村畲语的并词变调。下水村的否定副词 ʔa^{35}“不”常常轻读，与其他词连用时往往被前面或后面的词同化或吞并。同化、吞并时声母、韵母都消失，声调却保存着。例如：

ʔa^{35}“不”ma^{31}“有”读作 m^{35}ma^{31}“没有”

m^{35}是轻读的 ʔa^{35}受后面音节声母 m 的影响同化而成的。

nuŋ^{31}“吃”ʔa^{35}“不”nuŋ^{31}“吃”读作 nuŋ^{35}nuŋ^{31}“吃不吃”，nuŋ^{35}是 nuŋ^{31}ʔa^{35}合并而成的。

第三个例子是汉语沅江话（属新湘语）里的“一”字和“得”字在

① 1957 年中华书局出版《语言调查常识》69 页。

语流中往往与前字合并。合并时，跟不水村畲语一样，声母、韵母都消失，声调却保存着。例如：

sia^{42} “写” i^{55} “一” hen^{33} “封” sin^{13} “信” 读作

$sia^{25}hen^{33}sin^{13}$ “写封信”

sia^{25}是 sia^{42}和 i^{55}合并而成的。

mau^{11} “有” $tə^{55}$ “得” $ziẽ^{13}$ “钱” 读作：

$mau^{15}ziẽ^{13}$ “没有钱”

mau^{15}是 mau^{11}和 $tə^{55}$合并而成的。上面这三个例子说明，声调是可以离开元音而单独起作的。

4. 把声调看作元音音位的成分，元音的数量就会增加若干倍。例如北京话的单元音是 a、o、e、i、u、y 6 个，结合四个声调，就会增加到 24 个。

北京话的声调还是比较少的。苗瑶语声调发达，有的方言（如广西大化弄京话）有 12 个声调，9 个单元音，如果把声调看做元音音位的成分，其元音音位就有 108 个，再配上韵尾 - i、 - u、 - n、 - ŋ，韵母数就会多得惊人。

5. 音节连读有的发生变调，而变调往往以相邻字的声调为条件，如北京话的“上上相连，前上变阳平”。苗瑶语的连读变调有的比北京话复杂得多。例如贵州紫云宗地有 11 个声调，连读变调也都以声调为条件，至少有 20 条。如果把声调看做元音音位的成分，连读变调就成了连读音变，其变音规律就会多达 200 多，要把它叙述完整，岂不大费篇幅？

二、调值

调值是有调语言中音节的高低升降。标记调值早期用赵元任先生设计的调号：将一根竖线从下住上分成 5 度，左边用平线或斜线画出高低升降，如北京话的˥、˧˥、˨˩˦、˥˩。这种调号虽然形象，但是在字体较小的印刷品里，如果调值相近，容易混淆，因此许多人改用阿拉伯数字标调，即用 1、2、3、4、5 表示音高的起点，终点和折点，如北京话的 55、35、214、51。起点终点等高，中间无折点的是平调，起点低终点高的是升调，起点高终点低的是降调，折点高于起点终点的是凸调，折点低于起点终点的是凹调。

苗瑶语声调发达，平、升、降、凹、凸各调形都有较多的例子。

1. 平调

55　meiˑ^{55}　猪　贵州黎平滚董
44　meiˑ^{44}　眼睛　贵州黎平滚董
33　meiˑ^{33}　有　贵州黎平滚董
22　m̥eiˑ^{22}　骂　贵州黎平滚董
11　meiˑ^{11}　马　贵州黎平滚董

在一个方言点有 5 个平调对立区别意义，这是不多见的。

2. 升调

12　mtɬe^{12}　稻　云南富宁龙绍
13　tɔ^{13}　来　广西大化弄京
15　m̥iˑ^{15}　牙齿　贵州望谟油尖
23　tɔ^{23}　杀　广西凌云陶化
24　tɤu^{24}　兔子　广西都安梅珠
35　ven^{35}　菜园　广西大化弄京
45　da：p^{45}　压　广西龙胜白水

3. 降调

54　pe^{54}　碗　广西大化弄京
53　tɔ^{53}　深　广西凌云陶化
52　tɤ^{52}　豆　贵州荔波瑶麓
51　ʔa^{51}　肉　海南琼中烟园
43　tɔ^{43}　敲　广西大化弄京
42　ŋke^{42}　钩子　云南富宁龙绍
41　tɔ^{41}　杀　广西大化弄京
32　kɔ^{32}　鸭子　云南富宁龙绍
31　cu^{31}　扣（纽扣）　广西都安梅株
21　tɔ^{21}　咬　广西大化弄京

4. 凹调

424　kou^{424}　他们　贵州荔波瑶麓
423　to^{423}　脚　广西都安三只羊
422　kɑ^{422}　鸡　贵州荔波瑶麓
335　pe^{335}　三　贵州罗甸小苗寨
313　qa^{313}　屎　湖南隆回毛坳
215　phau^{215}　雷　贵州罗甸小苗寨
213　nto^{213}　密　云南屏边上坝

212 wo^{212} 芋头 广西都安三只羊

5. 凸调

121 pe^{121} 手 云南富宁龙绍

131 ɬhau^{131} 铁 贵州罗甸小苗寨

132 ma^{132} 马 广西龙胜白水

221 tɔ^{221} 死 广西大化弄京

231 cu^{231} 旱 广西都安梅珠

232 tɔ^{232} 读 广西大化弄京

233 teŋ^{233} 血 广西都安三只羊

241 nu^{241} 麻 广西都安下坳

342 dziam^{342} 血 广西贺县里头村

343 po^{343} 抱 贵州罗甸模引

353 dzɑu^{353} 盐 广西龙胜白水

453 tɬo^{453} 四 贵州荔波洞塘

454 pe^{454} 把儿 广西大化弄京

551 ʈhu^{551} 拿 广西都安下坳

必须说明，上引例字是不同调查者凭听觉记录的，未用仪器测量，因此两点的调值可能有差别，即两个点的不同调值可能相同，相反，相同调值可能不同。但同一个点同一个人所记的调值是对比得出的，是有差别的。

上面的调值是取自单音节实词或多音节词的词根。多音节词中的词缀和虚词的调值有所不同，有的方言重读，可以标出其高低升降；有的方言轻读，高低不稳定，升降不明显，但是没有用不同轻声区别意义的。

那么，轻声是否可以不标记呢？不行。因为有的词缀或虚词只是一个简单的鼻音，如果不标声调，就会误认为是后一音节的鼻音声头。轻声既然短而升降不明显，是否可以只标一个数字呢？也不好。因为许多学者用 1 个数字表示调类，轻声只标一个数字就会误认为是调类。我的办法是在一个数字之前加“o”。例如：

o3 ʔa^{o3}po^{53} 祖父 贵州黎平滚董

o2 to^{o2}na^{31} 人 贵州凯里石板寨

三、调位

调位是同一方言内能够区别词的声调类别。严格地说，说同一方言的人，因为性别不同，年龄不同，说同一个字的实际音高是不同的。但是这些音高可以概括为一些类别，同一类别有大体相同的调值，而且与前后音节组合时产生的变异相同。

苗瑶语方言里的调值调位对应数可分 3 类。

1. 调值数与调位数相等。其中有的没有连读变调。如贵州凯里养蒿有 33、55、35、11、44、13、53、31、8 种调值，就是 8 个调位。有的虽有连读变调，但那是从甲调变成乙调，并未产生新的调值。如贵州毕节大南山有 43、31、55、21、44、13、33、24、8 个调值，其中 31、21、24 这 3 个调的字，紧接在 43 和 31 两个调的字后面时要变成 13 调。因为 13 调不是新产生的，所以仍是 8 个调值。

2. 调值的数目比调位多。那是因为有的调位单读时是一个调值，连读时产生了新的调值。例如广东增城下水村的“月亮”和“六”单读时是 ne^{33}和 kɔ^{33}，都是 33 调，但在［ne^{11}taŋ^{22}］“星星”［kɔ^{11}naŋ^{22}］“六个”里变成了 11 调；“抹”和“擦”单读时是 mat^{35}和 tshat^{35}，都是 35 调，但在［mat^{21}tuŋ^{35}］“抹凳子”和［tshat^{21}taŋ^{22}］“刷子”里变成了 21 调。这 11 和 21 是音节连读时产生的新的变调值。于是下水村的 6 个调位有 8 个调值。不过变调值的产生是有规律的，音位标音时可以不标。

3. 调值的数目比调位少。那是因为有的调值有不同的来源，单读时调值相同，连读时发生不同的连读变调。例如贵州平坝凯掌话的 ȵɑŋ^{44}“重”和 pɑu^{44}“见”单读时都是 44 调，前面加 mei^{21}“不”连读时，“不重”读作［mei^{21}ȵɑŋ^{24}］，“重”变成了 24 调；“不见”读作［mei^{21}pɑu^{21}］，“见”却变成了 21 调。原来“重”是古阴上字，“见”是古阳入字。可见阴上和阳入并未真正合并，音位标音时，可以分别标作 44（阴上）、44（阳入）。不过这种貌合神离的调位不多见。

苗瑶语的调位数，不同方言之间相差较大，最少的只有 3 个，最多的有 12 个，相差 4 倍。下面是方言中不同调位数的例子。

贵州开阳高寨 3 个：31、55、35。

贵州凯里石板寨 4 个：31、55、24、33。

贵州黔西铁石 5 个：44、21、33、13、55。

贵州惠水高坡 6 个：24、55、13、31、43、22。

广西全州双龙 7 个：33、31、35、42、24、53、21。

云南屏边上坝 8 个：53、31、55、22、44、13、33、213。

贵州长顺摆梭 9 个：23、33、55、24、35、13、12、22、53。

广西都安三只羊 10 个：454、22、33、233、31、423、13、212、54、42。

贵州紫云宗地 11 个：22、32、53、232、42、11、35、55、13、44、21。

广西大化弄京 12 个：33、13、43、232、41、221、32、21、55、35、54、454。

四、调类

许多人称调位为调类，如称养蒿的 33 为第一调或阴平调，55 调为第二调或阳平调等等。其实调类应有古今之别，不同时代的调位范围不同，调类的名称也应该不同。不同方言现在的调类是声调系统分化或合并的结果，是历时演变过程中不同阶段的反映，它们可以分为 5 个类型。

1. 平仄型

平、仄是古汉语对字调的分类，其中仄声不是一个声调的名称，而是上声、去声、入声的总称。我借用这两个术语来讨论苗瑶语声调的产生和发展。

在现代苗瑶语里，仄声也都已分化为不同的声调，但是在瑶族民歌里还有典型的平仄对立。例如 1983 年云南瑶族青年冯文贵寄给我的回信

《双方互相寄抄歌》

回京起手回文转，转回仙央们外游。
执得仙书到手里，开来读听可有思。
也有难言也有意，拖久未回怠慢仙。
莫怨苗丹也无意，正来拖久贵仙书。
自己平生不识字，怠慢思情月久秋。
报仙有心莫兔怪，耐烦舍意莫抛休。

这是一首用汉字写的歌瑶体的回信，奇句的末一字“转、里、意、意、字、怪”都是仄声，偶句的末一字“游、思、仙、书、秋、休”都是平声。这种平仄交替而不押韵的谐音格式其他瑶歌和大量女书都是如此，这是古老格式的传承、必有它的语音基础。

我在《汉藏语声调探源》一文里谈平仄问题时，推断是“通、流、擦、塞四类韵尾转化为平、升、降、促四类声调”。平、升、降、促即平、上、去、入。当四类韵尾还存在时，音节的音高也会有差别，但不是唯一的区别特征、而是伴随特征。因此我们可以设想，当人们开始区分平仄

时，韵尾应是无阻（通）、有阻（流、擦、塞）对立。后来韵尾弱化，音高差别增强，最后发展为唯一的区别特征。所以有阻、无阻是声调的孕育阶段。这个阶段可以示意为：

音节尾{无阻—平声
有阻—仄声

表示平仄可以用符号一和1。

2. 四声型

这个类型都存在罗泊河苗语里。例如贵州凯里石板寨的31、55、24、33对立区别意义。

31	vu31	女人
55	vu55	刺
24	vu24	手镯
33	vu33	见

经比较研究，这4个调与古汉语的平、上、去、入完全对应，因此我称31调为平声，55调为上声，24调为去声，33调为入声。这是苗瑶语里最古的调类，可以示意为：

声调{平声——31
仄声{上声—55
去声—24
入声—33

徐通锵认为："声母语音特征的变化导致声调的起源"。① 他所说的语音特征的变化是指浊音清化。显然石板寨苗语的实际读音不支持这一结论，因为在这里浊声依然存在，而声调已经产生。不过徐先生重视的"浊音清化"虽不能说明声调的"起源"，但用来说明声调的"分化"却是管用的（详后面）。

表示平、上、去、入这4个调类张琨先生首先用A、B、C、D这4个字母，后来大家沿用。

3. 八调型

具有这种调型的方言比较多，例如贵州凯里养蒿有33、55、35、11、44、13、53、31、8个调。如果拿石板寨的4个调与养蒿的8个调比较（详后），33、55是从平声分化来的，35，11是从上声分化来的，44、13

① 《民族语文》1998年第1期11页。

是从去声分化来的，53，31 是人从入声分化来的，因此可以称 33 为阴平，55 为阳平，35 为阴上，11 为阳上，44 为阴去，13 为阳去，53 为阴入，31 为阳入。这个类型可以示意为：

- 声调
  - 平声
    - 阴平—33
    - 阳平—55
  - 上声
    - 阴上—35
    - 阳上—11
  - 去声
    - 阴去—44
    - 阳去—13
  - 入声
    - 阴入—53
    - 阳入—31

阴平、阴上、阳去、阴入合称为阴调，阳平、阳上、阳去、阳入合称为阳调。标记这 8 类调人们常用 1 个阿拉伯数字，即 1（阴平）、2（阳平）、3（阴上）、4（阳上）、5（阴去）、6（阳去）、7（阴入）、8（阳入）。这样的标记对观察方言之间的对应关系和古音的演变无疑是很有用的，但是如果是共时的描写，因为方言之间调类虽同，调值却往往不同，调类号成了调值的代号，读者就不知道它的实际高低升降了。因此共时描时最好标调位，历时比较可以标调类。

4. 阴调分甲、乙型

- 声调
  - 阴调
    - 阴平
      - 阴平甲—32
      - 阴平乙—22
    - 阴上
      - 阴上甲—42
      - 阴上乙—232
    - 阴去
      - 阴去甲—55
      - 阴去乙—35
    - 阴入
      - 阴入甲—44
      - 阴入乙—13
  - 阳调
    - 阳平—53
    - 阳上—11
    - 阳去—13
    - 阳入—21

这个类型分布在川黔滇苗语的黔南方言和瑶语的金门方言。如上图示意的贵州紫云宗地的：32、22、53、42、232、11、55、35、13、44、21。

其中32、22、是阴平分化成的，42、232是阴上分化成的，55、35是阴去分化成的，13、44是阴入分化成的。

阴平甲、阴上甲、阴去甲、阴入甲合称为阴甲调，阴平乙、阴上乙、阴去乙、阴入乙合称为阴乙调。这些调类可以标记为：1、1‘；3、3‘；5、5‘；7、7‘。

5. 入声分子、丑型

这个类型分布在瑶语金门方言里，可以示意为：

- 声调
  - 舒声
    - 平声
      - 阴平
        - 甲—35
        - 乙—31
      - 阳平—33
    - 上声
      - 阴上
        - 甲—545
        - 乙—43
      - 阳上—32
    - 去声
      - 阴去
        - 甲—44
        - 乙—21
      - 阳去—22
  - 促声—入声
    - 阴入
      - 甲
        - 子—24
        - 丑—55
      - 乙
        - 子—31
        - 丑—32
    - 阳入
      - 子—42
      - 丑—21

这种类型不仅平上去入各分阴阳，阴调各分甲乙，阴入甲、阴入乙、阳入又各一分为二。例如云南屏边新村的：

	长元音		短元音	
阴平甲：	ka：m^{35}	甜	wam^{35}	水
乙：	ŋ̥i：m^{31}	种子	tθim^{31}	针
阳　平：	tθa：ŋ^{33}	肠子	piaŋ^{33}	花
阴去甲：	da：u^{545}	长	dau^{545}	盐
乙：	tθa：u^{43}	数（动）	lau^{43}	竹子
阳　上：	ma：i^{32}	买		
阴去甲：	dja：u^{44}	风	tθau^{44}	脚
乙：	pa：i^{21}	剖	dai^{21}	飞

阳 去：	ma：i^{22}	卖	$kjai^{22}$	瘦
阴入甲：	da：t^{24}	翅膀	dat^{55}	织
乙：	pu：t^{31}	喷	dut^{32}	逃脱
阴 入：	ta：p^{42}	穿（鞋）	tap^{21}	豆

可以看出，平上去阴阳各调的字，元音虽分长短，声调没有跟着分化，而入声各调的字，长元音的是一个调，短元音的是另一个调。

入声 3 个调虽然各分化成了两个调值，但是元音也分长短，因此是不同调值与长短元音共同区别意义。音位标音时，如果我们标明了长短元音，入声调类仍可标作 7，7‘、8。

上面讨论调类类型时只列了调类的分化。其实声调分化时也有合并。例如：

贵州开阳顺岩的平声和入声并成了 31。

湖南花垣腊乙坪的阴上和阴入并成了 44，阳上和阳入并成了 33。

贵州紫云宗地的阳去和阴入乙并成了 13。

云南屏边新村的阴平乙和阴入乙并成了 31，阳上和阴入乙丑并成了 32，阴去乙和阳入丑并成了 21。

如果作者不知道某字原来的调类，最好把几个调类都标上。如腊乙坪的 $ʔɤ^{3.7}$ “衣服”。

第四节 气嗓音

一、成音机制

以前人们把气嗓音称为浊送气或浊流，与清送气构成一对，清送气用符号 h 或 ‘ 表示，浊送气用 ɦ 表示，意思是都是声门摩擦，发 h 时声带不颤动。

气嗓音既然是声门摩擦，我们就必须弄清它与也是声门摩擦的 h 的差别。

人的喉有多块软骨作支架，而以甲状软骨、环状软骨和勺状软骨为主。甲状软骨最大，包围喉的前面和侧面。环状软骨在甲状骨的下面．是它的底座。勺状软骨是一对体积很小的椎形软骨，位于喉后部环状软骨板之上。声带是两片带状的纤维薄膜，前端附在甲状软骨上，后端附在勺状软骨前端突起部分上。

发 h 时，勺状软骨打开，声带也打开，气流从声门外泄，声带不颤动。其状可示意为：

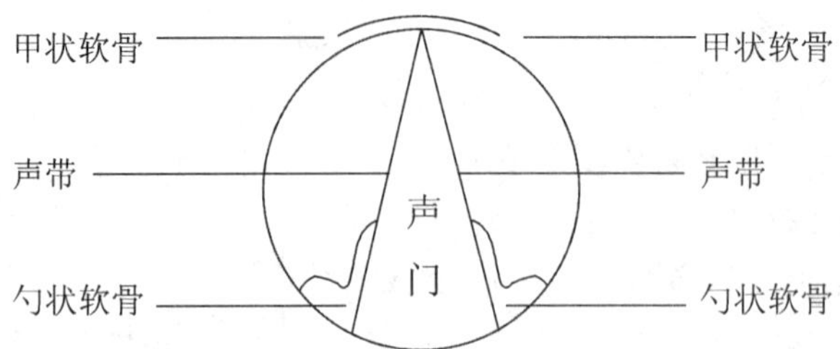

发 ɦ 时，声带（约占声门的三分之二）合拢，气流使声带颤动；勺状软骨（约占声门的三分之一）打开，部分气流摩擦而过，因此我们听到浊的摩擦声。其状可以示意为：

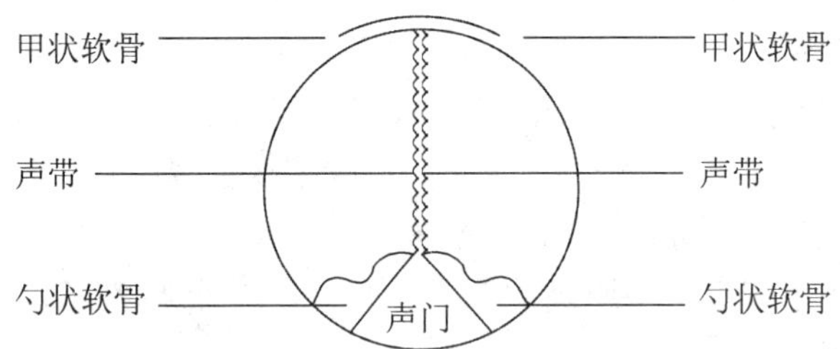

上面是 h 与 ɦ 生理结构的差别。另外它们在音节中延续的范围也是不同的。发送气清音时，气流 h 在声母除阻阶段加强，声带不颤动，声门摩擦，到发后续元音时，气流就减弱了，声门也不摩擦了。发气嗓音 ɦ 时，如果声母是清音，到除阻阶段，声带才开始颤动，气流加强，同时声门开始摩擦；如果是浊音，则在持阻阶段就开始颤动摩擦，气流加强，一直到发后续的元音和韵尾时，摩擦和颤动不停止，气流也不减弱，直到音节终结。这样的区别可以云南屏边上坝的词为例示意如下：

清音清送气	清音浊送气	浊音浊送气
h	ɦ--	ɦ---
phua⁴⁴劈	pɦaŋ¹³池塘	nɦaŋ¹³雨

因此把气嗓音看作声母的一种特征并不完全符合实际。

气嗓音跟声调却有相同之处，因为声调是音节的高低升降，不仅分布在元音上，也分布在浊辅音韵尾上，如果声母是浊辅音，还分布到声母上。如上坝的：

— ／ ／

phua^{44}劈 pɦaŋ^{13}池塘 nɦaŋ^{13}雨

因此把气嗓音看作跟声调一样，是整个音节的一种别义成分比较贴切。

二、功能

气嗓音与声调虽有相同之处，但是也有差别。第一，分布没有声调那么广。声调在苗瑶语里无处不在，多的有十几个，最少的也有三个。气嗓音只存在部分方言中，而且只有一种。有的虽有轻重之别，但不区别意义。

第二，功能没有声调那么大。不同方言都用声调区别词义，但是气嗓音多数是声调的伴随特征，只在少数方言里是能单独辨义的区别特征。

1. 伴随特征

在方言里，有的只有一个调有气嗓音伴随、有的有几个调有。例如贵州惠水高坡的：

24	[po^{24}]	知道	55	[po^{55}]	还
13	[po^{13}]	射	31	[po^{31}]	牛背峰
42	[mpo^{42}]	沸	22	[pɦo^{22}]	脓

6 个声调中只有 22 调有气嗓音伴随。又如广西都安下坳的：

35	[pu^{35}]	三	31	[pu^{31}]	沸
44	[fu^{44}]	喝	33	[kɦu^{33}]	十
551	[ʈhu^{551}]	拿	241	[nɦu^{241}]	麻

6 个声调中有 33 和 241 两个调有气嗓音伴随。

2. 区别特征

在少数方言里、气嗓音能单独区别词义。就是说，声母、声调都相同的字，有无气嗓音，其意义不同。例如贵州麻江河坝的：

22	[ɬa^{22}]	乞讨	22	[ɬɦa^{22}]	富

无气嗓音的是“乞讨”，有气嗓音的是“富”，可见气嗓音是区别特征。又如贵州威宁石门坎的：

11	[vai^{11}]	藏	11	[vɦai^{11}]	抓
31	[dʑi^{31}]	燃	31	[dʑɦi^{11}]	树枝

气嗓音在不同声调的字里都是区别特征。

既然气嗓有不同功能，我认为标记它时应该区别对待。音值描写时，

ɦ 写在声母韵母之间，如高坡的 pɦo^{22} “脓”。音位标音时，伴随特征应省，如高坡的 po^{22} “脓”；区别特征必须标出，ɦ 一般写在声韵母之间，也可以写在调号之后，如河坝的 ɬa^{22ɦ} “富”。

三、分布

气嗓音虽不及声调能遍布各个音节，但是它也能出现在多类声母、多类韵母和各类声调中。下面的例字也不归纳音位。

1. 清断音声母音节

p	pɦaŋ^{13}	池塘	云南屏边上坝
pl	plɦuɒ^{13}	穷	云南屏边上坝
t	tɦəɯ^{22}	火	云南屏边上坝
ʈ	ʈɦau^{13}	肥	云南屏边上坝
k	kɦəɯ^{22}	芽	云南屏边上坝
q	qɦai^{22}	矮	云南屏边上坝
ts	tsɦəɯ^{13}	少	云南屏边上坝
tɬ	tɬɦau^{22}	藠头	云南屏边上坝
tʂ	tʂɦuɒ^{22}	淡	云南屏边上坝
tɕ	tɕɦi^{22}	树枝	云南屏边上坝

2. 带鼻音声头清断音声母音节

mp	mpɦai^{53}	蚂蚁	广西金秀龙华
mpl	mplɦuɒ^{13} mple^{31}	秕子	云南屏边上坝
nt	ntɦu^{22}	岸	云南屏边上坝
ntj	ntjɦaŋ^{35}	秤	广西金秀龙华
ɳʈ	ɳʈɦo^{22}	跟	云南屏边上坝
ŋk	ŋkɦen^{44}	肝	广西金秀龙华
ŋkj	ŋkjɦaŋ^{44}	闩	广西金秀龙华
Nq	Nqɦen^{22}	懒	云南屏边上坝
nts	ntsɦəɯ^{13}	瘦	云南屏边上坝
ntɬ	ntɬɦau^{22}	滚	云南屏边上坝
ntʃ	ntʃɦei^{44}	怕	广西金秀龙华
ɳʈʂ	ɳʈʂɦuɒ^{22}	孤独	云南屏边上坝

3. 浊断音声母音节

b	bɦua^{44}	糠	广西金秀三角村

bj　bjɦəu^{31}　浮萍　广西金秀三角村
d　dɦo^{11}　洗（衣）　广西金秀三角村
dj　djɦəu^{33}　醒　广西金秀三角村
ɖ　ɖɦa^{35}　结实　贵州威宁石门坎
ɟ　ɟɦa^{44}　铁　广西金秀三角村
g　gɦau^{31}　十　贵州威宁石门坎
gj　gɦjau^{35}　石头　海南琼中烟园
G　Gɦɯ^{35}　蒜　贵州威宁石门坎
dz　dzɦo^{35}　网　贵州威宁石门坎
dʐ　dʐɦu^{13}　允许　贵州威宁石门坎
dl　dlɦo^{35}　油　贵州威宁石门坎
dʑ　dʑɦɛŋ^{11}　称　广西金秀三角村

4. 带鼻音声头的浊断音声母音节

nd　ndɦu^{35}　天　贵州威宁石门坎
ɳɖ　ɳɖɦu^{35}　下边　贵州威宁石门坎
ŋg　ŋgɦa^{35}　房子　贵州威宁石门坎
NG　NGɦai^{35}　肉　贵州威宁石门坎
ndz　ndzɦa^{35}　扇子　贵州威宁石门坎
ndl　ndlɦi^{35}　米　贵州威宁石门坎
ɳdʐ　ɳdʐɦa^{13}　量　贵州威宁石门坎
ȵdʑ　ȵdʑɦa^{13}　麻烦　贵州威宁石门坎

5. 清擦音声母音节

ʍ　ʍɦeʔ^{55}　女阴　广西金秀龙华
f　fɦaŋ^{13}　猿　贵州凯里养蒿
s　sɦo^{13}　到达　贵州凯里养蒿
ɬ　ɬɦi^{53}　黄鼠狼　广西金秀龙华
ɬj　ɬjɦu^{13}　扔　贵州凯里养蒿
ɕ　ɕɦaŋ^{13}　告诉　贵州凯里养蒿
Ç　Çɦuŋ^{44}　漂亮　广西金秀龙华
h　hɦaŋ^{33}　行　海南琼中烟园

6. 浊续音声母音节

w　wɦɔŋ^{55}　稗子　贵州望谟油迈
v　vɦai^{35}　那里　贵州威宁石门坎

ð	ntɬəu^{21} ðɦuŋ^{13}	油渣	贵州望谟油迈
z	zɦaɯ^{35}	龙	贵州威宁石门坎
ʐ	ʐɦen^{33}	高	贵州平塘西关
ʑ	ʑɦu^{13}	自己	贵州威宁石门坎
j	tɕoŋ^{33} jɦaŋ^{33}	中间	广西金秀三角村
ɣ	ɣɦai^{31}	骂	贵州威宁石门坎
ʁ	ʁɦã^{22}	快	贵州长顺摆梭
m	mɦa^{35}	有	贵州威宁石门坎
n	nɦau^{35}	吃	贵州威宁石门坎
ɳ	ɳɦu^{13}	告状	贵州威宁石门坎
ȵ	ȵɦe^{31}	母亲	贵州威宁石门坎
ŋ	ŋɦɯ^{31}	割（草）	贵州威宁石门坎
l	lɦa：ŋ^{11}	躺	广西金秀三角村
lj	ljɦɔ^{24}	大	贵州罗甸平岩

7. 单元音韵母音节

i	tɕɦi^{22}	树枝	云南屏边上坝
e	ȵɦe^{31}	母亲	贵州威宁石门坎
ɛ	bɦɛ^{33}	拍	广西金秀三角村
a	dʑɦa^{35}	九	贵州威宁石门坎
ɔ	ljɦɔ^{24}	大	贵州罗甸平岩
o	sho^{13}	到达	贵州凯里养蒿
u	dʐɦu^{13}	允许	贵州威宁石门坎
ɯ	ŋɦɯ^{31}	割（草）	贵州威宁石门坎
y	qəɯ^{55} qɦy^{13}	布谷鸟	云南屏边上坝

8. 复元音韵母音节

ei	bɦei^{33}	尘土	广西金秀三角村
a：i	gɦa：i^{33}	干	广西金秀三角村
ai	sɦai^{11}	飞	广西金秀三角村
ui	bɦui^{33}	响	广西金秀三角村
a：u	gɦa：u^{33}	量（布）	广西金秀三角村
au	ɟɦau^{11}	鸟窝	广西金秀三角村
ou	tʂɦou^{22}	减	云南屏边上坝
əu	ɟɦəu^{11}	磨（刀）	广西金秀三角村

əɯ	tɦaɯ^{22}	火	云南屏边上坝
aɯ	zɦaɯ^{35}	龙	贵州威宁石门坎
uɒ	ɳtʂuɒ^{22}	孤独	云南屏边上坝

9. 鼻音尾韵母音节

in	wɦin^{33}	园	广西金秀三角村
en	ʐɦen^{33}	高	贵州平圹西关
ɛn	ʂɦɛn^{33}	肝	广西金秀三角村
un	dɦun^{11}	脱（皮）	广西金秀三角村
i：ŋ	gjɦi：ŋ	田	海南琼中烟园
iŋ	dɦiŋ^{11}	锈	广西金秀三角村
ɛŋ	dʑɦɛŋ^{11}	称	广西金秀三角村
a：ŋ	Iɦa：ŋ^{11}	躺	广西金秀三角村
aŋ	gɦaŋ^{11}	村子	广西金秀三角村
ɔŋ	wɦɔŋ^{55}	稗子	贵州望谟油迈
uŋ	Çɦuŋ^{44}	漂亮	广西金秀龙华

10. 塞音尾韵母音节

ap	gɦap^{44}	趴	广西金秀三角村
a：t	gɦa：t^{44}	渴	广西金秀三角村
at	wɦat^{13}	摆动	广西金秀三角村
ot	ntɦot^{55}	蜕	广西金秀三角村
eʔ	ʍɦeʔ^{55}	女阴	广西金秀三角村

11. 不同调类音节

阴平	gjɦau^{35}	石头	海南琼中烟园
阴上	mpɦai^{53}	蚂蚁	广西金秀龙华
阴去	dɦo^{11}	洗（衣）	广西金秀三角村
阴入	gɦa：t^{44}	渴	广西金秀三角村
阳平	ndɦu^{35}	天	贵州威宁石门坎
阳上	tɦəɯ^{22}	火	云南屏边上坝
阳去	ɬɦa^{13}	富	贵州凯里养蒿
阳入	gɦau^{31}	十	贵州威宁石门坎

四、来源

气嗓音不是原生的。许多人认为它是浊声母清化的残存。其实它不仅来源于浊声母，也来源于清声母。请看下面的比较：

	石板寨	三角村	
阴平	ʂen31	ɟɦ：ŋ33	高
阴上	mpa55	bɦa15	补
阴去	ntsha24	dɦo11	洗（衣）
阴入	Nqhei33	gɦa：t44	渴
	石板寨	石门坎	
阳平	NGwaŋ31	ndɦu11	天
阳上	ʁa55	Gɦɯ11	矮
阳去	ʑi24	dʑɦi31	燃
阳入	jo33	gɦau31	十

石板寨是保存清、浊、气三大类声母的典型。三角村的气嗓音与石板寨的清声母和气声母对应，出现于阴调字。石门坎的气嗓音与石板寨的浊声母对应，出现于阳调字。可见气嗓音是多源的。不过来自浊声母的比较多，来自清声母和气声母的比较少。

从发展趋势看，气嗓音与声调有较大的区别。声调产生以后，有过三次大的分化，有的已发展到十多个；气嗓音产生以后则逐渐衰变，因为在有气嗓音的方言里，往往只有部分声调的字有，其中最多的是阳去，其次阳上，再次阳入，阳平和阴调少见。

五、乙维语音

1998 年我在《汉藏语系的二维语音》① 一文中提出“汉藏语系的语音可分甲维、乙维两大类。甲维语音每个语言、方言都有，包括辅音和元音，它们按成音先后排列成线，所以又叫‘线性语音’。乙维语音虽然不是每个语言都有，但是大多数语言、方言有，包括变嗓音、气嗓音、半嗓音，这些音不单独占时间，而与甲维语音同现，而且往往超越几个音段，所以又称为‘超片段语音’或‘非线性语音’”。我说的变嗓音就是声调。苗瑶语的语音既有变嗓音，又有气嗓音，所以是二维语音。

人类为什么在甲维语音的基础上发展出了乙维语音？社会不断发展，人的认识也不断丰富细密，为了确切表达，只有两种办法：第一种，加长线性语音；第二种，在线性语音中寻找新的因素。

① 《语言研究》1998 年第 1 期，武汉。

人的感官可以在同一时间里接受不同的信息，可以感知音色、音高、音强、音长。当人用线性语音表义时，主要是不同音色起作用。如果同时还用不同音高或带擦音高表义、那就产生了乙维语音，形成了二维语音。

从成音机制看，甲维语音是声门之上声道用不同的部位或形状调控而成的，乙维语音是调整声门本身发出的，二者有显著的差别。在声调一节我已说明把声调处理为不同的元音很不合适，同样把气嗓音处理为不同的声母也不合适。因为：1，不能反映它们的全面分布。2，增加了许多声母，使声母系统庞杂，不便分析说明。

一维语音和二维语音中的甲维语音虽然都是辅音、元音，但是二者之间有较大的差别，前者组合力强，搭配限制少，音节内辅音与辅音不分主次，组成的音节多。后者组合力弱，搭配限制多，音节内元音要分主次，辅音也分主次，组成的音节少。因此对两类语音应该用不同的分析法。

一维语音用线性分析法

1. 将音节切分为不同的元音音位和辅音音位。

2. 将元音音位分类，列出元音表。

3. 将辅音音位分类，列出辅音表

4. 说明复辅音和复元音的组合规律。

5. 说明哪些辅音、辅音组可以位于元音之前，哪些可以位于元音之后。

6. 概括出音节类型。

7. 指出多音词的音节界限和重音点。

二维语音用层次分析法

1. 把语音分析为甲维语音—声母、韵母，乙维语音—变嗓音、气嗓音。

2. 把声母切分为声头、声干、声尾，把韵母切分为韵头、韵干、韵尾，把变嗓音分为不同的声调。

3. 将声母分为单声母和复声母，再将复声母分为后强复声母、前强复声母、中强复声母。

4. 将韵母分为单元音韵母、复元音韵母、鼻尾韵母、塞尾韵母。

5. 把变嗓音分为平、上、去、入，再把平、上、去、入各分阴阳。

6. 以发音部位、发音方法为经纬，列出声母矩阵。

7. 以主要元音、韵尾为经尾纬，列出韵母矩阵。

8. 以声母、韵母、声调为经纬，列出音节表。

第五节 音 位

音位是从一定言语连续体的众多音素中归纳出来能区别语素的最小语音单位。音位标音是用国际音标符号把归纳出来的音位标示出来、使它成为视而可读的书面材料。

对立、互补、音近、简单、系统是归纳音位、标记音位的一些原则，其中对立、互补处于核心地位。根据对立的原则，可以确定两个音属于不同的音位。根据互补的原则，可以把几个音归并为一个音位。音近的原则一方面是指两个音虽然成互补分布，但是音值相差很大，不宜归并为一个音位；另一方面是指音标所代表的音不应与实际的音相差太大。简单原则要求归纳音位时省略伴随特征，使音位数和标音符号尽可能少。系统原则要求归纳出来的音位尽可能配列存在，不孤立零落。在应用这些原则时，由于个人的着眼点不同，对于一些性质相同的语音现象，往往有不同的处理。

1934 年，赵元任先生在《音位标音法的多能性》一文中指出："把一个语言的声音归纳为音位系统，往往不止一种可能性"。同时认为：用不同的方法归纳音位，"不能简单地说正确不正确，只能看做好下点差一点"。既然归纳出来的音位有好和差之分，人们自然应该选择最佳方案。本节根据苗瑶语的语音实际提出一些归纳音位的方案，并对其他方案稍加评论.

一、全面照顾音的分布

苗瑶语有许多方言有带鼻音声头的复辅音声母。例如贵州毕节大南山的：

[mp]	[mpaŋ^{43}]	臂	[mph]	[mphoŋ^{44}]	撒（土）
[mpl]	[mplai^{33}]	花瓣	[mphl]	[mphlai^{43}]	戒指
[n̪ts]	[n̪tsaŋ^{44}]	坟	[n̪tsh]	[n̪tshaŋ^{43}]	陡
[nt]	[ntaŋ^{43}]	漂浮	[nth]	[nthaŋ^{43}]	楼
[ɳʈ]	[ɳʈaŋ^{55}]	中间	[ɳʈh]	[ɳʈhoŋ^{43}]	裹腿
[ɳʈʂ]	[ɳʈʂaŋ^{55}]	板壁	[ɳʈʂh]	[ɳʈʂhaŋ^{55}]	血
[ȵtɕ]	[ȵtɕaŋ^{31}]	直	[ȵtɕh]	[ȵtɕhaŋ^{44}]	震动
[ŋk]	[ŋkaŋ^{31}]	蓝靛	[ŋkh]	[ŋkhɛɯ^{43}]	扬尘

[Nq] [Nqaŋ44] 提 [Nqh] [Nqhe33] 渴

这些声母的特点是鼻音声头的发音部位与声干的发音部位完全相同。就是说，[p] 的前面只出现 [m]，不出现 [n̪]、[n]、[ɳ]、[ȵ]、[ŋ]、[N]，[ts] 的前面只出现 [n̪]，不出 [m]、[n]、[ȵ]、[ɳ]、[ŋ]、[N]，其他的照着类推。

有的学者根据鼻音声头在声干前互补分布的事实，把全部鼻音声头归归纳为一个音位/n /。例如白苗话的：/nplou2/“稻”，/ntsua3/“洗”，/ntoŋ5/“树”，/ntʂi8/“辣”，/ntɕou5/“篾”，/nko2/“船”，/nqeŋ1/“茅草”。①

大南山的鼻音还可以做韵尾，例如：

[in] [tɕin13] 每 [en] [nen43] 人

[aŋ] [naŋ43] 蛇 [oŋ] [koŋ43] 针

鼻尾也是互补的，前高元音后为 n，后低元音后为 ŋ，就是说，i 和 e 后只有 n，没有 ŋ；a 和 o 后只有 ŋ，没有 n。因此鼻尾也成互补分布，也可以归纳为一个音位/n/，上面的例字可以改写为/tɕin13/“每”，/nen43/“人”，/nan43/“蛇”，/kon43/“针”。

如果只看鼻音声头和鼻音韵尾，把鼻音归纳为/n/一个音位是可以的。可是大南山的鼻音除了做声头和韵尾，还可以单独做声母。例如 [maŋ43]“壮”，[naŋ43]“蛇”，[ȵaŋ43]“媳妇”，[ŋaŋ43]“淹”。在这些例字中，[m]、[n]、[ȵ]、[ŋ] 出现在同一个韵母前，这就不是互补分布，而是对立分布了，因此这些音不属于一个音位，应分为四个不同的音位。

不过大南山的 [n̪]、[ɳ]、[N]、不单独做声母，也不做韵尾，只做声头。因此在归纳大南山的鼻音音位时，必须全面观察、不应只看局部。根据对立、互补和音近的原则、这里的鼻音可以归纳为 4 个音位，其中/m/只含 [m] 一个变体，/n/含 [n̪]、[ɳ]、[n] 3 个变体。/ȵ/也只含/ȵ/一个变体、/ŋ/含 [ŋ]、[N]、两个变体。上面的例字可以标写为：

/mpaŋ43/臂 /mphoŋ44/撒土 /mplai33/花瓣

/mphlai43戒指/ /ntsaŋ44/坟 /ntshaŋ43/陡

/ntaŋ43/漂浮 /nthaŋ43/楼 /nʈaŋ43/中间

/nʈhoŋ43/裹腿 /ntʂaŋ55/板壁 /ntʂhaŋ55/血

/ȵtɕaŋ31/直 /ȵtɕhaŋ44/震动 /ŋkaŋ31/蓝靛

① G. B. Downer, Problems in the Reconstruction of Proto – Miao – Yao.

/ŋkhɛɯ^{43}/扬尘　　/ŋqaŋ^{44}/提　　/ŋqhe^{33}/渴
/tɕin^{13}/每　　/nen^{43}/人　　/naŋ^{43}/蛇
/koŋ^{43}/针　　/maŋ^{43}/壮　　/ȵaŋ^{42}/媳妇
/ɲaŋ^{43}/淹

二、简单、系统、音近兼顾

湖南吉首腊乙坪话也有有鼻音声头的复声母。声头后面有两类声干。一类是浊断音。例如：

[mbo^{53}] 冒（水）　　[ndə^{44}] 纸　　[ɳɖõ^{35}] 中间
[ɲɟe^{35}] 金子　　[ŋgɯ^{35}] 菌子　　[NGɑ^{44}] 钳
[n̥ dz ɑ̃^{53}] 骑　　[ȵdʑɛ^{35}] 明白

另一类是气音。例如：

[mphu^{35}] 翻倒　　[nthɛ^{35}] 件（衣）　　[ɳʈha^{53}] 能干
[ɲcho^{35}] 迷惑　　[ŋkhə^{44}] 裤子　　[Nqha^{35}] 涸
[n̥ tshɔ^{53}] 洗（衣）　　[ȵtɕhi^{35}] 干净

有的学者把前一类声母 标作/b/、/dz/……，把后一类声母标作/bh/、/dzh/……。

腊乙坪还有两组不带鼻音声头的声母。一组是清断音［p］、［ts］……等，另一组是气音［ph］、［tsh］……等。如果采用上面的标法，就形成了/p/……，/ph/……，/b/……，/bh/……4 大类声母，① 其优点是音节较短。但是有三方面的缺点：1，与实际音值相差太大，鼻音声头不见了，根本不存在的浊音清送气却出现了。2. 无声头声母与有声头声母原本是配列的，现在看不见了。3. 增加了许多浊辅音音位，声母系统变得很复杂，与其他方言的对应关系也很复杂。因此这样的归并方法，与音近、简单、系统的原则都有距离。

如果把鼻音声头后的气音如实标作气音，把浊音标作清音，那么前面的例字就可以标作：

/mpo^{53}/冒（水）　　/ntə^{44}/纸　　/ɳʈõ^{35}/中间
/ȵce^{35}/金子　　/ŋkɯ^{35}/菌子　　/ŋqɑ^{44}/钳
/ntsɑ̃^{53}/骑　　/ȵtɕɛ^{35}/明白
/mphu^{35}/翻倒　　/nthɛ^{35}/件（衣）　　/ɳʈa^{53}/能干

① 石如金《苗汉汉苗词典》书末《苗文声、韵、调国际音标对照表》，岳麓书社，1997.

/ȵcho^{35}/迷惑　　　　/ŋkhə^{35}/裤子　　　/ŋqa^{35}/涸

/ntshɔ^{53}洗（衣）　　　/ȵtɕhi^{35}/干净

跟前面那种标法比较，有如下三个长处：1. 没有浊断音，音位系统比较简单。2. 比较接近实际音值，只要说明把声头后的清断音读作浊断音就行，而鼻音是浊音，在它的影响下，清音浊化是很自然的。3. 两组纯塞音塞擦音与两组带鼻音声头的塞音塞擦音配列，整齐又系统。

罗泊河苗语有三组不带鼻音声头的声母，即清音［p］、［t］、［ts］……，气音［ph］、［th］、［tsh］……，浊音［v］、［ð］、［z］……，例如贵州开阳高寨的：

［pi^{55}］房子　　　［to^{31}］点（灯）　　［tsoŋ^{35}］释放

［phɑ^{35}］劈　　　［the^{31}］梯子　　　［tshu^{55}］灰

［ven^{31}］花　　　［ðoŋ^{31}］铜　　　　［zen^{31}］钱

其中的浊音是擦音，是从浊断音变来的。对这三组声母的标音，学者们没有分歧，都是/p/、/t/、/ts/……，/ph/、/th/、/tsh/……，/v/、/ð/、/z/……。

这种话还有三组带鼻音声头的复声母，其音值比较特殊，要讲得稍微详细一点。第一组是清断音前面有鼻音声头，声头发完之后，声带立即停止颤动，然后软腭上升，堵住鼻腔通道，接着发口音，在听觉上鼻口音之间有一个短暂的停顿（这里暂时用短横一表示）。例如：

［m－pi^{35}］猪　　　［n－tu^{31}］布　　　［n̥－tse^{35}］尖

第二组是声干气音前面带鼻音声头，声头声干之间也有停顿。例如：

［m－pjhe^{31}］女儿　　［n－then^{31}］楼　　［n̥－tshɑ^{35}］洗（衣）

第三组也是清断音前面带鼻音声头，但鼻音还没有发完时软腭就上升堵住鼻腔通道发口音，到除阻时声带已停止颤动、所以听起来也像清音。例如：

［mpy^{35}］鼻子　　　［ntɑ^{35}］麻　　　［n̥tsɑŋ^{55}］剁

一、三两组虽然都是鼻音加清口音，但是彼此对立，区别意义。例如：

［ȵ－tɕo^{31}］啄　　　［ȵtɕo^{31}］嘴

所以这个短暂的停顿必须用不同音位加以区别。

怎样标记这个停顿呢？有的用喉塞音ʔ。例如/mʔpu^{24}/“梦”，

/nʔthen^{31}/ “楼”。① 以前我也是这样标的②，但这样有两点不妥：1. 读者容易认为鼻音后的 ʔp……是内爆音或鼻音后带喉塞，其实只是声带停止颤动。2. 带鼻音声头的先喉塞断音、先喉塞气音和纯断音，与不带鼻音声头的清音、气音、浊音不配列。

后来我在《汉语苗瑶语比较研究》③ 中有所修改，就是把 ʔ 去掉，把鼻冠音后的清音改为浊音，这样，前面的例字就应改标为：

/mpi^{35}/猪	/ntu^{31}/布	/ntse^{35}/尖
/mpjhe^{31}/女儿	/nthen^{31}/楼	/ntshɑ^{35}/洗（衣）
/mby^{35}/鼻子	/ndɑ^{35}/麻	/ndzɑŋ^{35}/剁

这样标的优点是：1. 符号简单明了。2. 更接近实际音值。3. 清、气、浊、三分，与没有鼻冠音的三组声母完全配列。

三、舍复取单

畲语的鼻音做声母时有一个特点，就是后面带同部位的塞音成分。有的学者在文章中把这种成分也标了出来。例如《博罗畲语概述》④ 里的：

声母表

p	ph	mp			v	f
ts	tsh				z	s
t	th	nt				
k	kh	ŋk	ŋ	ŋ̊		h
pj	phj	mpj				
tsj	tshj					sj
tj	thj	ntj				
kj	khj	ŋkj				hj
kw	khw	ŋkw				

韵母表

i		in	ip	it	
e	ei	en		et	ek

① 王辅世、毛宗武《苗瑶语古音构拟》，1995。

② 马学良主编《汉藏语概论·苗瑶语篇》1991。

③ 载《汉藏语同源词研究》（二），广西民族版社，2001。

④ 《民族语文》1982（2）。

a	ai	au	an	aŋ	ap	at	ak
ɔ	ɔi		ɔn	ɔŋ			ɔk
u	ui		un	uŋ		ut	uk

我们可以看出，在声母表里有7个鼻音后带同部位塞音的复声母和一个单声母 ŋ。可是这个 ŋ 只自成音节 ŋ³³ “痛”，应是韵母，而不是声母。这样，博罗畲语里就只有 mp、nt、ŋk 等复声母而没有常见的 m、n、ŋ 等单鼻音声母。在韵母表里只有 n、ŋ 两个鼻尾，没有 nt、－ŋk 复辅音韵尾。可见 mp、nt、ŋk 等复辅音只出现于音节首，与单辅音 m、n、ŋ 成互补分布。既然二者不对立，音位标音时把复辅音中的塞音删去岂不简洁?

苗瑶语的鼻冠复辅音声母有两个特点：

1. 与其他也有这种声母的方言互相对应。但博罗畲语的不对应。例如：

大南山	高坡	博罗	汉义
mpɒ⁴⁴	mpa⁴³	pui²¹	猪
nteu⁵⁵	ntə¹³	tɔ⁵⁵	纸
ŋqen⁴³	ŋqin²⁴	kan³³	茅草

大南山和高坡都是鼻冠辅音，而博罗没有鼻冠音。又如：

大南山	高坡	博罗	汉义
nen²¹	min³¹	mpe⁵⁴	马
noŋ¹³	noŋ²²	ntɔ⁵⁴	鸟
ȵa³¹	ȵɛ⁵⁵	ŋkin⁴²	银子

博罗是鼻冠复辅音而大南山，高坡是单鼻音。

2. 鼻冠复辅音声母与同部位的无鼻冠塞音和塞擦音配对。如大南山的：

/p/——mp/	/ph/——/mph/
/t/——nt/	/th/——/nth/
/tɕ/——－ȵtɕ/	/tɕh/——/ȵtɕh/
/k/——ŋk/	/kh/——/ŋkh/
/q/——ŋq/	/qh/——/ŋqh/

但博罗的不配对。如：

/p/——/mp/	/ph/——
/ts/——	/tsh/——
/t/——/nt/	/th/——
/k/——/ŋk/	/kh/——

/pj/——/mpj/ /phj/——

/tsj/—— /tshj/——

/tj/——/ntj/ /thj/——

/kj/——/ŋkj/ /khj/——

/kw/——/ŋkw/ /khw/——

因此博罗畲语鼻冠复辅音应改标为单鼻音。作者在1986年的《畲语简志》中已经这样改了。

广西贺县里头村的瑶语与博罗畲语相反［m］、［n］、［ŋ］等单鼻音能做声母，［mp］、［nt］、［ŋk］等复辅音能做韵尾。例如：

［mou^{11}］云 ［nau^{22}］老鼠 ［$ŋau^{33}$］钩子

［$tomp^{11}$］豆 ［$kant^{44}$］笑 ［$loŋk^{44}$］茧

那么里头村的鼻冠复辅音能不能像博罗畲语那样并入鼻音呢？不行。因为里头村的单鼻音也能做韵尾。例如：

［kam^{33}］甜 ［ton^{33}］儿子 ［$dzaŋ^{11}$］字

而且与鼻冠复辅音对立区别意义。例如：

［tam^{11}］踩（脚） ［$tamp^{11}$］穿（鞋）

［bun^{11}］鸡扒土 ［$bunt^{11}$］糯

那么把这些复辅音韵尾作为音位组合保留下来吗？也不必。因为塞音［p］、［t］、［k］只做声母，不做韵尾，恰好与［mp］、［nt］、［ŋk］成互补分布，所以［mp］、［nt］、［ŋk］中的鼻音成分，可以省略不标。这样，上面的一些例字可以标作：

/top^{11}/豆 /kat^{44}/笑 /lok^{44}/茧

/tap^{11}/穿（鞋） /but^{11}/糯

四、不标伴随特征

单音节语素的区别，有的只用一个成分，有的用几个。用几个区别成分时，有的不分主次，都不可省；有的可分主次，音位标音时应省略次要成分伴随特征。苗瑶语里共同区别语素的有：声调与气嗓音，声调与韵尾，声调与长短元音。

1. 标声调，省气嗓音

气嗓音与声调共现时，有的只有一个声调有气嗓音。例如高坡的：

［$nã^{24}$］蛇 ［$nõ^{55}$］吃 ［$nã^{13}$］这

［$nã^{31}$］南 ［$nã^{43}$］寻 ［$nɦã^{22}$］雨

只有22调的字有气嗓音。有的有几个调的字有气嗓音。例如宗地的：

[ka^{32}] 药　　[lɦa^{22}] 桥　　[ha^{53}] 哭

[ha^{42}] 屎　　[nɦa^{232}] 穿（衣）　　[tɦu^{11}] 火

[mpa^{55}] 猪　　[pɦa^{35}] 劈　　[ʈɦɯ^{13}] 筷子

[pla^{44}] 涩　　[ŋa^{21}] 镜子

在11个声调中有22、232、11、35、13五个调的字有气嗓音。

当声调与气嗓音共同区别意义时，何者是主，何者是次，不使用该语言的人不易决定，应求教于语言使用者。1959年我调查宗地话时，故意把32和22说得调值相同，但一个带气嗓音，一个不带。发音人说没有差别。相反，故意把调值说得不同，都不带气嗓音。发音人说有区别。可见气嗓音是伴随特征，可以省略，因此宗地的例字可以标作：

/kɑ^{32}/药　　/la^{22}/桥　　/ha^{53}/哭

/ha^{42}/屎　　/na^{232}/穿（衣）　　/tɯ^{11}/火

/mpa^{55}/猪　　/pa^{35}/劈　　/ʈɯ^{13}/筷子

/pla^{44}/涩　　/ŋa^{21}/镜子

2. 标声调，省喉塞尾

龙华炯奈语有8个声调，其中55、12两个调的字，少数是壮语或瑶语借词，带-p、-t、-k尾；多数是固有词，带喉塞尾-ʔ。固有词如：

[ŋaʔ^{55}] 咬　　[ŋaʔ^{12}] 蠢

[ɬaiʔ^{55}] 割　　[ŋkaiʔ^{12}] 窄

[ntauʔ^{55}] 燃　　[təuʔ^{12}] 毒

[tʃuʔ^{55}] 笑　　[puʔ^{12}] 见

[pliʔ^{55}] 涩　　[mpliʔ^{12}] 舌

[ʃoʔ^{55}] 关（门）　　[tɒʔ^{12}] 读

[phaiʔ^{55}] 女儿　　[təuʔ^{12}] 娇

其他6个调（44、33、53、31、35、11）的字都不带塞音韵尾。例如：

[ta^{44}] 她　　[mpja^{33}] 耳　　[kja^{53}] 路

[tʃa^{31}] 手　　[ða^{35}] 霜　　[kja^{11}] 笛子

喉塞尾ʔ既短又弱，它的前面有的还有元音韵尾i或u，显然它是伴随特征。所以标出声调55和12，喉塞尾就可省略。前面的例字就可以写作：

/ŋa^{55}/咬　　/ŋa^{12}/蠢

/ɬai^{55}/割　　/ŋkai^{12}/窄

/ntau^{55}/燃	/təu^{12}/毒
/tʃu^{55}/笑	/pu^{12}/见
/pli^{55}/涩	/mpli^{12}/舌
/ʃo^{55}/关	/tɒ^{12}/读
/phai^{55}/女儿	/teu^{12}/娇

3. 用不同声调显示长短元音

海南烟园瑶语的古入声现在分化成了 4 个调，古浊声母字 42 调，古气声母字 11 调，古清声母则分化成了 35 和 55 两个调，其中 35 调字的韵干都是长元音，55 调字的韵干都是短元音。例如：

[ʔa:p^{35}] 鸭子	[kjap^{55}] 熊
[da:t^{35}] 翅膀	[tjəp^{55}] 接
[bu:t^{35}] 疯	[dop^{55}] 皮
[kje:t^{35}] 橘子	[kjat^{55}] 笑
[plɛ:t^{35}] 迸	[fut^{55}] 发
[ʔto:t^{35}] 肚脐	[plat^{55}] 埋

既然是元音的长短和不同声调共同区别意义，能不能只标明两个声调，不分长短元音，或只标明长短元音，不标声调呢？可以。因此上面的例字有两种标记法。第一种，用长元音表示 35 调，短元音表示 55 调。即：

/ʔa:p/鸭子	/kjap/熊
/da:t/翅膀	/tjəp/接
/bu:t/疯	/dop/皮
/kje:t/橘子	/kjat/笑
/plɛ:t/迸	/fut/发
/ʔto:t/肚脐	/plat/埋

第二种，用 35 调表示长元音，55 调表示短元音，即：

/ʔap^{35}/鸭子	/kjap^{55}/熊
/dat^{35}/翅膀	/tjəp^{55}/接
/but^{35}/疯	/dop^{55}/皮
/kjet^{35}/桔子	/kjat^{55}/笑
/plɛt^{35}/迸	/fut^{55}/发
/ʔtot^{35}/肚脐	/plat^{55}/埋

但是在烟园瑶语里，除古入声字外，其他声调的字元音韵干也分长短，古清平字也是 35 调，古清去字也是 55 调，因此在非入声字里，长短

元音不能表示不同声调，35 和 55 也不能表示长短元音。只有把塞音尾、元音长短、不同声调三个条件都算上才能像上面那样标。为了避免误判没有声调，最好用第二种方法，即用不同声调显示长短元音。

五、自由变读的音应舍繁取简

所谓自由变读是指同一个语素有两种明显的不同读音，语言使用者一会儿用这一个，一会儿用另一个，但自己觉得没有什么不同。这种自由替换的音一般是辅音，二者或者调音方法不同，或者调音部位不同。音位标音时只能选其中的一个，最好选简单常用的。下面举一些例子。

罗泊河苗语石板寨话的声母 [pz]、[phz]、[mpz]、[mbz] 可以自由变读作 [pts]、[mpts]、[mbdz]。例如：

[pzʅ^{31}]“三”也可以读作 [ptsʅ^{31}]

[phzʅ^{55}]“烧”也可以读作 [ptshʅ^{55}]

[mpzʅ^{55}]“抿”也可以读作 [mptsʅ^{55}]

[mbzʅ^{31}]“拍”也可以读作 [mbdzʅ^{31}]

因为 z 比 ts 和 dz 简单，所以上面的例字应该标作：

/pzʅ^{31}/三　　/mpzʅ^{55}/抿

/phzʅ^{55}/烧　　/mbzʅ^{31}/拍

畲语下水村话的声母 [n] 和 [l]， [nj] 和 [lj] 可以自由变读。例如：

[nɔ^{33}]“铁”也可以读作 [lɔ^{33}]

[njaŋ^{55}]“漂亮”也可以读作 [ljaŋ^{55}]

困为 n 除了做声母外、还可以做韵尾，所以应该选 n 和 nj。上面的例字应该标作：

/nɔ^{33}/铁　　/njaŋ^{55}/漂亮

布努语西山话的韵母 [an] 和 [at] 可以自由变读为 [am] 和 [ap]。① 例如：

[pan^{24}]“头旋儿”也可以读作 [pam^{24}]

[phat^{55}]“扫”也可以读作 [phap^{55}]

韵尾 n 和 t 在苗瑶语里比较常用，所以上面的例字应该标作：

/pan^{24}/头旋儿　　/phat^{55}/掃

---

① 蒙朝吉《瑶族布努语方言研究》、民族出版社，2001 年。

第六节 音 节

音节是由声母、韵母、声调组合而成的表示意义的最小单位。苗瑶语的语素绝大多数是一个音节。

以前学者研究苗瑶语的音节很不够。到2008年，日本的田口善久才在《罗泊河苗语词汇集》① 列出了贵州开阳窝蒲寨的《声韵调配合表》。

本书也不能全面地讨论各个语言的音节，只以《苗汉词典》（黔东方言）② 的语料为基础，编一个音节表，稍作说明分析。

一、音节表说明

1. 养蒿话有40个声母，其中送气清声母 ph、tsh、th、tjh、tɕh、kh、qh、m̥h、n̥h、n̥jh、fh、sh、ɬh、ɬjh、ɕh、xh、h 只与阴调（33、35、44、53）拼，其他声母能与阴调拼，也能与阳调（55、11、13、31）拼，但现代汉语借词、叹词、拟声词不受此限。

2. 声母 ʔ 词典未用字母表示，本书一一标出。声母 z 词典只拼汉语借词，固有词中的 z 规范为 n。本书按实际音值分为 n 和 z。

3. 韵母 e、ie、ao、iao、uei、uɛ、ua、uen、uaŋ 只拼现代汉语借词，但现代汉语借词还可以用其他韵母拼。

4. 声母中不送气清塞音和清塞擦音出现的次数最多，平均达60次以上，特别是 p、t、k 达70以上。送气的清塞音、清塞擦音、清鼻音、清擦音出现的次数最少，平均只有25次多一点，不到不送气音的一半。浊的鼻音、边音、擦音和不送气清擦音出现的次数居中，平均43.5。

5. 韵母共20个，可分两类。一类是拼固有词的 i、ə、a、o、u、ɛ、ei、in、en、aŋ、oŋ，共11个，出现次数最多的203次，最少的57次。另一类是拼现代汉语借词的 e、ie、ao、iao、uei、uɛ、ua、uen、uaŋ，共9个、出现次数都比较少、最多的只有18次，最少的仅1次。

6. 声调共有8个，阴调中阴平出现284次，最高；其次阴上，257，再次阴去，222；阴入最少，153。阳调中阳平出现177次，最高；其次阳入，169；再次阳上，152；阳去最少，149。如果把阴调和阳调合并起来，

① 东京外国语大学。

② 张永祥主编，贵州民族出版社，1989。

则是平声461，多于上声409，多于去声371，多于入声322。

7. 这个音节表共有音节1563个。

8. 音节的意义用汉字注明。多音词的本音在表下边的注释中用~代替，其他音用音标标出。

二、养蒿苗语音节表

养蒿苗语音节表

声调 / 韵	P							
	33	35	44	53	55	11	13	31
i	三	嗦子	睡	张开	比	手	平坦	缺
ə	龟	兄	响		埋	刺	抱	
a	大腿	父	猪		牌	坏	藤	划
o	小山	谢	驼（背）	山坡	萍	捧	（一）丛	轻快貌
u	懂	补	沸	开（门）	簸	别人	浓	（田）埂
ɛ	赠	满	雪		落	拦	（酒）糟	猫
ei		背诵	啪啦①		肥胖状②			
in					饼			
en	锛子	涩	筲箕③	围	本	心跳声	份	光滑貌④
aŋ	崩	射	刺		花	傍	靠	的
oŋ	浓绿貌⑤	滴答声⑥	厉害	棉絮	涌出	双		见
e								
ie								
ao	包（子）	报（告）						
iao	标（准）				表（扬）			

① ~ɬei^{44}

② ~ɬei^{55}

③ ~xha^{33}

④ ~len^{31}

⑤ ~ʑoŋ^{33}

⑥ ~djoŋ^{35}

声调韵	ph							
	33	35	44	53	55	11	13	31
uei								
uɛ								
ua								
uen								
uaŋ								
i	煨	些	边	女孩	呸			疲
ə		勾兑	雪花	网漂				
a	破开		剖					
o	浮肿	噗	泡					
u	浮	开（花）	破解					
ɛ	补（衣）	派	配					排
ei	故意①	碎片②						
in								
en	灰尘	忙③		消失				
aŋ	（一）件		坡	碰				
oŋ	浅灰色	（一）拨						
e								
ie	篇							
ao								
iao								
uei								
uɛ								

① ~ shei^{33}
② ~ ɬhei^{35}
③ ~ ɬen^{35}

声调韵	ph							
	33	35	44	53	55	11	13	31
ua								
uen								
uaŋ								
i	咪，咩	躲	软（泥）①	扁平		编织		雌
ə							盖	
a	捏	稀软	玛	靠近	拍	马	准备	劈
o	虎叉②	偏厦③		无血色	鸡毛④	卯	帽	
u		摘禾刀	秕子	朽	鼎罐	乱买⑤	磨	刮（风）
ɛ	他俩		阿妹		有	买，卖	脸	
ei			肮脏⑥		美			煤
in								
en		扬言	井				软弱	
aŋ	你俩	闭（嘴）		揉	你们	麦子	戴（项圈）	嘛
oŋ	病		窥		你	去		蒙（古）
e								
ie								
ao								毛（泽东）
iao					秒			
uei								
uɛ								
ua								

① ~ sei^{44}

② ~ tsha^{33}

③ ~ ku^{31}

④ ~ qei^{33}

⑤ ~ mɛ^{11}

⑥ ~ sei^{44}

声调/韵	ph							
	33	35	44	53	55	11	13	31
uen								
uaŋ								
i	臊	牙齿						
ə								
a		泡沫	说					
o	穗须	米花						
u	苗族		尝					
ɛ	刺							
ei								
in								
en								
aŋ			夜					
oŋ	核心							
e								
ie								
ao								
iao								
uei								
uɛ								
ua								
uen								
uaŋ								

声调/韵	f							
	33	35	44	53	55	11	13	31
i	迟	（一）把	轻快状	提	挂		卡	缺
ə							牛颈白圈	
a	瓜		过	妖怪		起来		逃脱
o								
u	明天①	男子名	乱（责备）②	乱扔③	架子	圈套	乱议④	服从
ɛ								
ei	飞（机）							肥（皂）
in								
en	分	管			粉			
aŋ	方	宽	出现	扔	黄		猿	硫黄
oŋ	封							
e								
ie								
ao								
iao								
uei								
uɛ								
ua								
uen								
uaŋ								

① ~ fa^{11}

② ~ $faŋ^{44}$

③ ~ $faŋ^{53}$

④ ~ $faŋ^{53}$

声调韵	fh							
	33	35	44	53	55	11	13	31
i	富裕	活套子						
ə								
a		线		灭				
o	搓	又①	糠	屄				
u	伕	头	偏袒	乱吹灭				
ɛ		造反						
ei								
in								
en	分	法术	安心	轻微状				
aŋ	荒							
oŋ								
e								
ie								
ao								
iao								
uei								
uɛ								
ua								
uen								
uaŋ								

① ~fha[35]

声调 / 韵	V							
	33	35	44	53	55	11	13	31
i	洁白状	妻子		酒窝	到达	我		
ə	哭声				狗尾草	乳	扭伤	凹
a	蜜	抓	脏			尿	转动	泅渡
o						挥动	节日	狗
u		飞快	乱掰①	奶奶	明矾②	田坝	脱臼	陀螺
ɛ		外（国）			天			换
ei	威（信）	卫（生）			委（员）			唯（物）
in		运（动）						
en	温（度）	问（题）		揩		沸腾状		扔
aŋ	簸箕	犁镜③	掰		园	塘	万	王
oŋ	糊涂④					笨	威风	
e								
ie								越（南）
ao								
iao								
uei								
uɛ								
ua								
uen								
uaŋ								

① ~ $vaŋ^{44}$

② ~ $çhu^{33}$

③ ~ kha^{33}

④ ~ va^{33}

声调 韵	ph							
	33	35	44	53	55	11	13	31
i	煨	些	边	女孩	呸			疲
ə		勾兑	雪花	网漂				
a	破开		剖					
o	浮肿	噗	泡					
u	浮	开（花）	破解					
ɛ	补（衣）	派	配					排
ei	故意①	碎片②						
in								
en	灰尘	忙③		消失				
aŋ	（一）件		坡	碰				
oŋ	浅灰色	（一）拨						
e								
ie	篇							
ao								
iao								
uei								
uɛ								
ua								
uen								
uaŋ								

① ~ $shei^{33}$

② ~ $ɬhei^{35}$

③ ~ $ɬen^{35}$

声 调 韵	ts							
	33	35	44	53	55	11	13	31
i	支（票）	自（治）			纸（烟）			直（辖市）
ə	疯			暗	小箩	突然		
a	五	炸	岩		钉耙	泻	汤	唆狗
o	轻快状	草标	油柴	尖			洒	（一）块
u				乱倒①	逃	飞扬	分散②	
ɛ		家	嘎吱③		展（览）			喷射
ei	瘸	飞快	忽然		福泉④			同样
in								
en	提梁	果	结（子）	鞭子	平			扔
aŋ	纹理	丈	生意		掌儿	离散	瘟疫	
oŋ	听	重（要）	黄尾鱼			总（统）		
e								
ie								（一）串
ao	招待							
iao								
uei								
uɛ								
ua								
uen								
uaŋ		壮（族）						

① ~ tsa^{44}

② ~ $tsaŋ^{11}$

③ ~ qei^{44}

④ ~ vi^{55}

声调/韵	tsh							
	33	35	44	53	55	11	13	31
i								
ə	拥护①	簸（米）						
a	拔（草）	尿泡②	鱼笱					查
o	吹	吵	鹤					
u	喷（水）	喷（气）	醋					除
ɛ	打喷嚏	名堂③	分开					
ei	鞭子	吓	裂口					
in								
en	乱钻④	寸	费（钱）	像				层
aŋ		唱	疏松					长（城）
oŋ	充（公）				调唆⑤			从来
e								
ie								
ao	操							朝
iao								
uei								
uɛ								
ua								
uen								
uaŋ								

① ~ hə[44]

② ~ va[11]

③ ~ tshe[53]

④ ~ ɬen[11]

⑤ ~ ho[55]

声调/韵	S							
	33	35	44	53	55	11	13	31
i	司（机）	市						食堂
ə	收（音机）	伎俩①	事情		手（表）		心慌②	匀
a	痧	洗	柴		要	赶鸟声③	（一）扇	斜砍
o	椒	早	瘦	猫头鹰	槽		凿子	砸
u	书（记）				会	掺杂		熟练④
ɛ	挨近	（从中）砍	嫩芽			结束	头旋	亏损
ei	嘶嘶	突然		迎接	钱	冷		随
in								
en	（水）凉	全	簪子	躲藏	枋子	结亲	追问	
aŋ	美	上（课）	停（柩）		层	绝后	辈	椭圆
oŋ	鬃	叠牙			床	脏	遇	
e		社						
ie								
ao								
iao								
uei		税						
uɛ								
ua								
uen								
uaŋ								

① ~ qe^{35}

② ~ $sə^{11}$

③ ~ $ɣu^{55}$

④ ~ sa^{31}

声调 韵	sh							
	33	35	44	53	55	11	13	31
i								
ə	拦堵			触				
a	钢	错	最					
o	棕	锄头	洗（衣）					
u	膻	锁	锉子	关（门）				
ɛ	后天①	大米	砌					
ei	锈	话	漆					
in								
en	棉花	染	算	摸				
aŋ	千	堵塞	伞	分给				
oŋ	陡	骨	送别					
e								
ie								
ao								
iao								
uei								
uɛ								
ua								
uen								
uaŋ								

① ~ ʐin[11]

韵\调\声	Z							
	33	35	44	53	55	11	13	31
i								日（本）
ə								
a							笋	辣
o					绿			
u								儒
ɛ					耳	鱼	鼻	
ei								
in								
en		闰						扇子
aŋ					草			
oŋ								
e								
ie								
ao								
iao								
uei								
uɛ								
ua								
uen								
uaŋ								

韵＼调＼声	t							
	33	35	44	53	55	11	13	31
i	打	竹箅子	皱纹	跳	胀	遮挡	草棚	桶
ə	逗	赌	树	捏	拔	被套	跟随	咬
a	厚	长	杀	翅膀	桌子	失	死	扔
o	布	伐	斧	织	锉子	远	符合	小凳子
u	放	书	乱踢①	点（火）	臀部②	火	炸	传染
ɛ	孩子	尾巴	断			个		袋
ei	裙	恰	踢	姑妈	直		哪	抛
in	倍	点播	店	轻微③	贮存	席子	稳定	
en	杯	戥子	餐	囤子	前	撞	缎	踩
aŋ	当	大刀	铸	凳子	沉	等	咚咚	停
oŋ	芭茅	季	中柱	冻儿	齐	枪声	墩子	谈论
e								
ie								
ao		次						
iao								
uei								
uɛ								
ua								
uen								
uaŋ								

① ~ tei^{44}
② ~ $qaŋ^{33}$
③ ~ $çhin^{53}$

声调韵	th							
	33	35	44	53	55	11	13	31
i								
ə	缸	整（田）	让	最				
a	流浪①	解开	骂	退	枪声②			大个
o	熥	倒掉	袜子	罐子				托（儿所）
u	借	乱解③	吐	够呛				徒（弟）
ɛ	刨	敏捷状	炭					台湾
ei	加	翻滚		碰				
in								
en		蜕	阴转晴	轻快状				眷
aŋ	梯子		（一）趟					唐（朝）
oŋ	开（门）	风箱	（一）会儿		统（战）			大个
e								
ie								
ao		套						
iao								
uei								
uɛ								团（员）
ua								
uen								
uaŋ								

① ~ la^{55}

② ~ tha^{55}

③ ~ tha^{35}

韵＼调＼声	n							
	33	35	44	53	55	11	13	31
i								
ə	疯		湿		叶子	熏	鸟	鱼①
a	溺爱②		脾脏		稻	双亲	生（蛋）	忙
o			多		瞄（准）	讲	苎麻	
u						训斥	卦	
ɛ	双亲		鼬		人		问	
ei	压	颤悠	扭伤				（衣）破	挤压
in								
en		那	钓	拧	他	舅父	（一）堆	
aŋ	蛇			踩		鼠	性命	
oŋ		这	必须	冒烟	吃	仓	雨	自己
e								
ie								
ao								
iao								
uei								
uɛ								
ua								
uen								
uaŋ								

① 在歌谣中

② ~ hu^{33}

声调韵	nh̥							
	33	35	44	53	55	11	13	31
i								
ə			捅					
a	动							
o								
u								
ɛ	太阳	弓						
ei								
in								
en			绣					
aŋ	听见							
oŋ								
e								
ie								
ao								
iao								
uei								
uɛ								
ua								
uen								
uaŋ								

声调 韵	ɬ							
	33	35	44	53	55	11	13	31
i								
ə	突然静	脱落				速崩状	紫色	耷拉
a	骗	狗		箩筐	漏		富	
o	四	倾泻	鳞	鞭打	鼎罐	女子	放（屁）	生下
u	白色	乱写①	拔	乱（讨）②	乱砸③	乱钻④	乱舂⑤	到
ɛ	黑							
ei	轻飘々							
in								
en	地窝	揍	棍子		圆	钻	圈	
aŋ	肩	鹰	未婚		顶部	住地	捶打	
oŋ	炖	节日			聋	蠢	山坳	
e								
ie								
ao								
iao								
uei								
uɛ								
ua								
uen								
uaŋ								

① ~ɬo[35]

② ~ɬa[53]

③ ~ɬo[55]

④ ~ɬen[11]

⑤ ~ɬaŋ[13]

声调/韵	ɬh							
	33	35	44	53	55	11	13	31
i								
ə			铁					
a	骂		月亮					
o		竹子	密					
u	破烂	乱摸①		剥				
ɛ	棺材	下（饭）	抚摸					
ei		伸		割				
in								
en								
aŋ	孙		滑					
oŋ	走							
e								
ie								
ao								
iao								
uei								
uɛ								
ua								
uen								
uaŋ								

① ～ɬhɛ[44]

声调/韵	l							
	33	35	44	53	55	11	13	31
i								
ə	超过		饿		中梁	塌	揉	油腻
a	光滑	涂	掐（虱）		久	流	地	陈述
o	脚	折	口		牢	回来	塌	
u		油滑			骡	老	小箩	夺
ɛ	个	短			（一）位	学语声①		篮（球）
ei	猴子		到		字		选	溢
in								
en	钻进			剥		戳	撒酒疯	层
aŋ	闲游			呛	涮	拦	浪	浸泡
oŋ	稻草			涂抹	走来	箱子	逗	圈养
e								
ie								
ao					老（师）			
iao								
uei								
uɛ								
ua								
uen								
uaŋ								

① ～lɛ[13]

声调 韵	tj							
	33	35	44	53	55	11	13	31
i								
ə	扫帚	愚	偏斜	笑	步子	种类	伺候	越过
a	空旷状①	下垂状②	张开		横走	哥哥	追	家（歌）
o	蟹	烧（火）	播种	舒畅③			是	勺子
u	脊背	动作快	六	刀	门	下垂	筷子	肾
ɛ								
ei								
in								
en								
aŋ	祭	转来		剁	油脂	诞生	肥	了
oŋ	中间	嘀嗒声		毽子	管子	山谷	鹌鹑	
e			电（话）					
ie								
ao								
iao								
uei								
uɛ								
ua								
uen								
uaŋ								

① ～ʔa³³

② ～lja³⁵

③ ～ho⁵³

声 调 韵	tjh							
	33	35	44	53	55	11	13	31
i	剔	建造	剃	插				题
ə		蔸	牵					
a	（一）拃		哒					
o	煮	健壮						
u	绑腿	乱建①	冲	连接				
ɛ								
ei								
in	结实状	铲除						
en								
aŋ	锵		张开	死				
oŋ	吊丧	慢走						
e								
ie								贴
ao								调（解）
iao								
uei								
uɛ								
ua								
uen								
uaŋ								

① ~tji[35]

声调 韵	nj							
	33	35	44	53	55	11	13	31
i	小				银	浅	裂	舌
ə	冠子	妞			蹲①	锣，鼓	（一）滴	砸
a		蠢	傻	婴儿		逗引	拄	饭
o		抓			搅拌	（一）把	阿哥	
u	少		不愿	燃尽	嘴	生（的）	浓	双
ɛ								
ei								
in					水牛	逗引	记忆	降服
en								
aŋ	在	哭		点头	年	薄	匪	
oŋ			愿意		雉	一向	爬行	
e								
ie	研究							（副）业
ao								
iao								
uei								
uɛ								
ua								
uen								
uaŋ								

① ~njə[11]

声调韵	n̥jh							
	33	35	44	53	55	11	13	31
i		心意	播种					
ə								
a								
o								
u	种子	可怜状	岁					
ɛ								
ei								
in		魂						
en								
aŋ	穗		支撑	汗				
oŋ	忘	重						
e								
ie								
ao								
iao								
uei								
uɛ								
ua								
uen								
uaŋ								

声调韵	ɬj							
	33	35	44	53	55	11	13	31
i	西（江）①	芒	撕	熊	疤	闪动貌	斜	脱落
ə	黄鼠狼	交叉	麻子	冰	（一）包	长久	蚌	
a	滑		留下			突发	宽大	
o	张开状②		骗	秤	安静貌③			拉
u	毛	心	咸	救	灵魂	瞎	抛弃	脱落
ɛ								
ei								
in		撬		清脆状④		闪烁貌		完全
en								
aŋ	鬼	滚	光滑	野猫	庹	力气		
oŋ	槽		猫头鹰				突然	
e								
ie								
ao								
iao								
uei								
uɛ								
ua								
uen								
uaŋ								

① ~ tɕaŋ^{11}

② ~ ho^{33}

③ ~ qo^{55}

④ ~ ken^{53}

声 调 韵	ɬjh							
	33	35	44	53	55	11	13	31
i	思	脱（帽）		粥				
ə	大							
a		吐	急速状					
o			乖					
u	揭开	乱吐①	擤	乱抽泣②				
ɛ								
ei								
in	项圈			抽泣				
en								
aŋ								
oŋ	（一）朵（棉）		手镯	塌陷				
e								
ie								
ao								
iao								
uei								
uɛ								
ua								
uen								
uaŋ								

① ~ɬja^{35}

② ~ɬjhin^{53}

声调韵	lj							
	33	35 `	44	53	55	11	13	31
i	岔	羊	江，河		田	理	苞	闪
ə	走貌	抓		像	阿哥	褪色		蝶
a		摆动		枯萎	跛	全是	熟悉	蛮横①
o	骂	黄牛				轮子	掀开	
u	倾倒		皮	甲鱼	绣	擂	乱长②	落（山）
ɛ								
ei								
in		翻（身）		小肉瘤	斜纹布	保留	极	利息
en								
aŋ	掐				（公）粮	埋	生长	情哥
oŋ					摇晃	紫色		
e								
ie		练（习）						列（车）
ao					老（师）			
iao								
uei								
uɛ								
ua								
uen								
uaŋ								

① ~fen³¹

② ~ liaŋ¹³

声调/韵	tɕ							
	33	35	44	53	55	11	13	31
i	菌子	身体	爬上	锯	骑	枝	橱柜	疡子
ə	安（雀）	粑	认识	竹鼠	九	臼	上游	才
a	药	松鼠	嚼	榨	茄子		遇见	铡刀
o	教	胭	瘦高	拴	条		小锅	装扮
u	针	酒	锯	啄	桥	完	唯一	十
ɛ								
ei								
in	金	忙	风	陡峭	拳	茶	燃烧	禁
en								
aŋ	斤	卷	反抗		成	弯曲	男子	
oŋ	弹花弓		紧		根		撒谎①	冲子
e	狡猾	建（设）			减（法）			节（约）
ie								
ao	胶（水）	教（授）						
iao								
uei								
uɛ								
ua								
uen								
uaŋ								

① ~ lioŋ^{13}

声调 韵	tɕh							
	33	35	44	53	55	11	13	31
i	关（牛）	买卖	生气	篦子	能，起			旗
ə	学	铸	祭					
a	划	亲家						
o	撒娇①			檩子				
u	肚子	驱赶	蹄子	打结				求
ɛ								
ei								
in	清（点）	开始		削	请（假）			
en								
aŋ	芽儿	篮子	震	躺着				
oŋ	摆架子	（一）间		停				
e								黔
ie								
ao								
iao								
uei								
uɛ								
ua								
uen								
uaŋ								

① ~ tɕhi[33]

声调 韵	ɕ							
	33	35	44	53	55	11	13	31
i	师（歌）	盐	甑		磨损	念咒	吠	席（姓）
ə	提取	虎	道路	嚼	辈	多须		葫芦
a	遮	莽	债	梳			当然	吓
o	焦		蚊帐	红		箭		学
u	肏	排泄	浸	端（着）	冬天	鲊	少	淋湿
ɛ								
ei								
in	砖	显		楔子		绝	淡	值
en								
aŋ	（一）块	碗	释放	认识	场		告诉	时候
oŋ	停顿	人种	竖立		沿（河）	撞击	七	雄壮
e		县						嫌
ie								
ao								
iao								
uei								
uɛ								
ua								
uen								
uaŋ								

声 调 韵	ɕh							
	33	35	44	53	55	11	13	31
i	时辰	看	打捞	（一）拃				
ə		暖	住	带子				
a	獭	写	穷	歌				
o	收拾		（一）会儿	蔫①				
u	收	站	心意	赎				
ɛ								
ei								
in	（一）升	飞（雪）	膀	奔跑				
en								
aŋ	田坎	血	揩	老变婆				
oŋ	伸		铳					
e								
ie								
ao								
iao								
uei								
uɛ								
ua								
uen								
uaŋ								

① ~ $tɕo^{44}$

声调 / 韵	ʑ							
	33	35	44	53	55	11	13	31
i	秧	噫！			侦探	涮	喂养	舔
ə	邀		吧！	狐臭	窑	游		
a	扁（口）	布依族		搬迁	呀！	撮箕	八	
o					曲调	啰！		鹞
u	揉	递	小	卸	油	欢呼声	丈夫	撮
ɛ								
ei								
in	（香）烟	印（刷）	印章		锡	犁弓	着	赢
en								
aŋ	淌	跳	飞	答应	熔	引	样	凶
oŋ	壅	饥饿			勇（兵）		苗条	
e								
ie								
ao								
iao								
uei								
uɛ								
ua								
uen								
uaŋ								

声调/韵	K							
	33	35	44	53	55	11	13	31
i	螺，蚌	路	蛋	啃	芦笙	旱	显露	沟
ə	孩子	（花）朵	摇①	硬	管	发愣②		整齐状③
a	炒	饭	播		拖	矮	鸭子	刮
o	树皮	绵绵④	阴茎	娇嫩⑤	甩	喊	倒	古怪⑥
u	灵姑	侗族	爪子⑦	伞	外面	长蚂蚱	铲除	背
ε	干（涉）	干（部）	发呆状⑧		改			无力状⑨
ei								
in								
en	（一）条（理）	急速状	指甲	剪刀	哭	集市	宫殿	抠
aŋ	虫	涂	蛆		摞	从	大碗	盆子
oŋ	引水沟	行动无力⑩	唠叨⑪	丛	管儿	路	一下子	
e								
ie								
ao								
iao								
uei	规（定）	贵（州）						
uε	观（点）				管（制）			
ua		挂（号）						
uen								
uaŋ					广（播）			

① ~ ɕə^{44}

② ~ sə^{11}

③ ~ və^{31}

④ ~ n̥jo^{35}

⑤ ~ n̥jo^{53}

⑥ ~ pi^{31} ~ ʑaŋ^{35}

⑦ ~ ka^{44}

⑧ ~ lε^{44}

⑨ ~ lε^{31}

⑩ ~ ɕhoŋ^{35}

⑪ ~ noŋ^{13}

声调韵	kh							
	33	35	44	53	55	11	13	31
i	烫	姜						
ə			抖					
a	犁	竹耙子	急忙①	耙	卡			
o	枯萎②	荸荠	叫嚷	刮				
u	吻	扣	鱼笼	凶恶	苦			
ɛ	开				（一）块（钱）			
ei								
in								
en	圈子③	竹帚	篮子	蛮横				
aŋ	稗子	咳嗽④	哈喇	吓唬				
oŋ	虾			瘦弱	孔（明）			
e								
ie								
ao	敲（诈）	（依）靠			考			
iao								
uei	亏							
uɛ		会计						
ua								
uen	昆（明）							
uaŋ								

① ~ tɕha[44]

② ~ no[55]

③ ~ ɬjhin[33]

④ ~ ŋo[11]

韵＼调＼声	ŋ							
	33	35	44	53	55	11	13	31
i			看		肉	瓦		窄
ə	杯子				（牛）圈		摇	
a		虎①			野兽	下	干	
o	陀螺	压（桢子）				咳嗽	嗷嗷	
u	欧（姓）				午			烟囱
ɛ	猫叫②							
ei								
in								
en		硬				天花板		牙碜
aŋ					不育畜	吞	鹅	
oŋ					哼			
e								
ie								
ao								
iao								
uei								
uɛ								
ua								
uen								
uaŋ								

① ～ $ŋo^{11}$
② ～ $ʔoŋ^{35}$

声调 韵	xh							
	33	35	44	53	55	11	13	31
i	新	数（数）	老表					
ə	话	情人	淌	一会儿				
a	稀疏	赶赴	瞄	距离				
o	搜			画				
u	切	冒尖	乱瞄①	吸				
ɛ								
ei								
in								
en			荫凉					
aŋ	梭镖	快	侧面					
oŋ	稀疏	推	贪馋					
e								
ie								
ao								
iao								
uei								
uɛ								
ua								
uen								
uaŋ								

① ~ xha[44]

声调 韵	ɣ 33	35	44	53	55	11	13	31
i	石		近	藏	层	窝	掉	
ə		守			伤疤	越…越…	活	陷
a	追赶			刮（树皮）	不		梳子	辫
o	菜		突发声	刮（皮）	劝		穿山甲	强
u		野外	好	往下	笼	乱扯①	乱踩②	箍
ɛ								
ei								
in								
en								
aŋ	摩擦	酸汤	嫩		岭	村子	寻	
oŋ	撵				龙	山谷	践踏	
e								
ie								
ao								
iao								
uei								
uɛ								
ua								
uen								
uaŋ								

① ~ $ɣi^{11}$

② ~ $ɣoŋ^{13}$

声调\韵	q							
	33	35	44	53	55	11	13	31
i								
ə	活儿	猜	祖父			撬		纠缠①
a	称呼	屎	打鸣		蒜	受窘②	挂	锦鸡
o	鸽子	缠绕	旧	(一) 段	个	绕道	胎盘	勾
u	咕!	集中	节儿	聚焦	惊慌	咕!	咕!	
ɛ	主人	(一) 段	锤子		让	零		燕子
ei	鸡	蜕	断,缺	钳子	烦闷	开门声	贬义量词	
in								
en	想念	管	花白		(一头) 挑	捞	卷曲	舀
aŋ	甘	蛙	挑		扁担	绊住	竿子	酸腌菜
oŋ	就	颈			脱	弯	小巷	
e								
ie								
ao								
iao								
uei								
uɛ								
ua								
uen								
uaŋ								

① ~ $nə^{31}$
② ~ $qhə^{53}$

声 调 韵	qh							
	33	35	44	53	55	11	13	31
i								
ə	挖掘	穷	裤	缩				
a	修建	丫头	客					
o	头	官司	放下					
u	壳		银锭	裙子				
ɛ	砧板	包装	粗鲁状					
ei	捆			刻				
in								
en		追击	（猪）拱（土）					
aŋ	葫芦	洞	炕箩	撞击				
oŋ	空							
e								
ie								
ao								
iao								
uei								
uɛ								
ua								
uen								
uaŋ								

声调 韵	h							
	33	35	44	53	55	11	13	31
i								
ə	壶			喝	吼	唉！	噢！	
a	鞋	（一）口	亥	吓唬				胳肢①
o	雷	汪汪叫	煮		（一）炉	呼呼②	哎呀	合
u	货					也好		
ɛ	瓢		蓄		海	嘿！	咳！	唉！
ei	编结	害怕		捞	嘻嘻哈哈③	哼哈④	唉！	
in								
en			狠	夸奖	哼！			呻吟声
aŋ	走	假如	臭				起头咒语⑤	管教
oŋ	黏糊					呼哧⑥		红黑⑦
e								
ie								
ao		号（召）						毫（升）
iao								
uei		会（议）						回（族）
uɛ	欢（迎）							
ua		化（肥）						华（盛顿）
uen								
uaŋ								

① ~ $ki^{55}li^{55}$
② ~ lo^{11}
③ ~ 々 ha^{55} 々
④ ~ ho^{11}
⑤ ~ $\c{c}i^{11}$
⑥ ~ $h\varepsilon^{11}$
⑦ ~ $h\varepsilon^{31}$

声调 / 韵	ʔ							
	33	35	44	53	55	11	13	31
i	一	那（忆指）		肉				
ə	水	要	脏①			好吧		
a	偏	姐姐	爱好	背负	不	啊！		
o	二	呕	菜薹	箭		呵！		哦！
u		衣	弟々		挑逗			
ɛ	那（较远）	嗳！	做					
ei		咦！						
in								
en	鞍	生气②	云	挤				嗯！
aŋ		突显	肿			嗯！		
oŋ		塘	坛子			婴儿哭声③		
e								
ie								
ao								
iao								
uei								
uɛ								
ua								
uen								
uaŋ								

① ~ mə^{55}

② ~ shen^{35}

③ ~ ŋa^{13}

第三章 词 汇

本章以黔东苗语为重点。例字未写明来源的都取自养蒿话。黔东苗语没有的内容用其他苗瑶语方言补充，一一标明来源。

第一节 词的结构

词是语言里最小的、可以自由运用的单位，是由词素组成的。词素是语言中最小的有意义的单位，分词根、前缀、后缀等种类。

一、单纯词

只含一个词根的词叫单纯词。这种词根有的只有一个音节，有的有几个音节。

（一）单音节单纯词

nɛ^{55}	人	n̥hɛ^{33}	太阳	paŋ^{55}	花
naŋ^{55}	吃	moŋ^{11}	去	tjə^{53}	笑
ɣu^{44}	好	ɬjhə^{33}	大	to^{11}	远
vi^{11}	我	moŋ^{55}	你	noŋ^{35}	这

（二）双音节单纯词，又分7类。

1. 同声同韵

njə^{55}njə^{11}	蹲	ki^{44}ki^{33}	凝结

2. 同声同调

nju^{53}nji^{53}	打盹	tɕu^{44}tɕi^{44}	瘊子

3. 同韵同调

poŋ^{33}ʑoŋ^{33}	（静）悄悄	tja^{33}ʔa^{33}	（亮）晶晶

4. 同声

njo^{55}njin^{31}	搅拌	ʑə^{55}ʑaŋ^{13}	散步

5. 同韵

taŋ^{55}xhaŋ^{33} 牲口 　　ɕi^{55}ʑi^{11} 摩擦

6. 同调

qə^{44}ɦha^{44} 乞丐 　　na^{31}nji^{31} 折腾

7. 异音

sho^{44}ma^{13} 准备 　　tɛ^{44}moŋ^{13} 香

ʔa^{53}vo^{11} 乌鸦

（三）三音节单纯词 都是状词。

po^{55}ɬo^{55}qo^{55} （胖）乎乎 　　kaŋ^{33}maŋ^{33}tɕhaŋ^{55}（阴）沉沉

pen^{13}nen^{13}qen^{13}（软）绵绵 　　to^{33}lo^{33}qo^{33} （密）麻麻

二、叠音词

叠音词不是单音节单纯词的重叠形式，因为其中的一个音节不能单说。苗瑶语里的叠音词都是状词或副词，为数不多。

sei^{55}sei^{55} 一起 　　naŋ^{11}naŋ^{11} 仍然

lja^{11}lja^{11} 全都 　　hu^{11}hu^{11} 络绎不绝

qo^{11}qo^{11} 喔喔 　　vu^{11}vu^{11} 嗡嗡

三、派生词

由词缀和词根构成的词称派生词。词缀分前缀、后缀两类，前缀分布较广，后缀只有部分方言里有。

（一）前缀　下面是一些方言里常见的典型前缀。

石板寨	pə^{05}	tə^{02}	qo^{05}	ʔa^{02}
高　寨	pə^{05}	tə^{02}	qo^{05}	ʔə^{02}
腊乙坪	pɑ^{44}	tɑ^{35}	qɔ^{35}	ʔɑ^{35}
养　蒿		tɛ^{33}	qa^{33}	ʔɛ^{33}
模　引	pɐ^{03}	tɐ^{03}	qɐ^{03}	
高　坡		tə^{02}	qa^{02}	
石门坎	pi^{55}	ti^{55}	qa^{55}	ʔa^{55}
下　坳		ta^{31}	qa^{13}	
小　章			qa^{35}	ʔa^{31}
尧　告		to^{31}	qa^{33}	
滚　董	pa^{03}	ta^{03}	qa^{03}	ʔa^{03}
毛　坳		la^{03}	qa^{03}	ʔa^{03}

七百弄	pa^{44}	tə^{02}		ʔa^{02}
中　排		la^{04}	ka^{13}	ʔa^{04}
黄　落	pə^{03}	tə^{03}	kə^{03}	
下水村		ta^{02}	ka^{02}	ʔa^{02}
龙　定	pə^{31}	tə^{31}	kə^{31}	
烟　园	pa^{02}		ka^{02}	

这些前缀在语音方面有许多共同点：

1. 声母的调音部位是双唇、舌尖中、舌根、小舌、声门，没有舌面、齿间、舌叶、舌尖前、唇齿。

2. 声母都是单声母；除毛坳、中排的 1 外，都是不送气清塞音，没有浊音、塞擦音、鼻音和擦音。

3. 韵母都是单元音，没有韵尾，舌位多数趋央，前元音、后元音、圆唇元音、高元音少。

4. 声调平而短，升调、降调少，没有折调。音高趋央、高调、低调少，中调多。

因此，各方言的前缀读音非常近似，显然它们是同源的。既然各方言的前缀同源，可见前缀在很古的时候就产生了。

前缀一般读轻声，其音值往往受词根的影响发生同化。有的韵母完全同化，构成叠韵词。例如甲定：

qi^{13}pli^{13}	野猫	qe^{13}mple^{55}	舌头
qɛ^{13}sɛ^{13}	剪刀	qæ^{13}mplæ^{55}	耳朵
qɒ^{13}pɒ^{24}	腿	qə^{13}tə^{13}	皮
qo^{13}ho^{13}	头	qu^{13}plu^{31}	老鼠
qɯ^{13}mplɯ^{22}	鼻子	qĩ^{13}tɕĩ^{31}	左
qə̃^{13}mpə̃^{43}	冰	qɑ̃^{13}ȵɑ̃^{24}	草
qõ^{13}ʈõ^{55}	门		

有的韵母趋近，但不完全相同。例如石板寨：

ta^{02}na^{31}	人	to^{02}ɳo^{31}	种子
to^{02}tsy^{55}	老板	to^{02}puŋ^{24}	气
tə^{02}tɕi^{55}	身体	tə^{02}nen^{31}	穗儿

有的前缀不仅韵母被词根同化，声母也被词根同化，甚至韵母消失。例如龙定：

pu^{31}n̥ɔi^{33}	太阳	po^{31}ʔɔŋ^{33}	雷

bə^{31}liŋ^{31}	闪
m^{31}ma：i^{31}	眉毛
n^{31}tsoŋ^{21}	发髻
ŋ^{31}gɔ^{53}	头

前缀的分布不平衡，分布最广的是小舌或舌根音，其次是舌尖中音，喉塞音较少，双唇音最少。

各前缀的构词数也不同。例如石板寨，在 891 个有前缀的词语中，有 qo^{05}的最多，348 个；ʔa^{02}其次，296 个；tə^{02}茅三，231 个；pə^{02}最少，只有 16 个。

典型前缀构成的词主要是名词（例见前），在少数方言里可以构成形容词、状词。例如高寨的形容词：

tə^{02}ȵtɕɑŋ^{31}	直	tə^{02}qlo^{31}	白	tə^{02}ʔlen^{31}	红
tə^{02}ȵtɕɑŋ^{35}	干	tə^{02}ntɑŋ^{31}	湿	tə^{02}mploŋ^{31}	朽
tə^{02}ȵo^{55}	生	tə^{02}qɑŋ^{31}	旧	tə^{02}sen^{31}	新
tə^{02}lo^{55}	老	tə^{02}m̥a^{13}	软	tə^{02}ðen^{13}	硬

上坝的状词

（la^{53}）qa^{03}ploŋ^{13}（红彤彤）	（tɬeu^{53}）qa^{03}pou^{13}（白）森森
（tɬo^{53}）qa^{03}ȵtɕa^{53}（黑）鸦鸦	（tsa^{13}）qa^{03}nti^{44}（冷）清清
（ntʂho^{53}）qa^{03}na^{53} 嗡嗡（叫）	

典型前缀的意义很虚，主要起标志词的类别作用。例如腊乙平的 qɔ^{35} 表示静物，tɑ^{35} 表示动物，ʔɑ^{31} 表示长辈亲属称呼，pɑ^{44} 表示昆虫或其他动物。

qɔ$^{35}_{-}$：	qɔ^{35}ʐɯ^{35}	石头	qɔ^{35}nɯ^{42}	蛋
	qɔ^{35}tɔ^{35}	瓜	qɔ^{35}ȵɯ^{31}	柱子
	qɔ^{35}tɔ^{53}	斧头	qɔ^{35}ʐo^{42}	菜
tɑ$^{35}_{-}$：	tɑ^{35}ʑu^{33}	牛	tɑ^{35}mpa^{53}	猪
	tɑ^{35}lɑ^{44}	兔子	tɑ^{35}tɕo^{44}	老虎
	tɑ^{35}ʐɔ^{42}	穿山甲	ʔɑ^{35}nu^{42}	鸟
ʔɑ$^{35}_{-}$：	ʔɑ^{35}pɑ^{31}	父亲	ʔɑ^{35}mɑ^{44}	母亲
	ʔɑ^{35}nɑ^{35}	哥哥	ʔɑ^{35}ʑɑ^{42}	姐姐
	ʔɑ^{35}ne^{33}	岳父	ʔɑ^{35}tɑ^{35}	外祖父
pɑ$^{44}_{-}$：	pɑ^{44}pə^{42}	蝴蝶	pɑ^{44}ʈa^{33}	蜻蜓
	pɑ^{44}nɑŋ^{31}	萤火虫	pɑ^{44}qo^{35}pjɑ^{44}	蟋蟀

pɑ^{44}ʔɔ^{53} 乌鸦　　pɑ^{44}coŋ^{35}qa^{44} 蚯蚓

但是有例外。例如：tɑ^{35}so^{35} “雷”表示的不是动物，qɔ^{35}ʈɑ^{33} “汉族”表示的不是静物，pɑ^{44}ʈɑ^{31} “右边”表示的不是昆虫或其他动物。这也许反映了古人的某种认识。

用前缀构成的名词数各方言相差很大，它与声调数和韵母数成反比，即声调、韵母越少，派生名词越多；反之、声调、韵母越多，派生名词就越少。例如石板寨只有4个声调，15个固有韵母，大多数固有名词是派生词。腊乙坪有6个声调，14个固有韵母，它的固有名词中派生词也相当多，但是没有石板寨那么多。大南山有8个声调，13个固有韵母，名词中的派生词比腊乙坪更少。烟园有7个声调。77个韵母，只有两个前缀，构成的派生很少。

前缀的构词作用表现在两个方面。一、同一词根，有前缀与无前缀是不同的名词。例如高坡：

pa^{13} 父亲　　qa^{03}pa^{13} 丈夫

mɛ^{22} 母亲　　qa^{03}mɛ^{22} 妻子

二、同一词根，不同的前缀构成不同的名词。例如滚董：

ʔa^{03}tjhei^{53} 妹妹　　qo^{03}tjhei^{53} 姑娘

ʔa^{03}po^{53} 祖父　　qo^{03}po^{53} 曾祖父

前缀的意义在不同方言里有差别。例如腊乙坪的qɔ^{35}跟河坝的qa^{35}来源相同。qɔ^{35}构成的是静物名词（例见前），但qa^{33}构成的词有：qa^{33}nəu^{23} “苗族”，qa^{33}vaŋ^{55} “皇帝”，qa^{33}lei^{21} “官吏”qa^{33}fha^{44} “乞丐”、qa^{33}lja^{55} “黄鼠狼”、qa^{33}k æ̃^{33} “蛆”等，都是动物名词。

前缀多数与单音词根组合（例略），少数与多音词根组合；如：

qa^{33}pi^{11}pu^{11} 亲友　　qa^{33}n̥hɛ^{33}m̥haŋ^{44} 时辰

qa^{33}n̥hɛ^{33}n̥jhu^{44} 岁月　　qa^{33}lo^{33}pi^{11} 助手

qa^{33}njaŋ^{55}n̥jhu^{44} 年纪

更多的是与单音词根组合后再与另一词根组成“中定”合成词：

qa^{33}qa^{35}m̥hi^{35} 牙垢　　qa^{33}tɛ^{33}pa^{44} 猪崽

qa^{33}ɬju^{55}xhen^{44} 人影　　qa^{33}li^{55}tju^{55} 门闩

qa^{33}ɣu^{35}tə^{44} 树林

前缀的派生力不强，产生的新词不多。如：

qa^{33}n̥jhu^{44}lei^{55} 字母　　qa^{33}mɛ^{13}li^{55} 责任田

但是在一些方言里，前缀可以与汉语借词构成许多混合词。例如下坳：

qa^{02}pi^{31}　瓶子　qa^{02}tshə^{44}　车子
qa^{02}li^{31}　犁　qa^{02}sin^{44}　星
qa^{02}pin^{44}　旁边　qa^{02}mei^{33}　麦子
qa^{02}ho^{31}　盒子　qa^{02}phan^{31}　盘子
qa^{02}tɕhen^{31}　钳子　qa^{02}tsau^{24}　錾子

带前缀的派生词进入句了子时，有的不论在什么位置，前缀都不能省略；有的位于句首时不能省略，位于句中、句末时，语义明显，可以省略。不能省略的有：qa^{33} lɛ^{11} "官员"、qa^{33}ɬha^{44} "蛋清"、qa^{33}ɬi^{35} "芒儿"、qa^{33}ki^{33} "角落"等。例如：vi^{11}tja^{11}njaŋ^{33}tju^{33}sen^{55}ʔɛ^{44}qa^{33}lɛ^{11} "我哥哥在贵阳做官"，qa$^{33}_{-}$不能省。可省的有 qa^{33} fhu^{35} "头"、qa^{33} tɛ^{35} "尾巴"、qa^{33} pa^{33} "大腿"、qa^{33} ta^{53} "翅膀"等。例如：nen^{55} tjo^{13} tɛ^{11}（qa^{33}）fhu^{35} "他是一个头头"，qa$^{33}_{-}$可以省略。

除典型前缀外，还有一些词素有多种意义，有的比较实，有的比较虚，构成的词比较多，可以称为准前缀。例如：

tɕi$^{33}_{-}$　原义不可考。

tɕi^{33}tɛ^{33}　孩子　tɕi^{33}maŋ^{13}　妇女
tɕi^{33}pa^{35}　男子　tɕi^{33}njaŋ^{33}　媳妇
tɕi^{33}ɬhaŋ^{33}　孙子　tɕi^{33}nja^{53}　外甥

tɛ$^{33}_{-}$　原义为"孩子"。

tɛ^{33}nen^{11}　舅父　tɛ^{33}ʑu^{13}　姑父
tɛ^{33}nja^{53}　女婿　tɛ^{33}tɕaŋ^{13}　丈夫
tɛ^{33}ɕoŋ^{33}　佃户　tɛ^{33}qha^{35}　仆人

ki$^{33}_{-}$　原义为"路"。

ki^{35}ta^{35}　长度　ki^{35}ten^{55}　以前
ki^{35}mɛ^{13}　当面　ki^{35}naŋ^{11}　东方
ki^{35}ɣaŋ^{11}　邻居　ki^{35}tsə^{53}　阴间

苗瑶语的派生词以"前缀十词根"为主与语言类型有关。苗瑶语是后加型语言，在派生词里，前缀的意义很虚，其后的词根起修饰作用，使词义实化。

畲语除前缀外，还产生了两个后缀，一个是 kɔ$^{55}_{-}$，本义是"头"，引申为"大的"，"圆形的"，"凸起的"，"一端"等。如：

nɔ^{22}kɔ^{55}　太阳　ja^{22}kɔ^{55}　石头
tɔŋ^{33}kɔ^{55}　木头　huŋ^{33}kɔ^{55}　海碗

$phen^{31}kɔ^{55}$	花蕾	$kwha^{53}te^{55}kɔ^{55}$	拇指
$suŋ^{55}kɔ^{55}$	骨头	$mun^{55}kɔ^{55}$	臼齿

另一个是 $taŋ^{22}$，本义是“儿子”，引申为“小的”，“晚生的”，“颗粒物”等。如：

$ne^{33}taŋ^{22}$	星星	$ne^{21}taŋ^{22}$	小孩
$nɔ^{35}jɔ^{31}taŋ^{22}$	牧童	$jɔ^{31}taŋ^{22}$	牛犊
$mun^{55}taŋ^{22}$	门齿	$pi^{55}taŋ^{22}$	痱子
$mi^{31}taŋ^{22}$	棉子	$nə^{53}taŋ^{22}$	鸟儿

这两个后缀除了单独与词根构成派生名词外，还可以与前缀共同构成既有前缀又有后缀的派生名词。如：

$ka^{03}ki^{33}kɔ^{55}$	睾丸	$ka^{05}tsiʔ^{31}kɔ^{55}$	肩膀儿
$ʔa^{02}si^{31}taŋ^{22}$	叔叔	$ʔa^{02}pjɔ^{33}taŋ^{22}$	表弟
$ta^{03}tin^{55}taŋ^{22}$	松鼠	$ta^{03}ʔɔn^{35}taŋ^{22}$	燕子

这两个后缀还可以出现在同一个名词里。如：

$kwe^{31}taŋ^{22}kɔ^{55}$	小舌	$phɔ^{22}taŋ^{22}kɔ^{55}$	刨子

同前缀比较，后缀的意义比较实，其源可溯；读音比较清晰，不太轻，显然是在汉语的影响下后起的，因为附近的汉语方言里也有“头”、“崽”两个后缀。

与畲语下水村话不一样，在湖南城步中排巴那语里，随着汉语借词，借进了两个后缀。一个是 $-tsai^{44}$，来自汉语的“崽”或“子”。如：

$sjin^{13}tsai^{44}$	星子	$luŋ^{13}tsai^{44}$	聋子
$ma^{313}tsai^{44}$	麻子	$sjon^{13}tsai^{44}$	箱子
$ʐi^{31}tsai^{44}$	椅子	$pin^{13}pa^{55}tsai^{44}$	平坝子
$ɕon^{13}ɕin^{55}tsai^{44}$	双生子	$kwon^{55}tsai^{44}$	罐子

另一个是 $-tsɿ^{04}$，也来自汉语的“子”如：

$ko^{35}tsɿ^{04}$	鸽子	$thu^{55}tsɿ^{04}$	兔子
$ʔin^{53}tsɿ^{04}$	影子	$tɕiŋ^{35}tsɿ^{04}$	镜子
$ɕeu^{53}luŋ^{313}tsɿ^{04}$	手套子	$sau^{35}tsɿ^{04}$	哨子
$ȵi^{313}tsɿ^{04}$	呢子	$pau^{55}tsɿ^{04}$	包子

$-tsai^{44}$ 有派生能力，可以与固有词根组成混合词。如：

$la^{53}tsai^{44}$	跛子	$tɬa^{31}tsai^{44}$	秃子
$gwa^{35}tsai^{44}$	傻子	$pei^{35}ȵen^{313}tsai^{44}$	火石

$-tsai^{44}$ 和 $\_tsɿ^{04}$ 都来自汉语的“子”、为什么读音不同，功能也不同？

这可能与借入的时代有关。-tsai^{44}借入的时间较早，没有轻化，有派生新词的能力。tsʅ^{04}借入较晚，跟当地汉语方言一样，已轻化，没有派生新词的功能。

四、合成词

合成词包括基本合成词、多层合成词两种。基本合成词由"词根十词根"构成、数量最多，各成分之间的结构关系跟句法结构关系相同，分联合、修饰、补充，表述四种。

1. 联合式

联合式合成词一般包含两个成分，往往由意义相近或相对的语素充当。如：

naŋ^{55} pi^{44}　　名字　　li^{55} ʔoŋ^{35}　　田地
名　称　　　　　　田 池

nɛ^{44} ɕu^{13}　　多少　　qoŋ^{11} tɕaŋ^{11}　　弯曲
多 少　　　　　　弯　曲

maŋ^{13} pa^{35}　　父母　　vi^{35} ʐu^{13}　　夫妻
母　父　　　　　　妻 夫

njaŋ^{55} n̥jhu^{44}　　岁月　　tjhə^{44} ɬjo^{31}　　拉扯
年　岁　　　　　　牵　拉

2. 修饰式

修饰式是合成词中最常见的一种，包含的词数量最多，又分两小类。第一类正偏式，被饰成分在前，修饰成分在后。如：

ʔə^{33} vɛ^{55}　　银河　　ka^{35} tjə^{11}　　玉米
河　天　　　　　　饭　汉

pa^{35} ʐu^{44}　　叔父　　lo^{55} qa^{35}　　厕所
父　小　　　　　　牢　屎

ɬha^{44} qɛ^{35}　　正月　　ɕaŋ^{31} noŋ^{35}　　现在
月　一　　　　　　时　这

类名加专名在这类格式中占了很大的比重，其中许多专名只有同类名组合在一起时才能看出它所表示的意义。如：

tə^{44} maŋ^{55}　　枫树　　tə^{44} so^{31}　　箬竹
树　枫　　　　　　树　箬

kaŋ^{33} m̥hi^{33}　　跳蚤　　kaŋ^{33} nji^{11}　　蚂蟥

虫 蚤		虫 蛭	
ɣo^{33} vu^{13}	芋头	ɣo^{33} ki^{13}	苋菜
菜 芋		菜 苋	
zɛ^{11} paŋ^{11}	鲫鱼	zɛ^{11} ta^{33}	泥鳅
鱼		鱼 地	
nə^{13} tɕu^{33}	画眉	nə^{13} tsei^{11}	麻雀
鸟		鸟	

第二类偏正式，修饰成分在前，被饰成分在后。如：

xhə^{33} paŋ^{55}	声母	xhə^{33} shen^{35}	韵母
话 花		话 骨	
xhə^{33} ʐo^{55}	声调		
话 调			

这一类词数量不多，几乎都是新造的。但是在瑶语、畲语、炯奈语里有不少。例如里头村：

kjem^{31} khot^{55}	山洞	po^{231} du^{55}	手指
山 孔		手 指	
bjet^{12} to:n^{33}	小舌	ŋuŋ^{31} dop^{55}	牛皮
舌 崽		牛 皮	

下水村：

kwaŋ^{31} huŋ^{55}	银河	ʔɔŋ^{22} jɔ^{31}	水牛
天 河		水 牛	
pi^{33} kwe^{31}	猪肉	kwe^{31} kja^{33}	鸡蛋
猪 肉		鸡 蛋	

龙华：

mpjau^{11} khuŋ^{53}	鼻孔	m̥ai^{53} ŋkai^{33}	牙龈
鼻 孔		牙 肉	
mpja^{33} ka^{53}	耳屎	mi^{31} ple^{44}	马鬃
耳 屎		马 毛	

不过在这些语言里充当前修饰成分的都是名词性词根，形容词性词根也只能做后修饰成分。这些语言名词性修饰成分移前是汉语影响产生的，不是苗瑶语固有的。

3. 补充式

有的研究者把苗瑶语里合成词中动词素及其后带成分称为支配式合成

词，把形容词素及其后带成分称为补足式合成词。我认为二者可以合并，总称为补充式合成词，因为二者的后带成分都是补充前一成分的，这是后加型语言的共性。如：

ti^{33}ma^{11}	猜拳	tu^{13}m̥hoŋ^{33}	发霉
打 码		裂 霉	
tɕhə^{44}ɣə^{13}	休息	ʔɛ^{44}ɬjhə^{33}	骄傲
歇 力		做 大	
qaŋ^{33}xhi^{33}	高兴	ɣu^{44}nju^{55}	漂亮（女）
甜 心		好 女	
lɛ^{35}qa^{35}	暴躁	mɛ^{13}ɣə^{13}	疲劳
短 肠		软 力	

4、表述式

前一成分是对象，后一成分是说明。如：

m̥hu^{33}tɕaŋ^{35}	什物	m̥haŋ^{44}ko^{13}	黄昏
布 卷		夜 倒	
qhə^{44}pha^{44}	开裆裤		
裤 剖			

多层合成词由“派生词＋词根”或“合成词＋词根”构成。如：

qa^{33}ta^{35}pi^{11}	戒指	qoŋ^{35}qa^{33}ta^{35}	项圈
环 手		颈 环	
zɛ^{11}qaŋ^{33}ɣi^{33}	乌鱼	kaŋ^{33}tu^{53}tu^{11}	萤火虫
鱼 底 石		虫 点 火	
tɕi^{33}qa^{33}zɛ^{55}pɛ^{31}	木耳		
菌 耳 猫			

第二节 成 语

成语是语言中长期习用的，简洁精辟的定型词组，其成分一般不可替换．苗瑶语的成语绝大多数由四个字组成。为了便于观察，我用字母 A、B、C、D 代表成语中的四个字。

一、ABCD 型

成语中四个成分并列的我只发现了一个，即：

1. A + B + C + D

ɣaŋ^{55}tjoŋ^{11}pi^{11}ʔə^{33}　　山神水怪

岭　谷　山 河

其他的都比较多。

2. AB + C + D

taŋ^{55}xhaŋ^{33}ɬa^{35}pa^{44}　　家禽家畜

牲　口　狗 猪

qa^{33}ta^{33}li^{55}ʔoŋ^{35}　　田土耕地

泥土　田 塘

qa^{33}pu^{11}ɕhu^{33}qha^{44}　　亲朋好友

朋 友 亲戚 客

3. AB + CD（名词并列）

ɕhi^{33}taŋ^{44}qhaŋ^{35}so^{35}　　清晨早上

早　晨　清　早

fu^{33}fa^{11}shɛ^{33}ʐin^{11}　　明天后天

明 天 后　天

ten^{55}ɕhi^{33}qhaŋ^{35}nju^{11}　　洪荒时代

昔　日　远　古

A B + C D（主谓并列）

ku^{35}naŋ^{11}tjə^{11}tɕə^{13}　　张三李四

侗　下　汉　上

faŋ^{33}pu^{33}ɣaŋ^{11}n̥haŋ^{35}　　家喻户晓

方　知　寨　闻

nɛ^{55}ɬoŋ^{55}mɛ^{13}ɬiu^{11}　　又聋又瞎

耳　聋　目　瞎

A B + C D（中定并列）

xhə^{33}kaŋ^{33}shei^{35}nə^{13}　　虫声鸟语

话　虫　语　鸟

ɬo^{33}ki^{33}tju^{44}qo^{44}　　四面八方

四 角　六 边

tɕə^{55}pi^{11}ɕoŋ^{13}ɬoŋ^{13}　　九岭七坳

九　山　七　坳

AB + CD（动补并列）

sha^{35}tɛ^{33}ʐi^{13}ɣaŋ^{44} 生儿育女

生 儿 育 幼

pu^{13}faŋ^{33}ɬen^{11}ɣaŋ^{11} 走村串寨

入 方 钻 岭

naŋ^{55}ʔə^{33}tɕi^{44}pi^{44} 跋山涉水

沿 河 爬 山

AB + CD（形补并列）

faŋ^{55}maŋ^{11}ta^{13}mɛ^{13} 面黄肌瘦

黄 面 死 目

sɛ^{33}tɕi^{11}ɣi^{44}tju^{13} 近亲家族

近 枝 挨 株

ɬen^{55}n̥hɛ^{33}ɣu^{44}m̥haŋ^{44} 吉日良辰

良 日 好 夜

4. A + BCD

pho^{44}qo^{31}lo^{31}to^{31} 报时火炮

炮 （炮声）

这个类型我也只发现了一个例子。

5. ABCD

每个字单独都没有意义，合起来表示各种状态声音的生动差别，数量较多。如：

pa^{33}	ɬha^{33}	pu^{13}	ɬhu^{13}	乱七八糟
pi^{11}	tji^{11}	po^{11}	tjo^{11}	乱七八糟
pi^{35}	tji^{35}	po^{35}	tjo^{35}	坐立不安
pi^{35}	tjhi^{35}	po^{35}	tjho^{35}	坐立不安
kaŋ^{11}	ʐaŋ^{11}	ki^{11}	ʐi^{11}	漂游浪荡
qaŋ^{55}	ɬaŋ^{55}	qə^{11}	ɬə^{11}	昏头昏脑
ki^{33}	li^{33}	ka^{33}	la^{33}	喊喊喳喳
phi^{33}	tɕhi^{33}	pho^{33}	tɕho^{33}	窃窃私语
tsaŋ^{11}	qaŋ^{11}	tsei^{44}	qei^{44}	嘎吱嘎吱
tsaŋ^{11}	qaŋ^{11}	tsei^{44}	lei^{44}	哇哇啼哭

这些成语在语音上很有特点，即 AC 双声，BD 双声；AB 叠韵，CD 叠韵；AB 同调，CD 同调。这种双声叠韵同调使成语铿锵动听，表义细微生动，有的用其他语言很难确切翻译。

二、ABAD 型

这个类型的成语数量最多，又分以下小类：

1. AB + AD（名词并例）

qa^{33}ɣaŋ^{55}qa^{33}pi^{11} 山山岭岭

岭 山

qa^{33}naŋ^{55}qa^{33}tə^{44} 花草树木

草 树

tju^{33}faŋ^{33}tju^{33}ɣaŋ^{11} 本乡本土

里 方 里 寨

tɕi^{33}mɛ^{13}tɕi^{33}tɛ^{33} 妻子儿女

母 子

2. AB + AD（主谓并列）

tɛ^{33}la^{55}tɛ^{33}haŋ^{44} 流氓地痞

儿 烂 儿 臭

njaŋ^{55}pa^{11}njaŋ^{55}ʑaŋ^{31} 灾年荒月

年 坏 年 凶

phaŋ^{33}pi^{44}phaŋ^{33}tɕaŋ^{13} 行李铺盖

件 睡 件 垫

3. AB + AD（中定并列）

xhə^{33}naŋ^{11}xhə^{33}nə^{13} 虫声鸟语

话 鼠 话 鸟

xhi^{33}ɬa^{35}xhi^{33}pa^{44} 狼心狗肺

心 狗 心 猪

faŋ^{33}tjə^{11}faŋ^{33}ʑa^{44} 他乡异域

方 汉 方 布依

vɛ^{55}ɕu^{55}vɛ^{55}pɛ^{44} 冰天雪地

天 冬 天 雪

4. AB + AD（动补并列）

paŋ^{33}ɣaŋ^{55}paŋ^{33}pi^{11} 山崩地裂

崩 岭 崩 山

tɕi^{44}ljaŋ^{55}tɕi^{44}fhu^{35} 上粮服役

上 粮 上 头

tjhə^{35}qaŋ^{33}tjhə^{35}qa^{35} 颠三倒四

颠 臀 颠 肠

khi^{33}ta^{33}khi^{33}vɛ^{55} 惊天动地

抖 地 抖 天

5. AB + AD（形补并列）

haŋ^{44}naŋ^{55}haŋ^{44}pi^{44} 臭名远扬

臭 名 臭 字

ɕhaŋ^{35}maŋ^{11}ɕhaŋ^{35}mɛ^{13} 面红耳赤

血 面 血 耳

ɬho^{44}ta^{33}ɬho^{44}vɛ^{55} 密密麻麻

密 地 密 天

fha^{33}lo^{33}fha^{33}pi^{11} 轻手轻脚

轻 脚 轻 手

三、ABAta^{44}型

－ta^{44}是一个后缀，只出现于成语里，表示动作混乱或反复。这个类型又分以下几小类：

1. B 是核心，A 是 B 的变韵重叠、表示动作无序。

tɕu^{33}tɕi^{33}tɕu^{33}ta^{44} 乱喊乱叫

乱 唤 乱

tjhu^{35}tjhin^{35}tjhu^{35}ta^{44} 乱挑乱剔

乱 剔 乱

tju^{33}tji^{33}tju^{33}ta^{44} 乱打乱抽

乱 打 乱

tu^{44}tei^{44}tu^{44}ta^{44} 乱蹦乱跳

乱 跳 乱

ɬju^{31}ɬjo^{31}ɬju^{31}ta^{4} 乱拉乱扯

乱 拉 乱

tju^{13}tja^{13}tju^{13}ta^{44} 乱追乱撵

乱 追 乱

后缀 ta^{44}可用后缀 qɛ^{53}替换，其义不变。

2. AB 是叠韵同调动词，重叠 A，加后缀，表示动作反复无常。

ka^{33}la^{33}ka^{33}ta^{44} 啰里啰嗦

啰嗦

ka^{11}va^{11}ka^{11}ta^{44} 转来转去

旋转

qa^{35}la^{35}qa^{35}ta^{44} 结结巴巴

结巴

nen^{53}qen^{53}nen^{53}ta^{44} 歪歪扭扭

扭曲

qaŋ^{35}fhaŋ^{35}qaŋ^{35}ta^{44} 自吹自擂

吹牛

3. AB 是叠韵但不同调的动词，重叠 A，加后缀，表示程度增加。

kə^{31}njə^{11}kə^{31}ta^{44} 急急忙忙

急忙

vaŋ^{55}qaŋ^{11}vaŋ^{55}ta^{44} 横七竖八

横放

ʔaŋ^{44}njaŋ^{11}ʔaŋ^{44}ta^{44} 怒气冲天

发怒

tshu^{33}nu^{11}tshu^{33}ta^{44} 盛气凌人

训斥

4. AB 是双字动词，前字重缀加后缀，也表示程度加深。

qa^{33}ɬjaŋ^{33}qa^{33}ta^{44} 骂天骂地

诅咒

n̥jhoŋ^{33}qaŋ^{33}n̥jhoŋ^{33}ta^{44} 丢三落四

忘记

voŋ^{33}va^{33}voŋ^{33}ta^{44} 糊里糊涂

胡涂

qen^{31}qa^{55}qen^{31}ta^{44} 啰里啰嗦

唠叨

四、AACC 型

A 和 C 表示并列的两种事物，动作、属性、声音等、分别重叠、表示加多、加重。

pa^{35}pa^{35}tɛ^{33}tɛ^{33} 父父子子

父 父 子 子

ʔa^{35}ʔa^{35}tja^{11}tja^{11} 男男女女

姐 姐 哥 哥

ho^{33}ho^{33}noŋ^{13}noŋ^{13} 暴风骤雨

雷 雷 雨 雨

m̥hu^{33}m̥hu^{33}tjə^{11}tjə^{11} 各个民族

苗 苗 汉 汉

tshɛ^{33}tshɛ^{33}ŋo^{11}ŋo^{11} 又咳嗽又喷嚏

喷 喷 咳 咳

ʔo^{35}ʔo^{35}ɬjha^{35}ɬjha^{35} 又呕又吐

呕 呕 吐 吐

ken^{35}ken^{55}njaŋ^{35}njaŋ^{35} 哭哭啼啼

哭 哭 啼 啼

faŋ^{55}faŋ^{55}ɕhaŋ^{44}ɕhaŋ^{44} 红红绿绿

黄 黄 赤 赤

ɬu^{33}ɬu^{33}ɬɛ^{33}ɬɛ^{33} 五颜六色

白 白 黑 黑

ta^{35}ta^{35}lɛ^{35}lɛ^{35} 长长短短

长 长 短 短

tə^{11}tə^{11}thaŋ^{33}thaŋ^{33} 叮叮当当

嘟 嘟 嘡 嘡

poŋ^{55}poŋ^{55}po^{31}po^{31} 乒乒乓乓

嘣 嘣 哱 哱

qo^{33}qo^{33}tu^{11}tu^{11} 鹁鸪叫声

咕 咕 嘟 嘟

五、ABAB 型

AB 为双音状词或动补结构，全词重叠表示状态延续。

pɛ^{11}lɛ^{11}pɛ^{11}lɛ^{11} 支支吾吾

支吾 支吾

pɛ^{44}ɬɛ^{44}pɛ^{44}ɬɛ^{44} 噼里啪啦

噼啪 噼啪

ko^{35}tɕho^{35}ko^{35}tɕho^{35} 窸窣窸窣

窸窣 窸窣

nen^{35}haŋ^{11}nen^{35}haŋ^{11}　　　　咴儿咴儿

咴儿　咴儿

ɕi^{55}moŋ^{11}ɕi^{55}moŋ^{11}　　　　逐渐熄灭

熄灭　熄灭

tsə^{53}moŋ^{11}tsə^{53}moŋ^{11}　　　　逐渐黑暗

暗去　暗去

六、ABCB 型

这个类型的成语很少。

vu^{13}ha^{13}va^{13}ha^{13}　　　　惊惶失措

ta^{55}ɬhu^{35}la^{11}ɬhu^{35}　　　　无所事事

成语除了四个字的，还有六个字的，不过数量不多。如：

tsho^{33}moŋ^{11}ku^{55}xhu^{53}moŋ^{11}njaŋ^{13}　　　　里应外合

吹　去　外　吸　去　内

faŋ^{33}qa^{33}ɣu^{35}ɣaŋ^{11}qa^{33}koŋ^{53}　　　　穷乡僻壤

方　野　寨　巷

xhi^{33}kaŋ^{33}njin^{11}n̥jhi^{35}kaŋ^{33}qen^{33}　　　　狼心狗肺

心　虫　蛭　心　虫　蜱

nji^{55} moŋ^{11}ʔə^{33} ljo^{35} moŋ^{11}pi^{11}　　　　分道扬镳

水牛　去　河　黄牛　去　山

在上述成语里有许多并列成分。这些成分在语法上起同样的作用，没有主次之分，那么说话人根据什么条件来排列这些成分的先后顺序呢？少部分是根据字义。又分：

1. 长辈在先，晚辈在后。

pa^{35}tɛ^{33}　父子　　　　vu^{53}njaŋ^{33}　婆媳

父　子　　　　婆　媳

2. 年长的在先，年幼的在后。

pə^{35}ʔu^{44}　兄弟　　　　njaŋ^{33}to^{35}　姑嫂

兄　弟　　　　嫂　姑

3. 在上的事物在先，在下的事物在后。

vɛ^{55}ta^{33}　天地　　　　fhu^{35}qaŋ^{33}　头尾

天　地　　　　头　臀

4. 女性在先，男性在后，因为古代蛮人重女轻男。

vu^{53}qə^{44}　公婆　　vi^{35}ʑo^{13}　夫妻

婆 公　　妻 夫

但是绝大多数不是根据字义，而是根据字音来排并列成分的顺序的。字音中声母，韵母都不起作用，只有声调是决定因素，即入声（53、31）字排在平声（33、55、）字、上声（35、11）字、去声（44、13）字之后，去声字排在平声字、上声字之后，上声字排在平声字之后，当然都有可以排在同声调字之后。下面是本节所举例字中并列字的声调顺序排列：

平平　ɬu^{33}ɬɛ^{33}　白黑

平平　ta^{33}vɛ^{55}　地天

平上　pu^{33}n̥haŋ^{35}　知闻

平上　xhə^{33}shei^{35}　话语

平上　qaŋ^{33}qa^{35}　臀肠

平上　faŋ^{33}ɣaŋ^{11}　方寨

平上　ʔə^{33}pi^{11}　河山

平上　lo^{33}pi^{11}　脚手

平上　li^{55}ʔoŋ^{35}　田塘

平上　ljaŋ^{55}fhu^{35}　粮头

平上　ɣaŋ^{55}pi^{11}　山岭

平上　ɬoŋ^{55}ɬju^{11}　聋瞎

平去　tɛ^{33}ɣuŋ^{44}　儿幼

平去　ɕhu^{33}qha^{44}　亲客

平去　ɬo^{33}tju^{44}　四六

平去　n̥hɛ^{33}m̥haŋ^{44}　日夜

平去　kaŋ^{33}nə^{13}　虫鸟

平去　ki^{33}qo^{44}　角边

平去　sɛ^{33}ɣi^{44}　挨近

平去　ɬen^{55}ɣu^{44}　良好

平去　naŋ^{55}tə^{44}　草树

平去　la^{55}haŋ^{44}　烂臭

平去　ɕu^{55}pɛ^{44}　冬雪

平去　naŋ^{55}pi^{44}　名字

平去　naŋ^{55}tɕi^{44}　沿爬

平去　tɕə^{55}ɕoŋ^{13}　九七

平去	faŋ^{55}ta^{13}	黄死
平去	nɛ^{55}mɛ^{13}	耳目
平入	poŋ^{55}po^{31}	嘣哱
上上	ʔo^{35}ɬjha^{35}	呕吐
上上	ku^{35}tjə^{11}	侗汉
上去	ɬa^{35}pa^{44}	狗猪
上去	sha^{35}ʑi^{13}	生育
上去	tjə^{11}ʑa^{44}	汉布依
上去	maŋ^{11}mɛ^{13}	面目
上去	naŋ^{11}nə^{13}	鼠鸟
上去	tɕi^{11}tju^{13}	枝株
上去	pi^{11}ɬoŋ^{13}	山坳
上去	naŋ^{11}tɕə^{13}	上下
上入	ɣu^{35}koŋ^{53}	野巷
上入	pa^{11}ʑaŋ^{31}	凶恶
去去	pi^{44}tɕaŋ^{13}	铺垫
去入	ɣu^{44}ʑaŋ^{31}	好坏

汉语的并列成分也是按平上去入顺序排列的。汉语、苗瑶语的并列成分为什么按平上去入的顺序排列？我在《汉藏语声调探源》一文中曾经推断，是通流擦塞四类韵尾转化为平升降促即平上去入四类声调。我现在还坚持这一点。所以并列成分的排列顺序是由古代韵尾受阻的强弱决定的，即无阻的元音和鼻音尾在前，转化为平声；阻碍较弱的流音 l、ɹ 尾随后，转化为上声；阻碍较强的擦音 s、z 尾等第三，转化为去声；阻碍最强的塞音 p、t、k 最后，转化为入声。

第三节 借 词

一、借词的来源

说苗瑶的民族在历史上是不断迁徙的。在迁徙的过程中曾与许多民族杂居，与许多语言或方言接触，所以语言里的借词有不同来源。

1. 汉语。苗瑶畲与汉族交往最多，因此汉语借词也最多。汉语有方言差别，因此苗瑶语里的汉语借词也来自不同的汉语方言。

（1）西南官话。贵州，云南、四川、湖南西北部，广西东北部是西南官话区，因此这一地区的苗语都借西南官话。例如贵州贵定苗语的：

sɛ^{13}xuei^{13}tsu^{33}ʐi^{13}“社会主义”，koŋ^{13}tshɛ^{33}taŋ^{33}“共产党”，thoŋ^{42}tsɿ^{13}“同志”，so^{33}ʐi^{33}“所以”，min^{42}pin^{55}“民兵”、tiɛ^{13}xua$^{13 13}$“电话”。

（2）客家话。广东东江流域是客家话通行区，因此这一带的畲语都借客家话词。例如广东增城下水村畲语里的：thɔŋ^{31}“铜”，tshɔ^{53}“字”，phɔ^{53}“刨”、tshi^{53}“是”，sak^{35}“锡”，thuk^{35}“独”、“pha^{35}hɔ^{35}“白鹤”。

（3）湘语。湖南中部通行老湘语。老湘语的特点是有浊的塞音、塞擦音声母。隆回毛坳的巴哼语里就有老湘语借词。例如：buŋ^{33} ʑəu^{313}“朋友”，ma^{33}tsɿ^{03}“麻子”，ŋko^{33}“鹅”，tɕhu^{55}dzuŋ^{33}“臭虫”，he^{35}dau^{33}“核桃”，dʑiŋ^{33} tshai^{55}“芹菜”，dʑəu^{33} tsɿ^{03}“绸子”，mpei^{31}“墨”，bai^{33}“牌”。

（4）海南汉语。海南岛的汉语有许多特点，如古帮母字，端母字的声母现在读内爆音，精母字，心母字的声母现在读舌尖中塞音。琼中瑶语金门方言的借词也有这样的特点。例如：ʔpa^{35}“疤”，ʔpa^{35}“坝”，tiːŋ^{51}“井”，tiːŋ^{11}zam^{35}“声音”，ʔpiaŋ^{35}“兵”，hak^{42}tiaŋ^{11}“学生”，huːŋ^{33}ʔti^{55}“皇帝”，ʔtau^{51}“斗”，ʔtiŋ^{35}“钉子”，ʔpin^{35}“鞭子”。

2. 侗语。黔东南的苗族长期与侗族杂居，所以黔东苗语里有侗语借词。例如养蒿苗话里的 lei^{55}“字”，men^{44}“井”，lji^{35}“羊”，zaŋ^{55}“草”，tho^{44}“袜子”，kha^{33}“犁”，kha^{53}“耙”，mo^{55}“粪”。

3. 布依语。贵州南部的苗族长期与布依族杂居，所以罗甸，望谟等地的苗语里有布依语借语。如小苗寨的 tɕap^{55}“讨”，sap^{213}“躲”，tap^{131}“叠”，fet^{31}“丢”，tjet^{55}“拨”，sam^{213}“站”，ham^{131}“恨”，ʔtiəu^{213}“一”。

4. 壮语。广西西北部是壮语通行区，在这里与壮族杂居的瑶族许多人都兼通壮语，所以布努语里有许多壮语借词。例如巴马西山努努话的：na^{31}“水田”，kum^{31}“坑”，moːk^{35}“雾”，ɣam^{42}“水”，baːn^{55}“村子”，lɯk^{33}toːk^{33}“独子”，va^{24}“花”，maːt^{33}“袜子”，bjn^{33}“席子”，pi^{22}“扇子”，ʔek^{35}vo^{44}“牛轭”，mak^{33}“墨”，ɕaːt^{35}“擦”，xa^{33}zum^{42}“打哈欠”，pat^{33}“叠”，kat^{35}“冻”，mok^{35}“盖”。

5. 彝语。贵州西部和云南的苗族与彝族杂居，所以川黔滇苗语里有彝语借词。例如大南山苗语里的 tʂhi^{33}“山羊”，loŋ^{13}“城”，tʂhau^{44}“上衣”，tɕua^{13}“饭”，tɕhi^{55}“粪”，ŋkou^{31}“歌”。

6. 土家语。湘西苗族长期与土家族杂居，所以湘西苗语里有土家语借词。例如腊乙坪苗话里的 ʐei^{31} “山”，ʂo^{44} “鸭子”、po^{44} “丈夫”，pə^{31} “杀”等。

7. 仡佬语。湖南泸溪一带以前有仡佬族，后来这些仡佬族转用了苗语，因此现在泸溪达勒寨苗语里有一些仡佬语词。例如 ŋui^{31} “天”，mo^{55} “刀”，ta^{53} “猴子”，ʔou^{41} “好”，pɛ^{33} “糖”。不过有的人称“底层词”，不算借词。

8. 泰语。宋元以后，一些苗族和瑶族从中国迁到了印度支那，因此他们的语言里出现了泰语借词。例如：baːt^{452} “铢”（货币名），jak^{452} “恶魔”，taːu^{33} “甜棕榈树心”，koŋ^{21}thip^{21} “曼谷”（城市名），bat^{452} “身份证”等。

9. 英语。上世纪印度支那的一些苗族和瑶族移居到了美国等西方国家，因此他们的语言里有了英语借词。例如 ka^{31}se^{55} “磁带”，mpe^{33} “啤酒”，mpen^{31} “银行”等。

10. 其他方言或其他亲属语言。例如：广西金秀龙华炯奈语的 nthot^{44}（蛇）“蜕”（皮）是从邻近的瑶语借来的。贵州凯里凯棠苗话的 nja^{31} “饭” qa^{33}ma^{33} “女人”是从邻近的凯哨苗话借来的。因为苗瑶语里不同方言的使用者有的互相兼通对方的话，这就出现了互相借词。有的人不认为来自其他方言的词是借词。其实，从另一种交际系统吸收本系统没有的成分就是借用，所以借自其他方言的词也是借词。

二、借用方式

1. 音译。音译是各种语言向外借词的主要方式，苗瑶语也不例外。音译有两个基本要求，一个是反映被借语言的实际音值，另一个是力求维持借入语的原有音位系统。这两个要求是矛盾的，因为被借语跟借入语音系不同。因此，只有少数词能完全一致。例如：

汉语西南官语	苗语养蒿话	
fa^{31}li^{31}	fa^{31}li^{31}	法律
fu^{35}sɿ^{35}	fu^{35}sɿ^{35}	护士
mi^{31}su^{33}	mi^{31}su^{33}	秘书

多数用相近的音替代，有的增加了新的成分，有的用一些巧妙的办法解决。

用相近的音代替时，有的音值相差很大。例如：西南官话 pen^{53} sɿ^{35}

"本事"借入凯棠苗语时，不会汉语的人读做 pen^{53} $səu^{44}$，用 əu 代替了汉语的 ɿ。əu 和 ɿ 的差别是不小的。不过会说汉语的知识分子可以说 pen^{53} $sɿ^{13}$。所以借词的音在同一地点还有差别，双语人借词的读音都更接近借入语。

有些地方没有韵头 i-、u-，也没有腭化声母和唇化声母，但是有带边音声尾的复声母。汉语借词有韵头 i 时，就用声尾 l 来拼韵头 i。例如高坡把"老表"读作 lo^{55} plo^{55}。汉语借词有韵头 u 时，就干脆省略。例如把"辩论"读作 $pl\tilde{e}^{13}$ $l\tilde{ə}^{13}$。但是有些方言突破原有的语音结构，增加了许多汉语借词特有的有韵头 i 或 u 的韵母。例如石板寨的：$ŋai^{24}$"爱"，$tshau^{33}$"操"，$tsə^{31}$ $ə^{55}$ ken^{33}"摘耳根"，$ʐaŋ^{31}$ $liəu^{55}$"杨柳^{24}"，$mjen^{24}$ $thiau^{31}$"面条"，$liaŋ^{31}$"梁"，$kuei^{24}$ $χwa^{33}$"桂花"，$kuɛ^{24}$"怪"，sua^{31} $tsɿ^{55}$"刷子"，$tshuaŋ^{33}$ $χu^{33}$"窗户"。

贵州西部的西南官话有鼻音韵尾，威宁石门坎苗语没有鼻音韵尾，但是有鼻音声头。当借词是多音节，前一音节有鼻音韵尾，后一音节以断音起头时，就把前一音节的鼻音韵尾移作后一音节的声头。例如把"中国"读作 $tʂu^{55}$ $ŋkue^{31}$，把"共产党"读作 ku^{35} $ɳtʂha^{33}$ nta^{33}，把"工作"读作 $ku^{55}ntso^{31}$，把"民兵"读作 $mi^{31}mpi^{55}$。可以看出，前一音节的鼻音韵尾并不是简单移到后一音节，而是根据复声母的结构规律调整了调音部位。上述"共"字、"工"字的韵尾 -ŋ，"民"字的韵尾 -n，分别被后一音节的声母 tʂh、ts、P 同化为 ɳ、n、m 了，而借词中最后一字"党"的韵尾 -ŋ、"兵"的韵尾 -n，因后面没有字可移，为了服从音节结构规则，干脆把它省略了。

英语是没有声调的语言，移居到美国的苗族把英语词"磁带"，"啤酒"，"银行"借入苗语以后，不仅调整了元音、辅音，还加上了声调，把这 3 个词分别读作 ka^{31} se^{55}、mpe^{33}、$mpen^{31}$。

总起来说，双语水平较高的地区或人，借词读音趋近被借语；双语水平较低的地区或人，借词趋近借入语。

2. 同音借译。所谓同音借译就是被借语言中某一个词或字，借入语不直接音译，也不直接意译，而是把它音译成另一个音同或音近但不同义的词或字，再把它译成借入语词 。例如汉语的"结婚"在贵州节大南山一带，"结"与"接"同音，"婚"与"浑"音近，大南山苗语就先把"结婚"音译成"接浑"，再把"接浑"意译成苗语 $tsua^{33}$（接）$ɳʈo^{55}$（浑）。又如汉语的"写信"与"洗线"音近，大南山苗语先把"写信"音译为

“洗线”，再把“洗线”意译为 ntsua^{55}（洗）so^{55}（线）。这样的词，虽然译起来降低了难度，但是理解它要拐一个大弯。它往往出现在双语水平较高的人群里，如说川黔滇苗语的苗族。

三、借用原因

一个语言为什么向别的语言借词，当然最重要的原因是人类社会出现了新的事物或概念，甲语言有词表达，而乙语言没有，于是乙语言向甲语言借。例如汉语里出现了“人民”、“公社”、“土改”、“解放”、“工厂”等，苗语就借来读作 zen^{31} min^{31}，koŋ^{33} se^{35}，thu^{55} kɛ^{55}，kɛ^{55} faŋ^{35}，koŋ^{33} tshaŋ^{55}。

但是有些事物或概念在苗瑶语里已有词表示，为什么还向汉语借词来表达呢？这有一些特殊的原因。

1. 为了协调配套。

苗瑶的数词分系数词和位数词两类。系数词“一、二……九”都是固有的，而位数词“十、百、千、万、亿”都是借用汉语的。表示个位数时，没有问题，都用固有的系数词。但是表示多位数时，一些语言将固有的系数词与借来的位数词搭配来用。如养蒿如：

ʔi^{33}	一				
ʔo^{33}	二	tɕu^{31} ʔo^{33}	十二	ʔo^{31} tɕu^{31}	二十
pi^{33}	三	tɕu^{31} pi^{33}	十三	pi^{33} tɕu^{31}	三十
ɬu^{33}	四	tɕu^{31} ɬu^{33}	十四	ɬu^{33} tɕu^{31}	四十
tsa^{33}	五	tɕu^{31} tsa^{33}	十五	tsa^{33} tɕu^{31}	五十
tju^{44}	六	tɕu^{31} tju^{44}	十六	tju^{44} tɕu^{31}	六十
ɕ oŋ^{13}	七	tɕu^{31} ɕoŋ^{13}	十七	ɕoŋ^{13} tɕu^{31}	七十
ʑa^{31}	八	tɕu^{31} ʑa^{31}	十八	ʑa^{31} tɕu^{31}	八十
tɕə^{55}	九	tɕu^{31} tɕə^{55}	十九	tɕə^{55} tɕu^{31}	九十

另一些语言觉得不同来源的数词凑在一起很别扭，就干脆都借汉语的。例如龙定的：

jet^{22}	一	tsjep^{22} jet^{55}	十一		
ʔi^{33}	二	tsjep^{22} ȵei^{21}	十二	ȵi^{21} tsjep^{22}	二十
puo^{33}	三	tsjep^{22} faːm^{33}	十三	fa^{31} tsjep^{22}	三十
pei^{33}	四	tsjep^{22} fei^{24}	十四	fei^{24} tsjep^{22}	四十
pa^{33}	五	tsjep^{22} m̥m^{231}	十五	m̥m^{231} tsjep^{22}	五十

ku^{55} 六 tsjep^{22}lo^{22} 十六 lo^{22}tsjep^{22} 六十

sjet^{21} 七 tsjep^{22}tsjhet^{55} 十七 tsjhet^{55}tsjep^{22} 七十

ɕet^{22} 八 tsjep^{22}pet^{55} 十八 pet^{55}tsjep^{22} 八十

do^{31} 九 tsjep^{22}tɕo^{53} 十九 tɕo^{53}tsjep^{22} 九十

于是系数词就有固有的和借用汉语的两组，不过分布不同。

2. 为了押调

养蒿苗语原来有固有词 ʔa^{53} “背”，在歌谣里又借了汉语的“背”。如：

nji^{11}ta^{11}ʐu^{44}tɕaŋ^{55}tɕu^{33} 妹还小如针，

妹 还 小 成 针

tja^{11}ta^{11}ɣaŋ^{44}tɕaŋ^{55}ɣo^{33} 哥还嫩如蔬，

哥 还 嫩 成 菜

rnoŋ^{11} ɣu^{35} na^{11}sɛ^{55}pei^{33} 外出要娘背。

去 野外 娘 也 背

因为黔东苗语的诗歌要求押调（上面 tɕu^{33}、ɣo^{33}、pei^{33} 三字都有是 33 调），如果“背”用固有词 ʔa^{53}，就与前两句的末字声调不同，就不合苗歌的格律了。

3. 为了对仗

还是养蒿苗语，原来有固有词 ɬa^{35} “狗”，在理词里又把汉语的音“kə^{55}”借了来。如：

kə^{55}tɕi^{44}pi^{11} 狗上去，

狗 上 山

ɬa^{35}ɣu^{13}qaŋ^{33} 犬下来。

狗 下 底

黔东苗语的理词很像汉语的骈文，句子都是两句并列对仗，声韵和谐，但用词不同。如果上面两个句子里都用 ɬa^{35}，那就不合理词格律了，于是把汉语里同义的 kə^{55} 借了来。

看来，是否向别的语言借词，除了交际的需要，还有文体，配套等方面的特殊原因。

四、借词层次

如果两个语言长期接触，因为彼此都在发展，其间的借词就会形成不同的层次。汉语和苗瑶语有几千年的密切接触，这就形成了苗瑶语里的汉语借词至少可以分成两个层次。

1. 老借词。时间约在明清以前，那时候西南官话尚未形成，其特点有三。

（1）单音节。如：

sɛ^{35}：“子”，ɕhu^{35} “丑”，ʑin^{55} “寅”，mo^{11} “卯”，ɕen^{55} “辰”，sɛ^{11} “巳”，ŋu^{55} “午”，mɛ^{13} “未”，ɕhen^{33} “申”，ʑu^{11} “酉”，ɕhen^{53} “戌”，ha^{44} “亥”，tɕin^{33} “金”，nji^{55} “银”，tə^{55} “铜”，mɛ^{31} “墨”，ʑi^{13} “邑”（城）、ha^{33} “鞋”，ɕhoŋ^{44} “铳”，tɕə^{11} “臼”。

（2）有八个声调，平上去入各分阴阳，与中古汉语完全一致。如上面的借字：

苗语			汉语	
阴平	33	ɕhen^{33}	申	平声书母
阳平	55	ɕhen^{55}	辰	平声禅母
阴上	35	sɛ^{35}	子	上声精母
阳上	11	sɛ^{11}	巳	上声邪母
阴去	44	ɕhoŋ^{44}	铳	去声昌母
阳去	13	mɛ^{13}	未	去声明母
阴入	53	ɕhen^{53}	戌	入声心母
阳入	31	mɛ^{31}	墨	入声明母

（3）服从借入语的语音组合规则

在上面的借词中，ha^{44} “亥” 和 ha^{33} “鞋” 都是喉音匣母，苗语就用最相近的喉擦音 h 来拼。但是 h 是清音，而清声母只与阴调拼。可是汉语的匣母只与阳调拼。为了解决这个矛盾，苗语就把“鞋”和“亥”的声调改成了“阴平”和“阴去”。

2. 新借词。新借词是从西南官话借来的，与老借词比有五点不同。（1）大多数是多音节。如：zen^{31} min^{31} “人民”，koŋ^{35} tshɛ^{55} taŋ^{55} “共产党”，tɕhi^{35} tshei^{33} “汽车”，ʑin^{31} haŋ^{31} “银行”，tɕhi^{31} tji^{55} “缺点”，tɕi^{35} hua^{35} “计划”，ɕo^{31} ɕo^{35} “学校”，tɕi^{35} su^{31} “技术”，fu^{31} “湖”，fei^{31} tso^{55} “肥皂”，tɕhu^{31} “球”，kua^{35} ho^{35} “挂号”，tsɿ^{33} pen^{55} “资本”。

（2）只有四个声调，调值与西南官话的相同或相近，调类与中古汉语的不一致。如：

苗语			汉语	
33	阴平	tshei^{33}	车	阴平

31	阳入	zen^{31}	人	阳平
		tɕhi^{31}	缺	阴入
		ɕo^{31}	学	阳入
55	阳平	taŋ^{55}	党	阴上
35	阴上	kua^{35}	挂	阴去
		koŋ^{35}	共	阳去
		tso^{35}	皂	阳上

新借词的调类不仅古今不一致，方言之间也不一致。因为不同方言的调值有差别，大家都趋同西南官话，借词的调值虽相同或相近，调类就不相同了。例如“共”字，养蒿读 koŋ^{35}，是阴上；大南山读 koŋ^{24}，是阳入。“旗”字，养蒿读 tɕhi^{31}，是阳入；大南山读 tɕhi^{31}，是阳平。“府”字，养蒿读 fu^{55}，是阳平；腊乙读 hwu,^{53}是阴去；大南山读 fu^{55}是阴上。

借词的调值与被借语的相同或相近，这是符合借词语音转换规则的。那么苗瑶语里汉语老借词的调类不仅苗汉一致，各方言间也完全一致，这是什么原因呢？我长期思考的结果是：声调产生时，因为苗瑶语与汉语有亲缘关系，它们的韵尾（通、流、擦、塞）是相同的，因此由韵尾转换成的声调也是相同的，所以早期的声调苗瑶—汉相同相近，完全对应。

（3）突破了借入语的语音组合规则。

苗语的送气声母和 h 不能与 31 调组合，但是上举现代借词中出现了 tshɛ^{55} “产”，tɕhi^{31} “缺”，tɕhu^{31} “球”，haŋ^{31} “行”等。

（4）增加了许多韵母。如：

ʅ	sʅ^{33}ɕaŋ^{55}	思想	io	phio^{35}	票
uɛ	kuɛ^{55}lji^{55}	管理	ua^{35}	kua^{35}ho^{35}	挂号
uei	kuei^{35}tsə^{33}	贵州	uen	khuen^{33}min^{31}	昆明
uaŋ	kuaŋ^{55}ɕi^{33}	广西			

有些方言增加的韵母更多。不过，因为苗瑶语声母都比较多，因借词而增加声母的少见。

（5）在有连读变调的方言里，老借词变调，新借词不变。例如大南山的 tʂi^{43}teu^{55} “五斗”读作 tʂʅ^{43}tɛɯ^{44}，第二字阴上变成了阴去，而 koŋ^{43} tʂhaŋ^{55} “工厂”中的第二字虽然也是阴上，仍读 koŋ^{43}tʂhaŋ^{55}，没有变成阴去。

五、借词比重

不同语言或不同方言的词汇里借词的比重是不一样的，一般是聚居区的少，散居区的多；双语人多的比较多，双语人少的比较少。

苗瑶畲这三个民族，苗族有较大的聚居区，瑶和畲在历史上迁徙频繁，居住分散，所以苗语里借词少一些。瑶语和畲语，特别是瑶语借词多一些. 1983 年盘承乾、邓方桂、刘保元编的《瑶语》课本共有词 873 个，其中汉语借词 519 个占 59. 45%，1982 年贵州民族事务委员会黔东苗语课本编译组编的《苗语课本》共有词 813 个，其中汉语借词 143 个，占 17. 6%。可见瑶语里的借词比苗语里的多得多。例如：

《瑶语》		《苗语课本》	
tsu^{54}	着	naŋ^{11}	穿（衣）
tsei^{54}		tu^{35}	纸
peu^{53}		ɕaŋ^{44}	饱
ta^{24}		ɬjhə^{33}	大
tsuei^{241}	在	njaŋ^{33}	坐
ka：u^{33}		xhi^{33}	高
hiu^{53}	晓	pu^{33}	知
ua^{12}		shei^{35}	话
miu^{31}		m̥hu^{33}	苗族
ȵi^{12}	二（十）	ʔo^{33}	二
ȵut^{21}		n̥hɛ^{33}	日
sou^{33}		tu^{354}	书
suŋ^{33}		nju^{31}	双

上面这些词都是基本词，在《苗语课本》里都是固有词，在《瑶语》里都是借词。可见在汉语的深刻影响下，不仅原来没有的词用借词补充，原来有的词也可以用借词来代替。借词代替固有词有一个过程，开始时是固有词与借词并用，或者固有词在口语里用，借词在文学作品里用，以后借词扩大使用范围，最后取代固有词。在瑶语里这种情况非常明显，在 519 个借词中，《瑶语》注明出现于“歌词”的就有 73 个。

上面的两个统计数字，所根据的语料有限，但是还是反映了大致的情况。可以预测，随着经济、科学、文化的发展，民族间交往增加，双语人会迅速增加，苗瑶语里的汉语借词也会迅速增加。

第四节　混合词

一个合成词的成分中，有的是固有的，有的是从别的语言借来的，这叫混合词。以前，许多人把它视为借词，我也是这样。这有点名不符实，因为它是多源的，就像黑白混血儿，不能算黑人，也不能算白人一样。

苗瑶语里的混合词相当普遍，不过有的方言多一些，有的方言少一些。混合词可分十类。

一、固有词＋借词

qa^{33} tju^{55} tjhe^{33} ŋɛ^{33} men^{31}　天安门
门 天 安 门

qa^{33} ɬaŋ^{11} tshao^{33} tshaŋ^{31}　操场
坪 操 场

fhə^{35} ʐaŋ^{31} sa^{33}　洋纱　　ʔu^{35} ma^{55} kua^{35}　马褂
线 洋 纱　　衣 马 褂

ɣo^{33} po^{33} tshɛ^{35}　菠菜　　vi^{11} sa^{33} ko^{33}　砂锅
菜 菠 菜　　锅 砂 锅

tsen^{35} hɛ^{31} tho^{31}　核桃
果 核 桃

这种词以前称“音译加注”，借者怕别人不理解音译的类名 tjhe^{33} ŋɛ^{33} men^{31}是什么，就在它的前面加上固有的种名 qa^{33} tju^{55}，表示 tjhe^{33} ŋɛ^{33} men^{31}是“门”。同理 tshao^{33} tshaŋ^{31} 是“坪”，ʐaŋ^{31} sa^{33} 是“线”，ma^{55} kua^{35} 是“衣”，po^{33} tshɛ^{35}是“菜”，sa^{33} ko^{33}是“锅”，hɛ^{31} tho^{31}是“果”。

二、固有前缀＋借字

在固有前缀后面加上借字构成新词的方法相当能产。例如新乐的 la^{04}

la^{04} pi^{53}　篦子　　la^{04} tiẽ^{35}　凳子
篦　　凳

la^{04} tɕõ^{35}　甑子　　la^{04} phiŋ^{313}　瓶子
甑　　瓶

la^{04} ŋ^{55}　瓮子　　la^{04} tɕhi^{44}　尺子
瓮　　尺

la^{04} tjha^{13}　梯子　　la^{04} tɕhi^{44}　轿子
梯　　轿

la^{04} tshau^{22}　凿子　　la^{04} thei^{13}　刨子
凿　　推

新乐的 ka^{05}-

ka^{05} lu^{313}	炉子	ka^{05} pa^{313}	耙
炉		耙	
ka^{05} li^{313}	犁	ka^{05} tshuŋ^{313}	床
黎			
ka^{05} tei^{35}	碓	ka^{05} mo^{53}	磨
碓		磨	

滚董的 ʔa^{04}-：

ʔa^{04} sɛŋ^{31}	省	ʔa^{04} lo^{33}	牢
省		牢	
ʔa^{04} mjau^{42}	庙	ʔa^{04} jəu^{33}	窑
庙		窑	
ʔa^{04} phu^{35}	铺子	ʔa^{04} poŋ^{33}	棚子
铺		棚	
ʔa^{04} mɔ^{42}	帽子	ʔa^{04} jaŋ^{42}	样子
帽		样	
ʔa^{04} kja^{35}	架子	ʔa^{04} ȵeŋ^{31}	碾子
架		碾	

三、借用前缀＋固有字

借用的汉语前缀只限于“第”和“初”这两个。例如上坝的ti^{02}-：

ti^{02} ʔi^{53}	第一	ti^{02} ʔau^{53}	第二
第　一		第　二	
ti^{02} pe^{53}	第三	ti^{02} plou^{53}	第四
第　三		第　四	
ti^{02} kou^{213}	第十		
第　十			

sa^{53}-

sa^{53} ʔi^{53}	初一	sa^{53} ʔau^{53}	初二
初　一			
sa^{53} pe^{53}	初三	sa^{53} plou^{53}	初四
初　三		初　四	
sa^{53} tʂi^{53}	初五	sa^{53} kou^{213}	初十

初　五　　　　　　　　初　十

高坡的 li⁰²-

li⁰²　ʔi¹⁴　　第一　　　　lɑ⁰²　ʔɑ¹⁴　　第二

第　一　　　　　　　　第　二

lɛ⁰²　pɛ¹⁴　　第三　　　　lo⁰²　plo¹⁴　　第四

第　三　　　　　　　　第　四

lɑ⁰²　plɑ¹⁴　　第五

第　五

li⁰²读得很轻，以致它的韵母被各词根的完全同化了。

四、固有字＋借用后缀

汉语的后缀一般只随词根借入苗瑶语，没有派生力，因为苗瑶语是后加型语言，缺少构词后缀。但是巴那语有两个借用后缀：－tsai⁴⁴、－tsɿ⁰⁴、其中－tsɿ⁰⁴只出现于借词中。如：

ȵi³¹³　tsɿ⁰³　　呢子　　　　tɕiŋ³⁵　tsɿ⁰⁴　　镜子

呢　子

sɿ¹³　tsɿ⁰³　　狮子　　　　in⁵³　tsɿ⁰³　　影子

狮　子　　　　　　　　影　子

而－tsai⁴⁴既出现在借词中，也能构成混合词。借词如：

sĩ¹³　tsai⁴⁴　　星子　　　　pjhau⁵⁵ tsai⁴⁴　　票子

星　崽　　　　　　　　票

pĩ³¹³　pa⁵⁵ tsai⁴⁴　　平坝子　　pi³¹³pau³¹³tsai⁴⁴　　皮袍子

平　坝　崽　　　　　　皮　袍　崽

混合词如：

la⁵⁵　tsai⁴⁴　　跛子　　　　tɬaŋ³¹³　tsai⁴⁴　　秃子

跛　崽　　　　　　　　秃　子

gwa³⁵tsai⁴⁴　　傻子　　　　kwai³¹³　tsai⁴⁴　　瘫子

傻　崽　　　　　　　　瘫　崽

tsai⁴⁴“崽”和 tsɿ⁰⁴“子”本是同源字，在湘方言里已分化为两个。“崽”是口语音，出现得早，借入巴那语也较早，现在有了派生力。“子”是文言音，出现得较晚，借入巴那语较晚，没有派生力。

五、固有字＋借用字

这个类型以前叫半译，根据它的内部结构关系可分三种。

1. 中心成分 + 修饰成分。如：

n̥jhu^{44}sɛ^{35} 年 子	子年		n̥jhu^{44}ɕhu^{35} 年 丑	丑年
n̥jhu^{44}ʑin^{55} 年 寅	寅年		n̥jhu^{44}mo^{11} 年 卯	卯年
n̥jhu^{44}ɕen^{55} 年 辰	辰年		n̥jhu^{44}sɛ^{11} 年 巳	巳年
n̥jhu^{44}ŋu^{55} 年 午	午年		n̥jhu^{44}mɛ^{13} 年 未	未年
n̥jhu^{44}ɕhen^{33} 年 申	申年		n̥jhu^{44}ʑu^{11} 年 酉	酉年
n̥jhu^{44}ɕhen^{53} 年 戌	戌年		n̥jhu^{44}ha^{44} 年 亥	亥年
ɬha^{44} tə^{33} 月 冬	冬月		ɬha^{44} lo^{31} 月 腊	腊月

2. 修饰成分 + 中心成分。如新乐的：

tɕi^{31}fu^{313} 茶 壶	茶壶		tɬjəu^{35}mĩ 皮 棉	皮棉
du^{44}tshiẽ^{313} 价 钱	价钱		bja^{13} sai^{13} 鱼 鳃	鱼鳃
to^{31} phu^{44} 火 铺	客栈		fa^{13} la^{31} 树 腊	冬青树
ka^{44} ʑẽ^{13} 屎 烟	烟屎		ge^{313} la^{31} 肉 腊	腊肉

3. 述谓成分 + 补充成分。如新乐的：

du^{55}tɕaŋ^{13} 打 仗	打仗		du^{55} kha^{13}	打开
du^{55}tɕiŋ^{13} 打 针	打针			

六、借用字 + 固有字

以前也称半借半译，根据结构关系也可分三种。

1. 中心成分 + 修饰成分。如新乐的：

tɕhu^{313}	ʔĩ^{13}	苦荞	tɕəu^{44}	kaŋ^{13}	甜酒
荞	苦		酒	甜	
ɕi^{31}	bai^{35}	猪食	pho^{55}	du^{44}	鞭炮
食	猪		炮	纸	
in^{55}	tu^{35}	脚印	luŋ^{313}	nu^{22}	鸟笼
印	脚		笼	鸟	
pa^{55}	daŋ^{44}	刀把	mĩ^{53}	pu^{13}	被面
把	刀		面	被	

2. 修饰成分＋中心成分。如新乐的：

pi^{313}	kja^{35}	松花	mei^{313}	na^{313}	媒人
皮	蛋		媒	人	
ji^{13}	gwaŋ^{313}	阴天	vai^{53}	na^{313}	坏人
阴	天		媒	人	
tsju^{55}	lau^{35}	歪嘴	tsjha^{55}	ke^{313}	斜眼
歪	嘴		斜	目	

3. 述谓成分＋补充成分。如：

ho^{31}	poŋ^{11}	思爱	ho^{31}	lo^{44}	投机
合	双		合	嘴	
ho^{31}	ɕhu^{44}	合意	ho^{31}	pu^{11}	友好
合	意		合	朋友	

七、同音转借＋固有字

老书村的 ga:i^{33}读音与汉语的“甘”相同，但意义是“干”。老书村的 ȵou^{52}意义是“心”。汉语的“甘心”老书村读作 ga:i^{33} ȵou^{52}，其中前字 ga:i^{33}就是“干”的同音字“甘”的转借。这样的混合词不多见。

八、固有字＋同音转借。如上坝的：

moŋ^{53}	ʂʅ^{53}	青苗（轻苗）
苗族	轻	

仰望的：

tɕɔ^{44}	qɛ^{12}	机油（鸡油）
油	鸡	
ʐe^{42}	kɔ^{44}	皇爷（黄爷）

爷　黄

大南山的：

ʐaŋ^{44} qai^{43}　　飞机（飞鸡）

飞　鸡

qhe^{43} ɳʈʂu^{33}　　开会（开肺）

开　肺

laɯ^{55} nte^{55}　　赶场（赶长）

赶　长

九、固有前缀＋同音转借＋固有字。如顺岩：

ʔɑ^{02} ŋkoŋ^{55} pi^{55}　　蓝家（懒家）

　懒　家

ʔɑ^{02} tçɑ^{31} pi^{55}　　侯家（猴家）

　猴　家

ʔɑ^{02} ŋku^{55} pi^{55}　　张家（獐家）

　獐　家

十、借字改装

在中排话里，一些词的每个字或某个字借自汉语，但是未按汉语顺序排列，而是按苗瑶语的习惯改装了。这些词既不像汉语词，也不像苗瑶语词，我也称它们为混合词。如：

mjəu^{313} suŋ^{55}　蒜苗　　ti^{44} ha^{313}　鞋底

苗　蒜　　底　鞋

pa^{55} daŋ^{44}　刀把　　tjo^{44} taŋ^{13}　灯窜

把　刀　　窜　灯

to^{313} tç õ^{35}　秤砣　　ka^{55} mo^{53}　磨架

砣　秤　　架　磨

上面讲的混合词都是苗瑶语成分与汉语成分组合而成的。此外，还有许多苗族或瑶族兼通其他少数民族语言，因此在一些方言里，也有苗瑶语成分与其他民族语成分组成的混合词。

广西巴马西山的瑶族很多人精通壮语，因此他们的布努语里有许多布努—壮混合词或壮—布努混合词。

布努—壮混合词如：

pi^{35}	man^{22}	$pi^{35}man^{22}$	辣椒
果（布努）	辣椒（壮）		
$toŋ^{33}$	tok^{33}	$toŋ^{33}tok^{33}$	独子
儿（布努）	独（壮）		

壮—布努混合词如：

$ʔek^{35}$	vo^{44}	$ʔek^{35}vo^{44}$	牛轭
轭（壮）	牛（布努）		
$tiŋ^{22}$	ko^{35}	$tiŋ^{22}ko^{35}$	厕所
氹（壮）	屎（布努）		

不过一些壮语词是壮语从汉语借来以后再转借给布努语的，如上面的 tok^{33} “独” 和 $ʔek^{35}$ “轭”。

从苗瑶语里的混合词多种多样来看，语言使用者不仅掌握了固有词里的各种成分（包括词根，词缀）的意义和组合功能，也掌握了借词里的各种成分（包括词根，词缀）的意义和组合功能。就是说，他们能分析固有的派生词和合成词，也能分析借自其他语言的派生词和合成词，并且能用不同来源的语言成分组成新词。

有人说：“借词中音译的多音节借词，借入××苗语以后，每个音节纯粹起记音的作用；(商品）在汉语里算两个语素，在××苗语里只能视为一个语素。”① 混合词的大量存在否定了这种论断。

混合词的产生与双语人有关。双语人因为熟练地掌握了被借语和借入语，所以能把两种语言中的有关成分合理搭配，造出许多混合词，表示新的事物和概念。

随着社会的飞速发展，少数民族中的双语人将大量增加，混合词也会不断增加。

---

① 罗安源《松桃苗话描写语法学》，中央民族大学出版社，2005 年，第 17 页。

第四章 语 法

第一节 语法类型

语法是用词造词组和句子的规则。世界上的语言除了所谓多式综合语之外，大多数语言的语法，从组合方式看，可以分为两大类，即榫接式语法和砖砌式语法。

榫接式语法中的词，像建筑物的部件一样，都有卯榫。修建时，部件的卯榫相符，就可以组合；卯榫不符，就不能组合。例如俄语的：

КРАСНАЯ　ЗВЕДА　红星

КРАСНОЕ　ДЕРЕВО　红木

КРАСНЫЙ　ГРNБ　红蕈

同一个形容词“红”，与阴性名词（词尾为 - a）组合时词尾为 - ая，与阳性名词（无词尾）组合时词尾为 blŭ，与中性名词（词尾为 - o）组合时词尾为 - oe · 这就是卯榫相符，合乎俄语语法。又如英语的：

My brother goes to school. 我弟弟到学校去。

Students go to their school. 学生们到他们的学校去。

当主语 brother 为单数（无词尾）时，谓语动词 goes 有词尾 - es；当主语 students 为复数时（词尾为 - s），谓语动词 go 没有词尾。这就是卯榫相符，合乎英语语法。

砖砌式语法语言的词分虚实两大类，实词相当于砖头，没有卯榫，是硬件；虚词相当于灰浆，是软件。造句时，虚实结合，即硬件借助软件组合成句子。例如汉语的：北京是中国的首都。

在这个句子里，“北京”、“是”、“中国”、“首都”是硬件，“的”是软件。所以汉语语法是砖砌式语法。苗瑶语语法也是砖砌式语法。例如：(本章例子也以养蒿话为重点，不一一标明。养蒿没有的，取其他方言，标明出处。)

$nen^{55}pu^{33}ʐaŋ^{55}$。他知道了。

在这个句子里，nen^{55} “他”、pu^{33} “知道” 是硬件，ʑaŋ^{55} “了” 是软件。

砖砌式语言中的实词有的也有形态变化，但是它不像榫接式语言中的卯榫，不影响句子中其他实词的形态，因此许多学者称这样的语言为“孤立语”。

榫接式语言中也有虚词，虚词也没有卯榫，但是一定有实词有卯榫。所以实词中是否有词有卯榫是划分两大类语法的唯一标准。

除了有无卯榫外，两种语法的判别还有一项就是榫接式语言的语序比较灵活。例如“我读书”这句话，俄语可以有以下几种排列：

1. я читаю книгу。

2. книгу я читаю。

3. яякнигу читаю。

而砖砌式语言的语序是固定不变的。如果同样的成分改变了语序，或者意义变了，或者不可理解。例如汉语的：

四川人不怕辣。　　“能吃辣的”

四川人辣不怕。　　“吃了还想吃”

四川人怕不辣。　　“希望吃辣的”

四川人辣怕不。　　？

苗瑶语的语序也是固定的。由于语序固定，同样的成分，在语法结构中所处的位置不同，所表示的关系和意义也不同。例如：

左（月名）		右（月数）	
ɬha^{44}ʔo^{33}	二月	ʔo^{33}ɬha^{44}	两个月
ɬha^{44}pi^{33}	三月	pi^{33}ɬha^{44}	三个月
ɬha^{44}ɬo^{33}	四月	ɬo^{33}ɬha^{44}	四个月
ɬha^{44}tsa^{33}	五月	tsa^{33}ɬha^{44}	五个月
ɬha^{44}tju^{44}	六月	tju^{44}ɬha^{44}	六个月
ɬha^{44}ɕoŋ^{13}	七月	ɕoŋ^{13}ɬha^{44}	七个月
ɬha^{44}ʑa^{31}	八月	ʑa^{31}ɬha^{44}	八个月
ɬha^{44}tɕə^{55}	九月	tɕə^{55}ɬha^{44}	九个月
ɬha^{44}tɕu^{31}	十月	tɕu^{31}ɬha^{44}	十个月

可以看出，左右两列的成分是完全相同的，只因语序不同，结构关系不同，所表示的意义就完全不同了。

左列是数词修饰 ɬha^{44} “月”，有 ɬha^{44}ɬihə^{33} “大月”、ɬha^{44}ʑu^{44} “小月” 可以参照。那么右列呢？应该是 ɬha^{44} “月” 修饰数词。否则，就与左列同

构，就解释不了为什么意义不同了。

以前，我跟许多同行一样，认为在苗语里只有名词、形容词、动词、指示词做中心语名词的定语时，位于中心语之后。如：

qa^{33}tɛ^{33}pa^{44}　　猪崽　　pa^{44}修饰 qa^{33}tɛ^{33}
　崽　猪
pa^{44}　ɬjhə^{33}　　大猪　　ɬjhə^{33}修饰 pa^{44}
猪　大
ma^{11}　ʐaŋ^{44}　　飞马　　ʐaŋ^{44}修饰 ma^{11}
马　飞
n̥hɛ^{33}　noŋ^{35}　　今天　　noŋ^{44}修饰 n̥hɛ^{33}
天　这

而数词、量词、数量词组做定语时，是位于中心语前面的。如：

ʔo^{33}　tɛ^{11}　　两只　　ʔo^{33}修饰 tɛ^{11}
二　只
tɛ^{11}　pa^{44}　　猪　　tɛ^{11}修饰 pa^{44}
只　猪
ʔo^{33}tɛ^{11}pa^{44}　　两只猪　　ʔo^{33}tɛ^{11}修饰 pa^{44}
二只猪

既然前面的例子 ʔo^{33}ɬha^{44} “两个月” 等结构是 ɬha^{44}修饰 ʔo^{33}，即量词修饰数词，那么以前的认识就该有所修改了。

1986 年王春德提出：“是名词修饰物量词”① 但仍认为是数词修饰量词。

经再三思考，我现在认为，修饰语或定语的作用就是把要表达的概念明确化，即缩小其外延，加深其内涵。拿数词、量词、名词来说，数词的意义是很概括的，它既指事物，也指思维；既指过去，也指现在和未来。表示事物时，也不区分其性质、状态、范围等。量词能区分事物的类别，如生物、非生物、动物、静物、条形物、圆形物等。也能区别事物的重量、面积、长度、多少等，其内涵比数词深，外延比数词小。名词是表示事物名称的词，本身就反映事物的大小、性质、状态、数量等，其内涵又比量词深，外延又比量词小。所以用数词、量词、名词组合起来表示事物时，应该是量词修饰数词，如：

---

① 《苗语语法》（黔东方言），光明日报出版社，1986 年。

ʔo^{33}tɛ^{11}两只　　ʔo^{33}lɛ^{33}两个　　ʔo^{33}tjaŋ^{33}两根

名词修饰量词或数量词。如：

tɛ^{11}naŋ^{33}蛇　tɛ^{11}ma^{11}马　　tɛ^{11}pa^{44}猪

ʔo^{33}tɛ^{11}naŋ^{33}两条蛇　　　pi^{33}tɛ^{11}ma^{11}三匹马

以前的观点是受了汉语语法的影响。

苗瑶语是SVO型语言。V是谓语，是说明主语S的。V后面的O是宾语或补语，是补足V的，跟定语的性质相当。所以从语序看，苗瑶语是后加型语言。

为什么有的语言是前加型，有的语言是后加型？这与人群集团观察认识世界的方式有关。说汉语、苗瑶语、侗台语的人，他们观察认识世界时是从宏观到微观的，先看整体，再看其中的部分。例如用汉文写信时，通讯处写：

北京××大学××学院××系××收

不过汉语的语序，古代后加的较多（如城濮、帝尧、子产、后羿），现代前加的增加了，这可能是SOV型语言（如阿尔泰语）长期渗透的结果。

综合语言成分的组合方式和排列顺序来看，苗瑶语是砖砌式的后加型语言。

第二节　词　类

苗瑶语的词按意义和功能，参考形态，可以分为名词、量词、数词、指示词、代词、动词、形容词、状词、副词、介词、连词、助词、汉词13类。前9类能独立做句子成分，是硬件，称实词。后4类不能做句子成分，主要起粘连辅助作用，是软件，称虚词。

一、名词

（一）分类

名词是表示事物名称的词，下分4小类。

1. 专用名词　包括人名、地名、节日名等。例如：

qə^{44}ni^{55}银公（人名）

faŋ^{33}ni^{55}台江（地名）

toŋ^{33}vu^{11}端午节（节日名）

专有名词大多数是多音节的。

2. 普通名词　具体事物和抽象概念的名称。例如：

nə^{13}鸟　　kaŋ^{33}虫　　tə^{44}树

ʔə^{33}水　　tu^{11}火　　ka^{35}饭

qa^{33}sha^{44}沙　　naŋ^{55}pi^{44}名字　　m̥hu^{33}tɕaŋ^{35}工具

3. 时间名词　时间的名称。例如：

sɛ^{35}子时　　ɕhu^{35}丑时　　ʑin^{55}寅时

mo^{11}卯时　　ɕaŋ^{31}时　　n̥jhɛ^{33}日

m̥haŋ^{44}夜　　ɬdha^{44}月　　n̥jhu^{44}年

ɕaŋ^{31}noŋ^{35}现在　　ten^{55}ɕhi^{33}从前　　n̥hɛ^{33}noŋ^{35}今天

fa^{11}so^{35}明天　　ɬha^{44}qɛ^{35}正月　　ɬha^{44}lo^{31}腊月

ɕhi^{33}ta^{44}早晨　　m̥haŋ^{44}ko^{13}傍晚

4. 方位名词　方位和处所的名称。例如：

qa^{33}pu^{44}旁边　　qa^{33}tioŋ^{33}中间　　ki^{35}ten^{55}前面

taŋ^{11}qaŋ^{33}后面　　faŋ^{33}vɛ^{55}天上　　phi^{44}ku^{55}外面

haŋ^{35}noŋ^{35}这里

（二）组合能力

这里只讲实词与实词的直接组合，不涉及实词与虚词和实词与词组的组合。只讲能够组合，不讲语序和组合关系。其他实词也如此。

1. 能与量词组合。例如：

tɛ^{11}naŋ^{11}老鼠　　Iɛ^{33}tsɛ^{35}房子

只　鼠　　个　屋

tɕo^{55}ɬha^{44}绳子　　tjaŋ^{33}qaŋ^{55}扁担

条　绳　　根　扁担

2. 能与名词组合。例如：

ŋa^{55}pa^{44}猪肉　　ʔə^{33}men^{44}井水

肉　猪　　水　井

tɛ^{33}nen^{11}tsɛ^{35}舅父家

舅父　屋

kha^{35}lin^{55}ki^{35}tɕə^{13}凯里上游

凯　里　路　上

3. 能与形容词组合。例如：

ɣu^{44}tu^{11}柴好　　ɕo^{53}maŋ^{11}脸红

好　柴　　　　　　红　脸

tə^{44}ɬjhə^{33}大树　　　　　　tsɛ^{35}xhi^{33}高楼

树　大　　　　　　屋　高

4. 能与动词组合。例如：

fa^{11}so^{35}moŋ^{11}明天去　　　　　　pa^{35}qei^{33}qa^{44}公鸡叫

明天　去　　　　　　公鸡　啼

noŋ^{55}ka^{35}吃饭　　　　　　tu^{31}tu^{35}读书

吃　饭　　　　　　读　书

5. 能与代词组合。例如：

vi^{11}tsɛ^{35}我家　　　　　　nen^{55}pa^{35}他父亲

我　屋　　　　　　他　爸

二、量词

（一）分类

量词是表示事物或动作单位的词，分物量词和动量词两种。其中物量词较多，动量词较少。物量词又分7小类。

1. 个体量词　是事物的自然单位，同时表示事物的性质、形状，因此它也是事物的分类，有一定的适用范围。例如：

tɛ^{11}只　表示生物，包括动物和部分植物，如人、马、鸟、虫、树。

lɛ^{33}个　表示非生物和生物的部件，主要是圆形立体物。如山、石头、房子、鸡蛋、头。

tɕo^{55}条　表示长形弯曲的非生物。如河、路、桥、绳子、船、线。

tjaŋ^{33}根　表示长而直硬的用具。如扁担、棍子、刀、针、锄头。

tɕi^{11}枝　表示杆状的东西和成对物体之一。如枪、筷子、鞋、手、脚。

lju^{11}张　表示片状物。如纸、帕子、树叶、毛巾。

个体量词表示的意义有少数不合实际，可能是沿袭了古人的错误认识，至今未改，今后也未必改。例如“螺蛳”和“蚌”是生物，量词应该用tɛ^{11}，可是苗语说lɛ^{33}ki^{33}、lɛ^{33}ɬjə^{13}。可能是古人看到它们有硬的外壳，很像石头，就把它们归到“非生物”一类了。又如“雷”和“虹”本是自然现象，古人以为它们“会叫”或“能喝水”，就把它们说成tɛ^{11}ho^{33}、tɛ^{11}ɣoŋ^{55}归入生物一类了。有趣的是汉字里有类似的例子。例如“鲸”是哺乳动物，胎生，可是汉字是“从鱼京声”，古人认为它生活在水里，会游，就把它视为卵生的鱼类了。“蝙蝠”也是哺乳兽类，古人见它身小，能飞，像蝴蝶，就造字“从虫扁声”、“从虫畐声”来称呼它，把它视为卵生的昆虫了。这些是从事双语教学的人应该注意的。

2. 单位量词　表示事物长度、面积、重量、价值的词。其实际内涵由政府法定或社会习惯约定俗成。例如：

长度单位：li^{11}“里”、tsaŋ^{35}“丈”、tɕhi^{53}“尺”、ɬjaŋ^{55}“庹”、ɬo^{44}“掐”。

重量单位：ta^{35}“秤”（十斤）、tɕaŋ^{33}“斤”、ljaŋ^{11}“两”。

容积单位：taŋ^{44}“石”、to^{35}“斗”、ɕhen^{33}“升”。

面积单位：mu^{55}“亩”、fen^{33}“分”。

货币单位：khuɛ^{55}“元”、tɕo^{31}“角”、fen^{33}“分”。

单位量词多数借自汉语。

3. 时空量词　表示时间长久、地域遥远的量词，只有 ɬjə^{11} 一个。例如：

ɬjə^{11} ten^{55}ɕi^{33} 从前　　ɬjə^{11}qhaŋ^{35}nju^{11} 远古
前时　　处 生

ɬjə^{11} n̥hɛ^{33}noŋ^{11} 昨天　　ɬjə^{11}n̥jhu^{44}ten^{55} 前年
天 昨　　年 前

ɬjə^{11} ki^{35}vɛ^{55} 上边　　ɬjə^{11}pe^{31}tɕin^{33} 北京
外 国　　北 京

ɬjə^{11} Vɛ^{35}ko^{31} 外国
外 国

4. 群体量词　表示集体事物或成套事物的单位。例如：

nju^{31}双　　poŋ^{11}对　　mɛ^{11}群
khu^{33}伙　　tiə^{11}种　　phi^{35}些

5. 复数量词　只有 to^{11}“些”一个。例如：

to^{11}tjə^{11}汉人们　　to^{11}qa^{33}lɛ^{11}官员们
些 汉族　　些 官

to^{11}nə^{13}鸟儿们　　to^{11}tə^{44}树
些 鸟　　些 树

复数量词和群体量词虽然表示的都是多数事物，但意义并不相同，复数量词把多数事物看做不同的个体，群体量词却看做统一的整体。二者的组合能力也不同，群体量词能与数词组合，复数量词不能。

6. 借用量词　借用量词并不是借自其他语言的量词，而是借本族语言中其他词类的词做量词用。借用名词如：

ti^{44} 碗 ʔi^{33}ti^{44}ka^{35} 一碗饭
一 碗 饭

ta^{55} 桌子 ʔo^{33}ta^{55}ŋa^{55}tɕu^{35} 两桌酒席
二 桌 肉 酒

n̥hɛ^{33} 太阳 ʔi^{33}ɬha^{44}pi^{33}tɕu^{31}n̥hɛ^{33} 一个月三十天
dha^{44} 月亮 一 月 三 十 天

借用动词的如：

qaŋ^{44} 挑 ʔi^{33}qaŋ^{44}tu^{11} 一挑柴
一 挑 柴

nen^{13} 堆 ʔi^{33}nen^{13}qa^{35}loŋ^{35} 一堆稻草
一 堆 稻 草

7. 褒贬量词 苗瑶语个体量词表示的意义一般比较具体，一定的量词只能与一定的名词组合。但是 qei^{13}、qo^{55}、mi^{31}、thoŋ^{31}、na^{11}、ɬju^{11}、po^{33} 这几个量词表示的意义非常虚，感情色彩却很浓烈，因此称为褒贬量词。按所表色彩可分三种。

（1）表示小巧喜爱。例如 po^{33}：

po^{33}tɛ^{33}noŋ^{35}ɣa^{13}poŋ^{44}va^{44}。这小家伙真聪明。
个 孩 这 聪明很

（2）表示粗大憎恶。例如 mi^{31}：

nen^{55}tjha^{44}mi^{31}lo^{44}ɬjhə^{33}saŋ^{55}naŋ^{55}ɣoŋ^{13}ɣoŋ^{13}
它 张 个 嘴 大 想 吃 急
它张开大口，想吃极了。

（3）有时候表示喜爱，有时候表示憎恶，所表色彩由上下文决定。例如 qei^{13}：

qei^{13}qaŋ^{35}pu^{53}tɕu^{53}noŋ^{35}ɕa^{35}ɕhi^{35}lin^{13}njoŋ^{55}。
只 蛙 蟾 蛛 这 难 看 极
这只癞蛤蟆难看极了。

qei^{13}和 ɕa^{35}ɕhi^{35}表示厌恶的情绪。

qei^{13}qa^{33}tɛ^{33}noŋ^{35}ɣu^{44}qa^{53}va^{44}。这孩子好玩极了。
只 崽 这 好玩 很

qei^{13}和 ɣu^{44}qa^{53}表示喜爱的情绪。

褒贬量词只能表示个体事物，只见于黔东苗语，似乎没有普遍性。

动量词虽少，也有专用和借用之分。专用动量词如：

tja^{13}次、回、趟

lei^{44}ʔo^{33}tja^{13}。到过两次。

到 二次

kaŋ^{55}阵、一会儿

ɕi^{44}la^{31}ʔi^{33}kaŋ^{55}。聊了一会儿。

相谈 一阵

ɕho^{44}一会儿、阵

njaŋ^{33}ʔi^{33}ɕho^{44}。坐一会儿。

坐 一阵

tsa^{13}遍、一会儿

qei^{33}qa^{44}ʔo^{33}tsa^{13}鸡叫两遍。

鸡 啼 二遍

借用动量词借自动词和名词。借自动词的如：

ma^{55}拍	ma^{55}ʔi^{33}ma^{55}	拍一拍
	拍 一拍	
tei^{44}踢	tei^{44}ʔi^{33}tei^{44}	踢一踢
	踢 一踢	

借自名词的如：

mɛ^{13}眼睛	ɕhi^{35}ʔi^{33}mɛ^{13}	看一眼
	看 一眼	
tju^{53}刀	ɬhei^{53}ʔi^{33}tju^{53}	割一刀
	割 一刀	

（二）组合能力

1. 能与名词组合。例见名词。

2. 能与数词组合。例如：

ʔi^{33}lɛ^{33}	一个	pi^{33}tɛ^{11}	三只
一 个		三 只	
ʔo^{33}m̥haŋ^{44}	两夜	n̥hɛ^{33}ʔo^{33}	初二
二 晚		天 二	

3. 能与指示词组合。例如：

to^{11}noŋ^{35}	这些	tɕo^{55}tei^{13}	哪条
些这		条何	

lε^{33}moŋ^{55}　那个　　　　n̥hε^{33}ʔi^{55}　那天
个　那　　　　　　　天　那

4. 能与动词组合。例如：

tε^{11}naŋ^{35}　吃者　　　　phaŋ^{33}tçaŋ^{13}　垫的那床
只　吃　　　　　　　床　　垫

5. 能与形容词组合。例如：

tε^{11}ɬjhə^{33}　大者　　　　djhə^{33}tε^{11}　个子大
只　大　　　　　　　大　只

tço^{55}ta^{35}　长的那条　　　ta^{35}tço^{55}　条儿长
条　长　　　　　　　长　条

三、数词

数词是表示数目的词。

（一）分类

1. 系数词　系数词表示个位数，分固有、借汉两类。固有系数词各地都有，而且除“一”外都同源。借汉系数词只有部分方言有，而且多少不一。下面列出养蒿的固有系数词和一些方言的借汉系数词。

固有系数词

ʔi^{33}一　ʔo^{33}二　pi^{33}三　ɬo^{33}四　tsa^{33}五

tju^{44}六　çoŋ^{13}七　ʑa^{31}八　tçə 九

借汉系数词

龙定	滚董	尧告	大南山	
ʑet^{55}	jei^{42}	e^{53}		一
ȵei^{21}	ȵaŋ^{44}	ȵam^{22}	nen^{21}	二
fa:m^{33}	saŋ^{33}			三
fei^{24}				四
ŋ̥ŋ^{231}				五
lo^{22}				六
tsjhet^{55}				七
pet^{55}				八
tço^{53}				九

固有系数词和借汉系数词表示的数值是相同的，但分布互补，固有系数词只出现于一位数，借汉系数词只现于多位数。当然，没有借汉系数词

的固有系数词也出现于多位数。

2. 位数词　位数词是表示“十”及其不同成方的词，有 tɕu^{31}“十”、pa^{44}“百”、shaŋ^{33}“千”、vaŋ^{13}“万”、ʐi^{35}“亿”等，各地都是汉语借词，可见苗瑶语里较大的数目是较晚的年代才有的。

lin^{31}“零”不表示任何数，但表示多位数中的缺位，也是位数词。如：

ɬu^{33} vaŋ^{13} lin^{31} pi^{33} pa^{44} 四万零三百

3. 抑扬数词　黔东苗语里，qa^{33}、su^{53}、tɕu^{13} 也都有“一”的意义，但是它们与系数词 ʔi^{33}“一”不同，除了表示数目外，还带有感情色彩，其中 qa^{33} 带张扬色彩，su^{53} 和 tɕu^{13} 带抑制色彩。因此它们表示的全部意义与 ʔi^{33} 大不相同。例如：

（1）qa^{33}　shaŋ^{33}　sei^{55}　　上千元钱
　　一　　千　　钱

（2）su^{53}　shaŋ^{33}　sei^{55}　　千把块钱
　　一　　千　　钱

（3）tɕu^{13}　shaŋ^{33}　sei^{55}　　仅一千元
　　一　　千　　钱

虽然（1）、（2）、（3）的绝对值无别，但（1）给人的印象是钱很多，很富有。（2）给人的印象是钱不多，算不了什么。（3）给人的印象是就这一千元，再也没有了。抑扬数词只见于黔东苗语，似乎没有普遍性。

4. 疑问数词　只有 no^{44} ɕu^{13} 一个，用于询问数目，意思是“多少”或“几”。例如：

moŋ^{55}　ʔə^{35}　no^{44}　ɕu^{13}　　你要多少？
你　　要　　多　　少

no^{44}　ɕu^{13}　tja^{13}　　多少次？
多　　少　　次

ʔo^{33}　tɕu^{31}　no^{44}　ɕu^{13}　　二十几？
二　　十　　多　　少

5. 特殊数词　qɛ^{35} 是个特殊数词，它可用在 n̥hɛ^{33}“天”和 ɬha^{44}“月”之后，意思是“一”。如：

n̥hɛ^{33} qɛ^{35}　初一　　ɬha^{44} qɛ^{35}　正月

也可用于位数之后，意思也是“一”，但是数值不定，因为它表示的是下位数，其值由上位数决定，可能是“一”，也可能是“一十”或“一百”或“一千”。例如：

tɕu^{31} qɛ^{35} 十一

ʔo^{33} pa^{44} qɛ^{35} 二百一（十）

pi^{33} shaŋ^{33} qɛ^{35} 三千一（百）

ɬo^{33} vaŋ^{13} qɛ^{35} 四万一（千）

qɛ^{35}与ʔi^{33}成互补分布，不能互相替代。qɛ^{35}的后面不能有下位数。

6. 序数词

苗瑶语没有固有序数词。表示序数有以下几种办法。

1. 在量词后加基数词。例如养蒿：

tɛ^{11}	ʔi^{33}	第一个	tɛ^{11}	ʔo^{33}		第二个
个	一		个	二		
n̥hɛ^{33}	qɛ^{35}	一号	n̥hɛ^{33}	tɕu^{31}	tsa^{33}	十五号
天	一		天	十	五	

2. 借汉语的“第”，加固有基数词，造成混合序数词。例如下水村畲语的：

thi^{35}	ʔi^{22}	第一	thi^{35}	ʔu^{22}	第二
第	一		第	二	
thi^{35}	pa^{33}	第三	thi^{35}	kjhɔ^{35}	第十
第	三		第	十	

3. 全借汉语的序数词。例如里头村瑶语的：

tei^{31}	iet^{44}	第一	tei^{31}	ȵei^{11}	第二
tei^{31}	fam^{33}	第三	tei^{31}	fei^{24}	第四

（二）组合能力

1. 能与量词组合。例见量词。

2. 系数词与位数词组合成数词词组。例如：

tsa^{33}	tɕu^{31}	五十	tju^{44}	pa^{44}	六百
tɕə^{55}	shaŋ^{33}	九千	ɕoŋ^{13}	vaŋ^{13}	七万

表示多位数时，高位数在前，低位数在后。例如：

ʔi^{33}vaŋ^{13}ʑa^{31}shaŋ^{33}pi^{33}pa^{44}一万八千三百

3. 相邻的两个或三个系数词可以组合起来表示概数。例如：

ʔo^{33}pi^{33}（n̥hɛ^{33}） 两三（天） pi^{33}ɬo^{33}（tja^{13}）三四（次）

tsa^{33}tju^{44}ɕoŋ（lɛ^{33}） 六七（个）

ɕoŋ^{13}ʑa^{31}tɕə^{55}（vaŋ^{13}）八九（万）

系数词，特别是借用系数词与位数词或量词组合时，实际读音常常发生明显的变化，有的声母不同，有的韵母有别，有的声调各异。例如：

大南山的苗语的：

kou^{24} ʔi^{43} 十一 nen^{21} ŋkou^{24} 二十

pe^{43} tɕou^{24} 三十

同一个“十”，有 k、ŋk、tɕ 三种不同的声母。

陈湖畲语的：

tshɔ^{33} ŋ^{21} 初五 ŋuŋ^{53} ne^{21} 五月

ȵi^{12} si^{53} 五十

同一个“五”，有 ŋ、ȵ 两种声母，uŋ、i 两种韵母，21、12 两种声调。

龙华炯奈语的：

pei^{35} ʃe^{31} 八十 ʃi^{12} wɦa^{35} 十八

paŋ^{53} ɬe^{35} 八月 hu^{44} pa^{35} 初八

同一个“八”，有 pa^{35}、wɦa^{35}、pei^{35}、paŋ^{53} 四种读音。

这些不同的读音，并不是不同的词，而是同一个词与其他词组合时引起的同化、增音、减音、变调等音变，可见，在语流中，数词与量词或系数词与位数词结合紧密。

四、代词

（一）分类

1. 人称代词　在不同的语言或方言里，三个人称的单数比较一致，都是不同的单音节词，而双数与多数，有的缺项，有的用词形变化表示，有的用复合词表示，差异颇大。下面列出几种有代表性的。

七百弄的人称代词

人称	单数	双数	多数
一	tɕoŋ^{53} 我	ʔa^{34} 我俩	pe^{34} 我们
二	kə^{13} 你	mi^{34} 你俩	mi^{13} 你们
三	na^{231} 他	mɔ^{34} 他俩	mɔ^{13} 他们

三个人称都分单、双、复三种数，都是单音节词，其中第二、三人称的双数和多数用声调交替表示，双数、多数的第二、第三人称用韵母交替表示。

养蒿的人称代词

人称	单数	双数	多数
一	vi^{11} 我	ʔo^{33} 我俩	pi^{33} 我们

二　　moŋ^{55}你　　maŋ^{33}你俩　　maŋ^{55}你们
三　　nen^{55}他　　　　nen^{55}to^{11}他们

第一人称的三个数是三个不同的单音节词。第二人称的三个数是同一个词的三种不同形式。第三人称缺少双数，而多数是在单数后面加 to^{11} “些”构成的。在第一人称的三个数里，双数 ʔo^{33} “我俩” 与数词 “二” 同形，多数 pi^{33} “我们” 与数词 “三” 同形。这些都反映了人称代词发展的轨迹。

龙华炯奈语的人称代词

人称	单数	多数
一	wa^{31}我	wa^{31}kluŋ^{53}我们
二	məŋ^{43}你	məŋ^{43}kluŋ^{53}你们
三	nəŋ^{31}他	nəŋ^{31}kluŋ^{53}他们

缺少双数。多数都是在单数后加 kluŋ^{53} “群” 构成的。

下水村畲语的人称代词

人称	单数	多数
一	vaŋ^{53}我	pa^{22}我们
二	muŋ^{31}你	mi^{31}你们
三	nuŋ^{53}他	nuŋ^{53}ne^{31}他们

也缺少双数，第一，二人称的单数和多数是不同的词，第三人称多数是在单数后加 ne^{31} “人” 构成的。

2. 泛指代词　表示不确定的个人或集体，只有 nɛ^{55} tɕu^{33} “别人”、taŋ^{55}to^{11} “大家” 两个。例如：

nɛ^{55}tɕu^{33} paŋ^{31} qa^{55}ʔa^{55}ki^{35}ʔə^{35}。别人的就别要。
别人　的　就　别　要

to^{11}hu^{44}noŋ^{35}taŋ^{55}to^{11}paŋ^{31}。这些东西是大家的。
些 货　这　大家　的

3. 反身代词　只有 noŋ^{31} “自己” 一个，它主要是放在人称代词、泛指代词和名词的后面，强调先行词的作用。例如：

nen^{55}noŋ^{31}ta^{55}。他自己来。
他　自己 来

taŋ^{55}to^{11}noŋ^{31}su^{55}ʔɛ^{44}。大家自己会做。
大家　自己 会 做

$nin^{55}noŋ^{31}nin^{55}$，$ljo^{35}noŋ^{31}ljo^{35}$。水牛是水牛，黄牛是黄牛。

水牛自己水牛　黄牛自己黄牛

4. 方式代词　有 $ʔɛ^{44}noŋ^{35}$ “这样”、$ʔɛ^{44}nen^{35}$ “那样”、$ʔɛ^{44}tei^{13}$ “怎样”等。表示动作的方式、性质或状态的程度。例如：

$ʔɛ^{44}ʔɛ^{44}noŋ^{35}/ʔɛ^{44}noŋ^{35}ʔɛ^{44}$。这样做。

做　这样　　这样　做

$xhi^{33}ʔɛ^{44}tɛ^{13}/ʔɛ^{44}tɛ^{13}xhi^{33}$？　多高？

高　怎样　　怎样　高

（二）组合能力

1. 能与名词组合。例如：

vi^{11}　$tsɛ^{35}$　我家

我　家

$moŋ^{55}$　$mɛ^{13}$　你妈妈

你　妈

pi^{33}　$faŋ^{33}$　我们家乡

我们 地方

$maŋ^{55}$　$ɣaŋ^{11}$　你们村

你们　寨

2. 能与动词组合。例如：

$moŋ^{55}moŋ^{11}$　你去。

你　去

ko^{11}　nen^{55}　叫他。

叫　他

3. 能与形容词组合。例如：

nen^{55}　$tjaŋ^{13}$　你胖

他　胖

$xhi^{33}ʔɛ^{44}noŋ^{35}$　这么高。

高　这样

五、指示词

（一）分类

1. 距离指示词　指明事物所在点与说话人相对距离。距离的划分各方言相差较大。

弄京布努语 8 分：

$nɔŋ^{43}$　近指处所。　$nɔŋ^{54}$　近指人或物。

kau^{13}　中指处所。　kau^{35}　中指人或物。

$ʔuŋ^{33}$　远指处所。　$ʔuŋ^{55}$　远指人或物。

$ʔi^{43}$　遥指不见之事物。

no^{43}　疑指不知事物。

近指、中指、远指都用不同声调区别处所和人物。

养蒿苗语 5 分：

noŋ^{35} 近指人和事物。

moŋ^{55} 中指人和事物。

nen^{35} 远指人和事物。

ʔɛ^{33} 遥指人和事物。

ʔi^{35} 忆指以往的人和事物。

大南山苗语4分：

na^{55} 近指

ʐi^{44} 中指

ʔo^{33} 远指

ʔi^{55} 遥指

大坪江瑶语3分：

na：i^{52} 近指

na：i^{12} 中指

wo^{52} 远指

其中中指不常用。

下水村畲语2分：

ni^{55} 近指

ʔu^{33} 远指

上述各点，近指都同源，远指不仅距离有别，字源也往往不同。中指、遥指、忆指有消失的趋势。

2. 方位指示词　指明事物与说者的相对方位，主要有：vɛ^{55}“上”、ta^{33}“下”、ten^{55}“前”、qaŋ^{33}“后”、tjoŋ^{33}“中”、ku^{55}“外”、njaŋ^{13}“内”、naŋ^{11}“下游”、tɕə^{13}“上游”等。方位指示词各地比较一致。

3. 疑问指示词　表示疑问。疑问有两种，一种是问者完全不知道，要求答者告知，提问用qei^{55}ɕi^{35}或ɕi^{35}。如：

moŋ^{55}ʔɛ^{44}qei^{55}ɕi^{35}　　你干什么？

你　做　什么

谁去叫他来？

tɛ^{11}ɕi^{35}moŋ^{11}ko^{11}nen^{55}ta^{55}　　谁去叫他来？

个 什么 去　叫　他　来

另一种是问者要求在一定范围内确定一个，提问用tei^{13}例如：

haŋ^{35}noŋ^{35}mɛ^{55}pi^{33}lɛ^{33}，moŋ^{55}ʔə^{35}lɛ^{33}tei^{13}。

处　这　有　三 个　你　要 个 哪

这里有三个，你要哪一个?

（二）组合能力

1. 能与量词组合。例如：

$lɛ^{33}noŋ^{35}$	这个	$taŋ^{11}qaŋ^{33}$	后头
个 这		段 后	
$n̥hɛ^{33}tei^{13}$	哪一天	$ɕaŋ^{31}ʔi^{35}$	那时候
天 哪		时 那	

2. 能与动词组合。例如：

$moŋ^{11}naŋ^{11}$	到下游去	$tɕi^{44}tɕə^{13}$	往上游走
去 下游		爬 上游	

六 动词

（一）分类

1. 自主动词 表示人和动物不凭借其他东西发出的动作。例如：

$haŋ^{33}$走 $naŋ^{55}$吃 ken^{55}叫 $moŋ^{11}$去

$njaŋ^{33}$坐 $tjə^{53}$笑 ta^{55}来 pu^{13}开

2. 凭借动词 表示人类凭借工具、武器、玩具等做出的动作。例如：

ma^{31}砍 pha^{44}劈 kha^{33}耕

$ɣaŋ^{55}$缝 ka^{33}炒 $paŋ^{55}$射

3. 自然动词 表示自然界发展、变化的词。例如：

phu^{35}开（花） la^{11}流 mu^{31}刮（风）

$paŋ^{33}$崩 tu^{13}裂 lo^{13}塌

4. 能愿动词 表示可能、愿望等意志的词。例如：

su^{55}会 $kɛ^{55}$敢 $haŋ^{35}$愿

$noŋ^{44}$要

5. 判断动词 对事物、现象表示肯定或否定的词。例如：

	肯定判断	否定判断
养蒿苗语	tjo^{13}	tjo^{13}
大坪江瑶语	se^{33}、$tsei^{231}$	$tsei^{231}$
弄京布努语	si^{221}、$ʈau^{221}$	$ʈau^{221}$
大南山苗语	ku^{13}、$ʐao^{13}$	$ʐao^{13}$

否定判断在各地只有一个判断动词，而肯定判断在一部分地方有两个判断动词。

（二）组合能力

1. 能与名词组合。例见名词。

2. 能与代词组合。例见代词。

3. 能与指示词组合。例如：

njaŋ^{33}noŋ^{35}在这儿
在　这

mɛ^{11}qei^{55}ɕi^{35}买什么？
买　什么

4. 能与疑问数词组合。例如：

moŋ^{55}ʔə^{35}no^{44}ɕu^{13}？你要多少？
你　要　多　少

5. 能与动词组合。例如：

ɣaŋ^{13}naŋ^{55}	找吃的	mɛ^{55}naŋ^{11}	有穿的
找　吃		有　穿	

6. 能与形容词组合。例如：

naŋ^{55}qaŋ^{33}	吃甜的	hə^{53}ɬju^{44}	喝咸的
吃　甜		喝　咸	

7. 能与状词组合。例如：

ʑaŋ^{44}ɬei^{33}ɬei^{33}	翩翩飞	khi^{33}nen^{11}nen^{11}	颤巍巍
飞　翩　翩		颤　巍　巍	

8. 能与副词组合。例如：

ʔa^{55}moŋ^{11}	不去	sɛ^{11}ta^{55}	全来
不　去		全　来	

七、形容词

形容词是表示事物性质、状态的词。例如：

ɬjhə^{33}大	ʑu^{44}小	xhi^{33}高	ka^{11}低
ta^{35}长	lɛ^{35}短	to^{11}远	ɣi^{44}近
ɬu^{33}白	ɬɛ^{35}黑	ŋi^{11}懒	sei^{11}冷

（一）组合能力

1. 能与名词组合。例如：

paŋ^{55}ɕo^{53}	红花	ki^{35}ɬjhə^{33}	大路
花　红		路　大	

2. 能与量词组合。例如：

tɛ^{11}ɬu^{33} 白的那只　　to^{11}ʐu^{44} 小的那些

只 白　　些 小

3. 能与动词组合。例如：

qhei^{33}tɕoŋ^{44} 捆紧　　ho^{44}ɕhaŋ^{35} 煮熟

捆 紧　　煮 熟

4. 能与状词组合。例如：

ɕo^{53}ko^{33}ljo^{33} 红艳艳　　tjaŋ^{13}po^{11}ɬo^{11} 胖乎乎

红 艳 艳　　胖 乎 乎

5. 能与副词组合。例如：

sha^{44}ɬjho^{33} 最大　　tɕu^{13}tei^{55}to^{11} 真远

最 大　　真 远

（二）与动词的异同

1. 相同点。都能做谓语。都能修饰名词和量词。都受名词补充。都受副词、状词修饰。有相同的重叠方式（详后）。都能用肯定加否定表示疑问。因此有人把它们合并为一类，称为谓词。①

2. 不同点。形容词的形态变化表示的是“级”的语法范畴，而动词的形态变化表示的是“貌”的语法范畴。形容词都能修饰名词，动词只有少数能修饰名词。形容词受程度副词修饰，动词不受程度副度修饰。动词受拟声状词修饰，形容词不受拟声状词修饰。

八、状词

状词是摹拟声音，描绘事物性质、状态的词，在汉藏语系各个语言里都有。例如汉语《诗经》的头4句“关关雎鸠，在河之洲。窈窕淑女，君子好逑”中，就有“关关”和“窈窕”这两个词是状词。不过现代汉语语法已把这类成分视为形容词后缀。② 但是苗瑶语里这一类成分还是独立的词，不是词缀。根据如下：

1. 数量很多，有几百个，都是固有词，不论单音节、双音节还是三音节，都不轻读。

2. 虽然在语流中主要是紧接动词或形容词，但是在状词与动词或形容

① 张永祥、曹翠云《黔东苗语的谓$_2$——体结构》，《语言研究》1984年第2期。

② 见《现代汉语八百词》。

词之间可以有其他成分。例如：

ɬu³³ki⁵³xhi⁵³ 白森森

白 森森

ɬu³³qa³³ɕhaŋ⁴⁴njaŋ¹³ki⁵³xhi⁵³ 胡须白森森

白 胡 须 森森

3. 可以单独充当句子成分。例如：

tju¹¹lju¹¹pə⁴⁴noŋ³⁵，tju¹¹lju¹¹pə⁴⁴ʔɛ³³。

忽 而 处 这 忽 而 处 那

一会儿在这里，一会儿在那里。

（一）语音特征

1. 单音节 数量较少。例如：

（lji³¹）ɬji¹¹（闪烁） （ɬu³³）ɬjin¹¹³¹全（白）

闪 烁 白 全

（ki³⁵）tju³⁵ 一下子（扛起来）

扛 一下子

2. 双音节 数量最多。例如：

（ta¹¹） pa³¹ ɬja³¹ 零乱地（落下）

落 零 乱

（taŋ¹¹） pu³³ tju³³ 悄悄地（等）

等 悄 悄

（haŋ³³） pa⁵⁵ tja⁵⁵ 摇摇摆摆地（走）

行 摇 摆

（pi⁴⁴） ɬjo⁵⁵ qo⁵⁵ 安安静静地（睡）

睡 安 静

3. 三音节 数量不多。例如：

（tsə⁵³）kaŋ³³maŋ³³tɕhaŋ³³（黑）咕隆咚

暗 咕隆咚

（tjaŋ¹³）po⁵⁵ɬo⁵⁵qo⁵⁵ （肥）头大耳

肥 乎乎

4. 各音节同韵同调 占绝大多数。例如：

（faŋ⁵⁵）tja³³ʔa³³ （亮）堂堂

亮 堂堂

（ɬɛ³³）ka⁴⁴tɕa⁴⁴ （黑糊糊）

黑　　　糊糊

(tin^{44}) to^{33}lo^{33}qo^{33}　　　(摆) 得密密麻麻

摆　　密密麻麻

5. 各音节同声同调　数量不多。例如：

(na^{31}) ɣa^{11}ɣi^{11}　　　(辣) 酥酥

(辣)　　酥酥

(haŋ^{33}) tju^{13}tja^{13}　　　沉重地 (走)

行　　　沉重

6. 各音节声韵调全同即叠音　数量也不多。例如：

(khi^{33}) nen^{11}nen^{11}　　　(颤) 巍巍

颤　　　巍巍

(tjə^{53}) hɛ^{11}hɛ^{11}　　　嘿嘿 (笑)

笑　　　嘿嘿

7. 各音节声韵调互异　只有极个别的。例如：

(ken^{55}) ʔoŋ^{11}ŋa^{13}　　　哇哇哭

哭　　　哇哇

(二) 语义分类

1. 拟声状词　例如：

(hə^{53}) po^{33}qo^{33}咕嘟地 (喝)　　(pə^{44}) tju^{11}lju^{11}隆隆地 (响)

喝　　咕嘟　　　　　　　　响　隆隆

(fhɛ^{35}) sei^{33}sei^{33}嘶嘶地 (吹)　　(pi^{44}) ɬen^{11}啪地 (躺下)

吹　　嘶嘶　　　　　　　　躺　啪

拟声状词的读音往往不稳定。声母不稳定的如：

(pə^{44}) vu^{11}vu^{11}/fu^{11}fu^{11}呜呜 (响)

响　　呜 呜　呜 呜

韵母不稳定的如：

(ko^{13}) pen^{11}ɬen^{11}/pə^{11}ɬə^{11}啪啦 (倒下)

倒　　啪　啦　啪　啦

声调不稳定的如：

(pu^{44}) po^{11}ɬo^{11}/po^{13}ɬo^{13}/po^{55}ɬo^{55}咕嘟地 (开)

沸　　咕 嘟　咕 嘟　咕 嘟

2. 绘色状词　例如：

(ço^{53}) ko^{33}ljo^{33} (红) 艳艳　　(zo^{55}) poŋ^{33}ʐoŋ^{33} (绿) 茵茵

红　　艳 艳　　　　　　　　　　（绿） 茵 茵

（faŋ⁵⁵） ka³³va³³ （红） 艳艳　　（ɬo³³） qoŋ¹¹toŋ¹¹ （白） 森森

亮　　堂 堂　　　　　　　　　　白　　森　森

绘色状词不仅描绘客观颜色，有的还带主观爱憎。例如上举的 ɬo³³ qoŋ¹¹ toŋ¹¹含有“灰暗难看”的意思，而 ɬo³³ki⁵³ xhi⁵³含有“鲜艳可爱”的意思。

3. 描形状词　例如：

（tjaŋ¹³） poŋ¹¹ljoŋ¹¹ （胖） 乎乎　　（tjə⁵³） ki⁵³xhi⁵³ （笑） 咪咪

胖　　乎　乎　　　　　　　　　　笑　　咪 咪

（ɬen⁵⁵） ko³³vo³³ （圆） 溜溜　　（xha³³） po¹¹ɬjo¹¹朗朗（稀）

圆　　溜 溜　　　　　　　　　　稀　　朗　朗

4. 述动状词　例如：

（pu⁵³） ɬja¹¹突然打开　　　　ʑaŋ⁴⁴ɬɛ³³轻快地（飞）

开　　突然　　　　　　　　　　飞　　轻快

（haŋ³³） tin¹¹ʑin¹¹　悠悠地走

行　　悠 悠

（fa¹¹） kə³³ljə³³　缓慢地（起来）

起　缓　慢

5. 辨味状词　例如：

（na³¹） ka¹¹lja¹¹ （辣） 乎乎　　（haŋ⁴⁴） kə¹¹ɬə¹¹ （臭） 烘烘

辣　乎　乎　　　　　　　　　　臭　　烘　烘

（ɕhu³³） ki³³li³³ （酸） 溜溜　　（qaŋ³³） ken³¹ʑen³¹ （甜） 丝丝

酸　溜　溜　　　　　　　　　　甜　　丝　丝

6. 感觉状词　例如：

（ɕho³⁵） koŋ⁵⁵noŋ⁵⁵ （暖） 烘烘 （sei¹¹） poŋ³³ʑoŋ³³ （冷） 清清

暖　　烘　烘　　　　　　　　　　冷　　清　清

（ɣaŋ⁴⁴） ko⁵³n̥jho⁵³ （嫩） 嫣嫣 （mɛ¹³） pen¹³nen¹³ （软） 绵绵

嫩　　嫣　嫣　　　　　　　　　　软　　绵　绵

（三） 组合能力

1. 能与动词组合。例如：

ʔɛ⁴⁴po³⁵njo³⁵　慢腾腾地做

做　慢腾腾

tsu⁵³tju⁴⁴lju⁴⁴　迅速地逃跑

逃　迅　速

2. 能与形容词组合。例见上。

3. 能与方位指示词组合。例如：

tju^{11}lju^{11}vɛ^{55}tju^{11}lju^{11}ta^{33}　忽上忽下
忽　上　忽　下

kə^{33}ljə^{33}haŋ^{35}noŋ^{35}，kə^{33}ljə^{33}haŋ^{35}ʔɛ^{33}
溜　达　处　这　溜　达　处　那
这儿溜溜，那儿溜溜。

（四）在方言中的差异

苗瑶语的状词各地都丰富，但是它的读音、结构、语序并不一致。

1. 读音差别　养蒿有单音节、双音节、三音节3种，其中双音节的同韵同调词占绝大多数。其他方言的多数是双音节叠音词。例如：

滚董	（tai^{44}）	tɕe^{31}	tɕe^{31}	红通通
	红	通	通	
	（ko^{35}）	pai^{44}	pai^{44}	白森森
	白	森	森	
	（njo^{35}）	njei^{11}	njei^{11}	绿茵茵
	绿	茵	茵	
中排	（biŋ^{35}）	ge^{22}	ge^{22}	红彤彤
	红	通	通	
	（tɬu^{13}）	tɬhau^{35}	tɬhau^{35}	白森森
	白	森	森	
	（ljo^{31}）	ʑin^{13}	ʑin^{13}	绿茵茵
	绿	茵	茵	
七百弄	（ləŋ^{33}）	plæ^{33}	plæ^{33}	红彤彤
	红	通	通	
	（tɬo^{33}）	phuŋ^{31}	phuŋ^{31}	白森森
	白	森	森	
	（ȵtɕau^{42}）	nthoŋ^{31}	nthoŋ^{31}	热乎乎
	热	乎	乎	
龙华	（θi^{35}）	ntuŋ^{31}	ntuŋ^{31}	红彤彤
	红	通	通	
	（klau^{44}）	mphuŋ^{53}	mphuŋ^{53}	白森森
	白	森	森	

(hu^{44}) ʔiŋ^{33} ʔiŋ^{33} 绿茵茵
绿 茵 茵

但是石板寨的却是同声同调异韵词。例如：

(ʔlɛn^{31}) ʐəu^{24}ʐaŋ^{24} 红彤彤 (qlo^{31}) ʂəu^{24} ʂɛn^{24} 白森森
红 通 通 白 森 森
(qlaŋ^{31}) tshəu^{24}tshɛn^{24} 黑压压 (kuŋ^{31}) xei^{24} xuŋ^{24} 热乎乎
黑 鸦 鸦 热 乎 乎

2. 结构差别 多数方言的状词是单纯词，而上坝的却是前缀加词根的派生词。例如：

(la^{53}) qa^{03} ploŋ^{13} 红彤彤 (tɬeu^{53}) qa^{03} la^{13} 白森森
红 通 通 白 林 森
(tɬo^{53}) qa^{03} tsi^{33} 黑压压 (teu^{55}) qa^{03} qheu^{55} 硬梆梆
黑 鸦 鸦 硬 梆 梆

3. 语序差别 多数方言状词位于动词、形容词之后，而瑶语的状词位于动词、形容词之前。例如老书村的：

si^{55} 红 dzan^{12}dzan^{12}si^{55} 红彤彤
ka:m^{33} 甜 djom^{21}djom^{21}ka:m^{33} 甜津津
bu:i^{33} 叫 tsu^{231}tsu^{231}bu:i^{33} 嗡嗡叫
tsou^{24} 做 bo^{21}bo^{21}do^{33}do^{33}ɳei^{33}tsou^{24} 慢腾腾地做

九、副词

（一）分类

1. 程度副词 例如：

poŋ^{44}va^{44} 很 ljen^{13}njoŋ^{55} 极 poŋ^{44} 很
va^{44} 很 sha^{44} 最 ʔa^{55}tjaŋ^{11} 不太

2. 范围副词 例如：

pa^{55}ljen^{31} 总共 sei^{55}sei^{55} 一起 sɛ^{11} 全
tɕu^{13} 仅一

3. 延续副词 例如：

naŋ^{11}naŋ^{11} 仍然 ta^{55} 又 haŋ^{33} 再
tɛ^{11} 还 sei^{55} 也

4. 时间副词 例如：

tɕu^{31}ki^{35} 刚才 qa^{55} 就 tɕə^{31} 才

haŋ^{35}tɕhin^{35}开始

5. 是非副词　例如：

noŋ^{35} 必须　tɕu^{13}tei^{55} 确实　ʔa^{55} 不

ɕə^{44} 别　ɕə^{44}ki^{35} 不要　ʔa^{55}ʑoŋ^{13} 未曾

6. 状态副词

只有 ɕi^{44}“互相”一个。以前我认为它是动词前缀。

（二）组合能力

1. 能与动词组合。例如：

sɛ^{11} ta^{55} 都来　　　tɕu^{13}tei^{55} moŋ^{11} 真去

全　来　　　确　实　去

ɕi^{44} ti^{33} 互相打

相　打

2. 能与形容词组合。例如：

ʔa^{55} ɣu^{44}　　　na^{31} poŋ^{44} va^{44} 辣极了

不　好　　　辣　极

3. 能与方位指示词组合。例如：

sha^{44} qaŋ^{33} 最后　　　ʔa^{55} tjaŋ^{11} ten^{55} 不太前

最　后　　　不　太　前

4. 能与方式代词组合。例如：

qa^{55}ʔɛ^{44}noŋ^{35} 就这样　　　ʔa^{55}ʔɛ^{44}nen^{35} 不那样

就　这　样　　　不　那　样

5. 能与其他副词组合。例如：

tɛ^{11} ʔa^{55} pi^{11} 还没有　　　sei^{55}ʔa^{55} tjaŋ^{11} 也不太

还　不　曾　　　也　不　太

（三）副词的关联作用

副词虽是实词，但有一些虚词的特点。它常常与另一个副词或连词配合，起关联作用。

例如：

tɕu^{13}（副）……qa^{55}（副）……

tɕu^{13}ŋi^{44}qa^{55}pu^{33}一看就懂。

一　看　就　知

haŋ^{35}（连）……qa^{55}（副）……

haŋ^{35}moŋ^{55}moŋ^{11}，vi^{11}qa^{55}moŋ^{11}如果你去我就去。

如果你 去 我 就 去

（四）副词与状词的区别

副词和状词虽然都能与动词、形容词组合，但是还有一些差别。

1. 状词多数是多音节的，这些多音节状词，或者叠音，或者双声同调，或者叠韵同调。副词只有少数是多音节的，没有双声、叠韵、同调的特征。

2. 状词除表义外，有的还带爱憎色彩。副词都不带色彩。

3. 副词多数在动词、形容词之前。状词一般在动词、形容词之后。

4. 状词与动词、形容词之间可以加进名词。副词与动词、形容词之间不能加其他成分。

5. 状词有形态变化（详后），副词没有。

十、介词

介词、连词、助词这三类词是虚词，不能单独做句子成分，只起黏合作用，是软件。

介词虽不能单独做句子成分，但是可以与名词、代词和某些词组组成短语做状语或补语。例如：

kaŋ^{11} kaŋ^{11}pɛ^{31}tɕin^{33}ta^{55} 从北京来。
从 从 北 京 来

tjo^{44} tu^{33} tjo^{44}ki^{35} vɛ^{55} 放在上面。
于 放 于 路 上

ɕhaŋ^{44} lɛ^{33} noŋ^{35}ɬjhə^{33}ɕhaŋ^{44}lɛ^{33}moŋ^{55} 这个比那个大。
过 个 这 大 过 个 那

pi^{55} nen^{55}pi^{55} vi^{11} xhi^{33} 他比我高。
比 他 比 我 高

有些词，既有介词的特点，又有动词的功能，不是纯粹的介词。例如：

njaŋ^{33} 动词 nen^{55} njaŋ^{33}tsɛ^{35} 他在家。
他 在 家

介词 nen^{55} njaŋ^{33}n̥jhu^{44} tei^{13} ta^{55} 他生于哪年？
他 在 岁 何 来

mɛ^{33} 动词 mɛ^{33} ɣo^{33} tu^{33} 捞青苔。

		捞	青	苔				
	介词	mɛ^{33}	nen^{55}	ʔɛ^{44}	tɛ^{11}	ɣu^{44}		把他当好人。
		拿	他	做	个	好		
lei^{44}	动词	m̥ha^{44}	lei^{44}	qa^{55}	noŋ^{44}	ʔɛ^{44}	lei^{44}	说到就要做到。
		说	到	就	要	做	到	
	介词	nen^{55}	moŋ^{11}	lei^{44}	kha^{35}	lin^{55}	lo^{11}	他到凯里来。
		他	去	到	凯	里	来	
ko^{13}	动词	ko^{13}	tha^{44}					挨骂。
		着	骂					
	介词	to^{11}	ɣo^{33}	noŋ^{35}	ko^{13}	ljo^{35}	ten^{31}	ʐaŋ^{55}
		些	菜	这	着	黄牛	踩	了
		这些菜被黄牛踩了。						
ʐin^{13}	动词	ma^{31}	ʐin^{13}	tɕi^{11}	pi^{11}			砍着了手。
		砍	中	枝	手			
	介词	ʐin^{13}	tɛ^{11}	ɬa^{35}	ki^{53}			被狗咬了。
		着	只	狗	咬			

十一、连词

连词的作用是连接词、词组和分句。连接分句时往往与副词配合。

tɕaŋ^{33}、na^{13}、tə^{13}、hɛ^{33}、su^{11}这几个连词都是“和、同、跟”的意思，都可以用来连接词和词、词和词组、词组和词组，表示并列关系。连接词和词的如：

vi^{11} tɕaŋ^{33} moŋ^{55} 我和你

我 和 你

pə^{35} hɛ^{33} njaŋ^{33} 哥哥和嫂子

哥 和 嫂

连接词和词组的如：

vi^{11} na^{13} nen^{55} pa^{35} 我和他爸爸

我 和 他 爸

tsa^{55} sho^{35} kha^{33} kha^{53} hɛ^{33} qa^{33}ljen^{55}

钉耙 锄头 犁 耙 和 镰刀

钉耙、锄头、犁、耙和镰刀

连接词组和词组的如：

tɛ^{11}njaŋ^{33}tə^{13}tɛ^{11}to^{35} 嫂子和小姑

个 嫂 和 个 姑

vi^{11}tsɛ^{35}su^{11}nen^{55}tsɛ^{35} 我家和他家

我 家 和 他 家

ho^{44} “还是”用于两个分句之间，表示选择送系。例如：

moŋ^{55}moŋ^{11}，ho^{44} nen^{55}ta^{55} 你去，还是他来？

你 去 还是 他 来

paŋ^{13} “因为”用于第一分句句首，与第二分句中的副词配合，表示因果关系。例如：

paŋ^{13}nen^{55}ŋi^{11}，nen^{55}tɕə^{31}ɕha^{44} 因为懒，他才穷。

因为他 懒 他 才 穷

ɬa^{33} “如果”、shaŋ^{35}taŋ^{11} “万一”、haŋ^{35} “如果”都用于第一分句句首，往往与第二分句中的副词配合，表示条件关系。例如：

ɬa^{33} moŋ^{55}ʔa^{55}moŋ^{11}，vi^{11}sei^{55}ʔa^{55}moŋ^{11}

如果你 不 去 我 也 不 去

如果你不去，我也不去。

haŋ^{35} moŋ^{55}moŋ^{11}ʑə^{11}，vi^{11}qa^{55}moŋ^{11}

如果 你 去 的话 我 就 去

如果你去，我就去。

ʔa^{55}to^{44} “不然”用于第二分句句首，表示转折关系。例如：

tei^{35} tɕa^{13}moŋ^{55}，ʔa^{55}to^{44}pi^{33} qa^{55}ta^{11}ki^{35}ʑə^{11}

正好 遇见你 不 然 我们就 失 路 了

幸好遇到你，不然我们就迷路了。

十二、助词

助词的意义很虚，它附在词、词组、句子的前面或后面，表示附加意义，可分三种。

（一）结构助词 只有 paŋ^{31} “的”和 ki^{35} “得”两个。paŋ^{31}经常附在一个词、词组、句子的后面，组成助词结构做定语，它后面的中心语有时可以省略。例如：

ʔu^{44}ʑu^{44}paŋ^{31}(tu^{35}) 弟弟的（书）

弟 小 的 书

moŋ^{55}tɕaŋ^{33}nen^{55}paŋ^{31}　你和他的

你　和　他　的

vi^{11}ɕha^{35}paŋ^{31}　我写的

我 写　的

ki^{35}附在动词、形容词之后，表示后面的词语是结果状语或程度状语。例如：

tjə^{53}ki^{35}moŋ^{33}tɕhu^{33}　笑得肚子疼

笑 得 疼　肚子

to^{11}tsen^{35}noŋ^{35}ɕhaŋ^{35}ki^{35}noŋ^{44}pɛ^{55}moŋ^{11}

些 果　这　熟　得 要　落 去

这些果子熟得要掉了。

石门坎的前定语和中心语之间不能加结构助词，但是一部分后定语和中心语之间以及某些由主谓短语、动词短语充当的补语和谓语之间有结构助词。例如：

ntœy^{55}ku^{11}tʂie^{55}　新书

书　的 新

nɦi^{13}hi^{11}ku^{11}nɦi^{13}hi^{33}dɦa^{35}daɯ^{11}　他说他不来了。

他　说 的 他　不 来　了

腊乙坪的前状语和中心语之间也可以有结构助词。例如：

ʐu^{53}ʐu^{53}naŋ^{44}ʂei^{53}　好好的写

好　好　的　写

大南山的结构助词可以与动词、形容词组合，充当补语。例如：

pen^{55}nteu^{55}na^{55}ʑau^{13}qe^{55}le^{33}　这本书是借的。

本　书　这 是　借　的

lo^{43}tho^{43}la^{43}tɕi^{43}ʔi^{55}ʑau^{13}tʂha^{43}le^{33}

个 拖　拉 机　那 是　新　的

那台拖拉机是新的。

（二）时体助词　有 ʑaŋ^{55} “了”、tɛ^{11} “了”、ʑə^{11} “了”、tjo^{44} “着”4 个，都位于句末，表示动作或现象出现的情况。

ʑaŋ^{55}表示动作或现象已经出现。例如：

ʔə^{33}pu^{44}ʑaŋ^{55}　水开了。

水 沸 了

tɛ^{11}表示动作或现象即将出现。例如：

phu^{35}paŋ^{55}tɛ^{11} 花要开了。

开 花 了

ʐə^{11}只用于否定句，表示动作现象不会出现。例如：

ʔo^{33}n̥hɛ^{33}noŋ^{35}ʔa^{55}sei^{11}ʐə^{11} 这几天不冷了。

二 天 这 不 冷 了

tjo^{44}表示动作现象持续出现。例如：

moŋ^{55}njaŋ^{33}tjo^{44}，pi^{33} moŋ^{11}ʐə^{11}

你 坐 着 我们 去 了

你坐着吧，我们走了。

腊乙坪有一个表示动作已经过去的助词kwa^{53}“过”。例如：

we^{33}tɛ^{44}kwa^{53}pe^{33}tɕin^{44} 我到过北京。

我 到 过 北 京

时体助词一般与动词连用。当动词有连带成分时，黔东苗语都在连带成分之后，湘西苗语则在连带成分之前，有的可前可后。无论在前在后，表示的意义没有区别。但是大坪江瑶语的ʔa^{52}“了”位于补语前时，表示动作行为已经完成，位于补语后时，表示动作行为即将开始。例如：

je^{33}dza:u^{52}ʔa^{52}m̥jen^{33} 我洗了脸。

我 洗 了 脸

kho:i^{33}u:i^{13}ʔa^{52} 开会了。

开 会 了

时体助词表示的“已经出现”、“即将出现”、“不会出现”、“持续出现”、“已经过去”等意义是一种广义的“体”范畴，可以称为“完成体”、“将行体”、“未完体”、“持续体”、“经历体”。

（三）语气助词

比较多，都位于句子的末尾。表示陈述语气的有hɛ^{33}“嘿”、qa^{55}njoŋ^{55}“算了”等。例如：

vi^{11}tɛ^{11}moŋ^{11}hɛ^{33} 我还去哩。

我 还 去 哩

moŋ^{55}moŋ^{11}ko^{11}nen^{55}ta^{55}qa^{55}njoŋ^{55} 你去喊他来算了。

你 去 喊 他 来 算 了

前面讲的ʐaŋ^{55}、tɛ^{11}、ʐə^{11}、tjo^{44}虽是时体助词，因位于句末，也兼表陈述语气。

表示祈使语气的有ʐə^{44}“吧”、ʐa^{35}“吧”、ʐa^{11}“呀”、ʔa^{11}“呀”

等。例如：

moŋ^{55} taŋ^{31} xhə^{33} ʐa^{35}　　你住嘴吧！

你　断　话　吧

lo^{11} ɕhi^{35} njaŋ^{55} ɕin^{33} ʐa^{11}　回来看看情妹呀！

回来 看　情　妹　呀

表示疑问语气的有 maŋ^{31} “吗”、nen^{35} “呢” 等。例如：

to^{11} lu^{11} noŋ^{31} njaŋ^{33} xhen^{44} pi^{44} taŋ^{55} maŋ^{31}

些 老 自己 坐　凉决 睡 着　吗

老人们都身体健康吗？

moŋ^{55} ta^{55} haŋ^{35} noŋ^{35} ʔɛ^{44} qei^{55} ɕi^{35}　nen^{35}

你　来 处　这　做 什　么　呢

你到这里来干什么呢？

十三、叹词

叹词表示强烈的感情和呼唤应诺，都位于句首，读音不稳定，不与其他句子成分发生关系。

表示惊讶的如：

ho^{44} mɛ^{13}！nen^{55} ta^{13} ʐaŋ^{55}　　妈呀！他死了！

妈 呀　他　死 了

表示失望的如：

hɛ^{13} hɛ^{13}！ʔa^{55} mɛ^{55} fhu^{35} taŋ^{11} ʐaŋ^{55}　唉！没有搞头了。

唉 唉　不 有　头　端　了

表示鄙视的如：

hen^{53}！moŋ^{55} ʔa^{55} ki^{35} ʔɛ^{44} ɬjhə^{33} no^{44}　哼！你别骄傲！

哼　你　别　做 大　多

表示喜悦的如：

ha^{35} ha^{35}！ɣu^{44} qa^{53} ta^{13}！　　哈哈！好玩极了！

哈 哈　好 玩 死

表示应诺的如：

ʔen^{31}！qa^{35} tjo^{13} ʔɛ^{44} nen^{35} tɛ^{11}　　嗯！就那样！

嗯　就 是 那 样　啦

表示呼唤的如：

vei^{53}！ maŋ^{55}ta^{55}xhi^{44} 喂！你们快来！
喂 你们 来 快

第三节 词形变化

苗瑶语的词形变化有3种：语音交替、重叠和重读，其中重叠最多，语音交替较少，重读只有个别方言有。有时候重叠时还有语音交替，我把它放在重叠部分论述。

一、语音交替

变更音节内的部分语音成分（声母、韵母、声调）表示不同语法意义的方式叫语言交替。那些语音成分虽有变化，但意义未变的现象（如连读变调）不算语音交替。苗瑶语里的语音交替不普遍，我看到的有这样一些：

石门坎苗语的量词用元音交替和声调交替表示褒贬色彩。交替分两种。第一种是定指的变韵变形。量词除本来的形式外，韵母可以变为ai或a，称为ai变形或a变形。本形带“壮美”色彩，ai变形带“普通”色彩，a变形带“小巧”色彩。例如：lu^{55}“个”ŋgɦa^{35}“房子”。

本形	lu^{55}ŋgɦa^{35}	一个好房子
ai形	lai^{55}ŋgɦa^{35}	一个普通房子
a形	la^{55}ŋgɦa^{35}	一个小房子

第二种是不定指的高升调变形。量词除了韵母变成ai或a外，同时声调变成高升调。高升调所带的色彩与定指变形所带的色彩相同，其区别是后者必须带数词（如ʔa^{55}“二”），前者不能带数词。例如：

本形	ʔa^{55}lu^{35}ŋgɦa^{35}	两个好房子
ai形	ʔa^{55}lai^{35}ŋgɦa^{35}	两个普通房子
a形	ʔa^{55}la^{35}ŋgɦa^{35}	两个小房子

养蒿苗语的第二人称代词用元音交替和声调交替表示不同的“数”。例如：

单数	双数	多数
moŋ^{55}你	maŋ^{33}你俩	maŋ^{55}你们

七百弄布努语用元音交替表示代词的人称，用声词交替表示代词的数。例如：

	双数	多数
第二人称	mi^{33}你俩	mi^{13}你们
第三人称	mɔ^{33}他俩	mɔ^{13}他们

青岩苗语用声母交替和声调交替表示指示词的“格”。当指示词充当主语时，声母是清音，声调是低升调。例如：

n̥a^{13} noŋ^{55} tho^{55} la^{55} tɕi^{55}　　这是一台拖拉机。
这 个 拖 拉 机

çe^{13} toŋ^{32} ʔau^{43}　　那是一只鸭子。
那 只 鸭

当指示词充当定语时，声母是浊音，声调是中降调。例如：

noŋ^{55} tho^{55} la^{55} tɕi^{55} na^{43}　　这台拖拉机
个 拖 拉 机 这

toŋ^{32} ʔau^{43} ʑe^{43}　　那只鸭子。
只 鸭 那

双龙瑶语用声调交替表示量词的色彩，例如：

不带色彩		带“小”色彩	
ʔi^{33}nɔ^{33}	一个	ʔi^{33}nɔ^{53}	一小个
ʔi^{33}tiu^{31}	一条	ʔi^{33}tiu^{53}	一小条
ʔuəi^{33}tjuɛ^{35}	两朵	ʔuəi^{33}tjuɛ^{53}	两小朵
pau^{33}bɔ^{42}	三袋	pau^{33}bɔ^{53}	三小袋
pləi^{33}ti^{35}	四片	pləi^{33}ti^{53}	四小片
ʔi^{33}thit^{21}	一碟	ʔi^{33}thit^{53}	一小碟

33、31、35、42、21 诸调的量词读做 53 调时，增加了“小”的色彩。

双龙瑶语还用声调交替区别复合词和词组。同样的成分组成一个语言单位时，如果前字改为 53 调或 42 调，这个组合就是复合词。例如：

名名并列词组			名名复合词		
tɕi^{33}	klau^{24}	鸡和蛋	tɕi^{53}	klau^{24}	鸡蛋
鸡	蛋		鸡	蛋	
ȵa^{31}	tja^{33}	父亲和母亲	ȵa^{42}	tja^{33}	双亲
娘	爹		娘	爹	
名名主谓词组			名名复合词		
m̥an^{33}	pli^{33}	脸毛多	m̥an^{53}	pli^{33}	脸毛
脸	毛		脸	毛	

djaŋ^{24}	nan^{31}	树叶多	djaŋ^{53}	nan^{31}	树叶
树	叶		树	叶	
名形主谓词组			名形复合词		
luəi^{33}	phɛ^{21}	衣服白	luəi^{53}	phɛ^{21}	白衣
衣	白		衣	白	
ɬau^{35}	khɔ^{35}	竹子干	ɬau^{53}	khɔ^{35}	干竹子
竹子	干		竹子	干	
形名支配词组			形名复合词		
xɔŋ^{31}	tjəi^{35}	使纸红	xɔŋ^{42}	tjəi^{35}	红纸
红	纸		红	纸	
nan^{24}	n̥aŋ^{24}	使饭凉	nan^{53}	n̥aŋ^{24}	凉饭
凉	饭		凉	饭	
名动主谓词组			名动复合词		
bla^{42}	tai^{42}	鱼死	bla^{53}	tai^{42}	死鱼
鱼	死		鱼	死	
tjəu^{31}	taŋ^{24}	桥断	tjəu^{42}	taŋ^{24}	断桥
桥	断		桥	断	
动名支配词组			动名复合词		
ga^{24}	səu^{33}	教书	ga^{53}	səu^{33}	老师
教	书		教	书	
gla^{42}	pə^{42}	拄棍	gla^{52}	pə^{42}	拐棍
拄	棍		拄	棍	

二、重叠

重叠是苗瑶语里最重要的词形变化，它不仅分布在各个语言的多种词类里，而且有多种重叠方式，表示多种语法意义。能重叠的词类都是实词，包括名词、量词、形容词、动词、状词、副词。

在讨论重叠之前必须把几种现象除外，一种是叠音词。这种词或者没有不重叠的形式，如 naŋ^{11}naŋ^{11} “仍然”；或者虽有重叠、不重叠两种形式，但是意义没有区别，如 lja^{11}lja^{11}是“全”的意思，lja^{11}也是“全”的意思。另一种是叠音成语。如 moŋ^{11}moŋ^{11}lo^{11}lo^{11} “来来往往”，m̥hu^{33}m̥hu^{33}tjə^{11}tjə^{11} “各族人民”。因为它们只存在固定结构之中，不能拆开来使用。第三种是成语中含有叠音词。如 mu^{31}ma^{31}mu^{31}ta^{44} “乱砍”里 mu^{31}ma^{31}是变音重叠，但整个成语不是重叠形式。

下面按重叠方式分类讨论。

（一）原形重叠

能原形重叠的词最普遍的是量词。例如：

lɛ^{33} 个 lɛ^{33}lɛ^{33} 每个

tɕo^{55} 条 tɕo^{55}tɕo^{55} 每条

n̥hɛ^{33} 天 n̥hɛ^{33}n̥hɛ^{33} 每天

tja^{13} 回 tja^{13}tja^{13} 每回

量时重叠以后，表示词由指个体扩大到全体。不过石门坎的量词重叠以后，其意义不是扩大到全体，而是只扩大到一部分。例如：

gɦau^{35}gɦau^{35}dʑi^{11}nɦi^{13}dɦa^{35}，gɦau^{35}gɦau^{35}dʑi^{11}hi^{33}dɦa^{35}

时 时 他 来 时 时 不 来

有时候他来，有时候不来。

量词重叠表示的语法范畴是“数”，大多数方言是“复数”，石门坎是“部分复数”。

部分语言的名词能原形重叠，但表示的意义有所不同。双龙的名词重叠以后表示多数，属于“数”范畴。例如：

min^{31} 人 min^{31}min^{31} 人多

dʑin^{35} 刺 dʑin^{35}dʑin^{35} 刺多

pli^{33} 毛 pli^{33}pli^{33} 毛多

djaŋ^{24} 树 djaŋ^{24}djaŋ^{24} 树多

而腊乙坪苗语的名词重叠以后，增加了“小巧”的色彩，属于“称”的语法范畴。例如：

te^{35} 孩子 te^{35}te^{35} 小孩儿

mpin^{33} 瓶 mpin^{33}mpin^{33} 瓶瓶儿

动词也能原形重叠，但表示的意义也不相同。多数方言表示动作试探进行，属于“貌”的范畴。例如养蒿的：

tji^{33} 打 tji^{33}tji^{33} 打一打

zen^{31} 扇 zen^{31}zen^{31} 扇一扇

tjə^{53} 笑 tjə^{53}tjə^{53} 笑一笑

双龙瑶语的动词重叠以后，表示的意义不是“试探”，而是“重复进行”，属于“体”的范畴。例如：

m̥a^{35} 骂 m̥a^{35}m̥a^{35} 爱骂

ȵan^{35}	哭	ȵan^{35}ȵan^{35}	爱哭
dzat^{53}	跑	dzat^{53}dzat^{53}	爱跑
ȵin^{42}	吃	ȵin^{42}ȵin^{42}	爱吃

形容词也能原形重叠，重叠以后表示程度加深，属于“级”的语法范畴。例如：

ɣu^{44}	好	ɣu^{44}ɣu^{44}	好好的
so^{35}	早	so^{35}so^{35}	早早的
ɕo^{53}	红	ɕo^{53}ɕo^{53}	红红的

状词也能原形重叠，单音节的、多音节的都可以。状词重叠以后，表示性状延续，属于“体”的语法范畴。例如：

（lji^{31}）　ɬja^{11}　闪烁　　（lji^{31}）　ɬja^{11}　ɬja^{11}　闪闪烁烁
（闪）　突然　　（闪）　突然　突然

（ʐaŋ^{44}）　vu^{13}　呼地（飞）　（ʐaŋ^{44}）　vu^{13}　vu^{13}　呼呼地（飞）
（飞）　呼　　（飞）　呼　呼

（ʐaŋ^{55}）　paŋ^{11}ʐaŋ^{11}　慢慢（溶）
（溶）　缓　慢

（ʐaŋ^{55}）　paŋ^{11}ʐaŋ^{11}paŋ^{11}ʐaŋ^{11}　很慢很慢地溶
（溶）　缓　慢　缓　慢

大坪江瑶语的状词重叠以后，表示的语法意义不是性状延续，而是程度加深。例如：

dzan^{12}　（si^{54}）　通红　　dzan^{12}　dzan^{12}　（si^{54}）　（红）通通
通　（红）　　通　通　（红）

m̥jet^{55}　（daːŋ^{33}）喷（香）　m̥jet^{55}　m̥jet^{55}　（daːŋ^{33}）（香）喷喷
喷　（香）　　喷　喷　（香）

双龙瑶语的副词也能原形重叠，重叠以后也表示程度加深。例如：

m^{24}	不	m^{24}m^{24}	很不
ʔa^{53}	很	ʔa^{53}ʔa^{53}	很很
ɕit^{53}	互相	ɕit^{53}ɕit^{53}	很互相

（二）变音重叠

变音重叠分三种。第一种，变韵重叠。能这样重叠的都是单音节动词。重叠时，原词在后，重叠音节在前，其韵母变为 u；如果原词的韵母是 u；则变为 i。重叠后的动词增加了“随意色彩”，属于“貌”的范畴。例如：

fha^{33}	搓	fhu^{33}fha^{33}	随便搓
tji^{33}	打	tju^{33}tji^{33}	随便打
tu^{33}	放	ti^{33}tu^{33}	随便放
pu^{13}	钻	pi^{13}pu^{13}	随便钻

布努语单音节动词变韵重叠显示的意义与黔东苗语相同，但重叠方式稍异，重叠音节的韵母变为 ɤu，位于原词之后，例如梅株的：

nto^{43}	砍	nto^{43}ntɤu^{43}	随便砍
nɤŋ^{241}	穿	nɤŋ^{231}nɤu^{231}	随便穿

第二种，变调重叠。双龙瑶语的名词、形容词、动词和副词，除了原形重叠外，还可以变调重叠，即在原词前加一个音节，将原来的声调变为 35 调。原词重叠表示程度加深，属比较级；变调重叠表示程度极深，属最高级。如：

名词原级		高级		最高级	
pli^{33}	毛	pli^{33}pli^{33}	毛较多	pli^{35}pli^{33}	毛极多
djaŋ^{24}	树	djaŋ^{24}djaŋ^{24}	树较多	djaŋ^{35}djaŋ^{24}	树极多
形容词原级		高级		最高级	
saŋ^{33}	新	saŋ^{33}saŋ^{33}	很新	saŋ^{35}saŋ^{33}	极新
phɛ^{21}	白	phɛ^{21}phɛ^{21}	很白	phɛ^{35}phɛ^{21}	极白
动词原级		高级		最高级	
dzat^{53}	跑	dzat^{53}dzat^{53}	爱跑	dzat^{35}dzat^{53}	极爱跑
klat^{53}	笑	klat^{53}klat^{53}	爱笑	klat^{35}klat^{53}	极爱笑
副词原级		高级		最高级	
m^{24}	不	m^{24}m^{24}	很不	m^{35}m^{24}	极不
ʔa^{53}	很	ʔa^{53}ʔa^{53}	很很	ʔa^{35}ʔa^{53}	极很

如果把上面的变调改为 24，它所表示的意义就不是“程度加深”中的“最高级”，而是“正反问”。例如：

pli^{33}	毛	pli^{35}pli^{33}	毛极多	pli^{24}pli^{33}	毛多不多
saŋ^{33}	新	saŋ^{35}saŋ^{33}	极新	saŋ^{24}saŋ^{33}	新不新
klat^{53}	笑	klat^{35}klat^{53}	极爱笑	klat^{24}klat^{53}	笑不笑

下水村畲语也有这样的变调重叠，表示的意义也是“正反问”。例如：

nuŋ^{31}	吃	nuŋ^{35}nuŋ^{31}	吃不吃
fu^{22}	吹	fu^{35}fu^{22}	吹不吹
ʦhan^{55}	像	ʦhan^{35}ʦhan^{55}	像不像

不过畲语的名词不能这样变。

第三种，变韵变调重叠。能这样重叠的有石门坎苗语。重叠时，原词在后，重叠音节在前，其韵母变为 u（如果原词的韵母是 u，则变为 i；如果原词的韵母以圆唇音收尾，则可以变为 u 和 i），声调变为高平调。有气嗓音的失去气嗓音。动词这样重叠后，增加了“杂乱”色彩，属于貌的范畴。例如：

nɦa^{31}　看　nu^{55}nɦa^{31}　随便看看

ɬu^{55}　换　ɬi^{55}ɬu^{55}　随便换换

nɦau^{35}　吃　nu^{55}/ni^{55}nɦau^{35}　随便吃吃

形容词重叠后表示的语法意义是“程度减弱”，属于“级”的语法范畴。例如：

vɦaɯ^{35}　黄　vu^{55}/vɦaɯ^{35}　不太黄

dlo^{31}　胖　dlu^{55}/dlu^{55}dlo^{31}　不太胖

状词重叠表示杂乱不纯，也属于“貌”的范畴。例如：

bɯ^{31}　清洁　bu^{55}bɯ^{31}　有的地方清洁

ndlɦo^{11}　飘浮　ndlu^{55}ndlɦo^{11}　杂乱漂浮

石门坎的双音节名词和状词也能变韵变调重叠。重叠时，原词在后，重叠成分在前，两个音节都变为高平调，茅二音节的韵母变为 u。重叠后的名词，其意义扩大为指同类事物。例如：

ʔa^{55}ma^{55}　眼睛　ʔa^{55}mu^{55}ʔa^{55}ma^{55}　眼睛眉毛之类

li^{33}phy^{55}　瓶子　li^{33}phu^{55}li^{55}phy^{55}　瓶瓶罐罐

重叠后的状词也表示“杂乱不纯”。例如：

pi^{33}ɳʈi^{55}　迸落声　pi^{55}ɳʈu^{55}pi^{33}ɳʈi^{55}　杂乱迸落声

ntshie^{11}lɦie^{11}　白貌　ntshu^{55}lu^{55}ntshie^{11}lɦie^{11}　有的地方白

（三）嵌音重叠

嵌音重叠也比较常见。这种重叠是在原形重叠中间加一个有意义的成分，使它跟原形重叠表示的意义有所不同。

养蒿苗语的动词和形容词都能嵌音重叠。动词是加 ʔa^{55}“不”，表示疑问。例如：

moŋ^{11}　去　moŋ^{11}ʔa^{55}moŋ^{11}　去不去

ma^{31}　砍　ma^{31}ʔa^{55}ma^{31}　砍不砍

形容词是加 tɕu^{13}“真”表示其程度比原形重叠的更高。例如：

ɣu^{44}　好　ɣu^{44}ɣu^{44}　好好的　ɣu^{44}tɕu^{13}ɣu^{44}　真好

ɕo^{53} 红 ɕo^{53}ɕo^{53} 红红的 ɕo^{53}tɕu^{13}ɕo^{53} 真红

大南山苗语动词重叠时中间加 ʔi^{43} “一”，表示“试探”。例如：

n̥a^{44} 嗅 n̥a^{44}ʔi^{43}n̥a^{44} 嗅一嗅

no^{13} 问 no^{13}ʔi^{43}no^{13} 问一问

双龙瑶语的名词、形容词、动词都可以在原形重叠的中间加 n^{24}（在双唇声母前为 m^{24}）表示疑问。例如：

名词	min^{31}	人	min^{31}m^{24}min^{31}	人多不多？
	dʑi^{31}	肉	dʑi^{31}n^{24}dʑi^{31}	肉多不多？
形容词	phɛ^{21}	白	phɛ^{21}m^{24}phɛ^{21}	白不白？
	da^{35}	长	da^{35}n^{24}da^{35}	长不长？
动词	put^{53}	去	put^{53}m^{24}put^{53}	去不去？
	dzat^{53}	跑	dzat^{53}n^{24}dzat^{53}	跑不跑？

（四）部分重叠

部分重叠是多音节词重叠时只重叠其中的第一音节，其他的不重叠。例如双龙瑶语的：

双音节名词原级 高 级

djaŋ^{53}nan^{31} 树叶 djaŋ^{53}djaŋ^{53}nan^{31} 树叶多

最高级

djaŋ^{35}djaŋ^{53}nan^{31} 树叶极多

形容词原级 高 级

ʦəi^{42}tɕɛ^{35} 漂亮 ʦəi^{42}ʦəi^{42}tɕɛ^{35} 很漂亮

最高级

ʦəi^{35}ʦəi^{42}tɕɛ^{35} 极漂亮

副词原级 高 级

kai^{24}kuət^{53} 非常 kai^{24}kai^{24}kuət^{53} 很非常

最高级

kai^{35}kai^{24}kuət^{53} 极非常

三音节名词原级 高 级

ɕi^{53}kɔ^{42}tsaŋ^{35} 丝瓜 ɕi^{53}ɕi^{53}kɔ^{42}tsaŋ^{35} 丝瓜多

最高级

ɕi^{35}ɕi^{53}kɔ^{42}tsaŋ^{35} 丝瓜极多

四音节名词原级 高 级

ma^{42}kwai^{53}duŋ^{33}dui^{33} 蝌蚪 ma^{42}ma^{42}kwai^{53}duŋ^{33}dui^{33} 蝌蚪多

最高级

ma^{35}ma^{42}kwai^{53}duŋ^{33}dui^{33}　　蝌蚪极多

（五）多次重叠

重叠是将原词重说一次，多次重叠是将原词重叠两次。

尧告苗语的形容词可以重叠两次，表示“程度极高”。例如：

原级		比较级		最高级	
ljəu^{31}	大	ljəu^{31}ljəu^{31}	较大	ljəu^{31}ljəu^{31}ljəu^{31}	最大
ɣu^{44}	好	ɣu^{44}ɣu^{44}	较好	ɣu^{44}ɣu^{44}ɣu^{44}	最好
san^{44}	红	san^{44}san^{44}	较红	san^{44}san^{44}san^{44}	最红

松桃苗语的形容词可以重叠，叠后再叠，表示“程度较高”和“程度极高”。例如：

原级		比较级	
qwen^{31}	黄	qwen^{31}qwen^{31}	较黄

最高级

qwen^{31}qwen^{31}qwen^{31}qwen^{31}　　极黄

三、重读

用重读区别语法意义在苗瑶语里我只看到双龙瑶语里有。因为重读也表示程度加深，这就使双龙瑶语的“级”增加到四级。重读用“ʹ”号写在音节前，表示程度较高。例如：

原级	较高级	高级	最高级
djaŋ^{24}树	ʹdjaŋ^{24}树多	djaŋ^{24}djaŋ^{24}树很多	djaŋ^{35}djaŋ^{24}树极多
phɛ^{21}白	ʹphɛ^{21}较白	phɛ^{21}phɛ^{21}很白	phɛ^{35}phɛ^{21}极白
dzat^{53}跑	ʹdzat^{53}爱跑	dzat^{53}dzat^{53}很爱跑	dzat^{35}dzat^{53}极爱跑

比较：

dzu^{24}tu^{53}phɛ^{21}　洗得白
洗　得　白
dzu^{24}tu^{53}ʹphɛ^{21}　洗得很白
洗　得　很白

sɛ^{33}tu^{53}m̥ja^{35}　草长得多
生　得　草多
sɛ^{33}tu^{53}ʹm̥ja^{35}　草长得很多
生　得　草很多

第四节　词　组

词组是两个以上的词按各种语法关系组合而成的表义单位，它大于词而小于句子。

词组分基本词组和多层词组两类。基本词组由词组成，各词处于同一层次，但结构关系不同。多层词组由词与词组或词组与词组组成，各层的结构关系与基本词组同。

一、基本词组

基本词组分并列词组、限制词组、补充词组、介补词组、“的”字词组5种。前面词类一节讲了各类词组合的可能性，没有讲彼此的结构关系，本节将阐明各种词组的结构关系。

（一）并列词组

并列词组多数由两个词组成，少数由三个或三个以上的词组成，组内各词地位平等，不分主次。词与词有的直接组合，有的借助连词。并列关系用符号 表示。例如：

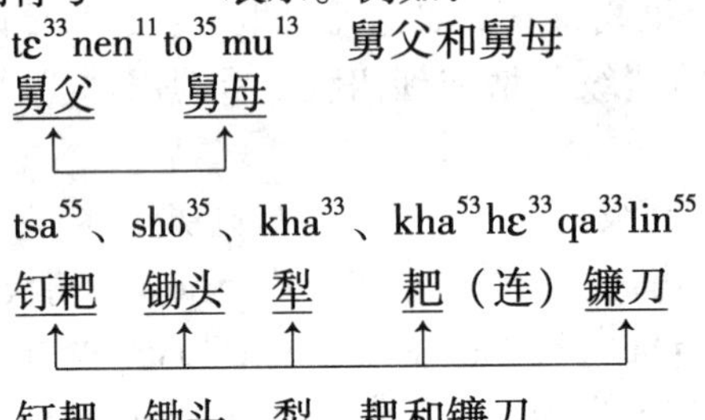

（二）限制词组

所谓限制就是使语言成分表示的意义由概括到分析，由抽象到具体，使外延缩小，内涵加深。限制词组由被限制词和限制词组成。被限制词原来外延大，内涵浅，加上限制词以后，词组的外延就变小了，内涵就变深了。

在限制词组中，其限制词有的在后，数量较多；有的在前，数量较少。中间有的有结构助词“的”。限制词组比较多，下面分类举例。其结构关系用符号 或 表示。

1. 名、名限制词组　限制词在前的如：

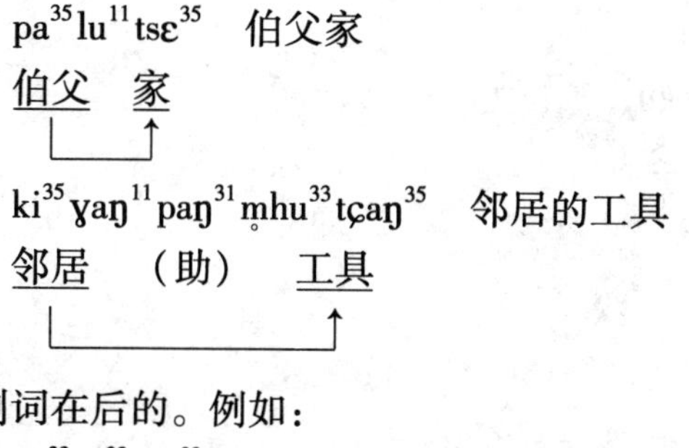

限制词在后的。例如：

qa^{33}tɛ^{33}qei^{33}　小鸡　　qa^{33}tɛ^{35}ma^{11}　马尾巴

崽　鸡　　尾巴马

都是名词限制名词，为什么有的限制词在前，有的在后？是不是苗瑶语名名词组的语序可前可后？不是。凡是表示“领属”义的就在前，凡是表示“限制”义的就在后。不过瑶语没有这种区别，一律在前。例如大坪江瑶语的：

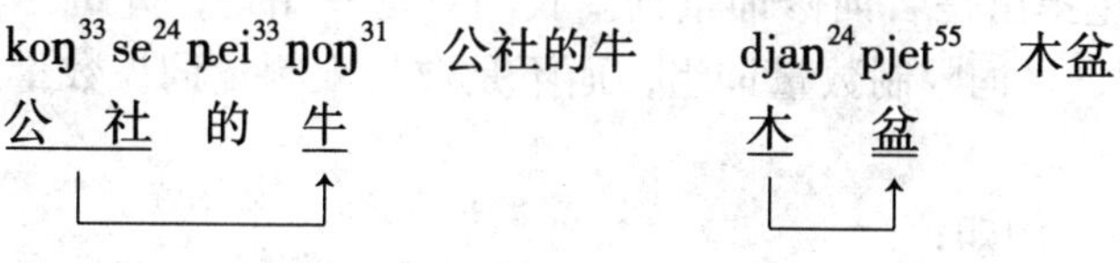

2. 代名限制词组　例如：

nen^{55}maŋ^{13}　他的母亲

他　母亲

nɛ^{55}no^{44}paŋ^{31}ni^{55}ka^{35}　大家的钱粮

大家　（助）钱粮

3. 名形限制词组　例如：

nɛ^{55}ɕhaŋ^{44}　穷人　　paŋ^{55}ɕo^{53}　红花

人　穷　　花　红

4. 名、动限制词组　例如：

ʔə^{33}pu^{44}　开水　　　　ma^{11}ʐaŋ^{44}　飞马

水　沸　　　　　马　飞

5. 名、指限制词组　例如：

paŋ^{55}qei^{55}ɕi^{35}　什么花

花　什么

6. 量、名限制词组。例如：

lɛ^{33}pi^{11}　山坡　　　　tɛ^{11}ka^{35}lin^{55}　凯里人

个 山　　　　　个 凯 里

以前我和一些研究者一样，认为是量词修饰名词。1986 年王春德在《苗语语法》一书里提出是名词修饰量词。我同意这一结论，并进一步认为是量词限制数词，名词限制数量词组，而不是数词限制量词，数量词组限制名词。

7. 量、指词组　例如：

tɕo^{55}noŋ^{35}　这条　　　　lɛ^{33}tei^{13}　哪个

条　这　　　　　个 哪

8. 量、形词组　例如：

lɛ^{33}ɣu^{44}　好的那个　　nju^{31}xhi^{33}　新的那双

个 好　　　　　双　新

9. 量、动词组　例如：

tɛ^{11}noŋ^{55}　吃者　　　　lɛ^{33}tu^{13}　破的那个

个 吃　　　　　个 破

10. 数、量词组　例如：

ʔo^{33}n̥hɛ^{33}　两天　　　　pi^{33}tɕaŋ^{33}　三斤

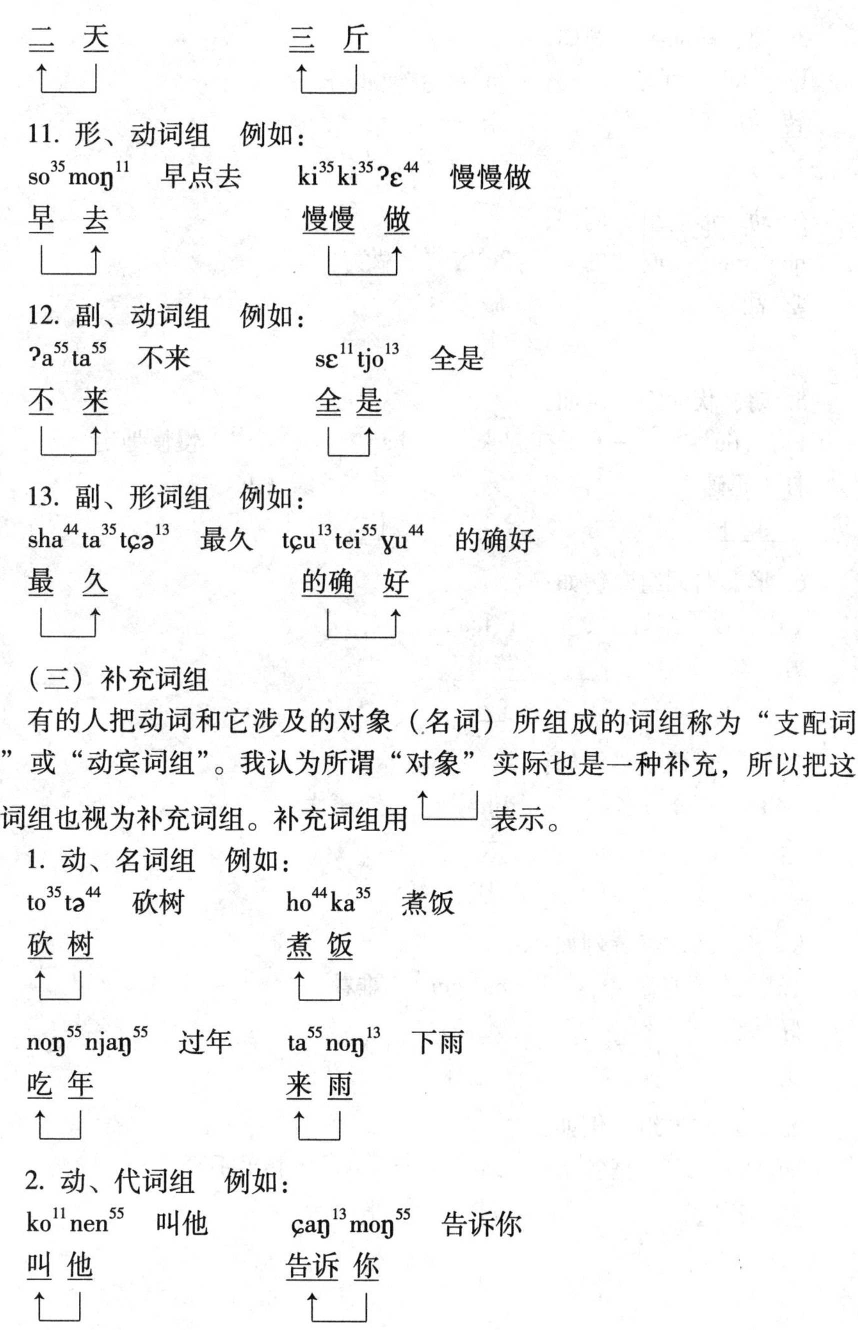

二 天　　　　三 斤

11. 形、动词组　例如：

so^{35}moŋ^{11}　早点去　　ki^{35}ki^{35}ʔɛ^{44}　慢慢做

早 去　　　　慢慢 做

12. 副、动词组　例如：

ʔa^{55}ta^{55}　不来　　　　sɛ^{11}tjo^{13}　全是

不 来　　　　全 是

13. 副、形词组　例如：

sha^{44}ta^{35}tɕə^{13}　最久　　tɕu^{13}tei^{55}ɣu^{44}　的确好

最 久　　　　的确 好

（三）补充词组

有的人把动词和它涉及的对象（名词）所组成的词组称为“支配词组”或“动宾词组”。我认为所谓“对象”实际也是一种补充，所以把这类词组也视为补充词组。补充词组用 ↑___| 表示。

1. 动、名词组　例如：

to^{35}tə^{44}　砍树　　　　ho^{44}ka^{35}　煮饭

砍 树　　　　煮 饭

noŋ^{55}njaŋ^{55}　过年　　　　ta^{55}noŋ^{13}　下雨

吃 年　　　　来 雨

2. 动、代词组　例如：

ko^{11}nen^{55}　叫他　　　　ɕaŋ^{13}moŋ^{55}　告诉你

叫 他　　　　告诉 你

3. 动、动词组　例如：

tjaŋ^{35}lo^{11}　回来　　　ta^{55}moŋ^{11}　前往

转 来　　　来 去

4. 动、形词组　例如：

noŋ^{55}qaŋ^{33}　吃甜的　　　ʔɛ^{44}ɣu^{44}　做好

吃 甜　　　做 好

5. 动、状词组　例如：

ki^{35}　tju^{35}　一下子扛起来　　　haŋ^{33}　kə^{33}ljə^{33}　慢慢地走

扛 迅速　　　走 缓 慢

6. 形、名词组　例如：

ɣu^{44}　to^{11}　柴好　　　ʔi^{33}tɕa^{33}　药苦

好 柴　　　苦 药

7. 形、代词组　例如：

ta^{35}tɕo^{55}　条儿长　　　ɬjhə^{33}tɛ^{11}　个子大

长 条　　　大 个

8. 形、动词组　例如：

ɣu^{44}ʔɛ^{44}　好做　　　ɕa^{35}ɕhi^{35}　难看

好 做　　　难 看

9. 形、状词组　例如：

faŋ^{55}tja^{33}ʔa^{33}　亮堂堂　　　tjaŋ^{13}po^{55}ɬo^{55}qo^{55}　胖乎乎

亮 堂 堂　　　胖 乎 乎

10. 形、副词组 例如：

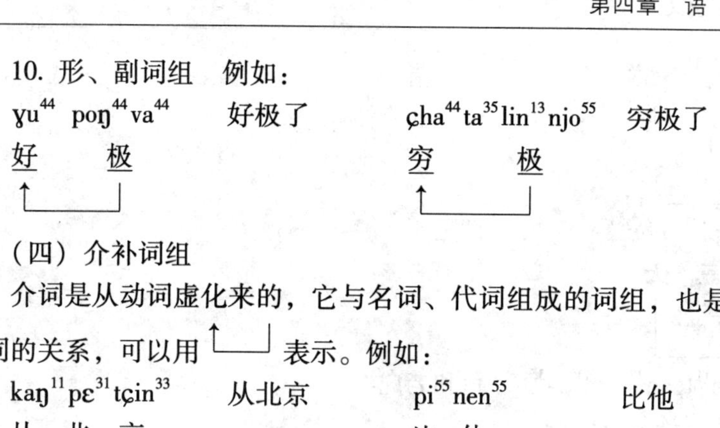

（四）介补词组

介词是从动词虚化来的，它与名词、代词组成的词组，也是实词补充介词的关系，可以用 ↑___| 表示。例如：

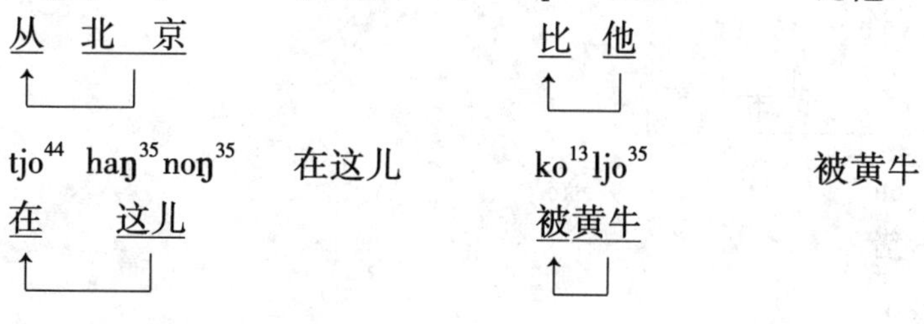

（五）"的"字词组

paŋ^{31} "的"是个结构助词，用于组成领属性的限制词组。这种词组中的被限制词常常可以省略，成为独立的"的"字词组。其结构关系可用 |___↑ 表示。例如：

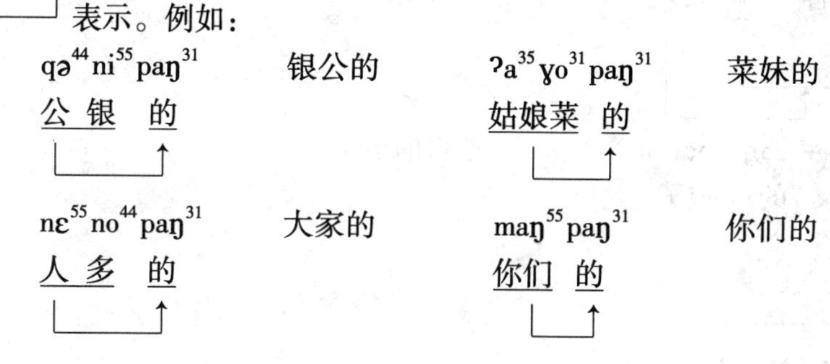

二、多层词组

由词与词组或词组与词组构成的多层词组种类繁多，不便分类说明。下面只分层次举一些例子。

（一）二层词组 例如：

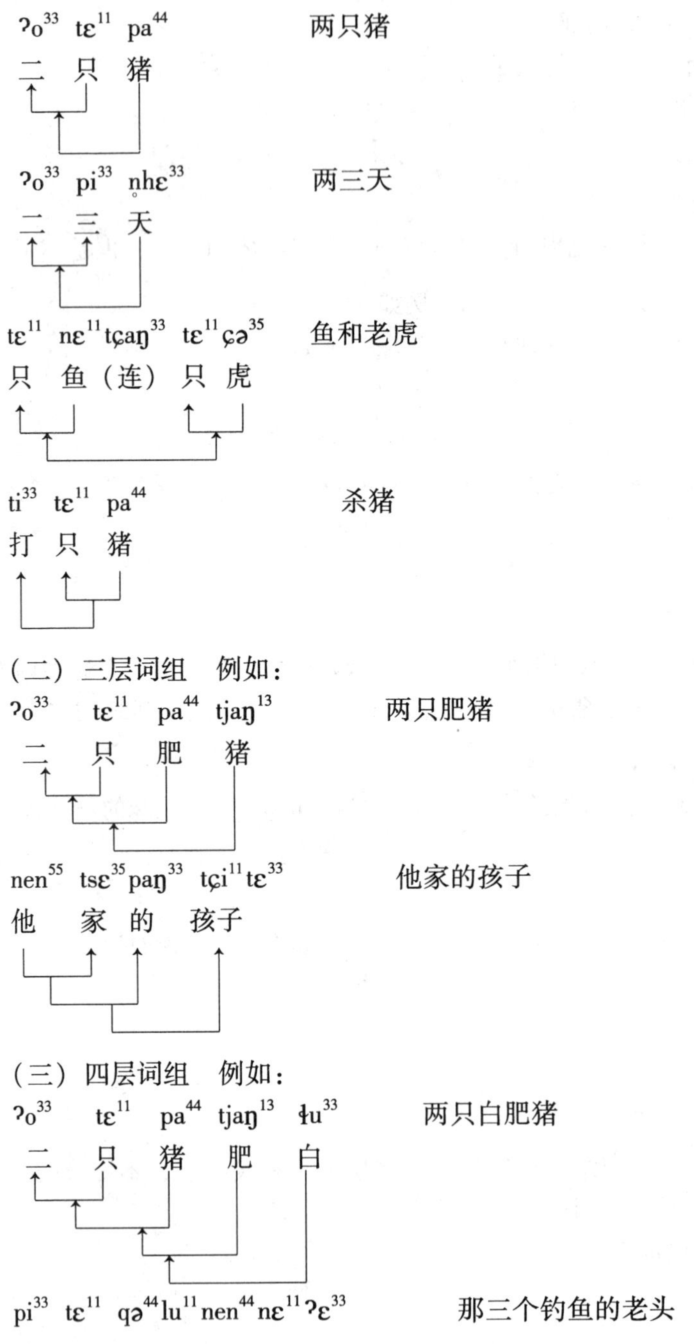
ʔo33 tɛ11 pa44 两只猪
二 只 猪
ʔo33 pi33 n̥hɛ33 两三天
二 三 天
tɛ11 nɛ11 tɕaŋ33 tɛ11 ɕə35 鱼和老虎
只 鱼（连）只 虎
ti33 tɛ11 pa44 杀猪
打 只 猪
（二）三层词组 例如：
ʔo33 tɛ11 pa44 tjaŋ13 两只肥猪
二 只 肥 猪
nen55 tsɛ35 paŋ33 tɕi11 tɛ33 他家的孩子
他 家 的 孩子
（三）四层词组 例如：
ʔo33 tɛ11 pa44 tjaŋ13 ɬu33 两只白肥猪
二 只 猪 肥 白
pi33 tɛ11 qə44 lu11 nen44 nɛ11 ʔɛ33 那三个钓鱼的老头

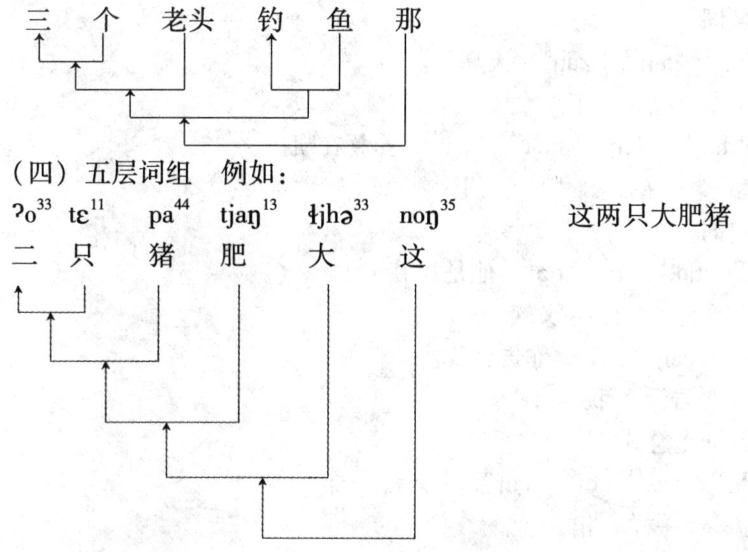

(四) 五层词组 例如:

ʔo³³ tɛ¹¹ pa⁴⁴ tjaŋ¹³ ɬjhə³³ noŋ³⁵ 这两只大肥猪

二 只 猪 肥 大 这

(五) 六层词组 例如:

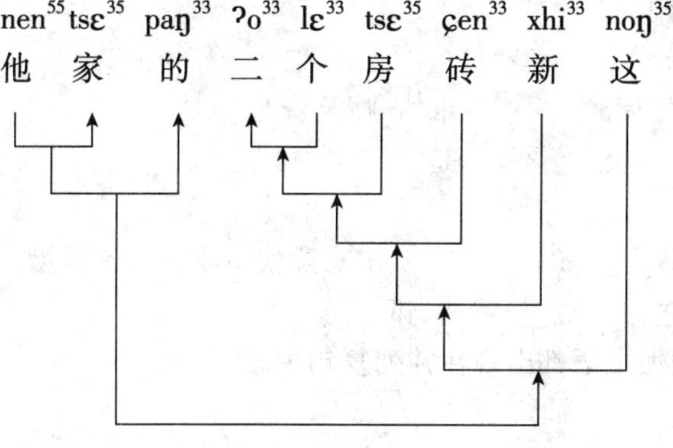

他家的这两栋新砖房

第五节 句子成分

苗瑶语的句子成分有主语、谓语、补语、定语、状语五种,此外还有同位语,插入语。

一、主语(音标下加——表示)

主语是交际时候的话题,它不带前定语时位于句子的最前面。能做主语的有名词、代词、量词的重叠式、动词、形容词和各种词组。

1. 名词

qa^{33}vɛ^{55} faŋ^{55} ʐaŋ^{55}. 天亮了。

天空 亮 了

ɣaŋ^{55}ho^{33} njaŋ^{33} kha^{35} ljen^{55}. 养蒿在凯里。

养蒿 在 凯 里

2. 代词

nen^{55} tjo^{13} tɛ^{11} tjə^{11}. 他是汉族。

他 是 个 汉族

moŋ^{55} ɕaŋ^{13} vi^{11}. 你告诉我。

你 告诉 我

3. 量词重叠式

lɛ^{55}lɛ^{55} tsei^{13} ɕi^{44} taŋ^{31}. 人人都一样。

位位 一样 相 似

n̥hɛ^{33}n̥hɛ^{33} ta^{55} noŋ^{13}. 天天下雨。

天天 来 雨

4. 动词

ken^{55} ʔa^{55} tɕaŋ^{55}, tjə^{53} ʔa^{55} tjo^{13}. 啼笑皆非。

哭 不 成 笑 不 是

5. 形容词

kaŋ^{44}ŋa^{13} qa^{55} naŋ^{55}, ŋi^{11} qa^{55} ʐoŋ^{44}. 勤快得吃，懒惰挨饿。

勤快 就 吃 懒 就 饿

动词和形容词单独做主语都出现在并列复句中。

6. 各种词组。

词组做句子成分，只举一些例子，不穷尽列举。下同。

并列词组

ɬo^{55}vi^{11}ʔoŋ^{44} ɕoŋ^{13} tjo^{13} to^{11} m̥hu^{33} tɕaŋ^{35} ʔɛ^{44} naŋ^{55}.

鼎罐锅瓮 坛子 是 些 器 具 做 吃

锅碗瓢盆是炊具。

vi^{11} tɕaŋ^{33} moŋ^{55} tjo^{13} tɕi^{35}ta^{55}. 我和你是兄弟。

我 和 你 是 兄弟

限制词组

tɛ^{11} ɕi^{35} ɣaŋ^{13} moŋ^{55}? 谁找你?

个 什么 寻 你

lɛ^{33}　moŋ^{55}　sha^{44}　ɬihə^{33}. 那个最大。

个　那　最　大

ʔi^{33}　n̥jhu^{44}　mɛ^{55}　tɕu^{31}　ʔo^{33}　ɬha^{44}. 一年有十二个月。

一　年　有　十　二　月

moŋ^{55}　paŋ^{31}　njaŋ^{35}　haŋ^{35}　tei^{13}? 你的在哪里?

你　的　在　处　哪?

二、谓语（音标下加═表示）

谓语是对话题的表述，位于主语之后。能做谓语的有动词、形容词、名词、方式代词和一些词组。

1. 动词

moŋ^{55}　moŋ^{11}，vi^{11}　sei^{55}　moŋ^{11}. 你去，我也去。

你　去　我　也　去

tja^{11}　ɣoŋ^{55}　tja^{13}　ɕaŋ^{13}　ɣi^{33}. 龙哥是石匠。

哥　龙　是　匠　石

2. 形容词

tɕo^{55}　ta^{55}　xhi^{33}，tɕo^{55}　taŋ^{53}　ka^{11}. 桌子高，凳子矮。

条　桌　高　条　凳　矮

mɛ^{11}　qa^{33}　ka^{13}　noŋ^{35}　ɬjhə^{33}ɬjhə^{33}　ʑaŋ^{55}. 这群小鸭长大了。

群　崽　鸭　这　大大　了

3. 名词

n̥hɛ^{33}　noŋ^{35}　n̥hɛ^{35}tsa^{33}. 今天五号。

天　这　天　五

名词单独做谓语在黔东苗语里似乎只限于时间名词。但是在畲语和瑶语里，普通名词也可以做谓语。例如：

下水村畲语

pa^{22}　hɔ^{33}ne^{31}，nuŋ^{53}　ka^{35}pjha^{53}.

我们　畲族　他　汉族

我们是畲族，他是汉族。

双龙瑶语

dən^{31}　djaŋ^{24}　kuət^{53}. 山上长树了。

山　树　了

min^{31}　m^{24}　min^{31}? 人多不多?

人 不 人

4. 方式代词

çaŋ^{31} noŋ^{35} qa^{55} ʔɛ^{44}nen^{35}. 现在就那样。

时 这 就 那样

nɛ^{55}tɕu^{33} sei^{55} ʔɛ^{44}noŋ^{35}. 别人也这样。

别人 也 这 样

5. 并列词组

tɕo^{55} faŋ^{33} noŋ^{35}shoŋ^{33}ɣaŋ^{55}shoŋ^{33}pi^{11}. 这里崇山峻岭。

条 方 这 陡 岭 陡 山

nen^{55} ɣə^{11}haŋ^{33}ɣə^{11}xhi^{44}. 他越走越快。

他 越 走 越 快

6. 限制词组

vi^{11} ʔa^{55}pu^{33}. 我不知道。

我 不 知

qə^{44} ho^{33} tju^{11}lju^{11}pə^{44}. 雷声隆隆。

公 雷 隆 隆 响

7. 补充词组

nen^{55}to^{11} ta^{55} tɕu^{11} ʐaŋ^{55}. 他们都来了。

他们 来 完 了

pa^{33} ʔu^{35} noŋ^{35} ɕo^{53} ko^{33} ljo^{33}. 这件衣服红艳艳的。

件 衣 这 红 艳 艳

三、补语（音标下加……表示）

补语位于谓语之后，是谓语的补充成分。补语分两大类。

（一）动词后的补语

动后补语与动词谓语的语义关系相当复杂，可以分为如下 11 种。

1. 表示动作行为的对象

tɛ^{11} naŋ^{33} tə^{31} tɛ^{11}qaŋ^{35}. 蛇咬青蛙。

只 蛇 咬 只 蛙

moŋ^{55} to^{35} tə^{44}. 你砍树。

你 吹 树

2. 表示动作行为的结果

n̥jhu^{44} noŋ^{35} pi^{33} thi^{35} tsɛ^{35}. 今年我们盖房子。

年　这　我们 建　房子

nen^{55}　su^{55}　hei^{33}　ha^{33}. 他会编草鞋。

他　会　编　草鞋

3. 表示动作行为的处所、方位。

fa^{11}　so^{35}　moŋ^{11}　tshen^{33}tsen^{55}. 明天到炉山去。

起　早　去　炉山

nen^{55}　tɛ^{11}　njaŋ^{33}　haŋ^{35}　moŋ^{55}. 他还在那里。

他　还　在　处　那

4. 表示动作行为的工具

khu^{33}　nɛ^{55}　lu^{11}　njaŋ^{33}　qa^{33}tju^{55}　tɛ^{44}　n̥hɛ^{33}.

伙　人　老　在　门口　烤　太阳

一伙老人在门口晒太阳。

tɛ^{11}　ɕi^{35}　njaŋ^{33}　fhu^{35}　ɣaŋ^{11}　paŋ^{35}　ɕoŋ^{44}?

个　什么 在　首　寨　射　铳

谁在村子上头打枪?

5. 表示动作行为的主体。

ta^{55}　noŋ^{13}　ʐaŋ^{55}. 下雨了。

来　雨　了

n̥hɛ^{33}　noŋ^{35}　mu^{31}　tɕin^{44}　poŋ^{44}va^{44}. 今天刮大风。

天　这　刮　风　厉害

6. 表示动作行为的根源。

nen^{55}　ko^{13}　tɕu^{35}　ʐaŋ^{55}. 他醉了。

他　倒　酒　了

to^{11}　tɛ^{33}　ɣaŋ^{44}　noŋ^{35}　ʔa^{55}　shi^{33}　sei^{11}. 这些青年不怕冷。

些　孩　嫩　这　不　怕　冷

7. 表示判断、存在的对象。

to^{11}　tə^{44}　noŋ^{35}　tjo^{13}　tə^{44}　maŋ^{55}. 这些树是枫树。

些　树　这　是　树　枫

pi^{33}　faŋ^{33}　mɛ^{55}　tɕo^{55}ʔə^{33}. 我们那里有一条河。

我们 地方　有　条　河

8. 表示动作行为及其对象的数量。

vi^{11} mɛ^{11} ʔo^{33} tɕaŋ^{33}. 我买两斤。

我 买 二 斤

ʔi^{33} n̥hɛ^{33} moŋ^{11} pi^{33} tja^{13}. 一天去三次。

一 天 去 三 次

9. 表示能力和愿望。

nen^{55} su^{55} tsho^{33} ki^{55}. 他会吹芦笙。

他 会 吹 芦笙

vi^{11} ʔə^{35} ɕi^{35} hɛ^{33} taŋ^{31}. 我要盐和糖。

我 要 盐 和 糖

10. 表示动作的状态。

faŋ^{33} vɛ^{55} li^{31} ɬin^{11}ɬin^{11}. 天上一闪一闪的。

方 天 闪 急速状

11. 模拟动作发出的声音。

taŋ^{55}to^{11} ɕi^{44} tha^{44} ho^{11}ho^{11}. 大家闹哄哄。

大家 相 骂 呼呼

（二）形容词后的补语

苗瑶语的形容词后面可以带名词，有的还可以带量词和代词。形容词后的这种体词是什么句子成分，各家的看法不一致，认为是补语、宾语、主语、定语的都有。这种成分在结构特征上与动词后的补语很近，而与由动词、形容词、状词、副词等充当的补语相差很大。其实宾语也是动词的一种补足成分，是补充动词所表意义的不足的，所以我也把它叫做补语，而把动词、形容词后的动词、形容词、状词成分称为后状语。

形后补语与形容词谓语的语义关系可分以下四种：

1. 表示属性的主体。

tɕo^{55} ʔə^{33} noŋ^{35} mɛ^{44} zɛ^{11}. 这条河里鱼多。

条 河 这 多 鱼

pə^{44} ʔɛ^{33} haŋ^{44} qa^{35}. 那里屎臭。

处 那 臭 屎

to^{11} shɛ^{35} noŋ^{35} ɬjhə^{33} lɛ. 这些米粒儿大。

些 米 这 大 个

2. 表示结果的根源。

phaŋ^{33} ʔu^{35} noŋ^{35} va^{44} tjaŋ^{55} ʐaŋ^{55}. 这件衣服油玷污了。

件 衣 这 脏 油 了

ɕaŋ35 ɣo33 noŋ35 ʔi33 ɕi35 va44. 这碗菜太咸。

碗 菜 这 苦 盐 很

qha33 ʔə33 tɕə31 tu13 vi11. 水烧干了锅才破。

干 水 才 破 锅

3. 表示比较的对象（间接补语）和差别的数量（直接补语）。

nen55 ɬjhə33 vi11 ʔo33 n̥jhu44. 他比我大两岁。

他 大 我 二 岁

tɛ11 tə44 noŋ35 xhi33 tɛ11 moŋ55 ʔo33 tsaŋ35.

只 树 这 高 只 那 二 丈

这棵树比那棵高两丈。

4. 表示行为的受体。按说形容词不表示行为。但像汉文名句“春风又绿江南岸”里的“绿”一样，苗瑶语的形容词在句子里往往含有行为的意思。

to11 m̥hu33 ɣu44 qha44. 苗家好客。

些 苗族 好 客

pə35 tɕin33，qha33 moŋ55 paŋ31 tɕu35 moŋ11. 金哥，干杯！

哥 金 干 你 的 酒 去

四、定语（音标下加~~~~表示）

定语是句子中体词中心语的修饰成分。所谓修饰就是把中心语的内容加以限制，使它的外延变小，内涵加深，使听话人容易理解。定语分两种，位于中心语前面的称前定语，位于中心语后面的称后定语。

（一）前定语

能作前定语的有代词、名词和 一些词组。

pi33 faŋ33 ɣu44 tu11. 我们那里柴多。

我们 地方 好 柴

qa33 lɛ11 tsɛ35 tɕhə35 lɛ33 tho53 tjaŋ55.

官 家 泼 个 罐 油

官府里打翻了一个油罐。

moŋ55 moŋ11 tɛ11 ɕi35 tsɛ35？ 你到谁家去？

你 去 个 什么 家

maŋ^{55} paŋ^{31} qə^{33} tɕu^{13} tei^{55} ɣu^{44}. 你们的庄稼真好。

你们 的 庄稼 真 好

nen^{55} tsɛ^{35} ʔu^{44} tjo^{13} ɕaŋ^{33} tsaŋ^{55}. 他弟弟是乡长。

他 家 弟弟 是 乡 长

n̥jhu^{44} noŋ^{35} paŋ^{31} ʔə^{33} noŋ^{13} no^{44} ɕhaŋ^{44} n̥jhu^{44} ʔɛ^{33}.

年 这 的 水 雨 多 过 年 那

今年的雨水比去年多。

各种苗语的前定语只限于领属性的。限制性的都位于中心语之后，但是瑶语、畲语、炯奈语、优诺语等由体词充当的限制性修饰语也是前定语。如下水村畲语的：

vaŋ^{53} tshi^{53} kɔŋ^{35} tuŋ^{55} ne^{31}. 我是广东人。

我 是 广 东 人

ni^{55} naŋ^{22} ke^{35} ʔa^{35} fun^{22}. 这座山不高。

这 个 山 不 高

vaŋ^{53} m^{35} ma^{31} kja^{55} kɔ^{55} tshin^{31}. 我没有路费。

我 不 有 路 头 钱

（二）后定语

各种苗瑶语能做后定语的词语比较多，有名词、量词、数词、指示词、形容词、动词、并列词组、限制词组、补充词组等。

名词

vi^{11} hə^{53} ʔə^{33} tɕin^{11}. 我喝茶水。

我 喝 水 茶

量词

ʔi^{33} lɛ^{55} pɛ^{33} ʔo^{33} lɛ^{33}. 一人给两个。

一 位 送 二 个

数词

moŋ^{55} tɛ^{11} ʔo^{33}, vi^{11} tɛ^{11} pi^{33}. 你第一，我第二。

你 个 二 我 个 三

指示词

tɛ^{11} tɛ^{33} phi^{53} noŋ^{35} ɣu^{44} nju^{55}. 这个姑娘漂亮。

个 孩 女 这 漂亮

形容词

tji^{33} tɛ^{11} pa^{44} tjaŋ^{13} naŋ^{55}. 杀头肥猪吃。

打　只　猪　肥　吃

动词

tɛ11　qaŋ44　noŋ31　moŋ31　qaŋ44.　　抬的自己去抬。

个　抬　自己　去　抬

并列词组

tsa13　noŋ35　tjo13　ɕha53　tɕha33　nji55　tɕha33　tɕin33

首　这　是　歌　刨　银　刨　金

这是一首挖金子银子的歌。

限制词组

vi11　tjo44　ɕha53　ɬo33　toŋ35.　　我唱四季歌。

我　唱　歌　四　季

补充词组

nen55　mɛ11　to44　lɛ33　kaŋ31　sa35　mɛ13.

他　买　到　个　盆　洗　脸

他买了一个洗脸盆。

多数语言只用一个助词连接定语和中心语，如黔东苗语用 paŋ31，湘西苗语用 naŋ44，大坪江瑶语用 ȵei33，布努语用 ʈi42，畲语用 ʔɔŋ33。但是川黔滇苗语用 le33 连接前定语，用 ku13 连接后定语。例如大南山：

tɕo43　le33　qau33　la33　ʂa55　te21.　　蒸的红薯熟了。

蒸　的　薯　红　熟　了

tɬe31　ku13　ko33　tʂi44　mua31　te21.　　热的水没有了。

水　的　热　不　有　了

有人看到苗瑶语既有前定语，又有后定语，就得出结论：苗语的定语可前可后。这是误会。其实苗瑶语的语序是非常固定的，前后定语成分不同，表达的意义也不同，其位置不能互换。

五、状语（音标下加……表示）

状语是动词或形容词谓语的限制成分，也分前状语、后状语两种。

（一）前状语

能做前状语的有副词、形容词、少数状词、方式代词、时间名词和一些词组。

1. 副词

n̥hɛ33　noŋ35　naŋ11naŋ11　qha33　vɛ55.　　今天还是晴天。

天　　这　　仍然　　　干　　天

2. 形容词

mɛ^{55}　qə^{33}　so^{35}　noŋ^{11}　ʔɛ^{44}.　　有活儿快去干。

有　　活儿 早　　去　　干

3. 状词

qə^{44}　ho^{33}　tju^{11} liu^{11}　pə^{44}.　　雷声隆隆。

公　　雷　　隆隆　　　响

4. 方式代词

ɕaŋ^{31}　noŋ^{35}　ʔɛ^{44}tei^{13}　ʔɛ^{44}?　　现在这么办?

时　　这　　怎么　　做

5. 时间名词

时间名词做前状语时，可以位于谓语前面，主语后面，也可提到主语前面。

pi^{33}　fa^{11}　so^{35}　moŋ^{11}　kha^{35}　ɕaŋ^{55}.　　我们明天去赶场。

我们 起　　早　　去　　赶　　场

fa^{11}　so^{35}　pi^{33}　moŋ^{11}　kha^{35}　ɕaŋ^{55}.　　明天我们去赶场。

起　　早　　我们 去　　赶　　场

6. 并列词组

nen^{55}　sha^{33}　lo^{33}　sha^{33}　pi^{11}　ʔɛ^{44}.　　他粗枝大叶地干。

他　　粗　　脚　　粗　　手　　做

7. 限制词组

ʔi^{33}　ten^{44}　naŋ^{55}　pi^{33}　tjə^{11}.　　一顿吃三样。

一　　顿　　吃　　三　　种

8. 介补词组

maŋ^{55}　kaŋ^{11}　haŋ^{35}　tei^{13}　ta^{55}?　　你们从哪里来?

你们　从　　处　　何　　来

在瑶语和川黔滇苗语里，有些前状语和中心语之间有结构助词。例如：

大坪江瑶语有 ȵei^{33}。

nen^{21}　bwo^{33}　jom^{33}　wo^{55}　diaŋ^{24}　die^{24}　maːi^{21}　koːŋ^{52}

他　　们　　在　　那　　树　　下　　有　　讲

maːi^{2}　tɕat^{55}　ȵei^{33}　tswei^{243}　ʔa^{52}　jet^{12}　n̥oːi^{33}.

有　　笑　　的　　坐　　了　　一　　天

他们在那树下有讲有笑地坐了一天。

大南山苗语有 le^{33}。

pe^{43} ʐa^{44} ntou^{44} ntou^{44} le^{33} paŋ^{43} ni^{21}. 我们要多帮助他。
我们 要 多 多 的 帮 他

（二）后状语

后状语表示的意义可分 5 种。

1. 指明动作行为的结果。

lɛ^{33} lji^{55} ʔɛ^{33} kha^{33} tɕaŋ^{55} ʐaŋ^{55}. 那块田耕完了。
个 田 那 耕 成 了

phaŋ^{33} ʔu^{35} noŋ^{35} sho^{44} sha^{33} ŋa^{13} ʐaŋ^{55}.
件 衣 这 洗 干 净 了

这件衣服洗干净了。

2. 指明动作行为的趋向。

n̥hɛ^{33} noŋ^{35} vi^{11} ʔə^{35} moŋ^{11}, fa^{11} so^{35} ta^{35} tjaŋ^{35} lo^{11}.
天 这 我 要 去 起 早 拿 转 来

今天我拿去，明天送回来。

3. 指明动作行为的可能性。

n̥hɛ^{33} noŋ^{35} ʔa^{55} ta^{55} noŋ^{11}, moŋ^{11} to^{44}.
天 这 不 来 雨 去 得

今天不会下雨，可以去。

qei^{13} ɣi^{33} noŋ^{35} pi^{33} qaŋ^{44} ʔa^{55} njaŋ^{13}.
个 石 这 我们 抬 不 起

这块大石我们抬不动。

4. 指明动作行为的性状。

qa^{33} zaŋ^{55} nju^{11} ken^{11} sen^{11}. 青草绿茵茵。
草 绿 茵 茵

tei^{55} ɕhi^{33} pi^{33} to^{11} lu^{11} ɕha^{44} ta^{35} ljin^{33} njoŋ^{55}.
前 时 我们 些 老 困难 极

从前我们的祖先困难极了。

5. 指明动作行为发生的处所。

moŋ^{55} ta^{35} lɛ^{33} shaŋ^{44} tu^{33} tjo^{44} pə^{44} tei^{13}?
你 拿 个 伞 放 于 处 何

你把伞放在哪儿？

上面的例子都是后状语与谓语直接组合，中间没有别的成分。有时候后状语与谓语之间有助词 ki^{35}。这样的后状语往往比较复杂。例如：

lɛ^{33} njə^{11} pə^{44} ki^{35} tɕhaŋ^{44} vɛ^{55} tɕhaŋ^{44} ta^{33}.

个 鼓 响 得 震 天 震 动

鼓声响得惊天动地。

nen^{55} tjə^{53} ki^{35} moŋ^{33} tɕhu^{33}. 他笑得肚子疼。

他 笑 得 疼 肚子

有时候后状语与谓语之间有补语。例如：

vu^{53} paŋ^{55} ɣu^{44} vi^{11} puŋ^{44} va^{44}. 榜奶奶对我很好。

奶 榜 好 我 很

tɛ^{11} qə^{44} lu^{11} noŋ^{35} ɬu^{33} qa^{33} ɕhaŋ^{44} niaŋ^{13} ki^{53} n̥hi^{53}.

个 公 老 这 白 胡 须 森 森

这老头儿胡须白森森的。

在既有后状语又有补语的句子里，多数方言如上所举，是补语在前，后状语在后，但大南山苗语是后状语在补语之前。如：

pe^{43} ʐa^{44} ntshua^{44} taŋ^{21} tʂhau^{44} le^{44} mo^{21}.

我们 要 洗 完 衣 才 去

我们要洗完衣服才去。

大坪江瑶语的补语也一般在后状语之后，但也可以在后状语之前。如：

nen^{21} ɳen^{12} peu^{52} n̥aːŋ^{24} ʔa^{52}. /nen^{21} ɳen^{12} n̥aŋ^{24} peu^{52} ʔa^{52}.

他 吃 饱 饭 了 他 吃 饭 饱 了

他吃饱饭了。

六、同位语

同位语是同一句子成分的复指成分，后者复指前者，对前者补充说明。例如：

pə^{35} tɕin^{33} tɛ^{11} nɛ^{55} ʔɛ^{33} tɕu^{13} tei^{55} ta^{35} xhi^{33}.

哥 金 个 人 那 真 耐心

金哥那个人真耐心。

moŋ^{55} noŋ^{31} moŋ^{11} ɕhi^{35}. 你自己去看。

你 自己 去 看

七、插入语

在句子的外面或中间插入的成分叫插入语。他在结构上与句中的任何成分都没有关系，但在表意方面有提醒或补充作用。例如：

lɛ^{33}　lji^{55}　noŋ^{35}，qə^{35} ʐaŋ^{13}，ɕhu^{33}　pi^{33}　qaŋ^{44}　na^{55}.
个　田　这　估计　收　三　挑　稻
这丘田估计能收三石稻谷。

n̥haŋ^{35}　ho^{44}，pi^{33}　tsɛ^{35}　m̥hu^{33}　kaŋ^{31}　tɕaŋ^{33}　ɕi^{33}　ta^{55}.
听　说　我们　家　苗　从　江　西　来
据说，我们苗族是从江西来的。

第六节　句　型

句型就是句子的类型。句子的成分有多有少，各成分可以处于不同的层次，因此一个语言的具体句子数可以说是无限的。为了了解苗瑶语的句子结构及其表示的意义，我们把具体的句子归纳为一些句型。这些句型未必已经概括所有的句子，但常用的应该都在其中了。

句型分单句、包孕句、复句三类。

一、单句

单句按句子成分的多少又可以分为一些小类。句子的成分，有的是词，有的是词组，词组又有不同的层次，下面列出成分时，不再细分内部的结构层次。另外，虚词是组成句子的黏合剂，不算句子成分。

1. 独词句

独词句往往出现在对话中。例如：

tu^{11}！　火！
ʔə^{11}！　好吧！

2. 主、谓句

ʔa^{33}　vaŋ^{55}　moŋ^{11}！　阿旺去！
阿　旺　去

tsen^{35}　qei^{35}　ɕhaŋ^{35}　ʐaŋ^{55}.　葡萄熟了。
葡　萄　熟　了

3. 谓、补句　例如：

pu^{53} tju^{55}! 开门！
开 门

tsho^{33} tɕin^{44} ʐaŋ^{55}. 刮风了。
吹 风 了

4. 主、谓、补句 例如：

moŋ^{55} moŋ^{11} haŋ^{35} tei^{13}? 你到哪里去？
你 去 处 哪

pa^{35} lu^{11} njaŋ^{33} ku^{31} lo^{55}. 伯父住楼上。
父 老 住 上 楼

5. 主、谓、状句 例如：

tɕhi^{35} tshei^{33} tɕhə^{44} ɣu^{44} ʐaŋ^{55}. 汽车修好了。
汽 车 修 好 了

vi^{11} noŋ^{55} ɕu^{44} ʐaŋ^{55}. 我吃饱了。
我 吃 饱 了

6. 主、定、谓句 例如：

lɛ^{33} ɬha^{44} ta^{55} ʐaŋ^{55}. 月亮出来了。
个 月亮 来 了

tja^{11} ɬjhə^{33} pu^{33}. 大哥知道。
哥 大 知

7. 定、主、谓句 例如：

pi^{33} faŋ^{33} mɛ^{55}. 我们那里有。
我们 地方 有

vi^{11} mɛ^{13} pu^{33}. 我妈妈晓得。
我 妈 知

8. 主、状、谓句 例如：

nen^{55} ʔa^{55} pu^{33}. 他不知道。
他 不 知

qə^{44} ho^{33} tju^{11} lju^{11} pə^{44}. 雷声隆隆响。
雷 公 咚 隆 响

9. 状、谓、补句 例如：

ʔa^{55} ki^{35} mu^{31} ma^{31} tə^{44}. 别乱砍树。
别 乱 砍 树

sε^{11} ɣə ʔε^{44} qə^{33}. 努力干活儿。

努 力 做 工

10. 主、定、谓、补句 例如：

to^{11} tu^{35} ʔε^{33} tjo^{13} nε^{55} no^{44} paŋ^{31}. 那些书是大家的。

些 书 那 是 大家 的

ʔi^{33} n̥jhu^{44} mε^{55} ɬo^{33} toŋ^{35}. 一年有四季。

一 年 有 四 季

11. 定、主、谓、补句 例如：

moŋ^{55} pa^{35} njaŋ^{33} tsε^{35} to^{44}? 你父亲在家吗？

你 父 在 家 吗

tɕin^{33} vaŋ^{55} tsε^{55} mε^{55} tsa^{33} lε^{55} nε^{55}. 金旺家有五口人。

金 旺 家 有 五 位 人

12. 主、谓、补、定句 例如：

ʔa^{33} ɣoŋ^{55} tjo^{13} tε^{11} ɕaŋ^{13} ɣi^{33}. 阿勇是个石匠。

阿 勇 是 个 石 匠

ʔa^{33}nji^{11} ɕhi^{35} tu^{35} qei^{55}ɕi^{35}? 阿妮看什么书？

阿妮 看 书 什么

13. 主、谓、定、补句 例如：

nen^{55} njaŋ^{33} moŋ^{55} tsε^{35}. 他住你家。

他 住 你 家

ŋa^{55}ta^{33} noŋ^{55} taŋ^{55}to^{11}paŋ^{31} qə^{33}la^{33}.

野猪 吃 大家 的 庄稼

野猪吃大家的庄稼。

14. 主、谓、补、状句 例如：

tju^{33}tsε^{35} faŋ^{55} ten^{33} ka^{33}ʔa^{33}. 家里的灯亮堂堂。

里 家 亮 灯 堂堂

nen^{55} ma^{55} ta^{55} taŋ^{13}taŋ^{13}. 他把桌子拍得咚咚响。

他 拍 桌子 咚咚

15. 主、状、谓、补句 例如：

pi^{33} fa^{11}so^{35} tji^{33} na^{55}. 我们明天收水稻。

我们 明天 打 稻

nen^{55}to^{11} ʔa^{55} pu^{33} xhə^{33}tjə^{33}. 他们不懂汉语。

他们 不 知 话 汉

16. 主、定、谓、补、定句 例如：

tɛ^{11} tjo^{33} tɕu^{53} tɛ^{11} tə^{44}. 啄木鸟啄树。

只 啄木鸟啄 棵 树

qa^{33}qaŋ^{33}tsɛ^{55}mɛ^{55}ʔi^{33}tɛ^{11}tə^{44}ɬen^{55}.

下 边 房 有 一 棵 树 桃

屋子下边有一株桃树。

17. 定、主、谓、补、定句 例如：

qa^{33}lɛ^{11} tsɛ^{35} tɕho^{35} lɛ^{33} tho^{53}tiaŋ^{55}.

官吏 家 翻 个 罐 油

官府里打翻了一个油罐。

pi^{33} faŋ^{33} mɛ^{55} tɕo^{55}ʔə^{33}. 我们那里有一条河。

我们 地方 有 条 河

18. 定、主、状、谓、补句 例如：

nen^{55} pa^{35} ʔa moŋ^{11} paŋ^{55} ha^{44}. 他父亲不去旁海。

他 父 不 去 旁 海

ʔa^{33}nji^{11} paŋ^{31} ʔu^{35} kaŋ^{33}pei^{31}tɕin^{33} mɛ^{11} lo^{11}.

阿妮的 衣 服是 从 北京 买 来的。

19. 主、定、谓、补、状句 例如：

tɕo^{55}faŋ^{33} noŋ^{35} ɕu^{13} noŋ^{13} va^{44}.

地方 这 少 雨 很

这个地方缺少雨水。

20. 主、定、状、谓、补句 例如：

xhaŋ^{33}pi^{11} ʔɛ^{33} ʔa^{55}mɛ^{55} ŋa^{55}tɛ^{33}.

对 面 那 不 有 野 猪

对面那个坡上没有野猪。

21. 主、状、状、谓、补句 例如：

pi^{33} n̥hɛ^{33}noŋ^{35} ʔa^{55} tsa^{33} na^{55}. 我们今天不晒稻谷。

我们 天 这 不 晒 稻

时间词做状语时可以放在主语的后面、谓语的前面，也可以移到主语的前面。那样，上面的句型就成了状、主、状、谓、补句。即：

n̥hɛ^{33}noŋ^{35} pi^{33} ʔa^{55} tsa^{33} ma^{55}. 今天我们不晒稻谷。

天　这　　我们　不　　晒　　稻。

22. 双补语句　例如：

vi^{11}　tɕo^{33}　moŋ^{55}　xhə^{33}m̥hu^{33}. 我教你说苗语。

我　　教　　你　　话　　苗

nen^{55}　ɕaŋ^{31}ɕaŋ^{31}　pɛ^{33}　vi^{11}　pi^{55}sei^{55}. 他常常送钱给我。

他　　　常　常　　送　　我　　　钱

一个谓语带两个补语时，前一个是间接补语，又称指人补语；后一个是直接补语，又称指物补语。

二、包孕句

一个大句里的成分如果是一个主谓结构，就称为包孕句。包孕句分以下五种。

1. 主（主谓）谓（主谓）句　例如：

moŋ^{55}　moŋ^{11}　qɛ^{35}　vi^{11}　moŋ^{11}? 你去还是我去？

你　　　去　　还是　我　　去

ʔə^{33}　njə^{11}　vi^{11}　tɕə^{31}　tsu^{13}. 水浑我才逃。

水　　浑　　我　　才　　逃

2. 主（主谓）谓句　例如：

ʔo^{33}　lɛ^{55}　moŋ^{11}　qa^{55}　qo^{44}　ʑaŋ^{55}. 两个人去就够了。

二　　位　　去　　　就　　够　　了

tɛ^{11}　　ɕi^{35}　ʔɛ^{44}　sei^{55}　tjo^{13}. 谁做都行。

个　　　什么 做　　也　　是

3. 主谓（主谓）句　例如：

vi^{11}　ʔa^{55}　pu^{33}　nen^{55}　pi^{44}　qei^{55}　ɕi^{35}?

我　　不　　知　　他　　　名叫 什么

我不知道他叫什么名字？

vi^{11}　n̥haŋ^{55}　ho^{44}　moŋ^{55}　moŋ^{11}　ʑaŋ^{55}. 我听说你去了。

我　　听见　　说　　你　　　去　　　了

4. 兼语句　例如：

taŋ^{55}to^{11}　ɕe^{55}　nen^{55}　taŋ^{33}　tɛ^{35}　pio^{55}.

大家　　　选　　他　　　当　　代　　表

大家选他当代表。

vi^{11}　tjo^{13}xhi^{33}　nen^{55}　kaŋ^{44}ŋa^{13}. 我喜欢他勤快。

我　喜欢　他　勤快

所谓兼语是大句中的补语兼当小句中的主语。如上面两个例句的 nen^{55}。

5. 连谓句　例如：

$pi^{33}moŋ^{11}$　$fhə^{53}$　$zɛ^{11}$. 我们去捕鱼。

我们　去　捕鱼

nen^{55}　$tjə^{53}$　$ki^{53}xhi^{53}$　$m̥ha^{44}$. 他笑嘻嘻地说。

他　笑　嘻嘻　说

连谓句中只有一个主语，为什么把它视为包孕句呢？应该是同一主语出现多次，为了简洁，除第一个外，把其余的都省略了。

在兼语句和连谓句中都有几个谓语，怎样区别二者呢？从表义来看，兼语句中的主语只与一个谓语相关，而连谓句的主语与几个谓语都相关。

上面的兼语句和连谓句都只举了一个兼语、一个连谓。其实在实际交际中，可以出现多层兼语或多个连谓；在同一个大句子中还可以既有兼语又有连谓。

三、复句

由两个以上分句组成的大句子称复句。分句与小句是不同的概念。分句与分句之间，在语音上有明显的停顿，在结构上彼此无从属关系。小句与大句之间无停顿，在结构上小句从属于大句。

复句分联合复句和主从复句两种。

(一) 联合复句　各个分句的地位彼此平等，所表示的意义没有主次之分。它又分4类。

1. 并列复句　各分句表示的意义无制约关系。例如：

$moŋ^{55}$　$tɕha^{33}$　$ɣoŋ^{33}$，vi^{11}　tsa^{13}　$n̥jhu^{33}$。你刨行，我撒种。

你　刨　行　我　撒　种

fhu^{35}　$ɣaŋ^{11}$　$mɛ^{55}$　$tsaŋ^{44}$　li^{55}，$qaŋ^{33}$　$ɣaŋ^{11}mɛ^{55}$　$tɕo^{55}$　$ʔə^{33}$.

首　村　有　坝　田　尾　村　有　条　河

村头有一坝田，村下有一条河。

2. 连续复句　分句表示的事物连续发生。后面的分句里往往有起关联作用的副词。例如：

$moŋ^{55}$　$moŋ^{11}$　$ɣaŋ^{13}$　$tɕa^{13}$　$ʔa^{33}$　$tə^{44}$，　nen^{55}　qa^{55}　$ʑaŋ^{11}$　$moŋ^{55}$　$moŋ^{11}$.

你　去　我　遇　阿　都　他　就　引　你　去

你去找到阿都，他就带你去。

taŋ11 vi11 tu53 tɕaŋ55 ten33，moŋ55 qa55 lo11 haŋ35 noŋ35 ɕhi35 tu35.
等 我 点 成 灯 你 就 来 处 这 看 书

等我点亮了灯，你就到这里来看书。

3. 递进复句 分句表示的意义，后者比前者强，后面的分句里往往有起关联作用的副词。例如：

ʔa33 taŋ33 su55 hei33 vaŋ33，tɛ11 su55 hei33 mo13 ʐu55 hɛ33.
阿 当 会 编 簸箕 还 会 编 帽 油 哩

阿当不仅会编簸箕，还会编油纸笋笠。

ɕaŋ31 noŋ35 pi55 ki35 ten55 ɣu44，ɕu53n̥hɛ33 tɛ11 ɣu44 ɕhaŋ44 ɕaŋ31
时 这 比 路 前 好 将来 还 好 过 时
noŋ35 moŋ11.
这 去

现在比过去好，将来比现在会更好。

4. 选择复句 各分句所说的事情只能选择其中一种，后一分句里往往有关联副词。例如：

lɛ33 tsɛ35 moŋ35 tjo13 n̥jhu44 ʔɛ33 tjhi35 tɕaŋ55，qɛ35 tjo13
个 房 这 是 年 那 建 成 还 是
n̥jhu44 noŋ35 tjhi35 tɕaŋ55？
年 这 建 成

这房子是去年盖的，还是今年盖的？

tjo35 la13 moŋ55 tɕin11 ʐen33 xhi35，qɛ35 tɕin11 ʐen33 qa35 laŋ11？
块 地 那 栽 烟 烤 还 是 栽 烟 叶

那块地是栽烤烟，还是栽叶子烟？

（二）主从复句

各分句表达的意义有主有从，表达主要意义的分句称主句，表达从属意义的分句称从句。一般是从句在前，主句在后，主从复句分4类。

1. 假设复句 从句假设出现或存在某种情况，主句则说明在假设情况下的结果。从句前面往往有表示假设义的连词。例如：

haŋ35 ʔa55 ta55 noŋ13，pi33 qa55 qaŋ44 ʔa33 thaŋ44.
如果 不 来 雨 我们 就 挑 水 浇

如果不下雨，我们就挑水去浇。

ɬa33 m̥haŋ44 noŋ35 ʔa55 khɛ33 huei35， pi33 qɛ55 moŋ11 ɕhi35tje35 ʐin55.

如果晚上 这 不 开 会 我们就 去 看 电 影

如果今晚不开会，我们就去看电影。

2. 条件复句 从句提出条件，主句说明在这种条件下的结果。这种复句中往往在分句里有起关联作用的副词，其中主句最常见。如：

tsɛ^{35} lɛ^{33} po^{53} ʔɛ^{44}tei^{13} xhi^{33}，pi^{33} sei^{55} noŋ^{44} tɕi^{44} moŋ^{11} vɛ^{55}

任 个 山 如何 高 我们也 要 爬 去 上

不管山有多高，我们也要爬上去。

moŋ^{55} ta^{55} haŋ^{35} noŋ^{35}，vi^{11} haŋ^{33} ɕaŋ^{13} moŋ^{55}.

你 来 处 这 我 再 告诉 你

你到这里来，我再告诉你。

3. 因果复句 从句提出原因，主句说出结果。从句和主句里也往往有起关联作用的连词和副词。例如：

paŋ^{13} nen^{55} ɣu^{44} ɕhu^{44}，taŋ^{55}to^{11} tɕə^{31} xhu^{53} nen^{55} ʔɛ^{44} tɛ^{35} pio^{55}.

因为 他 好 心 大家 才 选 他 做 代 表

因为他心好，大家才选他当代表。

njoŋ^{11} noŋ^{35} za^{31} va^{44}，so^{55} ʐi^{55} vi^{11} ʔa^{44} mɛ^{55} qhoŋ^{44} moŋ^{11} ɕhi^{35} nen^{55}.

段这忙很所以我不有空去看他

这一段时间很忙，所以我没有空去看他。

4. 转折复句 从句说出一个意思，主句拐个弯说出相反的意思。从句里往往有表示转折的连词 noŋ^{31}位于重叠的语谓之间。例如：

phaŋ^{44} ʔu^{35} noŋ ɣu^{44} noŋ^{31} ɣu^{44}，ta^{35} nen^{53} ʐaŋ^{55}.

件 衣 这 好 虽 好，长 点 了

这件衣好是好，就是长了点儿。

lɛ^{33} vɛ^{55} ki^{11} noŋ^{31} ki^{11}，pi^{33} ʔa^{55} ɕhi^{33}.

个 天 旱 虽 旱 我们 不 怕

天虽然旱，我们不怕。

我们看到，在复句里，特别是主从复句里，连词和副词的粘联作用是很重要的。

第五章　方　言

在绪论部分，我把苗瑶语族划分为十一个语言，说明了各个语言的分布、使用人口、下属的方言，但是没有讲各方言的具体内容。在这一章内，我将在每一方言内取一个居民点的话做代表来说明它的语音系统和词汇语法特征。

第一节　罗泊河苗语东部方言

以贵州凯里石板寨话为代表。说这种话的苗族自称 qo^{05}mjo^{31}，汉族称他们为“西家”。qo^{05}是前缀，mjo^{31}是词根，这是苗族许多自称中读音最接近汉语音的自称。说这个方言的还有马家屯、老君寨、大小泡木等地，人口 1941 人（1983）。语料是 1983 年罗道钦提供给我的，那年他 56 岁。

一、声母

声母表

p	ph	v	mp	mph	mb	ˀm	m	ˀw	f	w
pz	phz	vz	mpz		mbz					
pj	pjh	vj	mpj	mpjh	mbj		mj			
pl	phl	vl	mpl	mphl	mbl					
ts	tsh		nts	mtsh	ndz					
t	th	z	nt	nth	nd	ˀn	n	ˀl	ɬ	l
tɕ	tɕh	ʑ	ȵtɕ	ȵtɕh	ȵdʑ	ˀȵ	ȵ	ˀʑ	ɕ	
ʈ	ʈh	ʐ	ɳʈ	ɳʈh	ɳɖ		ɳ		ʂ	
k	kh	ɥ	ŋk	ŋkh	ŋg		ŋ	ˀɥ		
q	qh	ʁ	ŋq	ŋqh	ŋɢ				χ	
qw	qwh	ʁw	ŋqw		ŋɢ w				χw	
ql	qhl	ʁl	ŋql		ŋɢ l					
qɹ	qhɹ	ʁɹ								

ʔ

声母说明

1. mp 列声母和 mph 列声母的鼻音后面有一短暂的停顿，声母表没有标明，mb 列声母鼻音后没有停顿，其后的塞音是清音，标作浊音。

2. mp 列声母和 mph 列声母位于语流的起始音节时，鼻冠音往往省略，例如 ntəu^{55} “伐” 读作［təu^{55}］，ŋqhei^{33} “渴” 读作［qhei^{33}］；但它们前面紧接无鼻尾的音节时，鼻冠音移前做它的鼻尾，其调音部位因前面的元音而异，在前高元音后为 n，在后低元音后为 ŋ，例如 tə^{33}mpjhe^{33} “女儿” 读作［tən^{33}pjhe^{33}］，mo^{31}ntsha^{24} “不洗” 读作［muŋ^{31}tsha^{24}］。

3. 声母 pz、mpz、mbz 里的 z 也可以读作［ts］，例如 pzɿ^{31} “三”，也可以读作［ptsɿ^{31}］，mpzɿ^{55} “抿” 也可以读作［m-ptsɿ^{55}］，mbzɿ^{31} “拍” 也可以读作［mptsɿ^{31}］。声母 phz 里的 z 也读［ts］，而且送气成分在［ts］上，例如 phzɿ^{55} “烧” 读作［ptshɿ^{55}］。

4. f 和 ç 只出现在汉语借词中。

5. 声母 t、th、ʔl、ɬ、l 与韵母 y 拼时腭化为 tj、tjh、ʔlj、ɬj、lj。例如 ʔly^{31} “倒”（水）读作［ʔljy^{31}］。

声母例字（复合词只取词根，省略词缀，故称字，下同）

p	puŋ^{55}	射	ph	pha^{24}	劈
v	va^{24}	抱	mp	mpa^{55}	补
mph	mphe^{24}	缺	mb	mbu^{24}	蒙
ʔm	ʔmuŋ^{31}	病	m	ma^{55}	买
ʔw	ʔwen^{31}	簸箕	f	faŋ^{33}	方
w	wa^{55}	瓦	pz	pzɿ^{31}	三
phz	phzɿ^{55}	烧	vz	vzaŋ^{31}	齐
mpz	mpzɿ^{55}	抿	mbz	mbzɿ^{31}	拍
pj	pja^{31}	五	pjh	pjhɛ^{31}	吹
vj	vjɛ^{55}	老鼠	mpj	mpjɛ^{31}	青
mpjh	mpjhe^{33}	女儿	mbj	mbja^{33}	辣
mj	mja^{24}	软	pl	pləu^{31}	四
phl	phləu^{33}	揭	vl	vlaŋ^{31}	手掌
mpl	mple^{24}	蝴蝶	mphl	mphlen^{31}	戒指
mbl	mble^{33}	舌	ts	tsy^{55}	祖宗
tsh	tsho^{33}	堵	nts	ntsa^{24}	借

ntsh	ntshie^{24}	怕	ndz	ndza^{55}	瘦
s	sa^{31}	搓	t	te^{31}	答
th	tha^{24}	脱（皮）	z	zuŋ^{24}	七
nt	ntuŋ^{24}	戴	nth	ntha^{55}	解开
nd	ndəu^{24}	走	ʔn	ʔnen^{33}	压
n	nuŋ^{31}	吃	ʔl	ʔlaŋ^{31}	个
ɬ	ɬe^{33}	杀	l	laŋ^{24}	看
tɕ	tɕe^{24}	认识	tɕh	tɕhi^{31}	扫
ʑ	ʑa^{33}	八	ȵtɕ	ȵtɕi^{24}	爬（山）
ȵtɕh	ȵtɕha^{55}	泼（水）	ȵdʑ	ȵdʑu^{31}	嘴
ʔȵ	ʔȵaŋ^{55}	要	ȵ	ȵin^{24}	偷
ʔʑ	ʔʑo^{24}	小	ɕ	ɕo^{31}	学
ʈ	ʈo^{24}	六	ʈh	ʈhu^{24}	拔（草）
ʐ	ʐo^{33}	慌	ɳʈ	ɳʈu^{31}	打
ɳʈh	ɳʈhuŋ^{31}	裹腿	ɳɖ	ɳɖa^{55}	鼓
ɳ	ɳo^{31}	种子	ʂ	ʂei^{31}	筛子
k	ku^{55}	抬	kh	kho^{33}	捡
ɥ	ɥi^{24}	梳子	ŋk	ŋku^{31}	姑娘
ŋkh	ŋkho^{33}	弯	ŋg	ŋgo^{33}	双
ŋ	ŋa^{24}	强	ʔɥ	ʔɥu^{55}	守
q	qɛ^{24}	骂	qh	qhei^{31}	捆
ʁ	ʁ^{24}	醉	ŋq	ŋqa^{24}	价钱
ŋqh	ŋqhen^{24}	烤	ŋɢ	ŋɢa^{55}	下
χ	χe^{33}	抢	qw	qwa^{24}	过
qwh	qwhen^{55}	盘	ʁw	ʁwen^{31}	挂
ŋqw	ŋqwaŋ^{24}	光	ŋɢw	ŋɢwaŋ^{31}	天空
χw	χwa^{33}	女阴	ql	qla^{31}	骗
qhl	qhlei^{31}	解（衣扣）	ʁl	ʁlei^{31}	桃
ŋql	ŋqlaŋ^{31}	睡觉	ŋɢl	ŋɢla^{24}	（衣）破
qɹ	qɹɛ^{33}	割	qhɹ	qhɹa^{55}	姜
ʁɹ	ʁɹɛ^{55}	头旋儿	ʔ	ʔuŋ^{31}	水

二、韵母

韵母表

i　e　ə　ɛ　a　o　u　y　ʅ

ie　ei　*ai　əu　*au　in　en　*ɛn　aŋ　uŋ

*ɚ　*iəu　*iau　*iaŋ　*uei　*uɛ　*ua　*uaŋ

韵母说明

1. 拼固有词的韵母少，只有 16 个。带 * 号的韵母只出现在现代汉语借词中。

2. 在固有词中，韵母 i 位于辅音 z 后时，可以读［ʅ］，也可以读［i］。例如“猪”可以读做［mpzʅ^{24}］，也可以读做［mpzi^{24}］。

3. ə 只出现于轻声音节和借词中。例如 tə^{02}ku^{24}“爪子”，ʂuei^{55}tshə^{33}“水车”。

4. n 和 ŋ 都可以做声母和韵尾。做韵尾时，n 只出现在前高元音后，ŋ 只出现在后低元音后。

韵母例词（韵母中专拼借词的较多，而且主要是多音节的，故称词，下同）

i	ti^{33}	夹	e	ɳʈe^{24}	皴
ə	ʂuei^{55}tshə^{33}	水车	ɛ	qɛ^{24}	骂
a	na^{55}	弩	o	ko^{24}	锯
u	mpu^{24}	沸	y	tsy^{55}	祖宗
ʅ	tsʅ^{24}	治（病）	ie	tshie^{24}	败
ei	pei^{55}	家	ai	ŋai^{24}	爱
əu	ntəu^{55}	伐	au	tshau^{33}	操
in	ȵdʑin^{31}	蓝靛	en	ntshen^{55}	血
ɛn	ʔlɛn^{31}	红			
aŋ	vzaŋ^{31}	平	uŋ	puŋ^{55}	射
ɚ	tsə^{31}ɚ^{55}ken^{33}	摘耳根	iəu	ʑaŋ^{31}liəu^{55}	杨柳
iau	mjen^{24}thiau^{31}	面条	iaŋ	liaŋ^{31}	梁
uei	kuei^{24}χwa^{33}	桂花	uɛ	kuɛ^{24}	怪
ua	sua^{31}tsʅ^{55}	刷子	uaŋ	tshuaŋ^{33}χu^{33}	窗户

三、声调

声调表

调值	31	55	24	33
调类	平声	上声	去声	入声

声调说明

1. 一些词缀和虚词读轻声，调值短，无升降，标做 02、05。例如：$qo^{05}ven^{31}$ “花”，$ʔa^{02}pa^{55}mo^{02}$ “父亲的”。02、05 未列入声调表。

2. 现代汉语借词，阴平字读 33 调，阳平字读 31 调，上声字读读 55 调，去声字读 24 调。例如：$tshau^{33}$ “抄”，nen^{31} “能”，$khua^{55}$ “垮”，$pjɛ^{24}$ “变”。

3. 连续变调

（1）24 +24 >31 +24

$zaŋ^{24}$ “匠” $ɬo^{24}$ “铁” > ［$zaŋ^{31}ɬo^{24}$］“铁匠”

（2）05 +24 >02 +24

$qo^{05}no^{24}$ “鸟” > ［$qo^{02}no^{24}$］“鸟”

（3）02 +24 >02 +55

$ʔa^{02}mbju^{24}$ “鼻子” > ［$ʔa^{02}mpju^{55}$］“鼻子”

声调例字

	古全清	古次清	古浊音
平声 31	qo^{31}钩	qho^{31}剜	vu^{31}女人
上声 55	$tço^{55}$酒	so^{55}站	vu^{55}刺
去声 24	$ʈo^{24}$六	$ɬo^{24}$铁	vu^{24}手镯
入声 33	$ȵtço^{33}$啄	kho^{33}检	vu^{33}见

据我所知，现在的声调还保持古平、上、去、入四声系统，没有分化；声母还保持着古全清、次清、浊音三大类系统，没有合并的，在苗瑶语族内，西家苗语是唯一的。也可以说，在汉藏语系内，也是唯一的。

四、前缀

前缀出现在名词和形容词两类词中，其中名词里有 $pə^{05}$、$tə^{02}$、qo^{05}、$ʔa^{02}$4 个，形容词里只有 $tə^{02}$1 个。前缀的特点有 3。

1. 读音简单弱化。声母都是不送气清塞音。韵母都是单元音，其舌位往往趋同于词根的主要元音。声调短，无升降，其高低随后字调值的起点而异，起点高则高，起点低就低。

2. 意义空泛。概括不出某个词缀构成的词，它所表示的意义属于何种范畴（如生物、非生物、亲属、褒义、贬义）。

3. 分布面广。在所收集的1553个名词、形容词语中有891个有前缀，因此石板寨话的名词、形容词单说时单音节的很少，这在苗瑶里是绝无仅有的。但是各个前缀出现的频率相差很大，其中qo^{05}最高，有348个；ʔa^{02}其次，296个；tə^{02}第三，231个；pə^{05}最少，只有16个。

五、词汇特点

词汇中有三小类值得说一说。

1. 混合词。有些词在汉语里没有前缀，借入时给它加上一个本族语前缀。有些词在汉语里有构词后缀，借入时去掉这个后缀，却加上一个本族语前缀。于是产生了许多混合词。如：

qo^{05}me^{31} 墨　　ʔa^{02}tshaŋ^{55} 铲子
qo^{05}pi^{31} 笔　　ʔa^{02}thi^{31} 梯子
tə^{02}ʔɥɛ^{31} 圆　　qo^{03}tɕo^{33} 轿子
ʔa^{02}tshuŋ^{24} 秤

2. 叠音词

固有词中叠音词很少，汉语借词中却相当多，有的是带词缀的词改成了叠音词。例如：

pa^{31}pa^{31} 八哥　　tsa^{33}tsa^{33} 垃圾
ɕaŋ^{33}ɕaŋ^{33} 箱子　　pei^{33}pei^{33} 杯子
phuŋ^{31}phuŋ^{31} 棚子　　tɕa^{24}tɕa^{24} 架子

3. 月份名称

月份的名称，其他苗瑶语在“月”前或“月”后加数词表示，石板寨话却在“月”后加生肖表示，但删去前缀。以“马月”为岁首，而不是“鼠月”。

ɬa^{24}ma^{55} 马月（正月）　　ɬa^{24}ʐuŋ^{31} 羊月（二月）
ɬa^{24}tɕa^{31} 猴月（三月）　　ɬa^{24}qɛ^{31} 鸡月（四月）
ɬa^{24}qlei^{55} 犬月（五月）　　ɬa^{24}mpzi^{24} 猪月（六月）
ɬa^{24}nen^{55} 鼠月（七月）　　ɬa^{24}ʐu^{55} 牛月（八月）
ɬa^{24}tsəu^{55} 虎月（九月）　　ɬa^{24}ʔla^{55} 兔月（十月）
ɬa^{24}ɥuŋ^{31} 龙月（冬月）　　ɬa^{24}ʔnen^{31} 蛇月（腊月）

六、词重叠

词重叠和叠音词是两个不同的概念。叠音词是两个相同的单音节语素构成的词，一个音节不能单说。词重叠是单音节词在语流中可重叠使用，而重叠时的意义与单用时的不同。石板寨话可以重叠的词有三类。

1. 量词

量词都是单音节的，重叠后表示“周遍”。例如：

ʔlaŋ^{31}　个　ʔlaŋ^{31}ʔlaŋ^{31}　每个

na^{31}　天　na^{31}na^{31}　每天

jo^{33}　条　jo^{33}jo^{33}　每条

2. 动词

动词重叠表示“尝试”或“随意”，有时候可以中间加数词“一”。例如：

laŋ^{24}　看　laŋ^{24}laŋ^{24}　看看

ndəu^{24}　走　ndəu^{24}ndəu^{24}　散步

ʔɲ̥uŋ^{31}　坐　ʔɲ̥uŋ^{31}ʔi^{55}ʔɲ̥uŋ^{31}　坐一坐

3. 形容词

形容词重叠表示程度加深。有前缀的重叠时去掉前缀，后面加助词“的”。例如：

tə^{02}ɬəu^{31}　大　ɬəu^{31}ɬəu^{31}mo^{31}　大大的

tə^{02}qlaŋ^{31}　黑　qlaŋ^{33}qlaŋ^{33}mo^{31}　黑黑的

ɲ̥uŋ^{55}　重　ɲ̥uŋ^{55}ɲ̥uŋ^{55}mo^{31}　重重的

第二节　罗泊河苗语西部方言

以贵州开阳高寨话为代表。说这种话的人自称 ʔə^{05}m̥ø^{31}，汉族称花苗，人口 5 万多，分布于开阳、福泉、龙里、贵定、瓮安等县。境内有一条罗泊河，所以我称这种语言为罗泊河苗语。语料是 2000 年蓝福刚提供给我和田口善久的。那年他 43 岁。

一、声母

声母表

p　ph　v　mp　mph　mb　ʔm　m̥　m　ʔw　f　w

pj		vj	mpj	mpjh	mbj						
pl	phl	vl	mpl	mphl	mbl						
ts	tsh	z	nts	ntsh	ndz					s	
t	th	ð	nt	nth	nd	ʔn	n̥	n	ʔl	ɬ	l
ʈ	ʈh	ʐ	nʈ	nʈh	nɖ						
tɕ	tɕh	ʑ	ȵtɕ	ȵtɕh	ȵdʑ	ʔȵ	ȵ̊	ȵ	ʔʑ	ɕ	
k	kh	ɥ	ŋk	ŋkh	ŋg			ŋ	ʔɥ	ɥ̊	
q	qh	ʁ	ŋq	ŋqh	ŋG					χ	
qw	qwh	ʁw			ŋGw					χw	
ql	qhl	ʁl			ŋGl						
ʔ											

声母说明

1. 可能还有声母 pjh、ŋqw、ŋqwh、ŋql、ŋqhl。我收集的语料有限，故缺。

2. mp 列声母和 mph 列声母位于语流之首时，鼻冠音往往不出现；位于语流之中时，鼻冠音出现，但是它与塞音之间有一短暂的停顿。当前一音节无韵尾时，鼻冠音变成前音节的韵尾，而且调音部位随元音的舌位而异，在前高元音后为-n，在后低元音后为-ŋ。

3. mb 列声母中的塞音或塞擦音，有的读作浊音，有的读作清音，与鼻冠音之间无停顿。例如：ŋqwaŋ^{31} “天空” 实际读作［ɴɢwaŋ^{31}］；ŋkoŋ^{31} “船” 实际读作［ŋkoŋ^{31}］。一律标作浊音。

4. 声母 pj 也可以读作 ts。例如［pje^{55}/tse^{55}］“果子”；但声母 ts 不能读作 pj，例如［tsoŋ^{35}］“释放”。所以分别标作 pj 和 ts。

5. f 只在现代汉语借词里出现。

声母例字

p	pi^{55}	房子	ph	phɑ^{35}	劈
v	ven^{31}	花	mp	mpi^{35}	猪
mph	mphoŋ^{31}	灰色	mb	mby^{35}	鼻
ʔm	ʔmin^{31}	用	m̥	m̥ø^{31}	苗族
m	mu^{55}	去			
ʔw	ʔwe^{31}	鸡冠	f	fu^{31}	壶
w	wen^{31}	黄	pj	pje^{55}	果子
vj	vjoŋ^{31}	平	mpj	mpji^{31}	泻

mpjh	mpjhe^{31}	女儿	mbj	mbjoŋ^{31}	疯
pl	pləu^{31}	毛	phl	phlɑu^{31}	揭
vl	vlo^{31}	魂	mpl	mpla^{35}	溢
mphl	mphlæ^{31}	戒指	mbl	mbloŋ^{31}	叶
ts	tsoŋ^{35}	释放	tsh	tshu^{55}	灰
z	zu^{35}	凿	nts	ntse^{31}	尖儿
ntsh	ntshe^{31}	清	ndz	ndsaŋ^{55}	剁
s	su^{55}	线	t	to^{31}	点
th	the^{31}	梯	ð	ðo^{55}	火
nt	ntu^{31}	布	nth	nthɑ^{35}	跑
nd	ndɑ^{35}	麻	ʔn	ʔnen^{31}	蛇
n̥	n̥ɑ^{31}	太阳	n	no^{35}	雨
ʔl	ʔlu^{55}	折断	ɬ	ɬi^{35}	绳子
l	la^{31}	泥	ʈ	ʈu^{55}	烧火
ʈh	ʈhoŋ^{31}	铳	ʐ	ʐoŋ^{31}	门
nʈ	nʈu^{31}	打	nʈh	nʈhoŋ^{31}	裹腿
nɖ	nɖu^{55}	浑	tɕ	tɕi^{55}	路
tɕh	tɕhoŋ^{31}	穿（针）	ʑ	ʑo^{55}	黄牛
ȵtɕ	ȵtɕo^{31}	啄	ȵtɕh	ȵtɕhɑ^{55}	倾倒
ȵdʑ	ȵdʑo^{31}	嘴	ʔȵ	ʔȵoŋ^{31}	坐
ȵ̥	ȵ̥o^{31}	竹子	ȵ	ȵɑ^{35}	饭
ʔʑ	ʔʑin^{35}	飞	ɕ	ɕɑ^{55}	多
k	kaŋ^{31}	烫	kh	kho^{31}	捡
ɥ	ɥi^{55}	窝	ŋk	ŋkɑ^{55}	粑粑
ŋkh	ŋkho^{31}	扬尘	ŋg	ŋgoŋ^{31}	船
ŋ	ŋɑ^{31}	苦	ʔɥ	ʔɥen^{35}	好
ɥ̊	ɥ̊i^{55}	吹（口哨）	q	qɑ^{55}	屎
qh	qhoŋ^{55}	洞	ʁ	ʁɑ^{31}	蒜
ŋq	ŋqɑ^{35}	价	ŋqh	ŋqhen^{31}	渴
ŋG	ŋGɑ^{55}	下	χ	χu^{55}	头
qw	qwaŋ^{31}	富	qwh	qwhaŋ^{31}	宽
ʁw	ʁwaŋ^{31}	芦笙	ŋGw	ŋGwaŋ^{31}	天空
χw	χwen^{31}	瓜子	ql	qlo^{31}	白

qhl	$qhle^{31}$	脱（衣）	ʁl	$ʁlei^{31}$	桃
ŋGl	$ŋGloŋ^{31}$	竹竿	ʔ	$ʔoŋ^{31}$	水

二、韵母

韵母表

i	e	æ	a	ɑ	o	u	y	ø
ə	ei	əu	ɑu	in	en	ɑŋ	oŋ	ɿ
*ie	*iəu	*iau	*iẽ	*iaŋ	*ua	*ui	*uã	*ɚ

韵母说明

1. 带 * 号的韵母只出现在现代汉语借词中。
2. ə 只出现在词缀和虚词中。
3. a 和 ɑ 对立区别意义。例如：pha^{35} "盖"，$phɑ^{35}$ "劈"。

i	$tɕi^{55}$	路	e	$ʔɥe^{31}$	石头
æ	$qæ^{35}$	骂	a	mpa^{31}	绿
ɑ	$ȵɑ^{35}$	饭	o	no^{35}	鸟
u	su^{55}	筋	y	$ʔɥy^{31}$	菜
ø	$pø^{31}$	暗	ə	$tə^{02}ȵin^{31}$	水牛
ei	$qlei^{55}$	皱纹	əu	$pləu^{31}$	毛
ɑu	$ʔjɑu^{35}$	小	in	$tɕin^{31}$	虫
en	$m̥en^{55}$	牙	ɑŋ	$kɑŋ^{55}$	我
oŋ	$moŋ^{31}$	你	ɿ	$Sɿ^{31}$	互相
ie	$thie^{31}$	贴	iəu	$sɿ^{31}liəu^{55}$	石榴
iau	$phiau^{31}$	瓢	iẽ	$piẽ^{35}se^{31}$	变色
iɑŋ	$liɑŋ^{31}$	梁	ua	zua^{31}	揉
ui	$tsui^{55}tsɿ^{55}$	锥子	uã	$tsuã^{55}$	砖
ɚ	$pa^{31}pa^{31}ɚ^{55}$	八哥			

三、声调

声调表

调值	31	55	35
调类	平声、入声	上声	去声

声调说明

1. 只有三个声调，这是苗瑶语里声调最少的方言。

2. 除三个单读调外，在词缀和虚词里还有 02、05 两个轻读调，在连续语流中还有一个变调 13。

3. 现代汉语借词，阳平读 31 调，阴平和上声读 55，去声读 35。

4. 连续变调

35 + 35 > 31 + 13

zɑŋ^{35} “匠” ntoŋ^{35} “木” > zɑŋ^{31}ntoŋ^{13} “木匠”

55 + 35 > 31 + 35

ʐa^{55} “枝” ntoŋ^{35} “树” > ʐa^{31}ntoŋ^{35} “树枝”

02 + 35 > 02 + 13

ʔa^{02} “前缀” ɬɑ^{35} “月” > ʔa^{02}ɬɑ^{13} “月亮”

声调例字

		古全清	古次清	古浊音
31	平声	qo^{31}钩	n̥o^{31}种子	vu^{31}女人
	入声	ntɕo^{31}啄	ŋkho^{31}扬尘	ðu 咬
55	上声	tɕo^{55}酒	so^{55}站	mu^{55}去
35	去声	ʈo^{35}六	ɬo^{35}铁	vu^{35}手镯

四、词缀

高寨苗语的名词、形容词、量词都有构词前缀，其中名词有 pə^{05}、tə^{02}、qo^{05}、ʔə^{02}4 个。它们的出现频率相差很大；pə^{05}很少；qo^{05}多一点；tə^{02}比较多；ʔə^{02}最多，比 pə^{05}、tə^{02}、qo^{05}的和还多。

词缀都轻读，因此元音随其后词根元音的舌位而异，词根元音为前高元音时往往读 ə，舌位为后低元音时，往往读 ɑ 或 o。调值也不稳定，词根为升调时，往往读较低的 02，为降调时，往往读较高的 05。

有时候，因为轻读，前缀的元音完全脱落，剩下的声母与词根的声母组成复辅音。例如：qo^{02}lo^{35}mpo^{31} “老虎” 读作［qlo^{35}mpo^{31}］。这时候就看不出前缀了。

因为词缀的意义很虚，词根前面的词缀有时可以斛换，意义不变。例如：

tɑ^{02}/ʔɑ^{02}mɑ^{35} “脸”　　　qo^{05}/ʔa^{02}ʔȵin “嫂子”

带前缀的名词还可以再带另一个前缀，这是高寨话的一大特点。例如：

qo^{05}tso^{31} “灶” ——ʔɑ^{02}qo^{05}tso^{31} “灶”

qo^{05}tsho^{31} “锄头” ——ʔɑ^{02}qo^{05}tsho^{31} “锄头”

形容词的前缀跟石板寨一样，也有一个 tə^{02}，但是出现频率小得多。例如：

石板寨	高寨	汉义
tə^{02}lo^{55}	tə^{02}lo^{55}	老
tə^{02}mja^{24}	tə^{02}m̥a^{35}	老
tə^{02}ɬəu^{31}	ɬu^{31}	大
tə^{02}ʔʐo^{24}	ʔʐɑu^{35}	小

一些量词也有前缀 ʔə^{05}。如 ʔə^{05} ðaŋ^{55} “一个”，ʔə^{05} ʁlei^{31} “一庹”，ʔə^{05}ndzaŋ^{31} “一层”。它位于语流之前时出现，位于语流之中时省去。例如：

ʔə^{05}nen^{31}mɑ^{31}ʁo^{31}ʔu^{31}ɬɑ^{35}。一年有十二个月。

mɑ^{31}ðaŋ^{55}nʈɑ^{35}tu^{55}nte^{35}ŋɢɑ^{55}lu^{55}lo^{02}。有个断尾巴跳下来了。

ʔə^{05}有“一”的意义，它是不是从数词 ʔi^{35} “一” 虚化而来，待考。

五、特殊词语

特殊词语有三种。

1. 东部方言用不同的词表示不同的事物，本方言用同一个词表示。例如：

石板寨	高寨	汉义
qo^{05}tɕin^{31}	ʔə^{05}ȵin^{31}	金
qo^{05}ȵin^{31}	ʔə^{05}ȵin^{31}	银

2. 东部方言用同一个词表示不同事物，本方言用不同的词表示。例如：

石板寨	高寨	汉义
tə^{02}mpjhe^{33}	tə^{02}mpjhe^{55}	姑娘
tə^{02}mpjhe^{33}	ʔɑ^{02}tɑŋ^{31}mpjhe^{55}	女儿

3. 姓氏用同音借译混合词表示。这种词由两部分构成，其中心部分是固有的，而修饰部分译自汉语，但不是音译，而是用另一个汉语的同音异义字意译。例如：

ʔɑ^{02}tɕɑ^{31}pi^{55}　　侯家（tɕɑ^{31}是猴，汉语侯、猴同音）

ʔɑ^{02}ŋku^{55}pi^{55}　　张家（ŋku^{55}是獐，汉语张、獐同音）

ɒɑ^{02}ŋkɑŋ^{55}pi^{55}　　蓝家（ŋkɑŋ^{55}是懒，汉语蓝、懒音近）

六、语序

苗瑶语的语序是很稳定的，同一个意思不能用不同的语序表示，但是高寨的部分修饰结构中，其修饰成分可以在中心语前，也可以在中心语后。例如：

ʔɑ^{02} ʐu^{35} tə^{02} sen^{31} / tə^{02} sen^{31} ʔɑ^{02} ʐu^{35}　　新衣服

ven^{31} tə^{02} qlo^{31} / tə^{02} qlo^{31} ven^{31}　　白花

但是修饰成分如果不带前缀，则不能颠倒。例如：

ntu^{31} ʔlen　　红布　　ʔɑ^{02} ʈo^{31} ntoŋ^{35}　　木头桌子

看来，能颠倒的是词组，不能颠倒的是复合词。

第三节　川黔滇苗语川黔滇方言

以云南屏边上坝话为代表。说这种话的苗族自称 moŋ^{53} ʂi^{53}，汉族称青苗。ʂi^{53}是“轻”。汉语“青、轻”同音，故苗族把“青苗”借译为 moŋ^{53} ʂi^{53}。说这个方言的分布在四川的叙永、古蔺、筠连、长宁、綦江、木里、会东、盐边；贵州的金沙、赤水、鳛水、仁怀、盘县、兴义、息烽、瓮安、毕节、水城、纳雍、黔西、大方、织金、普定、普安、郎岱、镇宁、兴仁、望谟、安龙、安顺；云南的镇雄、威信、文山、邱北、马关、广南、西畴、富宁、河口、蒙自、开远、金平、元阳、箇旧、屏边；广西的隆林、睦边、龙津、大新和印度支那的几个国家。国内人口约 150 万，是川黔滇苗语的主体。

一、声母

声母表

p	ph	mp	mph	m	f	v	w
pl	phl	mpl	mphl				
ts	tsh	nts	ntsh		s		
t	th	nt	nth	n	ɬ	l	
tɬ	tɬh	ntɬ					
ʈ	ʈh	nʈ	nʈh				
tʂ	tʂh	ntʂ	ntʂh		ʂ	ʐ	
tɕ	tɕh	ȵtɕ	ȵtɕh	ȵ	ɕ	ʑ	

k	kh	ŋk	ŋkh	ŋ	
q	qh	ŋq	ŋqh		
ʔ					h

声母说明

1. w 只出现在汉语借词中。

2. p、mp、m、v 诸列声母与 22、13 两调拼成的音节都带气嗓音。例如：

nen²² "马" 实际读音是 [nɦen²²]

paŋ¹³ "池塘" 实际读音是 [pɦaŋ¹³]

ntʂe²² "鱼" 实际读音是 [ɳtʂɦe²²]

ʐua¹³ "梳子" 实际读音是 [ʐɦɒ¹³]

3. k 行声母后接前元音时，有时候腭化。例如 kaŋ⁵³ "虫" 有时候读作 [kjaŋ⁵³]。

声母例字

p	pou³³	屁	ph	phua⁴⁴	劈
mp	mpua⁴⁴	猪	mph	mphoŋ⁴⁴	撒
m	mau⁵³	疼	f	fu³³	汗
v	vaŋ³¹	园	w	wua²²	瓦
pl	plaŋ⁵³	肚子	phl	phlo⁴⁴	脸
mpl	mploŋ³¹	叶子	mphl	mphlai⁵³	戒指
ts	tsi⁵⁵	果子	tsh	tshau⁵³	阉
nts	ntsaŋ⁴⁴	坟	ntsh	ntshai³³	女儿
s	su⁵³	雷	t	teu⁵⁵	皮
th	then⁴⁴	炭	nt	nteɯ⁵⁵	书
nth	nthei⁴⁴	吵	n	no⁵³	太阳
ɬ	ɬi⁴⁴	月亮	l	ly²²	茄子
tɬ	tɬe³¹	水	tɬh	tɬha⁴⁴	跳
ntɬ	ntɬua¹³	（衣）破			
ʈ	ʈou⁴⁴	六	ʈh	ʈhou⁵³	热（菜）
nʈ	nʈua²²	鼓	nʈh	nʈha⁵⁵	找
tʂ	tʂi⁵³	五	tʂh	tʂhau⁴⁴	衣
ntʂ	ntʂi³³	梳	ntʂh	ntʂhai⁴⁴	怕
ʂ	ʂa⁵³	肝	ʐ	ʐi²²	尿

tɕ	tɕi^{55}	身体	tɕh	tɕhi^{53}	扫
ntɕ	ȵtɕi^{44}	上（楼）	ȵtɕh	ȵtɕhaŋ^{44}	震动
ȵ	ȵo^{31}	牛	ɕ	ɕaŋ^{53}	香
ʑ	ʑau^{13}	是	k	kaŋ^{53}	虫
kh	khou^{44}	鞋	ŋk	ŋkeu^{31}	马蜂
ŋkh	ŋkheu^{53}	扬尘	ŋ	ŋo^{13}	鹅
q	qua^{55}	屎	qh	qhua^{44}	客
ŋq	ŋqa^{31}	肉	ŋqh	ŋqhe^{33}	渴
ʔ	ʔaŋ^{55}	泥	h	hua^{53}	云

二、韵母

韵母表

i	e	a	y	ua	o	u	*ɚ	
ei	ai	eu	au	ou	in	en	aŋ	oŋ
*ieu	*iau	*iaŋ	*uei	*uai	*uaŋ	*uen		

韵母说明

1. 带＊号的韵母只出现在汉语借词中。

2. ua 的实际音值是 ɒ，eu 的实际音值是 eɯ，au 的实际音值是 ɑu。例如：

tɬua^{55} “腰” 读作 [tɬɒ^{55}]

teu^{22} “火” 读作 [tɦeɯ^{22}]

ʐau^{22} “村子” 读作 [ʐɦɑu^{22}]

3. i 与 ts 行声母拼时音值为 ɿ，与 ʈ 行声母和 tʂ 行声母拼时音值为 ʅ。例如：

tsi^{55} “果子” 读作 [tsɿ^{55}]

ʈi^{33} “背”（小孩）读作 [ʈʅ^{33}]

tʂi^{53} “五” 读作 [tʂʅ^{53}]

韵母例词

i	ki^{55}	路	e	te^{22}	手
a	na^{213}	母亲	y	ntshy^{33}	大象
ua	qhua^{44}	客	o	ʔo^{33}	鸭子
u	mpu^{44}	雪	ɚ	ɚ^{213}fu^{31}	二胡
ei	nthei^{44}	吵	ai	lai^{31}	犁（田）

eu	tsi^{55}kheu^{53}	李子	au	nʈau^{31}	草
ou	ȵtɕou^{31}	嘴	in	phin^{33}	颜料
en	ŋqen^{22}	懒	aŋ	naŋ^{13}	雨
oŋ	noŋ^{13}	鸟	ieu	ʂi^{31}lieu^{55}	石榴
iau	phiau^{53}	漂	iaŋ	liaŋ^{31}ʂi^{31}	粮食
uai	kuai^{213}	怪	uaŋ	khuaŋ^{31}	矿
uen	khuen^{55}	捆	uei	ʂuei^{55}kaŋ^{53}	水缸

三、声调

声调表

调值	53	31	55	22	44	13	33	213
调类	阴平	阳平	阴上	阳上	阴去	阳去	阴入	阳入

声调说明

1. 轻声字少，其调值为03。例如：phin^{13}tsi^{03} “骗子”。

2. 现代汉语借词，阴平字读53调，阳平字读31调，上声读55调，去声读213调。例如：pau^{53}tsi^{55} “包子”，mei^{31} ʐen^{31} “媒人”，pe^{213} ɕin^{53} “背心”。

3. 22、13两调的字都有气嗓音。例如：qai^{22} “矮”实际读作[qɦai^{22}]，tseu^{13} “少”实际读作[tsɦeɯ^{13}]。

4. 连读变调较多。两个固有字连读，前字为平声（包括阴平、阳平）时，后字变调，前字不变。主要有：

53 + 31 > 53 + 13（增加气嗓音 ɦ）

naŋ^{53}（穗）mple^{31}（稻）>[naŋ^{53}mplɦe^{13}]稻穗

53 + 55 > 53 + 44

no^{53}（日）na^{55}（这）>[no^{53}na^{44}]今天

53 + 22 > 53 + 13（增加气嗓音 ɦ）

to^{53}（儿）pua^{22}（抱）>[to^{53}pɦɒ^{13}]养子

53 + 44 > 53 + 33

ʔi^{53}（一）mau^{44}（晚）>[ʔi^{53}mɑu^{33}]一夜

53 + 213 > 53 + 13（增加气嗓音 ɦ）

sa^{53}（初）kou^{213}（十）>[sa^{53}kɦou^{13}]初十

31 + 31 > 31 + 13（增加气嗓音 ɦ）

ŋkua^{31}（圈）ȵo^{31}（牛）>[ŋkɒ^{31}ȵɦo^{13}]牛圈

31 + 55 > 31 + 44

ŋqa³¹（肉）tɬe⁵⁵（狗）>［ŋqa³¹tɬe⁴⁴］狗肉

31 + 22 > 31 + 13（增加气嗓音 ɦ）

po³¹（婆）lou²²（老）>［po³¹lɦou¹³］老太太

31 + 44 > 31 + 33

mploŋ³¹（叶）ntoŋ⁴⁴（树）>［mploŋ³¹ntoŋ³³］树叶

31 + 213 > 31 + 13（增加气嗓音 ɦ）

mple³¹（稻）mplou²¹³（糯）>［mple³¹mplɦou¹³］糯稻

声调例字

调类	调值	例	字
阴平	53	nto⁵³	湿
阳平	31	nto³¹	天
阴上	55	nto⁵⁵	伐
阳上	22	nto²²	边
阴去	44	nto⁴⁴	吐
阳去	13	nto¹³	粗
阴入	33	nto³³	织
阳入	213	nto²¹³	密

浊断音清化，平、上、去、入各分阴阳，这是上坝话的一个特点。

四、词缀

上坝话里典型的前缀只有 qa⁰³，形容词和量词里没有，在名词里也不多见，我收集的一千多名词词语中只出现过两次：qa⁰³ ʐeu¹³ "男人"、qa⁰³ po³¹ "女人"。但状词几乎都带 qa⁰³（详下面）。

在汉语借词里，有一个后缀 -tsi⁰³ 和两个准后缀 sa³³₋、ti³¹₋。例如：

-tsi⁰³：	mua³¹tsi⁰³	麻子	phoŋ³¹tsi⁰³	棚子	tha³¹tsi⁰³	台子
sa⁵³₋：	sa⁵³ʔi⁵³	初一	sa⁵³ʔau⁵³	初二	sa⁵³pe⁵³	初三
ti³¹₋：	ti³¹ʔi⁵³	第一	ti³¹ʔau⁵³	第二	ti³¹pe⁵³	第三

五、借词

借词以借自汉语的为主，这里不举例。除汉语借词外，有少数词借自彝语，可见这枝苗族与彝族早有接触。例如：

彝语　　　上坝话

tʂhʅ^{55}	tʂhi^{33}	山羊
lo^{31}	loŋ^{13}	城
thɔ^{13}	tʂhau^{44}	衣
tɕhi^{33}	tɕhi^{55}	粪

六、状词

状词都带前缀 qa^{03}，是多音节的，表示事物性质、状态的细微差别，汉语较难对译。例如：

la^{53}	红	la^{53}qa^{03}ploŋ^{13}	红彤彤
		la^{53}qa^{03}ʔoŋ^{44}	红彤彤
tɬeu^{53}	白	tɬeu^{53}qa^{03}pou^{13}	白森森
		tɬeu^{53}qa^{03}la^{13}	白灰灰
ntʂua^{53}	绿	ntʂua^{53}qa^{03}sa^{53}	绿茵茵
tɬo^{53}	黑	tɬo^{53}qa^{03}tsi^{33}	黑压压
		tɬo^{53}qa^{03}ȵtɕa^{53}	黑压压
ʂo^{55}	热	ʂo^{55}qa^{03}ʂau^{44}	热乎乎
tsa^{13}	冷	tsa^{13}qa^{03}nti^{44}	冷清清
ntʂho^{44}	叫	ntʂho^{44}qa^{03}na^{53}	嗡嗡叫

七、指示词

指示词有四个：na^{55} 近指，kau^{44} 较远指，ʔo^{44} 最远指，ty^{22} 疑指。指示词主要是修饰量词（中间可加别的成分），也可以和时间词、方位词构成复合词，还可以单独做句子成分。例如：

no^{53} “日”　na^{55} “这” ⟶ no^{53}na^{55}　今天

tso^{31} “条” ki^{55} “路” kau^{44} “那” ⟶ tso^{31}ki^{55}kau^{44}　那条路

tʂi^{44} “不” ʐau^{13} “是” ʔua^{44} “做” le^{44} “的” ʔo^{44} “那”　不是那样做的。

ʐau^{13} “是” len^{31} “位” ty^{13} “何”　是哪一位？

八、数词

上坝话的数词有两点应该说一说。

第一点，位数词“十”单读时是 kou^{213}。后面带系数词时是 kou^{31}，声调变成了 31，不符合连续变调规律。例如：kou^{31}ʔau^{53} “十二”。前面带系数词（“二”除外）时声母变成了舌面音，例如 ʈou[44]tɕou[213]“六十”。

第二点，与“月”构成月份名称时，一年的头一个月和最后两个月用属相，只有中间 9 个月用数词，而且数词在“月”前，不符合“中定”格式。

lua[55]ɬi[44]	兔月（元月）	ʔau[53]ɬi[44]	二月
pe[53]ɬi[44]	三月	plou[53]ɬi[44]	四月
tʂi[53]ɬi[44]	五月	ʈou[44]ɬi[44]	六月
tɕua[44]ɬi[44]	七月	ʑi[213]ɬi[44]	八月
tɕua[31]ɬi[44]	九月	kou[213]ɬi[44]	十月
ȵo[31]ɬi[44]	牛月（冬月）	tʂo[55]ɬi[44]	虎月（腊月）

语料是 1983 年陶正林、陶凤鸣提供给我的，那年他俩 48、51 岁。

第四节　川黔滇苗语黔中方言

以贵州惠水高坡话为代表。说这种话的苗族自称 m̥o[24]，汉族称红毡苗，分布在贵州的贵阳、惠水、贵定、长顺、紫云、平塘、平坝、清镇、安顺、金沙、关岭、开阳、修文、息烽、龙里、镇宁、黄平、铲山、麻江、黔西、织金等县市，人口约有 30 万。

一、声母

声母表

p	ph	mp	mph	m	m̥	v	f
pl	phl	mpl	mphl	ml	m̥l		
ts	tsh	nz	nsh			s	sh
t	th	nt	nth	n	n̥		
tɬ	tɬh	ntɬ				l	ɬ
tʂ	tʂh	ntʂ	ntʂh			ʐ	ʂ
tɕ	tɕh	ȵtɕ	ȵtɕh	ȵ	ȵ̊	ʑ	ɕ
k	kh	ŋk	ŋkh	ŋ			
q	qh	ŋq	ŋqh				
ʔ							h

声母说明

1. 没有腭化声母和唇化声母。汉语的韵头 i- 借入时只好用复声母中的声尾 l 对译。例如：lo^{55}plo^{55} “老表”。

2. f 和 ç 只出现在汉语借词中。

3. 声母 m̥、m̥l、n̥、ȵ̊、ɬ、ʂ 都是送气清音，因为没有不送气清音与它们对立，因此不标出送气成分。因为 sh、s 对立，所以标出其中一个的送气成分。

4. ph、mph、m̥、f 诸列声母只与阴调（包括阴平、阴上、阴去、阴入，下同）相拼，其他诸列声母可与阴调相拼，也可以与阳调（包括阳平、阳上、阳去、阳入，下同）相拼，但汉语借词不受此限制（下同）。

声母例字

p	pa^{24}	腿	ph	phɯ^{24}	（猪）拱（土）
mp	mpə̃^{42}	雪	mph	mphe^{42}	女儿
m	mõ^{24}	病	m̥	m̥ẽ^{13}	牙
v	va^{24}	樱桃	f	fa^{31}	罚
pl	plə^{13}	心	phl	phla^{13}	雹子
mpl	mple^{55}	舌	mphl	mphle^{24}	戒指
ml	mlõ^{22}	听	m̥l	m̥lɛ^{13}	（笑）眯眯
ts	tsɛ^{13}	再	tsh	tshu^{13}	醋
nz	nzu^{55}	煤	nsh	nshõ^{13}	血
s	si^{31}	乳房	sh	sã^{13}	骨头
t	tə^{42}	脚	th	thɯ^{13}	墙
nt	ntu^{22}	麻	nth	nthu^{42}	吐
n	nõ^{22}	鸟	n̥	n̥ã^{24}	穗
tɬ	tɬu^{13}	腰	tɬh	tɬhɛ^{42}	脱
ntɬ	ntɬu^{22}	（衣）破	l	lẽ^{55}	田
ɬ	ɬə^{24}	大	tʂ	tʂõ^{55}	猪油
tʂh	tʂhə^{42}	纺	ntʂ	ntʂu^{31}	鼓
ntʂh	ntʂhõ^{24}	裹腿	ʐ	ʐã^{55}	龙
ʂ	ʂẽ^{24}	肝	tɕ	tɕɛ^{24}	身体
tɕh	tɕhə^{13}	进	ȵtɕ	ȵtɕə^{55}	嘴
ȵtɕh	ȵtɕhõ^{13}	薰	ȵ	ȵa^{24}	儿媳
ȵ̊	ȵ̊ã^{13}	重	ʑ	ʑə̃^{55}	兵
ç	çã^{42}	乡	k	kɛ^{31}	手
kh	khə^{24}	李子	ŋk	ŋkõ^{55}	蓝靛草

ŋkh	ŋkhə13	裤子	ŋ	ŋə̃55	水牛
q	qu13	屎	qh	qhõ13	洞
ŋq	ŋqə̃55	天	ŋqh	ŋqha24	干
ʔ	ʔõ24	水	h	hu24	树

二、韵母

韵母表

i　e　ɛ　æ　a　o　u　ɯ　ə

ĩ　ẽ　　　ã　õ　　　ə̃

*ɿ　*ɚ　*iẽ　*io　*ʅ

韵母说明

1. 单元音韵母较多

2. 没有元音韵尾和鼻音韵尾，有鼻化元音韵母。

3. 带＊号的韵母只出现在汉语借词中。

韵母例词

i	pi13	果	e	ŋqe55	肉
ɛ	tɬɛ13	狗	æ	tæ55	霜
a	mpa42	猪	o	ʐo22	穿山甲
u	lu13	兔子	ɯ	nshɯ42	象
ə	tə55	豆	ĩ	mĩ31	马
ẽ	qhẽ13	姜	ã	ʑã55	羊
õ	plõ13	鹰	ə̃	ŋə̃55	水牛
ɿ	ʑo22 sɿ55	腰子	ɚ	mu31 ɚ55	木耳
iẽ	thiẽ42	添	io	thio42 po31	挑拨
ʅ	tʂhʅ31	尺			

三、声调

声调表

调值	24	55	13	31	42	22
调类	阴平	阳平、阳入	阴上	阳上	阴去、阴入	阳去

声调说明

1. 还有一个02调，只出现在词缀、虚词里。

2. 阳入已并入阳平，阴入已并入阴去，这是黔中方言的一个特点。

3. 22 调的字都带气嗓音。例如 sə^{22} “少” 读作［sɦə^{22}］，ŋkõ^{22} “浑” 读作［ŋkɦõ^{22}］。

4. 连续变调简单。

24 + 55 ⟶24 + 22（增加气嗓音）

kə̃^{24} “角” ŋə̃^{55} “牛” 读作［kə̃^{24}ŋɦə̃^{22}］“牛角”

55 + 55 ⟶55 + 22（增加气嗓音）

mɛ^{55} “雌” ŋə̃^{55} “牛” 读作［mɛ^{55}ŋɦə̃^{22}］“母牛”

声调例字

24	阴平	po^{24}	知道
55	阳平	po^{55}	还（账）
	阳入	pə^{55}	见
13	阴上	põ^{13}	射
31	阳上	po^{31}	牛背峰
42	阴去	mpo^{42}	沸
	阴入	ʔə^{42}	鸭子
22	阳去	po^{22}	脓

四、词缀

典型的词缀有三个。

1. tə^{02}它可以与词根组成名词或形容词，出现频率很低，但音值比较稳定。例如：tə^{02}tə̃^{24} “儿子”，tə^{02}pə^{31} “刺”，tə^{02}qə̃ “星”，都是名词；tə^{02} qẽ^{42} “脏”，是形容词。

2. qa^{02}，它也可以与词根组成名词或形容词，出现的频率较高，但是它的韵母的音值往往随词根而变。例如：

名词		形容词	
qa^{02}sha^{42}	糠	qa^{02}la^{31}	旧
qo^{02}mplə^{55}	糯米	qo^{02}shẽ^{24}	新
qɛ^{02}mplə^{55}	木耳	qa^{02}ʔã^{13}	软
qõ^{02}n̥ã^{24}	穗儿	qo^{02}tɕa^{13}	假

词缀 qa^{02}并不是可有可无的。有些词有没有 qa^{02}，其意义迥不相同。例如：

pa^{13}	父亲	qa^{02}pa^{13}	丈夫
mɛ^{22}	母亲	qa^{02}mɛ^{22}	妻子

3. la^{02}，它只与数词结合，组成表示次第的数词，其韵母完全与数词的相同。例如：

数词		次第数词	
ʔi^{24}	一	li^{02}ʔi^{24}	第一
ʔa^{24}	二	la^{02}ʔa^{24}	第二
pɛ^{24}	三	lɛ^{02}pɛ^{24}	第三
plo^{24}	四	lo^{02}plo^{24}	第四
pla^{24}	五	la^{02}pla^{24}	第五

五、月份名称

在高坡话里，一年中十二个月的名称有两种。第一种，前十个月在“月”后加数词表示，后两个月在“月”前加生肖表示，说的人比较少，不常用。第二种，每一个月都是在“月”前加生肖表示，说的人比较多，常用。即：

不常用	常用	
ɬa^{42}ʔi^{24}	ʐa^{55}ɬa^{42}	正月（龙月）
ɬa^{42}ʔa^{24}	nã^{24}ɬa^{42}	二月（蛇月）
ɬa^{42}pɛ^{24}	m ĩ^{31}ɬa^{42}	三月（马月）
ɬa^{42}plo^{24}	ʑã^{55}ɬa^{42}	四月（羊月）
ɬa^{42}pla^{24}	lẽ^{24}ɬa^{42}	五月（猴月）
ɬa^{42}tʂə^{24}	qe^{24}ɬa^{42}	六月（鸡月）
ɬa^{42}sã^{22}	tɬe^{13}ɬa^{42}	七月（狗月）
ɬa^{42}ʑa^{55}	mpa^{42}ɬa^{42}	八月（猪月）
ɬa^{42}tɕu^{55}	nã^{31}ɬa^{42}	九月（鼠月）
ɬa^{42}khə^{55}	ŋə̃^{55}ɬa^{42}	十月（牛月）
sə^{13}ɬa^{42}	sə^{13}ɬa^{42}	冬月（虎月）
lu^{13}ɬa^{42}	lu^{13}ɬa^{42}	腊月（兔月）

前面已经叙述，罗泊河苗语也用生肖表示月份，但是以“马月”为岁首，生肖位于“月”后；高坡话则以“龙月”为岁首，生肖位于“月”前。应该说这是两种不同的历法，它跟汉族的夏历、殷历、周历都不同。

前面也谈到上坝话也用数字表示月份，但数字在“月”前，而高坡话的数字在“月”后，这是方言差异。

本节语料是 1956 年罗国蔚提供给第二作队的，那年他 30 岁。

第五节 川黔苗语黔南方言

以贵州紫云宗地话为代表。说这种话的苗族自称 məŋ^{22}，汉族称老苗，分布在贵州的紫云、望谟、罗甸、长顺、惠水、平塘、独山等县，使用人口约 16 万。望谟、罗甸的部分苗族已改为瑶族。语料是 1959 年陈换荣提供给第二工作的，那年他 39 岁。

一、声母

声母表

p	*ph	mp	m	w	
pj	*pjh	mpj	mj		
pl		mpl			
pʐ		mpʐ	mʐ		
*ts	*tsh	nts		*z	s
t	*th	nt	n	l	ɬ
pɭ		mpɭ		ɭ	ɭ̊
ʈ		ɳʈ	ɳ	ʐ	ʂ
tɕ	*tɕh	ȵtɕ	ȵ	ʑ	*ɕ
k		ŋk	ŋ		
kw		ŋkw			xw
ʔ				ɦ	h

声母说明

1. 有 * 号的声母只拼汉语借词，数目较多，有 8 个。

2. 没有小舌部位的声母。

3. 声母 ɦ 只与 22、232、35、13 四个声调拼，其他声母（不带 * 的）可与各调拼写。

4. 除汉语借词外，各声母出现在 22、232、11、35、13 调的音节中时都带轻微的气嗓音。例如：

pa^{35} “劈” 实际读［pɦa^{35}］

mpje^{13} “女儿” 实际读［mpjɦe^{13}］

məŋ^{22} “苗族” 实际读［mɦəŋ^{22}］

mpʐu^{13} “鼻子” 实际读［mpʐɦu^{13}］

pæ^{232} “烧” 实际读［pɦæ^{232}］

tɯ^{11} “火” 实际读［tɦɯ^{11}］

在固有词中，古浊声母已经清化，古送气清声母的送气成分已弱化为气嗓音，古清鼻音、清边音、清擦音字也带弱气嗓音，因此古三母（清、浊、气）已合而为一，这是宗地话的一个突出特点。

声母例字

p	pæ^{32}	三	ph	phɔ^{13}	炮
mp	mpi^{42}	补	m	moŋ^{11}	蝇子
w	wɔ^{42}	女婿	pj	pjɔ^{44}	错误
pjh	pjhæn^{13}	骗	mpj	mpjaŋ^{53}	疯
mj	mji^{232}	牙	pl	plɔ^{32}	四
mpl	mple^{21}	舌	pʐ	pʐɪ^{32}	五
mpʐ	mpʐæ^{53}	耳	mʐ	mʐəŋ^{13}	听
ts	tsoŋ^{55}	钟	tsh	tshaŋ^{42}	厂
nts	ntsa^{35}	洗（衣）	z	zen^{21}	人（民）
s	so^{232}	线	t	tæ^{32}	地
th	thæn^{35}	炭	nt	ntɔ^{32}	布
n	nɔ^{53}	吃	l	la^{35}	绳子
ɬ	ɬæ^{42}	狗	pɭ	pɭɔ^{32}	毛
mpɭ	mpɭə^{21}	鞭子	ɭ	ɭa^{35}	垮
ɭ̊	ɭ̊a^{55}	撕	ʈ	ʈɔ^{55}	穿（鞋）
ɳʈ	ɳʈaŋ^{22}	裹腿	ɳ	ɳɔ^{35}	饭
ʐ	ʐaŋ^{53}	龙	ʂ̬	ʂ̬o^{44}	笑
tɕ	tɕa^{53}	九	tɕh	tɕhi^{55}	区
ȵtɕ	ȵtɕa^{42}	粑粑	ȵ	ȵa^{232}	重
ʑ	ʑua^{55}	飞	ɕ	ɕo^{21}	学
k	ka^{32}	药	ŋk	ŋka^{32}	鸽子
ŋ	ŋu^{53}	牛	kw	kwæ^{13}	怪
			ŋkw	ŋkwæ^{21}	绊
xw	xwaŋ^{42}	宽	ʔ	ʔoŋ^{55}	做
ɦ	ɦe^{13}	舀	h	he^{32}	鸡

二、韵母

韵母表

i　ɪ　e　æ　a　ɔ　o　u　ə　ɯ

ei　əu　ua　in　en　æn　aŋ　oŋ　əŋ

*ɿ　*ʅ　*iɔ　*iu　*iæn　*iaŋ　*ui　*un　*uæn　*uaŋ

*uæ

韵母说明

1. 固有词中单元音韵母较多，有10个。

2. ə与11、13两调拼时实际音值为$ə^a$。如$tə^{13}$“死”实际读［$tɦə^{a13}$］。

3. a不与11调相拼。

4. æn的实际音值是æ̃，如$ʅæn^{53}$读［$ʅæ̃^{53}$］“田”。

5. 专拼汉语借词的韵母（带＊号者）有11个，其中ʅ单独成字。如$ʅ^{42}tɕi^{55}$“耳机”。

韵母例字

i	ti^{53}	兄	ɪ	$pʐɪ^{32}$	五
e	le^{13}	割	æ	$ʐæ^{32}$	石头
a	na^{32}	蛇	ɔ	$pɔ^{32}$	知道
o	po^{21}	见	u	$mpʐu^{13}$	鼻子
ə	$ntə^{42}$	书	ɯ	$tɯ^{11}$	火
ei	pei^{42}	果子	əu	$mpʐəu^{55}$	肺
ua	pua^{53}	花	in	$mpin^{11}$	辫子
en	sen^{13}	聪明	æn	$ʐæn^{22}$	高
aŋ	$ʂaŋ^{53}$	门	oŋ	$ntoŋ^{53}$	天
əŋ	$nəŋ^{13}$	鸟			
ɿ	$sɿ^{13}$	市	ʅ	$ʅ^{21}$	（幼）儿（园）
iɔ	$tiɔ^{55}$	雕	iu	liu^{21}	（自）留（地）
iæn	$tiæn^{13}$	佃（户）	iaŋ	$liaŋ^{21}$	粮（票）
ui	tui^{13}	队	un	$tsun^{42}$	准（备）
uæn	$thuæn^{21}$	团	uaŋ	$tsuaŋ^{13}$	壮（丁）
uæ	$suæ^{13}$	（挂）帅			

三、声调

声调表

调值	调类	古声类
32	阴平甲	全清
22	阴平乙	次清
53	阳平	浊音
42	阴上甲	全清
232	阴上乙	次清
11	阳上	浊音
55	阴去甲	全清
35	阳去乙	次清
13	阳去	浊音
	阴入乙	次清
44	阴入甲	全清
21	阳入	浊音

声调说明

1. 古四声（平声、上声、去声、入声）各一分为三是宗地话的又一特点。黔南方言的其他点，阴调也往往有所分化，但不一定四声都分。

2. 除 11 个单字调外，还有一个连续变调 33 和两个轻声调 05、03。

3. 连读变调比较多。两字连续时，往往前字不变，后字变调。变调时，有的同时增加或失去气嗓音，改变元音的舌位。主要有：

32 + 53→32 + 13（增加气嗓音，元音舌位变高）。例如：

ʔei^{32}（一）ŋka^{53}（圈）读作［ʔei^{32}ŋkɦə^{13}］（一圈）（a→ə）

ʔei^{32}（一）ʈo^{53}（步）读作［ʔei^{32}ʈɦu^{13}］（一步）（o→u）

32 + 42→32 + 55。例如：

ʔaŋ^{32}（水）ɳʈo^{42}（浑）读作［ʔaŋ^{32}ɳʈo^{55}］（浑水）

32 + 232→32 + 35。例如：

kua^{32}（虫）ntsua^{232}（头虱）读作［kua^{32}ntsɦua^{35}］（头虱）

32 + 11→32 + 13。例如：

toŋ^{32}（崽）men^{11}（马）读作［toŋ^{32}mɦen^{13}］（马驹）

32 + 55→32 + 44。例如：

ka^{32}（药）saŋ^{55}（铳）读作［ka^{32}saŋ^{44}］（火药）

32 + 35→32 + 13（元音舌位变低）。例如：

noŋ^{32}（个）li^{35}（月亮）读作［noŋ^{32}lɦɪ^{13}］（月亮）

32 + 13→32 + 33（失去气嗓音，元音舌位变低）。例如：

ʔei^{32}（一）［pɦə^{32}］（抱）读作［ʔei^{32}pa^{33}］（ə→a）

ʔei^{32}（一）［ɳʈɦu^{13}］（滴）读作［ʔei^{32}ɳʈo^{33}］（u→o）

22 + 53→22 + 13（增加气嗓音，元音舌位变高）。例如：

so^{22}（雷）ha^{53}（叫）读作［sɦo^{22}hɦə^{13}］（打雷）（a→ə）

məŋ^{22}（人）mpjaŋ^{53}（疯）读作［mɦəŋ^{32}mpjɦəŋ^{13}］（疯子）（aŋ→əŋ）

22 + 42→22 + 55。例如：

noŋ^{22}（日）so^{42}（虎）读作［nɦoŋ^{22}so^{55}］（虎日）

22 + 232→22 + 35。例如：

wa^{22}（树）ha^{232}（枯）读作［wɦa^{22}hɦa^{35}］（枯木）

22 + 11→22 + 13。例如：

məŋ^{22}（人）ȵtɕin^{11}（懒）读作［mɦəŋ^{22}ȵtɕɦin^{13}］（懒汉）

22 + 55→22 + 44。例如：

sæn^{22}（初）ʂu^{55}（六）读作［sɦ æ̃^{22}ʂu^{44}］（初六）

22 + 35→22 + 13。例如：

noŋ^{22}（日）mɔ^{35}（夜）读作［nɦoŋ^{22}mɦɔ^{13}］（晚上）

22 + 13→22 + 33（失去气嗓音，元音舌位变低）。例如：

məŋ^{22}（人）ŋkɦə^{13}（勤）读作［mɦəŋ^{22}ŋka^{33}］（勤快人）（ə→a）

məŋ^{22}（人）sen^{13}（聪明）读作［mɦəŋ^{22}sæ̃^{33}］（聪明人）（en→æn）

53 + 53→53 + 13（增加气嗓音，元音舌位变高）。例如：

pua^{53}（花）ɬa（桃）读作［pua^{53}ɬɦə^{13}］（桃花）（a→ə）

53 + 42→53 + 55。例如：

mpjaŋ^{53}（疯）tɕə^{42}（酒）读作［mpjaŋ^{53}tɕə^{55}］（醉汉）

53 + 232→53 + 35。例如：

ŋke^{53}（肉）ha^{232}（干）读作［ŋke^{53}hɦa^{35}］（腊肉）

53 + 11→53 + 13。例如：

ŋka^{53}（圈）men^{11}（马）读作［ŋka^{53}mɦen^{13}］（马圈）

53 + 55→53 + 44。例如：

ŋka^{53}（圈）mpa^{55}（猪）读作［ŋka^{53}mpa^{44}］（猪圈）

53 + 13→53 + 33（失去气嗓音，元音舌位变低）。例如：

po^{53}（婆）［mpʐ̩ɦə^{13}］（独）读作［po^{53}mpʐ̩a^{33}］（寡妇）（ə→a）

ʈoŋ^{53}（筒）［ʈɦɯ^{13}］（箸）读作［ʈoŋ^{53}ʈə^{33}］（筷筒）（ɯ→ə）

从上面的例子可以看出，能使后字变调的都是平声字；改变元音舌位的都是13调，而这个13调是古阳去，不是阴入乙。

4. 现代汉语借词的声调阴平是55，阳平是21，上声是42，去声是13。例如：ti^{55}（降）低，thi^{21}（问）题，ti^{42}（彻）底，ti^{13}地（主）。

声调例字

32	ka^{32}	药	22	ha^{22}	教
53	ha^{53}	哭	42	ha^{42}	屎
232	ha^{232}	干	11	na^{11}	鼠
55	ha^{55}	啼	35	ha^{35}	客
13	ɦa^{13}	抢	44	ha^{44}	青菜
21	ŋa^{21}	镜子			

四、词缀

固有词中典型的词缀只有po^{05}，除音程较短，声调轻读外，韵母也是单元音，但音值稳定，不随词根的元音而变。它构成的词都是表示人物的名词。例如：

po^{05}saŋ^{13}	师父	po^{05}toŋ^{21}	伙计
po^{05}sæ^{35}	土司	po^{05}ʐ̩o^{42}	和尚
po^{05}tɕə^{11}	亲家	po^{05}ʑe^{21}	干爹
po^{j05}ŋkɔ^{53}	老表	po^{05}ntə^{42}	阴阳先生

在现代汉语借词里借进了一个名词后缀tsɿ^{42}，就是西南官话的"子"，但是不轻读。例如：tshe^{55}tsɿ^{42}"车子"、pen^{42}tsɿ^{42}"本子"，tui^{13}tsɿ^{42}"对子"，ɭ^{13}liu^{21}tsɿ^{42}"二流子"。

第六节 川黔滇苗语滇东北方言

以贵州威宁石门坎话为代表。说这种话的苗族自称ʔa^{05}m̥au^{55}，汉族称大花苗。滇东北方言主要分布在云南的彝良、大关、昭通、永善、盐津、绥江、鲁甸、巧家、武定、罗次、寻甸、禄丰、富民、安宁、曲靖、榕丰、昆明，其次是贵州的威宁、赫章、水城、织金、普定、郎岱、紫云、纳雍。使用人口约27万。

一、声母

声母表（注意：本表以发音部位为行，发音方法为列）

p	ts	t	tɬ	ʈ	tʂ	tɕ	k	q	ʔ
ph	tsh	th	tɬh	ʈh	tʂh	tɕh	kh	qh	
b	dz	d	dl	ɖ	dʐ	dʑ	g	ɢ	
bɦ	dzɦ	dɦ	dlɦ	ɖɦ	dʐɦ	dʑɦ	gɦ	ɢɦ	
mp	nts	nt	ntɬ	ɳʈ	ɳtʂ	ȵtɕ	ŋk	ŋq	
mph	ntsh	nth	ntɬh	ɳʈh	ɳtʂh	ȵtɕh	ŋkh	ŋqh	
mb	ndz	nd	ndl	ɳɖ	ɳdʐ	ȵdʑ	ŋg	ŋɢ	
mbɦ	ndzɦ	ndɦ	ndlɦ	ɳɖɦ	ɳdʐɦ	ȵdʑɦ	ŋgɦ	ŋɢɦ	
m̥		n̥				ȵ̥	ŋ̊		
m		n		ɳ		ȵ	ŋ		
mɦ		nɦ		ɳɦ		ȵɦ	ŋɦ		
f	s	ɬ			ʂ	ɕ	x	χ	h
v	z	l			ʐ	ʑ	ɣ		ɦ
vɦ	zɦ	lɦ			ʐɦ	ʑɦ	ɣɦ		
w									

声母说明

1. 数目多达109个，这是苗瑶语里声母最多的方言。此外，还有两个表示拟声词的h̃和ɦ̃未列入表里。

2. 有一整套浊的塞音和塞擦音声母，还分送气与不送气。送气与否与词类有关。浊送气用 ɦ 表示。

3. m、V 这两行声母可与各调拼。p、ph、mp、mph、m̥、f 这 6 行声母可与 55、33、31、11 4 个调拼。bɦ、mbɦ、mɦ、vɦ 这 4 行声母只与 35、13、31 3 个调拼。b、mb 这两行声母只与 33、31、53 这 3 个调拼。

4. mb 行声母的字单读时其中的塞音和塞擦音是清音。例如 mbo^{31} “盖” 读作［mpo^{31}］；与其他字连读时是浊音。而 mp 行声母不论单读或连读都是清音，所以 mb 行与 mp 行不能合并。

声母例字

p	pu^{55}	满	b	bau^{53}	手镯
ph	pha^{33}	劈	bɦ	$bɦaɯ^{35}$	花
mp	mpu^{33}	雪	mb	$mbə^{11}$	鱼

mph	mpho^{55}	凋谢	mbɦ	mbɦɯ^{31}	辣
m	ma^{55}	给	m̥	m̥aɯ^{55}	藤子
mɦ	mɦa^{35}	有	v	vau^{55}	丈夫
f	fai^{33}	快	vɦ	vɦaɯ^{35}	黄
w	wo^{11}	箭	ts	tsi^{55}	果子
dz	dzau^{53}	凿子	tsh	tsha^{55}	吹
dzɦ	dzɦu^{31}	合适	nts	ntsi^{33}	名字
ndz	ndza^{31}	下（饭）	ntsh	ntshy^{33}	象
ndzɦ	ndzɦa^{35}	搧	z	za^{31}	梳子
s	sey^{11}	缝	zɦ	zɦau^{31}	坐
t	tu^{55}	儿子	d	di^{33}	手
th	thu^{55}	松树	dɦ	dɦo^{31}	咬
nt	ntau^{55}	布	nd	nda^{53}	麻
nth	ntha^{33}	薅	ndɦ	ndɦu^{35}	天
n	nɯ^{33}	马	n̥	n̥u^{55}	太阳
nɦ	nɦau^{35}	吃	tɬ	tɬu^{55}	黑
dl	dlo^{31}	肥	tɬh	tɬhu^{33}	脸
dlɦ	dlɦo^{35}	油	ntɬ	ntɬai^{11}	缺口
ndl	ndla^{31}	褴褛	ntɬh	ntɬho^{33}	通
ndlɦ	ndlɦau^{35}	叶子	l	lu^{55}	短
ɬ	ɬo^{55}	大	lɦ	lɦo^{13}	来
ʈ	ʈo^{55}	转	ɖ	ɖau^{31}	肾
ʈh	ʈhai^{11}	插	ɖɦ	ɖɦey^{31}	忙
ɳʈ	ɳʈə^{33}	皱纹	ɳɖ	ɳɖa^{33}	鼓
ɳʈh	ɳʈhai^{11}	清楚	ɳɖɦ	ɳɖɦu^{53}	下面
ɳ	ɳu^{53}	事情	ɳɦ	ɳɦu^{13}	告状
tʂ	tʂo^{55}	老虎	dʐ	dʐau^{53}	刺猬
tʂh	tʂho^{33}	衣服	dʐɦ	dʐɦu^{35}	踩
ɳtʂ	ɳtʂə^{55}	盐	ɳdʐ	ɳdʐɯ^{31}	相信
ɳtʂh	ɳtʂha^{55}	水獭	ɳdʐɦ	ɳdʐɦa^{13}	量
ʐ	ʐɯ^{31}	认	ʂ	ʂey^{55}	站
ʐɦ	ʐaɯ^{31}	让	tɕ	tɕau^{55}	多
dʑ	dʑa^{31}	到达	tɕh	tɕhi^{55}	扫

dʑɦ	dʑɦau^{31}	捉	ȵtɕ	ȵtɕi^{55}	菌子
ȵdʑ	ȵdʑi^{31}	逛	ȵtɕh	ȵtɕha^{55}	倾倒
ȵdʑɦ	ȵdʑɦə^{35}	伤痕	ȵ	ȵo^{55}	在
ȵ̥	ȵ̥aɯ^{55}	重	ȵɦ	ȵɦe^{31}	母亲
ʑ	ʑo^{31}	是	ɕ	ɕau^{33}	年
ʑɦ	ʑɦi^{31}	八	k	ki^{55}	路
g	gi^{31}	你	kh	khau^{33}	鞋
gɦ	gɦau^{31}	十	ŋk	ŋko^{11}	稀粥
ŋg	ŋgey^{53}	双	ŋkh	ŋkhey^{55}	扬尘
ŋgɦ	ŋgɦo^{35}	船	ŋ	ŋu^{33}	鹅
ŋ̊	ŋ̊u^{55}	坛子	ŋɦ	ŋɦo^{13}	打盹
ɣ	ɣɯ^{53}	山岭	x	xu^{33}	喝
ɣɦ	ɣɦau^{13}	疯	q	qai^{55}	鸡
G	Gau^{31}	倒	qh	qho^{55}	洞
Gɦ	Gɦɯ^{13}	矮	ŋq	ŋqa^{55}	鸽子
ŋG	ŋGo^{33}	梭子	ŋqh	ŋqhɯ^{33}	渴
ŋGɦ	ŋqɦai^{35}	肉	χ	χaɯ^{55}	担忧
ʔ	ʔa^{33}	做	h	hau^{33}	煮
ɦ	ɦi^{35}	斥责声			

二、韵母

韵母表

i	*e	a	o	u	ɯ	y	ə	*ɚ
ie	*iu	*ei	ey	ai	au	aɯ	*ua	*ye
iau	*iaɯ	*uei	*uai					

韵母说明

1. 带 * 号的是专拼汉语借词的韵母。

2. i 与 ts 列声母拼时音值是 ɿ，与 tʂ 列声母拼时音值是 ʅ。例如 tsi^{55} "果子" 读做［tsɿ^{55}］，ɳtʂi^{55} "迁见" 读作［ɳtʂʅ^{55}］

3. 没有鼻音韵尾。借进多音节的汉语词时，如果前一音节有鼻音韵尾，后一音节的声母是塞音或塞擦音时，就把前一音节的鼻尾移作后一音节的鼻冠音，其发音部位随后一音节的发音部位而变。这是一种巧妙的位移音变现象。例如 "民兵" 借入后读作［mi^{31} mpi^{55}］。"民" 字的 -n 尾变成了“兵”字的鼻冠音 m-，而“兵”字的-ŋ 尾被删除了。

4. ey 的实际音值是 œy；y 拼 ts 列声母时是 ɥ；ie 拼 h、ɦ 时是 ɛ。例如 ntey^{55}“书”实际读作［ntœy^{55}］；tʂhy^{55}“骗”实际读作［tʂhɥ］；ɦie^{31}“唉”实际读作［ɦɛ^{31}］。

韵母例词

i	pi^{55}	我们	e	pe^{31}	北（京）
a	la^{55}	兔子	o	po^{55}	射
u	lu^{55}	短	ɯ	tɯ	阻挡
y	ty^{55}	捅	ə	qə^{33}	蛋
ɚ	ɚ^{31}	（托）儿（所）	ie	lie^{55}	红
iu	liu^{31}	（姓）刘	ei	fei^{55}	飞（机）
ey	ley^{55}	驱赶	ai	lai^{55}	个
au	pau^{55}	知道	aɯ	faɯ^{55}	宽
ua	tʂua^{55}	砖	ye	tɕye^{31}	决（定）
iau	tiau^{55}	雕	iaɯ	liaɯ^{31}	梁
uei	tuei^{31}	对	uai	khuai^{13}	会（计）

三、声调

声调表

调值	调类	声母性质	调类
55	阴平、阴上	清声母	
35	阳平	浊送气	
13	阳上	浊送气	动词、形容词
33	阳上	浊不送气	
	阴去	清声母	
31	阳去	浊不送气	动词、形容词
	阳入	浊送气	动词、形容词
11	阴入	清声母	
53	阳入	浊不送气	名词、量词

声调说明

1. 因为古浊声母不仅存在，而且往往因词类分化，所以今调值与古调类的分合比较复杂，上表所分只是主要方面，并不包含全部。

2. 除表上所列声调外，量词变形还有 24、13 两个调，可以根据与声母结合的条件，分别并入35、11。

3. 连续变调复杂。主要有：

55 +35→55 +55（失去浊送气或清化）

n̥u^{55}（日）dɦa^{35}（来）读作［n̥u^{55}da^{55}］（太阳升）

tu^{55}（者）ŋɡɦau^{35}（歌）读作［tu^{55}ŋkau^{55}］（唱歌人）

55 +55→55 +33

ʔi^{55}（一）ty^{55}（斗）读作［ʔi^{55}ty^{33}］（一斗）

55 +13→55 +53（送气浊声母失去浊送气）

ʔau^{55}（水）dzɦie^{13}（冷）读做［ʔau^{55}dzie^{53}］（凉水）

55 +33→55 +11

n̥u^{55}（日）ɬi^{33}（月）读作［n̥u^{55}ɬi^{11}］（日月）

55 +33→55 +53

ʔau^{55}（水）dzie^{33}（凉）读作［ʔau^{55}dzie^{53}］（凉水）

55 +31→55 +13（声母同时增加浊送气）

qai^{55}（鸡）da^{31}（死）读作［qai^{55}dɦa^{13}］（死鸡）

55 +53→55 +13（声母增加浊送气）

ʔi^{55}（一）ŋgey^{53}（双）读作［ʔi^{55}ŋgɦœy^{13}］（一双）

35 +35→35 +55（声母失去浊送气或清化）

ŋɢɦai^{35}（肉）ȵɦu^{35}（牛）读作［ŋɢɦai^{35}ȵu^{55}］（牛肉）

ŋgɦau^{35}（女）ndɦu^{35}（天）读作［ŋgɦau^{35}ntu^{55}］（仙女）

35 +55→35 +33

ȵdʑɦau^{35}（嘴）ki^{55}（路）读作［ȵdʑɦau^{35}ki^{33}］（路口）

35 +13→35 +53（声母失去浊送气）

ȵɦu^{35}（牛）lɦau^{13}（老）读作［ȵɦu^{35}lau^{53}］（老牛）

35 +33（浊声母字）→35 +53（全浊声母清化）

ŋgɦa^{35}（厩）nɯ^{33}（马）读作［ŋgɦa^{35}nɯ^{53}］（马圈）

dzɦaɯ^{35}（床）mbə^{33}（鱼）读作［dzɦaɯ^{35}mpə^{53}］（鱼网）

35 +33（清声母字）→35 +11

ŋɢɦai^{35}（肉）mpa^{33}（猪）读作［ŋɢɦai^{35}mpa^{11}］（猪肉）

35 +31→35 +13（不送气浊声母增加浊送气）

ndlɦi^{35}（米）ndlɦau^{31}（糯）读作［ndlɦi^{35}ndlɦau^{13}］（糯米）

ȵɦu^{35}（牛）dlo^{31}（肥）读作［ȵɦu^{35}dlɦo^{13}］（肥牛）

35 +53→35 +13（声母增加浊送气）

dʑɦa^{35}（九）ŋgey^{53}（对）读作［dʑɦa^{35}ŋgɦœy^{13}］（九对）

4. 现代汉语借词声调：阴平是55，阳平是31，上声是33，去声是13。例如：

ti^{55}	（降）低	thi^{31}	（问）题
ti^{33}	（彻）底	ti^{13}	地（主）

声调例字

55	la^{55}	兔子	35	lɦa^{35}	投
13	lɦa^{13}	伸入	33	la^{33}	骂
31	la^{31}	快乐	11	la^{11}	劈
53	la^{53}	别人			

四、方位词

王辅世、王德光所讲方位词比较多，分前置、中置、后置、指示四小类。我认为没有那么复杂，把指示方位词还原为指示词后，就是一类，其中单音节的有 bɦi^{31}“坡上”、ɳɖɦu^{31}“坡下”、dɦi^{31}“近对面”、dɦu^{31}“远对面”、ɳɖai^{31}“里”、tshai^{31}“侧面”、ndlo^{53}“内”、Gɦau^{31}“外”、ndlɦie^{35}“正面”、fau^{55}“顶上”、qaɯ^{55}“底下”。双音节的有 ʔa^{55} ʂa^{55}“上面”、ʔa^{55}dzi^{53}“上面”、ʔa^{55} qɯ^{55}“后面”、ʔa^{55} ndu^{53}“边缘”、ʔa^{55} ɳʈʂi^{11}“顶端”、ʔa^{55} tɕai^{11}“中间”、pi^{55} ti^{55}“下面”、pi^{55} dau^{53}“下面”、pi^{55} ɳʈaɯ^{55}“中央”、ʔi^{55}tha^{11}“前面”、xu^{31}fa^{55}“上面”等。

方位词的功能主要是位于名词后修饰名词。例如：

lu^{55}（个）ŋgɦa^{35}（房子）ɳɖɦu^{31}（坡）“坡下的房子”

ti^{55}（些）ntau^{33}（树）dɦi^{31}（对面）“对面那些树”

lu^{55}（个）ɬi^{55}（月）ʔa^{55} ʂa^{55}（上面）“上个月”

它也可以受名词或词组修饰。例如：

Gɦau^{31}（外）ʔa^{33}dlɦau^{35}（门）“门外”

baɯ^{33}（条）ʔa^{55}ndu^{53}（岸边）dlɦi^{35}（河）“河岸边”

应该说明，名词修饰方位词时，如果它带有量词，这个量词位于方位词之前，这是王文分出中置方位词的根据。

方位词可以单独做主语或补语。例如：

ʔa^{55} ʂa^{55}（上面）tsi^{55}（派）tɯ^{55}nɦu^{35}（人）dɦa^{35}（来）daɯ^{11}（了）“上面派人来了”。

ku^{55}（我）ɳdʑɦaɯ^{11}（走）pi^{55}dau^{53}（下面）“我走在下边”。

方位词还可以与介词组成短语。例如：

ɳ̥o⁵⁵（在）dɦu³¹（对面）“在远远的对面”。

五、量词

苗瑶语的各个语言或方言都有量词，但其他方言的量词只有一个形式，当然表示的意义也没有变化。而石门坎话的量词有一个突出的特点，就是有形态变化。

石门坎话用一个量词的三种语音形式描写事物的性质，一种是本形，表示事物是壮美的，叫壮美称。第二种是本形的声母、声调不变，韵母变为 ai，表示事物是普通的，叫普通称。第三种是韵母变为 a，表示事物是小巧可爱的，叫指小称。例如：

本形	lu⁵⁵（个）ŋgɦa³⁵（房子）ni⁵⁵（这）	这个好房子
ai 变形	lai⁵⁵（个）ŋgɦa³⁵（房子）ni⁵⁵（这）	这个普通的房子
a 变形	la⁵⁵（个）ŋgɦa³⁵（房子）ni⁵⁵（这）	这个小房子

这种变形称为本调变形，量词前面不能有数词。如果前面有数词，变韵母时声调同时要变为 35 调。例如：

ʔa⁵⁵（二）lai³⁵（个）ŋgɦa³⁵（房子）　两个普通房子

ʔa⁵⁵（二）la³⁵（个）ŋgɦa³⁵（房子）　两个小房子

这种变形称为高升调变形。

量词的后面可以加一个音节 tsi⁵⁵，它不表示具体的意义，只表示事物是确定的。王文称 tsi⁵⁵ 为“助量词”，我认为它是量词的后缀。当带后缀的量词变形时，它的词根不变，只有后缀变。例如：

ʔa⁵⁵（二）lu⁵⁵（个）tsi⁵⁵（后缀）pho⁵⁵ zo⁵⁵（车）　两辆车

ʔa⁵⁵（二）lu⁵⁵（个）tsai⁵⁵（后缀）pho⁵⁵ zo⁵⁵（车）ɬaɯ³³（铁）　两辆火车

ʔa⁵⁵（二）lu⁵⁵（个）tsa⁵⁵（后缀）pho⁵⁵ zo⁵⁵（车）ni⁵⁵（这）　这两辆车

六、状词

石门坎话的状词也很丰富，主要用在动词和形容词之后，表示性质、状态的程度和差异。例如：

xu⁵⁵	洁	xu⁵⁵ bɯ³¹	干净
tɬey⁵⁵	白	tɬey⁵⁵ ntshie¹¹ lɦie¹¹	白森森

状词前面可以加副词修饰。可加的词主要有三个，表示状词所表性质、状态的程度。例如：tau^{11}ma^{11}的意思是“嫩”，加副词、状词后就是：

形容词	副词	状词	
tau^{11}ma^{11}		ɳ̥ɦu^{35}	嫩嫣嫣
tau^{11}ma^{11}	ta^{55}	ɳ̥ɦu^{35}	比较嫩嫣
tau^{11}ma^{11}	ndɦu^{35}	ɳ̥ɦu^{35}	很嫩嫣
tau^{11}ma^{11}	tsi^{55}	ɳ̥ɦu^{35}	不太嫩嫣

状词可以重叠。重叠分两种，第一种是简单重叠，表示性质、状态持续，可以称为持续体。例如：

hi^{55} 说

hi^{55}pi^{55}tə^{55} 大声说

hi^{55}pi^{55}tə^{55}pi^{55}tə^{55} 不断地大声

第二种是变韵变调重叠，表示杂乱无序。重叠音节在原词之前，声母与原词的相同，声调变为55调，韵母变为u，如果原韵母是u，则异化为i。例如：

tɬhie^{33} 跳

tɬhie^{33}tɬhɯ^{55} 蹦跳

tɬhie^{33}tɬhu^{55}tɬhɯ^{55} 乱蹦乱跳

tɕi^{33} 发光

tɕi^{33}lu^{31} 亮光光

tɕi^{33}li^{55}lu^{31} 忽闪忽闪地发光

如果状词是双音节的，则可以两个音节都重叠，也可以只重叠一个音节。例如：

ntshie^{11}lɦie^{11} （白）森森

ntshu^{55}lu^{55}ntshie^{11}lɦie^{11}/ntshu^{55}ntshie^{11}lɦie^{11} 黑黑白白

pi^{33}ɳʈi^{55} 吡呗（声）

pi^{55}ɳʈu^{55}pi^{33}ɳʈi^{55}/ɳʈu^{55}pi^{33}ɳʈi^{55} 吡吡呗呗

语料是2008年王德光提供给我的，那年他82岁。

第七节 湘西苗语西部方言

以广西都安下坳话为代表。说这种话的苗族自称qa^{33}ɕəŋ^{35}，汉族称红苗。分布在湖南的凤凰、花垣、保靖、吉首、新晃、麻阳，贵州的松桃、铜仁、榕江、望谟，广西的都安、南丹、河池，四川的秀山，湖北的宣恩。人口约80万。语料是1985年赵启里讲给我的。那年他30岁。

一、声母

声母表

p	ph	mp	mph	m	m̥	w	
pj	pjh		mpjh	mj			f
ts	tsh	nts	ntsh				s
t	th	nt	nth	n	n̥	l	ɬ
tj	tjh	ntj				lj	ɬj
ʈ	ʈh	ɳʈ	ɳʈh	ɳ		ʐ	ʂ
tɕ	tɕh	ɲtɕ	ɲtɕh	ɲ		ʑ	ɕ
k	kh	ŋk	ŋkh	ŋ	ŋ̊		
kw	kwh			ŋw			
q	qh	ŋq	ŋqh				
qw	qwh	ŋqw					
ʔ							h

声母说明

1. 按复声母的结构规则，可能有 mpj、ntjh、ŋkw、ŋkwh、ŋqwh 等声母，限于语料，未找到例字。

2. 固有词的 p 列声母、m 列声母和 w 列声母可与各个声调相拼；ph 列声母、mph 列声母、m̥ 列声母和 f 列声母只能与 35、44、551 三个声调相拼；因带鼻冠音的古浊断音声母已简化为鼻音，所以 mp 列声母也只能与 35、44、551 三个声调相拼。

3. m̥、n̥、ɬ、ɬj 的实际音值是 m̥h、n̥h、ɬh、ɬjh。例如：

n̥o^{44}读作［n̥ho^{44}］　　听见

ɬa^{551}读作［ɬha^{551}］　　月亮

4. m、n、ŋ 除了做声母外，还可以单独做韵母。例见韵母例字。

声母例字

p	pu^{35}	三	ph	phəɯ^{35}	爷爷
mp	mpo^{551}	响	mph	mphu^{551}	淋
m	mai^{31}	有	m̥	m̥u^{44}	细
w	wɛ^{33}	我	pj	pja^{35}	五

pjh	pjha^{35}	吹	mpjh	mpjha^{35}	量（米）
mj	mjau^{33}	搧	f	fu^{44}	喝
ts	tsɛ^{44}	硌（脚）	tsh	tshəɯ^{551}	砍
nts	ntsa^{44}	洗（碗）	ntsh	ntsha^{551}	怕
s	so^{35}	雷	t	tɛ^{551}	断
th	thəŋ^{44}	戳	nt	ntəu^{551}	戴（帽）
nth	ntha^{551}	撑	n	nəŋ^{31}	吃
n̥	n̥o^{44}	听见	l	lə^{31}	久
ɬ	ɬa^{551}	月亮	tj	tjuŋ^{241}	栽
tjh	tjhɑŋ^{35}	穿（针）	ntj	ntjəu^{551}	爬（树）
lj	ljəu^{31}	大	ɬj	ɬjo^{35}	多
ʈ	ʈo^{44}	笑	ʈh	ʈhu^{551}	拿
ɳʈ	ɳʈəŋ^{35}	中间	ɳʈh	ɳʈhə^{551}	（肚）胀
ɳ	ɳo^{44}	呕吐	ʐ	ʐəu^{551}	好
ʂ	ʂan^{35}	高	tɕ	tɕəu^{31}	九
tɕh	tɕho^{31}	桥	ȵtɕ	ȵtɕen^{35}	像
ȵtɕh	ȵtɕhen^{44}	篮子	ȵ	ȵe^{241}	偷
ʑ	ʑi^{33}	八	ɕ	ɕu^{44}	锯
k	ku^{33}	十	kh	kha^{44}	干
ŋk	ŋkɑ^{35}	药	ŋkh	ŋkhɯ^{44}	裤子
ŋ	ŋau^{33}	矮	ŋ̊	ŋ̊au^{33}	窄
kw	kwa^{55}	过	kwh	kwhɑ^{551}	崩
ŋw	ŋwə^{33}	流	q	qəu^{241}	倒
qh	qha^{44}	渴	ŋq	ŋqɯ^{35}	唱
ŋqh	ŋqhu^{44}	绕	qw	qwen^{31}	黄
qwh	qwhɛ^{35}	卡	ŋqw	ŋqwɑ^{551}	缺
ʔ	ʔan^{35}	苦	h	ho^{44}	磨（刀）

二、韵母

韵母表

i	e	ɛ	a	ɑ	o	u	ə	ɯ
ei	ai	au	əu	əɯ				
in	en	an	ɑŋ	uŋ	əŋ			

m n ŋ *y *yn *ien *uan *iaŋ

韵母说明

1. 带＊号的韵母只拼现代汉语借词。

2. i 与 ts 行声母拼时音值为 ʅ，与 ʈ 行声母拼时音值为 ʅ。例如：mɑ^{31} tsi^{53}读作［mɒ^{31}tsʅ^{53}］“麻子”，ʂi^{44}读作［ʂʅ^{44}］“灰”。

3. ɑ 单独做韵母时音值是 ɒ。例如：pɑ^{33}读作［pɒ^{33}］“坏”。

4. a 与 ɑ 对立区别意义。例如：

ta^{241} 燃——tɑ^{241} 死

5. in、en、an、ɑŋ、uŋ 的实际音值是鼻化元音 ĩ、ẽ、ã、ũ，但是 əŋ 是元音 ə 带真正的鼻尾 ŋ，这是很少见的差异。例如：

tɕin^{44}读作［tɕĩ^{44}］金　han^{35}读作［hã^{33}］编织

但是

pjəŋ^{33}读作［pjəŋ^{33}］出

6. m、n、ŋ 既可以做声母，也可以单独作韵母（例见下），m 还可以与声母 m̥ 拼。例如：m̥m^{44} “去”。

韵母例字

i	pi^{44}	果	e	ɕe^{44}	肠子
ɛ	nɛ^{241}	问	a	ʈa^{551}	踩
ɑ	ŋqɑ^{44}	剪	o	mpo^{44}	补
u	pu^{241}	入	ə	pə^{35}	我们
ɯ	ŋqɯ^{35}	唱	ei	ʔei^{551}	飞
ai	mai^{31}	有	au	thau^{551}	寻
əu	ɳəu^{35}	种子	əɯ	kəɯ^{35}	远
in	ɕin^{44}	腥	en	kwen^{44}	宽
an	pan^{31}	想	ɑŋ	pɑŋ^{44}	射
uŋ	tɕuŋ^{551}	释放	əŋ	ləŋ^{33}	伸（手）
m	m^{35}	病	n	n^{241}	是
ŋ	ŋ^{35}	在	y	ɕy^{35}	（樟）树
yn	yn^{31}	云	ien	tsien^{44}	尖
uan	luan^{35}	乱	iɑŋ	tsiɑŋ	墙

三、声调

声调表

调值	调类	例字	
35	阴平	pu^{35}	三
31	阳平	pu^{31}	沸
44	阴上	ʑu^{44}	牛
	阴入	fu^{44}	喝
33	阳上	ȵu^{33}	生
	阳入	ku^{33}	十
551	阴去	ʈhu^{551}	拿
241	阳去	nu^{241}	麻

声调说明

1. 除上述固有词中的 6 个调外，在汉语借词中还有 53 和 13 两个调。现代汉语借词阴平字读 44 调，阳平字读 31 调，上声字读 53 调，去声字读 13 调。例如：

阴平：u^{44}kwei^{44}　　乌龟

阳平：ʑəu^{31}tɕhi^{31}　　油漆

上声：fan^{53}ɕəu^{53}　　反手

去声：ku^{13}si^{13}　　故事

2. 33 调和 241 调（即阳上、阳去、阳入）的字都带气嗓音。例如：

阳上：lo^{33}读作［lɦo^{33}］　来

阳入：mjei^{33}读作［mjɦei^{33}］　辣

阳去：nɛ^{241}读作［nɦɛ^{241}］　问

3. 词根连读没有发现连读变调，但是同一个前缀在不同声调字之前，调值有变化。例如：

qa^{13}	tsha^{551}	沙	ta^{35}	nei^{33}	老鼠
qa^{13}	təɯ^{44}	皮	ta^{31}	mpha^{44}	蚂蚁
qa^{33}	ɳəu^{35}	种子	ta^{31}	mjəɯ^{33}	鲤鱼
qa^{33}	ɬo^{44}	竹子			
qa^{31}	ɬa^{551}	藤子			
qa^{31}	ɕen^{44}	牙			

这种连音变化不是轻声，也不是规律性的连读变调，主要是避免前缀

与词根同调，是一种声调异化。

四、词缀

除借词中 tsi^{53} “子” 和 ti^{35} “第”，固有词中只有两个构词前缀，其中 ta 构成的词比较少，所构成的词都是动物的名称。例如：

ta^{31}tɛ^{44} 虱子 ta^{35}mu^{33} 苍蝇

ta^{31}ntjau^{44} 松鼠 ta^{35}nei^{33} 老鼠

ta^{31}qwen^{44} 老鹰 ta^{31} ʂo^{44} 鸭子

ta^{31} ʂəu^{44} 蜈蚣 ta^{31}mpha^{44} 蚂蚁

ta^{31}mjəɯ^{33} 鲤鱼 ta^{31}so^{35} 雷公

有趣的是说这种话的人把“雷公”也看做是一种动物。另一个前缀 qa 构成的词比较多，所构成的词，有的表示人物。例如：

qa^{13}ʈa^{33} 汉族 qa^{13}la^{33} 亲戚

qa^{31}ŋ^{551} 男人 qa^{13}mpho^{44} 妇女

有的表示植物。例如：

qa^{33}ntəŋ 茅草 qa^{33}ɬo^{44} 竹子

qa^{31}ɬa^{551} 藤子 qa^{33}to^{35} 葫芦

有的表示生物枝体。例如：

qa^{33}pi^{35} 毛 qa^{13}təɯ^{44} 皮

qa^{31}mjəɯ^{31} 叶子 qa^{33}ɳəu^{35} 种子

有的表示非生物。例如：

qa^{13}ɬa^{551} 月亮 qa^{31}sin^{44} 星星

qa^{13}ʐəŋ^{31} 河 qa^{31}ɳtɕha^{44} 桶

这两个前缀的读音弱化程度不高，声调虽有异化，但韵母比较稳定，不随词根的元音而改变。

前缀除了上述显示词义的类别外，还有两个重要作用，一是派生新词。同一词根，有无前缀，是两个不同的词。例如：

无前缀的词 有前缀的词

mjəɯ^{33} 鱼 ta^{31}mjəɯ^{33} 鲤鱼

to^{35} 南瓜 qa^{33}to^{35} 葫芦

ntəu^{551} 树 qa^{13}ntəu^{551} 森林

mjau^{33} 扇 qa^{31}mjau^{33} 扇子

另一个是加在借词前面，构成苗汉混合词。例如：

pin^{31}	瓶	qa^{33}pin^{31}	瓶子
tshə^{44}	车	qa^{13}tshə^{44}	车子
li^{31}	犁	qa^{13}li^{31}	犁（名词）
sin^{44}	星	qa^{31}sin^{44}	星星
pien^{44}	边	qa^{31}pin^{44}	旁边

看来，下坳的前缀不仅意义比较明显，声韵母稳定，还有较强的构词能力。

五、时间词

下坳话的时间词，有 n̥ε^{35}“日”、ɬa^{551}“月”、tɕu^{551}“年”等。这些词可以与数词结合组成数量词组表示时间的数量，也可以与数词组成合成词表示日子和月份的名称。例如：

日数		日名	
ʔa^{53}n̥ε^{35}	一天	ʔa^{53}n̥ε^{35}ɬa^{551}	初一
ʔə^{53}n̥ε^{35}	两天	ʔə^{35}n̥ε^{35}ɬa^{551}	初二
pu^{35}n̥ε^{35}	三天	pu^{35}n̥ε^{35}ɬa^{551}	初三
pjei^{35}n̥ε^{35}	四天	pje^{35}n̥ε^{35}ɬa^{551}	初四
pjɑ^{35}n̥ε^{35}	五天	pjɑ^{35}n̥ε^{35}ɬa^{551}	初五

月数		月名	
ʔa^{53}lε^{35}ɬa^{551}	一个月	ɬa^{551}ʔa^{53}	正月
ʔə^{35}lε^{35}ɬa^{551}	两个月	ɬa^{551}ʔə^{35}	二月
pu^{35}lε^{35}ɬa^{551}	三个月	ɬa^{551}pu^{35}	三月
pjei^{35}lε^{35}ɬa^{551}	四个月	ɬa^{551}pjei^{35}	四月
pjɑ^{35}lε^{35}ɬa^{551}	五个月	ɬa^{551}pjɑ^{35}	五月

日数和日名的区别办法是在日名后加 ɬa^{551}，这个 ɬa^{551}是不能省略的。月数和月名的区别办法是在“数”“月”之间加量词 lε^{35}“个”表示月数，将“数”移到“月”后表示月名。这种加成分或改变语序的方法是湘西苗语西部方言的一大特征。

六、代词

这里只讲人称代词。人称代词分三个人称和单复数，列表如下：

	单　数		复　数	
第一人称	wɛ^{33}	我	pə^{35}	我们
第二人称	m^{31}	你	ma^{53}	你们
第三人称	m^{31}tshəu^{35}	他	ma^{53}tshəu^{35}	他们

可以看出，第一、二人称的单复数都是不同的词，可是第三人称的单复数却是在第二人称的单复数之后加同一个 tshəu^{35} 构成的，可见在语言发展史上第三人称是后起的。

第八节　湘西苗语东部方言

以湖南泸溪小章话为代表。说这种话的苗族自称 suaŋ^{53}，分布在湖南泸溪、吉首、古丈、龙山等县市，使用人口约有 9 万，汉族称红苗。语料是 1984 年谢代元讲给我的，那年他 42 岁。

一、声母

声母表

p	ph	b	ʔm	m̥	m	ʔw		w
pj	pjh	bj	ʔmj		mj		f	v
ts	tsh	dz					s	z
t	th	d	ʔn	n̥	n	ʔl	ɬ	l
tj	tjh	dj					ɬj	lj
tɕ	tɕh	dʑ	ʔȵ	ȵ̥	ȵ	ʔʑ	ɕ	ʑ
k	kh	g			ŋ		x	
kw	kwh	gw						
q	qh	G						
qw		Gw					hw	
ʔ							h	

声母说明

1. 在固有词中，b、m、w 三列声母能与各个声调相拼，p 列、ph 列、ʔm 列、m̥ 列、ʔw 列、f 列声母只与 53、55、33、35 四个声调相拼。

2. m̥、n̥、ȵ̥ 是送气清鼻音。

1）ʔm、ʔn、ʔȵ、ʔw、ʔl、ʔʑ 诸声母的喉塞音比较轻微。

2）m、n、ȵ、ŋ 除了做声母外，还可以单独做韵母（例见韵母例字）。

声母例字

p	pu^{53}	三	ph	phai^{33}	糠
b	bo^{13}	脓	ʔm	ʔmaŋ^{53}	痛
m̥	m̥a^{33}	夜	m	mi^{31}	有
ʔw	ʔwu^{33}	好	w	wei^{31}	天
pj	pja^{53}	五	pjh	pjhəu^{53}	吹
			ʔmj	ʔmje^{33}	浅
bj	bjaŋ^{55}	冒（烟）	mj	mja^{33}	肺
f	fu^{35}	喝	v	van^{13}	万
ts	tso^{33}	饱	tsh	tshuaŋ^{53}	陡
dz	dzi^{31}	齐	s	sɿ^{55}	站
z	zɯ^{55}	盐	t	taɯ^{35}	笑
th	tha^{55}	煮	d	dei^{31}	布
ʔn	ʔnei^{53}	蛇	n̥	n̥ei^{53}	太阳
n	naŋ^{31}	吃	ʔl	ʔla^{33}	挤（虱子）
ɬ	ɬai^{33}	绳子	l	la^{55}	啃
tj	tjaŋ^{53}	带（路）	tj	tjhaŋ^{53}	穿（针）
dj	dja^{35}	啄	ɬj	ɬja^{35}	拖
lj	ljəɯ^{33}	富	tɕ	tɕo^{33}	皮
tɕh	tɕhi^{55}	肠子	dʑ	dʑe^{31}	庹
ʔȵ	ʔȵaŋ^{35}	幼	ȵ̊	ȵ̊ȵ^{55}	重
ȵ	ȵe^{55}	哭	ʔʑ	ʔʑaŋ^{33}	嫩
ɕ	ɕe^{53}	高	ʑ	ʑaŋ^{31}	龙
k	ka^{53}	药	kh	khi^{53}	关（门）
g	gɯ^{31}	菌子	ŋ	ŋa^{31}	肉
x	xəɯ^{55}	磨（刀）	kw	kwa^{33}	过
kwh	kwhai^{55}	宽	gw	gwe^{31}	黄
q	qo^{55}	狗	qh	qhai^{35}	渴
G	Go^{55}	盖	qw	qwa^{53}	骗
Gw	Gwaŋ^{55}	葱	hw	hwa^{35}	画（眉）

ʔ	ʔu^{53}	水	h	haŋ^{33}	臭

二、韵母

韵母表

i	e	a	o	u	ɯ	ʅ	*ə	
ei	ai	əɯ	aɯ	au	əu			
in	en	aŋ	uŋ	uaŋ	m	n	ȵ	ŋ
*y	*ye	*ua	*an	*un	*yn	*yan	*uei	*uan

韵母说明

1. 带 * 号的韵母只拼汉语借词。

2. m、n、ȵ、ŋ 作韵母时，只发现 ȵ 可与 ȵ̥ 拼，如 ȵ̥ȵ^{55} “重”，其他的都是单独与声调组成字。

韵母例词

i	ʔʑi^{53}	菜	e	ke^{53}	虫
a	ʑa^{55}	尿	o	zo^{13}	米
u	pu^{55}	屁	ɯ	qɯ^{33}	男阴
ʅ	sʅ^{55}	站	ti^{33}	ə^{13}	第二
ei	tei^{53}	儿子	ai	qhai^{33}	汉族
əɯ	məɯ^{55}	鱼	aɯ	qaɯ^{33}	老
au	mau^{55}	蜜蜂	əu	tshəu^{35}	插
in	tɕhin^{53} kaŋ^{53}	青杠树	en	ten^{35}	翅膀
aŋ	naŋ^{13}	雨	uŋ	nuŋ^{35}	豆
uaŋ	suaŋ^{53}	苗族	m	m^{35}	麦子
n	n^{13}	纺	ȵ	ȵ^{31}	水牛
ŋ	ŋ^{35}	滑	y	ʑaŋ^{13} y^{13}	马铃薯
ye	tsen^{53} ye^{13}	正月	ua	tɕua^{13}	垮
an	ma^{13} ŋan^{53}	马鞍	un	nau^{13} sun^{13}	脑髓
yn	yn^{55}	晕	yan	tɕyan^{55}	砖
uan	suan^{33} min^{33}	算命	uei	suei^{53} ȵan^{13}	水碾

三、声调

声调表

调值	调类	例字

53	阴平	ka^{53}	药
31	阳平	ŋa^{31}	肉
55	阴上	tha^{55}	煮
	阳上	ʐa^{55}	尿
33	阴去	kwa^{33}	过
13	阳去	da^{13}	死
35	阴入	pha^{35}	女
	阳入	ŋa^{35}	窄

声调说明

1. 13 调的字都带气嗓音。例如：

da^{13}的实际读音是［dɦa^{13}］“死”

naŋ^{13}的实际读音是［nɦaŋ^{13}］“雨”

2. 古代带鼻音声头的阴平字，鼻音已经消失，整个声母变成了浊音，声调也随着变成了阳平。例如：dei^{31}“布”、gɯ^{31}“菌子”

同样，古代带鼻音声头的阴去字，也变了阳去，增加了气嗓音。例如 bei^{13}读作［bɦei^{13}］“猪”，du^{13}读作［dɦu^{13}］“戴”（帽）。

但是，古代带鼻音声头的阴上字和阴入字，声母虽然也已浊化，声调却没有变化，因为上声和入声尚未分化为阴阳两类。

四、词缀

固有词中有三个前缀，它们的声母和韵母都比较稳定，调值有一些变化，主要是避免与词根的调值相同。

ʔa^{03}是人物名词的前缀，出现得不多。例如 ʔa^{03} pha^{53}“祖父”，ʔa^{03} gɯ^{13}“嫂嫂”。

qa^{03}可以表示人物，也可以表示人的肢体和其他非生物。出现率比 ʔa^{03}高。例如 qa^{03} ŋ^{13}“丈夫”、qa^{03} pha^{35}“妻子”、qa^{03} pja^{13}“屁股”、qa^{03} da^{55}“戒指”、qa^{03} ljə^{13}“秋千”。

ki^{03}也是名词前缀，但不表示人物，主要是表示动物的肢体和用具。例如：

表示动物肢体			表用具	
ki^{03}	bu^{35}	手	ki^{03} wai^{55}	锅
ki^{03}	sai^{55}	牙	ki^{03} tei^{31}	碗
ki^{03}	qwa^{55}	腰	ki^{03} ʔwei^{53}	簸箕

ki^{03}	pei^{53}	腿	$ki^{03}thaŋ^{55}$	风箱
ki^{03}	ten^{35}	翅膀	$ki^{03}tshəɯ^{33}$	纺车

五、借词声调

由于东部方言区处于汉语湘方言和西南官话的连接地带，现代汉语借词的声调有多种调值，这是其他苗瑶语里少见的。

汉语阴平字多数读 53 调，少数读 33 调。如：

$tshin^{53}$	青（杠）	po^{33}	波（浪）
$tjan^{53}$	癫（子）	$tjhan^{33}$	天（井）
$tshuan^{53}$	穿（山甲）		

汉语阳平字多数读 31 调，少数读 13 调。如：

$dʑaŋ^{31}$	强（盗）	bi^{13}	皮（带）
$waŋ^{31}$	皇（帝）	lin^{13}	（响）铃
$ʑaŋ^{31}$	洋（芋）		

汉语阴上字多数读 55 调，少数读 53 调。如：

$çaŋ^{55}$	响（铃）	$suei^{53}$	水（车）
khu^{55}	苦（胆）	$tsau^{53}$	爪（子）
lau^{55}	老（实）		

汉语阳上和阴去字多数读 33 调，少数读 35 调或 13 调。如：

$suan^{33}$	算（命）	wa^{35}	瓦
$tsɿ^{33}$	痣	$phau^{35}$	爆（仗）
yan^{33}	怨	ma^{13}	马（鞍）

汉语阳去字多数读 13 调，少数读 35 调。如

wan^{13}	万	hwa^{35}	画（眉）
$tçua^{13}$	跨		
$tçaŋ^{13}$	匠		

汉语入声字多数读 31 调，少数读 53 调。如：

the^{31}	铁（匠）	$tshi^{53}$	漆
m^{31}	木（匠）	pi^{53}	笔
$tshua^{31}$	啄（木鸟）		

六、叠音词

名词和状词里有叠音词。这些词都是双音节的，两个音节的声母和韵

母完全相同，声调有的相同，有的有差别。

叠音名词分三类。第一类表示亲属。例如 ȵaŋ^{35} ȵaŋ^{33} “祖母”，nai^{35} nai^{35} “母亲”，ʐa^{35} ʐa^{31} “姐姐”。第二类表示动物。例如：qəɯ^{55} qəɯ^{55} “野鸡”、kha^{33}kha^{33} “喜鹊”、qa^{35}qa^{13} “鸭子”、tɕhy^{55}tɕhy^{55} “蟋蟀”。可以看出，表示动物的叠音词都是模拟它们的叫声而来的。第三类是用具名称。例如：sʅ^{55}sʅ^{55} “筋”、tshan^{55} tshan^{55} “钹”，后者也是模拟钹发出的声音。

状词是描写事物的声音、状态、性质的，都是作动词、形容词的定语。例如：

qwa^{53}	wei^{33}wei^{33}	白森森
diaŋ^{55}	sai^{55}sai^{55}	甜蜜蜜
tai^{55}	paŋ^{33}paŋ^{33}	硬邦邦
təɯ^{35}	ha^{33}ha^{33}	笑哈哈

可以看出，后者也是模拟声音的。

七、数词

这种话“十”到“十九”的表达方式与其他方言不同，其他方言“十”前面的“一”可以省，这里不能省。例如：

	小章话	下坳话
十一	ʔa^{33}gu^{35}ʔa^{33}	ku^{33}ʔa^{53}
十二	ʔa^{33}gu^{35}ʔu^{53}	ku^{33}ʔə^{35}
十三	ʔa^{33}gu^{35}pu^{53}	ku^{33}pu^{35}
十四	ʔa^{33}gu^{35}fei^{53}	ku^{33}pjei^{35}
十五	ʔa^{33}gu^{35}pja^{53}	ku^{33}pja^{35}
十六	ʔa^{33}gu^{35}to^{33}	ku^{33}ʈəu^{551}
十七	ʔa^{33}gu^{35}zaŋ^{13}	ku^{33}tɕen^{241}
十八	ʔa^{33}gu^{35}ʑi^{35}	ku^{33}ʑi^{33}
十九	ʔa^{33}gu^{35}gɯ^{31}	ku^{33}tɕəu^{31}

第九节　黔东苗语北部方言

以贵州凯里凯棠话为代表。说这种话的苗族自称 m̥hu^{33} 或 qa^{33} nəu^{23}，汉族称黑苗，分布在贵州的黄平、凯里、施秉、雷山、台江、剑河、丹寨、麻江、三都、都匀、关岭、贞丰、安龙、兴仁、福泉、平坝、清镇、紫云等县市，人口约 120 万。语料是 1952—1953 年我实习时在当地收集的。

p	ph	m	m̥h	f	fh	v
ts	tsh			s	sh	z
t	th	n	n̥h	ɬ	ɬh	l
tj	tjh	nj	n̥jh	ɬj	ɬjh	lj
tɕ	tɕh			ɕ	ɕh	ʑ
k	kh	ŋ			xh	ɣ
q	qh					
ʔ				h		

声母说明

1. z 只拼汉语借词。

2. ph、m̥h、fh 3 列声母只与 33、35、44、13 4 个声调相拼，其他 4 列声母可与各个声调相拼。

3. 没有复辅音声母。古代的鼻口复辅音都变成了单辅音，其中阴类各调（阴平、阴上、阴去、阴入）字的声母现在都读口音，阳类各调（阳平、阳上、阳去、阳入）字的声母现在都读鼻音。

4. 不送气清擦音和送气清擦音对立区别意义，这是北部方言的一大特征。例如：

fa^{33}	瓜	fha^{33}	搓
sa^{44}	柴刀	sha^{44}	沙子
ɬɛ^{35}	狗	ɬhɛ^{35}	下（饭）
ɬjuŋ^{44}	猫头鹰	ɬjhuŋ^{44}	手镯
ɕa^{44}	帐	ɕha^{44}	穷

声母例字

p	paŋ^{35}	射	ph	pha^{44}	劈
m	muŋ^{53}	你	m̥h	m̥haŋ^{44}	夜
f	fa^{44}	过	fh	fha^{44}	糠
v	vi^{53}	天	ts	tsɛ^{35}	房子
tsh	tshɛ^{44}	分	s	sɔ^{35}	早
sh	shaŋ^{44}	伞	z	zen^{31}	人（民）
t	ta^{53}	来	th	thɔ^{13}	罐子

n	naŋ[11]	穿（衣）	n̥h	n̥haŋ[35]	听见
ɬ	ɬa[33]	骗	ɬh	ɬha[44]	月亮
l	lɔ[11]	回来	tj	tjuŋ[23]	鹌鹑
tjh	tjhu[33]	裹腿	nj	njaŋ[23]	土匪
n̥	n̥jhuŋ[35]	重	ɬj	ɬju[44]	咸
ɬjh	ɬjhu[44]	擤	lj	lju[31]	落（山）
ʑ	ʑaŋ[44]	飞	k	ka[35]	饭
kh	khi[33]	发烧	ŋ	ŋa[53]	野兽
xh	xhe[33]	心	ɣ	ɣaŋ[11]	寨子
q	qa[35]	屎	qh	qha[44]	客人
ʔ	ʔɛ[35]	姐姐	h	haŋ[44]	臭

二、韵母

韵母表

i	e	ɛ	a	ɔ	o	u
ei	əu	in	en	aŋ	uŋ	
* iɔ	* uɛ	* ua	* uei	* uen	* uaŋ	

韵母说明

1. 带 * 号的韵母只拼现代汉语借词。

2. i 拼 ts 行声母时实际音值是 ɿ。例如 si[33] ɕiaŋ[53] 读作［sɿ[33] ɕiaŋ[53]］“思想”。

3. 出现在韵母 e 前面的非腭化声母都腭化。例如：pe[33] 实际读作［pje[33]］“三”，me[31] 实际读作［mje[31]］“雌性”，ke[35] 实际读作［kje[35]］“路”。

4. 鼻尾 n 只出现在前高元音后，ŋ 只出现在后低元音后。这与汉语西南官话一致。

韵母例字

i	pi[35]	满	e	ke[35]	路
ɛ	ʔɛ[35]	姐姐	a	pa[44]	猪
ɔ	ʔɔ[33]	二	o	to[11]	火
u	pu[44]	沸	ei	tei[33]	儿子
əu	nəu[53]	吃	in	tɕin[35]	忙
en	tsen[53]	平	aŋ	qaŋ[33]	甜

uŋ	$tjuŋ^{33}$	中间	iɔ	$phiɔ^{13}$	票
uɛ	$kuɛ^{53}$	管（理）	ua	kua^{13}	挂（号）
uei	$kuei^{13}$	贵（州）	uen	$kuen^{33}$	昆（明）
uaŋ	$kuaŋ^{53}$	广（西）			

三、声调

声调表

调值	调类	例字	汉义
33	阴平	$tɛ^{33}$	地
53	阳平	$tɛ^{53}$	直
35	阴上	$tɛ^{35}$	长
11	阳上	$tɛ^{11}$	失
44	阴去	$tɛ^{44}$	踢
23	阳去	$tɛ^{23}$	饱满
13	阴入	$tɛ^{13}$	姑妈
31	阳入	$tɛ^{31}$	袋

声调说明

1. 11 调的字都带轻微的气嗓音。例如：$ɣaŋ^{11}$实际读作［$ɣ^{ɦ}aŋ^{11}$］“寨子”，ka^{11}实际读作［$k^{ɦ}a^{11}$］“矮”。23 调的字带有较重的气嗓音。例如 ta^{23} 实际读作［$tɦa^{23}$］“死”，$tjɔ^{23}$实际读作［$tjɦɔ^{23}$］“是”。

2. 13 调和 23 调的调值差别不大，有时候本民族的也不分。但是 13 调的字不带气嗓音，而 23 调的字带很重的气嗓音，对立区别意义，如［ta^{13}］“翅膀”与［$tɦa^{23}$］“死”。如果把这种区别处理为不同的声母或不同的韵母，都会增加好多个声母或韵母，所以处理为不同的声调才简单明了。

3. 现代汉语借词，阴平是 33，阳平是 31，上声是 53，去声是 13。如 pin^{33}（当）兵，$phin^{31}$贫（农）、lin^{53}领（导）、tin^{13}定（量）。

4. 没有连读变调。这是北部方言的又一特征。

四、量词

量词的意义：

1. 表示数量。例如：$tɕaŋ^{33}$“斤”、$tɕhe^{13}$“尺”、$tɔ^{35}$“斗”。都是度量衡单位，都是汉语借词。

2. 表示事物的形状、性质。例如：

tɕɔ^{53}　条　表示长而曲，如“河、路、线”

tjaŋ^{33}　根　表示长而直，如“木、扁担”

ljo^{11}　张　表示薄而扁，如“纸、巾、叶”

3. 给事物分类。主要分为生物（包括动物、植物）、非生物两类。

tei^{11}表示生物。如“人、狗、蛇、鸟、虫、鱼、鸡、蚂蚁；树”

lei^{33}表示非生物。如“石头、房子、太阳、月亮、鸡蛋、井、锅、伞、帽子”

4. 表示主观色彩。这样的量词不多，组合能力不强，只能单独位于名词前面，表示说话人对该名词所表事物的爱憎，不过它能替代所有个体量词。例如：

pɔ^{33}表示爱怜

pɔ^{33}tei^{33}nuŋ^{35}ɣu^{44}qa^{13}va^{44}。这孩子好玩极了。

me^{31}表示憎恶

nei^{53}tjha^{44}me^{31}lɔ^{44}tjɔ^{33}。他张开（丑恶的）大口。

五、指示词

凯棠话的指示词比较多，共有七个。

1. 近指　nuŋ^{35}　指离说话人最近的事物。例如：

vi^{11}　tsɛ^{35}　njaŋ^{35}　haŋ^{35}　nuŋ^{35}　　我家在这里。
我　家　在　处　这

2. 对指　muŋ^{53}　指离听话人近的事物。例如：

lei^{33}　muŋ^{53}　tjɔ^{23}　muŋ^{53}　paŋ^{31}.　　那个是你的。
个　那　是　你　的

可以看出，对指指示词和第二人称代词是同一个词。

3. 远指　nɛ^{35}　指离讲话人和听话人较远的事物。例如：

tei^{11}　nɛ^{35}　tjɔ^{23}　tei^{11}　pa^{44}.　　那是一只猪。
只　那　是　只　猪

4. 遥指　ʔi^{33}　指看得见但距离很远的事物。例如：

xhaŋ^{33}　pe^{11}　ʔi^{33}　mi^{53}　lei^{33}　men^{44}.　　对面坡有一口井。
边　山　那　有　个　井

5. 忆指　ʔɛ^{35}　指以往知道的事物。例如：

n̥ei^{33}　tei^{53}　muŋ^{53}　tɕa^{23}　tei^{11}　nei^{53}　ʔɛ^{35}.　　前天你碰到的那

个人。

天　前　你　遇　个　人　那

6. 选指　to^{23}　指在多种事物中选择哪一种。例如：

tɔ^{11}　to^{35}　nuŋ^{35}　muŋ^{53}　ʔu^{35}　pen^{53}　to^{23}？　这些书你要哪本？

些　书　这　你　要　本　何

7. 疑指　qa^{33} ʐe^{35}　指完全不知道的事物。例如：

muŋ^{53}　m̥a^{44}　qa^{33} ʐe^{35}？　你说什么？

你　说　什么

指示词不受别的词类修饰，但能修饰量词和量名词组。疑指的前缀常常省略。例如：

lei^{33}muŋ^{35}	这个	lei^{33}tsɛ^{35}nuŋ^{35}	这个房子
tɕɔ^{53}muŋ^{53}	那条	tɕɔ^{53}ke^{35}muŋ^{53}	这条路
haŋ^{35}to^{23}	哪里		
tei^{11}（qa^{33}）ʐe^{35}	谁		

指示词与 ʔi^{44} “做”组合就成了指示代词。例如：ʔi^{44}nuŋ^{35} “这样”，ʔi^{44}nɛ^{35} “那样” ʔi^{44}to^{23} “怎样”。

六、动词的形态变化

凯棠苗语的单音节动词可以变韵重叠，即在动词的前边重叠这个动词，但把重叠音节的韵母改为 u。这就构成了动词的无序态。例如：

有序态		无序态	
ma^{31}	砍	mu^{31}ma^{31}	乱砍
m̥a^{44}	说	m̥u^{44}m̥a^{44}	胡说
tɛ^{44}	踢	tu^{44}tɛ^{44}	乱踢
thɛ^{44}	骂	thu^{44}thɛ^{44}	乱骂
tje^{33}	打	tju^{33}tje^{33}	乱打

当动词的韵母是 u 或以 u 收尾时，重叠音节的韵母异化为 i 或 ei。例如：

有序态		无序态	
pu^{35}	补	pi^{35}pu^{35}	乱补
nəu^{53}	吃	ni^{53}nəu^{53}	乱吃
həu^{13}	喝	hei^{13}həu^{13}	乱喝

第十节　黔东苗语东部方言

以湖南靖县菜地湾话为代表。说这种话的人自称 mu^{24}，汉族称花苗或正苗，分布在贵州的天柱、锦屏、三穗、黎平，湖南的靖县、会同等县，人口约 20 万。语料是 1956 年潘仕椿讲给第二工作队的。那年他 31 岁。

一、声母

声母表

p	ph	m	f	v
ts	tsh		s	
t	th	n		l
tj	tjh	nj	ɬj	lj
tɕ	tɕh		ɕ	ʑ
k	kh	ŋ		
q	qh			
ʔ			h	

声母说明

在固有词中，ph 列声母和 f 列声母只与 24、33、44、35 四个阴调相拼，p 列、m 列和 V 列声母可与全部声调相拼。

声母例字

p	pi^{33}	满	ph	phi^{24}	补（衣）
m	$meŋ^{24}$	痛	f	fan^{22}	亮
v	vei^{33}	妻子	ts	$tsaŋ^{44}$	释放
tsh	$tsho^{44}$	错	s	sei^{24}	黑
t	tei^{22}	直	th	tha^{33}	散
n	nei^{53}	问	l	$lɛ^{22}$	久
tj	$tjaŋ^{53}$	胖	tjh	$tjhou^{44}$	牵
nj	$njan^{212}$	薄	ɬj	$ɬjo^{24}$	毛
lj	lja^{53}	惯	tɕ	$tɕy^{24}$	打
tɕh	$tɕhou^{44}$	修理	ɕ	$ɕan^{44}$	红
ʑ	$ʑa^{53}$	锋利	k	ka^{212}	矮
kh	khi^{24}	新	ŋ	$ŋɛ^{53}$	干枯

q	qeu^{44}	祖父	qh	$qhɛ^{24}$	干
ʔ	$ʔeu^{24}$	水	h	ha^{44}	快

二、韵母

韵母表

i	e	ɛ	a	o	u	y
ei	ue	* uɛ	* ua	eu	au	ou
in	en	an	un	eŋ	aŋ	uŋ
* ʅ	* ien	* uan	* uaŋ	* ieu		

韵母说明

带 * 号的韵母只拼汉语借词。

韵母例字

i	$ʔi^{24}$	一	e	$ŋe^{13}$	窄
ɛ	$kɛ^{33}$	饭	a	la^{33}	哑
o	so^{22}	会	u	pu^{33}	补（锅）
y	njy^{53}	鼻子	ei	lei^{33}	短
ue	fue^{24}	轻	uɛ	$kuɛ^{44}$	（妖）怪
ua	kua^{24}	（冬）瓜	eu	$njeu^{44}$	岁
au	$ʔau^{24}$	二	ou	nou^{53}	麻
in	$tɕin^{212}$	栽	en	$tsen^{33}$	果子
an	nan^{24}	蛇	un	kun^{33}	沸
eŋ	$neŋ^{33}$	这	aŋ	$ʔaŋ^{44}$	肿
uŋ	$muŋ^{212}$	细	ʅ	$Sʅ^{24}$	狮子
ien	$mien^{22}$	棉	uan	$tuan^{53}$	缎
uaŋ	$kuaŋ^{33}$	广（东）	ieu	$mieu^{53}$	庙

三、声调

声调表

调值	调类	例字	汉义
24	阴平	tsa^{24}	五
22	阳平	$ŋa^{22}$	野兽
33	阴上	ta^{33}	指头
212	阳上	ma^{212}	马

44	阴去	$ɬja^{44}$	瘦
53	阳去	la^{53}	旱地
35	阴入	pha^{35}	女儿
13	阳入	$tɕa^{13}$	涩

声调说明

汉语借词阴平读24调，阳平读22调，上声读33调，阴去读44调，阳去读53调，入声读13调，与固有词调类一致。例如：

阴平	24	$ʔi^{24}lin^{33}$	衣领
阳平	22	$mau^{22}sɿ^{24}$	茅厕
上声	33	$man^{33}nji^{33}$	晚女
阴去	44	$ʑau^{24}kuɛ^{44}$	妖怪
阳去	53	$u^{22}teŋ^{22}ɕy^{53}$	梧桐树
入声	13	$ɕo^{13}sen^{24}$	学生

四、语音特点

与北部方言比较，语音特点有：

1. 没有清鼻音声母。北部方言的清鼻音这里都读浊鼻音。例如：

	凯棠	菜地湾
苗族	$m̥hu^{33}$	mu^{24}
太阳	$n̥hei^{33}$	nei^{24}
汗	$n̥jhaŋ^{13}$	$njaŋ^{35}$

2. 有-n、-ŋ两个鼻音韵尾。北部方言虽然也有-n、-ŋ两个鼻尾，但-n只出现于前、高元音i、e之后，-ŋ只出现于后、低元音a、o之后，不对立区别意义，实际是一个鼻尾。而菜地湾的-n和-ŋ可以出现在相同元音之后，彼此对立，区别意义，是两个不能合并的鼻尾。例如：

an		aŋ	
$njan^{24}$	媳妇	$njaŋ^{24}$	住
$ʑan^{22}$	溶化	$ʑaŋ^{22}$	缝
$tsan^{44}$	平坝子	$tsaŋ^{44}$	释放
en		eŋ	
men^{24}	跳蚤	$meŋ^{24}$	疼
$tsen^{44}$	结（果）	$tseŋ^{44}$	饱

3. 北部方言的阳上字和阳去字带气嗓音，东部方言各个阳调的字都不

带气嗓音，古浊断音声母已完全清化。例如：

	菜地湾	凯棠	
阳平	tjeu^{22}	tju^{53}	门
阳上	tjeu^{212}	tjəu^{11} ［tj^{ɦ}əu^{11}］	汉族
阳去	tjaŋ^{53}	tjaŋ^{23} ［tjɦaŋ^{23}］	肥
阳入	peŋ^{13}	pu^{31}	见

五、借词

菜地湾话的借词有两个来源。多数借自汉语湘方言，而不是西南官话。其特点是有 6 个声调，而不是 4 个；入声独立，未与阳平合并；阳平字的断音声母虽已清化，但是不送气。例见声调说明部分。

少数借自侗语。东部方言区也是侗族分布区，苗侗两族长期杂居，许多苗族都会说侗语，所以苗语里也借进了一些侗语词。例如：

	菜地湾苗语	车江侗语
尿	njeu^{35}	ȵ̥eu^{53}
粪	mo^{22}	maːu^{11}
羊	lje^{33}	lje^{323}
盐	pau^{13}	paːu^{11}
犁	khɛ^{24}	khəi^{35}
耙	kha^{35}	khaːi^{453}

六、混合词

菜地湾话里有许多苗汉混合词。这种词由固有字和汉语借字两部分组成，因为这里的苗族一般是双语人，既精通本族语，也精通汉语，因此能使用两种语言的成分构成新词。混合词可分两种，一种是固有成分在前，借汉成分在后。例如：

vei^{33}（妇女）	tan^{24}çin^{24}（单身）	寡妇
to^{33}（皮）	çeu^{24}（硝）	皮革
ʔo^{33}（衣）	mien^{22}（棉）	棉衣
qan^{22}（杠子）	pien^{33}（扁）	扁担
teu^{44}（树）	tshi^{13}（漆）	漆树
teu^{44}（树）	tseŋ^{22}çy^{53}（松树）	松树
khen^{44}（篮）	tuan^{22}（团）	团篮

另一种是借汉成分在前，固有成分在后。例如：

pien^{24}（边）	ʔeu^{24}（河）	河岸
tsaŋ^{22}（长）	qeu^{24}（工）	长工
ʑeu^{22}（油）	pɛ^{44}（猪）	猪油
tɕhuan^{24}（圈）	quŋ^{33}（颈）	项圈
tɕuan^{53}（圈）	ljau^{33}（黄牛）	牛圈
ʑin^{44}（印）	lue^{24}（脚）	脚印
lin^{22}（零）	qeu^{24}（工）	零工

六、叠音词

许多语言都有叠音名词。例如汉语的爸爸、妈妈、哥哥、姐姐、爷爷、奶奶。那些词都是亲属称呼，两个音节的读音有差别，后一音节较轻较短。

莱地湾话也有许多叠音名词，但不是亲属称呼，而是普通名词。这些词的读音前后音节没有差别，它的意义带有“小巧”的色彩。这些叠音词也分两种。第一种，固有的。例如：

la^{44}la^{44}	月亮儿	qei^{24}qei^{24}	星星儿
tei^{24}tei^{24}	小孩儿	nan^{24}nan^{24}	穗儿
tjuŋ^{22}tjuŋ^{22}	筒儿	tjuŋ^{212}tjuŋ^{212}	沟儿
teu^{44}teu^{44}	棍子	qan^{53}qan^{53}	篙子

第二种，借自汉语湘方言的。例如：

ŋa^{22}ŋa^{22}	芽儿	phau^{44}phau^{44}	泡儿
pa^{24}pa^{24}	疤儿	ʑen^{24}ʑen^{24}	烟儿
ɕaŋ^{24}ɕaŋ^{24}	箱子	phin^{22}phin^{22}	瓶子
ŋe^{33}ŋe^{33}	眼儿	kɛ^{53}kɛ^{53}	爪子

叠音名词带“小巧”色彩是一种区域特征，其分布地区，南到湖南、贵州东部，北到鄂西、陕甘青，这个区域里的汉语方言和一些民族语方言，一些名词都可以重叠。

第十一节 黔东苗语南部方言

以广西融水尧告话为代表。说这种话的人自称 to^{31}m̥u^{13}，汉族称白苗，分布在贵州的从江、榕江、荔波，广西的融水、三江等县，人口约 23 万。

语料是 1985 年韦桂明讲给我的，那年他 41 岁。

一、声母

声母表

p	ph	m	m̥	f	v
ts	* tsh				s
t	th	n	n̥		
tj	tjh	nj	n̥j		
tɬ				ɬ	l
tɬj				ɬj	lj
tɕ	* tɕh	ȵ	ȵ̊	ɕ	ʑ
k	kh	ŋ	ŋ̊	x	ɣ
kw	kwh	ŋw			
q	qh				
ʔ				h	

声母说明

1. tsh 和 tɕh　只拼汉语借词。

2. 在固有词中，ph、m̥、f 这 3 列声母只与阴平、阴上、阴去、阴入这 4 个声调拼，其他 3 列声母可与阴平、阴上、阴去、阴入拼，也可以与阳平、阳上、阳去、阳入拼。

3. m 和 ŋ 既可以做声母，还可以单独做韵母。

声母例字

p	po^{35}	父亲	ph	pha^{35}	姑娘
m	mo^{22}	眼睛	m̥	m̥u^{13}	苗族
f	fu^{13}	雷	v	van^{31}	园
ts	$tsei^{53}$	盐	tsh	$tshai^{13}$	（芹）菜
s	saŋ^{53}	钱	t	tai^{44}	霜
th	$tham^{53}$	风箱	n	nam^{22}	雨
n̥	n̥o^{13}	太阳	tj	tju^{31}	门
tjh	$tjha^{35}$	插	nj	nju^{241}	鼓
n̥j	n̥ju^{13}	核	tɬ	tɬo^{44}	绳子
ɬ	ɬei^{44}	月亮	l	lɔ^{241}	老
tɬj	tɬjɔ^{13}	毛	ɬj	ɬjaŋ^{53}	堵塞

lj	$ljeu^{31}$	大	tɕ	$tɕi^{44}$	风
tɕh	$tɕhin^{31}$	芹（菜）	ȵ	$ȵan^{13}$	妻子
ȵ̥	$ȵ̥eŋ^{44}$	烟	ɕ	$ɕo^{53}$	灰
ʑ̥	$ʑ̥o^{13}$	秧	k	kei^{53}	路
kh	kha^{53}	姜	ŋ	$ŋo^{31}$	天
ŋ̊	$ŋ̊ŋ^{13}$	的	x	xeu^{13}	话
ɣ	$ɣan^{31}$	山	kw	$kwan^{13}$	方
kwh	$kwhaŋ^{13}$	黍	ŋw	$ŋwi^{241}$	瓦
q	qa^{35}	钳子	qh	$qhaŋ^{53}$	洞
ʔ	$ʔo^{44}$	做	h	hau^{13}	云

二、韵母

韵母表

i	ie	ia	im	in	iŋ	* iau
e	ei	eu		en	eŋ	
a	ai	au	am	an	aŋ	
o					oŋ	
u	* uei	* uai	* uan	* uen	ua	
ɛ	ɔ	* ə	* y	* ɿ	m	ŋ

韵母说明

带 * 号的韵母只拼汉语借词。

韵母例字

i	li^{53}	羊	ie	pie^{241}	网
ia	sia^{31}	牛	im	tim^{22}	桌子
in	lin^{241}	拆	iŋ	$ɕiŋ^{35}$	野鸡
iau	$miau^{22}$	庙	e	tje^{13}	呼叫
ei	$ɣei^{13}$	石头	eu	$ɬeu^{44}$	铁
en	$kwen^{241}$	（线）断	eŋ	$peŋ^{44}$	沸
a	$tɬja^{35}$	熊	ai	$phai^{53}$	烧（山）
au	qau^{13}	斑鸠	am	sam^{53}	骨头
an	kan^{13}	虫	aŋ	$ʔaŋ^{44}$	肿
o	tho^{53}	解开	oŋ	$poŋ^{13}$	会
u	phu^{53}	（花）开	uei	$suei^{53}$	水（鞋）

uai	uai^{35}	外（国）	uan	suan^{44}	算
uen	suen^{44}	猜	ua	tua^{24}	袋
ɛ	sɛ^{35}	连接	ɔ	tɔ^{53}	尾巴
ə	mə^{31}	麦	y	y^{35}	（洋）芋
ʅ	sʅ^{44}	（老）师	m	m^{31}	不
ŋ	ŋ^{35}	奶			

三、声调

声调表

调值	调类	例字	
13	阴平	m̥u^{13}	苗族
31	阳平	tju^{31}	门
53	阴上	ɣu^{53}	树林
241	阳上	pu^{241}	刺
44	阴去	ɣu^{44}	好
22	阳去	pu^{22}	抱
35	阴入	ku^{35}	笋笠
24	阳入	ȵu^{24}	饭

声调说明

1. 除表上的 8 个调外，还有一个只出现在前缀里的 33 调。

2. 阳上、阳去、阳入字都带气嗓音。例如：

pai^{241}实际读［pɦai^{241}］手

tu^{22}实际读［tɦu^{22}］死

ȵa^{24}实际读［ȵɦa^{24}］舌头

3. 现代汉语借词阴平字读 44 调，阳平字（包括入声字）读 31 调，上声字读 53 调，去声字读 35 调。例如：

44　tsuan^{44}砖，tɕi^{44}机（器）

31　tɕheu^{31}绸，phin^{31}苹（果）

53　seu^{53}piau^{53}手表

35　kwhaŋ^{35}矿，uai^{35}外（国）

四、语音特点

1. 有舌边塞擦音声母 tɬ 和 tɬj，它们是由双唇塞音后带边音的复声母简化而来的。

2. nj 和 ȵ、x 和 h 对立区别意义，这是其他方言少见的。例如：

njan^{22} 群 ȵan^{22} 胡须
xa^{13} 新 ha^{13} 编结

3. 在固有词里，既有腭化声母，又有韵头 i-；既有唇化声母，又有韵头 u-，这也是其他方言少见的。例如：

腭化声母 ljɔ^{44}皮
韵头 i- sia^{31}牛
唇化声母 kwen^{31}黄
韵头 u- tua^{24}袋

4. 有-m、-n、-ŋ 3 个鼻音韵尾，互相对立，区别意义。例如：

-m sam^{53} 骨头
-n san^{53} 血
-ŋ saŋ^{53} 钱

五、词汇特点

1. 名词有两个构词前缀，读音稳定，管辖明显，但出现率不高。一个是 to^{31}，构成的词都是人物名词。例如：

to^{31}m̥u^{13} 苗族 to^{31}tseu^{35} 壮族
to^{31}han^{44} 小伙子 to^{31}pha^{35} 姑娘
to^{31}pu^{241} 朋友 to^{31}mua^{241} 老麦
to^{31}nei^{241} 内弟 to^{31}ŋɔ^{35} 婴儿

另一个是 qa^{33}，构成的词，有的表示生物的部件，有的表示方位。表示生物部件的如：

qa^{33}tɕi^{241} 树枝 qa^{33}tei^{53} 手指
qa^{33}ɕeu^{44} 腋窝 qa^{33}tjam^{13} 腰

表示方位的如：

qa^{33}na^{53} 这里 qa^{33}mie^{24} 那里
qa^{33}njaŋ^{22} 里边 qa^{33}mo^{22} 对面
qa^{33}qɔ^{44}ʔu^{13} 河岸 qa^{33}pa^{22} 平坝子

2. 数词“一”和“二”都有两个词。先说“一”，有 tiŋ^{24}和 ʔe^{53}两个说法。tiŋ^{24}的使用范围较广，其功能有三。（1）数数。如：tiŋ^{24}“一”、ʔu^{13}“二”、pai^{13}“三”。

（2）受量词、位数词修饰。如：tiŋ^{24} to^{241} “一只”、tiŋ^{24} lo^{13} “一个”、tiŋ^{24} sia^{13} “一千”。这时候 tiŋ^{24}常常失去鼻尾，简化为 ti^{24}或 ti^{21}。如 ti^{24} lo^{13} “一个”、ti^{21} sia^{13} “一千”。

（3）位于 ɬei^{44} “月”、n̥o^{13} “日” 之后，表示月份和日子。如 ɬei^{44} tiŋ^{24} n̥o^{13} tiŋ^{24} “元月一号”。

ʔe^{53}的功能较小，只能单独在位数词后表示余数。如：

tɕu^{24} ʔe^{53} 十一

pai^{13} tɕu^{24} ʔe^{53} 三十一

ɬei^{44} tɕu^{24} ʔe^{53} 十一月

pie^{44} ʔe^{53} 一百一十

tiŋ^{24}与 ʔe^{53}功能互补，不能互相替代。

“二”的两个形式是 ʔu^{13}或 ȵam^{22}。功能也互补。ȵam^{22}是借自汉语的“廿”，只能用在位数 tɕu^{24} “十” 之前，如：ȵam^{22} tɕu^{24} “二十”、ȵam^{22} tɕu^{24} ʔe^{53} “二十一”。ʔu^{13}是固有词，除 tɕu^{24} “十” 外，其他语境它都能出现。

3. 缺少状词。其他方言用状词表示的意思，本方言往往用词形变化表示。例如：

	北部方言（凯棠）	本方言
红彤彤	ɕɔ^{13} ki^{33} li^{33}	san^{44} san^{44} san^{44}
白森森	ɬo^{33} ke^{13} xhe^{13}	tɬa^{13} tɬa^{13} tɬa^{13}

六、语法特点

形容词可以重叠，表示程度加深，构成级的范畴。重叠一次是比较级，重叠两次是最高级。例如：

原级	比较级	最高级
ljeu^{31}大	ljeu^{31} ljeu^{31}较大	ljeu^{31} ljeu^{3} ljeu^{31}最大
ɣu^{44}好	ɣu^{44} ɣu^{44}较好	ɣu^{44} ɣu^{44} ɣu^{44}最好
san^{44}红	san^{44} san^{44}较红	san^{44} san^{44} san^{44}最红
tɬa^{13}白	tɬa^{13} tɬa^{13}较白	tɬa^{13} tɬa^{13} tɬa^{13}最白
qan^{13}甜	qan^{13} qan^{13}较甜	qan^{13} qan^{13} qan^{13}最甜

形容词修饰名词时，原级都位于名词之后。例如：

hau^{13}云 qɛ^{35}黑 hau^{13} qɛ^{35}乌云

tɕi^{44}风 ljeu^{31}大 tɕi^{44} ljeu^{31}大风

比较级则位于名词之前，定语和中心语之间可以加助词 ti^{44} “的”。例如：

mo^{22}眼睛	qɛ^{35}qɛ^{35}mo^{22}黑黑的眼睛
taŋ^{31}糖	qan^{13}qan^{13}taŋ^{31}甜甜的糖
tsei^{44}纸	tɬa^{13}tɬa^{13}ti^{44}tsei^{44}雪白的纸
tɕi^{44}风	ljeu^{31}ljeu^{31}ti^{44}tɕi^{44}狂风

第十二节　黔东苗语西部方言

以贵州麻江河坝话为代表。说这种话的人自称 ʔeu^{33}ʑu^{21}，汉族称“绕家”。分布在贵州的麻江、都匀、凯里、榕江，广西的南丹，人口一万多。这一支人以前的民族成分是苗族，1992 年改为瑶族。语料是 1983 年杨勋尧讲给我的，那年他 64 岁。

一、声母

声母表

p	ph	m			w
pj	pjh	mj	*f	fh	v
*ts	*tsh		s	sh	
t	th	n	ɬ		l
tj	tjh	nj	ɬj	ɬjh	lj
tɕ	tɕh		ɕ	ɕh	ʑ
k	kh	ŋ	x	xh	ɣ
q	qh				
ʔ				h	

声母说明

带 * 号的声母只拼汉语借词。

声母例字

p	paŋ^{44}	崩	ph	phe^{11}	姑娘
m	maŋ^{13}	含	w	wu^{13}	树林
pj	pja^{44}	五	pjh	pjha^{44}	吹
mj	mja^{22}	孤儿	f	fa^{33}	发（信）
fh	fha^{44}	搓	v	vei^{55}	天

ts	tsuŋ^{44}	（酒）盅	tsh	tshe^{11}	漆
s	seɯ^{13}	早	sh	shaŋ^{33}	象
t	to^{21}	火	th	tha^{13}	解
n	nuŋ^{22}	雨	ɬ	ɬa^{44}	骗
l	lo^{53}	抢	tj	tjeu^{21}	汉族
tjh	tjhe^{11}	插	nj	njuŋ^{22}	爬
ɬj	ɬjau^{53}	瞎	ɬjh	ɬjhæ̃^{33}	掰
lj	ljeu^{44}	大	tɕ	tɕi^{33}	风
tɕh	tɕhuŋ^{44}	进	ɕ	ɕaŋ^{33}	释放
ɕh	ɕhæ^{44}	筛	ʑ	ʑa^{55}	搬
k	ki^{13}	路	kh	kha^{11}	耙
ŋ	ŋa^{21}	下	x	xe^{44}	高
xh	xhɔ^{11}	画	ɣ	ɣi^{33}	近
q	qæ^{44}	鸡	qh	qhaŋ^{13}	洞
ʔ	ʔeu^{44}	水	h	hæ^{44}	编

二、韵母

韵母表

i	e	æ	a	ɔ	o	u	y
ei	oi	ui	eu	au	eɯ		
ue	uæ	ua	ye	ya			
ẽ	æ̃	uẽ	uæ̃	yẽ	yæ̃		
in	en	un	yn	aŋ	uŋ		

韵母说明

i 与声母 ts、tsh、s 拼时实际音值是 ɿ。例如：

si^{33} “丝” 读作［sɿ^{33}］。

韵母例字

i	ki^{55}	叫	e	ŋe^{55}	肉
æ	pæ^{33}	猪	a	ʑa^{53}	八
ɔ	ɬɔ^{44}	四	o	tɕo^{55}	条
u	ɣu^{22}	力	y	tɕy^{11}	（蜡）烛
ei	vei^{21}	我	oi	poi^{21}	手
ui	tui^{55}	前	eu	heu^{11}	喝

au	sau^{22}	凿	eɯ	keɯ^{22}	冻
ue	ɬue^{55}	桃	uæ	luæ^{55}	烂
ua	kua^{21}	起来	ye	tye^{13}	长
ya	tya^{44}	打	ẽ	ɕhẽ^{13}	血
æ̃	kæ̃^{44}	虫	uẽ	puẽ^{13}	粉末
uæ̃	kuæ̃^{13}	宽	yẽ	tɕyẽ^{22}	（牛）圈
yæ̃	ɕyæ̃^{44}	砖	in	ɬjin^{44}	鬼
en	xhen^{33}	凉	un	thun^{33}	脱（皮）
yn	ɕyn^{53}	网	aŋ	maŋ^{33}	夜
uŋ	ɕuŋ^{22}	七			

三、声调

声调表

调值	调类	例字	汉义
44	阴平	ɬa^{44}	骗
55	阳平	ka^{55}	蒜
13	阴上	qa^{13}	屎
21	阳上	ka^{21}	矮
33	阴去	qa^{33}	啼
22	阳去	ta^{22}	死
11	阴入	ɕa^{11}	梳
53	阳入	mja^{53}	辣

声调说明

1. 阳上 21 和阳去 22 这两个调的字都带气嗓音。例如：

ka^{21} “矮”　实际读音是［kɦa^{21}］。

ɬa^{22} “富”　实际读音是［ɬɦa^{22}］。

2. 现代汉语借词阴平字读 33 调，阳平字读 21 调，上声字读 55 调，去声字读 13 调。例如：

阴平　ɕi^{33}kua^{33}　西瓜

阳平　huŋ^{21}tɕhi^{21}　红旗

上声　thu^{55}kæ^{55}　土改

去声　kui^{13}hua^{33}　桂花

四、读音特点

1. 没有清鼻音声母。

2. 清擦音声母有两组，一组不送气，一组送气，对立区别意义。例如：

不送气		送气	
çaŋ^{33}	放	çhaŋ^{33}	衣
sa^{13}	洗	sha^{13}	错
fa^{33}	发（信）	fha^{44}	搓

3. 有3个元音韵尾：-i、-u、-ɯ；两个鼻音韵尾：-n、-ŋ；两个圆唇元音韵头 u-、y-；还有6个鼻化韵母。这在苗语方言里是少见的。

4. 气嗓音单独区别意义。

21调的字都带气嗓音 ɦ。例如：［kɦa^{21}］“矮”、［tçɦi^{21}］“茶”、［pɦu^{21}］“刺”。根据音位标音的原理，标明21调以后，伴随特征 ɦ 就可省略，上面的例字就可以写作：ka^{21}“矮”、tçi^{21}“茶”、pu^{21}“刺”。

22调的字有所不同，其中一部分带气嗓音，另一部却不带。例如：

带气嗓音		不带气嗓音	
kɦɔ^{22}	输	te^{22}	岳母
tɦa^{22}	死	pjɔ^{22}	跑
tɦo^{22}	裂	heu^{22}	喝

其中有的字，声母、韵母、声调都相同，就靠气嗓音的有无区别意义。例如：

ɬɦa^{22} 富有　　ɬa^{22} 乞丐

所以22调不能像21调那样把气嗓音省略，必须用符号把它标记出来。

可以看出，那些带气嗓音的字都属阳上调，不带气嗓音的都属阴入调。所以我的办法是把阳上标作22，省去气嗓音；把阴入标作11。

5. 有连读变调

黔东苗语的北、东、南3个方言都没有连读变调，但是本方言有。

（1）21调的字位于21、11、55、53诸调字后边时变为22调。例如：

tei^{21}mei^{21}	读作	［tɦei^{21}mɦei^{22}］	鱼
te^{11}nue^{21}	读作	［te^{11}nɦue^{22}］	姑妈
mei^{55}nẽ^{21}	读作	［mei^{55}nɦẽ^{22}］	木耳
teu^{53}tjeu^{21}	读作	［təu^{53}tjɦəu^{22}］	豌豆

（2）13 调的字紧接在 44、55 两个调的字后边时变为 11 调。例如：

pjɔ44hɔ13　读作［pjɔ44hɔ11］　头发

kæ̃44tei13　读作［kæ̃44tei11］　虱子

to55qa13　读作［to55qa11］　屁股

mjaŋ55me13 读作［mjaŋ55me11］　牙龈

（3）13 调的字紧接在其他调的字前边时也变为 11 调。例如：

pa13qæ44　读作［pa11qæ44］　公鸡

pei13ɬue55　读作［pei11ɬue55］　桃

qa13mja22　读作［qa11mjɦa22］　鼻涕

pei13mei21　读作［pei11mɦei21］　柿子

pei13mi33　读作［pei11mi33］　李子

pei13mja53　读作［pei11mja53］　辣椒

五、词汇、语法特征

1. 名词有一个典型的前缀 qa33，读音稳定，意义很虚，出现率较高。它构成的名词分以下几小类。

（1）表示人物

qa33neu22　苗族　　qa33to55　东家族

qa33vaŋ55　皇帝　　qa33lei21　官吏

qa33hɔ13　头人　　qa33fha44　乞丐

（2）表示动植物

qa33lja55　黄鼠狼　　qa33kæ̃33　蛆

qa33paŋ55　稗子　　qa33nẽ22　苏麻

（3）表示动植物的部件

qa33nju55　嘴　　qa33me22　面孔

qa33ɬa13　腰　　qa33tɕhau44　胃

qa33tɕuŋ55　树根　　qa33ko53　树梢

qa33neu55　树叶　　qa33næ55　穗儿

（4）表示用具

qa33tju55　门　　qa33sɔ33　灶

qa33ti21　裤子　　qa33li21　礼品

（5）表示方位

qa33tjuŋ44　中间　　qa33to33　底下

qa^{33}ʔe^{44} 那里 qa^{33}te^{22} 哪里

名词里还有两个准前缀。一个是 pɔ^{11}，是从 pɔ^{13} “宝” 虚化来的，它构成的名词含有“圆而凸起”的意义。例如：

pɔ^{11}ɣi^{44}	石头	pɔ^{11}mja^{22}	鼻子
pɔ^{11}nei^{44}	太阳	pɔ^{11}ɬa^{33}	月亮
pɔ^{11}pja^{53}	肚子	pɔ^{11}ne^{33}	乳房
pɔ^{11}ti^{55}	疮	pɔ^{11}tei^{44}to^{22}	肚脐

另一个是 tju^{33}，是从 tjuŋ^{44} “中” 虚化来的，它构成的名词含有“较大时空”的意义。例如：

tju^{33}nei^{44}	白天	tju^{33}sa^{53}	下午
tju^{33}qæ^{44}	街上	tju^{33}wu^{13}	山里
tju^{33}ɕho^{44}	村里	tju^{33}ʔaŋ^{13}	池塘里
tju^{33}qhaŋ^{13}	窖	tju^{33}kuæ̃^{44}	地方

2. 代词的人称和数

	单数	双数	多数
第一人称	vei^{21}	ʔa^{44}ʔɔ^{44}lei^{55}	poi^{44}seɯ^{33}
第二人称	muŋ^{33}	muŋ^{33}ʔɔ^{44}lei^{55}	mæ̃^{33}seɯ^{33}
第三人称	nei^{22}	nei^{22}ʔɔ^{44}lei^{55}	the^{44}seɯ^{33}

从上表可以看出：

（1）3 个人称的单数都是单音词。3 个人称的双数都是单音词后加“两个”。3 个人称的多数都是单音词后加“众”。

（2）除后加成分外，第一人称的 3 个数用不同的词表示。第二、第三人称的单数和双数用相同的词表示，多数用不同的词表示。

（3）可见单数产生最早，其次多数，双数产生最晚。

第十三节 巴哼语西部方言

以贵州黎平滚董话为代表。说这种话的自称 pa^{03}ŋ̊ŋ^{35}，汉族称红瑶或八姓瑶，pa^{03}是前缀，ŋ̊ŋ^{35}与苗族自称 m̥hu^{33}同源，分布在湖南的通道，广西的三江、龙胜、融安、融水、临桂，贵州的锦屏、黎平、从江、榕江。人口约有 5 万。语料是 1983 年沈玉明讲给我的，那年他 28 岁。

一、声母

声母表

p	ph	m	m̥	w	f
＊th	＊tsh			＊z	s
t	th	n	n̥	l	ɬ
tj	tjh	nj		lj	ɬj
tɕ	tɕh	ȵ	ȵ̊	ʑ	ɕ
k	kh	ŋ	ŋ̊		
kw	kwh				
q	qh				hj
ʔ					h

声母说明

1. 带＊号的声母只出现在汉语借词中。

2. f 与 hw 自由变读。例如：

fai^{35}也可以读作［hwai］^{35}“轻”。

3. m̥、n̥、ȵ̊、ŋ̊、ɬ、ɬj 是送气清音。例如：

m̥a^{35}读作［m̥ha^{35}］“藤子”。

n̥ei^{35}读作［n̥hei^{35}］“太阳”。

ȵ̊a^{35}读作［ȵ̊ha^{35}］“粗”。

ŋ̊ei^{35}读作［ŋ̊hei^{35}］“脆”。

ɬu^{55}读作［ɬhu^{55}］“铁”。

ɬjo^{35}读作［ɬjho^{35}］“大”。

声母例字

p	pai^{33}	花	ph	pha^{55}	破开
m	maŋ^{55}	雪	m̥	m̥a^{35}	藤子
w	waŋ^{33}	天	f	fa^{35}	轻
ts	tsɿ^{33}	（呢）子	ţsh	tshe^{33}	（自行）车
z	zen^{31}	（工）人	s	soŋ^{31}	骨头
t	tau^{11}	火	th	thɔ^{35}	桌子
n	naŋ^{33}	吃	n̥	n̥ei^{35}	太阳
l	liŋ^{33}	田	ɬ	ɬa^{55}	月亮

tj	tja^{35}	树	tjh	tjhei^{53}	姑娘
nj	njɔ^{44}	鼻子	lj	ljaŋ^{42}	狗
ɬj	ɬjo^{35}	大	tç	tçaŋ^{33}	门
tçh	tçha^{55}	气	ȵ	ȵa^{35}	药
ȵ̥	ȵ̥a^{35}	粗	ʑ	ʑu^{55}	小
ç	ça^{53}ça^{53}	喜鹊	k	ku^{53}	斗笠
kh	khe^{35}	犁	ŋ	ŋe^{33}	肉
ŋ̊	ŋ̊ei^{35}	脆	kw	kwai^{31}	宽
kwh	kwhi^{55}	穷	q	qe^{35}	鸡
qh	qhoŋ^{31}	洞	hj	hja^{31}	雹子
ʔ	ʔaŋ^{35}	水	h	hɔ^{53}	喝

二、韵母

韵母表

i	e	ɛ	a	ɔ	o	u	
ei	ai	eu	au	ua	m	n	ŋ
iŋ	eŋ	ɛŋ	aŋ	oŋ	in	en	

＊an　＊iau　＊y　＊ɿ

韵母说明

1. 带＊号的韵母只拼汉语借词。

2. m、n、ŋ 单独做韵母时，常常因后随音节中声母的调音部位而有变体。例如：

m^{33}不	n^{33}naŋ^{33}不吃	ȵ^{33}ȵa^{55}不认识
n^{55}那	ȵ^{55}ȵ̥ei^{53}那边	ŋ^{55}ŋeu^{42}那双
ŋ^{33}牛	ŋ^{33}kwai^{33}黄牛	N^{33}ʔaŋ^{35}水牛
m^{31}这	m^{31}ma^{11}今晚	n^{33}n̥ei^{35}今天
	N^{31}haŋ^{44}这些	

韵母例字

i	ni^{42}	辣	e	he^{35}	鞋
ɛ	thɛ^{55}	炭	a	ɬa^{55}	月亮
ɔ	hɔ^{53}	喝	o	ȵo^{31}	盐
u	ɬu^{55}	铁	ei	mei^{44}	眼睛
ai	qai^{35}	虫	eu	keu^{31}	青蛙

au	ʔau^{31}	衣	ua	ʔua^{35}	二
m	m^{33}	不	n	n^{11}	只
ŋ	ŋ̊ŋ^{31}	肚子	iŋ	liŋ^{33}	田
eŋ	seŋ^{35}	新	ɛŋ	nɛŋ^{11}	跑
aŋ	tɕaŋ^{33}	门	oŋ	qhoŋ^{31}	洞
in	ʔi^{53}nin^{31}	玉米	en	wen^{11}	锅
an	tan^{33}tshe^{33}	自行车	iau	sen^{53}piau^{53}	手表
y	ʐaŋ^{31}y^{35}	洋芋	ɿ	sɿ^{33}	丝

三、声调

声调表

调值	调类	例字	
35	阴平	mei^{35}	乳房
33	阳平	mei^{33}	有
31	阴上	m̥ei^{31}	骂
11	阳上	mei^{11}	马
55	阴去	mei^{55}	猪
44	阳去	mei^{44}	眼睛
53	阴入	tjhei^{53}	姑娘
42	阳入	nei^{42}	舌头

声调说明

1. 阴上字的调值31与22自由变读，读31的时候居多，故统一标为31调。以前我标过22。

2. 没有连读变调。

3. 阳调字都没有气嗓音。

4. 前缀都轻读，调值平而居中，标作03。

四、语音特点

1. 没有复辅音声母。古代的鼻口音复声母大多数失去了口音，保存了鼻音，其中清、浊声母保存的是浊鼻音，分不同的部位；气声母保存的是清鼻音，已合并为一个部位。例如（拿石板寨话比较）：

	石板寨	滚董
古清声母		

mpaŋ^{24}	maŋ^{55}	雪
nteu^{33}	na^{53}	织
ntsi^{55}	ȵo^{31}	盐
ŋqa^{33}	ŋo^{35}	斑鸠

古浊声母

mble^{33}	nei^{42}	舌头
mbi^{55}	njo^{11}	鱼
nda^{24}	nju^{44}	麻
ŋGɛ^{31}	ŋe^{33}	肉

古气声母

ntshen^{55}	ȵ̥ei^{31}	血
ɳʈhuŋ^{31}	ȵ̥aŋ^{35}	裹腿
ntshie^{24}	ȵ̥e^{55}	怕
ntsha^{24}	ȵ̥o^{55}	洗（衣）

少数字相反，鼻音消失了，保存了口音。例如：

石板寨	滚董	
ntei^{55}	to^{31}	长
ŋGwaŋ^{31}	waŋ^{33}	天
mpjhe^{33}	tjhe^{53}	姑娘

2. 小舌音声母字特别多，有些字其他方言读舌面音，本方言却读作小舌音。例如：

	滚董	石板寨	凯棠
路	qo^{31}	tɕi^{55}	ke^{35}
虫	qai^{35}	tɕi^{31}	kaŋ^{33}
角	qaŋ^{35}	kaŋ^{31}	ki^{33}

五、词汇特点

1. 构词前缀比较多，有 ʔa^{03}、qa^{03}、qo^{03}、pa^{03}、ta^{03}、ma^{03}、pu^{03}七个，其中 ʔa^{03}出现率最高。用 ʔa^{03}构成的名词，有的表示自然。如：

ʔa^{03}waŋ^{33}	天	ʔa^{03}to^{35}	地
ʔa^{03}ɬa^{55}	月亮	ʔa^{03}wai^{53}	山坳

有的表示亲属。如：

ʔa^{03}ma^{33}	妻子	ʔa^{03}taŋ^{35}	儿子

ʔa^{03}ta^{35} 岳父 ʔa^{03}saŋ^{35} 老表

有的表示建筑。如：

ʔa^{03}tjo^{31} 房子 ʔa^{03}mjeu^{31} 庙

ʔa^{03}qhoŋ^{31} 窖 ʔa^{03}ȵ̊ei^{55} 坟墓

有的表示动物肢体和用具。如

ʔa^{03}la$^{5□}$ 口 ʔa^{03}ŋ̊ŋ^{31} 肚子

ʔa^{03}ʑi^{44} 梳子 ʔa^{03}tɕe^{55} 杯子

qa^{03}的出现率也比较高，但是比 ʔa^{03}低，它构成的词主要是表示自然和动物。例如：

qa^{03}qaŋ^{35} 星 qa^{03}toŋ^{55} 云

qa^{03}ʑo^{35} 石头 qa^{03}sa^{35} 沙子

qa^{03}pu^{53} 老虎 qa^{03}ŋo^{35} 斑鸠

qa^{03}ʑuŋ^{35} 蚯蚓 qa^{03}ȵ̊ei^{31} 蚂蚁

qo^{03}、pa^{03}、ta^{03}的出现率比较低，它们构成的词主要是表示人物的。如：

qo^{03}ne^{33} 老头儿 pa^{03}qhei^{35} 汉族

qo^{03}taŋ^{35} 男人 pa^{03}saŋ^{53} 工匠

qo^{03}paŋ^{11} 朋友 pa^{03}ŋ̊ŋ^{35} 瑶族

ta^{03}qa^{31} 小孩

ta^{03}ʔi^{53} 乞丐

ta^{03}ʑo^{55} 邻居

pu^{03}、ma^{03}的出现率更低，它们构成的词主要是表示自然界的。如：

pu^{03}ʑe^{33} 山 pu^{03}hoŋ^{11} 地方

ma^{03}n̥ei^{35} 天气 ma^{03}ʔaŋ^{35} 河

前缀的作用有两种：别词和构词。别词又分两类，一类是有些词靠有无前缀来区别。如：

无前缀 有前缀

ʔaŋ 水 ma^{03}ʔaŋ^{35} 河

tɕaŋ^{55} 年 qa^{03}tɕaŋ^{55} 年纪

另一类是有些词用不同的前缀区别。如：

前缀 ʔa^{03} 前缀 qo^{03}

ʔa^{03}tjhei^{53} 妹妹 qo^{03}tjhei^{53} 姑娘

ʔa^{03}po^{53} 祖父 qo^{03}po^{53} 曾祖父

能派生新词的前缀似乎只有 qa^{03}。qa^{03}加在形容词前面可以构成名词。这样的词可以译成汉语的“×的”。如：

形容词		名词	
to^{31}	长	qa^{03}to^{31}	长的
ɬjo^{35}	大	qa^{03}ɬjo^{35}	大的
tai^{44}	红	qa^{03}tai^{44}	红的

qa^{03}加在量词前面也可以构成名词。这样的词可以译成汉语的“×儿”。如：

量词		名词	
tai^{33}	条	qa^{03}tai^{33}	条儿
laŋ^{35}	个	qa^{03}laŋ^{35}	个儿
qe^{53}	块	qa^{03}qe^{53}	块儿

分析理解滚董话的名词前缀时，有两点要注意。一是单音节名词单说的很少，前面往往有量词，这样的量词也轻读，很像前缀。例如：

tai^{33}	条	tai^{03}qo^{31}	（条）路
qe^{53}	块	qe^{03}tja^{35}	（块）木头
n^{11}	个	ŋ^{03}kwe^{31}	（只）老鹰

二是量词与前缀同音，更容易被误认。例如：

有前缀的名词		带量词的名词	
pa^{03}qhei^{55}	汉族	pa^{03}ŋe^{53}	（把）钳子
pa^{03}ŋŋ^{35}	瑶族	pa^{03}saŋ^{55}	（把）雨伞

2. 系数词中的前三个有两个来源，一个是固有的，另一个借自汉语。

固有词	汉语借词	
ʑi^{11}	ʑei^{42}	一
ʔua^{35}	ȵaŋ^{44}	二
po^{35}	saŋ^{35}	三

这两组词的数值相同，但语境互补，不能互相替代。

单说即数数	用固有词
量词前	用固有词
位数词前	用固有词
“初、第、月”后	用固有词 ʔua^{35}、po^{35}、借词 ʑei^{42}。

位数词“十”前后用汉语借词 ʑei^{42}，固有词 ʔua^{35}、po^{35}。例如：

ʑi^{11} laŋ^{35}	一个	ku^{42}ʑei^{42}	十一

ʑi^{11} pei^{55}	一百	ku^{42}ʔua^{35}	十二
heŋ^{35} ʑei^{42}	初一	ku^{42}po^{35}	十三
heŋ^{35} ʔua^{35}	初二	ȵaŋ^{44}ku^{42}	二十
ɬa^{55} ʑei^{42}	一月	saŋ^{35}ku^{42}	三十
ɬa^{55} po^{35}	三月		

六、语法特点

滚董话的指示词 m^{31} “这”、n^{55} “那” 做定语时，与各种苗语不同，都位于中心语的前面，而不是后面。例如：

n̥ei^{35}	天	m^{31}n̥ei^{35}	今天	n^{55}n̥ei^{35}	那天
laŋ^{35}	个	m^{31}laŋ^{35}	这个	n^{55}laŋ^{35}	那个
haŋ^{44}	些	m^{31}haŋ^{44}	这些	n^{55}haŋ^{44}	那些

m^{31}ʔua^{35}le^{33}pa^{03}len^{11}　　这两位客人

n^{55}ʔua^{35}le^{33}pa^{03}qhei^{55}　　那两个汉人

第十四节　巴哼语东部方言

以湖南隆回毛坳话为代表。说这种话的人自称 m̥m^{35}nai^{33}，汉族称红瑶。m̥m^{35}与 ŋŋ^{35}、m̥u^{33}都同源，nai^{33}是“人”的意思。分布在湖南的隆回、溆浦、洞口等县，人口只有 6000。语料是 1983 年奉锡耀讲给我的，那年他 52 岁。

一、声母

声母表

p	ph	*b	mp	mph	m	m̥	w	
pj	pjh		mpj	mpjh	mj	m̥j	v	f
ts	tsh	*dz	nts	ntsh				s
t	th	*d	nt	nth	n	n̥	l	ɬ
tj	tjh	*dj	ntj	ntjh			lj	ɬj
tɕ	tɕh	*dʑ	ȵtɕ	ȵtɕh	ȵ		ʑ	ɕ
k	kh		ŋk	ŋkh	ŋ	ŋ̊	ɣ	x
kw	kwh		ŋkw		ŋw			
q	qh		ŋq	ŋqh				

ʔ　ʔh　h

声母说明

1. 带 * 号的声母只拼汉语借词。

2. f 与 hw 自由变读，标作 f。

3. m̥、n̥、ŋ̊、ɬ、ɬj 是送气清音，因为没有不送气清音对立，省去送气符号。

4. m、n、ŋ 除了做声母外，还可以单独做韵母。

声母例字

p	pa^{53}	爸	ph	pha^{55}	劈
b	buŋ^{33}	朋（友）	mp	mpaŋ^{55}	雪
mph	mphe^{55}	糠	m	mai^{53}	母亲
m̥	m̥a^{313}	蚂（蟥）	w	waŋ^{33}	天
pj	pjei^{55}	结（果）	pjh	pjhe^{53}	姑娘
mpj	mpjau^{31}	鼻子	mpjh	mpjhe^{313}	蚂蚁
mj	mjaŋ^{31}	命	m̥j	m̥jiŋ^{313}	牙齿
v	va^{313}	盖	f	fi^{55}	炖
ts	tsi^{35}	四	tsh	tsha^{31}	插
dz	dzuŋ^{33}	（臭）虫	nts	ntsu^{55}	米
ntsh	ntsho^{55}	洗（衣）	s	so^{313}	草
t	tei^{35}	地	th	thau^{35}	捆
d	dau^{33}	（核）桃	nt	nto^{35}	答
nth	ntheŋ^{55}	吞	n	nai^{33}	人
n̥	n̥e^{35}	太阳	l	liŋ^{33}	田
ɬ	ɬa^{55}	月亮	tj	tjuŋ^{33}	门
tjh	keu^{53}tjho^{35}	癞蛤蟆	dj	dje^{33}	田（螺）
ntj	ntjuŋ^{35}	中间	ntjh	ntjhuŋ^{35}	裹腿
lj	ljaŋ^{53}	狗	ɬj	ɬjei^{31}	揉
tɕ	tɕi^{55}	风	tɕh	tɕha^{55}	气
dʑ	dʑiŋ^{33}	芹（菜）	ȵtɕ	ȵtɕo^{313}	盐
ȵtɕh	ȵtɕhe^{313}	血	ȵ	ȵaŋ^{55}	冷
ʑ	ʑuŋ^{33}	龙	ɕ	ɕi^{313}	灰
k	kei^{55}	岭	kh	kho^{55}	砸
ŋk	ŋku^{53}	痒	ŋkh	ŋkha^{31}	浓

ŋ	ŋa^{53}	压	ŋ̊	ŋ̊ŋ^{313}	肚子
ɣ	ɣeŋ^{313}	姜	x	xo^{313}	数
kw	kwa^{55}	过	kwh	kwhei^{35}	挖
ŋkw	ŋkwei^{313}	包	ŋw	ŋwa^{55}	哼
q	qaŋ^{35}	星	qh	qhuŋ^{313}	洞
ŋq	ŋqe^{11}	矮	ŋqh	ŋqhai^{31}	窄
ʔ	ʔaŋ^{35}	水	ʔh	ʔhe^{313}	怕
h	ho^{35}	云			

二、韵母

韵母表

i	e	ɛ	a	o	u	ɿ	＊y
ei	ai	eu	au	ua	＊ye		
＊in	＊en	iŋ	eŋ	aŋ	uŋ		
m	n	ŋ					

韵母说明

带＊号的韵母只拼汉语借词。

韵母例字

i	pi^{35}	毛	e	me^{11}	马
ɛ	mɛ^{31}	眼睛	a	pja^{35}	五
o	ʑo^{35}	石头	u	pu^{11}	手
ɿ	sɿ^{35}	蓑衣	y	tɕy	（邻）居
ei	nthei^{31}	舌	ai	ŋqai^{33}	肉
eu	ŋkheu^{31}	双	au	qhau^{35}	皮
ua	ʔua^{35}	二	ye	ye^{35}	越
in	ʑin^{55}	阴（天）	en	fen^{35}	粪
iŋ	liŋ^{33}	田	eŋ	leŋ^{313}	客人
aŋ	taŋ^{35}	儿子	uŋ	suŋ^{313}	骨头
m	m̥m^{31}	麦子	n	n^{35}	儿媳
ŋ	ŋ^{53}	拉（屎）			

三、声调

声调表

调值	调类	例字	
35	阴平	tsa^{35}	树
33	阳平	mpa^{33}	涩
313	阴上	qa^{313}	屎
11	阳上	$ŋkwa^{11}$	瓦
55	阴去	$ɬa^{55}$	月亮
31	阳去	$ʐa^{31}$	力
	阳入	$ŋkha^{31}$	糯
53	阴入	$ʔa^{53}$	鸭子

声调说明

1. 除了表里的 7 个调外，还有一个轻声调 03，出现在前缀和轻读音节中。

2. 汉语借词借自湘方言，与西部方言不同，有 5 个声调，其中阴平读 55，阳平读 33，阴上读 313，阳上、阳去读 53，阴去、阴入和阳入读 35。

四、语音特点

1. 有带鼻音声头的复辅音声母，这些声母在西部方言已经单化，变成了鼻音声母。

2. 有声门送气清塞音声母 ʔh，在其他苗瑶语方言里未发现过。例如：

$ʔhe^{313}$ 怕 $ʔhei^{313}$ 筛（米）

3. 跟西部方言一样，小舌塞音字特别多，一些苗语方言读小舌音的字，本方言也读小舌音；苗语方言读舌根音的字，本方言也读小舌音。例如：

黔东苗语（凯棠）	本方言	
qa^{33}	qai^{35}	鸡
$qaŋ^{33}$	qei^{35}	甜
$kaŋ^{33}$	qei^{35}	虫
ki^{44}	qo^{55}	蛋

4. 因为汉语借词借自湘方言，湘方言有全浊声母，本方言也借进了好几个浊的塞音和塞擦音声母。例如：

b　　buŋ^{33}ʑeu^{313}　　朋友

d　　he^{35}dau^{33}　　核桃

dʑ　　dʑiŋ^{33}tshai^{55}　　芹菜

dz　　tɕhu^{35}dzuŋ^{33}　　臭虫

5. 31 调由阳去和阳入合并而成，但声母迥不相同，阳去字的声母都是清音和浊音，阳入字的声母都是气音。例如：

阳去		阳入	
tɕa^{31}	七	khu^{31}	十
tjaŋ^{31}	肥	tha^{31}	咬
tɳeu^{31}	少	qheu^{31}	背
te^{31}	硬	ŋkheu^{31}	双
qaŋ^{31}	倒	ɴqhai^{31}	窄
nuŋ^{31}	雨	m̥m^{31}	麦子
mpjau^{31}	鼻子	mpjhe^{31}	扇
ʑa^{31}	力	ɕi^{31}	八
ŋ^{31}	偷	ŋkha^{31}	糯

6. 带鼻音声头的复声母有三个来源。

（1）来自固有词鼻断音声母（例见声母例字）。

（2）来自汉语借词中的鼻音声母。例如：

mp	mpei^{33}	煤	ŋk	ŋko^{33}	鹅
	mpau^{35}	猫	ŋkw	ŋkwa^{11}	瓦
	mpei^{31}	墨			

（3）来自连读增音。固有词中前字的鼻音韵母或鼻音韵尾可以使后字的声母增加鼻音声头。例如：

ŋ^{33}	牛	ʔaŋ^{35}	水	ŋ^{33}ŋaŋ^{35}	水牛
ʔaŋ^{35}	水	kwe^{11}	尿	ʔaŋ^{33}ŋkwe^{11}	尿水

7. 连读音变。音节连读时，除上面说的增音外，还有两种音变。一种是同化。量词 ŋ^{11} “只” 因为只有一个鼻音成分，它位于名词前面时，其发音部位往往随名词声母的发音部位而变。例如：

ŋ^{11}	只	m^{11}	mpjo^{11}	鱼
ŋ^{11}	只	n^{11}	taŋ^{313}	虱子
ŋ^{11}	只	ȵ^{11}	ȵ̥tɕhi^{313}	头虱
ŋ^{11}	只	ŋ^{11}	kwei^{313}	老鹰

另一种是变调。35 调的数词位于 35、53、313、11、31、55 诸调字前边时都不变调，但位于 33 调字前边时变为 53 调。例如：

ʔi^{35} laŋ^{35} 一个 读作［ʔi^{35} laŋ^{35}］

ʔi^{35} qaŋ^{53} 一块 读作［ʔi^{35} qai^{53}］

ʔi^{35} tjo^{313} 一朵 读作［ʔi^{35} tjo^{313}］

ʔua^{35} ŋ^{11} 两只 读作［ʔua^{35} ŋ^{11}］

ʔua^{35} ŋkheu^{31} 两双 读作［ʔua^{35} ŋkheu^{31}］

po^{35} pe^{55} 三百 读作［po^{35} pe^{55}］

但是

ʔi^{35} tei^{33} 一条 读作［ʔi^{53} tei^{33}］

ʔua^{35} dzen^{33} 两层 读作［ʔua^{53} dzen^{33}］

po^{35} nai^{33} 三人 读作［po^{53} nai^{33}］

这是一种范围较小的特殊变调。

五、词汇特征

1. 名词里有 la^{03}、qa^{03}、ʔa^{03} 三个前缀，它们的意义很虚，很难概括哪一类名词用哪一个前缀。例如：

la^{03}	la^{03}waŋ^{33}	天	la^{03}qaŋ^{35}	星
	la^{03}ljaŋ^{53}	狗	la^{03}kwei^{55}	官
	la^{03}mɛ^{31}	眼睛	la^{03}tjo^{35}	扫帚
qa^{03}	qa^{03}ma^{313}	晚上	qa^{03}teu^{11}	火
	qa^{03}lja^{35}	黄鼠狼	qa^{03}suŋ^{313}	骨头
	qa^{03}te^{53}	翅膀	qa^{03}sɿ^{35}	蓑衣
ʔa^{03}	ʔa^{03}nuŋ^{31}	雨	ʔa^{03}ho^{35}	雾
	ʔa^{03}la^{313}	腰	ʔa^{03}ȵtɕho^{313}	盐
	ʔa^{03}leŋ^{313}	亲戚	ʔa^{03}tja^{55}	疮

2. 单音节名词单说时，前边往往带量词。例如：

laŋ^{35}	个	laŋ^{35}mpjo^{33}	耳朵
ŋ^{11}	只	ŋ^{11}kwei^{313}	老鹰
pa^{33}	把	pa^{33}lje^{33}	镰刀
tei^{33}	条	tei^{33}ɬe^{55}	绳子
ŋkheu^{31}	双	ŋkheu^{31}hai^{35}	鞋
qai^{53}	张	qai^{53}ntau^{313}	纸

3. 多音节词，特别是汉语借词，其中有一个字读轻声。例如：

kɛ^{35}phu^{03}	干部	thau^{53}sɿ^{03}	道士
thi^{53}huŋ^{03}	地方	tɕheu^{53}tsɿ^{03}	轿子
sɿ^{55}kuŋ^{03}	师公	ke^{55}ɕaŋ^{03}	街上
o^{31}ɕaŋ^{03}	和尚	ku^{55}e^{03}	孤儿
lau^{03}the^{53}	老弟		

4. 数词“一二三”都有几个形式，它们的数值相同，但语境不同，功能互补。

ʔi^{35}、ʔua^{35}、po^{35}可以单说，可以与量词组合；ʔi^{35}还可以构成序数词；ʔua^{35}、po^{35}还可构成日名。

ʔi^{35}一、ʔua^{35}二、po^{35}三……

ʔi^{35}laŋ^{35}一个、ʔua^{35}ŋ^{11}两只、po^{35}tei^{33}三条。

thi^{53}ʔi^{35}第一。ta^{33}ʔua^{35}初二、ta^{33}po^{35}初三。

ȵa^{31}、saŋ^{35}只能出现在khu^{31}前。如：

ȵa^{31}khu^{31}二十、saŋ^{35}khu^{31}三十

ʔie^{313}只能出现在khu^{31}后或构成日子名称。如：

khu^{31}ʔie^{313}十一；ta^{33}ʔie^{313}初一。

tɕa^{35}、e^{35}、sai^{35}、ŋŋ^{31}可以构成月份名称和序数词。如：

tei^{11}tɕa^{35}ȵe^{31}	正月	tei^{11}ŋŋ^{31}ȵe^{31}	二月
tei^{11}sai^{35}ȵe^{31}	三月	thi^{53}e^{35}	第二

六、语法特点

指示词做定语时，跟西部方言一样，都位于中心语的前面。例如：

ne^{11}	这	ne^{11}heu^{35}这个	ne^{11}n̥e^{35}今天
		ne^{11}nai^{33}nai^{33}这个人	
		ne^{11}tei^{33}thau^{35}这张桌子	
m^{55}	那	m^{55}heu^{35}那个	
		m^{55}tei^{33}thau^{35}那张桌子	

第十五节　布努语东努方言

以广西大化七百弄话为代表。说这种话的瑶族自称pu^{53}no^{13}，汉族称背篓瑶。分布在广西的都安、大化、巴马、平果、田东、马山、德保、隆

安、百色、田阳、东兰、河池、上林、忻城、宜山、来宾、南丹、天峨，云南的富宁。人口约35万。语料是1985年蒙正福、蓝朝忠讲给我和张伟、田联刚的，那年他俩都是42岁。

一、声母

声母表

p	ph	mp	mph	m	m̥		
pj	pjh	mpj	mpjh	mj	m̥j	v	f
pl	phl	mpl					
tθ	tθh	ntθ	ntθh			ð	θ
ts	tsh	nts	ntsh				s
t	th	nt	nth	n	n̥		
tɬ	tɬh	ntɬ				l	ɬ
ʈ	ʈh	nʈ	nʈh			ʐ	ʂ
tɕ	tɕh	ȵtɕ	ȵtɕh	ȵ	ȵ̊	ʑ	ɕ
k	kh	ŋk	ŋkh	ŋ	ŋ̊	ɣ	x
kj	kjh	ŋkj					
kw	kwh	ŋkw		ŋw			
ʔ							h

声母说明

1. 可能有声母mphl、ntɬh、ŋkjh、ŋkwh，限于语料，未发现例字。

2. ph、mph、m̥、f诸列声母，在固有词中只与33、53、42、31四个声调相拼，其他各列声母不受此限。

3. 在借词中，声母ts与s自由变读，声母tθ、tθh常与θ自由变读，这是受壮语的影响。因为说七百弄话的人都会说壮语，而壮语缺少塞擦音声母。例如：

tsæ^{22}“匠”也可以说成sæ^{22}

tθa^{31}“接”也可以说成θa^{31}

θu^{34}“书”也可以说成tθhu^{34}

声母例字

p	pe^{33}	三	ph	phə^{53}	（猪）拱（土）
mp	mpi^{42}	猪	mph	mpha^{31}	姑娘
m	məŋ^{13}	有	m̥	m̥a^{53}	抿

pj	pjo^{33}	五	pjh	pjhu^{33}	袋
mpj	mpju^{13}	绿	mpjh	mpjhi^{53}	蚂蚁
m̥j	mjɔ^{31}	猫	m̥j	m̥ji^{53}	牙齿
v	və^{53}	盖（被子）	f	fau^{33}	补
pl	pla^{33}	四	phl	phlɔ^{33}	搓
mpl	mpla^{21}	舌	tθ	tθə^{22}	凿
tθh	tθhu^{33}	书	ntθ	ntha^{22}	瘦
ntθh	ntθhə^{33}	干净	ð	ðəu^{31}	缩
θ	θəŋ^{231}	凉	ts	tsaŋ^{42}	放（牛）
tsh	tshai^{13}	（白）菜	nts	ntse^{53}	盐
ntsh	ntshəŋ^{33}	清	s	səŋ^{22}	七
t	to^{231}	火	th	thoŋ^{42}	炭
nt	nte^{53}	长	nth	nthu^{42}	拔（草）
n	no^{13}	人	n̥	n̥e^{53}	嫩
tɬ	tθoŋ^{33}	黑	tɬh	tθho^{31}	脱（衣）
ntɬ	ntɬaŋ^{22}	滚	l	lo^{231}	老
ɬ	ɬu^{22}	铁	ʈ	ʈu^{42}	六
ʈh	ʈhɔ^{42}	纺	nʈ	nʈəŋ^{33}	中
nʈh	nʈhəŋ^{42}	撑	ʐ	ʐau^{22}	明亮
ʂ	ʂa^{53}	灰	tɕ	tɕu^{13}	九
tɕh	tɕhoŋ^{33}	称	ȵtɕ	ȵtɕɔ^{21}	湿
ȵtɕh	ȵtɕhu^{53}	倒	ȵ	ȵi^{13}	银
ȵ̊	ȵ̊əŋ^{53}	重	ʑ	ʑo^{21}	八
ç	çi^{33}	胳膊	k	ko^{231}	矮
kh	kha^{53}	洞	ŋk	ŋka^{21}	窄
ŋkh	ŋkhi^{33}	干	ŋ	ŋɔ^{231}	（虎）叫
ŋ̊	ŋ̊ɔ^{31}	弯腰	ɣ	ɣe^{33}	石头
x	xəŋ^{33}	编织	kj	kje^{53}	路
kjh	kjhəŋ^{53}	姜	ŋkj	ŋkjə^{13}	蓝靛草
kw	kwe^{33}	远	kwh	kwhi^{33}	轻
ŋkw	ŋkwi^{22}	横	ŋw	ŋwa^{22}	笨
ʔ	ʔau^{33}	河	h	ho^{33}	稀疏

二、韵母

韵母表

i	e	ɛ	a	ɔ	o	u	ə	ɯ
*ei	*ai	*əu	au	*ie	*iau	æ	*y	*ɿ
*in	*en	*an	*iŋ	*eŋ	aŋ	oŋ	əŋ	

韵母说明

带*号的韵母只拼汉语借词或壮语借词。说七百弄布努语的人都会说壮语，七百弄话的借词，或直接借自汉语，或转借自壮语。汉语和壮语的韵母都比布努语多，所以七百弄话里只拼借词的韵母比较多。

韵母例字

i	tɕi⁴²	风	e	pe²³¹	山坡
ɛ	θɛ⁵³	搬	a	kha³³	绑
ɔ	phɔ³³	雷	o	ɬo⁴²	月亮
u	hu⁵³	云	ə	ʈə²²	是
ɯ	pɯ⁴²	睡	ei	kwei²²	跪
ai	tshai¹³	（洋白）菜	əu	ʐəu¹³	（朋）友
au	ntau⁴²	树	ie	tie¹³	（饭）店
iau	tiau³¹	（面）条	æ	pæ⁵³	射
y	xy³³	墟	ɿ	θɿ³³	（老）师
in	tɕin³³	金（银花）	en	ʐen³¹	（工）人
an	kan¹³	干（部）	iŋ	piŋ³³	兵
eŋ	ʂeŋ³³	生（客）	aŋ	tsaŋ⁴²	放（牛）
oŋ	ŋkoŋ¹³	天	əŋ	ɣəŋ¹³	龙

三、声调

声调表

调值	调类	例字	汉义
33	阴平	kha³³	绑
13	阳平	ŋka¹³	肉
53	阴上	ʂa⁵³	灰
231	阳上	ŋwa²³¹	瓦
42	阴去	mpa⁴²	沸

22	阳去	pa^{22}	脓
31	阴入	ta^{31}	外婆
21	阳入	$mpla^{21}$	舌

声调说明

1. 231 调和 22 调的字都带气嗓音。例如：

pli^{22} “浅” 实际读［plɦi^{22}］

kjɔ^{22} “拉” 实际读［kjɦɔ^{22}］

nʈɔ^{231} “浑” 实际读［ɳʈɦɔ^{231}］

ʑoŋ^{231}ʔa^{02}pjo^{231} “粥” 实际读［ʑɦoŋ^{231}ʔa^{02}pjɦo^{231}］

2. 汉语借词，阴平字读 33 调，阳平（包括古入声）字读 21 调，上声字读 42 调，去声字读 13 调。例如：

阴平	piŋ^{33}兵	阳平	thoŋ^{21}ɕo^{21}	同学
上声	thu^{42}fei^{42}土匪	去声	kan^{13}pu^{13}	干部

四、语音特征

1. 没有小舌音声母。许多苗语方言里的小舌音声母这里都读作舌根音。例如：

	上坝苗语	七百弄布努语
鸡	qa^{53}	ka^{33}
洞	qhau^{35}	kha^{53}
窄	ŋqai^{213}	ŋka^{21}
渴	ŋqhe^{33}	ŋkho^{31}

2. 有轻读变调

（1）双音节词的前一个字是 33 调时，轻读，调值变为 31。例如：

ɣa^{33}tɕəŋ^{33}	读作［ɣa^{31}tɕəŋ^{33}］	葱
toŋ^{33}ȵoŋ^{13}	读作［toŋ^{31}ȵoŋ^{13}］	水牛崽
ŋku^{33}pie^{53}	读作［ŋku^{31}pje^{53}］	鸽子
kjɔ^{33}vɔ^{231}	读作［kjɔ^{31}vɦɔ^{231}］	黄牛角
toŋ^{33}tɔ^{21}	读作［toŋ^{31}to^{21}］	独子

（2）双音节词的前一个字是 13 调时，也轻读，调值变为 31。例如：

ŋka^{13}ʑəŋ^{13}	读作［ŋka^{31}ʑəŋ^{13}］	羊肉
ŋka^{13}vɔ^{231}	读作［ŋka^{31}vɦɔ^{231}］	黄牛肉
mplau^{13}ntau^{42}	读作［mplau^{31}ntau^{42}］	树叶

ŋka^{13}ʈaŋ^{22} 读作［ŋka^{31}ʈɦaŋ^{22}］ 肥肉

mple^{13}mplu^{21} 读作［mple^{31}mplu^{21}］ 糯稻

（3）量词重叠时，前字也轻读，调值变为 31。例如：

n̥əŋ^{33}n̥əŋ^{33} 读作［n̥əŋ^{31}n̥əŋ^{33}］ 天天

loŋ^{33}loŋ^{33} 读作［loŋ^{31}loŋ^{33}］ 个个

toŋ^{231}toŋ^{231} 读作［toŋ^{31}tɦoŋ^{231}］ 只只

no^{13}no^{13} 读作［no^{31}no^{13}］ 人人

五、词汇特征

1. 构词前缀比较多。名词有两个前缀。一个是固有的 ʔa^{02}，读音轻而短，出现律较高，构成的词表示自然、人体、动物、植物、用具等。例如：

ʔa^{02}phɔ^{33}雷 ʔa^{02}tɕi^{42}风 ʔa^{02}to^{231}火

ʔa^{02}tɬɔ^{42}腰 ʔa^{02}mpla^{21}舌 ʔa^{02}tɕu^{33}猴子

ʔa^{02}toŋ^{53}虱子 ʔa^{02}ȵa^{53}草 ʔa^{02}pjə^{53}梭镖

另一个是借自布依语的 pu^{53}，本义是“个”，构成的词表示人物。例如：

pu^{53}no^{13}瑶族 pu^{53}kjaŋ^{53}壮族 pu^{53}kwe^{33}汉族

pu^{53}thu^{31}头人 pu^{53}ha^{53}老爷 pu^{53}pje^{55}管家

pu^{53}tɬə^{21}瞎子 pu^{53}ŋkhɔ^{53}跛子 pu^{53}tɔ^{42}nɔ^{13}凶手

名词有三个准前缀，读音较轻，其义可以溯源，其所指范围有所扩大。一个是 po^{53}，本义是“父亲”，引申为“雄性”或“强有力的东西。”例如：

po^{53}vɔ^{231} 公牛 po^{53}ka^{33} 公鸡

po^{53}pau^{33} 狮子 po^{53}mpjau^{231} 豪猪

po^{53}tɬəŋ^{53} 老鹰 po^{53}kjhu^{42} 蜈蚣

另一个是 pi^{53}，本义是“果子”，引申为“圆形物体”。例如：

pi^{53}tɕa^{42} 睾丸 pi^{53}kəŋ^{22} 奶头

pi^{53}ke^{33} 屁股 pi^{53}ɣo^{231} 膀胱

第三个是 pa^{42}，本义是“把儿”，引申为“可以把握的事物”。例如：

pa^{42}ta^{21} 钳子 pa^{42}vu^{13} 包袱

pa^{42}ʈe^{33} 犁 pa^{42}tɕhe^{31}θaŋ^{33} 抹布

pa^{42}ɬɔ^{53} 礼物 pa^{42}ʑu^{13} 交情

形容词有一个前缀 tə^{02}，读音轻而短，可译成汉语的“的”。例如：

$noŋ^{42}$	冷	$tə^{02}noŋ^{42}$	冷的
$tθa^{22}$	瘦	$tə^{02}tθa^{22}$	瘦的
ko^{231}	早	$tə^{02}ko^{231}$	早的
$ŋkho^{31}$	渴	$tə^{02}ŋkho^{31}$	渴的

2. 月份名称有三种组合方式：(1) 固有成分 + 固有成分，(2) 固有成分 + 借入成分；(3) 借入成分 + 借入成分。

正月	$ɬu^{42}tsəŋ^{33}$	固有 + 借入	月正
二月	$ɬu^{42}ȵi^{22}$	固有 + 借入	月二
三月	$san^{33}ȵtɕe^{231}$	借入 + 借入	三月
四月	$θi^{42}ȵtɕe^{231}$	借入 + 借入	四月
五月	$ɬu^{42}ŋwi^{231}$	固有 + 借入	月五
六月	$ɬu^{42}ʈu^{42}$	固有 + 固有	月六
七月	$ɬu^{42}səŋ^{22}$	固有 + 固有	月七
八月	$ɬu^{42}ʐo^{21}$	固有 + 固有	月八
九月	$ɬu^{42}tɕu^{13}$	固有 + 固有	月九
十月	$ɬu^{42}tɕu^{21}$	固有 + 固有	月十
冬月	$ɬu^{42}ʔi^{33}$	固有 + 固有	月一
腊月	$ɬu^{42}la^{21}$	固有 + 借入	月腊

值得注意的是七百弄瑶族以汉族的十一月为岁首。

3. 一义多词现象比较丰富。又分如下几种。

(1) 不同的固有词根词。如：

ma^{31}/ntu^{31}不　　$phlu^{33}$/$phə^{53}$　猪拱土

(2) 词根相同，词缀不同。如：

$pi^{53}tso^{33}$/$ʔa^{02}tso^{33}$芭蕉

(3) 词缀相同，词根不同。如：

$po^{53}tsæ^{22}$/$po^{53}θi^{33}$师傅

(4) 固有词，壮语借词。如：

$ȵtɕoŋ^{33}$/so^{53}直

(5) 固有词，布汉混合词。如：

$ɣa^{33}tɬo^{33}$/$ɣa^{33}pə^{21}tshai^{13}$白菜

(6) 汉语借词，壮语借词。如：

$tshau^{33}$/$ʐiŋ^{13}lie^{13}$操练

(7) 从出发点说，从达到点说。如：

$\text{moŋ}^{231}\text{pe}^{53}/\text{lo}^{231}\text{pe}^{53}$ 回家

六、语法特点

1. 代词中部分有形态变化。代词的三个人称都有单数、双数、多数的区别。如:

人称	单数	双数	多数
一	tɕoŋ^{53} 我	ʔa^{33} 我俩	pe^{33} 我们
二	kə^{13} 你	mi^{33} 你俩	mi^{13} 你们
三	na^{231} 他	mɔ^{33} 他俩	mɔ^{13} 他们

第一人称的三个数用三个不同的词表示。第二、三人称的单数也用不同的词表示，但是双数和多用同一个词的不同声调表示，人称用同一词的不同韵母表示。

2. 表示距离的指示词分得比较细，共有四级，即:

近指	ne^{53}	这	如 $\text{pu}^{53}\text{ne}^{53}$	这个
较近指	kə^{13}	那$_{一}$	如 $\text{pu}^{53}\text{kə}^{13}$	那$_{一}$个
较远指	ma^{53}	那$_{二}$	如 $\text{pu}^{53}\text{ma}^{53}$	那$_{二}$个
远指	ʔoŋ^{33}	那$_{三}$	如 $\text{pu}^{53}\text{ʔoŋ}^{33}$	那$_{三}$个

因为汉语的指示词是二分的，只好把远指“那”加一、二、三以示区别。

第十六节　布努语努努方言

以广西巴马西山话为代表。说这种话的瑶族自称 $\text{nu}^{42}\text{nu}^{42}$，汉族称土瑶，分布在广西的凌云、凤山、东兰、巴马、田林、乐业等县，人口共约6千，都兼通壮语。语料是1985年韦秀清讲给田联刚、张伟和我的。那年她21岁。

一、声母

声母表

p	ph	ʔp	m	ʔv	f	v	
ts	tsh				s	z	ð
t	th	ʔt	n	ʔl		l	
tɕ	tɕh		ȵ	ʔʑ	ɕ	ʑ	

k　kh　ŋ　x

ʔ

声母说明

1. f 和 ç 只拼汉语借词。

2. z 和 ð 只拼壮语借词。

3. ʔp 和 ʔt 是内爆音，其来源有二：一是本族语的，只出现于阴类调，是古喉塞鼻音声母变来的。二是壮语借词中的原浊音声母。

声母例字：

p	po^{35}	父亲	ph	pha^{22}	脓
ʔp	ʔpi^{33}	你俩	m	mei^{22}	母亲
ʔv	ʔva^{35}	丈夫	f	fan^{35}	反
v	va^{35}	头	ts	tsu^{35}	（财）主
tsh	tsheŋ^{22}	男人	s	so^{22}	七
z	zan^{33}	抬	ð	pen^{33}ðiŋ^{42}	下午
t	te^{33}	地	th	tho^{44}	火
ʔt	ʔtəŋ^{33}	蛇	n	nu^{42}	人
ʔl	ʔleu^{33}	脚	l	laŋ^{22}	大
tɕ	tɕa^{33}	毛	tɕh	tɕha^{22}	割
ȵ	ȵoŋ^{35}	肚子	ʔʑ	ʔʑəŋ^{33}	儿媳
ɕ	ɕaŋ^{33}	香（瓜）	ʑ	ʑu^{13}	看
k	ka^{42}	肉	kh	khoŋ^{33}	饭
ŋ	ŋa^{22}	爱	x	xu^{22}	熄
ʔ	ʔe^{35}	姐姐			

二、韵母

韵母表

i			in	iŋ		it	ik
e	ei		en	eŋ		et	ek
ie		ieu	ien	ieŋ		iet	iek
ue	uei		uen				
a	ai	au	an	aŋ	ap	at	ak
ia		iau	ian	iaŋ		iat	
ua	uai		uan	uaŋ			uak

ɯa					ɯaŋ	a:t	a:k
ə		əu	əm		əŋ	ət	
uə					uə	uət	uək
ɯ	ɯə				ɯəŋ		
o	oi			on	oŋ	ot	ok
u	ui		um	un	uŋ	ut	uk
y				yn	yan		
ʅ							

韵母说明

1. 带-p、-t、-k、-m 尾的韵母只拼壮语借词，oi、on 也只拼壮语借词。

2. ʅ、y、yn、yan 只拼汉语借词。

韵母韵字

i	ʔvi^{35}	小	in	ȵin^{42}	筋
iŋ	ʔiŋ^{33}	靠	it	mi^{35}tit	虎牙
ik	sik^{35}	尺	e	phe^{44}	手
ei	mei^{42}	煤	en	men^{22}	胡子
eŋ	neŋ^{44}	老鼠	et	tet^{35}	踢
ek	ʔek^{35}	（牛）轭	ie	ʔvie^{35}	妻子
ieu	sieu^{33}	修	ien	sien^{35}	酒杯
ieŋ	pieŋ^{42}	瓶	iet	siet^{35}	头虱
iek	piek^{35}	撕	ue	ŋue^{13}	钩子
uei	kuei^{22}	骑	uen	kuen^{13}	出（汗）
a	va^{33}	花	ai	xai^{33}	开（门）
au	tshau^{33}	抄	an	ʔpan^{35}	村子
aŋ	ʔaŋ^{33}	水	ap	xap^{35}no^{13}	将来
at	ʔaŋ^{33}zat^{35}	溅水	ak	zak^{44}	根
ia	pia^{35}	房子	iau	miau^{22}	庙
ian	lian^{13}	练	iaŋ	siaŋ^{42}	墙
iat	zoŋ^{22}miat^{44}	闪	ua	kua^{33}	瓜
uai	ȵuai^{35}	嚼	uan	kuan^{35}	管
uaŋ	kuaŋ^{35}	脖子	uak	kuak^{35}	锄头
ɯa	pɯa^{33}	五	ɯaŋ	vɯaŋ^{33}	补锅

a：t	na：t^{35}	挤	a：k	ma：k^{35}	含
ə	ʔə^{13}xu^{42}	二胡	əu	ʔləu^{33}	脚
əm	zəm^{42}	风	əŋ	məŋ^{44}	夜里
ət	vət^{35}	揩	uə	ȵuə^{44}	懒
uəŋ	phuəŋ^{13}	烟	uət	luət^{44}	山谷
uək	muək^{35}	埋	ɯ	si^{33}lɯ^{22}	轮流
ɯə	toŋ^{33}pɯə^{22}	孤儿	ɯəŋ	pi^{35}vɯəŋ^{35}	痱子
o	ʔlo^{13}	嘴	oi	loi^{33}	赶（鸟）
on	son^{33}	教（书）	oŋ	zoŋ^{13}	（鸟）窝
ot	kot^{35}	青蛙	ok	ʔok^{35}	脑髓
u	tu^{13}	兔子	ui	nui^{22}	缺
um	xum^{44}	耕	un	sun^{35}	接
uŋ	naŋ^{22}ʐuŋ^{33}	蹲	ut	xut^{44}	骂
uk	nuk^{35}	聋子	y	tɕhy^{35}	取
yn	ȵyn^{44}	染	yan	yan^{42}	原（因）
ɿ	sɿ^{33}	丝			

三、声调

声调表

调值	调类	例字	汉义
33	阴平	tu^{33}	菜刀
42	阳平	tɕu^{42}	九
35	阴上	tu^{35}	春
44	阳上	thu^{44}	只
13	阴去	tɕu^{13}	六
22	阳去	thu^{22}	裂
	阴入	xu^{22}	喝
	阳入	tɕhu^{22}	十

声调说明

1. 阳去、阴入、阳入已合并为一个调值，所以固有词只有六个声调。

2. 除固有词的六个调外，还有一个 31 调，专拼汉语借词。例如：lu^{31} təu^{13} “绿豆”、pa^{31}ko^{31} “八角”。

3. 35 调和 44 调的字，固有词都不带塞音韵尾。那些带塞音尾的 35、

44 调字都是壮语借词。如：

xap^{35}mo^{13} 将来　　zoŋ^{22}miat^{44} 闪

na:t 挤　　zak^{44} 根

sik^{35} 尺

四、语音特点

1. 声母少，只有 29 个。没有小舌音声母、腭化声母、圆唇声母和清鼻音声母。有内爆音声母。擦音声母分清、浊和带先喉塞的三类。

2. 古鼻断音声母中的鼻音已全部消失，只保留了断音。

3. 古浊断音声母已经清化，变成了气音。但是前带鼻音的只清化，没有气化。

4. 韵母多，有 71 个。不仅有-m、-n、-ŋ 三个鼻音韵尾、-p、-t、-k 三个塞尾，而且有 i-、u-、ɯ-、y-四个韵头。韵干 a 还分长短，这是因为努努话里壮语借词和汉语借词特别多，借词把两种语言的一些特点带进来了。

5. 有些词的声母读音不一致，例如：tshau^{33}“抄”和 sau^{35}“炒”，都来自汉语，声母是相间的，但一个读 tsh，一个读 s－。可能前者是直接借自汉语，后者是转借自壮语。因为壮语里缺少 tsh-。又如 thu^{44}neŋ^{44}“老鼠”、tu^{44}tɕo^{35}“松鼠”的量词 thu^{44}和 tu^{44}，应该读音相同，但实际读音一个送气，一个不送气。这也是壮语的影响，因为壮语北部方言缺送气塞音。

五、词汇特点

西山话的词汇由固有词、壮语借词、汉语借词、汉过壮借词、混合词五部分组成。下面简述后四种。

1. 壮语借词。明显地带有壮语的语音特点，如-p、-t、-k、-m 韵尾，元音分长短，有韵头，有内爆音等。例如：

sien^{35}	酒杯	ʔpa^{35}	结巴	ʔpan^{35}	村子
xum^{44}	耕	ləm^{35}	像	zəm^{42}	风
som^{33}	教（书）	zieu^{22}	山	xap^{35}mo^{13}	将来
zoŋ^{22}mjat^{35}	打闪	pen^{33}ðiŋ^{42}	下午	vət^{35}	揩
tɕat^{35}	癣	na:t^{35}	挤	xut^{33}	骂
kot^{35}	青蛙	luət^{44}	山谷	piek^{35}	剥

nuk^{35}　聋子　mɔk^{35}　埋　maːk^{35}　含
zak^{44}　根　kuak^{35}　锄头

2. 汉语借词。读音与汉语西南官话基本相同，有舌尖元音、撮口元音、韵头、送气塞擦音等。例如：

sɿ^{33}　丝　tɕhy^{35}　取　fan^{35}　反
sieu^{33}　修　piau^{35}　表　tuei^{13}　碓
sen^{42}sian^{33}　神仙　yan^{42}ʐin^{33}　原因　ɕaŋ^{33}kua^{33}　香瓜
ə^{13}xu^{42}　二胡　ma^{31}tai^{13}　麻袋　tɕi^{33}tɕi^{13}　机器
tshai^{31}tsu^{35}　财主

3. 汉过壮借词。这种词是汉语词先借入壮语，再从壮语转借来的，因此它带有壮语的一些特点，如清声母浊化，塞擦音擦音化，失去送气成分等。例如：

va^{33}　花　soŋ^{13}　铳　sau^{35}　炒
siaŋ^{42}　墙　pieŋ^{42}　瓶　sai^{13}va^{33}　菜花
sau^{35}xe^{42}　草鞋　lu^{13}vei^{13}　路费　vaŋ^{31}ti^{33}　皇帝
saŋ^{33}khu^{13}　仓库

4. 混合词。词中的成分如果部分是固有的，部分借自壮语或汉语，我称它为混合词。混合词又分固壮混合词、固汉混合词两类。

固壮混合词中，前一部分是固有的，后一部分是借壮的。如：

ka^{33}tɕiŋ^{42}　拳　ka^{33}siet^{35}　头虱
ka^{33}ten^{33}　线鸡　ka^{33}ta^{13}　河
ka^{33}zət^{44}　臭虫　ʔaŋ^{33}zat^{35}　潲水
mi^{35}tit^{35}　虎牙　pei^{13}thak^{44}　公猪
pi^{35}man^{22}　辣椒　toŋ^{33}tok　独子
ʔʐa^{33}la^{33}pak^{44}　萝卜

前一部分借自壮语，后一部分是固有的。如：

zoŋ^{13}naŋ^{22}　鸟窝　mok^{35}mo^{44}　马料
ʔek^{35}mo^{44}　马鞍

固汉混合词少一些，都是前一部分是固有的，后一部分借自汉语。例如：

pi^{35}sa^{33}　沙子　nu^{42}khei^{13}　汉人
nu^{42}moi^{42}　媒人　ʔʐa^{33}po^{33}　菠菜

西山话的词汇，总的来看，固有词不到一半，壮语借词和汉语借词占一半多，加上为数不少的混合词，外来成分是占优势的，所以西山话是一种混合性很浓的方言。

第十七节 布努语努茂方言

以贵族荔波瑶麓话为代表。说这种话的自称 nu^{55} m̥au^{33}，汉族称蓝裤瑶。荔波还有 teu^{55} m̥u^{55}，汉族称白裤瑶；tuŋ^{33} m̥huŋ^{33}，汉族称长衫瑶。m̥au^{33}、m̥u^{55}、m̥huŋ^{33} 都与苗族自称同源。三支总人口约 2000。语料是 1983 年覃金良说给我的，那年他 19 岁。

一、声母

声母表

p	ph	mp	mph	m	m̥		w
pj	pjh	mpj		mj		f	v
ts	tsh	nts	ntsh			s	
t	th	nt	nth	n	n̥	ɬ	l
tj	tjh	ntj	ntjh		n̥j	ɬj	lj
tɕ	tɕh	ȵtɕ	ȵtɕh	ȵ	ȵ̊	ɕ	ʑ
k	kh	ŋk	ŋkh	ŋ	ŋ̊	x	ɣ
kj	kjh	ŋkj					
kw	kwh	ŋkw					
ʔ						h	

声母说明

1. 可能存在声母 mpjh、ŋkjh、ŋkwh，限于我收集的材料，未发现例字。

2. m̥ 列声母和 ɬ、ɬj 都是送气清音。例如：

m̥e^{13}	“牙齿”	实际读音是［m̥he^{13}］
n̥aŋ^{33}	“太阳”	实际读音是［n̥haŋ^{33}］
tɕhi^{44} n̥jaŋ^{53}	“草鞋”	实际读音是［tɕhi^{44} n̥jhaŋ^{53}］
ȵ̊uŋ^{13}	“肚子”	实际读音是［ȵ̊huŋ^{13}］
luŋ^{53}ŋ̊u^{33}	“膝盖”	实际读音是［luŋ^{53}ŋ̊hu^{33}］
ɬø^{44}	“月亮”	实际读音是［ɬhø^{44}］

ɬja^{13}ȵtɕi^{55}　　“口水”　　实际读音是［ɬjha^{13}ȵtɕi^{55}］

3. ŋ 除了做声母，还可以单独做韵母。

声母例字

p	pø^{13}	父亲	ph	phøu^{33}	雷
mp	mpeŋ^{44}	雪	mph	mphai^{13}	蚂蚁
m	mu^{53}	马	m̥	m̥e^{13}	牙齿
w	wei^{31}	痣	pj	pja^{33}	浮萍
pjh	pjhu^{33}	衣袋	mpj	mpjau^{44}	疯子
mj	mjau^{53}	猫	f	fan^{53}	万
v	van^{55}	園	ts	tsuŋ^{44}	甑
tsh	tsha^{31}	茶	nts	ntsei^{13}	盐
ntsh	ntshan^{13}	血	s	su^{13}	项圈
t	tø^{53}	火			
th	thaŋ^{13}	风箱	nt	ntøu^{44}	树
nth	nthɯ^{33}	拔（草）	n	nu^{55}	人
n̥	n̥aŋ^{33}	太阳	ɬ	ɬø^{44}	月亮
l	la^{55}	迟	tj	tjou^{55}	门
tjh	tjhou^{33}	拔（刀）	ntj	ntje^{55}	草
ntjh	ntjhou^{33}	袜子	n̥j	n̥jau^{33}	种子
ɬj	ɬja^{13}ȵtɕi^{55}	口水	lj	lju^{31}	黄鳝
tɕ	tɕei^{13}	身体	tɕh	tɕhou^{13}	牛
ȵtɕ	ȵtɕa^{44}	马蜂	ȵtɕh	ȵtɕhu^{33}	水獭
ȵ	ȵi^{31}	贼	ȵ̊	ȵ̊uŋ^{13}	肚子
ɕ	ɕu^{13}	灰	ʑ	ʑa^{53}	尿
k	kɯ^{42}	背	kh	khei^{13}	洞
ŋk	ŋkuŋ^{55}	天	ŋkh	ŋkhai^{33}	干
ŋ	ŋø^{42}	儿子	ŋ̊	luŋ^{53}ŋ̊u^{33}	膝盖
x	xɯ^{33}	蕨菜	ɣ	ɣau^{55}	梨
kj	kja^{13}	狗	kjh	kjhaŋ^{13}ka^{13}	厕所
ŋkj	ŋkjou^{55}	叶子	kw	kwai^{44}	鼎罐
kwh	kwhai^{33}	轻	ŋkw	ŋkwai^{31}	转动
ʔ	ʔou^{33}	水	h	hai^{13}	河

二、韵母

韵母表

i	e	a	o	u	ø	* y	* ɯ	* ɿ	* ə
ŋ	ei	ai		* ua	øe				
	eu	au	ou	* uan					
in	en	an		* un		* yn			
iŋ	eŋ	aŋ		uŋ					

韵母说明：

1. 带 * 号的韵母只拼汉语借词。

2. an、uan 的实际读音是 ã、uã，eu、eŋ 的实际读音是 əu、əŋ。例如：

ȵan⁵³	"薄"	实际读作［ȵã⁵³］
tsuan³³	"砖"	实际读作［tsuã³³］
tjeu⁴⁴	"笑"	实际读作［tjəu⁴⁴］
meŋ³³	"疼"	实际读作［məŋ³³］

韵母例字

i	tɕi⁵³	栽	e	ȵe³³	有
a	ɕa¹³	站	o	kjo³³	四
u	pu³³	知道	ø	ŋkø⁵³	下（楼）
y	y⁴²	（谜）语	ɯ	lɯ⁵⁵	像
ɿ	tsɿ³³	（刷）子	ə	tshə³³	车
ŋ	ŋ⁵³	是	ei	pei¹³	射
ai	ntshai¹³	丝	øe	ʔøe³³	二
ua	sua³¹	刷（子）	uan	tsuan³³	砖
eu	tjeu⁴⁴	笑	au	tau³¹	死
ou	ɣou⁴⁴	好	in	pin⁵⁵	缩
en	wen³¹	蚊（帐）	an	ȵan⁵³	薄
un	lun³¹	轮（胎）	yn	tɕhyn³³	穿
iŋ	tiŋ³³	藤子	eŋ	meŋ³³	疼
aŋ	maŋ³¹	眼睛	uŋ	puŋ¹³	满

三、声调

声调表

调值	调类	例字	汉义
33	阴平	pu^{33}	知道
55	阳平	nu^{55}	人
13	阴上	ntu^{13}	呕吐
53	阳上	ȵu^{53}	懒
44	阴去	ɬu^{44}	铁
	阴入	pju^{44}	暗
31	阳去	ku^{31}	倒
42	阳入	pu^{42}	补

声调说明

1. 阴去、阴入已合并。

2. 现代汉语借词的阴平字读 33 调，阳平字和入声字读 31 调，上声字读 53 调，去声字读 13 调。例如：

33	ɕi^{33}kwa^{33}	西瓜
31	mau^{31}tɕin^{33}	毛巾
	sua^{31}tsɿ^{33}	刷子
53	ljou^{53}su^{13}	柳树
13	suan^{13}phen^{31}	算盘

四、语音特点

1. 没有小舌音声母。腭化声母多。清鼻音和清边音都送气，但清擦音不送气。

2. 有较多的圆唇前元音母：y、yn、ø、øe。韵尾-i、-u、对立，-n、-ŋ 对立。

3. 声调有的已经合并，有的有所分化。合并的是阴去和阴入，分化的是阴平。阴平字大多数读 33 调，少数字读 53 调，与阳上的调值相同。例如：

33 调		53 调	汉义
ʔøe^{33}	二	ɣei^{53}	石头
pa^{33}	三	ntjaŋ^{53}	中间

kjo^{33}	四	mjau^{53}	猫
pja^{33}	五	tuŋ^{53}	崽
n̥aŋ^{33}	太阳	ȵaŋ^{53}	穗儿
phou^{33}	雷		
ʔou^{33}	水		

这些字分化的条件现在还不得而知。

五、词汇的特点

词汇的显著特征是没有词缀，不仅动词、形容词没有词缀，名词也没有词缀，因此单音名词相当多。拿七百弄话做比较如下：

七百弄	瑶麓	汉义
ʔa^{02}phɔ^{33}	phou^{33}	雷
ʔa^{02}to^{231}	tø^{53}	火
ʔa^{02}tɬɔ^{42}	tjau^{13}	腰
ʔa^{02}mpla^{21}	ŋkjei^{42}	舌
ʔa^{02}tə^{53}	tø^{13}	尾巴
ʔa^{02}toŋ^{53}	tuŋ^{13}	虱子

单音节名词单说时，许多苗瑶方言都前带量词，瑶麓话都不带量词，这也是单音名词多的原因之一。比较西山话如下：

西山	瑶麓	汉义
thu^{44}ʔtəŋ^{33}	nan^{33}	蛇
thu^{44}keŋ^{33}	kjan^{33}	虫
thu^{44}məŋ^{35}	m̥əŋ^{13}	蜜蜂
thu^{44}ʔa^{22}	ʔø^{44}	乌鸦

不同概念，瑶麓话用不同的词表示，其他方言用一个词表示。例如：

“河”瑶麓称 hai^{13}，“水”瑶麓称 ʔou^{33}，七百弄都叫做 ʔau^{33}。

烹调好了的“菜”瑶麓称 ɣe^{13}，生长在地里的“菜”称 ɣu^{33}，西山话都称 ʔʑa^{33}。

“牛”瑶麓叫 tɕhou^{13}，“黄牛”叫 ʑou^{53}，“水牛”叫 ȵin^{55}，是三个不同的词。但七百弄把“牛”和“黄牛”都叫 vɔ^{231}，“水牛”叫 ȵoŋ^{13}，只有两个词。

同一概念，不同语境，瑶麓用不同的词表示，其他方言用同一个词表示。例如：

	瑶麓	西山	
数数	$tɕi^{33}$	$ʔi^{33}$	一
量词前	$tɕi^{33}ʔtuŋ^{33}$	$ʔi^{33}$	一个
“第”后	$ti^{51}ʔi^{33}$	$tai^{22}ʔi^{33}$	第一
“十”后	$tɕɯ^{42}ʔi^{33}$	$tɕhu^{22}ʔi^{33}$	十一

“一”这个数，不论出现在何种语境，西山都说 $ʔi^{33}$，而瑶麓有的说 $ʔi^{33}$，有的说 $tɕi^{33}$。

第十八节 巴那语

以湖南城步中排话为代表。说巴那语的苗族自称 $pa^{53}na^{313}$，汉族称红苗，分布在湖南城步的上排、中排、下排和绥宁的黄双坪。人口只有一千多，会说的人年龄都比较大。语料是 1983 年吴昌几讲给我的，那年他 48 岁。

一、声母

声母表

p	ph	b	m	v	f
pj	pjh	bj	mj	vj	fj
ts	tsh	dz			s
tsj	tsjh				sj
t	th	d	n	l	
tj	tjh	dj	nj	lj	
tɬ	tɬh	dl			
tɬj	tɬjh	dlj			
tɕ	tɕh	dʑ	ȵ	ʑ	ɕ
k	kh	g	ŋ		
kj	kjh	gj			
kw	kwh	gw			
ʔ					h

声母说明

1. tsj、tsjh、sj 是专拼汉语借词的声母。

2. ŋ 除了做声母外，还可以单独做韵母。

3. 声母 f 与韵母 ŋ 相拼时，有时候被同化为ŋ̊。例如：fŋ^{213}ti^{55} “皇帝”中的 f 未变，但是 ma^{31}fŋ^{313} “蚂蟥” 读作［ma^{13}ŋ̊ ŋ^{313}］，f 变成了ŋ̊。因为ŋ̊是同化产生的变体，未列入声母表。

4. 唇音声母 p 和 b 与韵母 u 或 ŋ 拼时，双唇颤动，例如 pu^{22} “脓” 读作［p^{ʙ}u^{22}］，suŋ^{55}pŋ^{313} “算盘” 读作［suŋ^{55}p^{ʙ}ŋ^{313}］。

声母例字

p	pa^{31}	山	ph	phuŋ^{13}	尘
b	bei^{22}	鼻子	m	me^{35}	奶
v	va^{44}	妻子	f	fu^{13}	雷
pj	pjo^{13}	毛	pjh	pjhu^{44}	灰
bj	bja^{53}	辣	mj	mjeu^{22}	庙
vj	vjen^{31}	锅	fj	fjen^{44}	反
ts	tsin^{13}	砖	tsh	tshe^{55}	脆
dz	dzaŋ^{13}	疮	s	saŋ^{55}	癣
tsj	tsjeu^{55}	拧	tsjh	tsjhau^{44}	锹
sj	sjon^{55}	象	t	to^{31}	火
th	thi^{35}	炭	d	da^{44}	手指
n	ni^{13}	太阳	l	la^{44}	月亮
tj	tjeu^{22}	筷子	tjh	tjha^{13}	差
dj	dja^{55}	放（屁）	nj	njeu^{55}	汗
lj	ljo^{31}	绿	tɬ	tɬa^{35}	霜
tɬh	tɬhuŋ^{44}	骨头	dl	dlau^{13}	深
tɬh	tɬjen^{35}	皮	tɬjh	tɬjhuŋ^{313}	耳环
dlj	dljuŋ^{313}	叶子	tɕ	tɕi^{35}	风
tɕh	tɕha^{313}	茄子	dʑ	dʑa^{44}	盐
ȵ	ȵeŋ^{22}	胡须	ʑ	ʑu^{35}	小
ɕ	ɕi^{35}	快	k	ka^{31}	矮
kh	khai^{35}	汉族	g	ge^{53}	窄
ŋ	ŋo^{53}	饿	kj	kja^{44}	路
kjh	kjha^{35}	刮	gj	gja^{35}	叫
kw	kwa^{31}	手	kwh	kwhei^{22}	跪
gw	gwaŋ^{313}	天	ʔ	ʔai^{55}	鸭子
h	ho^{55}	喝			

二、韵母

韵母表

i	e	a	o	u	y	ɿ	ɚ	ŋ
	ei	ai						
	eu	au						
in	en	an	on	un	yn			
iŋ	eŋ	aŋ		uŋ	yen			

韵母说明

1. ɿ、y、ɚ、yn、yen 只拼现代汉语借词。

2. in、en、an、on、yen 的实际音值是鼻化元音。

例如：

tshin^{13} “清” 读作 [tshĩ^{13}]

ɕen^{13} “高” 读作 [ɕẽ^{13}]

kan^{55} “干” 读作 [kã^{55}]

pon^{44} “满” 读作 [põ^{44}]

yen^{313}in^{33} “原因” 读作 [yen^{313}ĩ^{33}]

韵母例字

i	dli^{53}	舌	e	ge^{313}	肉
a	kwa^{13}	瓜	o	to^{53}	豆
u	nu^{22}	鸟	y	tɕy^{313}	厨（师）
ɿ	sɿ^{13}	师	ɚ	ɚ^{44}	（木）耳
ŋ	ʔŋ^{13}	水	ei	pei^{31}	稻
ai	bai^{35}	猪	eu	ljeu^{13}	大
au	gau^{13}	斑鸠	in	lin^{313}	田
en	ɕen^{13}	高	on	son^{44}	米
			an	kan^{55}	干（部）
un	tshun^{22}	蠢	yn	yn^{313}	云
iŋ	biŋ^{44}	血	eŋ	keŋ^{13}	虫
aŋ	tɬaŋ^{44}	鹰	uŋ	nuŋ^{22}	雨
yen	yen^{131}	原（因）			

三、声调

声调表

调值	调类	例字	汉义
13	阴平	ta^{13}	泥巴
313	阳平	na^{313}	人
44	阴上	ka^{44}	屎
31	阳上	va^{31}	尿
35	阴去	la^{35}	月亮
22	阳去	bja^{22}	竹笋
55	阴入	pa^{55}	背
53	阳入	$ʑa^{53}$	八

声调说明

1. 除固有词的八个调外，还有一个只拼汉语借词的33调和一个轻声04。

2. 因城步位于汉语湘方言与西南官话交界处，现代汉语借词的声调不稳定，多数字阴平读33调，阳平读313调，上声读53调，去声读55调，入声读35调。例如：$u^{33}kwei^{33}$“乌龟”$phi^{313}tɕheu^{313}$“皮球”、$lau^{53}pan^{53}$“老板”、$sjon^{55}pjhen^{55}$“相片”，tha^{35}“塔”。

3. 22调的字如果声母是浊音，则有较重的气嗓音；如果是清音，则没有。例如：

$dai^{22}bo^{22}$“胸脯”读作［$dɦai^{22}bɦo^{22}$］

nu^{22}“鸟”读作［$nɦu^{22}$］

ta^{22}“死”读作［ta^{22}］

$çuŋ^{22}$“七”读作［$çuŋ^{22}$］

四、语音特点

1. 没有复辅音声母，小舌音声母，清鼻音声母。

2. 塞擦音声母较多，有舌尖前，腭化舌尖前，舌边，腭化舌边，舌面前5组。

3. 古鼻口复辅音声母，不论清音，气音，浊音，都变成了浊断音。这一点与瑶语完全一致。

例如：

古清音		古气音		古浊音	
bon^{35}	雪	gai^{13}	渴	bja^{31}	鱼
dʑa^{44}	盐	dzau^{35}	洗（衣）	dli^{53}	舌
gau^{13}	斑鸠	bje^{44}	蚂蚁	dau^{22}	麻

2. 古浊断音声母，在阳上字和阳入字里，现在都读清音，但在阳平字和阳去字里，有的读清音，有的读气音。例如：

阳上		阳入	
to^{31}	火	to^{53}	豆
pa^{31}	山	pu^{53}	看见
tɕi^{31}	茶	tau^{53}	咬
tɕa^{31}	树枝	kjo^{53}	驱赶
阳平		阳去	
ta^{313}	来	ta^{22}	死
puŋ^{313}	落	po^{22}	入
tɕhu^{313}	九	tɕhu^{22}	少
kjhon^{313}	（水）热	tshu^{22}	凿

3. 舌根鼻音 ŋ 除了做声母和韵尾处，还可以单独做韵母。它可以自成音节，也可以与不同发音部位的声母相拼。例如：

ŋ^{313}	牛	ʔŋ^{13}	水
kŋ^{13}	钢	pŋ^{313}	沸
tŋ^{55}	桶	fŋ^{13}	方

五、词汇特点

1. 汉语借词相当多。初步统计，在 2414 个常用词语中，借自汉语的有 1080 个，占 44.74%。一些基本词其他苗瑶语不借，巴那语借了。例如：

ʑin^{13}	烟	fa^{13}	花
huŋ^{313}ɕi^{313}	红薯	tɕhon^{313}tsai^{04}	肠子
mo^{55}ɚ^{44}	木耳	sa^{13}mo^{313}tsho^{35}	茅草

2. 既有构词前缀，也有构词后缀。前缀都是固有的，后缀都借自汉语。

前缀 ʔa^{04} 只出现在亲属称谓名词里。例如：

ʔa^{04}ʑa^{13}	父亲	ʔa^{04}ȵa^{313}	母亲

ʔa^{04}ni^{31}	舅父	ʔa^{04}muŋ^{22}	舅妈
ʔa^{04}tje^{31}	哥	ʔa^{04}mai^{35}	妹妹

前缀 ka^{13}构成的词都表示人体部件或人造用具。例如：

ka^{13}bja^{313}	耳朵	ka^{13}pai^{13}	大腿
ka^{13}ɕi^{13}	胳膊	ka^{13}tɬaŋ^{13}	喉咙
ka^{13}kŋ^{313}	台阶	ka^{13}ʑu^{313}	松明

前缀 la^{04}出现的频率较高，构成的词表示自然、人体、动物、用具等。例如：

la^{04}gwaŋ^{313}	天	la^{04}ni^{13}	太阳
la^{04}la^{35}	月亮	la^{04}fo^{44}	头
la^{04}tɕho^{13}	肚子	la^{04}tɬaŋ^{44}	老鹰
la^{04}lje^{13}	猴子	la^{04}pja^{44}	房子
la^{04}kŋ^{313}	门		

后缀 tsai^{04}借自汉语的“崽”，后缀 tsɿ^{04}借自汉语的“子”。例如：

puŋ^{313}tsai^{04}	棚子	ko^{35}tsɿ^{04}	鸽子
luŋ^{13}tsai^{04}	聋子	thu^{55}tsɿ^{04}	兔子
ʑon^{13}tsai^{04}	洋子	ȵi^{313}tsɿ^{04}	呢子
ton^{13}tsao^{04}	单子	pau^{33}tsɿ^{04}	包子

前缀 la^{04}和后缀 tsai^{04}都有派生能力，而且固有的 la^{04}可与借汉词根结合，借汉的 tsai^{04}可与固有词根结合，这就构成了许多巴那汉混合词。例如：

la^{04}pjhau^{313}	水瓢	la^{55}tsai^{04}	跛子
la^{04}tɕhi^{55}	尺子	tɬa^{31}tsai^{04}	秃子
la^{04}tsin^{44}	剪刀	gwa^{35}tsai^{04}	傻子
la^{04}tɕi^{55}	痣	pei^{35}ȵen^{313}tsai^{04}	火石

3. 有许多概念，可以用固有词表达，也可以用汉语借词 表达。这是双语区民族语的又一特征。例如：

汉义	固有词	汉语借词
天	la^{04}gwaŋ^{313}	thin^{13}
弟弟	ʔa^{04}kau^{55}	lau^{31}ti^{53}
驼子	kjuŋ^{44}diŋ^{35}	to^{313}tsai^{04}
辫子	ɕu^{55}	pin^{13}tsai^{04}
一	ʔa^{31}	ʑi^{13}

二	ʔu^{13}	ŋ^{53}
三	pa^{13}	son^{13}
四	tɬo^{13}	sai^{55}
五	pei^{13}	ŋ^{31}
六	kjo^{35}	ljeu^{31}
七	ɕuŋ^{22}	tshai^{31}
八	ʑa^{53}	pa^{44}
九	tɕhu^{313}	tɕu^{44}
十	tɕo^{53}	ɕi^{31}

六、语法特点

1. 量词、名词，形容词都可以重叠。量词重叠表示周遍。例如：

lon^{13}个	lon^{13}lon^{13}tu^{44}ŋ^{31}。	个个都去。
ni^{13}天	ho^{44}ni^{55}ni^{13}ni^{13}nuŋ^{22}。	这里天天下雨。
tai^{313}条	tai^{313}tai^{312}ʔŋ^{13}mo^{312}bja^{31}。	条条河里有鱼。

名词重叠表示较小的事物。例如：

ʔa^{04}ʑa^{13}	父亲	ʑa^{13}ʑa^{13}	叔叔
ʔa^{04}ȵa^{313}	母亲	ȵa^{313}ȵa^{13}	婶婶
tɕha^{13}	车	tɕha^{13}tɕha^{13}	纺车
pjo^{13}	毛	pjo^{13}pjo^{13}	寒毛

形容词重叠表程度加深。例如：

tɬo^{13}	黑	tɬo^{13}tɬo^{13}ʑa^{44}fo^{44}pjo^{13}	黑黑的头发
ljeu^{13}	大	ljeu^{13}ljeu^{13}ʑa^{44}pi^{44}ke^{313}	大大的眼睛
ȵu^{44}	重	ȵu^{44}ȵu^{44}ʑa^{44}ton^{55}tsai^{4}	重重的担子

2. 前面提到，系数词有固有和借汉两套。当系数词与类别量词组合时，都用固有系数词，不用借汉系数词。

例如：

ʔa^{31}lon^{13}kja^{35}ke^{13}	一个鸡蛋
ʔu^{13}le^{313}khai^{35}kja^{44}	两位客人
pa^{13}tai^{131}ʔŋ^{13}	三条河

但是当系数词与法定单位（度量衡）和位数词组合时，只有"一"、"二"用固有系数词，"三"以上要用借汉数词。例如：

ʔa^{31}tɕi^{44}	一斤	ʔa^{31}pai^{35}	一百

ʔu^{13}on^{55} 两石 ʔu^{13}vjen^{53} 两万

son^{13}tɕhi^{44} 三尺 son^{13}tsjhen^{13} 三千

3. 一些名词单说时没有前缀，进入句子后，特别是位于句首时，要加前缀 la^{04}。例如：

tja^{53}村

la^{04}tja^{53}ni^{22}mo^{313}pai^{35}pa^{44}ka^{13}。这个村有百把家。

ɳ̥au^{44}猫；naŋ^{31}老鼠

la^{04}ɳ̥au^{44}mo^{13}la^{04}naŋ^{31}gwa^{31}tau^{35}ʐa^{44}。猫把老鼠捉住了。

第十九节 优诺语

以广西龙胜黄落话为代表。说黄落话的瑶族自称 jeu^{33}no^{13}，汉族称红瑶，分布在广西龙胜的和平，泗水，马堤等乡和融安的一些村寨。人口约5000。红瑶中的大部分已转用汉语，称优念话。语料是 1981 年潘龙茂讲给我的，那年他 17 岁。

一、声母

声母表

p	ph	m	v		f
pj	pjh	mj			
ts	tsh				s
tsj	tsjh				sj
t	th	n		l	ɬ
tj	tjh	nj		lj	ɬj
k	kh	ŋ	ŋ̊		
kj	kjh	ŋi		j	xj
kw	kwh				xw
ʔ					h

声母说明

1. tsj、sjh、sj、三个声母只拼汉语借词。

2. ŋ 除了做声母外，还可以单独做韵母。

声母例字

p pe^{44} 肉 ph phe^{55} 女儿

m	mu^{32}	鼻	v	vui^{44}	近
f	fen^{33}	牙	pj	pja^{55}	阴暗
pjh	pjheu^{54}	票（子）	mj	mja^{32}	笋
ts	tsui^{55}	臭	tsh	tsho^{33}	灰
s	sɒ^{13}	红薯	tsh	tsje^{44}	砖
tsjh	tsjhe^{55}	尺	sj	sjaŋ^{13}	象
t	teu^{44}	儿子	th	theu^{32}	手
n	no^{44}	太阳	l	la^{54}	月亮
ɬ	ɬe^{44}	仙	tj	tjoŋ^{54}	年
tjh	tjho^{44}	胃	nj	njeu^{54}	篾
lj	ljaŋ^{13}	龙	ɬj	ɬjeu^{44}	硝
k	keu^{33}	路	kh	khaŋ^{33}	孔
ŋ	ŋo^{13}	天	ŋ̊	ŋ̊ ŋ^{33}	肠
kj	kji^{54}	风	kjh	kjhaŋ^{55}	汗
ŋj	ŋjoŋ^{44}	獾	j	jaŋ^{13}	羊
xj	xjoŋ^{13}	熊	kw	kwaŋ^{44}	鬼
kwh	kwhaŋ^{13}	矿	xw	xwan^{13}	含
ʔ	ʔan^{44}	苦	h	hau^{44}	云

二、韵母

韵母表

i	e	a	ə	o	u	y	ɒ
	ei	ai		oi	ui	ye	ʅ
	eu	au	əu		ua		
in	en	an		on	un	yn	
iŋ	eŋ	aŋ		oŋ	uan	yan	ŋ

韵母说明

1. ua、ye、ʅ、on、yn、uan、yan 只拼汉语借词。
2. ə 主要出现在前缀里。
3. 元音 e 舌住偏低，实际音值是 ɐ。例如：

me^{21} “麦子” 实际读作［mɐ^{21}］

theu^{32} “手” 实际读作［thɐu^{32}］

xji^{54}men^{13} “闵门” 实际读作［xji^{54}mɐn^{13}］

mei^{54} “猪”实际读作［mɐi^{54}］

meŋ^{21} “命”实际读作［mɐŋ^{21}］

韵母例字

i	pi^{44}	五	e	ŋe^{55}	窄
a	ja^{21}	八	ə	pə^{13}ɬa^{33}	菩萨
o	tjo^{54}	六	u	ʔu^{44}	二
y	kjy^{44}	远	ɒ	kɒ^{33}	腰
ei	sei^{54}	美	ai	nai^{44}	厚
oi	tsoi^{44}	指	ui	pui^{44}	三
ye	ye^{13}	月（饼）	ɿ	sɿ^{13}	柿
eu	peu^{33}	满	au	tau^{44}	深
əu	təu^{54}	脚	ua	sua^{13}	刷子
in	sin^{44}	熟			
on	thon^{21}	转（身）	un	tshun^{44}	淡
yn	kyn^{44}ky^{13}	橘子	iŋ	ŋjiŋ^{54}	绵
eŋ	leŋ^{54}	光	aŋ	saŋ^{32}	七
oŋ	ɬoŋ^{54}	算	uan	tshuan^{13}	传（染）
yan	tyan^{44}	啄	ŋ	ʔŋ^{44}	疼

三、声调

声调表

调值	调类	例字	汉义
44	阴平	ku^{44}	黑
13	阳平	ŋu^{13}	牛
33	阴上	ŋu^{33}	粑粑
32	阳上	lu^{32}	回来
	阳去	pu^{32}	脓
54	阴去	ku^{54}	皮
55	阴入	tju^{55}	笑
21	阳入	tu^{21}	咬

声调说明

1. 阳上、阳去已合并。
2. 一部分阳平字带有气嗓音。例如：

pa^{13} “婆” 实际读作 [pɦa^{13}]
tau^{13} “绑” 实际读作 [tɦau^{13}]
tiŋ^{13} “成” 实际读作 [tɦiŋ^{13}]

四、语音特点

1. 复元音和韵尾较多，前者有 ei、ai、oi、ui、eu、au、əu、ua、ye、ya10 个，后者有 -i、-u、-n、-ŋ4 个。

2. 古鼻口复辅音声母都已单化。单化时，浊声母都保存鼻音，气声母都保存口音，清声母则多数保存鼻音，少数保存口音。例如：

古浊声母字	现在读音	汉义
*NGwaŋ平	ŋo^{13}	天
*mbrau平	mui^{13}	耳朵
*mblem平	mjoŋ^{13}	叶子
*mblau平	mjau^{13}	稻
*mbrau上	mui^{32}	鱼
*NGε上	ŋa^{32}	下（山）
*mbrit入	mui^{32}	鼻子
*mbrai去	mja^{32}	笋
*mbljet入	mji^{21}	舌头
*mblut入	mjo^{21}	糯
*mbrεt入	mja^{21}	辣
古气声母字	现在读音	汉义
*ntshræ平	tshi^{44}	怕
*Nqhai平	khai^{44}	干
*ntshε平	theu^{44}	粗
*mphjou上	pjhe^{33}	蚂蚁
*ntshram上	tshun^{33}	血
*ntshjεŋ去	tjheu^{54}	称
*mphjak入	phje^{55}	女儿
*Nqhɔt入	kha^{55}	渴
古清声母字	现在读音	汉义
*ntei平	no^{44}	布
*ntroŋ平	ȵaŋ^{44}	中间

* ŋkjau平	ŋau44	木耳
* Nqɑn平	ŋo44	茅草
* ntɔ上	nɒ33	砍伐
* nteu上	neu33	书、纸
* ntlau上	nau33	长
* ŋkjcu去	ŋu33	粑粑
* mpɑu去	mei54	猪
* mpei去	mu54	沸
* ntsjuk入	njeu54	篾
* ntsɑu上	tei33	洗（手）
* ntsɛu上	tɒ33	早
* nta上	teu33	手指
* Nqɛ去	ko54	价钱

3. 不带鼻音声头的古浊声母都已清化，多数变清声母，少数变气声母或清声母后带气嗓音。例如：

	清声母		气声母		带气嗓音	
阳平	pan13	花			[pɦa13]	婆
	tɒ13	来			[tjɦiŋ13]	成
	ki13	骑			[tɦe13]	秃
阳上	ti32	栽	theu32	手		
	ki32	茶	thei32	冷		
	təu32	火				
阳去	pu32	脓	tshəu32	筷子		
	to32	死	tshəu32	少		
	tjaŋ32	肥				
阳入	tu21	豆	thu21	凿		
	to32	咬	thu21	着		
	ku21	背	tsjhe21	眨		

4. 古清鼻音声母有的浊化，有的变清口音，个别的仍是清鼻音。例如：

古清音声母字	现在读音	汉义
* n̥ɐi平	no44	太阳
* n̥om上	naŋ44	听见

* n̥aŋ^{上}	ni^{33}	穿（衣）
* n̥rəŋ^{平}	theŋ^{44}	穗
* m̥jɛm^{上}	fen^{33}	牙
* m̥ljei^{平}	fe^{44}	藤子
* ŋjɛu^{上}	ŋŋ^{33}	肠子

五、词汇特点

1. 名词有三个构词前缀，其中pə^{03}和tə^{03}的出现率都不高。pə^{03}构成的词主要是植物名称。tə^{03}构成的词主要是亲属称呼和人体器官名称。例如：

pə^{03}to^{21}	豆	tə^{03}kiŋ^{44}	丈夫
pə^{03}kwa^{44}	黄瓜	tə^{03}ɬeu^{44}	嫂子
pəə^{03}kjɒ^{13}	茄子	tə^{03}ku^{44}	侄儿
pə^{03}ky^{55}	柚子	tə^{03}ta^{21}	侄女
pə^{03}kjəu^{32}	藠头	tə^{03}tu^{44}	肚子
pə^{03}ɬan^{55}pəu^{55}	蒜	tə^{03}ŋo^{13}	臼齿

kə^{03}的出现率很高，带kə^{03}的名词主要是用具名称，其次是动物器官名称、地域方位名称。如：

用具名称		动物器官		地域方位	
kə^{03}pen^{13}	盆	kə^{03}mi^{21}	舌	kə^{03}teu^{44}	地
kə^{03}ven^{32}	锅	kə^{03}te^{33}	尾巴	kə^{03}he^{21}	城市
kə^{03}tsəu^{32}	篮子	kə^{03}ta^{55}	翅膀	kə^{03}kəu^{32}	里面
kə^{03}ven^{44}	簸箕	kə^{03}kaŋ^{33}	脖子	kə^{03}te^{54}	下边
kə^{03}ŋeu^{44}	柱子	kə^{03}pei^{44}	大腿	kə^{03}no^{44}səu^{55}	外边
kə^{03}pe^{44}	裹腿				

2. 汉语借词很多，占词汇总数的一半以上。其中多位数词、次第数词、日子名称、月份名称全借自汉语。例如：

多位数词		次第数词	
sə^{02}je^{55}	十一	tə^{02}je^{55}	第一
sə^{02}ŋji^{32}	十二	tə^{02}ŋji^{32}	第二
sə^{02}ɬeu^{44}	十三	tə^{02}ɬeu^{44}	第三
sə^{02}ɬei^{54}	十四	tə^{02}se^{21}	第十
sə^{02}ŋ^{32}	十五	tə^{02}sə^{02}je^{55}	十一
ly^{21}se^{21}	六十		

$tha^{55}se^{21}$	七十
$po^{55}se^{21}$	八十
$kjeu^{54}se^{21}$	九千
$ɬeu^{44}the^{44}$	三千

月名		日名	
$tsen^{44}ŋje^{21}$	正月	$tshu^{44}je^{55}$	初一
$ŋji^{32}ŋje^{21}$	二月	$tshu^{44}ŋji^{32}$	初二
$ɬeu^{44}ŋje^{21}$	三月	$tshu^{44}ɬeu^{44}$	初三
$ɬei^{54}ŋje^{21}$	四月	$tshu^{44}ɬei^{54}$	初四
$ŋ^{32}ŋje^{21}$	五月	$tshu^{44}ŋ^{32}$	初五
$ly^{21}ŋje^{21}$	六月	$tshu^{44}ly^{21}$	初六
$tha^{55}ŋje^{21}$	七月	$tshu^{44}tha^{55}$	初七
$po^{55}ŋje^{21}$	八月	$tshu^{44}po^{55}$	初八
$kjeu^{54}ŋje^{21}$	九月	$tshu^{44}kjeu^{54}$	初九
$se^{21}ŋje^{21}$	十月	$tshu^{44}se^{21}$	初十

3. 除借词外，还有许多用优诺语成分和汉语成分构成的混合词。这种混合词有三种类型。第一种，优诺语前缀加汉语词根。例如：$kə^{03}teu^{54}$ “灶”、$kə^{03}tje^{21}$ “碟子”、$kə^{03}thoŋ^{54}$ “桶”、$kə^{03}ləu^{54}$ “篓子”、$kə^{03}pjəu^{13}$ “瓢”。

第二种，优诺语词根加汉语词根构成的复合词。例如：$ʔa^{54}phu^{54}$ “饭铺”、$fo^{44}lin^{21}$ “树林”、$ʔan^{44}me^{21}$ “苦麦”、$kwaŋ^{44}tjeu^{32}$ “鬼匠”（鬼师）、$neu^{33}so^{44}$ “长衫”。

第三种，汉语词根加优诺语词根构成的复合词。例如：$kaŋ^{44}no^{13}$ “工人”、$min^{13}ʔəu^{33}$ “棉衣”、$kheu^{54}khaŋ^{33}$ “扣孔”（扣眼儿）、$seu^{54}pe^{44}$ “瘦肉”、$thəu^{44}thəu^{32}$ “糙米”。

六、语法特点

定语的位置，只有指示词仍然后置；形容词定语都已改为前置；名词定语，多数已改为前置，少数仍是后置。

指示词定语如：

no^{33}	这	$ləu^{44}$	个	$ləu^{44}no^{33}$	这个
ni^{33}	那	ne^{21}	些	$ne^{21}ni^{33}$	那些
$naŋ^{33}$	哪	ty^{32}	处	$ty^{32}naŋ^{32}$	哪里

形容词定语如：

$kwan^{13}$	黄	$ŋu^{13}$	牛	$kwan^{13}ŋu^{13}$	黄牛
ky^{44}	白	jo^{21}	菜	$ky^{44}jo^{44}$	白菜
$ljeu^{44}$	大	me^{21}	麦	$ljeu^{44}me^{21}$	大麦
pja^{55}	暗	$ŋo^{13}$	天	$pja^{55}ŋo^{13}$	阴天

名词定语。

前置的如：

$ŋu^{13}$	牛	pe^{44}	肉	$ŋu^{13}pe^{44}$	牛肉
kje^{44}	鸡	keu^{54}	蛋	$kje^{44}keu^{54}$	鸡蛋
kji^{32}	茶	$mioŋ^{13}$	叶子	$kji^{32}mjoŋ^{13}$	茶叶
mei^{54}	猪	$təu^{44}$	崽	$mei^{54}təu^{44}$	小猪

后置的如：

$ʔŋ^{44}$	水	mei^{54}	猪	$ʔŋ^{44}mei^{54}$	潲水
kan^{44}	虫	mi^{32}	蛭	$kan^{44}mi^{32}$	蚂蟥
fo^{44}	树	$kiŋ^{44}$	杉	$foŋ^{44}kiŋ^{44}$	杉树

形容词和名词定语移前是汉语影响的结果。

第二十节 畲 语

以广东增城下水村话为代表。畲族绝大多数已转用汉语客家话，只有广东博罗、增城、海丰、惠东的一千多人还会讲畲语。说畲语的人自称 $hɔ^{33}ne^{31}$，意思是“山里人”。语料是 1981 年来海棠讲给我的，那年他 46 岁。

一、声母

声母表

p	ph	m	v	f
pj	pjh	mj		
ts	tsh			s
tsj	tsjh			sj
t	th	n		
tj	tjh	nj		
k	kh	ŋ		

kj	kjh	ŋj	j	hj
kw	kwh			
ʔ				h

声母说明

1. 鼻音声母都带同部位的塞音成分。例如：ma^{35} “袜子” 实际读作［mpa^{35}］，ni^{31} “房子” 实际读作［nti^{31}］。但是塞音成分是可有可无的，因此本书只标鼻音。

2. n 和 l、nj 和 lj 自由变读。例如 nɔ^{22} kɔ^{55}/lɔ^{22} kɔ^{55} “太阳”，njaŋ^{55}/ljaŋ^{55} “漂亮”。n 还可以做韵尾，但 l 不能，因此本书标作 n 和 nj。

3. 声母 h 与韵母 uŋ 拼时，韵母简化为 ŋ，声母同化为ŋ̊。例如 huŋ^{31} “去” 实际读作［ŋ̊ ŋ^{31}］。因为ŋ̊是 h 的变体，未列入声母表。

声母例词

p	pe^{22}	知道	ph	phu^{53}	脓
m	ma^{31}	有	v	vuŋ^{31}	龙
f	fu^{22}	云	pj	pja^{53}	鱼
pjh	pjha^{31}	爬	mj	mjɔ^{35}	庙
ts	tsa^{55}	盐	tsh	tsha^{35}	车
s	su^{55}	站	tsj	tsjek^{35}	折
tsjh	tsjha^{31}	斜	sj	sja^{55}	写
t	taŋ^{22}	儿子	th	thɔ^{53}	火
n	nɔ^{33}	铁	tj	tjɔ^{31}	嘴
tjh	tjhuŋ^{22}	穿	nj	njaŋ^{55}	漂亮
k	kaŋ^{22}	茅草	kh	khɔŋ^{31}	门
ŋ	ŋɔŋ^{22}	好	kj	kja^{55}	路
kjh	kjhaŋ^{31}	飘	ŋj	ŋjin^{31}	银子
j	ja^{53}	茧	hj	hja^{22}	沙
kw	kwaŋ^{31}	天	kwh	kwha^{53}	手
ʔ	ʔu^{22}	二	h	hɔ^{33}	山林

二、韵母

韵母表

i	e	a	ɔ	u
	ei	ai		ui

	eu	an		ue
in	en	au	ɔn	un
iŋ	eŋ	aŋ	ɔŋ	uŋ
it	et	at		
ik	ek	ak	ɔk	uk

韵母说明

1. 带 -t、-k 的韵母只拼汉语借词。

2. 除 -t、-k 外、还有 -ʔ。但 -ʔ 也可以读作 -k。例如 thaʔ^{35}/thak^{35} “塔” tak^{35}/taʔ^{35} “搭”。本书一律标作 -k。

3. 否定副词 ʔa^{35} “不” 常常弱化为鼻音，其发音部位随其后音节声母的发音部位而变。例如：

ʔa^{35}ma^{31} “没有” 常常读作 [m^{35}ma^{31}]。

ʔa^{35}thu^{35} “不咬” 常常读作 [n^{35}thu^{35}]。

ʔa^{35}kwen^{33}nu^{53} “不出来” 常常读作 [ŋ^{35}kwen^{33}nu^{53}]

韵母 uŋ 常常简化为 ŋ。^{31}例如：

huŋ^{31} “去” 常常简化为 [ŋ ŋ^{31}]

这些变体 [m]、[n]、[ŋ] 都未列入韵母表。

韵母例字

i	ji^{35}	八	e	ʔe^{35}	一
a	tha^{53}	死	ɔ	kɔ^{33}	六
u	tsu^{55}	早	ei	vei^{35}	藏
ai	phai^{33}	（一）批	ui	fui^{22}	轻
eu	tjeu^{55}	酒	au	tshau^{55}	吵
ue	ʔue^{35}	鸭子	in	nin^{31}	田
en	jen^{22}	烟	an	man^{35}	万
ɔn	ʔɔn^{22}	蛇	un	phun^{31}	花
iŋ	kiŋ^{22}	虫	eŋ	seŋ^{31}	（两）成
aŋ	naŋ^{22}	个	ɔŋ	ʔɔŋ^{22}	水
uŋ	nuŋ^{31}	吃	it	pit^{35}	逼
et	sjet^{35}	闪电	at	mat^{35}	抹
ik	ka^{55}tsik^{35}kɔ^{55}	肩膀			
ek	sjek^{35}	锡	ak	thak^{35}	塔
ɔk	mɔk^{35}	约	uk	suk^{35}	缩

三、声调

声调表

调值	调类	例字	汉义
22	阴平	pi^{22}	五
31	阳平	pi^{31}	拍
55	阴上	pi^{55}	果子
53	阳上	khi^{53}	茶
	阳去	ki^{53}	柱
33	阴去	pi^{33}	猪
35	阳入	$phui^{35}$	女儿
	阴入	pi^{35}	舌

声调说明

1. 除表里的 6 个调值外，音节连读时还产生了 11. 21 两个变调值。33 调位于其他声调音节前面时变为 11 调。例如：

$pi^{33}taŋ^{22}$	“猪崽”	读作［$pi^{11}taŋ^{22}$］
$pi^{33}kwe^{31}$	“猪肉”	读作［$pi^{11}kwe^{31}$］
$tɔŋ^{33}pi^{55}$	“果子”	读作［$tɔŋ^{11}pi^{55}$］
$tɔŋ^{33}kjha^{53}$	“树干”	读作［$tɔŋ^{11}kjha^{53}$］
$pi^{33}kwe^{35}$	“猪食”	读作［$pi^{11}kwe^{35}$］

35 调位于其他声调音节前面时变为 21 调。例如：

$mak^{35}taŋ^{22}$	“麦子”	读作［$mak^{21}taŋ^{22}$］
$tshat^{35}taŋ^{22}$	“刷子”	读作［$tshat^{21}taŋ^{22}$］

变 21 调的字都是带塞音韵尾的借词。

2. 轻声音节的调值不稳定，高调前面的轻声较低，低调前面的轻声较高。例如 $ka^{02}khɔ^{55}$ “眼睛”，$ka^{05}khɔ^{31}$ “喉咙”。

3. 现代汉语借词的阴平字读 55 调，阳平字读 31 调，上声字读 53 调，去声字读 35 调。例如：fan^{55} “翻”、$phui^{31}$ “赔”、$tshau^{53}$ “吵” $kwei^{35}$ “跪”。

四、语音特点

1. 古浊断音声母已经消失，其中不带鼻冠音的都变成了气音，已与古气音合并。例如：

phun^{31}	花	thɔ^{53}	火
phu^{53}	脓	kjhɔ^{35}	十

带鼻冠音的却变成了清音与古清音合并了。例如：

kwaŋ^{31}	天	pja^{53}	鱼
pju^{53}	鼻子	pji^{35}	舌头

因此现在的清声母和气声母既可以与各阴调相拼，也可以与各阳调相拼。

2. 固有词古入声字塞音韵尾已经消失，而借词来自汉语客家话，都带塞音韵尾，因此古入声 35 调的字里，有的是促声韵，有的是舒声韵。例如：

促声韵字		舒声韵字	
tshat^{35}	插	kjhɔ^{35}	十
tak^{35}	答	ji^{35}	八
mak^{35}	麦	thu^{35}	毒

3. 系数词有两组，其中借自汉语的一组组成日名和多位数时，读音有较大的变化。例如：

日名		月名		多位数	
tshɔ^{33}ŋji^{35}	初二	ŋjin^{35}ne^{33}	二月	ŋj^{21}	二十
tshɔ^{33}san^{33}	初三	saŋ^{22}ne^{33}	三月	saŋ^{22}	三十
tshɔ^{33}si^{21}	初四	se^{35}ne^{33}	四月	se^{35}si^{21}	四十
tshɔ^{33}ŋu^{33}	初五	ŋuŋ^{53}ne^{33}	五月	ŋji^{35}si^{21}	五十
tshɔ^{33}nuk^{35}	初六	ŋjuŋ^{35}ne^{33}	六月	nju^{35}si^{21}	六十
tshɔ^{33}tshit^{35}	初七	tshe^{35}ne^{33}	七月	tshe^{35}si^{21}	七十
tshɔ^{33}pat^{35}	初八	paŋ^{22}ne^{33}	八月	pi^{11}si^{21}	八十
tshɔ^{33}kju^{35}	初九	kjɔŋ^{22}ne^{33}	九月	kjɔ^{21}si^{21}	九十
tshɔ^{33}set^{35}	初十				

这些变化，有的是音节合并，如“二十”、“三十”；有的是受后面音节声母的影响，增加了鼻尾，如：“二月”、“五月”，有的失去了鼻尾，如“六十”、“七十”；有的改变了声母，如“六月”、“六十”；有的改变了韵母，如“八十”。

五、词汇特点

1. 虽然名词单说时前面不带量词，单音名词还是很少，因为名词中有前缀或后缀的比较多。

名词前缀有三个，都轻读，音程很短，调值随词根的声调而变，在高调前读得低一些，在低调前读得高一些，都标作 03。含前缀 ʔa^{03} 的词都是示表亲属称称谓的。例如：

ʔa^{03}pa^{53} 父亲　　ʔa^{03}mi^{53} 母亲
ʔa^{03}te^{53} 哥哥　　ʔa^{03}te^{35} 姐姐
ʔa^{03}pjɔ^{22} 老表　　ʔa^{03}kuŋ^{33} 舅父

由 ta^{03} 构成的词比较少，主要是动物名称。例如：

ta^{03}phui^{35} 女儿　　ta^{03}phui^{55} 蚂蚁
ta^{03}mɔ^{35} 猫　　ta^{03}muŋ^{53} 苍蝇

由 ka^{03} 构成的词主要是动物肢体的名称。例如：

ka^{03}kiŋ^{33} 脖子　　ka^{03}vu^{35} 屁股
ka^{03}pi^{22} 大腿　　ka^{03}khɔ^{31} 喉咙
ka^{03}tɔ^{55} 尾巴　　ka^{03}tje^{35} 翅膀

名词后缀有两个，都不轻读，意义比较明显。kɔ^{55} 的意义是“头”，表示圆形的或较大的东西。例如：

ne^{33}kɔ^{55} 太阳　　ja^{22}kɔ^{55} 石头
phen^{31}kɔ^{55} 花蕾　　tɔŋ^{33}kɔ^{55} 木头
ji^{22}pha^{31}kɔ^{55} 萝卜　　huŋ^{33}kɔ^{55} 海碗

taŋ^{22} 的意义是“子”，发展为表示小而圆的事物，出现率很高。例如：

nɔ^{33}taŋ^{22} 星星　　ne^{31}taŋ^{22} 小孩
kjin^{22}taŋ^{22} 金子　　mɔ^{35}jɔ^{31}taŋ^{22} 牧童
ʔa^{35}taŋ^{22} 哑巴　　nɔ^{53}taŋ^{22} 鸟儿
jɔ^{31}taŋ^{22} 牛犊　　pi^{55}taŋ^{22} 痱子
muŋ^{55}taŋ^{22} 门齿　　mi^{31}taŋ^{22} 棉子

在许多苗瑶语方言里，很少见由固有词虚化而来的后缀，而畲语产生了，不仅出现率高，而且可以与前缀同在一个名词里。例如：

ka^{03}ki^{35}kɔ^{55} 睾丸　　ʔa^{03}si^{31}taŋ^{22} 叔叔
ʔa^{03}pjɔ^{33}taŋ^{22} 表弟　　ta^{03}tin^{55}taŋ^{22} 松鼠
ta^{03}ʔɔn^{33}taŋ^{22} 燕子

还可以两个后缀出现在同一个名词里。例如：

kwe^{31}taŋ^{22}kɔ^{55} 小舌　　phɔ^{22}taŋ^{22}kɔ^{22} 刨子

六、语法特点

1. 单音节动词和形容词都可以简单重叠。动词简单重叠表示“尝试”。

例如：

vaŋ^{31} ʔa^{35} mɔ^{53}，vaŋ^{53} nɔ^{53} nɔ^{53}。我不买，只问问。

形容词简单重叠示程度加深。例如：

ka^{03} khɔ^{55} vɔŋ^{31} vɔŋ^{31} 大大的眼睛

动词和形容词简单重叠是汉语影响的产物。

2. 单音节动词和形容词都可以变调重叠，表示疑问。例如：

muŋ^{31} mɔ^{35} mɔ^{53}？你买不买？

ka^{02} khɔ^{55} vɔŋ^{35} vɔŋ^{31}？眼睛大不大？

这种变调重叠是否定副词 ʔa^{35} “不” 弱化以后与前一个词合并后形成的，因为上面的句子也可以说成：

muŋ^{31} mɔ^{53} ʔa^{35} mɔ^{53} 你买不买？

ka^{03} khɔ^{55} vɔŋ^{31} ʔa^{35} vɔŋ^{31}？眼睛大不大？

3. 指示词做定语时都位于中心语的前面。例如：

近指	ni^{55}	这		
	ni^{55} naŋ^{22}	这个	ni^{55} tjaŋ^{53}	这些
	ni^{55} sa^{22}	这边		
远指	ʔu^{22}	那		
	ʔu^{22} naŋ^{22}	那个	ʔu^{55} tjaŋ^{53}	那些
	ʔu^{22} sa^{22}	那边		

4. 名词和形容词做定语时，多数位于中心语的前面，少数位于后面，有的可前可后。

前定语：	ka^{03} khuŋ^{55}	耳朵	ka^{55}	屎
	ka^{03} khuŋ^{55} ka^{55}	耳屎		
	tsu^{33}	臭	thɔ^{35} fu^{35}	豆腐
	tsu^{33} thɔ^{35} fu^{35}	臭豆腐		
后定语：	nɔ^{53} taŋ^{22}	鸟儿	mɔ^{35} kɔ^{55}	猫头
	nɔ^{55} taŋ^{22} mɔ^{35} kɔ^{55}	猫头鹰		
	ta^{03} thɔ^{35}	豆	kwhen^{31}	黄
	ta^{02} thɔ^{35} kwhen^{31}	黄豆		

可前可后定语：

jɔ^{55} pje^{55}/pje^{55} jɔ^{31}　　公牛

kwaŋ^{31} ŋɔŋ^{33}/ŋɔŋ^{33} kwaŋ^{31}　　晴天

定语前移是汉语影响形成的，正在增加。

第二十一节 炯奈语

以广西金秀龙华话为代表。说炯奈语的人自称 kjɒŋ³³ nai³³，意思是“山里人”，分布在广西金秀的龙华、南洲、大进、六巷、门头、古卜、罗丹、六团、长额等地，人口 1434 人（1982 年统计）。语料是 1985 年蓝彩凤讲给我的，那年他 60 岁。

一、声母

声母表

p	ph	mp	mph	m	m̥	w	ʍ	f
pj	pjh	mpj		mj		ðj	θj	
pl	phl	mpl						
ts	tsh					ð	θ	
tʃ	tʃh	ntʃ	ntʃh				ʃ	
t	th	nt	nth	n	n̥	l	ɬ	
tj	tjh	ntj	ntjh	nj	lj	ɬj		
k	kh	ŋk	ŋkh	ŋ	ŋ̊			
kj	kjh	ŋkj	ŋkjh	ŋj	ŋ̊j	j	ç	
kl	khl	ŋkl						
kw	kwh	ŋkw						
ʔ							h	

声母说明

1. ts、tsh、f、只拼现代汉语借词。

2. ŋkj、的实际音值是［ɟ］，ʍ 的实际音值是［wɦ］，ç 的实际音值是 jɦ。例如：

ŋkjəŋ³³ “龙” 读作［ɟəŋ³³］。

ʍe⁵⁵ “女生殖器” 读作［ʍɦeʔ⁵⁵］。

çaŋ³⁵ “响” 读作［jɦaŋ³⁵］。

3. mph 列声母的送气成分实际上是［ɦ］，例见语音特点部分。

声母例字

p	pe³⁵	父亲	ph	pha³⁵	劈
mp	mpaŋ³⁵	雪	mph	mphai⁵³	蚂蚁

m	meŋ^{44}	疼	m̥	m̥ai^{53}	牙齿
w	wa^{53}	妻子	ʍ	ʍe^{55}	女阴
f	fei^{31}	肥（皂）	pj	pja^{53}	房子
pjh	tʃa^{31}pjho^{44}	腽子	mpj	mpja^{33}	耳朵
mj	mjo^{11}	磨	ðj	ðja^{44}	药
θj	θja^{44}	收	pl	ple^{44}	毛
phl	phlei^{53}	庹	mpl	mpli^{12}	舌头
ts	min^{31}tsu^{31}	民族	tsh	tshau^{53}y^{31}	草鱼
ð	ða^{35}	霜	θ	θəŋ^{53}	骨头
tʃ	tʃa^{31}	手	tʃh	tʃhuŋ^{44}	葱
ntʃ	ntʃa^{53}	盐	ntʃh	ntʃei^{44}	怕
ʃ	ʃe^{44}	开（门）	t	ta^{44}	地
th	the^{44}	胃	nt	ntɒŋ^{35}	树
nth	nthot^{55}	蜕	n	nəŋ^{11}	雨
n̥	n̥ən^{44}	袋子	l	leŋ^{33}	田
ɬ	ɬe^{35}	月亮	tj	tja^{53}	身体
tjh	tjhaŋ^{44}	称	ntj	ntjo^{33}	嘴
ntjh	ntjhaŋ^{35}	秤	nj	nju^{11}	扣子
lj	ljeu^{33}	寮	ɬj	ɬjəu^{44}	大
k	ka^{53}	屎	kh	khuŋ^{53}	洞
ŋk	ŋkau^{53}	头	ŋkh	ŋkhen^{44}	肝
ŋ	ŋɒŋ^{35}	好	ŋ̊	ŋ̊ ŋ^{31}	去
kj	kja^{53}	路	kjh	kjho^{35}	蜈蚣
ŋkj	ŋkjəŋ^{33}	龙	ŋkjh	ŋkjhaŋ^{44}	闩
ŋj	ŋji^{44}	嫂子	ŋ̊ j	ŋ̊ jo^{53}	肠子
j	jaŋ^{33}	羊	ç	pə^{31}çɒŋ^{44}	心脏
kl	kli^{44}	鬼	khl	khlo^{53}	癣
ŋkl	ŋkləŋ^{53}	动	kw	kwa^{44}	远
kwh	kwhaŋ^{35}	矿	ŋkw	ŋkwaŋ^{33}	天
ʔ	ʔɒŋ^{44}	水	h	hu^{44}	雷

二、韵母

韵母表

i	e	a	ə	ɒ	o	u	y	ɿ
	ei	ai		ɒi		ui		
	eu	au	əu					
in	en	an	ən	ɒn		un	n	
iŋ	eŋ	aŋ	əŋ	ɒŋ		uŋ	ŋ	
		ap						
it		at		ɒt	ot	ut		
	ek	ak						

韵母说明

1. ɿ 和 y 是专拼汉语借词的韵母。

2. ap、it、at、ɒt、ot、ut、ek、ak 是专拼壮语借词和瑶语借词的韵母。

韵母例词

i	wi^{11}	梳子	e	m̥e^{44}	藤子
a	pja^{53}	房子	ə	θə^{33}ðei^{35}	明天
ɒ	ŋjɒ^{35}	年	o	ço^{44}	鞋
u	ʔu^{44}	二	y	tshau^{53}y^{13}	草鱼
ɿ	tʃhi^{31}θɿ^{33}	厨师	ei	nei^{53}	这
ai	kai^{44}	鸡	ɒi	mpɒi^{12}	辣
ui	pui^{44}	五	eu	tʃeu^{53}	辣椒
au	ʔau^{53}	衣	əu	ŋkjəu^{11}	力气
in	lin^{33}	镰刀	en	nen^{44}	蛇
an	han^{35}	鹅	ən	pi^{53}tən^{33}li^{33}	梨
ɒn	to^{12}ʔɒn^{44}	豌豆	un	tun^{11}	缎子
n	n^{55}	不	iŋ	kjiŋ^{35}	镜子
eŋ	ʃeŋ^{53}	争	aŋ	laŋ^{44}	个
əŋ	nəŋ^{33}	吃	ɒŋ	ʃɒŋ^{33}	门
uŋ	ntʃuŋ^{33}	船	ŋ	ŋŋ^{31}	去
ap	kai^{44}khap^{55}	阶级	it	ŋkjit^{12}	勒
at	kjin^{44}sat^{55}	壁虎	ɒt	kəŋ^{53}mɒt^{55}	后颈窝
ot	nthot^{55}	蜕	ut	ʃut^{12}	荸荠

ek　ʃek^{12}pli^{44}　篾席　　　ak　lak^{12}tʃɒŋ^{11}　谣言

三、声调

调值	调类	例词	汉义
44	阴平	ta^{44}	地
33	阳平	mpja^{33}	耳朵
53	阴上	kja^{53}	路
31	阳上	tʃa^{31}	手
35	阴去	ða^{35}	霜
11	阳去	tja^{11}	笛子
55	阴入	sa^{55}	蛾子
12	阳入	ta^{12}	垫

声调说明

1. 55、12 两个调的字，除壮语借词和瑶语借词带有 -p、-t、-k 塞音韵尾外，固有词也有喉塞韵尾 -ʔ，而且音节的音程较短。因为 -ʔ 尾与声调共同区别意义，因此标明声调以后，-ʔ 尾可以不标。例如：

ʔaiʔ^{55} “鸭子” 标作 ʔai^{55}。

mpliʔ^{12} “舌头” 标作 mpli^{12}。

2. 现代汉语借词的阴平字读 44 调，阳平字读 31 调，上声字读 53 调，去声字读 35 读。例如：θɿ^{44} kwa^{44} “丝瓜”，nuŋ^{31} min^{31} “农民”，pjeu^{53} “表”，pjheu^{35} “票”

四、语音特点

1. 古代带鼻音声头的气音声母已弱化为清音加气嗓音。例如：

mphai^{53}　“蚂蚁”　　实际读［mpɦei^{53}］。

ntʃhei^{44}　“怕”　　实际读［ntʃɦei^{44}］。

nthot^{55}　“蜕”　　实际读［ntɦot^{55}］。

ntjhaŋ^{35}　“秤”　　实际读［ntjɦaŋ^{35}］。

ŋkhen^{44}　“肝”　　实际读［ŋkɦen^{44}］。

ŋkjhaŋ^{44}　“闩”　　实际读［ŋkjɦaŋ^{44}］。

但是不带鼻音声头的气音声母没有弱化，仍读气音。例如：

pha^{35} “劈” 仍读［pha^{35}］

khuŋ^{53} “洞” 仍读［khuŋ^{53}］

2．古代带声尾 l 的舌尖清断音声母已变成浊续音。例如：

古音构拟	现在读音	汉义
＊tlo^{平}	ðu^{44}	深
＊tloi^{上}	ðau^{53}	尾巴
＊tlɔt^{入}	ðe^{55}	翅膀
＊tluk^{入}	ðei^{35}	斧头

3．固有词的入声字，古塞音韵尾已弱化为 -ʔ，但一些字又产生了 -i、-u 两个元音韵尾，于是一些字的韵母有塞音韵尾，另一些字的韵母有元音加塞音的复合韵尾。例如：

实际读音	汉语意义	韵干	韵尾
[mpliʔ^{12}]	舌头	i	ʔ
[ðeʔ^{55}]	翅膀	e	ʔ
[khaʔ^{55}]	悬岩	a	ʔ
[koʔ^{12}]	背	o	ʔ
[ntuʔ^{55}]	肚脐	u	ʔ
[tɒʔ^{12}]	读	ɒ	ʔ
[ʃeiʔ^{55}]	接	e	iʔ
[ʔai^{55}]	鸭子	a	iʔ
[lɒuʔ^{12}]	鹿	ɒ	uʔ
[ʃɒiʔ^{55}]	摇晃	ɒ	iʔ
[pjəuʔ^{55}]	暗	ə	uʔ
[ntjauʔ^{55}]	啄	a	uʔ

不过，因为 -ʔ 与 55、12 两个调共同区别意义，音位标音时 -ʔ 可以省略。

4. 否定副词“不”是由一个浊鼻音和声调构成的，其发音部位随后字声母的发音部位而异，并不是不同的词。例如：

n^{55}mo^{33}	读作	[m^{55}mo^{33}]	没有
n^{55}nəŋ^{33}	读作	[n^{55}nəŋ^{33}]	不吃
n^{55}ʃei^{11}	读作	[nj^{55}ʃei^{11}]	不是
n^{55}jɒ^{31}	读作	[ɲ^{55}jɒ^{31}]	不要
n^{55}ŋ ŋ^{31}	读作	[ŋ^{55}ŋ ŋ^{31}]	不去

五、词汇特点

因为说炯奈语的人较少，又与邻近的汉族、壮族、说瑶语的瑶族交流密切，因此很多人都兼通汉语、壮语、瑶语，于是炯奈语里有这三种语言的借词，其中汉语借词最多，其次是壮语借词，瑶语借词最少。

炯奈语有两套系数词，其中汉语系数词用于十以上多位数，还用它构成日子名称，月份名称，其实际音值有许多变异。例如：

多位数数词

tʃei^{35}	十一		
tʃin^{31}	十二	ŋjit^{12} ʃei^{12}	十二
tʃi^{12} səu^{33}	十三	θan^{44} ʃei^{12}	三十
tʃi^{12} θai^{53}	十四	θai^{12} ʃei^{12}	四十
ʃi^{12} ŋɒŋ^{11}	十五	ŋɒŋ^{31} ʃei^{12}	五十
ʃi^{12} ljau^{11}	十六	ljau^{12} ʃei^{12}	六十
ʃi^{12} ʃai^{35}	十七	ʃai^{12} ʃei^{12}	七十
ʃi^{12} wai^{35}	十八	pei^{35} ʃei^{12}	八十
ʃi^{12} jo^{35}	十九	tʃo^{35} ʃei^{12}	九十

日名		月名	
hu^{44} uai^{44}	初一		
hu^{44} ȵi^{11}	初二	ȵi^{11} ɬe^{35}	二月
hu^{44} θan^{44}	初三	θan^{44} ɬe^{35}	三月
hu^{44} θai^{44}	初四	θai^{44} ɬe^{35}	四月
hu^{44} ŋɒŋ^{44}	初五	ŋɒŋ^{11} ɬe^{35}	五月
hu^{44} ljau^{31}	初六	ljau^{11} ɬe^{35}	六月
hu^{44} ʃai^{44}	初七	ʃai^{44} ɬe^{35}	七月
hu^{44} pa^{35}	初八	paŋ^{53} ɬe^{35}	八月
hu^{44} tʃo^{35}	初九	tʃɒŋ^{53} ɬe^{35}	九月
hu^{44} ʃei^{12}	初十	ʃei^{12} ɬe^{35}	十月

有的音节合并，有的变声母，有的变韵母，有的变声调，有的声韵调全变，与畲语中借汉数词的变化非常相似。

壮语借词如：lɒ^{55} “钻”，ʃut^{13} “荸荠”，kəŋ^{53} mɒt^{55} “后颈窝”，ʃei^{12} “席子”，ja^{55} “钥匙”，ʃot^{12} “绝种”，phot^{55} “泼”，pɒ^{55} “抢”。

瑶语借词只找到了 ntot^{55} “蜕” 一个。

六、语法特点

1. 有丰富的状词。都是叠音词，位于形容词后，修饰形容词。例如：

θi^{35} 红 θi^{35}ntuŋ^{31}ntuŋ^{31} 红彤彤

klau^{44} 白 klau^{44}mphuŋ^{53}mphŋ^{53} 白森森

pjəu^{55} 暗 pjəu^{55}me^{33}me^{33} 阴沉沉

ken^{44} 甘 ken^{44}mi^{44}mi^{44} 甜蜜蜜

tei^{53} 硬 tei^{53}thi^{55}thi^{55} 硬邦邦

2. 形容词做定语时，主要位于中心语后面；名词做定语时，主要位于中心语前面；指示词做定语时，一定位于中心语后面。例如：

形容词定语

wa^{53} “妻子” ljəu^{44} “大” wa^{53}ljəu^{44} 大老婆

名词定语

ntɒŋ^{35}ŋkau^{53} “木头” mpuŋ^{35} “桌子”

ntɒŋ^{35}ŋkau^{53}mpuŋ^{35} 木头桌子

指示词定语

laŋ^{44} “个” ŋkja^{44} “石头” nei^{55} “这”

laŋ^{44}ŋkja^{44}nei^{53} 这块石头

3. 形容词可以重叠，表示程度加深。重叠式形容词做定语时，一定位于中心语的前面，定语中心语之间要加结构助词 ti^{44} “的”。例如：

klaŋ^{44} 黑 klaŋ^{44}klaŋ^{44}ti^{44}ŋkau^{53}ple^{44} 黑黑的头发

ɬjəu^{44} 大 ɬjəu^{44}ɬjəu^{44}ti^{44}mo^{11}tʃəŋ^{44} 大大的眼睛

第二十二节　瑶语勉方言

以广西金秀龙定话为代表。说龙定话的人自称 mjen^{31}，汉族称盘瑶或过山瑶。勉方言是瑶语最大的方言，分布很广。中国境内广西、湖南、广东、贵州、云南等省市的 100 多个县市内都有人说勉方言，总人口约 40 万。语料是 1985 年赵春红讲给我和张伟的，那年他 36 岁。

一、声母

声母表

p	ph	b	m̥	m	w	f
pj	pjh	bj	m̥j	mj	wj	fj
ts	tsh	dz				s
tsj	tsjh	dzj				sj

t	th	d	n̥	n	l	ɬ
tj	tjh	dj		nj	lj	ɬj
tɕ	tɕh	dʑ	ȵ̊	ȵ	ʑ	ɕ
k	kh	g	ŋ̊	ŋ		
kw	kwh	gw		ŋw		xw
kwj	kwjh	gwj				
ʔ						h

声母说明

1. tɕ 行声母的发音部位偏后，实际音值是 kj、kjh、gj、ŋ̊ j、ŋj、j、xj。

2. m 和 ŋ 除了做声母外，还可以单独做韵母。

声母例词

p	pei^{33}	毛	ph	phoːŋ^{33}	锄头
b	bat^{31}	辣	m̥	m̥ei^{33}	藤子
m	maŋ^{31}	看	w	wom^{33}	水
f	fu^{31}	湖	pj	pjaːŋ^{31}	花
pjh	ku^{31}pjhəu^{31}	浮萍	bj	bjet^{22}	舌头
m̥j	m̥jen^{33}	脸	mj	mjaŋ^{31}	舅妈
wj	wjaŋ^{31}	黄	fj	fjɛn^{24}	信
ts	tsaːu^{24}	脚	tsh	tshaːi^{53}	踩
dz	dzun^{24}	回	s	sop^{55}	涩
tsj	tsjaŋ^{33}	成	tsjh	tsjhəu^{33}	抄
dzj	dzjaŋ^{33}	称	sj	sjaːŋ^{33}	新
t	tui^{53}	尾巴	th	thui^{24}	退
d	doŋ^{24}	戴	n̥	n̥a^{55}	点头
n	noːm^{31}	叶子	l	luŋ^{31}	天
ɬ	ɬa^{24}	月亮	tj	tjet^{55}	女阴
tjh	tjhu^{53}	换	dj	djaːŋ^{24}	树
nj	njin^{53}	碾	lj	ljəu^{53}	寮
ɬj	ɬje^{55}	铁	tɕ	tɕai^{33}	鸡
tɕh	tɕha^{55}	虾	dʑ	dʑim^{53}	刺
ȵ̊	ȵ̊aŋ^{24}	年	ȵ	ȵɛn^{31}	吃
ʑ	ʑuŋ^{31}	羊	ɕ	ɕaːŋ^{33}	（老）乡

k	ku^{24}	老	kh	khot^{55}	洞
g	ga:i^{24}	打鸣	ŋ̊	sɛŋ^{33}ŋ̊ ŋ^{231}	初五
ŋ	ŋam^{53}	蹲	kw	lai^{33}kweŋ^{53}	菜苔
kwh	kwhaŋ^{24}	挂	gw	tsu^{33}mei^{31}gwa^{24}	豁嘴
ŋw	ŋwa^{231}	瓦	xw	xwaŋ^{33}	慌
kwj	kwje^{24}	过	kwjh	kwja:ŋ^{24}	虎口（手叉）
gwj	gwjaŋ^{24}	躺	ʔ	ʔim^{33}	苦
h	ho^{24}	货			

二、韵母

韵母表

i		iu	im	in	iŋ	ip	it
e	ei		em	en	eŋ	ep	et
ɛ		ɛu		ɛn	ɛŋ	ɛp	
a	a:i	a:u	a:m	a:n	a:ŋ	a:p	a:t
	ai	au	am	an	aŋ	ap	at
o	o:i		o:m	o:n	o:ŋ	o:p	o:t
	oi	ou	om	on	oŋ	op	ot
u	ui			un	uŋ		ut
ua				uan	uaŋ		ua:t
ə		əu			uəŋ		uat
ʅ	m	ŋ	y	yn			

韵母说明

1. ʅ，y，yn 只拼汉语借词。

2. o 的实际音值是 ɔ，带韵尾的长 o 后面有过度音 ə，即 o:n 的实际音是 oən，o:i 的实际音值是 oəi，o:t 的实际音值是 oət。如 to:n^{33}“儿子”读作［toən^{33}］，kjoi^{53}“粑粑”读作［kjoəj^{55}］，po:t^{22}“看见”读作［poət^{22}］。ʔo^{53}“肉”读作［ʔɔ^{53}］。

韵母例词

i	ʔi^{33}	二	iu	thiu^{53}	换
im	ŋ̥im^{53}	哭	in	tsin^{33}	煎
iŋ	piŋ^{24}	躲	ip	tship^{55}	插
it	kit^{55}	编（辫子）			

e	sje^{21}	七	ei	m̥ei^{53}	剥（花生）
em	hem^{24}	骂	en	then^{24}	挪
eŋ	neŋ^{31}	能	ep	dzjep^{55}	眨
et	ȵ̥et^{55}	绑			
ɛ	kjɛ^{231}	吼	ɛu	kɛu^{24}	蛋
ɛn	pjɛn^{24}	变	ɛŋ	pɛŋ^{21}	病
ɛp	sɛp^{55}	蜈蚣			
a	ba^{21}	拄	aːi	paːi^{24}	拜
aːu	thaːu^{24}	到	aːm	paːm^{231}	犯
aːn	faːn^{53}	反	aːŋ	baːŋ^{33}	崩
aːp	faːp^{22}	穿（鞋）	aːt	gaːt^{55}	渴
			ai	bai^{31}	排
au	lau^{231}	糊	am	tɕham^{24}	欠
an	tan^{31}	弹	aŋ	naŋ^{53}	短
ap	ȵ̥ap^{55}	拔（草）	at	ȵ̥at^{55}	系（鞋带）
o	lo^{24}	摞	oːi	toːi^{24}	对
oːm	goːm^{33}	叼	oːn	toːn^{33}	儿子
oːŋ	tɕoːŋ^{53}	冻	oːp	ɬoːp	抱（小孩）
oːt	doːt	掉			
oi	phoi^{33}	晒	ou	pou^{21}	（豆）腐
om	lom^{33}	摸	on	kon^{53}	管
oŋ	loŋ^{31}	用	op	hop^{55}	喝
ot	pot^{55}	屁	u	khu^{53}	鼓起
ui	tshui^{33}	吹	un	pun^{33}	分
uŋ	puŋ^{24}	放（牛）	ut	but^{22}	鼻涕
ua	ua^{21}	话	uan	tshɛŋ^{33}uan^{231}	锅耳
uaŋ	suŋ^{33}luaŋ^{33}	双生	uaːt	suaːt^{55}	刷
ə	ʔə^{24}ʑɛŋ^{31}	胡琴	əu	ȵ̥əu^{53}	拧
uəŋ	suəŋ^{33}	河	uat	tuat^{22}	捡
ɿ	sɿ^{33}tsoːŋ^{33}	私章	m	m^{53}	不
ŋ	ŋ̊ ŋ^{321}	午	y	ljaːn^{31}y^{31}	胖头鱼
yn	yn^{31}	铅			

三、声调

调值	调类	例词	汉义
33	阴平	naːŋ^{33}	蛇
31	阳平	pjaːŋ^{31}	花
53	阴上	kaːŋ^{53}	鹰
231	阳上	tsaːŋ^{231}	象
24	阴去	djaːŋ^{24}	树
21	阳去	maːŋ^{21}	望
55	阴入	daːt^{55}	翅膀
22	阳入	taːp^{22}	穿（鞋）

声调说明

1. 阴入字和阳入字都有塞音韵尾，有的有-p、-t，有的有-ʔ。这个-ʔ是古-k 尾弱化而来的，在语流中可有可无。例如：

si^{55}/siʔ^{55}	红	sje^{55}/sjeʔ^{55}	女儿
mɛ^{22}/mɛʔ^{22}	麦	la^{55}/laʔ^{55}	勒
kho^{55}/khoʔ^{55}	壳	ɬu^{55}/ɬuʔ^{55}	烙
sua^{55}/suaʔ^{55}	抹（药）		

本书只标声调，省略-ʔ。

2. 两字连读时，第一个字都变为 31 调，后字保持原来的调值不变。例如：

wom^{33}	水	tsiŋ^{53}井→wom^{31}tsiŋ^{53}	泉水
dzəu^{53}	蚁	khot^{55}洞→dzjəu^{31}khot^{55}	蚂蚁洞
po^{231}	手	kjun^{31}拳→po^{31}kjun^{31}	拳头
dzjau^{24}	风	tsun^{21}转→dzjau^{31}tsun^{21}	旋风
no^{21}	鸟	laːu^{231}巢→no^{31}laːu^{231}	鸟窝
daːt^{55}	翅	pei^{33}毛→daːt^{31}pei^{33}	羽毛
mɛ^{22}	麦	kho^{55}壳→mɛ^{31}kho^{55}	麦麸
tɕa^{33}	鸡	kɛu^{24}蛋→tɕai^{31}kɛu^{24}	鸡蛋

这种连读变调不以相邻字的声调为条件，而以位置为条件，音程较短，变调值较低，是一种弱化变调。

四、语音特点

1. 声母较多，其中断音分清、浊、气三类，续音分清、浊两类，但没有复辅音、小舌音声母。

2. 韵母比声母更多，带韵尾的韵母主要元音有的分长短，但长短对立不整齐，低元音较多，高元音较少。有-m、-n、-ŋ、-p、-t、5 个辅音韵尾，另有一个-ʔ，已弱化接近消失。

3. 古代不带鼻音声头的浊断音已经清化，与清断音合并成了一类。相反，古代的一些清断音却浊化了。我们从调类可以看出来。例如：

阳平字：	pjaːŋ^{31}	花	阴平字：	du^{33}	深
阳上字：	təu^{231}	火	阴上字：	gaːi^{53}	屎
阳去字：	tai^{21}	死	阴去字：	gaːi^{24}	打鸣
阳入字：	tsjep^{22}	十	阴入字：	daːt^{55}	翅膀

这是近邻壮语内爆音影响的结果，因为说勉话的瑶人都会说壮语。壮语的内爆音都是与阴调相拼的，很容易浊化。清断音浊音化、浊断音清化的结果就出现了语音演变中罕见的清浊对转。

4. 古代带鼻音声头的断音声母，不论清、浊、气，除个别字外，都变成了不带鼻音声头的浊断音声母。显然，这是声头与声干互相影响的结果。例如：

古清音字		古气音字		古浊音字	
gu^{33}	鸠	gaːi^{33}	干	bau^{31}	稻
dau^{53}	盐	dzjam^{53}	血	bau^{231}	鱼
bun^{24}	雪	dzje^{24}	怕	du^{21}	麻
dat^{55}	结	gaːt^{55}	渴	but^{22}	糯

五、词汇特点

1. 名词有 pə^{31}、tə^{31}、kə^{31} 3 个构词前缀。pə^{31} 的出现率最高，构成的词主要是人体器官名称，其次是动物名称和自然现象名称，读音很不稳定，有 pə^{31}、bə^{31}、bu^{31}、pu^{31}、mə^{31}、mu^{31}、ŋu^{31}、m^{31}、n^{31}、ŋ^{31} 等许多变体。例如：

pə^{31}lom^{31}	猫	m^{31}maːi^{31}	眉毛
bə^{31}ɕin^{24}	燕子	n^{31}tsoŋ^{21}	发髻
pu^{31}sei^{33}	胳膊	ŋ^{31}khot^{55}	鼻孔
mu^{31}pei^{33}	头发	mə^{31}nɔm^{31}gai^{33}	耳屎
ŋu^{31}goːŋ^{53}	头	bə^{31}liŋ^{31}	闪
mə^{31}goːŋ^{53}kwjaːŋ^{33}	秃子	pu^{31}n̥oi^{33}	太阳

tə^{31}的出现率很低，有tə^{31}、də^{31}、lə^{31}、lu^{31}等变体。例如：

də^{31}maːu^{31} 老虎 lə^{31}pei^{53} 石头

lu^{31}dom^{33} 早饭 tə^{31}ȵ̥ei^{21}ʔau^{53} 后妻

kə^{31}的出现率较高，构成的词表示人物、方位、植物等，有kə^{31}、ku^{31}、ko^{31}等变体。例如：

kə^{31}tsoːŋ^{21} 壮族 kə^{31}tsei^{31}ʔau^{53} 情妇

ku^{31}pjəu^{31} 浮萍 ku^{31}toːn^{33}mje^{53} 狗尾草

ko^{31}ȵ̥o^{231} 里面 ku^{31}ŋaːi^{22} 上边

2. 有两组系数词。一组是固有词：ʑ̥et^{22}“一”、ʔi^{33}“二”、po^{33}“三”、pe^{33}“四”、pa^{33}“五”、ku^{55}“六”、sje^{21}“七”、ɕ̥et^{22}“八”、do^{31}“九”，用于个位数和量词前。

另一组是汉语借词：ʑ̥et^{55}ː“一”、ȵ̥ei^{21}“二”、faːn^{33}“三”、fei^{24}“四”、ŋ̊ŋ^{231}“五”、lo^{22}“六”、tsjet^{55}“七”、pet^{55}“八”、tɕ̥o^{53}“九”，用于构成多位数、序数、日子名称、月份名称。当ȵ̥ei^{21}、faːn^{33}、ŋ̊ŋ^{231}位于位数词tsjep^{22}“十”前时，音值变成了ȵ̥^{21}、fa^{31}、m̥m^{231}。

这两组系数词各司其职，不能互相替代。

六、语法特点

1. 人称代词的数两分，没有双数。

	单数		多数	
第一人称	ʑ̥e^{33}	我	ʑ̥e^{33}wo^{33}	我们
第二人称	mui^{31}	你	mui^{31}wo^{33}	你们
第三人称	nin^{31}	他	nin^{31}wo^{33}	他们

多数都是在单数之后加wo^{33}构成的，没有词形变化。第一人称多数中的ʑ̥e^{33}可省，因此wo^{33}可以单独表示“我们”。

2. 指示词三分。

近指 naːi^{53} 这$_{一}$

中指 naːi^{21} 这$_{二}$

远指 wo^{53} 那

其中naːi^{21}少用，趋于消失，这大概是受了汉语的影响，因为汉语的指示词是二分的。

3. 指示词和名词做定语时都位于中心语的前面，但形容词做定语时仍位于中心语的后面。例如：

指示词定语

$no{:}m^{33}$	个	$na{:}i^{53}no{:}m^{33}$	这个
$pu\eta^{33}$	边	$wo^{53}pu\eta^{33}$	那边

名词定语

$ʔo^{53}$	肉	$\eta u\eta^{31}ʔo^{53}$	牛肉
$k\varepsilon u^{24}$	蛋	$tɕai^{33}k\varepsilon u^{24}$	鸡蛋

形容词定语

$top^{22}pou^{21}$	豆腐	$top^{22}pou^{21}tsui^{24}$	臭豆腐
$to{:}n^{33}$	儿子	$to{:}n^{33}ɬu^{33}$	大儿子

定语前置也是汉语影响的结果。

第二十三节　瑶语金门方言

以海南琼中烟园话为代表。说这种话的苗族自称 $kji{:}m^{33}mun^{33}$，汉族称蓝靛瑶。为什么蓝靛瑶变成了苗族？这是因为明代官府征调广西防城一带的瑶人征海南时误认为是“苗军”，所以这些人的后代就成了“苗族”。金门方言分布在云南的 18 个县，广西的 16 个县，海南的 13 个县，人口 20 多万，是瑶语的第二大方言。另外印支和美国也有说金门方言的人。语料是 1988 年邓文琼讲给我和田联刚的，那年他 49 岁。

一、声母

声母表

p	ph	b	ʔp	m	v	f
pj	pjh	bj	ʔpj	mj	vj	
pl	phl	bl			z	
t	th	d	ʔt	n	l	
tj	tjh	dj	ʔtj	nj	lj	
tʃ	tʃh	dʒ		ȵ	ʑ	ʃ
k	kh	g		ŋ		
kj	kjh	gj		ŋj		hj
kw	kwh	gw		ŋw		
kl	khl	gl				
ʔ						h

声母说明

1. ʔp 列声母是内爆音，发音时声门与双唇或舌尖同时成阻，除阻时声门先除阻。

2. ph、pjh、th、tjh 只拼汉语借词。

3. 以 gj、h 为声母的音节，有一些带气嗓音 ɦ。例如：

gjan^{35} “石头” 读作［gjɦau^{35}］

gjiːŋ^{33} “田” 读作［gjɦiːŋ^{42}］

ha^{42} “夏” 读作［hɦa^{42}］

haŋ^{33} “行” 读作［hɦaŋ^{33}］

声母例词

p	pa^{11} noːm^{31}	耳朵	ph	bjau^{31} phau^{31}	鱼鳔
b	ba^{11}	糠	ʔp	ʔpu^{31}	手
m	mun^{33}	人	v	voːm^{35}	河
f	fat^{55}	屁	pj	pjau^{51}	家
pjh	tʃhu^{11} pjhep^{11}	秕子	bj	bjau^{31}	鱼
ʔpj	ʔpjaŋ^{33}	壶	mj	mjəu^{42}	庙
vj	klaːŋ^{51} vjəu^{42}	鹞子	pl	plan^{42}	反
phl	phlap^{11}	塌	bl	blau^{33}	稻
z	zuːŋ^{33}	羊	t	toŋ^{51}	骨头
th	thu^{31}	兔子	d	dai^{51}	屎
ʔt	ʔtoːn^{35}	儿子	n	no^{42}	鸟
l	lau^{53}	竹子	tj	tjəu^{35}	箫
tjh	tjhin^{55} doːŋ^{33}	天堂	dj	gjaŋ^{55} djaŋ^{51}	树梢
ʔtj	ʔtji^{42}	背袋	nj	njaŋ^{51}	捏
lj	hjaŋ^{33} ljau^{55}	香料	tʃ	tʃaːu^{55}	风
tʃh	tʃhaːt^{31}	水獭	dʒ	dʒoːp^{35}	葫芦
ȵ	ȵəu^{51}	肚子	ʑ	ʑen^{35}	烟
ʃ	ʃa^{11}	姑娘	k	ka^{55}	架
kh	kham^{51}	层	g	guŋ^{33}	天
ŋ	ŋoːŋ^{33}	牛	kj	kjau^{51}	路
kjh	kjhat^{11}	七	gj	gjau^{35}	石头
ŋj	ʔaŋ^{33} ŋjaŋ^{51}	啄木鸟	hj	hjaŋ^{33} ljau^{55}	香料
kw	kwei^{35}	螺蛳	kwh	kwhat^{11}	洞

gw	gwaŋ33	粮食	ŋw	ŋwa51	草
kl	klaːŋ35	脖子	khl	khloːm33	肺
gl	glo42	浊	ʔ	ʔu51	姐姐
h	haːn42	汗			

二、韵母

韵母表

i		iːu	iːm	iːn	iːŋ			
			im	in	iŋ	ip	it	ik
e	eːi	eːu	eːm	eːn	eːŋ	eːp	eːt	eːk
	ei	eu	em	en	eŋ	ep	et	ek
a	aːi	aːu	aːm	aːn	aːŋ	aːp	aːt	aːk
	ai	au	am	an	aŋ	ap	at	ak
o	oːi	oːu	oːm	oːn	oːŋ	oːp	oːt	oːk
	oi	ou	om	on	oŋ	op	ot	ok
u	uːi		uːm	uːn	uːŋ		uːt	
	ui			un	uŋ		ut	
ua				uan			uat	
		əu	əm	ən		əp	ət	ək

韵母说明：

1. 长短对立的元音都带韵尾，其中低元音和较高、较低的元音对立整齐，高元音不整齐或者缺位。

2. e 的实际音值是 ɛː，o 的实际音值是 ɔː，uː 的实际音值是 uo。例如：

heːp24 “窄” 实际读作 [hɛːp42]。

noːi11 “日” 实际读作 [nɔːi11]。

ʔuːm33 “水” 实际读作 [ʔuom33]。

3. 带塞音韵尾的韵母只与 35、55、11、42 四个声调相拼，其他韵母可与各个声调相拼。

韵母例词

i	ʔi35	二	iːu	dʒiːu31	完
iːm	ȵiːm11	种子	iːn	tiːn33	凉快
iːŋ	tiːŋ51	井	im	ȵim31	生的
in	tin35	根	iŋ	ʔtiŋ35	钉

ip	tʃip^{35}kwan^{35}	习惯	it	kjit^{55}ʔtja^{33}	决定
ik	tʃik^{42}	席子			
e	ʔpe^{35}	百	eːi	ʔpa^{31}do^{31}ȵeːi^{42}	拇指
eːu	ta^{11}kjeːu^{51}	裹脚	eːm	tɕeːm^{33}	沉
eːn	heːn^{33}	闲	eːŋ	tʃheːŋ^{31}	撑
eːp	heːp^{42}	窄	eːt	mjeːt^{35}	剥（花生）
eːk	tut^{11}teːk^{11}	褪色	ei	pjei^{35}	四
eu	keu^{42}	（猪）拱（土）	em	djem^{51}	（缺）点
en	nen^{51}	短	eŋ	ʔpeŋ^{55}	藏
ep	dʒep^{35}	嵌	et	ʑet^{55}	八
ek	nek^{55}	滴	a	pja^{35}	五
aːi	tʃaːi^{33}	迟	aːu	daːu^{51}	久
aːm	kaːm^{35}	甜	an	daːn^{33}	打鼾
aːŋ	daːŋ^{11}	清	aːp	ʔaːp^{35}	鸭子
aːt	bjaːt^{42}	辣	aːk	paːk^{42}	（萝）卜
ai	gjai^{42}	锋利	au	zau^{42}	逗（小孩）
am	nam^{55}	冷	an	kan^{51}	快
aŋ	gjaŋ^{42}	（一）双	ap	ʃap^{42}	十
at	tat^{55}	近	ak	dʒak^{42}	扶
o	ʔpo^{35}	三	oːi	noːi^{11}	日
oːu	ʃoːu^{11}	轻	oːm	ka^{31}bloːm^{31}	吹牛
oːn	ʔtoːn^{35}	儿子	oːŋ	ŋoːŋ^{33}	牛
oːp	koːk^{35}	鸽子	oːt	ȵau^{31}ʔtoːt^{35}	肚脐
oːk	noːk^{35}	啄	oi	ʃoi^{11}	砌
ou	ma^{31}kou^{51}	公马	om	dom^{55}	兜
on	klon^{51}	蜷缩	oŋ	ʔpoŋ^{51}	满
op	dop^{51}	皮	ot	dot^{11}	脱
ok	mok^{55}	摸	u	du^{33}	九
uːi	tuːi^{55}	脆	uːm	ʔuːm	水
uːn	tʃuːn^{35}	砖			
uːŋ	tʃuːŋ^{55}	吠	uːt	tuːt^{35}	拔
ui	tʃui^{42}	陡	un	tʃhun^{31}	（一）串
uŋ	duŋ^{55}	多	ut	ʃi^{31}fut^{55}	生气

ua	mua^{31}	瞒	uan	$thuan^{31}$	寸
uat	$ʔtuat^{11}$	抹	əu	$gjəu^{51}$	早
əm	$nəm^{55}$	（一）拃	ən	$pən^{31}$	刺猬
əp	$tjəp^{55}$	接（生）	ət	$bjət^{55}$	鼻涕
ək	$lək^{42}$	记录			

三、声调

声调表

调值	古调类	古声类	韵干	例词	汉义
35	平声	清		pja^{35}	五
	入声	清	长	$ʔaːp^{35}$	鸭子
11	平声	气		ta^{11}	稀疏
	入声	气		$ʃa^{11}$	姑娘
33	平声	浊		$ȵa^{33}$	牙齿
51	上声	清，气		$ʔa^{51}$	肉
31	上声	浊		wa^{31}	尿
	去声	气		la^{31}	月亮
55	去声	清		$tʃa^{55}$	架子
	入声	清	短	$kjap^{55}$	熊
42	去声	浊		da^{42}	下
	入声	浊		$ʔtap^{42}$	叮

声调说明

1. 古平上去入四个声调都因声母的清、气、浊发生了分化，分化以后又有合并，因此只有七个调值。

2. 现代汉语借词阴平字读 33 调，阳平字读 31 调，上声字读 51 调，去声字读 35 调。例如：ko^{33}“歌”、$kjhəu^{31}$“球”、mei^{51}“米粉”、$səu^{35}$“醋”。

四、语音特点

1. 塞音分清不送气、清送气、浊、内爆四组。内爆音是从古清塞音、清化浊塞音演变来的，出现律很高。相反，古清塞音出现律很低。内爆音发达是临高话、海南汉语影响造成的。

2. 韵母很多，有 -i、-u 两个元音韵尾，-m、-n、-ŋ 三个鼻音韵尾，

-p、-t、-k 三个塞音韵尾，带韵尾的主要元音都分长短，长短对立整齐，长元音的舌位比短元音的略低。

3. 古平、上、去、入四个声调，除了随声母的清浊各一分为二外，阴平、阴去、阴入又因声母的清、气一分为二，清声母字都读高调，气声母字都读低调。清入字再因元音的长短发生分化，短韵字读高调，长韵字读低调。入声调随元音长短而分化是侗台语影响的结果。

4. 古声母 * r 变成了腭化浊塞音。例如：

汉义	古音	金门读音
鸟窝	* rau上	$gjau^{31}$
锋利	* rai去	$gjai^{42}$
村寨	* rɔŋ上	$gjaŋ^{31}$
粮仓	* rɛm上	$gjam^{31}$
穿山甲	* rɔi去	$gjai^{42}$

五、词汇特点

1. 单音节名词较多，许多常用词都是单音节的。如 $guŋ^{33}$ “天”、ni^{33} “地”、mun^{33} “人”、$ŋoːŋ^{33}$ “牛”、no^{42} “鸟”、$gaŋ^{55}$ “树”、$faŋ^{33}$ “花”、$gjai^{35}$ “菜”。这与这种话的声、韵、调比较丰富有关。声韵调多，区别意义的音节就多，复音词就少了。

2. 名词前缀只有 pa、ka 两个，而且出现率很低。例如：

pa^{02}		ka^{02}	
$pa^{02}gaːŋ^{35}$	雷	$ka^{02}ʔtan^{31}$	背
$pa^{02}tʃoːŋ^{35}$	鼻子	$ka^{02}dai^{51}$	屁股
$pa^{02}noːm^{33}$	耳朵	$ka^{02}doŋ^{42}$	前
$pa^{02}ko^{55}$	斑鸠	$ka^{02}daŋ^{35}$	后

3. 较早的汉语借词都借自海南汉语，读音都带海南汉语的特点：古代汉语的不送气清塞音和浊塞音读内爆音，送气清塞音或塞擦音读清擦音，清擦音读不送气清塞音。例如：

汉语帮、端母字		汉语并、定母字	
$ʔpjŋ^{33}$	冰	$ʔpa^{33}$	耙
$ʔpjaŋ^{35}$	兵	$ʔpaːu^{42}$	刨
$ʔpo^{35}$	北	$ʔpi^{35}$	蜱
$ʔpjn^{35}$	鞭	$ʔpai^{42}$	败

ʔtjŋ^{35}	钉	ʔtoːŋ^{33}	铜
ʔtaŋ^{35}	当（归）	ʔtoːŋ^{33}	糖
ʔtoːŋ^{35}	灯	ʔti^{22}	袋
ʔtau^{51}	斗	ʔtjau^{33}	条（件）
汉语透、清、昌母字		汉语心、书母字	
ha^{51}	塔	tiːŋ^{35}	星
hjau^{35}	跳（午）	taːn^{55}	伞
ʃəu^{35}	醋	taːm^{35}	三
ʃət^{55}	漆	tei^{55}	四
ʃə^{11}	车	tjəu^{35}	消
ʃin^{55}ʃəu^{42}	清楚	tjeːn^{11}	身

六、语法特点

1. 状词都是双音节的，两个音节不仅双声，而且叠韵，但是声调互异。状词的功能主要是在形容词后作修饰语。例如：

ti^{11}	红	ti^{11}saːm^{11}saːm^{51}	红彤彤（较浓）
		ti^{11}plaŋ^{33}plaŋ^{31}	红彤彤（较淡）
kwaŋ^{35}	亮	kwaŋ^{33}ʃam^{31}ʃam^{35}	亮晶晶
kja^{35}	黑	kja^{35}mat^{33}mat^{31}	黑黢黢
man^{42}	慢	man^{42}ȵau^{31}ȵau^{55}	慢腾腾

2. 名词、指示词做定语时，位于中心语之前，形容词做定语时仍在中心语后面。例如：

ŋoːŋ^{33}牛	gjaːn^{33}	栏	ŋoːŋ^{33}gjaːn^{33}	牛圈
dai^{51}屎	buːŋ^{33}	房	dai^{51}buːŋ^{33}	厕所
nei^{51}这	no^{35}	个	nei^{51}no^{35}	这个
nei^{51}这	noːi^{51}	日	nei^{51}noːi^{11}	今天
ʔtoːŋ^{31}糖	ti^{11}	赤	ʔtoːŋ^{33}ti^{11}	红糖
ʔtjəu^{51}酒	ʔpe^{42}	白	ʔpjəu^{51}ʔpe^{42}	白酒

第二十四节　瑶语标敏方言

以广西全州双龙话为代表。说这种话的瑶族自称 bjau^{31}min^{31}，汉族称东山瑶，分布在广西的全州、恭城、灌阳和湖南的双牌、道县，人口约有4万。语料摘自《苗瑶语方言词汇集》和油印讲义《瑶语方言比较》。

一、声母

声母表

p	ph	b	m	m̥	w	
pj	pjh	bj	mj	m̥j		
pl	phl	bl				
ts	tsh	dz				s
t	th	d	n	n̥	l	ɬ
tj	tjh	dj	nj	n̥j	lj	ɬj
tɕ	tɕh	dʑ	ȵ	ȵ̊	ʑ	ɕ
k	kh	g	ŋ	ŋ̊		x
kj	kjh	gj				xj
kw	kwh	gw				xw
kl	khl	gl				
ʔ						

声母说明

1. tj、tjh、dj 的音值是［ȶ］、［ȶh］、［ȡ］。

2. ph 行声母和 m̥ 行声母除了与阴调 33、35、24、53 相拼外，还可以与阳调 21 相拼。

3. 鼻音 m 除了做声母外，还可以单独做韵母。例如 m^{24} “不”。m^{24}的音值随其后音节中声母的发音部位而异。例如 m^{24}taŋ^{35} “未曾” 读作 ［n^{24} taŋ^{35}］，m^{24}gwa^{24} “不垮” 读作 ［ŋ^{24}gwa^{31}］。

声母例词

p	pi^{33}	臭虫	ph	phɛ^{21}lai^{33}	白菜
b	bəu^{35}	斧子	m	min^{31}	人
m̥	m̥in^{35}	脸	w	wan^{31}	魂
pj	pjaŋ^{31}	花	pjh	pjhɛn^{33}	篇
bj	bja^{42}	泡沫	mj	mja^{42}	磨
m̥j	m̥ja^{35}	草	pl	pla^{35}	房子
phl	phlit^{53}	哭	bl	blə^{42}	雨
ts	tsəi^{35}	姐姐	tsh	tsha^{21}	强盗

dz	dzaŋ^{35}	船	s	san^{35}	血
t	tai^{35}	杀	th	thu^{33}	辫子
d	dən^{31}	山	n	naŋ^{33}	蛇
n̥	n̥aŋ^{24}	饭	l	luə^{31}	天
ɬ	ɬau^{35}	竹子	tj	tjəu^{31}	桥
tjh	tjha^{21}	燃	dj	djaŋ^{24}	树
nj	njɛn^{31}	年	n̥j	n̥jɛn^{33}	种子
lj	ljɛ^{31}	田	ɬj	ɬja^{53}	铁
tɕ	tɕin^{42}	胃	tɕh	tɕhɛt^{53}	插
dʑ	dʑi^{31}	肉	ȵ̥	ȵ̥an^{33}	嫂子
ȵ̥	ȵ̥aŋ^{24}	岁	ʑ	ʑau^{31}	油
ɕ	ɕɛn^{33}	心脏	k	kau^{35}	妻子
kh	khəu^{24}	裤子	g	gat^{53}	夹
ŋ	ŋɔ^{42}	瓦	ŋ	ŋ̊ a^{53}	打
x	xəu^{31}	粥	kj	kja^{53}	黑
kjh	kjhɛ^{51}	客	gj	gjau^{35}	剪刀
xj	xja^{33}	轻	kw	ma^{42}kwai^{35}	青蛙
kwh	kwha^{24}	货	gw	gwan^{33}	茅草
xw	xwan^{24}	云	kl	klə^{33}	虹
khl	khla^{53}	力气	gl	glaŋ^{31}	池塘
ʔ	ʔən^{33}	水			

二、韵母

韵母表

i		iu	in		it		
ɛ		ɛu	ɛn		ɛt		
a	ai	au	an	aŋ	at		
ə	əi	əu	ən		ət		
ɔ	ɔi		ɔn	ɔŋ	ɔt		
u	ui	uɛ	un	uŋ	ut		
uə	uəi		uən		uət	ɿ	y

韵母说明

1. ɿ、y、只拼现代汉语借词。

2. ɔi、ɔn、ɔt 的实际音值是［uɒi］、［uɒn］、［uɒt］。例如：

sɔi^{35} “灰” 实际读作［suɒi^{35}］。

tɔn^{33} “儿子” 实际读作［tuɒn^{33}］。

khɔt^{53} “洞” 实际读作［khuɒt］。

3. 韵尾-t《苗瑶语方言词汇集》标作-n，《瑶语方言比较》标作-t，实际音值应是［-nt］。

4. 带-t 尾的韵母只与 53、21 两个声调拼。

韵母例词

i	ɕi^{53}	红	iu	buŋ^{42}ʑiu^{53}	朋友
in	dzin^{358}	浅	it	dzit^{53}	挤
ɛ	mɛ^{33}	绿	ɛu	ɕɛu^{35}	小
ɛn	kjhɛn^{35}	硬	ɛt	tɕhɛt^{53}	插
a	da^{35}	长	ai	tjai^{31}	迟
au	djau^{35}	早	an	tjan^{24}	直
aŋ	ɬaŋ^{33}	高	at	blat^{21}	辣
ə	mə^{42}	看	əi	məi^{31}	你
əu	kəu^{35}	我	ən	pən^{33}	分
ət	xət^{53}	喝	ɔ	blɔ^{35}	薄
ɔi	pli^{53}tjɔi^{42}	膝盖	ɔn	tɔn^{33}	儿子
ɔŋ	pɔŋ^{35}	满	ɔt	khɔt^{53}	洞
u	ɬu^{33}	大	ui	tjhui^{33}	吹
uɛ	ɕuɛ^{31}	响	un	mun^{42}	细
uŋ	ȵuŋ^{31}	牛	ut	ɬut^{53}	剥（皮）
uə	tjuə^{33}	多	uəi	suəi^{33}	酸
uən	luən^{31}	缝	uət	tjhuət^{53}	出（水果）
ɿ	du^{21}tsɿ^{53}	独子	y	dʑy^{42}tsɿ^{53}	橘子

三、声调

声调表

调值	调类	例词	汉义
33	阴平	pla^{33}	五
31	阳平	ta^{31}	来
35	阴上	kla^{35}	路

42	阳上	ma^{42}	马
	阳去	ma^{42}	卖
24	阴去	pha^{24}	破
53	阴入	kja^{53}	暗
21	阳入	$tjha^{21}$	燃

声调说明

1. 阳入《苗瑶语方言词汇集》标作42调，《瑶语方言比较》标作21，本书采用后者。

2. 现代汉语借词阴平字读33调，阳平字读31调，上声字读53调，去声字读24调。例如：kɔ³³“哥”，sui⁵³ȵuŋ³¹“水牛”，khəu²⁴“裤子”。

3. 两字连读时，后字都变调，前字为33、35、24、42时都变为53，其中42调变为53调时，清音声母要变成气音，浊声母则不变。

例如：

dɕhəu³³“劁”tuə⁴²“猪”>［tɕhəu⁵³tuə⁴²］“阉猪”

dza³⁵“洗”m̥in³³“面”>［dza⁵³m̥in³³］“洗脸”

n̥aŋ²⁴“饭”nan²⁴“冷”>［n̥aŋ⁵³nan²⁴］“冷饭”

pau⁴²“手”dɔ⁵³“指”>［phau⁵³dɔ⁵³］“手指”

bla⁴²“鱼”ljaŋ³¹“鳞”>［bla⁵³ljaŋ³¹］“鱼鳞”

前字为31调时要变为42调。例如：

pjaŋ³¹“花”lui³³“衣”>［pjaŋ⁴²lui³³］“花衣”

四、语音特点

1. 没有小舌音声母，有后带边音的双唇复辅音声母和舌根复辅音声母。

2. 古鼻口复辅音声母中的鼻音都消失了，但口音中的清音和气音在它的影响下都变成了浊音。

3. 只有-n、-ŋ两个鼻音韵尾，古-m尾已并入-n。只有一个塞音韵尾-t，古-k尾已完全消失，古-p尾已并入-t。-t的实际音值是［nt］，例如：bjɛt²¹“扇子”实际读作［bjɛnt²¹］。这实际是一种复辅音韵尾。这种韵尾在广西贺县里头村的min²¹话里也有，如“扇子”读作［bjamp¹¹］。

4. 带韵尾的元音都不分长短。

5. 古不带鼻冠音的浊断音声母在阳平、阳上、阳去三个调的字里变成了清音，在阳入字里却变成了气音，例如：

阳平： pjaŋ^{31} 花 tja^{31} 茄子

阳上： təu^{42} 火 pau^{42} 手

阳去： tsaŋ^{42} 匠 tjəu^{42} 筷子

阳入： phi^{21} 见 tjhat^{21} 十

五、词汇特点

1. 前缀有两个，一个是故有的 ka^{42}，构成的词都表示方位。例如：

ka^{42}su^{33} 上面 ka^{42}dəu^{31} 山里

ka^{42}ti^{35} 下面 ka^{42}pla^{35} 家里

另一个是借自汉语的 tei^{42}，构成的词是次第数词。例如：

təi^{42}it^{53} 第一 təi^{42}ȵi^{42} 第二

后缀只有一个，就是借自汉语的 tsaŋ^{35}。例如：

tsu^{35}tsaŋ^{35} 枣子 mɔŋ^{35}tsaŋ^{35}傻子

2. 变调构词

两个词根或词组成的语言单位，有的是词，有的是词组。怎么区别二者？在双龙瑶语里既简单又明确：前字变调的是词，不变的是词组。

名一名组合如：

词组			词		
tɕi^{33}	klau^{24}	鸡和蛋	tɕi$^{33\to53}$	klau^{24}	鸡蛋
鸡	蛋		鸡	蛋	
ȵa^{31}	tja^{33}	父亲和母亲	ȵa$^{31\to42}$	tja^{33}	父母
娘	爹		娘	爹	
m̥in^{33}	pli^{33}	脸毛多	m̥in$^{33\to53}$	pli^{33}	脸毛
脸	毛		脸	毛	
djaŋ^{24}	nan^{31}	树叶多	djaŋ$^{24\to53}$	nan^{31}	树叶
树	叶		树	叶	

名形组合如：

词组			词		
luəi^{33}	phɛ^{21}	衣服白	luəi$^{33\to53}$	phɛ^{21}	白衣服
衣	白		衣	白	
saŋ^{33}	luəi^{33}	使衣新	saŋ$^{33\to53}$	luəi^{33}	新衣服
新	衣		新	衣	

名动组合如：

词组			词		
bla^{42}	tai^{42}	鱼死	bla$^{42→53}$	tai^{42}	死鱼
鱼	死		鱼	死	
tjau^{31}	taŋ^{24}	桥断	tjau$^{31→42}$	taŋ^{24}	断桥
桥	断		桥	断	

六、语法特点

1. 词形变化

双龙话有比较丰富的词形变化，表示不同的语法意义。名词、形容词、动词、副词都有级范畴，词的原形表示原级，简单重叠表示较高级，变调重叠（前字变 35 调）表示最高级。例如：

	原级		较高级		最高级	
名词	pli^{33}	毛	pli^{33}pli^{33}	毛多	pli^{35}pli^{33}	毛极多
形容词	saŋ^{33}	新	saŋ^{33}saŋ^{33}	较新	saŋ^{35}saŋ^{33}	极新
动词	mun^{33}	疼	mun^{33}mun^{33}	较疼	mun^{35}mun^{33}	极疼
副词	m^{24}	不	m^{24}m^{24}	很不	m^{35}m^{24}	极不

量词也有级范畴，而且多一个较低级。其表现形式是：词的原形表示原级，原形变 53 调表示较低级，较低级重叠表示较高级，较高级前字变 35 调表示最高级。例如：

原级		较低级	
nɔ^{33}	个	nɔ^{53}	小个
较高级		最高级	
nɔ^{53}nɔ^{53}	每个	nɔ^{35}nɔ^{53}	任一个

2. 名词的功能与动词和形容有许多相同之处。

（1）都有级的形态变化。例见上文，这里略。

（2）都可以受副词修饰。如：

m^{24}不	m^{24}dzat^{53}	不跑	m^{24}phɛ^{21}	不白
	m^{24}djaŋ^{24}	不树	（树不多）	
ʔa^{53}很	ʔa^{53}dzat^{53}	很跑	ʔa^{53}phɛ^{21}	很白
	ʔa^{53}djaŋ^{24}	很树	（树很多）	

（3）都可以用肯定否定相连的格式表示疑问。例如：

put^{53}	put^{53}m^{24}put^{53}	去不去？
da^{35}	da^{53}m^{24}da^{35}	长不长？

min^{31} min^{31}m^{24}min^{31} 人多不多?

（4）都可以用助词表示时态。例如：

put^{53} 去 nin^{31}ʑu^{24}put^{53}lja^{53} 他要去了。

xɔŋ^{35} 红 m̥in^{33}na^{31}xɔŋ^{35}lja^{53} 脸开始红了。

djaŋ^{31} 树 dən^{31}na^{31}djaŋ^{31}lja^{53} 山开始长树了。

第二十五节　瑶语藻敏方言

以广东连南油岭话为代表。说油岭话的瑶族自称 jau^{53}men^{53}，汉族称八排瑶，分布在广东的连南、阳山和湖南的宜章等县，人口约有 6 万。语料摘自《连南八排瑶语》。

一、声母

声母表

p	b	m	m̥	v	f
pj	bj	mj		vj	fj
ts					s
tsj					sj
t	d	n		l	
tj	dj	nj		lj	
k	g	ŋ	ŋ̊		
kj		ȵ		j	xj
ʔ					h

声母说明

1. m̥ 和ŋ̊只与同部位的浊鼻音韵母相拼，出现频率很低。

2. m 和 ŋ 除了做声母和韵尾外，还可以单独做韵母，例见韵母例词。

声母例词

p	pei^{44}	毛	b	peu^{24}	果子
m	man^{44}	病	m̥	m̥m^{44}nai^{53}	从前
v	vaŋ^{53}	天	f	fau^{24}	吹
pj	pju^{24}	房子	bj	bjat^{22}	辣
mj	mja^{24}	草	vj	vja^{44}	尿
fj	fja^{42}	裤子	ts	tsu^{24}	路

s	sa^{44}	女子	tsj	tsja^{44}	我
sj	sjaŋ^{44}	新	t	tai^{22}	死
d	dai^{42}	杀	n	no^{42}	弓
l	lau^{24}	竹子	tj	tjau^{24}	偷
dj	djaŋ^{42}	树	nj	njan^{42}	顽皮
lj	lja^{44}	铁	k	kai^{24}	屎
g	got^{44}	渴	ŋ	ŋa^{44}	瓦
ŋ̊	ŋ̊ŋ^{53}	牛	kj	kja^{53}	茄子
ɲ̥	ɲ̥an^{22}	吃	j	ja^{22}	力
xj	xjam^{53}	踢	ʔ	ʔap^{44}	鸭子
h	hup^{44}	喝			

二、韵母

韵母表

i		iu	im	in	iŋ	ip	it
e	ei	eu	em	en	eŋ	ep	et
a	ai	au	am	an	aŋ	ap	at
o	oi	ou	om	on	oŋ	op	ot
u	ui		um	un	uŋ	up	ut
m	ŋ						

韵母说明

m 和 ŋ 可以单独与声调组成音节，也可以与同部位的清鼻音声母相拼，但不能与其他声母拼。

韵母例词

i	ki^{44}	螺蛳	iu	niu^{24}	扭
im	him^{44}	杉	in	pin^{44}	辫子
iŋ	him^{44}	骨头	ip	nip^{44}	皱
it	tit^{44}	吸	e	de^{44}	布
ei	hei^{42}	细	eu	teu^{44}	胆
em	ʔem^{42}	踩	en	men^{53}	人
eŋ	ʔeŋ^{42}	拉（尿）	ep	tep^{22}	煮
et	het^{22}	削	a	ga^{22}	下
ai	dai^{53}	薯	au	dau^{24}	伐

am	ham^{24}	粥	an	dan^{44}	儿子
aŋ	$ȵaŋ^{42}$	岁	ap	jap^{22}	舔
at	dat^{44}	织	o	ho^{42}	上
oi	doi^{53}	河	ou	dou^{24}	洗（菜）
om	hom^{44}	三	on	hon^{42}	炭
oŋ	$boŋ^{42}$	放	op	dop^{44}	裹
ot	bot^{44}	有	u	bju^{53}	耳
ui	dui^{24}	尾巴	um	jum^{44}	仓
un	bun^{24}	射	uŋ	$kuŋ^{24}$	冻
up	jup^{22}	笠	ut	jut^{44}	啄
m	m^{24}	水	ŋ	$ŋ̊ŋ^{44}$	去

三、声调

声调表

调值	调类	例词	汉义
44	阴平	ba^{44}	背
	阳上	ma^{44}	马
	阴入	sa^{44}	女儿
53	阳平	kja^{536}	茄子
24	阴上	na^{24}	这
42	阴去	ta^{42}	挤
22	阳去	ja^{22}	力
	阳入	pa^{22}	白

声调说明

1. 带塞音韵尾的韵母一般只与 44、22 两个声调拼，少数拟声词读 53 调或 24 调。如：kut^{53} “吞” kut^{24} “吞咽声”。

2. 现代汉语借词阴平字读 44 调，阳平字读 24 调，上声字读 42 调，去声字读 53 调。例如：$fu^{44}ki^{44}$ “飞机”、$kuŋ^{44}ȵin^{24}$ “工人”，hon^{42} “伞”，$hi^{53}tsa^{44}$ “汽车”。

3. 两字连读时，后字都不变调，前字除 22 调外，其他 4 个调都变调，而且产生了一个新的调值 21。

44（限于阳上）>53

m^{44} “马” $kuŋ^{44}$ “公” > ［$ma^{53}kuŋ^{44}$］“公马”

24（多数）>21

lau^{24} “竹” daŋ^{42} “凳” >［lau^{21}daŋ^{42}］“竹凳”

24（少数）>44

lau^{24} “竹” ma^{44} “马” >［lau^{44}ma^{44}］“竹马”

53>44

koŋ^{53} “穷” min^{53} “人” >koŋ^{44}min^{53} “穷人”

42>44

ku^{42} “旧” noŋ^{42} “饭” >［ku^{44}noŋ^{42}］“剩饭”

四、语音特点

1. 声母较少，没有复辅音声母、小舌音声母、气断音声母。缺少气断音声母是油岭瑶语的突出特征。

2. 韵母也较少，只有 i、e、a、o、u5 个元音，-m、-n、-ŋ、-p、-t5 个辅音韵尾，塞尾-k 已完全消失。韵干都不分长短。

3. 古代带鼻音声头的复声母，不论清、气、浊，大多数变成了浊断音，少数变成了鼻音或清擦音。例如：

古清音		古气音		古浊音	
ban^{42}	雪	du^{42}	洗（衣）	but^{22}	糯
du^{24}	早	dziu^{24}	蚂蚁	bjep^{22}	扇子
djaŋ^{42}	树	sa^{44}	女儿	num^{55}	叶子

4. 古代不带鼻音声头的清断音声母多数已经浊化，少数仍是清音。浊化的是双唇音和舌尖音，其他部位的未浊化。例如：

双唇		舌尖		舌根	
bei^{44}	知道	dan^{44}	儿子	kom^{44}	甜
bu^{44}	我们	dip^{44}	皮肤	kaŋ^{44}	抬
bei^{44}	蜱	dot^{44}	翅膀	kai^{24}	屎
bun^{24}	射	dam^{24}	虱子	kaŋ^{24}	蛙
beu^{24}	果子	dai^{42}	杀	ku^{42}	旧

都是塞音，为什么双唇、舌尖部位浊化，舌根部位的不浊化？这是侗台语内爆音影响形成的。侗台语内爆音一般是双唇音和尖舌中音，与阴调相拼。五岭地区是古代越人聚居区。后来的瑶人受了越人侗台语的影响，母语中的双唇和舌尖清断音就浊化了。

5. 古代不带鼻音声头的浊断音声母都清化了。例如：

阳平字		阳上字		阳去字		阳入字	
pjaŋ^{53}	字	pu^{44}	手	tai^{22}	死	pat^{22}	见
toi^{53}	来	tu^{44}	火	tau^{22}	筷子	tup^{22}	豆
ku^{53}	九	kjiu^{44}	藠	pja^{22}	入	sjap^{22}	十

6. 古代不带鼻音声头的气断音声母，大多数变成了气续音，因此气续音字特别多。例如：

fu^{44}	粗	sui^{42}	吹（笙）	hun^{44}	千
fu^{42}	铺	sɔi^{24}	灰	hai^{44}	梯
fo^{44}	壳	sjaŋ^{44}	新	hiŋ^{24}	骨头
fai^{42}	剖	so^{24}	错	hep^{44}	插
fja^{42}	裤子	sun^{44}	春	ha^{44}	客

清断音浊化，浊断音清化，气断音擦音化，这三化使排瑶话的声母系统在苗瑶语里具有鲜明的特征。

7. 系数词“二”、“三”、“四”、“五”、在其他苗瑶语里都是阴平调，但是油岭话里却是阴去调。例如：

汉义	龙定话	养蒿话	油岭话
二	ʔi^{33}	ʔo^{33}	vi^{42}
三	po^{33}	pi^{33}	bu^{42}
四	pei^{33}	ɬu^{33}	pe^{42}
五	pa^{33}	tsa^{33}	pja^{42}

这几个字油岭话的调类为什么由阴平变成了阴去，我现在还不能解释。

五、词汇特点

油岭话有两组系数词，一组是固有词，另一组是汉语借词。只有一组位数词，都是汉语借词。如：

固有系数词		借汉系数词		借汉位数词	
ʔa^{44}	一	jot^{44}	一	sjap^{22}	十
vi^{42}	二	ȵi^{22}	二	ba^{44}	百
bu^{24}	三	hom^{44}	三	hun^{44}	千
pe^{42}	四	he^{42}	四	van^{22}	万
pja^{42}	五	ŋ^{44}	五		
to^{44}	六	lja^{22}	六		

ȵi^{22}	七	hut^{44}	七
ja^{22}	八	bet^{44}	八
ku^{53}	九	ku^{24}	九

两组系数词表示的意义完全相同，但是分布互补，不能彼此代替：个位数用固有词；十以上百之下用借词；“百”、“千”、“万”前用固有词。如：

ʔa^{44}na^{44}	一个	sjap^{22}jot^{44}	十一	ȵi^{22}sjap^{22}	二十
vi^{44}tsa^{44}	两只	sjap^{22}ȵi^{22}	十二	hom^{44}sjap^{22}	三十
bu^{24}fai^{24}	三块	sjap^{22}hom^{44}	十三	he^{42}sjap^{22}	四十
ʔa^{44}ba^{44}	一百	ȵi^{22}hun^{44}	七千	bu^{24}van^{22}	三万

借汉系数词还可以组成日子名称和月份名称。如：

heŋ^{44}ȵi^{22}	初二	ȵi^{22}ŋo^{42}	二月
heŋ^{44}hom^{44}	初三	hom^{44}ŋo^{42}	三月
heŋ^{44}he^{42}	初四	he^{42}ŋo^{42}	四月

六、语法特点

1. 名词修饰名词时，一般是定语在前，中心语在后。例如：

djaŋ^{42}pju^{24}　　木头房子

树　房

2. 形容词修饰名词时，有的定语在中心语之后。例如：

pjaŋ^{53}sja^{44}　　红花

花　红

有的定语在中心之前。例如：

joŋ^{44} beŋ^{42}　　高山

高　山

3. 指示词做定语时，都在中心语之前。

例如：

na^{24}这：	na^{24}na^{44}	这个	na^{24}dui^{24}	这些
ti^{24}那：	ti^{24}na^{44}	那个	ti^{24}dui^{24}	那些
pa^{24}哪：	pa^{24}na^{44}	哪个	pa^{24}dui^{24}	哪些

第六章　文　字

第一节　有关文字的传说和记载

一、理和字来源的传说

黔东苗语的理词是一种讲道理和事物根源的骈偶文，其中的 qa^{33} $tɕuŋ^{53}$ li^{22} “理根”就讲了“文字的来源”。其大意是：苗人、汉人出世前，世界上还没有理。那时候理还悬挂在天上，有一只尖嘴的耗子，天天去啃装着理的壶绳。结果壶绳被啃断了，理就从天上往下掉，金光闪闪。大家看见了，都跑去捡。汉人跑得快，捡到了，所以他们有文字，什么东西都记下来，一千年都不忘，一百代也不丢。苗人跑得慢，没有捡到，所以苗人没有文字，什么事情都只能心里记，一代一代口头传。

这篇理词说明，苗人在古代是没有文字的。据我所知，瑶族和畲族也没有远古时代有文字的传说。

二、《峒谿纤志·志余》里的“苗书”

清初的陆次云著有《峒谿纤志》一书，1683 年刻印传世，其中的志余里说“苗人有书，非鼎钟，亦非蝌蚪，作者为谁，不可考也。录其二章，以正博物君子。”

鐸訓

孝順父母尊敬長上和睦鄉里教訓子孫各安生

理毋作非爲

歌章

天地君親爲大兄弟手足之親孝乃人之百行忠

在人之本心士農工商各居其業禮義廉恥切著

胸襟子能孝父變冬爲春臣若忠君瑞氣盈門忠

孝兩盡萬古留名夫妻和睦家事必成弟兄友愛

萬事和平龍逢比干忠烈直臣管仲鮑子不顧分

金田氏睦族樹發紫荆鑑古來併是道常存綱常

以正日月洞明乾坤清泰宇宙光亨乃作霖雨又

可謂羨君臣慶會龍虎相迎萬世永賴忠孝是存

铎训和歌章都是汉文在前，未识字在后，看来，这与白狼歌相同，是根据汉文译未识字的。铎训和歌章共有汉字 180 个，未识字也是 180 个，可见未识字跟汉字一样，也是单音节的。

在180个汉字中，减去重出的字，共有不同的汉字141个。在未识字中，减去字形相同的字，共有同形字154个。这是因为同一个汉字有不同的未识字跟它对应，如“存”与“□”和“飞”；同一个未识字有不同的汉字跟它对应，如“□”与“母”、“毋”。这说明未识字不是表音的音节文字。但是在一对多的未识字中，有的字形非常相近，如“事”—□、□，“臣”—□、□、□。这不应是语音或语义的差别，而是这种字有异文变体。

有些未识字形体很近似，恰好对应的汉字的读音也近似。例如：

□ 比	□ 地	□ 之	□ 友	□ 成
□ 必	□ 弟	□ 直	□ 又	□ 臣

这不应是字形的变体，而是不同汉语借词的反映。因为铎训和歌章讲的是伦理道理，用词抽象，文体又是诗歌，译成少数民族语言时，借了许多汉语词。

对于这种文字，法国的G. Devèria曾经用17个字与P. Vial（汉名邓明德）所收集的云南彝文比较，没有得出什么结论。所以闻宥认为：“这种字的真实性如何，今天尚无法断定。但即使是真的，也未必便是苗文。因为以往所用的“苗”字含义甚宽，并不即等于狭义的苗族”。

我获得铎训、歌章之后，见字形很像彝文，就拿它请彝族学者罗国义辨认。罗认为有的字与彝文形义相近。如□彝语读gɯ^{55}，其义为“睦”；□彝语读thu^{21}，其义为“之”；□彝语读m^{55}，其义为“教”；□彝语读phu^{55}，其义为“父”。但他不能断定就是彝文。

看来，这种字不是苗文，是彝文有可能性，因为它的笔画和整个字形很像彝文，而彝文在不同方言区差别很大。如“父”字，邓明德举出的是□；罗国义举出的却是□，与铎训所列相同。

三、《宝庆府志》提到的“篆字”

清乾隆六年（1741）湖南苗族杨清宝率领群众在宝庆、城步一带起义，反抗朝廷。在起义时可能使用过特殊的文字。起义失败以后，清廷下令“其从前捏造篆字，即行销毁，永禁学习。如有故违，不行首报，牌内一家有犯，治寨长不察之罪”。（载道光《宝庆府志·大政记六》）

1983年我调查苗语时，湖南的马少乔和丁忠炎都对我说："城步的长安营有苗文碑，被苗族群众藏起来了，不让看。"因此我没有看到那碑上的文字。

可见，在湖南城步苗族中确实有过一种朝廷不识而且敌视的文字，以致到上世纪末群众还心有余悸。因此它的形、音、义至今还是一个谜。

四、雷公碑残石上的刻字

苗族最大的聚居区是黔东南。黔东南的中心是苗岭主峰雷公山，山上山下住的都是苗族。清朝咸丰同治年间，太平天国石达开西进时，曾派教士杨大和发动张秀眉等聚众起义，反抗清朝政府达18年。杨大和自比诸葛亮，各首领尊他为军师。义军在雷公山的中心雷公坪一带造了王府，刻有印章，铸了钱，筑有点将台，立了石碑，俗称孔明碑或雷公碑。

起义失败以后，杨大和、张秀眉被杀，孔明碑被毁，残片散落在不同人手里。1949—1950年，贵州一位女士寄给闻宥两页残石拓片，一大一小，上面共有39个字。1982年李廷贵（苗族）把第3页残石拓片给了我，上面有13个字。三片共52字。即：

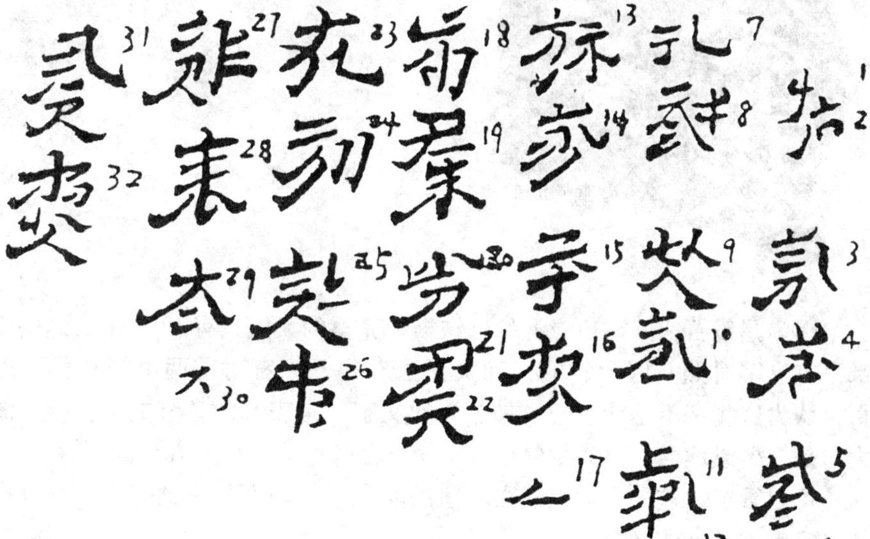

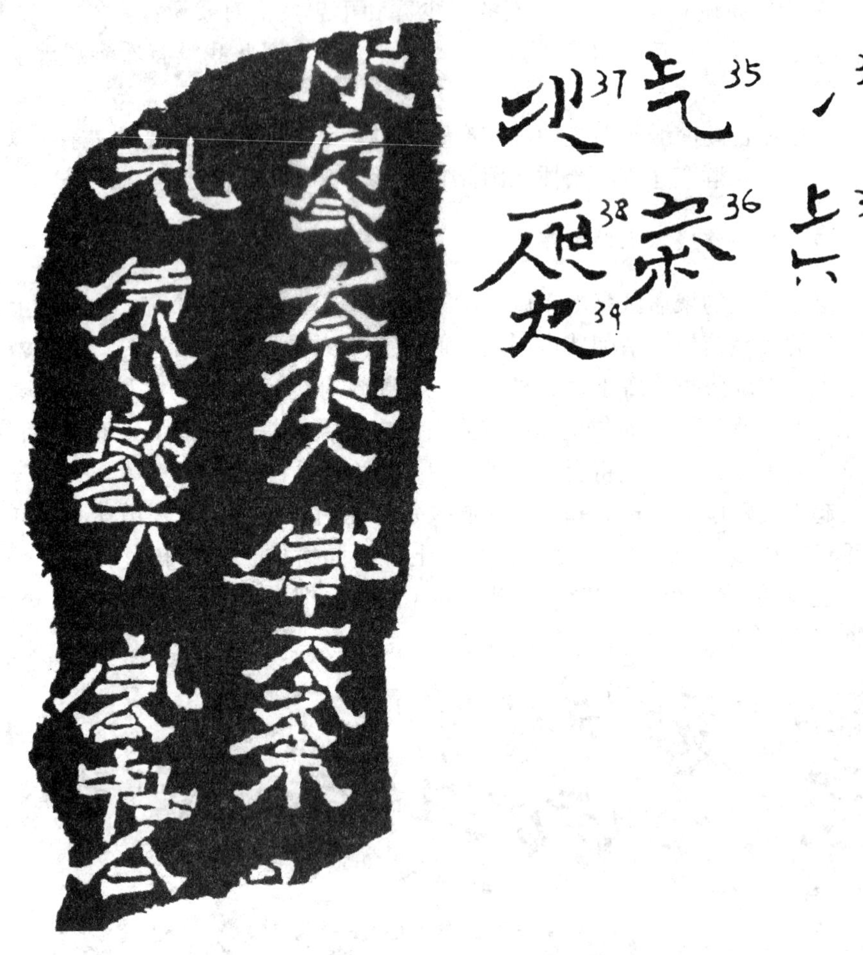

因为是残石，处在边缘上的已缺损，完整的大概只有32个字。这些字都没有汉字对照。因此它的音和义无法获得。闻宥对前两页拓片作了分析，认为这些字不是伪造的，是苗族的文字，是表音的音节文字，所记的大约是人名或地名。只为少数巫师所用。巫师一废，便无人能读了。

可以看出，这种字的笔画跟汉字的完全一样，而且刚劲有力，可以推知造字者有较高的汉文水平。

这种字不是在起义之前已经流行。如果已经流行，起义到现在还不到200年，绝不会无一人认识。

徐家榦的《苗疆闻见录》称杨大和为教匪，说明杨可能来自太平军，不是苗族，而是汉族。他既然能指挥造王府、刻印、铸钱，当然也可能学会苗语，立碑造字。在兵荒马乱之际，这种字不可能推广。因为是教匪所造，清廷特别忌恨，义军一败，孔明碑就立刻被毁了。不过这只是我的一点推想。

五、川南“苗文”

上世纪初，法国的奥伦探险队在四川南部的叙永一带收集到一种草体“苗文”，发表在《中国的非汉文字》（Mission d‘Ollone，L’Ecritures des peuple non－chino is de la Chine）上。

闻宥读了，认为“显然有汉人伪造的痕迹。”后来芮逸夫到发现地去访问过苗族老者，竟无一人知晓，证明奥伦氏所记苗文是赝鼎。

上世纪 80 年代我未退休时，本系彝语教研室的伍文珍拿一种文字给我看，说是四川的“苗文”。我一看，很明显是一种笔画复杂的草书汉字，因此未复制。也许，那就是奥伦探险队收集的“第四种苗文”。

六、庄启的《苗文·略述》

1917 年庄启在《东方杂志》第十四卷一号上发表了《苗文略述》一文。文章开头说：“法教士费亚君，居云南有年。从事路南州、陆凉州、广西州三处苗民所用文言，于民国纪元前三年，著法苗文法及字典一书。余得而节述之，以供文学之研究。”

文章译述了“苗文”的五音、词类和句法，都举了例子。

庄文有一定的影响。云南石屏袁树五的《滇绎》、贵州的《大定县志》、谢彬的《云南游记》都摘引了该文的论述或例字。

其实庄启节述的法苗文法及字典的文字不是苗文，而是彝文，是从法国教士 Paul vial（汉名邓明德）所著的《法倮词典》中引来的。下面列出庄文和《法倮词典》中的一些单词和一个句子，以兹比较。

苗文略述			法倮词典		
字形	字音	字义	字形	字音	字义
	那	多		nā	beaucoup
	那	问		na	interroger
	那	病		nà	malade
	耐	你		ná	vous
	拿	缝		nâ	coudre
	米	地		mi	terre
	波	山		pèu	montagne
	海	屋		ʔài	maison
	改	家		gghè	famille
	母	马		moū	cheral
	拉	虎		lā	tigre

苗文略述

我 所 知 我 所 说

我道我所知。

法倮词典

a mi sā a mi bee

Ceque je sais Ceque j'ai dit
什么 知 什么 说
知道什么说什么。

比较说明，庄文和《法倮词典》中的字，无论字形、字音和字义都完全相同。句子的语序都是宾语在前，谓语在后。而苗语的语序都是谓语在前，宾语在后。因此可以断言，庄启认 LoLo“倮倮”为“苗族”，把彝文当成了“苗文”。

为什么产生这样的误判？在中国历史上，南方的蛮或苗是很有名的族群。人们在提到苗族时，早期往往给予广义的概括，把南方的其他族群也包括在内。可是今天研究已经深入，民族成分已经科学鉴定，$lo^{31}lo^{33}$只是一支彝族的自称，与苗族的自称毫无关系，所以书写 LoLo 话的文字不是苗文，而是彝文。这是必须辨明的。

上面讲了 6 种传说和报道，有的只有口传，有的有字而没有传承，有的是张冠李戴，有的是赝品，总之，都不是世代流传至今，书写苗瑶语的文字。

第二节 记写苗瑶语的方法和符号

使用苗瑶语的民族既然没有书写自己语言的通用文字，当他们要与远方的亲人交流信息，或者把自己意思传给后代时，就遇到了困难，因此就想出了种种办法来传承信息。

一、用自己设计的符号表示句子的意义

1993 年 9 月 4 日，我访问了湖南城步县副县长邓扬彩家。邓是瑶族，族称m̥m^{13}，他说的语言应属巴哼语。邓说，他的母亲沈子娥会写一种外人不认识的文字。我高兴极了，立刻向沈老太太请教。

沈子娥那年已 76 岁，原住城步县清源乡的黄伞。她对我说，年青的时候，她与七八个妹子一起跟蒲妹（比沈大 50 多岁）学文字。自己背一捆柴去，一边烤火，一边学写字。

她说这种字只在妇女之间用。碰到强盗来了，或者女子受婆家虐待后要搬娘屋里人，或者有大的纠纷，就用这种字报信。

我请她写给我看，并说明意义。她颤巍巍地写了下面这几个，作了解释。并抱歉地说：“老了，好久不用，都记不起来了。”

字形	意义
	强盗来了，赶快走。
	强盗来了，不要走。
	强盗来了，关上门
	要紧
	打官司要一路行。
	来了就要走。
	嫂嫂来我家干什么?

显然，这种符号只能整体地传达某种信息，没有区分词或字，没有固定的读音，严格地说，还不是文字。

二、汉字音读

所谓汉字音读就是用汉字做音符，拿它表示与汉语相同或相近的民族语的音，意义则与汉字原义无关。这一类用得最多。例如石启贵《湘西苗族实地调查报告》里的：

椎牛鼓舞歌

拍农舞连阿思酬，必求狮子舞己千。
得葵羊农连本斗，度比内卡及格蛮。
拍农舞连阿恩酬，必求狮子舞己白。
得葵羊农连本斗，度必内卡及斗格。

这首歌的汉语意义是：

姑娘打鼓犹舞狮，好像狮子村舍游。
娇貌如花鼓技美，主客观看眼不收。
姑娘打鼓如舞狮，好像狮子爬桌玩。
娇貌如花鼓技美，主客观看不眨眼。

又如贵州龙里摆省苗族杨瀛洲自唱自记的

怅别歌

动晒见的来歪到过褒
的白的箦乌垤惹共送歌
各鲊呀哨少夺扼底丁丘尿
骂若神你忙脑圣你墨慢板练

圣你沙他羡
圣你忙脑圣你慢讨板摺
圣你沙他送义夺
扼白求尿的让脚丧呀多都
扼白求虐求收的让脚白呀项你
驾完格夺格配哥卦压垢周

这首歌的汉语意义是：

太阳已经要来落山了
山阴已经要来过山完
哥妹双方走到贵境地
不好是各吃各娘白米饭
各人各片心
不好是各吃各娘白米饭
各人各片粮
走到贵境地如杉板两头翻
来到贵境地如杉木两头跻
你我金娃银子一时了

能用汉字的音记写本族语的人都必须是双语人，而且汉文水平要相当高。这种记音材料都不大确切，因为汉字的读音与民族语的音有很大的差别。因此能这样做，或者能阅读这种材料的人非常有限。

三、汉字训读

说瑶语的瑶族有用汉字记录瑶歌的传统。但是他们记录瑶歌时，多数字用汉字音读，少数字用汉字训读。所谓汉字训读就是记写瑶歌时，只用与瑶语相同的汉字义，不用其音。例如《盘王大歌·月亮亮》的第一段（郑德宏整理译释）：

月　亮　亮
la^{35}　guaŋ^{31}　giuaŋ^{33}
亮　下　大　洲　牛　吃　秧
giuaŋ^{33}　dʑi^{22}　təm^{31}　tsjeu^{33}　ŋuŋ^{31}　khi^{53}　juaŋ^{33}
牛　子　吃　秧　娘　莫　怨

ŋuŋ^{31} tsai^{53} khi^{53} juaŋ^{33} ȵuaŋ^{31} i^{35} vin^{35}

牛 角 做 梳 留 禄（给） 娘

ŋuŋ^{31} kɔŋ^{33} tsau^{35} tsa^{54} lieu^{31} pun^{33} ȵuaŋ^{31}

这段歌的意义是：

月亮亮，

月光下面牛吃秧。

牛崽吃秧妹莫怨，

牛角做梳送娇娘。

可以看出，所记歌词中的“月”la^{35}、“亮”giuaŋ^{33}、“大”təm^{31}、“牛”ŋuŋ^{31}、“子”tsai^{53}、“莫”i^{35}、“角”kɔŋ^{33}、“梳”tsa^{54}、“禄”（给）pun^{33}这 9 个字是训读，其他的字是音读。在这段歌里，训读字较多，其他的段落训读字比较少。

我没有细读全本《盘王大歌》。大约在半本歌词里，训读字还有：

我 i^{33}　有 mai^{31}　晒 pui^{33}　禾 biao^{31}

你 muei^{31}　不 iam^{22}　莫 i^{35}　打 bo^{53}

两 i^{33}　大 lu^{33}　浊 gu^{31}　石 bɛŋ^{31}

舅 nao^{33}　戴 dəŋ^{35}　糯 mei^{21}　儿 tsei^{53}

田 giŋ^{31}　螺 kuei^{33}　知 pei^{33}　两 ȵei^{22}

叶 nɔm^{31}　来 tai^{31}　布 di^{33}　老 ku^{35}

入 pi^{31}　个 nɔm^{33}　菜 lai^{33}　门 kɛŋ^{31}

家 əp^{54}　偷 ȵim^{22}　女 si^{21}　鬼 nim^{31}

山 kem^{31}　人 mien^{31}　鼻 bui^{12}　酒 ti^{53}

雪 buən^{35}　见 puət^{21}　长 tuaŋ^{31}　短 naŋ^{53}

雷 buə^{33}　雨 buŋ^{22}　冷 nam^{35}　仓 lam^{33}

由于既有音读字，又有训读字，有的语序也与汉语的不同，所以不懂瑶语的人很难读懂这种全用汉字记的瑶歌。

四、汉字加记号训读

使用湘西苗语的歌师为了区别音读和训读，就在汉字的旁边加记号（常见的是“o”）来表示训读。例如：

报恩夫妻

贾 春 几 五 猛 打^{o} 鸟^{o}

ca^{44} ʈhoŋ^{35} tɕi^{44} wu^{44} moŋ^{33} pɤ^{31} nu^{11}

上° 单 告 棒 太 花 山

dʐɯ^{35} tɛ^{44} qo^{31} paŋ^{35} thɛ^{35} xwa^{53} sɛ^{44}

猛 碰° 阿 九 为 麻 汝

moŋ^{33} tsɯ^{31} a^{44} tɕɯ^{44} ŋwei^{31} ma^{31} ʐu^{35}

弓 箭 拉° 成 几 干 甩°

koŋ^{44} tɕɛ^{35} ɕɯ^{44} tɕe^{31} tɕi^{44} cɛ^{44} ɛ^{44}

阿 个° 为 忘°

a^{44} le^{53} ŋwei^{31} noŋ^{44}

位 求 门 坐 女 告 家 棒 木°

wei^{35} dʐɯ^{31} moŋ^{31} tɕoŋ^{35} ȵi^{53} qo^{53} tɕha^{53} paŋ^{35} ʐu^{44}du^{35}

位 必 门 女 儿 个° 来

wei^{35} pi^{31} moŋ^{31} ȵi^{11} tɕi^{53} le^{53} lɛ^{44}

开 声 达 务 只 扑 名°

khɛ^{44} ʂen^{53} ta^{31} wu^{11} tsɯ^{31} phu^{21} bu^{35}

尾 义 赵 家 圆 外 郎 为 反

we^{44} ȵi^{11} tso^{35} ka^{53} ʑɛ^{31} wɛ^{35} naŋ^{44} ŋwi^{31} xwɛ^{44}

阿 个° 那 忘° 唉

a^{44} le^{53} na^{53} noŋ^{44} e^{44}

们 令° 引° 尾 回° 通 骂 郎 屋

moŋ^{31} ʎe^{11} tɕoŋ^{53} we^{33} ɖaŋ^{44} thoŋ^{53} ma^{35} naŋ^{44} wu^{33}

部 恩 爱 夫 妻 佩 团 圆

pɯ^{53} ŋen^{44} ŋɛ^{35} xu^{44} tɕhi^{44} phei^{35} dɛ^{31} ʑɛ^{31}

这首歌的汉译是：

贾春四处去打鸟，
爬上山坡太花山，
遇见一位美女子，
弓箭拉好不能放。
这位姑娘啊！
你为什么住在山坡丛林中？
难道你是哪家妇？
她突然开口就报名。
我是赵姓员外的女儿，
这个哥唉！

求你带我回家门，
我们恩爱夫妻配成双。
因为有了训读的标记，读起来比没有标记的要容易一些。

五、仿造方块字

说苗瑶语的人，特别是歌师和鬼师，不仅用现存的汉字训读、音读的办法记录本族语言，而且用汉字的造字法创造类似的方块字来记本族语。仿造方法有如下几种。

1. 整个汉字加偏旁。

上世纪 50 年代初，湖南花垣县麻栗场老寨村苗族民间艺人石成业和石成鉴创造出一种方块字，用来记湘西苗语。例如：

字形	字音	字义
扌一	$ʔɑ^{44}$	一
扌二	$ʔɯ^{35}$	二
扌三	pu^{35}	三
扌四	$pɹei^{35}$	四
扌五	$pɹɑ^{35}$	五
扌六	$ʈo^{54}$	六
扌七	$tɕoŋ^{31}$	七
扒	$ʑi^{22}$	八
扌九	$tɕɔ^{42}$	九
扌十	pi^{42}	十

这种字的字形是右边是汉字，左边加了一个偏旁。这个偏旁既不表音，也不表义，只表示整个字的音和义是右边汉字的训读。因此这种方块字也是一种“汉字加记号训读”，不过记号是汉字的偏旁而已。

2. 会意方块字

清末民初，湖南花垣苗族秀才石板塘，在用汉字音读或训读记写苗语时创造了一些新的会意字和形声字。其中会意字如：

字形	结构	字音	字义
色红	从色从红	$qhen^{54}$	红
色黑	从色从黑	qwe^{35}	黑
色白	从色从白	$qwɤ^{35}$	白
门出	从门从出	$pɹoŋ^{22}$	出

⿱合⿰目目	从合从双目	$dɤ^{54}Gwe^{35}$	打瞌睡
⿱知面	从知从面	$dzɔ^{54}$	认识
⿱香下	众香从下	$Gɤ^{54}$	香
⿱流下	从流从下	$nɤ^{22}$	流

瑶歌中的会意字如：

字形	结构	字音	字义
⿱父上	从父从上	$jɛ^{42}$	父亲
⿱父下	从父从下	$ŋwaŋ^{42}$	母亲
甭	从不从用	tiu^{33}	失去
⿱父娘	从父从娘	$dʑi^{53}$	双亲
仸	从人从天	$sian^{53}$	神仙

3. 形声方块字

清光绪三十三年（1907）成书的《古丈厅志·苗籍方言》中载有一些记录当地苗语的形声方块字。如：

字形	结构	字音	字义
⿰日巴	从日巴声	$pɿa^{53}$	天
⿰日列	从日列声	ne^{21}	天
⿱雨加	从雨加声	ka^{53}	云
⿱雨助	从雨助声	tu^{35}	云
⿱雨送	从雨送声	$soŋ^{53}$	雷
硞	从石告声	$qɤ^{22}$	岩山
⿰石巴	从石巴声	$pɿa^{35}$	岩山
⿰毛土	从毛土声	to^{21}	头
⿰毛比	从毛比声	$pɿei^{44}$	头
挞	从手达声	da^{44}	手指
抖	从手斗声	$tɯ^{22}$	手指

瑶歌和石板塘所造的方块字中也有形声字。例如：

字形	结构	字音	字义	出处
⿰布兑	从布兑声	dei^{35}	布	石板塘
⿸厂朗	从厂朗声	$ɳaŋ^{31}$	里面	石板塘
扲	从手今声	ham^{35}	不	瑶歌
⿰女車	从女車声	$ɕa^{21}$	妇女	瑶歌

⿱父治	从父治声	ȡi[32]	母亲	瑶歌
吞	从口天声	tan[53]	说	瑶歌

借汉字音读或训读，仿造会意、形声方块字这些文化活动都是本民族的知识分子或歌师做的，他们的汉文水平较高，或多或少受了六书的影响。我们知道，会意形声这两种造字法汉族至今还在用。音读就是假借，现在称同音替代，在简化汉字时用得特别多。转注有不同的理解。我认为就是训读。可见汉字的造字法和用字法对以苗瑶语为母语的双语知识分子有很大的影响。但是苗瑶语内部差别大，他们所在地区汉字的读音不同，用汉字表示的民族语的音也不同。又由于借字、造字时没有统一的标准，各自为政，所借或所造的字表示什么音和义也就不一致，加以音读、训读缺少统一的标记，没法辨别。再加传抄讹误，因此这些汉语与民族语混合，汉字与仿汉字混用的抄本很不易认读，没有广泛流传。但是这些传抄本对保存民族文化是很有价值的。

六、速记符号

石启贵除了在《湘西苗族实地调查报告》中用汉字音读记了一些苗歌外，自己还创造了一套速记符号来记湘西苗语。下面是这套符和自注的音读、训读汉字和仿造的方块字。

速写新创作

声韵排准确

播剖梅辉累

咽ʿ别呐咧ʿ觉

德特葵獃嗫

驰陨吹流陀

格咔绞惹遮

橇者ʿ奎呃嘈

基唏溪题喂

尸日吱嗤ʿ学

呖ʿ赦斯皮喧

頙駆培犬聊

闭爹衣嗇翠

嗲椎噫资飘

口嗷嚎难忙

鄙构万啡标

車枷思白撇

咪國唠其都窝

拼哜呜吁鸦

陕章嘛唥呦

吼嗢呕嘈哔

啊窩咃頁果

呦唉咿坳唔

嗡唠哼兒喔

哑和喉呼哇

睽啁哏哈隳

岩那美受隊

鞆求面噘尭

麵叩僦量啊

挂啦藕矮灖

读悉本符母

萬音尽包罗

这套符号共160个，前10个讲它的优点。最后10个讲学习它的好处。中间140个是表示湘西苗语音节的，但是不区分声调

这套符号数量较多，有的外形不易区别，如 和 。它不区别声调，表

音不确切。它的方块字注明中，有的是汉字音读，有的是汉字训读，有的是仿造字，笔画繁多，因此，除本人外，其他的人都掌握不了，没有用过。

七、国际音标记苗语

1939年贵州地方行政干部训练团聘张为纲教国际音标，然后由龙绍华用音标译红苗语，杨汉先译花苗语，编成课本于1940年5月出版。下面是红苗语课本的内容摘要。

记录红苗语音标

一、辅音（声母 initial）

双唇音：p　p‘　b　m　m‘　m̩　wɥ

舌尖音：t　t‘　d　n　n‘　n̩　I

舌叶音：ts　ts‘　ʣ　s　s‘　z　ɬ

捲舌音：ʈ　ʈ‘　ɖ　ɖ‘　ʈʂ　ʈʂ‘　ɳ　ɭ　ʂ

舌面音：ȡ　ȡ‘　ʨ　ʨ‘　ʥ　ȵ　ɕ

硬腭音：c　c‘　j

舌根音：k　k‘　g　ŋ　x

小舌音：q　q‘　N

喉音：h

二、元音（韵母 final）

Ⅰ、阴韵

1. 基本元音

前元音：a　æ　ɛ　e　i

后元音：ɤ　ɯ

ɔ　o　u

2. 复合元音

ai　aɤ　aɯ　ao　ei　ɤi

ia　iæ　iɛ　ie　iɤ　iɯ

iɔ　io　iu

ua　uɔ　uo

iaɤ　iao

uaɤ　uaɯ

Ⅱ、阳韵

3. 附声元音

an　aŋ　—　oŋ

æn　æŋ　ian　iaŋ

ɛn　—　iæn　—

en　eŋ　—　uaŋ

in　iŋ　uen　—

ɤn　—　uɤn　—

un　uŋ　—　uoŋ

—　ɔŋ

声调之高低抑扬，用赵元任博士之声调符号，即五线谱法。

第一课

一、单词

pɯ˦ 我们　naŋ˥的　ɕio˩ t'aŋ˩学校　ku˥˩和 uai˧ 我　ʐu˥˩好　ʂei˦会 ti˥ tsa˧ 玩　tɕiu˧ 了　m'u˥˩浇　pen˩花

二、课文

1. pɯ˦ naŋ˥ ɕio˩ t'aŋ˩,

2. 上课 ku˥˩下课,

3. uai˧ naŋ˥ ʐu˥˩朋友,

4. uai˧ ʂei˦ ti˥ tsa˧

5. pɯ˦ m'u˥˩ pen˩。

三、国语对照

1. 我们的学校,

2. 上课和下课,

3. 我的好朋友,

4. 我会玩了,

5. 我们浇花。

四、注释

凡课文中苗语中有与汉语音意相同者，均对照写不译。

红苗语课本共编印了两册，第一册七课，第二册四十课。编者声明："这是学说方言的科学记音工具，不是替苗夷同胞制造文字。除传授土著同胞以普通言语，以便其有享受同样教育机会外，还有两个重要意义：(1) 传布命令。(2) 执行政令。附带着，打破学说土著方言的偏见。"龙绍华是说湘西苗语的苗族。

这一节讲了 7 种记写苗瑶语的方法，但都没有普及成为文字。不过，我们可以看出，有语言没有文字的民族是希望有自己的文字的。

第三节　传教士创制的文字

鸦片战争以后，西方的一些传教士到中国的云南、贵州、四川等地的苗族地区传教。但是他们不会讲苗语，苗族同胞也看不懂他们带来的经书，于是 James R Adam（党居仁）在贵州安顺，Robert Powell 在贵州旁海分别造了拉丁字母苗文翻译经书传教。不过影响较大的主要是下面的这两种。

一、柏格理字母苗文

本世纪初，英国传教士 Samuel Pollard（汉名柏格理）来到我国云南昭通、贵州威宁一带传教。他学会当地苗语，发展了部分信徒之后，就与杨雅各、李司提反、张约翰等于 1904 年创制了一种拼音文字。这种文字有 24 个辅音字母，15 个元音字母，声调则用元音字母写在辅音字母旁的不同位置来表示。

1. 字母

辅音字母 24 个

┘　Ɔ　Γ　V

T　C　L　Ⴑ　Δ

ϯ　S　Z

Ⱦ　[　J　R　Λ

]　6　I

J　7

ʼ　Y

元音字母 15 个

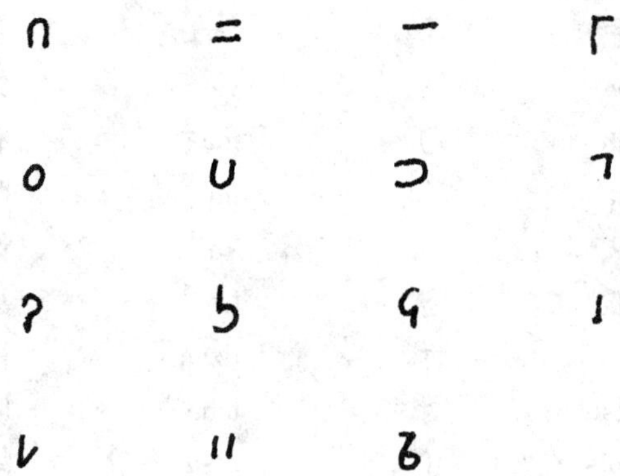

字母说明

（1）拼写语词时，辅音字母形体大，是音节的主体；元音字母小，是音节的配件。

（2）字母′不单独表示具体的音，将它写在辅音字母右边时，表示这个辅音送气；将它写在辅音字母左边时，表示这个辅音清化。

（3）字母 Y 表示音节无声母（实际有喉塞音 ?）。

（4）声调不用字母，而是用元音字母的不同位置表示，即当元音字母位于辅音字母上面时，表示音节是 55 调；位于右上角时是 53 调或 33 调；位于右中侧时是 35 调或 11 调；位于右下角时是 21 调或 11 调。

（5）这种字母有的是拉丁字母原型，有的是从拉丁字母变形而来的。

（6）这种字母后来还用于拼写傈僳语等多种语言，被学术界称为柏格理字母或波拉字母。

2. 声母

柏格理字母拼写的是贵州威宁石门坎一带的苗语。石门坎苗语不仅有单辅音声母，而且有许多复辅音声母，因此声母数比辅音字母数多。下面列出声母和例字。

声母	读音	例字	例字音	汉义
˩	p	˩ᵘ	pu^{53}	馁
	b	˩₋	ba^{21}	抱
˩′	ph	˩′⁻	pha^{33}	劈
C˩	mp	C˩⁻	mpa^{33}	猪
	mb	C˩-	mba^{35}	拍

CJ′	mph	CJ′⁻	mpha^{53}	掀开
Γ	f	Γ_	fa^{11}	辨认
V	v	V⁻	va^{53}	饭
)	m	)⁻	ma^{35}	有
ʼ)	m̥	ʼ)°	m̥o^{33}	晚上
Y	ʔ	Y₀	ʔo^{11}	箭
†	ts	†̄	tsɿ^{55}	果子
	dz	†ıı	dzau^{21}	凿
†′	tsh	†′⁻	tsha^{53}	吹
C†	nts	C†⁻	ntsa^{53}	绿
	ndz	C†ᵤ	ndzu^{11}	割
C†′	ntsh	C†′⁻	ntsha^{33}	洗（衣）
S	s	Sᵘ	sau^{33}	写
3	z	3ᵘ	zau^{33}	好
T	t	T⁻	ta^{33}	杀
	d	T_	da^{21}	死
T′	th	T′ᵇ	thɯ^{33}	炭
CT	nt	CṪ	nti^{55}	长
CT′	nd	CT⁻	nda^{53}	麻
	nth	CT′ᵇ	nthɯ^{33}	烙
(	ȵ	(̿	ȵe^{55}	哭
	n	(°	no^{33}	冷
	ɳ	(ᵘ	ɳu^{53}	事
ʼ(	n̥	ʼ°(	n̥o^{55}	听见
	ȵ̊	ʼ(̿	ȵ̊e^{55}	牙齿
Δ	tɬ	Δ̊	tɬaɯ^{55}	鹰
	dɮ	Δⁿ	dɮi^{35}	河
Δ′	tɬh	Δ′=	tɬhe^{33}	跳
CΔ	ntɬ	CΔ̿	ntɬe^{55}	浅
	ndɮ	CΔıı	ndɮau^{21}	花（色）
CΔ′	ntɬh	CΔ′°	ntɬho^{33}	捅
L	l	L̄	la^{55}	兔子
ɥ	ɬ	ɥⁿ	ɬi^{33}	月亮

ʈ	ʈ	ʈ¯	ʈa^{33}	张（口）
	ɖ	ʈ꒱	ɖau^{21}	腰子
ʈ′	ʈh	ʈ′ᵣ	ʈhai^{11}	插
(ʈ	ɳʈ	(ʈ"	ɳʈau^{33}	牴
	ɳɖ	(ʈₒ	ɳɖo^{21}	同
(ʈ′	ɳʈʰ	(ʈ′ᵣ	ɳʈʰai^{11}	清楚
[	t ʂ	[̊	t ʂo^{55}	虎
	tɕ	[¯	tɕa^{33}	风
	dʐ	[ᵩ	dʐœy^{21}	少
	dʑ	[ₙ	dʑi^{21}	燃
[′	t ʂh	[′°	t ʂho^{33}	衣服
	tɕh	[′ⁿ	tɕhi^{53}	扫
([	ɳt ʂ	([ʳ	ɳtʂʅ^{53}	遇见
	ȵtɕ	([ⁿ	ȵtɕi^{53}	菌子
	ɳdʐ	([ᵇ	ɳdʐɯ^{21}	相信
	ȵdʑ	([ıı	ȵdʑau^{11}	到达
([′	ɳtʂh	([̊′	ɳtʂhaɯ^{55}	血
ɺ	ʂ	ɺ̄	ʂie^{55}	熟
	ɕ	ɺ̂	ɕi^{55}	护送
R	ʐ	R⁼	ʐie^{53}	惹
ʌ	j	ʌ̄	ja^{55}	要
]	k	]̆	ku^{55}	我
	g	]ⁿ	gi^{33}	街
]′	kh	]′°	kho^{53}	碗
(]	ŋk	(]ₒ	ŋko^{11}	稀
	ŋg	(]ᵇ	ŋgɯ^{11}	懒
(]′	ŋkh	(]′°	ŋkho^{53}	马蹄
I	ɣ	Iᵇ	ɣɯ^{53}	岭
I′	X	I′"	Xau^{53}	小坛子
б	ŋ	б°	ŋo^{33}	打盹
′б	ŋ̊	′бᵘ	ŋ̊u^{33}	坛子
]	q	]̄	qa^{55}	屎
	G	]̊]ₒ	qo^{55}Go^{21}	蛋

ɹ′	ɹ̄′	qh	qha^{55}	干（柴）
ɾɹ	Nq	ɾɹ⁻	Nqa^{53}	鸽子
	NG	ɾɹ₋	NGa^{21}	喜欢
ɾɹ′	Nqh	ɾɹ′⁻	Nqha^{53}	干（衣）
ℸ	χ	ℸ̇	χɯ^{55}	利害
	h	ℸ॥	hau^{11}	喝

3. 韵母

石门坎苗语有单元音韵母，还有复元音韵母。不论单元音、复元音，都用不同的元音字母表示，因此元音字母数比实际元音多，与韵母数相等。下面列出韵母和例字。

韵母	读音	例字	例字音	汉义
∩	i	Tⁿ	ti^{53}	地
┌	ɿ，ʅ	ƭ	tsɿ^{55}	果子
=	ie	T⁼	tie^{55}	裙子
-	a	T̄	ta^{55}	拉
o	O	J₀	qo^{11}	关
U	u	Tᵘ	tu^{53}	儿子
⊃	y	ʃ⊃	py^{33}	睡
˥	ɥ，ʮ	ɾ˥	tʂʮ	嗅
ƃ	ɯ	ɟ	qɯ^{55}	饮食
ʔ	ə	Tʔ	tə^{33}	忧虑
ʟ	ai	Jʟ	qai^{53}	鸡
ı	ai	ɾɹ′ı	ɳʈhai^{11}	清楚
॥	au	ʒ^{11}	zau^{33}	好
Ƨ	aɯ	ɾT′Ƨ	nthaɯ^{53}	楼
ʕ	œy	Tʕ	tœy^{33}	脚

4. 声调

声调不用字母表示，而用元音字母（小字母）与辅音字母（大字母）的相对位置来表示。下面用大字母 ⌊ 和小字母 - 来表示石门坎苗语的 6 个声调。

小字母位置	调值	例字	例字音	汉义
大字母上面	55	⌊̄	la^{55}	兔子
右上角	53	⌊⁻	la^{53}	红

	33	㇄	la^{33}	骂
右侧中	35	㇄-	la^{35}	丢
	11	㇄-	la^{11}	深入
右下角	21	㇄₋	la^{21}	高兴
	11	㇄₋	la^{11}	吗

5. 优缺点

优点

①跟汉字一样，占用面积小，节约纸张。

②从左到右横写，顺手。

③用字母的相对位置表示声调、送气或清化，节约字母。

缺点

①从声母或辅音的发音方法看，塞音、塞擦音只区分了送气、不送气，没有区分清浊。如」既表示 p，也表示 b；ł既表示 ʦ，也表示 ʣ。而石门坎苗语必须分清浊。

②从发音部位看，它混淆了捲舌和舌面塞擦音和擦音。如［既表示 ʈʂ，也表示 ʨ；ɺ 既表示 ʂ，也表 ɕ。在石门坎苗语里，捲舌音和舌面音是必须分清的。

③5 个单用的浊鼻音只用 3 个字母表示，其中⁽表示 n、ȵ、ɳ 三个鼻音声母，还表示双唇声头鼻音 m。

④表示声调的方法不严密。石门坎苗语有 6 个调值，但是表示声调的位置只设定了 5 个，后来又减为 4 个，这就使同一位置要表示两个不同的调，即大字母的右上角既表示 53 调，也表示 33 调；右中侧既表示 35 调，也表示 11 调；右下角既表示 21 调，也表示 11 调。而 11 调却用右中侧和右下角两个位置表示。

⑤小字母的位置不易确定，排版时易出错误。

⑥没有草体，不便连写。

上面的缺点有的与创制人母语的结构可能有关。柏格理是英国人，母语当然是英语。我们知道，英语的塞音，其发音方法是清、气两分，而不是清、浊、气三分，因此他把石门坎苗语的塞音、塞擦音声母也设计为清、气两分。英语只有舌叶塞擦音，没有捲舌塞擦音和舌面塞擦音，柏格理就把这两类合二为一了。

因为柏格理苗文有这些缺点，所以上世纪 50 年代把它改成了拉丁字母苗文。

6. 使用情况

这种文字最早只是用来拼写圣经。由于信教的人增多，会这种文字的人也逐渐增多，而且应用范围也由宗教活动扩大到了日常生活，除贵州西部、云南西北部的花苗使用这种文字外，后来四川南部的苗族也用它来拼写川南苗语。

二、注音字母苗文

M. H. Hutton（胡致中）1888 年生于澳大利亚。1911 年入中国内地会。1921 年来到贵州旁海传教。中国的注音字母公布以后，1919 年内地会批准用注音字母拼写苗语。1922 年胡致中与苗族教徒刘文光、顾元亮、潘沙基合作，创造了注音字母苗文。

1. 字母

辅音字母 27 个

ㄅ　ㄆ　ㄇ　ㄈ　ㄪ

ㄉ　ㄊ　ㄋ　ㄌ

ㄍ　ㄎ　ㄫ　ㄏ

ㄐ　ㄑ　ㄬ　ㄒ

ㄓ　ㄔ　ㄕ　ㄖ

ㄗ　ㄘ　ㄙ

Z　L　十

最后 3 个是根据苗语特有的辅音增加的。

韵母字母 16 个

ㄧ	ㄨ	ㄩ	ㄦ
ㄚ	ㄛ	ㄜ	ㄝ
ㄞ	ㄟ	ㄠ	ㄡ
ㄢ	ㄣ	ㄤ	ㄥ

称韵母字母而不称元音字母，是因为有的字母表示单元音，有的表示元音带鼻尾。

声调不用字母而用圆点表示。一个圆点位于音节的左下角表示 33 调；位于左上角表示 55 调；位于右上角表示 13 调；位于右下角表示 23 调和 31 调。两个圆点分别位于左上角和左下角表示 35 调；分别位于左下角和右下角表示 11 调。1925 年以前不标声调。

2. 声母和例词

注音字母标写苗语时是从上向下竖写，从右到左提行的，举例时改为以音节为单位，从左到右横写。

声母	读音	例词	例词音	汉义
ㄅ	p	ㄅㄧ	pi[33]	我们
ㄆ	ph	ㄆㄤ ㄨ	phaŋ[33] ʔu[35]	件衣
冖	m	冖ㄨㄥ	muŋ[55]	你
𡖄	m̥h	𡖄ㄨ ㄐㄧㄤ	m̥hu[33] tɕiaŋ[35]	东西
ㄈ	f	ㄈㄣ ㄈㄨ	fen[33] fu[13]	吩咐
	fh	ㄒㄧ ㄈㄞ	ɕi[13] fhɛ[35]	辩论
万	V	万ㄞ	vɛ[11]	我
ㄉ	t	ㄉㄨ	tu[35]	书
ㄊ	th	ㄧㄨ ㄊㄞ	iu[31] thɛ[13]	犹太
广	n	广ㄞ 广ㄛ	nɛ[55] no[13]	大家
厷	n̥h	厷ㄞ	n̥hɛ[33]	太阳
ㄌ	l	ㄌㄛ	lo[11]	来
乚	ɬ	乚ㄛ	ɬo[33]	四

	ɬh	ㄴㄚ	$ɬha^{13}$	月亮
ㄗ	ʦ	ㄏㄤ ㄗㄡ	$haŋ^{35}tsəu^{31}$	暗处
ㄘ	tsh	ㄘㄛ	$tsho^{33}$	吹
△	s	△	$sɿ^{13}$	事
ㄙ	sh	ㄙㄟ	$shei^{35}$	话
ㄐ	ʨ	ㄐㄝ	$ʨie^{55}$	成
ㄑ	ʨh	ㄒㄧ ㄑㄧ	$ɕi^{33}ʨhi^{31}$	稀奇
ㄒ	ɕ	ㄍㄚ ㄒㄧ	$qa^{33}ɕi^{35}$	什么
	ɕh	ㄒㄨ	$ɕhu^{35}$	站
十	ʑ	ㄎㄛ 十ㄧ	$kho^{55}ʑi^{55}$	可以
ㄍ	k	ㄍㄧ ㄉㄣ	$ki^{35}ten^{55}$	以前
	q	ㄍㄨ ㄍㄧ	$qəu^{33}ki^{35}$	事情
ㄎ	kh	ㄎㄛ 十ㄧ	$kho^{55}ʑi^{55}$	可以
	qh	ㄒㄨ ㄎㄚ	$ɕhiu^{33}qha^{13}$	亲戚
	h	ㄎㄛ	ho^{13}	说
ㄫ	ŋ	ㄫㄝ	$ŋe^{13}$	看
厂	xh	厂ㄨ	xhu^{33}	话
	h	厂ㄤ ㄉㄛ	$haŋ^{35}to^{11}$	远处
z	ɣ	ㄉㄤ zㄨ	$tiaŋ^{35}ɣu^{23}$	复活
ㄓ	ʦ	ㄒㄢ ㄓ	$ɕian^{33}tsɿ^{33}$	先知
ㄔ	tsh	ㄔㄨ	$ʦhu^{31}$	出

ㄗ、ㄘ、ㄙ和ㄓ、ㄔ与韵母ɿ拼时，跟汉语一样，韵母不写出，由声母兼表。ㄓ和ㄔ只出现在借词中。字母“尸”和“日”未见用做声母。

3. 韵母和例词

韵母	读音	例词	例词音	汉义
一	i	ㄋㄧ	ni^{55}	他
ㄝ	e	ㄇㄝ	me^{23}	眼睛
ㄞ	ɛ	ㄞ	$ʔɛ^{13}$	做
Y	a	ㄇㄚ	ma^{23}	同
ㄛ	o	ㄴㄛ	$ɬo^{33}$	四
X	u	ㄴㄨ	$ɬu^{33}$	白
儿	e	ㄧㄛ 儿	$io^{31}e^{55}$	尤二（人名）
ㄟ	ei	ㄗㄟ	$tsei^{35}$	房子

ㄡ	əu		ʔəu[35]	要
ㄠ	o		so[55]lo[31]	梭罗（人名）
ㄣ	en		men[31]thu[21]	门徒
ㄥ	en		pen[31]	见
ㄤ	aŋ		phaŋ[33]	件（衣）
ㄨㄥ	uŋ		nuŋ[35]	这
ㄧㄝ	ie		tɕie[55]	成
ㄧㄚ	ia		qa[33]ɬia[55]	差
ㄧㄛ	io		ɬhio[33]	大
ㄧㄡ	iu		tɕiu[31]	十
ㄧㄥ	in		pa[55]phin[31]	把凭
ㄧㄢ	ian		phian[33]	篇
ㄧㄤ	iaŋ		tiaŋɣu[23]	复活
ㄩㄥ	iuŋ		qa[33]tiuŋ[33]	中间
ㄨㄝ	ue		kue[31]	国
ㄩㄛ	io		io[31]hɛ[13]	约翰
ㄩㄝ	iue		tɕhiue[31]pin[55]	权柄

注音字母苗文为拼写借词增加了一些韵母，如ㄨㄝ、ㄩㄝ、ㄩㄛ、ㄢ、ㄦ。旁海苗语有一组腭化声母，文字用介音 i 表示腭化，又增加了几个韵母。因此，与实际读音比，声母减少了，韵母增加了。

4. 声调和例词（以□代表音节）

调号位置	调值	例词	例词音义	
.□	33		ta[33]	回答
˙□	55		ʔa[55]	不
:□	35		ta[35]	长
□̤	11		fa[11]	起来
□˙	13		qha[13]	客
□̣	23		na[23]	同
	31		pen[31]	见

5. 书写款式和标点符号

这种文字从上往下直写，从右向左提行。音节与音节结合紧密的用小竖连接。较小的停顿用“、”号表示，较大的停顿用“。”号。分段不提行，只在句首加“O”号。引号是“·)”和“(·”。人名在右边加直线，地名则加双直线。

6. 缺点

①送气清鼻音写成了送气清塞音前带鼻冠音。如m̥h 写成了ㄇㄆ mph，n̥h 写成了ㄋㄊ nth。

②一个字母表示几个不同的音。如ㄒ既表示 ç，也表示 çh；ㄥ既表示 ɬ，也表示 ɬh；ㄏ既表示 h，也表示 xh；ㄍ既表示 k，也表示 q；ㄎ既表示 kh，也表示 qh，还表示 h。

③同一个音用不同的字母表示，如 h 既用ㄏ表示，又用ㄎ表示；en 既用ㄣ表示，又用ㄥ表示。

④旁海苗语有 7 个声调，但文字只表示了 6 个，把 31 调和 23 调合二为一了。

⑤点儿太多，排印困难。印出来以后，满面麻子，不好看。

教士们用这种文字出版了《新约全书》、《使徒行传》、《讚美诗》等宗教书。每逢赶场，就在集市上宣传，赠送宗教书，有时还伴送布匹等物品。但是信教的人不多，没有像柏格理文字那样，推广到苗族群众中。

第四节 拉丁字母文字

新中国成立时，《共同纲领》规定："各少数民族均有发展其语言文字……的自由。"中央民族学院设立的第一个专业就是少数民族语文。到 1956 年，语文系培养了几百名毕业生，为创制改革文字准备了较好的条件。

一、苗文

1956 年中国科学院成立 7 个民族语文工作队，其中第二工作队调查苗瑶语。1956 年 10 月在贵阳召开苗族语言文字问题科学讨论会。会议决定分别为苗语湘西方言、黔东方言、川黔滇方言各创造一种拉丁字母文字，并把滇东北的柏格理字母文字也改为拉丁字母文字。湘西苗文以湖南花垣腊乙坪话为标准音，黔东苗文以贵州凯里养蒿话为标准音，川黔滇苗文以贵州毕节大南山话为标准音，滇东北苗文以贵州威宁石门坎话为标准音。标准音里比较特殊的音做规范，如养蒿的 Z 规范为 n，石门坎的送气浊音规范为不送气浊音。

26 个拉丁字母的各种字体是大家很熟悉的，这里不列，只列出最后推行的声韵调表。

1. 声母表

声母读音	湘西苗文	黔东苗文	川黔滇苗文	滇东北苗文
p	b	b	b	b
ph	p	p	p	p
mp	nb		nb	nb
mph	np		np	np
pl			bl	
phl			pl	
mpl			nbl	
mphl			npl	
pr	bl			
phr	pl			
mpr	nbl			
mphr	npl			
m	m	m	m	m
m̥			hm	hm
m̥h	hm	hm		
mr	ml			
w	w			w
f	f	f	f	f
fh		hf		
v		w	v	v
ts	z	z	z	z
tsh	c	c	c	c
nts	nz		nz	nz
ntsh	nc		nc	nc
s	s	s	s	s
sh		hs		
z			n	r
t	d	d	d	d
th	t	t	t	t

nt	nd		nd	nd
nth	nt		nt	nt
tɬ			dl	dl
tɬh			tl	tl
ntɬ				ndl
ntɬh				ntl
n	n	n	n	n
n̥			hn	hn
n̥h	hn	hn		
l	l	l	l	l
ɬ		dl	hl	hl
ɬh	hl	hl		
ʈ	zh		dr	dr
ʈh	ch		tr	tr
nʈ	nzh		ndr	ndr
ɳʈh	nch		ntr	ntr
tʂ			zh	zh
tʂh			ch	ch
ɳtʂ			nzh	nzh
ɳtʂ			nch	nch
ɳ	nh			nr
ʂ	sh		sh	sh
ʐ	r		r	
tɕ	j	j	j	j
tɕh	q	q	q	q
ȵtɕ	nj		nj	nj
ȵtɕh	nq		nq	nq
ɕ	x	x	x	x
ɕh		hx		
ʑ	y	y	y	y
k	g	g	g	g
kh	k	k	k	k
ŋk	ng		ng	ng

ŋkh	nk		nk	nk
ŋ	ngg	ng	ngg	ngg
ŋ̊				hng
x				hx
xh		hv		
ɣ		V		
q	gh	gh	gh	gh
qh	kh	kh	kh	kh
Ng	ngh		ngh	ngh
Nqh	nkh		nkh	nkh
χ				hx

2. 韵母表

韵母读音	湘西苗文	黔东苗文	川黔滇苗文	滇东北苗文
ɑ	a	a	a	a
ɒ			ua	
ɔ	ao			
o	o	o	o	o
a	ea			
ɛ		ai		
e	e		e	
ə		e		
ɤ	eu			
ɯ	ou			w
ɑi			ai	ai
ei	ei	ei	ei	
ɑu			ao	ao
ou			ou	
ɑɯ				ang
ɛɯ			eu	
œy				eu
ɛ̃	an			
en	en	en	en	

aŋ	ang	ang	ang	
oŋ	ong	ong	ong	
ɚ			er	
i	i	i	i	i
iɑ	ia	ia	ia	ia
iɒ			iua	
iɔ	iao			
io	io	io	io	io
iu	iu	iu		iu
ia	iea			
ie	ie		ie	ie
iə		ie		
iɤ	ieu			
iɯ	iou			iw
iɑi			iai	iai
iɑu			iao	iao
iou			iu	
iaɯ				iang
iɛɯ			ieu	
iœy				ieu
iɛ̃	ian			
in	in	in	in	
iɑŋ	iang	iang	iang	
ioŋ	iong	iong	iong	
u	u	u	u	u
uɑ	ua			ua
ua	uea			
ue	ue		ue	
uɤ	ueu			
uɯ	uou			
uɑi			uai	
uei	ui		ui	
uɛ̃	uan			

un	un		un	
uaŋ	uang		uang	
y			yu	

3. 声调表

表调	湘西	黔东	川黔滇	滇东北
字母	调值	调值	调值	调值
b	35	33	43	53
x	31	55	31	35
d	44	35	55	55
l	33	11	21	11
t	53	44	44	33
s	42	13	13	21
k		53	33	11
f		31	24	21

表示声调的字母写在音节末尾。

4. 苗文（黔东）作品举例

MAIX LEIXHMUB BUK MAIS HLAL

Giddenx bib dol Hmub ax maix leix。Hsangbniangx Wangshniut lol，bib liek dail dliulmais jusdiel，hxatdadlinsniongx。

Dangxdol seix nongf bub，laib fangbdab nong，ax maix dailxid hxatdad liek dail dliulmais yel. Zaid nenx laib hnaib aitdəsfangx，laib hlat aitdəs gas，jox fangb aitdes niul，dol bangx aitdəs vut，dail dliul mais seix ax bongf.

Xangf nongd，Gongd caixdangx lol nas bib ait jangx leix yangx，ghaid nongd mongl waix，bib maix nongf bangf dud lol duf yangx，ax hxat dad liek dail dliulmais yel.

有了苗文眼睛亮

过去我们苗家没有文字，千百年来，我们像瞎子一样，非常痛苦。

大家知道，世界上没有比瞎子更可怜的了。尽管太阳那么光明，月亮那么明亮，山河那么秀丽，花朵那么好看，但是瞎子是看不见的。

现在共产党给我们创造了文字。从今以后，我们有了自己的书读，再也不会是瞎子了。

二、瑶文

上世纪80年代，一些瑶族学者参照苗文方案设计了两种瑶文方案，并且用它编写出版了《瑶语》课本，一种是拼写勉方言的，另一种是拼写藻敏方言的。

1. 勉方言瑶文

声母30个

字母	b	p	mb	m	hm	f	w
读音	p	ph	b	m	m̥	f	w
字母	z	c	nz			s	
读音	ts	tsh	dz			s	
字母	d	t	nd	n	hn	hl	l
读音	t	th	d	n	n̥	ɬ	I
字母	j	q	nj	ny	hny		y
读音	tɕ	tɕh	dʑ	ȵ	ȵ̊		j
字母	g	k	nq	ng	hng	h	
读音	k	kh	g	ŋ	ŋ̊	h	

韵母121个

字母	i			iu	im	in	ing	ip	it	
读音	i			iu	im	in	iŋ	ip	it	
字母		ie	iei		iem	ien	iaen	iep	iet	
读音		ie	iei		iem	ien	iɛm	iep	iet	
字母		ia	iai	iau			iang		iat	
读音		ia	iai	iau			iaŋ		iat	
字母			iaai	iaau	iaam		iaang	iaap	iaat	
读音			iaːi	iaːu	iaːm		iaːŋ	iaːp	iaːt	
字母		io		iou	iom		iong	iop		
读音		io		iou	iom		ioŋ	iop		
字母							iorng	iorp	iort	
读音							ioːŋ	ioːp	ioːt	
字母			iui			iun	iung		iut	
读音			iui			iun	iuŋ		iut	
字母	e		ei	eu	em	en	eng	ep	et	ek

读音	e		ei	eu	em	en	eŋ	ep	et	ek
字母	ae				aen	aeng			aet	
读音	ɛ				ɛːn	ɛːŋ			ɛːt	
字母	a		ai	au	am	an	ang	ap	at	ak
读音	a		ai	au	am	an	aŋ	ap	at	ak
字母			aai	aau	aam	aan	aang	aap	aat	
读音			aːi	aːu	aːm	aːn	aːŋ	aːp	aːt	
字母	o		oi	ou	om	on	ong	op	ot	ok
读音	o		oi	ou	om	on	oŋ	op	ot	ok
字母					orm	orn	orng	orp	ort	ork
读音					oːm	oːn	oːŋ	oːp	oːt	oːk
字母	u		ui			un	ung		ut	
读音	u		ui			un	uŋ		ut	
字母		uie		uiu		uin	uing			
读音		ye		yu		yn	yŋ			
字母						uien	uiang			
读音						yen	yaŋ			
字母		uea	uei	ueu		uen	ueng		uet	
读音		uea	uei	ueu		uen	ueŋ		uet	
字母		uae					uaeng			
读音		uɛ					uɛŋ			
字母		ua	uai			uan	uang		uat	
读音		ua	uai			uan	uaŋ		uat	
字母		uaai				uaan	uaang			
读音		uaːi				uaːn	uaːŋ			
字母							uerng			
读音							uːŋ			
字母		uo			uom	uon			uot	
读音		uo			uom	uon			uot	
字母	er				erm	ern	erng	erp	ert	erk
读音	eː				eːm	eːn	eːŋ	eːp	eːt	eːx
字母	ir									
读音	iː									

声调 8 个

字母		h	v	z	x	c	qv	qc
调值	33	31	53	231	24	12	54	21

33 调未用字母表示。因为其他调都有字母表示，这个调不加标志，就自然显示了。

2. 藻敏方言瑶文

（1）声母 18 个

字母	b	mb	m	f	w
读音	p	b	m	f	v
字母	z	nz	ny	s	y
读音	ts	ʥ	ȵ	s	j
字母	d	nd	n	l	
读音	t	d	n	l	
字母	g	nq	ng		h
读音	k	g	ŋ		h

（2）韵母 43 个

字母	i			iu	im	in	ing	ip	it
读音	i			iu	im	in	iŋ	ip	it
字母	e	ie	ei	eu	em	en	eng		
读音	e	ie	ei	eu	em	en	eŋ		
字母					iem	ien		iep	iet
读音					iem	ien		iep	iet
字母	a		ai	au	am	an	aŋ	ap	at
读音	a		ai	au	am	an	aŋ	ap	at
字母				iau			iang		
读音				iau			iaŋ		
字母	o		oi	ou	om	on	ong	op	ot
读音	o		oi	ou	om	on	oŋ	op	ot
字母	u		ui		um	un	ung	up	ut
读音	u		ui		um	un	uŋ	up	ut

（3）声调 8 个

字母		h	v	x	c	q	k	r
调值	44	53/3524	42	22	32	54	21	

44 调未用字母表示，自然显示。

（4）作品举例

× ×dungv zix：

Mbangc luh nh siev sinh leu，muih nav hunh wongc yex！

Ni ndeux mbaux muih mbetq ah gienv yongx six，ni nyangx gux ndung siepr ngoux，nduix yienh nangh banv yauhsu ban，zie mbouv ndux zam ga hou zapr leu.

Mangx gongv yauh su yungh yic houc，mbotq loux mbax wix loux na zauv houc lei souc leu，za lei siepr mbetq na sang mu，heix siepr zong na yunx mu，yatr na sang diaux，zauv souc bin siev yauh dongc，zauv gouc yi hongv wei gix yauh zing ，gux six，hongv wei siev sinh，siev dungzi，siev ndouv yangv. souc yauh su，hanv gouc yi mbongh zou muih houc yongx gien su ga gien dongc.

Nav sei na yongx gi wuix，bangx wei ndeux muih mbotq siv gan，zauv deih zam ga houc zapr hov！

Nav fung sinh zanv gangv nav gienv siv，dah hungc daic gangv，ndangv muih deih sinh.

Zupr yongx

× × ×

1984. 9. 5

× ×同志：

很久不写信了，你最近身体好吧！

现在告诉你一个好消息，今年秋天，县里要办瑶文班，我已报名参加学习。

听说瑶文很容易学，有一两个月就可以学会。只要掌握十八个声母、四十多个韵母、八个声调，就能拼写瑶语，就可以用它来记录瑶歌、故事，用它来写信、写通知、写条子。学会了瑶文，还可以帮你学好汉语和汉文。

这是一个好机会，到时候你若有时间，就来参加学习吧！

这封信就讲这件事，下次再谈，等你来信。

祝

安好

× × ×

1984. 9. 5

苗文方案和瑶文方案公布以后，有关的省、州、县开办了训练班，培训教师；出版了教材、词典、语法，报纸；在学校里开展双语教育；有的还译制了电影，在电台开办了广播节目。

学会了文字的人，用它来写信，记诗歌、故事，注释生词，反映情况等。

但是因为方言差别大，讲非标准音的人不易掌握，没有推广到全境。

改革开放以来，交通发达，外出打工、求学、经商的人大增，双语人迅速增加，对使用本族文字的要求，已经有所淡化。

第五节 女 字

女字是世界上唯一的女性专用文字，流传在我国五岭地区的江永、道县、江华一带。自上世纪80年代媒体报导它以后，几大洲的一些学者，尤其是女士，对它产生了很大兴趣，纷纷前往当地访问、学习、收集资料。自那以后，时有传媒报导，召开过一些研讨会，出版了一些资料，字汇、论文。但是对这种文字的起源、族属、价值、发展规律诸方面，研究者的结论并不一致。

从1986年开始，我调查了五岭方言的一些点，向女书传人学习女字的写法，读音和意义，收集了500多篇（首）女书的原件、复印件、摹写件。经整理，共得女字3400多个。

女字的使用者是瑶族中的平地瑶。它是苗瑶语文中最具特点、最有影响的文字，因此本节做比较详细的论述。

一、字形

1. 整个字形。长菱形，右上角高，左下角低。如、。

2. 笔画。共有9种。

左斜/。如。左斜像汉字的撇，但撇有锋，上粗下细。左斜无锋，上下粗细一致。

右斜\。如、。右斜像汉字的捺，但捺有锋，上细下粗。右斜也无锋，上下粗细一致。

左弧)。如、。

右弧(。如、。

圆点·。如。汉字也有点，但顿而长。

上弧◡。如[女字]。

下弧◠。如[女字]。

短竖I。如[女字]。

短横━。如[女字]。

楷体汉字里没有弧这种笔画。女字里的弧和横、竖一般有区别，但不是绝对的，往往长的笔画成弧形，短的笔画成直线。

汉字里也有横和竖，但是都带顿，女字的都不带顿。

女字中有小圆圈，那不是一笔，而是由左弧和右弧合成的。

9 种笔画中，左斜、右斜、左弧、右弧和圆点的出现率高，短横、短竖出现率较低，上弧和下弧的出现率最低。

女字的笔画，最少的只有一画，如/；最多的有 20 画，如[女字]。8 画的字最多，3000 多女字中 8 画的有 500 多个。8 画以上和以下的字数就逐渐减少。

女字的笔画除圆点外，跟楷体汉字相比，其特点是自始至终粗细一致，而汉字笔画的头尾都有大小之分。其所以如此，据唐功玮说，写女字的妇女用的是棍子笔。据阳焕宜说，她们写女字时，用剪刀把毛笔周围的毛和笔尖剪去了。所以笔画跟汉字不一样。

3. 笔顺

先上后下。如：/→[女字]→[女字]，[女字]→[女字]。

先左后右。如：/→人，[女字]→[女字]。

先中间后两边。如：[女字]→[女字]，[女字]→[女字]。

先长笔后短笔。如：)(→[女字]，[女字]→[女字]。

先主体后配件。如[女字]→[女字]，[女字]→[女字]。

先周边后中心。如[女字]→[女字]，[女字]→[女字]。

4. 字序和其他符号

女字从上往下直写，从右向左提行，每行字数不一定相同。

提行时如果剩下的空隙较大，就用↓或 0 填充，因此行末的↓或 0 不是女字。

同一个女字重出时，用[女字]（其变体有[女字]、[女字]、[女字]、[女字]、[女字]、[女字]等）代替，因此[女字]等也不是女字，是叠字号。不仅紧挨着的字用叠字号表示，有时候隔一个字重出也用叠字号表示。

女书里没有标点符号，不分段落，文章起头也不空格。

已经发表的一些女书资料，有的横排，有的从左到右提行，有的有标点符号，都不是女书原有的格式，是介绍者的改动和安排。

5. 字体

女字只有一种字体，一笔一画，分别清楚，可以借用汉字的术语，称为楷书。笔画之间不互相勾连，因此没有草书。也没有装饰符号，因此也没有花体或艺术体。

个别女字似乎笔画连接在一起，如[illegible]。这个字可以分析为由左弧、上弧、下弧三笔构成。女书原来没有出版物，所以没有印刷体。

女字常被织在花带上。可是花带的经线和纬线是彼此垂直的，因此女字的斜笔和弧笔在花带上往往织得断断续续。这样的女字是载体纹路造成的，并不是一种特殊的风格，所以也不是一种字体。

总之，女字只有楷书一种字体，这也说明它产生的时间还不长。

二、字源

女字是怎样产生的？当地有两种传说。一、皇妃造字。宋朝时候荆田村才貌双全的胡玉秀被选入宫为妃。失宠以后苦闷异常，又不准用汉字写家信，于是她造出这种女字与故乡姐妹交流。二、绣花姑娘造字。古时候有一位姑娘名叫盘巧（有的说叫九斤），生得聪明漂亮，又会唱歌绣花，被官府囚于道州，与家乡失去了联系。她根据女红图案造字写信遣爱犬送回家乡，成了现在的女字。传说的共同点是女字是女子创造的，目的是对官府保密。

研究者对字源的看法可分三派。

（1）自源说。又分两种。第一种认为是史前原始人的刻画符号演变来的。他们只拿女字中的几个简单字形与出土文物的符号做了对比，未联系字音和字义。第二种认为是从女红织锦图演变来的。方法也是对比少数女字和女红花纹，也未联系字音、字义。

（2）多源说。有的提出 80% 借自汉字，20% 自造。有的相反，认为少数借自汉字，多数自造。

（3）与汉字同源说。又分 4 种。第一种认为女字与甲骨文同源。甲骨文中有的经过多次演变，成了现行汉字；有的非常保守，变化不大，成了女字。第二种认为是战国文字的遗留。第三种认为少数民族学习汉字有困难，往往写错别字，错别字多了，成了另一种文字。第四种认为女字是改造楷体汉字而成的，一些常用汉字，包括简体字，是女字的原字。这后一种就是我的观点，根据如下：

1. 原字笔画与女字的笔画对应。

（1）原字的横“一”与女字的左斜或左孤对应。如：

一——　　二——　　三——

（2）原字的竖“丨”与女字的右斜或左弧、右弧对应。如：

井——　　中——　　非——

（3）原字的提“㇀”与女字的左斜对应。如：

刁——　　把——　　坑——

（4）原字的撇“丿”与女字的左斜或左弧对应，捺“㇏”与女字的右斜或右弧对应。如：

八——　　人——　　天——

（5）原字的弯钩“亅”与女字的右斜对应。如：

子——　　字——　　家——

（6）原字的竖弯钩“乚”与女字的右斜和左斜对应。如：

毛——　　把——　　尾——

（7）原字的點“丶”与女字的圆点对应。如：

平——　　斗——　　淡——

（8）原字的短横、短竖与女字的圆点对应。如：

正——　　扯——　　非——

（9）原字的长点“丶”与女字的右斜对应。如：

亦——　　亥——　　良——

（10）原字的短横与女字的短横或上弧、下弧对应。如：

点——　　古——　　曲——

2. 原字的偏旁与女字的构件对应。

女字是表音字，字内没有形符、声符之分，所以我把用笔画组成的一些字内部件称为构件。

（1）原字的宝盖“宀”与女字的对应。如：

安——　　家——　　定——

（2）原字的言旁“言”与女字的对应。如：

信——　　谋——　　访——

（3）原字的提手“扌”与女字的对应。如：

担——　　拖——　　扯——

（4）原字的土旁“土”与女字的对应。如：

埋——　　坑——　　塊——

(5) 原字的竖心“忄”与女字的[illegible]对应。如：

恨——[illegible]　　怕——[illegible]　　快——[illegible]

(6) 原字的立人“亻”与女字的[illegible]对应。如：

任——[illegible]　　伴——[illegible]　　仙——[illegible]

(7) 原字的口旁“口”与女字的 O 对应。如：

如——[illegible]　　吹——[illegible]　　哭——[illegible]

(8) 原字的四点火“灬”与女字的[illegible]对应。如：

鱼——[illegible]　　点——[illegible]　　焦——[illegible]

(9) 原字的三点水“氵”与女字的⋮对对应。如：

清——[illegible]　　江——[illegible]　　汪——[illegible]

(10) 原字的立刀“刂”与女字的∶对应。如：

刘——[illegible]　　到——[illegible]　　别——[illegible]

(11) 原字的草头“艹”与女字的[illegible]对应。如：

花——[illegible]　　茶——[illegible]　　英——[illegible]

(12) 原字的女旁“女”与女字的[illegible]对应。如：

好——[illegible]　　姑——[illegible]　　娘——[illegible]

(13) 原字的人字头“人”与女字的[illegible]对应。如：

合——[illegible]　　今——[illegible]　　會——[illegible]

(14) 原字的禾旁或禾字头“禾、禾”与女字的[illegible]对应。如：

香——[illegible]　　秀——[illegible]　　秋——[illegible]

(15) 原字的扭丝“纟”与女字的[illegible]或[illegible]对应。如：

紅——[illegible]　　紗——[illegible]　　樂——[illegible]

有对应的偏旁和构件还有很多，这里不一一列举。

3. 简体字与女字对应。

许多汉字有正体、俗体之分或繁体、简体之别。一些女字是由简体或俗体变来的，而不是由正体或繁体变来的。例如：

[illegible]来自“声”，而不是“聲”。

[illegible]来自“边”，而不是“邊”。

[illegible]来自“处”，而不是“處”。

[illegible]来自“亚”，而不是“亞”。

[illegible]来自“圣”，而不是“聖”。

[illegible]来自“刘”，而不是“劉”。

来自“体”，而不是“體”。
来自“虫”，而不是“蟲”。
来自“兰”，而不是“蘭”。
来自“灶”，而不是“竈”。
来自“炮”，而不是“礮”。
来自“双”，而不是“雙”。
来自“号”，而不是“號”。
来自“点”，而不是“點”。
来自“岁”，而不是“歲”。
来自“过”，而不是“過”。
来自“听”，而不是“聽”。
来自“杀”，而不是“殺”。
来自“担”，而不是“擔”。
来自“压”，而不是“壓”。
来自“办”，而不是“辦”。
来自“变”，而不是“變”。
来自“亏”，而不是“虧”。
来自“尽”，而不是“盡”。
来自“还”，而不是“還”。
来自“习”，而不是“習”。
来自“旧”，而不是“舊”。
来自“乱”，而不是“亂”。
来自“与”，而不是“與”。

3000多女字所从出的600多个原字中，约有7%是简体字，根据李乐毅研究（2001，《简化字的研究和简化字的前景》，载香港《语文建设通讯》66期），这些简体字有一半以上是中古以后出现的。

从笔画有对应规律，偏旁与构件有对应规律，原字中有许多简体字来看，女字显然不是从笔画圆转的篆字，更不是从尚未笔画化的甲金文变来，而是从笔画分明的楷体汉字变来的。

有人也举出甲骨文一、二、三与女字、、对应。大家知道，楷书是从甲骨文多次演变而成的，其中一些简单字形体变化不大，因此女字与甲骨文、楷书都能对应。但是另一些就不然了。例如数字“四”，甲骨文是亖，方位字“西”，甲骨文是，形体迥然不同，而女字都是，怎么对应呢？如果我们看楷书，“四”和“西”非常相近，都变成女字就不足为奇了。

研究文字如果只看字形，不管字音和字义，得出的结论往往是不可靠的。例如甲骨文里有，女字里也有，外形完全相同。但甲骨文上古读kĭwei，是天干的第10位“癸”。女字读taŋ[21]，意思是“断”，二者的音和义彼此毫不相关。

三、造字法

女字既然是改造楷体汉字而成的，其造字者是怎样改造汉字的呢？

1. 改变字向。大多数字向左倾斜约45度。如：

王——　　日——　　天——

轉——　　重——　　子——

少数字向右倾斜约45度。如：

生——　　失——

凡是向右倾斜的字，也可以向左倾斜。如：

坐——/　　出——/

方块形的楷体汉字向左或向右倾斜以后，就成为长菱形了。

2. 改变笔形。参见笔画对应，这里不赘述。

3. 增加笔画。例如：由“中”变来，中间增加了左斜。由“左”变来，中间增加了两圆点。由“二”变来，中间增加了右斜。由“秀”变来，中间增加了四圆点。

4. 减少笔画。例如：由“手”变来，中间一横省去了。由“鱼”变不，上面省了一撇，中间省了一竖，下面省了一点。由“子”变来，下面的小钩省去了。由“言”变来，中间的一横省去了。由“哭”变来，中间的一横、一点省去了。

5. 合并笔画。例如：由“水”变来，左边的横撇并成了左弧，右边的撇捺并成了右弧。由“谷”变来，下边小圈中的左弧由横折并成，右弧由一竖一横并成。

6. 分解笔画。例如：由“子”变来，原字的一横分解成了两点。由“心”变来，原字的卧弯钩分解成了三画。由“九”变来，原字的横折弯钩分解成了两画。

7. 加长笔画。例如：由“山”变来，中间的一竖向下延长了。由“合”变来，下边“口”的两竖向上延长了。由“早”变来，下面的一竖向上延长了。

8. 缩短笔画。例如：由“曰”变来，右边的一竖缩短了。由“相”变来，木旁中的一竖缩短了。由“井”变来，原字的一撇一竖都缩短了。

9. 移动笔画的位置。例如：由“下”变来，原字中间的一竖移到了左下角。由“必”变来，原字右边的一点移到了下边。由“鸟”变来，原字的四点有两点移到了右边。

10. 类化部件。原字由两个部分组成，两部分的笔画和结构并不相同。但是相似，变成女字时两部分变得完全相同。例如“各”变成了，“明”变成了，“眼”变成了“”，“妹”变成了。由于类化，女字里双体字比较多。

11. 省略部件。例如：“谢”变成了原字右边的“寸”省去了。“朝”变成了，原字右边的“月”省去了。“炭”变成了，原字上边的“山”省去了。“樂”变成了，原字下边的“”木省去了。

12. 移动偏旁位置。例如：“别”字变成了，右边的立刀移到了左下角。“問”字变成了，門里的“日”移到了門外。“吾”字变成了，下边的“口”移到了上边。“油”字变成了，左边的三点水移到了右下角。

13. 同一部件变成不同形体。原字里有许多左形右声的合体字，改造为女字时，右边声旁变来的部件位于字的左上方，形体比较大，成了字的主体；左边形旁变来的部件位于字的左下角，形体比较小，成了配件。同一形旁变来的配件往往有许多变体。例如：由“嬌”字变来的女字有、、、、等，主体相同，配件各不相同。当然也有配件相同。主体不同的。例如由“伴”字变来的女字有、、、、等。总的来说，主体不同的比较少，配件不同的比较多。

把原字改造为女字时，少数字只用了一种方法。例如将“日”字改造为女字时，只向左倾斜了约45度。但是多数字同时用了几种方法。例如“女”字改造为时，（1）减少了一横，（2）延长了一撇，（3）改变了笔形。“天”字改造为时，（1）改变了字向，（2）改变了笔形，（3）改变了笔画的位置。“家”字改造为时，（1）改变了字向，（2）改变了笔形，（3）减少了笔画。“長”字改造成时，（1）改变了字向，（2）既减少了笔画，又增加了笔画，（3）改变了笔画的位置。

由于用多种方法改造原字，有些字变得面目全非，很难求出本来面目。例如：[illegible]读作 mai[41]，其义为“门”。但“门”与[illegible]差别很大，怎么确定其对应关系呢？我发现[illegible]读作 koi[44]，其义为“间”；[illegible]读作 xoi[41]，其义为“闲”。“门”、“间”、“闲”的共同部分是“门”，而[illegible]、[illegible]、[illegible]的共同部分是[illegible]，所以[illegible]是由“门”变来的。由此可见，探求字源，只看字形不行，必须联系音和义；只看一个字的形音义也不行，必须考察相关字的形音义。

由于用多种方法改造原字，我收集的 3000 多女字与 600 多个汉字原字，没有一个完全同形，可见女字的创造者是有意识地把女字与汉字区别开来。

由于用多种方法改造原字，女字在长期的流传过程中，经使用者的发挥运用，绝大多数有异文变体，以至 600 多原字与 3000 多女字对应，其中最多的变体达 40 多个。例如：从“伴”变来的女字有：[illegible]。这就出现了一源多字的复杂对应关系，形成了许多字形有别的同音字群。

将原字改造成女字时，并不是不同的原字一定改造成不同的女字。有些原字字形并不完全相同，但是相似，将它们改造为女字时，字形却变得完全相同。例如：

天、夫 > [illegible]　　神、袖 > [illegible]　　多、各 > [illegible]　　思、恩 > [illegible]

力、刀、刁 > [illegible]　　正、本、平 > [illegible]　　早、男、里 > [illegible]　　尺、又、见 > [illegible]

这就出现了多源一字的另一种复杂对应关系，产生了许多意义无关的多音字。

除了用上述 13 种方法将原字改造为女字外，也用已造出的女字另造新女字，其方法就是：

14. 附加符号。我把从原字改造成的女字称为基字，加附加符号而成的女字称为派生字。

派生字与基字的读音一般有差别，或者声母不同，或者韵母不同，或者声调不同。派生字的附加符号主要用“o”，其位置多数在基字的左下角，少数在左上角、右上角、右下角，也有在上边、下边或左边、右边的。例如：

基字	派生字	附加符号位置
fai^{44}分	fai^{41}魂	左下角
po^{41}皮	po^{33}吠	左上角
piou^{44}包	piou^{35}饱	左下角
pu^{33}步	pu^{55}腹	右下角
loi^{41}兰	loi^{33}烂	右上角
pu^{33}步	phu^{21}破	右边
po^{55}八	kuo^{55}骨	下边

用小圈表示字音的差别这种办法来自汉语的读破。许多汉字自古有几种读音。这些不同的读音往往是声调不同，有的声母或韵母也有差别。为了区别不同的读音和意义，就用圈破的办法。所谓圈破就是几个读音中，习惯上认为最常用的那个不加标识，其他的读音在字的不同角上加小圈，平声加在左下角，上声左上角，去声右上角，入声右下角。不过这个小圈不是字形的一部分。

女字的小圈不同，它既可构成基字，也可构成派生字。不过构成派生字时，只表示读音与基字的不同，而不能表示有何种不同。例如：

基字	派生字
fai^{44}分（阴平）	fai^{41}魂（阳平）
	fai^{41}魂（阳平）
	fai^{41}魂（阳平）

同一个阳平调，附加符号“o”可以加在基字的左下角，也可以加在左上角或右上角。又如：

基字	派生字
tɕiou^{44}交（阴平、iou 韵）	tɕiou^{41}求（阳平）
	tɕiou^{55}角（阴入）
	tɕy^{55}脚（入韵）

同一个左上角，既表示阳平，也表示阴入，还表示 y 韵。

造派生字除了用“o”外，也用其他符号。例如：

基字	派生字	附加符号
tɕyŋ^{41}全	tɕioi^{44}拳	个

ləɯ^{44}多	liə^{44}堆	
soi^{44}生	sou^{44}馊	|
yŋ^{41}王	yŋ^{35}院	
kaŋ^{44}光	kaŋ^{35}敢	
pioŋ^{44}并	phioŋ^{44}拼	·

不过不同的附加符号即使位于同一基字的同一位置，也不表示不同的意义，只表示派生字的音和义与基字的有所不同而已。例如：

基字	派生字	附加符号
kaŋ^{44}光	kaŋ^{35}敢	o 左下角
	kaŋ^{35}敢	左下角

因此同一基字的同一附加符号位于不同的位置，或同一基字的同一位置的不同符号，都只表示基字派生字读音有所不同，而不表示有何种不同。

四、用字法

用字法是讲文字是怎样表示语音和语义的。世界上的文字都是既表示音也表示义的，女字也是如此。女字表示音和义可分两类。第一类是音读，就是文字首先记录语音，通过语音表示语义。

1. 表示原音原义。

女字是由汉字变来的，它表示的音和义当然是原字的音和义。例如是“今”字变来的。“今”当地汉语读 tɕiə^{44}，其义是“现在”、“当前”。也读 tɕiə^{44}，也表示“现在”、“当前”。

有些原字有几个音，女字往往只表示最常用的，其他的用另外的女字表示。例如“长”字有“直良”、“章养”两切。但是由“长”变来的女字只读 tsiaŋ^{41}，来自直良切；而来自章养切的 tɕiaŋ^{35}用表示。

有些原字有几个意义，女字并不都表示，只表示其中的一部分，另一部分用另外的女字表示。例如“日”字有“太阳”、“日子”或“日期”两个意义，但从“日”字变来的读 ai^{33}或 na^{33}，只表示“日子”或“日期”；表示“太阳”的 nəi^{33}用来自“业”的表示。

上面的例子说明，女字虽由原字变来，其音和义有的并不与原字相等，而成一对多的不对称关系。

汉语方言都有文白异读的差别，女字书写的五岭方言也不例外，因此由同一个原字变来的同一个女字有的有两个原音，一个是白读，另一个是文读。例如：

原字	女字	白读	文读
日	[illegible]	na^{33}	ai^{33}
不	[illegible]	mə^{21}	pu^{21}
工	[illegible]	kai^{44}	kaŋ^{44}

2. 同音替代。汉语叫假借。

女字书写的方言，有许多字的读音与某一原字的读音相同，不论这些字的意义与该原字的意义相差多大，都可以用该原字变来的女字书写，这叫做同音替代。例如：

原字	女字	白读	替代字
今	[illegible]	ʨiə^{44}	斤金巾襟筋真针珍斟
结	[illegible]	ʨi^{55}	急级折织褶吉劫击执
生	[illegible]	soi^{44}	山牲甥笙衫
中	[illegible]	ʨiaŋ	江张刚章弓忠终钟恭

同音替代是女字中最重要的用字法，因此女字可以算是表音文字中的音节文字，被选来改造成女字的原字一般是同音字中最常用笔画最简单的。但是同一个音节有时候也找不同原字改造为女字来表示。例如表示sai^{44}这个音节的，有[illegible]，来自“心”；有[illegible]，来自“辛”。表示ʨiaŋ^{44}的有[illegible]，来自“中”；有[illegible]，来自“江”。因此女字里有一些一音多源字。

3. 近音借代。

女字不仅可以替写读音相同而意义不同的字，也可以替写读音相近意义不同的字，我称为近音借代，包括如下几种：

（1）原字与替写字声母、韵母相同，声调不同。例如：

女字	原字	替写字
[illegible]	步 pu^{33}	哺 pu^{44}，婆 pu^{41}，斧 pu^{35}，布 pu^{21}，腹 pu^{55}

（2）原字与替写字声母、声调相同，韵母不同。例如：

女字	原字	替写字
[illegible]	今 ʨiə^{44}	弓 ʨiaŋ^{44}
[illegible]	工 kai^{44}	羹 koi^{44}
[illegible]	双 saŋ^{44}	删 soi^{44}
[illegible]	天 thəŋ^{44}	湯 thaŋ^{44}

（3）原字与替写字韵母、声调相同，声母不同。例如：

女字	原字	替写字
[illegible]	今 tɕiə^{44}	嗔 tɕhiə^{44}
[illegible]	[illegible] ɕiə^{44}	称 tɕhiə^{44}
[illegible]	火 fu^{35}	谱 phu^{35}
[illegible]	纱 su^{44}	初 tshu^{44}

（4）原字与替写字声母相同，韵母、声调不同。例如：

女字	原字	替写字
个	个 kou^{21}	根 koi^{44}
[illegible]	可 khou^{35}	靠 khau^{21}
[illegible]	交 tɕiou^{44}	绞 tɕiəu^{35}

（5）原字与替写字韵母相同，声母、声调不同。例如：

女字	原字	替写字
[illegible]	步 pu^{33}	簸 phu^{21}
[illegible]	刀 lau^{44}	桃 tau^{41}
[illegible]	香 ɕiaŋ^{44}	场 tɕiaŋ^{44}

（6）原字与替写字声调相同，声母、韵母不同。例如：

女字	原字	替写字
[illegible]	非 fa^{44}	番 xoi^{44}
[illegible]	前 tsəŋ^{41}	椽 tɕyŋ^{41}
[illegible]	昔 siə^{55}	错 tshəɯ^{55}

（7）原字与替代字声韵调都不同，但是声韵相近。例如：

女字	原字	替写字
[illegible]	去 xu^{21}	区 tɕhy^{44}
[illegible]	主 tɕy^{35}	柱 tsiəu^{21}
[illegible]	空 khaŋ^{44}	场 tɕiaŋ^{41}

近音借代也是女字书写语言的常用手段，它比同音替代要求宽。因为用了这个方法，方言里的一些音节没有找原字来造女字，所以出自600多原字的女字能写900多个音节。因为用这个方法，大多数女字都是一字多音，如果离开了上下文，就不能确定其读音，所以女字不是典型的音节文字。

第二类用字法是训读，汉文字学称转注。有些女字除了书写原字外，还可以书写意义相同或相近的其他字，而不管它的读音。也分3种。

1. 原字训读。例如：

女字	原字	训读字
	二 na^{33}	两 liaŋ^{21}
	别 pəi^{33}	离 la^{41}
	小 siə^{35}	细 səi^{21}
	刻 khɯ^{55}	划 fə^{33}
	扯 tɕhye^{35}	牵 tɕhiŋ^{44}
	穿 tɕhyŋ^{44}	着 tɕiou^{33}

2. 同音字替代训读。例如：

女字	原字	同音字	训读字
	时 sə^{41}	匙 sə^{41}	杯 pɯ^{44}
	伴 paŋ^{21}	放 paŋ^{21}	搁 kɯ^{33}
	贤 ɕiŋ^{41}	嫌 ɕiŋ^{41}	恼 nau^{21}

3. 近音字借代训读。例如：

女字	原字	近音字	训读字
	成 ɕioŋ^{41}	冤 yŋ^{44}	枉 uaŋ^{21}
	柱 tɕy^{21}	煮 tɕy^{35}	烹 phoi^{44}
	伴 paŋ^{21}	叛 phaŋ^{21}	反 xoi^{35}

训读多数只有一个，但个别字有几个。例如：

女字	原字	训一	训二	训三
	恨 xai^{33}	怜 lai^{41}	惜 siə^{55}	疼 thoŋ^{21}

训读的性质是表意，但是频率低，在女字的用字法中并不重要，所以总的来说，女字还可以算是表音文字。

五、女字的产生和传承

上面我们用大量材料已经说明，女字是从楷体汉字变来的，书写的是汉语五岭方言。它不仅形体与汉字不同，表示语言的方法也不同。是一种自成体系的文字。

汉语有许多方言，各地书写方言时，主要用通用汉字，一些特殊成分用通用汉字不能表达时，才用汉字或汉字的偏旁，用会意、形声等方法仿造方言字来写方言词，都没有形成独特的系统，而且有些方言字已推广成了通用汉字。为什么江永一带却产生了源自汉字却自成体系的女字呢？我认为有一个特殊的目的。

瑶族的祖先蛮人秦汉时主要分布在武陵、长沙一带，以后不断南迁，隋唐时湘南、五岭一带成了瑶人的主要分布地。这里地广人稀，是中央王朝左迁官吏，流放犯人的边远地区，柳宗元、刘禹锡等就贬到过这里。宋以后朝廷加强了这一带的统治，要求所有的老百姓都入籍服役纳税。

古代瑶人是一个迁徙频繁的民族，他们的生活来源主要靠游耕、游猎，依靠山林，不同的支系都保存着一份传抄文书《过山榜》，其主要内容是“他们的祖先有功，朝廷允许他的子孙世代开垦山林，吃尽一山，另迁一山，永不纳税、服役。”宋以后朝廷的政策与他们的愿望发生了不可调和的矛盾，于是不断地起义造反，而造反换来的是一次又一次地征剿。

起义队伍中不仅有瑶人，还有汉人和其他少数民族，规模往往很大。为了团结内部，传达信息，统一行动，扩大影响，就需要文书。编写文书，当然汉字可用。但汉字不能保密，一旦被官府查获，就会造成很大的损失。如果有一种只有义军通晓而朝廷不识的文字就好了。需要产生了行动，义军中识汉字的知识分子，就利用外地不懂的方言，改造汉字来写文书，供内部保密联络。

怎么知道新造字是为了保密？有 3 点根据：一、当地女书的传说中有一点是共同的，无论玉秀或盘巧，她们造字与家人联系，都是为了瞒过官府。传说虽然不是实史，但往往曲折地反映了现实。二、湘南瑶人有自造符号秘密通讯的传统。1993 年我在城步调查时，瑶族老太太沈子娥就给我画了几个（见本章第二节）。三、清乾隆五年湘南起义失败，乾隆六年在当地设甲长，并下令“其从前捏造篆字，即行销毁，永禁使用，如有故违，不行首报，牌内一家有犯，连坐九家，治寨长失察之罪。”这一禁令刊载在道光《宝庆府志 · 大政记六》。可见从前的确有一种“捏造的篆字”，而且引起了官府的敌视与严禁。

女字既为义军所造，从宋朝开始就有起义和追剿，元、明、清三朝更是风起云涌，那么这种文字产生于何时呢？史书方志没有较早的记载，女书本身也随持有者的逝世而焚毁或陪葬，没有早期作品传世，因此我们只能从字源、文体、载体、文字所记最早历史等推断。

女字既然是从楷体汉字变来的，许多原字是简体字或俗体字，这些字产生于宋代以后，所以文字产生的时间上限应是宋。

女书作品绝大多数是七言诗歌体，深受民间木刻唱本的影响。木刻本是宋以后才流传的，由此可见它的时间上限也应是宋代。

女书中有一篇《永历皇帝过永明》。永历于 1647—1661 年在位。由此可以推知，在明朝末年时，女字已经产生。

征剿以瑶民为主的湘南起义军宋代就开始了。元大德9年（1305），重兵围剿现在的湖南江永千家峒一带，住在高寒山区的瑶族，往广西等地外逃，保存了民族语，称“过山瑶”。住在平地的瑶族生活条件较好，没有逃走。明洪武二年（1369），扶灵、清溪、古调、勾蓝的瑶民归顺朝廷，称为“四大民瑶”。他们逐渐汉化，转用了当地的汉语的五岭方言。女字书写的就是这种方言。四大民瑶现在称平地瑶。

那么创造女字是男子还是女子？首先，它既然是改造汉字而成的，创造者当然认识汉字。其次在重男轻女的时代，尤其是文化不发达的边远山区，识字的女子是很少的。第三，农民起义时，参加者多数是男子，女子很少。从这三点来看，造字者应是男子，而不是女子。

文字造出来以后，义军中的女兵或女属当然也可以学习使用，所以早期的文字应是两性共用，而不是女性专用的。近年的调查也发现有少数男子也会女字。其中唐功暐发现了唐会苟、唐尔宜、唐国屿、义云五。宫哲兵发现了何国政。

女字在早期两性共用，为什么后来变成女性专用呢？

1. 女字产生以后，在通行区内形成了汉女双文并用，官方文书和对外交往用汉字，对内交往用女字。汉字通行广，功能大；女字使用范围小，功能有限。男子不愿学功能有限的文字。

2. 朝廷严令禁止。男子在外活动多，怕惹祸，不敢用女字。女子在深闺活动，外界不易知晓，可以在一定范围秘密使用。

3. 社会风气重男轻女，男孩可以上学学汉字，女孩不能上学，失去了学汉字的机会，但是她们有学习的要求，只好学女字。

4. 汉字是表意字，字数多，文读与当地方言差别大，没有专人教和大量学习时间，很难掌握。女字是表音字，字数少，读音与方言一致，女孩跟着女伴和长辈读客易学会。

5. 近百年来没有瑶民起义，男子没有必要使用这种保密工具。

由于这些因素，原来两性共同的文字逐渐变成了只有女子使用的单性专用文字，这是在特殊历史条件下产生的世界文字奇观。

女字的传习不是通过学校教育，而是长辈教晚辈，年长者教年幼者，在女子的集会上（如贺三朝、结老同、上廟会、过吹凉节、在一起绣花）跟着唱、看着写学会的。因为师承各不相同，没有统一的规范、方言有差别，修辞的要求等，所以异文变体很多，表音表义并不完全一致。

如果从元末明初算起，女字产生约六七百年了。它的使用范围经历了由小到大，再由大到小的变化。最初只在义军中使用，后来扩大到五岭地区讲土话的老百姓当中。太平天国是其全盛时期，它随太平军到了南京，并且铸造了“”的铜币。太平军失败以后，又缩小到了五岭地区。新学校兴起以后，男孩女孩都可以上学，女字的使用范围就只限于小脚女人了。在“文化大革命”中，女书被当作“妖书”批判，再也没有人愿学女字了。到学术界发现女字时，能写女书的只剩下高银仙、义年华、阳焕宜等几位高龄老人了。现在老人们已先后逝世。当地为了发展文化旅游，培养了一些年轻女子。不过，她们所识有限，远不及高、义、阳等老人。

六、女红图案对女字的影响

女字的后期使用者是女人，她们都是绣花能手。女字虽不是从女红图形变来的，但是妇女们的审美观和她们对花纹的热爱，对女字字形产生了多方面的影响。

1. 笔画点线化。

女字的9种笔画：左斜、右斜、左弧、右弧、上弧、下弧、圆点、竖、横可以归纳为点、线、弧。点、线、弧是构成女工图形的基本成分，而女子们也用它来构成女字。用点构成的如“开”字。用线构成的如“万”字。用弧构成的如“八”字。用点、线构成的如“点”字，用点弧构成的如“悲”字，用线、弧构成的如“四”字，用点、线、弧构成的如“花”字。这些字都像图形，都很美观。

2. 结构对称化

什么是对称？物体对某一点、某一线或某个平面，在大小、形状和排列上具有一一对应关系叫对称。对称是许多自然物或人造物的特征。例如牛马等高等动物，以脊椎为轴，其四肢、眼、耳、角、肋骨等都是对称的，君子兰的叶子是对称的，飞机、汽车、轮船等的结构也是对称的。对称是地球引力造成的。因为只有对称才能保持平衡，才能生存不倾覆。人看对称的事物多了，就形成了对称的审美观。会女字的妇女就用对称审美观改造结构不对称的原字。又可分三种：

（1）轴心左右、上下、周围纹形相同、方向相同的叫同向对称。如“步”字原来不对称，改成就上下对称了。“妹”字原来不对称，改成就左右对称了。“砍”字原来不对称，改成就周围对称了。

（2）轴心左右、上下、周围纹形相反的叫反向对称。如“世”字原来不对称，改成就上下反向对称了。如“成”字原来不对称，改造成以后，就左右反向对称了。“安”字原来不对称，改造成以后，就周围反向对称了。

（3）轴心左右、上下、周围纹形方向相反的叫相向对称。例如“刻”字不对称，改造成以后就上下相向对称了。“樂”字不对称，改造成以后，就左右相向对称了。“地”字不对称，改造成以后，就周围相向对称了。

除了全字对称化外，还有字的部分结构对称化。如“写”下部对称，“狗”上部对称。“同”左半对称，“淡”右半对称。

3. 个别花纹改成了女字

在湖南的窗棂上有两种常见的格子。一种是卍，叫“万字格”；一种是，叫“寿”字格。这两种格子形状，也常常被妇女们用作花纹，后者还常常出现在戏装上

使用女字的女子把这两个花纹改成了女字，前者写做或，读 oi^{33}；后者写做或等，读 çiou^{33}。

卍本来不是汉字，是如来胸前的吉祥纹。周武则天长寿二年（693）下令定为文字，音之为万。现已收入《汉语大字典》。或只有少数人当作“寿”字的艺术体，至今尚未收入辞书。

个别女字虽然是从女红图案变来的（我收集到的3400多个女字只有卍、两个），但不能得出女字起源于女工图案的结论。

七、女字的族属和名称

女字既然是瑶族创制的，后期使用者都是平地瑶妇女（有的以前报汉族，后改瑶族），那可不可以把这种文字称为瑶文？不行，因为文字是语言的书写形式，文字符号书写什么语言，就叫什么文字，如书写汉语的文字称汉文，书写藏语的称藏文。女字书写的是汉语的五岭方言，所以称瑶文不妥。

女字既然书写的是汉语方言，可不可称为汉文？也不行。汉语虽有方言差别，有的差别很大，但汉文是表意文字，各方言可以按自己的语音读，所以各方言都用统一的汉文，只造了少量的表示方言词的字，并没有形成系统的方言文字。女字不同，它自成系统，而且是表音的。同一个名称不能拿来代表两种性质完全不同的文字。

有些研究者称它为“女书”。我认为文字符号和用这种符号写成的作

品是不同的东西，还是把文字符号称为女字，把作品称为女书好。

总起来说，女字是瑶族改造汉字而成的书写自己转用的汉语五岭方言的文字。

第七章　文　学

苗瑶畲三族没有通用的传统文字，但是文学作品丰富。除了少数传抄件和用上世纪创制的拉丁字母文字出版了一些资料外，大多数仍是口耳相传。

这些文学作品，歌谣最多，其次是神话故事和其他散文，再次是理词、神词，还有谜语、说唱。下面分节叙述。叙述时，作品所说的内容，如开天辟地、人类诞生、民族迁徙、谈情说爱、聚众造反等从简，结构特征，如字数、谐音、对仗、修辞等从详。一些汉文水平较高的双语人的汉文作品不涉及。

第一节　歌　谣

歌谣结构固定，音韵和谐，内容生动，易记好唱，所以流传最广，作品最多。

一、格局

歌谣分短歌、长歌两大类。

（一）短歌

短歌不分段。句数有多有少，少的只有三、四句，多的达一百句以上。歌句的字数，多数一定，有三言歌、五言歌、七言歌等；少数不定，称杂言歌。

1. 三言歌

如黔东苗语的《白公鸡》

pa^{45}	qa^{33}	ɬo^{33}	白公鸡，
雄	鸡	白	
tɕe^{44}	kəu^{31}	tɕi^{23}	上柜台，
上	顶	柜	
ɬjaŋ^{45}	lɔ^{22}	tɛ^{33}	落下地，

掉　下　地

hɔ44 təu31 ʑi23　　煮豆喂。

煮　豆　喂

三言歌一般是儿歌。

2. 五言歌

如黔东苗语的《后生不勤快》

tɔ22 tja22 ʔa44 kaŋ44 ŋa23　　后生不勤快，

些 哥 不 勤快

ɕhe33 tɔ22 to22 təu44 vie23　　尽砍马桑柴，

砍 些 柴 马桑

tɕi33 tɕi22 ʔa44 tei44 muŋ23　　烤酒不喷香，

烤 茶 不 喷香

tei21 ɬɔ22 ʔa44 nju44 həu23←13　　阿妹不愿尝。

个 妹 不 愿 喝

3. 七言歌

如湘西苗语的《开场歌》

tu44 prɯ44 tɕi44 ʦei42 tɕoŋ53 ʈhu44 ʈu31　　主人齐集坐成堆，

主人 相 齐 坐 做 堆

ne42 qha53 tɕi44 tsei42 tɕoŋ53 ʈhu44 niɔ44　　客人齐集坐成行。

客人 相 齐 坐 做 群

tu44 prɯ44 tɕi44 Nqɤ35 qha53 tɕi44 tɕu31　　主人齐唱客齐唱，

主人 相 唱 客 相 说

te35 ki53 tɕi44 phrɛ35 pen42 tɕi44 mphɔ44　　春风吹花花开放。

风 相 吹 花 相 开放

五言歌和七言歌多数是情歌和叙事歌。

部分文学资料引自其他著作，其中的标音和汉文译注都按原著。

4. 杂言歌

如黔东苗语的《野鸡歌》

muŋ53 nju22 ʔi44 ʑe35 ʔəu33　　水，你为什么浑？

你 浑 为什么 水

ɬje13 tsu13 vi22 tɕu31 nju22　　蝌蚪逃我才浑。

蝌蚪逃 我 才 浑

muŋ53 tsu13 ʔi44 ʑe35 ɬje13　　蝌蚪，你为什么逃？

你　逃 为什么蝌蚪

ɣi^{33}ɬjaŋ^{35}vi^{22}tɕu^{31}tsu^{13}	石头落我才逃。
石 落　我 才 逃	
muŋ^{53}ɬjaŋ^{35}ʔi^{44}ʑe^{35}ɣi^{44}	石头，你为什么落？
你　落　为什么石	
njuŋ^{53}tɕha^{33}vi^{22}tɕu^{31}ɬjaŋ^{35}	野鸡刨我才落。
雉　刨　我 才 落	
muŋ^{53}tɕha^{33}ʔi^{44}ʑe^{35}njuŋ^{53}	野鸡，你为什么刨？
你　刨　为什么 雉	
vi^{22}tɕha^{33}vi^{22}ɣaŋ^{13}tsei^{35}qɔ^{35}nəu^{53}	我刨我找橡子吃。
我 刨　我 找　果　橡　吃	
muŋ^{53}ɣi^{23}ʔi^{44}ʑe^{35}tsei^{35}qɔ^{35}	橡子，你为什么落？
你　落 为什么果　橡	
tɕi^{44}tshɔ^{33}vi^{22}tɕu^{31}ɣi^{23}	风吹我才落。
风 吹　我 才　落	
muŋ^{53}tshɔ^{33}ʔi^{44}ʑe^{35}tɕi^{44}	风，你为什么吹？
你　吹　为什么 风	
ʔa^{44}tshɔ^{33}ʔa^{44}tɕu^{22}n̥jhu^{44}	不吹岁不熟。
不 吹　不 尽　岁	
ʔa^{44}ɕhaŋ^{35}ka^{35}la^{13}lɔ^{44}	没有粮食吃。
不 熟　饭 入 口	

（二）长歌

长歌，从篇幅看，有的只分段，不分章；有的分章以后还分段。从演唱方式看，有的单唱，有的对唱。从内容看，有的只有相传主题，有的除了主题，还有即兴附加。

1. 分段单唱歌

如川黔滇苗语的《pləu^{43}tɕai^{31}ŋkəu^{31}》

teu^{24}len^{21}ʔau^{43}ɬi^{44}nto^{31}so^{43}tʂha^{43}，

kəu^{43}kui^{24}jaŋ^{31}qua^{31}ntəu^{43}nen^{43}ʂa^{43}，

ntsen^{55}taŋ^{21}la^{31}te^{43}ʈeu^{24}ʈi^{33}tɕhi^{55}，

ŋtʂhai^{44}tso^{13}tɕai^{31}lo^{21}ʔua^{44}tʂi^{44}kha^{43}。

《四季歌》

二月里来是春天，

布谷声声振心弦，
翻完田地忙送肥，
怕到节令忙不转。
pe^{43} ɬi^{44} lo^{21} tso^{13} nto^{31} ʂo^{55} ʂeu^{33}，
po^{31} jeu^{13} ləu^{21} ɬua^{33} ʔua^{44} qoŋ^{43} ʈeu^{24}，
tso^{13} tɕai^{31} tɕau^{13} qoŋ^{43} tʂi^{44} taŋ^{43} kəu^{24}，
ɳʈau^{21} qaŋ^{43} ʂəu^{44} lo^{21} nthaŋ^{43} po^{55} ɳʈʂeu^{33}。
三月里来暖洋洋，
男女老少做活忙，
到时栽种不耽误，
今后丰收粮满仓。
pləu^{43} ɬi^{44} sa^{43} ji^{24} qhe^{43} ʈoŋ^{31} jo^{43}，
tɕhi^{55} ja^{44} tʂau^{44} tsəu^{33} jo^{43} le^{44} ɬo^{43}，
tɕau^{13} ntso^{55} tɕau^{13} mau^{21} tʂi^{44} qhua^{33} m̥au^{44}，
tʂi^{43} ɬi^{44} tɕau^{13} jo^{43} mple^{31} tʂi^{44} po^{55}。
四月初八开秧门，
肥料放够秧茂盛，
栽早栽嫩不过夜，
五月栽秧谷不成。
（以下五段略）
2. 分段对唱歌
如湘西苗语的《主人出谜》问
si^{44} ʂu^{44} ni^{35} li^{53} ni^{31} mɯ^{42} thoŋ^{44}，
pa^{53} hɛ^{53} nɑŋ^{44} sa^{44} mɯ^{42} ʂei^{35} Nqɤ^{35}。
ʂaŋ^{44} mu^{22} sen^{44} tse^{35} ho^{53} lu^{22} ʈoŋ^{44}，
mɯ^{42} ȵɛ^{22} tshei^{53} ʈhɑ^{53} kɤ^{35} lo^{22} tɤ^{35}。
诗书礼义你精通，
久闻大名智无穷。
双木生在火炉上，
啥字请猜唱堂中。
si^{44} ʂu^{44} ni^{35} li^{53} ni^{31} mɯ^{42} thoŋ^{44}，
pa^{53} hɛ^{53} nɑŋ^{44} sa^{44} ni^{31} mɯ^{42} tɕɛ^{42}。
ʂaŋ^{44} mu^{22} sen^{44} tse^{35} ho^{53} lu^{22} ʈoŋ^{44}，

mu^{42}ȵɛ^{22}tshei^{53}ʈhɑ^{53}kɤ^{35}lo^{22}tɛ^{35}。
诗书礼义你精通，
久闻大名智无量。
双木生在火炉上，
啥字请你来猜唱。
《客人破谜》答
we^{22}kuei^{44}ɕu^{35}te^{35}tɕi^{44}ȵɛ^{22}li^{31}，
ʈɔ^{42}ʐɑŋ^{53}tɕi^{44}tɛ^{44}ɕo^{22}ntɑŋ^{22}men^{22}。
li^{22}tsi^{35}ȵi^{35}ʐei^{42}ho^{53}ȵi^{35}tɕi^{53}，
huei^{35}tsi^{35}tɛ^{35}ʈɔ^{31}pi^{53}tɕi^{44}ntsen^{22}？
从小无知不聪明，
长大未进学堂门。
“林”字在上“火”在底，
“焚”字对否请问你？
we^{22}kuei^{44}ɕu^{35}te^{35}tɕi^{44}ȵɛ^{22}li^{31}，
ʈɔ^{42}ʐɑŋ^{53}ɕo^{22}tɑŋ^{22}we^{22}tɕi^{44}tɛ^{44}。
li^{22}tsi^{35}ȵi^{35}ʐei^{42}ho^{53}ȵi^{35}tɕi^{53}，
huei^{35}tsi^{35}pɛ^{44}ʈɔ^{31}pi^{53}tɕi^{44}tɕɛ^{42}？
从小无知不聪明，
长大又未进学堂。
“林”字在上“火”在底，
“焚”字对否请问郎？
3. 分章分段单唱歌
如黔东苗语的

《ɕha^{13}tsaŋ^{33}ɕoŋ^{44}mi^{22}》	《张秀眉歌》
一、	天灾人祸
vei^{35}to^{22}ʔə^{33}n̥ju^{44}ʑu^{22}，	为那酉年大水灾，
sɛ^{33}to^{22}n̥ɛ^{33}n̥ju^{44}pa^{22}；	恨那年成岁月坏；
n̥ju^{44}ʑi^{53}hɛ^{33}n̥ju^{44}mo^{22}，	寅年和卯年，
kaŋ^{33}noŋ^{53}na^{53}tsaŋ^{44}njoŋ^{22}。	虫吃“浓寨”禾。
*　　*　　*	
noŋ^{53}tɕɔ^{53}ni^{53}ɣu^{13}naŋ^{22}，	顺着“泥”河吃下去，
noŋ^{53}tɕɔ^{53}n̥jaŋ^{33}tɕi^{44}pi^{22}，	沿着“娘”河吃上来，

noŋ^{53}la^{53}noŋ^{53}no^{44}lo^{22}，　　吃啊老是吃，
noŋ^{53}lo^{22}so^{23}tsaŋ^{44}tjə^{22}，　　吃到“汉坝”寨，
qa^{33}ta^{53}njaŋ^{53}ki^{44}ɬjin^{22}，　　“打仰”下坝吃精光，
ku^{31}ta^{53}njaŋ^{53}ki^{44}ɬjin^{22}。　　“打仰”上坝吃干净。
（以下六段略）

二、　　官逼民反

lei^{44}ɬha^{44}tɕə^{53}ʔi^{33}taŋ^{22}，　　已经九九过重阳，
na^{53}tho^{33}ʔa^{53}lei^{44}ŋo^{22}。　　稻谷还没有熟透。
pi^{33}ɕhu^{33}ʔa^{53}lei^{44}noŋ^{22}。　　粮还未入库，
ʐa^{31}tɕi^{44}ljaŋ^{53}tjo^{44}tjə^{22}。　　就要交皇粮。

*　　*　　*

fhu^{35}toŋ^{35}tɕi^{44}ljaŋ^{53}qhu^{33}，　　年初交稻子，
taŋ^{22}lo^{22}lei^{44}njaŋ^{53}qaŋ^{33}，　　若欠到年底，
qaŋ^{33}toŋ^{35}tɕi^{44}ljaŋ^{53}ɕaŋ^{33}。　　就要交白米。
fhu^{35}toŋ^{35}tju^{44}fhen^{33}ni^{53}，　　年初要交六分银，
taŋ^{22}lo^{22}lei^{44}qaŋ^{33}njaŋ^{53}，　　如果年底不交清，
qaŋ^{33}toŋ^{35}ɬha^{44}ʔo^{33}sei^{53}。　　就要一千二百文。
（以下章段略）

4. 分章分段对唱歌

如黔东苗语的

《tjhe^{35}vi^{53}ɕi^{44}tɛ^{33}》　　《开天辟地》

ʔɔ^{44}　　问

ʔɔ^{33}ɕhe^{35}ke^{35}sha^{44}tei^{53}，　　我俩看最早，
ke^{35}tjhe^{35}tɛ^{33}ɕi^{44}vi^{53}。　　开天辟地那时候。
tei^{22}ɕi^{35}tjaŋ^{22}sha^{44}tei^{53}？　　哪个生得最早？
lɔ^{22}tjhe^{35}tɛ^{33}ɕi^{44}vi^{53}，　　来开天辟地，
lɔ^{22}ɕi^{44}kaŋ^{33}ɕi^{44}ku^{53}，　　来生虫生蚂蚱，
lɔ^{22}ɕi^{44}ɣɔ^{33}ɕi^{44}naŋ^{53}，　　来生菜生草，
lɔ^{22}ɕi^{44}ɬɛ^{35}ɣuŋ^{33}ŋa^{53}，　　生狗来撵山，
lɔ^{22}ɕi^{44}ljɔ^{35}hɛ^{33}ni^{53}，　　生黄牛和水牛，
lɔ^{22}ɕi^{44}qa^{33}qe^{44}ŋə^{53}，　　生公鸡报晓，
lɔ^{22}ɕi^{44}ɬjaŋ^{33}ɕi^{44}nei^{53}，　　生人也生鬼，
lɔ^{22}ɕi^{44}pi^{33}ʔa^{44}nə^{53}，　　生我们弄吃的。

ɬju^{53}	答
ʔɔ^{33} ɕhe^{35} ke^{35} sha^{44} tei^{53}，	我俩看最早，
ke^{35} tjhe^{35} tɛ^{33} ɕi^{44} vi^{53}。	开天辟地那时候。
tɕaŋ^{53} ɣaŋ^{33} tjaŋ^{22} sha^{44} tei^{53}，	姜央生得最早，
lɔ^{22} tjhe^{35} tɛ^{33} ɕi^{44} vi^{53}，	来开天辟地，
lɔ^{22} ɕi^{44} kaŋ^{33} ɕi^{44} ku^{53}，	来生虫生蚂蚱，
lɔ^{22} ɕi^{44} ɣɔ^{33} ɕi^{44} naŋ^{53}。	来生菜生草，
lɔ^{22} ɕi^{44} ɬɛ^{35} ɣuŋ^{33} ŋa^{53}，	来生狗撵山，
lɔ^{22} ɕi^{44} ljɔ^{35} ɕi^{44} ni^{53}，	生黄牛和水牛，
lɔ^{22} ɕi^{44} qa^{33} qe^{44} ŋə^{53}，	生公鸡报晓，
kɔ^{22} taŋ^{53} tɔ^{22} pu^{13} tju^{53}，	喊大家开门，
fa^{22} tsaŋ^{22} ʔa^{44} qə^{44} nə^{53}。	起来做活路。

（以下章段略）

二、韵律

苗瑶歌谣都是吟唱的。吟唱就有旋律。但是我不精通音律，只好省略这一部分，只分析歌词语音的韵律。韵律有三种：押韵、押调、押韵兼押调。

1. 押韵

押韵就是要求歌句最末一字的韵母相同或相近，使它唱起顺口，听起来悦耳。押韵又有宽严之分，严韵要求韵母完全相同，为数最多，宽韵只要求韵母相近，为数较少。先说严韵。

严韵又分逐句押、缺句押、交替押三种。

逐句押的歌段都不长，我看到的多数是两句一韵，少数是三句一韵或四句一韵。例如川黔滇苗语云南文山的

《tɕeu^{55} hai^{33} le^{44} lo^{21}》

thou^{33} ʐɛɯ^{44} te^{31} nen^{43} ɳtʂhai^{44} ko^{55} tua^{13} nau^{44}，

ɬo^{43} lo^{31} ko^{55} ʔua^{44} te^{31} nen^{43} tʂaŋ^{44} ɬau^{44}。

thou^{33} ntso^{55} te^{31} nen^{43} ntshai^{44} ko^{55} tua^{13} tsa^{21}，

ni^{22} na^{55} ko^{55} tɕa^{44} te^{31} nen^{43} hou^{44} ɬa^{21}

《酒的自白》

小时候人们怕我冷，

大来我整人们翻埂。

从前人们怕我挨冻，

现在我叫人们头痛。

第一、二句押 au 韵，第三、四句押 a 韵。

ko^{55}le^{44}so^{55}tɛɯ^{21}tsua^{44}ʔua^{44}tsua^{44}，

nta^{31}te^{43}nen^{43}ʑi^{24}ko^{55}ȵtɕi^{13}tshua^{44}。

ko^{55}le^{44}so^{55}tɛɯ^{21}ŋki^{13}ʔua^{44}ŋki^{13}，

mpo^{21}le^{44}plua^{13}le^{44}ko^{55}ȵtɕi^{13}tʂi^{13}。

我的性情刚又刚，

世间人家我串光。

我的个性燥又燥，

富的穷的我串交。

第一、二句押 ua 韵，第三、四句押 i 韵。

ko^{55}le^{44}mpe^{44}ȵau^{43}ʐoŋ^{44}tua^{31}ɳʈo^{13}ʔua^{44}ʐoŋ^{44}，

paŋ^{31}nthua^{44}ke^{55}ʑo^{31}nten^{21}ʑa^{44}tɕɛɯ^{44}ko^{55}moŋ^{44}。

ko^{55}le^{44}mpe^{44}ȵau^{43}lo^{31}tua^{31}ɳʈo^{13}ʔua^{44}lo^{31}，

paŋ^{31}tʂhoŋ^{43}ke^{55}ko^{21}ʑa^{44}ʑua^{55}mo^{21}tso^{13}。

我的名声好又好，

便饭宴席都把我找。

我的名声大又大，

红白喜事先请我到。

第一、二句押 oŋ 韵，第三、四句押 o 韵。

（以下四段略）

又如湘西苗语童谣：

《Nqe^{53}ʔu^{35}ʔu^{35}》	《挑水水》
Nqe^{53}ʔu^{35}ʔu^{35}，	挑水水，
Nqu^{44}pɑ^{44}tɕhu^{35}。	访老表。
pɑ^{44}tɕhu^{35}tɕe^{31}me^{31}pɤ^{35}，	老表没被子，
pɤ^{53}ɳɑŋ^{31}qɤ^{35}。	睡螺蛳。
ɳɑŋ^{31}qɤ^{35}ɕu^{35}，	螺蛳躲（音 nɑŋ^{44}，小也），
pɤ^{53}thu^{44}ʔu^{35}。	睡水缸。
thu^{44}ʔu^{35}tsɛ^{22}，	水缸冷，
pɤ^{53}ɳɑŋ^{31}wɛ^{22}。	睡锅里。
ɳɑŋ^{31}wɛ^{22}lje^{42}ʈhu^{44}ɬje^{53}	锅里要煮饭，

pɤ^{53} ɳɑŋ^{31} kje^{31}。　　　　睡柜间。

ɳɑŋ^{31} kje^{31} lje^{31} ʈo^{53} ʈe^{53}，　　　　柜间要装碗和筷，

ʂɤ^{35} tɑ^{44} hwe^{53}。　　　　迅速离开。

第一、二句押 u 韵，第三、四句押 ɤ 韵，第五、六句押 u 韵，第七、八句押 ɛ 韵，第九、十、十一、十二句押 e 韵。

缺句押韵的歌都是奇句不押韵。因为奇句往往以逗点结尾，语义未完；偶句则以句点结尾，语义已完。在四句一段的歌里，有的是第一、三句不押韵，第二、四句押韵。如川黔滇苗语云南文山的

《təu^{44} kɛɯ^{24} ʐoŋ^{44} m̥oŋ^{43} ntɛɯ^{55}》

ntau^{31} nte^{31} ʈau^{55} təu^{33} ntso^{55}，
pe^{43} m̥oŋ^{43} to^{43} plua^{13} tʂi^{44} tsɛɯ^{31} ntɛɯ^{55}。
taŋ^{43} ɳ̥o^{31} ʈau^{55} ʔua^{44} nen^{21}，
nau^{31} taŋ^{21} nta^{31} te^{43} ʔa^{43} tha^{43} tɬɛɯ^{44}。

《读到好苗文》

在那旧社会，
苗族人民不识字。
当牛又做马，
受尽人间苦和累。

ni^{21} na^{55} n̥o^{43} ɳ̥oŋ^{13} tʂha^{43}，
pe^{43} m̥oŋ^{43} ntsen^{55} tɕe^{55} təu^{44} ɳʈe^{21} ʂɛɯ^{55}。
ʐoŋ^{44} nen^{31} tɬua^{44} tʂi^{44} taŋ^{21}，
ha^{31} ʑa^{44} təu^{44} kɛɯ^{24} ʐoŋ^{44} m̥oŋ^{43} ntɛɯ^{55}。

到了新社会，
苗家解放翻了身。
幸福说不尽，
还能读到好苗文。

在这首歌的两段歌词里，都是第一、三句不押韵，第二、四句押 ɛɯ 韵。在另外的一首歌里，则是第一、二、四句押韵，只有第三句不押韵。如：

《tʂhaŋ^{55} nto^{31} te^{44} tso^{13} m̥oŋ^{43} ʈoŋ^{43} haŋ^{55}》

tʂhaŋ^{55} nto^{31} te^{44} tso^{13} m̥oŋ^{43} ʈoŋ^{43} haŋ^{55}，
po^{31} ʑɛu^{13} ləu^{21} ɬua^{33} lua^{13} ʂi^{33} ɳ̥aŋ^{55}。
ʂe^{24} hui^{24} tʂu^{55} ʑi^{24} n̥o^{43} ɳ̥oŋ^{13} ʐoŋ^{44}，

len^{31}len^{31}ʔua^{44}qoŋ^{43}mua^{31}nau^{31}n̥aŋ^{55}。

《太阳照到苗山川》

太阳照到苗山川，

男女老少笑开颜。

社会主义光景好，

人人劳动有吃穿。

这首歌的第一、二、四句押 aŋ 韵，第三句不押韵。

交替押又分两种。一种是在一段歌词里，奇句与奇句押一个韵，偶句与偶句押另一个韵。例如湘西苗语的

《迎舅辈》

pʐei^{35}tɕhɔ^{44}mpe^{44}nɯ^{42}pʐɑ^{35}tɕho^{44}ntsɔ^{53}，

tɕɛ^{42}tɑŋ^{44}pa^{44}ʈɔ^{44}nto^{22}mpɛ^{22}ɕɛ^{35}。

li^{31}sei^{44}Nqe^{44}tɕu^{35}ntha^{44}tɕi^{44}tɔ^{44}，

ɕɑŋ^{35}mi^{35}hɤ^{44}ʐu^{44}ʔɑ^{35}tsho^{35}tɕɛ^{42}。

四担粑粑五担米，

铜元摆放托盘里。

挑来贺礼多无比，

感谢舅辈助大力。

第一、三句押 ɔ 韵，第二、四句押 ɛ 韵。

pʐei^{35}tɕhɔ^{44}mpe^{44}nɯ^{42}pʐɑ^{35}tɕhɔ^{44}ntsɔ^{53}，

tɕɛ^{42}tɑŋ^{44}pa^{44}ʈɔ^{44}phɑ^{44}ɕɑŋ^{44}ɳʈoŋ^{35}。

li^{31}sei^{44}Nqe^{44}tɕu^{55}ntha^{44}tɕi^{44}tɔ^{44}，

ɕɑŋ^{44}mi^{35}hɤ^{44}ʐu^{44}ʔɑ^{44}tsho^{44}ŋoŋ^{31}。

四担粑粑五担米，

铜元摆放盘中央。

挑来贺礼多无比，

感谢舅辈帮大忙。

第一、三句押 ɔ 韵，第二、四句押 oŋ 韵。

另一种是分段的歌词中，第一段的第一句与下面其他段的第一句押韵，第二、第三句也是这样。如湘西苗语的

《sa^{44}qa^{44}ʈhu^{53}》山野歌

①mpɛ^{42}lɛ^{22}kɯ^{44}toŋ^{35}ʈhu^{44}tɕi^{44}tɔ^{53}，

②mpɛ^{42}ntei^{35}mpɛ^{42}ntɤ^{53}ntoŋ^{22}su^{35}tɕɯ^{44}，

③tçɛ^{42}tçu^{22}pa^{44}pɤ^{31}tçi^{44}kjo^{44}çɛ^{35}。

想你干活精神恍，

心浮踉跄似醉汉，

飞蛾痴痴绕油灯。

①la^{31}qha^{44}taŋ^{22}ʔen^{44}noŋ^{31}ta^{31}lɔ^{42}，

②tçaŋ^{31}ʑaŋ^{35}naŋ^{42}pɤ^{53}ʔu^{35}ljɤ^{42}sɯ^{44}，

③ni^{31}ʈe^{22}ɬɔ^{53}ʈɔ^{53}qha^{44}ʐɛ^{42}ʐɛ^{42}。

旱田时时盼雨降，

秧苗生长靠甘泉，

烈日晒禾焦如焚。

①tu^{42}ʂɯ^{35}ʐa^{44}pʐei^{44}ta^{44}ɳʈoŋ^{35}sɔ^{44}，

②tça^{44}ʂɔ^{35}moŋ^{22}ʈha^{53}qɔ^{35}ʈo^{35}kɯ^{44}，

③mpɛ^{42}lɛ^{22}ntshɯ^{53}we^{22}naŋ^{44}ʂɛ^{35}？

纱头倒断锭里藏，

刷把能将纱头掉，

思乱如麻告谁人？

①n̥e^{35}n̥e^{35}mpɛ^{42}lo^{22}qa^{53}me^{42}qɔ^{53}，

②tei^{53}çaŋ^{53}n̥aŋ^{13}me^{42}tçi^{44}tçi^{53}pʐɯ^{44}，

③qa^{44}tɯ^{22}qɔ^{35}tçhɤ^{53}ma^{42}tçi^{44}mpɛ^{42}。

天天想去你村庄，

总想两家屋相连，

同风共雨不离分。

各段的①句押 ɔ 韵，②句押 ɯ 韵，③句押 ɛ 韵。

宽韵只要求相押字的韵母相近，即部分区别特征相同。例如黔东苗语麻江河坝的

《puŋ^{21}nei^{22}qhæ^{33}》	《问亲歌》
me^{53}ʑi^{22}poi^{44}sei^{55}me^{53}ʑi^{22}，	我们全是娘生，
me^{53}ʑi^{22}nɔ^{33}nei^{55}nɔ^{33}tei^{21}。	娘生我们几个。
njaŋ^{44}ʑu^{33}sei^{55}njaŋ^{44}ʑi^{22}ʑi^{22}，	从小一起玩耍，
njaŋ^{44}læ^{53}to^{33}tju^{55}to^{33}pei^{13}。	在门旁和屋角。
njaŋ^{44}tæ^{13}la^{55}hɔ^{44}ʔæ^{33}shei^{13}，	泥土当米做饭，
njaŋ^{44}tæ^{13}çhau^{13}tjuŋ^{55}ʔæ^{33}çi^{33}。	用竹节筒做甑。
ʔæ^{33}so^{33}ljəɯ^{44}ta^{55}ɣi^{21}ɣi^{21}，	后来渐渐长大，

næ̃^{22}kwæ̃^{44}ʔæ^{33}pæ̃^{44}ʔæ^{33}pei^{13}。	与大人同班辈。
tei^{21}kwæ̃^{44}nuŋ^{21}nei^{55}nuŋ^{21}fhei^{21}，	同辈先后出嫁，
tye^{21}phe^{22}ʔi^{44}lei^{55}ʔi^{44}tei^{21}，	剩下姑娘一个，
me^{53}ɕhyn^{33}shau^{44}xe^{44}shau^{44}ni^{13}。	母亲心里焦急。
so^{44}ɕi^{33}hau^{13}njaŋ^{55}ʔəu^{44}tɕi^{33}，	恰好水面船上，
sei^{21}sei^{21}kaŋ^{55}nei^{55}ɬo^{53}pei^{13}。	来了客人一双。
kaŋ^{55}nei^{55}suŋ^{53}njaŋ^{44}suŋ^{53}tɕi^{53}，	以为借火吸烟，
suŋ^{53}njaŋ^{44}ʔæ^{33}ve^{55}tɕo^{21}pei^{13}。	母亲问了又问。
njaŋ^{44}ʔuŋ^{13}tɕhi^{21}ʑin^{44}kwa^{33}ki^{13}，	来的这两个人，
me^{53}tɕo^{53}nei^{22}qəu^{44}nuŋ^{22}nei^{22}。	从未到过我家。
me^{53}nei^{22}tɕi^{13}ta^{55}tɕi^{13}ʔei^{13}，	娘问兄弟姐妹，
nei^{22}tɕu^{21}taŋ^{21}ɕho^{44}me^{53}ʑi^{22}，	问遍半寨大人，
sei^{55}næ^{53}ho^{22}pæ̃^{44}ho^{22}pei^{13}。	都说合班合辈。
sei^{55}ta^{55}tɕhəɯ^{33}ʔəu^{44}tɕhəɯ^{33}tɕi^{21}，	于是备酒备菜，
nuŋ^{55}həu^{22}ʔi^{44}nei^{44}maŋ^{33}sei^{13}。	吃喝一天到黑。
shei^{13}qhæ^{33}tɕaŋ^{53}njau^{55}tɕu^{21}ti^{22}，	客人详谈细讲，
tɕaŋ^{53}tjau^{33}me^{22}tɕi^{55}ɬau^{44}ɕhi^{21}。	在火坑边谈天。
poi^{44}tɕo^{53}tæ^{13}lei^{44}ʑe^{33}tɕhi^{13}？	我们拿个什么？
tæ^{13}tei^{21}me^{53}qæ^{44}nəu^{22}ʑi^{22}，	拿只下蛋母鸡，
shuŋ^{33}muẽ^{55}tjaŋ^{13}qæ̃^{44}ljo^{53}pei^{13}。	送媒人转回家。
tjaŋ^{13}ljo^{53}lẽ^{22}pei^{44}me^{53}ʑi^{22}：	媒人回答妈妈：
shei^{22}qhæ^{33}tɕaŋ^{55}njau^{55}tɕu^{21}ti^{22}，	“就这样说定了，
kwæ̃^{44}fhei^{21}vei^{22}ɣuŋ^{44}kwæ̃^{44}fhei^{21}。	嫁到我们那里。”

这首歌每句最末一字的韵母是 i 或 ei，i、ei 相近，都以 i 收尾，所以可以押韵。又如湘西苗语的：

ȵa^{42}ʐu^{22}ȵa^{42}mpa^{53}ȵi^{31}kja^{35}qha^{44}，
tsa^{44}tɯ^{22}ɕaŋ^{35}ljɔ^{35}tɕi^{44}kɔ^{53}tshu^{35}。
pɑ^{22}kɔ^{44}ʑi^{22}tso^{22}ʈhu^{44}li^{31}ʈɑ^{22}，
mpei^{35}mpu^{53}nthe^{53}tɕu^{22}ʔɑ^{44}te^{22}ʔu^{35}。

净猪牛肉待六亲，
内加香料味鲜新。
八个一桌官席样，
待客盖过这乡村。

第一句末尾的韵母 a 与第三句末尾字的韵母 ɑ 区分音位，但都是展唇低元音，所以可以押韵。

lo^{22}tɛ^{44}tɤ^{53}ʐɑŋ^{22}me^{42}tɕɑŋ^{53}phɔ^{44}，

tɕɑŋ^{53}phɔ^{53}tɕi^{44}hɯ^{35}ʔɑ^{44}ȵtɕhɑ^{44}ʐu^{44}。

Nqhe^{44}lja^{42}tɕi^{35}ʈe^{31}tɔ^{35}nte^{22}lɔ^{53}，

ȵi^{31}pɯ^{35}tɕoŋ^{42}ʐu^{53}tɑ^{53}ȵe^{31}lo^{22}。

来到村头鸣砲声，

火炮喧天震山寨。

疑是镇竿道台到，

原是舅辈众亲来。

第二句末字韵母 u 与第四句末字韵母 o 都是圆唇后元音，舌位只相差一度，所以可以相押。

ɳo^{22}ȵe^{31}thɛ^{35}so^{53}tɑ^{35}ɳtoŋ^{35}pʐɯ^{44}，

te^{35}ntshei^{44}ʈɔ^{35}ɳʈɑ^{53}tɕi^{44}hɯ^{35}te^{42}。

tshei^{53}me^{42}ne^{42}qha^{53}tɑ^{35}ɕi^{35}tu^{22}，

tu^{22}ɳo^{22}tɕi^{44}ntei^{53}pɯ^{35}nɑŋ^{44}ȵe^{42}。

椎牛大鼓置中堂，

青年击边震山冈。

请客都来跳鼓舞，

给咱椎祭增彩光。

第一句末字的韵母 ɯ 与第三句末字的韵母 u，虽然唇形不同，但都是后高元音，所以可以押韵。

ȵɑŋ^{31}ȵe^{42}lo^{22}tɤ^{42}me^{42}ʔɑ^{44}qɔ^{53}，

tɯ^{22}ʈho^{53}nto^{22}mpɛ^{22}kɤ^{44}pɯ^{35}tɕin^{35}。

li^{31}sei^{44}phɔ^{53}ntɤ^{44}sɑ^{53}tɕi^{44}tɔ^{53}，

qha^{44}qha^{44}lo^{22}hɤ^{53}tɕi^{44}tɛ^{44}qwen^{35}。

甥家椎牛到贵村，

一步一步迎舅隆。

愧无爆竹和财礼，

空促椎牛祭成功。

第二句末字的韵母 in 与第四句末字的韵母 en，韵尾相同，韵干 i 与 e 舌位只相差一度，所以可以押韵。

ʔɑ^{44}qɔ^{53}tɯ^{22}ȵi^{35}ʔɑ^{44}qɔ^{53}qɤ^{22}，

ʔɑ^{44}qɔ^{53}tɯ^{22}moŋ^{22}ʔɑ^{44}qɔ^{53}ʐen^{42}。
moŋ^{35}ȵi^{35}ʔɑ^{44}qɔ^{53}tɕɛ^{42}ʐoŋ^{42}ɕɤ^{44}，
ʐoŋ^{42}ɕɤ^{44}tɕi^{44}tɔ^{53}noŋ^{35}nen^{44}pei^{35}。
ʈhu^{44}ki^{53}lo^{22}phʐɛ^{35}moŋ^{35}nɑŋ^{44}ʔɤ^{44}，
hwɛ^{44}mpe^{44}hwɛ^{44}mphɔ^{53}ʔɤ^{44}ʑɑ^{22}ntei^{35}。
一方站在这山冲，
一方站在这山巅。
你在那边现彩虹，
彩虹不如你娇艳。
我要化做一股风，
吹拂你的新衣衫。

第二句末字的韵母是en，第四、六句末字的韵母是ei，en、ei的韵干相同，韵尾n、i相近，所以可以押韵。

2. 押调

在苗瑶语里，有些方言的歌谣并不押韵，但是吟唱或朗诵时，声音也很和谐，自然顺口，非常悦耳。下面用黔东苗语凯棠苗歌为例。

例一

tɕe^{44}lei^{33}pe^{22}qa^{33}ɣa^{53}，　　爬上嘎亚坡，
n̥haŋ^{45}ʔi^{33}tei^{22}qaŋ^{45}ki^{53}。　　青蛙叫咽咽。
tei^{22}qaŋ^{45}ki^{53}ʔəu^{33}lje^{53}，　　蛙在田里叫，
qɛ^{53}ʔi^{44}nɛ^{45}qɛ^{53}njɔ^{53}。　　理它做什么？
ŋa^{22}nju^{44}ʔi^{44}qəu^{33}nəu^{53}！　　我不想干活！
nɛ^{22}thɛ^{44}ʔɔ^{33}ʔɔ^{33}lei^{53}，　　阿妈训我俩，
lje^{53}ki^{22}tjəu^{44}ɕhaŋ^{33}lje^{53}，　　赶快修田坎！

例一各句末一字的韵母分别是a、i、e、ɔ、əu、ei，彼此差别很大，显然不是押韵。但是这些字的调值都是53，可见是歌的作者有意选择的结果。我把这种诗歌中相当部位字韵母不同而声调相同的安排称为押调。

押调分两类。一类是逐句押，占绝大多数；另一类是交替押，数量少。

(1) 逐句押

逐句押调又有宽严之分。严式押调是每句歌的同部字声调都相同。如：

例二

təu^{44}tɕa^{23}paŋ^{53}ɬo^{33}pəu^{22}，　　苗壮花儿艳，
çhɔ^{44}tɕa^{23}njaŋ^{53}tjuŋ^{33}ʐi^{22}。　　年青好相恋。
ten^{44}to^{23}paŋ^{53}ɬo^{33}tsaŋ^{22}，　　一旦花儿谢，
ten^{44}to^{23}ŋa^{53}ɬei^{33}maŋ^{22}，　　一旦容颜变，
ɬjɔ^{44}saŋ^{23}ɣa^{53}huŋ^{33}nju^{22}。　　歌场难见面。

这首歌每句的5个字都押韵，即第一字押44调，第二字押23调，第三字押53调，第四字押33调，第五字押22调。

严式押调要求每句歌同部位字的声调都相同，限制很严，选择范围小，不易做到，所以都是短歌。

宽式押调还有程度的差别。最宽的只要求最后一字押调，其余的可以不押，前面的例一就是如此。较宽的要求歌词中有两个以上的字押调。如：

例三

ɣa^{53}khəu^{33}lei^{33}ti^{44}tjəu^{22}，　　不看小酒杯，
tsɛ^{53}khəu^{33}lei^{33}lɔ^{44}ɬɔ^{22}。　　也看妹的面。
tɕe^{22}qa^{33}çhi^{33}çuŋ^{44}lɔ^{22}，　　把手举起来，
ŋaŋ^{22}ʔi^{33}ten^{33}qhɛ^{44}məu^{22}，　　喝下这一杯，
ɬɔ^{22}qaŋ^{33}xhe^{33}puŋ^{44}pe^{22}。　　阿妹乐开怀。

第二、三、四、五字押调，第一字不押。

例四

njaŋ^{33}tɛ^{33}tjəu^{44}tɔ^{31}ka^{22}，　　坐在矮凳上，
tɕhɔ^{33}su^{33}tjəu^{44}kəu^{31}pe^{22}，　　手上拿着书，
n̥hei^{33}n̥hei^{33}xhe^{44}njo^{31}ɬɔ^{22}。　　心里想着妹。
ɬhi^{33}puŋ^{44}va^{44}tɕo^{31}luŋ^{22}，　　想极就跑来，
kəu^{33}ljəu^{44}çhəu^{44}njo^{31}ɬɔ^{22}。　　跟妹玩一玩。

第一、三、四、五字押调，第二字不押。

例五

mɔ^{31}tso^{53}çi^{31}lɔ^{22}lɛ^{44}，　　毛主席到来，
lɔ^{22}lin^{53}pe^{33}tɔ^{22}ɣaŋ^{44}，　　领导咱青年，
fhen^{33}lje^{53}tjəu^{44}tei^{22}mi^{44}，　　把田分给妹，
fhen^{33}lje^{53}tjəu^{44}tei^{22}çuŋ^{44}，　　把田分给哥，
pe^{33}ɣa^{53}huŋ^{33}tjaŋ^{22}çha^{44}。　　咱不再穷了。

第二、四、五字押调，第一、三字不押。

例六

pu^{22} lo^{22} pe^{33} ɕu^{44} lo^{22}，　　人老咱别老，
pu^{22} tɔ^{22} pe^{33} ɕu^{44} tɔ^{22}。　　人吵咱别吵。
nje^{22} tei^{22} qa^{33} ʔɔ^{44} pəu^{22}，　　好像刺儿苗，
ɣəu^{22} ljaŋ^{33} ɣəu^{22} tshɛ^{44} tɕe^{22}，　　越摘越繁茂，
ɣəu^{22} ljaŋ^{33} ɣəu^{22} nɔ^{44} pu^{22}，　　日久情更牢。
njaŋ^{33} ʔi^{44} nuŋ^{35} ɣəu^{44} məu^{22}，　　这样下去好，
pe^{33} ɕu^{44} ke^{45} ɕha^{44} ʑəu^{22}。　　咱不再愁了。

第四、五字押调，第一、二、三字不押。

由上面的各例可以看出：苗歌押调，最末一字最重要，其次是倒数第二字，其他部位的字宽一些，但也力求相押，即使做不到各句押一个调，也尽量使部分字相押。

各字力求押调，行数少的短歌容易做到，行数多的长歌就难了，所以长歌一般只押最后一个字，有的还中间换调。

（2）交替押

交替押是单句末一字押一个调，双句末一字押另一个调。如：

例七

pa^{45} məu^{22} tjəu^{22}，　　爸去汉区，
mi^{23} məu^{22} m̥hu^{33}。　　妈在苗区。
njaŋ^{33} taŋ^{22} lɔ^{22}，　　等爸回来，
tei^{33} qɛ^{53} ɬjhɔ^{33}。　　儿已长大。
ɬjhɔ^{33} puŋ^{22} ɬuŋ^{22}，　　胖乎乎的，
lju^{13} puŋ^{53} fa^{33}。　　像一朵花。

单句押 22 调，双句押 33 调。

交替押调的歌不多，我收集到的都是儿歌。

3. 押韵兼押调

押韵兼押调要求相押的字不仅韵母相同，声调也要相同。韵调兼押也有逐句押、交替押之分，数量都不多。

逐句押的如川黔滇苗语云南文山的

ni^{21} na^{55} te^{31} hwaŋ^{31} ho^{31} ʂeu^{55} tʂhau^{31} thin^{43}，
hwaŋ^{31} ho^{31} ʂeu^{55} tʂi^{24} pua^{21} ʐen^{31} ʑen^{43}，
nta^{31} te^{43} te^{31} nen^{43} tua^{31} tua^{13} to^{44} ken^{43}。
te^{31} ʂui^{55} ho^{31} ʂeu^{55} t ʂhau^{31} ti^{24}，

ʂui^{55}ho^{31} ʂeu^{55}t ʂi^{24}pua^{21}ʐen^{31}ʑi^{24}，

nta^{31}te^{43}te^{31}nen^{43}tua^{31}tua^{13}to^{44}tɕi^{24}。

现在洪水滔天，

世上绝了人烟，

不知道怎么办。

等到洪水落下，

我们结成夫妻，

把世间人类繁衍。

这是长歌《洪水朝天》里的一段。前三句末尾字押 en/in，也押 43 调；后三句末尾字押 i 韵，也押 24 调。

押韵兼押调限制较大，所以用得不多，而且只有少数几行。

交替押韵兼押调的如罗泊河苗语石板寨的

《青年歌》

tɕin^{31}tɕuŋ^{31}za^{44}te^{31}tɕi^{51}，　　蚯蚓死在路上，

tɕin^{31}mplei^{24}ho^{33}ʔuŋ^{31}læ̃^{31}。　　蝴蝶只喝田水。

qo^{55}ŋku^{31}mu^{55}ȵi^{55}pei^{55}，　　阿妹嫁到他家，

qo^{55}ɳʈu^{24}tɕi^{55}mpja^{33}ʂæ̃^{31}。　　阿哥心里热辣。

ty^{24}ŋku^{31}ʔa^{24}ʔi^{55}pei^{55}，　　若与姑娘成家，

ʔa^{24}tɕuŋ^{31}se^{55}qa^{31}ʂæ̃^{31}。　　多干活也高兴。

奇句押 ei/i 韵，兼押 55 调；偶句押æ̃韵，兼押 31 调。

交替押韵兼押调的限制更严，我只在罗泊河苗语里找到了例子。

4. 平仄交替

上面 1、2、3 各小节讲的押韵或押调，都是苗族歌谣的韵律。瑶族歌谣的韵律则大不相同，它既不押调，也基本不押韵，而歌句末字的平仄要求很严，即奇句必须以仄声字收尾，偶句必须以平声字收尾。

《盘王大歌》是瑶族中过山瑶支系传抄的最重要的歌。过山瑶还保存本族口语，但传抄歌谣都用汉字，其中汉语借词很多，约占 90%；固有词少，约占 10%。

《盘王大歌》的奇句都要求用 33、31 两个调的字结尾，偶句都要求用 53、22、35、12、54、21 六个调的字结尾。苗瑶语的声调系统与汉语的完全一致：平、上、去、入各分阴阳，其中上、去、入合称仄声。下面引《盘王大歌》中《何物歌》中的一些歌段，歌句末的平声字用一号表示，仄声字用｜号表示。即：

33	31	53	22	35	12	54	21
—	—	|	|	|	|	|	|

tsi^{31} nɔm^{31} liem^{31} liem^{31} tsuei^{31} nei^{31} tshuət^{54} |
tsi^{31} nɔm^{31} dzaŋ^{31} dzaŋ^{31} dzi^{33} tɕi^{35} tao^{31} —
tsi^{31} khua^{33} tshuət^{54} tai^{31} tao^{33} ȵen^{31} ɔi^{35} |
tsi^{21} nɔm^{31} lo^{21} tei^{22} məu^{31} ȵen^{31} dzao^{31} —

蕉叶嫩嫩拱泥出，
蕉叶层层盖过头。
蕉果出来逗人爱，
蕉叶落地无人愁。

huŋ^{33} ləu^{31} tshuət^{54} tai^{31} puə^{33} tɕi^{54} tsao^{35} |
huŋ^{33} ləu^{31} ȵei^{22} ȵi^{31} ɔi^{35} huŋ^{35} luŋ^{31} —
huŋ^{33} ləu^{31} lei^{22} tao^{31} tsuai^{35} pɛ^{21} buən^{53} |
pɛ^{21} buən^{53} lei^{22} tao^{31} tshuət^{54} khui^{53} in^{33} —

香炉出来三只脚，
两只耳朵朝向天。
香炉里头装白粉，
白粉里头出火烟。

ti^{31} əŋ^{35} tshuət^{54} tai^{31} sem^{33} puŋ^{31} tsuai^{35} |
ti^{31} əŋ^{35} tshuət^{54} tai^{31} tsua^{35} sem^{33} puŋ^{31} —
ti^{31} əŋ^{35} tshuət^{54} tai^{31} tsun^{31} məu^{31} gai^{35} |
ti^{31} əŋ^{35} məu^{31} gai^{35} khi^{35} tshoŋ^{33} tin^{33} —

酒缸生来房中坐，
酒缸生来坐房中。
酒缸出来全无盖，
酒缸无盖气冲天。

ɬi^{21} giu^{53} mai^{31} tu^{35} tsen^{33} mai^{31} tu^{35} |
gəŋ^{33} mai^{31} kai^{53} tsen^{33} mai^{31} iu^{33} —
gəŋ^{33} mai^{31} kai^{53} ȵei^{22} tao^{31} tai^{22} |
ɬi^{21} giu^{53} mai^{31} tu^{35} ȵet^{22} tao^{31} dzim^{33} —

剪刀尖尖肚子大，
长鼓长长有细腰。
长鼓腰小两头大，

剪刀肚大两头尖。

siaŋ^{33}tɕei^{33}tɕun^{31}tɕun^{31}pi^{54}tsuaŋ^{22}kuai^{35}　|
taŋ^{33}luəŋ^{31}tshuət^{54}tai^{31}kua^{35}tsuai^{35}toŋ^{31}　—
təm^{33}siaŋ^{33}məŋ^{33}tsu^{21}tsun^{31}məu^{31}khi^{35}　|
təŋ^{31}kəu^{53}məŋ^{33}tsu^{21}khi^{35}thoŋ^{33}thoŋ^{33}　—

簸箕圆圆壁上挂，
灯笼出来挂厅堂。
筛箕当盖会漏气，
铜鼓蒙着响咚咚。

dam^{33}fan^{53}tshuət^{54}muən^{31}dam^{33}tɕhi^{53}tɕuə^{54}　|
dam^{33}dam^{35}tshuət^{54}muən^{31}dam^{33}tɕhi^{53}iu^{33}　—
dam^{33}tshiu^{33}tshuət^{54}muən^{31}khu^{53}huŋ^{35}hu^{22}　|
dam^{33}lai^{31}tshuət^{53}muən^{31}khu^{53}huŋ^{35}tsin^{31}　—

撑伞出门抓伞柱，
扁担挑箩撑起腰。
扛锹出门嘴朝后，
扛犁出门嘴向前。

fao^{33}ei^{33}mai^{31}pie^{33}iəu^{22}məu^{31}ɔ^{53}　|
tɕuəŋ^{33}dzin^{35}məu^{31}pie^{33}ɔ^{53}aŋ^{53}sin^{33}　—
fao^{33}ei^{33}mai^{31}pie^{33}tɕhieu^{35}iam^{22}tu^{54}　|
tan^{22}tsei^{53}məu^{31}pie^{33}buei^{33}tsuaŋ^{22}thin^{33}　—

蓑衣有毛却无肉，
弓箭无毛肉满身。
蓑衣有毛飞不起，
子弹无毛飞上天。

ŋ^{22}lui^{31}tɕi^{35}thin^{33}thin^{33}tei^{22}toŋ^{22}　|
ŋuŋ^{31}kəu^{53}dʑi^{22}tei^{22}tei^{22}pei^{31}tɕun^{33}　—
tum^{31}buŋ^{22}tsuai^{22}thin^{33}tu^{35}dʑi^{22}tei^{22}　|
khui^{53}in^{33}tsuai^{22}tei^{22}tao^{35}tsuaŋ^{22}thin^{33}　—

五雷过天天地动，
牯牛犁地地皮穿。
大雨从天倒下地，
火烟从地升上天。

dam^{33} tshiu^{33} tshuət^{54} muən^{31} khu^{53} huŋ^{35} hu^{22} |
dam^{33} lai^{31} tshuət^{54} muən^{31} khu^{53} huŋ^{35} tsin^{31} —
dam^{33} pəu^{53} tshuət^{54} muən^{31} khu^{53} huŋ^{35} tei^{22} |
dam^{33} fan^{53} tshuət^{54} muən^{31} pui^{35} huŋ^{35} luŋ^{31} —

扛锹出门口向后，
扛犁出门口向前。
扛斧出门口朝地，
打伞出门背朝天。

ȵut^{21} tao^{31} tsi^{33} tsi^{33} tshuət^{54} liŋ^{22} pui^{35} |
kɛ^{54} muə^{21} nin^{31} nin^{31} tsuai^{35} liŋ^{22} pin^{33} —
ŋ^{22} lui^{31} muən^{31} siŋ^{33} iam^{22} kin^{35} min^{22} |
ȵut^{21} tao^{31} kin^{35} min^{22} sieu^{53} nan^{31} la^{33} —

日头朝朝出岭背，
古树年年在高山。
五雷闻声看不见，
日头能见手难捞。

tu^{31} ma^{31} pən^{33} pən^{33} thi^{35} tɕi^{35} tɕao^{53} |
tsi^{31} kəu^{33} pən^{33} pən^{33} tshu^{53} lei^{33} tuaŋ^{31} —
tsi^{31} kəu^{33} sin^{33} tsu^{54} fam^{33} tsoŋ^{31} tɕiem^{53} |
nan^{31} si^{31} pui^{35} tsuaŋ^{22} tsu^{54} lin^{31} lo^{31} —

野猫花斑跳过路，
鹧鸪花斑草里藏。
鹧鸪身穿三层锦，
南蛇背上着绫罗。

la^{35} dʑuaŋ^{33} dʑuaŋ^{33} dʑuaŋ^{33} dzuaŋ^{33} tho^{54} tho^{54} |
tɕi^{35} ȵuaŋ^{31} muən^{31} dʑi^{22} tsi^{35} muən^{31} lao^{31} —
tshin^{33} tshun^{33} man^{22} tshun^{33} ȵuaŋ^{31} iam^{22} tho^{54} |
tan^{33} tho^{54} tan^{33} sin^{33} iet^{54} to^{53} khua^{33} —

蓝蓝天上挂月亮，
月光照进妹的家。
千村万村月不照，
月光独照这枝花。

上面的歌都是四句一段，第一、三句的末一字都是仄声，第二、四句的末一字都是平声，非常严格。而这些字的韵母只有少数相同，显然不是押韵。

瑶族的另一个支系是平地瑶。平地瑶与过山瑶同源，只是过山瑶分布在山区，经常迁徙，保持了自己的语言。平地瑶分布在五岭地区的平地，经济文化比较发达，已归顺朝廷，转用了汉语的五岭方言，还创造了女字。他们用女字记写的歌谣跟过山瑶的《盘王大歌》一样，也是句末字平仄交替。歌词基本上是汉语词，只有少数几个瑶语底层词。下面引两篇女书歌谣和汉字转写，以见其平仄交替。

十字绣

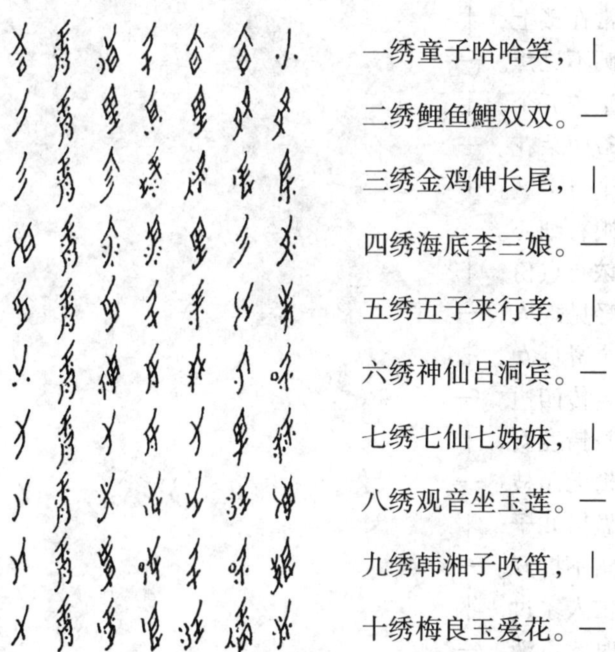

一绣童子哈哈笑，｜
二绣鲤鱼鲤双双。—
三绣金鸡伸长尾，｜
四绣海底李三娘。—
五绣五子来行孝，｜
六绣神仙吕洞宾。—
七绣七仙七姊妹，｜
八绣观音坐玉莲。—
九绣韩湘子吹笛，｜
十绣梅良玉爱花。—

为了减少排印困难，下面的例子省略女书原文，只写出汉字转写。汉字的音和义跟女字是一致的。

贺三朝书

取道提言诗一首，｜
书本传文到贵家，—
看睬连襟姊一个，｜
身在绣房步步高。—
驰爷交嘱金坨女，｜

一日之缘落贵家。—
前朝忙忙送出你，|
路中分离眼泪飘，—
花轿如风到远府，|
越看行开渐渐离。—
难舍徛高停住望，|
不见姊娘在哪方。—
转身入门冷成水，|
手拿千般做不齐。—
想起非常在楼上，|
几母团圆不见焦。—
父母所生侬五个，|
三个哥爷两朵花。—
房中有个芳上嫂，|
宽待爷娘有细心。—
正是如侬有点份，|
嫂娘知轻见理人，—
有福得个贤良女，|
虲亦有名传四边。—
不该侬身错度女，|
树上红梅无用枝。—
设此度做男儿子，|
几个同陪不拆开。—
姊吧忙忙人家过，|
是台时时哭不消。—
又气楼中无相伴，|
手取事情并不知。—
我吧年轻虲楼坐，|
手拿花针问谁人？—
窦里长春无倚靠，|
姊在高楼教嘱深。—
可以高门曰得下，|
不妨要亲停两年，—

就是一年风吹过，｜
留归二年点子间。—
连襟过他如海底，｜
前朝一日过枝园，—
落入良门无忧虑，｜
凤配金鸡无遇成。—
池塘种花五色绿，｜
移过花园再转青。—
贵府家门逍遥乐，｜
富贵荣华兴自高。—
再说尊亲请谅大，｜
礼数不全望紧包。—
前日台爷交亲到，｜
六路嫁妆尽不全。—
轻薄连襟到他府，｜
没样青衣出面花。—
三朝便文几般说，｜
姊在他乡要静严。—
绣房安心请恬静，｜
不曰时时记在心。—
拨开愁眉他乡住，｜
人性放长待六亲。—
不给哭愁人心气，｜
取笑侬家无礼人。—
女是可比燕鸟样，｜
身好毛长各自飞。—
只怨朝廷制错礼，｜
世杀不由跟礼当。—
在他难比高楼坐，｜
只是样般依礼行。—

有些女书的韵律不是平仄交替，而是押韵。那不是妇女们自己的创作，而是用女字转写的汉文诗，或用女字记录的汉族民歌。如：

床前明月光
疑是地上霜
举头望明月
低头思故乡

第二节 辞

辞是一种民间文学骈偶文体，分理辞、神辞两类。两类的结构形式相同，内容不同。黔东苗语和湘西苗语都有辞这种作品。

一、理辞

理辞可分贺年辞、干活辞、解纠纷辞、分银辞、开门辞、季节辞等。内容是说明风俗习惯、乡规民约、道德人伦、事理渊源等。讲唱者是头人、里老，对象是活人。黔东苗语称理辞为 li^{22}或 tɕa^{53}。如：

《li^{22}naŋ^{55}nje^{55}》	《过年理》
njaŋ^{33}ta^{33}ɕa^{35}qoŋ^{35}， 坐　下 无 聊	坐着无聊，
ɕhu^{35}vɛ^{55}nu^{44}nei^{44}。 站　上 酸 疼	闲着没事。
ta^{35}tɕa^{55}ta^{55}thə^{35}， 拿 迦 来 温习	拿迦来温习，
tje^{33}li^{22}lo^{22}ɬo^{33}。 拿 理 来 复习	拿理来复习。
ta^{35}tɕa^{55}lo^{22}ɕi^{33}tɕo^{33}， 拿 迦 来 相 教	拿迦来相教，
tje^{33}li^{22}lo^{22}ɕi^{33}ɕe^{13}。 拿 理 来 相 诉	拿理来互学。
fe^{33}fe^{33}mɛ^{55}tɕa^{55}， 方 方 有 迦	村村有迦，
ɣaŋ^{22}ɣaŋ^{22}mɛ^{55}li^{22}。 寨 寨 有 理	寨寨有理。
qa^{33}ɣə^{35}njo^{55}saŋ^{13}saŋ^{13}mɛ^{55}ɬe^{33}ljo^{35}，	大青山世世有牛轭，

山林　绿 世　世　有　轭黄牛
qa^{33}ɣə^{35}lu^{22}saŋ^{13}saŋ^{13}mɛ^{55}ʐaŋ^{22}kha^{33}。　　老森林代代有犁辕。
山林　老代　代　有　犁　辕
qa^{33}tjoŋ^{22}saŋ^{13}saŋ^{13}mɛ^{55}ne^{33}，　　山沟里代代有蛇，
山沟　世　世　有　蛇
qoŋ^{35}ɣe^{55}saŋ^{13}saŋ^{13}mɛ^{55}ɕo^{35}。　　岭脊上世世有虎。
岭脊　代　代　有　虎
fe^{33}fe^{33}mɛ^{55}ɕha^{44}，　　处处有穷人，
方方有　穷
ɣaŋ^{22}ɣaŋ^{22}mɛ^{55}ɬa^{13}。　　寨寨有富者。
寨　寨　有　富
fe^{33}fe^{33}mɛ^{55}ɬjho^{35}，　　村村有智者，
方方有　聪明
ɣaŋ^{22}ɣaŋ^{22}mɛ^{55}ɣa^{13}。　　寨寨有高人。
寨　寨　有　伶俐
fe^{33}fe^{33}paŋ^{33}tɕa^{55}，　　村村知古理，
方方知　迦
ɣaŋ^{22}ɣaŋ^{22}paŋ^{33}li^{22}。　　寨寨明古规。
寨　寨　知　理
tɛ^{22}ɕi^{35}sha^{35}tɔ^{44}n̥hɛ^{33}tɕu^{31}tsa^{35}？　　何人生于十五日？
个什么生　得日　十　五
tɛ^{22}tu^{13}ʐi^{13}tɔ^{44}m̥haŋ^{44}tɕu^{31}tju^{44}？　　哪个育在十六宵？
个哪育得夜　十　六
qa^{33}tɕhu^{33}tɛ^{33}tu^{22}，　　心中通明，
腹里　灯火
qa^{33}ɬa^{35}tɛ^{33}loŋ^{55}。　　脑里透亮。
腰间灯笼
ta^{35}tɕa^{55}ta^{55}qaŋ^{35}，　　拿迦来说，
拿迦　来讲
ta^{35}li^{22}lo^{22}toŋ^{31}。　　拿理来议。
拿理来读
ɕha^{53}lɛ^{55}tju^{55}，　　歌，各唱一首，
歌　位门

li^{22}lɛ^{55}ki^{35}。　　理，各叙一章。
理位路
pi^{33} tɕu^{31}paŋ^{33}lɛ^{33}tɕa^{55}haŋ^{35}lo^{22}，　　我们才知道古迦，
我们才 知 个迦 处 老
pi^{33} tɕu^{33}paŋ^{33}lɛ^{33}li^{22}haŋ^{35}qo^{44}。　　我们才明白古理。
我们才 知 个 理处 故
qa^{33}lɔ^{44}ʔɛ^{44}to^{13}tɕhaŋ^{35}，　　开头如何起，
开 头 如 何 起
qa^{33}ku^{31}ʔɛ^{44}to^{13}sha^{44}。　　结尾如何终。
结 尾 如 何 终
toŋ^{55}fe^{33}tɕu^{31}naŋ^{35}toŋ^{35}，　　村村才过节，
整 方 才 吃 季
toŋ^{55}ɣaŋ^{22}tɕu^{31}hə^{53}n̥jhə^{44}。　　寨寨才过年。
整 寨 才 喝 岁
qa^{33}nje^{55}ʔɛ^{44}qə^{33}，　　年初干活，
年 初 做 工
ku^{31}nje^{55}ɕhə^{33}ka^{35}。　　年末收粮。
年 尾 收 粮
ɕhə^{33}qə^{33}tɔ^{44}njoŋ^{22}　　收粮进仓，
收 活 到 仓
qe^{35}ka^{35}tɔ^{44}la^{31}。　　抬粮入库。
抬 粮 到 库
pɛ^{35}to^{22}njoŋ^{22}tɕə^{55}tɕhoŋ^{35}，　　稻满九间仓，
满 些 仓 九 间
pɛ^{35}to^{22}la^{31}ɕoŋ^{13}naŋ^{13}。　　粮充七个库。
满 些 库 七 层
saŋ^{55}nei^{35}saŋ^{55}ɬjho^{33}，　　这是起头篇，
层 这 层 大
naŋ^{13}nei^{35}naŋ^{13}vɛ^{55}。　　这是开始节。
层 这 层 上
ʔi^{33}lɛ^{55}tjɔ^{44}li^{22}，　　一人来唱理，
一 位 唱 理
tɕu^{31}lɛ^{55}naŋ^{55}ɕi^{55}。　　十位得报酬。

十 位 吃 财礼

二、神辞

神辞有：老人去世辞、寻葬地辞、开路辞、土地神辞、祭神辞、埋鬼辞等，内容是追忆祖先，孝敬长辈、向神鬼祈福禳灾等。由鬼师在葬礼和祭礼活动中唱，对象是死者和鬼神，真正的听者是家属和亲友。黔东苗语神辞如：

《li^{22}tə^{13}ta^{33}sei^{22}》	《寻葬地辞》
ʑu^{13} ɣa^{13}ta^{55}paŋ^{22}vɛ^{22}qa^{33}pə^{44}ta^{55}	好汉来伴我的桌边，
汉子灵 来 伴 我 旁边 桌子	
vi^{35}ɬjhɔ^{35}lo^{22}pə^{44}vɛ^{22}qa^{33}pə^{44}to^{53}	巧妇来靠我的机旁。
妇女智 来 护 我 旁边 织布机	
moŋ^{55}fha^{33}ni^{55}lo^{22}tɕo^{22}，	你倾耳来听。
你 转 耳 来 接	
moŋ^{55}tjaŋ^{35}mɛ^{13}lo^{22}ŋe^{44}。	你转眼来瞧。
你 回 眼 来 看	
vɛ^{22}qha^{33}tɕa^{55}moŋ^{55}n̥haŋ^{35}，	我释迦给你听，
我 开 迦 你 闻	
vɛ^{22}ʔɔ^{44}li^{22}moŋ^{55}pu^{53}。	我出理给你答。
我 出 理 你 破	
tɛ^{22}tjo^{22} ɬu^{33}haŋ^{35}，	那个白头老汉，
个 汉族 白 头	
tɛ^{22}ʑa^{44} ɬu^{33}qɛ^{33}。	那个银发老翁。
个 布依 白 根	
fha^{33}lɔ^{33}moŋ^{22}ne^{22}，	脚朝东方躺，
转 脚 去 下方	
fhɛ^{35}haŋ^{35}ɬjhoŋ^{53}tɕo^{13}。	头向西方眠。
翻 头 钻 上方	
thɛ^{53}moŋ^{22}tɕi^{35}ta^{44}ti^{44}，	退回大帝宫，
退 去 屋 大 帝	
tjaŋ^{35}qa^{33}fe^{33}su^{55}sha^{35}。	转返诞生村。
转 地方 会 生	
thɛ^{53}haŋ^{35}ɣaŋ^{22}su^{55}ʑi^{13}，	转回诞生地，

退 处 寨 会 育

tjaŋ^{35}qa^{33}fe^{33}su^{55}sha^{35}。　　返转出生村。

转 地 方会 生

tə^{55}ɣoŋ^{55}ɣaŋ^{13}ta^{33}，　　跟龙找地，

跟龙 寻 地

tə^{55}fho^{33}ho^{33}tɛ^{13}。　　与雷寻井。

跟雷 找井

tɛ^{22}ɕi^{35}ʔɛ^{44}tɕaŋ^{44}njaŋ^{55}ta^{35}tɛ^{35}？　　哪个经营长尾牛？

个什么做生意 水牛 长尾

tɛ^{22}ɕi^{35}ʔɛ^{44}tɕaŋ^{44}ma^{22}ta^{35}soŋ^{33}？　　哪个经营长鬃马？

个什么做生意 马 长鬃

naŋ^{55}ŋi^{55}tɛ^{33}moŋ^{13}khe^{35}，　　吃肉姜香，

吃 肉 香 姜

hə^{53}tɕu^{35}tɛ^{33}moŋ^{13}sɔ^{33}。　　喝酒椒辣。

喝 酒 香 椒

naŋ^{55}tɕu^{31}moŋ^{22}hɔ^{33}ta^{33}，　　吃了才找地，

吃 才 去 寻 地

hə^{53}tɕu^{31}moŋ^{22}ɣaŋ^{13}tɛ^{13}。　　喝了才寻井。

喝 才 去 找 井

hɔ^{33}lɛ^{33}ɣe^{55}tei^{13} ta^{33}，　　找个向阳岭，

找 个 岭 饱满地

ɣaŋ^{13}lɛ^{33}pi^{22}tei^{13}tə^{44}。　　寻个青松林。

寻 个 坡饱满树

tɕə^{55}ɣoŋ^{55}njaŋ^{33}tɕaŋ^{13}tjo^{35}，　　九龙在一起，

九 龙 在 一 处

tɕə^{55}fho^{33}ɕhu^{35}tɕaŋ^{13}naŋ^{55}。　　九雷共一方。

九 雷 在 一 处

ki^{35}vɛ^{55}mɛ^{55}lɛ^{33}lei^{55}，　　上面有个字，

上 面 有 个 字

ki^{35}ta^{33}mɛ^{55}lɛ^{33}shei^{35}。　　下面有句话。

下 面 有 个 话

ɣoŋ^{55}pɛ^{33}ʔə^{33}lo^{22}taŋ^{22}，　　龙送水来接，

龙 送 水 来 等

fho^{33} tɕa^{13} noŋ^{13} lo^{22} sei^{53} 。	雷降雨来迎。
雷 撒 雨 来接	
vɛ^{22} paŋ^{33} vɛ^{22} ʔa^{55} tjɔ^{44}，	我知我不唱，
我 知 我 不 唱	
vɛ^{22} tjɔ^{44} vɛ^{22} ʔa^{55} paŋ^{33} 。	我唱我不知。
我 唱 我 不 知	
tjaŋ^{35} tɕa^{55} nɛ^{13} ɕhe^{33}，	转迦来问亲，
转 迦 问 亲	
tjaŋ^{35} li^{22} nɛ^{13} qha^{44} 。	转理来问客。
转 理 问 客	
qha^{33} ta^{55} tɕu^{31} n̥haŋ^{35}，	解释才懂，
打开来 才 懂	
po^{53} ta^{55} tɕu^{31} paŋ^{33} 。	破释才知。
打开来 才 知	

湘西苗语神辞（人名下加—表示）如：

《ʈhɑ^{53} qo^{53} nje^{42}》	《椎牛根源》
sɛ^{35} tɛ^{44} ʐu^{53} n̥e^{35}	选得吉日，
算到 好 日	
ʂɤ^{53} tɔ^{53} ʐu^{53} njoŋ^{13} 。	择得良辰。
择 得 好 辰	
qɔ^{35} tɕoŋ^{42} lo^{22} tɛ^{44}	舅辈驾到，
根 子 来 到	
ne^{42} qha^{53} lo^{22} so^{53} 。	亲朋光临。
客 人 来 临	
tu^{44} pʐɯ^{44} tɕi^{44} sɤ^{35}，	主人高兴，
己 屋 高 兴	
ne^{42} qha^{53} tɕi^{44} ŋkhɛ^{44} 。	宾客欢喜。
客 人 欢 喜	
tɕi^{44} sɤ^{35} lje^{13} ʈhɑ^{53} tu^{53} pɯ^{35} tu^{53} njɑŋ^{42}，	高兴要叙祖宗历史，
高 兴 要 诉 话 祖父 话 祖母	
tɕi^{44} ŋkhɛ^{44} lje^{13} ʈhɑ^{53} tu^{53} nte^{44} tu^{53} mɑŋ^{53} 。	欢喜要摆先辈业绩。
欢 喜 要 诉 话 母 话 父	
lje^{13} ʈhɑ^{53} ɕi^{35} ŋɑŋ^{42} nɑŋ^{42} sa^{44}，	要唱昔日的歌，

要 话 昔 时候 的 歌

lje^{13} phu^{44} ɕi^{35} njaŋ^{13} naŋ^{44} tu^{53}。　　要讲以前的古。

要 说 昔 时节 的 话

ɕi^{35} ŋaŋ^{42} kjha^{44} tɕhɛ^{44} li^{42} tɕi^{35}，　　昔日开天立地，

昔 时候 开 天 立 地

ɕi^{35} njoŋ^{13} kjha^{44} tɕi^{35} ʐaŋ^{42} mʐei^{13}。　　往时地大光明。

昔 时辰 开 地 纳 光明

tɑ^{44} tɯ^{35} lo^{22} ʈhu^{44} po^{42} tɯ^{35} po^{42} ʐɯ^{35}，　　地下造成岩土，

地 来 做 底 土 底 石

tɑ^{44} pʐɑ^{35} lo^{22} ʈhu^{44} po^{42} n̥e^{35} po^{42} ɬɑ^{53}。　　天上造成日月。

天 来 做 底 日 底 月

tɑ^{44} tɯ^{44} lo^{22} ʈhu^{44} ȵ̥tɕhe^{44} tɯ^{35} ȵ̥tɕhe^{44} ʐɯ^{35}，地上造成土秤石秤，

地 来 做 秤 土 秤 石

tɑ^{44} pʐɑ^{35} lo^{22} ʈhu^{44} ȵ̥tɕhe^{44} n̥e^{35} ȵ̥tɕhe^{44} ɬɑ^{53}。天上造成日秤月秤。

天 来 做 秤 日 秤 月

ȵ̥tɕhe^{53} tɯ^{35} ȵ̥tɕhe^{53} ʐɯ^{35} tɕhe^{35} moŋ^{22} qo^{53} su^{53} qo^{53} kjɛ^{22}，　　土秤石秤称

秤 土 秤 石 称 去 果 数 果 检　　果数果检，

ȵ̥tɕhe^{53} n̥e^{35} ȵ̥tɕhe^{53} ɬɑ^{53} tɕhe^{35} moŋ^{22} qo^{35} so^{35} qo^{35} nta^{35}。　　日秤月秤称

秤 日 秤 月 称 去 雷 公 天 公　　雷公天公。

tɕhe^{35} moŋ^{22} tɯ^{35} ne^{42}，　　去称凡人，

称 去 地 人

tɕhe^{35} moŋ^{22} waŋ^{42} tɕi^{53}。　　去称王季。

称 去 王 季

ʈhu^{44} ʔu^{35} tɕi^{44} tɕoŋ^{35} mʐɯ^{22}，　　造河养殖鱼，

做 河 牵 引 鱼

ʈhu^{44} pu^{22} tɕi^{44} tɕoŋ^{35} ten^{35}。　　造山繁衍人。

做 山 连 接 村

tɑ^{35} tɯ^{35} ʈhu^{44} kjoŋ^{35} ʈhu^{44} ki^{35}，　　地上造昆虫，

大 地 做 蚯蚓 做 虫

tɑ^{35} pʐɑ^{35} ʈhu^{44} noŋ^{13} ʈhu^{44} mʐe^{22}。　　天空造鸟雀。

苍 天 做 鸟 做 雀

ʈhu^{44} ɬo^{44} pɔ^{44} ɳtɔ^{53}，　　造竹长节疤，

造 竹 节 突出

ʈhu44men35nthɤ53ȵe13。　　造箬长枝桠。
造　箬　分裂 枝
ʈhu44ɬo44qwen35saŋ35，　　造竹雕鬼，
造　竹 鬼　削
ʈhu44ntu53qwen35ʂei53。　　造木画神。
造　木　鬼　画
tɑ44tɯ35ʈhɑ44sɯ44ʔɑ44pɯ35tɯ35，　　大地才生地公，
陆 地　才　生　祖父　土
tɑ44pʐɑ35ʈhɑ44sɯ44ʔɑ44ȵaŋ42ne42。　　苍天才生人婆。
苍 天　才　生　祖母　人
ʈhɑ44sɯ44pɑ44ɕi44noŋ42，　　才生巴喜农，
才　生　巴　喜 农
ʈhɑ44sɯ44pɑ44sɯ44kwe42。　　才生巴手国。
才　生　巴　手　国
ʈhɑ44sɯ44ʔɑ44pɯ35thɯ44thɛ35，　　才生偷探公，
才　生 祖　父　偷　探
ʈhɑ44sɯ44ʔɑ44ȵaŋ42thɯ44the53。　　才生偷胎婆。
才　生 祖　母　偷　胎
ʈhɑ44sɯ44nte44qwen35，　　才生内肱，
才　生 内　肱
ʈhɑ44sɯ44maŋ53qwɯ44。　　才生妈孤。
才　生 妈　孤
nte44qwen35ʈhɑ44sɯ44ta35le35te35ɕoŋ35te35ʐi35，　内肱才生苗人夷人，
内　肱　才　生　几 个　苗 人　夷 人
maŋ53qwɯ44ʈhɑ44sɯ44ʈɑ35le35te35ʈɑ22te35qha53。妈孤才生汉人客家。
妈　孤　才　生　几 个　汉 人 客 家

三、辞的结构特点

辞是一种骈文，除起头和结尾的呼语（上面的例子中已删）外，通篇都是两句一联，上联和下联字数相等，结构相同。其特点如下：

1. 每一联的字数不限，短的只有三、四个字，长的达十个字以上。

三字联　如：

ɕha53lɛ55tju55，　　歌各唱一首，

歌 位 门

li^{22}lɛ^{55}ki^{35}。　　理各叙一章。

理 位 路

四字联　如：

qa^{33}nje^{55}ʔɛ^{44}qə^{33}，　　年初干活，

年 初　做 工

ku^{31}nje^{55}ɕhə^{33}ka^{35}。　　年末收粮。

年 末　收　粮

五字联　如：

hɔ^{33}lɛ^{33}ɣe^{55}tei^{13}ta^{33}，　　找个向阳岭，

找 个 岭饱满 地

ɣaŋ^{13}lɛ^{33}pi^{22}tei^{13}tə^{44}。　　寻个青松林。

寻　个 坡饱满 树

六字联　如：

tɑ^{35}tɯ^{35}ʈhu^{44}kjoŋ^{35}ʈhu^{44}ki^{35}，　　地上造昆虫，

大 地　做 蚯蚓 做　虫

tɑ^{35}pʐɑ^{35}ʈhu^{44}noŋ^{13}ʈhu^{44}mʐe^{22}。　　天空造鸟雀。

苍 天　做　鸟　做　雀

七字联　如：

tɛ^{22}ɕi^{35}ʔɛ^{44}tɕaŋ^{44}njaŋ^{55}ta^{35}tɛ^{35}，　　哪个经营长尾牛？

个什么做 生意 水牛　长 尾

tɛ^{22}ɕi^{35}ʔɛ^{44}tɕaŋ^{44}ma^{22}ta^{35}soŋ^{33}。　　何人经营长鬃马？

个什么做 生意 马　长 鬃

八字联　如：

tɕi^{44}sɤ^{35}lje^{13}ʈhɑ^{53}tu^{53}pɯ^{35}tu^{53}njɑŋ^{42}，　　高兴要叙祖宗历史

高　兴　要　诉　话祖父 话　祖母

tɕi^{44}ŋkhɛ^{44}lje^{13}ʈhɑ^{53}tu^{53}nte^{44}tu^{53}mɑŋ^{53}。　　欢喜要摆先辈业绩。

欢　喜　　要　诉　话　母　话　父

十字联　如：

nte^{44}qwen^{35}ʈhɑ^{44}sɯ^{44}ta^{35}le^{35}te^{35}ɕoŋ^{35}te^{35}ʑi^{35}，　　内肱才生苗人夷人，

内　肱　　才　生　几个 苗 人　夷 人

mɑŋ^{53}qwɯ^{44}ʈhɑ^{44}sɯ^{44}ʈɑ^{35}le^{35}te^{35}ʈɑ^{22}te^{35}qha^{53}。　　妈孤才生汉人客家。

妈　　孤　　才　生　几 个　汉 人　客　家

2. 上联和下降句法结构相同。

主谓宾对主谓宾。如：

fe^{33}fe^{33}mɛ^{55}tɕa^{55}， 村村有迦，
方 方 有 迦

ɣaŋ^{22}ɣaŋ^{22}mɛ^{55}li^{22}。 寨寨有理。
寨 寨 有 理

连动结构对连动结构。如：

ɕhə^{33}qə^{33}tɔ^{44}njoŋ^{22}， 收谷进仓，
收 活 到 仓

qe^{35}ka^{35}tɔ^{44}la^{31}。 抬粮入库。
抬 粮 到 库

并列结构对并列结构。如：

vɛ^{22}qha^{33}tɕa^{55}moŋ^{55}n̥haŋ^{35}， 我释迦你听，
我 开 迦 你 听

vɛ^{22}ʔɔ^{44}li^{22}moŋ^{55}pu^{53}。 我问理你答。
我 出 理 你 破

动补结构对动补结构。如：

tjaŋ^{35}qa^{33}fe^{33}su^{55}sha^{35}， 转回诞生地，
转 地 方 会 生

thɛ^{53}haŋ^{35}ɣaŋ^{22}su^{55}ʑi^{13}。 返回出生村。
退 头 寨 会 有

修饰结构对修饰结构。如：

tɛ^{22}tjo^{22}ɬu^{33}haŋ^{35}， 白头汉族老头，
个汉人白 头

tɛ^{22}ʐa^{44}ɬu^{33}qɛ^{33}。 银发布依老汉。
个布依白 根

3，相对成分的词类相同，声调不同

上联和下联的各个成分，有的都是用不同的字构成的。如：

njaŋ^{33}ta^{33}ɕa^{35}qoŋ^{35}， 坐着无聊，
坐 下无 聊

ɕhu^{35}vɛ^{55}nu^{44}nei^{44}。 闲着没趣。
站 上 酸 疼

这一类很少，绝大多数是部分相同，部分不同但相对，其中最后的字

必须相对。那么，相同的是些什么词，相对的是些什么词呢?

在上引三篇辞中，共有58联116句，其中上下联相对字相同的主要有：

前缀：qa^{33}、qo^{35}、tɑ^{44}、tɕi^{44}

副词：tɕu^{31}才、ʈhɑ^{44}才、ɕi^{33}相

动词：moŋ^{22}去、lo^{22}来、mɛ^{55}有、ʈhu^{44}做

量词：tɛ^{22}个、lɛ^{33}个、te^{35}个

这些成分意义都比较虚，在语言里不易找到类似的词来组成相对的结构。

上下相对的数量多得多，都是实词。下面列出58联116句中相对字的音和义（派生词只列词根，专名不列），并比较其词类和声调。

上联字	下联字	词类比较	声调比较
vɛ^{55}上	ta^{33}下	名词	不同
ta^{33}下	vɛ^{55}上	名词	不同
tɕa^{55}迦	li^{22}理	名词	不同
ta^{33}地	tə^{44}树	名词	不同
ta^{33}地	tɛ^{13}井	名词	不同
n̥hɛ^{33}日	m̥haŋ^{44}夜	名词	不同
ɣoŋ^{55}龙	fho^{33}雷	名词	不同
ʔə^{33}水	noŋ^{13}雨	名词	不同
ɣe^{55}岭	pi^{22}坡	名词	不同
fe^{33}方	ɣaŋ^{22}寨	名词	不同
tjoŋ^{22}涧	ɣe^{55}岭	名词	不同
ne^{22}下游	tɕo^{13}上游	名词	不同
ʑu^{13}汉子	vi^{35}妇女	名词	不同
tjo^{22}汉族	ʑa^{44}布依	名词	不同
ɕhe^{33}亲戚	qha^{44}客人	名词	不同
njaŋ^{55}水牛	ma^{22}马	名词	不同
ljo^{35}黄牛	kha^{33}犁	名词	不同
ne^{33}蛇	ɕho^{35}虎	名词	不同
haŋ^{35}头	qɛ^{33}背	名词	不同
ni^{55}耳	mɛ^{13}目	名词	不同
lɔ^{44}口	ku^{31}尾	名词	不同

lɔ^{33}脚 haŋ^{35}头 名词 不同
tɕhu^{33}腹 ɬa^{35}腰 名词 不同
tɛ^{35}尾巴 soŋ^{33}鬃毛 名词 不同
ŋi^{55}肉 tɕu^{35}酒 名词 不同
khe^{35}姜 sɔ^{33}辣椒 名词 不同
tju^{55}门 ki^{35}路 名词 不同
njoŋ^{22}仓 la^{31}库 名词 不同
tu^{22}火 loŋ^{55}笼 名词 不同
ta^{55}桌子 to^{53}织机 名词 不同
lei^{55}字 shei^{35}话 名词 不同
ɬe^{33}轭 ʐaŋ^{22}辕 名词 不同
qə^{33}工 ka^{35}粮 名词 不同
li^{22}理 ɕi^{55}财 名词 不同
ɕha^{53}歌 li^{22}理 名词 不同
tɯ^{35}地 pʐɑ^{35}天 名词 相同
tɕhɛ^{44}天 tɕi^{35}地 名词 不同
tɯ^{35}地 n̥e^{35}日 名词 相同
n̥e^{35}日 njoŋ^{13}辰 名词 不同
ŋɑŋ^{42}时候 njoŋ^{13}时节 名词 不同
ʐɯ^{35}石 ɬɑ^{53}月 名词 不同
tu^{44}已 ne^{42}人 名词 不同
ɕoŋ^{35}苗人 ʈɑ^{22}汉人 名词 不同
ʑi^{35}夷 qha^{53}客 名词 不同
pɯ^{35}祖父 ŋ̥ɑŋ^{42}祖父 名词 不同
ŋ̥ɑŋ^{42}祖母 mɑŋ^{53}父亲 名词 不同
pɯ^{35}祖父 nte^{44}母亲 名词 不同
tɕoŋ^{42}根 qha^{53}客 名词 不同
pʐɯ^{44}屋 qha^{53}客 名词 不同
kjoŋ^{35}蚯蚓 noŋ^{13}鸟 名词 不同
kji^{35}虫 mʐe^{22}雀 名词 不同
ɬo^{44}竹 ntu^{53}树 名词 不同
ɬo^{44}竹 men^{35}箬 名词 不同
sa^{44}歌 tu^{53}话 名词 不同

mʐɯ^{22}鱼	ten^{35}村	名词	不同
njaŋ^{33}坐	ɕhu^{35}站	动词	不同
ta^{35}拿	tje^{33}提	动词	不同
ta^{55}来	lo^{22}来	动词	不同
moŋ^{22}去	ɬjhoŋ^{53}钻	动词	不同
tjaŋ^{35}转	thɛ^{53}退	动词	不同
fha^{33}旋	tjaŋ^{35}转	动词	不同
fha^{33}旋	fhɛ^{35}翻	动词	不同
ɣaŋ^{13}寻	hɔ^{33}找	动词	不同
hɔ^{33}找	ɣaŋ^{13}寻	动词	不同
paŋ^{33}知	tjɔ^{44}唱	动词	不同
tjɔ^{44}唱	paŋ^{33}知	动词	不同
tjɔ^{44}唱	naŋ^{55}吃	动词	不同
pɛ^{33}给	tsa^{13}撒	动词	不同
paŋ^{22}伴	pə^{44}护	动词	不同
n̥haŋ^{35}懂	paŋ^{33}知	动词	不同
n̥haŋ^{35}懂	pu^{53}释	动词	不同
taŋ^{22}等	sei^{53}接	动词	不同
tɕo^{22}接	ŋe^{44}看	动词	不同
qha^{33}开	ʔɔ^{44}问	动词	不同
qaŋ^{35}讲	toŋ^{31}读	动词	不同
naŋ^{55}吃	hə^{53}喝	动词	不同
ɕhə^{33}收	qe^{35}抬	动词	不同
ʔɛ^{44}做	ɕhə^{33}收	动词	不同
tɕo^{33}教	ɕe^{13}诉	动词	不同
sha^{35}生	ʑi^{13}育	动词	不同
tɕhaŋ^{35}起	sha^{44}终	动词	不同
tɛ^{44}到	tɔ^{53}得	动词	不同
tɛ^{44}到	so^{53}临	动词	不同
ʈhɑ^{53}述	phu^{44}说	动词	不同
sɛ^{35}算	ʂɤ^{53}择	动词	不同
sɑŋ^{35}削	ʂei^{53}画	动词	不同
li^{22}立	ʑɑŋ^{42}纳	动词	不同

thə^{35}温习	ɬo^{33}复习	动词	不同
ɕha^{44}穷	ɬa^{13}富	形容词	不同
lo^{22}老	qo^{44}故	形容词	不同
njo^{55}绿	lu^{22}老	形容词	不同
ɬjho^{35}聪明	ɣa^{13}灵利	形容词	不同
ɣa^{13}灵利	ɬjho^{35}聪明	形容词	不同
ɬjho^{33}大	vɛ^{55}上	形容词	不同
sɤ^{35}高兴	ŋkjhɛ^{44}欢喜	形容词	不同
ɕa^{35}qoŋ^{35}无聊	nu^{44}nei^{44}没趣	形容词	不同
toŋ^{35}季	n̥jhu^{44}年	量词	不同
tjo^{35}块	naŋ^{55}处	量词	不同
saŋ^{55}层	naŋ^{13}层	量词	不同
tɕhoŋ^{35}间	naŋ^{13}层	量词	不同
ʔi^{33}一	tɕu^{31}十	数词	不同
tsa^{33}五	tju^{44}六	数词	不同
tɕə^{55}九	ɕoŋ^{13}七	数词	不同
ɕi^{35}什么	to^{13}哪	代词	不同

从上面的比较可以看出，辞中上下联相对成分的词类全部相同；词义大多数相近，少数相同或相反；声调除两对相同外，其余的都不同。因此词类相同，声调相异是辞对仗的主要要求。

第三节　谜　语

谜语短小精悍，韵律铿锵，寓意深长，助长兴趣，增进知识，大人小孩都喜欢猜。说苗瑶语的人各地都有这种文学形式。

苗瑶语的谜语跟其他语言的一样，分谜面和谜底两部分。谜面用诗歌语言含蓄地说出被猜事物的特征，但不说其名称。篇幅都不长，最短的只有一句，最长的也不超过 10 句。谜底说出被猜事物的名称，只有一个词或一个词组。

下面只举三种语言的一些例子，不做结构分析。

一、罗泊苗语谜语

1.

ʔə^{05}ntu^{55}tɕu^{55}po^{31}ȵin^{31}，	纸包银子，
纸 包 银	
ʔə^{05}ȵin^{31}tɕu^{55}po^{31}ʔə^{05}la^{31}ven^{31}。	银子包黄泥巴。
银 包 泥 黄	
ʔə^{05}tɕa^{55}tsha^{55}mu^{31}tu^{35}，	小官猜不着，
小 官 猜 不 到	
tə^{02}ndaŋ^{35}tɕa^{55}tsha^{55}pi^{35}nen^{31}。	大官猜百年。
大 官 猜 百 年	
——ʔə^{02}qwei^{35}——	——鸡蛋——

2.

ʔə^{02}ʔlaŋ^{31}ku^{31}ɳʈu^{31}ʔu^{31}phe^{35}ɳɖa^{55}，	一个锤打两面鼓，
一 个 锤 打 二 面 鼓	
ʈen^{31}ʔə^{02}tshaŋ^{55}tshaŋ^{55}ʔu^{31}ʔlaŋ^{31}qloŋ^{55}ŋka^{55}。	一把铲铲两个粑。
根 铲 铲 二 个 糟 粑	
——ta^{31}tu^{55}ju^{55}——	——牛尾巴——
——ta^{31}mblei^{31}ju^{55}——	——牛舌头——

3.

ðaŋ^{55}tə^{02}pa^{55}ju^{55}ta^{31}qlaŋ^{31}	一头黑公牛。
个 公 牛 黑	
ɥe^{31}ɥe^{31}su^{55}lu^{55}ɳʈu^{31}len^{31}ʔjaŋ^{31}	早早起来打田秧。
早 早 起 来 打 田 秧	
——tə^{02}he^{31}ʔoŋ^{31}——	——水瓢——

4.

ðaŋ^{55}qa^{31}la^{31}ndza^{55}，	一只黄鼠狼，
只 黄 鼠 狼	
ȵ̥tɕin^{35}tə^{02} men^{35}mu^{31}ȵ̥tɕin^{35}tə^{02} pa^{55}。	爬女人不爬男人。
爬 女人 不 爬 男人	
——ʔə^{02}ɥe^{35}——	——梳子——

二、湘西苗语谜语

1.

ʔɑ^{44}le^{35}te^{35}te^{35}ʔɑ^{44}ȵ̥tɕha^{44}qe^{35}，	一个孩儿单眼睛，
一 个 孩 孩 一 只 眼	
tɔ^{53}le^{35}tɕi^{44}tɤ^{44}ʔɑ^{44}pʐɯ^{44}ne^{42}。	瞪眼望着一家人。
自 己 望 一 家 人	
——pʐɔ^{53}ɕɛ^{35}——	——灯盏——

2.

nte^{44}pu^{22}mi^{22}sɔ^{35} te^{35}pu^{22}pɤ^{35}，	母披蓑衣儿披被，
母 披 大 蓑衣 儿 披 被子	
nte^{44}ɳʈa^{44}qɑ^{44}lɔ^{53} te^{35}ʈɑ^{44}ʂɤ^{35}。	母张大口儿落地。
母 张 嘴 儿 落 走	
——pi^{44}ʐɔ^{31}——	——板栗——

3.

ʔɑ^{44}le^{35}te^{35}te^{35}ɕu^{35}pɑ^{44}ɕu^{35}，	一个孩子小又小，
一 个 孩 孩 小 又 小	
tɔ^{53}le^{35}hu^{44}tɕu^{22}ʔɑ^{44}phu^{35}ʔu^{35}。	自己喝完一缸水。
自 己 喝 完 一 缸 水	
——kɑ^{22}tɔ^{35}——	——水瓢——

4.

qɔ^{35}tshɛ^{35}nu^{31}ŋoŋ^{42}，	一千只鹅。
千 鹅	
qɔ^{35}pa^{35}nu^{31}ʂɯ^{22}。	一百只鸭。
百 鸭	
ʔɑ^{44}ɕi^{35}da^{53}te^{35}，	一绳拉扯，
一 条 绳 扯	
ʔɯ^{35}te^{22}pʐɑ^{44}ljɯ^{31}。	两棍看守。
二 根 棍 守	
——tɤ^{35}ki^{42}ʈɯ^{42}——	——抽蚕茧——

5.

ʔɯ^{35}tɕe^{22}te^{35}lɑ^{31}thu^{44}ʔɑ^{44}ʂei^{35}，	高矮一般两丘田，

二 丘 田 做 一 排

qɔ^{35} ʈhu^{53} ɳʈo^{44} qo^{35} mu^{31} tshei^{35}。 中间清秀周围浑。

边 浑 中间 清

——lɤ^{44} qe^{35}—— ——眼睛——

6.

qɔ^{35} pʐɔ^{35} ɕu^{44}， 脚杆小，

脚 小

pɛ^{44} tɯ^{53} ljoŋ^{42}； 脚板大；

脚板 大

pɑ^{44} ɳ̥ɔ^{42} mpa^{53}， 猪嘴巴，

嘴 猪

pi^{44} tɤ^{44} ʑoŋ^{42}， 羊尾巴。

尾巴 羊

——qɔ^{35} li^{42}—— ——犁——

7.

tɤ^{31} ʂo^{35} ʈe^{31}， tɑ^{42} mpe^{53} pen^{42}， 晴天打雷飘雪花，

响 雷 晴 落 雪 花

tɑ^{42} mpe^{53} tɕi^{44} ŋwa^{22} qɔ^{35} ʈɯ^{22} ɳ̥tɕin^{22}。 雪花围着城墙下。

来 雪 围 墙 城

——ʐo^{22} ʐɯ^{35}—— ——推磨——

三、黔东苗语（凯棠）谜语

1.

tɔ^{33} faŋ^{55} qhɛ^{35} tɔ^{33} ɬo^{33}， 黄布包白布，

布 黄 包 布 白

tɔ^{33} ɬo^{33} qhɛ^{35} lei^{33} ɣa^{13}， 白布包梳子，

布 白 包 个 梳子

lei^{33} ɣa^{13} qhɛ^{35} lei^{33} ŋa^{55}， 梳子包肉坨，

个 梳子 包 个 肉

lei^{33} ŋa^{55} qhɛ^{35} pɔ^{35} shuŋ^{35}。 肉坨包骨头。

个 肉 包 骨头

——tsei^{35} qa^{33} naŋ^{13} puŋ^{53}—— ——橙子——

2.

njaŋ^{33} tei^{22} ʔɛ^{35} faŋ^{33} ni^{53}，
有　个　女孩　台江
有个台江妹，

naŋ^{22} phaŋ^{33} ʔo^{35} tje^{33} lin^{53}，
穿　件　衣　条纹
穿件条纹衣，

ʔɔ^{33} tɕe^{22} pe^{22} ʔei^{44} qa^{33} lin^{53}。
二　枝　手　做　衣领
两手当衣领。

taŋ^{53} tɔ^{22} ʔei^{44} tɕu^{23} ta^{53}，
大　家　做　完　来
大家干完了，

nei^{53} ʔei^{44} ʔa^{44} tɕu^{23} ta^{53}，
他　做　不　完　来
她还没干完，

taŋ^{53} tɔ^{22} taŋ^{22} nei^{53} tɕu^{23} lei^{53}
大家　等　他　一　位
大家都等她。

——tɕe^{22} lo^{23} ka^{35}——
——饭萝——

3.

ʔei^{33} tei^{22} pɔ^{33} tei^{33} nei^{53}，
一　个　小孩　人
一个小人儿，

ɬei^{22} ken^{23} qa^{33} qaŋ^{33} ta^{53}，
钻　入　底下　桌
钻进桌子下，

tje^{33} kɔ^{23} ʔɔ^{33} pe^{33} lei^{53}
打　倒　二　三　位
打倒两三位。

——lei^{33} ʔuŋ^{35} tɕo^{35}——
——酒壶——

4.

njaŋ^{33} tɕe^{22} pəu^{22} ʔɔ^{33} tjha^{33}
有　枝　刺　二　叉
一枝两叉刺，

tɕe^{44} ɕhin^{13} məu^{22} lei^{33} pɔ^{33}
爬　上　去　个　包
爬上一个包，

ŋaŋ^{44} quŋ^{22} tɕaŋ^{22} ki^{33} vi^{33}
看　弯　曲　圆　溜
又弯又圆溜，

ɣei^{23} ɕhin^{13} lɔ^{22} tju^{33} tɛ^{33}
落　下　来　里　地
落到地面上，

ŋaŋ^{44} quŋ^{22} tɕaŋ^{22} ki^{33} vi^{33}
看　弯　曲　圆　溜
又弯又圆溜，

ŋaŋ^{44} lju^{13} tei^{22} kaŋ^{33} khuŋ^{33}
看着像虾公。

看 像 只 虾

——lei^{33}ɣa^{23}—— ——梳子——

5.

njaŋ^{33}tei^{22}təu^{44}ɣɔ^{33}xhi^{35} 一棵青蒿树，

有 个 树 菜 蒿

xhe^{33}lɛ^{44}qəu^{44}hɔ^{33}tsɛ^{35} 高到与天接。

高 到 公 雷 家

——ʔəu^{33}ʔi^{33}—— ——炊烟——

6.

ʔei^{33}tɕe^{22}qhɛ^{35}tjhu^{33} ɬo^{33} 一腿包白布，

一 枝 包 裹腿 白

ʔei^{33}tɕe^{22}qhɛ^{35}tjhu^{33} ɬei^{33} 一腿包黑布，

一 枝 包 裹腿 黑

ʔei^{33}tɕe^{22}tɕu^{35}kɔ^{33} vɔ^{33} 全身圆滚滚，

一 个 圆 滚 滚

taŋ^{55}tɔ^{22}ɕhe^{35}pu^{33} tɕu^{33} 大家注目看。

大家 看 注 视

——lei^{33}ŋɔ^{33}—— ——陀螺——

7.

njaŋ^{33}tei^{22}ʔɛ^{35}ɣu^{44} nju^{53} 有个漂亮妹，

有 个 妹 漂 亮

pe^{44}ken^{23}nɛ^{22}ki^{35} tju^{53} 睡在门角落。

睡 在 母 角 门

tjaŋ^{33}tuŋ^{35}tɕe^{44}ʔei^{33} njaŋ^{53} 回春到正月，

转 季 上 一 年

tjaŋ^{35}tuŋ^{35}tɕe^{44}ʔɔ^{33} njaŋ^{53} 回春到二月，

转 季 上 二 月

nei^{53}fa^{22} pə^{44}qɔ^{33} thɔ$^{53\leftarrow33}$ 他就起来转，

他 起来 响 轻巧

taŋ^{53}tɔ^{22}ɕha^{44}xhe^{33} nei^{53} 大家都怕他。

大家 怕 他

——lei^{33}ŋɔ^{33}—— ——陀螺——

8.

məu^{22}ɣəu^{35}məu^{22}kəu^{33}　ljəu^{33}kəu^{33}ljəu^{33}
去　野外　去　　缓慢　　缓慢
外去慢慢走，

lo^{22}tsɛ^{35}lɔ^{22}ki^{33}　li^{33}ki^{33}li^{33}
回 家 来　紧跟　紧跟
回家紧紧跟，

ɕɔ^{35}xhɔ^{33}tjəu^{22}tɔ^{33}lɔ^{33}tɔ^{33}lɔ^{33}
说　话　汉　哇啦　哇啦
哇啦哇说汉语，

ʔa^{44}mi^{53}təi^{22}ʑe^{35}n̥haŋ^{35}ʔei^{33}lei^{32}
不　有　谁　　懂　一　个
一句也听不懂。

——tei^{22}ka^{23}——
——鸭子——

9.

ʔe^{33}lei^{33}vi^{22}
一 个 锅
一个锅，

ʔɔ^{33}lei^{33}tɕəu^{35}
二 个 粑
两个粑；

ʔei^{33}lei^{33}sɛ^{22}
一 个 凉
一个凉，

ʔei^{33}lei^{33}ɕhɔ^{35}
一 个 热
一个热。

——lei^{33}ɬha^{44}，lei^{33}n̥hei^{33}——
——月亮，太阳——

10.

tei^{22}naŋ^{22}tɕe^{44}tɕhuŋ^{35}tsɛ^{35}
只　鼠　爬　间　房
老鼠爬上墙，

tei^{22}pi^{31}tshɔ^{44}haŋ^{35}qa^{35}
只 猫　戳　处　屎
猫儿戳其肛。

——qa^{33}pa^{35}shu^{13}tju^{53}——
——开锁——

11.

njaŋ^{33}tei^{22}qəu^{44}lo^{22}tjəu^{22}
有　　个　老头　汉
一个汉老头，

kaŋ^{22}tjəu^{44}ɕin^{44}nin^{22}lɔ^{22}
从　　于　镇　远　来
他从镇远来，

lɛ^{53}kaŋ^{33}ɕəu^{44}pa^{22}nja^{22}
烂　　疥疮　　密 麻
全身是疥疮，

——tjaŋ^{33}ɬjɔ^{13}—— ——秤——

12.

njaŋ^{33}tei^{22}pa^{35}ni^{53} ɬo^{33} 一头白水牛，
有 只 公 水牛 白
pe^{44}lei^{33}vaŋ^{22}nɔ^{53}ʔəu^{33} 躺进绿水池，
睡 个 池 绿 水
ɣəu^{22}pe^{44}ɣəu^{22}taŋ^{53}tju^{33} 越躺越下沉。
越 睡 越 沉 身
——lei^{33}çe^{35}—— ——盐粑——

13.

xhaŋ^{33}pe^{22}njaŋ^{33}tei^{22}təu^{44} 对面坡上一棵树，
对面 坡 有 棵 树
mi^{53}tei^{22}lɛ^{33}məu^{22}tçe^{44} 一只猴子往上爬。
有 只 猴 去 爬
——tei^{22}ka^{35}vaŋ^{53}—— ——玉米——

凯棠的谜语跟故事同名，也叫 qa^{33}tçəu^{35}qəu^{44}，除个别的外，都押调，也跟歌谣相同。

第四节 说说唱唱

说说唱唱是一种歌谣与散文交替的文体，黔东苗语称 çha^{13}qa^{33}pe^{22}fu^{22}“别福歌”。我掌握的材料只有凯棠话的。下面举一个例子。

va^{22}gha^{44} 离婚

mi^{53}tei^{22}tei^{33}phe^{13}ɣəu^{44}nju^{53}，lei^{33}tsɛ^{35}ʔɛ^{35}mi^{53}ʔɔ^{33}tei^{22} tja^{22} ，tei^{22}pa^{35}tsɛ^{53}
有 个 女 孩 漂 亮 个 家 那 有 二 个 男孩 个 父 也
tɛ^{22}njaŋ^{33}hɛ^{33}。taŋ^{53}tɔ^{22}ta^{53}nei^{23}qha^{44}，tei^{22}tei^{33}phe^{13}tsɛ^{53}haŋ^{35}ken^{13}ʐaŋ^{53}。lɛ^{44}
还 在 大 家 来 问 客 个 女 孩 也 同 意 了 到
ʔei^{33}njuŋ^{22}lɔ^{22}，nei^{53}fhi^{35}xhe^{33}，ʔa^{44}nju^{44}məu^{22}。tei^{22}xhe^{33}qɛ^{53}ʔa^{44}haŋ^{35}，tei^{22}pa^{35}
一 向 来 她 反 心 不 愿 去 个 别 就 不 愿 个 父
tɔ^{22}tja^{22}qɛ^{53}pu^{35}nje^{53}məu^{22}。mi^{53}ʔei^{33}tju^{53}ʐəu^{23}ta^{53}nei^{22}nei^{53}。taŋ^{21}qaŋ^{33}nei^{53}
些 哥 就 补 银 去 有 一 门 又 来 问 她 头 后 她
naŋ^{22}naŋ^{22}ʔa^{44}nju^{44}məu^{22}。ʔei^{44}nɛ^{35}ʔei^{44}lɛ^{44}tçəu^{53}tja^{23}，tei^{22}pa^{35}tɔ^{22}tja^{22}pu^{35}nje^{53}
仍 旧 不 愿 去 那 样 做 到 九 次 个 父 些 哥 补 银

nɔ^{44}, tɕhi^{44} tjəu^{44} tei^{22} tei^{33} phe^{13}: "tei^{22} nuŋ^{35} ʔa^{44} tjɔ^{23} tei^{22} ɣəu^{44}, tjɔ^{23} tei^{22} tsɔ^{44} qɛ^{33},
多 气 给 个 女 孩 个 这 不 是 个 好 是 个 败 家
tjhɔ^{44} məu^{22} mi^{22} məu^{22}。"
牵 去 卖 去

有个女孩长得非常漂亮，那家还有两个男孩，父亲也还在。许多人来说媒，女孩也同意了。可是过了一段时间，她心里反悔，不愿意去。别人不认账，父亲和哥哥们只好赔银子。后来又有一家来求亲，她也仍然不愿去。这样反悔了九次，父亲和哥哥们赔了许多银子。他们生气了。说："这不是个好东西，是个败家子，牵去把他卖了。"

tei^{22} pa^{35} qhei^{44} tei^{22} tei^{33} phe^{13} məu^{22} tjəu^{44} tei^{22} tɕi^{35}, pe^{44} pɔ^{35} ɬjəu^{33} lja^{53}, tei^{22}
个 父 嫁 个 女 儿 去 给 个 婿 名 宝 瘸 子 个
ʔɛ^{35} nuŋ^{31} mi^{53} nəu^{53} mi^{53} həu^{13}。ʔɛ^{33} lɛ^{22} nei^{53} tsɛ^{33} lɔ^{33}。ʔei^{44} nɛ^{35}, tei^{22} tei^{33} phe^{13} ʔɛ^{35}
那 自然 有 吃 有 喝 可 是 他 跛 脚 那 样 个 女 孩 那
qɛ^{53} ʔa^{44} nju^{44} məu^{22}, nei^{53} qɛ^{53} hɔ^{44} nei^{53} pa^{35}: "muŋ^{53} məu^{22} na^{23} vi^{22} ɕi^{44} qha^{44}
就 不 愿 去 她 就 说 她 父 你 去 为 我 离 婚
njɔ^{53}。" tei^{22} pa^{35} ʔa^{44} nju^{44} məu^{22}。tei^{22} tei^{33} phe^{13} qɛ^{53} hɔ^{44} nei^{53} pa^{35}: "vi^{22} tjəu^{44} ʔei^{33}
算了 个 父 不 愿 去 个 女 孩 就 说 她 父 我 唱 一
təu^{44} ɕha^{13} tjəu^{44} muŋ^{53} n̥haŋ^{35}, pa^{35} ʔɔ^{22}。" tei^{22} pa^{35} tɛ^{33} hɔ^{44}: "tjəu^{44} ta^{53}
首 歌 给 你 听 父 啊 个 父 答 说 唱 来
ʔɔ^{22} kei^{31}!"
啊, 姑娘

父亲把女儿嫁给一个叫宝瘸子的女婿。他有吃有喝，可是是一个跛子。女儿也不愿意去，要父亲去为她离婚。父亲不愿去。女儿就对父亲说："我唱一首歌给你听。"父亲说："行，唱吧！姑娘！"

hɔ^{22} hei^{13} hɔ^{22} hei^{13} 哈 嘿 哈 嘿	哈嘿！哈嘿！
suŋ^{23} pu^{22} tei^{33} va^{22} ɕəu^{44} 遇 朋友 孩子 逃 婚	别人的孩子逃婚，
pa^{35} puŋ^{53} xhɔ^{33} li^{22} tsha^{44} 父 冒 话 理 快	你说理滔滔；
suŋ^{23} muŋ^{53} tei^{33} va^{22} ɕəu^{44} 遇 你 孩 逃 婚	自己的孩子逃婚，
pa^{35} taŋ^{53} xhɔ^{33} li^{22} fhu^{44}	你沉默寡言，

父 沉 话 理 偏护

taŋ^{31} mi^{53} ɬjaŋ^{33} kəu^{22} ʔa^{44}　　像有鬼作祟，

像 有 鬼 酿 做

hɔ^{33} ni^{53} ɣa^{33} tei^{22} ɬha^{44}　　像雷公追月。

雷 紧 追 个 月

tei^{22} pa^{35} tei^{22} ʔɛ^{35} qɛ^{53} ɕi^{44} ʑaŋ^{22} məu^{22} ɕi^{33} qha^{44} 。məu^{22} tɕa^{23} tei^{22} nəu^{23} tsha^{44}，

个 父 个 女儿 就 相 引 去 退 婚 去 遇 只 鸟 土画眉

tei^{22} tei^{33} phe^{13} tjəu^{44} ɕha^{13}：

个 孩 女 唱 歌

父亲和女儿就一道去悔婚。路上遇见一只土画眉。女儿就唱道：

hɔ^{22} nei^{13} hɔ^{22} hei^{13}　　哈嘿！哈嘿！

哈 嘿 哈 嘿

ke^{35} ɕhe^{35} ɬɔ^{22} va^{23} ɬja^{44}　　如果我离得快，

如 果 我 转 来

fhi^{35} tɕaŋ^{53} tei^{22} nəu^{23} tsha^{44}　　变只土画眉，

变 成 只 土画眉

ɬei^{22} ɣu^{35} ɬei^{22} kuŋ^{13} xhe^{44}　　钻树钻刺蓬，

钻 林 钻 蓬 快

vi^{22} məu^{22} vi^{22} tɕa^{23} ɣəu^{44}　　那多么快乐。

我 去 我 遇 好

ke^{35} ɕhe^{35} ɬɔ^{22} va^{23} ɬjin^{31}　　如果我离得快，

如 果 我 转 快

fhi^{35} tɕaŋ^{53} tei^{22} nəu^{23} tsɔ^{31}　　变只青菜雀，

变 成 只 鸟 青菜雀

vi^{22} məu^{22} vi^{22} nuŋ^{23} fa^{31}　　我获得解脱，

我 去 我 将 脱

vi^{22} faŋ^{53} xhe^{33} tɕu^{23} ɣəu^{31}　　高兴一辈子。

我 高 兴 一 辈子

tei^{22} pa^{35} lɔ^{22} tjəu^{44}：

个 父 来 唱

父亲唱道：

hɔ^{22} nei^{13} hɔ^{22} hei^{13}　　哈嘿！哈嘿！

哈 嘿 哈 嘿

ke^{35}ɕhe^{35}ɬɔ^{22}va^{23}ɬjin^{31}　　如果你离得快，
如 果 你 转 快
fhi^{35}tɕaŋ^{53}tei^{22}nəu^{23}tsɔ^{31}　　变只青菜雀，
变 成 只 鸟 青菜雀
ɬei^{22}qa^{33}ɣəu^{35}tɕu^{23}ke^{31}　　钻山林小沟，
钻 山 林 一 沟
fhen^{44}xhe^{33}məu^{22}tɕu^{23}ɣəu^{31}　　快活一辈子；
安 心 去 一 辈子
ke^{35}ɕhe^{35}ɬɔ^{22}va^{23}ɬja^{44}　　如果你离得快，
如 果 你 转 快
fhi^{35}tɕaŋ^{53}tei^{22}nəu^{23}tsha^{44}　　变只土画眉，
变 成 只 鸟 土画眉
ɬei^{22}qa^{33}ɣəu^{35}tɕu^{23}təu^{44}　　钻山沟树林，
钻 山 林 一 树
ɬɔ^{22}məu^{22}ɬɔ^{22}tɕa^{23}ɣəu^{44}　　你会得到好处。
你 去 你 遇 好
tja^{23}nuŋ^{35}qa^{33}tjuŋ^{22}qɛ^{53}tɕəu^{33}thɔ^{44}　　这次，山谷安套子，
次 这 山 谷 就 安 套
həu^{35}pe^{22}qɛ^{53}tɕəu^{33}ɣe^{44}　　山顶安粘胶，
头 山 就 安 胶
muŋ^{53}məu^{22}muŋ^{53}kɔ^{23}thɔ^{44}　　你去你被套，
你 去 你 着 套
muŋ^{53}tjəu^{53}muŋ^{53}kɔ^{23}ɣe^{44}　　你去你被粘，
你 跨 你 着 胶
muŋ^{53}məu^{22}ɣa^{53}ʑuŋ^{23}tɔ^{44}　　你去你逃不脱，
你 去 不 必 得
muŋ^{53}naŋ^{22}naŋ^{22}təu^{23}qɔ^{44}　　跟原来一样。
你 仍 旧 跟 旧

məu^{22}tɕa^{23}tei^{22}nɛ^{22}。tei^{33}tei^{33}phe^{13}qɛ^{53}tjəu^{44}ɕha^{13}：
去 遇 只 鱼 个 孩 女 就 唱 歌
路上遇见一条鱼。女孩就唱歌：

nuŋ^{31}ʔei^{44}tei^{22}tei^{33}ke^{31}　　我做了个女孩。
自己 做 个 孩 女

ke^{35} ɕhe^{35} vi^{22} va^{23} ɬin^{31} 如果我离得快，
如 果 我 转 快
fhi^{35} tɕaŋ^{53} nɛ^{22} va^{23} vəu^{31} 变成鱼游田坝，
变 成 鱼 转 田坝
məu^{22} tɕi^{35} nuŋ^{35} sen^{13} ken$^{31←13}$ 到这个潭躲着，
去 潭 这 躲 着
məu^{22} tɕi^{35} ʔɛ^{35} sen^{13} ken$^{31←13}$ 到那个潭躲着，
去 潭 那 躲 着
muŋ^{53} ta^{35} ɬɛ^{35} ɣaŋ^{23} ke^{31} 你放犬去寻我，
你 用 狗 寻 我
muŋ^{53} thəu^{35} ɣa^{53} ʐuŋ^{23} ɬo^{31} 能寻得到吗？
你 整 不 了 到
muŋ^{53} ɣaŋ^{23} ɣa^{53} tɕa^{23} ke^{31} 你寻不到我。
你 寻 不 着 我
vi^{22} va^{22} vi^{22} nuŋ^{23} tho^{31} 我定能逃脱。
我 逃 我 会 脱
tei^{22} pa^{35} tjəu^{44}
个 父 唱
父亲就唱：
pu^{22} n̥hen^{44} pa^{22} tɕu^{23} lei^{31} 别人织网只一层，
别人织 网 一 层
nɛ^{22} n̥hen^{44} pa^{22} ɕuŋ^{23} lei^{31} 我织网织七层，
父母织 网 七 层

məu^{22} tɕi^{35} nuŋ^{35} fhəu^{13} pɔ^{31} 到这个潭去撒，
到 潭 这 撒 轻快
məu^{22} tɕi^{35} ʔɛ^{35} fhəu^{13} pɔ^{31} 到那个潭去撒，
到 潭 那 撒 轻快
muŋ^{53} pu^{23} pa^{22} ɕuŋ^{23} lei^{31} 你被套七层，
你 入 网 七 层
muŋ^{53} va^{22} ɣa^{53} ʐuŋ^{23} tho^{31} 你逃不脱啊！
你 逃 不 能 脱
tei^{22} tei^{33} phe^{13} kɔ^{22} hɔ^{44}：“ ʔɔ^{33} məu^{22} ʐa^{44} pa^{35} ʔa^{22}！” məu^{22} lɛ^{44} tei^{22} tɕi^{35}
个 孩 女 喊 道 我俩 去 呀 爸 啊 去 到 个 女婿

tsɛ^{35} 。tɕa^{23} tei^{22} tɔ^{35} qhɛ^{35} ka^{35} ɬi^{31} kəu^{53} məu^{22}："muŋ^{53} ta^{53} ʐaŋ^{53} qəu^{44} ʔa^{22}！muŋ^{53}
家　遇　个小姑　包　饭　出　外　去　你　来　了　公　啊　你

njaŋ^{33} tɛ^{33} haŋ^{35} nuŋ^{35} ʐəu^{44}, maŋ^{23} vi^{22} qhɛ^{35} ka^{35} tjəu^{44} vi^{22} tsɛ^{35} tja^{22} məu^{22}。"tei^{22}
坐　下　处　这　吧　让　我　包　饭　给　我　家　哥　去　个

tei^{33} phe^{13} hɔ^{44}："ta^{35} vi^{22} qhɛ^{35} məu^{22}, tɛ^{13}！"tei^{22} tei^{33} phe^{13} qhɛ^{35} ka^{35} məu^{22} tjəu^{44}
孩　女　说　拿　我　包　去　姑姑　个　孩　女　包　饭　去　给

pɔ^{35} ɬjəu^{33} lja^{53} kha^{33} lje^{53}。tei^{22} tei^{33} phe^{13} qɛ^{53} kɔ^{22}："lɔ^{22} nəu^{53} ka^{35} n̥hei^{33} ʐa^{22} tja^{22}
宝　瘸　子　耕　田　个　孩　女　就　喊　来　吃　饭　天　呀　哥

pɔ^{35}！tja^{22} pɔ^{35} qa^{33} tɕi^{44} ʔa^{44} n̥haŋ^{35}, nei^{35} hɛ^{13} ljɔ^{35} tshei^{33} tshei^{33}。tei^{22} tei^{33} phe^{13} qɛ^{53}
宝　哥　宝　假　装　不　听见　他　叱　黄牛　哧　哧　个　孩　女　就

tjəu^{44} ɕha^{13}：
唱　歌

女孩喊道："我俩去啊！爸！"来到女婿家，碰上小姑包饭外出。小姑说："你来了啊，公！你坐这儿，让我送饭给哥哥去。"女孩说："让我送去吧，姑姑！"女孩把饭送到宝瘸子耕田的那里，就喊："来吃午饭呀！宝哥！"宝瘸子假装没有听见，仍旧赶着牛耕田。女孩就唱歌：

hɔ^{22} hɔ^{22} va^{23} tja^{22}　　哗哗呀哥！
哗　哗　啊　哥

ɕaŋ^{44} nja^{44} məu^{22} nəu^{53} tuŋ^{33}　　放牛去吃茅，
放　牛　去　吃　茅草

hɔ^{44} ɕuŋ^{44} lɔ^{22} nəu^{53} n̥hei^{33}　　叫你来吃晌，
喊　你　来　吃　午饭

qhuŋ^{44} lo^{23} vi^{22} tjəu^{53} lɔ^{33}　　空箩我回转。
空　箩　我　迈　脚

ɕhaŋ^{44} nja^{44} məu^{22} nəu^{53} thaŋ^{35}　　放牛去吃草，
放　牛　去　吃　草

hɔ^{44} ɕuŋ^{44} lɔ^{22} nəu^{53} ka^{35}　　叫你来吃饭，
喊　你　来　吃　饭

qhuŋ^{44} lo^{23} vi^{22} tjəu^{53} tjaŋ^{35}　　空箩我回去。
空　箩　我　迈　转

tja^{22} pɔ^{35} sɛ^{53} naŋ^{22} naŋ^{22} qa^{33} tɕi^{44} ʔa^{44} n̥haŋ^{35}。tei^{22} tei^{33} ʔɛ^{35} tsɛ^{53} naŋ^{22} naŋ^{22}
哥　宝　也　仍　然　假　装　未　听见　个　孩　那　也　仍　然

tjəu44 ɕha13:
唱 歌

宝哥还是假装没有听见。姑娘又唱道：

hɔ22 hɔ22 va23 tja22　　　　哗哗啊哥！
哗 哗 啊 哥

nuŋ31 ʔei44 tjɔ23 ljəu53 ka35　　　　饭是给你的，
自己 做 是 阿哥 饭

ʔa44 ʔei44 tjəu44 ni53 ljɔ35　　　　不是给牛的。
不 做 给 水牛 黄牛

ɬa33 ʔei44 tjɔ23 ni53 ljɔ35　　　　若是给牛的，
若 做 给 水牛 黄牛

ma31 tjəu44 ɬjaŋ33 ɣa53 ʔəu35　　　　祭鬼鬼不要，
砍 给 鬼 不 要

ljɔ23 tjəu44 ke31 tsa53 pi35　　　　填沟沟不满。
倒 给 沟 也不 满

tei22 tja22 qɛ53 ɬhi35 tjaŋ33 vaŋ53 kha33 lɔ22 tja23 tei22 tei33 phe13 tje33。tei22 tei33 phe13
个 哥 就 抽出 根 横担 犁 来 追 个 孩 女 打 个 孩 女
qɛ53 tso13, qɛ53 kɔ22 nei53 pa35: "vi22 va22 tho31 ʑaŋ53。"
就 逃 就 喊 他 父 我 离 脱 了

男孩抽出犁横担来追打女孩。女孩就一边逃，一边对爸喊："我离婚成功了。"

lɔ22 lɛ44 taŋ22 ke35, tei22 pa35 hɔ44 qɛ13: "ɬa33 muŋ53 ɕu44 ke35 tɕin35, vi22 nəu53
回来 到 半 路 个 父 说 道 假如 你 不 要 急 我 吃
ʔei33 hɛ35 po13 to13 ŋaŋ23。" tei22 ʔɛ35 hɔ44 qɛ13: "lɔ22 məu22 tsɛ35, vi22 tje33 tei22 pa44
一 只 胗 鹅 个 女儿 说 道 回 到 家 我 打 只 猪
tjəu44 muŋ5 nəu53。"
给 你 吃

回到半路，父亲说："如果你不性急，我还可吃到一口鹅胗。"女儿说："回到家，我宰一头猪给你吃，爸！"

nei53 qɛ53 ɕi33 qha44 tɕaŋ53 ʑaŋ53。
她 就 离 婚 成 了

她离婚成功了。

第五节 散 文

散文数量很多，各个方言都有。其内容有：神话传说，真人真事，生产运动，生活趣闻，谈情说爱，风俗习惯，天灾人祸，官逼民反，奇人异事等。多数是口耳相传，只有少数有传抄本。

散文与口语一致，结构上没有什么特点，所以我不打算在这方面费笔墨，只从内容就两篇有代表性的东西用汉文概括介绍，并稍加评说。

一、《过山榜》

自称 mjen[31]的瑶族和畲族，许多家庭有一篇用汉字传抄的文章，题目有的是《过山榜》，有的是《平王券牒》，有的是《盘蓝雷钟族谱》，有的是《瑶人出世根底》，……时间以景定元年（1260）的最多，最早的是初平（190），较早的有贞观三年（630）。篇幅长短不一，最短的不到 1000 字，长的有 10000 多字。有的文首有祖公图，并盖有马蹄印。有的文中夹有七言诗。多数没有写出传抄者的姓名。下面用《过山榜》这个题目代表这类抄件。

由于 传抄者汉文水平有限，错别字特别多，文理也不通顺，要读懂它的内容，不得不参考一些汉文典籍和一些史地资料。

《过山榜》的内容可分两部分。第一部分是族源。上古时候，平王与高王争天下。平王有一老妇人，得了耳病，医生给她治疗时，从耳朵里挖出一条虫，有茧子那么大。老妇人把它装在瓠里，用盘子盖着。不久这条虫变成一只狗，毛分五色，玲琍异常，于是把它取名为盘瓠，养在宫中。

为了战胜高王，平王出榜宣布：“有谁能取得敌军统帅吴将军首级的，就把三公主嫁给他。”朝内没有一人敢揭榜。突然，盘瓠口衔榜文来到平王面前请旨。平王帅诸臣欢送盘瓠。盘瓠游入大海，变成一条金龙飞腾而去。

盘瓠恢复犬形，来到吴将军帐前。吴将军认出是盘瓠，高兴地说：“平王爱犬也叛主来投我，他必败无疑！”于是把盘瓠留下，跟随左右，出入围幕。

有一天，吴将军喝得大醉，酣卧在帐里。盘瓠扑上去，一口把他的头咬了下来，游过大海，回到平王身边。

平王见了，又喜又愁。喜的是吴将军已死，从此天下太平，百姓安居乐业。愁的是盘瓠是一只狗，怎能让女儿与它成婚?

正在为难，三公主出来说：“父王一言九鼎，不能食言。我愿意嫁给它。”于是盘瓠引公主钻入深山老林，再也找不到了。

第二部分是政策。许多年以后，公主与盘瓠生下六男六女（畲族说是三男一女），自相婚配，繁衍了后代。他们回到平王那里。平王一看，这些孩子衣着斑斓，言语唧嘎，水土不服，希望回返山林，依靠游耕生活。于是平王发出榜文：

天下十三州知悉：盘瓠杀敌有功。允许其子孙开垦山林，吃尽一山，另迁一山。不当皇差，不交皇税。过渡无钱，露宿勿扰。不许强逼山子为婚，不许扰害良瑶。此榜付与长男姓盘，次男姓赵，三男姓郑，四男姓陈，五男姓邓，六男姓李永远传存为据。

这篇传抄的榜文要表达的是四方面的讯息

1. 瑶和畲以狗为图腾。以狗为图腾的氏族除中国南方的瑶畲外，主要分布在东南亚。氏族为什么以狗的图腾，或认狗为本族始祖？这可能与狗的特性有关。狗被人类驯化较早，对主人最忠诚，能为主人办许多事情。如帮助牧羊人放牧，帮助猎人狩猎，为盲人引路，帮警察缉毒，帮救护队救灾，供休间的人异乐等。

除瑶、畲外，说湘西苗语的苗族也有类似的传说，不过不叫盘瓠，而称“妈孤”。1983 年 11 月在贵阳讨论《苗族简史》稿时有人提出，族源部分要写盘瓠时，贵州省民委主任熊天贵（苗族）情绪激动地说：“谁说我们的祖先是一只狗？你愿意把你的姐姐或妹妹嫁给狗吗?”可见以狗为图腾并没有得到许多苗族的认同。

2. 希望本族的血源高贵，不受社会歧视。中国古代很重视家族出身。皇帝的子孙是龙子龙孙，大臣的后代是名门望族，其他人的后裔就是草民了。盘瓠的传说就是要昭示：瑶族和畲族是公主和驸马的后代，并非等闲之辈。

3. 希望免除赋税和徭役。无偿的徭役和沉重的赋税是自古以来劳动人民的两大负担。有的人因此流离失所，有的人因此身死他乡。中国古代人口不多的时候，身处深山老林的少数民族，与官府的矛盾不太突出。宋元以后，人口增加，官府加强统治，不交赋税不服徭役就频繁地引起了朝廷的镇压，于是以前的愿望成了泡影。

4. 游耕游猎是古代一些民族的主要生活来源。1985 和 1989 年，我带研究生在广西金秀和隆林调查时，还可以看到放火烧山、黑烟弥天、日夜不熄的景象。这一般是瑶族在准备春耕。所谓游耕是冬天把山上的草木砍倒，到了春天就晾干了，于是放火焚烧，一方面烧死害虫杂草，惊走野猪，另一方面留下灰烬做肥料，这就是刀耕火种。于是第一年丰收，第二年歉收，第三年只好搬到另一个山上去再重复这种生产方式。这就是《过山榜》上的“吃尽一山，另迁一山”。

二、《密洛铎》

《密洛铎》是流传在说布努语的瑶族中的创世神话。这里摘引的是蒙朝吉《瑶族布努语方言的研究》附录。

创世神话许多民族都有，其内容也基本相同。不过由于不同民族的历史不同，所处自然环境和社会背景有别，不同民族的创世神话也会在人名、地名、解释名物的角度和追求等方面表现出一些特点。下面是《密洛铎》的基本内容和我的评述解释。

1. 母系社群

混沌未开，天地还没有形成的时候，宇宙里只有气。后来气变了密育青铎央癸和密洛铎，前者是男神，后者是女神。“密”是“母亲”的意思，“洛铎”是名字。他们两个虽然是一男一女，但不是夫妻，也没有住在一起，生儿育女。神话除了说男神住在广东大庙外，很少讲他的活动和作用。几乎是女神唱独角戏。

密洛铎用挡风拦气的办法生了一大群男孩和一大群女孩。这些孩子有的成了太阳，有的成了月亮，有的造山造岭，有的造江造海，有的鸣雷，有的下雨，有的种草木。后来草木开花结果，山林里有了各种野兽，江海里有了鱼虾。密洛铎又叫另外的孩子给各个物种起了名字。

这些内容反映瑶族在远古时代经历了母系氏族社会。在母系社会里，人们只知有母，不知其父，母亲是万能的。

2. 人与天争

密洛铎的儿子布农和女儿布洛变成太阳和月亮以后，每天一路同行，日久天长，结成夫妻，生儿育女，结果一个太阳变成了十二个太阳，一个月亮变成了十二个月亮。它们把天空烧得通红，把大地烧得滚烫，江河断流，草木干枯，禽兽躲入洞穴，庄稼颗粒无收。密洛铎只好拿出铁来打成弩和箭去射太阳和月亮。但是弩和箭也被烧软了。后来密洛铎的两个儿子看见许多植物都被烧死了，只有弩木、刚竹和青麻的叶子仍是绿油油的，就用弩木做弓，刚竹做箭，青麻做弦，把毒蛇、胡蜂的毒液涂在箭上去射太阳和月亮，不过只射下了十一个太阳、十一个月亮，还留下一个太阳和一个月亮，让它们仍旧照亮大地。

汉族也有类似的神话，就是后羿射日。不过后羿射下的只有九个太阳，没有月亮。这类神话反映的是人与天争。即使现在，干旱、洪水、冰冻等仍常常给人类造成巨大的灾害。为了战胜这些灾害，古人就寄希望于无所不能的神。

3. 人与兽争

除了天灾，老虎、猴子等野兽也是人类的大敌。密洛铎首先造出了铁小孩和石小孩。有一天，密洛铎下田回家时，这些孩子不见了。而一群肥头大耳的老虎，张着利齿，在那里舔着嘴边的鲜血。孩子被老虎吃了。

密洛铎的儿子们在山下种了庄稼。而山上有许多猴子，它们成群结队，无比机灵，能在树上攀缘，来去如飞。庄稼还没有成熟，它们就来摘吃。

密洛铎的儿子们就想各种办法，把老虎杀了。让蚱蜢进攻猴子，使猴子互相打得头破血流，只好退回岩上，不再损坏庄稼。

这些情节说明，瑶族在远古经历了一个人与兽争的时代。

4. 物种的来由

《密洛铎》里讲了一些动物特征的成因。例如：猪的耳朵为什么是聋的？密洛铎叫猪去看大地有多宽。猪很懒，只顾自己拱蚯蚓吃，不去看，结果说不出来。密洛铎生气了，用一根棒子打猪的耳部，从此猪就聋了。

乌鸦为什么全身都是黑的？密洛铎叫乌鸦去看大地有多宽。乌鸦也只顾自己找吃的，没有完成任务。密洛铎就舀了一瓢蓝靛水泼在它的身上，从此乌鸦就全身乌黑了。

长尾鸡的尾巴为什么那么长？密洛铎叫长尾鸡去看大地有多宽。长尾鸡也只顾吃野梅子，到了天黑回去也说不出什么。密洛铎气极了，伸手拿了一把尖锹，捅进它的屁股，从此长尾鸡的尾巴就长长的了。

老虎身上的斑纹为什么黄一道、黑一道？密洛铎叫儿子哈哼去消灭老虎。老虎很凶猛，哈哼只好用计谋。哈哼骗老虎："我上山去把野猪赶下山来，你在下面咬。"老虎同意了。可哈哼到山上去只放野火，推石头。老虎在火焰中分不清东西，只顾乱咬，结果野猪没有咬着，自己的身子却被烧得黄一道、黑一道。

公鸡的冠子为什么是红的？为什么快要天亮的时候它就打鸣？十一个太阳被射下来后，鲜血飞溅，染红了午饭。密洛铎的儿子拿染了太阳血的午饭喂猪猪不吃，喂狗狗摇头，可是喂公鸡时公鸡拼命吃。从此，公鸡的冠子长得又大又红，快天亮时，它就伸长脖子喔喔地叫。

上面的这些故事虽然生动有趣，但是我们知道，生物的特征是在漫长的进化过程中，逐渐产生发展而成的。这些神话不过反映了原始人的想象和推测罢了。

5. 族群分化

最后，密洛铎用蜂蜡造出了人类。这些蜂蜡变成的人很快就长大了，密洛铎就准备好各样东西，叫他们分散到各地去安家立业。

第二天，公鸡刚喔喔地叫一遍，汉族就起来了，他们有的拿着书本，有的坐着轿子，有的骑着马，高高兴兴地到府里县里去了。另有一些人拿秤或戥子去贩卖盐巴。所以现在的汉人都住街头。

壮族起得比汉族晚，有的拿着稻种、扛着犁耙，牵着牛去耕田，有的也拿着秤和戥子，挑着皮箩去赶场，所以现在的壮人都住水头。

瑶族醒来很晚，太阳升到了山头才起床。一看，屋里好的东西都拿走了，只剩下柴刀、刮锄、镰刀、粟和穇子种。布刚央尚和密木央尚只好带着这些东西，到荒凉的大山上去砍树割草盖房，砍山烧荒种地，所以现在的瑶族都住山头。

这些说明，不同民族从事的职业是有差别的，好的职业被捷足者先登，后来者就只能到条件较差的地方去谋生了。

6. 族内婚

布刚央尚是密洛铎的儿子，密木央尚是女儿，是布刚央尚的妹妹。他俩虽然有了安身之地，但是如何成家生儿育女呢？他们去问密洛铎。密洛铎说："你俩不要发愁，回去以后，一个在村子的南边，一个在村子的北边，同时烧起火来，如果两股烟升上天空以后互相缠绕在一起，你俩就可以结成夫妻。"他们听了很高兴，回去就照密洛铎说的做，两股白烟果然绕在一起，于是布刚央尚和密木央尚成了恩爱的夫妻，九个月后，一个又白又胖的男孩勉尚降生了，他就是瑶族的第二代祖先。

兄妹结婚繁衍后代的传说许多民族都有，汉族的是伏羲和女娃，黔东苗族的是 ɣaŋ^{33}和他的妹妹，这说明人类在远古时代实行过族内婚。

第六节　文学与口语的差别

苗、瑶、畲的文学作品虽然多数是一代一代口传的，但是它跟日常交际用的口语还是有差别。差别既表现在用词上，也表现在修辞和谐音上。

一、特有的词语

1. 地名　例如《盘王大歌》中的：

toŋ^{33}khuai^{53}	东海	fai^{33}khuai^{53}	西海
toŋ^{33}kɔŋ^{33}	东江	fu^{31}kɔŋ^{33}	福江
pen^{31}tsieu^{33}	盘州	lin^{31}tsieu^{33}	连州
kuaŋ^{53}tsieu^{33}	广州	kuei^{35}tsieu^{33}	贵州
nan^{31}tɕiŋ^{33}	南京	nan^{31}ɔn^{33}	南安
hu^{31}nan^{31}	湖南	kɔŋ^{33}tshun^{33}	江村
tu^{31}jun^{31}	桃源	luəŋ^{31}muən^{31}	龙门
fam^{33}kɔŋ^{33}khu^{53}	三江口	pɛ^{21}tsi^{21}liŋ^{53}	白石岭
təŋ^{31}luə^{31}kuə^{54}	铜炉国	thai^{35}pɛ^{21}sen^{33}	太白山

《密洛铎》里的：

lo^{221}li^{232}	罗里	te^{221}mjɔ^{221}	大庙

2. 人名　如：

（tɕaŋ^{55}）ɣaŋ^{33}	姜央（人类始祖）
mɛ^{13}paŋ^{55}（mɛ^{13}ljə^{31}）	蝴蝶妈妈（人类始祖）
pa^{35}qə^{44}ʐaŋ^{55}	长寿老人，寿一万八千岁。
njaŋ^{55}ʔə^{33}sei^{11}	清水姑娘，神话中的美女。
tsaŋ^{33}ɕoŋ^{44}mi^{11}	清咸同时苗民起义领袖。
mi^{21}lɔ^{21}tɔ^{13}	布努语传说中的人类始祖。
pha^{35}qɔ^{53}	螺蛳姑娘，湘西传说中的人物。
pien^{31}uŋ^{31}	盘王，瑶族传说中的本族始祖。

3. 文学词

歌谣、故事、谜语中的一些词语与口语词不同，我称之为文学词。如：

后生，不称 tja^{11}，而称 ljaŋ^{31}、ljə^{55}、qha^{33}、ɬjaŋ^{55} qha^{33}、ljə^{55} tja^{11}、ku^{35}tja^{11}等。

姑娘，不称 ʔa^{35}，而称 mɛ^{44}、ɬo^{11}、pə^{11}、tɛ^{33}nju^{55}、paŋ^{55}kaŋ^{33}、paŋ^{55}、pə^{11}、ʔa^{35}ɬo^{11}、njaŋ^{55}ɕin^{33}、njaŋ^{55}ni^{11}等。

单身汉，不叫 ɬaŋ^{44}，而称 ɬaŋ^{44}laŋ^{11}、ɬaŋ^{44}ʔo^{44}、vaŋ^{55}ɬaŋ^{11}、paŋ^{11}ʔo^{44}、paŋ^{11}ʐe^{11}、paŋ^{11}ɬoŋ^{35}等。

结婚，不称 ʐaŋ^{11} njaŋ^{33}（男）、moŋ^{11} qha^{44}（女），而称 to^{44} pen^{13}、tə^{55} tin^{33}、tə^{55} poŋ^{11}、pu^{31} poŋ^{11}、pu^{31} sa^{44}。

玩，不说 ʔɛ^{44} loŋ^{13}、ʔɛ^{44} tsaŋ^{35}，而说 ȵi^{11} tɕi^{11}、ɬo^{35} ljo^{11}。

年轻，不说 ɣaŋ^{44}，而说 tjaŋ^{11}。

双亲，不说 mɛ^{13} pa^{35}，而说 na^{11}。

母亲，不称 mɛ^{13}，而称 ɬha^{44}。

鱼，不称 nɛ^{11}，而称 nə^{31}。

房子，不称 tsɛ^{35}，而称 tja^{31}

走，不称 haŋ^{33}，而称 ɬhoŋ^{44}。

问，不称 nɛ^{13}，而称 ʔo^{44}。

谁，不称 tɛ^{11} ɕi^{35}，而称 shaŋ^{44} tei^{13}。

4. 隐喻词

有些事物交际者不愿意或不便直接说，就拐弯抹角用另外的词语表达，这就是隐喻词。如：

钱，不说 pi^{55} sei^{55}，而称 qa^{33} lju^{44}。

血，不说 ɕhaŋ^{35}，而称 po^{55} li^{55}“红萍”。

死，不说 ta^{13}，而称 tjaŋ^{35} naŋ^{11}“东归”或 tɕaŋ^{53} ljə^{31}“化蝶”或 tɕaŋ^{53} ɣuŋ^{53}“化龙”。

老虎，不称 ɕə^{35}，而称 pi^{11} ɣu^{35}、po^{11} tjo^{11}、ɣaŋ^{55} tjoŋ^{11}、to^{35} ta^{33}、ŋa^{35} ŋo^{11}。

“肉”，童话中不说 ŋi^{55}，而说 ŋi^{55} qo^{31}。

童话中的动物称“人”为 qei^{53} qoŋ^{35}“细脖子”，而不称 nɛ^{55}。

二、类推变调

凯棠苗语没有连读变调，但在诗歌中常有因押调的要求临时改变声调的现象。例如：

tei^{33} tja^{22} ʔa^{44} kaŋ^{44} ŋa^{23} 阿哥不勤快，
儿 男 不 勤 快

ɕhe^{33} tɔ^{22} to^{22} təu^{44} ve^{23} 尽砍马桑柴。
砍 些 柴 树 马桑

tɕi^{33} tɕi^{22} ʔa^{44} tei^{44} muŋ^{23} 蒸的酒不香，
蒸 酒 不 香

tei^{33} ɬɔ^{22} ʔa^{44} nju^{44} həu$^{23←13}$ 阿妹不爱喝。

儿 妹 不 愿 喝

第 4 句的最后一个字本来是入声 13 调，唱时临时变成了 23 调。按凯棠苗歌格律，最后一字必须声调相同。有时候限于歌词的内容，找不到与某调相同的字，只好用不同声调的字，临时改变调值来押调。我把这种现象称为类推变调。

凯裳的类推变调多见于诗句的末尾，因为句末字的押调要求最严。但是句中的字也最好押调，所以类推变调也见于句中。下面再举一些例子。为了节省篇幅，只写出诗中的相邻两句以显示押调，其他的诗句略。例如：

33→53

$\text{lɔ}^{44}\text{ʔɔ}^{44}\text{tɔ}^{22}\text{ken}^{23}\text{njo}^{53}$ 问到那远古，

口 问 远 极 了

$\text{sɛ}^{22}\text{ɣaŋ}^{22}\text{ʔi}^{44}\text{puŋ}^{33}\text{ʑuŋ}^{53\leftarrow33}$ 寨上冷清清。

冷 寨 做 悄 悄

33→44

$\text{tɕo}^{31}\text{ta}^{35}\text{lɔ}^{22}\text{lju}^{44\leftarrow33}\text{taŋ}^{44}$ 就拿来铸造，

才 拿 来 铸 造

$\text{lju}^{33}\text{tɕaŋ}^{53}\text{ve}^{22}\text{hɔ}^{44}\text{ɕi}^{44}$ 铸成锅煮纸。

铸 成 锅 煮 纸

33→44，33→23

$\text{fha}^{33}\text{maŋ}^{22}\text{ŋaŋ}^{44}\text{tɕho}^{44}\text{mi}^{23}$ 回头望故乡，

转 脸 看 处 娘

$\text{tsɛ}^{35}\text{nɛ}^{22}\text{tɔ}^{22}\text{ka}^{44\leftarrow33}\text{va}^{23\leftarrow33}$ 故乡在远方。

家 娘 远 迢 迢

33→22，23→44

$\text{tju}^{53}\text{nɛ}^{35}\text{ʔɔ}^{22\leftarrow33}\text{sɔ}^{23}\text{tjəu}^{44}$ 那首我唱到，

章 那 我俩 到 唱

$\text{ʑɔ}^{53}\text{njaŋ}^{33}\text{pe}^{22}\text{sɔ}^{23}\text{ɕaŋ}^{44\leftarrow23}$ 再唱用原调。

调 在 未 到 告诉

23→35

$\text{thuŋ}^{33}\text{ʑaŋ}^{53}\text{tɕi}^{44}\text{nɛ}^{22}\text{sɔ}^{35\leftarrow23}$ 通央烧鲊鱼，

（人名） 烧 鱼 鲊

tɕi^{44}ɬɔ^{44}ɣɔ^{23}ɬhɛ^{35}ka^{35}

烧 穿山甲 下 饭

53→22

烧鲮鲤下饭。

lɔ^{22}sɛ^{33}pəu^{44}nɛ^{35}ɬəu^{22}

来 近 处 那 快状

既接近那里，

ɣa$^{22\leftarrow53}$pi^{33}pəu^{44}nɛ^{35}tɔ^{22}

不 许 处 那 远

53→31，35→44

就不许远离。

ke^{35}ɣaŋ^{22}tɕo^{31}hɔ^{44}nəu^{23}

里 寨 只 说 奴

邻居只说我，

ke^{35}ɣuŋ^{22}ɣa$^{31\leftarrow53}$qen$^{44\leftarrow35}$tɕin^{23}

里 寨 不 管 件

35→22

邻居不管事。

ʔɔ^{33} tjəu^{44}sɔ^{23}tju^{53}nɛ$^{22\leftarrow35}$

我俩 唱 到 章 那

咱唱了这章，

sɔ^{23}tjəu^{44}tei^{23}ɣa^{53}ven^{22}

到 于 哪 不 清楚

35→23

到哪我不知。

tja^{22}məu^{22}tja^{22}qha^{33}pa$^{23\leftarrow35}$

哥 去 哥 告诉 父亲

哥走哥告爸，

ɕin^{33}məu^{22}ɕin^{33}qha^{33}mi^{23}

妹 去 妹 告诉 母亲

22→35

妹走妹告妈。

sɔ^{44}ʔi^{33}təu^{44}njɔ^{53}ʐa$^{35\leftarrow22}$

放 一 章 了 吧

唱完这一章，

tɕe^{44}ʔɔ^{33}təu^{44}ta^{53}xhe^{35}

上 二 章 来 数

22→44

再唱第二章。

tsa^{53} pu^{33}tja^{22}ɕɔ^{22}sa^{44}

也不 知 哥 得 爱人

不知哥娶妻，

tɛ^{53}tin^{33} ɬa^{33}tɔ^{22}pu$^{44\leftarrow22}$

男子汉 骗 些 朋友

怪哥太保密。

44→22，35→33

pɔ^{35} hәu^{44} muŋ^{53} pɔ$^{33\leftarrow35}$ hәu$^{22\leftarrow44}$　　感谢再感谢，

感 谢 你 感 谢

pɔ^{35} hәu^{44} muŋ^{53} njaŋ^{33} lo^{22}　　您寿比日月。

感 谢 你 在 老

44→33

ɕu^{44} ta^{53} ɬjɔ^{44} ljәu^{53} qha^{33}　　阿妹别哄哥，

别 来 哄 哥

ɬjɔ^{44} tei^{22} ɕuŋ^{44} ʑo^{53} ɕho$^{33\leftarrow44}$　　哄哥哥着魔。

哄 个 哥 熔 心

13→44

faŋ^{33} vi^{53} sei^{44} kuŋ^{22} njuŋ^{22}　　上界阴森森，

方 上 阴 森 森

faŋ^{33} tɛ^{33} tsәu$^{44\leftarrow13}$ kәu^{22} ɬәu^{22}　　下界黑昏昏

方 下 暗 昏 昏

31→53

ɬja^{44} tjәu^{44} tɕi^{33} vi$^{53\leftarrow31}$ ɣәu^{35}　　留下鸡鸰①孵，

留 给 鸡 鸰 守

pәu^{23} lɛ^{44} pe^{33} njaŋ^{53} pi^{35}　　鸡鸰孵三年。

抱 到 三 年 满

31→22

ɣa^{23} qa^{33} ʑe^{35} ɕa$^{44\leftarrow13}$ ɬo$^{22\leftarrow31}$　　什么梳梳头，

梳 什 么 梳 通

ɕa^{13} la^{22} hәu^{35} tjәu^{44} ni^{22}　　梳得光溜溜。

梳 光 头 给 妹

从这些例子看，凯棠苗语诗歌押调时，每一个调（33、53、35、22、44、13、31）都可以依照上下句相同位置字的声调类推，临时变成其他声调。阴调可以变成阳调，阳调也可以变成阴调。高调可以变成低调，低调也可以变成高调。平调可以变成升、降调，升、降调也可以变成平调。变调既可以是上句字的影响，也可以是下句字的影响，完全服从押调的需要。

① 鸡鸰：神鸟名

三、颠倒字序

平地瑶妇女写作的女书一般是歌谣体。这种歌谣跟保持口语的过山瑶的《盘王大歌》一样，奇句以仄声字结尾，偶句以平声字结尾，要求非常严格。但是因为表达意义的需要，有时候会出现奇句以平声字结尾，偶句以仄声字结尾。为了不违反韵律，作者就用临时颠倒字序的办法来解决。

放下毑娘空房守　　　透夜不眠刀割心

“空房守”由“守空房”颠倒而成。因为“房”是平声字，不能用于奇句末，故颠倒成“空户守”，让仄声字“守”位于句末。下同。

你家没得猪油板　　　茶油煮菜本是生

“猪油板”由“猪板油”颠倒而成。

徛高确像净瓶水　　　坐倒确像观音娘

“净瓶水”由“净水瓶”颠倒而成。

事情不得帮针做　　　想我当真倚过了

“帮针做”由“帮做针”起颠倒而成。

偶句颠倒字序的如：

请喜红门多闹热　　　我毑交全礼薄轻

“礼薄轻”由“礼轻薄”颠倒而成。

人嘛有缘成双对　　　是我无缘寡妇当

“寡妇当”由“当寡妇”颠倒而成。

粗书两行来相会　　　请喜高亲逍乐遥

“逍乐遥”由“逍遥乐”颠倒而成。

可怜合心拆开伴　　　　三人商量把做书

“把做书”由“把书做”颠倒而成。

这种颠倒有三点值得注意：一，在诗歌里因为有上下句可以参照，颠倒以后完全可以理解，但在口语里就是文理不通。二，可以与上一字颠倒，如“书做”颠倒为“做书”；也可以与上二字颠倒，如“守空房”颠倒为“空房守”；但没有与上三字颠倒的。三，不是作者偶然笔误，而是有意为之。因为颠倒都发生在句末，句首没有，句中也没有。

四、用异形字修辞

为了避免重复，使文章能准确鲜明生动地表达事物和思想，女书诗歌除了用近义词修辞外，还用同一个字的不同书写形式修辞。这类修辞又分两种。一种是字音相同，但字源和字形都不同。例如：

没水开船害杀渡　　　　没渡过河害杀人

和都读 so^{55}，都表示“程度深”，但字源不同，由汉字“失”变来，由汉字“杀”变来。

个个命乖没忧愁

和都读 ȵiə^{44}，都表示“人的个体”，但字源不同，由汉字“亦”变来，由汉字“义”变来。

心焦心烦回落府

和都读 sai^{44}，都表示“心情”，但字源不同，由汉字“心”变来，由汉字“辛”变来。

水浸门楼无住楼

和都读 lou^{41}，都表示“房子”，但字源不同，由汉字“樂”变来，由汉字“娄”变来。

幼儿幼女交过你　　　　　幼儿幼女心两般

和都读 iou[21]，都表示“年纪小”，但字源不同，由汉字“由”变来，由汉字“有”变来。

另一种是字音和字源都相同，但字形也不同。例如：

你在他乡停不停

和都由汉字“清”变来，都读 tshioŋ[44]，但后字比前字少一点。这不是笔误，是有意加以区别。类似的还有：

全没乱言个曰个

与笔画位置不同。

开开窦门高装镜

与笔形不同。

哥哥一名嫂一名。

与笔形不同。

两个时时哭不消。

和笔画数不同。

就是呼天天不闻。

和笔画位置不同。

又气东来又气西。

与笔画数不同，与笔画位置不同。

侬没几多的崽个，同父所生四个人

与笔形不同。

大女安名张氏正，细女安名张氏明。

与笔画数不同。

我今去世撂下你，你爷寻个后娘房。

与笔画数不同。

凤姑娘娘下顾好。

凤姑娘娘本是好。

凤姑娘娘修得好。

、、彼此笔形不同。

用读音相同但字形不同的字修辞，虽然达不到听觉方面的赏心，但是可以达到视觉方面的悦目，可以称为视觉修辞。

听觉修辞是各种文字都用的修辞手段，视觉修辞则是女书独特的修辞方式。写作人的水平越高使用得越多。

由于女书用这种修辞手段，女书里就出现了大量异源同音字和同源同音异形字，以至600多个常用汉字变出了3400多个女字。因此女字的异文异体多，与视觉修辞手段有很大关系。

第八章　发　展

第一节　语音演变

语音是不断变化的。变化分两种：一种是无条件的，我称为演变；另一种是有条件的，我称为变异。先讨论演变。演变有一个过程，但是苗瑶语缺少记录不同时期语料的文献，我无从窥知，只好取不同方言来比较。因为不同方言的发展是不同步的，我们可以根据它们的不同表现来作出推断。

一、复辅音声母单化

复辅音声母可分塞音后带浊流音声尾、口音前带浊鼻音声头和浊流音前带喉塞音声头三类。

1. 塞流复辅音单化

古塞流复辅音声母在现代方言里有多种表现形式，有的仍是发音部位不同的复辅音，有的是发音部位相同的塞擦音，有的是单辅音。根据这些读音，我在《汉语苗瑶语比较》里构拟了＊pj、＊pl、＊pr、＊phr、＊tl、＊thr、＊kl、＊ql、＊Gl、＊qr 等古苗瑶语的复辅音声母。

现在把有关语料转抄如下，语言或方言写在（　）里，字义写在——后。

＊pj　pzʅ$_{B}^{55}$（罗泊河），pji$_{3}^{44}$（湘西），tjei$_{3}^{22}$（巴哼），
tsi$_{3}^{55}$（川黔滇），bɛu$_{3}^{24}$（藻敏）——果子

＊pl　pleu$_{A}^{31}$（罗泊河），prei$_{1}^{35}$（湘西），tɬa$_{1}^{33}$（东努），
tɕa$_{1}^{33}$（努努），tji$_{1}^{35}$（巴哼），pɛi$_{1}^{42}$（藻敏），
ɬu$_{1}^{33}$（黔东）——四

＊pr　prɑ$_{1}^{35}$（湘西），pja$_{A}^{31}$（罗泊河），tja$_{1}^{35}$（巴哼），
tʂi$_{1}^{43}$（川黔滇），tsa$_{1}^{33}$（黔东），pei$_{1}^{13}$（巴那）——五

＊phr　phro$_{1}^{35}$（湘西），pjha$_{A}^{31}$（罗泊河），tjho$_{1}^{35}$（巴哼），

$ʈʂhua_1^{43}$（川黔滇），$tsho_1^{33}$（黔东），fu_1^{22}（畲）——吹

＊tl dla_7^{55}（巴那），$ðe_7^{55}$（炯奈），$daːt_7^{55}$（勉），

ta_7^{53}（黔东）——翅膀

＊thr $ʈhe_D^{33}$（罗泊河），$tjhi_7^{53}$（黔东），$fʃhep_7^{13}$（金门），

$tsho_7^{55}$（优诺），$ʃai_7^{55}$（炯奈）——插

＊kl kla_3^{35}（标敏），$kjau_3^{52}$（勉），$tɕa_3^{35}$（努努）

tsu_3^{24}（藻敏），ki_3^{35}（黔东）——路

＊ql qla_B^{55}（罗泊河），kla_3^{35}（标敏），$kjaːi_3^{52}$（勉），$tɬa_3^{44}$（巴那），

$ɬa_3^{35}$（黔东）——腰

＊Gl $ʁlei_A^{31}$（罗泊河），kla_2^{31}（标敏），$kjaːu_2^{31}$（勉），

$tɬua_2^{31}$（川黔滇），$tɕhe_2^{42}$（努努），$ɬen_2^{55}$（黔东）——桃

＊qr $qrei_C^{24}$（罗泊河），$klau_5^{13}$（标敏），kja_5^{33}（畲），$tɕa_5^{13}$（努努）

ku_5^{42}（藻敏）——蛋

从这些例字可以看出：一部分字声尾消失，一部分字声尾弱化为腭化特征，一部分字融合为塞擦音声母。当塞流复辅音融合为塞擦音时，声干塞音决定塞擦音的发音方法，声尾流音决定塞擦音的发音部位。我们知道，古藏文在现代拉萨话里的读音，也是基字决定塞擦音的方法，后加字决定塞擦音的发音部位。所以苗瑶语里塞流复辅音融合为塞擦音的模式有普遍意义。

2. 鼻口复辅音单化

古苗瑶语有一大类口音（声干或声干加声尾）前面带鼻音（声头）的复辅音声母。这些声母在现代方言里有的还完整地保存着，如大南山的：

$ntou_1^{43}$	布	$ɳʈʂhaŋ_3^{55}$	血	nto_2^{31}	天
$ntsua_3^{53}$	洗（锅）	$ntshua_5^{44}$	洗（衣）	$ɳʈua_4^{21}$	鼓
mpo_5^{44}	梦	$ŋkheu_1^{43}$	扬尘	mpo_6^{13}	盖
$ȵtɕeu_7^{33}$	啄	$ɴqhe_7^{33}$	渴	$ŋkeu_8^{24}$	双

8个声调、各个发音部位的字都有这类声母。但是在许多方言里，古鼻口复辅音声母全部简化成了单辅音，在另一些方言里，部分声调字的鼻口音简化成了单辅音。简化时，有的是鼻音消失，保存口音；有的是口音消失，保存鼻音。下面分类举例时，为了节约篇幅，只标出这类声母的古音构拟，不对比整个字形。

（1）下水村、西山、大山脚等地的鼻口复辅音都消失了鼻音，保存了

口音。例如：

古音	下水村	西山	大山脚	字义
清声母				
＊mp	pi$_5^{33}$	pei$_5^{13}$	pa$_5^{35}$	猪
＊nts	tsi$_3^{55}$	sei$_3^{35}$	tsa$_3^{53}$	洗（锅）
＊nt	te$_1^{22}$	ta$_1^{33}$	teu$_1^{55}$	布
＊Nq	kɔ$_1^{22}$	ku$_1^{33}$	ʔa$_1^{55}$	斑鸠
气声母				
＊ntsh	si$_3^{55}$	səŋ$_3^{35}$	tshaŋ$_3^{53}$	血
＊mphj	phui$_7^{35}$	pha$_7^{22}$	tshai$_7^{44}$	女儿
＊Nqh	khe$_7^{35}$	khu$_7^{22}$	——	渴
＊Nqh	——	khei$_1^{33}$	ʔha$_1^{55}$	干
浊声母				
＊NG	kue$_2^{31}$	ka$_2^{42}$	ʔai$_2^{31}$	肉
＊mbr	pja$_4^{53}$	pja$_4^{44}$	pje$_4^{11}$	鱼
＊nd	ta$_6^{53}$	te$_6^{22}$	te$_6^{33}$	下（蛋）
＊ŋgl	——	ku$_8^{22}$	kuai$_8^{13}$	双

保存的口音，古清声母都不送气，古气声母都送气，古浊声母已经清化，也不送气。这是另一种演变趋势。表里符号——表示有字不同源。

（2）巴那语和瑶语各方言的古鼻口复辅音也消失了鼻音，保存了口音，但音值与下水村、西山、大山脚的不同。例如：

古音	巴那	勉	金门	标敏	字义
清声母					
＊mp	bo$_5^{35}$	bo$_5^{24}$	bu$_5^{55}$	bau$_5^{13}$	名字
＊nts	ɬzai$_3^{44}$	dzaːu$_3^{24}$	daːu$_3^{55}$	dza$_3^{35}$	洗（手）
＊nt	dau$_7^{55}$	dat$_7^{55}$	dat$_7^{55}$	dat$_7^{53}$	织（布）
＊Nq	——	gaːn$_1^{33}$	gaːn$_1^{35}$	gɔn$_1^{33}$	茅草
气声母					
＊mphj	bje$_3^{44}$	dzjou$_3^{52}$	ʃou$_3^{51}$	sau$_3^{35}$	蚂蚁
＊ntsh	dzau$_5^{35}$	dzu$_5^{24}$	du$_5^{31}$	dzu$_5^{13}$	洗（衣）
＊ntshr	dʑi$_1^{33}$	dzje$_5^{24}$	dʒa$_5^{31}$	dja$_5^{13}$	怕
＊Nqh	——	gaːt$_7^{55}$	gaːt$_7^{11}$	gɔt$_7^{55}$	渴

浊声母					
＊mbj	bji$_8^{53}$	bjaːt$_8^{12}$	bjaːp$_8^{42}$	bjɛt$_8^{21}$	扇子
＊mbr	bja$_4^{31}$	bjau$_4^{231}$	bjau$_4^{31}$	bla$_4^{42}$	鱼
＊nd	dau$_6^{22}$	du$_6^{13}$	du$_6^{42}$	du$_6^{42}$	苎麻
＊ŋgl	gjeu$_2^{313}$	laːn$_2^{31}$	gjaːn$_2^{33}$	glan$_2^{31}$	（牛）圈

保存的口音，除个别字外，不仅古浊声母是浊音，古清声母和气声母也是浊音。为什么是这样呢？应该是声干受浊鼻音声头的影响，先同化成了浊音，然后声头消失了。

（3）巴哼语西部方言与上述两类相反，古鼻口复辅音声母中消失了的是口音，保存的却是鼻音。例如：

古音	滚董	净代	字义
清声母			
＊mp	maŋ$_5^{55}$	maŋ$_5^{55}$	雪
＊mpr	njo$_1^{35}$	njo$_1^{24}$	绿
＊nts	nei$_3^{22}$	nei$_3^{21}$	洗（手）
＊nt	na$_7^{53}$	na$_7^{42}$	织（布）
气声母			
＊ntshr	ȵ̥i$_1^{35}$	ȵ̥i$_1^{24}$	清
＊mphj	ȵ̥ei$_3^{22}$	ȵ̥ei$_3^{21}$	蚂蚁
＊ntsh	ȵ̥aŋ$_5^{55}$	ȵ̥aŋ$_5^{44}$	秤
＊nthr	ȵ̥aŋ$_1^{35}$	ȵ̥aŋ$_1^{24}$	裹腿
浊声母			
＊mbr	njo$_2^{33}$	njɔ$_2^{33}$	耳朵
＊ŋgl	ŋe$_4^{11}$	ŋe$_4^{21}$	懒
＊nd	njo$_6^{44}$	njo$_6^{44}$	苎麻
＊mbl	nju$_8^{42}$	nju$_8^{31}$	糯（米）

保存的鼻音中，古清声母和古浊声母的都是浊音，古气声母的却变成了清音，这是因为声头浊鼻音受声干气音的影响清化了，口音消失以后，就剩下清鼻音了。

（4）部分声调的鼻口复声母消失了鼻音，保存了口音；另一部分声调的相反，保存了鼻音，消失了口音。例如：

古音	养蒿	小章	黄落	字义

清声母				
＊mp	pu$_5^{44}$	bi$_6^{13}$	mo$_5^{54}$	梦
＊mpj	pu$_3^{35}$	bɑ$_3^{55}$	njɒ$_3^{32}$	补
＊nt	to$_1^{33}$	de$_2^{31}$	no$_1^{44}$	布
＊ntsj	tɕu$_7^{53}$	djɑ$_7^{35}$	——	啄
气声母				
＊ntsh	sha$_1^{33}$	tshəɯ$_1^{53}$	theu$_1^{44}$	粗
＊ntshr	ɕhaŋ$_3^{35}$	tshei$_3^{55}$	tshun$_3^{32}$	血
＊ntshj	——	thi$_5^{33}$	tjheu$_5^{54}$	秤
＊mphj	phi$_7^{53}$	pha$_7^{35}$	pjhe$_7^{55}$	女儿
浊声母				
＊mbl	nə$_2^{55}$	mɯ$_2^{31}$	mjoŋ$_2^{13}$	叶子
＊ŋgl	njaŋ$_2^{55}$	ŋei$_2^{31}$	ŋaŋ$_2^{13}$	船
＊nd	no$_6^{13}$	naɯ$_6^{13}$	nɒ$_6^{54}$	苎麻
＊mblj	nji$_8^{31}$	maɑ$_8^{35}$	mji$_8^{21}$	舌

黄落的古清声母和古浊声母保存了鼻音，消失了口音，古气声母保存了口音，消失了鼻音。养蒿和小章的古清声母和气声母保存了口音，消失了鼻音，古浊声母消失了口音，保存了鼻音。小章的古清声母为什么现在读浊音呢，这是因为鼻音存在时同化了口音，鼻音消失以后，就读浊音了。

（5）部分声调的古鼻口复辅音声母单化。上面（1）、（2）、（3）、（4）说的是全部声调的古复辅音声母单化。也有个别方言只有部分声调的古复声母单化了，另一部分声调的现在仍是鼻口复辅音声母。例如下坳的：

古鼻口清声母		字义	古鼻口气声母		字义
＊ŋkj	ŋkɒ$_1^{35}$	药	＊ntsh	ntshɒ$_1^{35}$	粗
＊nts	ntsa$_3^{44}$	洗（手）	＊ntshr	ntshi$_3^{44}$	血
＊mp	mpɑ$_5^{51}$	猪	＊ntsh	ntsho$_5^{51}$	洗（衣）
＊nt	nto$_7^{44}$	织（布）	＊mphj	mphɔ$_7^{44}$	女儿

古鼻口浊声母		字义
＊ŋgl	ŋo$_2^{31}$	船
＊mbr	mjəɯ$_4^{33}$	鱼
＊nd	nu$_6^{241}$	苎麻

＊mbj　　$mjau_8^{33}$　　扇子

古清声母和气声母中的鼻口复辅音现在仍是复辅音，而浊声母中的鼻口复辅音却单化成了鼻音。

3. 喉塞续音单化

续音包括鼻音、边音、擦音三类。这三类音在古代都可以与喉塞音ʔ结合，构成复辅音声母出现于阴调音节中。在现代方言里，少数还保存着，多数已简化成单辅音，与古代浊的续音合而为一了。例如：

古音	石板寨	小章	养蒿	双龙	字义
＊ʔm	$ʔmuŋ_A^{31}$	$ʔmaŋ_1^{53}$	$moŋ_1^{31}$	mun_1^{33}	痛
＊ʔn	$ʔnen_A^{31}$	$ʔnei_1^{53}$	$naŋ_1^{33}$	$naŋ_1^{33}$	蛇
＊ʔŋj	$ʔȵi_B^{55}$	$ʔne_3^{55}$	$njaŋ_3^{35}$	$ȵan_3^{35}$	哭
＊ʔl	$ʔlaŋ_B^{55}$	$ʔlen_3^{55}$	$lɛ_3^{35}$	$naŋ_3^{35}$	短
＊ʔw	$ʔwen_A^{31}$	$ʔwei_1^{53}$	$vaŋ_1^{33}$	——	簸箕
＊ʔj	$ʔʑaŋ_A^{31}$	$ʔjaŋ_1^{55}$	$ʑi_1^{33}$	$jɔ_1^{33}$	秧
＊ʔr	$ʔɥu_A^{31}$	$ʔʑi_1^{53}$	$ɣu_1^{33}$	lai_1^{33}	菜

养蒿和双龙的声母现在都是浊续音，但声调都是阴调，说明古代是带有喉塞音声头ʔ的。

二、浊断音清化

古苗瑶语的浊断音声母，在现代方言里少数还完整地保存着。例如石门坎的：

$bɦaɯ_2^{35}$　花　dey_4^{33}　火　$dʑi_6^{31}$　燃　$dzau_8^{53}$　凿子

$ndlau_2^{35}$　叶　$mbə_4^{33}$　鱼　ndi_6^{31}　生（蛋）　$ŋgey_8^{53}$　双

但是在大多数方言里，已不同程度的清化了。其中带鼻音声头的跟不带的还有差别。下面先说不带声头的。

第一种　第2、第8调字是清声母，第4、第6调是浊声母，而且带气嗓音。例如大南山的：

$tɬe_2^{31}$ 河　［$bɦe_4^{21}$］山　［$dɦuɒ_6^{13}$］死　kou_8^{24} 十

第二种　各阳调字声母都是清音，但第4、第6、第8调还有气嗓音。如腊乙坪的：

pei_2^{31} 花　［$tsɦɛ_4^{33}$］凉　［$qɦɔ_6^{42}$］倒　［$tɦo_8^{33}$］咬

第三种　各阳调字的声母都是清音，但第4、第6调的字还有气嗓音。例如养蒿的：

$paŋ_2^{55}$ 花　[$tɦu_4^{11}$] 火　[$tɦa_6^{13}$] 死　$tɕu_8^{31}$ 十

第6调的字还有气嗓音。例如高坡的：

$poŋ_2^{55}$ 花　$tə_4^{31}$ 火　[$tɦu_6^{22}$] 死　$pə_8^{55}$ 见

第五种　各阳调字的声母都是清音，都不带气嗓音。属于这一类型的相当多。例如：

方言点	花	火	死	十
龙定	$pjaŋ_2^{31}$	$təu_4^{231}$	ta_6^{11}	$tsjep_8^{22}$
七百弄	pe_2^{13}	to_4^{231}	$tɔ_6^{22}$	$tɕu_8^{21}$
滚董	pai_2^{33}	tau_4^{11}	tau_6^{31}	ku_8^{42}
黄落	pan_2^{13}	teu_4^{32}	to_6^{32}	ko_8^{21}
龙华	pen_2^{33}	tau_4^{31}	ta_6^{11}	$tʃo_8^{12}$

从上面的例字可以看出，浊断音清化以后，气嗓音是其残存特征，但各地多少不一，最多的是4、6、8三个调有，如腊乙坪；其次是第4、第6调两个调有，如养蒿；再次是第6调有，如高坡。而龙定等地，各阳调都没有气嗓音。可见阳平字的浊声母清化最早，其次阳入，再次阳上，阳去字的清化最晚。

下面再说带鼻音声头的浊断音声母的清化情况。这种声母在黔东苗语、湘西苗语、巴哼语和优诺语里浊断音已经消失，已不存在清化问题。但是有浊断音的清化也不同步。

第一种　各阳调字的口音都是清音，其中第4、第6、第8调的还有气嗓音。例如紫云红岩的：

$mpluŋ_2^{33}$ 叶子　[$mpjɦa_4^{22}$] 鱼

[$ntɦo_6^{23}$] 苎麻　[$mplɦei_8^{22}$] 舌

第二种　各阳调字的口音都是清音，其中第4、第6调的还有气嗓音。例如青岩的：

$ŋkɔŋ_2^{54}$ 船　[$ɳʈɦo_4^{32}$] 鼓

[$mpjɦo_6^{21}$] 笋　$mplai_8^{54}$ 舌

第三种　各阳调字的口音都是清音，其中第6调字还有气嗓音。例如高坡的：

$ȵtɕə_2^{55}$ 嘴　$ŋkin_4^{31}$ 懒

[$ntɦo_6^{22}$] 苎麻　$mplɑ_8^{55}$ 辣

第四种　各阳调字声母中的口音都是清音，都没有气嗓音。例如龙华的：

$\mathrm{nt\int u\eta}_2^{33}$ 船　　$\mathrm{nt\int u}_4^{31}$ 鼓

mpja_6^{11} 笋　　mpli_8^{12} 舌

第五种　各阳调字的古鼻口复辅音声母，都消失了鼻音，保存的口音都已清化，都没有气嗓音。例如下水村的：

pja_2^{31} 稻　　pja_4^{53} 鱼　　pja_6^{53} 笋　　$\mathrm{pj\mathfrak{o}}_8^{35}$ 糯

上面的例字显示，保存浊音残存特征气嗓音最多的是阳去，其次阳上，再次阳入，阳平不保存。这也说明，浊的鼻口复辅音声母清化，阳平最早，其次阳入，再次阳上，阳去清化最晚。

大家都知道，声调是后起的，浊声母字产生较低的调值，清声母字产生较高的调值。为了探求浊声母清化的先后，我们也可以观察各阳调字调值的高低。下面列出50个方言点各个阳调的调值，再求它们的平均值。

方言点	阳平	阳上	阳去	阳入
上坝	31	22	13	213
高坡	55	31	22	55
宗地	53	11	13	21
下坳	31	33	241	33
小章	31	55	13	35
凯棠	53	22	23	31
菜地湾	22	212	53	13
尧告	31	241	22	24
河坝	55	21	22	53
滚董	33	11	44	42
毛坳	33	11	31	31
七百弄	13	231	22	21
西山	42	44	22	22
瑶麓	55	53	31	42
中排	313	31	22	53
黄落	13	32	32	21
下水村	31	53	53	35
龙华	33	31	11	12
龙定	31	231	21	22
烟园	33	31	42	42
双龙	31	42	42	21

油岭	53	44	22	22
镇远	53	22	23	21
弄合	13	231	22	21
养蒿	55	11	13	31
扬武	55	22	13	53
大南山	31	21	13	24
青岩	54	32	21	54
花溪	53	32	21	53
凯掌	44	13	21	44
凯洒	55	32	21	55
华严	42	22	21	22
青海	33	22	13	22
团坡	55	33	21	55
本底	44	33	42	44
鸭绒	44	53	22	31
摆金	55	31	35	55
油迈	35	13	33	53
模引	22	21	232	22
枫香	24	13	31	13
甲桐	33	22	13	55
新民	33	22	42	13
施洞口	51	22	33	11
腊乙坪	31	33	42	33
洞头寨	31	44	22	24
吴家寨	33	35	22	22
油尖	55	13	43	53
小苗寨	31	213	24	213
珙县	31	31	13	24
隆林	42	22	13	21

为了比较不同调型调值的高低，我把一个调值的起点音高、终点音高和折点音高简化为一个平均值。例如：

平调 33　　平均值为：(3 +3)　÷2 =3

升调 35　　平均值为：(3 +5)　÷2 =4

降调 51　　　平均值为：（5+1）÷2=3

折调 213　　　平均值为：（2+1+3）÷3=2

根据这个算法，上列 50 个点各阳调的平均值为：阳平 3.2，阳上 2.33，阳去 2.26，阳入 2.83。即：

阳平 > 阳入 > 阳上 > 阳去

因此调值的高低也反映：阳平字的浊声母最先清化，其次阳入，再次阳上，最后阳去。

三、清鼻音、清边音声母浊化

古苗瑶语有清鼻音和清边音声母。这些声母在现代方言里有的还保持着，有的已经变成了浊音，其中清边音浊化的较多。保持清音的如：

方言点	晚上	太阳	重	月亮	大
养蒿	m̥haŋ$_5^{44}$	n̥hɛ$_1^{33}$	n̥jhoŋ$_3^{35}$	ɬha$_5^{44}$	ɬjhə$_1^{33}$
大南山	m̥au$_5^{44}$	n̥o$_1^{43}$	ȵ̥aŋ$_3^{55}$	ɬi$_5^{44}$	ɬo$_1^{43}$
腊乙坪	m̥ɑŋ$_5^{53}$	n̥e$_1^{35}$	hei$_3^{44}$	ɬɑ$_5^{53}$	ɬjo$_1^{35}$
滚董	ŋ̊ŋ$_5^{55}$	n̥ei$_1^{35}$	ȵ̥a$_3^{22}$	ɬa$_5^{55}$	ɬjo$_1^{35}$
七百弄	m̥i$_5^{41}$	n̥ɔŋ$_1^{33}$	ȵ̥ɔŋ$_3^{43}$	ɬo$_5^{41}$	ɬɔ$_1^{33}$
老书村	m̥waŋ$_5^{24}$	n̥oːi$_1^{33}$	ȵ̥e$_3^{52}$	ɬa$_5^{24}$	ɬu$_1^{33}$

除腊乙坪的“重”变成了清擦音外，其他的都仍是清鼻音、清边音。

已经浊化的如：

方言点	跳蚤	太阳	重	月亮	大
西山	məŋ$_1^{33}$	noŋ$_1^{33}$	ȵɔŋ$_3^{35}$	lu$_5^{13}$	laŋ$_1^{33}$
中排	—	ni$_1^{13}$	ȵu$_3^{44}$	la$_5^{35}$	ljeu$_1^{13}$
下水村	mɔ$_1^{22}$	nɔ$_1^{22}$	ŋi$_3^{55}$	le$_5^{33}$	—
烟园	moŋ$_1^{11}$	noːi$_1^{11}$	ȵi$_3^{51}$	la$_5^{31}$	lo$_1^{11}$
油岭	moŋ$_5^{42}$（晚）	nai$_1^{44}$	ne$_3^{24}$	lo$_5^{42}$	lou$_1^{44}$

从上面的例子可以看出，断音声母演变的趋势是浊变清，续音则相反，是清变浊。

四、辅音韵尾合并消失

古苗瑶语有两类辅音韵尾：三个鼻尾，三个塞尾。鼻尾在瑶语的多数方言里还保存着，但是在少数方言或其他苗瑶语里却合并或消失了。先看合并。

大坪江	双龙	九疑山	字义
＊ －m			
ȵaːm$_1$	ȵan$_1$	ȵaŋ$_1$	嫂子
tam$_3$	dan$_3$	təŋ$_3$	虱
ȵom^3	ȵan$_3$	ȵəŋ$_3$	哭
ȵiːm$_1$	ȵɛn$_1$	ȵiŋ$_1$	种子
＊ －n			
tɔːn$_1$	tɔn$_1$	tuəŋ$_1$	儿子
mun$_1$	mɯn$_1$	muŋ$_1$	疼
tɕun$_6$	klin$_6$	tɕuŋ$_6$	肥
mjen$_3$	mjɛn$_3$	mjəŋ$_3$	脚印
＊ －ŋ			
pjaŋ$_2$	pjaŋ$_2$	pjaŋ$_2$	花
naːŋ$_1$	naŋ$_1$	naŋ$_1$	蛇
tɕɔːŋ$_1$	klɔ$_1$	tɕɔŋ$_1$	角
tɕɛːŋ$_1$	klɛ$_1$	kɛŋ$_1$	虫

大坪江有三个鼻尾，显然保存了古代阳声韵的分别。双龙只有-n、-ŋ两个鼻尾，古代的＊-m已变成-n。九疑山只有-ŋ一个鼻尾，古代的＊-m和＊-n全都变成了-ŋ。三个鼻尾的演变可以示意为：

＊-m ⎫
＊-n ⎭ -n ⎫
＊-ŋ→-ŋ ⎭ -ŋ

如果只从调音部位来看，可以说＊-m尾最先消失，其次＊-n尾。但是它们仍读鼻音，所以不能视为完全消失，只能说合并。再看消失。

大坪江	高坡	腊乙坪	石门坎	字义
＊-m				
ȵaːm$_1$	ȵã$_1$	ȵi$_1$	ȵaɯ$_1$	嫂子
tam$_3$	tə̃$_3$	te$_3$	to$_3$	虱
ʔom$_5$	ʔõ$_5$	[ʔɑ̃$_5$]	ʔo$_5$	肿
ʔiːm$_1$	ʔẽ$_1$	ʔɛ$_1$	ʔie$_1$	苦
＊-n				
mun$_1$	mõ$_1$	[mõ$_1$]	mo$_1$	疼

tɔːn$_1$	tə̃$_1$	te$_1$	tu$_1$	儿子
bɔːn$_5$	mpə̃$_5$	mpe$_5$	mpu$_5$	雪
tshin$_1$	shẽ$_1$	tshɛ$_1$	tshie$_1$	千
＊-ŋ				
pjaŋ$_2$	põ$_2$	pei$_2$	bɦaɯ$_2$	花
naːŋ$_1$	nã$_1$	[nẽ$_1$]	nau$_1$	蛇
pɒŋ$_3$	põ$_3$	[pɑ̃$_2$]	po$_3$	射
tɕɛːŋ$_1$	kõ$_1$	ci$_1$	kaɯ$_1$	虫

古代的三个鼻尾高坡都变成了元音的鼻化成分；腊乙坪部分变成鼻化成分，部分消失了；石门坎大部分消失了，少部分变成了元音尾-ɯ。ɯ 不是鼻音，因此可以说全部消失了。鼻音尾消失的过程可以示意为：

＊-m } -n
＊-n } → ŋ→元音鼻化→消失
＊-ŋ—ŋ

古苗瑶语有三个塞音韵尾，这些塞尾在瑶语的金门方言里保存得较全，在其他方言里部分合并或弱化了，在各种苗语里则完全消失或变成了鼻尾。例如：

三角村	双龙	龙华	养蒿	字义
＊-p				
ʔaːp$_7$	ʔat$_7$	[ʔai$_7^ʔ$]	ʔo$_7$	鸭
tap$_8$	thət$_8$	[toʔ$_8$]	tə$_8$	豆
ɕep$_8$	tjhat$_8$	[tʃo$_8^ʔ$]	tɕu$_8$	十
hap$_7$	xət$_7$	[ho$_7^ʔ$]	hə$_7$	喝
heːp$_8$	ɕɛt$_8$	[ŋkai$_8^ʔ$]	ŋi$_8$	狭
tɕhep$_7$	tɕhɛt$_7$	[ʃai$_7^ʔ$]	tjhi$_7$	插
＊-t				
daːt$_7$	—	[ðe$_7^ʔ$]	ta$_7$	翅膀
bjaːt$_8$	blat$_8$	[mpɒi$_8^ʔ$]	za$_8$	辣
tɕat$_7$	klat$_7$	[tʃu$_8^ʔ$]	tjə$_7$	笑
jet$_8$	ɕɛt$_8$	[ʃe$_8^ʔ$]	ʑa$_8$	八
bjet$_8$	blit$_8$	[mpli$_8^ʔ$]	nji$_8$	舌
blat$_8$	blat$_8$	[mplo$_8^ʔ$]	nə$_8$	糯

*-k				
pak_8	$phɔ_8$	—	$paŋ_8$	萝卜
mak_8	$m̥ɛ_8$	[$me^{ʔ}_8$]	$maŋ_4$	麦子
$thɛk_7$	di_7	[$tɛ^{ʔ}_7$]	tei_5	踢
su_8	$tshu_8$	[$ʃu^{ʔ}_8$]	so_6	凿
$çha_7$	sa_7	[$phai^{ʔ}_7$]	phi_7	女儿

三角村有-p、-t、-k 三个塞音韵尾，只有少数字已失去-k，但声调是入声。双龙只有一个塞尾，古 * -p、* -t 已合并为-t，古 * -k 已经消失。龙华只有-ʔ，这个-ʔ 可以出现在元音韵尾之后，而且短而弱。养蒿没有塞尾，古代的塞尾多数已完全消失，只有少数 * -k 变成了-ŋ，有些字的调类也改变了。塞尾的演变可示意为：

$$\left.\begin{array}{l}\left.\begin{array}{l}*\text{-p}\\ *\text{-t}\end{array}\right\}\text{-t}\\ *\text{-k}\rightarrow\text{-ʔ}\end{array}\right\}\text{-ʔ}\rightarrow\left\{\begin{array}{l}\text{鼻尾}\\ \text{消失}\end{array}\right.$$

第二节 语音变异

有条件的语音变化叫语音变异。引起语音变异的条件分内外两种。内部条件是指本语言内的其他成分，外部条件是指其他语言。先说内部条件引起的语音变异。

一、平上去入各分阴阳

在声调一节已经说到罗泊河苗语的石板寨等地有 4 个声调。例如：

平$_A$	上$_B$	去$_C$	入$_D$
qo^{31}_A 钩	$tuŋ^{55}_B$ 倒	$ʈo^{24}_C$ 六	pjo^{33}_D 暗
qho^{31}_A 剜	$thuŋ^{55}_B$ 搬	$tɕho^{24}_C$ 知道	kho^{33}_D 检
vu^{31}_A 女人	vu^{55}_B 刺	vu^{24}_C 手镯	vu^{33}_D 见

这是苗瑶语里最古老的声母系统和声调系统，只有古浊塞音变成了浊擦音。在这个系统里，清、气、浊 3 类声母都可以与平、上、去、入四个声调相拼，4 个声调也都可以与各类声母相拼。但是在许多方言里，平、上、去、入已发生分化，浊断音声母也不同程度地清化，从音位来看，已与清音合并。例如：

石板寨　　养蒿　　大南山　　字义

平声	阴平	阴平	
taŋ$_{A}^{31}$	tɛ$_{1}^{33}$	to$_{1}^{43}$	儿子
nty$_{A}^{31}$	to$_{1}^{33}$	ntou$_{1}^{43}$	布
ʔnen$_{A}^{31}$	naŋ$_{1}^{33}$	naŋ$_{1}^{43}$	蛇
	阳平	阳平	
ʐuŋ$_{A}^{31}$	tju$_{2}^{55}$	ʈoŋ$_{2}^{31}$	门
ʁwen$_{A}^{31}$	faŋ$_{2}^{55}$	tɬaŋ$_{2}^{31}$	黄
ma$_{A}^{31}$	mɛ$_{2}^{55}$	mua$_{2}^{31}$	有
上声	阴上	阴上	
taŋ$_{B}^{55}$	tɛ$_{3}^{35}$	to$_{3}^{55}$	虱子
ntshen$_{B}^{55}$	ɕhaŋ$_{3}^{35}$	ɳtʂ haŋ$_{3}^{55}$	血
ʔlaŋ$_{B}^{55}$	lɛ$_{3}^{35}$	lo^{55}	短
	阳上	阳上	
zo$_{B}^{55}$	tu$_{4}^{11}$	tou$_{4}^{21}$	火
ma$_{B}^{55}$	ma$_{4}^{11}$	nen$_{4}^{21}$	马
lo$_{B}^{55}$	lu$_{4}^{11}$	lou$_{4}^{21}$	老
去声	阴去	阴去	
taŋ$_{C}^{24}$	tɛ$_{5}^{44}$	to$_{5}^{44}$	断
pha$_{C}^{24}$	pha$_{5}^{44}$	phua$_{5}^{44}$	剖
ɬa$_{C}^{24}$	ɬha$_{5}^{44}$	ɬi$_{5}^{44}$	月亮
	阳去	阳去	
za$_{C}^{24}$	ta$_{6}^{13}$	tua$_{6}^{13}$	死
va$_{C}^{24}$	pə$_{6}^{13}$	pua$_{6}^{13}$	抱
ɥu$_{C}^{24}$	ɣə$_{6}^{13}$	ʐo$_{6}^{13}$	力
入声	阴入	阴入	
ʈu$_{D}^{33}$	tjə$_{7}^{53}$	ʈo$_{7}^{33}$	笑
ntəu$_{D}^{33}$	to$_{7}^{53}$	nto$_{7}^{33}$	织
ho$_{D}^{33}$	hə$_{7}^{53}$	hou$_{7}^{33}$	喝
	阳入	阳入	
zəu$_{D}^{33}$	tə$_{8}^{31}$	to$_{8}^{24}$	咬
ʁo$_{D}^{33}$	tɕu$_{8}^{31}$	kou$_{8}^{24}$	十
ja$_{D}^{33}$	ʑa$_{8}^{31}$	ʑi$_{8}^{24}$	八

非常明显，石板寨的每一个调在养蒿和大南山都分化成了两个，石板寨的清声母字在养蒿和大南山是一个调，浊声母字是另一个调，分别称阴平、阳平，阳上、阳上，阴去、阳去，阴入、阳入。又石板寨的浊声母除次浊外，在养蒿和大南山都已清化，所以清浊声母合并是平、上、去、入各分阴阳的条件。这与汉语声调分化的条件是完全一致的。

声调分化以后，有的方言有所合并，如腊乙坪的阴上与阴入并，阳上与阳入并。不过在做历史比较时，作者仍分别标不同的调类。如腊乙坪的pi${}_{3}^{44}$ “果”和ʈo${}_{7}^{44}$ “笑”（见《苗瑶语古音构拟》）。

二、阴调各分甲、乙

平、上、去、入各分阴阳以后，在苗语和瑶语的一些方言里，阴类各调又发生了分化，同时气声母失去了送气成分，与清声母并成了一类。例如：

养蒿	宗地	新村	字义
阴平	阴平甲	阴平甲	
pi${}_{1}^{33}$	pæ${}_{1}^{32}$	po${}_{1}^{35}$	三
qε${}_{1}^{33}$	ŋkæn${}_{1}^{32}$	ɢaːn${}_{1}^{35}$	茅草
ɬu${}_{1}^{33}$	plɔ${}_{1}^{32}$	pjei${}_{1}^{35}$	四
	阴平乙	阴平乙	
tsho${}_{1}^{33}$	pʐa${}_{1'}^{22}$	sei${}_{1'}^{31}$	吹
ɕhi${}_{1}^{33}$	ntsæn${}_{1'}^{22}$	daŋ${}_{1'}^{31}$	清
n̥hε${}_{1}^{33}$	noŋ${}_{1'}^{22}$	nɔːi${}_{1'}^{31}$	太阳
阴上	阴上甲	阴上甲	
tε^{35}	toŋ${}_{3}^{42}$	tam${}_{3}^{545}$	虱
ta${}_{3}^{35}$	ntæ${}_{3}^{42}$	daːu${}_{3}^{545}$	长
noŋ${}_{3}^{35}$	na${}_{3}^{42}$	nei${}_{3}^{545}$	这
	阴上乙	阴上乙	
ɕhaŋ${}_{3}^{35}$	ntsua${}_{3'}^{232}$	saːm${}_{3'}^{43}$	血
ɕhu${}_{3}^{35}$	sɔ${}_{3'}^{232}$	saːi${}_{3'}^{43}$	灰
n̥haŋ${}_{3}^{35}$	nɔ${}_{3'}^{232}$	nom${}_{3'}^{43}$	听见
阴去	阴去甲	阴去甲	
ʔaŋ${}_{5}^{44}$	ʔoŋ${}_{5}^{55}$	ʔom${}_{5}^{44}$	肿

ta$_5^{44}$　　ta$_5^{55}$　　tai$_5^{44}$　　杀

pɛ$_5^{44}$　　mpoŋ$_5^{55}$　　van$_5^{44}$　　雪

　　阴去乙　　阴去乙

pha$_5^{44}$　　pa$_{5'}^{35}$　　paːi$_{5'}^{21}$　　剖

sho$_5^{44}$　　ntsa$_{5'}^{35}$　　du$_{5'}^{21}$　　洗（衣）

ɬha$_5^{44}$　　li$_{5'}^{35}$　　la$_{5'}^{21}$　　月亮

阴入　　阴入甲　　阴入甲

tjə$_7^{53}$　　ʂo$_7^{44}$　　kjet$_7^{54}$　　笑

to$_7^{53}$　　nto$_7^{44}$　　dat$_7^{54}$　　织

ta$_7^{53}$　　tɪ$_7^{44}$　　daːt$_7^{54}$　　翅膀

　　阴入乙　　阴入乙

shei$_7^{53}$　　se$_{7'}^{13}$　　tjet$_{7'}^{32}$　　漆

phi$_7^{53}$　　mpje$_{7'}^{13}$　　sa$_{7'}^{32}$　　女儿

hə$_7^{53}$　　ɦo$_{7'}^{13}$　　hop$_7^{32}$　　喝

这些例字显示，养蒿的每一个阴调在宗地和新村都分化成了两个，养蒿的清声母字在宗地和新村是一个调，气声母字是另一个调，分别称为阴平甲、阴平乙，阴上甲、阴上乙，阴去甲、阴去乙，阴入甲、阴入乙。所以气音与清音合并是阴调各分甲乙的条件。

宗地、新村是典型的例子，各个阴调都已分化，气音已经变成清音（汉语借词除外）。在另一些方言（如摆梭、三角村）只有部分阴调分化，气音的送气成分未完全消失。

在汉语（如吴江）和侗语（如车江）里也有因清声母和气声母的差异声调一分为二的现象，可见阴调分甲、乙有一定的普遍性。

三、声母的不同发音部位使韵母分化

上面谈的是声母的发音方法引起了声调的分化，下面再谈声母的发音部位引起韵母的分化。这类分化又分3种。第一种，元音舌位的高低发生变化。例如：

腊乙坪	大南山	龙华	养蒿	字义
ntɯ$_4^{44}$	nte$_3^{55}$	ða$_3^{53}$	ta$_3^{35}$	长
ntɯ$_5^{53}$	nte$_5^{44}$	nta$_5^{35}$	ta$_5^{44}$	烤（火）
tɯ$_1^{35}$	te$_1^{43}$	ta$_1^{44}$	ta$_1^{31}$	地

prɯ$_3^{44}$	tʂe$_3^{55}$	pja$_3^{53}$	tsɛ$_3^{55}$	房子
mrɯ$_4^{22}$	ɳtʂe$_4^{21}$	mpja$_4^{31}$	zɛ$_4^{11}$	鱼
mrɯ$_2^{31}$	ɳtʂe$_2^{31}$	mpja$_2^{33}$	zɛ$_2^{55}$	耳朵
kɯ$_3^{44}$	ke$_3^{55}$	kja$_3^{53}$	ki$_3^{35}$	路
rɯ$_1^{35}$	ʐe$_1^{43}$	ŋkja$_1^{44}$	ɣi$_1^{33}$	石头
ȵ̥tɕɯ$_3^{44}$	ɳtʂe$_3^{55}$	ntʃa$_3^{53}$	ɕi$_3^{35}$	盐

这些字古代属于同一个韵母 ∗ au，现在腊乙坪、大南山和龙华在不同部位声母的后面仍是一个韵母，但是养蒿分成了 3 个，在舌尖中声母后是低元音 a，舌尖前声母后是次低元音 ɛ，舌面音声母后是高元音 i。

第二种　声母是否腭化使韵母分化。例如：

石板寨	高寨	字义	石板寨	高寨	字义
po$_D^{33}$	po$_D^{31}$	开（门）	mjo$_A^{31}$	m̥ø$_A^{31}$	苗族
zo$_C^{24}$	ðo$_C^{35}$	（花）开	mjo$_C^{24}$	m̥ø$_C^{31}$	板栗
vlo$_A^{31}$	vlo$_A^{31}$	鬼	pjo$_D^{33}$	pø$_D^{31}$	暗

这 6 个字石板寨的韵母都是后元音 o，但是高寨分成了两类，石板寨声母不腭化的高寨也是后元音 o，但石板寨是腭化声母的，高寨声母不腭化，韵母却变成了前元音 ø。

看来腭化声母和舌面声母能使韵母的舌位变高或变前。

第三种　不同的气流通道使韵尾分化。例如：

养蒿	高排	字义	养蒿	高排	字义
kaŋ$_5$	kaɯ$_5$	脆	n̥haŋ$_3$	n̥haŋ$_3$	听见
fhaŋ$_1$	fhaɯ$_1$	荒	njaŋ$_1$	njaŋ$_1$	在
tɕaŋ$_3$	tɕaɯ	卷	m̥haŋ$_5$	m̥haŋ$_5$	夜
ɕaŋ$_5$	ɕaɯ$_5$	放	n̥jhaŋ$_7$	n̥jhaŋ$_7$	汗

这 8 个字养蒿的韵母都收鼻尾，但是高排分化成了两个，鼻音声母字收鼻尾-ŋ，口音声母字收元音尾-ɯ，-ɯ 是被口音声母同化而成的。

四、连读变调

在语流中，字的调值受相邻字影响变成另一个调值，称为连续变调。苗瑶语里多数方言有连续变调，少数没有。下面的讨论不包括派生词和叠音词。

连续变调可分 3 种。第一种，后变调。两字连续，前字的声调不变，后字的调值随前字的调类而变。这个类型分布在川黔滇苗语里和布努语里。影响后字变调的都是平声（包括阴平和阳平）字，其他调类不起作用。它又分两类。第 1 类，主要在原有声调之间变，或产生个别新调值。变调时，共生的气嗓音也随着或隐或现。宗地变调更复杂，韵母的舌位也随着升降。例如：

1. 32 + 53→32 + 13（增气嗓音，元音舌位升高 1 度）。如：

［ʔei^{32}］“一”［ʈo^{53}］“步”读作［ʔei^{32}ʈɦu^{13}］“一步”

2. 32 + 11→32 + 13。如：

［toŋ^{32}］“崽”［mɦeĩ^{11}］“马”读作［toŋ^{32}mɦeĩ］“马驹”

3. 32 + 13→32 + 33（失气嗓音，元音舌位降低 1 度）。如：

［ʔei^{32}］“一”［ɳʈɦu^{13}］“滴”读作［ʔei^{32}ɳʈo^{33}］“一滴”

4. 32 + 42→32 + 55。如：

［ʐɔ^{32}］“菜”［ntsæ^{42}］“盐”读作［ʐɔ^{32}ntsæ^{55}］“咸菜”

5. 32 + 55→32 + 44。如：

［ka^{32}］“药”［saŋ^{55}］“枪”读作［ka^{32}saŋ^{44}］“火药”

6. 32 + 232→32 + 55。如：

［kua^{32}］“虫”［ntsɦua^{232}］“头虱”读作［kua^{32}ntsɦua^{35}］“头虱”

7. 32 + 35→32 + 13（元音舌位降低半度）。如：

［noŋ^{32}］“个”［li^{35}］“月亮”读作［noŋ^{32}lɪ^{13}］“月亮”

8. 22 + 53→22 + 13（增气嗓音，元音舌位升高 1 度）。如：

［sɦo^{22}］“雷”［ha^{53}］“叫”读作［sɦo^{22}hɦə^{13}］“打雷”

9. 22 + 11→22 + 13。如

［mɦəŋ^{22}］“人”［ȵtɕɦĩ^{11}］“懒”读作［mɦəŋ^{22}ȵtɕɦĩ^{13}］“懒汉”

10. 22 + 13→22 + 33（气嗓音消失，元音舌位降低 1 度）。如：

［mɦəŋ^{22}］“人”［ŋkɦə^{13}］“勤”读作［mɦəŋ^{22}ŋka^{33}］“勤快人”

11. 22 + 42→22 + 55。如：

［nɦoŋ^{22}］“日”［so^{42}］“虎”读作［nɦoŋ^{22}so^{55}］“虎日”

12. 22 + 55→22 + 44。如：

［mɦəŋ^{22}］“人”［ʐaŋ^{55}］“好”读作［mɦəŋ^{22}ʐaŋ^{44}］“好人”

13. 22 + 232→22 + 35。如：

［wɦs^{22}］“树”［hɦa^{232}］“枯”读作［wɦa^{22}hɦa^{35}］“枯枝”

14. 22 + 35→22 + 13。如：

［nɦoŋ^{22}］“日”［mɦɔ^{35}］“夜”读作［nɦoŋ^{22}mɦɔ^{13}］“天晚”

15. 53 + 53→53 + 13（增气嗓音，元音舌位升高一度）。如：

［pua^{53}］“花”［ɬa^{53}］“桃”读作［pua^{53}ɬɦə^{13}］“桃花”

16. 53 + 11→53 + 13。如：

［mpɹæ^{53}］“耳朵”［mpɹɦe^{11}］“鱼”读作［mpɹæ^{53}mpɹɦe^{13}］“鳃”

17. 53 + 13→53 + 33（失去气嗓音，元音舌位降低 1 度）。如：

［ʈaŋ^{53}］“筒”［ʈɦɯ^{13}］“筷”读作［ʈaŋ^{53}ʈə^{3}3］“筷筒”

18. 53 + 42→53 + 55。如：

［mpjaŋ^{53}］“疯”［tɕə^{42}］“酒”读作［mpjaŋ^{53}tɕə^{55}］“酒疯子”

19. 53 + 55→53 + 44。如：

［ŋka^{53}］“圈”［mpa^{55}］“猪”读作［ŋka^{53}mpa^{44}］“猪圈”

20. 53 + 232→53 + 35。如：

［ŋke^{53}］“肉”［hɦa^{232}］“干”读作［ŋke^{53}hɦa^{35}］“腊肉”

21. 53 + 35→53 + 13。如：

［nɔ^{53}］“吃”［ɳɦɔ^{35}］“饭”读作［nɔ^{53}ɲɦɔ^{13}］“吃饭”

第二类，变调值都是新产生的，分别比原调值高 1 度或两度。例如弄京布努语的：

1. 33 + 33→33 + 55。如：

ʔaŋ^{33}“水”ntshiŋ^{33}“清”读作［ʔaŋ^{33}ntshiŋ^{55}］“清水”

2. 33 + 13→33 + 35。如：

lo^{33}“煮”ŋka^{13}“肉”读作［lo^{33}ŋka^{35}］“煮肉”

3. 33 + 43→33 + 54。如：

tɬa^{33}“毛”tɬe^{43}“狗”读作［tɬa^{33}tɬe^{54}］“狗毛”

4. 33 + 232→33 + 454。如：

muŋ^{33}“要”mpje^{232}“鱼”读作［muŋ^{33}mpje^{454}］“买鱼”

5. 13 + 33→13 + 55。如：

ŋka^{13}“肉”ka^{33}“鸡”读作［ŋka^{13}ka^{55}］“鸡肉”

6. 13 + 13→13 + 35。如：

no^{13}“人”mɔŋ^{13}“有”读作［no^{13}mɔŋ^{35}］“富人”

7. 13 + 43→13 + 54。如：

tɕu^{13}“九”pje^{43}“家”读作［tɕu^{13}pje^{54}］“九家”

8. 13 + 232→13 + 454。如：

nɔŋ^{13}“吃”ʑo^{232}“饭”读作［nɔŋ^{13}ʑo^{454}］“吃饭”

第二种，前变调。两字连续时，后字不论是什么调类都不变，前字都变调。这个类型分布在瑶语里。例如广西金秀龙定，前字都变成 31 调。

1. 33 + 53→31 + 53。如：

wom^{33} “水” tsiŋ^{53} “井” 读作［wom^{31}tsiŋ^{53}］“泉水”

2. 53 + 55→31 + 55。如：

dzjəu^{53} “蚁” khot^{55} “孔” 读作［dzjəu^{31}khot^{55}］“蚂蚁洞”

3. 231 + 31→31 + 31。如：

po^{231} “手” kjun^{31} “拳” 读作［po^{31}kjun^{31}］“拳头”

4. 24 + 21→31 + 31。如：

dzjau^{24} “风” tsun^{21} “转” 读作［dzjau^{31}tsun^{21}］“旋风”

5. 21 + 231→31 + 231。如：

no^{21} “鸟” laːu^{231} “巢” 读作［no^{31}laːu^{231}］“鸟窝”

6. 55 + 33→31 + 33。如：

daːt^{55} “翅” pei^{33} “毛” 读作［daːt^{31}pei^{33}］“羽毛”

7. 22 + 55→31 + 55。如：

mɛ^{22} “麦” khot^{55} “壳” 读作［mɛ^{31}kho^{55}］“麦麸”

8. 33 + 24→31 + 24。如：

tɕa^{33} “鸡” kɛu^{24} “蛋” 读作［tɕai^{31}kɛu^{24}］“鸡蛋”

第三种，前字后字都可以变调。有的是受位置的制约，有的受调类的制约。例如河坝的：

21 调为后字时变为 22 调。如：

［tɦei^{21}］“只”［mɦei^{21}］“鱼” 读作［tɦei^{21}mɦei^{22}］“鱼”

［təu^{53}］“豆”［tjɦəu^{21}］“汉族” 读作［təu^{53}tjɦəu^{22}］“豌豆”

［mei^{55}］“耳”［nɦə̃^{21}］“鼠” 读作［mei^{55}nɦə̃^{22}］“木耳”

13 调的字为前字时变为 11 调。如：

［pa^{13}］“雄”［qæ^{44}］“鸡” 读作［pa^{11}qæ^{44}］“公鸡”

［pei^{13}］“果”［ɬue^{55}］“桃” 读作［pei^{11}ɬue^{55}］“桃”

［qa^{13}］“屎”［mjɦa^{22}］“鼻” 读作［qa^{11}mjɦa^{22}］“鼻涕”

13 调的字为后字，前字为平声（44、55）时也变为 11 调。如：

［pjɔ^{44}］“毛”［hɔ^{13}］“头” 读作［pjɔ^{44}hɔ^{11}］“头发”

［kæ̃^{44}］“虫”［tei^{13}］“虱” 读作［kæ̃^{44}tei^{11}］“虱子”

［to^{55}］“股”［qa^{13}］“屎” 读作［to^{55}qa^{11}］“屁股”

［mjaŋ^{55}］“龈”［me^{13}］“牙” 读作［mjaŋ^{55}me^{11}］“牙龈”

第三种变调不及第一、第二种多。

五、调变

前面说了并调和变调。并调是几类调的字单读时，其调值完全相同，如腊乙坪的阴上和阴入都读44。变调是字单说时的调值与连说时的不同，如大南山的阳平，单说时是31，在阴平字和阳平字后连说时，就变成了13。调变是一类调中有少数字的调值，在某种条件下变得与另一类调的相同，或者单独另成一类。调变可分3种。

第一种，阴调变阳调。例如湘西苗语洞头寨古代带鼻音声头的清声母字变成了浊音，声调也变成了阳调，即阴平字变成了阳平，阴上字变成了阳上，阴去字变成了阳去，阴入字变成了阳入。例如（用大南山话比较）：

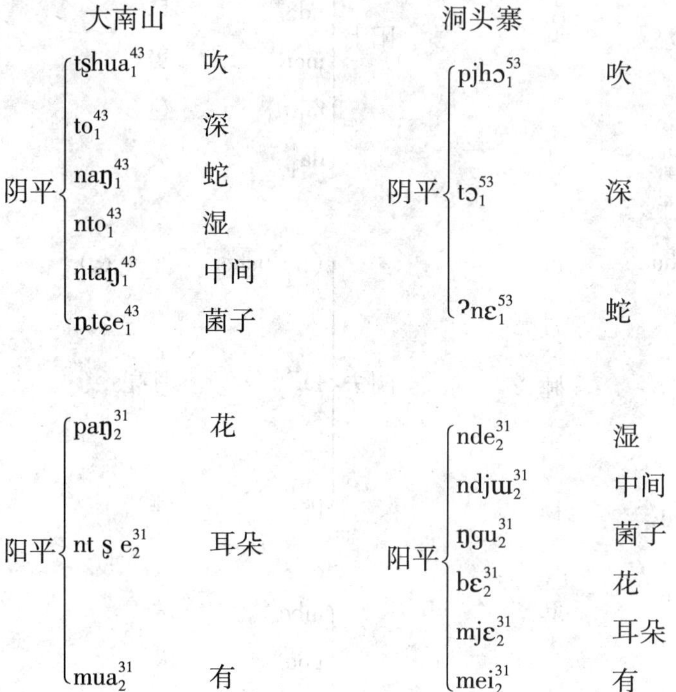

	大南山			洞头寨	
阴平	tʂhua$_1^{43}$	吹	阴平	pjhɔ$_1^{53}$	吹
	to$_1^{43}$	深		tɔ$_1^{53}$	深
	naŋ$_1^{43}$	蛇		ʔnɛ$_1^{53}$	蛇
	nto$_1^{43}$	湿			
	ntaŋ$_1^{43}$	中间			
	ȵtɕe$_1^{43}$	菌子			
阳平	paŋ$_2^{31}$	花	阳平	nde$_2^{31}$	湿
	nt ʂ e$_2^{31}$	耳朵		ndjɯ$_2^{31}$	中间
	mua$_2^{31}$	有		ŋgu$_2^{31}$	菌子
				bɛ$_2^{31}$	花
				mjɛ$_2^{31}$	耳朵
				mei$_2^{31}$	有

声调	例词	词义	声调	例词	词义
阴上	nt ʂ haŋ$_3^{55}$	血	阴上	（n） tshe$_3^{55}$	血
	na$_3^{55}$	这		ʔnei$_3^{55}$	这
	tu$_3^{55}$	尾巴		ta$_3^{55}$	尾巴
	nte$_3^{55}$	长			
	nt ʂ e$_3^{55}$	盐			
	ntso$_3^{55}$	早			
阳上	mua$_4^{21}$	买	阳上	ndu$_4^{44}$	长
	nt ʂ e$_4^{21}$	鱼		ndzu$_4^{44}$	盐
	teu$_4^{21}$	火		ndɔ$_4^{44}$	早
				mei$_4^{44}$	买
				mjɯ$_4^{44}$	鱼
				da$_4^{44}$	火
阴去	ntshua$_5^{44}$	洗	阴去	（n） tsho$_5^{33}$	洗（衣）
	ɬi$_5^{44}$	月亮		ɬa$_5^{33}$	月亮
	pu$_5^{44}$	睡		pa$_5^{33}$	睡
	mpo$_5^{44}$	雪			
	ntoŋ$_5^{44}$	树			
阳去	nta$_6^{13}$	麻	阳去	mbe$_6^{22}$	雪
	tua$_6^{13}$	死		ndo$_6^{22}$	树
	ȵa$_6^{13}$	偷		nɔ$_6^{22}$	麻
				da$_6^{22}$	死
				ȵei$_6^{22}$	偷

阴入	to$_7^{33}$	笑	阴入	tjɔ$_7^{34}$	笑
	ti$_7^{33}$	翅膀		ti$_7^{34}$	翅膀
	ntshai$_7^{33}$	女儿		（m）pha$_7^{34}$	女儿
	nto$_7^{33}$	织			
	nteu$_7^{33}$	肚脐			
阳入	ntʂi$_8^{24}$	辣	阳入	ndɔ$_8^{24}$	织
	mplai$_8^{24}$	舌		nda$_8^{24}$	肚脐
	mplou$_8^{24}$	糯		nei$_8^{24}$	辣
				mja$_8^{24}$	舌
				no$_8^{24}$	糯

可以看出，洞头寨各阳调包含的字比大南山的多。大南山带鼻音声头的全清声母现在口音读清音，声调是阴调。洞头寨的这类字在鼻音声头的影响下，口音变成了浊音，声调也变成了阳调。

从这一变化可以推知，洞头寨全清鼻口音声母浊化是比较早的，应在阴阳调分化之前。如果在阴阳调分化之后，已经形成的声调就不会发生调变。例如离洞头寨不远的腊乙坪，虽然全清鼻口音中的口音也浊化了，但声调仍是阴调。腊乙坪鼻口音声母浊化应在阴阳调分化之后。

第二种，阳调变阴调。苗瑶里的汉语老借词，其声调汉苗完全一致，即阴平读阴平，阳平读阳平……但是在黔东苗语里，有些老借词，汉语的阳调苗语改读成了相应的阴调。例如：

	汉语中古音	苗语养蒿话
行	匣庚开二平梗	haŋ$_1^{33}$
亥	匣海开一上蟹	ha$_5^{44}$
鞋	匣佳开二平蟹	ha$_1^{33}$
和	匣戈合一平果	hε$_1^{33}$

汉语的“行、鞋、和”都是阳平，养蒿却读阴平。汉语的“亥”借入苗语时已浊上变阳去，养蒿却读阴去。为什么？汉语的匣母是一个舌根擦音，养蒿苗语借汉语时，只有 h 与匣最接近，但 h 是一个清擦音，只能与

阴调相拼，为了不违反本族语的组合规则，只好将汉语的阳调改为苗语的阴调。

必须说明，其他声母的借词，没有这种阳调改阴调的变化。如“寅” $ʑi_2^{55}$，“场” $ɕaŋ_2^{55}$。

第三种，变调巩固为调变。

连读变调的语音环境消失时，有些字的变调值不返回单读时的读法而巩固为本调值。这种调值恰好与另一个调相同，于是产生了调变。例如大南山的 tɕaŋ^{13} “根” 现在是单音节词，是阳去调。可是这个意义在养蒿是 qa^{33}tɕoŋ^{55}，在腊乙坪是 qɔ^{35} tɕoŋ^{31}，都是双音词，其词根都是阳平调。tɕaŋ^{13}跟 tɕoŋ^{55}、tɕoŋ^{31}声母有对应规律。例如：

大南山	养蒿	腊乙坪	字义
$tɕuɒ_2$	$tɕə_2$	$tɕo_2$	九
$tɕo_4$	$tɕə_4$	$tɕo_4$	臼
$tɕou_6$	$tɕu_6$	$tɕɔ_6$	膝盖

韵母也有对应规律。例如：

大南山	养蒿	腊乙坪	字义
$ntshaŋ_1$	$shoŋ_1$	$ntshoŋ_1$	陡
$ʐaŋ_2$	$ɣoŋ_2$	$ʐoŋ_2$	龙
$ntaŋ_1$	$tjoŋ_1$	$ɳʈoŋ_1$	中

它们无疑是同源的，但调类为什么不一致呢？非常明显，养蒿和腊乙坪都有第 1 调的前缀，而大南山没有。大南山有一条变调规则：第 2 调的字位于第 1 调字后边时要变成第 6 调。据此可以推断，原来大南山也有第 1 调的前缀，当前缀存在，词根像养蒿、腊乙坪一样也是第 2 调时，词根就要变成第 6 调。后来前缀消失，词根的变调值就巩固下来成了本调值。所以 $tɕaŋ_6$ 的调变是由连读变调引起的。

类似的调变在布努语里也有。布努语弄模话第 1、2、3、4 调的字位于第 1、2 调字后边时都发生连读变调。

33 +33 >33 +55。如：

$ka_1^{33}m̥ɔŋ_1^{33}$ “藤子” 读作 [$ka_1^{33}m̥aŋ_{1'}^{55}$]

33 +23 >33 +35。如：

$ka_1^{33}ntɬaqŋ_2^{23}$ “叶子” 读作 [$ka_1^{33}ntɬaŋ_{1'}^{35}$]

33 +43 >33 +54。如：

$ka_1^{33}θhɔŋ_3^{43}$ “骨头” 读作 [$ka_1^{33}θhɔŋ_{3'}^{54}$]

33 + 232 > 33 + 454。如：

$ka_1^{33}tɕe_4^{232}$ “树枝” 读作 [$ka_1^{33}tɕe^{454}$]

这四个词都有第 1 调的前缀 ka_1^{33}，但是它可有可无。当丢掉前缀，词根独立成词时，仍保留着变调的调值；$m̥ɔŋ_{1'}^{55}$ “藤子”、$ntɬaŋ_{2'}^{35}$ “叶子”、$θhɔŋ_{3'}^{54}$ “骨头”、$tɕe^{454}$ “树枝”。于是由连读变调产生了 4 个新的声调，它们与原有的声调调形虽相同，但调值更高，而且区别意义。如：

$m̥ɔŋ_1^{33}$ “果子狸” ≠ $m̥ɔŋ_{1'}^{55}$ “藤子”

ven_2^{23} “病重” ≠ $ven_{2'}^{35}$ “园子”

ve_3^{43} “妻子” ≠ $ve_{3'}^{54}$ “伯母”

$ɣe_4^{232}$ “留” ≠ $ɣe_{4'}^{454}$ “鸡窝”

所以弄模话现在有 12 个声调：33、23、43、232、41、22、32、21、55、35、54、454。后面这 4 个是由连读变调新产生的。

六、同音分化

语音演变能使不同读音的字变得读音相同。例如数词“四”和“五”的古音是 $*plei_1$ 和 $*prɛ_1$，只有声调相同，都是阴平；声母和韵母都不同。但是下水村的 *pl 和 *pr 都变成了 pj。如：

	下水村	龙华	中排	字义
*pl	pji^{35}	ple^{44}	$tɬo^{13}$	四
	pji^{22}	pli^{44}	$tɬi^{13}$	竹子
	下水村	烟园	大坪	字义
*pr	pji^{22}	pja^{35}	$pjau^{51}$	五
	$pjɔ^{35}$	$pjɛ^{35}$	pju^{24}	房子

下水村的 *ei 和 *ɛ 都变成了 i。如：

	下水村	龙华	中排	字义
*ei	pji^{35}	ple^{44}	$tɬo^{13}$	四
	pji^{22}	ple^{44}	pjo^{13}	毛
	下水村	烟园	中排	字义
*	pji^{22}	pja^{35}	$pjɛ^{42}$	五
	ji^{53}	va^{31}	$vjɛ^{44}$	尿

现在声母和韵母也变得相同了，这就成了同音字。同音异义词在语言中是存在的，借助不同的语境，一般可以表达不同的意义，但是数词的语境都一样，完全同音就无法表示不同的数目，就产生了交际困难，于是下

水村的人就把“四”的声调改成了35，使 pji^{35}“四”和 pji^{22}“五”有了区别。

有趣的是高寨发生了类似的事儿。数词“八”和“九”的古音是 $*j\varepsilon t_D$ 和 $*gju_A$，声韵调都不相同。但是古声母 *j 和 *gj 在高寨都变成了 j。例如：

	石板寨	高寨	字义
*j	ja_D^{33}	$j\alpha_D^{31}$	八
	$ju\eta_A^{31}$	$jo\eta_A^{31}$	羊
*gj	ji_B^{55}	ji^{55}	茶
	$ju\eta_A^{31}$	$jo\eta_A^{31}$	根

古韵母 *εt 和 *u 在高寨都变成了 ɑ。例如：

	石板寨	高寨	字义
*εt	ja_D^{33}	$j\alpha_D^{31}$	八
*u	$ɳʈa_B^{55}$	$ɳʈ\alpha_D^{55}$	鼓
	Nqa_D^{33}	$Nq\alpha_D^{31}$	鸽子

古平声和入声高寨也合并成一个调31了。例如：

	石板寨	高寨	字义
平声	$pleu_A^{31}$	$plәu_A^{31}$	四
	$mblu\eta_A^{31}$	$mblo\eta^{31}$	叶子
入声	pjo_D^{33}	$pø_D^{31}$	暗
	$NG\varepsilon_D^{33}$	NGe_D^{31}	窄

这样，高寨的“八”和“九”都读 $j\alpha^{31}$，成了同音字。跟下水村的“四”和“五”一样，人们用它表达数目时必然引起混乱，所以不得不想法给以区别。不过高寨改变的不是声调，而是把“九”的声母改成了清音 tɕ，于是“八”是 $j\alpha^{31}$，“九”是 $tɕ\alpha^{31}$，截然不同了。

外部条件引起的语音变异少一些。我观察到的有三种。

1. 清塞音变内爆音或浊塞音

清塞音声母是很稳定的，古代的清塞音在现在方言里，一般仍是清音，但是海南、广西和广东的一些瑶语，双唇和舌尖清塞音有的起了变化。例如：

	烟园	东兴	大坪	字义
*p	$ʔpi_1$	$ʔbi_1$	$b\varepsilon i_1$	臭虫

	ʔpɔŋ$_3$	ʔbɔŋ$_3$	baŋ$_3$	满
	ʔpoŋ$_5$	ʔbuŋ$_5$	bɔŋ$_5$	放
* t	ʔtɔːn$_1$	—	dan$_1$	儿子
	ʔtam$_3$	ʔdam$_3$	dan$_3$	虱子
	ʔtai$_5$	ʔdai$_5$	dai$_5$	杀

清塞音变内爆音或浊塞音是罕见的，为什么在烟园、东兴等地发生了呢？原来这些地方处在侗台语的包围之中。有内爆音是侗台语的突出特点，而且一般只有双唇和舌尖的，面烟园、东兴和大坪也只有这两个。不仅瑶语，这一带的汉语方言也有内爆音。因此我们可以推断：瑶语或汉语里的内爆音是侗台语从外部影响的结果。

内爆音中喉塞成分除阻时容易引起声带颤动，所以东兴变成了浊内爆。后来喉塞消失，所以大坪变成了纯浊塞音，但声调仍是阴调。

前面已经说过，苗瑶语声母发展的趋势是浊断音清化，首先是阳平字的清化，然后依次是阳入、阳上、阳去。但是广西恭城的瑶语里出现了相反的现象。例如：

阳平	ba$_2$ 耙子		dɔŋ$_2$	铜
阳上	teu$_4$ 火		pɔu$_4$	手
阳去	tai$_6$ 死		tjen$_6$	垫
阳入	tə$_8$ 豆			

为什么阳平字的声母没有清化，而阳上、阳去、阳入字的反而清化了呢？可以假定，恭城瑶话的演变也跟其他苗瑶语一样，与侗台语接触时，阳平字的声母已经清化，与清声母并成了一类，在侗台语的影响下变成了浊音；阳上、阳去、阳入尚未清化。后来这三个调的声母也清化了，但是侗台语的影响已经消失，没有变成浊音。所以恭城阳平字的浊声母，不是苗瑶语古音的残存，而是侗台语内爆音影响后的再次浊化。

2. 浊塞音变清送气音

苗瑶语古浊断音绝大多数方言变成了清音，但是少数方言变成了气音。例如下水村畲语的：

* b	phu$_8^{35}$	看见	* bj	phun$_1^{31}$	花
* br	kwha$_4^{53}$	手	* dzj	tjhu$_6^{53}$	膝盖
* d	tha$_6^{53}$	死	* dr	khu$_6^{53}$	筷子

这是因为下水村在汉语客家话的包围之中，说畲语的畲族也都会说客家话。客家话的古全浊声母现在都是送气清音，畲语在客家话的影响下古浊

断音也都读气音了。不过带鼻音声头的浊断音声母现在不读气音，而读清音。例如：

* mb	pi$_{2}^{31}$	拍	* mbj	pji$_{8}^{35}$	扇子
* mbr	pja$_{4}^{53}$	鱼	* ndzj	tjɔ$_{2}^{31}$	嘴
* nd	ta$_{2}^{31}$	红薯	* dr	ku$_{4}^{53}$	鼓

这应该是畲语与客家话接触时，鼻音声头已经消失，口音已经变成了清音，所以现在读清音。

广东阳山的瑶语与下水村的有所不同，在那里，古代带鼻音声头的声母，清音和浊音现在都读气音。例如：

古清断音			古浊断音		字义
* nt	thɛi$_{1}^{44}$	布	* mbr	pjhu$_{4}^{44}$	鱼
* nt	thau$_{3}^{32}$	伐	* mbr	phui$_{6}^{43}$	笋
* mpj	pjha$_{3}^{32}$	补	* mbr	pjhu$_{2}^{54}$	耳朵
* nts	thɔu$_{3}^{32}$	早	* mblj	phit$_{8}^{54}$	舌
* mp	phan$_{5}^{43}$	雪	* mbr	pjhi^{43}	鼻涕
* nt	that$_{7}^{21}$	织	* mbl	phut$_{8}^{54}$	糯

阳山也是客家话分布区。阳山瑶语也应跟其他瑶语一样，古代带鼻音声头的清口音声干，受鼻音影响，也浊化与古浊声母并成了一类，后来鼻音消失，成了纯浊音声母，于是这些声母在客家话的影响下也都变成了气音。

3. 阳入字声母变气音

古浊声母清化时，大多数方言都不分声调，断音变成清音，续音仍读浊音。但是毛坳只有阳平、阳上、阳去字的声母是这样，阳入字的浊断音变成了气音，续音变成了清音。例如：

阳平：	kwe$_{2}^{33}$	黄	pei$_{2}^{33}$	花	naŋ$_{2}^{33}$	吃
阳上：	təu$_{4}^{11}$	火	pu$_{4}^{11}$	手	ma$_{4}^{11}$	马
阳去：	tɕa$_{6}^{31}$	七	tjuŋ$_{6}^{31}$	肥	ʑa$_{6}^{31}$	力
阳入：	khu$_{8}^{31}$	十	tha$_{8}^{31}$	咬	ɕi$_{8}^{31}$	入
	ŋkheu$_{8}^{31}$	双	ŋqhai$_{8}^{31}$	窄	m̥m$_{8}^{31}$	麦子

双龙跟毛坳差不多，只有古代带鼻音声头的阳调字声母现在读浊音，不带鼻音声头的，阳平、阳上、阳去读清音，阳入也读气音。例如：

带鼻音声头的

阳平：blau$_{2}^{31}$　禾　　阳上：bla$_{4}^{42}$　鱼

阳去：blat$_{6}^{42}$　笋　　阳入：blat$_{8}^{21}$　辣

不带鼻音声头的

阳平：pjaŋ$_{2}^{31}$　花　　tja$_{2}^{31}$　茄子

阳上：təu$_{4}^{42}$　火　　pau^{42}　手

阳去：tsaŋ$_{6}^{42}$　匠　　tjəu$_{6}^{42}$　筷子

阳入：pjha$_{8}^{21}$　人　　thət$_{8}^{21}$　豆

m̥ɛ$_{8}^{21}$　麦子　　n̥ɔ$_{8}^{21}$　鸟

毛坳、双龙阳入字的声母为什么气化？我认为是汉语湘方言影响的结果。因为毛坳在隆回，那里是老湘语区；双龙在全州，那里也是老湘语区。而老湘语的一大特点是阳入字的声母现在读送气清音。如双峰的thəu$_{入}$“独”，tshe$_{入}$“泽”。毛坳、双龙的瑶族都会说当地汉语，他们就把湘语的这一特点扩散到母语里了。

第三节　词汇发展

一、结构变化

1. 声调别词

由一个音节组成的词成分单一，似乎没有结构发展问题。然而苗瑶语里有一些词，声韵母都相同，但是声调、词类不同，所表示的意义也不同，但是相关。这些词应是由一个词分化而成的。如养蒿的：

tsen^{35}　果子（名词）　　tsen^{44}　结（子）（动词）

ta^{44}　杀（动词）　　ta^{13}　死（形容词）

tjaŋ^{55}　油脂（名词）　　tjaŋ^{13}　肥（形容词）

to^{33}　布（名词）　　to^{53}　织（动词）

tu^{11}　火（名词）　　tu^{53}　点燃（动词）

qaŋ^{55}　扁担（名词）　　qaŋ^{44}　挑（动词）

tjə^{55}　步子（名词）　　tjə^{31}　跨（动词）

石门坎的：

tsi^{55}　果子（名词）　　tsi^{33}　结（子）（动词）

ta^{33}　杀（动词）　　da^{13}　死（形容词）

ndzie^{33}　辫子（名词）　　mdzɦie^{11}　编织（动词）

弄京的：

ku^{33}　割（动词）　　ku^{55}　镰刀（名词）

mpjau^{33}　剪（动词）　　mpjau^{55}　剪子（名词）

pen^{33}　锛（动词）　　pen^{55}　锛子（名词）

苗瑶语的声调是后起的，它产生以后，又经三次分化，最多的达十几类，使音节数大增，这就为利用不同的声调区别意义和词类提供了条件。

声调别词不是苗瑶语独有的，汉语里也有不少。例如：pian^{55}“编”和 pian^{51}“辫”，tsɿ^{214}“子”和 tsɿ^{55}“滋”，mai^{214}“买”和 mai^{51}“卖”。不过这种分化词的手段现在似乎不起作用了。

2. 前缀退化

苗瑶语是后加型语言。后加型语言的前缀应该很发达，现在罗泊河苗语还保持这一特点，但是其他语言或方言都不同程度地衰减了。如：

石板寨	腊乙坪	养　蒿	弄　模	大南山	字义
pə^{05}te^{31}	ta^{35}tɯ^{35}	ta^{33}	ka^{33}te^{33}	te^{43}	地
pə^{05}ɳʈuŋ^{31}	tɑ^{35}ɳʈoŋ^{35}	qa^{33}tjoŋ^{33}	ɳʈəŋ^{33}	ɳʈaŋ^{43}	中间
tə^{02}mbluŋ^{31}	qɔ^{35}nu^{31}	qa^{33}nə^{55}	(ka^{33})ntɬaŋ^{13}	mploŋ^{31}	叶
tə^{02}ji^{55}	qɔ^{35}kɯ^{33}	qa^{33}tɕi^{11}	(ka^{33})tɕe^{454}	tɕe^{13}	枝
tə^{02}qwen^{55}	kwei^{44}	faŋ^{35}	kwen^{43}	tɬaŋ^{55}	宽
tə^{02}ŋɢɛ^{33}	ŋɑ^{33}	ŋi^{31}	ŋka^{21}	ŋqai^{24}	窄
qo^{05}qa^{55}	qɑ^{44}	qa^{35}	kau^{43}	qua^{55}	屎
qo^{05}taŋ^{31}	te^{35}	tɛ^{33}	tuŋ^{33}	to^{43}	儿子
qo^{05}ntuŋ^{24}	qɔ^{35}ntu^{53}	tə^{44}	ntaŋ^{41}	ntoŋ^{44}	树
ʔa^{02}tɕi^{24}	ci^{53}	tɕin^{44}	ka^{43}tɕi^{41}	tɕua^{44}	风
ʔa^{02}tshuŋ^{55}	qɔ^{35}soŋ^{44}	shoŋ^{35}	ka^{33}θhɔŋ^{54}	tshaŋ^{44}	骨头
ʔa^{02}ta^{33}	qɔ^{35}tei^{44}	qa^{33}ta^{53}	to^{32}	ti^{33}	翅膀
ʔa^{02}juŋ^{31}	qɔ^{35}tɕoŋ^{31}	qa^{33}tɕoŋ^{55}	ka^{43}tɕɔŋ^{13}	tɕaŋ^{13}	根

上面这 13 个词各点都是同源的，但是保存的前缀大不一样。石板寨的每一个词都有前缀，共有 pə^{05}、tə^{02}、qo^{05}、ʔa^{02}4 个。腊乙坪只有 8 个词有前缀，前缀减为两个：tɑ^{35}和 qɔ^{35}。养蒿只有 5 个词有前缀，都是 qa^{33}。弄模有 6 个词有前缀，都是 ka$^{43/33}$，其中有两个词的前缀可有可无。大南山的 13 个词都没有前缀。可见一方面前缀数在减少，先消失双唇前缀，其次是舌尖和声门前缀，最稳定的是舌根或小舌前缀。另一方面前缀出现的频率也在减少，其过渡阶段是前缀可有可无。

怎么知道一些词以前有过前缀，后来消失了呢？我们从上面的例词中看到：大南山的 tɕe^{13} “枝” 和 tɕaŋ^{13} “根” 都 是 13 调，是阳去；而这两个词腊乙坪是 qɔ^{35}kɯ^{33}和 qɔ^{35}tɕoŋ^{31}，都有前缀 qɔ^{35}（阴平），调类是阳上和阳平。在养蒿是 qa^{33}tɕi^{11}和 qa^{33}tɕoŋ^{55}，也都有前缀 qa^{33}（阴平），调类也是阳上和阳平。大南山有一条变调规律，就是阳平字和阳上字位于平声字之后时要变成阳去。可以推断，大南山的 “根” 和 “枝” 以前也有阴平前缀，词根因此都变成阳去，后来前缀退化，阳平和阳上的变调就巩固成本调了。

前缀的退化使苗瑶语固有名词趋向单音节化。

3. 后缀滋生

在后加型的语言里应该是没有后缀的，但是苗瑶语的一些语言里有个别实词正在慢慢地虚化为构词后缀。例如黄落的 təu^{44}本义是 “儿子”，如 ljeu^{44}təu^{44} “大儿子”，təu^{44}phe^{55} “女儿”。后来扩大到 “动物的幼崽”，如 ŋu^{13}təu^{44} “牛崽”、mɔ^{33} təu^{44} “马崽”。应该说，这些还不是后缀。但是 təu^{44}还可以表示并非 “幼崽” 的动物如：thu^{55} təu^{44} “兔子”、jəu^{31} təu^{44} “鹞子”，ma^{55} təu^{44} “虱子”，甚至表示非动物，如 pi^{33} təu^{44} “梨”、ŋ̊ ŋ^{33} təu^{44} “肠子”、poi^{32}təu^{44} “被里”、kwan^{44}təu^{44} “画”、jeu^{33}təu^{44} “鼓”。这就发展为后缀了。

类似的有龙定。例如 toːn^{33}，本义也是 “儿子”，逐渐引申为表示：po^{231}du^{24}toːn^{33} “小指”、bjet^{12}toːn^{33} “小舌”，tɛŋ^{33}toːn^{33} “孑孓”、tɛŋ^{33}jet^{55} toːn^{33} “扑灯蛾” 等。

最典型的是下水村，不仅 taŋ^{22}本义 “儿子” 发展成了后缀，kɔ^{55}本义 “头” 也发展成了后缀，它们派生出来的词相当多。如：

_kɔ^{55}	字义	-taŋ^{22}	字义
nɔ^{22}kɔ^{55}	日头	ne^{33}taŋ^{22}	星星
ja^{22}kɔ^{55}	石头	thɔŋ^{31}taŋ^{22}	池塘
ta^{22}kɔ^{55}	碑	kin^{22}taŋ^{22}	金子
kaŋ^{35}kɔ^{55}	背	ʔa^{35}taŋ^{22}	哑巴
suŋ^{55}kɔ^{55}	骨头	pa^{22}taŋ^{22}	疤痕
mun^{55}kɔ^{55}	臼齿	mun^{55}taŋ^{22}	门齿
si^{31}kɔ^{55}	蜻蜓	nɔ^{53}taŋ^{22}	鸟
phun^{31}kɔ^{55}	蓓蕾	pi^{55}taŋ^{22}	桃
hɔŋ^{33}kɔ^{55}	木薯	kjhu^{31}taŋ^{22}	茄子

tɔŋ^{33}kɔ^{55} 木头 ku^{53}taŋ^{22} 鼓

在后加型语言里，实词变成后缀有一个前提，就是定语移到中心语的前面。瑶语、畲语、优诺语等的名词定语就移到了中心的前面。如：

养蒿	下水村	黄落	字义
ŋi^{55}pa^{44}	jɔ^{31}kwe^{31}	ŋu^{13}pe^{44}	牛肉
肉 牛	牛 肉	牛 肉	
ki^{44}qei^{33}	kwe^{22}kja^{33}	ke^{44}keu^{53}	鸡蛋
蛋 鸡	鸡 蛋	鸡 蛋	

因此，畲语、优诺语、瑶语就滋生了后缀。

后缀因为产生得较晚，与前缀比较起来有如下几点不同：1. 可以找到它的本义。2. 轻读不明显，因此韵母不是舌位趋央的单元音，声调高低升降明显。3. 派生力在加强，而不是衰减。

与前缀退化相反，后缀的滋生使苗瑶语固有名词趋向多音节化。

4. 混合词简化

并不是各种混合词趋向简化，简化的只有“音译加注”这一类。以前许多人不会说汉语，不能离析汉语中合成词的语素，把这些词当作单纯词，因此感到不好懂。为了便于理解，首先借用者就在这些词的前面加固有的种名。其实这些词本来是有种名的。例如：

vi^{11} sa^{33} ko^{33} 沙锅 tsen^{35} ʐaŋ^{31} vi^{35} 洋芋
锅 沙 锅 果 洋 芋
ɣu^{33} po^{33} tshɛ^{35} 菠菜 ʔu^{35} ta^{35} ʔi^{33} 大衣
菜 菠 菜 衣 大 衣
tsen^{35} hɛ^{31} tho^{31} 核桃 tsɛ^{35} ʐaŋ^{31} faŋ^{31} 洋房
果 核 桃 房 洋 房

现在双语人越来越多，大家觉得不加固有的种名完全可以分析理解，而且更加简便，于是许多混合词都简化成了借词。如：

qa^{33}tju^{55}tje^{33}ŋɛ^{33}men^{31}→tjhe^{33}ŋɛ^{33}men^{31} 天安门
qa^{33}ɬaŋ^{11}tshao^{33}tshaŋ^{31}→tshao^{33}tshaŋ^{31} 操场
ʔu^{35}ma^{55}kua^{33}→ma^{55}kua^{33} 马褂
tsɛ^{35}koŋ^{33}tshaŋ^{55}→koŋ^{33}tshaŋ^{55} 工厂
ɣu^{33}po^{33}tshɛ^{35}→po^{33}tshɛ^{35} 菠菜
ʔu^{35}ta^{35}ʐi^{33}→ta^{35}ʐi^{33} 大衣
tsen^{35}ʐaŋ^{31}vi^{35}→ʐaŋ^{31}vi^{35} 洋芋

tsen^{35}hɛ^{31}tho^{31}→hɛ^{31}tho^{31}　核桃

混合词的简化加大了词汇中借词的比重。

二、新陈代谢

1. 一些固有词逐渐停止使用

一些传说中的人物或历史上的真实人物，在冬天围炉烤火的时候，老人们常常“讲古”，用他们来教育后辈，大家常常听到。现在大家都看电视，那些古人的名字就很少听到了。例如：

ɣaŋ^{33}　央　人类男性始祖

mɛ^{13}paŋ^{55}　蝴蝶妈妈　人类女性始祖

mɛ^{13}ljə^{31}　蝴蝶妈妈　人类女性始祖

njaŋ^{55}ʔe^{33}sei^{11}　仰阿莎　传说中美女名字

tsaŋ^{33}ɕoŋ^{44}mi^{31}　张秀眉　清朝咸同年间苗民起义领袖

ŋu^{33}ɕu^{55}paŋ^{33}　欧朽邦　清朝咸同年间苗民起义的叛变者

古代一些节日或迷信活动现在不举行了，有关的节日名称或器物名称也不易听到了。例如：

noŋ^{55}tɕaŋ^{35}　吃鼓藏　苗族祭祖活动

noŋ^{55}njə^{11}　吃鼓藏　苗族祭祖活动

phi^{35}thɛ^{33}　烧油锅　一种解决纠纷的神判

tjaŋ^{33}tɕu^{55}　祭桥　二月初敬桥求子

tɕhə^{44}ɣaŋ^{11}　扫寨　以牲酒请鬼师祭神

qaŋ^{44}ɬa^{35}　抬狗　抬狗游行取笑以求雨

njin^{55}hə^{53}nə^{13}　鼓藏牛　吃鼓藏宰杀的水牛

mo^{13}ljaŋ^{55}　祭帽　祭祖时主祭人戴的帽子

ljoŋ^{55}　杀鼓藏牛的人

古代的一些生产工具现在不用了。这些生产工具的名称也听不到了。例如：

mu^{35}　摘刀　戴在手指上，形如木梳，用来割小米穗的小刀。

ŋə^{55}qə^{35}lo^{11}　种子房，古代收藏各种种子的房子。

2. 借词代替固有词

固有词被借词替代，不同人群有差别。老年人少一些，青年人多一些；文化水平低的人少一些，文化水平高的人多一些；经常出远门的人多一些，常住村寨的少一些。例如：

固有词	字义	借词	字义
qa^{33}lɛ^{11}	官	kɛ^{35}pu^{35}	干部
ŋa^{55}	衙门	tsen^{35}fu^{55}	政府
qa^{33}lɛ^{11}tsɛ^{35}	官府	tsen^{35}fu^{55}	政府
nɛ^{55}no^{44}	群众	zen^{31}min^{31}	人民
ʔɛ^{44}qə^{33}	干活	sen^{33}tshɛ^{55}	生产
njaŋ^{55}ʑaŋ^{44}	飞船	fei^{33}tɕi^{33}	飞机
ki^{35}ma^{11}	马路	ma^{55}lu^{35}	马路
noŋ^{55}ʑoŋ^{55}	当兵	tshɛ^{33}tɕun^{33}	参军

3. 借词固有词并用

同一个意义，可以用固有词表示，也可以用借词表示。例如龙定：

固有词	借词	字义
luŋ^{31}	thin^{33}	天穹
djaːŋ^{24}	mo^{22}	树
pjem^{33}	ma^{31}xoŋ^{31}	蚂蟥
pjəu^{31}kaːu^{31}	tu^{31}	桃
kə^{31}tsa^{22}	pha^{13}səu^{53}	扒手

新乐：

固有词	借词	字义
la^{04}gwaŋ^{313}	thĩ^{13}	天穹
ka^{31}	ŋa^{31}tsai^{44}	矮子
ɕu^{55}	pĩ^{13}tsai^{44}	辫子
ʔa^{04}kau^{55}	lau^{31}ti^{53}	弟弟
ʔa^{31}	ʑi^{13}	一
ʔu^{13}	ŋ^{53}	二
pa^{13}	soŋ^{13}	三
tɬo^{13}	sai^{55}	四
pei^{13}	ŋ^{31}	五
kjo^{35}	ljəu^{31}	六
ɕuŋ^{44}	tshai^{44}	七
ʑa^{53}	pa^{44}	八
tɕhu^{313}	tɕu^{44}	九

借词固有词并用是一个过渡阶段，发展的结果，一般是借词代替固

有词。

4. 新借词代替老借词

新借词代替老借词数量不多，意义有的也不完全相同，使用的人有的也有差别。例如：

“兵”最早称 ʐoŋ^{55}“勇”，因为他们的上衣上有一个大大的“勇”字。后来称 ljaŋ^{31}tsi^{55}“粮子”，因为他们都是吃公粮的。新中国成立以后就改为 kɛ^{55}faŋ^{35}tɕun^{33}“解放军”了。

“自行车”是一个人骑的，西南官话称：“单车”，苗语就借了 tɛ^{33}tshe^{33}。后来会说普通话的越来越多，苗语也改借 tsi^{35}ɕin^{31}tshe^{33}了。

汉语的“纸牌”苗语称 pa^{55}。后来 phu^{31}khe^{31}“扑克”传来，苗语也借了。扑克也是一种纸牌，玩的人越来越多，现在许多人就分不清“扑克”和“牌”了。

原来把“共同经营”称为 ta^{55}ho^{55}“打伙”，现在称作 ho^{33}tso^{31}“合作”。

原来上交政府的“粮食”叫 liaŋ^{55}，现在叫 koŋ^{33}ljaŋ^{31}。ljaŋ^{55}和 ljaŋ^{31}本是同一个字，但前者是阳平，后者是入声，这也是一种新陈代谢，不过只限于声调不同。与此相同的还有 pen^{55}tɕhe^{31}“本钱”和 pen^{35}“本”，pen^{35}和 pen^{55}也是同一个字，前者是上声，后者是阳平。

三、词义的发展

词义的发展包括外延扩大、缩小、转移。苗瑶语缺少古籍，不能用古今对比得出结论，只好从不同方言对比来推断。

1. 外延扩大

前面讲派生词时已经提到，下水村的 kɔ^{55}—本义是“头”，但后来也可以表示“大的、圆形的、凸起的、一端”等意思；taŋ^{22}—本义是“儿子”，也可以表示“小的、晚生的、颗粒物”等意思。这就是外延扩大。下面再举一些例子：

腊乙坪的 ȵ̥e^{31}、养蒿的 njin^{55}、石板寨的 ȵ̥i^{31}、瑶麓的 nin^{55}、七百弄的 ȵ̥oŋ^{13}同源，其义是“水牛”。石门坎的 ȵɦu^{35}、滚董的 ŋ^{33}、新乐的 ŋ^{313}、黄落的 ŋu^{13}、下水村的 jɔ^{31}，龙华的 ȵ̥o^{33}也与腊乙坪等地的 ȵ̥e^{31}同源，但是意义是“牛”，如果要区分“水牛和黄牛”，则要加不同的修饰成分。看来，腊乙坪等地的外延小，是原义；石门坎等地的外延大，是后来扩展的。

石板寨的no^{24}是“鸟”的意思，苗瑶语的各个方言都同源，也没有别的意思。但是石板寨除了“鸟”这个意义外，还表示“小男孩的生殖器”，这大概是“小鸟与小男阴”的外形相像，大人就把“小男阴”也称为no^{24}，这样一来，no^{24}的外延就扩大了。

养蒿的“屎”和“肠子”是一个词，而别的方言是两个不同的词。如：

方言点	屎	肠子
养蒿	qa^{35}	qa^{35}
腊乙坪	qa^{44}	ɕe^{44}
小章	qa^{55}	ʨhi^{55}
石板寨	qa^{55}	ȵ̥i^{55}
大南山	qua^{55}	ȵ̥o^{55}
宗地	ha^{42}	ȵ̥oŋ^{22}
七百弄	kɔ^{53}	ȵ̥oŋ^{53}
下水村	ka^{55}	jɔ^{55}
龙华	ka^{53}	ȵ̥o^{53}
双龙	kai^{35}	klaŋ^{31}

为什么两个不同的事物，养蒿用同一个词来表示呢，因为肠子里装的是屎，而“屎”是大家常见的东西，就干脆都称为“屎”。于是qa^{35}的外延不仅含有“屎”，也含有“肠子”。

2. 外延缩小

龙定的ʔoːm^{33}下水村的ʔɔŋ^{22}都只表示“水”，“河”则分别用soːŋ^{33}、huŋ^{55}表示，前者是固有词，后者是汉语借词。ʔoːm^{33}和ʔɔŋ^{22}与养蒿的ʔə^{33}、腊乙坪的ʔu^{35}同源，而ʔə^{33}和ʔu^{35}既表示“水”，也表示“河”。可见在借词的影响下，固有词的外延缩小了。类似的例子还有：

方言点	火	柴
养蒿	tu^{11}（固有词）	tu^{11}（固有词）
宗地	tɯ^{11}（固有词）	tɯ^{11}（固有词）
瑶麓	to^{53}（固有词）	to^{53}（固有词）
下水村	thɔ^{53}（固有词）	ʦhi^{31}（借词）
龙定	təu^{231}（固有词）	tsaŋ^{31}（借词）
龙华	tau^{31}（固有词）	ʃi^{44}（借词）

下水村的thɔ^{53}、龙华的tau^{31}、龙定的təu^{231}外延都缩小了。

方言点	鸽子	斑鸠
龙华	ŋku^{44}（固有词）	ŋku^{44}（固有词）
弄合	ŋku^{33}（固有词）	ŋku^{33}（固有词）
龙定	pe^{21}kop^{5}（借词）	gu^{33}（固有词）
下水村	pha^{55}ka^{31}（借词）	kɔ^{22}（固有词）

龙定的 gu^{33} 和下水村的 kɔ^{22} 外延缩小了。

方言点	病	疼
上坝	mau^{53}（固有词）	mau^{53}（固有词）
养蒿	moŋ^{33}（固有词）	moŋ^{33}（固有词）
三角村	pɛŋ^{21}（借词）	mun^{33}（固有词）
新乐	piŋ^{53}（借词）	ŋ^{13}（固有词）

三角村的 mun^{33} 和新乐的 ŋ^{13} 外延缩小了。

苗瑶语词义外延缩小由两个因素促成：1. 语言使用者认识水平提高；2. 汉语里有适当的词可借。如“水”是氢和氧合成的液体，而“河”是这种液体流经的通道，二者虽然关系密切，但并不是同一个东西，如果用一个词表示，有时候会分不清是哪一样。又如“火”是用“柴”燃烧产生的，“火”和“柴”也不是同一个东西，如果用一个词表示，有时候也容易误解。当使用语言的人认识到二者应该区分，而汉语里有合适的词可借时，借来的词就用来表示原词的部分外延，于是原词的外延就缩小了。

3. 外延转移

外延转移是指词义的外延原来指甲类事物，后来改为指乙类事物。例如：

方言点	水牛	黄牛
腊乙坪	ȵe^{31}	ʑu^{22}
石板寨	ȵi^{31}	ʑu^{55}
瑶麓	nin^{55}	ʑou^{53}
七百弄	ȵoŋ^{13}	vɔ^{231}
大南山	tu^{13}	ȵo^{31}
宗地	tɯ^{21}	ŋu^{53}

大南山的 ȵo^{31}、宗地的 ŋu^{53} 跟腊乙坪的 ȵe^{31}，石板寨的 ȵi^{31}，瑶麓的 nin^{55}，七百弄的 ȵoŋ^{13} 同源，本义是“水牛”。腊乙坪、石板寨、瑶麓、七百弄的意义依旧，而大南山、宗地的变成了“黄牛”。

词义互换

词义互换是甲词原来表示 A，乙词原来表示 B；后来变成甲词表示 B，乙词表示 A。例如：

方言点	老	旧
养蒿	lu^{11}	qo^{44}
大南山	lou^{21}	qo^{44}
七百弄	lo^{231}	ku^{42}
西山	lu^{44}	ku^{13}
龙定	ku^{24}	lu^{231}
烟园	ku^{55}	lo^{31}
新村	ko^{53}	lo^{55}
双龙	ku^{24}	lu^{42}

养蒿、大南山、七百弄、西山的“老”和“旧”与龙定、烟园、新村、双龙的“旧”和“老”同源，但词义互换了。

词义外延的转移或互换一般发生在近义词之间。如“黄牛”和“水牛”都有角、有蹄、四胃、反刍、体大、能耕田、拉车，只是“水牛”夏天喜欢泡在水里，“黄牛”不泡水。“老”和“旧”都是经历的时间长，只是“老”是生物经历的时间长，而“旧”是非生物经历的时间长。

第四节　语法发展

一、定语前移

苗瑶语是后加型语言。名词做修饰性定语、形容词和指示词做定语时，多数语言定语位于中心语之后。

名词后定语。如：

石板寨	ŋɢɛ^{31}	ʐu^{55}	牛肉
	肉	牛	
大南山	ŋgai^{31}	ȵo^{31}	牛肉
	肉	牛	
养蒿	ŋi^{55}	ljo^{35}	牛肉
	肉	牛	
腊乙坪	ȵa^{31}	ʐu^{22}	牛肉
	肉	牛	

七百弄 ŋka^{13} vɔ^{231} 牛肉
肉 牛
滚董 ŋe^{33} ŋ^{33} 牛肉
肉 牛

形容词后定语。如：

石板寨 ŋGɛ^{31} ʐuŋ^{55} 肥肉
肉 肥
大南山 ŋqai^{31} ʈau^{13} 肥肉
肉 肥
养蒿 ŋi^{55} tjaŋ^{13} 肥肉
肉 肥
腊乙坪 ȵa^{31} ʈɑŋ^{42} 肥肉
肉 肥
七百弄 ŋka^{13} tʂan^{22} 肥肉
肉 肥
滚董 ŋe^{33} tɕoŋ^{44} 肥肉
肉 肥

指示词后定语。如：

石板寨 zaŋ^{55} naŋ^{55} 这个
个 这
大南山 len^{31} na^{55} 这个
个 这
养蒿 tɛ^{11} noŋ^{35} 这个
个 这
腊乙坪 le^{35} nen^{44} 这个
个 这
七百弄 toŋ^{231} ne^{53} 这个
个 这
黄落 leu^{13} no^{33} 这个
个 这

少数语言这些定语移到了中心语之前。

名词前定语。如：

龙定 ŋuŋ^{31} ʔo^{53} 牛肉

	牛	肉	
烟园	ŋoːŋ^{33}	ʔa^{51}	牛肉
	牛	肉	
双龙	ȵuŋ^{31}	dʑi^{31}	牛肉
	牛	肉	
下水村	jɔ^{31}	kue^{31}	牛肉
	牛	肉	
龙华	ȵo^{33}	ŋkai^{33}	牛肉
	牛	肉	
黄落	ŋu^{13}	pe^{44}	牛肉
	牛	肉	

形容词前定语。如：

黄落	tjaŋ^{32}	pe^{44}	肥肉
	肥	肉	
	ku^{44}	to^{31}	黑豆
	黑	豆	
双龙	nan^{24}	lai^{33}	凉菜
	凉	菜	
	saŋ^{33}	luəi^{33}	新衣
	新	衣	

定语移前从分布地域来看，主要在湖南、广东、广西，云南，都在中国的南部。从词类来看，名词最多，指示词其次，形容词最少。

定语前移是逐渐过渡的，其表现形式有二：

1. 同样性质的结构，有的是前定语，有的是后定语。例如黄落的：

后定语			前定语		
ŋu^{13}	sui^{55}	水牛	kwan^{13}	ŋu^{13}	黄牛
牛	水		黄	牛	
mɯi^{43}	ni^{44}	鳝鱼	li^{43}	mɯi^{43}	鲤鱼
鱼	蛇		鲤	鱼	
fo^{44}	kiŋ^{44}	杉树	ki^{43}	fo^{44}	茶树
树	杉		茶	树	

双龙的：

后定语　　　　　　　前定语

m̥i^{33}	kla^{53}	黑脸	xɔŋ^{31}	ȶəi^{35}	红纸
脸	黑		红	纸	
n̥aŋ^{24}	bəi^{24}	热饭	nan^{24}	lai^{33}	凉菜
饭	热		凉	菜	

龙华的：

后定语			前定语		
ntɒŋ^{35}	ʧəŋ^{33}	樟树	ʃəŋ^{33}	ntɒŋ^{35}	松树
树	樟		松	树	
kjen^{44}	sa^{55}	蝴蝶	ka^{53}	kjen^{44}	蛆
虫	蛾		屎	虫	

2. 同一结构的定语可前可后。例如龙华的：

后定语		前定语		
mo^{11}	loi^{12}	loi^{12}	mo^{11}	斜眼
眼	斜	斜	眼	
nɒŋ^{11}	li^{31}ʃei^{33}	li^{33}ʃei^{33}	nɒŋ^{11}	鸬鹚
鸟	鸬鹚	鸬鹚	鸟	
ntɒŋ^{35}	pi^{55}tu^{33}	pi^{55}tu^{33}	ntɒŋ^{35}	桃树
树	果桃	果桃	树	

双龙的：

后定语		前定语		
min^{31}	tai^{42}	tai^{42}	min^{31}	死人
人	死	死	人	
lai^{33}	nan^{24}	nan^{24}	lai^{33}	凉菜
菜	凉	凉	菜	

定语前移是汉语语序影响的结果，因为现代汉语的名词、指示词和形容词做定语时，都位于中心语的前面，说前定语的瑶族和畲族居住都很分散，都是双语人，汉语都说得流利。

二、名词重叠和叠音名词

很少有语言将重叠名词作为表示语法意义的手段，而瑶语标敏方言却有这种手段。例如双龙的：

pli^{33}	毛	pli^{33}pli^{33}	毛多
djaŋ^{24}	树	djaŋ^{24}djaŋ^{24}	树多

lai^{33} 菜 lai^{33}lai^{33} 菜多

bla^{42} 鱼 bla^{42}bla^{42} 鱼多

duai^{31} 薯 duai^{33}duai^{31} 薯多

名语重叠以后表示“数量多”。上面的例子都是单音节的。多音节的合成名词也可以重叠，不过只重叠前一个音节，后一音节不重叠。因为两个语素组成合成词时，前一音节必须变调，所以重叠音节也同样变调。例如：

lai$^{33\to53}$xun^{33} 菜园 lai^{53}lai^{53}xun^{33} 菜园多

duai$^{31\to42}$təi^{42} 薯地 duai^{42}duai^{42}təi^{42} 薯地多

bla$^{42\to53}$liɛ^{31} 鱼田 bla^{53}bla^{53}liɛ^{31} 鱼田多

djaŋ$^{24\to53}$dən^{31} 树山 djaŋ^{53}djaŋ^{53}dən^{31} 树山多

必须说明，上面例子中的重叠成分如果不标变调，那就成了单音节名词的重叠式做前定语，整个结构的意义就不同了。比如：

{ lai^{33}lai^{33}xun^{33} 多菜的园
  lai^{53}lai^{53}xun^{33} 菜园多

{ duai^{31}duai^{31}təi^{42} 多薯的地
  duai^{42}duai^{42}təi^{42} 薯地多

{ bla^{42}bla^{42}ljɛ^{31} 多鱼的田
  bla^{53}bla^{53}ljɛ^{31} 鱼田多

{ djaŋ^{24}djaŋ^{24}dən^{31} 树多的山
  djaŋ^{53}djaŋ^{53}dən^{31} 树山多

双龙瑶语用重叠的方式表示名词的“数”，这是苗瑶语固有的语法手段，还是后起的呢？我认为是后起的。因为在苗瑶语的各个语言里普遍用量词重叠表示“周遍”，用形容词或状词重叠表示“程度加深”，“周遍”和“程度加深”也是“数量”的变化。双龙根据量词的重叠，不仅类推到名词，还类推到了形容词、动词、副词。例如：

saŋ^{33} 新 saŋ^{33}saŋ^{33} 很新

mun^{33} 痛 mun^{33}mun^{33} 很病

m^{35} 不 m^{35}m^{35} 很不

ʔa^{51} 很 ʔa^{51}ʔa^{51} 很很

在一些苗瑶语方言里也有用两个相同音节表示事物的语言形式，但它跟双龙的不同。双龙的是名词重叠，这些方言的是叠音名词。这些叠音名词有如下的特点：

1. 有的是拟声词。例如：

小章的：kha^{33}kha^{33} 摹拟喜鹊的叫声

qəɯ^{55}qəɯ^{55} 摹拟野鸡的叫声

qa^{35}qa^{35} 摹拟鸭子的叫声

tshan^{35}tshan^{35} 摹拟钹的响声

paŋ^{53}paŋ^{53} 摹拟的牛蛙叫声

2. 有的是汉语借词。例如：

石板寨的：phuŋ^{31}phuŋ^{31} 棚子

ɕaŋ^{33}ɕaŋ^{33} 箱子

po^{33}po^{33} 包袱

phɛ^{31}phɛ^{31} 棋盘

tsuaŋ^{33}tsuaŋ^{33} 桩子

3. 非汉语借词往往带“小巧可爱”色彩。如：

菜地湾的：la^{44}la^{44} 月亮

qei^{24}qei^{24} 星星

nan^{24}nan^{24} 穗儿

ten^{53}ten^{53} 油渣

新乐的：pjo^{13}pjo^{13} 寒毛

phuŋ^{13}phuŋ^{13} 扬尘

njəu^{35}njəu^{35} 皱纹

ke^{22}ke^{22} 瓜子

有叠音名词的方言都在湖南及其附近，那里的汉语方言都有带“指小”色彩的叠音名词，尤其是“儿语”，叠音名词很发达。因此这些苗瑶语方言用固有词根造的叠音名词，是在汉语方言影响下仿造的。

三、指示词分化和简化

苗瑶语的指示词数各地相差较大。最多的有 8 个，如弄京的 nɔŋ^{43}、nɔŋ^{54}、kau^{13}、kau^{35}、ʔuŋ^{33}、ʔuŋ^{55}、no^{43}、ʔi^{35}。

较多的有 5 个，如养蒿的 noŋ^{35}、moŋ^{55}、nen^{35}、ʔɛ^{33}、ʔi^{35}

其次 4 个，如大南山的 na^{55}、ʐi^{44}、ʔo^{33}、ʔi^{55}。

较少的只有 3 个，如大坪江的 naːi^{52}、naːi^{12}、wo^{52}。

最少的只有两个，如下水村的 ni^{55}和 ʔu^{33}。

为什么最大数和最小数相差 4 倍？原因有二。

1. 分化。分化发生在布努语里。我们知道，弄京话的 54、35、55 这三个调是从 43、13、33 调分化来的。当 43、13、33 调的字前面是平声（33、13）字时要变成 54、35、55 调。后来前字不出现时后字也可以单独读作 54、35、55 调。弄京指示词 noŋ^{43}、kau^{13}、ʔuŋ^{33}的意义原来应该跟其地方言一样，既指处所，也指人和物。即：

nɔŋ^{43}	近指处所、人、物
kau^{13}	中指处所、人、物
ʔuŋ^{33}	远指处所、人、物

后来由于声调分化，其所指也发生了分化，即：

nɔŋ^{43}	近指处所	nuŋ^{54}	近指人和物
kau^{13}	中指处所	kau^{35}	中指人和物
ʔuŋ^{33}	远指处所	ʔuŋ^{55}	远指人和物

如果不算分化出来的 3 个，弄京的指示词也是 5 个，其所指跟养蒿 5 个指示词的所指就完全相同了。

2. 简化。指示词表示的意义是距离远近和视野内外，都要有基准。基准应该只有一个。可是养蒿等地表示距离的基准却有两个。即：

指示词	离说话人	离听话人
noŋ^{35}	近	近
moŋ^{55}	中	中
nen^{35}	远	近
ʔɛ^{33}	远	远

因为有两个基准，在讲话时，何者为近，何者为中，何者为远就不容易确定，于是在另一些方言里就简化为只以说者为基准，如大南山的：

na^{55}	近指处所、人、物
ʐi^{44}	中指处所、人、物
ʔo^{33}	远指处所、人、物

所谓中指，也可以称较近指或较远指。远近或较远是一个模糊概念，也不易确定。于是在另一些方言里，三分的指示词又有简化的趋势。

如大坪江的：

naːi^{52}	近指处所、人、物
naːi^{12}	中指处所、人、物
wo^{52}	远指处所、人、物

其中 naːi^{12}已不常用，或者 naːi^{12}与 wo^{52}互相替代。

到下水时、陈湖、黄落等地，就简化为两分了。例如：

方言点	近指	远指
下水时	ni^{55}	$ʔu^{33}$
陈湖	ne^{35}	$ʔɯ^{35}$
黄落	no^{33}	ni^{33}

上面所说都是视野内的所指，视野以外所指也分两种，一种是不知之物，另一种是不见之物。这两种弄京都有词表示。

mo^{43} 指说者、听者一方或双方不知之物。

$ʔi^{43}$ 指不见之物。

养蒿和大南山已简化为一个。$ʔi^{35}$ 养蒿指已往的事物。$ʔi^{55}$ 大南山指视线外的事物。

大坪江、下水村、陈湖、黄落等地都没有专指视野以外的指示词了。

第五节 结构的发展

前面四节讲了苗瑶语语音、词汇、语法的一些发展变化，找出了一些发展变化的内外条件，但是没有讲为什么发展。世界上任何事物的发展变化，不论有无条件，都不是无缘无故的，本节就来探讨一些发展趋势及其原因。

一、由繁变简

1. 复辅音声母为何单辅音化？

古苗瑶语有二合复辅音声母和三合复辅音声母，这些声母在许多方言里已经变成单辅音，或者正在变成单辅音。例如：在多音节词里是复辅音，在单音节词里是单辅音。在同一个家庭里，有些词老一代人说复辅音，年青人说单辅音。但是没有相反的情况，没有单辅音变复辅音的。这是为什么？

让我们考察一下复辅音声母和单辅音声母的成音差异。发单辅音时，气流通道上只有一个调音部位，发复辅音时，通道上有两个或三个调音部位。显然，构成或解除一道阻碍用力较少；构成、解除几个阻碍用力多些。为了减少劳动，人们说话，就尽量减少调音部位，于是复辅音变成了单辅音。

2. 浊断音声母为何清化？

古苗瑶语有浊的塞音和塞擦音声母，现在除少数方言还保存外，大多数已经变成清音。

清浊两种声母的成音差异，不是调音部位的多少，而是声带是否颤动。发浊断音时，声带靠拢，然后气流冲击它，使它勯动，用力较多。发清断音时，声门打开，声带不勯动，用力较少。因此说话时人们喜欢打开声门，使用清断音。

3. 清流音为何浊化?

古苗瑶语有浊的鼻音和边音声母，也有清的鼻音和边音声母。在一些现代方言里，与断音相反，不是浊的并入清的，而是清的并入了浊的。

这两类声母的差别，实际上，除声带颤动与否，气流的强弱也不同。发浊流音时，气流弱，跟发元音一样，用力较小；发清流音时，气流较强，形成了摩擦，用力较大。因此，说话的人趋向于用费力少的浊流音。

4. 气声母为何失去送气成分?

古苗瑶语有送气的清塞音和塞擦音声母，现在大多数方言还有这类声母，但少数方言已经完全消失（如油岭），或趋于消失（如宗地），也与清声母合并了。

清气两类声母的差异，不是调音部位的多少，也不是声带是否振动，而是气流的强弱。发清声母时，肺部用力较小，气流较弱，发气声母时，气流较强，肺部用力较大。人们当然选择用力较小的清音。因此在语言里清声母的出现率远高于气声母，有的干脆把气声母变成了清声母。

5. 辅音韵尾为何合并消失?

古苗瑶语有三个鼻音韵尾、三个塞音韵尾。在现代方言里，这些韵尾有的已经完全消失（如石门坎），有的已部分消失（如双龙）。为什么?

韵尾是音节中韵干元音的后随成分。如果是辅音，在声道上就要增加阻塞。鼻音韵尾是塞住口腔某一部位，打开鼻腔，让带音气流继续外泄；塞音韵尾是口腔、鼻腔都堵住，使音流戛然而止。说话者懒于阻塞，所以辅音尾趋于减少、消失。

因为鼻尾只增加一个阻塞，所以消失得较少；塞尾要增加两个阻塞，所以消失得较多。

6. 固有词为何单音节化

古苗瑶语有较多的构词前缀，因此固有词，特别是名词，多音节的较多，单音节的较少。但是现在许多方言，不仅前缀较少，用前缀构成的多音节词也越来越少。

非常明显，多音节词发音动作多，时间长，用力也多；单音节词发音动作少，时间短，用力也少。人们当然喜欢用单音词。

值得注意的是，前缀数和它的构词率与声调数成反比。声调少的方言，前缀多，前缀的构词率高；声调多的方言，前缀少，前缀的构词率低。前缀的功能被声调代替了。

二、由简变繁

1. 准确音译汉语借词

苗瑶语的老借词原来服从固有词的音位系统。这些词的读音有的与汉语有差别，对发展双语教育不利。

为了准确表达和民族间文化交流，现已改为服从被借语音位系统。因苗瑶语与汉语语音成分不同，组合规则也不同，随着新借词，增加了许多韵母和音节。

2. 声调分化

古苗瑶语只有平、上、去、入四个调，后来许多方言四声各分阴、阳，少数方言阴调又分甲、乙，入声又分子、丑。

声、韵母简化以后，区别意义的音节就减少了。怎么表达人类越来越复杂的认识呢？发展声调。不同的声调是由声带振动的不同方式形成的。声带振动的不同方式并不影响用力的多少，所以人们用不同的声调取代了不同的声母。

声调分化使音节数成倍增加。

3. 后缀产生

古苗瑶语没有构词后缀，但一些方言在汉语的影响下产生了。如表示“儿子”的音节原来是个独立的名词，并不是后缀。而“儿子”是小辈，在父母和长辈看来，它是“小而可爱”的，逐渐扩大它的外延，在有“小而可爱”事物名词后都加上这个成分，读音也变得轻而短，于是它就成了后缀。又如表示“头”的音节原来也不是后缀。而“头”有“圆而硬”的特征，交际者也扩大它的外延，在有“圆而硬”特征的名词后边加上这个成分，于是它也成了后缀。

后缀产生以后，多音节的名词就有所增加，词义也更加准确丰富了。

4. 多义词分化

古苗瑶语里有一些多义词。如“病”和“痛”这两个意义用一个音节表示，同样“河”和“水”用一个词，“住”和“在”用一个词，“肠”“屎”用一个词。这些词里的两个意义虽有相同之点或相关之处，但是差别是很明显的。人们在使用时往往感到不确切，于是把它一分为二，其中一个意义用原词表示，另一个意义用借词表示。

多义词分化以后，原词的外延缩小了。

5. 单义词裂变

苗瑶语的系数词“一”、“二”、“三”、“四”、“五”、“六”、“七”、“八”、“九”本来都是单义的，但是在许多方言里这些单义词分成了两种语音，其中表示个位数用固有语音，表示多位数用借自汉语的语音。

一义多音在同一语言中存在这是很罕见的。

6. 音译加注

一些汉语词借入苗瑶语以后，不懂汉语的人往往不了解它的意义，于是借用者就在音译词的前面加一个本族语的类名来注释。如“天安门”之前加“场”“菠菜”之前加“菜”，“核桃”之前加“果”，“大衣”之前加“衣”，“马路”之前加“路”。这些词虽然变长了，但是本民族容易理解了。

三、发展的目的——简而明

苗瑶语结构的发展，既有由繁变简，也有由简变繁。简化是为了省时省力，繁化是为了清楚明白。但不是越简越好，也不是越繁越好。太简单了，就不能反映大千世界，也不能表达细致精深的思想感情。太繁琐了，说者听者都浪费精力、时间和篇幅。所以这一对矛盾会伴随着继续存在下去，其目的只有一个，就是简单明了。

第六节　功能的发展

一、语文功能的表现

语言文字是交际工具，人们利用它表达思想感情，达到互相理解。不同的语言文字功能有差别，有的差别很大。

语文功能有两种表现形式。

1. 使用人口

使用人口多，功能就大；使用人口少，功能就小。例如：汉语有十几亿人使用，畲语只有一千多人使用，汉语的功能就比畲语的大。

2. 使用率

人们交际时如果任何时候都用同一种语言，这种语言的交际率就高，即百分之百。如果有时候用甲种语言，有时候用乙种语言，那么甲加乙才是百分之百，其中甲和乙的使用率都降低了。交替使用的语言越多，每个语言的使用率就越低。

二、苗瑶语功能逐渐缩小

从使用人口看，有扩大的，也有缩小的。扩大的例子如：1953 年我到贵州雷山实习时，西江的苗族告诉我："对面那个寨子的人，其祖先是汉人，是清朝政府派来驻屯的。他们没有回原籍，其子孙一代又一代都生活在这里，学会了苗语，就变成了苗族"。又如凯里凯棠的燕宝告诉我："我的祖先是汉族，他到贵州来做官，娶了苗族的女子为妻，我们这些子孙就成了讲苗语的苗族了。"

缩小的例子如城步青衣苗的祖先在元朝末年保元反朱元璋，朱元璋胜利以后报复，为了躲过报复，只好改操汉语。又如酸汤苗的祖先参加武考，射箭时考官叫他上前三步再射，他错听成退后三步，结果落榜，其子孙发愤改学汉语，结果现在都只讲酸汤汉语了。

比较起来，功能扩大的占少数，是支流；功能缩小的占多数，是主流。因此，现在一千多万苗瑶畲，已有约三分之一的人改用了非苗瑶语，而且这种趋势还在加快。

从使用率来看，有许多人从单语人变成了双语人。例如湘西的苗族兼通湘西苗语和汉语湘方言，广东的畲族兼通畲语和汉语客家话，广西的瑶族兼通壮语和瑶语或布努语，贵州黔东南的苗族兼通苗语和侗语。这些双语人不仅人数众多，使用习得语的频率也越来越大，于是母语的使用率越来越低。

使用人数日渐减少，使用率日渐降低，于是苗瑶语的功能趋向缩小。

三、功能缩小的原因

1. 居住分散

尧舜以后，蛮苗战败，不断南迁，现在一千多万苗瑶畲已广布于长江以南的湖北、湖南、广东、广西、福建、浙江、安徽、江西、四川、贵州、云南、海南、重庆十三个省（市、区）。明、清以后，一部分已迁到东南亚的越南、老挝、柬埔寨、泰国、缅甸。上世纪 50 年代以后，印支的一部分已迁出亚洲。

因为他们是后来者，好的土地已被先到者占有，于是形成了汉族住街头，壮族（或×族）住水头，瑶族（或苗族、畲族）住山头的局面。于是周围都是别的民族，本民族大片聚居的很少。因为分散杂居，很难独立生存，不得不学习其他民族的语言，于是双语人大量产生。

2. 被强势语言包围

散居的苗瑶畲，他们周围的语言主要是汉语，其次是壮语、布依语、侗语、彝语等，这些语言不仅使用者人口多，大片聚居，而且他们的经济比较发达，他们的语言是强势语言。因此苗瑶畲在交往中都趋于习得或转用这些语言，而不是相反。

3. 多元一体化加快

近几十年，我国不仅经济，文化迅速发展，语言使用也有巨大的变化，它表现为：

①打工。同一工厂、工地、铁路、公路的民工都来自五湖四海，在工地和车间使用本族语和家乡方言都行不通，不得不学用汉语普通话。

②升学。较高层次的学校都设在大城市，同一个班的学生来自不同的民族，上课、讨论、上网、写作等也都不能用民族语。

③参军。部队里的新兵也来自不同民族，官兵之间操练、演习等也不能用民族语。

④通婚。以前族内婚较多，现在不同民族的人结婚显著增加，所生子女几乎都讲优势语言汉语。

此外旅游、经商等也有同样的结果。

四、出现了多种濒危语言

语言功能缩减的结果，11 种苗瑶语中的畲语、巴那语、优诺语和炯奈语成了濒危语言。使用人数都只有一千左右，其年龄都比较大。

小语种加速消亡是世界上语言功能发展的共同趋势。一些学者发出了“抢救”的呼声。

怎样抢救呢？让我们先看看上世纪在云南发生的一个例子。

在我国云南通海，有一支蒙古族，是元朝时候蒙古军人的后裔。但是他们现在的语言不是蒙古语，而是一种与彝语接近的语言。显然，这是语言转用的结果。这些蒙古人认为他们应该恢复蒙古语，于是采取行动。首先，到内蒙去请会蒙古语的同胞来教，结果没有成功。他们改变方式，分批派人到内蒙去学习，但回到云南以后，还是讲原来的语言。这个例子说明语言转用和弱势语言的消亡是很难逆转的。

因此抢救濒危语言，不宜千方百计去保存残存的口语，而应用笔记、录音、录像等办法，把词语、故事、歌谣等语料收集起来，作为文化遗产妥善保存，以供研究。

五、苗族、瑶族文字的推行和使用

上世纪50年代为苗族创制了拉丁字母湘西苗文、黔东苗文、川黔滇苗文，把波拉字母苗文改成了拉丁字母苗文。文字方案批准以后，一些省和地区设立了语委会、出版社，编写出版了课本、词典、语法，开办师资培训班，试点推行。有些地方还出版苗文小报，电台播出了苗语文节目。

上世纪80年代，拉丁字母瑶文也由中美两国的语文专家协商制订出来了。广东广西两省（区）出版了瑶文课本，办了师资培训班，推广瑶文。

经过推广，许多人学会了新文字，用新文字通讯，收集民歌、故事、传承、发扬本民族文化，语文专业知识分子还用新文字写出了专著和论文。

但是新文字没有推广到预期的各个方言和阶层群众中，许多人仍然寄希望于学好汉语文。滇东北地区的苗族也没有废除波拉苗文，改用拉丁苗文。

为什么新文字的功能没有预期的那么大呢？

1. 方言差别大。新文字是按选定的标准音制订的，但是许多地方的语音与标准音不同，学习的人觉得别扭不好懂，因此兴趣不高。

2. 标准音没有权威。如果不按标准音而按自己的方音写，文字就不统一。如果学好标准音后来拼写，花的时间太多，觉得花这么多时间去学标准音，还不如去学汉文。

3. 兼通汉语的人比较多，他们学汉文没有困难。

4. 虽然对本族文字有感情，但汉文功能大，愿意多花时间学汉文，以便走遍天下。

5. 居住分散。杂居区内同一个班的学生往往包括使用不同语言的民族，用民族文字课本不好教学。

湘南江永等县平地瑶妇女中流行的女字，书写的是汉语方言，也因为优势汉文的竞争，只剩少数妇女为外来旅游者演示民族文化了。

六、继续贯彻“各民族都有使用和发展自己的语言文字的自由”

语文功能的增减不仅与使用者的人数、分布状态、周边语境有关，而且与它的载息量和使用者的意向有关。例如北魏的鲜卑族、清朝的满族，人口都不少，而且在政治上居统治地位，但是汉族文化发达，汉文的载息量很深厚，鲜卑人、满人都愿意学习，结果鲜卑语、满语文的功能消失了。显然，那不是汉人强迫他们的，是他们自己选择的。这并不是坏事。

苗瑶语文的功能从作用和发展趋势来看，趋于缩减。但是苗族、瑶族、畲族的文化必须发展，也正在蓬勃发展。那么应该怎样对待苗瑶语文呢？我认为应该继续贯彻宪法规定的“各民族都有使用和发展自己的语言文字的自由。”它包括使用本民族的语言文字，用它来记录流传的文学作品，创作新的作品，书写各种应用文；也包括发展双语教育，提高兼通语文（主要是汉语文）的水平。如果有的人不用本民族语文，只用汉语文，那也可以，因为这也是使用语言文字的一种自由，完全符合宪法。

附录一 　　　　　　　　　**常用词表**

	天	太阳	月亮
石板寨	qo^{05} ŋɢwaŋ^{31}	qo^{05} n̥a^{31}	ʔa^{02} ɬa^{24}
高　寨	ʔə^{02} ŋɢwaŋ^{31}	ʔə^{02} n̥a^{31}	ʔə^{02} ɬa^{35}
大南山	nto^{31}	n̥o^{43}	ɬi^{44}
高　坡	ŋqə̃^{55}	n̥ə̃^{24}	qə^{02} ɬa^{42}
宗　地	ntoŋ^{53}	noŋ^{22}	li^{35}
石门坎	ndɦu^{35}	n̥u^{55}	ɬi^{33}
腊乙坪	ta^{35} pʐa^{35} n̥e^{35}	n̥e^{35}	qe^{35} ɬa^{53}
小　章	pja^{53} vei^{31}	qha^{35} n̥ei^{53}	ye^{31} ljaŋ^{31}
养　蒿	vɛ^{55}	n̥ɛ^{33}	ɬha^{44}
菜地湾	qa^{33} ʑi^{22}	qhaŋ^{33} nei^{24}	la^{44} la^{44}
尧　告	kwan^{13} ŋo^{31}	n̥o^{13}	ɬei^{44}
河　坝	vei^{55}	pɔ^{11} nei^{44}	pɔ^{11} la^{33}
滚　董	ʔa^{03} waŋ^{33}	qhoŋ^{31} ʔaŋ^{35} n̥ei^{35}	ʔa^{03} ɬa^{55}
毛　坳	la^{03} waŋ^{33}	la^{3} n̥e^{35}	la^{03} ɬa^{55}
七百弄	tɕi^{31} ŋkoŋ^{13}	n̥aŋ^{33}	ɬo^{42}
西　山	koŋ^{42}	noŋ^{33}	lu^{13}
瑶　麓	ŋkuŋ^{55}	ma^{42} n̥aŋ^{33}	ɬo^{44}
巴　那	la^{04} ɡwaŋ^{313}	la^{04} ni^{13}	la^{04} la^{35}
优　诺	ŋo^{13}	ha^{33} no^{44}	kwan^{13} la^{54}
下水村	kwaŋ^{31}	nɔ^{22} kɔ^{55}	ne^{33}
龙　华	ŋkwaŋ^{33}	ntuŋ^{11}	ɬe^{35}
龙　定	luŋ^{31}	pu^{31} n̥oːi^{33}	ɬa^{24}
烟　园	ɡuŋ^{33}	pe^{51} noːi^{11}	la^{31}
双　龙	luə^{31}	n̥i^{21} tau^{31}	la^{53} ɡwaŋ^{33}
油　岭	vaŋ^{53}	ʔa^{53} nai^{44}	lo^{42}

	星星	云	虹
石板寨	taŋ^{31} qaŋ^{31}	ʔa^{02} tuŋ^{55}	yuŋ^{31} χo^{33} ʔuŋ^{31}
高寨	taŋ^{31} qaŋ^{31}	ʔə^{02} toŋ^{55}	ʔə^{02} yoŋ^{31} χo^{31} ʔoŋ^{31}
大南山	n̥o^{43} qo^{43}	tɬaŋ^{43} ʔoŋ^{44}	ʐaŋ^{31} hou^{33} tɬe^{31}
高坡	tə^{02} qə̃^{24}	tə^{02} ʔõ^{42}	ʐã^{55} hə^{42} ʔõ^{24}
宗地	hoŋ^{32}	ʔaŋ^{55}	ʐaŋ^{53} tɕua^{44} tɕɔ^{44}
石门坎	n̥u^{55} qu^{55}	haɯ^{55} po^{11}	zhaɯ^{35}
腊乙坪	te^{35} te^{35} qe^{35} ɬa^{53}	ca^{44} tu^{53}	ta^{35} ʐoŋ^{31} hu^{44} ʔu^{35}
小章	tjhan^{53} ɕin^{53} tsi^{13}	yn^{31} təɯ^{53}	ma^{35} ʑe^{53} luŋ^{31}
养蒿	tɛ^{33} qɛ^{33}	ten^{44} ʔen^{44}	ɣoŋ^{55} hə^{53} ʔə^{33}
菜地湾	qei^{24} qei^{24}	ʔeu^{24} ʑin^{22}	vuŋ^{22} heu^{35} ʔeu^{24}
尧告	to^{31} qo^{13}	hau^{13}	ɣam^{31} heu^{35} ʔu^{13}
河坝	tei^{44} qei^{44}	ʔuŋ^{33} vei^{55}	—
滚董	qa^{03} qaŋ^{35}	qa^{03} toŋ^{55}	joŋ^{33} hɔ^{53} ʔaŋ^{35}
毛坳	la^{03} qaŋ^{35}	ho^{35}	ʑuŋ^{33} hau^{53} ʔaŋ^{35}
七百弄	tə^{31} koŋ^{33}	ʔa^{02} hu^{42}	ɣəŋ^{13}
西山	ʔləu^{33} li^{13}	vɯa^{35}	—
瑶麓	kuŋ^{33}	ʔou^{53}	—
巴那	sen^{13} tsai^{04}	yn^{313}	tɬa^{44} ho^{55} ʔŋ^{13}
优诺	ɬiŋ^{44} tai^{54}	hɒ^{44}	ljaŋ^{13} ho^{21} ʔŋ^{44}
下水村	ne^{33} taŋ^{22}	fu^{22}	vuŋ^{31} hɔ^{35} ʔɔŋ^{22}
龙华	ka^{33} nteŋ^{44}	tjaŋ^{35}	ŋkjəŋ^{33}
龙定	ɬei^{24}	məu^{21}	tɕuŋ^{33}
烟园	tiːŋ^{35}	ban^{55}	kuŋ^{55} kaŋ^{55}
双龙	ɕɛ^{33} tsaŋ^{35}	xwan^{24}	klə^{33}
油岭	hut^{44} neŋ^{44}	von^{53}	kau^{44}

	雷	闪	风
石板寨	tə^{02} su^{31}	lje^{33}	ʔa^{02} tɕi^{24}
高寨	ʔə^{02} su^{31}	le^{31}	tɕi^{35}
大南山	so^{43}	lai^{24} so^{43}	tɕua^{44}
高坡	shə^{24}	shə^{24} le^{55}	tɕa^{42}
宗地	so^{22}	so^{22} ɬe^{21}	paŋ^{55}
石门坎	so^{55}	so^{55} pi^{11} lhai^{11} ndhauɯ^{35}	tɕa^{33}
腊乙坪	ta^{35} so^{35}	lja^{22} so^{35}	ci^{53}
小章	səɯ^{53}	ho^{55} san^{13}	tɕi^{33}
养蒿	ho^{33}	lji^{31} ho^{33}	tɕin^{44}
菜地湾	hou^{24}	ho^{33} ɕen^{33}	tɕin^{44}
尧告	pu^{44} ɬu^{13}	lja^{24} ɬu^{13}	tɕi^{44}
河坝	heɯ^{44}	lje^{53}	tɕi^{33}
滚董	mo^{35}	je^{42}	ʔaŋ^{35} tɕi^{55}
毛坳	ʑe^{55} mpo^{35}	ɕe^{31} mpo^{35}	ʔaŋ^{35} tɕi^{55}
七百弄	ʔa^{02} phɔ^{33}	ntsa^{31} məŋ^{42} phɔ^{33}	ʔa^{02} tɕi^{42}
西山	pho^{33}	zoŋ^{22} miat^{44}	zəm^{42}
瑶麓	pho^{33}	tsei^{55}	tɕi^{44}
巴那	ɬu^{13}	ljen^{53} ɬu^{13}	tɕi^{35}
优诺	ku^{55} kwaŋ^{44}	jo^{21} y^{21}	kji^{54}
下水村	pje^{55} ɬu^{22} khɔ^{35}	sjet^{35}	ki^{33}
龙华	hu^{44} jak^{55}	hu^{44} kli^{44} ŋklai^{55}	tʃi^{35}
龙定	pu^{31} ʔo:ŋ^{33}	pu^{31} liŋ^{31}	dzjau^{24}
烟园	pa^{33} ga:ŋ^{35}	ʔtəu^{42} tʃəp^{42}	tʃa:u^{55}
双龙	lui^{31}	ɕat^{21}	ɕa^{24}
油岭	bja^{44} kuŋ^{44}	ʑap^{22}	ʑau^{42}

	雨	雪	露水
石板寨	ʔʑo^{33}	qo^{05} mpaŋ^{24}	ʔuŋ^{31} ʑo^{24}
高寨	no^{35}	ʔə^{02} mpaŋ^{35}	ʔə^{02} ʑo^{35} ʑo^{35}
大南山	naŋ^{13}	mpo^{44}	lu^{13}
高坡	nã^{22}	qə^{02} mpə̃^{42}	ʔõ^{24} tə^{02} po^{42}
宗地	nəŋ^{13}	mpoŋ^{55}	pu^{32} lu^{13}
石门坎	naɯ^{53}	mpu^{33}	pi^{55} ly^{53}
腊乙坪	noŋ^{42}	mpe^{53}	ʔu^{35} ɕɯ^{53}
小章	naŋ^{13}	bi^{13} ljaŋ^{13}	lu^{13} suei^{35}
养蒿	noŋ^{13}	pɛ^{44}	ʔə^{33} ta^{44}
菜地湾	nuŋ^{53}	keu^{35}	ʔeu^{24} sau^{44} po^{53}
尧告	nam^{22}	po^{44}	ʔu^{13} tai^{44}
河坝	nuŋ^{22}	pei^{33}	ʔeu^{44} ha^{44}
滚董	ʔaŋ^{35} moŋ^{55}	maŋ^{55}	ʔaŋ^{35} lu^{44}
毛坳	ʔa^{03} nuŋ^{31}	mpaŋ^{55}	ʔaŋ^{35} lu^{31}
七百弄	ʔa^{02} nəŋ^{22}	ʔa^{02} mpoŋ^{42}	ʔau^{33} ʐe^{33}
西山	nɔŋ^{22}	ko^{11} nei^{33}	ʔaŋ^{33} ze^{42}
瑶麓	naŋ^{31}	mpeŋ^{44}	ȵtɕe^{44} ʔou^{33}
巴那	nuŋ^{22}	bon^{35}	ʔŋ^{13} lau^{53} ɕi^{44}
优诺	lə^{32} ŋa^{32}	mo^{54}	soŋ^{44} sui^{54}
下水村	nuŋ^{55}	paŋ^{33}	pju^{53} ʔɔŋ^{22}
龙华	nəŋ^{11}	mpaŋ^{35}	mpo^{31} ʔɒŋ^{44}
龙定	buŋ^{21}	bun^{24}	buŋ^{21} sui^{53}
烟园	buŋ^{42}	toːŋ^{11}	kja^{55} ʔuːm^{35}
双龙	blə^{42}	bin^{24}	kla^{35} ʔan^{33}
油岭	biŋ^{22}	ban^{42}	ta^{42} m^{24}

	霜	火	灰
石板寨	ʔa^{02} tai^{24}	qo^{05} zo^{55}	ʔa^{02} tshy^{55}
高寨	ʔə^{02} ti^{35}	ʔə^{02} ɣo^{55}	ʔə^{02} tshu^{55}
大南山	te^{44}	teu^{21}	tʂhou^{55}
高坡	qə^{02} tɛ^{42}	tə^{31}	qə^{02} sho^{13}
宗地	tæ^{55}	tɯ^{11}	sɔ^{22}
石门坎	ti^{33}	dey^{33}	tʂhau^{55}
腊乙坪	tɯ^{53}	pji^{44} tə^{22}	ɕi^{44}
小章	sɿ^{55} təɯ^{53}	bo^{33} da^{55}	bei^{55} sɿ^{55}
养蒿	ta^{44}	tu^{11}	qa^{35} ɕhu^{35}
菜地湾	tei^{35} paŋ^{53}	to^{212}	ɕo^{33}
尧告	tai^{44}	ta^{241}	ɕɔ^{53}
河坝	tue^{33}	to^{21}	qa^{33} ɕhɔ^{13}
滚董	lja^{55} noŋ^{55}	qa^{03} tau^{11}	qa^{03} si^{31}
毛坳	ʔaŋ^{35} to^{55}	qa^{03} teu^{11}	ɕi^{313}
七百弄	ʔau^{33} te^{42}	ʔa^{02} to^{231}	ʔa^{02} ʂa^{52}
西山	siek^{35}	tho^{44}	ku^{22} sa^{35}
瑶麓	ȵtɕe^{44} ko^{53}	to^{53}	ɕu^{13}
巴那	tɬa^{35}	to^{31}	pjho^{44}
优诺	pə^{21} soŋ^{44}	teu^{32}	tsho^{33}
下水村	tjhəŋ^{31} paŋ^{33}	thɔ^{53}	tshɪn^{35}
龙华	ɣa^{35}	tau^{31}	θei^{53}
龙定	soːŋ^{33}	təu^{231}	saːi^{53}
烟园	toːŋ^{11}	ʔtəu^{31}	ʃaːi^{51}
双龙	sɔ^{33}	təu^{42}	sai^{35}
油岭	soŋ^{44}	tu^{44}	soi^{24}

	烟	扬尘	地
石板寨	ʔã^{02} ȵtɕhu^{24}	ʔã^{02} ŋkho^{33}	pə^{05} te^{31}
高寨	ʔə̃^{02} ȵtɕhu^{55}	ʔə̃^{02} ŋkho^{33}	ta^{31} la^{31}
大南山	paŋ^{44} ȵtɕho^{44}	ŋkheu^{43}	te^{43}
高坡	pã^{42} tə^{31}	—	qə^{02} tɛ^{24}
宗地	paŋ^{55} ȵtɕo^{35}	ŋkə^{22}	tæ^{32}
石门坎	paɯ^{33} ȵtɕho^{33}	ȵtɕhey^{55}	ti^{55}
腊乙坪	qo^{35} ȵtɕho^{53}	qo^{35} ne^{31} qo^{35} ɕi^{44}	ta^{35} tɯ^{35}
小章	qha^{55} tjhəu^{33}	ləɯ^{31} daŋ^{31} mei^{31}	fu^{35} təɯ^{53}
养蒿	ʔə^{33} ʔi^{33}	qa^{33} tɕhu^{33}	ta^{33}
菜地湾	ʑen^{24} ʑen^{24}	—	tɛ^{24}
尧告	ȵeŋ^{44}	qa^{33} ɕa^{13}	kwan^{13} tai^{13}
河坝	puŋ^{33} nuŋ^{22}	qa^{33} tɕho^{44}	kuæ̃^{44} tue^{44}
滚董	qa^{03} ʔu^{35}	qa^{03} mei^{33}	ʔa^{03} to^{35}
毛坳	ʔu^{35} teu^{11}	qa^{03} me^{33}	qa^{03} le^{35}
七百弄	ʔa^{02} hu^{42} to^{231}	ʔa^{03} ȵtɕho^{33}	ʔa^{02} te^{33}
西山	phuəŋ^{13}	ku^{22} man^{35}	te^{33}
瑶麓	paŋ^{44}	mphei^{44} tei^{31}	tu^{31} ta^{53}
巴那	ʑen^{13}	phuŋ^{13} phuŋ^{13}	ti^{53}
优诺	jin^{44}	lu^{32} mui^{32}	kə^{03} tau^{44}
下水村	thɔ^{53} ka^{03} lɔ^{33}	thɔ^{53} kjhu^{22} tsin^{35}	ta^{22}
龙华	tau^{31} ʔo^{55}	ja^{44} me^{44}	ta^{44}
龙定	təu^{231} sjəu^{24}	təu^{231} mje^{22}	dau^{33}
烟园	ʃou^{42}	ʔtəu^{31} ŋwat^{42}	ni^{33}
双龙	ʑɛn^{33}	—	dai^{33}
油岭	ʔen^{44}	—	ne^{44}

	山	洞	河
石板寨	qo^{35} ʔyuŋ^{55}	qhuŋ^{55} vei^{55}	ɓlei^{31}
高　寨	χu^{55} vi^{55}	tə^{02} qhoŋ^{55} vi^{55}	ʔə^{02} su^{35}(大)；ʔə^{02} ɓei^{31}(小)
大南山	ʈoŋ^{43}	qhau^{55}	tɬe^{31}
高　坡	pɛ^{31}	qhõ^{13}	tɕu^{22}
宗　地	pe^{11}	ɦoŋ^{232}	kaŋ^{32}
石门坎	ʈau^{55}	qho^{55}	dlhi^{35}
腊乙坪	qo^{35} ʐei^{31}	qo^{35} qhu^{44}	ʔu^{35}
小　章	ki^{03} no^{13}	ki^{03} pje^{33}	haŋ^{55} ʔu^{53}
养　蒿	pi^{11}	qhaŋ^{35}	ʔə^{33}
菜地湾	vu^{33}	qhaŋ^{33}	ʔeu^{24} ljou^{24}
尧　告	ɣan^{31}	qhaŋ^{53}	ʔu^{13}
河　坝	tju^{33} wu^{13}	qhaŋ^{13}	ʔeu^{44}
滚　董	pu^{11} je^{33}	ʔa^{03} qhoŋ^{31}	ma^{03} ʔaŋ^{35}
毛　坳	la^{03} ʑuŋ^{11}	la^{03} qhuŋ^{313}	tə^{03} qhaŋ^{55}
七百弄	ʔa^{02} pe^{231}	kha^{53}	ʔau^{33}
西　山	zieu^{22}	to^{33} pi^{13}	ka^{33} ta^{13}
瑶　麓	ɣan^{31}	khei^{13}	hai^{13}
巴　那	pa^{31}	khuŋ^{44} khuŋ^{44}	ʔŋ^{13}
优　诺	koŋ^{13}	pi^{55} ljaŋ^{32} taŋ^{21}	ʔŋ^{44}
下水村	hɔ^{22}	ta^{03} khuŋ^{55}	huŋ^{55}
龙　华	kjɒŋ^{33}	khuŋ^{53}	ʔɒŋ^{44}
龙　定	tɕem^{31}	khot^{55}	suəŋ^{33}
烟　园	kjem^{33}	kwhat^{13}	ʔuːm^{35}
双　龙	dən^{31}	kwhat^{55}	da^{31}
油　岭	beŋ^{42}	bjam^{24}	doi^{53}

	池塘	沟	井
石板寨	ʔa^{02} vuŋ^{55}	tɕo^{31} kuŋ^{31}	ʔa^{02} lo^{31}
高寨	ʔə^{02} voŋ^{55}	tɕoŋ^{31} koŋ^{31}	ʔə^{02} qhoŋ^{55} lo^{31}
大南山	paŋ^{21}	ku^{31}	qhau^{55} tɬe^{31}
高坡	pã^{31}	kã^{24}	—
宗地	paŋ^{11}	kaŋ^{32} ʐu^{55}	lə^{53}
石门坎	baɯ^{33}; bɦaɯ^{11}	ʔa^{55} gy^{55}; ʔa^{55} dʑy^{55}	baɯ^{33} ʔau^{55}
腊乙坪	qo^{35} taŋ^{35}	qo^{35} ʐoŋ^{31}	qo^{35} ljə^{31}
小章	ki^{03} tɕi^{55}	ki^{03} zəɯ^{31}	ki^{03} ʔu^{53}
养蒿	ʔoŋ^{35}	koŋ^{33}	men^{44}
菜地湾	ʔuŋ^{33}	mien^{13}	—
尧告	ʔam^{53}	qam^{13} ʔu^{13}	ʔu^{13} va^{35}
河坝	tju^{33} ʔaŋ^{13}	kuŋ^{44}	men^{33}
滚董	ʔa^{03} toŋ^{33} njo^{31}	ke^{55} ʔaŋ^{35}	su^{11} tɕiŋ^{31} ʔaŋ^{35}
毛坳	naŋ^{33} be^{33}	taŋ^{35} qhaŋ^{55}	la^{03} tuŋ^{33} ʔaŋ^{35}
七百弄	ʔau^{33} te^{13}	ʔau^{33} hi^{53}	ʔau^{33} tsəŋ^{53}
西山	tiŋ^{22}	li^{13}	sin^{35}
瑶麓	ʔaŋ^{13}	ki^{42} ʔou^{33}	khei^{13} ʔou^{33}
巴那	tɕon^{44} tɕon^{44}	khuŋ^{35} ho^{13}	tsin^{44}
优诺	teu^{21}	haŋ^{44}	ʔŋ^{44} te^{44}
下水村	thɔŋ^{31} taŋ^{22}	huŋ^{55} tsin^{55}	tsaŋ^{35}
龙华	tʃaŋ^{53}	tʃəŋ^{53}	kjəŋ^{44}
龙定	koːŋ^{53}	tsun^{24}	tɕiŋ^{53}
烟园	doːŋ^{33}	kau^{35}	tiːŋ^{51}
双龙	glaŋ^{31}	khlɛ^{33}	tɕɛ^{35}
油岭	—	ku^{44}	teŋ^{24}

	路	水田	旱地
石板寨	tə^{02} tɕi^{55}	len^{31} ʔuŋ^{31}	qo^{05} te^{31}
高　寨	tə^{02} tɕi^{55}	ʔə^{02} len^{31}	ʔə^{02} χu^{31}
大南山	ke^{55}	la^{31}	te^{43}
高　坡	kɛ^{13}	lẽ^{55}	lõ^{42}
宗　地	kæ^{42}	ɬæn^{53}	la^{13}
石门坎	tɕi^{55}	lhie^{35}	ti^{55} ŋqha^{55}
腊乙坪	ne^{44} kɯ^{44}	la^{42}	lu^{53}
小　章	nai^{33} kɯ^{55}	tsɿ^{35} lei^{31}	la^{13}
养　蒿	ki^{35}	lji^{55}	la^{13}
菜地湾	kei^{33}	lje^{22}	la^{53}
尧　告	kei^{53}	ljan^{31}	lo^{22}
河　坝	ki^{13}	lje^{55}	—
滚　董	qo^{31}	liŋ^{33}	tai^{35}
毛　坳	tə^{03} qo^{313}	liŋ^{33}	tei^{35}
七百弄	kje^{53}	toŋ^{13} ʔau^{33}	lau^{42}
西　山	ka^{33} tɕa^{35}	ʔlaŋ^{13} thu^{42}	ʔlaŋ^{13}
瑶　麓	kjei^{13}	ʔou^{33} tu^{55}	lou^{44}
巴　那	kja^{44}	lin^{313}	hon^{53} ti^{53}
优　诺	kau^{33}	lin^{13}	lo^{32}
下水村	kja^{55}	nin^{31}	faŋ^{31} nin^{31}
龙　华	kja^{53}	leŋ^{33}	lɒŋ^{35}
龙　定	tɕau^{53}	liŋ^{31}	tei^{31}
烟　园	kjau^{51}	gjiŋ^{33}	ʔtei^{42}
双　龙	kla^{35}	ljɛ^{31}	təi^{42}
油　岭	tsu^{24}	ljaŋ^{53}	ti^{22}

	石头	沙子	泥巴
石板寨	ʔa^{02} ʔɣi^{31}	ʔa^{02} tshi^{55}	qo^{05} la^{31}
高寨	ʔə^{02} ʔɣe^{31}	ʔə^{02} tshie^{55}	ʔə^{02} la^{31}
大南山	ʐe^{43}	ʂua^{43} tsi^{55}	ʔaŋ^{55}
高坡	qə^{02} ʐɛ^{24}	ʐɛ^{24} sha^{24}	qa^{13} tɛ^{24}
宗地	ʐæ^{32}	sei^{35}	lə^{13}
石门坎	ʔa^{55} və^{55}	ʔa^{55} və^{55} sa^{11}	ʔa^{33} ɬha^{35}
腊乙坪	qo^{35} ʐɯ^{35}	qo^{35} tsha^{53}	qa^{44} la^{31}
小章	ki^{03} ʑəɯ^{53}	tsha^{33}	qa^{55} la^{13}
养蒿	ɣi^{33}	qa^{33} sha^{44}	qa^{35} saŋ^{35}
菜地湾	ʑei^{24}	sa^{24} tsɿ^{33}	qa^{33} la^{22}
尧告	ɣei^{13}	ɣei^{13} sɛ^{44}	tai^{13}
河坝	pɔ^{13} ɣi^{44}	ɣi^{44} sha^{33}	—
滚董	qa^{03} jo^{35}	qa^{03} sa^{35}	qa^{03} le^{33}
毛坳	la^{03} ʑo^{35}	heu^{33} sa^{35}	—
七百弄	fa^{53} ɣe^{33}	ʔa^{02} θo^{42}	ʔa^{02} te^{33}
西山	pi^{35} ʑa^{33}	pi^{35} sa^{33}	ko^{22} te^{33}
瑶麓	ɣei^{53}	sai^{33}	—
巴那	pei^{35}	ɕa^{13}	ta^{13}
优诺	hau^{32} vjì^{44}	so^{44} tai^{54}	lo^{13}
下水村	ja^{22} kɔ^{55}	hja^{22}	ta^{03} tsjɔŋ^{35}
龙华	ŋkja^{44}	ŋkjha^{44}	pu^{31}
龙定	lə^{31} pei^{53}	lə^{31} pei^{53} faːi^{33}	ɲe^{33}
烟园	ʑjau^{35}	ʑjau^{35} taːi^{35}	ʔpaːm^{42}
双龙	lau^{33}	sa^{33} tsaŋ^{35}	n̥i^{33}
油岭	ʑu^{44}	ha^{44}	ne^{44}

	水	铁	煤
石板寨	qo^{05} ʔuŋ^{31}	qo^{05} ɬo^{24}	qo^{05} ndza^{33}
高寨	ʔə^{02} ʔoŋ^{31}	ʔə^{02} ɬo^{35}	ʔə^{02} ndza^{31}
大南山	tɬe^{31}	ɬou^{44}	ntʂua^{24}
高坡	ʔõ^{24}	ɬə^{42}	nzu^{55}
宗地	ʔaŋ^{32}	lu^{35}	mei^{21} than^{13}
石门坎	ʔau^{55}	ɬau^{33}	ʔa^{33} lha^{35} tɬu^{55}
腊乙坪	ʔu^{35}	ɬo^{53}	mei^{22} thɛ^{35}
小章	ʔu^{53}	ɬu^{33}	mei^{31} than^{13}
养蒿	ʔə^{33}	ɬhə^{44}	ta^{33} tu^{11}
菜地湾	ʔeu^{24}	leu^{44}	mei^{22}
尧告	ʔu^{13}	ɬeu^{44}	mei^{31}
河坝	ʔeu^{44}	leu^{33}	moi^{55}
滚董	ʔaŋ^{35}	ɬu^{55}	thɛ^{5} qa^{03} jo^{35}
毛坳	ʔaŋ^{35}	ɬu^{55}	mpei^{33}
七百弄	ʔau^{33}	ɬu^{42}	mei^{31}
西山	ʔaŋ^{33}	lu^{13}	mei^{42}
瑶麓	ʔou^{33}	ɬu^{44}	ma^{31}
巴那	ʔŋ^{13}	lo^{35}	mei^{313} thon^{55}
优诺	ʔŋ^{44}	lo^{54}	mei^{13}
下水村	ʔɔŋ^{22}	nɔ^{33}	mui^{31}
龙华	ʔɒŋ^{44}	ɬo^{35}	mei^{33}
龙定	ʔuːm^{33}	ɬje^{55}	mei^{31}
烟园	ʔuːm^{35}	gja^{11}	puːi^{31}
双龙	ʔən^{33}	ɬja^{53}	mui^{42} than^{24}
油岭	m^{24}	lja^{44}	—

	村寨	集市	桥
石板寨	qo^{05} tsho^{31}	qo^{05} ʑi^{55}	qo^{05} kuŋ^{24}
高寨	ʔə^{02} tsho^{31}	ʔə^{02} ʑi^{55}	ʔə^{02} koŋ^{35}
大南山	ʐau^{21}	ki^{21}	tɕhau^{31}
高坡	ntõ^{13} ʐõ^{31}	ki^{31}	ɬa^{24}
宗地	ʐoŋ^{11}	tɕi^{11}	la^{22}
石门坎	zo^{33}	dʑi^{33}	ɬa^{55}
腊乙坪	qo^{35}ʐaŋ^{22}	ɳtɕaŋ^{22}	cɯ^{31}
小章	ki^{03}ʑaŋ^{55}	dzaŋ^{13}	dʑəɯ^{31}
养蒿	ɣaŋ^{11}	ɕaŋ^{55}	tɕu^{55}
菜地湾	ʑaŋ^{212}	tsaŋ^{22}	tɕou^{22}
尧告	ɣaŋ^{241}	hi^{44}	tjan^{22}
河坝	tju^{33} ɕho^{44}	ki^{21}	tɕeu^{55}
滚董	ʔa^{03} thɛ^{35}	tɕhaŋ^{31}	tɕei^{44}
毛坳	la^{03} tɕuŋ^{31}	ke^{55} ɕaŋ^{03}	tje^{31}
七百弄	təu^{13} len^{53}	ɕy^{33}	kju^{13}
西山	ʔpan^{35}	xɯ^{33}	tɕəu^{42}
瑶麓	ta^{31} nu^{55} ʔa^{13}	—	tɕa^{33}
巴那	tja^{53}	tɕhon^{313}	lai^{13}
优诺	tsha^{21}	hui^{44}	kjeu^{13}
下水村	jaŋ^{53} tsuŋ^{55}	tɔŋ^{33} hi^{33}	khi^{53}
龙华	ʃəŋ^{44}	ŋkjəu^{53}	kji^{33}
龙定	laŋ^{231}	hei^{33}	tɕəu^{31}
烟园	gjaŋ^{31}	ʃu^{35} do:ŋ^{33}	tʃeu^{33}
双龙	laŋ^{42}	səu^{33}	tjəu^{31}
油岭	ʑoŋ^{44}	hi^{44}	ku^{53}

	坟墓	菜园	篱笆
石板寨	qo^{05} mbo^{24}	qo^{05} yi^{24} te^{31}	ʔa^{02} yy^{31} mbaŋ^{31}
高　寨	ʔə^{02} mbo^{35}	ʔə^{02} si^{31} yi^{35}	ʔə^{02} ndʑi^{31} yi^{35}
大南山	ntsaŋ^{44}	vaŋ^{31}	so^{43} vaŋ^{31}
高　坡	nzõ^{42}	ntõ^{22} võ^{22}	—
宗　地	ntsua^{55}	wua^{53} ʐɔ^{32}	ʐa^{32} wua^{53}
石门坎	hi^{55} ntsaɯ^{11}	whaɯ^{35} zaɯ^{55}	vhaɯ^{35}
腊乙坪	qo^{35} ntsei^{53}	qo^{35} ʐo^{42}	qo^{35} ȶhei^{44}
小　章	la^{13} zai^{13}	ki^{03} thei^{55}	—
养　蒿	faŋ^{55} ljaŋ^{55}	vaŋ^{55}	qa^{33} ɕhin^{44} vaŋ^{55}
菜地湾	pu^{22} ljaŋ^{22}	van^{22}	—
尧　告	pu^{31} ljaŋ^{31}	van^{31} ɣɔ^{13}	tai^{13}
河　坝	teu^{22} ma^{33}	tju^{33} væ̃^{55}	khæ̃^{44} væ̃^{55}
滚　董	ʔa^{03} ɲei^{55}	ʔa^{03} hi^{55}	tɕo^{33}
毛　坳	tsei^{55}	he^{55} ʑi^{35}	phai^{55} he^{55}
七百弄	tɕi^{22}	ve^{33}	ɣi^{22} ve^{33}
西　山	ti^{22}	tɕoŋ^{33} sen^{33}	pa^{22}
瑶　麓	pu^{44}	van^{55}	tɕi^{44} van^{55}
巴　那	tsau^{44}	la^{04} vuŋ^{53}	—
优　诺	teu^{54}	van^{13}	van^{13} li^{13}
下水村	kwen^{55} tshe^{31} pɔ^{31}	ji^{22} ven^{31}	khi^{35} ni^{31}
龙　华	tʃau^{35}	je^{44} wi^{33}	pli^{44} wi^{33}
龙　定	tsəu^{53}	lai^{33} hun^{31}	hun^{31} lei^{31}
烟　园	teu^{51}	ɡjai^{35} ʔtei^{42}	teu^{33} ven^{11}
双　龙	tsəu^{35}	xun^{33}	xun^{33}
油　岭	pun^{53}	ʔe^{44} von^{44}	—

	人	汉族	族称
石板寨	tə^{02} na^{31}	qo^{05} ʑaŋ^{31}	qo^{05} mjo^{31}
高寨	tə^{02} na^{31}	ʔə^{02} ʑaŋ^{31}	ʔə^{02} m̥ø^{31}
大南山	nen^{43}	ʂua^{55}	m̥oŋ^{43}
高坡	tĩ^{31} nĩ^{31}	so^{55}	m̥õ^{24}
宗地	məŋ^{22}	wu^{13}	məŋ^{22}
石门坎	tɯ^{55} nɯ^{55}	ʔa^{55} vau^{53}	ʔa^{55} m̥au^{55}
腊乙坪	ne^{31}	qo^{35} ɕa^{22}	qo^{35} ɕoŋ^{35}
小章	nei^{31}	qhai^{33}	suaŋ^{53}
养蒿	nɛ^{55}	tjə^{11}	m̥u^{33}
菜地湾	nei^{22}	tjeu^{212}	mu^{24}
尧告	na^{31}	tɕua^{13}	to^{31} m̥u^{13}
河坝	nei^{55}	tjeu^{21}	ʔeu^{44} ʑu^{21}
滚董	ʔa^{03} ne^{33}	pa^{03} qhei^{55}	pa^{03} ŋ̊ŋ^{35}
毛坳	nai^{33}	qhe^{55} nai^{33}	m̥m^{35} nai^{33}
七百弄	no^{13}	pu^{53} kwe^{33}	pu^{53} no^{13}
西山	nu^{42}	nu^{42} khei^{13}；nu^{42} tɕen^{33}	nu^{42} nu^{42}
瑶麓	nu^{55}	kjou^{13} kha^{13}	nu^{55} m̥au^{33}
巴那	na^{313}	khai^{35}	pa^{53} na^{313}
优诺	no^{13}	kha^{33} no^{13}	jeu^{13} no^{13}
下水村	ne^{31}	ka^{35} pjha^{53}	hɔ^{31} ne^{31}
龙华	nai^{33}	nto^{31} mpho^{33}	kjoŋ^{33} nai^{33}
龙定	mje^{31}	kan^{24}	mjen^{31}
烟园	mun^{33}	tʃhe^{31} mun^{33}	kjiːm^{33} mun^{33}
双龙	min^{31}	xan^{24} dzu^{42}	min^{31}
油岭	men^{53}	tɕan^{44}	ʑau^{53} men^{53}

	小孩	老头儿	老太太
石板寨	qo^{05} taŋ^{31} na^{31}	qo^{05} lo^{55} tei^{31}	qo^{05} lo^{55} ȵe^{31}
高　寨	ʔə^{02} taŋ^{31}	tə^{02} lo^{55} na^{31}	vu^{31} lo^{55} ne^{31}
大南山	ȵua^{13}	ʔa^{43} lou^{21}	po^{13} lou^{21}
高　坡	tə̃^{24} lã^{31}	mɛ^{31} ʑɯ^{31} lo^{31}	mɛ^{31} pə^{55} lo^{31}
宗　地	mpa^{44} ʑu^{55}	mpa^{44} lo^{11}; po^{55}	po^{53}
石门坎	ŋa^{55} ʑau^{11}	ʔa^{55} ʑɦey^{11} lɦau^{11}	ʔa^{55} bo^{55} lau^{31}
腊乙坪	te^{35} te^{35}	phɯ^{35} qo^{53}	ȵa^{31} qo^{53}
小　章	ta^{31} tei^{53}	qəɯ^{33} nei^{31}	ləɯ^{13} thai^{35} bo^{31}
养　蒿	tɕi^{33} tɛ^{33}	qə^{44} lu^{11}	vu^{53} lu^{11}
菜地湾	tei^{24} tei^{24}	qeu^{44} lo^{212}	maŋ^{53} lo^{212}
尧　告	to^{31} ʑu^{44}	na^{31} lɔ^{241}	va^{35} lɔ^{241}
河　坝	tei^{44} ŋa^{21}	ʑo^{22} lo^{21}	pu^{55} lo^{21}
滚　董	ta^{55} qa^{11}	qo^{55} ne^{33}	ʔau^{53} qo^{55}
毛　坳	taŋ^{35} ŋe^{35}	qo^{55} nai^{33}	mai^{53} nai^{33}
七百弄	kji^{33} toŋ^{33}	kau^{31} lo^{231}	ve^{31} lo^{231}
西　山	tu^{33} vi^{35}	nu^{42} nu^{55}	ʑa^{33} tɕei^{13}
瑶　麓	nu^{55} ʔiŋ^{13}	kou^{44} nu^{55}	va^{13}
巴　那	ton^{13} ɕuŋ^{13}	ʑa^{13} kŋ^{35}	ȵa^{313} pa^{313}
优　诺	ti^{44} teu^{44}	kɒ^{54} koŋ^{54}	kɒ^{54} pa^{13}
下水村	ne^{31} taŋ^{22}	ne^{31} ku^{31} mje^{35}	ne^{31} va^{55} ku^{31} mje^{35}
龙　华	nei^{44}	kuŋ^{44} ku^{35}	wau^{35} ku^{35}
龙　定	ku^{31} ŋa^{231}	mjen^{31} ku^{24}	tha:i^{24}
烟　园	mun^{33} ʃei^{51} kjin^{35}	ka^{51} koŋ^{35}	ka^{51} bo^{31}
双　龙	ɕəi^{53}	lu^{24} ŋ̥ən^{53}	lu^{24} kau^{35}
油　岭	ʔa^{53} ʔau^{53}	ku^{42} men^{53}	po^{53} ku^{42}

	姑娘	瞎子	跛子
石板寨	tə^{02} mpjhe^{33}	ʔa^{02} zo^{24} ma^{24}	ʔa^{02} la^{31} to^{24}
高寨	tə^{02} mpjhe^{55}	ʔə^{02} ʒo^{35} ma^{35}	la^{31} to^{35}
大南山	to^{43} ntshai^{33}	ȡi^{13} mua^{13}	tɕe^{13} qaŋ^{43}
高坡	tə̃^{24} mphe^{42}; tə̃^{24} ŋko^{22}	tȡi^{22} mə̃^{22}	lɯ^{55} tɕɛ^{31}
宗地	toŋ^{32} mpje^{13}	ȡi^{13} moŋ^{13}	məŋ^{22} tɕe^{13}
石门坎	ti^{55} ŋghau^{35}	tu^{55} na^{55} my^{55}	li^{33} qhaɯ^{55}
腊乙坪	te^{35} mpha^{44}	ne^{31} cu^{22}	ne^{31} lja^{31}
小章	tei^{53} pha^{35}	da^{13} mi^{13}	pai^{33} ta^{13}
养蒿	tɛ^{33} phi^{53}	ȡju^{11} mɛ^{13}	lja^{55} lɛ^{33}
菜地湾	tei^{24} pha^{35}	ha^{13} tsɿ^{33}	lja^{44} tsɿ^{33}
尧告	to^{31} pha^{35}	to^{31} tȡjoŋ^{24} mo^{22}	to^{31} ljeu^{53} lɔ^{13}
河坝	tei^{44} phe^{11}	ȡjeu^{53} me^{22}	lja^{55} to^{33}
滚董	qo^{03} tjhei^{53}	toŋ^{55} mei^{44}	pa^{53} lja^{44}
毛坳	taŋ^{35} pjhe^{53}	ha^{55} tsɿ^{03}	pai^{55} tsɿ^{03}
七百弄	toŋ^{33} mpha^{31}	pu^{53} tȡə^{21}	ŋkhɔ^{53}
西山	tu^{33} kwa^{42}	muəŋ^{22} miŋ^{42}	ʔlau^{33} liaŋ^{35}
瑶麓	ŋo^{42} va^{13}	maŋ^{31} kja^{42}	nu^{55} ko^{44}
巴那	ku^{13} ȵa^{313}	bai^{13} kje^{313}	la^{55} tu^{35}; la^{55} tsai^{04}
优诺	ku^{44} ŋia^{21}	kho^{54} mo^{32}	pai^{33} teu^{54}
下水村	ta^{03} phui^{35}	ka^{03} khɔ^{55} mɔ^{35} ʔa^{35} phu^{35}	pje^{35} tɔ^{55}
龙华	phai^{55} nei^{44}	mɒ^{11} mpho^{44}	ȡei^{44} kwe^{11}
龙定	sje^{55} toːn^{33}	pə^{31} tsiŋ^{33} mɛŋ^{31}	tsau^{24} pjet^{55}
烟园	mun^{33} ʃa^{11}	ŋwei^{42} blau^{42}	tau^{55} ŋwaːt^{11}
双龙	sa^{53} ka^{42} ka^{33}	mi^{42} ȡan^{35}	pai^{33}
油岭	sa^{44} ʑau^{53} moi^{44}	mai^{53} maŋ^{53}	—

	聋子	麻子	哑巴
石板寨	ʔa^{02} luŋ^{31} mbi̠^{31}	ʔa^{02} mjuŋ^{55} ʈa^{33}	ʔa^{02} ʔwa^{55}
高寨	ʔə^{02} loŋ^{31} mbi^{31}	ko^{31} to^{35} ma^{35}	ʔə^{02} ʔwa^{55}
大南山	laŋ^{13} ntʂe^{21}	noŋ^{43} maŋ^{31}	qo^{43} ʈua^{13}
高坡	lã^{55} mplɛ^{55}	—	qə^{02} nã^{22}
宗地	ntæn^{55}	nto^{35} tu^{21}	məŋ^{22} ŋaŋ^{13}
石门坎	ʔa^{55} laɯ^{55}	ma^{31} tsɿ^{33}	li^{31} mu^{31}
腊乙坪	ne^{31} tu^{35}	ma^{31} tsi^{53}	ne^{31} ca^{22}
小章	ljo^{31} mɯ^{31}	ma^{31} tsɿ^{33}	ʔa^{35} tsɿ^{33}
养蒿	ɬoŋ^{55} zɛ^{55}	ɬjə^{44} tə^{31}	tɛ^{11} nja^{35}
菜地湾	leŋ^{24} tsɿ^{33}	—	la^{44} tsɿ^{33}
尧告	na^{31} tɬam^{31}	na^{31} ɣeu^{31} nəu^{35}	na^{31} ma^{31} poŋ^{13} tju^{24}
河坝	ɬuŋ^{55} me^{55}	qa^{33} teu^{53}	nei^{55} ʔa^{44} po^{44} næ^{53} she^{11}
滚董	loŋ^{33}	qa^{03} ljeu^{55}	m^{33} pei^{35} kaŋ^{31} koŋ^{55}
毛坳	luŋ^{55} tsɿ^{03}	ma^{33} tsɿ^{03}	ʔa^{313} tsɿ^{03}
七百弄	no^{13} ʈɔ^{53}	no^{13} ɳʈa^{42} məŋ^{22}	no^{13} ɲe^{231}
西山	nuk^{35}	—	ɲen^{44}
瑶麓	mpje^{55} la^{13}	san^{53}	muŋ^{55} pu^{33} tɕou^{31}
巴那	luŋ^{13} tsai^{04}	mai^{313} tsai^{04}	na^{313} ʒwa^{35}
优诺	leŋ^{13}	ma^{13} ty^{33}	ʔo^{33} lau^{44}
下水村	kă^{03} khuŋ^{55} kă^{03} tɔŋ^{22}	kwen^{31} tă^{03} thɔ^{35}	ʔa^{35} taŋ^{22}
龙华	mpja^{33} ɣaŋ^{44}	mɒ^{11} ntʃe^{11}	ŋ^{53} wei^{11} tʃoŋ^{11} θeŋ^{33}
龙定	m^{31} no:m^{31} toŋ^{33}	ma^{31} tsɿ^{53}	kə^{31} nai^{31} ʔa^{53}
烟园	du:ŋ^{35}	min^{31} pjen^{35}	ʔa:m^{51}
双龙	duə$^{33'}$ tsaŋ^{35}	ma^{42} tsaŋ^{35}	ʔa^{35} kau^{35}
油岭	bju^{53} doŋ^{44}	men^{44} pen^{44}	ʔa^{24} pen^{53}

	孤儿	独子	客人
石板寨	taŋ^{31} mbja^{24}	tu^{31} ʔɿ^{55} zaŋ^{55} taŋ^{31}	qo^{05} qhei^{24}
高寨	taŋ^{31} mba^{35}	——	ʔə^{02} qhe^{35}
大南山	to^{43} ntʂua^{13}	tu^{31} to^{43}	qhua^{44}
高坡	tã^{24} mplu^{22}	——	qha^{42}
宗地	toŋ^{32} mpʐə^{13}	len^{22} toŋ^{32}	ha^{35}
石门坎	ti^{55} ndzɦa^{11}	lɯ^{55} ta^{55} tu^{55}	qha^{33}
腊乙坪	te^{35} qwen^{35}	tu^{22}	ne^{31} qha^{53}
小章	ku^{53} ə^{31}	——	na^{31} qhai^{33}
养蒿	tɛ^{33} za^{13}	tɛ^{33} po^{35} toŋ^{31}	qha^{44}
菜地湾	——	——	qhɛ^{44}
尧告	to^{13} ɲo^{22}	tiŋ^{24} to^{241} to^{13}	na^{31} qhɛ^{44}
河坝	tei^{44} mja^{22}	tei^{44} tuŋ^{53}	nei^{55} qhæ^{33}
滚董	taŋ^{35} ta^{11} seŋ^{31}	taŋ^{35} thu^{55}	pa^{03} len^{11}
毛坳	ku^{55} ʔe^{31}	ta^{31} nai^{33} ʑi^{35}	leŋ^{313}
七百弄	toŋ^{33} mpjo^{22}	toŋ^{33} tɔ^{21}	pu^{53} khi^{42}
西山	toŋ^{33} pja^{22}	toŋ^{33} tok^{44}	nu^{42} khei^{13}
瑶麓	ŋo^{42} mpja^{31}	tɕi^{31} lu^{33} ŋo^{42}	nu^{55} khai^{44}
巴那	na^{313} to^{31}	to^{31} ton^{13}	khai^{35} kja^{33}
优诺	teu^{21} teu^{44}	teu^{21} teu^{44}	kha^{33} ; he^{54}
下水村	thuk^{35} taŋ^{22}	jɔ^{55} ka^{55}	ne^{31} kwhi^{33}
龙华	θi^{44} θəŋ^{33} nei^{44}	tu^{13} nei^{44}	nai^{33} khai^{35}
龙定	to:n^{33} du^{12}	to:n^{33} du^{12}	mjen^{31} khɛ^{24}
烟园	ka^{55} ho:n^{11} ʃei^{51}	——	mun^{33} tʃhe^{11}
双龙	ni^{42} sɛ^{33}	du^{21} tsɿ^{53}	tɕhɛ^{53}
油岭	——	tu^{22} lon^{22} dan^{44}	men^{53} ha^{44}

	朋友	木匠	贼
石板寨	sə^{31} ʔyuŋ^{24} mo^{31} tə^{02} wai^{24}	ʔa^{02} zaŋ^{24} ntuŋ^{24}	ʔa^{02} ȵin^{24}
高寨	tə^{02} wæ^{35}	zaŋ^{35} ntoŋ^{35}	ʔə^{02} len^{31} ȵin^{35}
大南山	lua^{13}	ku^{33} ntoŋ^{44}	to^{43} ʂaŋ^{43} to^{43} ȵa^{13}
高坡	kɯ^{13} pə̃^{22}	sã^{22} hu^{24}	tə̃^{24} ʂã^{24}
宗地	ntsaŋ^{13} to^{11}	saŋ^{13} wa^{22}	toŋ^{32} ʐua^{22}
石门坎	ʑe^{53} la^{31}	mu^{53} tsa^{33}	dzɯ^{53}
腊乙坪	ci^{44} na^{35}	mo^{53} tɕaŋ^{35}	cɔ^{31} tɔ^{42}
小章	—	m^{31} tɕaŋ^{13}	dʑaŋ^{31} təɯ^{31}
养蒿	qa^{33} pu^{11}	ɕaŋ^{13} tə^{44}	njaŋ^{13}
菜地湾	—	mu^{33} tsaŋ^{53}	—
尧告	to^{31} pu^{241}	qoŋ^{35} tsaŋ^{22} ʔo^{44} tɕei^{53}	na^{31} tsau^{22}
河坝	qa^{33} pu^{21}	ɕaŋ^{22} teu^{33}	ɬue^{21} nin^{22}
滚董	qo^{03} paŋ^{11}	pa^{03} saŋ^{53} ʔi^{55} tjo^{31}	ʔi^{55} tɕo^{33}
毛坳	buŋ^{33} ʑeu^{313}	muŋ^{55} tɕhuŋ^{03}	tshau^{33}
七百弄	paŋ^{31} ʑəu^{13}	tsɛ^{22} ntau^{42}	sɛ^{22} ȵi^{22}
西山	thuəŋ^{42} paŋ^{22}	nu^{42} səu^{13} taŋ^{13}	saŋ^{22} ȵi^{22}
瑶麓	ʑi^{31}	nu^{55} su^{31} ntou^{44}	ȵi^{31}
巴那	puŋ^{313} ʑu^{31}	mo^{31} tɕon^{53}	tshau^{33}
优诺	taŋ^{13} ty^{33}	mo^{33} tʃheu^{21}	ŋji^{32} naŋ^{13} theu^{44}
下水村	ŋɔŋ^{22} ne^{31}	ʔɔ^{33} taŋ^{33} si^{33} ɬu^{35}	ka^{03} jin^{33} na^{33}
龙华	puŋ^{31} jəu^{33}	ntu^{53} ntoŋ^{35} nai^{33}	ŋjin^{11}
龙定	puŋ^{31} ʑəu^{231}	dja:ŋ^{24} koŋ^{33}	tsa^{22}
烟园	bo:ŋ^{33} ʑau^{42}	mo:k^{42} ko:ŋ^{35}	ta^{42}
双龙	buŋ^{42} ʑu^{53}	m̥ɔ^{21} tsaŋ^{42}	tsha^{21}
油岭	—	—	ha^{24}

	名字	年纪	影子
石板寨	tə^{02} mpei^{24}	tə^{02} nɛ^{31}	qha^{31} la^{31} wɛ^{24}
高寨	tə^{02} mpi^{35}	nen^{31}	kha^{31} la^{31} wæ^{35}
大南山	mpe^{44}	na^{31} ɕoŋ^{44}	tɬua^{43}
高坡	mpɛ^{42}	n̥ə̃^{24} shõ^{42}	qə^{02} vi^{31} vã^{55}
宗地	mpæ^{55}	tɕaŋ^{55}	la^{32}
石门坎	mtsɿ^{33}	ȵe^{35} ɕau^{11}	ʔa^{33} ntsau^{33}
腊乙坪	mpu^{53}	tɕu^{53}	qo^{35} ca^{35}
小章	bu^{35}	təɯ^{53} tsu^{33}	ki^{03} dɬa^{13}
养蒿	zaŋ^{55} pi^{44}	qa^{33} njaŋ^{55} n̥ju^{44}	qa^{33} ɬju^{53} xhen^{44}
菜地湾	min^{22} tsɿ^{44}	njen^{22} tɕi^{22}	ʑin^{33} ʑin^{33}
尧告	pai^{44}	tɔ^{13} ȵ̥u^{44}	mo^{22} n̥o^{13}
河坝	njaŋ^{55} poi^{33}	ne^{55} nju^{33}	qa^{33} pju^{55}
滚董	ʔa^{03} mo^{55}	qa^{03} tɕaŋ^{55}	ʔa^{03} lja^{55} ljei^{31}
毛坳	mjaŋ^{33} sɿ^{03}	qa^{03} ɬjo^{35}	la^{03} ŋ^{313} tsɿ^{03}
七百弄	miŋ^{31} tsu^{22}	nen^{31} kjei^{53}	kji^{33} kwa^{33}
西山	min^{42} so^{22}	pi^{33} nin^{42}	tu^{44} kwa^{33}
瑶麓	mpa^{44} mi^{13}	mu^{33} tsou^{44}	kuŋ^{31}
巴那	la^{04} bo^{35}	ni^{313} tɕi^{44}	in^{53} tsɿ^{03}
优诺	mu^{54}	ne^{33} ki^{33}	ʔan^{33}
下水村	mui^{31}	vɔŋ^{31} sɔŋ^{22}	nɔ^{22} kɔ^{55} jaŋ^{35}
龙华	mpha^{35}	ŋjɒ^{35}	ʔiŋ^{53}
龙定	bo^{24}	ȵaŋ^{24} kei^{53}	ʔɛŋ^{53} tsei^{53}
烟园	bu^{55}	ȵaŋ^{31} ko:ŋ^{35}	pa^{31} klo:i^{35}
双龙	bau^{24}	ȵɛn^{31} tjaŋ^{35}	ʔɛ^{35}
油岭	bu^{42}	ȵaŋ^{42}	ʔoŋ^{24}

	力气	鬼	祖父
石板寨	tə^{02} ɣu^{24}	qo^{05} qlen^{31}	tei^{31} tsy^{55}
高寨	ʔə^{02} ɣy^{35}	ʔə^{02} qlen^{31}	ʔə^{02} ti^{31}
大南山	ʐo^{13}	tɖaŋ^{43}	ʑeu^{24}
高坡	ʐə^{22}	tɬõ^{24}	mpə^{13} ʑə^{22}
宗地	ʐu^{13}	ɖua^{32}	po^{55}
石门坎	dlhaɯ^{35} zho^{11}	pi^{55} tɖaɯ^{55}	ʔa^{11} ʑhey^{11} lhau^{11}
腊乙坪	ʐo^{42}	ta^{35} qwei^{35}	ʔa^{35} phɯ^{35}
小章	ʑəɯ^{13}	qwai^{53}	ʔa^{03} pha^{53}
养蒿	ɣə^{13}	ɖjaŋ^{33}	qə^{44}
菜地湾	vou^{53}	ɖjan^{24}	qeu^{44}
尧告	ɣeu^{22}	tɖjan^{13}	qoŋ^{35}
河坝	ɣu^{22}	ɖjin^{44}	ʑɔ^{22}
滚董	ja^{44}	kwai^{35}	ʔa^{03} po^{53}
毛坳	ʑa^{31}	kwei^{35}; pjau^{33}	po^{53}
七百弄	ʔa^{02} ʐəŋ^{13}	tɖəŋ^{33}	kaŋ^{31}
西山	muəŋ^{22} zeŋ^{42}	tɕeŋ^{33}	mau^{13}
瑶麓	ȵe^{33} ɣou^{31}	kjan^{33}	kou^{44}
巴那	ʑu^{22}	la^{04} tɖiŋ^{13}	ʔa^{04} kŋ^{35}
优诺	xji^{54} ɬu^{33}	kwan^{44}	koŋ^{21}
下水村	vu^{35}	ki^{22}	ʔa^{03} khuŋ^{53}
龙华	ʃei^{55} ŋkjəu^{11}	kli^{44}	pe^{53} kuŋ^{44}
龙定	kha^{55}	mjen^{53}	ʔoŋ^{33}
烟园	kjha^{11}	ŋwan^{51}	koŋ^{35}
双龙	khla^{53}	m̥jɛn^{35}	kɔŋ^{33}
油岭	ʑa^{22}	mjan^{24}	kuŋ^{44}

	祖母	父亲	母亲
石板寨	ȵe^{31} tsy^{55}	ʔa^{02} pa^{55}	ʔa^{02} me^{24}
高寨	ʔə^{02} ne^{31}	ʔə^{02} pa^{55}	ʔə^{02} men^{35}
大南山	po^{13}	tsi^{55}; vai^{24}	na^{24}
高坡	mɛ^{22} pə^{55}	pa^{13}	mɛ^{31}
宗地	po^{53}	pi^{42}	mi^{13}
石门坎	ʔa^{55} bo^{55} lau^{31}	vhai^{31}	ȵhe^{31}
腊乙坪	ʔa^{35} ȵa^{31}	ʔa^{35} pa^{31}; ʔa^{35} tɕa^{44}	ʔa^{35} ma^{44}; ʔa^{35} mji^{22}
小章	ȵaŋ^{35} ȵaŋ^{35}	ma^{31}; tja^{33}	nai^{35}
养蒿	vu^{53}	pa^{35}	maŋ^{13}
菜地湾	vo^{35}	pa^{33}	vei^{53}
尧告	va^{35}	po^{35}	mi^{24}
河坝	pu^{55}	pa^{13}	me^{53}
滚董	ʔa^{03} ʔau^{53}	ʔa^{03} pa^{42}	ʔa^{03} me^{42}
毛坳	ʔau^{53}	pa^{53}	mai^{53}
七百弄	ʑa^{21}	po^{53}	mi^{21}
西山	ʑa^{22}	po^{35}	mei^{22}
瑶麓	va^{13}	po^{13}	mai^{33}
巴那	ʔa^{04} pa^{313}	ʔa^{04} ʑa^{13}	ʔa^{04} ȵa^{313}
优诺	pa^{13}	ja^{44}	ŋja^{21}
下水村	ʔa^{03} phu^{53}	ʔa^{02} pa^{53}	ʔa^{03} mi^{53}
龙华	pe^{33} wau^{35}	pe^{53}	nei^{12}
龙定	ku^{24}	ko^{24}; ʑəu^{231}	ȵa:m^{33}
烟园	ku^{55}	ɬa^{51}	dʒi^{31}
双龙	pa^{42}	tja^{33}	ȵa^{31}
油岭	po^{53}	ba^{44}; bja^{24}	ni^{44}; ʑe^{44}

	儿子	儿媳	女儿
石板寨	qo^{05} taŋ^{31}	qo^{05} ʔȵin^{31}	tə^{02} mpjhe^{33}
高　寨	ʔə^{02} taŋ^{31}	ʔə^{02} ʔȵin^{31}	ʔə^{02} taŋ^{31} mpjhe^{55}
大南山	to^{43}	ȵaŋ^{43}	ntshai^{33}
高　坡	tə^{02} tə̃^{24}	ȵã^{24}	tə̃^{24} mphe^{42}
宗　地	toŋ^{32}	toŋ^{32} ȵa^{32}	toŋ^{32} mpje^{13}
石门坎	tu^{55}	tu^{55} ȵaɯ^{55}	ntshai^{11}
腊乙坪	te^{35}	ŋen^{31}	te^{35} mpha^{44}
小　章	tei^{53}	mei^{31}	tei^{53} pha^{35}
养　蒿	tɛ^{33}	njaŋ^{33}	tɛ^{33} phi^{53}
菜地湾	tei^{24}	njan^{24}	tei^{24} pha^{35}
尧　告	ŋɔ^{35}；to^{13}	ȵan^{13}	to^{31} pha^{35}
河　坝	tei^{44}	tei^{44} ni^{44}	tei^{44} phe^{11}
滚　董	ʔa^{03} taŋ^{35}	ʔa^{03} ma^{33}	ta^{55} qa^{03} tjhei^{53}
毛　坳	taŋ^{35}	n^{35}	pjhe^{53}
七百弄	toŋ^{33}	ȵəŋ^{33}	toŋ^{33} mpha^{31}
西　山	toŋ^{33} tsheŋ^{22}	ʔʑəŋ^{33}	toŋ^{33} pha^{22}
瑶　麓	ŋo^{42}	ŋo^{42} ȵan^{33}	nu^{55} va^{13}
巴　那	ton^{13}	ȵiŋ^{13}	ta^{13} pjhe^{55}
优　诺	teu^{44}	ŋji^{44}	teu^{44} phe^{55}
下水村	taŋ^{22}	ne^{31} ji^{22}	ta^{03} phui^{35}
龙　华	taŋ^{44}	ŋji^{44}	phai^{55}
龙　定	toːn^{33}	poːŋ^{231}	sje^{55} toːn^{33}
烟　园	ʔtoːn^{35}	boːŋ^{31}；ȵaːm^{35}	ʃa^{11}
双　龙	tɔn^{33}	bɔŋ^{42}	sa^{53} ka^{42} ka^{33}
油　岭	dan^{44}	ȵam^{44}	sa^{44}

	女婿	孙子	哥哥
石板寨	qhei^{24} ʔu^{55}	qo^{05} ku^{55}	ʔa^{02} nei^{55}
高寨	ʔə^{02} ʔu^{55}	ʔə^{02} ku^{55}	ʔə^{02} nin^{55}
大南山	vou^{55}	ku^{55}	ti^{31}; no^{21}
高坡	vo^{13}	shẽ^{24} nzɯ^{31}	tə^{02} lo^{31}
宗地	toŋ^{32} wɔ^{42}	kəu^{42}	ti^{53}
石门坎	vau^{55}	tɕy^{55}	ʔa^{55} mɦau^{31}
腊乙坪	ɕe^{35}	te^{35} ca^{44}	ʔa^{35} na^{35}
小章	ʔwei^{55}	ka^{55} tei^{53} ȵe^{13}	ko^{33}
养蒿	tɕi^{35}	ɬhaŋ^{33}	pə^{35}
菜地湾	tei^{24} vo^{33}	san^{35}	pou^{33}
尧告	ʑa^{22}	to^{31} ɬa^{13}	tei^{31}
河坝	tei^{44} ɣɔ^{11}	tei^{44} tɕi^{13}	ta^{55}
滚董	taŋ^{35} wei^{31}	taŋ^{35} seŋ^{31}	ʔa^{03} ʔo^{55}
毛坳	la^{03} vi^{313}	seŋ^{313}	lau^{03} pa^{55}
七百弄	va^{53}	ɬan^{33}	to^{13}
西山	ʔva^{35}	lan^{33} tshen^{22}	thu^{42}
瑶麓	vu^{13}	ʑei^{53}	tɕi^{13} to^{55} lo^{53}
巴那	ton^{13} vo^{44}	ton^{13} tɬhen^{13} kau^{44}	ʔa^{04} tje^{31}
优诺	ʔo^{33} teu^{44}	ɬen^{44}	ku^{44}
下水村	ta^{03} phui^{35} ve^{55}	sɔŋ^{22}	ʔa^{03} te^{53}
龙华	we^{53}	θəŋ^{44}	ljaŋ^{31}
龙定	laːŋ^{31}	fun^{33} toːn^{33}	ko^{24} toːn^{33}
烟园	laŋ^{33}	tun^{35} ʔtoːn^{35}	ko^{35}
双龙	bjau^{42} sai^{24}	sun^{33}	kɔ^{33}
油岭	ve^{24}	hun^{44}	ko^{44}

	姐姐	弟弟	妹妹
石板寨	ʔa^{02} ta^{24}	qo^{05} ku^{55}	qo^{05} ku^{55} tə^{02} mpjhe^{33}
高寨	ʔə^{02} ta^{35}	ɕoŋ^{55} ti^{35}	mei^{35}
大南山	ve^{55}	ku^{55}；no^{21}	mua^{13}
高坡	ʔɛ^{13}	kɯ^{13}	kɯ^{13} tə̃^{24} mphe^{42}
宗地	ʔæ^{42}	kəu^{42}	ŋa^{55}；wa^{21}
石门坎	ʔa^{55} zi^{33}	tɕy^{55}	tɕy^{55}
腊乙坪	ʔa^{35} ʑa^{42}	te^{35} kɯ^{44}	kɯ^{44} me^{22}
小章	ʑa^{35} ʑa^{35}	ləɯ^{55} ti^{31}	mei^{35}
养蒿	ʔa^{35}	ʔu^{44}	to^{35}；nja^{53}
菜地湾	tsa^{35}	ne^{35}	ŋa^{13}
尧告	ʔa^{53}	ŋɔ^{35}	ŋɔ^{35}
河坝	ʔe^{13}	tɕi^{13} pa^{13} ʑo^{22}	tɕi^{13} tei^{44} phe^{11}
滚董	ʔa^{03} tɕa^{31}	ʔa^{03} we^{35}	ʔa^{03} tjei^{53}
毛坳	qo^{03} kwei^{313}	lau^{03} the^{53}	taŋ^{35} kwei^{313}
七百弄	ʔe^{53}	kjə^{53} toŋ^{33} kjiŋ^{22}	kjə^{53} toŋ^{33} mpha^{31}
西山	ʔe^{35}	tɕəu^{35} tsheŋ^{22}	tɕəu^{35} pha^{22}
瑶麓	tɕi^{13} ʔa^{13} lo^{53}	tɕi^{13} ʔa^{13} ʔiŋ^{13}	ŋo^{42} ʔa^{13} ʔiŋ^{13}
巴那	ʔa^{04} ʔa^{44}	ʔa^{04} kau^{55}	ʔa^{04} mai^{35}
优诺	ta^{21}	te^{21}	mui^{21}
下水村	ʔa^{03} te^{35}	nɔ^{31} the^{53}	ta^{03} phui^{35} kju^{55}
龙华	te^{33}	nuŋ^{11} taŋ^{44}	nuŋ^{11} phai^{55}
龙定	to^{21}	ʑəu^{231}	mo^{231}
烟园	ʔu^{51}	zeu^{31}	mu^{42}
双龙	tsəi^{35}	ni^{35} pa^{53}	tjui^{53} sa^{53}
油岭	ti^{24}	kui^{24}	moi^{44}

	嫂子	舅父	舅母
石板寨	ʔa^{31} ʔȵin^{31}	men^{24} nei^{55}	vu^{31} nei^{55}
高寨	ʔə^{02} mbo^{55}	qen^{55} nin^{55}	ʔə^{02} vu^{31}
大南山	ȵaŋ^{43} ti^{31}	ʑeu^{24} tɬaŋ^{43}	na^{24} tɬaŋ^{43}
高坡	ȵã^{24}	pa^{13} nə̃^{31}	mɛ^{22} ȵaŋ^{24}
宗地	ʔæ^{42}	tɕi^{42} noŋ^{11}	ȵen^{33} noŋ^{11}
石门坎	ʔa^{55} ȵaɯ^{55}	ʔa^{11} ʑhey^{11} ɬa^{11}	ʔa^{11} bo^{55} ɬa^{11}
腊乙坪	ta^{35} sɔ^{53}	ʔa^{35} ne^{22}	cɯ^{35} ȵaŋ^{31}
小章	ʔa^{03} gɯ^{13}	tɕəɯ^{31} ʑe^{31}	tɕəɯ^{31} m^{35} ȵaŋ^{31}
养蒿	njaŋ^{33}	tɛ^{33} nen^{11}	to^{35} mu^{13}
菜地湾	tei^{53} njaŋ^{22}	ten^{44} nen^{212}	ta^{212} meŋ^{53}
尧告	ȵan^{13}	to^{31} nei^{241}	to^{31} meŋ^{22}
河坝	ni^{55} ljeɯ^{44}	nue^{21}	te^{22} nue^{21}
滚董	ʔa^{03} ma^{33}	ʔa^{03} noŋ^{31}	ʔa^{03} no^{11}
毛坳	ko^{33}	ʔa^{03} nuŋ^{31}	nuŋ^{31} ʔo^{313}
七百弄	ȵəŋ^{33}	noŋ^{231}	ta^{53}
西山	ʔe^{35} ʔʑəŋ^{33}	noŋ^{44}	pa^{35}; mei^{22} na^{33}
瑶麓	mai^{33} lo^{53}	neŋ^{53} po^{13}	neŋ^{53} mai^{33}
巴那	ʔa^{04} sau^{44}	ʔa^{04} ni^{31}	ʔa^{04} muŋ^{44}
优诺	tə^{03} ɬau^{44}	tə^{03} kjau^{21}	kjau^{21} mə^{44} ŋja^{21}
下水村	ʔa^{03} ji^{22} taŋ^{22}	ʔa^{03} kuŋ^{33}	ʔa^{03} khi^{35} muŋ^{31}
龙华	ŋji^{44}	pe^{53} no^{31}	no^{31} wa^{53}
龙定	ȵa:m^{33}	nau^{231}	mjaŋ^{31}; ʔau^{53}
烟园	ȵa:m^{35}	nau^{31}	ŋwaŋ^{33}
双龙	ȵan^{33}	nau^{42}	mjaŋ^{31}
油岭	ȵam^{44}	nuŋ^{44}	mjaŋ^{53}

	丈夫	妻子	身体
石板寨	qo^{05} ʐuŋ^{55}	qo^{05} ʂei^{55}	tə^{02} tɕi^{55}
高寨	ʔə^{02} ʐoŋ^{55}	ʔə^{02} si^{55}	tə^{02} tɕi^{55}
大南山	ʑeu^{13}; vou^{55}	po^{31}; ȵaŋ^{43}	tɕe^{55}
高坡	qə^{02} pa^{13}	qə^{02} mɛ^{22}	qə^{02} tɕɛ^{13}
宗地	ʂəŋ^{11}	ʐæ^{232}	tɕæ^{42}
石门坎	vau^{55}	ȵaɯ^{55}	ʔa^{33} tɕi^{55}
腊乙坪	po^{44}	ʔɯ^{44}	qo^{35} tɕɯ^{44}
小章	qə^{03} ŋ^{13}	qa^{03} pha^{35}	ki^{03} tjəɯ^{55}
养蒿	ʑu^{13}	vi^{55}; njaŋ^{33}	qa^{33} tɕi^{35}
菜地湾	ʑo^{13}	vei^{33}	qa^{33} tɕei^{33}
尧告	ʑa^{22}	ȵan^{13}	ti^{53}
河坝	ɣɔ^{13}	ni^{55}	qa^{33} tɕi^{13}
滚董	ʔa^{03} wei^{31}	ʔa^{03} ma^{33}	ʔa^{03} taŋ^{31}
毛坳	tɕi^{31} nai^{33}	la^{03} ʔo^{313}	nti^{35} taŋ^{313}
七百弄	kaŋ^{53}	ve^{53}	ʔa^{02} nɛ^{33}
西山	kaŋ^{22}	ʔve^{35}	tsuaŋ^{33} ʔlaŋ^{33}
瑶麓	tɕuŋ^{13} nu^{55} tɕai^{31}	tɕuŋ^{13} nu^{55} va^{13}	tɕei^{13}
巴那	tɕo^{53} fu^{13}	le^{13} va^{44}	la^{04} diŋ^{35}
优诺	tə^{03} kiŋ^{33}	ŋji^{44}	sen^{44} thi^{33}
下水村	ne^{31} pu^{55}	ne^{31} va^{55}	kwe^{31}; ne^{31}
龙华	we^{53}	wa^{53}	tja^{53}
龙定	gu^{24}	ʔau^{53}	sin^{33}
烟园	laŋ^{33}	ʔa:u^{51}	te:n^{11}
双龙	bu^{35}	kau^{35}	ʑɛn^{42} ɕɛn^{33}
油岭	tɕaŋ^{22}	sa^{44}	tan^{44}

	头	头发	辫子
石板寨	ʔa^{02} χu^{55}	tə^{02} pləu^{31} u^{55}	mbja^{33}tə^{02} pləu^{31} χu^{55}
高　寨	ʔə^{02} χu^{55}	tə^{02} pləu^{31}χu^{55}	mben^{55}
大南山	hou^{44}	plou^{43} hou^{44}	mau^{31}tua^{24}
高　坡	qə^{02} ho^{13}	plo^{24}	——
宗　地	wɔ^{35}	plɔ^{32} wɔ^{35}	mpin^{11}
石门坎	li^{33} ɬau^{33}	tɬau^{55} ɬau^{33}	ndzie^{33}
腊乙坪	ko^{44} pʐei^{44}	qo^{35} pji^{35}	mpɛ^{35} pji^{35}
小　章	la^{33} ɬei^{55}	nuŋ^{31} ɬei^{53}	——
养　蒿	qho^{33}	qa^{33} ɬju^{33} qho^{33}	qa^{33} tɛ^{35} mi^{11}
菜地湾	qa^{33} ho^{33}	ɬjo^{24}	peŋ^{212} peŋ^{212}
尧　告	ɬeŋ^{53}	tɬjɔ^{13} ɬəŋ^{53}	ɬeŋ^{53} ŋwe^{22}
河　坝	pɔ^{11} hɔ^{13}	pjɔ^{44} hɔ^{13}	pjɔ^{44} me^{21}
滚　董	ʔa^{03} toŋ^{33} ti^{31}	ti^{35}	qeŋ^{35} ti^{35}
毛　坳	ʔa^{03} tsei^{313}	tsei^{313} pi^{35}	tei^{33} tsei^{313} pi^{35}
七百弄	ɬa^{53}	pla^{33} ɬa^{53}	mpəŋ^{231} pla^{33}
西　山	va^{35}	tɕa^{33} va^{35}	pi^{44} mau^{42}
瑶　麓	khan^{33}	kju^{33} khan^{33}	mpai^{53} khan^{33}
巴　那	la^{04} ɬo^{44}	ɬo^{44} pjo^{13}	pin^{13} tsai^{04}
优　诺	ha^{21} kho^{55}	ha^{21} pja^{44}	pjen^{32} ti^{33}
下水村	kaŋ^{35} khu^{33}	kaŋ^{35} khu^{33} pi^{22}	pin^{53} pin^{53}
龙　华	ŋkau^{53}	ŋkau^{53} ple^{44}	pin^{11}
龙　定	ŋ^{31} ɡo:ŋ^{53}	m^{31} pei^{33}	m^{31} pei^{33} bin^{231}
烟　园	pjei^{51} khu^{11}	pjei^{51} khu^{11} pjei^{35}	teu^{55} bjen^{31}
双　龙	pli^{35}	pli^{33} dzɔŋ^{33}	thu^{33}
油　岭	pe^{24}	pe^{44}	pin^{44}

	眉毛	眼睛	鼻子
石板寨	tə^{02} pləu^{31}ma^{24}	ʔɑ^{02} ma^{24}	ʔɑ^{02} mbju^{55}
高寨	tə^{02} pləu^{31}ma^{35}	tə^{02} qhoŋ^{55}ma^{35}	ʔə^{02} mby^{55}
大南山	plou^{43} mua^{13}	mua^{13}	ntʂu^{13}
高坡	sõ^{13} mə̃^{22}	mə̃^{22}	qə^{02} mplɯ^{22}
宗地	plɔ^{32} moŋ^{13}	moŋ^{13}	mpʐu^{13}
石门坎	tɬau^{55} mɦa^{11}	ʔɑ^{55} ma^{53}	ʔɑ^{55} mby^{53}
腊乙坪	kwei^{35} me^{42}	lə^{44}qe^{35}	pa^{44} mʐə^{42}
小章	kwei^{53} mi^{13}	qa^{03} mi^{13}	qha^{35} mja^{13}
养蒿	kaŋ^{33} nen^{35} mɛ^{13}	ŋ̊ju^{33} mɛ^{13}	po^{55} zɛ^{13}
菜地湾	ɖjo^{24} mi^{53}	qa^{33} mi^{53}	tjuŋ^{24} njy^{53}
尧告	tɖjɔ^{13} mo^{22}	ŋ̊ju^{13} mo^{22}	tjam^{31} ȵo^{22}
河坝	hɔ^{13} ni^{55}	pei^{13} me^{22}	pɔ^{11} mja^{22}
滚董	ti^{35} mei^{44}	qoŋ^{35} mei^{44}	qhoŋ^{31} njɔ^{44}
毛坳	pi^{35} me^{31}	la^{03} me^{31}	mpjau^{31}
七百弄	pla^{33} məŋ^{22}	khaŋ^{53} məŋ^{22}	pi^{53} mpjə^{22}
西山	tɕa^{33} muəŋ^{22}	pi^{35} muəŋ^{22}	pi^{35} pju^{22}
瑶麓	kju^{33} maŋ^{31}	luŋ^{53} maŋ^{31}	mpi^{31}
巴那	pjo^{13} ke^{313}	pi^{44} ke^{313}	khuŋ^{44} bei^{22}
优诺	ki^{55}mo^{32} pjà^{44}	ki^{55} mo^{32}	khə^{44} mui^{32}
下水村	kɑ^{03} khɔ^{55}pi^{22}	kɑ^{03} khɔ^{55}	huŋ^{55} pju^{53}
龙华	mɒ^{11} ple^{44}	mɒ^{11} tʃen^{44}	mpjau^{11}
龙定	m^{31} maːi^{31}	m^{31} tsiŋ^{33}	m^{31} tsoːŋ^{33}
烟园	moŋ^{33}mai^{33} pjei^{31}	ŋwei^{42}	pɑ^{02} tʃoːŋ^{35}
双龙	mi^{42} tɕɛ^{33} pli^{33}	mi^{42} tɕɛ^{33}	bli^{42} kwhat^{53}
油岭	mai^{53} teŋ^{44} pe^{44}	mai^{53} teŋ^{44}	bi^{53} tɕaŋ^{53}

	耳朵	脸	嘴，口
石板寨	ʔa^{02} mbji^{31}	ʔa^{02} ma^{24}	tə^{02}(qhuŋ^{55})ȵdʑo^{31}
高寨	ʔə^{02} mbji^{31}	ʔə^{02} ma^{35}	ʔə^{02} ȵdʑo^{31}
大南山	ntʂe^{31}	phlo^{44}	ȵtɕou^{31}
高坡	qə^{02} mplɛ^{55}	qə^{02} pə^{31}	qə^{02} ȵtɕə^{55}
宗地	mpʐæ^{53}	pɯ^{11}	ȵtɕu^{53}
石门坎	ʔa^{55} mbɦə^{35}	tɬhu^{33}	ʔa^{33} ȵdʑɦau^{35}
腊乙坪	ʈoŋ^{31} mʐɯ^{31}	paŋ^{53} me^{42}	qa^{44} lo^{53}
小章	ki^{03} dju^{33} mɯ^{31}	pha^{33} mi^{31}	ki^{03} ȵuŋ^{31}
养蒿	qa^{33} zɛ^{55}	maŋ^{11} mɛ^{13}	lo^{44}
菜地湾	qa^{33} ȵjei^{22}	maŋ^{212} mi^{53}	qa^{33} lou^{44}
尧告	ȵei^{31}	ȵ̥u^{53}	lau^{44}
河坝	pei^{13} me^{55}	pɔ^{11} pa^{22}	qa^{33} ȵju^{55}
滚董	qhoŋ^{31} ȵjo^{33}	ʔa^{03} moŋ^{11}	ʔa^{03} la^{55}
毛坳	mpjo^{33}	muŋ^{11}	la^{55}
七百弄	khaŋ^{53} mpjə^{13}	məŋ^{22}	lɔ^{42}
西山	tɕi^{13} pjə^{42}	pa^{13} muəŋ^{22}	ʔɺo^{13}
瑶麓	mpjai^{55}	pai^{42}	lau^{44}；ȵtɕu^{55}
巴那	ka^{03} bja^{313}	la^{04} ŋ^{22}	lau^{35}
优诺	kʻə^{44} mui^{13}	min^{21} pe^{33}	pə^{03} ljo^{44}
下水村	ka^{03} khuŋ^{55}	tjɔ^{31} mɔ^{53}	tjɔ^{31}
龙华	mpja^{33}	mɒ^{11}	ntjo^{33}
龙定	m^{31} no:m^{31}	m̥jen^{33}	dzui^{31}
烟园	pa^{02} no:m^{33}	mjin^{11}	tʃat^{55}
双龙	blau^{31} kau^{42} tsaŋ^{35}	m̥in^{33}	tsui^{35}
油岭	bju^{53} kau^{42}	men^{44}	ti^{24}；ʑi^{53}

	胡须	下巴	脖子
石板寨	qo05 ȵin24	qo05 ze33	ʔa02 paŋ55
高寨	ʔə02 qen31 ȵi35	ʔə02 qe31 ze55	tə02 pen55
大南山	fu31 tsi55	pua43 tʂai13	tɕe31 tɬaŋ43
高坡	shã13 ȵã22	qə02 se55	qə02 qã13
宗地	ȵa33	tɕi22 se32	taŋ55 haŋ55
石门坎	tɬau55 ʔa33 ȵdʑhau35	qa53 dʑhai11	hi55 tɬau55
腊乙坪	pa44 ȵi42	pa44 tɕa22	soŋ44 ŋqoŋ44
小章	ȵi13	xa55 pa53	ki03 qaŋ55
养蒿	qa33 ɕhaŋ44 njaŋ13	qa33 qaŋ55	qa33 qoŋ35
菜地湾	heu35 njan53	ha53 pa22	tjuŋ22 quŋ33
尧告	ȵan22	lau44 saŋ31 tai13	qam53
河坝	teu33 ni22	qa33 ɕe53	qho33 ɬæ̃44
滚董	ȵi44	ʔa03 ŋo33 tɕei42	ʔa03 ŋaŋ11
毛坳	pi35 la55	ʑuŋ33 tɕhi31	quŋ313
七百弄	ȵəŋ22	ʔa02 tsa21	koŋ33 tɬəŋ33
西山	men22	xaŋ42	ka33 kwaŋ35
瑶麓	ȵtɕu55 tau55 kju33	tu31 ɕei53	ku53
巴那	ȵeŋ22	kaŋ13 lau35	ka03 tɬaŋ13
优诺	pja44 lɒ54	ho21 ɬa55	kə03 kaŋ33
下水村	tjɔ31 mɔ53 pi22	tjɔ31 kwaŋ35	ka03 kiŋ22
龙华	ŋji11	ŋo11 kau53	kəŋ53
龙定	sja:m33	ha31 pa31	ka:ŋ33
烟园	to:m11	ko:m33 pa31	kla:ŋ35
双龙	hau31 tsaŋ35	ŋa31 sɛ33	klaŋ33
油岭	tsam44	—	koŋ44 kan44

	肩膀	背	胸脯
石板寨	pə^{05} vu^{24}	tə^{02} tɕi^{55}	ʔa^{02} mbu^{55}
高　寨	ʔə^{02} su^{31} vu^{35}	ʔə^{02} ndo^{55} ɣo^{31}	ʔə^{02} mbu^{31} sen^{31}
大南山	so^{43} pu^{13}	nʈou^{44} qou^{24}	hou^{55} nʈau^{43}
高　坡	qa^{02} qɯ^{24}	kɯ^{31} qə^{55}	qə^{02} pẽ^{13}
宗　地	ɬua^{32} poŋ^{55}	ʈaŋ^{32} hu^{21}	wɔ^{232} ɳʈoŋ^{32}
石门坎	hi^{33} by^{33}	ti^{55} ɢhau^{11}	ʈau^{55} ɳʈo^{55}
腊乙坪	qo^{35} pə^{42}	ʈei^{53} ʈu^{35}	pɔ^{53} lɛ^{31}
小　章	tɕa^{53} pei^{53}	ki^{03} qwa^{55}	ɕuŋ^{55} kuŋ^{55} dʑan^{31}
养　蒿	qa^{33} ɬaŋ^{33}	qa^{33} ku^{31}	kaŋ^{33} kə^{53}
菜地湾	ku^{13} tɕei^{212}	qa^{33} tɕei^{33}	ho^{33} tɕho^{24}
尧　告	ku^{13} tɕi^{53}	tju^{13}	tjan^{13} qaŋ^{13}
河　坝	hɔ^{13} pua^{33}	pɔ^{11} tju^{44}	kaŋ^{44}
滚　董	ʔa^{03} tɕa^{55} qo^{11}	ʔa^{03} la^{31}	ʔa^{03} tɕaŋ^{42}
毛　坳	phi^{55} ko^{313}	qheu^{31}	tɕuŋ^{53}
七百弄	fa^{53} pə^{22}	ʈa^{33} ku^{21}	ʈa^{53} mpjə^{22}
西　山	va^{35} ʔpa^{13}	khu^{22}	ku^{22} ʔak^{35}
瑶　麓	pei^{31}	kɯ^{42}	te^{42}
巴　那	ka^{03} tɕa^{31}	tɬo^{35} tɬaŋ^{13}	dai^{22} bo^{22}
优　诺	kə^{03} to^{44}	kə^{03} kɒ^{21}	fo^{33} sen^{44}
下水村	ka^{03} tsik^{35} kɔ^{55}	kaŋ^{35} kɔ^{55}	huŋ^{55} pju^{53} kɔ^{55}
龙　华	tʃɒi^{44}	ko^{12}	mplai^{44}
龙　定	pə^{231} tau^{31}	ti^{31} ta:n^{231}	lu^{31} khot^{55}
烟　园	pin^{33} ʔtau^{33}	ka^{02} ʔtan^{31}	ka^{02} lap^{42}
双　龙	bja^{53} tau^{31}	kla^{35} tsi^{53}	——
油　岭	ken^{44} tu^{53}	lai^{44} be^{42}	biŋ^{53} tu^{53}

	肚子	肚脐	腰
石板寨	ʔa^{02} tɕhu^{31}	ʔa^{02} nto^{33} ȵi^{55}	tə^{02} qla^{55}
高寨	tə^{02} tɕhu^{31}	ʔə^{02} nto^{31} tɕhu^{31}	tə^{02} qla^{55}
大南山	plaŋ^{43}	nteu^{33}	tɬua^{55}
高坡	qə^{02} ȵ̥õ^{24} mlə̃^{31}	qhõ^{13} ntə^{42}	tɬu^{13}
宗地	tɕɔ^{22}	hoŋ^{232} ntə^{44}	ɬa^{42}
石门坎	ʔa^{55} tɕhau^{55}	ʔa^{33} ȵ̥u^{55} dhu^{11}	tɬa^{55}
腊乙坪	qo^{35} tɕhi^{35}	pu^{44} lu^{44} qɛ^{44}	qo^{35} qwa^{44}
小章	ki^{03} thi^{53}	da^{35} da^{35} thi^{53}	ki^{03} qwa^{55}
养蒿	qa^{33} tɕhu^{33}	pu^{53} tu^{53}	qa^{33} ɬa^{35}
菜地湾	qa^{33} tɕho^{24} mi^{53}	qa^{33} to^{35}	tjuŋ^{24} tjeu^{24}
尧告	teu^{241}	teu^{241} ta^{35}	qa^{33} tjam^{13}
河坝	pɔ^{11} pja^{53}	pɔ^{11} tei^{44} to^{11}	qa^{33} ɬa^{13}
滚董	ʔa^{03} ŋ̊ŋ^{31}	ʔa^{03} tu^{35} qei^{31}	ʔa^{03} qei^{35} la^{31}
毛坳	ŋ̊ŋ^{313}	ŋ̊ŋ^{313} ntau^{53}	ʔa^{03} la^{313}
七百弄	ʔa^{02} pau^{42}	kja^{31} kju^{22}	ʔa^{02} tɬɔ^{53}
西山	ȵoŋ^{35}	tɕi^{13} ta^{22}	vat^{35} tɕɒ^{35}
瑶麓	ȵ̥uŋ^{13}	nto^{44} kau^{31}	kjau^{13}
巴那	la^{04} tɕho^{13}	pi^{44} du^{55}	daŋ^{44} tɬa^{44}
优诺	ta^{21} tu^{44}	ta^{21} tu^{44} the^{13}	kɒ^{33}
下水村	jɔ^{55} ka^{55}	jɔ^{55} ka^{55} tɔ^{35}	kaŋ^{35} kɔ^{55} suŋ^{55}
龙华	the^{44} ka^{53}	the^{44} ntu^{55}	ka^{33} kla^{53}
龙定	kə^{31} sje^{33}	kə^{31} sje^{33} nut^{55}	ka:i^{53}
烟园	ȵau^{51}	ȵau^{31} do:t^{55}	klai^{51}
双龙	kai^{35} tau^{35}	dit^{53} tei^{24}	kla^{35}
油岭	ŋ̊ŋ^{24}	tɕaŋ^{53} tɕaŋ^{44} ni^{44}	lai^{24}

	屁股	肛门	腿
石板寨	ʔa^{02} qa^{55}	tə^{02} qhuŋ^{55} qa^{55}	ʔa^{02} pi^{31} tsho^{55}
高寨	tɕe^{31} pa^{35} qa^{55}	tə^{02} qhoŋ^{55} qa^{55}	qo^{31} pe^{31}
大南山	pu^{21} qaŋ^{43}	qhau^{55} qua^{55}	tɕe^{13} pua^{43}
高坡	qə^{02} qu^{13}	qhõ^{13} qu^{13}	qə^{02} pa^{24}
宗地	pu^{33} lo^{33} ha^{42}	ȵtɕoŋ^{55} ha^{42}	tɕe^{11}
石门坎	ʔa^{55} tɕi^{55} qaɯ^{55}	qho^{55} qa^{55}	ʔa^{55} dʑi^{53}
腊乙坪	qa^{44} pʐu^{44}	qhu^{44} qa^{44}	qo^{35} pa^{35}
小章	qa^{55} pja^{13}	qha^{55} qa^{55}	ki^{03} pei^{53}
养蒿	tu^{55} qaŋ^{33}	qhaŋ^{35} qa^{35}	qa^{33} pa^{33}
菜地湾	teŋ^{22} qan^{24}	ho^{33} qa^{33}	qa^{33} pɛ^{24}
尧告	qo^{53} tɕa^{35}	qhaŋ^{53} tso^{53} qo^{53}	pe^{13}(大)；ȵjo^{241}(小)
河坝	to^{55} qa^{13}	—	qa^{33} pæ^{44}；tju^{33} ŋaŋ^{21}
滚董	ʔa^{03} pɔ^{35} qa^{31}	ʔa^{03} tɕaŋ^{33} qa^{31}	pei^{35}；ʔa^{03} mei^{42} ȵju^{11}
毛坳	qhuŋ^{313} qa^{313}	qhuŋ^{313} qa^{313}	tə^{03} pe^{35}
七百弄	pi^{53} ke^{33}	kha^{53} kɔ^{53}	ʔa^{02} pi^{33}
西山	ko^{35} ken^{33}	ŋan^{31} ka^{33}	koŋ^{33} pei^{33}
瑶麓	khei^{13} kau^{13}	—	tɕei^{53} lo^{53}
巴那	pi^{55} kaŋ^{13}	khuŋ^{44} pi^{55} kaŋ^{13}	ka^{03} pai^{13}
优诺	khaŋ^{33} kɒ^{33}	khaŋ^{33} kɒ^{33} ʔo^{54}	kə^{03} pai^{44}
下水村	ka^{03} vu^{35}	ka^{03} vu^{35} tjɔ^{31}	ka^{55} pi^{22}
龙华	ka^{33} khuŋ^{53}	ŋjɒ^{55} mai^{55}	wei^{33} ka^{44}
龙定	ɡai^{53} khot^{55}	ɡai^{31} khot^{55}	tsham^{31} tsui^{31}
烟园	ka^{02} dai^{51} tʃhui^{51}	ka^{02} dai^{51} kwhat^{11}	teu^{51} tʃuːi^{33}
双龙	kɔ^{42} kwhat^{53}	kɔ^{42} kwhat^{53}	tsau^{24} pɛ^{24}
油岭	kai^{24} sin^{44} duŋ^{44}	kai^{24} sin^{44}	si^{53} ben^{24}

	脚	手	手指
石板寨	tə^{02} to^{24}	tə^{02} wei^{55}	tə^{02} nta^{55} wei^{55}
高寨	tə^{02} to^{35}	tə^{02} we^{55}	tə^{02} nta^{55} we^{55}
大南山	teu^{44}	te^{21}	nti^{55} te^{21}
高坡	tə^{42}	kɛ^{31}	qə^{02} nta^{13} kɛ^{31}
宗地	tə^{55}	ʂe^{11}	nti^{42}; tu^{32} ʂe^{11}
石门坎	tey^{33}	di^{33}	ʔa^{33} ntsɿ^{55} dhi^{11}
腊乙坪	qo^{35} ɬɔ^{35}	qo^{35} tɯ^{22}	pji^{44} nta^{44}
小章	ki^{03} ta^{13}	ki^{03} bu^{35}	ki^{03} da^{55} bu^{35}
养蒿	lɛ^{33}	pi^{11}	qa^{33} ta^{35} pi^{11}
菜地湾	lue^{24}	pɛ^{212}	ta^{33} pɛ^{212}
尧告	lɔ^{13}	pai^{241}	qa^{33} tei^{53} pai^{241}
河坝	qo^{11} to^{33}	poi^{21}	tei^{44} poi^{21}
滚董	ʔa^{03} ma^{35} lu^{35}	pu^{11}	qa^{03} taŋ^{35} wa^{11} pu^{11}
毛坳	haŋ^{35}	pu^{11}	ɲe^{35} pu^{11}
七百弄	pho^{33} tu^{42}	pe^{231}	toŋ^{33} pe^{231}
西山	ʔɭau^{33}	phe^{44}	to^{35} phe^{44}
瑶麓	to^{44}	pa^{53}	tuŋ^{53} pa^{53}
巴那	la^{04} tu^{35}	la^{04} kwa^{31}	ton^{13} da^{44}
优诺	teu^{54}	thau^{32}	thau^{32} teu^{33}
下水村	tɔ^{33}	kwha^{53}	kwha^{53} te^{55} taŋ^{22}
龙华	ɬai^{44}	tʃa^{31}	tʃa^{31} nei^{44}
龙定	tsau^{24}	po^{231}	po^{231} du^{55}
烟园	tau^{55}	ʔpu^{31}	pa^{02} do^{35}
双龙	tsau^{24}	pau^{42}	p au^{42} do^{53}
油岭	tau^{24}	pu^{44}	pu^{44} tau^{24}

	指甲	拳	皮肤
石板寨	tə^{02} ku^{24} wei^{55}	ʔa^{02} ntso^{24} wei^{55}	ʔa^{02} to^{55}
高寨	tə^{02} ku^{35} we^{55}	ʔə^{02} qu^{55} we^{55}	qo^{05} to^{55}
大南山	ʈou^{44} te^{21}	ɳʈi^{13}	teu^{44}
高坡	ko^{42} kɛ^{31}	tə^{42} tɬã^{55}	qə^{02} tə^{13}
宗地	ʈɔ^{44} ʂe^{11}	hæ^{55} ɬoŋ^{53}	tə^{42}
石门坎	ki^{33} ʈau^{33} di^{33}	ʔa^{33} tshy^{33}	pi^{33} tey^{33}
腊乙坪	pɔ^{53} ʈei^{53}	qo^{35} qwe^{31}	qo^{35} cɔ^{53}
小章	ki^{03} khu^{53} bu^{35}	ki^{03} qəɯ^{55}	ki^{03} tɕo^{33}
养蒿	ken^{44} pi^{11}	po^{35} lju^{11}	qa^{33} tu^{35}
菜地湾	keŋ^{44} pɛ^{212}	tɕuan^{22} teu^{22}	to^{33}
尧告	keŋ^{44} pai^{241}	tɬaŋ^{22}	ljɔ^{44}
河坝	quŋ^{33} poi^{21}	pa^{44} tɕhuẽ^{55}	qa^{33} djɔ^{44}
滚董	qa^{03} wei^{55} pu^{11}	pa^{35} qa^{03} pu^{11}	qa^{03} lju^{55}
毛坳	qhau^{35} ŋkwi^{55}	pu^{11} qo^{313}	qhau^{35}
七百弄	kwa^{42} pe^{231}	ʔa^{02} tɕe^{13}	ʔa^{02} tɬə^{42}
西山	ŋwa^{13} phe^{44}	ka^{33} tɕin^{42}	tɕəu^{13} ka^{42}
瑶麓	ku^{44} pa^{53}	pou^{33} pa^{53}	kji^{33}
巴那	ko^{35} da^{44}	ka^{03} tɕuŋ^{44}	tɬjeu^{35} ʑe^{22}
优诺	thau^{32} kho^{54}	kwei^{13} to^{13}	ku^{54}
下水村	kwha^{53} te^{55} ki^{35}	pa^{35} ka^{55}	khu^{22}
龙华	tʃa^{31} tʃɒi^{35}	tʃa^{31} kjun^{33}	kju^{35}
龙定	po^{231} du^{55} ʑwai^{24}	po^{231} tɕun^{31}	dop^{55}
烟园	pa^{02} do^{35} vai^{55}	ʑin^{33} da:u^{33}	dop^{51}
双龙	gli^{24}	tjun^{31} tau^{31}	dit^{53}
油岭	pu^{44} ɬui^{42}	—	dip^{44}

	筋	脑髓	骨头
石板寨	tə^{02} sy^{55}	nau^{55} suei^{55}	ʔa^{02} tshuŋ^{55}
高　寨	tə^{02} su^{55}	ʔə^{02} ɬu^{31} ʈa^{31}	qo^{05} tshoŋ^{55}
大南山	ʂou^{55}	ɬu^{43} hou^{44}	tshaŋ^{44}
高　坡	shã^{13} li^{22}	ɬə^{24}	qə^{02} shã^{13}
宗　地	tɕaŋ^{53} sɔ^{232}	ɬəu^{22}	saŋ^{232}
石门坎	ʂey^{55}	ʔa^{55} ɬy^{55}	ʔa^{33} tshaɯ^{33}
腊乙坪	tɕi^{44} ɕi^{44}	ɬe^{35} pʐei^{44}	qo^{35} soŋ^{44}
小　章	sɿ^{55} sɿ^{55}	nau^{13} suei^{13}	ki^{55} saŋ^{55}
养　蒿	ɕhi^{35} lji^{13}	qa^{33} ɬhɛ^{33} qho^{33}	po^{35} shoŋ^{35}
菜地湾	tɕin^{24}	nje^{24} ho^{33}	suŋ^{33}
尧　告	ɕɔ^{53}	ɬɔ^{13}	sam^{53}
河　坝	teu^{33} lje^{22}	pɔ^{11} lua^{44}	shuŋ^{13}
滚　董	qa^{03} si^{31}	qa^{03} ɬɔ^{35} ti^{31}	qa^{03} soŋ^{31}
毛　坳	heu^{35} ɕi^{313}	ɬau^{35} tsi^{313}	qa^{03} suŋ^{313}
七百弄	ʂa^{53}	ʔa^{02} ɬə^{33} ʈa^{53}	ʔa^{02} səŋ^{53}
西　山	ȵin^{42}	ʔok^{35}	son^{35}
瑶　麓	lju^{42}	ɬo^{33}	saŋ^{13}
巴　那	tɕiŋ^{13}	lje^{13}	tɬhuŋ^{44} tɬhuŋ^{44}
优　诺	kiŋ^{44}	ɬui^{44}	thaŋ^{33}
下水村	su^{35} si^{55}	kaŋ^{35} khu^{33} lɔk^{35}	suŋ^{55} kɔ^{55}
龙　华	tʃin^{44}	ŋkau^{53} ɬau^{44} ʔɔŋ^{44}	θəŋ^{53}
龙　定	tɕaːn^{33}	mu^{31} ɡoːŋ^{53} tsuŋ^{33}	buŋ^{53}
烟　园	ʃaːn^{35}	toŋ^{51} lau^{11}	toŋ^{51}
双　龙	tjɔn^{33}	nɔŋ^{42} tɕɔ^{33}	suə^{35}
油　岭	tsan^{44}	pe^{24} ko^{44} ham^{44}	hiŋ^{24}

	牙齿	舌	喉咙
石板寨	tə^{02} mi^{55}	ʔa^{02} mble^{33}	ʔa^{02} ɗen^{24}
高寨	tə^{02} m̥en^{55}	ʔə^{02} mblæ^{31}	zu^{55} ɓu^{31}pen^{55}
大南山	n̥a^{55}	mplai^{24}	qaŋ^{44}
高坡	m̥ɛ^{13}	qə^{02} mple^{55}	qə^{02} qã^{13}
宗地	mi^{232}	mple^{21}	ȶaŋ^{53} hu^{22}
石门坎	ȵ̊e^{55}	ʔa^{55}ndlhai^{11}	ʔa^{33}qɯ^{33}
腊乙坪	qo^{35} ɕɛ^{44}	qo^{35} mja^{22}	ȶɯ^{42} ŋɯ^{31}
小章	ki^{03} sai^{55}	ki^{03} mja^{35}	qha^{33} qaŋ^{55}
养蒿	m̥i^{35}	qa^{33} ni^{31}	qoŋ^{35} ku^{13}
菜地湾	mi^{33}	qa^{33} nja^{13}	ŋo^{53} heu^{22}
尧告	kwe^{44}	ȵa^{24}	qa^{33} njaŋ^{22}qam^{53}
河坝	me^{13}	qa^{33} mje^{53}	qɔ^{11} qɔ^{22}
滚董	ȵ̊i^{31}	nei^{42}	hai^{33} loŋ^{33}
毛坳	m̥iŋ^{313}	nthei^{31}	hei^{33} lɯŋ^{33}
七百弄	ʔa^{02} m̥i^{53}	ʔa^{02} mpla^{21}	kjau^{31} kjau^{53}
西山	mi^{35}	ko^{35} tɕa^{22}	ka^{33} kwaŋ^{35}
瑶麓	m̥e^{13}	ŋkjei^{42}	ljaŋ^{44}ku^{53}
巴那	muŋ^{44}	la^{04} dli^{53}	ka^{03} tɬaŋ^{13}
优诺	ȶen^{33}	kə^{03} mɿ^{21}	kə^{03} kaŋ^{33} keu^{21}
下水村	mun^{55}	pi^{35}	ka^{03} khɔ^{31}
龙华	m̥ai^{53}	mpli^{12}	kəŋ^{53} khuŋ^{53}
龙定	ȵa^{31}	bjet^{12}	kaːŋ^{33} hu^{31}
烟园	ȵa^{33}	bjat^{42}	doŋ^{51} ho^{33}
双龙	ŋa^{31}	blit^{21}	klaŋ^{33} xau^{31}
油岭	ȵa^{53}	bet^{22}	koŋ^{44} kan^{44}

	肺	心脏	肝
石板寨	fei^{24}	mu^{31} ʂɛ^{31}	mu^{31} ʂɛ^{31}
高寨	tə^{02} mby^{35}	tə^{02} plau^{55}	tə^{02} mbu^{31} sen^{31}
大南山	ntʂu^{33}	pleu^{55}	ʂa^{43}
高坡	mplɯ^{42}	plə^{13}	ʂẽ^{24}
宗地	mpʐəu^{55}	plə^{42}	ʐæ^{22}
石门坎	mby^{33}	ʔa^{55} sie^{55} ʔa^{33} mby^{33}	ʔa^{55} sie^{55}
腊乙坪	mʐə^{53}	qo^{35} mɔŋ^{31}	ʂɛ^{35}
小章	mja^{33}	thəɯ^{33} sen^{53}	ɕe^{53}
养蒿	fhu^{35} zɛ^{13} pho^{33}	dju^{35}	fhu^{35} zɛ^{13} tɕoŋ^{44}
菜地湾	heu^{35} njy^{53} pau^{22}	ɕin^{24} teu^{22}	heu^{35} njy^{53}
尧告	fei^{13}	pam^{44}	xa^{13}
河坝	mja^{22} hu^{44}	pjo^{13}	mja^{22} tɕuŋ^{33}
滚董	ʔa^{03} phɔ^{55}	ʔa^{03} noŋ^{35}	tɕi^{33}
毛坳	qai^{35} mpjau^{55}	nuŋ^{35}	qai^{35} heŋ^{35}
七百弄	ʔa^{02} θo^{53}	plo^{53}	ʔa^{02} mpjə^{22}
西山	ȵon^{35} ven^{13}	tɕoŋ^{33} sin^{33}	ko^{22} xi^{33}
瑶麓	mpji^{31}	ntjaŋ^{33} ŋ̥uŋ^{13}	tɕi^{33}
巴那	la^{04} mau^{55}	saŋ^{13} tau^{313}	ɕi^{13}
优诺	phau^{54}	fo^{33} san^{44}	san^{44}
下水村	fun^{22}	san^{22}	fun^{22} phui^{55}
龙华	mphei^{53}	pə^{31} ʃaŋ^{44}	ŋkhen^{44}
龙定	phom^{33}	bat^{12} dziu^{33}; ȵ̥ou^{53}	ɬan^{33}
烟园	khlo:m^{33}	tim^{35} ʔta:u^{33}	sjan^{11}
双龙	bun^{24}	ɕɛn^{33}	ɬan^{33}
油岭	fi^{24}	biŋ^{53}	hoŋ^{22}

	胃	胆	血
石板寨	qo^{05} wei^{24}	khu^{55} tɛ^{55}	tə^{02} ntshen^{55}
高　寨	ʔə^{02}to^{31}qa^{55}	tə^{02} tse^{31}	tə^{02} ntshen^{55}
大南山	plaŋ^{43}	tʂi^{43}	ntʂhaŋ^{55}
高　坡	qə^{02} plõ^{24}	sĩ^{24}	nshõ^{13}
宗　地	noŋ^{32}tɕɔ^{22}	sei^{32}	ntsua^{232}
石门坎	ʔa^{55} tɬaɯ^{55}	tʂʅ^{55}	ɳʈʂhaɯ^{55}
腊乙坪	qo^{35} tɕhi^{35}	qo^{35} tɕi^{35}	ȵtɕhi^{44}
小　章	ki^{03} thi^{53}	khu^{55} tan^{13}	tshi^{55}
养　蒿	qa^{33} tɕhu^{33}	ɕin^{33}	ɕhaŋ^{35}
菜地湾	teu^{33}	tsi^{13}	ɕan^{33}
尧　告	tɵu^{241}	tsei^{13}	sam^{53}
河　坝	qa^{33} tɕhɔ^{44}	ɕi^{44}	ɕhẽ^{13}
滚　董	ʔa^{03} tɕhi^{35}qa^{31}	ʔa^{03} tɕei^{35}	ȵ̥ei^{31}
毛　坳	la^{03} ɕi^{35}	la^{03} ʑiŋ^{35}	ȵtɕhe^{313}
七百弄	ʔa^{02} pau^{42} vi^{53}	tɕi^{33}	ntshəŋ^{53}
西　山	vei^{13}	ko^{22}ʔpi^{33}	səŋ^{35}
瑶　麓	kau^{13} lo^{53}	tsi^{33}	ntshan^{13}
巴　那	la^{04} tɕho^{13}	la^{04} tɕi^{13}	biŋ^{44}
优　诺	tjho^{44}	tsi^{44}	tshun^{33}
下水村	pa^{35} the^{22}	tsi^{22}	si^{55}
龙　华	the^{44}	təu^{55}	θi^{53}
龙　定	bo^{12}	ta:m^{53}	dzja:m^{53}
烟　园	ti^{11}	ʔta:m^{51}	ʃa:m^{51}
双　龙	tɕin^{42}	tan^{35}	san^{35}
油　岭	biŋ^{53}; kai^{24}sei^{44}	teu^{44}	ʑam^{24}

	奶汁	屎	肠子
石板寨	ka^{33} ȵi^{55}	qo^{05} qa^{55}	ʔa^{02} ȵi^{55}
高　寨	ʔə^{02} ne^{55}	ʔə^{02} qa^{55}	tə^{02} ȵ̥in^{55}
大南山	kua^{44} mi^{21}	qua^{55}	ȵ̥o^{55}
高　坡	si^{31}	qu^{13}	qə^{02} ȵ̥ə̃^{13}
宗　地	wo^{44}	ha^{42}	ȵoŋ^{232}
石门坎	ka^{33} mi^{33}	qa^{55}	ʔa^{33} ȵ̥u^{55}
腊乙坪	ʔu^{35} ma^{35}	qa^{44}	qo^{35} ɕe^{44}
小　章	nai^{35} nai^{35}	qa^{55}	tɕhi^{55}
养　蒿	ʔə^{33} və^{11}	qa^{35}	qa^{35} qo^{31}
菜地湾	ʔeu^{24} me^{35}	qa^{33}	qa^{33} tsaŋ^{53}
尧　告	ŋ^{35} va^{31}	qo^{53}	qo^{53} vi^{241}
河　坝	ʔeu^{44} ne^{33}	qa^{13}	qa^{13} puŋ^{13}
滚　董	ʔaŋ^{35} mei^{35}	qa^{31}	ŋ̊ŋ^{31}
毛　坳	——	qa^{313}	heu^{35} ŋ̊ŋ^{313}
七百弄	ʔau^{33} kəŋ^{42}	kɔ^{53}	ʔa^{02} ȵ̥oŋ^{53}
西　山	ʔaŋ^{33} ni^{22}	ko^{35}	ko^{35} paŋ^{13}
瑶　麓	——	kau^{13}	kau^{13}
巴　那	me^{35}	ka^{44}	tɕhon^{313} tsai^{04}
优　诺	meu^{32}	ko^{33}	ŋ̊ŋ^{33} teu^{44}
下水村	juŋ^{55}	ka^{55}	jɔ^{55}
龙　华	niŋ^{11} ʔɒŋ^{44}	ka^{53}	ŋ̊jo^{53}
龙　定	ȵo^{31} wo:m^{33}	gai^{53}	ka:ŋ^{31}
烟　园	no^{42}	dai^{51}	kla:ŋ^{33}
双　龙	—	kai^{35}	klaŋ^{31}
油　岭	nen^{24}	kai^{24}	tɕaŋ^{53}

	尿	汗	口水
石板寨	qo05 yɛ55	ʔa02 ȵdʑe31 len24	nthɛ24 ȵdʑu31
高寨	ʔə02 yæ55	ʔə02 ɬen31 ȵin35	ʔə02 ȵdʑu31
大南山	ʐi21	fu33	qo43 ȵtɕou31
高坡	ʐa31	qə02 phə̃24	qə02 ma31
宗地	ʐɿ11	po32	ȵtɕo22
石门坎	vɯ33	ŋghaɯ35 ɖaɯ33	ʔau55 ȵdʑɦau35
腊乙坪	ʐa22	ʔu35 ɬei53	ʔu35 ȵɔ31
小章	ʑa55	ʔu53 ɬai33	ʔu53 ȵuŋ31
养蒿	va11	n̥jaŋ53	ʔə33 nju55
菜地湾	njeu35	njaŋ35	ʔeu24 njeŋ22
尧告	vi241	ʔu13 ȵ̥aŋ35	ʔu13 ȵa31
河坝	ʔeu44 ɣa21	ʔeu44 khi44 tæ̃33	ʔeu44 njɔ55
滚董	ʔaŋ35 wi11	ʔaŋ35 nai55	tju53 ʔaŋ35 ȵu33
毛坳	ʔaŋ35 we11	ʔaŋ35 ntei55	ʔaŋ35 ȵtɕu33
七百弄	ɣo231	ʔa02 ɣaŋ22	ʔa02 ȵtɕə13
西山	via44	ʔaŋ33 xan22	ko35 tɕəu42
瑶麓	ʑa53	ntan44	ɬja13 ȵtɕi55
巴那	va31	njeu55	ʔŋ13 dljeu313
优诺	va32	kjhaŋ55	ʔŋ44 mi32
下水村	ji53	ʔɔŋ22 juŋ35	ʔɔŋ22 pi22
龙华	ŋkwei31	wən53	mpjau11 ʔɔŋ44
龙定	wje231	haːn21	ʔuoːm33 dzui31
烟园	va31	haːn42	tʃan33 ʔuoːm35
双龙	lɔ42	xɔn42	ʔən33 dzui24
油岭	vja44	hon22	—

	鼻涕	眼泪	脓
石板寨	ʔa^{02} mbju^{24} ɬəu^{31}	ȵdʑe^{31} ma^{24}	ʔa^{02} vu^{24}
高寨	ʔə^{02} tɕi^{31} mby^{35}	tɕi^{31} ma^{35}	ʔə^{02} vu^{35} tshe^{31}
大南山	ntʂu^{13}	kua^{44} mua^{13}	pou^{13}
高坡	qə^{02} mplə^{22}	qa^{13} mə̃^{22}	po^{22}
宗地	mpʐu^{13}	ka^{42} moŋ^{13}	po^{13}
石门坎	ʔa^{55} mby^{53} ɳɑɯ^{33}	ka^{33} ma^{31}	bau^{53}
腊乙坪	qa^{44} mʐə^{42}	ʔu^{35} qe^{35}	pɔ^{42}
小章	qa^{55} mja^{13}	ʔu^{53} mi^{13}	bo^{13}
养蒿	qa^{35} zɛ^{13}	ʔə^{33} mɛ^{13}	pu^{13}
菜地湾	qa^{33} njy^{53}	ʔeu^{24} mi^{53}	po^{53}
尧告	ʔu^{13} ȵo^{22}	ʔu^{13} mo^{22}	peŋ^{22}
河坝	qa^{13} mja^{22}	ʔeu^{44} me^{22}	pɔ^{22}
滚董	ʔa^{03} njɔ^{44}	ʔaŋ^{35} mei^{44}	ʔaŋ^{35} pei^{44}
毛坳	qa^{03} mpjau^{31}	ʔaŋ^{35} me^{31}	pi^{31}
七百弄	ʔa^{02} mpjə^{22}	ʔau^{33} məŋ^{22}	ʔa^{02} pa^{22}
西山	ko^{35} pju^{22}	ʔaŋ^{33} məŋ^{22}	ko^{35} pha^{22}
瑶麓	lau^{53} mpji^{31}	ki^{13} maŋ^{31}	ma^{31}
巴那	ka^{44} bei^{22}	ʔŋ^{13} ke^{313}	pu^{22}
优诺	khə^{33} mui^{32} ʔŋ^{44}	ki^{55} mo^{32} ʔŋ^{44}	pu^{32}
下水村	huŋ^{55} pju^{53} ka^{55}	ka^{03} khɔ^{55} ʔɔŋ^{22}	phu^{53}
龙华	mpjau^{11} ka^{53} n̥in^{44}	mɒ^{11} ʔɒŋ^{44}	pai^{11}
龙定	but^{12}	ʔuo:m^{33} mui^{21}	noŋ^{21}
烟园	blət^{42}	ŋu:i^{42} ʔuo:m^{35}	no:ŋ^{42}
双龙	blit^{21}	ʔən^{33} mi^{42}	nɔŋ^{42}
油岭	bit^{22}	mai^{53} m^{24}	nuŋ^{22}

	牛	水牛	黄牛
石板寨	qo^{05} ʑu^{55}	qo^{05} ȵi^{31}	qo^{05} ʑu^{55}
高寨	tə^{02} ʑu^{55}	tə^{02} ȵin^{31}	tə^{02} ʑu^{55}
大南山	ȵo^{31}	tu^{13}	ȵo^{31}
高坡	ŋə̃^{55} ʑə^{31}	ŋə̃^{55}	ʑə^{31} lẽ^{24}
宗地	ŋu^{53}	tɯ^{21}	ŋu^{53} læn^{32}
石门坎	ȵhu^{35}	ȵhu^{35} ʔa^{11}dhy^{11}	ȵhu^{35} vhaɯ^{35}
腊乙坪	ta^{35} ʑu^{22}	ta^{35} ȵe^{31}	ta^{35} ʑu^{22}
小章	ȵ^{31}	ȵu^{53}(ȵ^{31} ʔu^{53})	ȵ^{31} dei^{31}
养蒿	ȵjin^{55}/ljo^{35}	ȵjin^{55}	ljo^{35}
菜地湾	ljou^{33}	ȵjin^{22}	ljou^{33}
尧告	sia^{31}	ȵi^{31}	sia^{31} kwan^{31}
河坝	ni^{55}	ni^{55}	ljɔ^{13}
滚董	ŋ^{33}	ŋ^{33} ʔaŋ^{35}	ŋ^{33} kwai^{33}
毛坳	ŋ^{33}	ŋ^{33} ʔaŋ^{35}	ŋ^{33} kwe^{33}
七百弄	vɔ^{231}	ȵoŋ^{13}	vɔ^{231}
西山	vo^{44}	ȵoŋ^{42}	vo^{44} xen^{35}
瑶麓	tɕhou^{13}	ȵin^{55}	ʑou^{53}
巴那	ŋ^{313}	ŋ^{313} ɕi^{44}	ŋ^{313} kuŋ^{313}
优诺	ŋu^{13}	ŋu^{13} sui^{55}	kwan^{13} ŋu^{13}
下水村	jɔ^{31}	ʔɔŋ^{22} jɔ^{31}	sa^{55} jɔ^{31}
龙华	ŋjo^{33}	ŋjo^{33} wi^{35}	ŋjo^{33} kwen^{33}
龙定	ŋuŋ^{31}	sui^{53} ŋuŋ^{31}	ŋuŋ^{31} wjaŋ^{31}
烟园	ŋo:ŋ^{33}	ŋo:ŋ^{33} bu^{35}	ta:n^{33} ŋo:ŋ^{33}
双龙	ȵuŋ^{31}	sui^{35} ȵuŋ^{31}	wa^{42} ȵuŋ^{31}
油岭	ɗŋ^{53}	tam^{53} bja^{24}	vjaŋ^{53} ɗŋ^{53}

	母牛	公牛	牛犊
石板寨	tə^{02} men^{24} ʑu^{55}	tə^{02} pa^{55} ʑu^{55}	qo^{05} taŋ^{31} ʑu^{55}
高寨	tə^{02} men^{35} ʑu^{55}	tə^{02} pa^{55} ʑu^{55}	tə^{02} taŋ^{31} ʑu^{55}
大南山	na^{31} ȵo^{31}	pu^{31} ȵo^{31}	ȵua^{13} ȵo^{31}
高坡	qə^{02} mɛ^{55} ŋə̃^{55}	pa^{13} lã^{31}	——
宗地	mi^{21} ŋu^{53}	pi^{42} ŋu^{53}	toŋ^{32} mʐe^{55}
石门坎	ʔa^{55} ȵe^{53} ȵhu^{35}	li^{33} bhy^{35} ȵhu^{35}	li^{33} qu^{55} ȵhu^{35}
腊乙坪	ȵe^{44} ʑu^{22}	pa^{44} ʑu^{22}	te^{35} mjɛ^{44} ʑu^{22}
小章	nai^{35} ȵ^{31}	pa^{55} ȵ^{31}	tei^{53} ȵ^{31}
养蒿	mi^{31} njin^{55}; mi^{31} ljo^{35}	pa^{35} njin^{55}; pa^{35} ljo^{35}	qa^{33} tɛ^{33} njin^{55}/ljo^{35}
菜地湾	me^{13} ljou^{33}	pa^{33} ljou^{33}	——
尧告	ma^{24} sia^{31}	qɔ^{44} sia^{31}	ŋɔ^{35} sia^{31}
河坝	me^{53} ni^{55}	pa^{13} ni^{55}	tei^{44} ni^{55}
滚董	me^{42} ŋ^{33}	qa^{35} ŋ^{33}	taŋ^{35} ŋ^{33}
毛坳	mai^{53} ŋ^{33}	qa^{35} ŋ^{33}	ŋe^{35} ŋ^{33}
七百弄	mi^{21} vɔ^{231}	po^{53} vɔ^{231}	toŋ^{33} vɔ^{231}
西山	mei^{22} vo^{44}	vo^{44} thak^{44}	vo^{44} ʔe^{33}; ȵoŋ^{42} ʔe^{33}
瑶麓	mai^{42} ʑou^{53}/ȵin^{51}	kjai^{53}; ŋo^{53}	toŋ^{33} tɕhou^{13}
巴那	mi^{55} ŋ^{313}	pa^{44} ɕa^{13}	ton^{13} ŋ^{313}
优诺	ma^{55} ŋu^{13}	pa^{33} so^{44}	ŋu^{13} teu^{44}
下水村	mje^{33} jɔ^{31}	pe^{55} jɔ^{31}	jɔ^{31} taŋ^{22}
龙华	ŋjo^{33} mai^{55}	ŋjo^{33} kei^{55}	ŋjo^{33} nei^{44}
龙定	ŋuŋ^{31} ȵei^{231}	ŋuŋ^{31} kau^{53}	ŋuŋ^{31} to:n^{33}
烟园	ŋo:ŋ^{33} ȵei^{31}	ŋo:ŋ^{33} kou^{51}	ŋo:ŋ^{33} kji:n^{35}
双龙	ȵuŋ^{31} ȵi^{42}	ȵuŋ^{31} kɔŋ^{33}	ȵuŋ^{31} tɔn^{33}
油岭	ŋ̊ŋ^{53} pja^{53}	ŋ̊ŋ^{53} kuŋ^{44}	ŋ̊ŋ^{53} dan^{44}

	(牛)角	蹄	皮
石板寨	tə^{02} kaŋ^{31}	tə^{02} ku^{24}	ʔa^{02} to^{55}
高　寨	tə^{02} kaŋ^{31}	tə^{02} ŋqhɛ^{31}	qo^{05} to^{55}
大南山	ko^{43}	ʈou^{44}	teu^{55} ɳo^{31}
高　坡	kã^{24}	ko^{42} ʑə^{31}	qə^{02} tə^{13}
宗　地	koŋ^{32} ŋu^{53}	tɔ^{44}	tə^{42}
石门坎	ku^{55} ɳhu^{35}	ɳhu^{35} ki^{33} ʈau^{33}	pi^{33} tey^{33} ɳhu^{35}
腊乙坪	qo^{35} ɕe^{35}	qo^{35} ʈa^{53}	tə^{44} ʑu^{22}
小　章	ki^{03} ki^{53} ɳ^{31}	ɳ^{31} ki^{03} kho^{53} ta^{33}	ki^{03} tɕo^{33} ɳ^{31}
养　蒿	ki^{33}	tɕhin^{44}	tu^{35}
菜地湾	ki^{24}	keŋ^{44} ljou^{33}	to^{33}
尧　告	ko^{13}	lɔ^{13} sia^{31}	ljɔ^{44} sia^{31}
河　坝	ki^{44}	pɔ^{55} tɕhɔ^{33} ni^{55}	ȡjɔ^{33}
滚　董	qaŋ^{35} ŋ^{33}	po^{33} lu^{35}	qa^{03} lju^{55}
毛　坳	qaŋ^{35} ŋ^{33}	la^{03} tsau^{35} ŋ^{33}	qhau^{35} ŋ^{33}
七百弄	kjoŋ^{33} vɔ^{231}	ʔa^{02} tɕhe^{42} vɔ^{231}	ʔa^{02} to^{53}
西　山	koŋ^{33} vo^{44}	li^{42} vɔ^{44}	naŋ^{33}
瑶　麓	tɕhou^{13} kuŋ^{33}	tɕhou^{13} to^{44}	tɕhou^{13} kji^{44}
巴　那	kjon^{13} ŋ^{313}	tu^{35} ŋ^{313}	tjeu^{35} ŋ^{313}
优　诺	ŋu^{13} ku^{44}	ŋu^{13} te^{13}	ŋu^{13} ku^{54}
下水村	jɔ^{31} kjaŋ^{22}	jɔ^{31} kha^{31}	jɔ^{31} khu^{33}
龙　华	ŋjo^{33} kjaŋ^{44}	ŋjo^{33} ȡai^{44}	ŋjo^{33} kju^{35}
龙　定	ŋuŋ^{31} ko:ŋ^{33}	ŋuŋ^{31} tei^{31}	ŋuŋ^{31} dop^{55}
烟　园	kjo:ŋ^{35}	ʔtei^{33}	dop^{55}
双　龙	klɔ^{33}	ɳuŋ^{31} tei^{31}	ɳuŋ^{31} dit^{53}
油　岭	ko^{44}	di^{42}	ŋŋ^{53} dip^{44}

	毛	尾巴	马
石板寨	tə^{02} pləu^{31}	ʔa^{02} ty^{55}	qo^{05} ma^{55}
高寨	tə^{02} pləu^{31}	tə^{02} tu^{55}	ma^{55}
大南山	plou^{43}	ko^{44} tu^{55}	nen^{21}
高坡	plo^{24}	qə^{02} tɯ^{13}	mĩ^{31}
宗地	plɔ^{32}	təu^{42}	men^{11}
石门坎	tɬau^{55}	ʔa^{55} ndzhaɯ^{11}	nɯ^{33}
腊乙坪	qo^{35} pji^{35}	pji^{44} tə^{44}	ta^{35} me^{22}
小章	ɬei^{53}	ti^{03} ta^{55}	mi^{55}
养蒿	qa^{33} ɬju^{33}	qa^{33} tɛ^{35}	ma^{11}
菜地湾	ɬjo^{24}	qa^{33} tue^{33}	ma^{212}
尧告	tɬjɔ^{13}	tɔ^{53}	mi^{241}
河坝	pjɔ^{44}	qa^{33} tua^{13}	ma^{21}
滚董	ti^{35}	tai^{31}	mei^{11}
毛坳	pi^{35}	tei^{313}	me^{11}
七百弄	pla^{33}	ʔa^{02} tə^{53}	mɔ^{231}
西山	tɕa^{33}	ko^{35} təu^{35}	mo^{44}
瑶麓	kjo^{33}	to^{13}	mu^{53}
巴那	pjo^{13} pjo^{13}	la^{04} tje^{44}	ma^{53}
优诺	pja^{44}	kə^{03} te^{33}	mo^{32}
下水村	pi^{22}	ka^{03} tɔ^{55}	me^{53}
龙华	ple^{44}	ɣau^{53}	me^{31}
龙定	pei^{33}	tui^{53}	ma^{231}
烟园	pjei^{35}	ʔɬei^{51}	ma^{31}
双龙	pli^{33}	kɔ^{42} dɔi^{35}	ma^{42}
油岭	pe^{44}	dui^{24}	ma^{44}

	羊	猪	狗
石板寨	qo^{05} ʑuŋ^{31}	qo^{05} mpzi^{24}	qo^{05} qlei^{55}
高　寨	ʔə^{02} ʑoŋ^{31}	mpi^{35}	ʔə^{02} qlei^{55}
大南山	ʑaŋ^{31}	mpua^{44}	tɬe^{55}
高　坡	ʑã^{55}	mpa^{42}	tɬɛ^{13}
宗　地	sei^{13}	mpa^{55}	ɬæ^{42}
石门坎	ʑaɯ^{35}	mpa^{33}	tɬi^{55}
腊乙坪	ta^{35}ʑoŋ^{31}	ta^{35}mpa^{53}	ta^{35}qwɯ^{44}
小　章	ʑaŋ^{31}	bei^{13}	qo^{55}
养　蒿	lji^{35}	pa^{44}	ɬa^{35}
菜地湾	lje^{33}	pɛ^{44}	sɛ^{33}
尧　告	lji^{53}	pe^{44}	tɬai^{53}
河　坝	ʑuŋ^{55}	pæ^{33}	ɬue^{13}
滚　董	hi^{35} hi^{35}	mei^{55}	qa^{03} ljaŋ^{42}
毛　坳	ʑuŋ^{11}	mpe^{55}	ljaŋ^{53}
七百弄	ʑəŋ^{13}	mpi^{42}	tɬe^{53}
西　山	ʑuəŋ^{42}	pei^{13}	tɕe^{35}
瑶　麓	lje^{55} lje^{31}	mpai^{44}	kja^{13}
巴　那	ʑon^{313}	bai^{35}	tɬa^{44}
优　诺	jaŋ^{13}	mai^{54}	kau^{33}
下水村	jɔŋ^{31}	pi^{33}	kja^{55}
龙　华	jaŋ^{33}	mpai^{35}	kla^{53}
龙　定	ʑuŋ^{31}	tuŋ^{231}	ku^{53}
烟　园	zuːŋ^{33}	ʔtoːŋ^{31}	klu^{51}
双　龙	ʑuə^{31}	tuə^{42}	klu^{35}
油　岭	ʑiŋ^{53}	tiŋ^{44}	ku^{24}

	猫	兔子	鸡
石板寨	ʔa^{02} ȵo^{33}	ʔa^{02} ʔla^{55}	qo^{05} qε^{31}
高寨	ʔə^{02} ȵo^{55}	ʔə^{02} ʔla^{55}	ʔə^{02} qe^{31}
大南山	tʂhu^{33}	lua^{55}	qai^{43}
高坡	qə^{02} nõ^{24}	lu^{13}	qe^{24}
宗地	mɔ^{44}	la^{42}	he^{32}
石门坎	ʔa^{55} tʂhu^{11}	la^{55}	qai^{55}
腊乙坪	ta^{35} maŋ^{35}	ta^{35} la^{44}	ta^{35} qa^{35}
小章	ta^{03} mjau^{13}	thəɯ^{31} tsɿ^{33}	qa^{53}
养蒿	pε^{31}; mo^{33}	lo^{53}	qei^{33}
菜地湾	mau^{35}	theu^{35} tsɿ^{33}	qa^{24}
尧告	miau^{13}	tjan^{13}	qa^{13}
河坝	pe^{21}	la^{11}	qæ^{44}
滚董	qa^{03} mɔ^{35}	thu^{55}	qe^{35}
毛坳	mpau^{35}	thu^{55}	qai^{35}
七百弄	mjɔ^{21}	ʔa^{02} tu^{13}	ka^{33}
西山	mieu^{22}	tu^{13}	ka^{33}
瑶麓	mjau^{53}	thu^{55}	ka^{33}
巴那	ȵau^{44}	thu^{55} tsɿ^{03}	ke^{13}
优诺	mjo^{44} ku^{44}	thu^{55} teu^{44}	ke^{44}
下水村	ta^{03} mɔ^{35}	thu^{53} taŋ^{22}	kue^{22}
龙华	mjau^{53}	tu^{35}	kai^{44}
龙定	pə^{31} lom^{31}	thəu^{24}	tɕai^{33}
烟园	maːu^{33}	thu^{31}	tʃai^{35}
双龙	ma^{42} ȵu^{35}	thəu^{53} tsaŋ^{35}	tɕi^{33}
油岭	meu^{53}	tu^{22} te^{42}	kui^{44}

	公鸡	母鸡	鸡冠
石板寨	tə^{02} lo^{55} qɛ^{31}	tə^{02} men^{24} qɛ^{31}	tə^{02} ʔwɛ^{33} qɛ^{31}
高寨	tə^{02} lo^{55} qe^{31}	tə^{02} mei^{35} qe^{31}	tə^{02} ʔwæ^{31}
大南山	lou^{44} qai^{43}	po^{31} qai^{43}	qai^{43} ʔi^{43}
高坡	lu^{13} qu^{42} qe^{24}	qə^{02} mɛ^{55} qe^{24}	vi^{24} qe^{24}
宗地	lu^{42} he^{32}	mi^{21} he^{32}	ʔei^{32} he^{32}
石门坎	ʔa^{33} lau^{33} qai^{55}	ʔa^{55} ȵe^{55} qai^{55}	qai^{55} zɦa^{11}
腊乙坪	pa^{44} qo^{53} qa^{35}	ne^{44} qa^{35}	kwɛ^{44} ɳʈa^{35} qa^{35}
小章	pa^{55} qo^{35} qa^{53}	nai^{35} qa^{53}	kwan^{53} tsa^{53}
养蒿	pa^{35} qei^{33}	mi^{31} qei^{33}	ŋ̊ji^{33} qei^{33}
菜地湾	pa^{33} qa^{24}	me^{13} qa^{24}	nje^{24} qa^{24}
尧告	pi^{53} qa^{13}	ma^{24} qa^{13}	qa^{13} ɣe^{22}
河坝	pa^{13} qæ^{44}	me^{53} qæ^{44}	ve^{44} qæ^{44}
滚董	pa^{42} qe^{35}	me^{42} qe^{35}	qa^{03} ji^{35} qe^{35}
毛坳	pa^{53} qai^{35}	mai^{53} qai^{35}	tho^{35} ʑi^{35}
七百弄	po^{53} ka^{33}	mi^{21} ka^{33}	vi^{33} ka^{33}
西山	po^{35} ka^{33}	mei^{22} ka^{33}	zu^{35} ka^{33}
瑶麓	lo^{53} ka^{33}	mai^{42} ka^{33}	vai^{33} ka^{33}
巴那	pa^{44} ke^{13}	mi^{55} ke^{13}	vje^{13} ke^{13}
优诺	pa^{13} ke^{44}	ma^{55} ke^{44}	ke^{44} ɬjeu^{44}
下水村	kue^{22} kuŋ^{55}	kue^{22} ki^{31}	kue^{22} kɔ^{31} tsu^{35}
龙华	kai^{44} kɒŋ^{35}	kai^{44} wo^{55}	kai^{44} ntʃuŋ^{33}
龙定	tɕai^{33} ko:ŋ^{33}	tɕai^{33} ȵei^{231}	tɕai^{33} ɡun^{24}
烟园	tʃai^{35} ko:ŋ^{33}	tʃai^{35} ȵei^{31}	tʃai^{35} kwan^{35}
双龙	tɕi^{33} koŋ^{33}	tɕi^{33} kau^{35}	tɕi^{33} ɡwan^{33}
油岭	kui^{44} bja^{24}	kui^{44} pja^{53}	kui^{44} von^{44}

	爪子	翅膀	鸭子
石板寨	tə^{02} ku^{24}	ʔa^{02} ta^{33}	ʔa^{02} ʁɪɛ^{24}
高寨	tə^{02} ku^{35}	tə^{02} ta^{55}	ʔə^{02} va^{35}
大南山	ʈou^{44}	ti^{33}	ʔo^{33}
高坡	ko^{42}	qə^{02} ta^{42}	ʔə^{42}
宗地	ʈɔ^{44}	tɪ^{44}	ʔo^{44}
石门坎	ki^{33} ʈau^{33}	ʔa^{55} ti^{11}	ʔo^{11}
腊乙坪	qo^{35} ʈa^{53}	qo^{35} tei^{44}	nu^{42} ʂo^{44}
小章	tsau^{53} tsɿ^{33}	ki^{03} ten^{35}	qa^{35} qa^{35}
养蒿	ken^{44}	qa^{33} ta^{53}	ka^{13}
菜地湾	kɛ^{53} kɛ^{53}	qa^{33} ta^{35}	ʔou^{35}
尧告	lɔ^{13} qa^{13}	tei^{35} ʑan^{44}	ʔau^{35}
河坝	quŋ^{33}	qa^{33} ta^{11}	ʔɐɯ^{11}
滚董	qa^{03} lu^{35}	qa^{03} tei^{53}	ʔa^{53}
毛坳	—	qa^{03} te^{53}	ʔa^{53}
七百弄	ʔa^{02} kwa^{42}	ʔa^{02} tu^{31}	ʔɔ^{31}
西山	ŋua^{13} li^{42}	ka^{33} tu^{22}	ʔo^{22}
瑶麓	—	to^{44} ʑan^{44}	ʔau^{44}
巴那	tu^{35}	dla^{55}	ʔai^{55}
优诺	ke^{44} tsɒ^{33}	kə^{03} ta^{55}	ʔai^{55}
下水村	kue^{22} kha^{31}	ka^{03} te^{35}	ʔue^{35}
龙华	kai^{44} tʃo^{44}	ka^{44} ɣe^{55}	ʔai^{55}
龙定	ɲu^{53}	da:t^{55}	ʔap^{55}
烟园	ɲa:u^{51}	da:t^{55}	ʔa:p^{55}
双龙	tɕau^{35}	tɕi^{24}	ʔat^{53}
油岭	tau^{24}	dot^{44}	ʔap^{44}

	鹅	鸽子	老虎
石板寨	ʔa^{02} ŋGo^{33}	ʔa^{02} ŋqa^{33}	qo^{05} tsəu^{55}
高　寨	ʔə^{02} ŋGo^{55}	ʔə^{02} ŋqa^{33}	tsu^{55}
大南山	ŋo^{21}	ŋqua^{43}	tʂo^{55}
高　坡	ʔə^{42} qẽ^{31}	nõ^{22} ŋqu^{24}	sho^{13} lo^{31}
宗　地	ʔo^{44} ȵi^{53}	ŋkæ^{32} soŋ^{22}	so^{42}
石门坎	ŋhu^{11}	ŋqa^{55}	tʂo^{55}
腊乙坪	nu^{42} ŋoŋ^{31}	ta^{35} ŋqo^{35}	ta^{35} tɕo^{44}
小　章	ŋo^{31}	ko^{31} tsɿ^{33}	tsəɯ^{55}
养　蒿	ŋaŋ^{13}	qo^{33}	ɕə^{35}
菜地湾	ŋan^{53}	ho^{13} tsɿ^{33}	tsou^{33}
尧　告	qɔ^{241}	qau^{13}	tsau^{53}
河　坝	ŋe^{22}	qɔ^{44}	ɕeu^{13}
滚　董	ŋo^{33}	ʔa^{03} qhei^{31}	qa^{03} pu^{53}
毛　坳	ŋko^{33}	ko^{55} tsɿ^{03}	pau^{55} ŋqai^{33}
七百弄	han^{42}	ŋkɯ^{33}	tsɔ^{53}
西　山	xan^{13}	—	so^{35}
瑶　麓	ŋan^{31}	ŋkɯ^{33}	tɕou^{13}
巴　那	ŋo^{313}	ko^{35} tsɿ^{03}	la^{04} tɕu^{44}
优　诺	ŋeu^{32}	ko^{13} tsɿ^{33}	pa^{33} tsu^{33}
下水村	ŋu^{31}	pha^{55} ka^{31} taŋ^{22}	nɔ^{55}
龙　华	han^{35}	ŋku^{44}	tʃu^{53}
龙　定	ŋe^{31}	pe^{21} kop^{55}	tom^{31} sjen^{31}
烟　园	ŋa^{33}	pa^{33} ko:p^{55}	ʔtom^{55} gjaŋ^{33}
双　龙	ŋɔ^{31}	kɔ^{42} tɕi^{33}	ʑɛn^{31}
油　岭	ŋo^{53}	pa^{22} ko^{44}	tɕan^{53}

	猴子	熊	野猪
石板寨	qo^{05} tɕa^{31}	ʔa^{02} qle^{33}	ʔa^{02} mpzi^{24}te^{31}
高寨	ʔə^{02} ten^{31}tɕa^{31}	——	ʔə^{02} mpji^{35}ti^{35}
大南山	la^{43}	tɬai^{33}	mpua^{44}te^{43}
高坡	tɕu^{55} lẽ^{24}	tɬe^{42}	mpa^{42} m̥ã^{24}
宗地	læn^{32}	ɬe^{44}	mpa^{55} tæ^{32}
石门坎	lie^{55}	tɬai^{11}	mpa^{33}zau^{55}
腊乙坪	ta^{35} mʐɛ^{35}	kɯ^{53} ɕoŋ^{22}	mpa^{53} tɯ^{35}
小章	həɯ^{31} tsɿ^{33}	qo^{55} ɕuŋ^{31}	ʑe^{55} tsu^{33}
养蒿	lei^{33}	ȡi^{53}	ŋa^{55} pa^{44}ta^{33}
菜地湾	le^{24}	——	——
尧告	tjeu^{13} la^{13}	tɬja^{35}	to^{31} m̥an^{13}
河坝	læ^{44}	ȡje^{11}	pæ^{33} hɵu^{44}
滚董	tɕo^{35}	ŋe^{33} kwaŋ^{44}	to^{35}
毛坳	ŋ^{03} tɕo^{35}	ɕuŋ^{35}	to^{35}
七百弄	ʔa^{02} tɕu^{33}	po^{53} tɬa^{31}	po^{53} toŋ^{33} m̥e^{33}
西山	ləŋ^{42}	mi^{33}	pei^{13} va^{35} phe^{44}
瑶麓	lan^{33}	kjei^{44}	m̥an^{33}
巴那	la^{04} lje^{13}	ɕuŋ^{313}	tɬa^{13}
优诺	ŋe^{44} tjeu^{44}	xjoŋ^{13}	pa^{33} tau^{44}
下水村	nɔ^{22} ku^{22} thi^{53}	juŋ^{31} ka^{35} ma^{31}	hɔ^{33} kwe^{31}
龙华	tʃu^{44} lai^{44}	ko^{12} kle^{55}	ŋkai^{33}
龙定	biŋ^{33}	tɕep^{55}	ɕe^{31} tuŋ^{231}
烟园	biːŋ^{35}	kjap^{55}	tʃi^{35} ʔtoːŋ^{31}
双龙	xəu^{42} sun^{33}	məu^{42} ȵu^{35} pa^{42}	ʑa^{53} tuə^{42}
油岭	bjaŋ^{44}	—	ʑa^{53} tiŋ^{44}

	穿山甲	老鼠	黄鼠狼
石板寨	qo^{05} ɴɢɛ^{31} tshe^{31} li^{24} vei^{55}	ʔa^{02} vjɛ^{55}	ʔa^{02} vjɛ^{55} ɣwen^{31}
高寨	yøŋ^{31} ȵdʑe^{35}	ʔə^{02} va^{55}	qo^{05} la^{31} ɣwen^{31}
大南山	ʐou^{13}	naŋ^{21}; tʂua^{13}	lo^{31} tɬaŋ^{31}
高坡	ʐo^{22}	qə^{02} plu^{31}	qə^{02} tɬa^{42} lã^{55}
宗地	ʐo^{13}	pʐə^{13}	toŋ^{11} nen^{55}
石门坎	zɦau^{31}	naɯ^{33}	hi^{33} lɦu^{35}
腊乙坪	ta^{35} ʐɔ^{42}	ta^{35} nen^{22}	pa^{44} tɕɛ^{44}
小章	tshuan^{53} sen^{53} ka^{31}	nai^{55}	waŋ^{31} zau^{53} su^{13}
养蒿	ɣo^{13}	naŋ^{11}	ɬjə^{33} lja^{55}
菜地湾	ʑou^{53}	nan^{212}	—
尧告	ɣo^{22}	nan^{241}	so^{13}
河坝	ɣɔ^{22}	nẽ^{21}	qa^{33} lja^{55}
滚董	jei^{44}	taŋ^{35} neŋ^{11}	qa^{03} lja^{35} kwe^{35}
毛坳	ŋ^{03} kwei^{31}	taŋ^{35} neŋ^{11}	qa^{03} lja^{35}
七百弄	po^{53} ɣa^{22}	po^{53} nəŋ^{231}	po^{53} pla^{33} li^{33}
西山	—	neŋ^{44}	—
瑶麓	ȵtɕan^{13}	nan^{53}	nan^{53} ɣou^{13}
巴那	liŋ^{313} ka^{44}	naŋ^{31}	vaŋ^{313} lau^{53} ɕu^{53}
优诺	ki^{44} lin^{44}	ŋji^{32} kjo^{33}	—
下水村	ŋu^{53} taŋ^{22}	ni^{53} taŋ^{22}	nɔ^{55} kwe^{22}
龙华	liŋ^{44} ka^{35}	nen^{31}	nen^{31} ɬi^{53}
龙定	lai^{21}	na:u^{231}	fa:m^{31} ba^{31}
烟园	gjai^{42}	du^{35}	leu^{33} ŋau^{33}
双龙	ljɔŋ^{31} gat^{53}	kla^{24}	waŋ^{42} ɕiu^{53} laŋ^{42}
油岭	len^{53}	tɕaŋ^{53} tɕaŋ^{44}	vo^{53}

	狐狸	鸟	鸟窝
石板寨	——	qo^{05} no^{24}	ʔa^{02} yi^{55}no^{24}
高寨	qo^{05} plæ^{35}	no^{35}	yi^{55}no^{35}
大南山	ʐua^{31}qhua^{55}	noŋ^{13}	ʐe^{21}
高坡	ɬə^{24} pa^{55}	tə^{02} nõ^{22}	——
宗地	pa^{21}ʐa^{53}	nəŋ^{13}	ʐe^{11}
石门坎	ʔa^{55}dɦy^{11}	nau^{53}	ve^{33}
腊乙坪	ta^{35} ɬə^{44}	ta^{35}nu^{42}	qo^{35} ʐɯ^{22}
小章	——	naŋ^{13}	ki^{03} ʑəɯ^{55}naŋ^{13}
养蒿	nɛ^{44}	nə^{13}	ɣi^{11}
菜地湾	ho^{33} tuan^{53}	neu^{53}	——
尧告	tɬai^{53} ɣu^{53}	neu^{22}	ɣei^{241}neu^{22}
河坝	——	neu^{22}	ɣei^{21}neu^{22}
滚董	——	taŋ^{35} moŋ^{55}	ʔa^{03} n̥o^{31} taŋ^{35} moŋ^{55}
毛坳	ʑa^{313} ke^{313}	taŋ^{35} nuŋ^{31}	ʑo^{11} taŋ^{35} nuŋ^{31}
七百弄	po^{57} hu^{31} li^{31}	nau^{22}	ɣe^{231} nau^{22}
西山	xu^{31} li^{42}	naŋ^{22}	zoŋ^{13}naŋ^{22}
瑶麓	mjau^{53} ɣou^{13}	nou^{31}	ɣei^{53}nou^{31}
巴那	ɬu^{313} li^{44}	nu^{22}	ʑa^{31} nu^{22}
优诺	le^{33}	noŋ^{32}	noŋ^{32} vji^{32}
下水村	ɬu^{55}tju^{53}nɔ^{55}kwe^{22}	nɔ^{53} taŋ^{22}	nɔ^{53}taŋ^{22}ja^{53}
龙华	ken^{33} nei^{35}	nɒŋ^{11}	nɒŋ^{11} ŋkja^{31}
龙定	dzjan^{31} mau^{31}	no^{22}	lau^{231}
烟园	tau^{55}ko:ŋ^{35} kja^{35}	no^{42}	no^{42}gjau^{31}
双龙	—	ŋ̊ɔ^{21}	la^{42}
油岭	—	no^{22}	no^{22}ɬja^{44}

	老鹰	猫头鹰	燕子
石板寨	qo^{05} len^{31}	qo^{05} no^{24} ʔa^{02} n̥o^{33}	qo^{05} lɛ^{24} tshəu^{55}
高寨	ʔə^{02} qaŋ^{31} len^{31}	ʔə^{02} χu^{31} χu^{31}	ʔə^{02} qo^{05} laŋ^{55} qo^{05} læ^{35}
大南山	tɬaŋ^{55}	plaŋ^{33}	noŋ^{13} lo^{55}
高坡	plõ^{13}	qɛ^{13}	qə^{02} mpi^{13} li^{13}
宗地	ɬua^{42}	lu^{11} si^{11}	ɭa^{21} ɭæn^{32}
石门坎	tɬaɯ^{55}	lau^{11} ɬy^{11}	khi^{33} lu^{33}
腊乙坪	ta^{35} qwei^{44}	ta^{35} qɯ^{44}	pɔ^{53} kɯ^{35} maŋ^{22}
小章	qwai^{55}	wa^{55} ko^{33} tɕho^{31}	ʐan^{33} tsɿ^{33}
养蒿	ɬaŋ^{35}	ɬjoŋ^{44}	pa^{35} ljin^{35} qɛ^{31}
菜地湾	ʑin^{24}	mau^{24} tjeu^{24}	ʑen^{44} tsɿ^{33}
尧告	tɬan^{53}	tɬjoŋ^{44}	tɕi^{53} qei^{31}
河坝	ɬẽ^{13}	kue^{11} phɔ^{33}	neu^{22} pa^{13} lje^{13}
滚董	ŋ^{11} kwe^{31}	kwe^{31}	qa^{03} ljaŋ^{31} kwhe^{35}
毛坳	ŋ^{03} kwei^{313}	pu^{55} ʑuŋ^{313}	ʑe^{35} tsɿ^{03}
七百弄	po^{53} tɬəŋ^{53}	po^{53} ke^{53} ʔu^{53}	nau^{22} ta^{53} laŋ^{21} təŋ^{22}
西山	tɕeŋ^{35}	tɕe^{35} koŋ^{33}	—
瑶麓	kjan^{13}	kjan^{13} ɣou^{13}	liŋ^{53} ljuŋ^{13}
巴那	la^{04} tɬaŋ^{44}	ku^{44} tɬeŋ^{313}	ʔa^{04} tɬjon^{44}
优诺	pa^{33} kwan^{33}	ku^{44} ko^{44} noŋ^{32}	ŋjin^{55} tai^{55}
下水村	ji^{35} phu^{53}	nɔ^{53} taŋ^{22} mɔ^{35} kɔ^{55}	ta^{03} ʔɔn^{35} taŋ^{22}
龙华	klən^{53}	kai^{44} ku^{53}	nɒŋ^{11} tʃau^{53}
龙定	tom^{31} ka:ŋ^{53}	no^{22} ku^{53}	pə^{31} ɕin^{24}
烟园	kla:ŋ^{51}	no^{42} ku^{51} mau^{33}	ʔoŋ^{55} ʔi:n^{55}
双龙	ŋa^{42} ʑɛn^{33}	—	ɕi^{53} ʔin^{35}
油岭	tam^{53} tɕaŋ^{24}	toi^{53} tsuŋ^{44} no^{22}	ʔaŋ^{44} ʔen^{24}

	麻雀	乌鸦	野鸡
石板寨	qo^{05} no^{24}	ʔa^{02} ɓo^{55}	qo^{05} zuŋ^{55}
高寨	ʔə^{02} ndzaŋ^{31} laŋ^{35}	qa^{35} wu^{55}	ʔə^{02} zoŋ^{55}
大南山	ȵtɕou^{43} ʐi^{13}	ʔua^{43}	tʂeu^{44}
高坡	qə^{02} nzẽ^{42} lo^{55}	—	ŋkə^{13} sə^{42}
宗地	pʐei^{21}	ʔa^{44}	se^{55}
石门坎	pi^{33} tɕho^{55}	li^{55} ʔa^{55}	ʔa^{55} tʂey^{11}
腊乙坪	nu^{42} tsei^{35}	pa^{44} ʔɔ^{53}	nu^{42} nu^{31}
小章	naŋ^{13} tsu^{35}	pa^{35} ʔa^{53}	qəɯ^{55} qəɯ^{55}
养蒿	nə^{13} tsei^{11}	ʔa^{53} vo^{11}	njoŋ^{55}
菜地湾	neu^{53} tse^{212}	—	qa^{24} ʑa^{22}
尧告	ta^{35} tɕan^{13}	ʔe^{44}	ɕiŋ^{35}
河坝	neu^{22} tja^{44}	ʔa^{33}	njuŋ^{55}
滚董	qa^{03} ljaŋ^{35}	la^{31} ʔa^{55}	qa^{03} tɕeu^{55}
毛坳	taŋ^{35} tɕu^{53}	qa^{03} la^{55}	ŋ^{03} tɕeu^{55}
七百弄	nau^{22} ʔa^{31} pjəŋ^{231}	ʔi̥^{42}	ɳʈəŋ^{13}
西山	naŋ^{22} pi^{44}	ʔa^{22}	ka^{33} ʔl̥e^{33}
瑶麓	pi^{53} ljau^{53}	ʔo^{55}	ko^{13}
巴那	nu^{22} ljon^{313}	ʔi̥^{13} ʔo^{13}	ke^{13} kau^{44}
优诺	ma^{13} tsjho^{13}	lo^{21} ʔo^{55}	ljo^{44} ke^{44}
下水村	ma^{31} tsjuk^{35} taŋ^{22}	nu^{55} ʔa^{33}	san^{55} ke^{55}
龙华	nɒŋ^{11} ntʃei^{35}	nɒŋ^{11} ka^{11}	ʃe^{12} kai^{44}
龙定	ma^{31} tso^{31}	no^{22} ʔa^{33}	no^{22} gui^{31} tɕai^{33}
烟园	no^{42} kei^{42} vaŋ^{33}	ʔu^{55} ʔa^{42}	—
双龙	tɕɔ^{53} tsaŋ^{35}	tin^{42} klaŋ^{35}	g̊li^{42}
油岭	ʔu^{42} li^{53}	ʔa^{44} lop^{22} po^{22}	—

	斑鸠	啄木鸟	蛇
石板寨	ʔa^{02} ŋqa^{33} ʑa^{55}	qo^{05} no^{24} ȵtɕo^{33} ntuŋ^{24}	qo^{05} ʔnen^{31}
高寨	ʔə^{02} ŋqa^{31}	qo^{05} ȵdʑo^{31} ȵtɕo^{31} ntoŋ^{35}	ʔə^{02} ʔnen^{31}
大南山	ŋqua^{43}	ko^{33} ȵtɕeu^{33} ntoŋ^{44}	naŋ^{43}
高坡	ŋkɯ^{13} tʂɯ^{13}	nõ^{22} kə̃^{42}	nã^{24}
宗地	ŋkæ^{32} tu^{21}	nəŋ^{13} ȵtɕə^{44} wa^{22}	na^{32}
石门坎	ŋqa^{55}	nau^{53} kə^{55}	pi^{55} naɯ^{55}
腊乙坪	ŋqo^{35} wei^{35} tɕaŋ^{53}	nu^{42} tsa^{31} mu^{22} kwɛ^{44}	ta^{35} nen^{35}
小章	pan^{53} tɕi^{53}	tshua^{31} mu^{31} kwan^{33}	nai^{53}
养蒿	qo^{33} tə^{11}	tjo^{33}	naŋ^{33}
菜地湾	qou^{24}	tsa^{13} mu^{13} kuan^{24}	nan^{24}
尧告	qau^{13}	nɵu^{22} qa^{33} tɕan^{53}	nan^{13}
河坝	qɔ^{44} ɣu^{13}	neu^{22} tjɔ^{55} teu^{33}	nẽ^{44}
滚董	qa^{03} ŋo^{35}	taŋ^{35} moŋ^{55} tɕo^{35} tja^{35}	neŋ^{35}
毛坳	taŋ^{35} ŋqo^{35}	qa^{03} le^{35}	heu^{35} neŋ^{35}
七百弄	ŋku^{33} pe^{231}	nau^{22} ŋkwa^{42} ʈə^{13}	nəŋ^{33}
西山	naŋ^{22} ku^{22}	naŋ^{22} səu^{13} taŋ^{13}	ˀtəŋ^{33}
瑶麓	ŋkɯ^{33} ɣou^{13}	nou^{31} mpei^{13} to^{53}	nan^{33}
巴那	ko^{53} ɡau^{13}	tsa^{13} mo^{35} kwaŋ^{33}	ɡaŋ^{13}
优诺	pan^{44} kjɒ^{44}	theu^{21} ʈo^{44} nɒŋ^{32}	ni^{44}
下水村	pan^{22} kjeu^{22} kɔ^{22}	—	tɔ^{22} ʔɔn^{31}
龙华	ŋku^{44}	nɒŋ^{11} ntjau^{55} ntaŋ^{35}	nen^{44}
龙定	no^{22} ɡu^{33}	no^{22} dzo^{22} djaŋ^{24}	naŋ^{33}
烟园	pa^{11} ko^{35}	ʔaŋ^{33} ŋjaŋ^{51}	naŋ^{35}
双龙	pan^{33} tɕu^{33}	tɔ^{24} djaŋ^{24} ŋ̊ɔ^{21}	naŋ^{33}
油岭	—	—	noŋ^{44}

	青蛙	鱼	鳞
石板寨	qei^{55} tə^{02} mpjɛ^{31}	qo^{05} mbji^{55}	ʔa^{02} to^{55} mbji^{55}
高寨	ʔə^{02} qei^{55} taŋ^{55}	ʔə^{02} mbji^{55}	tə^{02} plæ^{35}
大南山	qua^{55}	ntʂe^{21}	mplai^{44}
高坡	qõ^{13}	mplɛ^{31}	—
宗地	hua^{42}	mpʐe^{11}	ɖei^{44} mpʐe^{11}
石门坎	ta^{33} qa^{31}	mbə^{33}	ʔa^{55} ti^{11} mbɦə^{11}
腊乙坪	ta^{35} ku^{44}	ta^{35} mʐɯ^{22}	qo^{35} ɳei^{42} mʐɯ^{22}
小章	qa^{55}	mɯ^{55}	y^{31} lin^{31} ka^{31}
养蒿	qaŋ^{35}	zɛ^{11}	qa^{33} ɖo^{44}
菜地湾	qan^{33}	njei^{212}	—
尧告	qan^{53} qa^{44}	ɲei^{241}	ɖɔ^{44} ɲei^{241}
河坝	qæ̃^{13}	mei^{21}	ɖjun^{33} mei^{21}
滚董	keu^{31}	njo^{11}	qa^{03} kwi^{35} njo^{11}
毛坳	keu^{53}	mpjo^{11}	kheu^{33} kwei^{55}
七百弄	po^{53} ke^{53}	mpje^{231}	ʔa^{02} phlu^{31} mpje^{231}
西山	kut^{35}	pja^{44}	—
瑶麓	ke^{13}	mpjei^{53}	kju^{53}
巴那	kaŋ^{44} bu^{13}	bja^{31}	liŋ^{313}
优诺	kan^{33} lo^{13}	mui^{32}	lin^{13}
下水村	lin^{31} kwan^{55}	pja^{53}	lin^{31} pja^{53}
龙华	ken^{53}	mpja^{31}	mpja^{31} lin^{33}
龙定	kɛŋ^{53}	bau^{231}	kwje^{24}
烟园	tʃaŋ^{51} ko:m^{31}	bjau^{31}	ki^{55}
双龙	ma^{42} kwai^{35}	bla^{42}	bla^{42} ljaŋ^{31}
油岭	kup^{44}; tjan^{53} tuŋ^{22} kaŋ^{24}	bju^{44}	bju^{44} ki^{42}

	黄鳝	泥鳅	虾
石板寨	tɕin^{31} ʔnen^{31}	tɕin^{31} tsho^{31}	tɕin^{31} tsy^{24}
高寨	tɕin^{31} nti^{55}	tɕi^{31} tsho^{31}	tɕin^{31} ȵa^{35} tshe^{31}
大南山	ntʂe^{21} naŋ^{43}	ntʂe^{21} tʂhu^{33}	kaŋ^{43} tɕu^{33}
高坡	——	——	——
宗地	mpʐe^{11} na^{32}	mpʐe^{11} tɕəu^{22}	kua^{32} tɕəu^{44}
石门坎	nhaɯ^{35}	nhaɯ^{35} tɕaŋ^{55}	tɬau^{55} mbə^{31}
腊乙坪	waŋ^{31} ɕɛ^{35}	mʐɯ^{22} coŋ^{35}	ta^{35} ʂoŋ^{35}
小章	waŋ^{31} san^{31}	mɯ^{55} tɕaŋ^{53}	khaŋ^{53}
养蒿	zɛ^{11} ljə^{13}	zɛ^{11} ta^{33}	kaŋ^{33} khoŋ^{33}
菜地湾	——	——	——
尧告	ljeu^{22}	ljua^{241}	kan^{13} qhoŋ^{13}
河坝	pe^{33} lju^{22}	pe^{33} tue^{44}	kæ̃^{44} tɕi^{22}
滚董	toŋ^{35} seŋ^{42}	lin^{33} tɕhu^{55}	qai^{35} koŋ^{55}
毛坳	wuŋ^{33} ɕe^{313}	mpjo^{11} liŋ^{33}	miŋ^{33} ha^{55}
七百弄	mpje^{231} kha^{53} te^{33}	mpje^{231} ʔa^{02} te^{33}	ȵɔ^{22}
西山	——	ni^{22} sieu^{33}	san^{33}
瑶麓	lju^{31}	kai^{33}	kjan^{33} ki^{33}
巴那	ɕen^{53} ȵu^{313}	bja^{31} tɬhi^{55}	ha^{13} kuŋ^{13}
优诺	mui^{32} ni^{44}	mui^{32} tjheu^{44}	fo^{44} kaŋ^{44}
下水村	lin^{31} tshi^{35}	ne^{31} tshiu^{55}	ka^{03} khuŋ^{22}
龙华	tə^{31} lin^{33}	mpja^{31} nuŋ^{35}	ŋjau^{33}
龙定	tsin^{231} wja:ŋ^{31}	bau^{231} tsun^{24}	tɕha^{33}
烟园	——	bjau^{31} tɬet^{55}	tɬha^{33} ko:ŋ^{35}
双龙	bla^{42} naŋ^{33}	ljɛn^{42} djau^{33}	kha^{33} kɔŋ^{33}
油岭	bju^{44} noŋ^{44}	ŋe^{44} let^{53} bju^{44}	ha^{53} kuŋ^{44}

	螃蟹	螺蛳	蚂蟥
石板寨	tɕin^{31} ʈu^{31}	ʔa^{02} ʐəu^{33} ʁɹəu^{33}	tɕin^{31} mblei^{55}
高寨	tɕin^{31} ʈu^{31}	ʔə^{02} ʐu^{55} ʁəu^{31}	tɕin^{31} mblei^{55}
大南山	ʈou^{43}	qu^{31}	ha^{43}
高坡	ŋko^{55} tʂo^{24}	qɯ^{55}	mpla^{31}
宗地	ʈei^{44}	tə^{32} hu^{53}	mplə^{11}
石门坎	tsɿ^{33} ɢhey^{35} xu^{33}	tsɿ^{33} ɢhau^{35}	ʔa^{55} ndlha^{11}
腊乙坪	ta^{35} ʈei^{35}	qə^{35}	ta^{35} mʐɛ^{35} mʐɛ^{53}
小章	pa^{55} tei^{53}	qa^{53} bje^{55}	ma^{35} waŋ^{31}
养蒿	tjo^{33}	ki^{33}	kaŋ^{33} ŋjin^{11}
菜地湾	kan^{24} tjou^{24}	ku^{35} ke^{33}	kan^{24} ŋjin^{212}
尧告	—	kwei^{13} ɬəu^{44}	kan^{13} ŋji^{241}
河坝	kæ̃^{44} tjɔ^{44}	pɔ^{11} kui^{44}	kæ̃^{44} mei^{21}
滚董	ɲi^{35}	qo^{03} lau^{35}	tiŋ^{35}
毛坳	ŋ^{03} ti^{35}	dje^{33} lo^{35}	m̥a^{313} wuŋ^{33}
七百弄	po^{53} ve^{53} ʈa^{33}	ve^{53} tɕə^{13}	po^{53} mpli^{231}
西山	—	tɕi^{13} tɕhəu^{42}	ma^{35} vaŋ^{42}
瑶麓	kjan^{33} ki^{33}	ki^{55}	mphai^{13} ko^{33}
巴那	keŋ^{13} kje^{55}	ki^{13} ki^{55}	ma^{53} hŋ^{313}
优诺	poŋ^{13} hai^{33}	te^{44} leu^{44}	kan^{44} mi^{32}
下水村	ʔɔŋ^{22} ki^{35}	nu^{31} phɔk^{35} taŋ^{22}	jɔ^{31} fun^{22}
龙华	kwei^{44}	ljo^{33}	Maŋ^{44}
龙定	kɛŋ^{33} ɡwai^{231}	kwei^{33}	ma^{31} hoŋ^{31}
烟园	kom^{55} ɲai^{35}	kwei^{35}	ma^{33} vaŋ^{33}
双龙	ɕi^{53} djai^{33}	kli^{33}	ma^{53} waŋ^{31}
油岭	kuŋ^{53} tɕa^{44} tau^{24}	ki^{44}	bin^{42}

	虫	臭虫	虱子
石板寨	qo^{05} tɕin^{31}	tɕin^{31} tɕi^{24}qen^{24}	tɕin^{31} taŋ^{55}
高寨	ʔə^{02} tɕin^{31}	tɕin^{31}qwhaŋ^{55}	tɕin^{31} taŋ^{55}
大南山	kaŋ^{43}	mo^{43} la^{43}	to^{55}
高坡	kõ^{24}	kõ^{24} lẽ^{24}	kõ^{24} tə̃^{13}
宗地	kua^{32}	kua^{32} ʈɪ^{21}	kua^{32} toŋ^{42}
石门坎	pi^{55} kaɯ^{55}	pi^{55} kaɯ^{55} tʂu^{33} ta^{55}	tu^{55}
腊乙坪	ta^{35} ci^{35}	qo^{35} ljɯ^{44} ljɯ^{44}	ta^{35} te^{44}
小章	ke^{53}	tshəɯ^{33} dzuŋ^{13}	tei^{55}
养蒿	kaŋ^{33}	kaŋ^{33} qen^{33}	kaŋ^{33} tɛ^{35}
菜地湾	kan^{24}	kan^{24} haŋ^{44}	kan^{24} tei^{33}
尧告	kan^{13}	kan^{13} tsəŋ^{44}	kan^{13} to^{53}
河坝	kæ̃^{44}	kæ̃^{44} ɕuŋ^{55}	kæ̃^{44} tei^{13}
滚董	qai^{35}	ti^{55}	naŋ^{31}
毛坳	qei^{35}	tshu^{35} dzuŋ^{33}	ntaŋ^{313}
七百弄	kjəŋ^{33}	ʔa^{02} ŋkjəŋ^{33}	ʔa^{02} toŋ^{53}
西山	keŋ^{33}	ka^{33} zet^{33}	ka^{33} toŋ^{35}
瑶麓	kjan^{33}	kjan^{33} tsi^{33}	tuŋ^{13}
巴那	keŋ^{13}	pi^{13}	ton^{44}
优诺	kan^{44}	kə^{03} pe^{44}	ma^{55} teu^{44}
下水村	kiŋ^{22}	kwan^{55} pi^{55}	taŋ^{55}
龙华	kjen^{44}	pi^{44}	taŋ^{55}
龙定	kɛŋ^{33}	pe^{33}	tam^{53}
烟园	kjeːŋ^{35}	ʔpi^{35}	ʔtam^{51}
双龙	klɛ^{33}	pi^{33}	dan^{35}
油岭	tsaŋ^{44}	tsaŋ^{44} be^{44}	dam^{24}

	苍蝇	蛆	蚊子
石板寨	tɕin^{31} muŋ^{55}	tɕin^{31} qlau^{55} qa^{55}	tɕin^{31} ʔʑuŋ^{55} ma^{55}
高寨	tɕin^{31} moŋ^{55}	tɕin^{31} tɕhi^{35} qa^{55}	tɕin^{31} ʔȵoŋ^{55}
大南山	mau^{21}	kaŋ^{43} qua^{55}	ʑoŋ^{55}
高坡	kõ^{24} mõ^{31}	qa^{13} kõ^{42}	kõ^{24} ʑõ^{24}
宗地	moŋ^{11}	kua^{44}	kua^{42} ʑaŋ^{42}
石门坎	mo^{55} mo^{11}	kaɯ^{55} kaɯ^{11}	ki^{33} ɗi^{33}
腊乙坪	maŋ^{22} ɗj e^{53}	ta^{35} ci^{35} qa^{44}	ta^{35} maŋ^{22}
小章	maŋ^{55}	ke^{53} qa^{55}	maŋ^{55} ʑaŋ^{55}
养蒿	kaŋ^{33} ʑu^{35} ka^{35}	kaŋ^{44}	kaŋ^{33} ʑu^{35} ta^{35} lo^{44}
菜地湾	kan^{24} le^{44} kɛ^{33}	kan^{44}	kan^{24} ʑeu^{33}
尧告	kan^{13} sa^{44}	kan^{44}	kan^{13} ʑu^{241}
河坝	kæ̃^{44} læ^{33} qa^{13}	qa^{33} kæ̃^{33}	kæ̃^{44} læ^{22}
滚董	ma^{11} sei^{53}	qai^{35} loŋ^{53}	qai^{35} tu^{31} lu^{35}
毛坳	ma^{03} qa^{35}	qei^{35} qa^{313}	ma^{03} ʑuŋ^{313}
七百弄	ʔa^{02} məŋ^{231}	ʔa^{02} kjəŋ^{42}	ʔa^{02} ʑau^{53}
西山	ka^{33} məŋ^{44}	ka^{33} poŋ^{13}	ka^{33} ȵaŋ^{35}
瑶麓	muŋ^{53}	kjan kau^{13}	ʑau^{13}
巴那	lje^{35} ka^{44}	keŋ^{13}	bjuŋ^{44}
优诺	kan^{44} le^{55}	ta^{21} ɬan^{54} kan^{44}	nau^{33} teu^{54} kan^{44} le^{55}
下水村	ta^{03} muŋ^{53}	ka^{55} juŋ^{22} kiŋ^{22}	tå^{03} muŋ^{53} kha^{31}
龙华	məŋ^{31} mpu^{44}	ka^{53} kjen^{44}	ɗa^{35} mjau^{53}
龙定	moŋ^{231}	gai^{53} kɛŋ^{33}	moŋ^{231} ȵai^{31}
烟园	poːŋ^{42} kjam^{31}	kjeːŋ^{35} dai^{51}	tau^{55} dau^{51} kjeːŋ^{35}
双龙	mə^{42}	—	mə^{42} tɔt^{53}
油岭	moŋ^{44}	—	moŋ^{44} tu^{42} du^{24}

	蜘蛛	蚯蚓	蛔虫
石板寨	ʔa^{02} ʐa^{24} ʐu^{55}	tɕin^{31} tɕua^{31}	tɕin^{31} tɕuŋ^{31}
高寨	tɕin^{31} ye^{35} pi^{55}	tɕin^{31} tɕoŋ^{31}	tɕin^{31} tɕoŋ^{31}
大南山	kaŋ^{43} ʐua^{13}	tɕaŋ^{43} naŋ^{43} la^{43}	plaŋ^{43} tɕaŋ^{43}
高坡	ku^{31} ʐa^{22}	lã^{31} tɕã^{24}	lã^{31} tɕã^{24}
宗地	kuɑ^{32} ʐə^{13}	kuɑ^{32} tɕaŋ^{32}	kuɑ^{32} tɕaŋ^{32} sei^{35}
石门坎	kaɯ^{55} ʑaɯ^{11} ɕa^{55}	pi^{55} tɕaɯ^{55}	pi^{55} tɕaɯ^{55}
腊乙坪	po^{53} kɯ^{35} ca^{42}	ta^{35} coŋ^{35} qa^{44}	ta^{35} coŋ^{35}
小章	bja^{31}	nai^{53} tɕaŋ^{53}	nai^{53} tɕaŋ^{53}
养蒿	kaŋ^{33} ɣa^{13}	kaŋ^{33} tɕoŋ^{33}	kaŋ^{33} tɕoŋ^{33} tɕhu^{33}
菜地湾	kan^{24} ʑɛ^{53}	kan^{24} tɕuŋ^{24}	kan^{24} tɕuŋ^{24}
尧告	kan^{13} ɣe^{22}	kan^{13} tɕam^{13}	na^{31} tjan^{31} kan^{13} tɕam^{13}
河坝	kæ̃ ɣæ^{22}	kæ̃^{44} tɕuŋ^{44}	kæ̃^{44} tɕuŋ^{44} qa^{13}
滚董	qai^{35} ji^{44}	qa^{03} juŋ^{35}	qa^{03} juŋ^{35}
毛坳	qei^{35} wei^{31}	qei^{35} tɕuŋ^{35}	qei^{35} tɕuŋ^{35}
七百弄	ve^{53} ɣi^{22}	kji^{33} kjəŋ^{33}	ʔa^{02} ɕi^{53}
西山	—	ka^{33} te^{22}	ka^{33} te^{22}
瑶麓	tɕan^{53} vau^{33} ɣi^{31}	ŋkau^{53}	ŋkau^{53}
巴那	ʑa^{31} sai^{13}	ɡaŋ^{13} ʑuŋ^{13}	ɡaŋ^{13} ʑuŋ^{13}
优诺	pa^{33} ɬai^{55}	ki^{13} kjaŋ^{44}	tjaŋ^{33} kan^{44}
下水村	nɔŋ^{35} ku^{35}	ka^{03} juŋ^{22}	ka^{03} juŋ^{22} tshi^{31}
龙华	mpa^{12} ntʃo^{11}	ke^{44} jəŋ^{44}	ke^{44} jəŋ^{44}
龙定	kɛŋ^{33} ɲo^{21}	na:ŋ dzuŋ^{33}	na:ŋ^{33} dzuŋ^{33}
烟园	kje:ŋ^{35} ɲa:u^{51}	ʔto:ŋ^{31} na:ŋ^{35}	doŋ^{33} tʃim^{35}
双龙	wan^{31}	ɕuə^{33}	ɕuə^{33}
油岭	moŋ^{53} ku^{42} tsaŋ^{24}	kai^{44} ʑiŋ^{44}	kai^{44} ʑiŋ^{44}

	蚂蚁	蜜蜂	马蜂
石板寨	tɕin^{31} mby^{33}	tɕin^{31} mi^{55}	qo^{05} ŋgun^{31}
高寨	tɕin^{31} mbø^{55}	tɕin^{31} m̥ei^{55}	ʔə^{02} ŋgoŋ^{31}
大南山	ntʂou^{24}	mo^{55}	mo^{55} ntaŋ^{43}
高坡	ku^{31} mpla^{22}	mõ^{31} ʐa^{24}	mõ^{31} tɬe^{13}
宗地	kua^{32} mpʐɔ^{21}	moŋ^{42}	ŋkə^{53}
石门坎	ki^{55} ndzhau^{31}	mu^{55}	ŋɡɦey^{35}
腊乙坪	ta^{35} mpha^{44}	maŋ^{22} te^{44}	ta^{35} ȵtɕɛ^{35}
小章	ma^{53} ȵaŋ^{31} tsɿ^{13}	mau^{55} mi^{55}	mau^{55} mi^{55} qo^{55}
养蒿	kaŋ^{33} zo^{13}	kaŋ^{33} va^{33}	kaŋ^{33} njoŋ^{55}
菜地湾	kan^{24} phen^{33}	kan^{24} tsi^{24} heŋ^{24} taŋ^{22}	lo^{22} leŋ^{24} kan^{24} tsi^{24}
尧告	kan^{13} phe^{53}	kan^{13} m̥i^{53}	kan^{13} ɬju^{13}
河坝	kæ̃^{44} mjɔ^{22}	kæ̃^{44} me^{11} ɣa^{55}	kæ̃^{44} ɬe^{13}
滚董	qa^{03} ȵ̊ei^{31}	ma^{11} nei^{33}	ŋo^{33}
毛坳	mpjhe^{313}	ma^{313} m^{313}	ma^{313} ŋa^{35}
七百弄	ʔa^{02} mphi^{53}	ʔa^{02} m̥oŋ^{53}	ʔa^{02} ȵtɕo^{13}
西山	ka^{33} phei^{35}	məŋ^{35}	məŋ^{35}
瑶麓	tuŋ^{33} phai^{13}	m̥eŋ^{13}	ȵtɕa^{44}
巴那	bje^{44}	tɬe^{44} fŋ^{313} tŋ^{313}	tɬe^{44} da^{44} tu^{35}
优诺	kan^{44} phe^{33}	toŋ^{33} kan^{44}	kan^{44} vji^{32} kan^{44}
下水村	ta^{03} phui^{55}	ka^{03} mɔ^{33}	tshiŋ^{22}
龙华	mphai^{53}	mo^{53}	məŋ^{31} ntʃau^{33}
龙定	dzjəu^{53}	mui^{231}	mui^{31} ȵui^{31}
烟园	ʃeu^{51}	ŋwei^{31}	ˀtom^{55} ˀtai^{55}
双龙	sau^{35}	mi^{42}	pɛ^{42} phɔŋ^{33}
油岭	ʑu^{24}	mui^{44}	—

	马蜂窝	螳螂	蜻蜓
石板寨	ʔa02 vi55 ŋguŋ31	pə24 laŋ55 khaŋ31	tɕin31 ȵtɕo24
高寨	tə02 ɣi55	ʔə02 mpu55 la55	ʔə02 ȵa35 no55
大南山	tou43 ŋeu31	ntʂua21	qou21
高坡	ʐɛ31 mõ31 tɬe13	pa13 lã31 qə31	ʑã55 ko31
宗地	pʐæ42 ŋkə53	ȵtɕu55 tɕu11	ŋkæ21 ʐo53
石门坎	so33 ŋɢhey35	tsɿ33 ɢhau35 tai11	ŋɢhey35 tai11
腊乙坪	ʐɯ22 ntoŋ35	ta35 tɛ42	pa44 ta22
小章	mau55 mi55 ki03 ʑu55	lɯ53 fu55	dai31 dai13 ko53
养蒿	tsɛ35 kaŋ33 njoŋ55	kaŋ33 ma11 ʑo11	kaŋ33 ʑə11
菜地湾	——	maŋ212 qaŋ212	kan24 ma44 tho212
尧告	ɣei241 kan13 ɖju13	——	kan13 pi241
河坝	pɔ11 ɣi21 kæ̃44 ɖe13	kæ̃44 tɕu33 tɕa33	pei33 ʑa22
滚董	qa03 tu35	qa03 ljaŋ53 pa33	qa03 qeŋ11
毛坳	qho55 ma313	ʑau53	pjha31 ʑaŋ35
七百弄	pje53 ȵtɕo13	kjəŋ33 ʔa02 pho33	lə22 ŋkə22
西山	ʑoŋ13 məŋ35	ka33 sat35	piaŋ31 pi22
瑶麓	ȵtɕa44 pjei13	ljau53 mjau53	ti55
巴那	ʑa31 ʑa31 tɬe44	pa44 ɕu44 tjo22	liŋ31 tshe13
优诺	kan44 vji32	sa13 jen13 koŋ44 tɒ44	——
下水村	tshiŋ22 ja53	kja55 taŋ22	si31 kɔ55
龙华	məŋ31 ŋkja31	ke31 ntjaŋ35 kwai35	ntə31 ntin31
龙定	mui31 ȵui31 puŋ31	ku24 koːŋ31	kɛŋ33 ɡuŋ53
烟园	ŋwa31 koːŋ35 ŋwei31	pa02 dʒaŋ31	kjeŋ35 noŋ51
双龙	——	kəu42 tin35 kəu42	ɡlɔ35
油岭	——	ʔa22 ba44 ʔa22 ʑe44	ŋaŋ53 ŋei42

	蝴蝶	树	树干
石板寨	tɕin^{31} ple^{24} la^{55}	qo^{05} ntuŋ^{24}	ntuŋ^{24} tɕi^{55}
高寨	tɕin^{31} pæ^{35} mpu^{55}	ntoŋ^{35}	tə^{02} ten^{31} ntoŋ^{35}
大南山	mpou^{31} kaŋ^{43} ntsi^{44}	ntoŋ^{44}	pen^{55} ntoŋ^{44} lou^{21}
高坡	mɔ̃^{31} mpi^{42}	hu^{24}	qə^{02} shə̃^{24} hu^{24}
宗地	mpei^{44} mpu^{53}	wa^{22}	laŋ^{232} wa^{22}
石门坎	pi^{55} ntsɿ^{33}	ntau^{33}	ʔa^{33} tɕaɯ^{33} ntau^{33}
腊乙坪	pa^{44} pə^{42}	qo^{35} ntu^{53}	qo^{35} ci^{44}
小章	ba^{35} ba^{31}	ki^{03} du^{13}	ki^{03} ɡaŋ^{35} du^{13}
养蒿	kaŋ^{33} pa^{55} ljə^{31}	tə^{44}	qa^{33} tə^{44}
菜地湾	pu^{22} ljeu^{13}	teu^{44}	qɛ^{24} teu^{44}
尧告	kan^{13} pha^{35} lja^{22}	teu^{44}	teu^{44} ljəu^{31}
河坝	pa^{13} ljaŋ^{55}	teu^{33}	teu^{33} kaŋ^{33}
滚董	qa^{03} li^{55} ljo^{31}	tja^{35}	qeŋ^{11} tja^{35}
毛坳	mpei^{55}	tsa^{35}	—
七百弄	mplɛ^{31} lɛ^{13}	ntau^{42}	mi^{21} ntau^{42}
西山	ʔpa^{35}	ka^{33} taŋ^{13}	—
瑶麓	li^{33} ljau^{55}	ntou^{44}	—
巴那	bi^{13} ha^{13}	ɬa^{13}	ɬa^{13}
优诺	xji^{44} ho^{44}	ɬo^{44}	ɬo^{44}
下水村	pi^{35} pɔ^{53}	tɔŋ^{33}	tɔŋ^{33} kjha^{53}
龙华	kjen^{44} sa^{55}	ntɒŋ^{35}	ntɒŋ^{35} tuŋ^{31}
龙定	kɛŋ^{33} ʔet^{55}	djaŋ^{24}	djaŋ^{24} sin^{33}
烟园	koŋ^{33} bleu^{31}	ɡjaŋ^{55}	ɡjaŋ^{55} tiːm^{11}
双龙	sui^{53} bja^{42}	djaŋ^{24}	djaŋ^{24} kɛ^{35}
油岭	baŋ^{44} bai^{44}	djaŋ^{42}	djaŋ^{42} kaŋ^{24}

	树枝	树梢	树根
石板寨	tə^{02} ʑi^{55}ntuŋ^{24}	ʔa^{02} tɕe^{24} ntuŋ^{24}	ʔa^{02} ʑuŋ^{31}
高寨	tə^{02} ʑa^{55} ntoŋ^{35}	ntse^{35} ntoŋ^{35}	tə^{02} qoŋ^{31} ʑoŋ^{31}
大南山	tɕe^{13} ntoŋ^{44}	qeu^{24} ntoŋ^{44}	tɕaŋ^{13}
高坡	qə^{02} tɕe^{31} hu^{24}	qə^{02} qə^{55} hu^{24}	qə^{02} tɕã^{22} hu^{24}
宗地	tɕe^{11} wa^{22}	hə^{21} wa^{22}	tɕaŋ^{13} wa^{22}
石门坎	ʔa^{55} dʑhi^{31} ntau^{33}	ʔa^{55} ɳʈʂʅ^{11} ntau^{33}	ʔa^{55} dʑaɯ^{55} ntau^{33}
腊乙坪	qo^{35} kɯ^{22} ntu^{53}	qo^{35} ce^{35} ntu^{53}	qo^{35} tɕoŋ^{32}
小章	tɕhua^{53} tɕhua^{53}	ki^{03} du^{13} ten^{33} tjen^{53}	ki^{03} sei^{42} du^{13}
养蒿	qa^{33} tɕi^{11} tə^{44}	qa^{33} ku^{31} tə^{44}	qa^{33} tɕoŋ^{55}
菜地湾	tɕei^{212} teu^{44}	ko^{13} teu^{44}	tɕuŋ^{22} teu^{44}
尧告	qa^{33} tɕi^{241} teu^{44}	qa^{33} tjam^{13} tɔu^{44}	tɕam^{31}
河坝	qa^{33} tɕi^{21} teu^{33}	qa^{33} ko^{53} teu^{33}	qa^{33} tɕuŋ^{55}
滚董	qa^{03} qha^{31} tja^{35}	ʔa^{03} njɔ^{31} tja^{35}	koŋ^{33}
毛坳	kei^{11} tsa^{35}	——	kuŋ^{33}
七百弄	ʔa^{02} tɕe^{231} ntau^{42}	ʔa^{02} ʑə^{53} ntau^{42}	ʔa^{02} kjəŋ^{13} ntau^{42}
西山	ɳɕe^{42} ka^{33} taŋ^{13}	təu^{33} ka^{33} taŋ^{13}	zak^{44}
瑶麓	ntou^{44} tɕei^{53}	——	tɕaŋ^{55}
巴那	tɕa^{31} fa^{13}	fa^{13} tsin^{13}	tɕhuŋ^{313} tɕhuŋ^{313}
优诺	fo^{44} kjau^{32}	fo^{44} kə^{03} te^{33}	kə^{03} keu^{33}
下水村	tɔŋ^{33} kjha^{53} taŋ^{22}	tɔŋ^{33} jin^{31}	toŋ^{33} kjhuŋ^{31}
龙华	ntɒŋ^{35} tʃa^{31}	ntɒŋ^{35} mpjau^{31}	ka^{44}
龙定	djaŋ^{24} gwa^{31}	djaŋ^{24} tui^{53}	kɔn^{33}
烟园	gjaŋ^{55} kwa^{33}	gjaŋ^{55} djaŋ^{51}	du:ŋ^{33}
双龙	ʔa^{33}	djaŋ^{24} dju^{24} mi^{35}	kɔn^{33}
油岭	djaŋ^{42} ki^{44}	djaŋ^{42} dui^{24}	djaŋ^{42} koŋ^{53}

	叶子	花	果子
石板寨	$tə^{02}$ $mbluŋ^{31}$	qo^{05} ven^{31}	qo^{05} pzi^{55}
高寨	$ʔə^{02}$ $mbloŋ^{31}$	$ʔə^{02}$ wen^{31}	$ʔə^{02}$ pje^{55}/tse^{55}
大南山	$mploŋ^{31}$	$paŋ^{31}$	tsi^{55}
高坡	$qə^{02}$ $mplõ^{55}$	$põ^{55}$	pi^{13}
宗地	$mplaŋ^{53}$	pua^{53}	pei^{42}
石门坎	$ʔa^{33}$ $ndlhau^{35}$ $ntau^{33}$	$bhauɯ^{35}$	$tsɿ^{55}$
腊乙坪	qo^{35} nu^{31}	pei^{31}	qo^{35} pji^{44}
小章	ki^{03} $mɯ^{31}$ du^{13}	bei^{31}	pji^{55}
养蒿	qa^{33} $nə^{55}$	$paŋ^{55}$	$tsen^{35}$
菜地湾	neu^{22}	pan^{22}	$tsen^{35}$
尧告	neu^{31}	pan^{31}	$tɕi^{53}$
河坝	qa^{33} neu^{55} teu^{33}	$pæ̃^{55}$	pei^{13}
滚董	qa^{03} $njaŋ^{33}$	pai^{33}	$tjei^{31}$
毛坳	$nuŋ^{33}$	pei^{33}	$pjei^{313}$
七百弄	$mplau^{13}$	pe^{13}	pji^{53}
西山	$tɕaŋ^{42}$ $taŋ^{13}$	va^{33}	pi^{35}
瑶麓	$ŋkjou^{55}$	pan^{55}	pji^{13}
巴那	$dljuŋ^{313}$ $dljuŋ^{313}$	fa^{13}	pji^{44}
优诺	$mjoŋ^{13}$	pan^{13}	pji^{33}
下水村	$pjɔŋ^{31}$	$phun^{31}$	$tɔŋ^{33}$ pji^{55}
龙华	$mploŋ^{33}$	pen^{33}	pji^{53}
龙定	$no{:}m^{31}$	$pjaŋ^{31}$	$pjau^{53}$
烟园	$no{:}m^{33}$	$faŋ^{33}$	$pjeu^{51}$
双龙	nan^{31}	$pjaŋ^{31}$	$pjau^{35}$
油岭	num^{53}	$pjaŋ^{53}$	beu^{24}

	茅	杉树	松树
石板寨	tə^{02} mbja^{24}	ntuŋ^{24} ʔa^{02} tɕin^{31}	ntuŋ^{24} ʔa^{02} tshuŋ^{24} pzí^{24}
高寨	ʑa^{31}	ʔə^{02} tɕin^{31}	ʔə^{02} tsoŋ^{31} pjï^{35}
大南山	kou^{21}	ntoŋ^{44} tɕa^{43}	ntoŋ^{44} tho^{55}
高坡	qo^{02} lõ^{22}	hu^{24} tɕẽ^{24}	shu^{24} mã^{22}
宗地	ntoŋ^{55} mplaŋ^{53}	wa^{22} tɕen^{32}	wa^{22} tɕæ^{44}
石门坎	ʒau^{33}	hi^{33} ɲau^{33}	thu^{55}
腊乙坪	qo^{35} qɛ^{44}	ntu^{53} cɛ^{35}	ntu^{53} ɕɯ^{35}
小章	ŋa^{31}	sa^{53} m^{31}	dʑuŋ^{13} mu^{31}
养蒿	qa^{33} tɕhaŋ^{33}	tə^{44} tɕi^{33}	tə^{44} qei^{35}
菜地湾	ŋa^{22} ŋa^{22}	teu^{44} tɕi^{24}	teu^{44} tseŋ^{22} ɕy^{53}
尧告	ljan^{22} neu^{31}	teu^{44} tɕan^{13}	teu^{44} ʑam^{31}
河坝	pei^{13} qa^{33} tɕhaŋ^{44}	teu^{33} tɕe^{44}	teu shɔ^{44} mjaŋ^{55}
滚董	ŋa^{35}	tja^{35} tɕiŋ^{35}	tja^{35} soŋ^{35}
毛坳	ŋa^{35}	tsa^{35} tɕiŋ^{35}	tsa^{35} ɕuŋ^{35}
七百弄	ləŋ^{22}	ntau^{42} sa^{33} mu^{21}	ntau^{42} ŋo^{21} ʑu^{13}
西山	ti^{35} ŋa^{42}	sa^{33} mu^{42}	—
瑶麓	ntou^{44} tau^{44} tuŋ^{53}	ntou^{44} tɕi^{33}	ntou^{44} le^{31} su^{33}
巴那	ŋa^{313}	fa^{13} tɕen^{13}	fa^{13} ko^{13}
优诺	tjeu^{21}	fo^{44} kiŋ^{44}	thaŋ^{33} sui^{21}
下水村	jin^{31}	tshaŋ^{31} tɔŋ^{33}	tshuŋ^{31} pa^{33} tɔŋ^{33}
龙华	ŋa^{33}	ŋkjha^{44} ntoŋ^{35}	ʃəŋ^{33} ntoŋ^{35}
龙定	ɲa^{31}	sa^{33} mo^{22} djaŋ^{24}	tsoŋ^{31} djaŋ^{24}
烟园	ɲa^{33}	kja:m^{33} ʒjaŋ^{55}	to:ŋ^{33} ʒjaŋ^{55}
双龙	ŋa^{31}	sin^{33} djaŋ^{24}	tsɔŋ^{31} m̥ɔ^{21} djaŋ^{24}
油岭	in^{44}	him^{44} djaŋ^{42}	huŋ^{53} djaŋ^{42}

	桃	李子	梨
石板寨	pzi^{55} ɓlei^{31}	pzi^{55} kho^{31}	pzi^{55} ya^{31}
高　寨	pje^{55} ɓlei^{31}	pje^{55} kho^{31}	pje^{55} ya^{31}
大南山	tsi^{55} tlua^{31}	tsi^{55} kheu^{43}	tsi^{55} ʐua^{31}
高　坡	pi^{13} tɬa^{55}	pi^{13} khə^{24}	pi^{13} ʐu^{55}
宗　地	pei^{42} ɬa^{53}	pei^{42} li^{21}; pei^{42} kə^{13}	pei^{42} ʐa^{53}
石门坎	tsɿ^{33} dlɦa^{35}	tsɿ^{55} tɕhey^{55}	tsɿ^{33} zɦa^{35}
腊乙坪	pji^{44} qwa^{31}	pji^{44} lji^{44}	pji^{44} ʐa^{31}
小　章	pji^{55} qwei^{13}	li^{31} tsɿ^{53}	pji^{55} ʐa^{13}
养　蒿	tsen^{35} ɬen^{55}	tsen^{35} zaŋ^{13}	tsen^{35} ɣa^{55}
菜地湾	tsen^{33} sen^{22}	tsen^{33} ȵjan^{53}	tsen^{33} ʑa^{22}
尧　告	tɕi^{53} tɬei^{31}	tɕi^{53} ɣo^{31}	tɕi^{53} ɣo^{31} se^{35}
河　坝	pei^{13} ɬue^{55}	pei^{13} mi^{33}	pei^{13} ɣa^{55}
滚　董	tjei^{31} kwi^{33}	—	tjei^{31} jei^{33}
毛　坳	pjei^{313} kwi^{33}	—	pjei^{313} ve^{33}
七百弄	pji^{53} tɬi^{13}	pji^{53} tɕho^{33}	pji^{53} li^{13}
西　山	pi^{35} tɕhei^{42}	pi^{35} men^{35}	pi^{35} li^{42}
瑶　麓	kjai^{55}	—	ɣau^{55}
巴　那	pji^{44} tɬei^{313}	pji^{44} ʔin^{13}	pji^{44} ʑa^{313}
优　诺	pə^{03} kwai^{13}	sui^{33} li^{13} pji^{33}	pə^{03} jo^{13} pji^{33}
下水村	pji^{55} taŋ^{22}	hak^{55} taŋ^{22}	sa^{55} li^{31}
龙　华	pji^{53} tu^{33}	pji^{53} li^{31}	pji^{53} ten^{33} li^{33}
龙　定	pjəu^{53} ka:u^{31}	pjəu^{53} djaŋ^{53}	lai^{31} toŋ^{33}
烟　园	kla:u^{33} pjou^{51}	pjou^{51} gjaŋ^{51}	pjou^{51} gjei^{33}
双　龙	kla^{42} kla^{31}	ka^{42} ɬaŋ^{35}	kɔ^{42} lai^{31}
油　岭	peu^{24} ko^{53}	beu^{24} ʑoŋ^{24}	beu^{24} ʑai^{53}

	橘子	柿子	葡萄
石板寨	pzi^{55} mbjɛ^{33}	pzi^{55} men^{55}	pzi^{55} qen^{55}
高寨	pje^{55} mbæ^{31}	pje^{55} men^{55}	pje^{55} qei^{55}
大南山	tsi^{55} kaŋ^{43} ntsi^{21}	tsi^{55} na^{21}	tsi^{55} qa^{55}
高坡	pi^{13} qə^{02} ʐã^{22} ʔõ^{24}	pi^{13} me^{31}	pi^{13} qẽ^{13}
宗地	pei^{42} kua^{32} la^{13} mpa^{55}	pei^{42} ȵa^{42}	pei^{42} hæn^{42}
石门坎	tsɿ^{55} mɦo^{11}	tsɿ^{55} pi^{33} ɬy^{55}	tsɿ^{55} ʔa^{55} ma^{53} n̥hu^{35}
腊乙坪	pji^{44} ljɯ^{42}	pji^{44} mɛ^{22}	pji^{44} qɛ^{44}
小章	tɕy^{33} huŋ^{31}	sɿ^{53} tsɿ^{53}	bu^{13} dəɯ^{13}
养蒿	tsen^{35} qei^{53} lji^{13}	tsen^{35} mi^{11}	tsen^{35} qei^{35}
菜地湾	tɕy^{13} tsɿ^{33}	tsen^{33} me^{212}	tsen^{33} qɛ^{33}
尧告	——	tɕi^{53} ma^{241}	——
河坝	qa^{33} tei^{44} pei^{13} qaŋ^{33}	pei^{13} mei^{21}	——
滚董	tjei^{31} ljeu^{55}	tjei^{31} lei^{31}	tjei^{31} jiŋ^{11}
毛坳	tɕu^{35} tsɿ^{03}	sɿ^{53} tsɿ^{03}	pjei^{313} qhau^{55}
七百弄	pji^{53} le^{22}	pji^{53} mpla^{33}	pji^{53} ke^{53}
西山	pi^{35} kan^{33}	pi^{35} ʔʑa^{35} su^{22}	pi^{35} ʔit^{35}
瑶麓	lje^{53} ku^{33}	pu^{42} pje^{33}	pji^{13} kan^{33}
巴那	pji^{44} kon^{13} tsai^{04}	pji^{44} ko^{13}	pji^{44} dljeu^{53}
优诺	kyn^{44} ky^{13}	sɿ^{13} tsɿ^{44}	phu^{13} thɒ^{13}
下水村	pi^{22} kaŋ^{35}	tshi^{55} taŋ^{22}	phu^{31} thu^{31}
龙华	pji^{53} kan^{53}	pji^{53} ʃai^{11}	pji^{53} ma^{11} ʔe^{44}
龙定	kaːm^{33} tsai^{53}	pjəu^{53} tsai^{231}	moŋ^{31} mit^{55}
烟园	kjeːt^{55}	——	——
双龙	dʑu^{42} tsɿ^{53}	tɕau^{53} pəi^{42}	ma^{42} ʔat^{53} m̥əi^{33} pjau^{35}
油岭	koŋ^{44} kip^{44}	beu^{24} tui^{44}	——

	竹子	藤子	苎麻
石板寨	ʔa^{02} ȵo^{31}	qo^{05} ɗi^{24}	qo^{05} nda^{24}
高　寨	ʔə^{02} ȵ̥o^{31}	tə^{02} m̥oŋ^{31}	ʔə^{02} nda^{35}
大南山	ɕoŋ^{43}	m̥aŋ^{43}	ntua^{13}
高　坡	tɕə^{55}	m̥ã^{24}	ntu^{22}
宗　地	tə^{21}	ma^{22}	ntə^{13}
石门坎	hi^{55} tɬo^{55}	m̥aɯ^{55}	ʔa^{33} ta^{55}
腊乙坪	qo^{35} ɗo^{44}	qo^{35} ci^{44}	no^{42}
小　章	ɗəɯ^{55}	ɗai^{33} su^{55}	nau^{13}
养　蒿	ɗho^{35}	pa^{13}	no^{13}
菜地湾	lou^{33}	pɛ^{53}；lɛ^{44}	nou^{53}
尧　告	teu^{44} ɗau^{53}	m̥am^{13}	nau^{22}
河　坝	teu^{33} mja^{22}	læ^{33}	na^{22}
滚　董	po^{33}	m̥a^{35}	nju^{44}
毛　蚴	po^{33}	m̥a^{35}	heu^{35} nto^{31}
乂百弄	ɗɔ^{53}	ʔa^{02} m̥əŋ^{33}	ʔa^{02} kwɔ^{53}
西　山	ka^{33} məŋ^{33}	muə^{33}；tɕho^{13}	tɕak^{35} kua^{33}
瑶　麓	tɕan^{13}	tiŋ^{33}	ntɯ^{31}
巴　那	tɬi^{13}	lai^{35} lai^{35}	dau^{22}
优　诺	pji^{44}	fe^{44}	nɒ^{54}
下水村	pji^{22} taŋ^{22}	me^{22} thiŋ^{35}	mɔ^{31}
龙　华	pli^{44}	m̥e^{44}	ntu^{11}
龙　定	ɗau^{53}	m̥ei^{33}	du^{21}
烟　园	lau^{51}	ka^{02} daŋ^{33}	du^{42}
双　龙	ɗau^{35}	m̥əi^{33}	du^{42}
油　岭	lau^{24}	me^{44}	ma^{53}

	刺	水稻	种子
石板寨	ʔa^{02} vu^{55}	tso^{31} ŋku^{31}	tə^{02} ȵo^{31}
高寨	tə^{02} vu^{55}	ʔə^{02} tsu^{31}ŋku^{31}	tə^{02} ȵ̥o^{31}
大南山	po^{21}	mple^{31}	noŋ^{43}
高坡	tə^{02} pə^{31}	mplɛ^{55}	qə^{02} ȵ̥õ^{24}
宗地	pɯ^{11}	mplæ^{53}	ȵəŋ^{32}
石门坎	ki^{55} bɦo^{11}	ndlɦi^{35}	tʂaɯ^{55}
腊乙坪	qo^{35} to^{22}	nɯ^{31}	qo^{35}ȵu^{35}
小章	dei^{31} bəɯ^{55}	mɯ^{31}	ʔnuŋ^{53}
养蒿	pə^{11}	na^{55}	qa^{33} n̥ju^{33}
菜地湾	pou^{212}	kɛ^{33} sa^{24}	njeu^{24}
尧告	pu^{241}	nai^{31}	nai^{31} n̥ju^{13}
河坝	pu^{21}	nue^{55}	nju^{44}
滚董	ŋeŋ^{11}	ʔe^{53} liŋ^{33}	ȵoŋ^{35}
毛坳	ȵtɕeŋ^{313}	pei^{11}	ȵuŋ^{35}
七百弄	ʔa^{02} pɔ^{231}	mple^{13}	ȵ̥au^{33}
西山	ko^{35} pho^{44}	ku^{22} thu^{42}	ku^{22} naŋ^{33}
瑶麓	kjan^{33} m̥au^{33} nu^{55}	kjaŋ^{13} tu^{55}	luŋ^{53} n̥jau^{33}
巴那	kau^{31} kau^{31}	pei^{31}	nju^{13}
优诺	thɒ^{33}	mjau^{13}	pui^{32} pan^{54}
下水村	khu^{53}	pja^{31}	ka^{03} nɔ^{22}
龙华	tʃu^{31}	mpla^{33}	nɒŋ^{44}
龙定	dʑim^{53} ; bɔ^{22}	bau^{31}	ȵim^{33}
烟园	dʒim^{51}	ɡji:ŋ^{33} blau^{33}	ȵi:m^{11}
双龙	dʑin^{35}	blau^{31}	ȵ̥ɛn^{33}
油岭	ʑam^{24}	bu^{53}	num^{44}

	秧	包谷	高粱
石板寨	qo^{05} ʔyaŋ^{31}	ʔa^{02} tei^{31} ȵa^{24}	ʔa^{02} mbzi^{33}
高寨	ʔə^{02} ʔʑaŋ^{31}	tə^{02} ȵa^{35}	ʔə^{02} mbji^{55}
大南山	ʑo^{43}	mi^{21}	ntʂua^{33}
高坡	ʑə̃^{24}	pɯ^{31} qɯ^{22}	qo^{02} nzu^{42}
宗地	ʑoŋ^{32}	lu^{42}	ntsa^{44}
石门坎	ʑu^{55} ndlhi^{35}	tsɿ^{55} qɯ^{55}	ʔa^{55} ȵtɕa^{11}
腊乙坪	qo^{35} ʑaŋ^{35}	pə^{44} ʐə^{44}	ʐə^{44}
小章	ʑaŋ^{55}	pau^{53} ku^{53}	ʑa^{55}
养蒿	ʑi^{33}	ka^{35} tjə^{11}	tɕu^{33} mɛ^{55}
菜地湾	ʑi^{24}	pau^{33} ku^{24}	kau^{24} ljaŋ^{22}
尧告	ʑo^{13}	ȵu^{24} qau^{44}	ȵu^{24} tso^{35}
河坝	ʑi^{44}	kua^{13} vaŋ^{55}	kæ̃^{33} ljaŋ^{55}
滚董	jaŋ^{35}	ʔe^{53} nin^{31}	qa^{03} jei^{31} jaŋ^{44}
毛坳	ʑaŋ^{35}	pau^{33} ku^{55}	kau^{33} ljuŋ^{33}
七百弄	tɬu^{53}	ʔa^{02} ɓa^{13}	ʔa^{03} sau^{22}
西山	ʔlen^{33} tɕa^{35}	ku^{22} tei^{13}	ku^{22} ʑaŋ^{42}
瑶麓	ʑuŋ^{33}	ntsu^{33}	ntsu^{33} ntau^{33}
巴那	ʑon^{13}	mi^{31} phau^{55}	kau^{13} ljon^{313}
优诺	jeu^{44}	ta^{21} to^{21}	kɒ^{44} ljaŋ^{13}
下水村	jaŋ^{22}	sju^{31} pɔ^{35}	kɔ^{22} ljaŋ^{31} suk^{35}
龙华	jaŋ^{44}	me^{12} ʍa^{44}	kau^{33} ljaŋ^{31}
龙定	ʑaŋ^{33}	ka^{31} mɛ^{22}	ka^{31} laːŋ^{31}
烟园	zaːŋ^{35}	ka^{31} mei^{51}	—
双龙	mjau^{31}	ʔȷ^{24} mi^{53}	tuŋ^{42} kla^{31}
油岭	bjau^{53}	ma^{22} bo^{22}	ma^{22} me^{24}

	粟	菜	白菜
石板寨	ntshaŋ55 mi55	qo05 ʔʑu31	ʔʑu31 qlo31
高寨	ʔə02 ntshaŋ55	ʔə02 ʔyy31	ʔyy31 qwa35 qlo31
大南山	no31；tsho55	ʐou43	ʐou43 tɬeu43
高坡	pə02 sho24 nə̃55	ʐo24	ʐo24 qu13 tɬə24
宗地	ɳɔ35 noŋ53 tɕa44	ʐɔ32	ʐɔ32 ha44 ɬə32
石门坎	tshu55	zau55	zau55 tɬey55
腊乙坪	noŋ53	ʐei35	ʐei35 pe22 tsha35
小章	ʔna33	ʔʑi53	pei53 tshai13
养蒿	ka35 qo11	ɣo33	ɣo33 ɬu33
菜地湾	kɛ33 nen22	vo24	phe35 sɛ44
尧告	ȵu24 nei31	ɣɔ13	ɣɔ13 tɬa13
河坝	kua13 sheu13	ɣɔ44	ɣɔ44 ɬo44
滚董	maŋ55	ji35	ji35 kwo35
毛坳	naŋ35	ʑi35	ʑi35 kwau35
七百弄	noŋ13	ɣa33	ɣa33 tɬo33
西山	ku22 noŋ42	ʔʑa33	ʔʑa33 pə22 tshai13
瑶麓	kjaŋ13 tɕuan53	ɣe13	ɣu33
巴那	ʔa55 ȵje313	ʑo13	ʑo13 pe31 tshai55
优诺	ʔa54 noŋ13	jo44	ky44 jo44
下水村	kau35 mi31 suk35	ji22	ji22 kjɔ22
龙华	no44	je44	je44 klau44
龙定	bu31 tsai33 m̥ei53	lai33	lai33 pɛ22
烟园	—	gjai35	gjai35 ʔpek42
双龙	m̥i35 tjai33	lai33	phɛ21 lai33
油岭	—	ʔe44	pa22 soi24

	油菜	韭菜	萝卜
石板寨	ʔʑu31 ʑo31	ʔʑu31 tɕu55	qei55 ndaŋ24
高寨	ʔə02 py55 ʔɣy31	ʔɣy31 tɕu55	qo05 ndaŋ35
大南山	ʐou43 qhua33	ʐou43 ʈua44	hou55 pu21 ʐou43
高坡	—	ʐo24 tɕɯ13	qə02 ntə̃22
宗地	ʐɔ32 ha44 ʑəu21	hei53 sæn13; hei53 le13	ʐɔ32 ha44 po11
石门坎	zau55 dlɦo35	zau55 ki33 ʈha33	ʔa33 ɬau55 zau55
腊乙坪	ʐei35 ʑɯ22 tsha35	qwaŋ22 cɯ53 tsha35	ɬa44 pə42
小章	—	tɕəɯ55 tshuŋ53	la35 bu13
养蒿	ɣo33 ʑu55	ɣo33 ȵi55	ɣo33 paŋ31
菜地湾	—	tɕeu33 sɛ44	lo22 phe35
尧告	ɣɔ13 ʑu13	ɣɔ13 tɕa35	ɣɔ13 paŋ31
河坝	ɣɔ44 tjaŋ55	ɣɔ44 ȵje55	pei13 paŋ53
滚董	ji35 jeu33	ji35 he31	tjei31 po42
毛坳	ʑu33 tshai55	tɕu33 tshai55	pjei313 phau31
七百弄	ɣa33 tɕɔ53 ʑu13	ɣa33 hu33 tɕə13	lɔ31 pu13
西山	ʔʑa33 pu42	ʔʑa33 tɕet35	ʔʑa33 la33 pak33
瑶麓	ɣu33 ʑu31	ɣu33 ntan53	lu31 pu13
巴那	ʑu313 tshai55	tɕu313 tshai55	lo53 pa31
优诺	jeu13 jo44	kjeu32 tha54	pji33 pa21
下水村	ji22 phun31	tsi22 tshe53	ji22 pha33 kɔ55
龙华	je44 jo33	je44 ŋjin44	je44 nto12 ŋko12
龙定	ʑau31 lai33	tɕu31 tsho:i24	lai33 pa22
烟园	gjai35 zeu33	gjai35 tʃha:i31	lo11 pak42
双龙	ʑau31 lai33	tjau53 tshɛ24	phɔ21
油岭	—	ȵam53	lo53 po22

	芋头	茄子	辣椒
石板寨	taŋ^{31} ŋqwaŋ^{24} ʔʑu^{31}	ʔa^{02} qlei^{24} ʑaŋ^{31}	ʔa^{02} mbja^{33}
高寨	ʔə^{02} wo^{35}	qo^{05} ʑaŋ^{31} qaŋ^{55}	ʔa^{02} mba^{55}
大南山	qau^{33} qha^{55}	lu^{21}	qho^{43}
高坡	—	lu^{31} ku^{22}	ku^{13} ʂa^{42}
宗地	wɯ^{13} hæ^{55}	huei^{32} tɕə^{13}	pu^{42} mpʐʅ^{21}
石门坎	—	ʂaɯ^{55} ŋɢhau^{11}	ki^{33} ʂa^{33}
腊乙坪	pji^{44} wə^{42}	kwaŋ^{55}	ʂei^{44} ʈa^{22}
小章	wa^{31} wa^{35}	pji^{55} ʔʑi^{53}	hai^{53} tɕəɯ^{55}
养蒿	ɣo^{33} vu^{13}	tɕa^{55}	ʔə^{33} so^{33}
菜地湾	y^{53} teu^{33}	tɕa^{22}	tsen^{33} ȵja^{13}
尧告	tɕi^{53} va^{22}	tɕi^{53} tɕu^{24}	hoŋ^{31}
河坝	—	pei^{13} tɕa^{55}	pei^{13} mja^{53}
滚董	wo^{44}	tjei^{31} tɕei^{55}	ljaŋ^{55}
毛坳	—	pjei^{313} tsei^{55}	pjei^{313} tai^{31}
七百弄	ʔa^{02} vu^{22}	lə^{31} tɕu^{13}	ʔa^{02} man^{22}
西山	pi^{35} via^{22}	tɕhe^{31} tsʅ^{35}	pi^{35} man^{22}
瑶麓	ɣu^{33} nan^{33}	lja^{53} tɕa^{31}	ljaŋ^{55}
巴那	vu^{53} tu^{313}	tɕha^{313}	fu^{313} tsjeu^{13}
优诺	vji^{32} teu^{55}	pə^{03} kjo^{13}	kwan^{33} tjeu^{44}
下水村	vu^{53}	kjhu^{31} taŋ^{22}	kɔk^{35} tsju^{55}
龙华	wau^{11} kjheu^{35}	kwei^{44} ka^{11} ðau^{11}	tʃeu^{53}
龙定	həu^{21}	tɕe^{31}	fan^{33} tjəu^{33}
烟园	heu^{42}	kwa^{31} djaŋ^{51}	pjat^{42} tjeu^{35}
双龙	ʔi^{24} dəu^{24}	tja^{31}	xai^{53} tɕiu^{33}
油岭	dai^{53} vu^{22}	tɕa^{53}	—

	葱	蒜	姜
石板寨	qo^{05} tshuŋ^{33}	qo^{05} ʁa^{31}	qo^{05} qhɪa^{55}
高寨	ʔə^{02} tshoŋ^{31}	ʔə^{02} ʁa^{31}	ʔə^{02} qwhen^{55}
大南山	tɬau^{21} ʈaŋ^{31}	qen^{31}	qha^{55}
高坡	qə^{02} tʂã^{22}	qa^{55}	qhẽ^{13}
宗地	hei^{53} ɬoŋ^{13}	hei^{53}	hæn^{232}
石门坎	ɢhɯ^{35} ɖhaɯ^{35}	ɢhɯ^{35}	ʔa^{55} dʑaɯ^{55} tsɿ^{33} phə^{55}
腊乙坪	qwaŋ^{22}	qwaŋ^{22} qwei^{35}	ʂɛ^{44}
小章	qwaŋ^{55}	sɿ^{55} qa^{31}	tɕaŋ^{13}
养蒿	ɣo^{33} ȵi^{55} tjoŋ^{55}	qa^{55}	khi^{35}
菜地湾	seŋ^{24}	suan^{44}	tɕaŋ^{24}
尧告	ɣɔ^{13} tə^{31} mam^{44}	ɣɔ^{13} tau^{31}	kha^{53}
河坝	ɣɔ^{44} ȵje^{55} tjuŋ^{55}	qa^{55}	khe^{13}
滚董	tjei^{31} soŋ^{55}	tjei^{31} se^{55}	ȵeŋ^{33}
毛坳	ʑi^{35} sai^{55}	qo^{313} ʑi^{35} sai^{55}	ɣeŋ^{313}
七百弄	ɣa^{33} ʈaŋ^{33}	ɣa^{33} ho^{33}	ʔa^{02} kjhəŋ^{53}
西山	ʔʑa^{33} ʔpu^{35}	ʔʑa^{33} xu^{33}	kheŋ^{35}
瑶麓	kuŋ^{33} ɣu^{33} ntan^{53}	kau^{53} khan^{33} ntan^{53}	tɕaŋ^{33}
巴那	tshuŋ^{13}	suŋ^{55}	tɕon^{13}
优诺	theŋ^{44}	pə^{03} ɬan^{55} peu^{55}	san^{33}
下水村	tshɔŋ^{22}	si^{35}	khue^{55}
龙华	tʃhuŋ^{44}	ho^{53} po^{55}	khai^{53}
龙定	tshoŋ^{33}	ɬun^{24}	suŋ^{33}
烟园	tʃhoːŋ^{11}	tʃhun^{31}	tuːŋ^{33}
双龙	tshɔŋ^{33} bɔ^{24}	khəu^{33}	sɛ^{33} tjuə^{42}
油岭	—	hon^{24}	—

	红薯	笋	瓜
石板寨	ʔa^{02} nda^{31}	qo^{05} mbja^{24}	qo^{05} qwa^{31}
高寨	ʔə^{02} wo^{35}	ʔə^{02} mba^{35}	ʔə^{02} qwa^{31}
大南山	qau^{33} la^{43}	ntʂua^{13}	tou^{43}
高坡	ku^{13} ntu^{55}	mplu^{22}	ka^{24}
宗地	wu^{13} ʐɪ^{32}	mpʐə^{13}	huei^{32}
石门坎	ʔa^{55} mu^{53} lie^{55}	ʔa^{33} tʂʅ^{33}	ki^{55} mpa^{55}
腊乙坪	hu^{44} ɕɔ^{44}	mʐa^{42}	qo^{35} tɔ^{35}
小章	huŋ^{53} səɯ^{53}	mja^{13}	məɯ^{31}
养蒿	na^{55} ʔə^{33}	za^{13}	fa^{33}
菜地湾	na^{22}	nja^{53}	kua^{24}
尧告	tɕi^{53} no^{31}	ȵo^{22}	kwi^{13}；tɐu^{13}
河坝	pɔ^{11} na^{55}	mja^{22}	kuæ^{44}
滚董	lei^{44} kwhai^{44}	njei^{44}	tjei^{31}
毛坳	nte^{33} pi^{313} phau^{313}	mpje^{31}	pjei^{313}
七百弄	nto^{13}	mpjɔ^{22}	ʔa^{02} kwa^{42}
西山	to^{42}	ʔʑa^{33} pia^{22}	kua^{33}
瑶麓	ntau^{44}	mpjou^{31}	ko^{33} ku^{33}
巴那	hɯŋ^{313} ɕi^{313}	bja^{22}	kwa^{13}
优诺	sɒ^{13}	mja^{32}	kwa^{13}
下水村	fan^{22} si^{53}	pɪ^{33} pja^{53}	tɔŋ^{22}
龙华	wo^{11} tʃəŋ^{44}	mpja^{11}	kwe^{44}
龙定	fun^{31} doːi^{31}	bai^{21}	kwa^{33}
烟园	toːi^{31} dun^{35}	bjai^{42}	kwa^{35}
双龙	dɔi^{31}	blai^{42}	kwa^{33}
油岭	dai^{53}	be^{22}	ka^{44}

	瓜藤	瓜子	南瓜
石板寨	qo^{05} ɬi^{24} qwa^{31}	ʔa^{02} χwen^{33} qwa^{31}	qo^{05} tuŋ^{31}
高寨	qo^{05} ɬi^{35}	tə^{02} χwen^{31}	ʔə^{02} toŋ^{31}
大南山	m̥aŋ^{43}	noŋ^{43} tou^{43}	tou^{43}
高坡	m̥ã^{24}	qã^{31} n̥õ^{24} ka^{24}	mpõ^{31} tõ^{24}
宗地	ma^{22}	ɳtaŋ^{32} huei^{32}	huei^{32} wɯ^{33}
石门坎	ʔa^{55} m̥aɯ^{55}	ʔa^{33} dlhi^{35} ki^{55} mpa^{55}	ki^{55} mpa^{55} thau^{55}
腊乙坪	qo^{35} ɕi^{35}	qo^{35} ɳu^{35}	tɔ^{35} mpe^{44}
小章	ɬai^{33} məɯ^{31}	ʔnuŋ^{53} məɯ^{31}	məɯ^{31}
养蒿	pa^{13}	qa^{33} nju^{13} fa^{33}	fa^{33} tjə^{11}
菜地湾	pa^{53}	njeu^{24}	faŋ^{24} kua^{24}
尧告	pe^{22} teu^{13}	ŋju^{13} teu^{13}	teu^{13} tjəu^{241}
河坝	kuæ^{44} qa^{33} pja^{22}	kuæ^{44} qa^{33} ɲe^{44}	na^{55} kuæ^{44}
滚董	m̥a^{35} tjei^{31}	ȵoŋ^{35} tjei^{31}	tjei^{31} hoŋ^{55}
毛坳	m̥a^{35} pjei^{313}	ȵuŋ^{35} pjei^{313}	pjei^{313} kwei^{33}
七百弄	m̥əŋ^{33} kwa^{42}	ʔa^{02} ntθə^{42} kwa^{42}	ʔa^{02} kwa^{42}
西山	phi^{22} kua^{33}	ŋui^{22} kua^{33}	nan^{31} kua^{33}
瑶麓	ko^{33} ku^{33} mai^{53}	luŋ^{53} ko^{33} ku^{33}	ko^{33} ku^{33}
巴那	kwa^{13} lai^{35}	ke^{22} ke^{22}	tɕiŋ^{313} kwa^{13}
优诺	kwa^{44} mjeu^{13}	pji^{33}	kiŋ^{44} ko^{44}
下水村	tɔŋ^{22} mje^{33}	tɔŋ^{22} khɔ^{55}	hak^{35} nuk^{35} tɔŋ^{22}
龙华	kwe^{44} m̥e^{44}	kwe^{44} ȵoŋ^{44}	kwe^{44} tuŋ^{33}
龙定	kwa^{33} m̥ei^{33}	kwa^{33} ȵim^{33}	faŋ^{31} kwa^{33}
烟园	ka^{02} daŋ^{33}	kwa^{35} ȵi:m^{11}	kom^{33} kwa^{35}
双龙	m̥əi^{33}	kwa^{33} ȵ̊ɛn^{33}	xwaŋ^{53} kwa^{33}
油岭	ka^{44} me^{44}	ka^{44} ha^{22}	fan^{42} ka^{44}

	西瓜	黄瓜	葫芦
石板寨	qwa^{31} tshei^{55}	qwa^{31} wen^{31}	qwa^{31} fu^{31} lu^{55}
高寨	ɕi^{55} qwa^{55}	ʔə^{02} qwa^{31}	ʔə^{02} to^{31}
大南山	tou^{43} ɳʈou^{13}	tɬi^{43}	tou^{43} fu^{43}
高坡	—	ka^{24}	qa^{13} tɕu^{22}
宗地	huei^{32} sen^{11}	huei^{32} ŋkəu^{44}	tu^{32}
石门坎	—	ki^{55} tɬi^{55}	ki^{55} tau^{55}
腊乙坪	ɕi^{44} kwa^{44}	kwa^{35}	tɔ^{35} hə^{35}
小章	ɕi^{53} kwa^{53}	waŋ^{31} kwa^{53}	ki^{03} to^{53}
养蒿	fa^{33} ʔə^{33}	fa^{33} qɛ^{44}	fa^{33} qhaŋ^{33}
菜地湾	ɕi^{24} kua^{24}	vaŋ^{22} kua^{24}	qhan^{24}
尧告	kwi^{13} tsau^{53}	kwi^{13}	teu^{13} m̥u^{13}
河坝	ɕi^{33} kua^{33}	pei^{13} kuæ^{44} ʔeu^{44}	pei^{13} teu^{44}
滚董	tjei^{31} kwa^{35} ʔaŋ^{35}	tjei^{31} kwa^{35}	tjei^{31} mo^{33}
毛坳	pjei^{313} ɕi^{55} kwa^{55}	pjei^{313} kwa^{35}	pjei^{313} mpo^{33}
七百弄	θi^{33} kwa^{33}	pji^{53} ko^{33}	ta^{231}; pju^{231}
西山	si^{33} kua^{33}	pi^{35} ko^{33}	—
瑶麓	ɕi^{33} kwa^{33}	pu^{33}	khan^{33}
巴那	ɕi^{13} kwa^{13}	hŋ^{313} kwa^{13}	fu^{31} lu^{55} kwa^{33}
优诺	ɬe^{44} ko^{44}	pə^{03} kwa^{44}	pə^{03} noŋ^{32}
下水村	si^{22} kwa^{22}	kue^{22} taŋ^{22}	tɔŋ^{22}
龙华	kwe^{44} θe^{53}	kwe^{44} ʔɒŋ^{44}	kwe^{44} ʃu^{12}
龙定	si^{33} kwa^{33}	kwa^{33} wa:ŋ^{31}	ɡo:ŋ^{53}
烟园	—	kwa^{35} vaŋ^{33}	dʒo:p^{55}
双龙	ɕi^{33} kwa^{33}	sɛ^{33} ȵin^{42} kwa^{33}	bu^{31}
油岭	tiŋ^{44} dan^{44} ka^{44}	heŋ^{44} ka^{44}	noŋ^{44} hu^{53}

	冬瓜	豆	黄豆
石板寨	qwa^{31} mbaŋ^{24}	qo^{05} ɓo^{24}	ɓo^{24} tə^{02} hu^{55}
高寨	—	ʔə^{02} no^{31}	no^{31} men^{35}
大南山	tou^{43} tu^{13}	tou^{24}	tou^{24} pou^{55}
高坡	põ^{31} tõ^{24} qə^{02} mõ^{22}	tə^{55}	tə^{55} po^{13}
宗地	huei^{32} su^{22}	tu^{21}	tu^{21} mi^{21}
石门坎	ki^{55} mpa^{55} dʐhau^{35}	dau^{53}	dau^{53} thy^{33}
腊乙坪	tɔ^{35} phu^{44}	tei^{44}	tei^{44} qwen^{31}
小章	məɯ^{31} tu^{53}	nuŋ^{35}	nuŋ^{35} pi^{55}
养蒿	tsen^{35} phi^{35}	tə^{31}	tə^{31} pu^{35}
菜地湾	teŋ^{24} kua^{24}	teu^{13}	teu^{13} fan^{22}
尧告	tɕi^{53} phai^{53}	neu^{35}	neu^{35} paŋ^{53}
河坝	pei^{13} phoi^{13}	pua^{13} teu^{53}	pua^{13} teu^{53} kuæ̃^{55}
滚董	tjei^{31} taŋ^{35}	tu^{42}	tu^{42} pei^{31}
毛坳	pjei^{313} taŋ^{35} mpe^{55}	thu^{31}	thu^{31} pi^{313}
七百弄	ʔa^{02} tau^{33}	tu^{21}	tu^{21} pa^{53}
西山	toŋ^{33} kua^{33}	ku^{22} thu^{22}	thu^{22} taŋ^{13}
瑶麓	ko^{33} lo^{53}	tɯ^{42}	tɯ^{42} kei^{33}
巴那	tuŋ^{13} kwa^{13}	to^{53}	to^{53} ljeu^{13}
优诺	taŋ^{44} ko^{44}	pə^{03} to^{21}	kwan^{13} pə^{03} to^{21}
下水村	tuŋ^{22} kwa^{22}	tã^{03} thɔ^{35}	tã^{03} thɔ^{35} kwhen^{31}
龙华	kwe^{44} mpho^{44}	to^{12}	to^{12} kwen^{33}
龙定	sop^{22}	top^{22}	to^{22} wjaŋ^{31}
烟园	dʒɔːp^{55} pu^{51}	ʔtap^{42}	ʔtap^{42} vaŋ^{33}
双龙	tɔŋ^{33} kwa^{33}	thət^{21}	bi^{35}
油岭	duŋ^{44} ka^{44}	tup^{22}	tup^{22} me^{44}

	豇豆	花生	芝麻
石板寨	ʙo^{24} ɳɖaŋ^{31}	qo^{05} ʙo^{24} χwa^{33} sen^{33}	ʔa^{02} nen^{55}
高寨	no^{31} ɳɖaŋ^{35}	—	ʔə^{02} n̥en^{55}
大南山	tou^{24} ɬaŋ^{43}	tou^{24} lua^{31}	—
高坡	tə^{55} ɬõ^{24} ʔə^{13}	ku^{31} lɛ^{22} tɛ^{24}	—
宗地	tə^{21} lua^{22} paŋ^{33}	tu^{21} lə^{13}	ploŋ^{42}
石门坎	dau^{53} vau^{31}	dau^{53} qho^{55} ʔa^{33} l̥ha^{35}	tsɿ^{33} mɦaɯ^{35}
腊乙坪	qa^{44} nu^{44}	lu^{31} hwa^{44} sen^{44}	ʐ̥ɔ^{53}
小章	nuŋ^{35} tɯ^{55} qa^{35}	hua^{33} sen^{53}	ʑəɯ^{31} ma^{31}
养蒿	tə^{31} ta^{35}	tə^{31} ta^{33}	ʑu^{55} mi^{55}
菜地湾	kaŋ^{24} teu^{53}	lo^{13} fa^{24} sen^{24}	—
尧告	neu^{35} kan^{13} san^{31}	neu^{35} tai^{13}	n̥an^{53}
河坝	teu^{53} la^{33} tɕhɔ^{33}	hua^{33} sen^{33}	ʑuŋ^{55} me^{55}
滚董	tu^{42} tai^{44}	tu^{42} qa^{03} lei^{33}	nju^{44}
毛坳	kaŋ^{55} thu^{31}	lo^{35} hua^{55} seŋ^{55}	tsɿ^{55} ma^{33}
七百弄	tu^{21} nəŋ^{33}	tu^{21} te^{33}	ʔa^{02} n̥əŋ^{53}
西山	thu^{22} ka^{42}	pi^{35} xan^{13}	ku^{22} neŋ^{35}
瑶麓	tɯ^{42} lja^{13}	tɯ^{42} ta^{33}	tɕan^{44}
巴那	to^{53} da^{44}	lo^{35} fa^{33} sen^{33}	laŋ^{44}
优诺	nau^{32} pə^{03} to^{21}	lo^{32} to^{21} sie^{44}	tsi^{44} ma^{13}
下水村	ta^{03} thɔ^{35} mje^{33}	ti^{53} tɔ^{53}	juŋ^{35} mɔ^{31}
龙华	to^{12} je^{44}	to^{12} pei^{55} tʃəŋ^{33}	ja^{44} mo^{44}
龙定	top^{22} lai^{33}	ti^{31} top^{22}	sa^{55}
烟园	—	dei^{11} deu^{42}	ta^{11}
双龙	thət^{21} kun^{35}	sən^{33} dau^{24}	ʑau^{31} ma^{31}
油岭	—	fan^{42} tau^{24}	tsa^{44}

	草	茅草	蓝靛苗
石板寨	qo^{05} ɳɖuŋ^{31}	ʔa^{02} mbo^{31}	qo^{05} ȵdʑin^{31}
高寨	ʔə^{02} tsho^{55}	ʔə^{02} mbo^{31}	ʔə^{02} ȵdʑin^{31}
大南山	ȵaŋ^{43}	ŋqen^{43}	ŋaŋ^{31}
高坡	ʐo^{24}	ŋqĩ^{24}	—
宗地	ȵɔ^{21}	ŋkæn^{32}	ŋkua^{53}
石门坎	ŋqɯ^{55}	tɬau^{55} ŋqɯ^{55}	—
腊乙坪	qo^{35} ʐei^{35}; qo^{35} ȵoŋ^{35}	qo^{35} ntshɯ^{44}	ʐei^{35} mpe^{44} ȵi^{31}
小章	ɡu^{31} ku^{33}	tshɯ^{55}	lan^{31} tjen^{13}
养蒿	qa^{33} zaŋ^{55}	qɛ^{33}	nji^{55} ɣo^{33} ljo^{31}
菜地湾	njaŋ^{22}	njaŋ^{22} qei^{24}	—
尧告	ȵaŋ^{31}	tam^{13} qa^{13}	ɣɔ^{13} lam^{31}
河坝	mjaŋ^{55}	mjaŋ^{55} qei^{44}	pa^{22} ŋe^{55}
滚董	so^{31}	so^{31} qa^{03} ŋe^{35}	ŋai^{33}
毛坳	so^{313}	qa^{03} nuŋ^{35}	ŋqei^{33}
七百弄	ʔa^{02} ȵ̥a^{53}	ʔa^{02} ŋko^{33}	ŋkjəŋ^{13}
西山	ȵa^{35}	ko^{22} Ko^{33}	ko^{22} vok^{44}
瑶麓	ntje^{55}	kjaŋ^{13} ntje^{55}	tɕou^{33} tɕan^{44}
巴那	tsho^{35}	sai^{13} mo^{313} tsho^{35}	naŋ^{31} diŋ^{13} tsho^{35}
优诺	thau^{55}	ŋo^{44}	te^{21}
下水村	tshɔ^{33}	kaŋ^{22}	kiŋ^{31} pjɔŋ^{31}
龙华	ntu^{35}	ŋkan^{44} lau^{31}	ntʃen^{33}
龙定	mje^{53}	ɡaːn^{33}	ɡaːm^{31}
烟园	ŋwa^{51}	ɡaːn^{35}	ɡaːm^{33}
双龙	m̥ja^{35}	ɡwan^{33}	tjɛn^{42}
油岭	mja^{24}	ɡon^{44}	tjan^{22}

	蕨菜	蘑菇	木耳
石板寨	ʔʑu^{31} sa^{31}	qo^{05} ȵtɕi^{31}	qo^{05} ȵtɕi^{31} mo^{31} əɹ^{55}
高寨	ʔə^{02} sa^{31}	ʔə^{02} ȵtɕi^{31}	—
大南山	ʐou^{43} ʂua^{43}	ȵtɕe^{43}	ȵtɕe^{43} mau^{44} ʔə^{44}
高坡	—	ȵtɕɛ^{24}	ȵtɕɛ^{24} qə^{02} mplɛ^{55}
宗地	ʐɔ^{32} ʐa^{22}	ȵtɕæ^{32}	ȵtɕæ^{32} mpʐəu^{55}
石门坎	—	ȵtɕi^{55}	ʔa^{33} mbɦə^{35} mpy^{11}
腊乙坪	ʐei^{35} ʂo^{35}	ŋkɯ^{35}	ŋkɯ^{35} mʐɯ^{31}
小章	ʑi^{53} ɕəɯ^{53}	ɡɯ^{31}	mu^{31} ʔəɯ̃^{55}
养蒿	ɣo^{33} xhə^{33}	tɕi^{33}	tɕi^{33} qɛ^{33} zɛ^{55} pɛ^{31}
菜地湾	hou^{24}	tɕei^{24}	tɕei^{24} ȵjei^{22} mau^{35}
尧告	ɣɔ^{13} xeu^{13}	tɕi^{13}	tɕi^{13} ȵei^{31} miau^{13}
河坝	ɣɔ^{44} xa^{44}	tɕi^{44}	tɕi^{44} me^{55} nẽ^{22}
滚董	ji^{35} nau^{44}	ŋo^{35}	ŋo^{35} qhoŋ^{31} njo^{33}
毛坳	ʑi^{35} nteu^{33}	ŋko^{35}	ŋko^{35} mpjo^{33}
七百弄	ka^{53} kwe^{53}	ɣa^{33} ȵtɕe^{33}	ɣa^{33} tɬe^{13}
西山	ʔʑa^{33} tɕi^{33}	tɕa^{33}	tɕa^{33}
瑶麓	xɯ^{33}	ȵtɕei^{33}	ȵtɕei^{33} mpje^{55} mjau^{53}
巴那	ʑo^{13} ɕu^{13}	dʑa^{13}	mo^{55} ɤ^{44}
优诺	jo^{44} sɒ^{44}	ŋau^{44}	ŋau^{44}
下水村	ja^{31} ji^{33} kwhan^{55}	juŋ^{22} kɔ^{55} kja^{55} jɔŋ^{35}	ka^{03} pja^{31} khuŋ^{55}
龙华	je^{44} ŋkjheu^{44}	ntʃa^{44}	ntʃa^{44} tei^{35}
龙定	ȵaːi^{24}	tɕəu^{33}	tɕəu^{33} bo^{53}
烟园	—	ʃeu^{35} kjoːŋ^{35}	ʃeu^{35} bu^{51}
双龙	tjɔt^{53} tjɔn^{33}	tjau^{33}	ɡau^{53} kuŋ^{35} ɡau^{31}
油岭	ʔe^{44} ti^{44}	ku^{44}	ku^{24} bju^{53} kat^{22}

	米	糯米	饭
石板寨	qo^{05} tshaŋ^{55}	tshaŋ^{55} mblo^{33}	qo^{05} ȵa^{24}
高　寨	ȵa^{35} mblei^{31}	ȵa^{35} mblo^{31}	ȵa^{35}
大南山	ntʂa^{43}	ntʂa^{43} mplou^{24}	tɕua^{13}
高　坡	ʂhã^{24}; po^{13}sho^{13}	qə^{02} mplə^{55}	ŋ̊õ^{42}
宗　地	soŋ^{232}	soŋ^{232} mplu^{21}	ŋɔ^{35}
石门坎	ndlhi^{35}	ndlhi^{35} ndlhau^{31}	va^{53}
腊乙坪	ntsɔ^{53}	ntsɔ^{53} nu^{22}	ʤe^{53}
小　章	zo^{13}	zo^{13} mɯ^{35}	xi^{33}
养　蒿	qa^{33} shɛ^{35}	shɛ^{35} nə^{31}	ka^{35}
菜地湾	sei^{33}	sei^{33} neu^{13}	kɛ^{33}
尧　告	su^{53}	su^{53} ɣu^{44}	ȵu^{24}; tseu^{241}
河　坝	shei^{13}	shei^{13} neu^{53}	kua^{22}
滚　董	ȵu^{55}	ȵu^{55} nju^{42}	ʔe^{53}
毛　坳	ntsu^{55}	ntsu^{55} ŋkha^{31}	ʔe^{53}
七百弄	θoŋ^{53}	θoŋ^{53} mplu^{21}	ʑo^{231}
西　山	ko^{22}	ko^{22} tɕu^{22}	khoŋ^{33}
瑶　麓	kjaŋ^{13}	——	kjaŋ^{13}
巴　那	son^{44}	son^{44} dlo^{53}	ʔan^{55}
优　诺	theu^{33}	mjo^{21} theu^{33}	ʔa^{54}
下水村	tsi^{33}	pjɔ^{35} tsi^{33}	kue^{35}
龙　华	ntʃei^{35}	mpla^{33} mplo^{12} ntʃei^{35}	kwe^{55}
龙　定	m̥ei^{53}	m̥ei^{33} but^{22}	ŋ̊aːŋ^{24}
烟　园	mei^{51}	mei^{51} blat^{42}	ʃu^{35}
双　龙	m̥i^{35}	m̥i^{35} blat^{21}	ŋ̊aŋ^{24}
油　岭	me^{24}	but^{22} me^{24}	noŋ^{42}

	粥	粑粑	面粉
石板寨	qo^{05} ʑo^{24} ȵa^{24}	qo^{05} ŋka^{55}	ʔa^{02} pləu^{55} mjen^{24} fen^{55}
高寨	ʔə^{02} qwa^{55}		ʔə^{02} plu^{55} mu^{35}
大南山	kua^{44} tɬi^{33}	ȵtɕua^{55}	m̥o^{55} mau^{13} ʂou^{43}
高坡	qə^{02} ʑo^{42}	ŋku^{13}	—
宗地	ka^{42} huei^{44}	ȵtɕa^{42}	plɔ^{55} məŋ^{13}
石门坎	tɬi^{11}	ɕe^{55}	ʔa^{55} du^{53} ʂau^{55}
腊乙坪	ci^{44} se^{44}	mpe^{44}	qo^{35} mpe^{35} hwei^{44} mjɛ^{35}
小章	ʔu^{53} xi^{55}	gɯ^{55}	bei^{13} m^{35}
养蒿	ka^{35} ɬjhi^{53}	tɕə^{35}	qa^{33} pen^{44} ka^{35} maŋ^{11}
菜地湾	kɛ^{33} lue^{22}	tɕou^{33}	—
尧告	tsəu^{241}	tɕəu^{53}	min^{35} fen^{53}
河坝	ka^{13} lju^{53}	pɔ^{11} tɕa^{13}	qa^{33} puẽ^{33} mjaŋ^{22}
滚董	kaŋ^{55}	ŋo^{31}	ȵje^{42} ʔe^{53}
毛坳	kaŋ^{35}	ŋko^{313}	—
七百弄	ʑo^{231} ʔa^{02} pjo^{231}	ȵtɕu^{53}	mpoŋ^{53} ʔa^{02} mje^{22}
西山	khoŋ^{33} si^{44}	ʔpa^{33}	mian^{13} fen^{35}
瑶麓	kju^{53}	ȵtɕu^{13}	mjen^{33} tjhau^{53}
巴那	ʔan^{55} mi^{55}	bon^{44}	mjen^{35} fei^{33}
优诺	man^{55} ʔa^{54}; ȵjeu^{13} ʔa^{54}	ŋu^{33}	me^{21} mo^{32}
下水村	kue^{35} ki^{55}	paŋ^{55}	mjan^{53} fun^{22}
龙华	kwe^{55} kui^{53}	mpaŋ^{53}	min^{33} man^{35}
龙定	tso^{55}	dʑo^{53}	min^{21} bon^{53}
烟园	ʃu^{35} kla:u^{42}	dʒu^{51}	mi^{11} ban^{51}
双龙	ŋ̊aŋ^{24} tjɔ^{53}, xəu^{31}	dju^{35}	m̥ɛ^{42} bin^{35}
油岭	ham^{24}	gu^{24}	bun^{42}

	肉	牛肉	羊肉
石板寨	qo^{02} ŋɢɛ^{31}	ŋɢɛ^{31} ʑu^{55}	ŋɢɛ^{31} ʑuŋ^{31}
高　寨	tə^{02} ŋɢe^{31}; ʔə^{02} kaŋ^{35}	kaŋ^{35} ʑu^{55}	kaŋ^{35} ʑi^{31} χe^{31}
大南山	ŋqai^{31}	ŋqai^{31} ȵo^{31}	ŋqai^{31} ʑaŋ^{31}
高　坡	ŋqe^{55}	ŋqe^{55} ʑə^{31}	ŋqe^{55} ʑã^{55}
宗　地	ŋke^{53}	ŋke^{53} ŋu^{53}	ŋke^{53} sei^{13}
石门坎	ŋɢhai^{35}	ŋɢhai^{35} ȵhu^{35}	ŋɢhai^{35} ʑhaɯ^{35}
腊乙坪	ȵa^{31}	ȵa^{31} ʑu^{22}	ȵa^{31} ʑoŋ^{31}
小　章	ŋa^{31}	ŋa^{31} ŋ^{33}	ŋa^{31} ʑaŋ^{31}
养　蒿	ŋi^{55}	ŋi^{55} ȵjin^{55}/ljo^{35}	ŋi^{55} lji^{35}
菜地湾	ŋa^{22}	ŋa^{22} ljou^{33}	ŋa^{22} lje^{33}
尧　告	ʔi^{35}	ʔi^{35} sia^{31}	ʔi^{35} lji^{53}
河　坝	ŋe^{55}	ŋe^{55} ni^{55}/ljɔ^{13}	ŋe^{55} ʑuŋ^{55}
滚　董	ŋe^{33}	ŋe^{33} ŋ^{33}	ŋe^{33} hi^{35} hi^{35}
毛　坳	ŋqai^{33}	ŋqai^{33} ŋ^{33}	ŋqai^{33} ʑuŋ^{33}
七百弄	ŋka^{13}	ŋka^{13} vɔ^{231}	ŋka^{13} ʑəŋ^{13}
西　山	ka^{42}	ka^{42} vo^{44}	ka^{42} ʑuəŋ^{42}
瑶　麓	ŋka^{55}	ŋka^{55} tɕhou^{13}	ŋka^{55} lje^{55} lje^{31}
巴　那	ɡe^{313}	ɡe^{313} ŋ^{313}	ɡe^{313} ʑuŋ^{313}
优　诺	pe^{44}	ŋu^{13} pe^{44}	jaŋ^{13} pe^{44}
下水村	kue^{31}	jɔ^{31} kue^{31}	jɔŋ^{31} kue^{31}
龙　华	ŋkai^{33}	ŋjo^{33} ŋkai^{33}	jəŋ^{33} ŋkai^{33}
龙　定	ʔo^{53}	ŋuŋ^{31} ʔo^{53}	ʑuŋ^{31} ʔo^{53}
烟　园	ʔa^{51}	ŋoːŋ^{33} ʔa^{51}	zuːŋ^{33} ʔa^{51}
双　龙	dʑi^{31}	ȵuŋ^{31} dʑi^{31}	ʑuə^{31} dʑi^{31}
油　岭	ɡui^{53}	ŋ̥ŋ^{53} ɡui^{53}	ʑiŋ^{53} ɡui^{53}

	猪肉	肥肉	瘦肉
石板寨	ŋɢɛ^{31} mpzi^{24}	ŋɢɛ^{31} ʐuŋ^{24}	ŋɢɛ^{31} ndza^{55}
高寨	kaŋ^{35} mpji^{35}	kaŋ^{35} tə^{02} ʐoŋ^{35}	kaŋ^{35} tə^{02} ȵa^{35}
大南山	ŋqai^{31} mpua^{44}	ŋqai^{31} ʈau^{13}	ŋqai^{31} ntʂhi^{55}
高坡	ŋqe^{55} mpa^{42}	ŋqe^{55} tɕõ^{22}	ŋqe^{55} shi^{13}
宗地	ŋke^{53} mpa^{55}	ŋke^{53} soŋ^{53}	ŋke^{53} sei^{35}
石门坎	ŋɢhai^{35} mpa^{33}	ŋɢhai^{35} dlo^{31}	ŋɢhai^{35} ʐa^{31}
腊乙坪	ȵa^{31} mpa^{53}	ȵa^{31} ʈaŋ^{42}	qo^{35} te^{22}
小章	ŋa^{31} bei^{13}	ŋa^{31} daŋ^{13}	ŋa^{31} tshəɯ^{53}
养蒿	ŋi^{35} pa^{44}	ŋi^{55} djaŋ^{13}	ŋi^{55} so^{44}
菜地湾	ŋa^{22} pɛ^{44}	—	—
尧告	ʔi^{35} pe^{44}	ʔi^{35} tjaŋ^{22}	ʔɿ^{35} ŋa^{31}
河坝	ŋe^{55} pæ^{33}	ŋe^{55} tjaŋ^{22}	ŋe^{55} li^{21}
滚董	ŋe^{33} mei^{55}	ŋe^{33} tɕoŋ^{44}	ŋe^{33} ȵi^{44}
毛坳	ŋqai^{33} mpe^{55}	ŋqai^{33} tjuŋ^{31}	ŋqai^{33} ntsɿ^{31}
七百弄	ŋka^{13} mpi^{42}	ŋka^{13} ʈan^{22}	ŋka^{13} li^{231}
西山	ka^{42} pei^{13}	ka^{42} thia^{22}	ka^{42} li^{44}
瑶麓	ŋka^{55} mpai^{44}	ŋka^{55} tje^{31}	ŋka^{55} lɪ^{53}
巴那	ɡe^{313} bai^{35}	ɡe^{313} kjuŋ^{22}	ɡe^{313} dzo^{22}
优诺	mai^{54} pe^{44}	tjaŋ^{32} pe^{44}	sau^{54} pe^{44}
下水村	pi^{33} kue^{31}	kue^{31} khuŋ^{31}	kue^{31} tsɔ^{35}
龙华	mpei^{35} ŋkai^{33}	ŋkai^{33} ʃuŋ^{11}	ŋkai^{33} ntʃe^{11}
龙定	tuŋ^{31} ʔo^{53}	ʔo^{53} kon^{21}	ʔo^{31} kai^{31}
烟园	ʔtoːŋ^{31} ʔa^{51}	ʔa^{51} kun^{42}	ʔa^{51} kjai^{42}
双龙	tuə^{42} dʑi^{31}	dʑi^{31} m̥əi^{33}	dʑi^{31} ʔit^{53}
油岭	tiŋ^{44} ɡui^{53}	tiŋ^{44} pa^{22}	teŋ^{24}

	猪油	菜油	盐
石板寨	ʑo^{31} mpzi^{24}	ʑo^{31} ʑi^{55} ʔʑu^{31}	qo^{05} ntsei^{55}
高寨	ʐoŋ^{31} mpji^{35}	ʔə^{02} ʑo^{31}	ʔə^{02} ntsi^{55}
大南山	ʈau^{31}	ʈau^{31} ʐou^{43}	ntʂe^{55}
高坡	tʂõ^{55} mpa^{42}	tʂõ^{55} ʐo^{24}	nzɛ^{13}
宗地	soŋ^{53} mpa^{55}	ʑəu^{21} ʐɔ^{32} ha^{44}	ntsæ^{42}
石门坎	ndlho^{35} mpa^{33}	ndlho^{35} zau^{55}	ɳtʂə^{55}
腊乙坪	ɕɛ^{35}	ɕe^{35} ʐei^{35}	ȵtɕɯ^{44}
小章	bəu^{53} bei^{13}	tshai^{33} ʑəɯ^{31}	zɯ^{55}
养蒿	tjaŋ^{55}	ʔə^{33} ʑu^{55}	ɕi^{35}
菜地湾	ʑeu^{22} pɛ^{44}	tshɛ^{35} ʑeu^{22}	pau^{13}
尧告	tjaŋ^{22}	ɣɔ^{13} ʑu^{13}	tsei^{53}
河坝	tjaŋ^{55} pæ^{33}	tjaŋ^{55} ɣɔ^{44}	pɔ^{11} ɕi^{13}
滚董	qa^{03} ȵ̊i^{35} mei^{55}	jeu^{33} ji^{35}	ȵo^{31}
毛坳	ʑeu^{33} mpe^{55}	tshai^{35} ʑeu^{33}	ʔa^{03} ȵtɕo^{313}
七百弄	mplɔ^{22} mpi^{42}	ʑu^{31} ɣa^{33}	ntse^{53}
西山	tɕo^{22} pei^{13}	ʑu^{42}	ɕa^{35}
瑶麓	ŋkjau^{31} mpai^{44}	ŋkjau^{31} ʑu^{55}	ntsei^{13}
巴那	kjuŋ^{313} bai^{35}	ʑu^{313}	dʑa^{44}
优诺	mai^{54} tjaŋ^{13}	jo^{44} jeu^{13}	jau^{32}
下水村	pi^{33} jɔ^{31}	ji^{22} jɔ^{31}	tsa^{55}
龙华	mpei^{35} mplu^{11}	je^{44} jo^{33}	ntʃa^{31}
龙定	tuŋ^{31} m̥ei^{33}	lai^{33} ʑəu^{31}	dzau^{53}
烟园	mei^{11}	zeu^{33}	daːu^{51}
双龙	tuə^{42} m̥əi^{33}	ʑau^{31}	dza^{35}
油岭	mi^{44}	ʔe^{44} ʑu^{53}	ʑam^{53}

	糖	白糖	红糖
石板寨	ʔa02 ndaŋ31	ʔa02 ndaŋ31 qlo31	ʔa02 ndaŋ31 ʔlɛ31
高寨	lə02 laŋ31	laŋ31 qlo31	laŋ31 ʔle31
大南山	thaŋ31	thaŋ31 tɬeu43	thaŋ31 la43
高坡	mpa31 ʐa24	mpa31 ʐa24 tɬə24	mpa31 ʐa24 lẽ24
宗地	ʐɿ32	ʐɿ32 ɬə32	ʐɿ32 læn32
石门坎	mu55	mu55 tɬey55	mu55 lie55
腊乙坪	ntaŋ31	pe22 ntaŋ31	hoŋ31 ntaŋ31
小章	daŋ31	pei31 daŋ31	huŋ31 daŋ31
养蒿	taŋ31	taŋ31 ɬu33	taŋ31 ɕo53
菜地湾	taŋ22	phɛ35 ʑen22 taŋ22	heŋ22 ʑen22 taŋ22
尧告	taŋ31	taŋ31 tsei53	taŋ31 tɕaŋ53
河坝	taŋ55	taŋ55 ɬo44	taŋ55 ɕhen33
滚董	njei33	njei33 ɲu31 kwo35	njei33 ɲu31 tai44
毛坳	mpei33	mpei33 kwau35	mpei33 kwei33
七百弄	tɕəŋ33	tɕəŋ33 tɬo33	tɕəŋ33 ləŋ33
西山	thiaŋ42/tiaŋ42	tiaŋ42 tɕu33	tiaŋ42 ʔoi33
瑶麓	tei31	pɯ31 thaŋ42	tei31 lan33
巴那	ton313	ton313 tɬu13	ton313 biŋ35
优诺	toŋ13	jau32 toŋ13	tshun54 toŋ13
下水村	thu31	pak35 thɔŋ31	thu31 tsin35
龙华	tjɒŋ33	tjɒŋ33 klau44	tjɒŋ33 θi35
龙定	toːŋ31	pɛ22 toːŋ31	toːŋ31 si55
烟园	ʔtoːŋ33	ʔtoːŋ33 ʔpek42	ʔtoːŋ33 ti11
双龙	taŋ31	phɛ21 taŋ31	waŋ31 daŋ42
油岭	toŋ53	ʑam53 toŋ53	toŋ53 sja44

	蛋	蛋白	蛋黄
石板寨	qo^{05} qɹei^{24}	to^{02} qlo^{31} qɹei^{24}	ʔa^{02} sen^{31} qɹei^{24}
高寨	ʔə^{02} qwei^{35}	—	—
大南山	qe^{44}	qe^{44} tɬeu^{43}	qe^{44} tɬaŋ^{31}
高坡	qɛ^{42}	qɛ^{42} tɬə^{24}	qɛ^{44} lẽ^{24}
宗地	hæ^{55}	noŋ^{32} li^{35} hæ^{55}	ŋkɔ^{32} hæ^{55}
石门坎	qo^{55} ɢho^{31}	ʔa^{53} ɬi^{33} qə^{33}	ŋkau^{55} ŋkau^{55} ɢho^{31}
腊乙坪	qo^{35} nɯ^{42}	qo^{35} qwə^{35}	qo^{35} qwen^{31}
小章	qɯ^{33} qa^{53}	—	waŋ^{31} sen^{53}
养蒿	ki^{44}	qa^{33} ɬha^{44}	qa^{33} tɕu^{33}
菜地湾	kei^{44}	kei^{44} so^{24}	kei^{44} vaŋ^{22}
尧告	kei^{44}	kei^{44} tɬa^{13}	tɕɔ^{13} kei^{44}
河坝	ki^{33}	tɕɔ^{44} kuæ̃^{44}	tɕɔ^{44} ki^{33}
滚董	qo^{55}	qo^{55} nju^{35}	qo^{55} kwai^{33}
毛坳	qo^{55}	qo^{55} kwau^{35}	qo^{55} kwei^{33}
七百弄	kje^{42}	ɬu^{42} kje^{42}	kɔ^{53} kje^{42}
西山	tɕa^{13}	lu^{13} tɕu^{33}	lu^{13} tɕuaŋ^{33}
瑶麓	ke^{44}	ȵtɕi^{53} kjo^{33}	ȵtɕi^{53} kwan^{55}
巴那	kja^{35}	kja^{35} tɬu^{13}	saŋ^{13} kja^{35}
优诺	kau^{54}	kau^{54} ky^{44}	kau^{54} kwan^{13}
下水村	kja^{33}	kja^{33} pak^{31}	kja^{33} vɔŋ^{31}
龙华	kja^{35}	kja^{35} klau^{44}	kja^{35} kwen^{33}
龙定	kau^{24}	kau^{24} pɛ^{22}	kau^{24} wjaŋ^{31}
烟园	kjau^{55}	—	—
双龙	klau^{24}	klau^{24} phɛ^{21}	klau^{24} məi^{31}
油岭	tsu^{42}	tsu^{42} pa^{22}	tsu^{42} moŋ^{53}

	壳儿	豆腐	汤
石板寨	kho³¹ kho³¹	tə⁰² χu⁵⁵	ʔa⁰² ka³³
高寨	——	tə⁰² χu⁵⁵	tə⁰² tɕi⁵⁵
大南山	mplua¹³	tou²⁴ paŋ³¹	kua⁴⁴
高坡	qə⁰² phlo²⁴	tə⁵⁵ hə¹³	ka¹³
宗地	plei⁵⁵	tu²¹ ɦo²³²	ka⁴²
石门坎	phau⁵⁵ lau⁵⁵	dau⁵³ ɕy⁵⁵	ka³³ ka³³
腊乙坪	qo³⁵ cɔ⁵³	ta³⁵ ho⁵³	ʔu³⁵ ca⁴⁴
小章	ki⁰³ kho⁵³	ta³¹ həɯ³³	ʔu⁵³ bje¹³
养蒿	qa³³ qhu³³	tə³¹ hə⁴⁴	ʔə³³ tsa¹³
菜地湾	kho³³ kei⁴⁴	teu⁵³ heu⁵³	tsɛ⁵³
尧告	qhoŋ⁵³	teu³⁵ ɬu³⁵	ʔu¹³ thaŋ⁴⁴
河坝	——	to³³ heu⁵⁵	ʔeu⁴⁴ kæ¹³
滚董	qa⁰³ qho³⁵	hau⁵³	ʔaŋ³⁵ ji³⁵
毛坳	qhau³⁵ qo⁵⁵	heu⁵³	ʔaŋ³⁵ ʑi³⁵
七百弄	ʔa⁰² tɬə⁴²; ʔa⁰² phlu³¹	tu²¹ vu²²	ʔau³³ kji⁵³
西山	kuan¹³ ka³³	ko²² thu²² vu²²	ʔaŋ³³ ʔʑa³⁵
瑶麓	ki⁴⁴ ke⁴⁴	tɯ⁴²	kji¹³
巴那	kha⁴⁴ kja³⁵	to⁵³ ɬu⁵³	thon¹³
优诺	kho⁵⁵	to²¹ ɬu²¹	ʔŋ⁴⁴
下水村	khu³³	thɔ³⁵ ɬu³⁵	ʔɔŋ²²
龙华	kjheu⁵⁵	tu¹¹ hu³³	tʃei⁴⁴
龙定	kau²⁴ kho⁵⁵	top²² pou²¹	thoːŋ³³
烟园	—	ʔtau³³ hu³³	gjai³⁵ ʔuɵːm³⁵
双龙	gwai²⁴	thət²¹ pau³¹	thaŋ³³
油岭	ɬo⁴⁴	tau²² ɬu²²	hoŋ⁴⁴

	酒	茶	茶叶
石板寨	qo^{05} tɕo^{55}	ʔa^{02} ʑi^{55}	tə^{02} mbluŋ^{31} ʑi^{55}
高　寨	ʔə^{02} tɕo^{55}	ʔə^{02} ʑi^{55}	ʔə^{02} mbloŋ^{31} ʑi^{55}
大南山	tɕeu^{55}	tʂhua^{31}	mploŋ^{31} tʂhua^{31}
高　坡	tɕə^{13}	ki^{31}	qo^{02} mplõ^{55} ki^{31}
宗　地	tɕə^{42}	tɕi^{11}	mplaŋ^{53} tɕi^{11}
石门坎	tɕey^{55}	ka^{33} tɕi^{55} dhu^{11}; tʂha^{31}	ʔa^{33} ndlhau^{35} tʂha^{31}
腊乙坪	tɕɯ^{44}	ci^{22}	nu^{31} ci^{22}
小　章	tsɿ^{55}	dʑi^{55}	ki^{03} mɯ^{31} dʑi^{55}
养　蒿	tɕu^{35}	tɕin^{11}	qa^{33} nə^{55} tɕin^{11}
菜地湾	tɕo^{33}	tɕin^{212}	neu^{22} tɕin^{212}
尧　告	tɔ^{31}	ʔu^{13} tɕi^{241}	neu^{31} tɕi^{241}
河　坝	tɕo^{13}	ʔeu^{44} tɕi^{21}	—
滚　董	tɕeu^{31}	tɕi^{11}	qa^{03} njaŋ^{33} tɕi^{11}
毛　坳	tɕeu^{313}	tɕi^{11}	—
七百弄	tɕu^{53}	ʔa^{02} kji^{231}	mplau^{13} kji^{231}
西　山	tɕu^{35}	sa^{42}	sa^{42} ʑe^{42}
瑶　麓	tɕa^{13}	tsha^{31}	—
巴　那	tɕeu^{44}	tɕi^{31}	dljuŋ^{313} tɕi^{31}
优　诺	tju^{33}	ki^{32}	ki^{32} mjoŋ^{13}
下水村	tju^{55}	khi^{53}	khi^{53} pjɔŋ^{31}
龙　华	tʃau^{53}	tʃi^{31}	tʃi^{31} mploŋ^{33}
龙　定	tju^{53}	tsa^{31}	tsa^{31} noːm^{31}
烟　园	ʔtjeu^{51}	tʃa^{33}	tʃa^{33} noːm^{33}
双　龙	tju^{35}	tja^{31}	tja^{31} nan^{31}
油　岭	dju^{24}	ta^{53}	ta^{53} kai^{24}

	甜酒	开水	药
石板寨	tɕo^{55} ʔyɛ^{31}	ʔuŋ^{31} mpu^{24}	qo^{05} ka^{31}
高寨	tɕo^{55} ʔyæ^{31}	ʔoŋ^{31} kaŋ^{31}	ʔə^{02} ka^{31}
大南山	tɕeu^{55} pua^{33}	tɬe^{31} mpou^{44}	kua^{43}
高坡	tɕə^{13} ʐa^{24}	ʔõ^{24} mpo^{42}	—
宗地	tɕə^{42} hua^{32} ʐɿ^{32}	ʔaŋ^{32} mpɔ^{55}	ka^{32}
石门坎	tɕey^{55} mu^{55}	ʔa^{55} ku^{55}	ʔa^{55} tsa^{11}
腊乙坪	tɕɯ^{44} tɕaŋ^{22}	ʔu^{35} pu^{31}	ŋka^{35}
小章	tsɿ^{55} djaŋ^{55}	ʔu^{53} bo^{13}	ka^{53}
养蒿	tɕu^{35} qaŋ^{33} naŋ^{55}	ʔə^{33} pu^{44}	tɕa^{33}
菜地湾	—	—	tɕa^{24}
尧告	tɔ^{31} qan^{13} taŋ^{31}	ʔu^{13} hɔ^{44}	tɕo^{13}
河坝	—	ʔeu^{44} pɔ^{33}	tɕa^{44}
滚董	tɕeu^{31} qai^{35}	ʔaŋ^{35} mei^{55}	ȵa^{35}
毛坳	—	ʔaŋ^{35} mpi^{55}	ȵtɕa^{35}
七百弄	tɕu^{53} ʔau^{33}	ʔau^{33} mpa^{42}	kjɔ^{33}
西山	tɕu^{35} van^{33}	ʔaŋ^{33} ˀɬat^{35}	tɕo^{33}
瑶麓	—	ʔou^{33} khuŋ^{33}	tɕou^{33}
巴那	tɕeu^{44} kaŋ^{13}	ʔŋ^{13} pŋ^{313}	tsho^{35}
优诺	pa^{32}	mu^{54} ʔŋ^{44}	ljo^{44}
下水村	pe^{55} pi^{33} ʔɔŋ^{22}	ʔɔŋ^{22} phɔŋ^{31}	kja^{22}
龙华	tʃau^{53} ken^{44}	ʔɒŋ^{44} mpei^{35}	ɗja^{44}
龙定	tju^{53} kaːm^{33}	ʔoːm^{33} bei^{24}	dje^{33}
烟园	—	ʔuoːm^{35} bei^{55}	ŋwa^{51}
双龙	tsu^{33}	ʔən^{33} kun^{24}	ɕa^{33}
油岭	dju^{24} tju^{44}	m^{24} bui^{42}	tsei^{44}

	糠	棉花	纱
石板寨	ʔa^{02} si^{55}	ʔa^{02} men^{31}	qo^{05} sə^{55} tə^{02} ntsha^{31}
高寨	ʔə^{02} si^{55}	ʔə^{02} men^{31}	ʔə^{02} su^{55}
大南山	sua^{44}	paŋ^{31}	nto^{33}
高坡	qə^{02} sha^{42}	hɛ^{42}	shə^{13}
宗地	sa^{35}	wæ^{35}	so^{232}
石门坎	ʔa^{55} bhaɯ^{11}	ʔa^{33} bhaɯ^{35} su^{11} lhu^{11}	ʔa^{55} ɳʈʂha^{11} so^{55}
腊乙坪	qo^{35} sa^{53}	mi^{31} hwa^{35}	so^{44}
小章	phai^{33}	mjan^{31} hua^{33}	səɯ^{55}
养蒿	qa^{33} fha^{44}	shen^{33}	fhə^{35}
菜地湾	fɛ^{44}	mien^{22}	hou^{33}
尧告	fe^{44}	ȵa^{31}	fu^{53}
河坝	qa^{33} fhæ^{33}	pei^{13} ɕhue^{44}	heu^{13}
滚董	qa^{03} m̥ei^{55}	mu^{33} ha^{55}	mu^{33}
毛坳	mphe^{55}	me^{33} hua^{55}	mpo^{313}
七百弄	ʔa^{02} phi^{42}	ʔa^{02} fe^{42}	phɔ^{53}
西山	ko^{22} tɕha^{13}	vie^{13}	pho^{35} sa^{33}
瑶麓	phai^{44}	mjan^{55}	kjau^{44}
巴那	fai^{35}	mi^{313} fa^{13}	ɕa^{13}
优诺	fai^{54}	min^{13} pui^{44}	so^{44}
下水村	fui^{33}	mi^{31} phun^{31}	fu^{55}
龙华	mei^{35}	wei^{53} pen^{33}	hu^{53}
龙定	bje^{55}	pui^{21}	sa^{33} ; sui^{24}
烟园	ba^{11}	bui^{55} min^{33}	tui^{42}
双龙	bja^{53}	m̥ɔ^{21} min^{31}	sui^{24}
油岭	bja^{44}	ŋ̊ŋ^{22} mjan^{22}	lu^{53} si^{42}

	布	衣	棉衣
石板寨	qo^{05} nty^{31}	ʔa^{02} ʐu^{24}	ʔa^{02} ʐu^{24} pu^{31} men^{31}
高寨	ʔə^{02} ntu^{31}	ʔə^{02} ʐu^{35}	ʔə^{02} ʐu^{35} men^{31}
大南山	ntou^{43}	tʂhau^{44}	tʂhau^{44} paŋ^{31}
高坡	nto^{24}	qɛ^{13} lɛ^{55} ʂõ^{13} pɛ^{31}	qɛ^{13} lɛ^{55} hɛ^{42}
宗地	ntɔ^{32}	te^{22} paŋ^{33}	paŋ^{33} koŋ^{21}
石门坎	ntau^{55}	tʂho^{33}	tʂho^{33} ʔa^{33} bhaɯ^{35} su^{11} l̥hu^{11}
腊乙坪	ntei^{35}	ʔə^{44}	ʔə^{44} tɕi^{44} nu^{22}
小章	dei^{31}	ʔa^{55}	ʔa^{55} naŋ^{13}
养蒿	to^{33}; m̥u^{33}	ʔu^{35}	ʔə^{35} poŋ^{53}
菜地湾	tou^{24}	ʔo^{33}	ʔo^{33} mien^{22}
尧告	thiŋ^{35}	thiŋ^{35}	poŋ^{35}
河坝	tɔ^{44}	ɕhaŋ^{33}	—
滚董	nei^{35}	ʔau^{31}	ʔau^{31} phaŋ^{55}
毛坳	nti^{35}	ʔau^{313}	—
七百弄	nta^{33}	ʔa^{02} san^{42}	ʔa^{02} san^{42} ŋke^{53}
西山	ta^{33}	tsha^{33} ȵa^{13}	ȵa^{13} xa^{35}
瑶麓	ntu^{33}	m̥au^{33}; ɕe^{44}	ɕe^{44} kau^{53}
巴那	do^{13}	ʔau^{44}	ʔau^{44} mi^{313}
优诺	no^{44}	ʔeu^{33}	min^{13} ʔeu^{33}
下水村	te^{22}	ʔɔ^{55}	mi^{31} ʔɔ^{55}
龙华	nte^{44}	ʔau^{53}	ʔau^{53} min^{33}
龙定	dje^{33}	lui^{33}	m^{31} tsat^{22} lui^{33}
烟园	bui^{55}	gui^{35}	gui^{33} kam^{31}
双龙	di^{33}	lui^{33}	sɔŋ^{24} ɕu^{24} lui^{33}
油岭	de^{44}	ʔi^{44}	mjan^{53} ʔi^{44}

	衣领	袖子	扣子
石板寨	qhu55 lju55 pen55	ʔa02 qhu31 ʐu24	ʔa02 khəu24 tsɿ55
高寨	ʔə02 pen55 ʐu35	qhu31 ʐu35	ʔə02 ȵin35 tsɿ55
大南山	tɬaŋ43 tʂhau44	te21 tʂhau44	kheu24
高坡	qə02 qɯ24 lɛ55	kɛ42 shi24 lɛ55	—
宗地	ʑi55 lin42	se22 paŋ33	pei42 ʐæ53
石门坎	ʔa55 lhau31 tʂho33	ʔa33 di33 tʂho33	fa55 tʂho33
腊乙坪	qo35 tə42 ʔə44	qo35 toŋ31 ʔə44	qo35 ŋqwa53
小章	ki03 qaŋ55 ʔa55	ki03 daŋ31 ʔa55	khəɯ13 tsɿ33
养蒿	qa33 ɬo53 ʔu35	qa33 moŋ11 ʔu35	qa33 po35 ʔu35
菜地湾	ʑi24 lin33	mo212 ʔo33	—
尧告	thiŋ35 qa33 tɬan13	thiŋ35 qa31 ɕi13	tɕi53 təu53
河坝	ɬɛ44 ɕhaŋ33	mu21 ɕhaŋ33	kheu33 ɕhaŋ33
滚董	ʔa03 ŋaŋ11 kwai35 ʔau31	sai35 ʔau31	ʔa03 su31 ʔau31
毛坳	ʔi55 ljaŋ31	phau313	ljaŋ35 ʔau313
七百弄	pa33 ləŋ42 san42	ʔa02 ɕi33 san42	pa33 kjo21
西山	kuaŋ35 ȵa13	tɕen33 ȵa13	pi35 kat35
瑶麓	kjan31 ɕe44	kjaŋ55 ɕe44	ŋkjan33
巴那	ʑin13 ljen31 ʔau44	kuŋ31 ʔau44	so55 tɕi35 ʔau44
优诺	ʔeu33 kə03 kaŋ33	ʔeu33 thaŋ33	khau54
下水村	ʔɔ55 njaŋ53	ʔɔ55 kwha53	ʔɔ55 pji55
龙华	ʔau53 kəŋ53	ʔau53 tʃəŋ31	ʔau53 nju11
龙定	lui33 ka:ŋ33	lui33 mui231	lui33 khau44
烟园	gui35 kla:ŋ35	gui35 lo:ŋ33	gui35 nep42
双龙	lui33 klaŋ33	lui33 min42	lui33 khəu24
油岭	ʔi44 pe24	ʔi44 mi44 ko53	—

	衣袋	裤子	裙子
石板寨	ʔa^{02} ɖy^{33} ʐu^{24}	ʔa^{02} ʐei^{55}	qo^{05} ten^{31}
高寨	ʔə^{02} pu^{31} ɖu^{55}	ʔə^{02} ʐe^{55}	ʔə^{02} ten^{31}
大南山	n̥aŋ^{43} tʂhau^{44}	ʈi^{21}	ta^{43}
高坡	tɛ^{55} po^{24}	qə^{02} ŋkhə^{13}	tẽ^{24}
宗地	tæ^{33}	tu^{11}	tæn^{32}
石门坎	n̥aɯ^{55} tʂho^{33}	ʔa^{55} ɖʅ^{53}	tie^{55}
腊乙坪	khɯ^{53} po^{22} ʔə^{44}	tɕi^{44} ŋkhə^{44}	tɛ^{35}
小章	ho^{31} pau^{33}	tsen^{31} kha^{33}	dʑen^{31} tsɿ^{33}
养蒿	tɛ^{31}	qhə^{44}	qhu^{53}
菜地湾	——	qheu^{44}	ta^{24}
尧告	tua^{24}	ɕaŋ^{53}	ta^{13}
河坝	pæ^{21}	qa^{33} ti^{21}	qa^{33} tæ^{44}
滚董	n̥eŋ^{35} tiŋ^{35}	ʔa^{03} hɔ^{31}	teŋ^{35}
毛坳	n̥eŋ^{35}	qhau^{313}	qa^{03} teŋ^{35}
七百弄	ʔa^{02} pjhu^{33} san^{42}	ʔa^{02} kjə^{33}	ʔa^{02} kje^{13}
西山	the^{22} n̥a^{13}	va^{13}	tɕyn^{31} tsɿ^{33}
瑶麓	pjhu^{33} ɕe^{44}	tɕi^{44}	tan^{33}
巴那	naŋ^{13} ʔau^{44}	tau^{313} khu^{55}	lje^{13}
优诺	xeu^{13} po^{44}	khu^{54}	te^{33}
下水村	ni^{33} ku^{33}	su^{35} kwen^{33}	ka^{03} te^{22} tjheu^{35}
龙华	ʔau^{53} tjhuŋ^{44}	ntʃau^{55}	kwin^{11}
龙定	lui^{33} bo^{22}	həu^{24}	tɕun^{31}
烟园	gui^{35} ʔti^{42}	kwha^{42}	tʃun^{33} tʃho:ŋ^{11}
双龙	ti^{42}	khəu^{24}	tjun^{31}
油岭	ʔi^{44} toi^{22}	ʧa^{42}	kon^{53}

	头巾	帽子	裹腿布
石板寨	ʔa^{02} qhu^{55}χu^{55}	qo^{05} ko^{33}	qo^{05} ɳʈhuŋ^{31}
高寨	ʔə^{02} təu^{31}χu^{55}	ʔə^{02} ko^{31}	ʔə^{02} ɳʈhoŋ^{31}
大南山	ʂau^{55} ɬu^{24}	mau^{24}	ɳʈhoŋ^{43}
高坡	lõ^{24} ntõ^{42}	——	qə^{02} ntʂhõ^{24}
宗地	si^{55} wɔ^{232}	təu^{21}	ɳʈaŋ^{22}
石门坎	qhey^{55} ɬau^{55}	kau^{11}	ʔa^{55} ɳʈhau^{55}
腊乙坪	ɕaŋ^{53} me^{42}	tɕaŋ^{44} mɔ^{35}	qo^{35} ɳʈhu^{35}
小章	saŋ^{53} mje^{13}	ki^{03} mo^{35}	qa^{03} tshu^{53}
养蒿	tɕhu^{33} ɬhu^{35}	mo^{13}	tjhu^{33}
菜地湾	pha^{44}	——	tjheu^{24}
尧告	qhɔ^{53} ɬeŋ^{53}	qheu^{35}	tɬo^{44} lɔ^{13}
河坝	pei^{33} tɕhɔ^{44} hɔ^{13}	mɔ^{22}	tjhu^{44}
滚董	qa^{03} sɔ^{53}	ʔa^{03} mɔ^{42}	n̥aŋ^{35}
毛坳	qa^{03} ɕau^{53}	m̥au^{31}	ntjhuŋ^{35}
七百弄	ʔa^{02} ɬa^{53}	mɔ^{22}	ʔa^{02} ɳʈhau^{33}
西山	kei^{35} va^{35}	mo^{22}	pau^{33} ʔɭəu^{33}
瑶麓	tɕhu^{33} khan^{33}	mau^{42}	kjau^{44} tɕe^{53}
巴那	pha^{55} tsai^{04}	mo^{53}	pjen^{313}
优诺	ha^{21} kho^{55}no^{44}	kə^{03} mau^{21}	kə^{03} pe^{44}
下水村	kaŋ^{35} khu^{33} tjheu^{35}	tsan^{22}	kjɔ^{22} tshiŋ^{53}
龙华	ŋkau^{53} tjhau^{33}	mau^{33}	klɒŋ^{33}
龙定	m^{31} ɡoːŋ^{53} pha^{24}	mo^{21}	lu^{31} pɛŋ^{33}
烟园	tʃa^{31} pjei^{51}	mau^{42}	ta^{11} kjeu^{51}
双龙	di^{33}	mu^{42}	tjɔ^{53} pjau^{33}
油岭	dop^{44} pe^{24} de^{44}	mu^{22}	ten^{53} kaŋ^{53}

	鞋	草鞋	袜子
石板寨	qo^{05} khu^{24}	khu^{24} ʔȵuŋ^{31}	tso^{24} wa^{31}
高　寨	ʔə^{02} khu^{35}	khu^{35} ʔȵoŋ^{31}	su^{55} wa^{31}
大南山	khou^{44}	khou^{44} tɬau^{44}	wa^{24} tsi^{55}
高　坡	kha^{42}	kha^{42} ȵã^{24}	wa^{31} tsi^{55}
宗　地	kɔ^{35}	kɔ^{35} ȵa^{32}	kɔ^{35} laŋ^{53}
石门坎	khau^{33}	khau^{33} ŋɢɯ^{55}	wa^{31} tsɿ^{33}
腊乙坪	ɕɔ^{53}	ɕɔ^{53} ȵu^{35}	wa^{22} tsi^{53}
小　章	kho^{33}	tshau^{55} xai^{13}	wa^{31} tsɿ^{33}
养　蒿	ha^{33}	ha^{33} qa^{35} loŋ^{35}	tho^{44}
菜地湾	hɛ^{22}	hɛ^{22} sau^{44}	va^{13}
尧　告	hɛ^{31}	ɕɔ^{44}	va^{31}
河　坝	hæ^{44}	hæ^{44} njuŋ^{44}	ɕhɔ^{11} va^{33}
滚　董	he^{35}	he^{35} ŋu^{55}	wa^{35}
毛　坳	la^{03} hai^{35}	la^{03} ŋku^{55}	la^{03} wa^{55} tsɿ^{03}
七百弄	ʔa^{02} ɣe^{13}	ʔa^{02} ɣe^{13} ɳʈau^{53}	ʔa^{02} mpa^{53}
西　山	xe^{42}	sau^{33} xe^{42}	mat^{44}
瑶　麓	tɕhi^{44}	tɕhi^{33} ŋjaŋ^{33}	ntjhou^{53}
巴　那	ha^{313}	ɕu^{35}	ɕeu^{44} va^{31}
优　诺	hai^{13}	tha^{32} hai^{13}	vo^{21}
下水村	khi^{33}	tshɔ^{33} khi^{33}	ma^{35}
龙　华	ço^{44}	ʃu^{35}	ma^{12}
龙　定	he^{31}	su^{55}	maːt^{22}
烟　园	tu^{11}	ŋwa^{51} tu^{11}	maːt^{42}
双　龙	xɛ^{31}	tju^{53}	m̥ut^{21}
油　岭	hai^{53}	ko^{44}	mat^{22}

	蓑衣	斗笠	被子
石板寨	qo^{05} sy^{31}	qo^{05} nto^{55}qo^{05}sy^{31}	ʔa^{02} pu^{31}
高　寨	phoŋ^{31}su^{31}	ko^{31}su^{31}	ʔə^{02} tɕhoŋ^{31} pi^{31}
大南山	si^{43}	kou^{33}	paŋ^{13}
高　坡	—	—	qə^{02} pã^{22}
宗　地	sæn^{22} ʔei^{32}	ko^{44}	pu^{11} sæ^{35}
石门坎	sy^{55}	kau^{11} ȵtɕau^{33}	ʔa^{33} ɬy^{33}pa^{33}
腊乙坪	sɔ^{35}	ku^{44}	pə^{35}
小　章	su^{53}	ku^{55}	pa^{53}
养　蒿	sho^{33}	mo^{13}sho^{33}	poŋ^{53}
莱地湾	so^{24}	mo^{53}	pue^{24}
尧　告	sɔ^{13} ʔai^{35}	ku^{35}	ȵa^{31} pi^{44}
河　坝	shɔ^{44}	hɔ^{13} mo^{22}	puæ^{44}
滚　董	si^{35}	ʔa^{03} ku^{53}	pɔ^{35}
毛　坳	qa^{03} sɿ^{35}	quŋ^{53}	qa^{03} pau^{35}
七百弄	ʔa^{02} poŋ^{53}	kju^{31}	ʔa^{02} pə^{33}
西　山	—	ku^{22}	ko^{22} pəu^{33}
瑶　麓	mpou^{33} su^{33}	kɯ^{55}	kou^{42}
巴　那	sai^{13} ʑi^{13}	la^{04} kjo^{55}	pu^{13}
优　诺	ɬeu^{44} ʔi^{44}	kə^{03} ko^{54}	poi^{32}
下水村	sɔ^{55} ʔi^{55}; kjhu^{35} pui^{22}	ŋ̍jɔ^{53}	pɔ^{22}
龙　华	pa^{11} pi^{31}	mau^{33} mplɒŋ^{33}	m̥u^{53}
龙　定	fə^{31} ʑei^{33}	lap^{22}	so:ŋ^{24}
烟　园	tʃha^{11} ʔei^{35}	ɡjap^{42}	to:ŋ^{42}
双　龙	sui^{33}	ɬat^{21}	sɔŋ^{24}
油　岭	hi^{44}	ʑup^{22}	suŋ^{42}

	枕头	席子	蚊帐
石板寨	χu^{55} ɳdʑuŋ^{24}	ʔa^{02} ʔlei^{55}	wen^{31} tsaŋ^{24}
高　寨	ʔə^{02} χo^{31} ɳdʑoŋ^{35}	ʔə^{02} ki^{55} li^{55}	wen^{31} tsaŋ^{35}
大南山	hou^{55} ɳtɕoŋ^{44}	le^{55}	tʂe^{55} ʐoŋ^{55}
高　坡	ho^{13} ɳtɕõ^{42} lã^{13}	lɛ^{13}	plɛ^{13} ʐõ^{13}
宗　地	wɔ^{35} ɳtɕaŋ^{55}	læ^{42}	pʐæ^{42} ʐaŋ^{42}
石门坎	fau^{55} ɳtɕau^{33}	ɕi^{31} tsɿ^{33}	wei^{31} ɳtʂaɯ^{13}
腊乙坪	pji^{44} kɯ^{35} ɳtɕɯ^{53}	qo^{35} lɯ^{44}	tɕaŋ^{44} hwaŋ^{35}
小　章	tsen^{55} dəɯ^{31}	ləɯ^{55}	tsaŋ^{13} tsɿ^{33}
养　蒿	fhu^{35} tɕhu^{44}	tjin^{11}	ɕo^{44}
菜地湾	ho^{33} njaŋ^{24}	tsuŋ^{13}	tsaŋ^{44} tsɿ^{33}
尧　告	thiŋ^{35} tju^{44}	tsam^{13}	ɣoŋ^{22}
河　坝	hɔ^{13} tɕho^{33}	mei^{13}	ɕhuẽ^{13}
滚　董	ʔa^{03} ŋaŋ^{55} ti^{31}	sa^{35}	ʔa^{03} tɕɔ^{35} po^{35}
毛　坳	ɳtɕaŋ^{11} tsi^{313}	qa^{03} the^{313}	la^{03} tɕuŋ^{35} tsɿ^{33}
七百弄	ŋ̊an^{33} kjau^{42}	ʔa^{02} mje^{53}	ʔa^{02} ɕe^{53}
西　山	soi^{42}	sat^{35}	ko^{22} zit^{35}
瑶　麓	ɳe^{53} ɳtɕou^{44}	la^{13}	ven^{42} tsaŋ^{13}
巴　那	fo^{44} tɬjuŋ^{13}	tsha^{44}	tɕon^{55} tsai^{04}
优　诺	kə^{03} paŋ^{44}	ŋjaŋ^{44}	ven^{21} tseu^{54}
下水村	njaŋ^{35} kɔ^{55} kjuŋ^{22}	tsha^{53}	mun^{31} tsɔŋ^{53}
龙　华	ntjɔŋ^{35}	ʃe^{12}	ɖje^{55}
龙　定	dzom^{53} tau^{31}	tsi^{22}	moŋ^{231} taŋ^{24}
烟　园	tʃam^{51} dʒɔ:m^{33}	tʃik^{42}	—
双　龙	tjhəu^{24} tjəu^{42} pli^{33}	din^{42}	tɕaŋ^{24} tsɿ^{53}
油　岭	pei^{24} tu^{53}	sja^{22}	tsaŋ^{24}

	棉絮	房子	瓦房
石板寨	pu^{31} men^{31}	qo^{05} pei^{55}	qo^{05} pei^{55} wa^{55}
高寨	—	ʔə^{02} pi^{55}	ʔə^{02} pi^{55} wa^{55}
大南山	paŋ^{13}	tʂe^{55}	tʂe^{55} vua^{21}
高坡	lɛ^{42}	plɛ^{13}	plɛ^{13} va^{31}
宗地	lu^{32} sæ^{35}	pʐæ^{42}	pʐæ^{42} wə^{11}
石门坎	phai^{55} ʔa^{33} bhaɯ^{35} su^{11} lhu^{11}	ŋgha^{35}	ŋgha^{35} vha^{11}
腊乙坪	pə^{44} tɕi^{44} nu^{22}	pʐɯ^{44}	pʐɯ^{44} wa^{42}
小章	pa^{53} nau^{35}	pɯ^{55}	pɯ^{55} wa^{35}
养蒿	qa^{33} naŋ^{13} poŋ^{53}	tsɛ^{35}	tsɛ^{35} ŋi^{11}
菜地湾	pue^{24} mien^{22}	tsei^{33}	tsei^{33} va^{212}
尧告	ȵi^{31} pi^{44}	tɕei^{53}	—
河坝	puŋ^{22} ʔeu^{44}	pei^{13}	pei^{13} va^{21}
滚董	ʔa^{03} phaŋ^{55}	ʔa^{03} tjo^{31}	ʔa^{03} tjo^{31} wa^{11}
毛坳	pau^{44} phuŋ^{55}	pjo^{313}	pjo^{313} ŋwa^{11}
七百弄	mje^{13} pə^{33}	pje^{53}	pje^{53} ŋwa^{231}
西山	ko^{22} min^{42}	pia^{35}	pia^{35} ŋua^{44}
瑶麓	ŋki^{42}	pjei^{13}	pjei^{13} ŋo^{53}
巴那	pu^{13} mi^{313}	la^{04} pja^{44}	pja^{44} ŋa^{53}
优诺	min^{13} poi^{32}	pui^{33}	ŋo^{32} pui^{33}
下水村	mi^{31} pɔ^{22}	ni^{31}	ŋa^{55} ni^{31}
龙华	m̥u^{53} min^{33}	pja^{53}	pja^{53} ŋo^{11}
龙定	m^{31} tsat^{55}	pau^{53}	ŋwa^{231} pau^{53}
烟园	toːŋ^{42} min^{33}	pjau^{51}	ŋwa^{31} pjau^{51}
双龙	sɔŋ^{24} ɕu^{24}	pla^{35}	ŋɔ^{42} pla^{35}
油岭	—	pju^{24}	ŋa^{44} pju^{24}

	草房	厨房	厕所
石板寨	qo^{05} pei^{55} mbo^{31}	tə^{02} tɕho^{24} tɕo^{55} ȵa^{24}	ʔa^{02} χa^{24} qa^{55}
高寨	ʔə^{02} pi^{55} mbo^{31}	——	ʔə^{02} qhei^{35} qa^{55}
大南山	tʂe^{55} ŋqen^{43}	tʂe^{55} tso^{33}	tʂe^{55} qhau^{55} tɕhi^{55}
高坡	plɛ^{13} ŋqĩ^{24}	——	qə^{02} mo^{55} shɯ^{24}
宗地	pʐæ^{42} ŋken^{32}	pʐæ^{42} ʔaŋ^{55} ŋɔ^{35}	pʐæ^{42} ha^{42}
石门坎	ŋgha^{35} ŋqɯ^{55}	ŋgha^{35} ʔa^{33} va^{53}	ŋgha^{35} qho^{55} tɕhi^{55}
腊乙坪	pʐɯ^{44} ntshɯ^{44}	pʐɯ^{44} tsɔ^{35}	mɔ^{31} si^{44}
小章	pɯ^{55} tshɯ^{55}	ho^{55} faŋ^{31}	məɯ^{31} sɿ^{33}
养蒿	tsɛ^{35} qɛ^{33}	qa^{33} so^{44}	lo^{55} qa^{35}
菜地湾	tsei^{33} phu^{44} njaŋ^{22}	——	mau^{22} sɿ^{24}
尧告	——	tɬan^{53} hɔ^{44} tseu^{241}	tɬan^{53} tso^{53} qo^{53}
河坝	pei^{13} qei^{44}	pei^{13} sɔ^{33}	pei^{13} mɔ^{55}
滚董	ʔa^{03} tjo^{31} ŋe^{35}	sɿ^{31} thaŋ^{31}	tjo^{31} qa^{31}
毛坳	pjo^{313} nuŋ^{35}	tsau^{55}	mpau^{33} sɿ^{03}
七百弄	pje^{53} ŋko^{33}	pje^{53} kɛ^{53} ʑoŋ^{231}	tsəŋ^{53} kɔ^{53}
西山	pia^{35} ko^{33}	tshu^{31} faŋ^{31}	tiŋ^{22} ko^{35}
瑶麓	pjei^{13} ŋko^{33}	pjei^{13} su^{33} ka^{13}	kjhaŋ^{13} ka^{13}
巴那	pja^{44} tso^{35}	pja^{44} tsau^{55}	fuŋ^{44} ka^{44}
优诺	ŋo^{44} pui^{33}	khy^{13} hoŋ^{13}	ko^{33} poŋ^{13}
下水村	kaŋ^{22} ni^{31}	tju^{55} kue^{35} nuŋ^{31} ni^{31}	ka^{55} ni^{31}
龙华	pja^{53} ŋkan^{44}	ka^{33} pja^{53}	ka^{53} lo^{33}
龙定	ga:n^{33} pau^{53}	sə^{31} puŋ^{31}	gai^{53} khɛŋ^{33}
烟园	ga:n^{33} pjau^{51}	tʃeu^{51} ʃu^{35} pjau^{51}	dai^{51} bu:ŋ^{33}
双龙	gwan^{33} m̥ja^{35} pla^{35}	tjau^{31} pə^{31}	kai^{35} dɔŋ^{35}
油岭	gon^{44} pju^{24}	——	ʔeŋ^{42} kai^{24} toŋ^{53}

	仓库	牛圈	门
石板寨	qo^{05} ɣaŋ^{55}	ŋɢa^{31} ʑu^{55}	ʔa^{02} ʐuŋ^{31}
高寨	ʔə^{02} ɣaŋ^{55}	ŋɢa^{31} ʑu^{55}	ʔə^{02} ʐoŋ^{31}
大南山	ʐo^{21}	ŋua^{31} ȵo^{31}	ʈoŋ^{31}
高坡	ʐõ^{31}	qə^{02} sã^{22} ʑə^{31}	qə^{02} tʂõ^{55}
宗地	ʐoŋ^{11} soŋ^{232}	ŋka^{53} ŋu^{53}	ʂaŋ^{53}
石门坎	tshaɯ^{55}	ŋɢha^{35} ȵhu^{35}	ʔa^{33} dlhau^{35}
腊乙坪	qo^{35} ʐe^{22}	ʈoŋ^{31} ʑu^{22}	pa^{31} ʈu^{31}
小章	ki^{03} ʑi^{55}	ki^{03} daŋ^{31} ŋ^{31}	pa^{35} du^{31}
养蒿	noŋ^{11}	ŋə^{55} njin^{55}/ljo^{35}	tju^{55}
菜地湾	njuŋ^{212}	tɕuan^{53} ljou^{33}	tjeu^{22}
尧告	ȵam^{241} nai^{31}	tjoŋ^{44} sia^{31}	tju^{31}
河坝	——	tɕuẽ^{22} ni^{55}	qa^{33} tju^{55}
滚董	ʔa^{03} njoŋ^{11}	tɕoŋ^{33} ŋ^{33}	tɕaŋ^{33}
毛坳	——	tjaŋ^{33} ŋ^{33}	tjuŋ^{33}
七百弄	tsaŋ^{33}	ʐəŋ^{22} vɔ^{231}	ʈau^{13}
西山	saŋ^{33} khu^{13}	ziaŋ^{22} vo^{44}	kei^{35} tɕhaŋ^{42}
瑶麓	——	kjaŋ^{33} tɕhou^{13}	pu^{44} tjou^{55}
巴那	buŋ^{31}	ɡjeu^{313} ŋ^{313}	kŋ^{313}
优诺	kə^{03} jeu^{32}	ŋu^{13} leu^{13}	koŋ^{13}
下水村	tsuŋ^{55} ne^{31} na^{33}	jɔ^{31} ni^{31}	khɔŋ^{31}
龙华	mpjaŋ^{31}	ŋ̊jo^{33} lo^{33}	ʃɒŋ^{33}
龙定	lam^{231}	ŋuŋ^{31} laːn^{31}	kɛŋ^{31}
烟园	ɡjam^{31}	ŋoːŋ^{33} ɡjaːn^{33}	ɡjaŋ^{33}
双龙	lan^{42}	ɡlan^{31}	klɛ^{31}
油岭	ʑum^{44}	ŋ̊ŋ^{53} ʑu^{53}	man^{53}

	砖	瓦	墙
石板寨	qo^{05} tɕyɛ^{33}	qo^{05} wa^{55}	qo^{05} tɕhaŋ^{31}
高　寨	tsuã^{55}	ʔə^{02} wa^{55}	ʔə^{02} to^{31} pi^{55}
大南山	tʂuaŋ^{43}	vua^{21}	tshaŋ^{31}
高　坡	tʂẽ^{24}	va^{31}	qə^{02} thɯ^{13}
宗　地	ʂæn^{32}	wə^{11}	tɕaŋ^{11}
石门坎	tʂua^{55}	va^{33}	ʔa^{55} dɦɯ^{11}
腊乙坪	qo^{35} tɕɛ^{42}	wa^{42}	qo^{35} tɕaŋ^{31}
小　章	tɕyan^{55}	wa^{35}	dʑaŋ^{31}
养　蒿	ɣi^{33} ɕin^{33}	ŋi^{11}	qa^{33} ɕoŋ^{55}
菜地湾	tsuan^{24}	va^{212}	tsaŋ^{22}
尧　告	tsuan^{44}	ɣei^{13} ŋwi^{241}	tham^{53}
河　坝	pɔ^{11} ɕuæ̃^{44}	va^{21}	teu^{13} hɔ^{44}
滚　董	tɕe^{55} tho^{35}	wa^{11}	ʔa^{03} m̥ɛ^{55} tjo^{31}
毛　坳	tɕe^{55}	ŋwa^{11}	—
七百弄	tse^{33}	ŋwa^{231}	səŋ^{231}
西　山	sin^{33}	ŋua^{44}	siaŋ^{42}
瑶　麓	tsuan^{33}	ŋo^{42}	—
巴　那	tsin^{13}	ŋa^{53}	tɕhon^{313}；dʑuŋ^{44}
优　诺	tsje^{44}	ŋo^{32}	tjheu^{13}
下水村	tsjhaŋ^{55} tsin^{55}	ŋa^{55}	ni^{31} tshɔŋ^{31}
龙　华	tʃin^{53}	ŋo^{11}	ʃau^{44}
龙　定	tsun^{33}	ŋwa^{231}	tsiŋ^{31}
烟　园	tʃuːn^{35}	ŋwa^{31}	goːŋ^{42}
双　龙	tjun^{33}	ŋɔ^{42}	tɕɔ^{31}
油　岭	tsin^{44}	ŋa^{44}	sjaŋ^{53}

	楼	窗子	木头
石板寨	qo^{05} lo^{31}	ʔa^{02} tshuaŋ^{33} χu^{33}	qo^{05} ntuŋ^{24}
高　寨	ʔə^{02} nden^{31}	ʔə^{02} tshaŋ^{55} χwaŋ^{31}	ntoŋ^{35}
大南山	nthaŋ^{43}	qhau^{55} ʈʂhaŋ^{43} tsi^{21}	ntoŋ^{44}
高　坡	lɯ^{55}	qə^{02} tɕhã^{24} hã^{24}	pẽ^{22}
宗　地	ntua^{22}	ʂaŋ^{53} toŋ^{44}	—
石门坎	nthaɯ^{55}	mbhai^{11} n̥ha^{11}	ʔa^{55} dhu^{11} ntau^{33}
腊乙坪	lo^{53} lə^{31}	qhu^{44} pʐɯ^{44}	pa^{44} toŋ^{31} ntu^{53}
小　章	lɯ^{31}	ljaŋ^{31} ŋan^{35}	duŋ^{55} du^{13}
养　蒿	lo^{55}	qhaŋ^{35} ɬoŋ^{35}	tə^{44}
菜地湾	leu^{22}	phan^{44} tɕhin^{24} men^{22}	teu^{44}
尧　告	tɕei^{53} so^{31} ŋo^{31}	qhaŋ^{53} tsam^{53}	teu^{44}
河　坝	vei^{55} ɣuŋ^{33}	qhaŋ^{13} pei^{13}	ʔi^{44} ɕue^{33} qaŋ^{44}
滚　董	tjo^{31} lau^{33}	ʔa^{03} taŋ^{35} tɕaŋ^{33}	tja^{35}
毛　坳	ɕo^{35} lei^{33}	ke^{35} tsɿ^{03}	tsa^{35}
七百弄	tsəŋ^{53} nthəŋ^{33}	kha^{53} tan^{33} sau^{53}	ntau^{42}
西　山	si^{35} theŋ^{33}	suaŋ^{33} tsɿ^{35}	ka^{33} taŋ^{13}
瑶　麓	ʔo^{33} tsei^{55}	tjou^{55} lau^{31}	kuŋ^{13} ntou^{44}
巴　那	ljon^{313}	tɕhon^{44} tsai^{04}	fa^{13}
优　诺	kə^{03} lo^{13}	ŋjaŋ^{32} khaŋ^{33}	fo^{44}
下水村	tshi^{53}	tshuŋ^{55} nan^{53} khɔŋ^{55}	tɔŋ^{33} kɔ^{55}
龙　华	pja^{53} ləu^{11}	kjo^{35}	ntɒŋ^{35}
龙　定	lau^{31}	ljaŋ^{24} tshoːŋ^{33}	djaːŋ^{24}
烟　园	laːu^{33}	kjhaŋ^{33}	gjaŋ^{55} ʔtoːŋ^{33}
双　龙	lau^{31}	kə^{42} tsɿ^{53}	djaŋ^{24}
油　岭	—	ko^{22} sin^{44}	djaŋ^{42}

	木板	柱子	台阶
石板寨	qo^{05} vaŋ^{31}	tə^{02} ȵdʑi^{31} pei^{55}	ʔə^{02} ŋɢaŋ^{31} ʔyi^{31}
高寨	ʔə^{02} ven^{35}	tɕin^{31} ntoŋ^{35} pi^{55}	ʔə^{02} ʔyi^{31} ŋqhe^{31}
大南山	tsa^{13}	ȵtɕe^{31}	qe^{43}
高坡	qə^{02} pa^{55} pẽ^{22}	ȵtɕɛ^{55} plɛ^{13}	—
宗地	pin^{13}	ȵtɕæ^{53} pʐæ^{42}	ŋkæn^{55} tuã^{22}
石门坎	ʔa^{55} dzɦie^{11}	ʔa^{55} ȵdʑɦi^{35}	ʔa^{55} tsɯ^{11}
腊乙坪	qo^{35} pɛ^{44}	qo^{35} ȵɯ^{31}	qo^{35} ta^{22} ʐɯ^{35}
小章	ki^{03} pai^{55}	dzu^{31} tsɿ^{33}	ta^{31} ma^{53} dəɯ^{31}
养蒿	pi^{13}	toŋ^{13} tsɛ^{35}	qa^{33} saŋ^{55}
菜地湾	—	ȵjei^{22} tsei^{33}	—
尧告	tɕan^{13} tɕu^{13}	tam^{13}	qhaŋ^{35} tjaɴ^{22}
河坝	pe^{22}	qa^{33} tuŋ^{33}	qa^{33} saŋ^{55} thæ^{44}
滚董	tja^{35} qa^{31} qe^{53}	tɕeu^{42} ŋo^{44}	qa^{03} tɕa^{44}
毛坳	qa^{03} peŋ^{313}	ŋqo^{11} pjo^{313}	—
七百弄	ta^{21} ʐan^{13}	ȵtɕe^{13}	saŋ^{13}
西山	pien^{22}	ka^{33} tɕa^{42}	ʔpuə^{35} lei^{33}
瑶麓	pan^{31} ntou^{44}	tɕan^{13} pjei^{13}	—
巴那	ta^{13} tin^{53}	dʑa^{31}	ka^{13} kŋ^{313}
优诺	pe^{54}	kə^{03} ŋau^{44}	ka^{44}
下水村	phui^{33}	tuŋ^{35}	ja^{22} kɔ^{55} phɔ^{35}
龙华	ntoŋ^{35} tʃin^{44}	tuŋ^{31}	tha^{35}
龙定	dja:ŋ^{24} pen^{53}	toŋ^{31}	tsau^{24} dap^{55}
烟园	gjaŋ^{55} ʔpen^{51}	gjau^{33}	lau^{33} tʃhei^{11}
双龙	djaŋ^{24} pən^{35}	pla^{35} ʑau^{31}	thət^{53} tha^{53}
油岭	—	—	kai^{44}

	船	车	马鞍
石板寨	qo^{05} ŋɡuŋ^{31}	qo^{05} tsha^{31}	ma^{55} ŋɛ^{33}
高寨	ʔə^{02} ŋɡoŋ^{31}	ʔə^{02} khaŋ^{55} ŋɡa^{55}	ŋaŋ^{55} kho^{31}
大南山	ŋau^{31}	tɕhe^{43}	ʔi^{43}
高坡	—	shə^{13}	ʔɿ̃^{24}
宗地	ŋkoŋ^{53}	tshe^{55} tsɿ^{42}	ʔæn^{32} men^{11}
石门坎	ŋɡho^{35}	pho^{55} zo^{55}	tɕi^{55} wo^{11}
腊乙坪	ŋaŋ^{31}	tɕhe^{44} tsi^{53}	tsoŋ^{31} me^{22}
小章	ki^{03} ŋei^{31}	tshe^{33}	ma^{13} ŋan^{53}
养蒿	njaŋ^{55}	tshe^{33}	ʔen^{33}
菜地湾	—	tsha^{24}	ma^{33} ŋan^{24}
尧告	ȵaŋ^{31} ta^{241}	se^{22}	ʔan^{35} mi^{241}
河坝	njaŋ^{55}	tshe^{44}	ʔæ̃^{44} ma^{21}
滚董	ŋoŋ^{33}	tɕhi^{33}	ʔa^{03} tɕheu^{53} mei^{11}
毛坳	ŋkuŋ^{33}	tɕhe^{55} tsɿ^{03}	ŋe^{55} tsɿ^{03}
七百弄	ȵtɕaŋ^{13}	ʈhe^{33}	ʔan^{33} mo^{231}
西山	zu^{42}	sie^{33}	ʔek^{35} mo^{44}
瑶麓	ȵtɕe^{55}	tshə^{33}	mu^{53} ŋan^{33}
巴那	dʑuŋ^{313}	tɕha^{13}	ma^{31} ʔon^{13}
优诺	ŋaŋ^{33}	tsho^{44}	mo^{32} ʔeu^{44}
下水村	kjuŋ^{31}	tsha^{35}	ki^{31} mje^{53} juŋ^{31}
龙华	ntʃuŋ^{33}	ʃe^{53}	me^{31} ʔo^{44}
龙定	dzaːŋ^{53}	tshe^{33}	ma^{231} ʔoːn^{33}
烟园	daːŋ^{51}	—	ma^{31} ʔoːn^{35}
双龙	dzaŋ^{35}	tjha^{33}	ma^{53} ŋan^{33}
油岭	doŋ^{24}	tsa^{44}	—

	鞭子	伞	斧子
石板寨	ʔa^{02} mblo^{33} ma^{55}	qo^{05} saŋ^{24}	ʔa^{02} ty^{24}
高寨	ʔə^{02} mblau^{31}	ʔə^{02} saŋ^{35}	ʔə^{02} tu^{35}
大南山	mpleu^{24}	kou^{33}	tou^{33}
高坡	mplə^{55}	kə^{42} shã^{13}	qə^{02} to^{42}
宗地	mplə^{21} men^{11}	kuo^{44} ntə^{42}	tɔ^{55}
石门坎	ndlhey^{31}	kau^{11} ntey^{55}	ʔa^{55} tau^{11}
腊乙坪	qo^{35} ʂa^{44}	se^{44} ntə^{44}	qo^{35} tɔ^{53}
小章	pja^{55} ȵi^{31}	sen^{35}	ki^{03} to^{33}
养蒿	qa^{33} tsen^{53}	shaŋ^{44}	to^{44}
菜地湾	ma^{33} pien^{24}	san^{44}	to^{44}
尧告	ɕe^{13}	ku^{35} tsei^{44}	tɔ^{44}
河坝	pi^{53}	tjæ̃^{44} shæ̃^{33}	hɔ^{13} tɔ^{33}
滚董	tja^{31}	saŋ^{55}	tei^{55}
毛坳	pja^{313}	sa^{55}	ti^{55}
七百弄	kjə^{31} pje^{33}	ɬəŋ^{53}	ta^{42}
西山	tshəu^{42}	liaŋ^{35}	ta^{13}
瑶麓	kjau^{44} puŋ^{31}	san^{42}	to^{44}
巴那	pjen^{13} tsai^{04}	la^{04} son^{55}	tɬau^{35}
优诺	pjen^{44} tsi^{54}, pja^{32}	ɬeu^{54}	tɒ^{54}
下水村	pji^{55}	sɔ^{35}	pu^{31} tu^{35} kɔ^{55}
龙华	pin^{44}	θəu^{55}	ðei^{35}
龙定	pin^{33}	faːn^{24}	pəu^{53}
烟园	ʔpin^{35}	taːn^{55}	ʔpoːu^{51}
双龙	pjɛn^{33} tsɿ^{53}	san^{24}	bəu^{35}
油岭	—	hon^{42}	bu^{24}

	柴刀	锤子	凿子
石板寨	ʔa^{02} tsɿ^{24}	ʔa^{02} qəu^{33}	ʔa^{02} zy^{24}
高寨	ʔə^{02} tsi^{35}	ʔə^{02} qu^{55}	ʔə^{02} zu^{35}
大南山	la^{43} tsua^{24}	qu^{33}	tsou^{13}
高坡	qə^{02} sa^{42}	—	sa^{22}
宗地	sa^{44}	ȶɔ^{53}	ȶua^{32} so^{13}
石门坎	tsa^{11}	ta^{33} tʂhui^{31}	dzau^{53}
腊乙坪	qo^{35} nen^{31}	qo^{35} tɯ^{31}	qo^{35} tɕɛ^{22}
小章	zai^{31} təɯ^{53}	ki^{03} dɯ^{31}	tsho^{35} tsɿ^{33}
养蒿	sa^{44}	qɛ^{44}	so^{13}
菜地湾	tsɛ^{44}	—	tso^{53}
尧告	tjaŋ^{35}	qau^{31}	tsɔ^{22}
河坝	sæ^{33} qɔ^{44}	tjẽ^{33} paŋ^{22}	sɔ^{22}
滚董	tɔ^{35} ʔi^{55} tau^{11}	ʔa^{03} paŋ^{31}	tɕiŋ^{11}
毛坳	neŋ^{33}	la^{03} phaŋ^{31} ɬu^{55}	tɕiŋ^{11}
七百弄	ntəŋ^{13}	ʂau^{22} ȶhi^{31}	tsu^{22}
西山	teŋ^{42}	tshui^{42}	—
瑶麓	tsai^{44}	ta^{55}	søe^{31}
巴那	daŋ^{44} ba^{53} tɕhiŋ^{313}	pon^{31} pon^{35} lo^{35}	la^{04} tshau^{22}
优诺	ko^{44} tau^{44}	toi^{13}	theu^{32}
下水村	pe^{35} tshi^{31} li^{31}	pa^{33} kɔ^{55}	ta^{03} tshu^{35}
龙华	ʃi^{44} nten^{53}	tui^{44}	ʃu^{12}
龙定	dzu^{22} ɲe^{24}	tsui^{31}	tsu^{22}
烟园	—	ban^{33} tʃei^{35}	tu^{42}
双龙	tsaŋ^{31} dju^{21}	tjui^{31}	tshu^{21}
油岭	—	teu^{22}	ɕu^{22}

	锯子	锉子	锥子
石板寨	ʔa^{02} ko^{24}	ʔa^{02} tsho^{24}	tsuei^{33} tsɿ^{55}
高寨	ʔə^{02} ko^{35}	tsho^{35} tsɿ^{55}	tsui^{55} tsɿ^{55}
大南山	tsi^{44}	ho^{55}	tʂui^{43} tsi^{55}
高坡	kə^{42}	qə^{02} tshu^{42}	tsuei^{55} tsi^{55}
宗地	kə^{55}	ʈua^{32} ʂəu^{21}	tsuei^{55} sen^{55}
石门坎	ʂau^{55}	tsho^{31} tsɿ^{33}	tʂui^{55} tsɿ^{33}
腊乙坪	qo^{35} ɕu^{44}	qo^{35} ntɔ^{31}	qo^{35} tsɛ^{35}
小章	ki^{03} ki^{33}	dəɯ^{31}	—
养蒿	tɕi^{53}	shu^{44}	qa^{33} li^{13}
菜地湾	ke^{44}	to^{22}	tsei^{24} tsɿ^{33}
尧告	tɕu^{35}	pi^{53} sai^{13}	ɕɔ^{44}
河坝	tɕo^{33} teu^{33}	sho^{33}	pɔ^{11} ɕuæ̃^{33}
滚董	ki^{55}	tha^{55}	kaŋ^{35}
毛坳	ki^{55}	dau^{33}	—
七百弄	tɕu^{42}	tɔ^{13}	fu^{33}
西山	su^{13}	—	ŋui^{44}
瑶麓	tɕu^{44}	lɯ^{42}	—
巴那	la^{04} tɕu^{55}	tau^{313} tsho^{55}	tson^{55} tsai^{04}
优诺	ki^{54}	theu^{54} teu^{13}	toŋ^{54}
下水村	ku^{55}	ku^{55} tshɔ^{31}	tshi^{33} taŋ^{22}
龙华	kju^{53}	tʃhu^{35} kju^{53}	tʃui^{44}
龙定	dʑəu^{24}	tsho^{24}	tsui^{33}
烟园	dʒo:u^{55}	ka^{02} dʒo^{31}	to:m^{33}; tun^{55}
双龙	sɛ^{33}	tshɔ^{24} tsɿ^{53}	tɕui^{24} tsaŋ^{35}
油岭	kɛ^{42}	to^{53}	—

	刨子	钳子	犁
石板寨	thei^{33} po^{24}	ʔa^{02} ti^{33} ɗo^{33}	qo^{05} lei^{31}
高寨	thui^{55} pau^{35}	ʔə^{02} te^{55} zen^{31}	ʔə^{02} li^{31}
大南山	thui^{43} pau^{24}	tɕa^{31} tɕhen^{31}	voŋ^{24}
高坡	thi^{24} pho^{42}	qə^{02} tɕe^{55}	lẽ^{55}
宗地	ʈua^{32} saŋ^{232}	ʈua^{32} se^{55} tɕen^{53}	le^{53}
石门坎	ʔa^{55} ndlhai^{11} m̥au^{33}	tɕhie^{31} ntsɿ^{33}	li^{55} vɦau^{31}
腊乙坪	thei^{44} pɔ^{35}	qo^{35} ŋqa^{44}	qo^{35} lji^{31}
小章	pəɯ^{33} tsɿ^{33}	qa^{03} ɗo^{33}	ki^{03} lji^{13}
养蒿	thɛ^{44}	qei^{53}	kha^{33}
菜地湾	thue^{24} pau^{53}	qe^{35}	khɛ^{24}
尧告	thua^{35}	qa^{35}	khi^{35}; lɛ^{24}
河坝	thue^{44} po^{22}	tɕeu^{44} qæ^{22}	khæ^{44}
滚董	ʔa^{03} phaŋ^{55}	ŋe^{53}	khei^{35}
毛坳	phaŋ^{31} ɬu^{55}	ŋqai^{53}	li^{33}
七百弄	pa^{02} pɔ^{42}	pa^{02} ta^{21}	pa^{02} ʈe^{33}
西山	pau^{42}	tɕhan^{31} tsɿ^{33}	sei^{33}
瑶麓	pau^{53}	tɕa^{13} tɕhen^{31}	kwai^{13}
巴那	la^{04} thei^{13}	tɕhen^{313} tsɿ^{03}	ka^{03} li^{313}
优诺	po^{21}	kjau^{44} kjhen^{13}	le^{13}
下水村	phɔ^{22} taŋ^{22} kɔ^{55}	nɔ^{31} khi^{31}	ni^{31}
龙华	pau^{11}	ɗo^{35} ɣei^{55}	lai^{33}
龙定	ɬo^{55}	dʑim^{31}	lai^{31}
烟园	ʔpaːu^{42}	koːŋ^{55} ɲap^{55}	gjai^{33}
双龙	thui^{33} pau^{42}	gat^{53}	lai^{31}
油岭	—	—	he^{53}

	耙	钉耙	锄头
石板寨	qo^{05} va^{31}	tɕo^{31} va^{31}	ʔa^{02} tsho^{31}
高寨	ʔə^{02} pa^{31}	——	ʔə^{02} qo^{55} tsho^{31}
大南山	tɕua^{55}	phua^{31} si^{43}	ɬou^{44}
高坡	pu^{42}	pu^{55}	tɬɛ^{55} shə^{24}
宗地	pa^{53}	tin^{32} pa^{11}	lu^{35}
石门坎	ki^{33} tɕa^{55}	ki^{33} tɕa^{55}	ɬau^{33}
腊乙坪	qo^{35} pa^{31}	khɔ^{44} pʐa^{31}	qo^{35} khɔ^{44}
小章	bi^{35} ba^{31} ȵi^{31}	ta^{53} ba^{31}	ki^{03} ba^{31}
养蒿	kha^{53}	tsa^{53}	sho^{35}
菜地湾	——	ɕeu^{24} tsa^{22}	ɬjeu^{33}
尧告	pai^{241} khi^{35}	ke^{22}	tɬjeu^{44}
河坝	kha^{11}	pja^{55}	hɔ^{13} tɕo^{11}
滚董	pha^{35} liŋ^{33}	ke^{31}	sɛ^{35}
毛坳	pha^{35}	ta^{55} pa^{33}	sai^{35}
七百弄	pa^{02} ʂɔ^{42}	pa^{02} ȵtɕɔ^{31}	kwa^{31}
西山	——	——	kuak^{35}
瑶麓	kjhei^{44}	kwaŋ^{53}	mpe^{13}
巴那	ka^{03} pa^{313}	tjaŋ^{55} tjeu^{313} pja^{313}	tjaŋ^{55} tjeu^{313}
优诺	po^{13}	ɬju^{55} tshi^{33}	kwe^{32} tshau^{13}
下水村	pjha^{31}	tshɔ^{31} ta^{22}	ki^{35} khɔ^{31}
龙华	pa^{33}	pa^{33} tjəu^{44}	kwa^{55}
龙定	pa^{31}	pa^{31} ȵa:p^{55}	pho:ŋ^{33}
烟园	ʔpa^{33}	ʔpa^{33} ȵa:p^{55}	kwhak^{11} da:u^{31}
双龙	pa^{31}	kwai^{24} pa^{31}	tjɔ^{53} tsau^{31}
油岭	—	—	kat^{44}

	扁担	绳子	镰刀
石板寨	ʔa^{02} taŋ^{24}	qo^{05} ɬi^{24}	kho^{33} li^{33}
高寨	ʔə^{02} taŋ^{35}	ʔə^{02} ɬi^{35}	ʔə^{02} ko^{55}
大南山	ntaŋ^{33}	ɬua^{44}	la^{43}
高坡	shã^{55} ŋqã^{24}	ɬa^{42}	qə^{02} lẽ^{31}
宗地	haŋ^{32}	la^{35}	len^{22}
石门坎	pie^{33} ntaɯ^{31}	ɬa^{33}	ʔa^{55} lie^{55}
腊乙坪	pjɛ^{53} tɛ^{35}	qo^{35} ɬa^{53}	qo^{35} mpo^{44}
小章	pjan^{55} tan^{33}	ɬai^{33}	mau^{33} ki^{53}
养蒿	qaŋ^{55}	ɬha^{44}	qa^{33} ljin^{55}
菜地湾	qan^{22} pien^{33}	lɛ^{44}	kou^{24} ljen^{22}
尧告	qan^{31} tan^{44}	tɬo^{44}	lja^{22}
河坝	ke^{44}	læ^{33}	tɕo^{33}
滚董	taŋ^{55}	ɬei^{55}	ma^{53}
毛坳	qa^{03} pi^{313} ta^{55}	ɬe^{55}	lje^{33}
七百弄	ɣan^{13}	plɔ^{42}	ku^{33}
西山	xan^{42}	tɕho^{13}	lin^{42}
瑶麓	tɕi^{13} ŋkan^{44}	kjau^{44}	ljan^{55}
巴那	tjaŋ^{55} kwei^{13}	lai^{35}	mo^{313} ljen^{313}
优诺	taŋ^{54} ku^{32}	lai^{54}	le^{32} tau^{44}
下水村	taŋ^{35} kɔ^{22}	ni^{33}	li^{31} kjhuŋ^{31}
龙华	təu^{44}	ɬai^{35}	lin^{33}
龙定	tjaŋ^{24} moːŋ^{231}	ɬaːŋ^{33}	lim^{31}
烟园	dau^{55} muŋ^{31}	ɬaːŋ^{11}	pa^{02} kaːu^{35}
双龙	ta^{53} mɔŋ^{42}	ɬaŋ^{33}	mɛ^{42} ta^{33}
油岭	dom^{44} hoŋ^{44}	dju^{42}	ʑam^{53} lo^{44} ʑu^{22}

	麻袋	箩筐	织布机
石板寨	ʔa̱^{02} ɬy^{33}nda^{24}	ʔa̱^{02} pluŋ^{55}	qo^{05} tɕo^{33} ʔa̱^{24}ntəu^{33}
高寨	ʔə^{02} ɬu^{55} nda^{35}	ʔə^{02} loŋ^{55}	ʔə^{02} tɕa^{35} ntu^{31}
大南山	ʂen^{55} ntua^{13}	lo^{31} tou^{43}	ȵtɕe^{31} nto^{33}
高坡	ɬɯ^{24}	qa^{13} lu^{22}	ȵtɕɛ^{55} ntə^{42} nto^{24}
宗地	na^{22}saŋ^{232}	mpɔ^{32}	ʈua^{32}saŋ^{53} nto^{44}
石门坎	fɯ^{55}	tɕai^{55}	ʔa̱^{55} ȵdʑi^{55} nto^{11}
腊乙坪	khɯ^{53} po^{22} no^{42}	qo^{35} lu^{31}	tsoŋ^{31} nto^{44}
小章	pa^{55} then^{55}	lo^{31}su^{53}	ki^{03} zaŋ^{31} dəɯ^{35}
养蒿	tɛ^{31} no^{13}	ɬa^{53}	soŋ^{55} to^{53}
菜地湾	tue^{13} sɛ^{44}	lo^{22}	suŋ^{33} tou^{35}
尧告	tua^{24} nau^{22}	lo^{31}	tɬan^{53}ʔo^{44} tau^{35}
河坝	næ^{44} na^{22}	leu^{55}	suŋ^{55} teɯ^{11}
滚董	ʔa^{03} n̥eŋ^{35} nju^{44}	ʔa^{03} tai^{31}	na^{53} ne^{35}
毛坳	n̥eŋ^{35} nto^{31}	la^{03} lu^{33}	nta^{53} nti^{35}
七百弄	pjhu^{33} ʔa^{02} kwɔ^{53}	te^{21}	ʂɔ^{42} nta^{33}
西山	ma^{31} tai^{13}	tɕoi^{22}	suəŋ^{42}zok^{35}
瑶麓	ma^{31} tai^{13}	tɕou^{44}	tiŋ^{44} ntau^{44}
巴那	ma^{313} tai^{35}	lau^{313}	dau^{55}do^{13} tɕi^{33} tɕhi^{35}
优诺	nɒ^{54} ʈja^{21}	mui^{21} lɒ^{13}	pu^{54}ki^{44}
下水村	mɔ^{31} pɔ^{35}	ku^{22}	ʔɔ^{33} ʔɔ^{55} ki^{35}
龙华	ntu^{11} n̥ən^{44}	lu^{33}	ntu^{55} la^{11}
龙定	du^{21} po^{22}	la:i^{31}	dat^{55} dje^{33} tshe^{33}
烟园	tʃha:n^{51} ʔti^{42}	ʔpa:t^{42}	—
双龙	ti^{42}	xui^{53} lɔŋ^{42}	dʑi^{24}
油岭	—	lo^{53}	—

	纺车	弓	箭
石板寨	qo^{05} tsha^{31} ʈhəu^{24} ʔa^{02} men^{31}	—	na^{55}
高　寨	ʔə^{02} tsha^{31}	tse^{35}	n̥a^{55}
大南山	tʂhua^{43}	n̥en^{55}	vo^{43}
高　坡	shə^{13}	n̥ĩ^{13}	sa^{42} shã^{13}
宗　地	so^{35}	nen^{232}	soŋ^{22}
石门坎	tʂha^{55}	n̥ɯ^{55}	wo^{11}
腊乙坪	qo^{35} tɕo^{44} ȵɯ^{42} mi^{31} hwa^{35}	koŋ^{44}	ʔo^{44}
小　章	ki^{03} tshəɯ^{33}	kuŋ^{33}	tɕan^{33}
养　蒿	ɕhə^{35}	n̥en^{35}	ʔo^{53}
菜地湾	ɕou^{33}	keŋ^{24}	tsien^{44}
尧　告	ɕi^{53} ʑeu^{241}	so^{13}	tja^{35} so^{13}
河　坝	ɕha^{44} ɕhue^{44}	qɔ^{13} nei^{13} shei^{44}	shei^{44}
滚　董	ʔa^{03} sa^{11}	n̥e^{31}; qa^{03} neŋ^{55}	n̥ei^{31}
毛　坳	—	mphe^{313}	mpjhe^{313}
七百弄	kau^{53} fe^{42}	n̥ɔ^{53}	θoŋ^{33}
西　山	su^{35}	nok^{35}	nok^{35}
瑶　麓	—	tje^{53}	suŋ^{33}
巴　那	tɕha^{13} tɕha^{13}	kuŋ^{13}	tsjen^{55}
优　诺	fu^{33} tsho^{44}	kjaŋ^{44}	tsjen^{13}
下水村	fu^{55} ku^{33}	kuŋ^{55}	tsin^{33}
龙　华	mpei^{11} wei^{53} ʃu^{53}	n̥e^{53}	θen^{44}
龙　定	tɕau^{53} sui^{24} tshe^{33}	tɕo:ŋ^{33}	tsin^{24}
烟　园	—	na^{51}	to:ŋ^{35}
双　龙	tja^{33}	—	tsun^{24}
油　岭	—	no^{24}	ten^{42}

	铳	火药	风箱
石板寨	qo^{05} tshuŋ^{33}	ka^{31} tshuŋ^{33}	fuŋ^{33} ɕaŋ^{33}
高寨	thoŋ^{31}	ka^{31} thoŋ^{31}	ʔə^{02} thoŋ^{55}
大南山	so^{43} teu^{21}	kua^{43} ntʂua^{24}	po^{43}
高坡	tɕhã^{42}	ku^{24} tə^{31}	thã^{13}
宗地	saŋ^{55} tɯ^{11}	ka^{32} saŋ^{55}	taŋ^{232}
石门坎	—	χo^{33} ʑo^{31}	po^{11} thau^{55}
腊乙坪	phɔ^{53}	ŋka^{35} phɔ^{53}	qo^{35} thaŋ^{44}
小章	tshuŋ^{33}	ho^{55} ʑo^{33}	ki^{03} thaŋ^{55}
养蒿	ɕhoŋ^{44}	tɕa^{33} pho^{44}	thoŋ^{35}
菜地湾	tsheŋ^{44}	tɕa^{24}	leu^{22}
尧告	n̥ei^{53}	tɕo^{13} n̥ei^{53}	tham^{53}
河坝	nei^{13} neu^{22}	tɕa^{44} tshuŋ^{33}	thuŋ^{13}
滚董	tɕhoŋ^{35}	ȵa^{35} tɕhoŋ^{35}	thu^{31} thei^{31}
毛坳	phau^{55}	ȵtɕa^{35} phau^{55}	—
七百弄	soŋ^{42}	θə^{33}	thəŋ^{53}
西山	soŋ^{13}	tɕo^{33} soŋ^{13}	—
瑶麓	tan^{53} nou^{31}	tɕau^{33} to^{53}	thaŋ^{13}
巴那	tɕhuŋ^{55}	ʑo^{31}	fuŋ^{13} sjon^{13}
优诺	tshaŋ^{54}	ɖjeu^{44}	lu^{13}
下水村	khuŋ^{31} thɔ^{53} tshuŋ^{35}	kja^{22}	tsha^{35} lu^{31} thɔ^{53}
龙华	tʃuŋ^{35}	θjau^{53}	lu^{31} wei^{31}
龙定	tshuŋ^{24}	ʈjau^{33}	ləu^{31}
烟园	ma^{31} tʃho:ŋ^{31}	tʃho:ŋ^{31} ʑja:i^{35}	—
双龙	tjhɔŋ^{24}	ɕau^{33}	ləu^{31}
油岭	tsuŋ^{24}	to^{42} ʑop^{44}	—

	网	臼	石磨
石板寨	qo^{05} waŋ^{55}	ʔa^{02} ȵdʑo^{31}	ʔa^{02} ʑu^{33}
高寨	waŋ^{55}	ʔə^{02} qhoŋ^{55} ȵtɕi^{55} ʑi^{31}	ʔə^{02} yy^{55}
大南山	tʂau^{31}	tɕo^{21}	ʐe^{43}
高坡	—	qho^{13} tɕə^{31}	—
宗地	soŋ^{11} ʔaŋ^{55} mpʐe^{11}	tɕu^{11}	ʐæ^{32} ʐo^{21}
石门坎	dʐho^{35}	ɳtʂhaɯ^{55}	ʔa^{55} və^{55}
腊乙坪	qo^{35} ca^{42}	qo^{35} tɕo^{22}	qo^{35} ʐɯ^{35}
小章	ba^{55}	ki^{03} djəɯ^{55}	ki^{03} ʑi^{53} wa^{13}
养蒿	pa^{11}	tɕə^{11}	mu^{13}
菜地湾	—	qhaŋ^{33} tɕeu^{212}	—
尧告	pe^{241}	ɣei^{13} tɕeu^{241}	ɣei^{13} ɣeu^{24}
河坝	ɕun^{53}	tɕeu^{21}	mo^{22}
滚董	ʔa^{03} maŋ^{11}	ʔa^{03} tɕu^{11}	ʔa^{03} mu^{42}
毛坳	muŋ^{11}	ʔaŋ^{35} tɕo^{11}	ʑo^{35} phu^{31}
七百弄	ʔa^{02} mja^{53}	tɕɔ^{231}	ɣe^{33} ma^{22}
西山	vaŋ^{35}	tui^{13}	mɯ^{22}
瑶麓	se^{53}	khei^{13} tɕou^{53}	ɣe^{53} ntsɯ^{44}
巴那	kwei^{31}	la^{04} tɕu^{31}	fu^{55} mo^{53}
优诺	moŋ^{33}	ty^{54} kwhan^{44}	mui^{21}
下水村	nin^{35} mɔŋ^{35}	tu^{35} khuŋ^{55}	nuŋ^{35}
龙华	məŋ^{31}	ðei^{35} tjəu^{31}	mjo^{11}
龙定	moŋ^{231}	tə^{31} khom	mo^{21}
烟园	ŋwa:ŋ^{31}	ko:m^{33} ʃeu^{42}	gjau^{35} ŋwa^{42}
双龙	—	tɔi^{24} khən^{35}	mja^{42}
油岭	moŋ^{24}	sju^{44} hum^{24}	—

	筛子	簸箕	钩子
石板寨	ʔa^{02} ʂei^{31}	qo^{05} ʔwen^{31}	qo^{05} qo^{31}
高寨	ʔə^{02} se^{31}	tə^{02} ʔwen^{31}	qo^{31} qo^{31}
大南山	vaŋ^{43} tʂhou^{44}	vaŋ^{43}	ŋqe^{44}
高坡	võ^{24} ʂã^{42}	võ^{24} plõ^{13}	—
宗地	noŋ^{32} ʐaŋ^{13}	wua^{32} pʐaŋ^{35}	ŋkæ^{55}
石门坎	vaɯ^{55} tʂhau^{33}	vaɯ^{55} ɢhau^{11}	ŋqɯ^{33}
腊乙坪	qo^{35} ɕɔ^{53}	qo^{35} wei^{35}	pa^{44} qə^{44}
小章	su^{33} tsha^{53}	ki^{03} ʔwei^{53}	ki^{03} ɣɯ^{35}
养蒿	vaŋ^{33} ɕha^{33}	vaŋ^{33}	qa^{44} qo^{31}
菜地湾	ɕɛ^{24}	van^{24}	—
尧告	ɕan^{53} sai^{22} so^{53}	van^{13}	nei^{53}
河坝	ɕha^{44}	væ̃^{44}	hɔ^{13} nei^{13}
滚董	ʔa^{03} he^{31}	ʔa^{03} wai^{35}	ʔa^{03} ŋɔ^{35} tɕeu^{35}
毛坳	he^{313} tsha^{35}	wei^{35}	ŋqau^{35}
七百弄	ʂan^{33}	ve^{33}	ŋke^{42}
西山	zaŋ^{33}	ven^{33}	ŋue^{13}
瑶麓	xe^{33}	van^{33}	neŋ^{13}
巴那	ɕi^{13} tɕi^{13}	la^{04} vuŋ^{13}	ku^{55} ku^{33}
优诺	sa^{44}	kə^{03} ven^{44}	ko^{44}
下水村	ven^{22} hi^{55}	pjuŋ^{55} ven^{22}	vei^{33} kɔ^{55}
龙华	θai^{44}	wen^{44}	ko^{44}
龙定	sjaŋ^{33} kei^{33}	sjaŋ^{33}	ŋau^{33}
烟园	tʃei^{55} tei^{11}	ʃaŋ^{11}	ŋau^{35}
双龙	sɛ^{33}	n̥ə^{24} m̥i^{33} tjaŋ^{33}	kau^{33} kwai^{24}
油岭	keŋ^{44}	keŋ^{44}	dap^{44}

	床	桌子	椅子
石板寨	qo^{05} tɕho^{24}	ʔa^{02} ʈo^{31}	tə^{02} ʐuŋ^{31} ʑi^{55}tsɿ^{55}
高寨	ʔə^{02} tɕho^{35}	ʔə^{02} ʈo^{31}	—
大南山	tɕheu^{44}	ʈoŋ^{31}	ʑi^{21}tsi^{55}
高坡	lã^{13}	tʂu^{24}	ʑi^{55}sɯ^{13}
宗地	ʈoŋ^{53}	ʂoŋ^{21}	taŋ^{53}ʔɪ^{32}
石门坎	dzhaɯ^{35}	ki^{33}ɖhau^{35}	ʑi^{33} tsɿ^{33}
腊乙坪	te^{31} pə^{53}	tɕi^{44}pe^{31}	qo^{35} kɯ^{35}
小章	ki^{03} tjha^{13}	tso^{53}tsɿ^{33}	kəɯ^{53}ʑi^{13}
养蒿	qa^{33} tɕhu^{44}	ta^{55}	qo^{33} ʑin^{11}
菜地湾	suŋ^{22}	tɛ^{22}	ʑi^{33} tsɿ^{33}
尧告	tjha^{44} pi^{44}	tim^{22}	taŋ^{35}ʑi^{22}
河坝	suŋ^{55}	tæ^{55}	qɔ^{44} ʑi^{21}
滚董	tɕoŋ^{33}	thɔ^{35}	tɕei^{44}
毛坳	tsuŋ^{33}	thau^{35}	la^{03} ʑi^{313}tsɿ^{03}
七百弄	tɕan^{13}	sau^{13}	taŋ^{42}ʔoŋ^{53}
西山	ʔpon^{13}	suəŋ^{42}	taŋ^{13}ʔeŋ^{35}
瑶麓	tsaŋ^{55}	tjou^{55}	ȵei^{53}
巴那	ka^{03} tshuŋ^{313}	la^{04} pjhe^{35}	ʑi^{31} tsai^{04}
优诺	thaŋ^{13}	ta^{21} pau^{13}	ko^{44}ji^{33}
下水村	tshuŋ^{31}	tuŋ^{35}taŋ^{22}	juŋ^{31} ʔi^{33}
龙华	la^{11}	mpuŋ^{35}	pjəŋ^{44}kun^{31}
龙定	tshəu^{24}	tje^{31}	ʑei^{53}
烟园	tʃheu^{31}	dom^{55} ŋwei^{31}	ʔei^{51}
双龙	tjhəu^{24}	tɛ^{31}	taŋ^{24}ʑi^{35}
油岭	fu^{42}	dai^{22}hiŋ^{22}	ʔi^{24}

	凳子	箱子	柜子
石板寨	tə^{02} ʐuŋ^{31}	ɕaŋ^{33} ɕaŋ^{33}	qo^{05} phuŋ^{55} kuei^{24} tsɿ^{55}
高　寨	ʔə^{02} toŋ^{55} ʐoŋ^{31}	ɕaŋ^{55} tsɿ^{55}	ʔə^{02} ʐaŋ^{31}
大南山	toŋ^{31} ȵau^{43}	tu^{33}	phaŋ^{55}
高　坡	—	ɕa^{24}	ki^{55} te^{31}
宗　地	ȵtɕaŋ^{44}	ʑa^{22}	ʑa^{22}
石门坎	ki^{33} dhau^{35}	ɕaɯ^{55} ntsɿ^{33}	zu^{33} zhu^{11}
腊乙坪	qo^{35} hen^{44}	qo^{35} ta^{35}	tsɛ^{35} kwei^{35}
小　章	ki^{03} tjaŋ^{55}	ɕaŋ^{53} tsɿ^{33}	ki^{03} laŋ^{13}
养　蒿	to^{31}	loŋ^{11}	loŋ^{11}
菜地湾	—	ɕaŋ^{24} ɕaŋ^{24}	ɕen^{53} kue^{44}
尧　告	taŋ^{35}	pu^{31} sai^{31}	tɬan^{53} tju^{22} thiŋ^{35}
河　坝	taŋ^{22}	phuŋ^{13}	khui^{44}
滚　董	ʔa^{03} tho^{53}	ʔa^{03} tei^{35}	qa^{03} saŋ^{53}
毛　坳	tɕei^{33}	la^{03} ɕaŋ^{55} tsɿ^{03}	la^{03} tɕhi^{53}
七百弄	taŋ^{42}	səŋ^{33}	kwi^{22}
西　山	taŋ^{13}	siaŋ^{33}	kuei^{22}
瑶　麓	ȵei^{53}	tau^{53}	kwei^{13} tsɿ^{33}
巴　那	la^{04} tjen^{55}	sjon^{13} tsai^{04}	la^{04} ɕen^{53}
优　诺	tan^{54}	ɬjeu^{44}	kwei^{21}
下水村	tuŋ^{35}	ʔɔ^{55} sjɔŋ^{33}	kɔ^{55} khi^{35}
龙　华	pjəŋ^{44}	plo^{31}	kun^{11}
龙　定	taŋ^{24}	sjaŋ^{33}; loŋ^{231}	kwei^{21}
烟　园	tjam^{51}	kjaŋ^{35}	gwai^{42}
双　龙	taŋ^{24}	ɕɔ^{33}	tjan^{42}
油　岭	daŋ^{24}	sjaŋ^{22}	kui^{22}

	架子	扫帚	刷子
石板寨	$tɕa^{24}tɕa^{24}$	$ʔa^{02}\ tɕhi^{31}$	$sua^{31}\ tsɿ^{55}$
高寨	—	$ʔə^{02}\ tɕhi^{31}\ ȵo^{31}$	$ʔə^{02}\ tɕhi^{31}$
大南山	$tɕua^{24}$	$khou^{43}\ ʈhua^{43}$	$ʂua^{24}tsi^{55}$
高坡	$sã^{55}$	$tɕɯ^{55}\ tɕhɛ^{24}$	$tɕɯ^{55}tɕhɛ^{24}$
宗地	$noŋ^{32}saŋ^{53}$	$tɕæ^{22}\ ȵa^{32}$	$sua^{21}\ tsɿ^{42}$
石门坎	$ʔa^{55}\ ȵdʑi^{55}\ tɯ^{55}$	$ki^{55}\ ʈha^{55}$	$ʂua^{31}\ tsɿ^{33}$
腊乙坪	$qo^{35}\ tsoŋ^{31}$	$qo^{35}\ ʈo^{35}$	$ʂa^{44}\ tsi^{53}$
小章	—	$ki^{03}\ tau^{53}$	—
养蒿	$pa^{11}\ tja^{11}$	$tjə^{33}$	$sa^{31}\ tsi^{55}$
菜地湾	ka^{44}	$qa^{33}\ tjeu^{24}$	$ɕa^{13}\ pa^{33}$
尧告	$teu^{44}tju^{22}ɕi^{53}\ kei^{53}$	$tjeu^{13}$	$teu^{44}sau^{44}thiŋ^{35}$
河坝	$tɕa^{33}\ tɕa^{33}$	tja^{44}	ka^{33}
滚董	$ʔa^{03}\ tɕa^{35}$	$qo^{03}\ tjo^{35}$	$ʔa^{03}\ hau^{35}\ ȵu^{55}\ ʔau^{31}$
毛坳	$ka^{33}\ ka^{35}$	$la^{03}\ tjo^{35}$	$tsha^{55}$
七百弄	$tɕa^{231}pe^{13}$	$tɕhe^{33}\ ʈu^{13}$	$koŋ^{53}\ hai^{31}sa^{31}$
西山	sun^{13}	$va^{33}\ phat^{35}$	$sua^{31}\ xai^{22}$
瑶麓	$tjeŋ^{44}$	$ȵaŋ^{53}\ tɕhei^{33}\ pjei^{13}$	$sua^{31}\ tsɿ^{33}$
巴那	$ka^{55}\ ka^{55}$	$tsha^{44}\ djeu^{313}$	$tsha^{44}tsha^{44}$
优诺	$ko^{54}ko^{54}$	$ɗau^{44}\ pui^{33}ŋjaŋ^{44}$	$ʔi^{44}\ sua^{13}$
下水村	ka^{31}	$ta^{03}\ kjha^{35}$	$tshat^{35}\ taŋ^{22}$
龙华	ka^{53}	$jaŋ^{33}\ ðu^{33}$	$ntʃa^{55}$
龙定	$tɕa^{24}tsei^{53}$	$m^{31}\ dau^{33}\ ka{:}m^{33}$	$so{:}t^{55}$
烟园	$tʃa^{55}$	$pa^{02}\ dʒeu^{33}$	$tuat^{11}$
双龙	ka^{24}	$su^{35}\ kun^{35}$	$sɔt^{53}\ sɔt^{53}$
油岭	ka^{42}	kon^{24}	—

	柴	灶	锅
石板寨	qo^{05} zo^{55}	qo^{05} tso^{33}	qo^{05} wen^{55}
高寨	ʔə^{02} ʒo^{55}	ʔə^{02} qo^{05} tso^{31}	ʔə^{02} wen^{55}
大南山	teu^{21}	tso^{33}	ʑa^{21}
高坡	tə^{31}	—	vẽ^{31}
宗地	tɯ^{11}	hoŋ^{232} so^{35}	ʑæn^{11}
石门坎	dey^{33}	ʔa^{55} tso^{11}	phau^{33}
腊乙坪	qo^{35} tə^{22}	qo^{35} tsɔ^{35}	qo^{35} wɛ^{22}
小章	da^{55}	ho^{55} tsəɯ^{33}	ki^{03} wai^{55}
养蒿	tu^{11}	qa^{33} so^{44}	vi^{11}
菜地湾	—	—	tɕhan^{24}; taŋ^{22} ko^{24}
尧告	san^{31}	tsau^{35}	va^{241}
河坝	to^{21}	qa^{33} sɔ^{33}	ve^{21}
滚董	tau^{11}	lu^{33} sɔ^{55}	ʔa^{03} wen^{11}
毛坳	tau^{11}	la^{03} tsau^{55}	la^{03} veŋ^{11}
七百弄	ʔa^{02} tu^{231}	so^{42}	vəŋ^{231}
西山	tho^{44}	sau^{13} lo^{42}	vi^{44}
瑶麓	to^{53}	tɕuŋ^{53}	vai^{53}
巴那	tɕhen^{313}	tsau^{55}	vjen^{31} ta^{44}
优诺	tshin^{13}	kə^{03} tau^{54}	kə^{03} ven^{32}
下水村	tshi^{31}	ka^{03} tsju^{55} khuŋ^{55}	ven^{22} kɔ^{55}
龙华	ʃi^{44}	tʃau^{53} khuŋ^{53}	wan^{31}
龙定	tsaŋ^{31}	dzu^{24}	tshɛŋ^{33}
烟园	taŋ^{33}	ka^{02} do^{33}	tʃhaŋ^{11}
双龙	tsaŋ^{31}	—	tjhɛ^{33}
油岭	hoŋ^{53}	to^{42}	haŋ^{44}

	甑子	菜刀	碗
石板寨	qo^{05} tsaŋ^{24}	ʔa^{02} ntin^{55} pa^{55}	qo^{05} khuŋ^{31}
高　寨	ʔə^{02} tsaŋ^{35}	ʔə^{02} ndzoŋ^{55}	ʔə^{02} khoŋ^{31}
大南山	tʂo^{44}	ʈa^{13}	nti^{24}
高　坡	sã^{42}	qə^{02} tʂẽ^{22}	te^{31}
宗　地	soŋ^{55}	po^{21} tɔ^{32}	tɪ^{11}
石门坎	tʂu^{33}	ʔa^{55} ɖhie^{11} tshau^{55} zau^{55}	kho^{55}
腊乙坪	qo^{35} tɕe^{53}	ntei^{44} ɬa^{44} ʐei^{35}	qo^{35} ʈe^{53}
小　章	ki^{03} tsɿ^{33}	ki^{03} dei^{55} ɬa^{35} ʔʑi^{53}	ki^{03} tei^{31}
养　蒿	ɕi^{44}	pen^{33}	tji^{44}
菜地湾	tsi^{44}	—	tɕi^{44}; po^{33}
尧　告	tso^{44}	tja^{35} xu^{13} ɣaŋ^{53}	tua^{13}
河　坝	ɕi^{33} ɣuŋ^{55}	sæ^{33} tjeu^{21}	te^{21}
滚　董	ʔa^{03} tɕaŋ^{55}	tɔ^{35} thei^{35} ji^{35}	ʔa^{03} po^{55}
毛　坳	la^{03} tɕaŋ^{55}	tau^{35} ʑi^{35}	la^{03} tai^{33}
七百弄	tsoŋ^{42} ko^{31}	tu^{33} pi^{31} sɛ^{13}	pe^{53}
西　山	san^{13}	tu^{33}	ʔon^{13}
瑶　麓	tsuŋ^{44}	tɯ^{53}	tju^{44}
巴　那	la^{04} tɕon^{35}	daŋ^{44} tshe^{35} ʑo^{13}	tei^{22}
优　诺	kə^{03} tseu^{54}	jo^{44} ni^{13}	kə^{03} ɬeŋ^{44}
下水村	kue^{35} tsaŋ^{35}	li^{31} pha^{35} tɔ^{55}	huŋ^{22}/ŋ̊ŋ^{22}
龙　华	tʃaŋ^{35}	je^{44} ntən^{53}	huŋ^{44}
龙　定	tsaːŋ^{24}	dzu^{22}	wjɛn^{53}
烟　园	taŋ^{55}	dʒu^{42}	van^{31}
双　龙	tsaŋ^{24}	dju^{21}	wan^{35}
油　岭	taŋ^{42}	ʑu^{22}	vjan^{24}

	筷子	勺子	酒杯
石板寨	ʔa^{02} ʐo^{24}	ʔa^{02} qla^{55} ʔyu^{31}	ho^{33} tɕo^{55} mo^{31} pei^{33} pei^{33}
高寨	ʔə^{02} ʐo^{35}	ʔə^{02} qla^{55}	pei^{55} pei^{55}
大南山	ʈeu^{13}	tɬa^{55}	khau^{43}
高坡	ʈʂə^{22}	tɬe^{13} hɯ^{24}	tʂõ^{24}
宗地	ʈɯ^{13}	ɬæn^{42}	tsha^{21} pei^{32}
石门坎	su^{55}	tɬie^{55}	kho^{55} hau^{11} tɕey^{55}
腊乙坪	qo^{35} ʈɯ^{42}	qo^{35} ca^{44}	qo^{35} pei^{44}
小章	ŋa^{35} dei^{13}	ko^{53} tshan^{35}	pei^{53} tsɿ^{55}
养蒿	tju^{13}	tjo^{31}	ŋə^{33}
菜地湾	tjo^{53}	tɕheu^{212} kan^{33}	ʔeu^{35}
尧告	tja^{22}	hɔ^{13} ha^{35} ɣaŋ^{53}	ho^{13}
河坝	tjo^{22}	tjɔ^{53}	tsuŋ^{44} tɕo^{13}
滚董	tɕɔ^{44}	lja^{31} ʔe^{53}	tɕe^{55} tɕeu^{31}
毛坳	tjau^{31}	hau^{35}	tei^{55} tɕeu^{313}
七百弄	ʈu^{22}	hə^{31} tau^{33}	tsie^{42} tsau^{53}
西山	tɕhu^{22}	xəu^{33}	sien^{35}
瑶麓	tja^{31}	ŋke^{53} ʔau^{44}	tɕu^{53} pei^{33}
巴那	tjeu^{22}	la^{04} tɕu^{53}	la^{04} tjen^{35}
优诺	tsheu^{32}	kə^{03} pjeu^{13}	tju^{33} kə^{03} ʔau^{44}
下水村	khu^{53}	kue^{35} tshu^{35}	tjɔ^{55} kiŋ^{33}
龙华	ʃau^{11}	ʃəu^{55}	tʃau^{53} ŋəu^{53}
龙定	tsəu^{21}	ŋ̥a:ŋ^{24} ɡo:ŋ^{53}	tsa:n^{53}
烟园	tʃou^{42}	tʃhu:i^{11}	tʃa:n^{51}
双龙	tjəu^{42}	tjhui^{33}	ʔau^{33}
油岭	tau^{22}	sju^{22}	—

	坛子	水缸	水桶
石板寨	qo^{05} χaŋ^{31}	thuŋ^{33} ndzuŋ^{31}	thuŋ^{33} mbji^{31}
高寨	ʔə^{02} ta^{31} χaŋ^{31}	thoŋ^{31} ndzoŋ^{31}	ʔə^{02} thoŋ^{31} mbji^{31}
大南山	ho^{43}	ȶheu^{55} tde^{31}	thoŋ^{43}
高坡	—	thõ^{24} ʔõ^{24}	thõ^{24} mplɛ^{22}
宗地	ɦoŋ^{22}	taŋ^{22}	paŋ^{22}
石门坎	ŋ̊u^{55}	thau^{55} pu^{11} lhie^{35}	thau^{55} ʔau^{55}
腊乙坪	qo^{35} ʔɛ^{35}	qo^{35} thɯ^{44} ʔɯ^{35}	qo^{35} thoŋ^{53}
小章	—	phau^{35} ʔɯ^{53}	kɪ^{03} thaŋ^{13}
养蒿	ʔoŋ^{44}	thə^{33} ʔə^{33}	tji^{31}
菜地湾	—	theu^{24} ʔeu^{24}	theu^{24} ȵjei^{22} ʔeu^{24}
尧告	soŋ^{13}	ʔaŋ^{35}	tiŋ^{24}
河坝	ʔuŋ^{33}	kaŋ^{22}	theu^{33}
滚董	ʔa^{03} qo^{55} woŋ^{35}	ʔa^{03} qo^{55} woŋ^{35}	thaŋ^{42}
毛坳	thai^{35}	thai^{35} ʔaŋ^{35}	thuŋ^{33} ʔaŋ^{35}
七百弄	ʑau^{33}	va^{31} kan^{42} ʔau^{33}	tau^{53} ʔau^{33}
西山	pen^{35}	ʔaŋ^{35}；xaŋ^{33}	tuəŋ^{35}
瑶麓	vei^{53}	taŋ^{53}	taŋ^{53}
巴那	la^{04} ŋ^{55}	kŋ^{13}	thŋ^{55}
优诺	kə^{03} ʔe^{44}	kə^{03} ʔe^{44}	kə^{03} thoŋ^{54}
下水村	pha^{35} taŋ^{22}	ʔɔŋ^{22} pha^{35}	ʔɔŋ^{22} thuŋ^{33}
龙华	θan^{53}	pəu^{12}	tuŋ^{44}
龙定	ʔoːŋ^{24}	koːŋ^{33}	thuŋ^{53}
烟园	ʔeːŋ^{35}	koːŋ^{35}	tʃhoːŋ^{51}
双龙	tjau^{42}	ʔən^{33} mɔŋ^{42}	ʔən^{33} dɔŋ^{35}
油岭	paŋ^{44}	koŋ^{22}	sui^{42} tuŋ^{42}

	罐子	水瓢	火钳
石板寨	ʔa^{02} mpa^{31}	χu^{31} ʔuŋ^{31}	ti^{33} zo^{55}
高寨	ʔə^{02} mpa^{31}	ʔə^{02} phiau^{31}	tie^{31} ðen^{31}
大南山	qhu^{33}	ʈu^{43} tɬe^{31}	tɕa^{31}
高坡	—	qə^{02} tə^{24} ʔõ^{24}	—
宗地	sɯ^{32}; men^{42}	ʈə^{13} ʔaŋ^{32}	se^{55} tɕen^{53}
石门坎	qhey^{11}	dai^{33} ʔau^{55}	tai^{11} ɲi^{31}
腊乙坪	tɕo^{53} pa^{44}	ka^{22} tɔ^{35}	sa^{44} ɖɔ^{53}
小章	ki^{03} wei^{35}	ki^{03} xa^{53}	qa^{35} ɖo^{33}
养蒿	tho^{53}	hɛ^{33}	qei^{53} tu^{11}
菜地湾	—	hue^{24}	—
尧告	tɬau^{31} tai^{13}	hɔ^{13} ha^{35} ʔu^{13}	qa^{35} ta^{241}
河坝	pjaŋ^{55}	xhuæ^{44} ʔeu^{44}	—
滚董	ʔa^{03} tɕaŋ^{31}	ʔa^{03} ho^{35} ʔaŋ^{35}	ŋe^{53}
毛坳	la^{03} piŋ^{33}	hau^{35}	—
七百弄	kwe^{42}	hə^{33} mplau^{13}; ta^{231}	ta^{21} to^{231}
西山	pau^{33}	kok^{35} ʔaŋ^{33}; xəu^{33}	tɕhan^{42}
瑶麓	ma^{53}	xo^{33} ʔou^{33}	—
巴那	kwon^{55} kwon^{55}	la^{04} pjhau^{313}	tɕhen^{44} tɕhe^{313}
优诺	kə^{03} pau^{44}	ʔŋ^{44} kə^{03} pjeu^{13}	the^{44} ŋo^{32}
下水村	khi^{53} thuŋ^{31} kɔ^{55}	ʔɔŋ^{22} tshu^{35}	thɔ^{53} khi^{31}
龙华	pei^{44}	ʔɒŋ^{44} ʃəu^{12}	tau^{31} ðai^{55}
龙定	pɛŋ^{31}	ʔo:m^{33} go:ŋ^{53}	təu^{231} tɕap^{55}
烟园	ʔeŋ^{35}	tʃhu:i^{11}	gja^{11} ɲep^{55}
双龙	pɛ^{31}	ma^{42} tjhɔ^{42}	kat^{53}
油岭	—	—	ɲap^{22}

	吹火筒	篮子	背带
石板寨	ʐuŋ^{31} zo^{55}	thɛ^{31} lɛ^{31}	ʔa^{31} pu^{31} ʔu^{33} taŋ^{31}
高寨	χo^{55} thoŋ^{31}	ʔə^{02} thaŋ^{31} laŋ^{31}	ʔə^{02} ȵ̥e^{35}
大南山	ʈaŋ^{31} tʂhua^{43} teu^{21}	keu^{24}	ȵa^{33}
高坡	—	qə^{02} tə^{13}	—
宗地	ʈaŋ^{53} pʐa^{22} tɯ^{11}	ɬæ^{32}	la^{35} sæn^{13}
石门坎	tu^{33} tsha^{55} dey^{33}	thi^{31} la^{31}	ʔey^{55}
腊乙坪	qo^{35} ʈoŋ^{31} phʐo^{35} tə^{22}	qo^{35} ŋkhin^{44}	ɬa^{53} pu^{22}
小章	ho^{35} duŋ^{31}	di^{13} lan^{31}	ɗjəɯ^{53} tei^{31}
养蒿	tjoŋ^{55} tsho^{33} tu^{11}	khen^{44}	pi^{33}
菜地湾	—	khen^{44}	—
尧告	tjam^{31} ɕeu^{13} ta^{241}	ɕan^{53}	pua^{13} ʔai^{35} ŋɔ^{35}
河坝	—	ko^{22}	puæ^{33} læ^{33}
滚董	ʔa^{03} tɕoŋ^{33} tjho^{35} tau^{11}	ʔa^{03} ȵ̥ei^{31}	te^{35}
毛坳	—	tje^{35}	ɬe^{55} pau^{33}
七百弄	ʑoŋ^{22} pjhu^{33} tu^{231}	thi^{31} lan^{31}	ʔa^{02} lo^{33}
西山	—	səu^{33}	lu^{33}
瑶麓	—	tɕou^{33}	pu^{33} ȵi^{13}
巴那	tjuŋ^{313} to^{31}	tɕa^{31} dʑiŋ^{44}	ta^{55} pa^{55} tɕi^{44}
优诺	phui^{44} teu^{32} taŋ^{33}	kə^{03} tseu^{32}	pi^{21} ma^{54}
下水村	khuŋ^{31} thɔ^{53}	ji^{22} naŋ^{31}	pi^{55} ni^{33}
龙华	phu^{44} tau^{31} tuŋ^{53}	ntʃhi^{53}	ti^{44} nei^{44} ɬai^{35}
龙定	təu^{231} toŋ^{31}	la:m^{31}	suŋ^{31} ȵe^{24}
烟园	ʔto:u^{31} do:ŋ^{33}	kjeu^{42}	ʔtaŋ^{33} lo^{51}
双龙	tjhui^{33} dɔŋ^{31}	djɛn^{31}	—
油岭	—	—	—

	扇子	秤	尺子
石板寨	tɕhaŋ^{33} laŋ^{33}	ʔa^{02} tshuŋ^{24}	qo^{05} tshɿ^{31}
高寨	ʔə^{02} mbji^{31} ma^{35}	ʔə^{02} tshoŋ^{35}	tshɿ^{31} tsɿ^{55}
大南山	ntsua^{24}	ki^{55}	tʂhi^{24} tsi^{55}
高坡	mpla^{55}	ʐɛ^{24} si^{42}	tshi^{31}
宗地	mpja^{21}	ntsaŋ^{13}	ʈua^{32} ʂʅ^{11}
石门坎	ndzɦa^{35}	tɕi^{33}	tʂhʅ^{31} tsɿ^{33}
腊乙坪	qo^{35} mja^{44}	qo^{35} ȵtɕhe^{53}	tɕhi^{31}
小章	ki^{03} mji^{35}	thi^{33}	tshɿ^{31}
养蒿	zen^{31}	ɖjo^{53}	tɕhi^{53}
菜地湾	njin^{13}	ɖjou^{35}	tshɿ^{33}
尧告	ȵi^{24}	tɖja^{35}	teu^{44} ljo^{31}
河坝	mei^{53}	ɖjeɯ^{11}	tɕhi^{11}
滚董	ni^{42} ljoŋ^{33}	ŋ̊aŋ^{55}	thei^{55}
毛坳	mpjhe^{31}	ȵtɕhaŋ^{55}	thi^{55}
七百弄	mpji^{21}	ȵtɕhoŋ^{42}	tsi^{53}
西山	pi^{22}	tɕhoŋ^{13}	sik^{35}
瑶麓	mpji^{42}	ȵtɕhuŋ^{44}	tshɿ^{31} tsɿ^{33}
巴那	tjuŋ^{55} bi^{53}	la^{04} dʑon^{35}	la^{04} tɕhi^{44}
优诺	sje^{54}	tjheu^{54}	tsjhe^{55}
下水村	pji^{35}	tjhaŋ^{22}	thi^{33}
龙华	mpli^{12}	ntʃhaŋ^{35}	thi^{35}
龙定	bjap^{22}	dzjaŋ^{24}	tshi^{55}
烟园	bja:p^{42}	dʒaŋ^{31}	tʃhi^{11}
双龙	bjɛt^{21}	djaŋ^{24}	tɕhi^{53}
油岭	ʑap^{22}	ʑaŋ^{42}	sja^{44}

	针	剪刀	梯子
石板寨	qo^{05} kuŋ^{31}	ʔa^{02} tsen^{55}	ʔa^{02} thi^{31}
高寨	ʔə^{02} koŋ^{31}	ʔə^{02} tsen^{31}	ʔə^{02} the^{31}
大南山	koŋ^{43}	tsa^{43}	ntai^{55}
高坡	kõ^{24}	qa^{13} sẽ^{13}	qo^{13} ʈʂõ^{31}
宗地	kaŋ^{32}	sæn^{55}	ʈua^{32} tua^{22}
石门坎	kaɯ^{55}	tshə^{11}	thau^{33} dʐu^{33}
腊乙坪	qo^{35} tɕu^{35}	qo^{35} ȵtɕi^{35}	qo^{35} ʈei^{42}
小章	ku^{53}	ki^{03} zɿ^{33}	ki^{03} dai^{13}
养蒿	tɕu^{33}	ken^{53}	thaŋ^{33}; tjaŋ^{13}
菜地湾	tɕu^{24}	ken^{35}	leu^{22} thi^{24}
尧告	tɕu^{13}	tɕa^{24}	tjan^{22} ti^{44}
河坝	tɕu^{44}	tjæ̃^{44} ki^{11}	tjẽ^{22}
滚董	kaŋ^{35}	ŋeŋ^{11}	thai^{55}
毛坳	kuŋ^{35}	ȵtɕe^{11}	thei^{55}
七百弄	tɕau^{33}	mpjə^{33}	thəŋ^{33}
西山	tɕaŋ^{33}	tɕieu^{33}	ʔpok^{55} lai^{33}
瑶麓	tɕou^{33}	tɯ^{53} tɕen^{53} tau^{33}	nta^{13}
巴那	mai^{313} tɕiŋ^{13}	la^{04} tsjen^{55}	la^{04} tjha^{13}
优诺	tjoŋ^{44}	tin^{33} tau^{44}	the^{44}
下水村	kjuŋ^{22}	te^{53} ki^{35}	the^{55}
龙华	tʃɒŋ^{44}	tʃei^{55} ntən^{53}	thei^{44}
龙定	sim^{33}	tɕəu^{53}	thei^{33}
烟园	tim^{11}	tʃeu^{51}	tʃhei^{11}
双龙	tɕɛn^{33}	dʑau^{35}	thei^{33}
油岭	tsum^{44}	ɡeu^{24}	hai^{44}

	锁	钥匙	灯
石板寨	sau^{55} ʐuŋ^{31}	ʑo^{31} sɿ^{33}	qo^{05} ten^{31}
高寨	ʔə^{02} su^{55} ʑoŋ^{31}	ʔə^{02} ʑi^{31} si^{31}	ʔə^{02} ten^{55}
大南山	ntʂo^{21}	ʑo^{24} ʂi^{31}	ten^{43}
高坡	shu^{13}	tɕɯ^{55} shu^{13}	tõ^{24}
宗地	tɕu^{32}	tɕu^{32} tɕu^{53}	taŋ^{44}
石门坎	so^{33}	qhɯ^{55} ʔa^{33} dlhau^{35}	ʈau^{55}
腊乙坪	qo^{35} su^{44}	ʑo^{31} ɕi^{35}	pʐɔ^{53} ɕɛ^{35}
小章	ki^{03} su^{13}	ʑo^{31} sɿ^{13}	ten^{33} tsan^{13}
养蒿	shu^{35}	tə^{44} tju^{55}	ten^{33}
菜地湾	so^{33}	ʑo^{13} ɕi^{22}	ten^{24}
尧告	seu^{53}	teu^{44} seu^{53}	tɬan^{53} ta^{35} ta^{241}
河坝	n̥jo^{53} ɕhi^{33}	qa^{33} pa^{13} n̥jo^{53} ɕhi^{33}	tẽ^{44}
滚董	so^{31} sei^{35}	lja^{11} sei^{35}	ʔa^{03} ti^{55}
毛坳	so^{313}	so^{313} sɿ^{35}	la^{03} teŋ^{55}
七百弄	θo^{53}	po^{53} so^{53}	taŋ^{33}
西山	so^{35} thəu^{42}	si^{31} suə^{35}	teŋ^{33} taŋ^{33}
瑶麓	po^{13} ɕi^{31}	po^{13}	ʑɯ^{42}
巴那	la^{04} so^{55}	ʑo^{31} ɕi^{13}	taŋ^{13}
优诺	ɬeu^{54}	ɬeu^{54} si^{13}	teŋ^{44}
下水村	su^{35} kɔ^{55}	su^{35} si^{31}	hɔ^{55} sui^{31} tsan^{35}
龙华	θu^{33}	ja^{55}	taŋ^{44}
龙定	fo^{53}	fo^{53} tsei^{31}	taŋ^{33}
烟园	kja^{51}	kja^{53} tʃei^{33}	ʔto:ŋ^{35}
双龙	sɔ^{35}	sɔ^{35} tjəi^{31}	tən^{33}
油岭	ho^{24}	—	taŋ^{44}

	灯笼	镜子	耳环
石板寨	qo^{05} ten^{31} ten^{33} luŋ^{31}	tɕin^{24} tsɿ^{55}	ʔa^{02} mbji^{31} ȵin^{31}
高　寨	—	ʔə^{02} li^{31} ma^{35}	mbo^{31} ȵin^{31}
大南山	ten^{43} loŋ^{31}	ʔa^{55}	kou^{31} ntɕe^{31}
高　坡	—	qə^{02} vi^{22} vã^{55}	qə^{02} mplɛ^{55}
宗　地	taŋ^{44} loŋ^{21}	ŋa^{21}	mpʐe^{22}
石门坎	tau^{55}	nha^{31} tɬhu^{33}	ŋqɯ^{33}
腊乙坪	ten^{44} loŋ^{22}	tɕɔ^{35} ɕi^{44}	qhaŋ^{53} mʐɯ^{31}
小　章	ten^{53} luŋ^{31}	tɕin^{33} tsɿ^{33}	pji^{55} mɯ^{13}
养　蒿	ɣu^{55} ten^{33}	mɛ^{13} n̥ɛ^{33}	pho^{44} zɛ^{55}
菜地湾	—	tsieu^{44} men^{53}	qa^{33} njei^{22}
尧　告	tɬan^{53} ʐa^{35} ta^{241}	mo^{22} n̥o^{13}	qhaŋ^{53} ȵei^{31}
河　坝	tẽ^{44} leu^{55}	ɕeu^{33}	ɕi^{11} mei^{55}
滚　董	tai^{55} ti^{55}	qɛ^{53} tɕeu^{35} nje^{42}	qa^{03} lja^{55} njo^{33}
毛　坳	teŋ^{55} luŋ^{33}	tɕeu^{35} tsɿ^{03}	vi^{31} se^{55}
七百弄	tan^{33} lau^{13}	ʔa^{02} tsu^{53}	mpje^{13} pjau^{22}
西　山	teŋ^{33} loŋ^{42}	kau^{33} tɕaŋ^{13}	kon^{13} pia^{42}
瑶　麓	ʐɯ^{42} kjhaŋ^{13}	ʔaŋ^{33} ŋkuŋ^{33}	tɕhyn^{33} mpje^{55}
巴　那	taŋ^{13} luŋ^{313}	tɕiŋ^{35} tsɿ^{03}	tɬjhuŋ^{313}
优　诺	teŋ^{44} laŋ^{13}	tsjeu^{55} mo^{32} pa^{13}	kjhon^{33}
下水村	taŋ^{55} luŋ^{31}	kjaŋ^{53}	juŋ^{35} mui^{31}
龙　华	təŋ^{44} luŋ^{31}	kjiŋ^{35}	ŋjin^{33} mpja^{33}
龙　定	taŋ^{33} loŋ^{31}	tɕiŋ^{24}	hun^{33}
烟　园	ʔtoːŋ^{35} loːŋ^{33}	ʔaŋ^{55} tʃiŋ^{55}	pou^{33} vjen^{11}
双　龙	tən^{33} lɔŋ^{31}	tɕin^{24} tsɿ^{53}	blau^{31} ʔun^{31}
油　岭	—	tuŋ^{53} tsju^{42}	—

	手镯	梳子	棺材
石板寨	qo^{05} vu^{24}	qo^{05} yi^{24}	ntuŋ^{24} lo^{55}
高　寨	ʔə^{02} vu^{35}	ʔə^{02} yi^{35}	ntoŋ^{35} lo^{55}
大南山	pou^{13}	ʐua^{13}	ɬe^{43}
高　坡	pa^{22}	ʐa^{22}	ɬɛ^{24}
宗　地	po^{13}	ʐə^{13}	ɬæ^{22}
石门坎	baɯ^{53}	za^{53}	ntau^{33}
腊乙坪	qhaŋ^{53} pɔ^{42}	qo^{35} ʐa^{42}	qo^{35} pɛ^{44}
小　章	səɯ^{55} tshyaɳ^{53}	ki^{03} ʑe^{13}	ki^{03} du^{13}
养　蒿	ɖjhoŋ^{44}	ɣa^{13}	ɬhɛ^{33}
菜地湾	tɕuan^{53} pɛ^{212}	ʑɛ^{53}	teu^{44} lo^{212}
尧　告	qa^{31} qua^{35}	ɣe^{22}	ɬai^{13}
河　坝	pɔ^{22}	ɣæ^{22}	xeu^{11} teu^{33}
滚　董	qa^{03} po^{44}	ʔa^{03} ji^{44}	tja^{35} qo^{55}
毛　坳	la^{03} pi^{31} ɕe^{35}	la^{03} hei^{35}	fu^{33} tsa^{35}
七百弄	pə^{22}	ɣi^{22}	pəŋ^{22}
西　山	kon^{13} phe^{44}	ʑei^{22}	ku^{22} pien^{22}
瑶　麓	ti^{44} pei^{31}	ɣi^{31}	mei^{42}
巴　那	tjo^{31}	la^{04} ʑi^{22}	lau^{31} pja^{44}
优　诺	tsheu^{21}	ta^{21} su^{44}	fu^{55} fo^{44}
下水村	kwha^{53} ku^{35}	vi^{33} kɔ^{55}	kwan^{55} tshe^{31}
龙　华	tʃa^{31} θai^{44} jəu^{33}	wi^{11}	ntɒŋ^{35} tʃiŋ^{44}
龙　定	tɕem^{31}	tsa^{55}	pen^{35}
烟　园	ʃam^{55}	tʃa:t^{55}	—
双　龙	phau^{53} khən^{33}	phai^{53} səu^{33} tja^{53}	pən^{35}
油　岭	—	ta^{44}	vaŋ^{53} koŋ^{42} ben^{24}

	钱	货物	鼓
石板寨	qo^{05} zen^{31}	qo^{05} ho^{24}	qo^{05} ɳɖa^{55}
高寨	zen^{31}	—	ɳɖa^{55}
大南山	tsa^{31}	nto^{31} te^{43}	nʈua^{21}
高坡	—	kã^{24} kɛ^{13}	ntʂu^{31}
宗地	sæn^{53}	haŋ^{42} nɔ^{53} sæn^{32}	ɳʈə^{11}
石门坎	ȵ̥he^{35}	tɬaɯ^{55} nɯ^{55}	ɳʈa^{33} qey^{11}
腊乙坪	tɕi^{44} taŋ^{53}	ho^{35} wu^{22}	qo^{35} ŋɔ^{22}
小章	zei^{31} taŋ^{33}	ho^{33}	ki^{03} mjəɯ^{55}
养蒿	pi^{55} sei^{55}	hu^{44}	ŋjə^{11} tu^{35}
菜地湾	—	ho^{35}	ŋjou^{212}
尧告	sa^{31}; saŋ^{53}	ɕi^{44} pia^{13}	teu^{31} ŋju^{241}
河坝	pei^{33} se^{55}	ho^{33}	ŋja^{21}
滚董	tɕiŋ^{33}	hau^{35}	ʔa^{03} ma^{31}
毛坳	qa^{03} tɕiŋ^{33}	—	mpjo^{11}
七百弄	ȵ̥i^{13}	ho^{33}	ɳʈu^{231}
西山	ȵ̥i^{42}	tu^{22} xo^{35}	ton^{31} ku^{35}
瑶麓	nto^{13}	—	ku^{53}
巴那	tsjhen^{313}	kho^{55}	la^{04} djeu^{31}
优诺	tshin^{13}	khy^{54}	jau^{32} teu^{44}
下水村	tshin^{31}	ma^{31} na^{33}	ku^{53} taŋ^{22}
龙华	ʃiŋ^{33}	ho^{35}	ntʃu^{31}
龙定	tsin^{31}	ho^{24}	dzu^{231}
烟园	tin^{33}	hu^{31}	dʒu^{31}
双龙	tsin^{31}	kwha^{24}	du^{42}
油岭	ȵan^{22}	—	—

	锣	钟	喇叭
石板寨	qo^{05} ɳɖa^{55}	tə^{02} po^{55} lo^{55} ɳɖa^{55}	tə^{02} lje^{24}
高　寨	——	——	tə^{02} læ^{35}
大南山	nʈua^{21}	tʂoŋ^{43}	le^{55} lua^{31}
高　坡	ntʂu^{31}	tɕhĩ^{13}	tʂã^{55} la^{31} ha^{31}
宗　地	ɳʈə^{11}	ɳʈə^{11} ʐo^{42} wæ^{232}	ʈaŋ^{53} taŋ^{53}
石门坎	ɳɖha^{11}	tʂoŋ^{55}	li^{55} la^{11}
腊乙坪	qo^{35} tɕi^{44}	ʈoŋ^{44}	soŋ^{44} na^{31}
小　章	ki^{03} ten^{55}	tsuŋ^{55}	so^{55} na^{31}
养　蒿	njə^{11}	tsoŋ^{33}	ljoŋ^{53} lji^{35}
菜地湾	——	tseŋ^{24}	so^{33} na^{33}
尧　告	nju^{241} qhau^{13}	nju^{241} qɔ^{53}	la^{44} pa^{44}
河　坝	nja^{21}	tsuŋ^{44}	tuŋ^{55} nja^{21}
滚　董	ʔa^{03} ma^{31} la^{33}	ma^{03} tɕoŋ^{33}	la^{31} pa^{33}
毛　坳	lo^{33}	tɕuŋ^{55}	sa^{33} na^{33}
七百弄	toŋ^{13} lo^{13}	tsoŋ^{33}	kwan^{42} po^{13} thoŋ^{31}
西　山	zu^{13} ɲin^{42}	tsoŋ^{33}	la^{33} pa^{33}
瑶　麓	lo^{31}	tsuŋ^{33}	la^{42} pa^{33}
巴　那	lo^{313}	tsuŋ^{35}	so^{44} na^{31}
优　诺	leu^{13}	tsaŋ^{44}	la^{21} pha^{44}
下水村	thɔŋ^{31} lu^{31}	tsuŋ^{55}	the^{35} taŋ^{22}
龙　华	tə^{55} lu^{33}	tʃuŋ^{53}	la^{33} pa^{33}
龙　定	lo^{31}	tsoŋ^{33}	dzat^{22}
烟　园	lo^{33}	tʃaŋ^{33}	ba^{33} ho^{31}
双　龙	lɔ^{31}	tsɔŋ^{33}	ɕau^{33}
油　岭	lo^{53}	——	la^{44} pa^{44}

	香	蜡烛	话
石板寨	qo^{05} ɕaŋ^{31}	qo^{05} tsy^{31}	qo^{05} laŋ^{55}
高寨	ʔə^{02} ɕaŋ^{31}	la^{31} tsu^{31}	laŋ^{55}
大南山	ɕaŋ^{43}	tʂu^{24}	lo^{21}
高坡	ɕã^{24}	tʂɯ^{22}	lə̃^{31}
宗地	ʑaŋ^{22}	—	haŋ^{42}
石门坎	ɕaɯ^{33}	la^{31} tʂu^{31}	lu^{33}
腊乙坪	ɕaŋ^{44}	la^{22} ʈu^{22}	tu^{53}
小章	ɕaŋ^{55}	la^{31} tsəɯ^{31}	sa^{55}
养蒿	ɕhaŋ^{33}	qa^{33} tə^{44} tjaŋ^{55}	xhə^{33}; shei^{35}
菜地湾	ɕaŋ^{24}	la^{13}	sa^{33}
尧告	ɕaŋ^{13}	tjan^{13}	xeu^{13}
河坝	ɕhaŋ^{44}	la^{11} tɕu^{11}	she^{13}
滚董	ɕaŋ^{33}	—	koŋ^{44}
毛坳	hjuŋ^{55}	la^{55} tɕu^{55}	ta^{31} kaŋ^{313}
七百弄	ʔa^{02} tɕhoŋ^{33}	la^{31} ʈu^{31}	θa^{53}
西山	teŋ^{33}	la^{31} tɕu^{42}	sua^{44}
瑶麓	ntai^{55}	la^{31} tsu^{31}	tɕou^{31}
巴那	ɕon^{13}	la^{31}	tɕi^{55}
优诺	kjheu^{44}	la^{13} tsu^{13}	li^{32}
下水村	kjhaŋ^{22}	jɔ^{31} tsuk^{35}	tjɔ^{31}
龙华	ʃaŋ^{44}	la^{12} tʃɒ^{55}	θen^{35}
龙定	huŋ^{33}	la:p^{22} tso^{55}	wa^{21}
烟园	—	lap^{42} ʃu^{35}	va^{42}
双龙	xuə^{33}	ɬat^{21} tjɔ^{53}	tjaŋ^{42}
油岭	voŋ^{44}	—	toŋ^{22}

	歌	故事	谜语
石板寨	qo^{05} yi^{24}	ko^{55} lo^{55} laŋ^{55}	ʔa^{02} ʑa^{55} muŋ^{24}
高寨	ʔə^{02} ye^{35}	qoŋ^{31} pa^{55} laŋ^{55}	—
大南山	ŋkou^{31}	lo^{21} ntua^{21}	toŋ^{43} mi^{24} tsi^{55}
高坡	ŋko^{55}	—	—
宗地	ŋkɔ^{53}	haŋ^{42} sei^{13} lo^{11}	haŋ^{42} pei^{232}
石门坎	ŋɡɦau^{35}	pi^{55} dɦau^{31}	pi^{55} dɦau^{31}
腊乙坪	sa^{44}	ku^{53} ɕi^{44}	qo^{53}
小章	qha^{33}	thi^{35} tsəɯ^{35}	mɿ^{31} tsɿ^{35}
养蒿	ɕha^{53}	qa^{33} ȵjaŋ^{13} qo^{44}	djaŋ^{33} shen^{44}
菜地湾	ko^{24}	—	—
尧告	ɕi^{35}	suan^{44} qoŋ^{35}	suan^{44} qoŋ^{35}
河坝	qa^{55}	tɕi^{53} ȵje^{55}	ʔe^{33} moi^{33}
滚董	se^{31}	pu^{11} ȵe^{33}	ta^{11} tu^{31} koŋ^{44}
毛坳	ko^{55}	ho^{35} ku^{11}	meŋ^{53} tsɿ^{03}
七百弄	ko^{33}	ɕan^{22} ku^{42}	vɔ^{22} θa^{53}
西山	tɯ^{42} ʔven^{33}	ku^{13} sɿ^{13}	mi^{42} ʔʑi^{35}
瑶麓	ljou^{44}	tɕou^{31} tɕi^{31} kɯ^{44}	mi^{31} y^{42}
巴那	se^{44}	ho^{31} ku^{44}	mi^{55} tsɿ^{03}
优诺	ɬe^{33}	ku^{13} sɿ^{13}	ku^{33}
下水村	si^{55}	ku^{22} taŋ^{22}	kuŋ^{55} ku^{22} taŋ^{22}
龙华	ko^{53}	kai^{55}	kli^{44}
龙定	dzuŋ^{33}	kəu^{53}	mei^{24}
烟园	dʒuːŋ^{35}	keu^{51}	mai^{42}
双龙	djuə^{33}	ku^{53} ʑin^{42}	mui^{24} tsɿ^{53}
油岭	tsiŋ^{44}	ku^{42}	—

	笔	书	纸
石板寨	qo^{05} pi^{31}	qo^{05} nto^{55} ʔa^{24}	qo^{05} nto^{55}
高寨	ʔə^{02} pi^{31}	ʔə^{02} nto^{55}	ʔə^{02} nto^{55}
大南山	pi^{31}	nteu^{55}	nteu^{55}
高坡	tɕɯ^{55} pi^{13}	ntə^{13}	ntə^{13}
宗地	tɕu^{53} men^{53}	ntə^{42}	ntə^{42}
石门坎	pi^{31}	ntey^{55}	ntey^{55}
腊乙坪	pi^{22}	pei^{53} ntə^{44}	ntə^{44}
小章	pi^{31}	pen^{13} da^{55}	da^{55}
养蒿	pi^{31}; tsen^{53} lei^{53}	tu^{35}	tu^{35}
菜地湾	pi^{13}	ɕy^{24}	tsen^{44}
尧告	teu^{44} pin^{44}	lei^{31}	tsei^{44}
河坝	pi^{11}	to^{13}	to^{13}
滚董	ti^{55} nɔ^{31}	nɔ^{31}	nɔ^{31}
毛坳	pi^{35}	ɕi^{55}	qa^{03} ntau^{313}
七百弄	pi^{31}	θu^{33}	ntu^{53}
西山	pi^{42}	sɿ^{33}	to^{35}
瑶麓	tɕi^{55} nto^{13}	pei^{53} nto^{13}	nto^{13}
巴那	pi^{13}	du^{44}	du^{44}
优诺	pi^{13}	neu^{33}	tsɿ^{54}
下水村	pi^{31}	tɔ^{55}	tɔ^{55}
龙华	pi^{55} lja^{11}	ntau^{53}	ntau^{53}
龙定	pat^{55}	sau^{33}	tsei^{53}
烟园	ʔpat^{55}	teu^{11}	tʃei^{51}
双龙	pat^{53}	səu^{33}	tjəi^{35}
油岭	bit^{44}	su^{44}	tsi^{24}

	信	球	旗子
石板寨	sen^{33}	qo^{05} tɕhəu^{31}	qo^{05} tɕhi^{31}
高　寨	ɕin^{35}	læn^{31} tɕhəu^{31}	—
大南山	ɕin^{24}	tɕhou^{31}	tɕhi^{31}
高　坡	shẽ^{42}	tɕhə^{31}	tɕhi^{31}
宗　地	ɕin^{13}	tɕhəu^{21}	tɕhi^{21}
石门坎	mau^{33}	tɕhu^{31}	ma^{53} phə^{55}
腊乙坪	sei^{35}	ɳcɯ^{22}	ci^{31}
小　章	sen^{33}	bi^{31} dʑəɯ^{31}	dʑi^{31}
养　蒿	ɕin^{35}	tɕhu^{31}	tɕhi^{31}
菜地湾	sen^{44}	tɕheu^{22}	tɕhi^{22}
尧　告	sen^{44}	tɕheu^{31}	pe^{31}
河　坝	shen^{33}	tɕheu^{21}	tɕhi^{21}
滚　董	seŋ^{55}	tjei^{31} ko^{33}	qa^{03} tɕhi^{35}
毛　坳	seŋ^{55}	dʑu^{33}	dʑi^{33} tsɿ^{03}
七百弄	θe^{42}	kjhu^{31}	ʔa^{02} loŋ^{13} kji^{31}
西　山	sin^{13}	tɕəu^{42}	ʔpau^{33} tɕi^{42}
瑶　麓	ɕin^{44}	tɕhou^{31}	lai^{55}
巴　那	saŋ^{55}	phi^{313} tɕheu^{313}	ta^{53} tɕhi^{313}
优　诺	ɬin^{54}	kjheu^{13}	hoŋ^{13} khi^{13}
下水村	san^{22}; tshin^{31}	khau^{35} pɔ^{35}	khi^{31}
龙　华	θin^{35}	kjhəu^{31}	kji^{33}
龙　定	fjen^{24}	tɕhəu^{31}	kei^{31}
烟　园	teu^{11}	kjheu^{31}	tʃei^{33}
双　龙	ɕin^{24}	—	—
油　岭	san^{24}	—	—

	牌	一	二
石板寨	qo^{05} phɛ^{31}	ʔi^{55}	ʔu^{31}
高　寨	—	ʔi^{35}	ʔu^{31}
大南山	pha^{31}	ʔi^{43}	ʔau^{43}
高　坡	pi^{13}	ʔi^{24}	ʔa^{24}
宗　地	pæ^{53}	ʔei^{32}	ʔɔ^{32}
石门坎	phai^{31}	ʔi^{55}	ʔa^{55}
腊乙坪	pha^{31}	ʔa^{44}	ʔɯ^{35}
小　章	bai^{31}	ʔa^{33}	ʔu^{53}
养　蒿	pa^{55}	ʔi^{33}	ʔo^{33}
菜地湾	pɛ^{22}	ʔi^{24}	ʔou^{24}
尧　告	phai^{31}	tiŋ^{24}	ʔu^{13}
河　坝	pæ^{55}	ʔi^{44}	ʔɔ^{44}
滚　董	qa^{03} phɛ^{35}	ji^{11}	ʔua^{35}
毛　坳	bai^{33}	ʔi^{35}	ʔua^{35}
七百弄	pɛ^{31}	ʔi^{33}	ʔɔ^{33}
西　山	phai^{42}	ʔi^{33}	ʔau^{33}
瑶　麓	phai^{42}	tɕi^{33}	ʔøe^{33}
巴　那	pa^{313}	ʔa^{31}；ʑi^{13}	ʔu^{13}
优　诺	pa^{13}	je^{33}	ʔu^{44}
下水村	tsi^{33} phe^{31}	ʔe^{35}	ʔu^{22}
龙　华	pai^{31}	ʔi^{53}	ʔu^{44}
龙　定	paːi^{31}	ʑet^{22}	ʔi^{33}
烟　园	baːi^{33}	ʔa^{33}	ʔi^{35}
双　龙	pɛ^{31}	ʔi^{33}	ʔuəi^{33}
油　岭	—	ʔa^{44}	ʔui^{42}

	三	四	五
石板寨	pzi^{31}	$pləu^{31}$	pja^{31}
高寨	pji^{31}	$pləu^{31}$	pa^{31}
大南山	pe^{43}	$plou^{43}$	$tʂi^{43}$
高坡	$pɛ^{24}$	plo^{24}	pla^{24}
宗地	$pæ^{32}$	$plɔ^{32}$	$pʐɿ^{32}$
石门坎	$tsɿ^{55}$	$tɬau^{55}$	$pɯ^{55}$
腊乙坪	pu^{35}	$pʐei^{35}$	$pʐa^{35}$
小章	pu^{53}	fei^{53}	pja^{53}
养蒿	pi^{33}	$ɬo^{33}$	tsa^{33}
菜地湾	$pɛ^{24}$	so^{24}	tsa^{24}
尧告	pai^{13}	$tɬɔ^{13}$	$tɕi^{13}$
河坝	poi^{44}	$ɬɔ^{44}$	pja^{44}
滚董	po^{35}	tji^{35}	tja^{35}
毛坳	po^{35}	tsi^{35}	pja^{35}
七百弄	pe^{33}	pla^{33}	pjo^{33}
西山	pe^{33}	$tɕa^{33}$	pia^{33}
瑶麓	pa^{33}	kjo^{33}	pja^{33}
巴那	pa^{13}	$tɬo^{13}$	pei^{13}
优诺	pui^{44}	pja^{44}	pji^{44}
下水村	pa^{22}	pji^{35}	pji^{22}
龙华	pa^{44}	ple^{44}	pui^{44}
龙定	po^{33}	pei^{33}	pa^{33}
烟园	$ʔpo^{35}$	$pjei^{35}$	pja^{35}
双龙	pau^{33}	$pləi^{33}$	pla^{33}
油岭	bu^{42}	pe^{42}	pja^{42}

	六	七	八
石板寨	ʈo^{24}	zuŋ^{24}	ʑa^{33}
高　寨	ʈo^{35}	zoŋ^{35}	ʑa^{31}
大南山	ʈou^{44}	ɕaŋ^{44}	ʑi^{24}
高　坡	tʂə^{42}	sã^{22}	ʑa^{55}
宗　地	ʂu^{55}	tɕaŋ^{13}	ʑi^{21}
石门坎	tɬau^{11}	ɕaɯ^{33}	ʑhi^{31}
腊乙坪	ʈɔ^{53}	tɕoŋ^{42}	ʑi^{22}
小　章	to^{33}	zaŋ^{13}	ʑi^{35}
养　蒿	tju^{44}	ɕoŋ^{13}	ʑa^{31}
菜地湾	tjeu^{44}	ɕuŋ^{53}	ʑa^{13}
尧　告	tju^{44}	tsam^{22}	ʑi^{24}
河　坝	tju^{33}	ɕuŋ^{22}	ʑa^{53}
滚　董	tɕu^{55}	tɕaŋ^{44}	ji^{42}
毛　坳	tju^{55}	tɕa^{31}	ɕi^{31}
七百弄	ʈu^{42}	səŋ^{22}	ʑo^{21}
西　山	tɕu^{13}	suəŋ^{22}	ʑu^{22}
瑶　麓	tju^{44}	ɕaŋ^{31}	ʑa^{42}
巴　那	kjo^{35}	ɕuŋ^{22}	ʑa^{53}
优　诺	tjo^{54}	saŋ^{32}	ja^{21}
下水村	kɔ^{33}	tshuŋ^{53}	ji^{35}
龙　华	tjo^{35}	ʃəŋ^{11}	je^{12}
龙　定	ku^{55}	sje^{21}	ɕet^{22}
烟　园	kjo^{35}	ȵi^{42}	ʑet^{42}
双　龙	klɔ^{53}	ȵi^{42}	ɕɛt^{21}
油　岭	to^{44}	ȵi^{22}	ʑat^{22}

	九	十	十一
石板寨	ʑa^{31}	ɓo^{31}	ɓo^{31} ʔi^{24}
高寨	tɕa^{31}	ɓo^{31}	ɓo^{31} ʔi^{35}
大南山	tɕua^{31}	kou^{24}	kou^{24}ʔi^{43}
高坡	tɕu^{55}	khə^{55}	khə^{55} ʔi^{24}
宗地	tɕa^{53}	ku^{21}	ku^{21} ʔei^{32}
石门坎	dʑɦa^{35}	gɦau^{31}	gɦau^{31}ʔi^{55}
腊乙坪	tɕo^{31}	ku^{22}	ʔa^{44}ku^{22}ʔa^{44}
小章	gɯ^{31}	gu^{35}	ʔa^{33}gu^{35}ʔa^{33}
养蒿	tɕə^{55}	tɕu^{31}	tɕu^{31}qɛ^{35}
菜地湾	tɕou^{22}	tɕeu^{13}	tɕeu^{13}qei^{33}
尧告	tɕu^{31}	tɕu^{24}	tɕu^{24} ʔe^{53}
河坝	tɕa^{55}	tɕu^{53}	tɕu^{53} ʔi^{44}
滚董	ko^{33}	ku^{42}	ku^{42} jei^{42}
毛坳	ko^{33}	khu^{31}	khu^{31} ʔie^{313}
七百弄	tɕu^{13}	tɕu^{21}	tɕu^{21} ʔi^{33}
西山	tɕhu^{42}	tɕhu^{22}	tɕhu^{22} ʔi^{33}
瑶麓	tɕu^{55}	tɕɯ^{42}	tɕɯ^{42} ʔi^{33}
巴那	tɕhu^{313}	tɕo^{53}	ɕi^{31} ʑi^{13}
优诺	tjeu^{13}	ko^{21}	sə^{21} je^{55}
下水村	kjhu^{31}	kjhɔ^{35}	kjhɔ^{35} ʔi^{22}
龙华	tʃu^{33}	tʃo^{12}	tʃei^{35}
龙定	do	tsjep^{22}	tsjep^{22} ʑet^{55}
烟园	du^{33}	ʃap^{42}	ʃap^{42} ʑet^{55}
双龙	ʑu^{31}	tjhat^{21}	tɕhit^{21}(tɕi^{21}+ʑit^{53})
油岭	ku^{53}	sjap^{22}	sjap^{22} ʑot^{44}

	十二	十三	十四
石板寨	ʙo³¹ ʔu³¹	ʙo³¹ pzi³¹	ʙo³¹ pləu³¹
高寨	ʙo³¹ ʔu³¹	ʙo³¹ pji³¹	ʙo³¹ pləu³¹
大南山	kou²⁴ ʔau⁴³	kou²⁴ pe⁴³	kou²⁴ plou⁴³
高坡	khə⁵⁵ ʔa²⁴	khə⁵⁵ pɛ²⁴	khə⁵⁵ plo²⁴
宗地	ku²¹ ʔɔ³²	ku²¹ pæ³²	ku²¹ plɔ³²
石门坎	ɡɦau³¹ ʔa⁵⁵	ɡɦau³¹ tsɿ⁵⁵	ɡɦau³¹ tɬau⁵⁵
腊乙坪	ʔa⁴⁴ ku²² ʔɯ³⁵	ʔa⁴⁴ ku²² pu³⁵	ʔa⁴⁴ ku²² pʐei³⁵
小章	ʔa³³ ɡu³⁵ ʔu⁵³	ʔa³³ ɡu³⁵ pu⁵³	ʔa³³ ɡu³⁵ ɬei⁵³
养蒿	tɕu³¹ ʔo³³	tɕu³¹ pi³³	tɕu³¹ ɬo³³
菜地湾	tɕeu¹³ ʔou²⁴	tɕeu¹³ pɛ²⁴	tɕeu²⁴ so¹³
尧告	tɕu²⁴ ʔu¹³	tɕu²⁴ pai¹³	tɕu²⁴ tɬɔ¹³
河坝	tɕu⁵³ ʔɔ⁴⁴	tɕu⁵³ poi⁴⁴	tɕu⁵³ ɬɔ⁴⁴
滚董	ku⁴² ʔua³⁵	ku⁴² po³⁵	ku⁴² tji³⁵
毛坳	khu³¹ ʔua³⁵	khu³¹ po³⁵	khu³¹ tsi³⁵
七百弄	tɕu²¹ ʔɔ³³	tɕu²¹ pe³³	tɕu²¹ pla³³
西山	tɕhu²² ʔau³³	tɕhu²² pe³³	tɕhu²² tɕa³³
瑶麓	tɕɯ⁴² ʔøe³³	tɕɯ⁴² pa³³	tɕɯ⁴² kjo³³
巴那	ɕi³¹ ŋ⁵³	ɕi³¹ son¹³	ɕi³¹ sai⁵⁵
优诺	sə²¹ ŋji³²	sə²¹ ɬeu⁴⁴	sə²¹ ɬai⁵⁴
下水村	kjhɔ³⁵ ʔu²²	kjhɔ³⁵ pa²²	kjhɔ³⁵ pji³⁵
龙华	tʃəŋ¹² ŋjin¹¹	tʃi¹² səu³³	tʃi¹² θai⁵³
龙定	tsjep²² ȵei²¹	tsjep²² faːm³³	tsjep²² fei²⁴
烟园	ʃap⁴² ȵei⁴²	ʃap⁴² faːm³⁵	ʃap⁴² tei⁵⁵
双龙	tɕi²¹ ȵi⁴²	tɕi²¹ san³³	tɕi²¹ səi²⁴
油岭	sjap²² ȵi²²	sjap²² hom⁴⁴	sjap²² he⁴²

	十五	十六	十七
石板寨	ɓo^{31} pja^{31}	ɓo^{31} ȶo^{24}	ɓo^{31} zuŋ^{24}
高　寨	ɓo^{31} pa^{31}	bo^{31} ȶo^{35}	ɓo^{31} zoŋ^{35}
大南山	kou^{24} tʂi^{43}	kou^{24} ȶou^{44}	kou^{24} ɕaŋ^{44}
高　坡	khə^{55} pla^{24}	khə^{55} tʂə^{42}	khə^{55} sã^{22}
宗　地	ku^{21} pʐɿ^{32}	ku^{21} ʂu^{55}	ku^{21} tɕaŋ^{13}
石门坎	ɡhau^{31} pɯ^{55}	ɡhau^{31} tɬau^{33}	ɡhau^{31} ɕaɯ^{33}
腊乙坪	ʔa^{44} ku^{22} pʐa^{35}	ʔa^{44} ku^{22} ȶɔ^{53}	ʔa^{44} ku^{22} tɕoŋ^{42}
小　章	ʔa^{33} ɡu^{35} pja^{53}	ʔa^{33} ɡu^{35} to^{33}	ʔa^{33} ɡu^{35} zaŋ^{13}
养　蒿	tɕu^{31} tsa^{33}	tɕu^{31} tju^{44}	tɕu^{31} ɕoŋ^{13}
菜地湾	tɕeu^{13} tsa^{24}	tɕeu^{13} tjeu^{44}	tɕeu^{13} ɕuŋ^{53}
尧　告	tɕu^{24} tɕi^{13}	tɕu^{24} tju^{44}	tɕu^{24} tsam^{22}
河　坝	tɕu^{53} pja^{44}	tɕu^{53} tju^{33}	tɕu^{53} ɕuŋ^{22}
滚　董	ku^{42} tja^{35}	ku^{42} tɕu^{55}	ku^{42} tɕaŋ^{44}
毛　坳	khu^{31} pja^{35}	khu^{31} tju^{55}	khu^{31} tɕa^{31}
七百弄	tɕu^{21} pjo^{33}	tɕu^{21} ȶu^{42}	tɕu^{21} saŋ^{22}
西　山	tɕhu^{22} pia^{33}	tɕhu^{22} tɕu^{13}	tɕhu^{22} suaŋ^{22}
瑶　麓	tɕɯ^{42} pja^{33}	tɕɯ^{42} tju^{44}	tɕɯ^{42} ɕaŋ^{31}
巴　那	ɕi^{31} ŋ^{31}	ɕi^{31} ljeu^{31}	ɕi^{31} tshai^{44}
优　诺	sə^{21} ŋ^{32}	sə^{21} ly^{21}	sə^{21} tha^{55}
下水村	kjhɔ^{35} pji^{22}	kjhɔ^{35} kɔ^{33}	kjhɔ^{35} tshuŋ^{53}
龙　华	ʃi^{12} ŋoŋ^{11}	ʃi^{12} ljau^{12}	ʃi^{12} ʃai^{35}
龙　定	tsjep^{22} m̥m^{231}	tsjep^{22} lo^{22}	tsjep^{22} tsjhet^{55}
烟　园	ʃap^{42} ŋou^{31}	ʃap^{42} ɡu^{42}	ʃap^{42} kjhat^{11}
双　龙	tɕi^{21} uŋ^{42}	tɕi^{21} ȶjɔ^{21}	tɕi^{21} tshat^{53}
油　岭	sjap^{22} ŋ^{44}	sjap^{22} lja^{22}	sjap^{22} hut^{44}

	十八	十九	二十
石板寨	ɓo^{31} ʑa^{33}	ɓo^{31} ʑa^{31}	ʔu^{31} ʑo^{33}
高寨	ɓo^{31} ʑa^{31}	ɓo^{31} tɕa^{31}	ʔu^{31} ʑo^{31}
大南山	kou^{24} ʑi^{24}	kou^{24} tɕua^{31}	nen^{21} ŋkou^{24}
高坡	khə^{55} ʑa^{55}	khə^{55} tɕu^{55}	ȵã^{31} ŋkə^{55}
宗地	ku^{21} ʑi^{21}	ku^{21} tɕa^{53}	ȵa^{53} ŋku^{21}
石门坎	ɡhau^{31} ʑhi^{31}	ɡhau^{31} dʑha^{35}	ȵhi^{31} ŋɡhau^{31}
腊乙坪	ʔa^{44} ku^{22} ʑi^{22}	ʔa^{44} ku^{22} tɕo^{31}	ʔɯ^{35} ku^{22}
小章	ʔa^{33} ɡu^{35} ʑi^{35}	ʔa^{33} ɡu^{35} ɡɯ^{31}	ʔu^{53} ɡu^{35}
养蒿	tɕu^{31} ʑa^{31}	tɕu^{31} tɕə^{55}	ʔo^{33} tɕu^{31}
菜地湾	tɕeu^{13} ʑa^{13}	tɕeu^{13} tɕou^{22}	ȵuŋ^{53} tɕeu^{13}
尧告	tɕu^{24} ʑi^{24}	tɕu^{24} tɕu^{31}	ȵam^{22} tɕu^{24}
河坝	tɕu^{53} ʑa^{53}	tɕu^{53} tɕa^{55}	ʔɔ^{44} tɕu^{53}
滚董	ku^{42} ji^{42}	ku^{42} ko^{33}	ȵaŋ^{44} ku^{42}
毛坳	khu^{31} ɕi^{31}	khu^{31} ko^{33}	ȵa^{31} khu^{31}
七百弄	tɕu^{21} ʑo^{21}	tɕu^{21} tɕu^{13}	ȵəŋ^{231} tɕu^{21}
西山	tɕhu^{22} ʑu^{22}	tɕhu^{22} tɕhu^{42}	ȵuəŋ^{44} tɕhu^{22}
瑶麓	tɕɯ^{42} ʑa^{42}	tɕɯ^{42} tɕu^{55}	ȵaŋ^{53} tɕɯ^{42}
巴那	ɕi^{31} pa^{44}	ɕi^{31} tɕu^{44}	ŋ^{53} ɕi^{31}
优诺	sə^{21} po^{55}	sə^{21} kjeu^{55}	ŋji^{21} se^{21}
下水村	kjhɔ^{35} ji^{35}	kjhɔ^{35} kjhu^{31}	ŋji^{31}
龙华	ʃi^{12} ma^{35}	ʃi^{12} jo^{35}	ŋji^{11} ʃei^{12}
龙定	tsjep^{22} pet^{55}	tsjep^{22} tɕo^{53}	ȵi^{21} tsjep^{22}
烟园	ʃap^{42} ʔpeːt^{35}	ʃap^{42} tʃu^{51}	ȵi^{42} ʃap^{42}
双龙	tɕi^{21} pət^{53}	tɕi^{21} tju^{35}	ȵi^{42} tjhat^{21}
油岭	sjap^{22} bet^{44}	sjap^{22} ku^{24}	ȵi^{22} sjap^{22}

	三十	百	位(客)
石板寨	pzi^{31} ʑo^{33}	pzi^{24}	zaŋ^{55}
高寨	pji^{31} ʑo^{31}	pji^{35}	ʑaŋ^{55}
大南山	pi^{43} tɕou^{24}	pua^{44}	len^{31}
高坡	pɛ^{24} tɕə^{55}	pa^{42}	nĩ^{22}
宗地	pæ^{32} tɕu^{21}	pa^{55}	læn^{53}
石门坎	tsɿ^{55} dʑhau^{11}	pa^{33}	lɯ^{55}
腊乙坪	pu^{35} ku^{22}	pa^{53}	le^{35}
小章	pu^{53} ɡu^{35}	ʔa^{33} pei^{33}	ʔlei^{53}
养蒿	pi^{33} tɕu^{31}	pa^{44}	lɛ^{55}
菜地湾	pɛ^{24} tɕeu^{13}	pɛ^{44}	lei^{22}
尧告	pai^{13} tɕu^{24}	ti^{21} pe^{44}	to^{241}
河坝	poi^{44} tɕu^{53}	pæ^{33}	lei^{55}
滚董	saŋ^{33} ku^{42}	pei^{55}	le^{33}
毛坳	saŋ^{35} khu^{31}	pe^{55}	nai^{33}
七百弄	pe^{33} tɕu^{21}	pi^{42}	no^{33}; toŋ^{231}
西山	pe^{33} tɕhu^{22}	pei^{13}	nu^{42}
瑶麓	pa^{33} tɕɯ^{42}	pai^{44}	lu^{33}
巴那	son^{13} ɕi^{31}	ʔa^{31} pai^{35}	le^{313}
优诺	ɬeu^{44} se^{21}	pe^{54}	leu^{13}
下水村	saŋ^{22}	pa^{33}	naŋ^{22}
龙华	san^{44} ʃei^{12}	pa^{35}	laŋ^{44}
龙定	fa^{31} tsjep^{22}	pɛ^{55}	la:n^{31}
烟园	ta:m^{35} ʃap^{42}	ʔpe^{35}	ʔtau^{33}
双龙	san^{33} tjhat^{21}	pɛ^{53}	tau^{31}
油岭	hom^{44} sjap^{22}	ba^{44}	na^{44}

	个(蛋)	只(鸡)	条(河)
石板寨	ʔlaŋ³¹	zaŋ⁵⁵	ʑo³¹
高寨	ʔlaŋ³¹	ɣaŋ⁵⁵	ʑo³¹
大南山	lo⁴³	to²¹	tso³¹
高坡	nə̃²⁴	tə̃³¹	tɕə⁵⁵
宗地	noŋ³²	toŋ¹¹	tɕɔ⁵³
石门坎	lu⁵⁵	du³³	baɯ⁵³
腊乙坪	le³⁵	ŋoŋ²²	qɯ³⁵
小章	ʔlei⁵³	ŋ⁵⁵	dei⁵⁵
养蒿	lɛ³³	tɛ¹¹	tɕo⁵⁵
菜地湾	lei²⁴	tei²¹²	tɕou²²
尧告	lo¹³	to²⁴¹	tja³¹
河坝	lei⁴⁴	tei²¹	tɕo⁵⁵
滚董	laŋ³⁵	neŋ¹¹	tai³³
毛坳	laŋ³⁵	ŋ³³	tei³³
七百弄	loŋ³³	toŋ²³¹	tɕa¹³
西山	ʔluəŋ³³	thu⁴⁴	ka³³
瑶麓	mai⁴²	mai⁴²	tjan³³
巴那	lon¹³	ton³¹	tai³¹³
优诺	leu⁴⁴	teu³²	tjeu¹³
下水村	naŋ²²	thaŋ⁵³	kjha³¹
龙华	laŋ⁴⁴	ɣaŋ³¹	ɣei³³
龙定	noːm³³	noːm³³	tju³¹
烟园	no³⁵	ʔtau³³	no³⁵
双龙	tja⁵³	tau³¹	tju³¹
油岭	na⁴⁴	tsa⁴⁴	tju⁵³

	棵(树)	根(棍)	块
石板寨	ȶen^{31}	ȶen^{31}	ntshi^{33}
高寨	ȶen^{31}	ȶen^{31}	ntshe^{31}
大南山	tɕau^{43}	to^{21}	tshi^{43}
高坡	tə̃^{31}	tə̃^{31}	tɬe^{55}
宗地	toŋ^{11}	ȶua^{32}	mple^{44}
石门坎	faɯ^{55}	tu^{33}	tɕo^{55}
腊乙坪	ȶu^{42}	te^{22}	ka^{22}；len^{31}
小章	dei^{55}	dei^{55}	phu^{55}
养蒿	tɛ^{11}	tjaŋ^{33}	lju^{11}
菜地湾	tei^{212}	tɕou^{22}	lan^{212}
尧告	to^{241}	tjan^{13}	lo^{13}
河坝	tei^{21}	tjæ̃^{44}	ɬe^{53}
滚董	tai^{33}	tai^{33}	laŋ^{35}
毛坳	tei^{33}	qai^{53}	laŋ^{35}
七百弄	koŋ^{33}	tɕa^{13}	loŋ^{33}
西山	ko^{33}	ko^{33}	ʔluəŋ^{33}
瑶麓	fou^{33}	mai^{42}	luŋ^{33}
巴那	tai^{313}	tai^{313}	lon^{13}
优诺	kau^{44}	tjeu^{13}	tshi^{32}
下水村	khɔŋ^{53}	ŋjin^{31}	naŋ^{22}
龙华	ɣaŋ^{31}	ɣei^{33}	kei^{35}
龙定	tsuŋ^{31}	tju^{31}	no:m^{33}
烟园	khom^{51}	tin^{35}	no^{35}
双龙	plɔŋ^{31}	nɔ^{33}；tɕi^{33}	tja^{53}
油岭	kon^{44}	kon^{44}	fai^{24}

	双	层	件
石板寨	ŋgo^{33}	ndzaŋ^{31}	ʔlaŋ^{31}
高　寨	ŋgo^{31}	ndzaŋ^{31}	phoŋ^{31}
大南山	ŋkeu^{24}	tshen^{31}	phau^{43}
高　坡	ŋkə^{55}	nzə̃^{22}	lẽ^{31}
宗　地	ŋkə^{21}	ŋkaŋ^{232}	tæ^{53}
石门坎	ȵdʑhey^{11}	tsɯ^{11}	lu^{55}
腊乙坪	ŋoŋ^{22}	the^{35}	nthɛ^{35}
小　章	ŋa^{35}	tsen^{13}	thei^{53}
养　蒿	nju^{31}	saŋ^{55}	phaŋ^{33}
菜地湾	njo^{13}	—	tan^{13}
尧　告	ȵa^{24}	saŋ^{31}	phaŋ^{13}
河　坝	njo^{53}	saŋ^{55}	tue^{55}
滚　董	ŋeu^{42}	teŋ^{31}	qe^{53}
毛　坳	ŋkheu^{31}	dzen^{33}	qai^{53}
七百弄	ŋku^{21}	san^{33}	ȵtɕo^{31}
西　山	ku^{22}	sen^{42}	tɕu^{22}
瑶　麓	ɕou^{31}	tsei^{55}	luŋ^{33}
巴　那	dʑeu^{53}	tɕhuŋ^{313}	tai^{313}
优　诺	ty^{54}	than^{13}	len^{54}
下水村	hjaŋ^{22}	khaŋ^{31}	tha^{31}
龙　华	ntʃau^{12}	ntʃaŋ^{33}	ɣaŋ^{31}
龙　定	lɛŋ^{21}	tsaŋ^{31}	tei^{24}
烟　园	gjaŋ^{42}	zam^{42}	pjhen^{51}
双　龙	lɛ^{42}	dzən^{42}	phin^{35}
油　岭	ʑaŋ^{22}	pi^{53}	ljaŋ^{44}

	句	首	斤
石板寨	ʂa^{31}	ɓuŋ^{31}	tɕin^{31}
高寨	sa^{31}	ŋɣo^{31}	tɕin^{31}
大南山	lo^{44}	ʐaŋ^{31}	ki^{55}
高坡	nə̃^{24}	—	tɕẽ^{24}
宗地	n̥tɕu^{53}	ŋkə^{21}	tɕen^{32}
石门坎	lo^{33}	dzɦo^{35}	ki^{33}
腊乙坪	ntɔ^{53}	ʈu^{42}	kaŋ^{35}
小章	tjaŋ^{53}	sei^{55}	kaŋ^{53}
养蒿	lɛ^{33}	tju^{55}	tɕaŋ^{33}
菜地湾	lei^{24}	—	li^{53}
尧告	lo^{13}	tɕi^{241}	tɕan^{241}
河坝	lei^{44}	pja^{22}	tɕin^{44}
滚董	ho^{31}	tjhe^{55}	koŋ^{35}
毛坳	ho^{313}	—	kuŋ^{35}
七百弄	he^{33}	tɕa^{33}	ke^{33}
西山	xe^{35}	tɕha^{42}	pak^{35}
瑶麓	luŋ^{33}	—	pa^{42}
巴那	ɕu^{13}	tɕa^{31}	tɕi^{44}
优诺	tjaŋ^{44}	tjeu^{13}	kaŋ^{44}
下水村	tjuŋ^{33}	ŋjin^{31}	kjuŋ^{22}
龙华	tjəŋ^{44}	ɣei^{33}	tʃuŋ^{44}
龙定	tɕəu^{24}	sjəu^{53}	tɕaːn^{33}
烟园	tʃeu^{55}	ʔtjeu^{33}	ʃaːn^{35}
双龙	tjəu^{24}	tju^{31}	tjɔn^{33}
油岭	—	—	tsan

	两	丈	尺
石板寨	laŋ^{55}	tsaŋ^{33}	tshʅ^{31}
高　寨	laŋ^{55}	tsaŋ^{31}	tshʅ^{31}
大南山	li^{21}	tʂaŋ^{24}	tʂhi^{24}
高　坡	lã^{31}	—	—
宗　地	ʈaŋ^{21}	tsaŋ^{13}	ʂɯ^{11}
石门坎	lhi^{11}	ɳdʐha^{11}	tʂhʅ^{31}
腊乙坪	tɕi^{31}	tɕaŋ^{35}	tɕhi^{31}
小　章	zʅ^{33}	tsaŋ^{13}	tshʅ^{53}
养　蒿	ljaŋ^{11}	tsaŋ^{13}	tɕhi^{53}
菜地湾	ljaŋ^{212}	—	—
尧　告	ljo^{22}	tɬjan^{31}	teu^{44}
河　坝	ljaŋ^{21}	tɕaŋ^{22}	tɕhi^{11}
滚　董	ljaŋ^{33}	saŋ^{53}	thei^{55}
毛　坳	ljaŋ^{31}	ɕaŋ^{53}	thi^{55}
七百弄	ɳʈa^{31}	tsəŋ^{31}	tsi^{31}
西　山	tia^{33}	siaŋ^{22}	sik^{35}
瑶　麓	lje^{13}	tɕeŋ^{55}	tɕou^{13}
巴　那	ljon^{31}	tɕon^{53}	tɕhi^{44}
优　诺	ljeu^{54}	tjeu^{21}	tshie^{55}
下水村	njaŋ^{53}	khaŋ^{53}	thi^{33}
龙　华	ljaŋ^{11}	ʃaŋ^{11}	thi^{35}
龙　定	luŋ^{231}	tsuŋ^{231}	tshi^{55}
烟　园	ʒuŋ^{31}	tʃuŋ^{42}	tʃhi^{11}
双　龙	luə^{42}	tjuə^{42}	tɕhi^{53}
油　岭	liŋ^{44}	tiŋ^{44}	—

	元	年	月
石板寨	ntshie^{33}	nen^{31}	ɬa^{24} na^{31}
高寨	ntshe^{31}	nen^{31}	ɬa^{35}
大南山	tɬai^{24}	ɕoŋ^{44}	lo^{43} ɬi^{44}
高坡	tɬe^{55}	shõ^{42}	ɬa^{42}
宗地	ʑan^{21}	tɕaŋ^{55}	li^{35}
石门坎	dlhi^{35}	ɕau^{33}	ɬi^{33}
腊乙坪	ka^{22}	tɕu^{53}	tɕo^{31} ɬa^{53}
小章	xi^{55}	tsu^{33}	ɬa^{33}
养蒿	khɛ^{55}	ŋ̊ju^{44}	ɬha^{44}
菜地湾	lan^{212}	njeu^{44}	la^{44}
尧告	lan^{241}	ȵ̊u^{44}	ɬei^{44}
河坝	—	ne^{55}	la^{33}
滚董	qɛ^{53}	tɕaŋ^{55}	ɬa^{55} to^{35}
毛坳	—	tɕuŋ^{55}	ɬa^{55} to^{35}
七百弄	mɛ^{33}	tsau^{42}	ɬu^{42}
西山	men^{42}	saŋ^{13}	lu^{13}
瑶麓	—	tsou^{44}	ɬo^{44}
巴那	se^{35}	tɕo^{35}	la^{35}
优诺	tshi^{33}	tjoŋ^{54}	la^{54}
下水村	naŋ^{22}	jɔ^{33}	naŋ^{22} ne^{33} nɔ^{22}
龙华	men^{44}	ŋjɒ^{35}	ɬe^{35}
龙定	kwhai^{53}	ȵaŋ^{24}	ɬa^{24}
烟园	no^{35}	ȵaŋ^{31}	la^{31}
双龙	kwhai^{24}	ȵɛn^{31}	ɬa^{24}
油岭	—	ȵaŋ^{42}	lo^{42}

	天	岁	每天
石板寨	na³¹	nen³¹	mei⁵⁵ na³¹
高寨	n̥a³¹	nen³¹	n̥a³¹ n̥a³¹
大南山	n̥o⁴³	ɕoŋ⁴⁴	n̥o⁴³ n̥o⁴³
高坡	n̥ə̃²⁴	shə̃⁴²	n̥ə̃²⁴ n̥ə̃²⁴
宗地	noŋ²²	tɕaŋ⁵⁵	noŋ²² noŋ²²
石门坎	n̥u⁵⁵	ɕau³³	tsha³³ n̥u⁵⁵
腊乙坪	n̥e³⁵	tɕu⁵³	n̥e³⁵ n̥e³⁵
小章	n̥ei⁵³	tsu³³	n̥ei³³ n̥ei³³
养蒿	n̥ɛ³³	n̥ju⁴⁴	n̥ɛ³³ n̥ɛ³³
菜地湾	nei²⁴	njeu⁴⁴	mei³³ nei²⁴
尧告	n̥o¹³	ȵ̥u⁴⁴	n̥o¹³ n̥o¹³
河坝	nei⁴⁴	nju³³	——
滚董	n̥ei³⁵	tɕaŋ⁵⁵	mai³¹ n̥ei³⁵
毛坳	n̥e³⁵	tɕuŋ⁵⁵	——
七百弄	n̥əŋ³³	tsau⁴²	n̥əŋ³³ n̥əŋ³³
西山	nuəŋ³³	saŋ¹³	nuəŋ³³ nuəŋ³³
瑶麓	n̥aŋ³³	tsou⁴⁴	n̥aŋ³³ n̥aŋ³³
巴那	ni¹³	tɕo³⁵	mei³¹ ʔa³¹ ni¹³
优诺	no⁴⁴	ɬy⁵⁴	mei³³ no⁴⁴
下水村	nɔ²²	sui⁵⁵	mui³⁵ nɔ²²
龙华	n̥o⁴⁴	ŋ̊jɒ³⁵	n̥o⁴⁴ n̥o⁴⁴
龙定	n̥o:i³³	ɬui²⁴	n̥o:i³³ n̥o:i³³
烟园	no:i¹¹	ȵaŋ³¹	no:i¹¹ no:i¹¹
双龙	n̥ɔi³³	ȵ̥aŋ²⁴	n̥ɔi³³ n̥ɔi³³
油岭	nai⁴⁴	ȵaŋ⁴²	nai⁴⁴ nai⁴⁴

	前面	后面	左边
石板寨	pjhe²⁴tei⁵⁵zei³³	pjhe²⁴tei⁵⁵qɽen³³	pjhe²⁴ʔa⁰²ʑo³³
高寨	tɕi⁵⁵ɣi³¹	tə⁰²qwen³¹	ʔə⁰²ɣa³¹
大南山	tau²⁴nte³¹	tau²⁴qaŋ⁴³	phaŋ⁴³lou¹³
高坡	sõ¹³plẽ³¹	sə¹³qə⁵⁵	pɛ³¹qə⁰²tɕĩ³¹
宗地	tɕaŋ¹³mplæn⁵³	ɳʈaŋ⁴⁴hua³²	tɕaŋ¹³lu⁵³
石门坎	ʔi⁵⁵tha¹¹	ʔa⁵⁵qɯ⁵⁵	saɯ⁵⁵fə¹¹
腊乙坪	kɯ⁴⁴nə²²	kɯ⁴⁴ʈei⁵³	pa⁴⁴ȵi⁴²
小章	ʔʑi⁵⁵dəɯ³¹	tei⁵³pja³⁵	tso⁵⁵pjen³³
养蒿	taŋ¹¹fhu³⁵	taŋ¹¹qaŋ³³	ki³⁵pi¹¹tɕaŋ¹¹
菜地湾	taŋ²¹²ten²²	taŋ²¹²qan²⁴	tsan²⁴pɛ²¹²tɕan²¹²
尧告	taŋ⁴⁴ʔo¹³	taŋ⁴⁴na⁵³	tɕi²⁴¹tɕi²⁴¹
河坝	qa²¹tue⁵⁵	taŋ²¹qæ̃⁴⁴	tɕi²¹tɕa²¹
滚董	ʔa⁰³moŋ³¹ŋ̊ei⁵³	ta³¹tjeu⁴²ŋ̊ei⁵³	pu³¹qhaŋ³¹
毛坳	ta³¹tu³³	ta³¹ti⁵⁵	tso³¹³tɕhei⁵³
七百弄	pha⁴²ntɬəŋ¹³	pha⁴²ku²¹	pha⁴²ŋkhe⁵³
西山	pha¹³tɕeŋ⁴²	pha¹³khu²²	pha¹³si³⁵
瑶麓	tan⁵⁵ku³¹nu⁵⁵nai¹³	pha³³kɯ⁵³	pha³³ɕe⁵³
巴那	tsjen³¹³pjen³³	dai²²kaŋ¹³	tso⁵⁵pjen³³
优诺	neŋ³²mo³²	ko⁵⁴kan⁴⁴	teu⁵⁴theu³²seu⁵⁴
下水村	ka⁰³pɔ³¹kɔ⁵⁵	kaŋ²²kɔ⁵⁵	ʔɔ³³kue⁵³faŋ²²
龙华	mpla³³ðan³³pin⁴⁴	ðo¹¹pin⁴⁴	ŋkwei¹¹pin⁴⁴
龙定	dzu³¹m̥jen³³	ga:ŋ³³ga:ŋ³³	tsa:i²⁴puŋ³³
烟园	ka⁰²daŋ⁴²	ka⁰²daŋ³⁵	tau⁵⁵lja:p⁵⁵
双龙	ʔi⁵³dʑɛn⁴²	khən²⁴ti³⁵	dza²⁴pau⁴²
油岭	hen⁴⁴koŋ²²	kai⁴⁴sin⁴⁴koŋ⁴⁴	doi⁴²

	右边	上边	下边
石板寨	pjhe^{24} ʔa^{02} nen^{24}	pə^{05} sa^{33}	tə^{02} qhaŋ^{55}
高　寨	ʔə^{02} n̥e^{35}	χə^{55} sa^{31}	χə^{55} ti^{31}
大南山	phaŋ^{43} si^{33}	ʂou^{44}	tɕe^{31}
高　坡	pɛ^{31} qə^{02} ntʂə̃^{22}	she^{13} ʑe^{31}	kɛ^{13} to^{22}
宗　地	tɕaŋ^{13} ʐaŋ^{22}	tɕaŋ^{13} pe^{11}	ha^{44} to^{13}
石门坎	saɯ^{55} si^{11}	ʔa^{55} ʂa^{55}	pi^{55} dau^{53}
腊乙坪	pa^{44} ʈa^{31}	kɯ^{44} lo^{53}	kɯ^{44} haŋ^{44}
小　章	ʑəɯ^{13} pjen^{33}	kəɯ^{31} ləɯ^{13}	ta^{31} haŋ^{55}
养　蒿	ki^{35} pi^{11} tei^{55}	ki^{55} vɛ^{55}	ki^{35} ta^{33}
菜地湾	tsan^{24} pɛ^{212} tei^{22}	ɕi^{44} pɛ^{22} teu^{22}	qɛ^{24} tɕi^{33}
尧　告	tɕi^{241} ɣu^{44}	saŋ^{31} ŋo^{31}	saŋ^{31} tai^{13}
河　坝	tɕi^{21} te^{55}	xhæ̃^{44} vei^{55}	xhæ̃^{44} ɬæ̃^{55}
滚　董	pu^{31} kwe^{31}	ʔa^{03} waŋ^{33}	ʔa^{03} tɛ^{42} ŋ̊ei^{53}
毛　坳	ʑeu^{53} tɕhei^{53}	qa^{03} waŋ^{33} ɕo^{35}	kwa^{55} le^{33}
七百弄	pha^{42} həŋ^{33}	to^{21} su^{33}	to^{21} ta^{22}
西　山	pha^{13} viaŋ^{33}	pha^{13} su^{33}	pha^{13} tha^{22}
瑶　麓	pha^{33} pu^{33}	kan^{53} ɕu^{33}	tu^{31} ta^{53}
巴　那	ʑeu^{53} pjen^{33}	ɕa^{35} ʑi^{31}	tɕhi^{313} ʑi^{31}
优　诺	jeu^{21} theu^{32} seu^{54}	ha^{21} ka^{54} seu^{54}	kə^{03} te^{54} seu^{54}
下水村	ʔɔ^{33} hjɔŋ^{22} faŋ^{22}	te^{35} kɔ^{55}	te^{35} hɔŋ^{55}
龙　华	ŋkjhɒŋ^{44} pin^{44}	ntjha^{35} pin^{44}	ɬo^{35} pin^{44}
龙　定	bja:u^{21} puŋ^{33}	ku^{31} ŋa:i^{21}	dje^{5} puŋ^{33}
烟　园	ʃaŋ^{55} lja:p^{55}	ka^{02} tʃei^{42}	va^{31} di^{42}
双　龙	ʂun^{31} pau^{42}	ka^{42} su^{33}	ka^{42} ti^{35}
油　岭	bo^{22} bjan^{22}	ho^{42} mi^{53}	ga^{22} mi^{53}

	里边	外边	中间
石板寨	tə^{02} χwɛ^{55}	χo^{31} ŋɢwaŋ^{24}	pə^{05} ɳʈuŋ^{31}
高寨	χə^{55} ɳʈoŋ^{31}	lu^{31} tɕoŋ^{31}	pə^{05} ɳʈoŋ^{31}
大南山	hou^{55} nʈau^{13}	nʈou^{44}	ki^{24} nʈaŋ^{43}
高坡	ntʂõ^{22} ntʂõ^{22}	ʂõ^{13} ntʂo^{42}	kã^{31} ntʂã^{24}
宗地	lə^{44}	tɕaŋ^{13} ɳʈɔ^{44}	ɳʈaŋ^{32}
石门坎	ndlo^{53}	ɢhau^{31}	pi^{55} ɳʈaɯ^{55}
腊乙坪	kɯ^{44} ɳaŋ^{42}	kɯ^{44} ʈei^{53}	ta^{35} ɳʈoŋ^{35}
小章	hwai^{55} mjan^{13}	ʑaŋ^{55} dəɯ^{31}	qa^{03} m̥aŋ^{13}
养蒿	ki^{35} njaŋ^{13}	ki^{35} ku^{55}	qa^{33} tjoŋ^{33}
菜地湾	qɛ^{24} njaŋ^{53}	qɛ^{24} ku^{22}	taŋ^{24} tjuŋ^{24}
尧告	qa^{33} njaŋ^{22}	phe^{44} ku^{31}	qa^{33} tjam^{13}
河坝	xhæ̃^{44} tjuŋ^{44}	xhæ̃^{44} ku^{55}	qa^{33} tjuŋ^{44}
滚董	ʔa^{03} qɔ^{42}	ʔa^{03} nɔ^{31} n̥ei^{53}	qo^{03} seŋ^{55}
毛坳	qo^{35} kho^{31}	ntau^{11} ʔo^{55}	ʔa^{03} qho^{31} ntjuŋ^{35}
七百弄	tɕi^{31} ɳʈəŋ^{33}	pha^{42} ʈa^{42}	tɕa^{31} ɳʈəŋ^{33}
西山	tɕuəŋ^{33}	pha^{13} kuəŋ^{35}	tɕaŋ^{33} tɕuəŋ^{33}
瑶麓	ntjaŋ^{33} nei^{13}	pha^{33} ntuŋ^{42}	ntjaŋ^{33}
巴那	ka^{13} pa^{31}	lau^{35} kŋ^{312}	ka^{03} djuŋ^{13}
优诺	kə^{03} keu^{32}	kə^{03} no^{55} seu^{55}	kə^{03} ŋjaŋ^{44}
下水村	tuŋ^{22} thɔ^{53} li^{31}	kun^{33} nɔ^{33} sa^{33}	pu^{35} kuŋ^{53}
龙华	ku^{53} tɔŋ^{44}	ntuŋ^{31} mpai^{35}	mpə^{31} ntʃaŋ^{44}
龙定	ko^{31} n̥o^{231}	n̥e^{21} puŋ^{33}	pə^{31} duŋ^{24}
烟园	ka^{02} gja^{31}	ka^{02} di:ŋ^{33}	bo:ŋ^{33} ʔto:ŋ^{55}
双龙	ka^{42} na^{31}	tjhunt^{53} da^{33}	m̥ɛ^{21} tɔŋ^{24}
油岭	diŋ^{44} guŋ^{44}	hen^{53}	tsuŋ^{22} kan^{22}

	旁边	今天	明天
石板寨	ʔi^{55} pjhe^{24}	na^{31} naŋ^{55}	phəu^{31} na^{31}
高　寨	tə^{02} ɳʈaŋ^{55}	ȵ̥a^{31} ʔnoŋ^{55}	phe^{31} ne^{31} ye^{35}
大南山	nto^{13}	ȵ̥o^{43} na^{55}	tɕa^{44} ki^{21}
高　坡	qə^{02} mpõ^{42}	ȵ̥ə̃^{24} nã^{13}	pe^{31} ntɕhe^{42}
宗　地	tɕaŋ^{13} ntoŋ^{13}	noŋ^{232} na^{42}	ha^{44} ɳʈe^{13}
石门坎	ʔa^{55} ntu^{53}	mu^{33} na^{33}	pi^{31} dʑi^{31}
腊乙坪	qo^{35} ca^{44}	tha^{53} nen^{44}	ɕi^{35} ȵ̥e^{35}
小　章	ta^{55} tsha^{33}	than^{33} ʔnei^{55}	pi^{55} sai^{55} ȵ̥ei^{53}
养　蒿	qa^{33} pu^{44}	ȵ̥ɛ^{33} noŋ^{35}	fa^{11} so^{35}
菜地湾	pien^{24} tsei^{33}	nei^{24} neŋ^{33}	ku^{33} fu^{212}
尧　告	qa^{33} qɔ^{44}	ȵ̥o^{13} na^{33}	ke^{31} tsau^{53}
河　坝	qa^{33} xæ̃^{33}	tuẽ^{33} na^{13}	tæ^{33} seɯ^{13}
滚　董	ʔa^{03} jaŋ^{44}	m^{31} ȵ̥ei^{35}	po^{35} ȵ̥ei^{35}
毛　坳	ʔi^{35} tɕhei^{53}	ne^{33} ȵ̥e^{35}	pə^{03} te^{55}
七百弄	ʔa^{02} pe^{231}	ti^{42} ne^{53}	ti^{42} ko^{231}
西　山	pha^{13} xen^{42}	xat^{35} ʔtaŋ^{22}	mie^{13} kho^{44}
瑶　麓	pha^{33} nei^{13}	ȵ̥aŋ^{33} nei^{13}	køe^{55}
巴　那	ʔa^{31} ɕon^{55}	nu^{31} ni^{13}	tai^{22} tai^{35}
优　诺	ku^{55} je^{44}	ni^{33} no^{44}	ɬa^{44} no^{44}
下水村	pin^{55} phi^{31} sin^{31}	ne^{22} nɔ^{22}	nai^{55} nɔ^{22}
龙　华	win^{33} pin^{44}	n^{31} ȵ̥o^{44} nei^{53}	θə^{33} ɣei^{35}
龙　定	kə^{31} ɬin^{33}	ʔi^{31} ȵ̥oːi^{33}	djaŋ^{33} ȵ̥oːi^{33}
烟　园	ka^{02} ʃeːn^{33}	ne^{33} noːi^{11}	ten^{55} do^{35}
双　龙	pjɛn^{33}	na^{35} ȵ̥ɔi^{33}	lɔ^{31} dɔ^{33}
油　岭	ɕap^{44}	ni^{44} nai^{44}	va^{53} nai^{44}

	昨天	后天	上午
石板寨	mo55 na31	si55 na31	—
高寨	ta31 n̥in55 n̥a31	si55 n̥a31	ti55 ye31
大南山	ʔa43 naŋ13	naŋ13 ki21	taŋ55 nau31 tʂhai33
高坡	qə02 la31 n̥ə̃24	n̥ə̃24 tɕo42	—
宗地	ɳʈo11 noŋ232	noŋ232 ɳʈɔ44	tæn42 ɳʈe13
石门坎	ʔa31 naɯ31	ʔa31 naɯ31 dʑhi11	sey55 ntso55
腊乙坪	ȵi31 n̥e35	ʔu35 pɛ44 n̥e35	te35 te35 ntu35
小章	ȵ35 n̥ei53	ʔu33 pai55 n̥ei53	n̥ei53 wei31
养蒿	n̥ɛ33 noŋ11	shɛ33 ʑin11	ɕhi33 ta44
菜地湾	maŋ24 neŋ212	sei24 ʑin212	tjuŋ24 nei24
尧告	n̥o13 nam241	ke31 ŋo31	tjam13 tɛ44 lj u31
河坝	nei44 naŋ21	ɕi44 ʑa21	kua22 tæ44
滚董	qa03 n̥ei35	tɕi55 n̥ei35	qa03 tei55
毛坳	qa53 n̥e35	ti55 n̥e35	—
七百弄	ti42 nəŋ231	ʔɔ33 m̥an42	kwo42 ʑoŋ231 tə31 ko231
西山	mie13 nuəŋ35	ʔəu33 mie13	kho44 zon22
瑶麓	n̥aŋ33 naŋ53	køe55 ʔŋ33	—
巴那	thŋ44 nu13	vu13 ʑa53	ɕon53 pŋ55 ni13
优诺	ji55 pə33 no44	ʔŋ54 no44	soŋ21 neŋ32 no44
下水村	tsa22 nɔ22	nai55 khi31 nɔ22	kwhan31 khui31 tshi31
龙华	lɒ44 n̥o44	ʔuŋ35 n̥o44	θi53 nten53 n̥o44
龙定	ʔa31 no:i33	n̥au33 n̥o:i33	tau31 ʔa:n24
烟园	ko:m31 no:i11	ȵau31 do35	ʔɖau51 do:m35 no:i11
双龙	ʔət53 bəu33	nau53 n̥oi33	—
油岭	num44 nai44	nuŋ42 nai44	dom44 tu53

	中午	下午	早晨
石板寨	tə^{02} si^{31} ȵa^{24} yi^{33}	tə^{02} si^{31} ȵa^{24} pjo^{33}	tei^{55} yi^{33}
高寨	ɳtoŋ^{31} n̥a^{31}	ȵa^{31} saŋ^{35}	tei^{55} ye^{31}
大南山	taŋ^{55} nau^{31} ʂo^{44}	taŋ^{55} nau^{31} m̥au^{44}	ʂeu^{55} ntso^{55}
高坡	ntʂã^{24} n̥ə̃^{24}	shi^{24} lə̃^{13} shə̃^{42}	ntʂhe^{42}
宗地	pje^{13} soŋ^{35}	he^{53} mɔ^{35}	tæn^{42} mpɯ^{11}
石门坎	nhau^{35} ʂu^{33}	nhau^{35} ʂu^{33} tɕhau^{33}	sey^{55} ntso^{55} bhɯ^{11}
腊乙坪	n̥e^{35} ntu^{35}	n̥e^{35} ɕi^{35}	qa^{44} ntso^{44}
小章	n̥ei^{53} tu^{33}	m̥aŋ^{33} ləɯ^{55}	tai^{33} sai^{53}
养蒿	tjoŋ^{33} n̥ɛ^{33}	tjoŋ^{33} n̥ɛ^{33} fa^{44}	ɕhi^{33} ta^{44}
菜地湾	tjuŋ^{24} nei^{24}	taŋ^{212} nei^{24} qan^{24}	ɕi^{44} ta^{44}
尧告	tjam^{13} n̥o^{13}	tjam^{13} m̥aŋ^{44}	tjam^{13} tɛ^{44}
河坝	tjuŋ^{44} nei^{44}	tju^{33} sa^{53}	kua^{21} seɯ^{13}
滚董	ma^{55} ȵoŋ^{35} n̥ei^{35}	qa^{03} ma^{11} m^{31} thoŋ^{35}	qa^{03} tei^{55} lau^{35} ȵo^{11}
毛坳	n̥e^{35} ntjuŋ^{35}	—	qa^{01} te^{55} ntso^{313}
七百弄	tɕɛ^{31} ŋ̊əŋ^{33}	tau^{42} ŋ̊əŋ^{33} mɛ^{42}	tə^{31} ko^{231}
西山	pen^{33} ŋai^{42}	pen^{33} ɣiŋ^{42}	kho^{44} zon^{22}
瑶麓	taŋ^{53} n̥aŋ^{33}	—	ɕa^{33} køe^{55}
巴那	daŋ^{44} ni^{13}	ha^{53} pŋ^{55} ni^{13}	tshiŋ^{13} tsau^{44}
优诺	neŋ^{32} no^{44}	jo^{21} poi^{21}	ɗa^{44} tai^{55}
下水村	nɔ^{22} tɔŋ^{22}	ka^{35} thɔ^{53} tɔŋ^{22}	ne^{22} tsu^{55}
龙华	nten^{53} ŋ̊o^{44}	ntuŋ^{31} ntʃaŋ^{11}	ŋ̊o^{44} tei^{35} ntʃu^{53}
龙定	luŋ^{31} ʔa:n^{24}	tse^{21} ʔa:n^{24}	luŋ^{31} do:m^{33}
烟园	do:m^{35} no:i^{11}	ka^{02} daŋ^{13} do:m^{35} no:i^{11}	ʂu:ŋ do:m^{35}
双龙	phɛ^{21} ŋ̊ɔi^{33}	—	tɕhɛ^{33} djau^{35}
油岭	nai^{44} djaŋ^{44}	—	dam^{44} tu^{53}

	晚上	半夜	初一
石板寨	tə^{02} muŋ^{24}	ʔi^{55} nduŋ^{24} muŋ^{24}	sen^{31} ʔi^{24}
高　寨	tə^{02} m̥oŋ^{35}	ɳtoŋ^{31} m̥oŋ^{35}	sen^{31} ʔi^{35}
大南山	m̥au^{44} nto^{31}	taŋ^{13} m̥au^{44}	sa^{43} ʔi^{43}
高　坡	m̥õ^{42} ɴqə̃^{55}	ʔi^{24} tõ^{31} m̥õ^{42}	shẽ^{24} ʔi^{24}
宗　地	tæn^{42} mɔ^{35}	toŋ^{33} mɔ^{35}	sæn^{22} ʔei^{32}
石门坎	m̥o^{33} ndhu^{35}	daɯ^{31} m̥o^{33}	sie^{55} ʔi^{55}
腊乙坪	tɕi^{35} m̥aŋ^{53}	tu^{53} mu^{22}	ʔa^{44} n̥e^{35} ɬa^{53}
小　章	m̥aŋ^{33} sɿ^{55}	ʔa^{53} na^{35} m̥aŋ^{33}	ʔa^{33} n̥ei^{53} ɬa^{33}
养　蒿	ɕhi^{33} m̥aŋ^{44}	taŋ^{11} m̥aŋ^{44}	ŋ̥ɛ^{33} qɛ^{35}
菜地湾	ɕi^{44} maŋ^{44}	taŋ^{212} maŋ^{44}	nei^{24} ʔi^{24}
尧　告	tɕeu^{35}	taŋ^{241} m̥aŋ^{44}	n̥o^{13} tiŋ^{24}
河　坝	ʑi^{33} maŋ^{33}	taŋ^{21} maŋ^{33}	nei^{44} ʔi^{44}
滚　董	qa^{03} ma^{11}	ma^{55} ɲoŋ^{35} ma^{11}	heŋ^{35} jei^{31}
毛　坳	qa^{03} ma^{11}	pu^{55} ntjuŋ^{35} ma^{11}	ta^{33} ʑe^{35}
七百弄	tə^{31} m̥an^{42}	ɳtəŋ^{33} moŋ^{231}	θəŋ^{33} ʑe^{53}
西　山	ti^{44} mie^{13}	taŋ^{13} mən^{44}	so^{13} ʔit^{35}
瑶　麓	ɕa^{33} m̥e^{44}	tei^{53} meŋ^{53}	sai^{33} ʔi^{33}
巴　那	do^{35} ʑa^{53}	daŋ^{44} ʑa^{53}	tjheu^{13} ʑi^{13}
优　诺	taŋ^{21} jo^{54}	neŋ^{32} jo^{54}	tshu^{44} je^{55}
下水村	nɔ^{22} kaŋ^{22} tshi^{31}	ka^{35} thɔ^{53} ja^{35}	tshɔ^{33} ʔe^{35}
龙　华	n̥o^{44} ntʃaŋ^{11}	nten^{53} ja^{12}	hu^{44} wai^{55}
龙　定	luŋ^{31} m̥o:ŋ^{24}	da:m^{31} mun^{21}	sɛŋ^{33} ʑet^{55}
烟　园	gu:ŋ^{11} gjam^{42}	dam^{55} mun^{31}	tʃheu^{11} ʑet^{55}
双　龙	m̥ɔŋ^{24}	pɛn^{24} min^{42}	tjhəu^{33} ʑit^{53}
油　岭	vaŋ^{53} moŋ^{42}	dou^{24} man^{44}	heŋ^{44} ʑot^{44}

	初二	初三	正月
石板寨	sen^{31} ʔu^{31}	sen^{31} pzi^{31}	ɬa^{24} ma^{55}
高　寨	sen^{31} ʔu^{31}	sen^{31} pji^{31}	ɬa^{35} ma^{55}
大南山	sa^{43} ʔau^{43}	sa^{43} pe^{43}	lua^{55} ɬi^{44}
高　坡	shẽ^{24} ʔa^{24}	shẽ^{24} pɛ^{24}	ʐã^{55} ɬa^{42}
宗　地	sæn^{22} ʔɔ^{32}	sæn^{22} pæ^{32}	ʐaŋ^{53} li^{35}
石门坎	sie^{55} ʔa^{55}	sie^{55} tsɿ^{55}	lu^{55} ʔi^{55} ɬi^{11}
腊乙坪	ʔɯ^{35} n̥e^{35} ɬa^{53}	pu^{35} n̥e^{35} ɬa^{53}	ɬa^{53} ʔa^{44}
小　章	ʔu^{53} n̥ei^{53} ɬa^{33}	pu^{53} n̥ei^{53} ɬa^{33}	tsen^{53} ye^{13}
养　蒿	n̥ɛ^{33} ʔo^{33}	n̥ɛ^{33} pi^{33}	ɬha^{44} qɛ^{35}
菜地湾	nei^{24} ʔou^{24}	nei^{24} pɛ^{24}	la^{44} tsen^{24} nje^{33}
尧　告	n̥o^{13} ʔu^{13}	n̥o^{13} pai^{13}	ɬei^{44} tiŋ^{24}
河　坝	nei^{44} ʔɔ^{44}	nei^{44} poi^{44}	la^{33} ʔɿ^{44}
滚　董	heŋ^{35} ʔua^{35}	heŋ^{35} po^{35}	ɬa^{55} jei^{31}
毛　坳	ta^{33} ʔua^{35}	ta^{33} po^{35}	tɕa^{35} ȵe^{31}
七百弄	θəŋ^{33} ʔɔ^{33}	θəŋ^{33} pe^{33}	ɬu^{42} tsəŋ^{33}
西　山	so^{13} ȵi^{22}	so^{13} san^{33}	lu^{13} seŋ^{33}
瑶　麓	sai^{33} ʔøe^{33}	sai^{33} pa^{33}	tɕi^{33} ɬo^{44}
巴　那	tjheu^{13} ŋ^{53}	tjheu^{13} son^{13}	tɕhen^{13} ȵu^{31}
优　诺	tshu^{44} ŋji^{32}	tshu^{44} ɬeu^{44}	tsen^{44} ŋje^{21}
下水村	tshɔ^{33} ŋji^{35}	tshɔ^{33} san^{33}	tsiŋ^{22} ne^{33}
龙　华	hu^{44} ŋji^{11}	hu^{44} θan^{44}	tʃiŋ^{53} ɬe^{35}
龙　定	sɛŋ^{33} ȵei^{21}	sɛŋ^{33} faːm^{33}	tsi^{31} ɬa^{24}
烟　园	tʃheu^{11} ȵei^{42}	tʃheu^{11} taːm^{35}	tʃi^{55} ȵut^{42}
双　龙	tjhəu^{33} ȵi^{42}	tjhəu^{33} san^{33}	tɕɛ^{24} nin^{31} ɬa^{24}
油　岭	heŋ^{44} ȵi^{22}	heŋ^{44} hom^{44}	tsjaŋ^{44} ŋo^{42}

	二月	三月	四月
石板寨	ɬa^{24} ʐuŋ^{31}	ɬa^{24} tɕa^{31}	ɬa^{24} qɛ^{31}
高寨	ɬa^{35} ʐoŋ^{31}	ɬa^{35} tɕa^{31}	ɬa^{35} qe^{31}
大南山	ʐaŋ^{31} ɬi^{44}	pe^{43} ɬi^{44}	plou^{43} ɬi^{44}
高坡	nã^{24} ɬa^{42}	mĩ^{31} ɬa^{42}	ʐã^{55} ɬa^{42}
宗地	na^{32} li^{35}	men^{11} li^{35}	ʐaŋ^{53} li^{35}
石门坎	lu^{55} ʔa^{55} ɬi^{11}	lu^{55} tsɿ^{55} ɬi^{11}	lu^{55} tɬau^{55} ɬi^{11}
腊乙坪	ɬa^{53} ʔɯ^{35}	ɬa^{53} pu^{35}	ɬa^{53} pʐei^{35}
小章	ə^{35} ye^{13}	san^{55} ye^{13}	fi^{53} ɬa^{33}
养蒿	ɬha^{44} ʔo^{33}	ɬha^{44} pi^{33}	ɬha^{44} ɬo^{33}
菜地湾	la^{44} ʔou^{24}	la^{44} pɛ^{24}	la^{44} so^{24}
尧告	ɬei^{44} ʔu^{13}	ɬei^{44} pai^{13}	ɬei^{44} tɬɔ^{13}
河坝	la^{33} ʔɔ^{44}	la^{33} poi^{44}	la^{33} ɬɔ^{44}
滚董	ɬa^{55} ʔua^{35}	ɬa^{55} po^{35}	ɬa^{55} tji^{35}
毛坳	ŋŋ^{31} ȵe^{31}	sai^{35} ȵe^{31}	sɿ^{55} ȵe^{31}
七百弄	ɬu^{42} ȵi^{22}	san^{33} ŋkje^{231}	θi^{42} ŋkje^{231}
西山	lu^{13} ȵi^{22}	san^{33} ŋot^{35}	lu^{13} si^{13}
瑶麓	ʔøe^{33} ɬo^{44}	pa^{33} ɬo^{44}	kjo^{33} ɬo^{44}
巴那	ŋ^{53} ȵu^{31}	son^{13} ȵu^{31}	sai^{55} ȵu^{31}
优诺	ŋji^{32} ŋje^{21}	ɬeu^{44} ŋje^{21}	ɬai^{55} ŋje^{21}
下水村	ŋjin^{35} ne^{33}	saŋ^{22} ne^{33}	se^{35} ne^{33}
龙华	ŋji^{11} ɬe^{35}	θan^{44} ɬe^{35}	θai^{44} ɬe^{35}
龙定	ȵei^{21} ɬa^{24}	fa:m^{33} ɬa^{24}	fei^{24} ɬa^{24}
烟园	ȵei^{42} ȵut^{42}	ta:m^{35} ȵut^{42}	tei^{55} ȵut^{42}
双龙	ȵi^{42} nin^{31} ɬa^{24}	san^{33} nin^{31} ɬa^{24}	sei^{24} nin^{31} ɬa^{22}
油岭	ȵi^{22} ŋo^{42}	hom^{44} ŋo^{42}	heŋ^{42} ŋo^{42}

	五月	六月	七月
石板寨	ɬa^{24}qlei^{55}	ɬa^{24}mpzi^{24}	ɬa^{24}nen^{55}
高　寨	ɬa^{35}qlei^{55}	ɬa^{35}mpji^{35}	ɬa^{35}nen^{55}
大南山	tʂi^{43}ɬi^{44}	ʈou^{44}ɬi^{44}	ɕaŋ^{44}ɬi^{44}
高　坡	lẽ^{24}ɬa^{42}	qe^{24}ɬa^{42}	tɬɛ^{13}ɬa^{42}
宗　地	læn^{32}li^{35}	he^{32}li^{35}	ɬæ^{42}li^{35}
石门坎	lu^{55}pɯ^{55}ɬi^{11}	lu^{55}tɬaɯ^{11}ɬi^{33}	lu^{55}ɕaɯ^{11}ɬi^{33}
腊乙坪	ɬa^{53}pʐa^{35}	ɬa^{53}tɔ^{53}	ɬa^{53}tɕoŋ^{42}
小　章	pja^{53}ɬa^{33}	to^{33}ɬa^{33}	zaŋ^{13}ɬa^{33}
养　蒿	ɬha^{44}tsa^{33}	ɬha^{44}tju^{44}	ɬha^{44}ɕoŋ^{13}
菜地湾	la^{44}tsa^{24}	la^{44}tjeu^{44}	la^{44}ɕuŋ^{53}
尧　告	ɬei^{44}tɕi^{13}	ɬei^{44}tju^{44}	ɬei^{44}tsam^{22}
河　坝	la^{33}pja^{44}	la^{33}tju^{33}	la^{33}ɕuŋ^{22}
滚　董	ɬa^{55}tja^{35}	ɬa^{55}tɕu^{55}	ɬa^{55}tɕaŋ^{44}
毛　坳	ŋ^{33}ȵe^{31}	ljeu^{31}ȵe^{31}	ɕi^{35}ȵe^{31}
七百弄	ɬu^{42}ŋwi^{231}	ɬu^{42}ʈu^{42}	ɬu^{42}səŋ^{22}
西　山	lu^{13}pia^{33}	lɥ^{13}tɕu^{13}	lu^{13}suəŋ^{22}
瑶　麓	pja^{33}ɬo^{44}	tju^{44}ɬo^{44}	ɕaŋ^{31}ɬo^{44}
巴　那	ŋ^{31}ȵu^{31}	ljo^{31}ȵu^{31}	tshai^{44}ȵu^{31}
优　诺	ʔŋ^{32}ŋje^{21}	ly^{21}ŋje^{21}	tha^{55}ŋje^{21}
下水村	ŋuŋ^{53}ne^{33}	njuŋ^{35}ne^{33}	tshe^{35}ne^{33}
龙　华	ŋuŋ^{11}ɬe^{35}	ljau^{12}ɬe^{35}	ʃai^{55}ɬe^{35}
龙　定	ŋ̍ŋ^{231}ɬa^{24}	lo^{22}ɬa^{24}	tsjhet^{55}ɬa^{24}
烟　园	ŋoːu^{31}ȵut^{42}	gu^{42}ȵut^{42}	kjhat^{55}ȵut^{42}
双　龙	uŋ^{42}nin^{31}ɬa^{24}	ɬjɔ^{21}nin^{31}ɬa^{24}	tshat^{53}nin^{31}ɬa^{24}
油　岭	ŋ^{44}ŋo^{42}	ljaŋ^{22}ŋo^{42}	hut^{44}ŋo^{42}

	八月	九月	十月
石板寨	ɬa^{24} ʑu^{55}	ɬa^{24} tsəu^{55}	ɬa^{24} ʔla^{55}
高寨	ɬa^{35} ʑu^{55}	ɬa^{35} tsu^{55}	ɬa^{35} ʔla^{55}
大南山	ʑi^{24} ɬi^{44}	tɕua^{31} ɬi^{44}	kou^{24} ɬi^{44}
高坡	mpa^{42} ɬa^{42}	nã^{31} ɬa^{42}	ŋə̃^{55} ɬa^{42}
宗地	mpa^{55} li^{35}	nə^{11} li^{35}	ŋu^{53} li^{35}
石门坎	lu^{55} ʑhi^{31} di^{33}	lu^{55} dʑha^{35} di^{11}	lu^{55} ghau^{31} ɬi^{33}
腊乙坪	ɬa^{53} ʑi^{22}	ɬa^{53} tɕo^{31}	ɬa^{53} ku^{22}
小章	ʑi^{35} ɬa^{33}	gɯ^{31} ɬa^{33}	ʔa^{33} gu^{35} ɬa^{33}
养蒿	ɬha^{44} ʑa^{31}	ɬha^{44} tɕə^{55}	ɬha^{44} tɕu^{31}
菜地湾	la^{44} ʑa^{13}	la^{44} tɕeu^{22}	la^{44} tɕeu^{13}
尧告	ɬei^{44} ʑi^{24}	ɬei^{44} tɕu^{31}	ɬei^{44} tɕu^{24}
河坝	la^{33} ʑa^{53}	la^{33} tɕa^{55}	la^{33} tɕu^{53}
滚董	ɬa^{55} ji^{42}	ɬa^{55} ko^{33}	ɬa^{55} ku^{42}
毛坳	pa^{35} ȵe^{31}	tɕeu^{35} ȵe^{31}	ɕe^{35} ȵe^{31}
七百弄	ɬu^{42} ʑo^{21}	ɬu^{42} tɕu^{13}	ɬu^{42} tɕu^{21}
西山	lu^{13} ʑu^{22}	lu^{13} tɕhu^{42}	si^{33} ŋot^{35}
瑶麓	ʑa^{42} ɬo^{44}	tɕu^{55} ɬo^{44}	tɕɯ^{42} ɬo^{44}
巴那	pa^{44} ȵu^{31}	tɕu^{44} ȵu^{31}	ɕi^{31} ȵu^{31}
优诺	po^{55} ŋje^{21}	kjeu^{54} ŋje^{21}	se^{21} ŋje^{21}
下水村	paŋ^{22} ne^{33}	kjɔŋ^{33} ne^{33}	kjhɔ^{35} ne^{33}
龙华	paŋ^{53} ɬe^{35}	tʃɔŋ^{53} ɬe^{35}	ʃe^{12} ɬe^{35}
龙定	pet^{55} ɬa^{24}	tɕəu^{53} ɬa^{24}	tsjep^{22} ɬa^{24}
烟园	ʔpe:t^{35} ȵu^{42}	tʃu^{51} ȵut^{42}	ʃap^{42} ȵut^{42}
双龙	pət^{53} nin^{31} ɬa^{24}	tju^{35} nin^{31} ɬa^{24}	tjat^{21} nin^{31} ɬa^{24}
油岭	beŋ^{44} ŋo^{42}	kuŋ^{42} ŋo^{42}	sjam^{22} ŋo^{42}

	十一月	十二月	今年
石板寨	ɬa^{24} yuŋ^{31}	ɬa^{24} ʔnen^{31}	nen^{31} naŋ^{55}
高寨	ɬa^{35} yoŋ^{31}	ɬa^{35} ʔnen^{31}	nen ʔnoŋ^{55}
大南山	ȵo^{31} ɬi^{44}	tʂo^{55} ɬi^{44}	ɕoŋ^{44} na^{55}
高坡	sə^{13} ɬa^{42}	lu^{13} ɬa^{42}	shõ^{42} nã^{13}
宗地	so^{42} li^{35}	ɭa^{42} li^{35}	tɕaŋ^{55} na^{42}
石门坎	lu^{55} ghau^{31} ʔi^{55} ɬi^{11}	lu^{55} ghau^{31} ʔa^{55} ɬi^{11}	ɕau^{33} na^{55}
腊乙坪	ɬa^{53} toŋ^{35}	ɬa^{53} ʐo^{22}	tɕu^{53} nen^{44}
小章	tuŋ^{53} ye^{13}	la^{13} ye^{13}	tsu^{33} ʔnei^{55}
养蒿	ɬha^{44} tə^{33}	ɬha^{44} lo^{31}	ŋ̊ju^{44} noŋ^{35}
菜地湾	la^{44} tɕeu^{13} qei^{33}	la^{44} njan^{22}	njeu^{44} neŋ^{33}
尧告	ɬei^{44} tɕu^{24} ʔe^{53}	ɬei^{44} tɕu^{24} ʔu^{13}	ȵ̊u^{44} na^{53}
河坝	la^{33} ɕe^{33} ʑu^{21}	la^{33} mja^{53}	ne^{55} na^{13}
滚董	ɬa^{55} ku^{42} jei^{31}	ɬa^{55} ku^{42} ʔua^{35}	m^{31} tɕaŋ^{55}
毛坳	ɕi^{35} ʑi^{55} ȵe^{31}	ɕi^{35} ə^{35} ȵe^{31}	ne^{313} tɕuŋ^{55}
七百弄	ɬu^{42} ʔi^{33}	ɬu^{42} la^{21}	tsau^{42} ne^{53}
西山	ɬu^{13} ʔi^{33}	lu^{13} lat^{33}	saŋ^{13} ʔteŋ^{22}
瑶麓	tɕɯ^{42} ʔi^{33} ɬo^{44}	tɕɯ^{42} ʔøe^{33} ɬo^{44}	tsou^{44} nei^{13}
巴那	ɕi^{31} ʑi^{13} ȵu^{31}	ɕi^{31} ŋ^{53} ȵu^{31}	nu^{31} tɕo^{35}
优诺	se^{21} je^{55} ŋje^{21}	se^{21} ŋji^{32} ŋje^{21}	ni^{33} tjoŋ^{54}
下水村	kjhɔ^{35} ʔi^{22} ne^{33}	kjhɔ^{35} ʔu^{22} ne^{33}	ne^{22} jɔ^{33}
龙华	tʃei^{35} ɬe^{35}	tʃin^{31} ɬe^{35}	n^{31} ŋ̊jɒ^{35} nei^{53}
龙定	tsjep^{22} ʑet^{55} ɬa^{24}	tsjep^{22} ȵei^{21} ɬa^{24}	ni^{31} ȵaŋ^{24}
烟园	ʃap^{42} ʑeit^{55} ȵut^{42}	ʃap^{42} ȵei^{42} ȵut^{42}	ni^{33} ȵaŋ^{31}
双龙	tɕhit^{21} nin^{31} ɬa^{24}	tɕi^{21} ȵi^{42} nin^{21} ɬa^{24}	n^{31} ȵ̊aŋ^{24}
油岭	sjap^{22} ʑot^{44} ŋo^{42}	sjap^{22} ȵiŋ^{22} ŋo^{42}	ni^{44} ȵaŋ^{42}

	去年	明年	现在
石板寨	muŋ^{55} nen^{31}	phə^{31} nen^{31}	thaŋ^{33} naŋ^{55}
高　寨	nen^{31} mu^{31} ʔnoŋ^{55}	pə^{05} nen^{31}	ɕe^{31} ʔnoŋ^{55}
大南山	ʔa^{43} tʂe^{43} na^{55}	ɚ^{24} ɕoŋ^{44}	taŋ^{55} na^{55}
高　坡	qə^{02} la^{31} shõ^{42}	ta^{55} shõ^{42} nã^{13}	shã^{31} nã^{13}
宗　地	tɕaŋ^{55} pʐe^{32}	tɕaŋ^{55} sæn^{22}	sei^{22} na^{42}
石门坎	ʔa^{33} pu^{55} na^{33}	ȵhau^{11} na^{55}	na^{55} ȵi^{55}
腊乙坪	tɕu^{53} pa^{35}	tɯ^{31} tɕu^{53}	ma^{31} nen^{44}
小　章	n^{35} pa^{53} tsu^{33}	səɯ^{53} ku^{55} tsu^{33}	ʑa^{13} ʔnei^{55}
养　蒿	ŋ̊ju^{44} ʔɛ^{33}	ŋ̊ju^{44} qaŋ^{33}	ɕaŋ^{31} noŋ^{35}
菜地湾	njeu^{44} so^{13}	po^{13} njeu^{44}	ha^{53} neŋ^{33}
尧　告	ȵ̊u^{44} ʔo^{13}	pe^{22} ȵ̊u^{44}	sei^{31} na^{53}
河　坝	ne^{55} kua^{33}	ne^{55} qæ̃^{44}	poi^{53} na^{13}
滚　董	qa^{33} tɕaŋ^{55}	po^{35} tɕaŋ^{55}	m^{31} ke^{55}
毛　坳	qa^{53} tɕuŋ^{55}	po^{35} tɕuŋ^{55}	ne^{313} huŋ^{55}
七百弄	tsau^{42} kwɔ^{42}	tsau^{42} səŋ^{33}	pa^{42} ne^{53}
西　山	saŋ^{13} pia^{33}	saŋ^{13} mo^{13}	ʑa^{33} no^{35}
瑶　麓	tsou^{44} pa^{33}	pai^{53} tsou^{44}	tsɯ^{55} neŋ^{53}
巴　那	ʔa^{31} pje^{13}	tjen^{13} tɕo^{35}	ʑuŋ^{313} ni̇^{22}
优　诺	ʔi^{55} pə^{33} tjoŋ^{54}	neŋ^{54} tjoŋ^{54}	ki^{55} no^{44}
下水村	pji^{55} jɔ^{33}	nai^{33} jɔ^{33}	ne^{22} kwa^{22}
龙　华	pha^{35} ŋ̊jɒ^{35}	ɣo^{11} ŋ̊jɒ^{35}	ʃei^{33} nei^{11}
龙　定	pa^{31} ȵ̊aŋ^{24}	ga:ŋ^{33} ȵ̊aŋ^{24}	ni^{31} tsai^{21}
烟　园	ʔpa^{33} ȵaŋ^{31}	do:m^{35} ȵaŋ^{31}	ni^{33} ʑen^{33}
双　龙	ȵ̊a^{53} ȵ̊aŋ^{24}	sɔi^{53} ȵ̊aŋ^{24}	na^{35} ljau^{24}
油　岭	ȵi^{53} ȵaŋ^{42}	mai^{53} ȵaŋ^{42}	ni^{44} ken^{44}

	将来	从前	我
石板寨	tə^{02} qɹen^{33} lu^{55}	ti^{55} zi^{33}	kaŋ^{55}
高　寨	ȵi^{55}	ɕe^{31} ʔe^{55}	kaŋ^{55}
大南山	tau^{24} qaŋ^{43}	tau^{24} nte^{31}	ko^{55}
高　坡	lã^{13} qõ^{24}	li^{42} shi^{24}	ŋ^{24}
宗　地	noŋ^{22} hua^{32}	sei^{22} ntæ^{53}	koŋ^{42}
石门坎	ɳqhu^{31} qɯ^{55}	ʔa^{33} thau^{33} li^{33}	ku^{55}
腊乙坪	moŋ^{22} nə^{22}	ma^{31} ʑi^{35}	we^{22}
小　章	tei^{53} pja^{35}	ha^{31} pi^{55}	wei^{55}
养　蒿	ɕu^{53} n̥ɛ^{33}	ɗjə^{11} la^{55}；ki^{35} ten^{55}	vi^{11}
莱地湾	tɕei^{44} meŋ^{212}	vaŋ^{33} ȵei^{24}	ʑi^{212}
尧　告	qai^{53} ɕo^{35}	taŋ^{44} ti^{31}	vo^{241}
河　坝	tun^{33} qæ̃^{44}	saŋ^{55} tue^{55}	vei^{21}
滚　董	tå^{03} tjeu^{53}	tå^{03} to^{33}	waŋ^{11}
毛　坳	ŋke^{11} tɕe^{55}	qa^{03} ɕi^{35}	waŋ^{11}
七百弄	ɕe^{33}	tɬa^{21} ʑa^{231}	tɕoŋ^{53}
西　山	xap^{35} mo^{13}	mɯ^{13} le^{42}	tɕoŋ^{22}
瑶　麓	tshuŋ^{42} neŋ^{53} meŋ^{53} ȵtɕa^{55}	ta^{55}	tɕuŋ^{13}
巴　那	hau^{53} tau^{313}	tɕhi^{44} tu^{313}	va^{22}
优　诺	tsjaŋ^{44} lai^{13}	ɗeu^{33} ki^{55} ȵɪ^{32}	vo^{32}
下水村	ka^{31} hɔŋ^{55}	kɔ^{55} tshu^{31} nɔ^{31}	vaŋ^{53}
龙　华	ɣo^{11} ɣe^{12}	ha^{35} tai^{31}	wa^{31}
龙　定	tɕa:ŋ^{33} ta:i^{31}	ɬa^{31} ta:ŋ^{33}	ʑe^{33}
烟　园	tʃaŋ^{33} lai^{31}	—	za^{35}
双　龙	khən^{24} ti^{35}	ɕɛn^{33} ljau^{24}	kəu^{35}
油　岭	—	nu^{44} mai^{44}	tsja^{44}

	我们	你	你们
石板寨	pu^{31} thaŋ^{55}	kuŋ^{31}	pu^{31} zaŋ^{24}
高寨	kaŋ^{55} na^{55}	moŋ^{31}	moŋ^{31} na^{55}
大南山	pe^{43}	kau^{31}	me^{31}
高坡	pɛ^{24}	ki^{22}	mĩ^{31}
宗地	pæ^{32}	kɯ^{53}	men^{53}
石门坎	pi^{55}	dʑy^{31}	mi^{31}
腊乙坪	pɯ^{35}	mɯ^{31}	me^{31}
小章	pu^{53} təɯ^{35}	m^{31}	pi^{53} təɯ^{35}
养蒿	pi^{33}	moŋ^{55}	maŋ^{55}
菜地湾	pɛ^{24}	meŋ^{22}	man^{22}
尧告	pai^{13}	maŋ^{31}	man^{31}
河坝	poi^{44} seɯ^{33}	muŋ^{33}	mæ̃^{33} seɯ^{33}
滚董	pu^{55}	mu^{33}	mu^{55}
毛坳	waŋ^{11} keŋ^{33}	m^{31}	m^{31} keŋ^{33}
七百弄	pe^{33}	kə^{13}	mi^{13}
西山	pe^{33}	khəu^{42}	mi^{42}
瑶麓	ʔøe^{33} ȵtɕa^{42}	køe^{44}	ʔøe^{33} ȵtɕa^{42} køe^{44}
巴那	pa^{53}	ŋ^{44}	mi^{53}
优诺	peu^{44}	ŋ^{32}	me^{13}
下水村	pa^{22}	muŋ^{31}	mi^{31}
龙华	pha^{55}; wa^{31} kluŋ^{53}	məŋ^{33}	məŋ^{33} na^{55}; məŋ^{33} kluŋ^{53}
龙定	ʑe^{33} wo^{33}	mui^{31}	mui^{31} wo^{33}
烟园	ʔpu^{35}	mui^{33}	ȵou^{33}
双龙	tja^{35}	məi^{31}	dja^{35}
油岭	bu^{44}	mui^{53}	ȵu^{53}

	他	他们	大家
石板寨	ȵi^{55}	phə^{55} na^{55}	na^{31} tɕuŋ^{31}
高寨	nin^{55}	thaŋ^{55} na^{55}	na^{31} tɕoŋ^{31}
大南山	ȵi^{21}	ȵi^{21} mpau^{24}	tua^{24} tshi^{31}
高坡	nĩ^{31}	ʔɛ^{13} mpɛ^{24}	sho^{13} to^{31}
宗地	ni^{11}	we^{13}	tɕəŋ^{11} pu^{21}
石门坎	ȵhy^{11}	ȵhy^{11} dzhau^{35}	xu^{55} bɯ^{53}
腊乙坪	wu^{44}	tɕi^{44} mji^{31}	ta^{35} ɕi^{35}
小章	bu^{55}	bu^{55} təɯ^{35}	ta^{33} sɿ^{33}
养蒿	nen^{55}	nen^{55} to^{11}	taŋ^{55} to^{11}
菜地湾	nei^{22}	nei^{22} to^{212}	teu^{24} fa^{33}
尧告	ni^{31}	ni^{31} to^{13}	qhɔ^{44} pai^{13}
河坝	nen^{22}	the^{44} seɯ^{33}	se^{55} se^{55}
滚董	nu^{31}	nu^{31} mu^{55}	ʔi^{55} tau^{55}
毛坳	nuŋ^{312}	nuŋ^{313} keŋ^{33}	thai^{53} tɕi^{35} ka^{33}
七百弄	na^{231}	mɔ^{13}	no^{13} tɕaŋ^{33}
西山	ne^{44}	me^{42}	nu^{42} tɕaŋ^{33}
瑶麓	nei^{55}	nei^{55} ȵtɕa^{42} køe^{44}	ta^{31} nei^{13}
巴那	ni^{22}	ni^{22} ma^{313}	ta^{53} tsha^{313}
优诺	neŋ^{32}	neŋ^{32} no^{13}	tɒ^{21} ʔɒ^{54} no^{13}
下水村	nuŋ^{53}	nuŋ^{53} ne^{31}	tsha^{35} ka^{55} ne^{31}
龙华	nəŋ^{31}	nəŋ^{31} na^{55}; nəŋ^{31} kluŋ^{53}	təŋ^{31} kluŋ^{53}
龙定	nin^{31}	nin^{31} wo^{33}	tom^{31} dzoːi^{31}
烟园	nan^{33}	nan^{33} tau^{33} ʔpu^{35}	ʔoŋ^{33} doːi^{33}
双龙	nin^{31}	ʔa^{33} tau^{31}	tha^{53} ɕi^{24}
油岭	vei^{44}	vei^{44} von^{53} na^{44}	ka^{44} di^{44}

	自己	别人	这
石板寨	ko^{31}zen^{31}tə^{02}tɕi^{55}	qo^{05} la^{24}	naŋ^{55}
高　寨	kaŋ^{55}	na^{31} ne^{31} pi^{55}	ʔnoŋ^{55}
大南山	tsi^{24}tɕi^{55}	la^{13}	na^{55}
高　坡	sha^{24}tɕha^{24}	qə^{02} la^{31}	nã^{13}
宗　地	tsɿ^{13} tɕi^{42}	we^{13}	na^{42}
石门坎	ʑhu^{11}	la^{53}	ȵi^{55}
腊乙坪	pa^{44}tu^{44}	ne^{31}	nen^{44}
小　章	pa^{53} tu^{35}	pje^{53}nen^{31}	ʔnei^{55}
养　蒿	noŋ^{31}	nɛ^{55} tɕu^{33}	noŋ^{35}
菜地湾	no^{13}	no^{13} lei^{22}	neŋ^{33}
尧　告	ne^{24}	ni^{31} to^{13}	na^{53}
河　坝	qa^{33} tɕi^{21}	moi^{33} tɕu^{55}	naŋ^{13}
滚　董	qa^{03} tɕo^{31}	na^{11} mu^{44}	m^{31}
毛　坳	waŋ^{11} heu^{35} tɕo^{313}	heu^{35} nai^{33}	ne^{313}
七百弄	pe^{53} nɛ^{53}	mɔ^{33}	ne^{53}
西　山	la^{35} ʔlaŋ^{33}	nu^{42}tɕi^{35}	ʔtaŋ^{22}
瑶　麓	tɕi^{31} lu^{33}	mpa^{33}	nei^{13}
巴　那	tsa^{53} ka^{13}	pje^{31} na^{313}	ni^{22}
优　诺	ɗə^{21} leu^{13}	pjoŋ^{21} no^{13}	no^{33}
下水村	kaŋ^{35} naŋ^{53}	nuŋ^{53} ne^{31}	ni^{55}
龙　华	taŋ^{11}	pje^{12} nai^{33}	nei^{53}
龙　定	kan^{31}	pe^{22} mjen^{31}	naːi^{53}
烟　园	da^{33} kji^{51}	bjiːt^{35} mun^{33}	nei^{51}
双　龙	tau^{31}tau^{31}tuŋ^{42} kan^{42}	tsan^{42} tau^{31}	na^{35}
油　岭	si^{53} ka^{44}	na^{44} men^{53} ko^{44}	na^{24}

	那	什么	哪个
石板寨	ʔi^{55}; kuŋ^{31}	mo^{31} tsei^{55}	ʑuŋ^{24} qo^{05} tsei^{55}
高　寨	na^{55}; ʔe^{55}	tsi^{55} tsi^{55}	na^{55} tsi^{55}
大南山	ʔɿ^{55}; ʔo^{33}; ʑi^{44}	la^{43} tɕi^{55}	to^{21} tu^{13}
高　坡	ŋ^{31}	ʑa^{24}; sõ^{13} tə^{22}	—
宗　地	ʔi^{42}; ʔoŋ^{32}; kɯ^{53}	saŋ^{42} si^{13}	noŋ^{32} tu^{13}
石门坎	ʔi^{33}; vhai^{35}; ʔɿ^{55}	qa^{55} ʂʅ^{33}	tai^{33} dy^{31}
腊乙坪	ʔa^{44}; ʑi^{35}	qo^{35} ȵaŋ^{35}	tɕi^{35}
小　章	ʔai^{55}	ʔma^{33} ʑaŋ^{13}	pai^{55} ʔlei^{53}
养　蒿	moŋ^{55}; ʔɛ^{33}	qei^{55} ɕi^{35}	lɛ^{33} tei^{13}
菜地湾	ŋa^{33}; qɛ^{33}	tɕi^{33}	te^{53}
尧　告	ʔo^{13}	ma^{24} tsei^{53}	lo^{13} tɔ^{22}
河　坝	muŋ^{13}; ʔe^{44}	lei^{44} ʑe^{22}	tei^{21} ʑe^{22}
滚　董	n^{33}; n^{55}	tei^{44} haŋ^{33}	tei^{44} le^{33}
毛　坳	m^{55}; wo^{55}	ʑa^{313} mpo^{33}	ʑa^{313} ti^{35}
七百弄	ʔoŋ^{33}; kə^{13}; ma^{53}	pi^{33} tɕi^{53}	loŋ^{33} tə^{22}
西　山	ʔai^{22}	pa^{31} si^{35}	nu^{42} zəu^{2}
瑶　麓	ʔa^{13}	mi^{13}	lu^{33} to^{31}
巴　那	tiŋ^{44}; ʑi^{44}	la^{44} ȵa^{55}	lon^{13} ti^{22}
优　诺	nɿ^{33}	si^{44} ti^{33}	leu^{13} naŋ^{33}
下水村	ʔu^{55}	ha^{31} na^{33}	pa^{55}
龙　华	mi^{44}; wei^{33}	ʔa^{55} ðja^{55}	laŋ^{44} ŋ̊a^{53}
龙　定	na:i^{21}; wo^{53}	ha:i^{24} no^{33}	ha:i^{24} no:m^{33}
烟　园	va^{51}	ɡjin^{11} tʃhaŋ^{51}	hai^{42} no^{35}
双　龙	ʔuə^{35}	di^{24} dəi^{31}	xa^{24} tau^{31}
油　岭	ti^{24}	si^{53} ni^{44}	pa^{24} hen^{53}

	哪里	大	小
石板寨	tə^{02} zu^{24}	tə^{02} ɬəu^{31}	tə^{02} ʔʑo^{24}
高寨	tɕu^{31} ɣu^{55}	ɬu^{31}	ʔʑo^{35}
大南山	hau^{55} tu^{13}	ɬo^{43}	ʑou^{44}
高坡	ʔa^{24} tə^{22}	ɬə^{24}	ʑɯ^{42}
宗地	hoŋ^{232} tu^{13}	ɭo^{22}	ʑu^{55}
石门坎	qho^{55} dy^{53}	ɬo^{55}	ʂau^{55}
腊乙坪	ka^{22} tɕi^{35}; ta^{44} tɕi^{35}	ljo^{31}	ɕu^{35}
小章	pai^{55} ɕaŋ^{53}	ɬjəɯ^{53}	ȵaŋ^{35}
养蒿	haŋ^{35} tei^{13}	ɬjhə^{33}	ʑu^{44}
菜地湾	te^{53}	ljou^{24}	ŋjei^{35}
尧告	qa^{33} tɔ^{22}	ljeu^{31}	ʑu^{44}
河坝	qa^{33} te^{22}	ljeɯ^{44}	ʑu^{33}
滚董	tɕi^{44} tɕa^{44}	ɬjo^{35}	ju^{55}
毛坳	—	ɬjo^{35}	ʑu^{55}
七百弄	tɕi^{53} tə^{22}	lau^{21}	vi^{53}
西山	kha^{35} zəu^{22}	laŋ^{22}	ʔvi^{35}
瑶麓	—	lo^{53}	ʔiŋ^{13}
巴那	tɬau^{313} ti^{22}	ljeu^{13}	ʑu^{35}
优诺	ty^{32} naŋ^{33}	ljeu^{44}	ɬe^{55}
下水村	pa^{55} hɔ^{35}	vɔŋ^{31}	sɔŋ^{22}
龙华	ka^{33} θju^{53}	ɬjəu^{44}	ju^{35}
龙定	ha:i^{24} tau^{33}	ɬu^{33}	fai^{24}
烟园	ni:ŋ^{33} ʔti^{55}	lo^{11}	zau^{55}
双龙	xa^{24} ɕɛn^{42}	ɬu^{33}	ɕɛu^{35}
油岭	pa^{24} kui^{42}	lou^{44}	hei^{42}

	高	矮,低	长
石板寨	tə^{02} ʂen^{31}	tə^{02} ɓa^{55}	tə^{02} ntei^{55}
高寨	sen^{31}	ɓa^{55}	nti^{55}
大南山	ʂa^{43}	qe^{21}	nte^{55}
高坡	ʂẽ^{24}	qa^{31}	ntɛ^{13}
宗地	ʐæn^{22}	hɪ^{11}	ntæ^{42}
石门坎	sie^{55}	ɢhɯ^{11}	nti^{55}
腊乙坪	ʂɛ^{35}	ŋa^{44}	ntɯ^{44}
小章	ɕe^{53}	ŋa^{55}	dɯ^{55}
养蒿	xhi^{33}	ka^{11}	ta^{35}
菜地湾	khi^{24}	ka^{212}	tɛ^{33}
尧告	xa^{13}	ki^{241}	tai^{53}
河坝	xe^{44}	ka^{21}	tue^{13}
滚董	heŋ^{35}	ŋi^{11}	to^{31}
毛坳	heŋ^{35}	ŋge^{11}	to^{313}
七百弄	həŋ^{33}	ko^{231}	nte^{53}
西山	xi^{33}	pon^{35}	te^{35}
瑶麓	xi^{33}	ko^{53}	nta^{13}
巴那	ɕen^{13}	ka^{31}	da^{44}
优诺	san^{44}	ŋa^{32}	nau^{33}
下水村	ɬun^{22}	khe^{53}	ka^{03} ta^{55}
龙华	ŋkheŋ^{44}	tʃe^{31}	ɣa^{53}
龙定	ɗaːŋ^{33}	ʔai^{53}	daːu^{53}
烟园	ɡ̊jaŋ^{11}	ha^{42}	daːu^{51}
双龙	ɗaŋ^{33}	xɔ^{21}	da^{35}
油岭	ʑoŋ^{44}	ʔei^{24}	du^{24}

	短	远	近
石板寨	tə^{02} ʔlaŋ^{55}	tə^{02} qwei^{31}	tə^{02} ʔyi^{24}
高　寨	ʔlaŋ^{55}	tə^{02} qwei^{31}	ʔyi^{35}
大南山	lo^{44}	tɬe^{43}	ʐe^{44}
高　坡	lə̃^{13}	kɛ^{24}	ʐɛ^{42}
宗　地	loŋ^{42}	huæ^{32}	ʐæ^{55}
石门坎	lu^{55}	tɬi^{55}	və^{33}
腊乙坪	le^{44}	qɯ^{35}	ʐɯ^{53}
小　章	ʔlen^{55}	qəɯ^{53}	ʔʑəɯ^{33}
养　蒿	lɛ^{35}	to^{11}	ɣi^{44}
菜地湾	lei^{33}	fue^{24}	ʑei^{44}
尧　告	lo^{53}	kwai^{13}	ɣei^{44}
河　坝	lei^{13}	kui^{44}	ɣi^{33}
滚　董	laŋ^{31}	ko^{35}	jo^{55}
毛　坳	laŋ^{313}	ko^{35}	ʑo^{55}
七百弄	loŋ^{53}	kwe^{33}	ɣe^{42}
西　山	ʔloŋ^{35}	khue^{33}	ʔʑi^{13}
瑶　麓	luŋ^{13}	kwa^{33}	ɣei^{44}
巴　那	lon^{44}	kwa^{13}	ʑa^{35}
优　诺	leu^{33}	kwy^{44}	vji^{54}
下水村	naŋ^{55}	kwa^{22}	ja^{33}
龙　华	laŋ^{53}	kwa^{44}	ŋkja^{35}
龙　定	naŋ^{53}	ku^{33}	fa:t^{55}
烟　园	neŋ^{51}	ko^{33}	tat^{55}
双　龙	naŋ^{35}	ku^{33}	tɕin^{42}
油　岭	naŋ^{24}	kou^{44}	tsan^{22}

	宽	窄	厚
石板寨	$tə^{02}\ qwen^{55}$	$tə^{02}\ ŋɢɛ^{33}$	$tə^{02}\ ti^{31}$
高寨	$qwhaŋ^{31}$	$ŋɢe^{31}$	ti^{31}
大南山	$tɬaŋ^{55}$	$ŋqai^{24}$	tua^{43}
高坡	$kõ^{13}$	$ŋqe^{55}$	ta^{24}
宗地	xwa^{42}	$ŋke^{21}$	ta^{32}
石门坎	$faɯ^{55}$	$ŋɢhai^{31}$	ta^{55}
腊乙坪	$kwei^{44}$	$ŋa^{22}$	ta^{35}
小章	$kwhai^{55}$	$ŋa^{35}$	tai^{53}
养蒿	$faŋ^{35}$	$ŋi^{31}$	ta^{33}
菜地湾	fan^{33}	$ŋe^{13}$	$tɛ^{24}$
尧告	$kwen^{53}$	$ŋa^{24}$	$tɛ^{13}$
河坝	$kuæ̃^{13}$	$ŋe^{53}$	$tæ^{44}$
滚董	$kwai^{31}$	$ŋe^{42}$	tei^{35}
毛坳	$kwei^{313}$	$ŋqhai^{31}$	te^{35}
七百弄	$kwɛ^{53}$	$ŋka^{21}$	ti^{33}
西山	kun^{35}	ka^{22}	tei^{33}
瑶麓	$kwan^{13}$	$ŋka^{42}$	tai^{33}
巴那	$kuŋ^{44}$	ge^{53}	tai^{13}
优诺	$kwan^{33}$	$ŋe^{55}$	nai^{44}
下水村	$kwen^{55}$	kwe^{35}	ti^{22}
龙华	$kwen^{53}$	$ŋkai^{12}$	tei^{44}
龙定	$kwjaŋ^{53}$	$ɕep^{22}$	hu^{231}
烟园	$kwaŋ^{51}$	$he{:}p^{42}$	ho^{42}
双龙	$kwaŋ^{35}$	tja^{24}	xau^{42}
油岭	$kjaŋ^{24}$	$ɕep^{22}$	hu^{44}

	薄	深	浅
石板寨	tə⁰² ȵin⁵⁵	tə⁰² təu³¹	tə⁰² ɓa⁵⁵
高寨	ȵin⁵⁵	tu³¹	ɓa⁵⁵
大南山	ȵa²¹	to⁴³	nta⁵⁵
高坡	ȵẽ³¹	tə²⁴	—
宗地	ȵi¹¹	to³²	ȵi¹¹
石门坎	ȵe¹¹	to⁵⁵	ntɬie⁵⁵
腊乙坪	ȵɛ²²	to³⁵	mjɛ⁴⁴
小章	ȵe⁵⁵	təɯ⁵³	ʔmje³³
养蒿	njaŋ¹¹	to³³	nji¹¹
菜地湾	njan²¹²	tou²⁴	—
尧告	ȵan²⁴¹	tau¹³	ȵan²⁴¹
河坝	nje²¹	teɯ⁴⁴	mje²¹
滚董	ȵi¹¹	to³⁵	ȵi¹¹
毛坳	ŋ¹¹	to³⁵	ŋ¹¹
七百弄	maŋ³³	to³³	pli²²
西山	ʔpaŋ³³	to³³	ʔviau²²
瑶麓	ȵan⁵³	ta³³	ŋki⁵³
巴那	ȵiŋ³¹	dlau¹³	dljen⁴⁴
优诺	ŋji³²	tau⁴⁴	the⁵⁴
下水村	jin⁵³	ka⁰³ tu²²	phin⁵⁵
龙华	ŋjiŋ³¹	ɣu⁴⁴	mpleŋ⁵³
龙定	pje²²	du³³	ljaŋ⁵³
烟园	ɬa⁴²	du³⁵	gjaŋ³⁵
双龙	blɔ³⁵	du³³	dzin³⁵
油岭	pja²²	sjam⁴⁴	leŋ²⁴

	满	空	多
石板寨	tə^{02} paŋ^{55}	tə^{02} khuŋ^{33}	tə^{02} tɕuŋ^{31}
高寨	paŋ^{55}	tə^{02} khoŋ^{55}	ɕa^{55}
大南山	po^{55}	khoŋ^{43}	ntou^{44}
高坡	pã^{13}	khõ^{24}	nta^{42}
宗地	poŋ^{42}	ŋkaŋ^{35}	ntɔ^{55}
石门坎	pu^{55}	ɡhu^{11}	tɕau^{55}
腊乙坪	pe^{44}	qhoŋ^{35}	ȡjo^{35}
小章	pi^{55}	qhuŋ^{55}	tjəɯ^{53}
养蒿	pɛ^{35}	qhoŋ^{44}	nɛ^{44}
菜地湾	pi^{33}	sɛ^{24} sɛ^{24}	nue^{44}
尧告	po^{53}	mo^{31} tɔ^{44}	no^{44}
河坝	pei^{13}	khuŋ^{33}	nɔ^{33}
滚董	paŋ^{31}	khoŋ^{35}	tɕaŋ^{35}
毛坳	paŋ^{313}	khuŋ^{35}	tɕuŋ^{35}
七百弄	poŋ^{53}	ŋkhəŋ^{42}	nto^{42}
西山	xin^{33}; zin^{33}	kuaŋ^{33} zau^{22}	lai^{33}
瑶麓	puŋ^{13}	muŋ^{55} to^{44}	nto^{44}
巴那	pon^{44}	khuŋ^{13}	ɡau^{35}
优诺	peu^{33}	khaŋ^{44}	ʔo^{55}
下水村	paŋ^{55}	m^{35} ma^{31}	ʔu^{33}
龙华	paŋ^{53}	khɒŋ^{44}	ntai^{35}
龙定	poːŋ^{53}	ɡoŋ^{231}	tsham^{53}
烟园	ʔpoːŋ^{51}	khoːŋ^{42}	duŋ^{55}
双龙	pɔŋ^{35}	khuə^{24}	tjuə^{33}
油岭	baŋ^{24}	huŋ^{44}	tsoŋ^{44}

	少	方	圆
石板寨	tə^{02} zo^{24}	tə^{02} faŋ^{33}	tə^{02} yɛ^{31}
高寨	zo^{35}	sɿ^{35} faŋ^{55}	ʔə^{02} mphlau^{55} ʔyy^{55}
大南山	tɕeu^{13}	faŋ^{43}	ʑuen^{31}
高坡	sə^{22}	plo^{13}	ŋki^{55}
宗地	ʑu^{55}	—	koŋ^{42}
石门坎	dʑey^{31}	tɬau^{55} ku^{55}	qo^{55} lɦo^{31}
腊乙坪	ʑɔ^{53}	hwaŋ^{44}	ʑɛ^{22}
小章	ʔʑəɯ^{33}	faŋ^{55}	luan^{13}
养蒿	ɕu^{13}	fhaŋ^{33}	ɬen^{55}
菜地湾	ɕo^{53}	faŋ^{24}	tuan^{22}
尧告	tsa^{22}	tɬɔ^{13} ko^{13}	qa^{31} leu^{13}
河坝	ɕo^{22}	fhaŋ^{44}	luẽ^{53}
滚董	tɕeu^{44}	si^{55} hiaŋ^{55}	qa^{03} laŋ^{31}；qa^{03} leŋ^{33}
毛坳	tɕeu^{31}	sɿ^{55} huŋ^{55}	ljaŋ^{33} ljaŋ^{35}
七百弄	su^{22}	pla^{33} ntsi^{22}	tɬɛ^{33}
西山	nui^{22}	vaŋ^{33}	men^{42}
瑶麓	ɕa^{31}	kjo^{33} kuŋ^{33}	kou^{31} lau^{31}
巴那	tɕhu^{22}	fŋ^{13}	tɬuŋ^{313}
优诺	tsheu^{32}	hoŋ^{44}	lun^{32}
下水村	tshu^{53}	faŋ^{55}	jin^{53}
龙华	ʃau^{11}	plei^{44} pəŋ^{44}	klei^{53}
龙定	tsu^{22}	puŋ^{33}	kun^{31}
烟园	to^{42}	faŋ^{35}	klun^{55}
双龙	tshɔ^{21}	xuə^{33}	klin^{31}
油岭	hu^{22}	faŋ^{22}	vin^{53}

	扁	尖	平
石板寨	tə^{02} ʑaŋ^{55}	tə^{02} ntsei^{24}	tə^{02} vzaŋ^{31}
高　寨	—	tə^{02} ntse^{35}; ɣæ^{35}	vjoŋ^{31}
大南山	pla^{43}	ʐua^{13}	ta^{31}
高　坡	pli^{24}	zɛ^{42}; ɬẽ^{24}	—
宗　地	plæn^{32}	ntsæ^{55}; læn^{232}	tæn^{53}
石门坎	pi^{55} ndɦai^{31}	ɳʈʂə^{33}	dɦie^{35}
腊乙坪	tɕi^{44} mpa^{44}	ʐa^{42}	mpi^{31} ʈɛ^{42}
小　章	pjan^{35}	tɕen^{55}	pai^{13}
养　蒿	mi^{31}	ɣa^{13}	tsen^{55}
菜地湾	pien^{33}	ʑa^{53}	—
尧　告	ȵan^{241}	ɣo^{22}	pa^{22}
河　坝	pæ̃^{53} pæ̃^{13}	ɕi^{33}	pjaŋ^{55}
滚　董	mei^{11}	ʔa^{03} ŋjo^{42}	peŋ^{33}
毛　坳	pje^{31} pje^{31}	tɕe^{33} tɕe^{55}	peŋ^{33}
七百弄	pi^{33} pan^{53}	ntse^{42}	pjəŋ^{22}
西　山	pien^{35}	li^{35}	zien^{42}
瑶　麓	mpai^{33}	ntsei^{44}	pjan^{31}
巴　那	tɬhe^{55}	tsjen^{13}	pin^{313}
优　诺	pe^{54}	te^{44}	pan^{13}
下水村	paŋ^{53}	ja^{53}	tjhe^{53}
龙　华	phi^{44}	ntʃin^{44}	pjəŋ^{33}
龙　定	bei^{31}	dzim^{31}	pɛŋ^{31}
烟　园	ʔpjan^{51}	tjam^{35}	ʔpjaŋ^{33}
双　龙	bəi^{31}	tɕɛn^{33}	pɛ^{31}
油　岭	pi^{53}	he^{22}	peŋ^{53}

	直	横	弯
石板寨	tə^{02} ȵdʑaŋ^{31}	tə^{02} χweŋ^{31}	tə^{02} ŋkho^{33}
高寨	tə^{02} ȵdʑaŋ^{31}	—	ŋkha^{31} la^{31}
大南山	ȵtɕaŋ^{31}	taŋ^{55}	ŋkhou^{33}
高坡	ȵtɕã^{24}	—	—
宗地	ȵtɕɔ^{53}	taŋ^{42}	ŋkwo^{13}
石门坎	ȵtɕaɯ^{55}	taɯ^{55}	tʂho^{55}
腊乙坪	tɛ^{31}	la^{22} wei^{22}	ŋkhu^{44}
小章	dai^{31}	—	—
养蒿	tei^{55}	vaŋ^{55}	qoŋ^{11}
菜地湾	tei^{22}	—	—
尧告	ki^{35} tai^{53}	ki^{35} van^{31}	qoŋ^{241}
河坝	te^{55}	ki^{13} væ̃^{55}	tɕaŋ^{22}
滚董	teŋ^{33}	ti^{42}	ŋɔ^{35}
毛坳	ȵtɕuŋ^{35}	feŋ^{35}	ljei^{313}
七百弄	ȵtɕoŋ^{33}	fɛ^{33}	kɔ^{13}
西山	tɕuəŋ^{35}	vaŋ^{33}	kho^{42}; ŋut^{35}
瑶麓	tan^{55}	mpai^{31} tan^{55} neŋ^{53}	kaŋ^{55}
巴那	dʑu^{13}	vjen^{313}	von^{13}
优诺	njeu^{44}	ve^{13}	kwe^{32}; veu^{32}
下水村	ti^{22}	vaŋ^{31}	kjhuŋ^{53}
龙华	nȶju^{44}	ðuŋ^{44}	ðjoŋ^{31}
龙定	tsa^{22}	wɛŋ^{31}	ŋau^{33}
烟园	ȶʒa^{42}	veŋ^{33}	ŋau^{35}
双龙	ȶjan^{24}	wɛ^{42}	ŋau^{33}
油岭	laŋ^{44}	vaŋ^{53}	—

	黑	白	红
石板寨	tə^{02} qlaŋ^{31}	tə^{02} qlo^{31}	tə^{02} ʔlen^{31}
高寨	tə^{02} qlaŋ^{31}	tə^{02} qlo^{31}	tə^{02} ʔlen^{31}
大南山	tɬeu^{43}	tɬo^{43}	la^{43}
高坡	tɬə̃^{24}	tɬə^{24}	lẽ^{24}
宗地	ɬoŋ^{32}	ɬə^{32}	læn^{32}
石门坎	tɬu^{55}	tɬey^{55}	lie^{55}
腊乙坪	qwe^{35}	qwə^{35}	ȵtɕhi^{53}
小章	qwei^{53}	qwa^{53}	tshi^{33}
养蒿	ɬɛ^{33}	ɬu^{33}	ɕo^{53}
菜地湾	sei^{24}	so^{24}	ɕan^{44}
尧告	qɛ^{35}	tɬa^{13}	san^{44}
河坝	ɬuŋ^{22}	ɬo^{44}	ɕhẽ^{33}
滚董	kwaŋ^{44}	kɔ^{35}	tai^{44}
毛坳	quŋ^{31}	kwau^{35}	tai^{31}
七百弄	tɬoŋ^{33}	tɬo^{33}	ləŋ^{33}
西山	tɕoŋ^{33}	tɕo^{33}	ʔləŋ^{33}
瑶麓	kjuŋ^{33}	kjo^{33}	lan^{33}
巴那	tɬon^{13}	tɬu^{13}	biŋ^{13}
优诺	ku^{44}	ky^{44}	tshun^{54}
下水村	kjaŋ^{22}	kjɔ^{22}	si^{33}
龙华	klaŋ^{44}	klau^{44}	θi^{35}
龙定	tɕe^{55}	pe^{22}	si^{55}
烟园	kja^{35}	ʔpe^{42}	ti^{11}
双龙	tɕa^{53}	phɛ^{21}	ɕi^{53}
油岭	tɕa^{44}	pa^{22}	sja^{44}

	黄	绿	蓝
石板寨	tə^{02} ɓwen^{31}	tə^{02} lu^{31}	tə^{02} laŋ^{31}
高　寨	tə^{02} ɓwen^{31}	tə^{02} mbæ^{31}	tə^{02} laŋ^{31}
大南山	tɬaŋ^{31}	ntʂua^{43}	sa^{55}
高　坡	kõ^{55}	mplu^{24}	mplu^{24}
宗　地	xwa^{53}	mpʐa^{32}	mpʐa^{32}
石门坎	vhaɯ^{35}	ntsa^{55}	ntsa^{55}
腊乙坪	kwei^{31}	mʐo^{35}	phu^{44} mjɛ^{44}
小　章	qwe^{31}	li^{35}	lan^{31}
养　蒿	faŋ^{55}	zo^{55}	zo^{55}
菜地湾	fan^{22}	ȵjou^{22}	ȵjou^{22}；lan^{22}
尧　告	kwen^{31}	ȵeu^{31}	ȵeu^{31}
河　坝	kuæ̃^{55}	ljuŋ^{22}	læ̃^{55}
滚　董	kwai^{33}	ȵjo^{35}	ȵjo^{35} ȵjei^{31}
毛　坳	kwe^{33}	ljeu^{55}	lai^{33}
七百弄	kwɛ^{13}	mpju^{13}	mpju^{13}
西　山	xen^{35}	pu^{42}	pu^{42}
瑶　麓	kwan^{55}	mpju^{55}	mpju^{55}
巴　那	kuŋ^{313}	ljo^{31}	pho^{44}
优　诺	kwan^{13}	ly^{21}	phau^{32}
下水村	kwhen^{31}	lu^{53}	ka^{03} phu^{53}
龙　华	kwen^{33}	mpho^{33}	mpho^{33}
龙　定	wjaŋ^{31}	mɛŋ^{33}	bo^{53}
烟　园	vaŋ^{33}	mjaŋ^{35}	mjaŋ^{35}
双　龙	waŋ^{31}	mɛ^{33}	mɛ^{33}
油　岭	vjaŋ^{53}	meŋ^{44}	meŋ^{44}

	亮	暗	重
石板寨	tə⁰² ɓwen³¹	pjo³³	ȵuŋ⁵⁵
高　寨	ɓwen³¹	pø³¹	ȵ̥oŋ⁵⁵
大南山	po²⁴ ke⁵⁵	tʂou³³	ȵ̥aŋ⁵⁵
高　坡	qẽ³¹; kõ⁵⁵	plə⁴²	ȵ̥ã¹³
宗　地	xwa⁵³	pʐu⁴⁴	ȵa²³²
石门坎	tɕi³³	tsau¹¹	ȵ̥aɯ⁵⁵
腊乙坪	mʐei⁴²	pʐu⁴⁴	hen⁴⁴
小　章	mje³⁵	pɯ³⁵	ȵ̥en⁵⁵
养　蒿	faŋ⁵⁵	tsə⁵³	ȵjoŋ³⁵
菜地湾	fan²²	teu³⁵	njuŋ³³
尧　告	thau¹³	qɛ³⁵	ȵ̥am⁵³
河　坝	kuæ̃⁵⁵	pjeu¹¹; sei³³	njuŋ¹³
滚　董	ŋjei⁴⁴	ŋaŋ³³	ȵ̥a³¹
毛　坳	mpje³¹	quŋ³¹	ŋ̥a³¹³
七百弄	ʐaŋ²²	pju³¹	ȵ̥əŋ⁵³
西　山	zuəŋ³³	pu²²	ȵuəŋ³⁵
瑶　麓	kwan⁵⁵	pju⁴⁴	ȵ̥aŋ¹³
巴　那	ljon⁵³	pjo⁵⁵	ȵu⁴⁴
优　诺	kwan¹³	tai¹³	seu³²
下水村	kwhei³¹	pjɔ³⁵	ŋji⁵⁵
龙　华	kwi³³	pjau⁵⁵	ŋ̥jei⁵³
龙　定	gwjaŋ³³	m̥oːŋ²⁴	ȵ̥e⁵³
烟　园	gwaŋ³⁵	gjam⁴²	ȵi⁵¹
双　龙	gwaŋ³³	tɕa⁵³	ȵ̥i³⁵
油　岭	vjaŋ⁴⁴	ʔom²⁴; ʔom⁴²	ne²⁴

	轻	快	慢
石板寨	se^{31}	ʂe^{24}	mɛ^{24}
高寨	se^{31}	ŋa^{35}	tɕin^{31} ma^{35}
大南山	ʂi^{43}	ʂai^{44}	maŋ^{24}
高坡	shi^{24}	tɕi^{24}	qa^{13} ʐa^{55}
宗地	sei^{22}	ŋkaŋ^{55}	su^{13}
石门坎	ʂʅ^{55}	fai^{33}	ʔa^{55} lhie^{11}
腊乙坪	ɕa^{35}	ʂaŋ^{53}	la^{31}
小章	suei^{53}	ɕaŋ^{33}	li^{35}
养蒿	fha^{33}	xhi^{44}	la^{55} ; qɛ^{33}
菜地湾	fue^{24}	ha^{44}	sei^{53}
尧告	fe^{13}	xa^{44}	tja^{22} ʐa^{22}
河坝	fhæ^{44}	kaŋ^{33} pei^{21}	saŋ^{11} ŋa^{11}
滚董	fai^{35}	tɕi^{53}	lei^{33}
毛坳	fei^{35}	tje^{53}	le^{11}
七百弄	kwhi^{33}	hɛ^{33}	man^{22}
西山	khuei^{33}	xen^{33}	nuen^{13}
瑶麓	kwhai^{33}	xe^{44}	vai^{31}
巴那	fje^{13}	ɕi^{35}	la^{22}
优诺	fi^{44}	saŋ^{33}	mo^{21}
下水村	fui^{22}	fui^{33}	man^{35}
龙华	ʍai^{44}	ʍei^{35}	n̥un^{53}
龙定	ɕeŋ^{33}	sjep^{55}	man^{21}
烟园	sou^{11}	kan^{51}	man^{42}
双龙	ɕa^{33}	kwha^{24}	man^{42}
油岭	beu^{44}	tson^{24}	man^{22}

	早	迟	锋利
石板寨	ntsəu^{55}	tə^{02} qɹen^{31}	tə^{02} ntsei^{24}
高　寨	ntsu^{55}	ʔoŋ^{55}	yæ^{35}
大南山	ntso^{55}	li^{13}	ʐua^{13}; ntʂe^{44}
高　坡	nzə^{13}	li^{22}	nzɛ^{42}
宗　地	ntso^{42}	li^{13}	ntsæ^{55}
石门坎	ntso^{55}	li^{31}	ɳtʂə^{33}
腊乙坪	ntso^{44}	ʐe^{53}	ʐa^{42}
小　章	zəɯ^{55}	mje^{13}	ʑa^{13}
养　蒿	so^{55}	qɛ^{33}	ɣa^{13}
菜地湾	tsou^{33}	ʑi^{44}	ʑa^{53}
尧　告	ɕa^{53} xa^{44}	lai^{31}	ɣo^{22}
河　坝	seɯ^{13}	taŋ^{21} qæ̃^{44}	ɕi^{33}
滚　董	ȵo^{31}	lei^{33}	ȵo^{55}
毛　坳	ntso^{313}	le^{11}	ȵtɕo^{55}
七百弄	tə^{31} ko^{231}	man^{22}; ki^{53} kjəŋ^{13}	ntse^{42}
西　山	zon^{22}	khue^{42}	si^{13}
瑶　麓	kan^{33}	la^{55}	ntse^{44}
巴　那	dzau^{44}	ɡen^{35}	ʑa^{22}
优　诺	tɒ^{33}	tai^{13}	jau^{54}
下水村	tsu^{55}	khi^{31}	ja^{53}
龙　华	ntʃu^{53}	ʃai^{44}	ȵkja^{11}
龙　定	dzju^{53}	tsai^{31}	lai^{21}
烟　园	gjeu^{51}	tʃaːi^{33}	gjai^{42}
双　龙	djau^{35}	tjai^{31}	lai^{42}
油　岭	du^{24}	te^{53}	he^{22}

	清	稀(疏)	密(稠)
石板寨	tə⁰² ntshe³¹	tə⁰² qwa³³; ʂa³¹	ti³¹
高寨	ntshe³¹	sa³¹	tsi⁵⁵
大南山	ntʂha⁴³	ntʂha⁴³	ɳen²⁴
高坡	nshẽ²⁴	mpli²²	ta²⁴
宗地	ntsæn²²	mpʐaŋ²³²	nto²¹
石门坎	ɳtʂhie⁵⁵	fɯ⁵⁵	ta⁵⁵
腊乙坪	ʂa³⁵	ʂa³⁵	ɳoŋ²²
小章	ɕa⁵³	ɕa⁵³	tha³⁵
养蒿	ɕhi³³	ɕhi³³	nju¹³
菜地湾	ɕe²⁴	ha¹³; ɕe²⁴	tɛ²⁴; njuŋ²²
尧告	xia³⁵	ɣoŋ²²	kaŋ⁴⁴
河坝	ɕhe⁴⁴	xa⁴⁴	te⁴⁴
滚董	n̥i³⁵	hia³⁵	tei³⁵
毛坳	mpjo³⁵	ntsha³⁵	nte⁵³
七百弄	ntshəŋ³³	ho³³	nto²¹
西山	si³³	sa⁴⁴	ti³³
瑶麓	ntshi³³	xa³³	ntshai¹³
巴那	tshin¹³	ɕa¹³	ɗai⁵⁵
优诺	theŋ⁴⁴	ŋji³²	nai⁴⁴
下水村	tshiŋ²²	sɔ³⁵	tse³⁵
龙华	ntʃheŋ⁴⁴	ʍai⁴⁴	tei⁴⁴
龙定	ɕau²⁴	sa³³	ma²²
烟园	daːŋ¹¹	ta¹¹	kat⁴²
双龙	mɛ³³	ʔən³³; mɛ³³; lɔ⁴²	bai⁴²
油岭	ham²⁴	ha⁴⁴	men²²

	浓	稠(浊)	淡
石板寨	tə^{02} ŋɡuŋ^{24}	tə^{02} ɳʈu^{55}	tə^{02} zɿ^{24}
高寨	ŋɡoŋ^{35}	ɳʈu^{55}	zi^{35}
大南山	ȵen^{24}	ȵen^{24}	tʂua^{13}
高坡	ŋkõ^{22}	ta^{24}	sa^{31}
宗地	ŋkəŋ^{13}	də^{55}	sə^{13}
石门坎	ndlhau^{31}	ntɬo^{55}	ɳʈʂhie^{55}
腊乙坪	ȵoŋ^{31}	ȵoŋ^{22}	ʑa^{22}
小章	nai^{31}	nai^{33}	ʑa^{55}
养蒿	nju^{13}	nju^{11}	ɕin^{13}
菜地湾	njuŋ^{22}; nja^{13}	njuŋ^{22}	tan^{53}
尧告	ȵu^{22}	njeu^{241}	mo^{31} qan^{13}
河坝	njaŋ^{22}	njo^{22}	ɕhe^{44}
滚董	tɕoŋ^{11}	ȵaŋ^{11}	tɕi^{44}
毛坳	ŋkha^{31}	ntjuŋ^{313}	muŋ^{33} ŋkha^{31}
七百弄	ɳʈɔ^{231}	ɳʈɔ^{231}	ntshəŋ^{33}
西山	tuəŋ^{13}	tɕo^{44}	ma^{42} van^{33}; tan^{13}
瑶麓	ntjeu^{53}	ntjeu^{53}	ntjeu^{53} ȵou^{13}
巴那	nuŋ^{313}	ȵuŋ^{312}	ton^{53}
优诺	njaŋ^{13}	njaŋ^{13}	tshun^{44}
下水村	juŋ^{53}	ku^{53}	ʔa^{35} ma^{31} mi^{35}
龙华	ntʃu^{33}	ntʃu^{31}	ʃi^{33}
龙定	nuŋ^{31}	dʑet^{22}	tsa:m^{53}
烟园	—	glo^{42}	ta:m^{51}
双龙	nuə^{31}	ȵau^{31}	tsan^{35}
油岭	ȵuŋ^{53}	ȵuŋ^{53}	tom^{24}

	胖	瘦	干枯
石板寨	tə^{02} ʐuŋ^{24}	tə^{02} ndza^{55}	tə^{02} ȵdʑe^{24}
高寨	ʐoŋ^{35}	ndza^{35}	tə^{02} ȵdʑe^{35}
大南山	ʈau^{13}	ntsou^{13}	qhua^{55}
高坡	tɕõ^{22}	nzo^{22}	qha^{13}
宗地	ʂoŋ^{13}	ntso^{13}	ha^{232}
石门坎	dlo^{31}	ʑa^{31}	ȵdʑi^{31}
腊乙坪	ʈaŋ^{42}	ntsei^{53}	qha^{44}
小章	daŋ^{13}	zen^{13}	qhai^{55}
养蒿	tjaŋ^{13}	so^{44}	ŋa^{13}
菜地湾	tjaŋ^{22}	ɗja^{44}	ŋɛ^{53}; kaŋ^{44}
尧告	tjaŋ^{22}	ȵaŋ^{13} ʔɪ^{35}	kaŋ^{44}
河坝	tjaŋ^{22}	sɔ^{33}	kaŋ^{33}
滚董	tɕoŋ^{44}	thɔ^{55}	qhei^{31}
毛坳	tjuŋ^{31}	thau^{55}	qhe^{313}
七百弄	ʈɛ^{22}	tə^{02} ntθa^{22}	ŋkhi^{33}; kjəŋ^{53}
西山	thi^{22}	zo^{42}	khei^{33}
瑶麓	te^{31}	ntsu^{31}	ŋkhai^{33}
巴那	kjuŋ^{22}	khai^{44}	khai^{44}
优诺	tjaŋ^{32}	sau^{54}	khai^{44}
下水村	taŋ^{53}	tse^{53}	khui^{55}
龙华	ʃuŋ^{11}	ntʃe^{11}	ŋkhei^{44}
龙定	kun^{21}	kai^{21}	ga:i^{33}
烟园	kun^{42}	kjai^{42}	ga:i^{11}
双龙	klin^{42}	khɔ^{35}	khɔ^{35}
油岭	tin^{22}	kei^{22}	goi^{44}

	湿	硬	软
石板寨	tə^{02} ndzo^{33}	tə^{02} to^{55}	tə^{02} mja^{24}
高寨	tə^{02} ntaŋ^{31}	tə^{02} ʑen^{35}	tə^{02} m̥a^{35}
大南山	nto^{43}	teu^{55}	mua^{13}
高坡	ntə̃^{24}	—	mlə̃^{22}
宗地	ntoŋ^{32}	kaŋ^{232}	noŋ^{13}
石门坎	nau^{33}	tey^{33} tey^{55}; zɦa^{31}	tau^{55} ma^{11}
腊乙坪	nte^{35}	ta^{44}	ne^{42}
小章	dei^{31}	tai^{55}	pho^{53}
养蒿	ɕu^{31}	kə^{53}	mɛ^{13}
菜地湾	ɕeu^{13}	—	mi^{53}
尧告	tseu^{24} ʔu^{13}	keu^{24}	mo^{22}
河坝	neu^{33}	ku^{22}	mẽ^{22}
滚董	wei^{42}	tei^{11}	mei^{44}
毛坳	ŋkwe^{53}	te^{31}	mpei^{35}
七百弄	ȵtɕɔ^{21}	tɕɔ^{31}	ve^{42}
西山	toŋ^{33}	tɕin^{13}	ven^{13}
瑶麓	ȵtɕeu^{42}	kjou^{44}	maŋ^{31}
巴那	nai^{53}	tai^{44}	mi^{55}
优诺	no^{44}	tai^{33}	ŋo^{32}
下水村	ta^{55} ʔɔŋ^{22}	ti^{55}	jɔ^{53}
龙华	ntaŋ^{44}	tei^{53}	tə^{33} mo^{33}
龙定	doːn^{33}	ȵɛŋ^{21}	mau^{33}
烟园	doːn^{35}	ŋjaŋ^{42}	tom^{33} ŋwei^{42}
双龙	ʔun^{31}	kjhɛn^{35}	mi^{42}
油岭	dan^{44}	ŋaŋ^{44}	mai^{22}

	活	死	光
石板寨	tə^{02} ʑe^{31}	za^{24}	tə^{02} ŋqwaŋ^{24}
高寨	tə^{02} ʑe^{31}	ða^{35}	mblen^{35}
大南山	tɕa^{31}	tua^{13}	ko^{13}
高坡	tɕẽ^{55}; ka^{55}	tu^{22}	—
宗地	tɕen^{53}	tə^{13}	mplen^{13}
石门坎	dʑhie^{35}	da^{31}	tɕi^{33}
腊乙坪	ȵu^{22}	ta^{42}	ȵtɕhin^{35}
小章	ȵuŋ^{55}	da^{13}	qwaŋ^{55}
养蒿	ɣə^{13}	ta^{13}	ɬjaŋ^{44}
菜地湾	ho^{35}	ta^{53}	—
尧告	ɣeu^{22}	to^{22}	ɬan^{44}
河坝	ɣa^{22}	ta^{22}	læ^{21}
滚董	ha^{35} nje^{33}	tei^{44}	nje^{33}
毛坳	ho^{35}	te^{31}	ŋkwe^{11}
七百弄	tiŋ^{13} nɔ^{13}	tɔ^{22}	mplen^{22}
西山	ȵu^{35}	tho^{22}	zoŋ^{22}
瑶麓	kjan^{13}	tau^{31}	ŋkai^{53}
巴那	ho^{35}	ta^{22}	kwon^{13}
优诺	ha^{32}	to^{32}	leŋ^{54}
下水村	jɔ^{53}	tha^{53}	the^{53}; kjɔ^{31}; njaŋ^{55}
龙华	he^{53}	ta^{11}	kwi^{33}
龙定	naŋ^{31}	tai^{21}	kwjaŋ^{33}
烟园	ʃaŋ^{55}	ʔtai^{42}	gwaŋ^{35}
双龙	xuə^{21}	tai^{42}	pjat^{53}
油岭	saŋ^{22}	tai^{22}	—

	松	紧	齐
石板寨	tə^{02} suŋ^{33}	tə^{02} tɕin^{55}	vzaŋ^{31}
高寨	tsoŋ^{35}	tɕin^{55}	tshi^{55}
大南山	soŋ^{43}	tɕin^{55}	tshi^{31}
高坡	mphlo^{24}	tɕẽ^{13}	si^{55}
宗地	po^{22}	ȵtɕe^{21}	tsen^{42} tɕhi^{21}
石门坎	ki^{33} ntshey^{33}	tshai^{55}; kho^{55}	hi^{11} dhə^{11}
腊乙坪	sɔ^{35}	ɳʈho^{53}	tsei^{31}
小章	suŋ^{55}	tɕin^{55}	dzi^{31}
养蒿	ɬoŋ^{13}	tɕoŋ^{44}	toŋ^{55}
菜地湾	seŋ^{24}	tɕin^{33}; ȵjeu^{13}	ʑaŋ^{53} tsan^{22}
尧告	tsaŋ^{44}	kaŋ^{35}	toŋ^{31}
河坝	kho^{33} ɣo^{44}	tɕuŋ^{33}	ʑun^{55}
滚董	soŋ^{55}	tɕiŋ^{31}; tei^{11}	thoŋ^{33}
毛坳	suŋ^{55}	tɕiŋ^{313}	dzi^{33}
七百弄	tə^{22}	ʈi^{13}	ɕi^{33} tɛ^{21}
西山	ʔʑoŋ^{33}	ʔlət^{35}	zeŋ^{42}
瑶麓	suŋ^{33}	tji^{55}	tshi^{31}
巴那	suŋ^{13}	tɕiŋ^{44}	tsha^{313}
优诺	ɬeŋ^{44}	kiŋ^{54}	the^{13}
下水村	ʔa^{35} tse^{35}	tse^{35}	tshe^{31}
龙华	θuŋ^{53}	mpəŋ^{53}	jəŋ^{33}
龙定	foŋ^{33}	tɕin^{53}	dzoːi^{31}
烟园	toŋ^{35}	ʃen^{51}	—
双龙	sɔŋ^{33}	tɕin^{33}	dzɔi^{31}
油岭	fo^{44}; huŋ^{44}	daŋ^{53}	tam^{44}

	对	错	真
石板寨	ʑuŋ^{24}	tsha^{31}	tə^{02} zen^{31}
高寨	ʑoŋ^{35}	tsha^{31}	tə^{02} ɣen^{31}
大南山	tui^{24}	ʑua^{24}	ta^{13}；tɕen^{43}
高坡	—	—	qə^{02} sẽ^{24}
宗地	ʑoŋ^{13}	pjɔ^{44}	ten^{13}
石门坎	ʑo^{31}	ʑa^{31}	die^{31}
腊乙坪	tei^{35}	tɕi^{44} ljɯ^{22}	tɕi^{44} ta^{53}
小章	—	tshɯ^{55}	tsen^{55}
养蒿	tjo^{13}	sha^{35}	tɕu^{13} tei^{55}
菜地湾	—	—	tseŋ^{24}
尧告	tjo^{22}	tau^{22}	tjo^{22}
河坝	ho^{11}	sha^{13}	te^{55}
滚董	tai^{35}	so^{35}	tɕi^{44} tɕeŋ^{55}
毛坳	tei^{313}	sau^{53}	tɕeŋ^{55}
七百弄	te^{42}	ɗau^{53}	tse^{33}
西山	tiŋ^{33}	lua^{13}	ta^{22} ze^{44}
瑶麓	ta^{33}	tsho^{13}	ɕan^{33}
巴那	tau^{55}	tjeu^{53}	tɕen^{13}
优诺	ty^{54}	tshɒ^{21}	tsin^{44}
下水村	tu^{35}	tshu^{33}	tsin^{35}
龙华	tei^{55}	ʃu^{55}	tʃiŋ^{35}
龙定	toːi^{24}	toːŋ^{21}	tsjen^{33}
烟园	ʔtoːi^{55}	tʃho^{31}	ʃen^{35}
双龙	tɔi^{24}	tsha^{53}	ti^{42} khɔ^{21}
油岭	tiu^{22}	so^{24}	tsjan^{44}

	假	生	熟
石板寨	tɕa^{55}; qla^{31}	tə^{02} ȵo^{55}	tə^{02} ʂen^{55}
高寨	tə^{02}qla^{31}	tə^{02} ȵo^{55}	sen^{55}
大南山	tɕua^{55}	ȵoŋ^{21}	ʂa^{55}
高坡	qə^{02}tɕa^{13}	—	—
宗地	tɕa^{42}	mpʐa^{32}	sæn^{232}
石门坎	tʂhu^{55}	ʔa^{55} ȵhau^{11}	ʔa^{33}ʂie^{55}
腊乙坪	ca^{53}	ȵu^{22}	ɕɛ^{44}
小章	tɕa^{55}	ȵuŋ^{55}	sei^{55}
养蒿	ɬa^{33}	nju^{11}	ɕhaŋ^{35}
菜地湾	tɕa^{33}	—	—
尧告	mo^{31} tjo^{22}	ȵu^{241}	ɕan^{53}
河坝	ɬa^{44}	nju^{21}	ɕhe^{13}
滚董	wo^{11}; ʔa^{03} ȵoŋ^{35}	ȵoŋ^{11}	seŋ^{31}
毛坳	tɕa^{313}	ȵuŋ^{11}	ɕeŋ^{313}
七百弄	kja^{53}	ȵau^{231}	səŋ^{53}
西山	ku^{22} ləu^{22}	ȵaŋ^{44}	si^{35}
瑶麓	ɣou^{44} mei^{53}	ȵou^{53}	—
巴那	ka^{55}	ȵu^{31}	ɕin^{44}
优诺	ko^{33}	sje^{44}	sin^{44}
下水村	ka^{31}	jɔ^{31}	siŋ^{55}
龙华	ka^{53}	ŋjɒ^{31}	θəŋ^{53}
龙定	tɕa^{53}	ȵam^{231}	tso^{22}
烟园	tʃa^{51}	ȵim^{31}	ʃu^{42}
双龙	laŋ^{31}	sɛ^{33}	tjhɔ^{21}
油岭	ka^{24}	—	—

	新	旧	好
石板寨	ʂen^{31}	qaŋ^{31}	tə^{02} ʔyuŋ^{24}
高　寨	tə^{02} sen^{31}	tə^{02} qaŋ^{31}	tə^{02} ʔyen^{35}
大南山	tʂha^{43}	qo^{43}	ʐoŋ^{44}
高　坡	shẽ^{24}	qə^{02} la^{31}	ʐõ^{42}
宗　地	sæn^{22}	mploŋ^{55}	ʐaŋ^{55}
石门坎	tʂhie^{55}	qu^{55}	zau^{33}
腊乙坪	ɕɛ^{35}	qo^{53}	ʐu^{53}
小　章	sei^{53}	qəɯ^{33}	ʔu^{33}
养　蒿	xhi^{33}	qo^{44}	ɣu^{44}
菜地湾	khi^{24}	qou^{44}	ʑeu^{44}
尧　告	xa^{13}	qau^{44}	ɣu^{44}
河　坝	ɕhe^{44}	qa^{33} ʑa^{22}	ɣu^{44}
滚　董	seŋ^{35}	qo^{55}	jaŋ^{55}
毛　坳	ɕeŋ^{35}	mphau^{35}	ʑaŋ^{55}
七百弄	ʂəŋ^{33}	ku^{42}	ɣau^{42}
西　山	mo^{13}	ku^{13}	ʔʑaŋ^{13}
瑶　麓	ɕi^{33}	kɯ^{44}	ɣou^{44}
巴　那	ɕin^{13}	kau^{35}	ɲu^{35}
优　诺	ɬan^{44}	kɒ^{54}	ʔŋ^{54}
下水村	tu^{35} ɬun^{33}	kɔ^{11}	ŋuŋ^{22}
龙　华	ŋkheŋ^{44}	ku^{35}	ŋɒŋ^{35}
龙　定	sjaŋ^{33}	lu^{231}	loŋ^{24}
烟　园	ʃaŋ^{11}	lo^{31}	ɡaŋ^{55}
双　龙	saŋ^{33}	lu^{42}	lɔŋ^{24}
油　岭	sjaŋ^{44}	ko^{42}	ʑoŋ^{42}

	坏	贵	贱
石板寨	tə^{02} tsa^{55}	tə^{02} kuei^{24}	tə^{02} se^{31}
高寨	tə^{02} tsa^{55}	qwei^{31}	vjoŋ^{31} tsa^{55}
大南山	tʂi^{55}; huai^{24}	kuei^{24}	ɕaŋ^{43} ʑin^{43}
高坡	qə^{02} lɯ^{55}	ki^{42}	phi^{13} ʑi^{13}
宗地	pə^{11}	ŋkɪ^{55}	to^{13}
石门坎	tʂʅ^{55}	ŋqɯ^{33} ta^{55}	ŋqɯ^{33} ʂʅ^{55}
腊乙坪	tɕa^{44}	kwei^{35}	ɕaŋ^{44} ʑin^{44}
小章	la^{33}	kwei^{33}	bjen^{31} ȵe^{31}
养蒿	ʑaŋ^{31}; qa^{33} ɖja^{55}	ŋjoŋ^{35} qa^{44}	tjo^{13} qa^{44}
菜地湾	he^{44}	tɕy^{35}	tɕen^{53}
尧告	po^{241}	tɕiŋ^{35}	tau^{22}
河坝	qa^{33} ɖja^{55}	tɕi^{33}	pjʰẽ^{53} ʑi^{44}
滚董	pei^{11}	kwi^{55}	tɕu^{33}
毛坳	ɕa^{35}	kwi^{55}	pjhe^{35} ȵi^{33}
七百弄	lə^{13}	mpjəŋ^{33}	pi^{21} ŋi^{231}
西山	sie^{35}	pieŋ^{33}	sin^{22}
瑶麓	pou^{53}	mpjan^{33}	tsin^{53}
巴那	va^{53}	kwei^{55}	pi^{313} ŋ^{313}
优诺	va^{21}	kwei^{54}	pe^{13} ŋju^{13}
下水村	ʔe^{55}	kjeu^{35}	te^{31}
龙华	wei^{31}	tʃɒ^{55}	pin^{33} ŋji^{33}
龙定	wa:i^{21}	tɕa:i^{24}	tsa:n^{21}
烟园	hu^{51}; ʔpai^{42}	ʃa:i^{55}	tan^{42}
双龙	tsha^{33}	tjɔi^{24}	pi^{42} ȵi^{31}
油岭	vai^{22}	kui^{42}	—

	老	嫩	美
石板寨	tə^{02} lo^{55}	tə^{02} nen^{24}	ʔyuŋ^{24}ku^{31}
高　寨	tə^{02} lo^{55}	tə^{02} nen^{35}	ʔyen^{35} laŋ^{35}
大南山	lou^{21}	ntsu^{13}ʐou^{24}	ʐoŋ^{44}
高　坡	lo^{31}	—	ʐõ^{42}
宗　地	lo^{11}	mplɯ^{11}	ʐaŋ^{55}ʑɯ^{13}
石门坎	l̥au^{11}	tau^{55}ma^{11}	zau^{33}
腊乙坪	qo^{53}	ʐaŋ^{53}	ʐu^{53}ʑaŋ^{42}
小　章	qəɯ^{33}	ʔʑaŋ^{33}	ʔu^{53} ʑaŋ^{13}
养　蒿	lu^{11}	ɣaŋ^{44}	ɣu^{44}ȵu^{55}; saŋ^{33}
菜地湾	lo^{212}	—	ʑeu^{44}qa^{35}
尧　告	lɔ^{241}	mo^{22}	ɣu^{44}ȵo^{22}
河　坝	lo^{21}	ɣaŋ^{33}	mæ^{22}
滚　董	qo^{55}	ȵoŋ^{55}	ʔo^{31}
毛　坳	qo^{55}	ȵuŋ^{55}	ʔo^{313}
七百弄	lo^{231}	n̥e^{53}	ɣau^{42}ɳʈu^{42}
西　山	lu^{44}	nen^{22}	ʔʑaŋ^{13}
瑶　麓	kɯ^{44}	ɕi^{33}	ɣou^{44}mei^{31}
巴　那	lau^{31}; kau^{35}	ɡuŋ^{35}	tɕau^{44}
优　诺	kɒ^{54}	nen^{21}	sai^{54}
下水村	ku^{33}	tu^{22} ʔŋ^{35}	ȵaŋ^{55}
龙　华	ku^{35}	ntʃuŋ^{35}	çuŋ^{35}
龙　定	ku^{24}	lun^{24}	dzui^{21}
烟　园	ku^{55}	ɡun^{55}	kwai^{51}
双　龙	ku^{24}	lun^{24}	tsəi^{42}tɕɛ^{35}
油　岭	ku^{42}	ʑin^{42}	ʑoŋ^{42} ljau^{42}

	丑	热	冷
石板寨	tsa55	kaŋ31	qɹaŋ24
高寨	tsa55 laŋ35	qaŋ31	qwaŋ35
大南山	ʈou24; tsaŋ43	ʂo55	nau44
高坡	sa13 su13	shə13; khə̃24	nõ42
宗地	ȵa13	so232; koŋ32	nɔ55
石门坎	su55 tɬaɯ55	ʂo55	dʑhie11
腊乙坪	tɕa44 ʑaŋ42	ȵtɕe53	noŋ53
小章	tjho53	ɬei53	zai55
养蒿	ɕa35 xha35	khi33	sei11
菜地湾	kei44 ʑa44	khi24	sei212
尧告	qa33 sua13	kho13	tɕa24; keu35
河坝	ɕa13 xa13	khi44	sei21
滚董	ȵa53	mɔ53 qaŋ35	ȵaŋ55
毛坳	ŋ35	ɕo313	ȵaŋ55
七百弄	pa31 lə33	kjhoŋ33	θəŋ231
西山	sie35	ʔon33; ʔlat35	ʔloŋ13
瑶麓	pou53	ɕou13	san53
巴那	na313 di313	ɕu44; kjhon313	ʒuŋ35
优诺	mə32 sai54	seu32	naŋ54
下水村	ʔa35 njaŋ55	khaŋ22	kjɔŋ22
龙华	ʃo35	kjhaŋ44	neŋ35
龙定	tsjhau53	koːm33	nam24
烟园	tjhaːu51	kjoːm35	nam55
双龙	tja53 mə42	bəi24	tjɔŋ35
油岭	—	tsam44	nam42

	难	容易	香
石板寨	mo^{31} ʔyuŋ^{24} ʔa^{24}	ʔyuŋ^{24} ʔa^{24}	ɕaŋ^{31}
高寨	tsi^{55} tsa^{55} ʔa^{35}	ʔyen^{35} ʔa^{35}	ɕaŋ^{31}
大南山	laŋ^{31}	ʑoŋ^{31} ʑi^{24}	tɕu^{44} qaŋ^{43}
高坡	sa^{13}	ʑõ^{42} ʔu^{42}	qõ^{24}; ntõ^{24}
宗地	ȵoŋ^{35}	tɔ^{55} lə^{13}	səu^{55} ntua^{32}
石门坎	ta^{55}	li^{11} ɡɦau^{11}	qaɯ^{55}
腊乙坪	nɛ^{31}	ʑoŋ^{22} ʑi^{35}	tɕə^{53} mo^{42}
小章	nan^{31}	ʑuŋ^{31} ʑi^{35}	xaŋ^{33} tɕhaŋ^{33}
养蒿	ɕa^{35}	ɣu^{44} ʔɛ^{44}	tɛ^{33} moŋ^{13}
菜地湾	nan^{22}	ʑi^{44} te^{33}	tei^{24} muŋ^{53}
尧告	nan^{31}	ɣu^{44}	ta^{13} mam^{22}
河坝	ɕha^{33} pja^{11}	ɬhæ^{44} ɣu^{33}	ta^{44} puŋ^{33}
滚董	nan^{35}	ji^{55} tu^{55}	nai^{35}
毛坳	ka^{55}	ʑi^{53} tu^{55}	ntei^{35}
七百弄	nan^{13}	ɬi^{33} pi^{31} ŋi^{231}	ntəŋ^{33}
西山	xu^{35}	ȵe^{22}	təŋ^{33}
瑶麓	han^{44}	pu^{33} su^{31}	ntan^{53}
巴那	na^{313}	ʑi^{35}	ɕon^{13}
优诺	tsa^{33}	jaŋ^{32} ji^{21}	neŋ^{44}
下水村	nan^{31}	jɔŋ^{31} ji^{35}	tan^{22}
龙华	nan^{31}	juŋ^{31} ji^{11}	nten^{44}
龙定	naːn^{31}	ʑoŋ^{31} ɕei^{21}	daːŋ^{33}
烟园	naːn^{33}	zuŋ^{31} ʑi^{42}	daːŋ^{35}
双龙	tja^{53}	—	daŋ^{33}
油岭	—	—	doŋ^{44}

	臭	酸	甜
石板寨	tɕi^{31} qen^{24}	tə^{02} so^{31}	tə^{02} qo^{31} ʔyɛ^{31}
高　寨	tsu^{35} tsu^{35}	so^{31}	qo^{31} ʔya^{31}; qen^{31}
大南山	tʂu^{44} qhe^{44}	qou^{43}	qaŋ^{43} ʐi^{43}
高　坡	sɯ^{42}	shə^{24}	qõ^{24} ʐa^{24}
宗　地	səu^{55}	su^{22}	hua^{32} ʐɿ^{32}
石门坎	tɕy^{33} ta^{55}	hi^{33} qaɯ^{55}	qaɯ^{55} mu^{55}
腊乙坪	tɕə^{53} tɕa^{44}	ɕɔ^{35}	tɕaŋ^{22}
小　章	xaŋ^{33}	su^{53}	djaŋ^{55}
养　蒿	haŋ^{44}	ɕhu^{33}	qaŋ^{33} zaŋ^{55}
菜地湾	haŋ^{44}	ɕeu^{24}	qan^{24} njan^{22}
尧　告	tseŋ^{44}	ɕu^{13}	qan^{13} taŋ^{31}
河　坝	ɕi^{33} sho^{44}	ɕhu^{44}	qæ̃ ɣa^{44}
滚　董	qai^{55}	su^{35}	qai^{35}
毛　坳	tɕau^{55}	ɕu^{35}	qei^{35}
七百弄	kjəŋ^{42}	ɕu^{33}	ke^{33}
西　山	ku^{22} kəŋ^{13}	ʔi^{33} ; ʔai^{33}	van^{33}
瑶　麓	tɕi^{44}	ɕu^{33}	kan^{33}
巴　那	tɕi^{35}	ɕo^{13}	kaŋ^{13}
优　诺	tsui^{54}	so^{44}	kan^{44}
下水村	tsu^{11}	sɔ^{22}	kɔn^{22}
龙　华	tʃau^{35}	ʃəu^{44}	ken^{44}
龙　定	tsui^{24}	sui^{33}	ka:m^{33}
烟　园	tei^{55}	tu:i^{11}	ka:m^{35}
双　龙	tsui^{24}	sui^{33}	kan^{33}
油　岭	ti^{42}	si^{44}	kom^{44}

	苦	辣	咸
石板寨	tə^{02} ʔi^{31} ŋa^{31}	mbja^{33}	ʔi^{31} ŋa^{31}
高寨	ŋa^{31}	mba^{31}	ŋa^{31}
大南山	ʔa^{43}	ntʂi^{24}	tɬeu^{24} ntʂe^{55}
高坡	ʔẽ^{24}	mpla^{55}	tɬə^{42}; ʔẽ^{24}
宗地	ʔæn^{32}	mpʐɿ^{21}	ɗə^{55}
石门坎	ʔie^{55}	mbɦɯ^{31}	tɬey^{33}
腊乙坪	ʔɛ^{35}	mʐei^{22}	thu^{44}
小章	ʔei^{53}	mei^{35}	tha^{55} zɯ^{55}
养蒿	ʔɿ^{33}	za^{31}	ɗju^{44} ɕi^{35}
菜地湾	—	nja^{13}	nja^{13}
尧告	ʔa^{13}	ȵi^{24}	ȵi^{24} tsei^{53}
河坝	ʔe^{44}	mja^{53}	mja^{53} ɕɔ^{13}
滚董	ʔiŋ^{35}	ni^{42}	nai^{35} ȵo^{31}
毛坳	ʔiŋ^{35}	mpjhe^{31}	qei^{35}
七百弄	ʔəŋ^{33}	mpjo^{21}	nan^{42}
西山	ʔɿ^{33}	pia^{22}	xan^{42}
瑶麓	tai^{33}	mpja^{42}	kja^{44}
巴那	ʔɪn^{13}	bja^{53}	tɕuŋ^{31}
优诺	ʔaŋ^{44}	mja^{21}	heu^{13}
下水村	ʔɔn^{22}	pji^{35}	haŋ^{31}
龙华	ʔan^{44}	mpɒi^{12}	tjuŋ^{31}
龙定	ʔim^{33}	ba:t^{22}	dza:i^{31}
烟园	ʔim^{35}	bja:t^{42}	dʒa:i^{33}
双龙	ʔin^{33}	blat^{21}	dza^{31}
油岭	ʔe^{44}	bjat^{22}	doi^{53}

	腥	忙	富
石板寨	ʔi̥^{55} qɹəu^{33} tə^{02} puŋ^{24}	ʐo^{33}	qwaŋ^{31}
高寨	tsu^{35} tsu^{35}	ʐo^{31}	qwaŋ^{31}
大南山	ntsha^{43}	ʈeu^{24}	mpo^{21}; mua^{31}
高坡	sɯ^{42} pã^{42}	tɕi^{24}	plu^{22}
宗地	—	ɦaŋ^{13}	ʔəu^{35}
石门坎	tʂy^{33} ta^{55}	ɖey^{31}	mɦa^{35}
腊乙坪	tɕə^{53} ntshɛ^{35}	pʐo^{31}	ljo^{53}
小章	xaŋ^{33} tshei^{53}	bjəɯ^{31}	ljəɯ^{33}
养蒿	shei^{33}	na^{31}; tɕin^{35}	ɬa^{13}
菜地湾	haŋ^{44} sei^{24}	tɕi^{13}; maŋ^{22}	ʑeu^{44}
尧告	tseŋ^{44} sa^{13}	han^{13}	tɬo^{22}
河坝	ɕi^{33} she^{44}	mja^{53}	ɬa^{22}
滚董	tɕo^{55} ȵ̥i^{35}	maŋ^{33}	mai^{33}
毛坳	tɕau^{55}	no^{35}	ʑaŋ^{55}
七百弄	kjəŋ^{42} ntθhəŋ^{33}	ȵ̥an^{42}	məŋ^{13}
西山	ku^{22} keŋ^{13}	pon^{13}	muəŋ^{42}
瑶麓	tɕi^{33}	muŋ^{55} tøe^{44} tɕou^{31}	kja^{31}
巴那	saŋ^{13}	maŋ^{313}	ɬu^{35}
优诺	theŋ^{44}	kje^{54}	ɬo^{54}
下水村	tsu^{33} tshe^{33}	mɔŋ^{31}	ma^{31} la^{33}
龙华	ntʃhai^{44}	n^{53} tei^{35} ntʃo^{12}	mo^{33}
龙定	dziŋ^{33}	tɕin^{53}	ɬəu^{24}
烟园	ti:ŋ^{11}	maŋ^{31}	tei^{11} tʃeu^{51}
双龙	dʑɛ^{33}	tjat^{53}	ma^{31}
油岭	deŋ^{44}	tɕin^{42}	—

	穷	干净	脏
石板寨	tsha^{24}	ntshe^{31}	luŋ^{24} ʔa^{02} ku^{55}
高寨	tsha^{35}	ntshe^{31}	qlaŋ^{31}
大南山	ʂou^{33}	ho^{55}	ʂua^{44}；tsaŋ^{43}
高坡	khɯ^{55}	nshi^{24}	tẽ^{13} qẽ^{42}
宗地	kaŋ^{53}	ntsei^{22}	ȵa^{13}
石门坎	ʂau^{11}	xu^{55} dʑɦa^{11}	hi^{11} qə^{11}
腊乙坪	kho^{44}	ntsha^{35}	mji^{31} ɕaŋ^{44}
小章	na^{35}	kan^{53} tshen^{13}	phai^{53} lai^{33}
养蒿	ɕha^{44}	sha^{33} ŋa^{13}	va^{44}
菜地湾	qheu^{33}	lɛ^{212}	ŋa^{24} tsa^{24}
尧告	ɕo^{44}	xia^{35}	qa^{33} sua^{13}
河坝	ɕha^{33}	saŋ^{13}	va^{33}
滚董	kwhi^{55}	seŋ^{31} kheŋ^{55}	pa^{42} lɛ^{53}
毛坳	kuŋ^{33}	ke^{55} tsheŋ^{55}	ntja^{313} kwa^{35}
七百弄	hu^{53}	θəŋ^{53}；ntθhə^{33}	plɔ^{53}
西山	xu^{35}	sieu^{13}	tɕo^{22}
瑶麓	ɕou^{44}	kau^{44} ŋkjou^{13}	lan^{53}
巴那	tɕhuŋ^{313}	tshaŋ^{44} kjha^{35}	ma^{313} kwa^{313}
优诺	kjaŋ^{13}	soŋ^{33} li^{21}	va^{55} tau^{44}
下水村	kjhɔŋ^{31}	ŋjaŋ^{31} ni^{35}	nɔ^{31} tsɔ^{31}
龙华	hai^{55}	θei^{33}	haŋ^{53}
龙定	tɕom^{21}	dziŋ^{21}	ɗop^{55}
烟园	ʃo:ŋ^{33}	daŋ^{42}	ka^{02} lo^{33}
双龙	tjuə^{31}	sɔ^{24} ləi^{31}	lɛ^{42} thɛ^{35}
油岭	koŋ^{53}	ljaŋ^{53} li^{22}	ʔou^{44} tou^{44}

	饱	饿	渴
石板寨	tso^{24}	tshe^{31}	ŋqhei^{33}
高寨	tso^{35}	tshe^{31}	ŋqhen^{31}
大南山	ʈʂou^{44}	ʈʂhai^{43}	ŋqhe^{33}
高坡	ʈʂhɯ^{42}	she^{24}	ŋqha^{24}
宗地	hua^{232}	ŋkɪ^{13}ŋɔ^{35}	ŋka^{22}
石门坎	ʈʂau^{33}	ʈʂhai^{55}	ŋqɯ^{33}
腊乙坪	ʈhə^{53}	ɕi^{35}	ŋqhe^{44}
小章	tso^{33}	tsaŋ^{53}qhei^{35}	qhai^{35}
养蒿	ɕaŋ^{44}	ɕi^{44}ɕu^{13}	ŋa^{13}qoŋ^{35}
菜地湾	tseŋ^{44}	ɕeŋ^{53}ɕeŋ^{53}	qhɛ^{24}
尧告	tsua^{53}	qhei^{35}	kaŋ^{44} lau^{44}
河坝	ɕɔ^{33}	qha^{33}	kaŋ^{33} ko^{33}
滚董	tɕu^{55}	ŋo^{42}	qhei^{31}
毛坳	tɕo^{55}	ɕei^{35}	qhei^{313}
七百弄	tsə^{42}	tə^{02} ʂɛ^{33}	tə^{02}ŋkho^{31}
西山	səu^{13}	tho^{22}səu^{22}	tho^{22}khu^{22}
瑶麓	lja^{31}	mpja^{42}	ŋkhai^{33}
巴那	tɕu^{35}	ŋo^{53}	ɡai^{13}
优诺	tsu^{54}	tsaŋ^{33} kha^{54}	kha^{55} ʔŋ^{44}
下水村	kjaŋ^{31}	tsuŋ^{22} kjhe^{35}	ka^{03} khɔ^{31} khɯi^{55}
龙华	tʃəu^{35}	tʃhu^{55} Ma^{55}	ntʃho^{55} ʔɒŋ^{44}
龙定	pəu^{53}	ŋo^{21}	ɡa:t^{55}
烟园	ʔpjeu^{51}	ʃa^{11}	ɡa:t^{11}
双龙	pjau^{35}	ŋɔ^{42}	ɡwat^{53}
油岭	beu^{24}	sja^{44}	ɡot^{44}

	困	累	急
石板寨	ma^{24}	pi^{55}	so^{31} ntso^{31}
高寨	—	—	—
大南山	nʈoŋ^{13}	tʂo^{13} ʂa^{55}	ʈeu^{24}
高坡	—	khẽ^{42}	tɕi^{24}
宗地	ŋɔ^{55}	tɯ^{35}	ɦaŋ^{13}
石门坎	qau^{31}	tɬha^{11}	sie^{55} tshau^{33}
腊乙坪	mo^{42}	mo^{42}	pʐo^{31}; ci^{31}
小章	se^{53} pa^{33}	to^{35}	xuaŋ^{55}
养蒿	mɛ^{13} ɣə^{13}	tɕu^{11} ɣə^{13}	na^{31}; tɕin^{35}
菜地湾	—	lei^{53}	tɕi^{13}
尧告	ŋa^{241}	tjo^{31} ɕo^{44}	ʔo^{44} tɔ^{22} ʔo^{44}
河坝	me^{22} ɬei^{55} leu^{22}	ɕɔ^{22} ɣu^{22}	mja^{53} to^{21}
滚董	ȵe^{11}	tɕu^{33} ja^{44}	maŋ^{33}; hjoŋ^{55}
毛坳	tjau^{35} ŋqau^{31}	no^{35}	tɕi^{35}
七百弄	ʑaŋ^{53} tɬoŋ^{33}	kau^{53}	he^{33}
西山	tho^{22} tɕoŋ^{33}	tɕai^{22}	xen^{33}
瑶麓	tau^{31} maŋ^{53}	lja^{33}	faŋ^{33}
巴那	tɕai^{53}	lei^{53}	tɕiŋ^{44}
优诺	thun^{44}	na^{54}; khu^{33}	kje^{55}
下水村	ʔɔ^{31} tjeu^{35} khu^{35}	su^{35} khu^{53}	ku^{35} hi^{33}
龙华	kha^{55}	kha^{55}	kji^{12}
龙定	khun^{24}	khun^{24}	pe^{55}
烟园	kwhan^{31}	kwhan^{31}	ʃap^{55}
双龙	lja^{31}	lja^{31}	tjat^{53}
油岭	—	lai^{53}; ljan^{44}	kin^{42}

	聪明	傻	勤快
石板寨	ndzen^{24}	tau^{24} qwɛ^{31} mo^{31} ʔwa^{55}	ŋɢa^{24}
高寨	zo^{31}	ʔwa^{55} tsa^{55}	ŋɢa^{35}
大南山	ʐua^{13}	ʈua^{13}	ŋqua^{13}
高坡	nzi^{13}	—	tə^{02} ŋqu^{22}
宗地	sen^{13}	tɕoŋ^{32}	ŋkə^{13}
石门坎	pau^{55} taɯ^{55}	qa^{31} ɖa^{31}	ɖau^{55}
腊乙坪	ʐa^{42}	ca^{22}	ŋa^{42}
小章	tsai^{33} xaŋ^{31}	ŋe^{31}	nen^{31} dʑin^{31}
养蒿	ɣa^{13}	nja^{35}	ŋa^{13}
菜地湾	tsɛ^{53} haŋ^{22}	—	ŋa^{53}
尧告	poŋ^{13} sei^{31}	lo^{241}	ŋo^{22}
河坝	tjɔ^{44}	ɖaŋ^{22}	ŋa^{22}
滚董	kwe^{31}	qhaŋ^{31}	ɲi^{44}
毛坳	tshuŋ^{55} meŋ^{33}	qhaŋ^{313}	ŋqe^{31}
七百弄	kwe^{33}	θu^{231}	ŋkɔ^{22}
西山	seŋ^{22}	phan^{42}	ko^{22}
瑶麓	pu^{33} tɕou^{53}	vo^{33}	xe^{44}
巴那	tshuŋ^{13} miŋ^{313}	ɡwa^{35}	tɕhiŋ^{313} kwhai^{35}
优诺	kwa^{44}	ʔo^{33}	kaŋ^{13}
下水村	ha^{31} na^{33} pje^{22}	ŋɔ^{22}	tjhɔŋ^{33} vu^{55}
龙华	tʃhuŋ^{53} miŋ^{31}	ŋa^{12}	ŋka^{11}
龙定	tshoŋ^{33} meŋ^{31}	ŋoːŋ^{24}	tɕin^{31}
烟园	tʃhoŋ^{33} meŋ^{33}	ŋoːŋ^{55}	bai^{42}
双龙	—	pɔŋ^{35} tsaŋ^{35}	ɡwai^{42}
油岭	—	—	tsum^{22}

	懒	凶	响
石板寨	$ŋgaŋ^{55}$	$na^{31}\ ʁo^{31}$	$ʂu^{24}$
高寨	$ŋgaŋ^{55}$	$ŋa^{35}$	$ntshi^{31}$
大南山	$ŋken^{21}$	$qa^{43}\ tʂa^{21}$	$ntaŋ^{44}$
高坡	$ŋkĩ^{31}$	$ɕə̃^{42}$	$ntɛ^{42}$; $shẽ^{42}$
宗地	$ȵtɕen^{11}$	$hæn^{232}$; $ɳʈoŋ^{53}$	
石门坎	$ŋghɯ^{11}$	$χɯ^{55}$	$ɳʈo^{55}$
腊乙坪	$ȵe^{22}$	$tɕhɔ^{35}$	mpo^{53}
小章	$ŋe^{55}$	$tɕa^{31}\ kho^{31}$	
养蒿	$ŋi^{11}$	$ʑaŋ^{31}$; $ɣo^{31}$	$pə^{44}$
菜地湾	$ŋei^{212}$	$mo^{33}\ ho^{33}$	pou^{44}
尧告	$ŋa^{241}$	kho^{35}	$tjhan^{44}$
河坝	$ŋi^{21}$	$ɕhu^{13}$	$pjeɯ^{33}$
滚董	$ŋe^{11}$	teu^{55}	mo^{55}
毛坳	$ɗai^{31}$	$ŋo^{35}$	mpo^{55}
七百弄	$ȵɔ^{231}$	$ʐi^{231}$	$pjɔ^{42}$
西山	$ȵu^{44}$	$soŋ^{33}$	$xaŋ^{42}$
瑶麓	$ȵu^{53}$	han^{55}	$pjeu^{33}$
巴那	lei^{22}	$ɕuŋ^{13}\ ʔo^{44}$	don^{35}
优诺	leu^{32}	jo^{32}	mu^{54}
下水村	$nɔ^{53}$	$khe^{33}\ ʔɔ^{31}$	$khɔ^{53}$
龙华	$ləu^{11}$	$çəu^{53}$	$çaŋ^{35}$
龙定	lui^{21}	$ɕo{:}ŋ^{33}\ ʔo^{55}$	bui^{33}
烟园	lui^{42}	$jəu^{55}$	$bu{:}i^{35}$
双龙	lui^{42}	$ʔɔ^{21}$	$bəi^{33}$
油岭	lan^{44}	$ʔo^{44}$	bai^{44}

	熬	拔	擀
石板寨	tɕo^{55}	ʈhu^{24}	ˀɭəu^{55}
高　寨	ŋo^{31}	ʈhu^{35}	ˀɭu^{55}
大南山	ʈhou^{43}	ʈho^{44}	ŋqua^{44}
高　坡	ho^{42}	tõ^{55}	—
宗　地	tɕɯ^{42}	taŋ^{53}	ɬæ^{55}
石门坎	dʐhey^{11}	tɬo^{55}	vha^{11}; ba^{31}
腊乙坪	hɔ^{53}	ʈe^{35}	kwa^{44}
小　章	ŋəɯ^{33}; thi^{53}	dei^{55}	pha^{55} khai^{53}
养　蒿	ho^{44}	ɬu^{44}	qei^{35}
菜地湾	ten^{44}	ɖjou^{13}	—
尧　告	hɔ^{44}	tɬa^{44}	lau^{53}
河　坝	ŋɔ^{55}	ɖjo^{33}	ɖjhæ̃^{33}
滚　董	ŋɔ^{53}	ɳ̊o^{55}	nu^{31}
毛　坳	ŋkau^{33}	tuŋ^{33}	lau^{53}
七百弄	ʔoŋ^{53}; ʔɛ^{53}	nthu^{42}	lɔ^{53}
西　山	khen^{13}	lok^{35}	ˀɭo^{35}
瑶　麓	thau^{44}	nthɯ^{33}	mpi^{55}
巴　那	ŋau^{313}	dau^{35}	lo^{13}
优　诺	hɒ^{54}	tsho^{54}	ʔo^{44}
下水村	fu^{33}	thu^{33}	ʔui^{33}; paŋ^{35}
龙　华	ʔo^{55}	pjau^{44}	pun^{44}
龙　定	ŋa:u^{31}	pɛŋ^{33}; ɲa:p^{55}	mɛ^{55}
烟　园	ʔpu^{35}	ʔpjaŋ^{35}	mje:t^{35}
双　龙	ŋau^{31}	lan^{35}; lut^{53}	gwa^{53}
油　岭	gai^{24}	nap^{44}	bi^{24}

	搬	帮助	捆绑
石板寨	thuŋ^{55}	o^{24} ʐo^{33}	qhɛ^{31}
高　寨	ʑa^{55}	χo^{35}	qhe^{31}
大南山	ntʂai^{13}	paŋ^{43}	qhai^{43}
高　坡	pẽ^{24}	tɕu^{13} ʐə^{22}	qhe^{13}
宗　地	pei^{42} ʂua^{32}	paŋ^{32}	he^{22}
石门坎	ɳdʐai^{31}	mbɦaɯ^{35}	qhai^{55}
腊乙坪	tɕi^{44} ɕə^{35}	tɕi^{44} hə^{22}	ʈɛ^{31}
小　章	pan^{55}	paŋ^{53} maŋ^{31}	nai^{13}
养　蒿	ʑa^{55}	paŋ^{33}	qhei^{33}
菜地湾	van^{24}	paŋ^{24}	qha^{24}
尧　告	ɕu^{13}	tai^{35} ʔo^{44}	qha^{13}
河　坝	ʑa^{55}	—	qhæ^{44}
滚　董	phe^{35}	paŋ^{55}	tɔ^{33}
毛　坳	mpo^{11}	—	thau^{35}
七百弄	θɛ^{53}	θau^{22}	kha^{33}
西　山	pon^{33}	paŋ^{33}	kha^{33}
瑶　麓	pan^{33}	paŋ^{33}	kha^{33}
巴　那	pai^{13}	paŋ^{13}	paŋ^{44}；djen^{22}
优　诺	poŋ^{13}	paŋ^{44}	tau^{13}
下水村	pun^{55}	pɔŋ^{55}	khue^{22}
龙　华	pun^{44}	tʃuŋ^{31}	tu^{33}
龙　定	pen^{33}	po:ŋ^{33}；theŋ^{24}	du^{31}
烟　园	tu:i^{51}	taŋ^{42}	da:i^{11}
双　龙	pɛn^{33}	paŋ^{33} dzu^{24}	da^{31}
油　岭	bjan^{44}	boŋ^{44} so^{24}	do^{53}

	剥	抱	背
石板寨	qwa^{55}	va^{24}	ʔu^{33}
高寨	ndi^{35}; ʔlo^{31}	va^{35}	ʔu^{31}
大南山	leu^{24}	pua^{13}	ti^{33}
高坡	ɬə^{42}	pu^{22}	tɕɯ^{42}
宗地	lə^{44}	pə^{13}	ʔu^{42}; tɯ^{44}
石门坎	ley^{11}	ba^{31}	tʅ^{11}
腊乙坪	tɯ^{44}	tɕu^{44}	pu^{22}
小章	pha^{55}	sɿ^{33} pəɯ^{55}	ba^{35}
养蒿	ɬhu^{53}	pə^{13}	ʔa^{53}
菜地湾	lo^{35}	pou^{53}	ʔɛ^{35}
尧告	ɬa^{35}	pu^{22}	ʔai^{35}
河坝	lo^{22}	pa^{22}	ʔa^{11}
滚董	lɔ^{42}	tje^{33}	ʔe^{35}
毛坳	lau^{53}	phau^{31}	tje^{35}
七百弄	po^{53}	ʔu^{33}	ȵi^{53}
西山	piek^{35}	ʔon^{35}	ʔɪ^{35}
瑶麓	ɬo^{44}	ʑa^{55}	ȵi^{13}
巴那	tɬo^{44}	kau^{31}	pa^{55}
优诺	le^{44}	pau^{13}	vai^{44}
下水村	kja^{31}	tshu^{53}	pa^{53}
龙华	pai^{55}	tʃau^{55}	ti^{53}
龙定	m̥ei^{53}	ɬo:p^{55}	ȵe^{24}
烟园	ʔtat^{42}	ʔpou^{55}	ȵa^{55}
双龙	pjɔ^{53}; ɬut^{53}	pau^{31}	ȵa^{35}
油岭	hai^{24}	djam^{44}	ba^{44}

	比	编(辫子)	编(篮子)
石板寨	pi^{55}	mby^{55}	$χɛ^{31}$
高寨	pi^{55}	$mben^{55}$	$χi^{31}$
大南山	pi^{55}	$ntsa^{21}$	$ntsa^{21}$
高坡	pi^{55}	$mp\tilde{e}^{31}$	$h\tilde{e}^{24}$
宗地	pi^{42}	$mpin^{11}$	$hæn^{22}$
石门坎	hi^{31} $ɳdʐha^{11}$	$ɕie^{55}$	$ɕie^{55}$
腊乙坪	na^{42}	$tsho^{44}$	$tsho^{44}$
小章	pi^{55}	$tjhe^{53}$	$tjhe^{53}$
养蒿	pi^{55}	mi^{11}	hei^{33}
菜地湾	pi^{33}; $taŋ^{44}$	$pien^{24}$	hei^{24}
尧告	pi^{53}	ma^{241}	ha^{13}
河坝	pi^{55}	me^{21}	$hæ^{44}$
滚董	pi^{31}	$qeŋ^{35}$	$ʔɿ^{55}$
毛坳	pi^{313}	$qeŋ^{35}$	nta^{53}
七百弄	pi^{53}	$mpəŋ^{231}$	$həŋ^{33}$
西山	pi^{35}	pi^{44}	xi^{33}
瑶麓	pi^{42}	$mpai^{53}$	hai^{33}
巴那	pi^{44}	pin^{13}	hin^{13}
优诺	pi^{33}	kje^{55}	han^{44}
下水村	$tɔk^{35}$	pin^{33}	$ʔɔ^{33}$
龙华	pi^{33}	han^{44}	han^{44}
龙定	pei^{53}	$tɕit^{55}$	$tsje^{55}$
烟园	$ʔpi^{51}$	bin^{31}	$ʃa^{35}$
双龙	$pəi^{35}$	$pjɛn^{33}$	tsu^{24}
油岭	bi^{24}	pin^{44}	dan^{22}

	变	病	补
石板寨	pjen^{24}	ʔmuŋ^{31}	mpa^{55}
高寨	pjen^{35}	ven^{35}	tɕo^{31}
大南山	tsa^{44}	mau^{43}	ntsɿ^{55}
高坡	—	mõ^{24}; plẽ^{42}	mpa^{13}
宗地	pin^{55}	məŋ^{32}	mpi^{42}
石门坎	tɬhi^{11}	mo^{55}	ntsɿ^{55}
腊乙坪	pjɛ^{35}	moŋ^{35}	mpa^{44}
小章	pjen^{33}	ʔmaŋ^{53}	ba^{55}
养蒿	fhɛ^{35}	moŋ^{33}	pu^{35}
菜地湾	—	tsan^{53}	pu^{33}; phi^{24}
尧告	pin^{35} tjan^{31}	meŋ^{13}	pha^{13}
河坝	pin^{33}	muŋ^{44}; pjaŋ^{22}	pa^{13}
滚董	tje^{55}	ma^{35}	ma^{31}
毛坳	pje^{35}	ma^{35}	mpa^{313}
七百弄	pje^{42}	mpjəŋ^{13}	fau^{33}
西山	pien^{13}	nie^{13}	viaŋ^{33}
瑶麓	piŋ^{55}	pjan^{31}	mpo^{13}
巴那	pin^{55}	pin^{53}; ȵaŋ^{35}	bin^{44}
优诺	pe^{54}	peŋ^{21}	ŋjau^{33}
下水村	pan^{35}	ʔe^{55}	paŋ^{33}
龙华	pin^{35}	məŋ^{44}	Muŋ^{53}
龙定	pjɛn^{24}	pɛŋ^{21}	bje^{53}
烟园	ʔpjen^{55}	mun^{35}	ba^{51}
双龙	pən^{24}	pɛ^{42}	bja^{35}
油岭	ben^{42}	man^{44}	bja^{24}

	猜	踩	藏
石板寨	tshε^{33}	zaŋ^{31}	ʔyi^{33}
高寨	tshæ^{55}	ȵdʑe^{31}	ʔye^{31}
大南山	tshai^{43}	tʂo^{31}	ʐai^{33}
高坡	kɯ^{55}	ta^{55}	nzə^{31} lə^{55}
宗地	pei^{232}	soŋ^{53}	ʐe^{44}
石门坎	thy^{11}	dʐhu^{35}	vai^{11}
腊乙坪	tε^{35}	ʈa^{53}	ʐa^{44}
小章	tshai^{53}	dai^{35}	səɯ^{33}
养蒿	shen^{44}; qə^{35}	ten^{31}	ɣi^{53}
菜地湾	tshei^{24}	ten^{13}	ʑa^{35}
尧告	suan^{44}	tε^{24}	ɣa^{35}
河坝	tue^{33}	ɣuŋ^{22}	ɣe^{11}
滚董	ta^{31} tu^{31}	tei^{42}	ʔe^{42}
毛坳	tshai^{55}	thi^{31}	ʔai^{53}
七百弄	te^{231}	soŋ^{13}	ɣo^{31}
西山	tan^{13}	ȵan^{44}	ʔʑa^{22}
瑶麓	sau^{42}	tai^{42}	ɣe^{44}
巴那	tŋ^{55}	tai^{53}	ʑi^{55}
优诺	tsha^{44}	thai^{54}	tshau^{33}
下水村	ku^{55}	thi^{35}	vei^{35}
龙华	ʃai^{53}	tha^{35}	wei^{55}
龙定	tsha:i^{33}	tsha:i^{53}; dam^{21}	piŋ^{24}
烟园	ʔto:ŋ^{33}	tʃhai^{51}; da:m^{42}	ʔpeŋ^{55}
双龙	tshai^{33}	din^{42}	pε^{24}
油岭	—	kan^{42}	bjaŋ^{42}

	插	拆	缠
石板寨	ʈhe^{33}	ʈhi^{55}	vi^{24}
高寨	ʈhe^{31}	—	tɕi^{55}tɕe^{31}
大南山	ʈhai^{33}	ʈhou^{44}	ki^{55}
高坡	ʈʂhe^{42}	—	plɯ^{22}; mplə^{31}
宗地	ʈe^{13}	lɔ^{53}	ʐi^{13}
石门坎	ʈhai^{11}	ʈha^{55}	khɯ^{33}vhɯ^{11}
腊乙坪	tsho^{44}	tshe^{31}	tɕi^{44}co^{44}
小章	tshəɯ^{35}	len^{33}	tɕo^{35}
养蒿	tjhi^{53}	lo^{55}	ɣi^{13}
菜地湾	tjha^{35}	—	tsen^{22}
尧告	tjha^{35}	lin^{241}	tɬjua^{44}
河坝	tjhe^{11}	lɔ^{55}	kun^{53}
滚董	ȵ̥e^{53}	tɕhe^{55}	peu^{55}
毛坳	tsha^{31}	tjhei^{55}	dʑe^{33}
七百弄	hu^{33}	le^{231}	mpja^{22}
西山	pak^{35}	liek^{44}	kieu^{35}
瑶麓	lau^{42}	kja^{44}	ke^{42}
巴那	tɕi^{31}	tjha^{35}	tɕin^{53}
优诺	tsho^{55}	tsjhe^{55}	ljeu^{54}
下水村	tshat^{35}	kha^{31}	tshi^{35}ti^{53}
龙华	ʃai^{55}	ʃa^{55}	klui^{11}
龙定	tship^{55}	tshe^{55}	tɕau^{53}
烟园	tʃhep^{11}	tʃhe^{11}	ʓjaŋ^{35}
双龙	tɕhɛt^{53}	tjhɛ^{53}	tɕɔ^{53}
油岭	hep^{44}	hit^{44}	keu^{24}

	唱	炒	沉
石板寨	ʔa^{24}	tɕe^{31}	puŋ^{31}
高寨	ʔa^{35}	tɕe^{31}	toŋ^{31} ŋɢa^{55}
大南山	ho^{44} ŋkou^{31}	ki^{43}	tau^{13}
高坡	m̥õ^{13}	kho^{13}	kə^{55}
宗地	ʔaŋ^{55}	tɕi^{32}	paŋ^{32}
石门坎	xu^{33}; tʂhaɯ^{31}	ki^{55}	hi^{31} do^{31}
腊乙坪	ŋɢə^{35} sa^{44}	ca^{35}	tu^{22}
小章	həɯ^{35}	ka^{53}	zen^{35}
养蒿	tjo^{44}	ka^{33}	taŋ^{55}
菜地湾	ɕaŋ^{44}	kɛ^{24}	tseŋ^{22}
尧告	tjɔ^{44}	ke^{13}	tsaŋ^{44}
河坝	tɕhaŋ^{11}	ka^{44}	taŋ^{55}
滚董	ʔi^{55}	n̥i^{31}	te^{31}
毛坳	tɕhaŋ^{55}	mpheŋ^{313}	dʑeŋ^{33}
七百弄	tu^{13}	kji^{33}	lu^{31}; tse^{33}
西山	tɯ^{42}	sau^{35}	sen^{33}
瑶麓	tɯ^{42}	khau^{33}	tei^{55}
巴那	tɕhon^{55}	lai^{53}	tɕhen^{313}
优诺	khu^{54}	tshau^{54}	tsheŋ^{13}
下水村	ʔɔ^{33}	ki^{22}	ti^{53}; ʔu^{35}
龙华	ʃaŋ^{35}	ʃu^{55}	ntɒŋ^{33}
龙定	tshaːŋ^{24}	tshaːu^{53}	tsjem^{31}
烟园	tʃhuŋ^{31}	tʃhaːu^{51}	tʃeːm^{33}
双龙	tʃhuə^{24}	tʃha^{35}	tin^{31}
油岭	—	hau^{24}	tum^{53}

	称	成	吃
石板寨	tshuŋ²⁴	ʑen³¹	nuŋ³¹
高寨	tshen³¹	zaŋ³⁵	noŋ³¹
大南山	lo³¹	ta⁵⁵	nau³¹
高坡	ntɯ⁴²	—	nõ⁵⁵
宗地	ntsaŋ¹³	tɕen⁵³	nɔ⁵³
石门坎	lhu³⁵	tie⁵⁵; tɕhɯ³¹	nau³¹
腊乙坪	tɕhe³⁵	tɕɛ³¹	noŋ³¹
小章	—	pjen³³	naŋ³¹
养蒿	ɖjo⁵³	tɕaŋ⁵⁵	naŋ⁵⁵
菜地湾	ɖjou³⁵	—	neŋ²²
尧告	tɖja³⁵	tjan³¹	neŋ³¹
河坝	tue³³	tɕe⁵⁵	nuŋ⁵⁵
滚董	tɕhaŋ³⁵	tje⁵³	naŋ³³
毛坳	ɕaŋ³⁵	dʑeŋ³³	naŋ³³
七百弄	tɕhoŋ³³	pje⁴²	nəŋ¹³
西山	tɕhoŋ³³	tɕheŋ⁴²	nuəŋ⁴²
瑶麓	tɕhuŋ³³	tɕo⁵³	nou⁵⁵
巴那	dʑon¹³	tɕhin³¹³	nuŋ³¹³
优诺	tʲheu⁴⁴	thiŋ¹³	neŋ¹³
下水村	tjhaŋ²²	ŋɔŋ²²	nuŋ³¹
龙华	tjhaŋ⁴⁴	tjəŋ³³	nəŋ³³
龙定	dzjaŋ³³	tsjaŋ³¹	ȵen²¹
烟园	dʒaŋ³¹	ʃaŋ³³	ȵin⁴²
双龙	djaŋ³³	tjaŋ³¹	ȵin⁴²
油岭	teu²²	—	ȵin²²

	舂	出	锄(草)
石板寨	ta^{55}	tshy^{31}	tshaŋ^{55}
高　寨	ntaŋ^{55}	tshu^{31}	ʈhu^{35}
大南山	ʈhu^{44}	teu^{24}	nthua^{44}
高　坡	—	pla^{55}tu^{55}	nzo^{24}
宗　地	ta^{42}	lu^{11}	kwo^{44}laŋ^{55}
石门坎	ʈhie^{55}	dɦey^{31}	tʂhu^{55}
腊乙坪	ljɔ^{35}	pʐoŋ^{22}	ha^{35}
小　章	ljo^{53}	bjaŋ^{35}	thəɯ^{33} la^{13}
养　蒿	to^{35}	ɖji^{31}	tho^{44}
菜地湾	—	fan^{44} lo^{212}	ljo^{33}
尧　告	tau^{53}	meŋ^{241}; ȵaŋ^{13}	tɕu^{35}; kaŋ^{22}
河　坝	ta^{13}	tshu^{33}	na^{33}
滚　董	to^{31}	tai^{55}	kwhi^{35}
毛　坳	to^{313}	tei^{55}	kwɦei^{35}
七百弄	tu^{53}	ʔɔ^{53}	tɕu^{31}; kwa^{21}
西　山	tu^{35}	kun^{13}	ŋua^{33}
瑶　麓	tai^{53}	—	mpei^{13}; kja^{44}
巴　那	tai^{53}	kuŋ^{35}	tjeu^{313}
优　诺	tai^{21}	teŋ^{54}	ɬɒ^{32}
下水村	thi^{35}	kun^{33}	khu^{53}
龙　华	tu^{53}	tʃen^{35}	kwa^{55}
龙　定	tsoŋ^{33}	tshut^{55}	pho:ŋ^{33}; wet^{55}; ȵ̥a:p^{55}
烟　园	dim^{42}	ʃat^{55}	ȵa:p^{11}
双　龙	tau^{35}	tjhuət^{53}	ŋ̊at^{53}
油　岭	top^{22}	sot^{44}	keŋ^{44}

	穿(衣)	穿(鞋)	吹(喇叭)
石板寨	mpa^{24}	ʈu^{24}	pjhɛ^{31}
高　寨	mpa^{35}	ʈu^{35}	pha^{31}
大南山	n̥aŋ^{55}	ʈou^{44}	ʈʂho^{55}
高　坡	n̥ã^{13}	tɕa^{13}	phlu^{24}
宗　地	na^{232}	ʈɔ^{55}	pʐo^{22}
石门坎	n̥aɯ^{55}	ʈau^{33}	tsho^{55}
腊乙坪	n̥en^{44}	ʈɔ^{53}	phʐo^{35}
小　章	n̥ai^{55}	to^{33}	pjhəɯ^{53}
养　蒿	naŋ^{11}	tjo^{44}	tsho^{33}
菜地湾	nan^{212}	nan^{212}	ɕou^{24}
尧　告	nan^{241}	tjɔ^{44}	ɕeu^{13}
河　坝	nẽ^{21}	nẽ^{21}	pjha^{44}
滚　董	n̥eŋ^{31}	tɕu^{55}	tjho^{35}
毛　坳	n̥eŋ^{313}	tju^{55}	pjho^{35}
七百弄	nəŋ^{231}	ʈə^{42}	pjhu^{33}
西　山	nəŋ^{44}	nəŋ^{44}	phu^{33}
瑶　麓	naŋ^{53}	ti^{44}	pjhu^{33}
巴　那	naŋ^{31}	naŋ^{31}	phu^{13}
优　诺	ni^{32}	te^{21}	phui^{44}
下水村	ni^{53}	ni^{53}	tu^{22}
龙　华	nen^{31}	tei^{31}	phu^{44}
龙　定	tsu^{55}	ta:p^{22}	pom^{53}
烟　园	tʃu^{35}	ʔta:p^{42}	pjam^{51}
双　龙	tju^{53}	tju^{53}	tjhui^{33}
油　岭	noŋ^{24}	noŋ^{24}	sui^{42}

	搓	答应	打鸣
石板寨	sa^{31}	te^{31}	qa^{24}
高　寨	sa^{31}	ti^{31}	qa^{35}
大南山	sua^{43}	te^{43}	qua^{44}
高　坡	hu^{24}	tɛ^{24}	qu^{42}
宗　地	sa^{22}	tæ^{32}	ha^{55}
石门坎	sa^{55}	ti^{55}	qa^{33}
腊乙坪	tɕi^{44}pa^{35}	tɯ^{35}	qa^{53}
小　章	sɿ^{55}pja^{53}	ta^{53}ʑin^{13}	qa^{33}
养　蒿	ɬha^{33}	ta^{33}	qa^{44}
菜地湾	ɬa^{24}	ta^{13}	qa^{44}
尧　告	ɬo^{13}	tai^{13}	qo^{44}
河　坝	ɬha^{44}	ta^{11}ʑin^{33}	qa^{33}
滚　董	ma^{35}	no^{35}	ji^{44}se^{31}
毛　坳	mpa^{35}	nto^{35}	ʑi^{44}sai^{313}
七百弄	phlɔ^{33}	te^{33}	kɔ^{42}
西　山	vu^{13}zu^{42}	te^{33}	ko^{13}
瑶　麓	mpai^{53}	ta^{33}	kau^{44}
巴　那	tsha^{13}	ta^{44}ʑin^{55}	ka^{35}
优　诺	neu^{44}	teu^{44}	ko^{54}
下水村	ɬu^{22}	tak^{35}	ka^{35}
龙　华	ʍa^{44}	ta^{55}	ka^{35}
龙　定	dzaːt^{55}	tau^{33}	gaːi^{24}
烟　园	ʃaːt^{11}	ʔtaːu^{35}	kaːi^{55}
双　龙	tshɔ^{33}	dau^{33}	ɕau^{35}
油　岭	—	du^{44}	koi^{42}

	打(人)	打(枪)	戴(帽)
石板寨	ɳʈu^{31}	puŋ^{55}	ntuŋ^{24}
高寨	ɳʈu^{31}	ɳʈu^{31}	ntoŋ^{35}
大南山	ntou^{33}	pau^{55}	ntoŋ^{44}
高坡	ntə^{42}	põ^{13}	—
宗地	ntu^{44}	poŋ^{42}	ntaŋ^{55}
石门坎	ntau^{11}	po^{55}	ntau^{33}
腊乙坪	pə^{31}	paŋ^{44}	ntu^{53}
小章	ba^{31}	ba^{31}	do^{13}
养蒿	tji^{33}	paŋ^{35}	tə^{44}
菜地湾	qhei^{33}	tɕy^{24}	—
尧告	tje^{13}	pam^{53}	teu^{44}
河坝	tue^{44}	paŋ^{13}	teu^{33}
滚董	mɔ^{53}	poŋ^{31}	naŋ^{55}
毛坳	mpo^{53}	mpo^{53}	ntuŋ^{55}
七百弄	ntu^{21}	pɛ^{53}	ntau^{42}
西山	vat^{44}	pei^{35}	taŋ^{13}
瑶麓	lou^{31}	pei^{13}	ntou^{44}
巴那	do^{55}	do^{55}	pa^{55}
优诺	no^{54}	tsheŋ^{55}	noŋ^{54}
下水村	kwhaŋ^{31}	kwhaŋ^{31}	tɔŋ^{33}
龙华	po^{53}	puŋ^{53}	ntɒŋ^{35}
龙定	po^{55}	pun^{53}	doŋ^{24}
烟园	bap^{42}	fan^{51}	doŋ^{55}
双龙	ŋ̊a^{53}	tɛ^{35}	dɔŋ^{24}
油岭	ket^{44}	fui^{22}	doŋ^{42}

	戴(手镯)	倒(下)	到
石板寨	ʈu^{24}	tɕo^{55}qluŋ^{55}; ʁu^{24}	zəu^{24}
高　寨	ʈu^{35}	tɕo^{55}qloŋ^{55}	zu^{35}
大南山	tɕau^{31}	qou^{13}	tso^{13}
高　坡	—	qo^{22}	lã^{24}
宗　地	ʈɔ^{55}	ho^{13}	tæn^{42}
石门坎	ʈau^{33}	ɢau^{31}	ȵdʑɦau^{11}
腊乙坪	ʈɔ^{53}	qɔ^{42}	tɛ^{44}
小　章	do^{13}	ɡwa^{55}	tei^{55}
养　蒿	tjo^{44}	ko^{13}	so^{13}; lei^{44}
菜地湾	—	ko^{53}	sou^{53}
尧　告	tjo^{44}	kɔ^{22}	tɬa^{13}
河　坝	nẽ^{21}	kɔ^{22}	ve^{55}
滚　董	tɕu^{55}	maŋ^{35}	noŋ^{55}
毛　坳	ntuŋ^{55}	qaŋ^{31}	ntuŋ^{55}
七百弄	ʈə^{42}	ka^{22}	θɔ^{22}
西　山	tai^{13}	kuen^{35}	vi^{42}
瑶　麓	ti^{44}	ku^{31}	vai^{55}
巴　那	pa^{55}	dljuŋ^{22}	dai^{13}
优　诺	noŋ^{54}	kwaŋ^{32}	ten^{44}
下水村	kwei^{22}	paŋ^{22}; ti^{53}	su^{33}
龙　华	ntoŋ^{35}	ŋkwai^{55}	θu^{35}
龙　定	taŋ^{31}	paːŋ^{33}	thau^{24}
烟　园	ʔtaŋ^{33}	baŋ^{35}	thaːu^{31}
双　龙	da^{42}	klɔ^{53} dja^{42}	tu^{24}
油　岭	—	do^{42}	paŋ^{42}; si^{22}

	倒(水)	得到	等
石板寨	ʔl̥ju^{31}	tju^{24}	zuŋ^{55}
高　寨	ʔl̥u^{31}	tu^{35}	ɣoŋ^{55}
大南山	ɗi^{55}	tou^{44}	tau^{21}
高　坡	ɗa^{13}; lo^{24}	ta^{42}	tõ^{31}
宗　地	li^{32}	tɔ^{55}	toŋ^{11}
石门坎	ɗi^{55}	tau^{33}	dho^{11}
腊乙坪	pʐa^{53}	tɔ^{53}	taŋ^{22}
小　章	to^{55}	to^{33}	daŋ^{55}
养　蒿	lju^{33}	to^{44}	taŋ^{11}
菜地湾	ljo^{24}	tue^{44}	taŋ^{212}
尧　告	tjheu^{53}	tɔ^{44}	taŋ^{241}
河　坝	ljɔ^{44}	me^{22} ve^{55}	taŋ^{21}
滚　董	to^{55}	tu^{55}	teŋ^{11}
毛　坳	to^{55}	tu^{55}	teŋ^{11}
七百弄	ȵtɕhu^{53}	tə^{42}	tan^{231}
西　山	to^{35}	təu^{13}	te^{13}
瑶　麓	ȵtɕhu^{13}	to^{44} maŋ^{13}	tei^{53}
巴　那	tho^{35}	tau^{35}	tjaŋ^{44}
优　诺	thau^{54}	ta^{55}	tjeu^{32}
下水村	tjheu^{55}	kwhaŋ^{35}	tjiŋ^{22}
龙　华	pho^{35}	tai^{35}	ju^{53}
龙　定	khoŋ^{33}	tu^{55}	tso^{53}
烟　园	loŋ^{35}	ʔtu^{35}	tʃu^{51}
双　龙	ta^{35}	tu^{53} lau^{24}	tju^{35}
油　岭	ka^{42}	de^{44}	daŋ^{24}

	掉	吊	跌倒
石板寨	puŋ³¹	ɓwen³¹	taŋ⁵⁵
高　寨	poŋ³¹	—	—
大南山	poŋ⁴³	tɬai⁴⁴	qou¹³
高　坡	põ²⁴	ʑə²²	qo²²
宗　地	paŋ³²	χwæ⁵⁵	ho¹³
石门坎	pau⁵⁵	tʂaɯ³³	ɢau³¹
腊乙坪	ta⁴⁴	tɕi⁴⁴qwɛ³¹	qɔ⁴²
小　章	ta³⁵	xai⁵⁵	tɕi³¹tɕaŋ³³
养　蒿	pɛ⁵⁵	ɬi⁵⁵	ɖjaŋ³⁵ pi¹¹
菜地湾	pi²²	tjeu⁴⁴	paɳ⁴⁴
尧　告	kia²⁴	tsaŋ⁴⁴	tɬja²⁴ ɣam²⁴¹
河　坝	pei⁵⁵	kui⁵⁵	ljaŋ²²
滚　董	pe³³	tɕo⁵⁵	ɳɔ³¹
毛　坳	ljuŋ³¹³	tɕau⁵⁵	tje⁵⁵ tau³¹³
七百弄	ntəŋ⁵³	tɕa⁴²	ka²²
西　山	tiau¹³	vien³³	kuen¹³, xoɳ³⁵
瑶　麓	pou⁴⁴	tɕa³³	ɣe³¹ ku³¹
巴　那	puŋ¹³	tjeu⁵⁵	dljuŋ²²
优　诺	poŋ⁴⁴	tjeu⁵⁴	kwaŋ³²
下水村	vaŋ²²; ti⁵³	tjɔ³¹	ti⁵³ kuŋ⁵³
龙　华	tʲi⁴⁴	tju⁵³	kei¹¹; mpjuŋ³³
龙　定	doːt⁵⁵	dju²⁴	doːp²²
烟　园	plei⁴²	djeu⁵⁵	klin³¹
双　龙	la³⁵	—	tən³⁵
油　岭	ʑai⁵³	dju⁴²	djat⁴⁴ lou²⁴

	动	堵塞	(线)断
石板寨	ȵu^{24}	ntsho^{33}	taŋ^{24}
高 寨	—	ntsho^{31}	taŋ^{35}
大南山	toŋ^{24}	tsheu^{33}	to^{44}
高 坡	—	tʂɯ^{22}; nzə^{42}	tə̃^{42}
宗 地	ɬoŋ^{11}	ntsəu^{55}	toŋ^{55}
石门坎	ʔa^{33} zo^{53}	tshey^{11}	tu^{33}
腊乙坪	toŋ^{35}	tɕi^{44} ntsu^{44}	te^{53}
小 章	bi^{35} lu^{33}	tsa^{53}	tei^{33}
养 蒿	n̥a^{33}	li^{35}; shaŋ^{35}	tɛ^{44}
菜地湾	—	saŋ^{33}	tei^{44}
尧 告	n̥ai^{35}	ɬjaŋ^{53}	kwen^{241}
河 坝	ʔe^{44} ʔu^{11}	lje^{13}	tei^{33}
滚 董	njei^{33}	sɔ^{42}	taŋ^{55}
毛 坳	ʔa^{35} ɬa^{313} mpje^{33}	sau^{53}	taŋ^{55}
七百弄	ləŋ^{31} ku^{42}	θu^{31}	toŋ^{42}
西 山	niŋ^{33}	voŋ^{33}	toŋ^{13}
瑶 麓	mpu^{33}	su^{31}	tuŋ^{44}
巴 那	tuŋ^{53}	dʑu^{55}	tɬon^{35}
优 诺	teŋ^{32}	ɬa^{54}	keŋ^{54}
下水村	kjhaŋ^{53}; jɔŋ^{55}	tshɔ^{35}	taŋ^{33}
龙 华	ŋkləŋ^{33}	ntʃau^{55}	taŋ^{35}
龙 定	toŋ^{231}	tsot^{55}	taŋ^{24}
烟 园	ʔtoŋ^{31}	tʃat^{55}	ʃat^{42}
双 龙	tɔŋ^{42}	djɔŋ^{42}	taŋ^{24}
油 岭	ŋot^{22}	dut^{22}; be^{42}	daŋ^{42}; ŋau^{24}

	(扁担)断	躲避	剁
石板寨	ʔl̥əu^{55}	ɳɖei^{33}	ndzaŋ^{55}
高　寨	ʔl̥u^{55}	ɳɖe^{31}	ndzaŋ^{55}
大南山	lo^{55}	nʈai^{24}	tʂua^{55}
高　坡	lə^{13}	nzə^{31} lə^{55}	shɯ^{13} nzɯ^{22}
宗　地	lɔ^{42}	ɳʈe^{21}	nto^{55}; ʂəu^{35}
石门坎	lo^{55}	ndlhai^{31}	hi^{33} nto^{33}
腊乙坪	te^{53}	ʐa^{44}	to^{35}; tsə^{53}
小　章	tei^{33}	ʔʑa^{35}	phəɯ^{35}
养　蒿	lo^{35}	mi^{35}	shɛ^{44}
菜地湾	ljaŋ^{212}	ʑa^{35}	tjaŋ^{35}
尧　告	lau^{53}	ɣa^{35}; li^{241}	t u^{53}
河　坝	leɯ^{13}	ɣe^{11}	—
滚　董	ljoŋ^{11}	ʔe^{53}	pha^{53}
毛　坳	taŋ^{55}	—	pha^{53}
七百弄	lɔ^{53}	ɳʈa^{21}	vo^{13}
西　山	ʔlo^{35}	ʔʑa^{33}	vak^{44}
瑶　麓	lau^{13}	—	ntuŋ^{55}
巴　那	tɬon^{35}	ʑi^{55}	ba^{53}
优　诺	keŋ^{54}	ɬe^{55}	nɒ^{32}
下水村	taŋ^{33}	vei^{35}	tjɔk^{35}
龙　华	lu^{53}	mɒŋ^{53}	ntjau^{53}
龙　定	nau^{53}	piŋ^{24}	dzap^{55}
烟　园	na:u^{51}	mje:m^{51}	ʔto^{55}
双　龙	taŋ^{24}	tɕɛn^{24}	tɔ^{24}
油　岭	daŋ^{42}; nau^{24}	ba^{22}	—

	翻	发烧	纺
石板寨	χwaŋ^{31}	kaŋ^{31}	ʈhu^{24}
高寨	—	kaŋ^{31}	tsoŋ^{35}
大南山	ntsen^{55}	—	ʈʂhua^{43}
高坡	hã^{13} ʑə^{42}	—	ʈʂhə^{42}
宗地	ɸo^{11}	koŋ^{32} tɕæ^{42}	ʈo^{35} wæ^{35}
石门坎	hi^{33} ntsɯ^{55}	ku^{55}	dhau^{35}
腊乙坪	tɕi^{44} pe^{44}	mpu^{44} ɕo^{44}	ɳɯ^{42}
小章	xwan^{53}	xwa^{31} səɯ^{55}	n^{13}
养蒿	fhɛ^{35}	khi^{33} tɕi^{35}	ŋjin^{13}
菜地湾	fei^{33}	—	ŋjin^{53}
尧告	fa^{53}	kho^{13}	ɲi^{22}
河坝	fhei^{13}	khei^{44} tɕi^{13}	ɕha^{44} heu^{13}
滚董	me^{11}	mɔ^{53} qaŋ^{35}	ɳe^{33}
毛坳	—	mpo^{53} qaŋ^{35}	huŋ^{313}
七百弄	phoŋ^{53}	to^{31} kjhoŋ^{33}	ʈhɔ^{42}
西山	pen^{35}; van^{33}	ʔu^{13}	tsho^{13}
瑶麓	mpu^{13}	khuŋ^{33} tɕei^{13}	ntau^{44} ntau^{44}
巴那	fjen^{13}	fa^{35} kjon^{313}	faŋ^{22}
优诺	feu^{44}	mo^{13} so^{44}	tsho^{54}
下水村	fan^{55}	kue^{33} khaŋ^{33}	ʔɔ^{33}
龙华	ʍan^{53}	ʍa^{44} kjhaŋ^{44}	mpei^{11}
龙定	bjen^{53}	koːm^{33}	faŋ^{53}
烟园	plan^{51}	fut^{55} kjoːm^{35}	phaŋ^{51}
双龙	bjɛn^{35}	xuət^{53} bəi^{24}	tjha^{33}
油岭	fan^{44}	—	—

	放(牛)	飞	分
石板寨	tsuŋ^{24}	ʔʑen^{24}	paŋ^{31}
高　寨	tsoŋ^{35}	ʔʑin^{35}	—
大南山	tʂau^{44}	ʑaŋ^{44}	fai^{43}
高　坡	sõ^{42}	ʑõ^{42}	shã^{42} pã^{42}
宗　地	soŋ^{55}	ʑua^{55}	poŋ^{32}; xwen^{55}
石门坎	tʂo^{33}	ʑaɯ^{33}	fai^{33}
腊乙坪	tɕaŋ^{53}	ʑi^{53}	tɕi^{44} pe^{35}
小　章	tsaŋ^{33}	ʔʑe^{33}	sɿ^{55} pi^{53}
养　蒿	ɕaŋ^{44}	ʑaŋ^{44}	tu^{13}
菜地湾	tsaŋ^{44}	ʑaŋ^{44}	fen^{24}
尧　告	ɣeu^{53}	ʑan^{44}	tɕi^{31} po^{13}
河　坝	ɕaŋ^{33}	ʑen^{33}	poi^{44}
滚　董	tɕoŋ^{55}	jei^{55}	paŋ^{35}
毛　坳	tɕuŋ^{55}	ʑe^{55}	paŋ^{35}
七百弄	tsaŋ^{42}	ʑəŋ^{42}	poŋ^{33}
西　山	sia^{13}	ʔʑəŋ^{13}	peŋ^{33}
瑶　麓	mpai^{31}	ʑan^{44}	puŋ^{33}
巴　那	tɕuŋ^{35}	ʑiŋ^{35}	pon^{13}
优　诺	tsaŋ^{54}	ŋji^{54}	peu^{44}
下水村	tsuŋ^{33}	ji^{33}	paŋ^{22}
龙　华	tʃuŋ^{35}	ji^{35}	men^{33}
龙　定	puŋ^{24}	dai^{24}	pun^{33}
烟　园	ʔpoŋ^{55}	dai^{31}	fen^{35}
双　龙	pə^{24}	dai^{24}	pən^{33}
油　岭	boŋ^{42}	sei^{44}	fun^{22}

	缝	孵	扶
石板寨	so^{33}	va^{24}	va^{24}
高　寨	so^{31}	va^{35}	toŋ^{31}
大南山	seu^{33}	pua^{13}	fu^{55}
高　坡	ʐõ^{55}	pu^{22}	—
宗　地	sə^{13}	pə^{13}	ta^{42}
石门坎	sey^{11}	tɬaɯ^{11}	tɕaɯ^{55}; dʐhy^{35}
腊乙坪	ʐu^{22}	mo^{53}	tho^{53}
小　章	ʐa^{35}	pəɯ^{33}	tsaŋ^{35}
养　蒿	ɣaŋ^{55}	pə^{13}	ɕoŋ^{44}
菜地湾	ʐaŋ^{22}	pou^{53}	tsuŋ^{44}
尧　告	pha^{13}	mu^{44}	tsam^{44} ɕa^{53}
河　坝	ɣaŋ^{55}	pa^{22}	ɕo^{11}
滚　董	tɕhi^{44}	po^{44}	lja^{55}
毛　坳	ʐuŋ^{33}	po^{31}	fu^{35}
七百弄	mpu^{53}	pu^{22}	tsəŋ^{42}
西　山	viaŋ^{33}	zoŋ^{44}	paŋ^{22}
瑶　麓	mpo^{13}	pu^{31}	taj^{13}
巴　那	ʐuŋ^{313}	pu^{22}	fu^{313}
优　诺	njau^{44}	pau^{21}	sui^{32}
下水村	paŋ^{53}	phu^{53}	kwa^{53}
龙　华	ŋkjuŋ^{33}	pu^{11}	mpla^{11}
龙　定	lun^{31}	po^{21}	ma^{53}
烟　园	to^{31}	ʔpu^{42}	gjap^{42}
双　龙	lun^{31}	pu^{42}	tjuə^{35}
油　岭	bja^{44}; dup^{44}	pu^{22}	ben^{44}

	浮	(应)该	改
石板寨	ntuŋ^{24}	kɛ^{33}	kɛ^{55}
高寨	ntoŋ^{35}	ke^{55}	—
大南山	ntaŋ^{43}	ka^{43}	kai^{55}
高坡	hə^{13}	ʑĩ^{13} kɛ^{42}	—
宗地	ntəu^{55}	ʑin^{13} kæ^{55}	kæ^{42}
石门坎	ntaɯ^{55}	kai^{55}	tɬey^{11}
腊乙坪	ntei^{35}	ca^{44}	ɕa^{53}
小章	fu^{31}	—	—
养蒿	poŋ^{55}；phu^{33}	tei^{35}	kɛ^{55}
菜地湾	pau^{22}	kei^{24}	—
尧告	phua^{13}	kai^{44}	thɔ^{53}
河坝	xo^{55} ko^{55}	ho^{11}	kæ^{55}
滚董	phoŋ^{33}	tho^{35}	ke^{31}
毛坳	phau^{35}	ke^{55}	kai^{313}
七百弄	ʑəu^{13}	ʑau^{13} vau^{22}	kai^{42}
西山	fu^{42}	kai^{33}	kai^{35}
瑶麓	ntan^{33}	kai^{33}	kai^{42}
巴那	fu^{313}	kai^{13}	ke^{44}
优诺	fu^{13}	kai^{44}	kai^{33}
下水村	fau^{33}	kai^{22}	kwei^{33}
龙华	ntei^{53}	la^{12}	kai^{53}
龙定	bjau^{31}	ko:i^{33}	ko:i^{53}
烟园	bjeu^{33}	ko:i^{35}	ko:i^{51}
双龙	bjau^{31}	—	—
油岭	beu^{53}	—	koi^{24}

	盖(被)	盖(锅)	赶走
石板寨	ʔγu⁵⁵	ʔγu⁵⁵	ʔγɛ³³
高寨	ʔγu⁵⁵	tho⁵⁵	ʔγa³¹
大南山	vo⁵⁵	mpo¹³	leu⁵⁵
高坡	və¹³	mpə²²	lẽ²²
宗地	wua⁴²	mpo¹³	haŋ⁴²
石门坎	və⁵⁵	qo¹¹	ley⁵⁵
腊乙坪	ʔo⁴⁴	tɕi⁴⁴ po³¹	tɕi⁵³
小章	ʔəɯ⁵⁵	Go⁵⁵	thi⁵³ tha³³
养蒿	γə³⁵	mə¹³	tja¹³
菜地湾	tsa¹³	mou⁵³	tɕhei⁴⁴
尧告	ɕeu⁴⁴	pu³¹	thai⁴⁴
河坝	ɕa⁴⁴	mu²²	γo²² neu²²
滚董	tha³¹	po³³	ju³¹
毛坳	va³¹³	pho⁵⁵	ke³⁵
七百弄	və⁵³	pu¹³	kje⁵³
西山	ʔvia³⁵	mok³⁵	loi³³
瑶麓	mpou³¹	pu⁴⁴	tha⁴⁴
巴那	phu¹³	tjo⁴⁴	kjo⁵³
优诺	ken³²	ken³²	khoŋ⁵⁴
下水村	vu⁵⁵	thi³¹ ti⁵³	kjhɔ³¹
龙华	tʃa⁴⁴	tʃa⁴⁴	klo³³
龙定	hom²¹	kom⁵³	tsun²¹
烟园	hom⁴²	gaːp³⁵	luːi⁴²
双龙	phəu³³	phu²⁴	kɔn³⁵
油岭	kum²⁴	kom²⁴；kon²⁴	ʔon²⁴

	敢	告诉	割(草)
石板寨	kɛ^{55}	ʐo^{24}	ɗje^{33}
高寨	kæ^{55}	——	qwa^{31}
大南山	kaŋ^{55}	hai^{33}qha^{44}	ɬai^{33}
高坡	kɛ^{55}	tĩ^{22}	ɬe^{42}
宗地	kan^{42}	ho^{11}	le^{13}
石门坎	ka^{55}	hi^{11}qhə^{33}	ŋhɯ^{31}
腊乙坪	cɛ^{53}	pɔ^{44}	ŋu^{22}
小章	—	thi^{35}	ŋaŋ^{35}
养蒿	kɛ^{55}	ɕaŋ^{13}	ɬhei^{53}
菜地湾	kan^{33}	ɕan^{53}	la^{35}
尧告	tsia^{22}	tɬau^{13}	ɬa^{35}
河坝	khẽ^{55}	len^{22}	le^{11}
滚董	ʔɿ^{55} tu^{55}	ho^{35}	ta^{55}
毛坳	qhaŋ^{313} kwa^{55}	ho^{35}	ku^{313}
七百弄	kan^{42}	ɕaŋ^{22}	ku^{33}；tɬa^{31}
西山	kan^{35}	sia^{22}	xu^{22}
瑶麓	kju^{55}	ɕe^{31}	ȵu^{31}；kja^{42}
巴那	kaŋ^{22}	kon^{13} fŋ^{55}	lje^{55}
优诺	ku^{55} ɬai^{55}	khu^{54}	le^{55}
下水村	kɔ^{33}	khɔŋ^{53}	ne^{35}
龙华	kɒn^{33}	tʃɒŋ^{11}	ɬai^{55}
龙定	ka:m^{53}	bo^{24}	ka:t^{55}
烟园	ʃa^{51}	bu^{55}	kwan^{31}
双龙	kan^{35}	bu^{24}	kɔt^{53}
油岭	kam^{24}	bau^{42} toŋ^{22}	kot^{44}

	给	耕	(猪)拱(土)
石板寨	paŋ^{31}	li^{33}	χu^{31}
高寨	paŋ^{31}	si^{55}	χu^{31}
大南山	mua^{43} ʈou^{44}	lai^{31}	phu^{43}
高坡	pã^{42}	lẽ^{55}	phɯ^{24}
宗地	tɔ^{55}	le^{53}	pəu^{22}
石门坎	ma^{55}	dʑho^{35}	phy^{55}
腊乙坪	kaŋ^{42}	ʂu^{44}	tɕi^{44} khɔ^{44}
小章	qaŋ^{13}	ɕa^{35}	ɲuŋ^{31}
养蒿	pɛ^{33}	kha^{33}	qhen^{35}
菜地湾	—	khɛ^{24}	phue^{24}
尧告	po^{13}	lɛ^{24}	ljɔ^{22}
河坝	poi^{44}	khæ^{44}	khun^{33}
滚董	paŋ^{35}	tɕo^{11}	phei^{35}
毛坳	kuŋ^{31}	ʑe^{55}	phi^{35}
七百弄	kɔ^{33}	ʈe^{33}	phlu^{33}
西山	xu^{13}	sei^{33}; xum^{44}	ʔpoi^{33}
瑶麓	ko^{13}	kwai^{13}	phei^{33}
巴那	pon^{13}	ke^{55}	tsau^{35}
优诺	haŋ^{44}	le^{13}	tshɒ^{54}
下水村	paŋ^{22}	ni^{31}	mun^{33}
龙华	kau^{55}	lei^{33}	ŋun^{11}
龙定	pun^{33}	kɛŋ^{33}	tɕəu^{21}
烟园	ʔpei^{51}	gjai^{33}	kheu^{42}
双龙	suə^{24} ti^{31}	lai^{31}	—
油岭	ban^{44}	—	ɕu^{24}

	刮	挂	关(门)
石板寨	qwa^{31}	ɓwen^{31}	ta^{33}
高寨	qwa^{31}	qwæ^{35}	tu^{31}
大南山	kua^{24}	tɬai^{44}	keu^{44}
高坡	—	ŋqɛ^{42}	shə^{42}
宗地	tɕe^{13}	xwæ^{55}	ʂə^{13}
石门坎	kau^{33}	tʂaɯ^{33}	qo^{11}
腊乙坪	kwa^{31}	qə^{44}	kə^{35}
小章	kwa^{31}	xai^{55}	khi^{53}
养蒿	ka^{31}	fi^{55}	shu^{53}
菜地湾	—	kua^{44}	so^{35}
尧告	kaŋ^{22}；khi^{35}	kwha^{53}	sa^{35}
河坝	—	kui^{55}	teu^{33}
滚董	phɔ^{35}	tɕo^{55}	koŋ^{35}
毛坳	pjho^{35}	kwai^{31}	quŋ^{35}
七百弄	tɕau^{42}	tɕa^{42}	so^{31}
西山	tei^{13}	vien^{33}	xat^{35}
瑶麓	—	kwa^{55}	so^{44}
巴那	kjha^{35}	kwa^{55}	tɕa^{13}
优诺	kwen^{21}	ko^{54}	ku^{44}
下水村	khi^{35}	kjha^{31}	tshɔ^{35}
龙华	ma^{55}	tju^{53}	ʃo^{55}
龙定	kwaːi^{31}	kwhaŋ^{24}	kwen^{33}
烟园	kwhet^{11}	kwai^{55}	kwan^{35}
双龙	klat^{53}	kwai^{24}	wan^{31}
油岭	—	ka^{24}	kaŋ^{24}

	滚	过(桥)	害羞
石板寨	tɕo^{55} qluŋ^{55}	qwa^{24}	ze^{31} ma^{55}
高寨	tshu^{55}	qwa^{35}	zen^{31}
大南山	tɬau^{55}	tɬua^{44}	tsaŋ^{31} mua^{13}
高坡	tɬõ^{13}	ku^{42}	sõ^{55}
宗地	loŋ^{13}	kwo^{13}; lə^{21} ʔoŋ^{32}	tɔ^{55} sua^{53}
石门坎	hi^{33} tɬo^{55}	dhi^{31}	thy^{11} dzhaɯ^{35}
腊乙坪	tshə^{35}	kwa^{44}	tsei^{31} ne^{31}
小章	kwen^{55}	kwa^{33}	be^{55} thu^{53}
养蒿	ɬjaŋ^{35}	fa^{44}; tu^{31}	ɕi^{44} sa^{13}
菜地湾	ljen^{44}	so^{13}	ɕi^{35} tsɛ^{53}
尧告	tɬjaŋ^{53}	lam^{31}	po^{241} mo^{22}
河坝	ta^{21} kun^{21}	tju^{55}	ɕi^{44} sa^{11}
滚董	ljoŋ^{31}	kwa^{55}	tɕiŋ^{33} nje^{33}
毛坳	ljei^{35}	kwa^{55}	he^{313} ŋ^{35}
七百弄	tɬe^{53}	kwɔ^{42}	ɳʈha^{31} ʐe^{231}
西山	kuen^{35}	vie^{35}	na^{35} moŋ^{33}
瑶麓	ŋke^{31}	to^{53}	tsau^{44} hau^{13}
巴那	tɬaŋ^{31}	kwa^{35}	tɕi^{53} tshai^{22}
优诺	lin^{33}	ko^{54}	thai^{44} no^{13}
下水村	nuk^{35}	kwa^{33}	ʔa^{35} ŋoŋ^{22} ʔi^{33} si^{22}
龙华	kliŋ^{11}	kwa^{35}	ŋjai^{53}
龙定	kwjaŋ^{24}	kwe^{24}	——
烟园	ŋan^{55}	kwai^{55}	ȵai^{35}
双龙	klin^{24}	kwa^{24}	ka^{42} tjhau^{24}
油岭	kun^{22}	ke^{42}	——

	喝	哼	划
石板寨	χo^{33}	mbin^{31}	qɹe^{33}
高　寨	χo^{31}	mben^{31}	χe^{31}
大南山	hou^{33}	ntoŋ^{44}	leu^{55}
高　坡	hə^{42}	mplõ^{55}	—
宗　地	wo^{13}	mpʐua^{53}	wæ^{22}
石门坎	hau^{11}	ndzhaɯ^{35}	ntaɯ^{55}
腊乙坪	hu^{44}	mʐe^{31}	tsei^{53}
小　章	ɬu^{35}	mje^{31}	ba^{31}
养　蒿	hə^{53}	naŋ^{55}	tɕha^{33}
菜地湾	heu^{35}	laŋ^{24}	—
尧　告	heu^{35}	ȵan^{31}	ɕo^{13}
河　坝	heu^{11}	mjẽ^{55}	tæ^{21}
滚　董	hɔ^{53}	wa^{55}	ljo^{11}
毛　坳	hau^{53}	ŋwa^{55}	pja^{33}
七百弄	hu^{31}	ntɬa^{42}	ɬe^{53}
西　山	xu^{22}	tɕaŋ^{33}	va^{13}
瑶　麓	hɯ^{44}	ʔŋ^{53}	pan^{13}
巴　那	ho^{55}	buŋ^{313}	pa^{313}
优　诺	ho^{21}	le^{44}	po^{13}
下水村	hɔ^{35}	hjeu^{33} khi^{35}	pjha^{31}
龙　华	ho^{55}	mai^{53} ntʃɒŋ^{53}	we^{12}
龙　定	hop^{55}	gon^{31}	dzɛŋ^{33}
烟　园	hop^{11}	tʃheu^{51}	dʒaŋ^{11}
双　龙	xət^{53}	daŋ^{35}	—
油　岭	hup^{44}	ʔe^{22}	—

	化	怀孕	还帐
石板寨	ʑin^{31}	mbuŋ^{24}	vu^{31}
高　寨	ʑo^{55}	mboŋ^{35}	vu^{31}
大南山	ʑaŋ^{31}	hai^{44} ȵua^{13}	pou^{31}
高　坡	ʑõ^{55}	mpə^{22}	po^{55}
宗　地	ʑua^{53}	ʈe^{13} toŋ^{32}	po^{53}
石门坎	ʑɦaɯ^{35}	ŋ̊aɯ^{55} daɯ^{11}	bɦau^{35}
腊乙坪	ʑin^{31}	tɕi^{44} ntha^{53} tɯ^{35} tɕu^{53}	pji^{31}
小　章	ʑe^{31}	tjho^{53}	bi^{31}
养　蒿	ʑaŋ^{55}	ȵjaŋ^{33} ȵja^{53}/tɛ^{33}	pə^{55}
菜地湾	—	fɛ^{22} thɛ^{24}	pu^{22}
尧　告	ʑan^{31}	ȵaŋ^{13} ŋɔ^{24}	thi^{44}
河　坝	ʑen^{55}	pæ^{44} tei^{44}	pɔ^{55} xhaŋ^{33}
滚　董	jei^{33}	ʔai^{31} ta^{03} qa^{31}	pɔ^{33}
毛　坳	ʑe^{33}	mpai^{31} ŋe^{35}	pau^{33}
七百弄	ʑau^{13}	ȵaŋ^{33} toŋ^{33}	pe^{13}
西　山	ziat^{44}	nət^{35} toŋ^{33}	phə^{42}; van^{42}
瑶　麓	ʑou^{55}	ȵiŋ^{33} ŋo^{53}	tɕhi^{44}
巴　那	ʑuŋ^{313}	kwe^{13} tɕi^{44}	tɬau^{44}
优　诺	joŋ^{13}	tjeu^{55} teu^{44}	kwa^{32} tseu^{54}
下水村	juŋ^{31}	pɔ^{53} ti^{53} ne^{31} taŋ^{22}	van^{31}
龙　华	ŋji^{33}	kwai^{44} nei^{44}	klu^{53}
龙　定	ʑu^{22}	mai^{31} ku^{31} ŋa^{231}	ka:u^{53}
烟　园	zu^{42}	na:i^{11} ʃei^{51}	klau^{51}
双　龙	ʑuə^{31}	ma^{31} ɕui^{53}	klau^{35}
油　岭	ʑiŋ^{53}	hoi^{22} ʔau^{53}	kau^{24}

	换	回来	会(写)
石板寨	li^{24}	ti^{31}ti^{31} lau^{55}	vu^{31} tɕho^{24}
高　寨	le^{35}	toŋ^{55} lu^{55}	mu^{31} tɕho^{35}
大南山	ɬo^{55}	ʈau^{55} lo^{21}	tseu^{31}
高　坡	—	tho^{42} lə^{31}	po^{24}
宗　地	lɪ^{13}	toŋ^{42} lu^{11}	sə^{53}
石门坎	ɬu^{55}	ʈo^{55} l̥ho^{11}	dzhey^{35}
腊乙坪	lja^{42}	ɳʈaŋ^{44}	ʂei^{35}
小　章	lja^{13}	daŋ^{55} ləɯ^{55}	xi^{53}
养　蒿	vɛ^{31}	tjaŋ^{35} lo^{11}	su^{55}
菜地湾	—	tjaŋ^{33} lo^{212}	—
尧　告	li^{22}	lau^{241} tja^{24}	poŋ^{13}
河　坝	vei^{53}	tjaŋ^{13} leɯ^{21}	pɔ^{44}
滚　董	ljei^{33}	lo^{11}	pei^{35}
毛　坳	ljei^{31}	lo^{11}	fei^{35}
七百弄	lu^{22}; ve^{22}	lɔ^{231}	pa^{33}
西　山	ven^{31}	tha^{13} lo^{44}	xo^{33}
瑶　麓	ɣu^{31}	lau^{53} ma^{13}	pu^{33}
巴　那	li^{22}	djuŋ^{44} ta^{313}	tshe^{313}
优　诺	tjheu^{33}	lu^{32}	theu^{13}
下水村	tu^{35}; ŋi^{35}	hɔ^{31} kwaŋ^{31}	hjeu^{33}
龙　华	lei^{11}	ləu^{31} ʒja^{11}	wei^{11}
龙　定	thiu^{53}	dzun^{24} tai^{31}	hai^{31}
烟　园	van^{42}	lau^{31}	hai^{31}
双　龙	pja^{53}	lau^{42}	xai^{53}
油　岭	—	lau^{44}	voi^{24}

	挤	记得	夹
石板寨	tsɿ^{55}	ȵtɕo^{24}	nti^{33}
高　寨	tsi^{55}	ȵtɕo^{35}	nte^{31}
大南山	phai^{33}	ȵtɕo^{44} tou^{44}	tai^{33}
高　坡	si^{13}	tɕẽ^{24} ta^{42}	—
宗　地	ɳʈei^{35}	ȵtɕo^{55}	te^{44}
石门坎	nai^{11}	ȵtɕo^{33}	tai^{11}
腊乙坪	tɕi^{44} mpa^{44}	tɕɛ^{35} tɔ^{53}	ta^{44}
小　章	tɕi^{55}；ʔla^{33}	tɕi^{31} to^{55}	qa^{35}
养　蒿	nei^{31}；ʔen^{53}	ŋjin^{13}	qei^{53}
菜地湾	tse^{44}	tɕi^{44} ŋjin^{53}	—
尧　告	nan^{35}；tɕɔ^{241}；tjhu^{35}	ȵin^{22}	ta^{35}
河　坝	ne^{53}	nin^{22} ve^{55}	tɕa^{11}
滚　董	ta^{03} lei^{42}	tɕei^{42}	te^{53}
毛　坳	tɕi^{55}	tɕei^{53} tau^{35}	tai^{53}
七百弄	tɕi^{53}	kji^{31}	ta^{31}
西　山	nat^{35}；ʔlon^{35}	ȵen^{33} təu^{13}	ta^{22}
瑶　麓	pi^{44}	ȵtɕou^{44} ȵou^{13}	ta^{44}
巴　那	dlai^{55}	tɕi^{55} tuŋ^{55}	dju^{22}
优　诺	jy^{54}	ki^{54} ta^{55}	jeu^{54}
下水村	tsak^{35}	ki^{53} tu^{33}	ku^{53}
龙　华	ʔen^{44}；nai^{11}	tʃa^{53}	ka^{12}
龙　定	tsi^{53}	tɕaŋ^{24} tu^{55}	dʑap^{55}
烟　园	ʔpa^{35}	ʃaŋ^{55} ʔtu^{35}	dʒa:p^{35}
双　龙	dzit^{53}；tja^{24}	tjaŋ^{24}	ɡat^{53}
油　岭	kit^{44}；kip^{44}；ta^{42}	keŋ^{42} lei^{44}	kap^{44}

	捡	剪	浇
石板寨	kho^{33}	tsen^{55}	pjhɛ^{55}
高　寨	kho^{31}	tsen^{55}	va^{55}
大南山	kheu^{33}	tsa^{43}	nto^{55}
高　坡	—	sẽ^{13}	nza^{22}; la^{22}
宗　地	kə^{13}	sen^{42} sæn^{42}	ʔəu^{55}
石门坎	tɕhey^{11}	tshə^{11}	nto^{55}
腊乙坪	thu^{44}	ŋqa^{44}	mphu^{53}
小　章	—	qa^{35}	tɕɯ^{55}
养　蒿	tɕhə^{33}	ken^{53}	thaŋ^{44}
菜地湾	—	ken^{35}	tɕue^{44}
尧　告	mi^{13}	tɕa^{24}	tjɔ^{44}
河　坝	tɕhu^{44}	ki^{11}	puŋ^{55}
滚　董	n̥au^{53}	te^{53}	n̥a^{53}
毛　坳	tɕei^{313}	tɕe^{11}	ʑe^{55}
七百弄	tɕɛ^{53}	mpjɔ^{53}	ʈə^{53}
西　山	tɕu^{13}	ʑaŋ^{33}	vat^{35}
瑶　麓	ko^{33}	mpi^{33}	tje^{13}
巴　那	ɕu^{13}	tɕen^{55}	ʑa^{31}
优　诺	nje^{54}	toŋ^{32}	ʃin^{13}
下水村	kha^{31} khi^{31}	ki^{35}	he^{35}
龙　华	tʃəŋ^{35}	tʃei^{55}	ntʃho^{44}
龙　定	tɕim^{53}	kap^{55}	pjhet^{55}
烟　园	to:n^{51}	kjap^{55}	dun^{31}
双　龙	—	klat^{53}	tɕəu^{33}
油　岭	sut^{22}	—	ʑau^{24}

	吠	结(果)	连接
石板寨	zəu33	pzi24	səu31 tshe33
高寨	ɣu31	pje35	tse31
大南山	to24	tsi44	tsua33
高坡	tə55	pi42	sa42
宗地	tɕaŋ32	pei55	sa44
石门坎	dho31	tsɿ33	hi11 tsa11
腊乙坪	tɕu42	tɕɛ31	tɕi44 tsha44
小章	ŋai33	dji31 pji55	ta31
养蒿	ɕi13	tsen44	ɕu33
菜地湾	ɕei53	tsen44	sen35
尧告	ʑam22	tɕi44	tɕi31 sɛ35
河坝	tɕuŋ44	pei33	ɕue11
滚董	tɕu33	tjei55	tɔ55
毛坳	tɕo31	pjei55	se53
七百弄	tɕəŋ33	pji42	si31
西山	tɕuəŋ33	pi13	sun35
瑶麓	tɕan33	pji44	kha33
巴那	tɕuŋ13	pji35	tsai55
优诺	kaŋ44	pji54	tje55
下水村	kjuŋ22	pji33	pu22 ti53
龙华	tʃəŋ44	pei35	ʃei44
龙定	həu21	tɕit55	tsip55
烟园	tʃuːŋ55	ʃaŋ33	tep55
双龙	djuə24	tɕit53	tɕit53
油岭	boŋ42	—	tep44

	解开	借(钱)	进(屋)
石板寨	ntha^{55}	ntsa^{24}	tɕhe^{31} li^{24}
高寨	ntha^{55} la^{55}	tsa^{55}	tsi^{31} le^{35}
大南山	tɬeu^{33}	tsai^{33}	ŋkaŋ^{13}
高坡	tɬə^{42}	se^{42}	tɕhə^{13}
宗地	ɖi^{44}	se^{44}	lə^{21} lə^{44}
石门坎	tɬey^{11}	tsai^{11}	bau^{31}
腊乙坪	ntha^{44}	qa^{44}	pɔ^{42}
小章	tha^{55}	qa^{55}	bo^{13}
养蒿	tha^{35}	thu^{33}	pə^{13}
菜地湾	tha^{33}	lou^{53}	pu^{53}
尧告	tho^{53}	lau^{22}	lau^{241}
河坝	tha^{13}	lɯu^{22}	tɕhuŋ^{44}
滚董	qe^{31}	qa^{31}	pu^{44}
毛坳	qai^{313}	qa^{313}	pu^{31}
七百弄	nthɔ^{53}	tsu^{42}	pu^{22}
西山	tho^{35}	sia^{13}	phu^{22}
瑶麓	nthau^{13}	tsa^{44}	meŋ^{53}
巴那	ke^{44}	ka^{44}	po^{22}
优诺	kai^{33}	ka^{32}	po^{32}
下水村	kwhaŋ^{31} khe^{22}	ke^{55}	phɔ^{53}
龙华	kai^{53}	lu^{11}	po^{11}
龙定	tɕaːi^{53}	ka^{53}	pje^{22}
烟园	tʃai^{51}	ka^{51}	tʃa^{42}
双龙	tɕi^{35}	kɔ^{35}	—
油岭	—	ko^{24}	pja^{22}

	救	锯	开(门)
石板寨	tɕy^{33}	ko^{24}	po^{33}
高　寨	tɕu^{35}	ko^{35}	po^{31}
大南山	tɕeu^{24}	tshi^{44}	qhe^{43}
高　坡	—	se^{31}	pə^{42}
宗　地	ko^{35}	kə^{55}	hɿ^{22}
石门坎	tɕu^{31}	sau^{55}	qhɯ^{55}
腊乙坪	tɕɯ^{35}	ɕu^{44}	pu^{44}
小　章	tɕəɯ^{33}	ki^{33}	pa^{35}
养　蒿	ɖju^{53}	tɕu^{44}	pu^{53}
菜地湾	—	ke^{44}	po^{35}
尧　告	tɖja^{35}	tɕu^{35}	pa^{35}
河　坝	djo^{11}	ɕi^{33}	thaŋ^{33}
滚　董	wu^{44} njaŋ^{42}	ki^{55}	pɔ^{53}
毛　坳	tɕu^{35}	ki^{55}	pau^{53}
七百弄	kjəu^{42}	kju^{42}	pu^{31}
西　山	tɕəu^{13}	sua^{13}	xai^{33}
瑶　麓	tɕu^{44}	tɕu^{44}	po^{44}
巴　那	tɕu^{55}	tɕu^{55}	kha^{13}
优　诺	kjeu^{54}	ki^{54}; ka^{54}	kha^{44}
下水村	kjhu^{31}	ku^{55}	thɔk^{35}
龙　华	kjəu^{35}	kjəu^{53}	ʃe^{44}
龙　定	dʑəu^{24}	dʑəu^{24}	kho:i^{33}
烟　园	tʃeu^{55}	tʃeu^{55}	kho:i^{11}
双　龙	ɖjau^{24}	sɛ^{33}	khɔi^{33}
油　岭	geu^{42}	—	gai^{44}

	(水)开	(花)开	砍(树)
石板寨	mpu^{24}	zo^{24}	ntəu^{55}
高寨	mpu^{35}	ʑo^{35}	ntu^{55}
大南山	mpou^{44}	teu^{13}	nto^{55}
高坡	mpo^{42}	tə^{22}	ntə^{13}
宗地	mpɔ^{55}	tə^{13}	nto^{42}
石门坎	mpau^{33}	dhey^{31}	nto^{55}
腊乙坪	pu^{31}	tə^{42}	qhə^{53}
小章	bo^{13}	khai^{55}	phaɯ^{35}
养蒿	pu^{44}	phu^{35}	to^{35}
菜地湾	kun^{33}	to^{53}	tou^{33}
尧告	peŋ^{44}	phu^{53}	tau^{53}
河坝	pɔ^{33}	to^{22}	teu^{13}
滚董	mei^{55}	pɔ^{53}	no^{31}
毛坳	mpi^{55}	pau^{53}	nto^{313}
七百弄	mpa^{42}	tu^{22}	ntɔ^{53}
西山	kon^{35}	xai^{33}	to^{35}
瑶麓	mpu^{44}	to^{31}	mpo^{42}
巴那	pŋ^{313}	kha^{13}	dau^{44}
优诺	mu^{54}	kha^{44}	nɒ^{33}
下水村	phɔŋ^{53}	khe^{22}	tu^{55}
龙华	mpei^{35}	ntʃhe^{44}	ntu^{53}
龙定	bui^{24}	ɡoːi^{33}	koːi^{24}
烟园	bei^{55}	ɡoːi^{11}	khom^{31}
双龙	kwən^{24}	khɔi^{33}	dau^{35}
油岭	bui^{42}	ɡai^{44}	dau^{24}

	砍(骨头)	看	看见
石板寨	ndzaŋ^{55}	laŋ^{24}	vu^{33}
高寨	ndzaŋ^{55}	laŋ^{35}	mbu^{31}
大南山	ntso^{21}	nua^{24}	po^{24}
高坡	pha^{42}	tɕo^{42}	pə^{55}
宗地	se^{21}; pʐa^{13}; ntsoŋ^{11}	men^{55}	po^{21}
石门坎	pha^{33}	nha^{31}	bho^{31}
腊乙坪	tu^{44}	tɕi^{44}ŋqhe^{44}	tsa^{44}
小章	phəɯ^{35}	phəɯ^{55}	phəɯ^{55}tsa^{55}
养蒿	ma^{31}	ŋi^{44}; ɕhi^{35}	poŋ^{31}
菜地湾	ma^{13}	meŋ^{44}; hɛ^{44}	peŋ^{13}
尧告	qha^{35}	ho^{53}	pu^{24}
河坝	ma^{53}	mjeɯ^{55}	pu^{53}
滚董	pha^{53}	jaŋ^{44}	pa^{42}
毛坳	pha^{53}	phu^{53}	pha^{31}
七百弄	mpu^{31}; vɔ^{231}	nta^{33}	po^{21}
西山	vak^{44}	ʑu^{13}	pho^{22}
瑶麓	mpo^{42}	mei^{31}	pou^{42}
巴那	ba^{53}	mo^{53}	pu^{53}
优诺	nɒ^{33}	meŋ^{54}	tshu^{33}
下水村	tshɔ^{33}	mɔ^{35}	phu^{35}
龙华	ðəŋ^{53}	leŋ^{35}	pu^{12}
龙定	tɕam^{53}	maŋ^{21}	pot^{22}
烟园	khom^{31}	ŋwaŋ^{42}	fai^{42}
双龙	dzɔi^{31}	mə^{42}	phi^{21}
油岭	kui^{42}	ljau^{42}	pat^{22}

	扛	烤(火)	咳嗽
石板寨	ku⁵⁵	nte²⁴	no³³
高寨	ku⁵⁵	nti³⁵	n̥o³¹
大南山	ku⁵⁵	nte⁴⁴	n̥oŋ¹³
高坡	—	ntɛ⁴²	—
宗地	ŋkua⁵⁵	ntæ⁵⁵	nəŋ¹³
石门坎	tɕy⁵⁵	nti³³	n̥au¹¹
腊乙坪	ŋqhe⁵³	ntɯ⁵³	tɕi⁴⁴ nu⁴⁴
小章	qe³⁵	dəɯ¹³	sɿ⁵³ nuŋ³⁵
养蒿	ki³⁵	ta⁴⁴	ŋo¹¹
菜地湾	—	tei⁴⁴	—
尧告	kɔ⁵³	tai⁴⁴	tu²² xa³⁵
河坝	ʔa⁴⁴	xhɔ⁵⁵	ʔe¹¹ neu¹¹
滚董	tɕoŋ³⁵	no⁵⁵	qhɔ⁵⁵
毛坳	haŋ³¹³	nto⁵⁵	qhau⁵⁵
七百弄	kjə⁵³	nte⁴²	sə³³ tɕu²²
西山	tɕəu³⁵	te¹³	ku²² ʔe³³
瑶麓	ki¹³	nta⁴⁴	tou⁴⁴ xa⁵⁵
巴那	ki⁴⁴	da³⁵	he⁴⁴ lau³⁵
优诺	kwei³³	me³²	ho⁴⁴
下水村	thɔk³⁵	ta³³	pɔ³⁵ fe⁵⁵
龙华	ntʃui⁴⁴	nta³⁵	hai⁵³
龙定	daːm³³	dzau²⁴	n̥op⁵⁵ ha³³
烟园	daːm³⁵	daːu⁵⁵	nok¹¹ ha¹¹
双龙	djui³³	dau²⁴	n̥ət⁵³
油岭	—	du⁴²	ʔeŋ⁴⁴

	啃	哭	拉屎
石板寨	tɕa^{24}	ȵi^{55}	təu^{31}
高　寨	—	ȵin^{55}	tsoŋ^{35}; mbi^{31}
大南山	keu^{33}	ȵa^{55}	tʂau^{44}
高　坡	kə^{42}	ȵe^{13}	sha^{13}
宗　地	kə^{44}	ȵi^{42}	læ^{35}
石门坎	tɕey^{11}	ȵe^{55}	qa^{55}
腊乙坪	ku^{44}	ȵɛ^{44}	qei^{22}
小　章	la^{55}	ȵe^{55}	tsaŋ^{33}
养　蒿	ki^{53}	njaŋ^{35}; ken^{55}	ɕu^{35}
菜地湾	kue^{35}	njan^{33}	ʔen^{33}
尧　告	ka^{35}	ȵan^{53}	tso^{53}qo^{53}
河　坝	ɕeu^{11}	ni^{13}	ɕo^{13}
滚　董	ta^{42}	ŋa^{55}	ŋ^{53}qa^{31}
毛　坳	tha^{31}	ŋqa^{55}	ŋ^{53}
七百弄	tso^{31}	ŋkə^{33}	plu^{21}
西　山	kət^{35}	kəu^{33}	tho^{42}
瑶　麓	ȵ̊u^{44}	kai^{55}	lɯ^{31}
巴　那	tɕu^{55}	ȵiŋ^{44}	ʔɪn^{55}
优　诺	ŋɟa^{54}	ŋɟi^{33}	ʔaŋ^{44}
下水村	thu^{35}	ŋɟin^{55}	ʔu^{35}
龙　华	ŋklai^{12}	ŋɟin^{53}	ʔei^{35}
龙　定	ŋat^{22}	ȵim^{53}	puŋ^{24}
烟　园	ʃat^{55}; ŋɟen^{51}	ȵim^{51}	ʔi^{51}
双　龙	khlən^{35}	ȵan^{35}	ȵɛ^{53}
油　岭	—	ȵam^{24}	ʔeŋ^{42}

	来	烂	破裂
石板寨	za³¹; ləu⁵⁵	ly³¹	ndzuŋ²⁴
高寨	ɣa³¹	m̥a³⁵	ɳʈe³⁵
大南山	tua³¹; lo²¹	lu³¹	teu¹³
高坡	tu⁵⁵; lə³¹	lɯ⁵⁵	tə²²
宗地	ta⁵³; lu¹¹	ləu⁵³	tɯ¹³; ntsəŋ¹³
石门坎	dɦa³⁵; lɦo¹¹	lɦy³⁵	ɳɖʐau³¹
腊乙坪	lo²²	ci⁵³	tə⁴²
小章	ləɯ⁵⁵	ke³³	ɢwa³⁵
养蒿	ta⁵⁵; lo¹¹	la⁵⁵	tu¹³
菜地湾	lo²¹²	—	to⁵³
尧告	lau²⁴¹; tɬa²⁴	lɔ³¹	ta²²
河坝	leu²¹; ta⁵⁵	luæ⁵⁵	to²²
滚董	lo¹¹; ta³³	m̥ai³⁵	qai⁵⁵
毛坳	tei³³	qei⁵⁵	qei⁵⁵
七百弄	lɔ²³¹	lə¹³	tu²²
西山	lo⁴⁴	ləu⁴²	thu²²
瑶麓	lau⁵³	lo⁵⁵	to³¹
巴那	ta³¹³	keŋ³⁵	tu²²
优诺	tɒ¹³	kan⁵⁴	teu³²
下水村	nu⁵³	kiŋ³³	kha³⁵
龙华	ləu³¹	kjin³⁵	mpha³⁵
龙定	taːi³¹	hu⁵³	hu⁵³
烟园	ˀtaːi³³	—	hu⁵¹
双龙	ta³¹	ʑuə³¹	bɛ³³; djɛ⁵³
油岭	toi⁵³	—	da⁴⁴; ve⁵³

	流	留	漏
石板寨	ndəu^{24}	qo^{24}	sy^{24}
高　寨	qlu^{55}; qhlen^{35}	qo^{35}	lu^{35}
大南山	ntu^{21}	nʈou^{31}	sou^{44}
高　坡	tu^{55}; ɬã^{42}	sə^{42}	tɬhã^{42}
宗　地	saŋ^{232}	lo^{13}	xwei^{21}; sɔ^{35}
石门坎	ndlhy^{11}	tsɿ^{55}	sau^{33}
腊乙坪	nə^{22}	ʈo^{22}	ʐɯ^{35}
小　章	wa^{55}	dəɯ^{35}	ʑəɯ^{53}
养　蒿	la^{11}	ɬja^{44}	ɬɛ^{55}
菜地湾	han^{24}	ljeu^{22}	leu^{53}
尧　告	no^{241}	ȵjo^{31}ȵja^{35}	sɔ^{44}
河　坝	luæ^{21}	ɬja^{33}	xuŋ^{33}
滚　董	tjeu^{35}	lju^{33}	koŋ^{31}
毛　坳	ljeu^{33}	kha^{31}	so^{53}; ŋqo^{35}
七百弄	ntɬə^{231}	ɳʈɔ^{21}	ʐu^{13}
西　山	lai^{33}	pai^{22}	zo^{22}
瑶　麓	ɕou^{44}	mpai^{31}	kjou^{31}
巴　那	ljeu^{53}	djeu^{313}	khi^{13}
优　诺	ljau^{32}	tin^{54}	ɬɒ^{54}
下水村	ȵi^{55}	tiŋ^{31}	tja^{35}; kun^{33}
龙　华	ɣe^{33}	tin^{35}	kluŋ^{33}
龙　定	ljəu^{31}	ljəu^{31}	fui^{53}; ljəu^{21}
烟　园	gjeu^{33}	gjeu^{33}	tui^{55}
双　龙	thui^{33}	ljau^{31}	la^{35}
油　岭	li^{22}	—	hi^{42}

	落	骂	埋
石板寨	puŋ^{31}	qɛ^{24}	luŋ^{55}
高　寨	poŋ^{31}	qæ^{35}	loŋ^{55}
大南山	poŋ^{43}	lua^{44}	lau^{21}
高　坡	põ^{24}；ʑĩ^{22}	—	lõ^{31}
宗　地	paŋ^{32}	he^{55}	loŋ^{11}
石门坎	pau^{55}	la^{33}	ty^{11}
腊乙坪	ʐe^{42}	nta^{53}	ljaŋ^{22}
小　章	ta^{35}	zaŋ^{35}	ləɯ^{35}
养　蒿	pɛ^{55}；ɣi^{13}	tha^{44}；tɕu^{33}	ljaŋ^{11}；pə^{55}
菜地湾	ʑi^{53}	—	ljaŋ^{212}；pou^{22}
尧　告	pa^{31}；tɬja^{24}	qa^{44}	pu^{31}
河　坝	pei^{55}	la^{33}	ljaŋ^{21}
滚　董	koŋ^{31}	m̥ei^{31}	la^{42}
毛　坳	ljuŋ^{313}	m̥e^{313}	ɬa^{31}
七百弄	ntəŋ^{53}	kjho^{33}；se^{42}	pu^{13}；lɔ^{21}
西　山	paŋ^{33}	xut	mɔk^{35}
瑶　麓	pau^{33}	lɯ^{33}	pu^{55}
巴　那	puŋ^{13}	ma^{22}	lau^{53}
优　诺	poŋ^{44}	ɬa^{44}	lɒ^{21}
下水村	ti^{53}	khɔŋ^{53}；nu^{31}	thi^{53}
龙　华	nten^{53}	m̥e^{53}	plo^{44}
龙　定	doːt^{55}	hem^{24}	poːp^{55}
烟　园	blei^{42}	ma^{51}	plap^{55}
双　龙	dat^{53}	m̥a^{35}	tsaŋ^{24}
油　岭	dum^{22}	ma^{24}	vui^{44}

	买	卖	没有
石板寨	ma^{55}	ma^{24}	$mo^{31}ma^{31}$
高　寨	ma^{55}	ma^{35}	$mu^{31}ma^{31}$
大南山	mua^{21}	mua^{13}	$tʂi^{44}mua^{31}$
高　坡	$ʑu^{13}$	—	$ma^{31}mã^{22}$
宗　地	$ʑu^{42}$	$moŋ^{13}$	$moŋ^{32}ȵɔ^{32}$
石门坎	$m̥a^{11}$	dai^{31}	$hi^{33}m̥a^{35}$
腊乙坪	$ȵɯ^{42}$	me^{42}	$tɕe^{31}me^{31}$
小　章	$ȵi^{13}$	$ȵi^{13}$	$qaŋ^{35}m^{31}$
养　蒿	$mɛ^{11}lo^{11}$	$mɛ^{11}moŋ^{11}$	$ʔa^{55}mɛ^{55}$
菜地湾	—	—	$mi^{13}tue^{44}$
尧　告	mo^{241}	mo^{241}	$mo^{31}tɔ^{44}$
河　坝	me^{21}	$me^{21}ljo^{53}$	$ʔa^{33}me^{55}$
滚　董	$ʔai^{31}$	mei^{44}	$m^{33}mei^{33}$
毛　坳	me^{11}	me^{11}	$ʔa^{55}meŋ^{33}$
七百弄	su^{231}	$məŋ^{22}$	$ma^{13}məŋ^{13}$
西　山	$muəŋ^{44}$	$muəŋ^{22}$	$ma^{42}muəŋ^{42}$
瑶　麓	$muŋ^{53}$	$muŋ^{31}$	$meŋ^{55}to^{44}$
巴　那	mei^{31}	$tɕuŋ^{35}$	$mo^{31}tau^{35}$
优　诺	$ŋjeu^{33}$	mo^{32}	$m^{21}mɒ^{13}$
下水村	$mɔ^{53}$	$mɔ^{53}kun^{33}ŋŋ^{53}$	$ʔa^{35}ma^{31}$
龙　华	mo^{44}	mo^{31}	$m^{55}mo^{33}$
龙　定	$ma:i^{231}$	$ma:i^{21}$	$m^{53}ma:i^{31}$
烟　园	$ma:i^{31}$	$ma:i^{42}$	$m^{55}na:i^{55}$
双　龙	$nɔŋ^{42}$	ma^{42}	$n^{24}ma^{31}$
油　岭	mai^{44}	mai^{44}	$ŋ^{53}no^{22}$

	(火)灭	摸	磨(刀)
石板寨	χo^{33}	sə^{31} mbləu^{31}	χu^{55}
高寨	—	sen^{31} mbləu^{31}	χu^{55}
大南山	ho^{33}	hua^{43}	ho^{55}
高坡	—	mõ^{42}	hə^{13}
宗地	wɔ^{13}	sa^{13}	ɦo^{232}
石门坎	ɬə^{11}	sa^{11} sa^{11}	xo^{55}
腊乙坪	pʐo^{44}	nthɯ^{44}	ho^{44}
小章	pjo^{55}	mo^{33}	xəɯ^{55}
养蒿	ɬhə^{53}	shen^{53}	xhə^{35}
菜地湾	—	mo^{24}	hou^{33}
尧告	tu^{22}	sɛ^{44}	xau^{53}
河坝	heu^{11}	ɕue^{11}	heu^{13}
滚董	tei^{44}	tja^{33}	ho^{31}
毛坳	ʑi^{35} kwa^{31}	mpa^{11}	ho^{313}
七百弄	hu^{31}	ɣa^{22}	hɔ^{53}
西山	xu^{22}	zua^{44}	xo^{35}
瑶麓	ta^{31}	sai^{44}	hau^{13}
巴那	ʑi^{35}	ljeu^{35}	hau^{44}
优诺	pja^{55}	mja^{44}	hɒ^{33}
下水村	ke^{31} kjaŋ^{33}	mɔ^{33}	ɬu^{55}
龙华	ta^{11}	mpla^{11}	hu^{53}
龙定	tɕe^{53}	lom^{33}	dzjəu^{24}
烟园	ʔtai^{42}	mok^{55}	ɡjoːu^{31}
双龙	ɕat^{53}	mɔ^{53}	mja^{42}
油岭	—	lum^{24}	ʑu^{42}

	磨(面)	拿	念
石板寨	yu^{33}	ti^{55}	zuŋ^{31}
高　寨	yu^{31}	ti^{55}	ȵe^{35}
大南山	ʐo^{24}	tua^{55}; mua^{43}	ntsi^{21}
高　坡	ʐə^{55}	—	shẽ^{42}
宗　地	ʐo^{21}	ta^{42}	ȵan^{13}
石门坎	Ghu^{35}qɯ^{55}	tɕhey^{11}	dʑey^{31}
腊乙坪	ʐo^{22}	me^{35}; tho^{53}	ŋqə^{35}
小　章	wa^{35}	thəɯ^{33}	thəɯ^{53}
养　蒿	mo^{13}	ta^{35}; mɛ^{33}	ɬen^{13}
菜地湾	mo^{53}	—	nen^{35}
尧　告	ɣeu^{24}	mi^{13}; tu^{35}	tju^{24}
河　坝	mo^{22}	tæ^{13}	njẽ^{22}
滚　董	mu^{42}	kha^{55}	thu^{55}
毛　坳	mphu^{31}	tɕeu^{53}	ȵe^{53}
七百弄	mɔ^{22}	tɕaŋ^{13}	saŋ^{42}tɔ^{231}
西　山	mɯa^{22}	tai^{35}	mo^{33}
瑶　麓	kwan^{53}	tøe^{33}	ȵan^{31}
巴　那	mo^{53}	tai^{44}	ŋe^{53}
优　诺	mui^{21}	te^{13}	neŋ^{21}
下水村	nuŋ^{35}	kwhaŋ^{35}	thɔ^{53}
龙　华	mjo^{33}	kjəu^{53}	nin^{11}
龙　定	mo^{21}	ŋ̥eŋ^{24}	nim^{21}
烟　园	ŋwa^{42}	tʃo^{35}	—
双　龙	mja^{42}	khat^{53}	—
油　岭	—	neu^{42}; m^{44}	—

	呕吐	爬行	爬(树)
石板寨	nta^{55}	ȵtɕi^{24}	ȵtɕi^{24}
高寨	nta^{55}	ȵtɕin^{35}	ȵtɕin^{35}
大南山	ŋqo^{43} ntua^{55}	ŋkaŋ^{13}	ȵtɕe^{44}
高坡	nthu^{42}	ȵtɕã^{22}	ȵtɕɛ^{42}
宗地	ntəu^{55} nta^{44}	ȵtɕaŋ^{13}	ȵtɕæ^{55}
石门坎	nta^{55}	ŋgaɯ^{31}	ȵtɕi^{33}
腊乙坪	ŋo^{44}	tɕi^{44} ŋku^{53}	ȵtɕɯ^{53}
小章	ʔnau^{55}	ɬai^{53}	ljaŋ^{13}
养蒿	ʔo^{35}	njoŋ^{13}	tɕi^{44}
菜地湾	theu^{44}	naŋ^{22}	tɕei^{44}
尧告	ʔau^{53}	ti^{44}	ti^{44}
河坝	na^{13}	njuŋ^{22}	tɕi^{33}
滚董	ȵo^{31} qa^{31}	qɔ^{33}	pha^{31}
毛坳	ntjo^{313}	qau^{33}	qau^{33}
七百弄	nta^{53}	ȵtɕəŋ^{22}	ȵtɕe^{42}
西山	ko^{22} tu^{35}	pin^{33}	pin^{33}
瑶麓	ntu^{13}	mpai^{13}	ȵtɕei^{44}
巴那	ɡau^{44}	bja^{313}	bja^{313}
优诺	ʔɒ^{33}	pjeu^{13}	pjo^{33}
下水村	ʔu^{55}	pjha^{31}	pjha^{31}
龙华	ntʃu^{53}	mpla^{11}	ntjha^{35}
龙定	lu^{53}	ȵo:ŋ^{33}	pa^{31}
烟园	ʔo^{51}	ȵoŋ^{35}	ta:u^{55}
双龙	lu^{35}	pla^{31} ȵaŋ^{31}	pla^{31}
油岭	fon^{44}	ȵau^{22}; kem^{53}	ba^{44}

	怕	拍	跑
石板寨	ntshe^{24}	mbzɿ^{31}	pzau^{33}
高　寨	ntshe^{35}	mbji^{31}	ntha^{35}
大南山	ntʂhai^{44}	mpua^{31}	ʈaŋ^{13}
高　坡	nshe^{42}	mpa^{55}	ɬã^{42}
宗　地	ntse^{35}	mpa^{53}	hu^{55}
石门坎	ɳʈʂhai^{33}	mbha^{35}	ɖaɯ^{31}
腊乙坪	ɳtɕha^{53}	ma^{31}	tɕi^{44} dji^{35}
小　章	bai^{13}	phei^{53}	ɕa^{31}
养　蒿	ɕha^{33}	ma^{55}	po^{55} tɕo^{55}
菜地湾	ɕa^{24}	pe^{33}	tso^{44}
尧　告	khei^{13}	ta^{53}	tɕa^{35}
河　坝	ɕhe^{44}	mæ^{55}	pjɔ^{11}
滚　董	ɳ̥e^{55}	te^{35}	nɛŋ^{11}
毛　坳	ʔhe^{313}	mpo^{53}	thau^{31}
七百弄	ntsha^{33}	pəŋ^{22}	ɕi^{31} kjhe^{53}
西　山	lau^{33}	ʔpuəŋ^{35}	lit^{44}
瑶　麓	ntshei^{33}	puŋ^{31}	ɕou^{44}
巴　那	dʑi^{13}	bai^{313}	ʑuŋ^{31}
优　诺	tshi^{44}	phe^{54}	kjaŋ^{21}
下水村	ha^{22}	pi^{31}	ka^{03} pi^{55}
龙　华	ntʃhei^{44}	mpu^{12}	ntʃu^{11}
龙　定	dzje^{24}	bɛ^{55}	pa:u^{24}
烟　园	dʒa^{31}	be^{11}	tʃheu^{31}
双　龙	dja^{24}	bɛ^{53}	dzat^{53}
油　岭	ʑa^{42}	faŋ^{24}	pju^{42}

	泡	赔	喷
石板寨	ɣu^{24}	sɛ^{31}	phu^{55}
高寨	zu^{35}	phei^{31}	phy^{55}
大南山	ntʂe^{44}	pou^{31}	tʂua^{13}
高坡	nzɛ^{42}; so^{42}	po^{55}	phlu^{24}
宗地	ntsæ^{55}; sɔ^{55}	pei^{11}	pʐɔ^{35}
石门坎	tau^{55} ma^{11}	bɦau^{35}	ŋ̥au^{11} tsha^{55}
腊乙坪	tɕi^{42}; tɕi^{44} ȵtɕɯ^{53}	pji^{31}	pʐo^{42}
小章	phaɯ^{33}	bi^{31}	fen^{33}
养蒿	ɕu^{44}	pə^{55}	tshu^{33}
菜地湾	tso^{44}; phau^{44}	—	phen^{44}
尧告	tsɔ^{22}	thi^{44}	ɕa^{13}; ɕeu^{13}
河坝	ɕɔ^{33}	pɔ^{55}	phuŋ^{33}
滚董	tɕi^{33}	pɔ^{33}	tjhu^{53}
毛坳	tɕi^{31}	phei^{35}	pju^{31}
七百弄	tsa^{42}	phe^{13}	pju^{22}
西山	se^{22}	pha^{42}	phu^{13}
瑶麓	tsu^{33}	tɕhi^{44} tɕuŋ^{13}	pju^{33}
巴那	tɕo^{35}	tɬau^{44}	fuŋ^{55}
优诺	tso^{54}	kwa^{32}	ve^{55}
下水村	tsi^{53}	phui^{31}	phaŋ^{33}
龙华	tɬe^{35}	ʃe^{12}; klu^{53}	phli^{53}
龙定	tsim^{24}	pui^{31}	phun^{24}
烟园	ʔep^{55}	ʔpei^{33}; kla:u^{51}	—
双龙	tsan^{24}	—	dju^{35}
油岭	—	be^{42}	tsit^{44}

	劈	(衣)破	骑
石板寨	pha^{24}	ŋɢla^{24}	ʑi^{31}
高　寨	pha^{35}	qla^{35}	ʑe^{31}
大南山	phua^{44}	ɳʈua^{13}	tɕai^{31}
高　坡	pha^{42}	ntɬu^{22}	khi^{55}
宗　地	pa^{35}	mplə^{13}	tɕe^{53}
石门坎	pha^{33}	ndla^{31}	dʑhɯ^{35}
腊乙坪	pha^{44}	te^{53}	ntsaŋ^{53}
小　章	pha^{53}	la^{33}	zaŋ^{13}
养　蒿	pha^{44}	nei^{13}	tɕi^{55}
菜地湾	pha^{44}	ne^{53}	tɕei^{22}
尧　告	ta^{22}	na^{22}	tɕi^{31}
河　坝	phæ^{44}	pei^{53}	tɕi^{55}
滚　董	tjhe^{35}	qai^{55}	tɕi^{33}
毛　坳	pha^{55}	qei^{55}	tɕhi^{35}
七百弄	phɔ^{31}	ntɬo^{21}	kji^{13}
西　山	pho^{22}	toŋ^{13}	naŋ^{22}; kuei^{22}
瑶　麓	phai^{33}	pa^{53}	tɕe^{53}
巴　那	pha^{35}	pja^{35}	tɕhen^{313}
优　诺	pho^{54}	ken^{54}	ki^{13}
下水村	pha^{33}	kiŋ^{33}	khi^{31}
龙　华	pha^{35}	wei^{31}	tʃei^{33}
龙　定	phi^{55}	poːt^{22}	tɕei^{31}
烟　园	phai^{31}	hu^{51}	tʃei^{33}
双　龙	kjɛ^{24}	xu^{35}	tɕi^{31}
油　岭	ka^{44}	po^{42}; bai^{42}	tɕi^{53}

	起来	牵	欠
石板寨	so^{55} lau^{55}	tɕuŋ^{31}	tsha^{33}
高寨	so^{55} lo^{55}	tɕoŋ^{31}	tsha^{55}
大南山	ʂeu^{55} lo^{21}	tɕaŋ^{43}	tʂhua^{43}
高坡	shə^{13}	—	tʂha^{24}
宗地	sə^{232}	tɕaŋ^{32}	tɕhan^{13}
石门坎	sey^{55} lho^{11}	tɕaɯ^{55}	tɭ^{11}
腊乙坪	ɕə^{44} lo^{22}	tɕoŋ^{35}	tɕhɛ^{35}; ʑɔ^{53}
小章	ʑwe^{33} lɑɯ^{55}	tjhaŋ^{53}	tɕhan^{33}
养蒿	fa^{11} lo^{11}	tjhə^{44}	tɕha^{33}
菜地湾	fa^{212}	tjhou^{44}	tɕhen^{44}
尧告	ɕa^{53} lau^{241}	ɕi^{13}	khin^{35}
河坝	kua^{21} leɯ^{21}	tɕuŋ^{44}	ɕhɔ^{13}
滚董	hai^{55} sau^{31}	wai^{33}	tɕeu^{33}
毛坳	qau^{35} ɕeu^{313}	tɕhei^{313}	ke^{55}
七百弄	ko^{231} lo^{231}	kjəŋ^{33}	tɕhe^{42}
西山	kho^{44} lo^{44}	tɕuaŋ^{33}	ȵi^{35}
瑶麓	ko^{53} vai^{13}	tjhaŋ^{13}	tsha^{33}
巴那	kwa^{31} ta^{313}	tɕuŋ^{13}	tɕhen^{44}
优诺	ka^{33} ta^{13}	si^{44}	he^{55}
下水村	khi^{53} ŋu^{53}	si^{33}	tshu^{53}
龙华	tʃe^{31}	pei^{44}	ɕin^{35}
龙定	kwje^{231} ta:i^{31}	tɕhɛn^{33}	tɕhem^{24}
烟园	ȵo:ŋ^{35} kui^{31}	kjhen^{11}	ʃam^{31}
双龙	tjɔ^{42}	khən^{33}	tjhan^{24}
油岭	tɕa^{44} lau^{44}	—	—

	抢	敲	请
石板寨	χe^{33}	qho^{31}	mbjɛ^{24}
高寨	χi^{31}	khau^{55}	χaŋ^{35}
大南山	hua^{33}	ntou^{33}	tshen^{55}
高坡	ha^{42}	kho^{24}	—
宗地	ɦa^{13}	pe^{13}	ʔə^{55}
石门坎	ha^{11}	ntau^{11}	tshɯ^{55}
腊乙坪	tɕhaŋ^{53}	ɳʈə^{35}; ɳʈɯ^{44}	ʐaŋ^{42}; tshen^{53}
小章	bi^{31} la^{35}	to^{35}; qhɯ^{55}	tshen^{55}
养蒿	lu^{31}	ti^{33}	ten^{44}
菜地湾	lo^{13}	qhei^{33}	—
尧告	la^{24}	tja^{35}; tɬaŋ^{22}	ʑo^{22}
河坝	lo^{53}	tjɔ^{55}	shẽ^{13}
滚董	tɕhaŋ^{31}	qɔ^{31}	ho^{35}
毛坳	ɬau^{31}	kho^{55}	ɕaŋ^{313}
七百弄	lo^{21}	ntu^{21}	səŋ^{53}
西山	lu^{22}	that^{44}; zu^{13}	siŋ^{35}; xu^{13}
瑶麓	lo^{42}	li^{33}	tɕhiŋ^{42}
巴那	tɕhon^{35}	khau^{13}	tshin^{35}
优诺	tjheu^{54}	khau^{44}	theŋ^{54}
下水村	tshuŋ^{55}	khɔ^{35}	khɔ^{35}
龙华	pɒ^{55}	kha^{53}	ʃeŋ^{35}
龙定	tshaŋ^{53}	gau^{24}	tshiŋ^{53}
烟园	kjhaŋ^{51}	no:k^{35}	tjhiŋ^{51}
双龙	tɕhɔ^{35}	khau^{33}	tjau^{31}
油岭	ɕiŋ^{24}	hau^{44}	—

	去	缺	燃
石板寨	mu^{55}	mphe^{24}	ʑi^{24}
高寨	mu^{55}	mphe^{35}	ʑe^{35}
大南山	mo^{21}	ntai^{33}	tɕi^{13}
高坡	mã^{31}	ŋke^{42}	tɕi^{22}
宗地	məŋ^{11}	mʐen^{44}; mpei^{42}	tɕi^{13}
石门坎	mau^{11}	ntɖai^{11}	dʑi^{31}
腊乙坪	moŋ^{22}	ŋqwa^{53}	ta^{42}
小章	maŋ^{55}	—	dai^{13}
养蒿	moŋ^{11}	qei^{44}	tɕin^{13}
菜地湾	meŋ^{212}	paŋ^{13}	tɕin^{53}
尧告	meŋ^{241}	lau^{53}	tji^{22}
河坝	ljo^{53}	ɣo^{22}	tɕi^{22}
滚董	ȵi^{33}	kwe^{42}	qaŋ^{35}
毛坳	ȵe^{33}	sei^{55} thei^{31}	tai^{31}
七百弄	moŋ^{231}	ŋka^{42}	kjaŋ^{33}
西山	məŋ^{44}	nui^{22}	thɯ^{42}
瑶麓	muŋ^{53}	mpei^{33}	tɕi^{44}
巴那	ŋ^{31}	kwe^{53}	kjon^{313}
优诺	ʔŋ^{32}	pa^{55}	neu^{54}
下水村	huŋ^{31}	khui^{35}	tjhɔ^{55}
龙华	ŋ̥ŋ^{31}	kwai^{12}	ntau^{55}
龙定	miŋ^{31}	gwa^{55}	tsje^{21}
烟园	niŋ^{33}	ko^{31}	—
双龙	put^{53}	—	tjha^{21}
油岭	mu^{44}/ŋ̥ŋ^{44}	—	sa^{22}

	认识	溶化	撒尿
石板寨	tɕe^{24} ty^{24}	ʑin^{31}	tsəu^{31}
高寨	tɕe^{35} tu^{35}	ʑo^{55}	tsoŋ^{35}
大南山	ȵtɕo^{44}	ʑaŋ^{31}	tʂau^{44}
高坡	ȵtɕə^{42}	ʑõ^{55}	sha^{13}
宗地	ʐen^{33} sɿ^{21}	ʑua^{53}	læ^{35} ʐɿ^{11}
石门坎	pau^{55}	ʐhaɯ^{35}	vhɯ^{11}
腊乙坪	ȵtɕo^{53}	tɕi^{44} ʑin^{31}	qei^{22}
小章	ʑe^{35} ȵaŋ^{53} djau^{13}	ʑuŋ^{31}	tsaŋ^{33}
养蒿	ɕaŋ^{31}	ʑaŋ^{55}	ɕu^{35}
菜地湾	tɕou^{44}	ʑan^{22}	ʔen^{33}
尧告	tjeu^{44}	mo^{22}; lɔ^{31}	tɕi^{53}
河坝	ɕaŋ^{11}	ʑin^{55}	ɕo^{13}
滚董	pei^{35}	je^{33}	ŋ^{53} wei^{11}
毛坳	pi^{35}	ʑe^{33}	ŋ^{53}
七百弄	pa^{33}	ʑau^{13}	plo^{21}
西山	zo^{22} na^{35}	ȵon^{22}	tho^{42}
瑶麓	pu^{33}	ʑou^{44}	lu^{31}
巴那	dʑu^{35}	ʑuŋ^{313}	ʔin^{55}
优诺	ta^{44} njeu^{54}	joŋ^{13}	ʔaŋ^{44}
下水村	jin^{53} tu^{33}	kjiŋ^{33}	ʔu^{35}
龙华	pei^{44}	jo^{33}	ʔei^{35}
龙定	tsje^{55}	ʑu^{22}	puŋ^{24}
烟园	ȵim^{42}	zu^{42}	ʔi^{51}
双龙	tja^{53}	ʑuə^{31}	ȵɛ^{53}
油岭	ȵan^{22} tsa^{44}	ʑiŋ^{53}	ʔeŋ^{42}

	扫	杀(人)	筛
石板寨	tɕhi^{31}	ɗe^{33}	ʂe^{31}
高　寨	tɕhi^{31}	ɗe^{31}	se^{31}
大南山	tɕhe^{43}	tua^{44}	ʐi^{21}
高　坡	tɕhɛ^{24}	ntə^{42}	ʂã^{42}
宗　地	tɕæ^{22}	ta^{55}	ʐaŋ^{13}
石门坎	tɕhi^{55}	n̥o^{33}	tʂhau^{33}
腊乙坪	kɯ^{44}	ta^{53}	ɕɔ^{53}
小　章	kɯ^{55}	ta^{33}	so^{33}
养　蒿	tɕhi^{33}	ta^{44}	ɕha^{33}
菜地湾	tɕhei^{24}	ta^{44}	ɕɛ^{24}
尧　告	ɕi^{13}	to^{44}	ɕaŋ^{13}
河　坝	tɕhi^{44}	ma^{53}	ɕhæ^{44}
滚　董	ko^{31}	ta^{55}	he^{31}
毛　坳	ko^{313}	ta^{55}	ʔhei^{313}
七百弄	tɕhe^{33}	tɔ^{42}	ʂaŋ^{33}
西　山	phət^{35}	to^{13}	zaŋ^{33}
瑶　麓	tɕhei^{33}	tau^{44}	xe^{44}
巴　那	tsha^{44}	ta^{35}	ɕi^{13}
优　诺	ɗau^{54}	to^{54}	sa^{44}
下水村	kja^{55}	ta^{33}	hi^{55}
龙　华	ntʃa^{53}	ta^{35}	θai^{44}
龙　定	phut^{55}	tai^{24}	lo^{31}
烟　园	dʒeu^{55}	ʔtai^{55}	gwan^{55}
双　龙	su^{35}	tai^{24}	sɛ^{33}
油　岭	sau^{24}	dai^{42}	he^{44}

	晒	上（楼）	烧（山）
石板寨	ntei^{24}; pi^{31}	ȵtɕi^{24}	phzi^{55}
高寨	phen^{31}	ȵtɕin^{35}	pjhi^{55}
大南山	ʐa^{43}	ȵtɕe^{44}	ɗeu^{55}
高坡	ʐẽ^{24}	ȵtɕɛ^{42}	ɗə^{13}; phɛ^{13}
宗地	ʐæn^{32}	—	pæ^{232}; lə^{232}
石门坎	zie^{55}	ȵtɕi^{33}	ɗey^{55}
腊乙坪	ʂo^{44}	ȵtɕɯ^{53}	tei^{44}; ʔɔ^{35}
小章	xəɯ^{55}	djɯ^{13}	ti^{55}; ʔo^{53}
养蒿	tsa^{33}	tɕi^{44}	phi^{35}
菜地湾	pue^{24}	tɕei^{44}	phɛ^{33}
尧告	pai^{13}	ti^{44}	phai^{53}
河坝	ɕhæ^{33}	tɕi^{33}	khi^{33}
滚董	ha^{55}	ȵo^{55}	pho^{31}
毛坳	ha^{55}	ȵtɕo^{55}	qaŋ^{35}
七百弄	nte^{42}; pe^{33}	ȵtɕe^{42}	phe^{53}
西山	te^{13}	tɕe^{13}	phe^{35}
瑶麓	pa^{53}	ȵtɕei^{44}	pha^{13}
巴那	ɕa^{55}	dʑa^{35}	kwha^{44}
优诺	sa^{54}	ly^{55}	neu^{55}
下水村	hi^{35}	tja^{33}	ɬa^{55}
龙华	phoi^{33}	ntjha^{35}	ma^{53}
龙定	—	ɬa:u^{24}	po^{53}
烟园	ɬa:i^{11}	tau^{55}	ʔpu^{51}
双龙	phəi^{33}	sa^{24}	pau^{35}
油岭	ɬai^{44}	ho^{42}	bu^{24}

	射	生(小孩)	是
石板寨	puŋ^{55}	ʑuŋ^{31}	ʑuŋ^{24}
高　寨	ɳʈu^{31}	ʑaŋ^{35}	ʑoŋ^{35}
大南山	pau^{55}	ʑo^{13}	ʑau^{13}
高　坡	põ^{13}	tɬo^{22}	ȵõ^{22}
宗　地	poŋ^{42}	tɔ^{55}	ʑoŋ^{13}
石门坎	po^{55}	ʂau^{33}	ʑo^{31}
腊乙坪	paŋ^{44}	pji^{31}	ȵi^{42}
小　章	ba^{31}	tai^{55}	ȵi^{13}
养　蒿	paŋ^{35}	ʑi^{13}	tji^{13}
菜地湾	—	tue^{44}	ɕi^{53}
尧　告	pam^{53}	ʑo^{22}	tjo^{22}
河　坝	paŋ^{13}	ʑi^{22}	tjɔ^{22}
滚　董	poŋ^{31}	tu^{55}	sei^{42}
毛　坳	mpo^{53}	tu^{55}	ɕi^{53}
七百弄	pɛ^{53}	moŋ^{13}	tə^{22}
西　山	pei^{35}	muəŋ^{42}	tɕhəu^{22}
瑶　麓	pei^{13}	ʑuŋ^{31}	ʔŋ^{53}
巴　那	do^{55}	tau^{35}	ɕi^{53}
优　诺	sje^{13}	ɗau^{32}	sɿ^{32}
下水村	sja^{53}	jaŋ^{53}	tshi^{53}
龙　华	puŋ^{53}	jaŋ^{11}	ʃei^{11}
龙　定	poːn^{53}	ʑuŋ^{231}	tsei^{231}
烟　园	ɬan^{51}	ʔtu^{35}	tʃei^{31}
双　龙	tɛ^{35}	sɛ^{33}	tjəi^{42}
油　岭	bun^{24}	ʔeŋ^{42}	sei^{44}

	不是	收(玉米)	守(庄稼)
石板寨	mo^{31} ʑuŋ^{24}	sy^{31}	ʔyu^{55}
高　寨	mu joŋ^{13}	ʑa^{31}	laŋ^{35}
大南山	tʂi^{44} ʑau^{13}	ʂou^{44}	ʐo^{55}
高　坡	ma^{31} ɲõ^{22}	shɯ^{24}	ʐə^{13}
宗　地	moŋ^{32} ʐoŋ^{13}	ʂəu^{22}	ʐo^{42}
石门坎	hi^{33} ʑo^{31}	lo^{55}	zo^{55}
腊乙坪	tɕe^{31} ɲi^{42}	ɕɯ^{44}	ljɯ^{42}
小　章	m^{55} ɲi^{13}	səɯ^{33}	ʔʑəɯ^{55}
养　蒿	ʔa^{55} tji^{13}	ɕhu^{33}	ɣə^{35}
菜地湾	mi^{13} ɕi^{53}	tue^{44}	vou^{33}
尧　告	mo^{31} tjo^{22}	ne^{24}; ma^{24}	ɣeu^{53}
河　坝	ʔa^{33} tjɔ^{22}	ɕhu^{44}	ɣu^{13}
滚　董	ʔa^{31} ɲoŋ^{35}	sau^{35}	jo^{31}
毛　坳	phu^{53} ɕi^{53}	ɕeu^{35}	ʑo^{313}
七百弄	ma^{13} tə^{22}	moŋ^{33}; lɔ^{53}.	ɣɔ^{53}
西　山	ma^{42} tɕhəu^{22}	səu^{33}	kuan^{35}
瑶　麓	muŋ^{55} ta^{33}	ɕu^{13}	hau^{13}
巴　那	mo^{31} ɕi^{53}	ɕu^{13}	ʑu^{44}
优　诺	mə^{21} si^{32}	seu^{44}	tjeu^{32}
下水村	ʔa^{35} tshi^{53}	sa^{33}	vu^{55}
龙　华	n^{55} ʃei^{11}	θja^{44}	ju^{53}
龙　定	m^{31} tsei^{231}	sjəu^{33}	sjəu^{53}
烟　园	m^{55} tʃei^{31}	ʃo:u^{11}	ho:n^{11}
双　龙	n^{24} tjəi^{42}	sau^{33}	tju^{35}
油　岭	m^{53} sei^{44}	siu^{44}/ho^{44}	—

	梳	输	数(钱)
石板寨	phu^{31}	ʂu^{33}	ʂo^{24}
高寨	phu^{31}	ntshe^{35}	so^{35}
大南山	ntʂi^{33}	ʂu^{43}	ʂua^{55}
高坡	——	ʂɯ^{42}	ʂɛ^{13}
宗地	ntsɿ^{44}	ʂəu^{22}	sɯ^{35}
石门坎	ɳtʂʅ^{11}	ʂu^{55}	ʑy^{31}
腊乙坪	ɳtʂi^{44}	ʂɯ^{44}	ʂə^{53}
小章	zɿ^{35}	su^{55}	xɯ^{53}
养蒿	ɕa^{53}	ko^{13}	xhi^{35}
菜地湾	——	ɕy^{24}	hei^{33}
尧告	ɕeu^{44}	mo^{31} ʔaŋ^{53}	xei^{53}
河坝	ɕa^{11}	kɔ^{22}	xhei^{13}
滚董	ɲi^{42}	tai^{35} ʔa^{31} tu^{55}	ho^{31}
毛坳	hei^{35}	ɕi^{55}	xo^{313}
七百弄	ntso^{31}	θəu^{53}	θə^{42}
西山	su^{22}	ʑei^{42}	ʑa^{35}
瑶麓	ntsa^{13}	le^{13}	ŋke^{31}
巴那	dʑa^{55}	ɕi^{13}	suŋ^{55}
优诺	ŋja^{55}	sui^{44}	ɬoŋ^{54}
下水村	tsi^{22}	si^{55}	hjeu^{35}
龙华	ntʃe^{35}	kwan^{53}	ŋkjhau^{53}
龙定	tsei^{24}	sui^{33}	saːu^{53}
烟园	tei^{55}	tei^{11}	tau^{51}
双龙	tsi^{24}	səu^{33}	sau^{53}
油岭	te^{42}	su^{44}	hin^{42}

	拴(牛)	睡觉	说
石板寨	tɕo^{24}	pu^{24} ŋqlaŋ^{31}	tshei^{31}
高寨	tɕo^{35}	pu^{35}	tshi^{31}
大南山	ʂa^{44}	pu^{44}	hai^{33}
高坡	qhe^{24}; tɕo^{42}	pɯ^{42}	thã^{42}
宗地	ti^{32}	pu^{55}	pʐu^{53} haŋ^{42}
石门坎	qhai^{55}	py^{33}	hĩ^{11}
腊乙坪	mjɛ^{42}; ʈɛ^{31}	pə^{53}	phu^{44}
小章	nai^{35}	pa^{33} kwei^{33}	ʑu^{13}
养蒿	tɕo^{53}	pi^{44} ta^{33}	m̥a^{44}; ɣu^{35}
菜地湾	tɕi^{44}; qha^{24}	pue^{44} taŋ^{22}	tjeu^{53}
尧告	qha^{13}	pi^{44} ke^{22} tɬɔ^{13}	tju^{24}
河坝	qhæ^{44}	puæ^{33} ɬe^{44}	næ^{53}
滚董	tɔ^{33}	pei^{55}	kaŋ^{31}
毛坳	thau^{35}	pei^{55}	kuŋ^{313}
七百弄	lɛ^{22}	pɯ^{42}	vaŋ^{42}
西山	kha^{33}	kha^{13}	vaŋ^{22}
瑶麓	kha^{33}	pei^{44}	tɕou^{31}
巴那	din^{22}	pu^{35}	kon^{35}
优诺	tau^{13}	pui^{54}	tu^{13}
下水村	khue^{22}	pɔ^{33}	kuŋ^{55}
龙华	tu^{44}	pau^{35}	tʃɒŋ^{11}
龙定	du^{31}; ɲat^{55}	pui^{24}	koːŋ^{53}
烟园	daːu^{33}	ɬei^{55}	koːŋ^{51}
双龙	da^{31}	mi^{24} ɲɔi^{42}	tjɔ^{35}
油岭	—	bui^{42}	bau^{42}; bo^{24}

	送(客)	赠送	缩
石板寨	ʑuŋ^{31}	paŋ^{31}	yo^{33}
高寨	soŋ^{35}	ɳʈu^{35}	yø^{31}
大南山	saŋ^{44}	saŋ^{44}	ŋkou^{24}
高坡	shã^{42}	pə̃^{42}	ʐə^{55}
宗地	saŋ^{35}	saŋ^{35}	ŋku^{21}
石门坎	saɯ^{33}	saɯ^{33}	lau^{33}
腊乙坪	soŋ^{53}	kaŋ^{42}	tɕi^{44} ŋkaŋ^{35}
小章	saŋ^{33}	ɢaŋ^{13}	djaŋ^{13}
养蒿	shoŋ^{44}	pɛ^{33}	xhu^{53}
菜地湾	suŋ^{44}	san^{44}	heu^{35}
尧告	sam^{44}	po^{13}	lo^{53}
河坝	shuŋ^{33}	poi^{44}	xheɯ^{11}
滚董	soŋ^{55}	paŋ^{35}	khu^{53}
毛坳	suŋ^{55}	suŋ^{55}	so^{35}
七百弄	θəŋ^{42}	tɕɛ^{22}	θu^{31}
西山	suəŋ^{13}	suəŋ^{13}	ʔlut^{35}
瑶麓	ʑan^{53}	saŋ^{13}	pin^{55}
巴那	suŋ^{35}	suŋ^{35}	su^{35}
优诺	ɬaŋ^{54}	ɬaŋ^{54}	sau^{54}
下水村	suŋ^{33}	suŋ^{33}	seu^{35}
龙华	θəŋ^{35}	θəŋ^{35}	ŋjau^{53}
龙定	fuŋ^{24}	fuŋ^{24}	su^{55}
烟园	toŋ^{55}	toŋ^{55}	toːt^{35}
双龙	suə^{24}	tsəi^{31}	—
油岭	ɕiŋ^{42}	—	—

	抬	逃跑	乞讨
石板寨	ku^{55}	pzau^{33}	pi^{24}
高　寨	ku^{55}	ndu^{35}	nei^{35}
大南山	ku^{55}	tʂi^{55}	thau^{55}
高　坡	ŋqõ^{42}	pli^{13}	ʑu^{13}
宗　地	tɕo^{13}	pʐei^{42}	sæ^{22}
石门坎	tʂhə^{55}	pɯ^{55}	ʑa^{55}; ntɯ^{31}
腊乙坪	tɕi^{44} ŋqe^{53}	ʂə^{35}	sa^{44}
小　章	ɢai^{13}	ɕa^{53}	qha^{33}
养　蒿	qaŋ^{44}; tju^{33}	tsu^{53}	ɬa^{53}
菜地湾	qan^{24}	tso^{35}	ɬjɛ^{44}
尧　告	qan^{13}	tɕa^{35}	lje^{44}
河　坝	kuæ^{13}	pjɔ^{11}	ɬa^{11}
滚　董	tɕoŋ^{35}	tɔ^{42}	ta^{31}
毛　坳	thai^{35}	thau^{31}	ŋkwei^{35}
七百弄	ke^{33}	pjo^{31}	kjhə^{33}
西　山	zan^{33}	lak^{35}	tɕha^{35}
瑶　麓	ntjan^{31}	ɕou^{44} ma^{13}	ȵtɕei^{44}
巴　那	ɡaŋ^{35}	pei^{44}	kha^{35}
优　诺	ŋjan^{54}	pi^{33}	ɬo^{55}
下水村	kɔn^{33}	ka^{03} pi^{55}	kjhi^{31}
龙　华	ŋkhen^{35}	ntʃu^{11}	no^{11}
龙　定	kɛŋ^{33}	pau^{24}	thu^{53}
烟　园	tʃeŋ^{35}	tʃheu^{42}	lo^{31}
双　龙	ŋɔ^{35}	dzat^{53}	thu^{35}
油　岭	kaŋ^{44}	—	—

	疼	提	填
石板寨	ʔmuŋ³¹	qen²⁴	vzaŋ³³
高寨	ʔoŋ³¹	qen³⁵	vjoŋ³¹
大南山	mau⁴³	ŋqaŋ⁴⁴; tɕhe⁵⁵	then³¹
高坡	mõ²⁴	thẽ⁵⁵	thie³¹
宗地	məŋ³²	sə⁴⁴	thian²¹
石门坎	mo⁵⁵	tɕhə⁵⁵	thie³¹; pa³³
腊乙坪	moŋ³⁵	tho⁵³	tɕi⁴⁴po³¹
小章	ʔmaŋ⁵³	di⁵⁵	djan³¹
养蒿	moŋ³³	ɕu⁵³	tjin⁵⁵; pə⁵⁵
菜地湾	meŋ²⁴	tɕen²⁴	tjen²²
尧告	meŋ¹³	ʑa⁴⁴	pa²²
河坝	muŋ⁴⁴; njuŋ⁵⁵	ɕo¹¹	tjhẽ⁵³
滚董	ma³⁵	tɕe¹¹	ʔj⁵⁵
毛坳	ma³⁵	tɕha³⁵	dje³³
七百弄	moŋ³³	ɕəu⁵³	pu³³
西山	tɕət³⁵	ziəu³⁵	tien⁴²
瑶麓	meŋ³³	ʑa¹³	suŋ⁴⁴
巴那	ŋ¹³	tiŋ³¹³	tjen³¹³
优诺	ʔŋ⁴⁴	te¹³	te¹³
下水村	ʔŋ²²	kwhaŋ³⁵	thin³¹
龙华	məŋ⁴⁴	kha⁵⁵; no⁴⁴	ntan¹¹
龙定	mun³³	n̥eŋ²⁴	tin³¹
烟园	mun³⁵	neŋ⁵⁵	ʔtin³³
双龙	mun³³	djau³¹	—
油岭	man⁴⁴	loi⁴⁴	tjan⁵³

	挑(水)	跳	听
石板寨	ku^{55}	nte^{24}	tɕi^{31} mbi^{31}
高　寨	ku^{55}	nte^{35}	tɕin^{31} mbji^{31}
大南山	ku^{55}	tɬha^{44}	noŋ^{13}
高　坡	ŋqõ^{42}	plə^{42}; nti^{42}	mlõ^{22}
宗　地	tɕæ^{55}	ntei^{55}	mʑəŋ^{13}
石门坎	tɕy^{55}	tɬhie^{33}	nau^{31}
腊乙坪	ŋqe^{53}	tɕi^{44} ntɛ^{35}	toŋ^{53}
小　章	qai^{35}	ŋa^{35}	thaŋ^{53}
养　蒿	qaŋ^{44}	tji^{13}	tsoŋ^{33} zɛ^{55}
菜地湾	qan^{44}	ʑan^{33}	naŋ^{33}
尧　告	tan^{44}	tɕa^{35}	tei^{13} ȵei^{31}
河　坝	kuæ^{13}	tje^{22}	tɕa^{33} mei^{55}
滚　董	ŋai^{55}	tjaŋ^{53}	ma^{55}
毛　坳	ŋqei^{55}	tɕheu^{35}	ma^{55}
七百弄	nteŋ^{42}	sa^{31}	lə^{22} m̥oŋ^{42}
西　山	teŋ^{13}	tiəu^{13}	məŋ^{13}
瑶　麓	ŋkan^{44}	le^{53}	m̥eŋ^{44}
巴　那	ton^{55}	pu^{55}	tuŋ^{35}
优　诺	nai^{54}	tjheu^{55}	teŋ^{54}
下水村	taŋ^{35}	tjhɔ^{53}	kuŋ^{33}
龙　华	tʃe^{35}	pjau^{44}	m̥əŋ^{35}
龙　定	daːm^{33}	thiu^{24}	moːŋ^{24}
烟　园	daːm^{35}	djaŋ^{35}	muŋ^{31}
双　龙	da^{33}	dju^{24}	m̥ɔŋ^{24}
油　岭	dom^{44}	deu^{44}	maŋ^{42}

	听见	偷	吐(痰)
石板寨	nəu^{55}	ȵ̥in^{24}	nthəu^{24}
高　寨	n̥u^{55}	ȵ̥in^{35}	nthu^{35}
大南山	n̥au^{55}	ȵ̥a^{13}	nto^{44}
高　坡	n̥õ^{13}	ȵ̥ẽ^{22}	ntu^{13}; nthu^{42}
宗　地	nɔ^{232}	ȵ̥i^{13}	nti^{55}; ntəu^{55}
石门坎	n̥o^{55}	ȵ̥e^{31}	nto^{33}
腊乙坪	n̥aŋ^{44}	ȵ̥ɛ^{42}	ŋqe^{44}
小　章	thaŋ^{53} naŋ^{35}	ȵ̥e^{13}	thəɯ^{33}
养　蒿	n̥aŋ^{35}	ʔɛ^{44} ȵjaŋ^{13}	thu^{44}
菜地湾	naŋ^{33}	ȵjan^{53}	theu^{44}
尧　告	n̥aŋ^{53} kei^{53}	tsau^{22}	thau^{44}
河　坝	naŋ^{13}	ȵjin^{22}	phin^{33}
滚　董	n̥oŋ^{31}	tɕɔ^{33}	qa^{33}
毛　坳	ma^{55} tau^{35}	ŋ^{31}	ntjho^{55}
七百弄	n̥ɛ^{53}	ȵ̥i^{22}	ntu^{53}; ɬo^{42}
西　山	ne^{35}	ȵ̥i^{22}	thu^{35}
瑶　麓	n̥ei^{13}	ȵ̥i^{31}	ntau^{44}
巴　那	tau^{35} naŋ^{44}	ŋ^{22}	tjheu^{53}
优　诺	ta^{55} naŋ^{33}	ŋji^{32}	ve^{32}
下水村	kuŋ^{33} nuŋ^{53}	kå^{3} jin^{53}	phi^{31}
龙　华	m̥əŋ^{35} pu^{12}	ŋjiŋ^{11}	phli^{53}
龙　定	mo:ŋ^{24} hai^{231}	nim^{21}	thui^{53}
烟　园	nom^{51}	nim^{42}	dʒui^{31}
双　龙	n̥ən^{35} na^{31}	thəi^{33}	lja^{35}
油　岭	num^{24}	ȵam^{22}	le^{24}; deu^{42}

	推	退	拖
石板寨	naŋ^{55}	thy^{24}	tɕuŋ^{31}
高 寨	ɕin^{31}	thu^{35}	ʔɣy^{35}
大南山	theu^{43}	thuei^{24}	lou^{21}
高 坡	tʂhu^{24}	tho^{42}	tɕa^{13}; ʑa^{22}
宗 地	pəu^{22}	pɔ^{53}	tɕə^{21}; lə^{13}
石门坎	they^{55}	ȵhi^{11}	ŋɢhu^{11}; hi^{31}la^{31}
腊乙坪	tɕhoŋ^{35}	thei^{35}	tɕi^{44}tho^{44}; tɕi^{44}ɗja^{44}
小 章	ɕo^{55}	thuei^{33}	ɗja^{35}
养 蒿	xhoŋ^{35}	tha^{53}	tjhə^{44}
菜地湾	ljou^{53}; thue^{24}	thue^{35}	tho^{24}
尧 告	tɕɔ^{241}	thua^{35}	tɬa^{44}
河 坝	tjhuŋ^{11}	tjaŋ^{13}qa^{13}	ɕhi^{44}
滚 董	soŋ^{31}	to^{55}	thu^{35}
毛 坳	the^{55}	thau^{55}	thu^{35}
七百弄	tɕhi^{53}	tha^{42}	kwo^{42}
西 山	tuei^{33}	tuei^{13}	zuk^{44}
瑶 麓	ɗau^{44}	ntje^{13}	mpjan^{31}
巴 那	naŋ^{35}	thei^{55}	tho^{13}
优 诺	thoŋ^{54}	thy^{54}	theu^{44}
下水村	ʔŋ^{33}	than^{22}	ti^{55}
龙 华	thui^{53}	thei^{12}	ɣa^{31}
龙 定	foŋ^{53}	thui^{24}	tho^{33}
烟 园	ȵaŋ^{51}	tʃho:i^{31}	la:i^{35}
双 龙	sɔŋ^{35}	dat^{53}	thɔ^{33}
油 岭	huŋ^{42}	tui^{53}	to^{44}

	脱(衣)	脱(皮)	挖
石板寨	qhlei^{31}	tha^{24}	ȵtɕo^{33}
高　寨	qhle^{31}	tha^{35}	ȵtɕo^{31}
大南山	ɬe^{44}	phli^{33}	ȵtɕeu^{33}
高　坡	tɬhɛ^{42}	ɬə^{42}	ȵtɕə^{42}
宗　地	ɬi^{44}	lɿ^{13}	ȵtɕə^{44}
石门坎	tɬey^{11}	ɬy^{55}	ȵtɕey^{11}
腊乙坪	ntha^{44}	ȵɔ^{22}	phə^{35}
小　章	tha^{55}	ɡwei^{35}	pha^{53}
养　蒿	tha^{35}	then^{44}	qoŋ^{13}
菜地湾	tho^{33}	thuan^{44}	quŋ^{44}
尧　告	tho^{53}	la^{35}	tja^{35} lo^{22}
河　坝	lo^{33}	thun^{33}	tɕo^{11}
滚　董	qe^{31}	lje^{33}	me^{11}
毛　坳	qheu^{53}	nto^{55}	kwhei^{35}
七百弄	tɬho^{31}	pɔ^{53}	ȵtɕo^{31}
西　山	tho^{35}	pok^{35}	ʔpak^{35}
瑶　麓	ɬo^{55}	ɬo^{55}	mpei^{13}
巴　那	tɬho^{44}	tɬho^{44}	va^{55}
优　诺	kai^{33}	thy^{54}	tshau^{13}
下水村	the^{33}	nɔ^{35}	kjheu^{31}
龙　华	thui^{35}	nthot^{55}	wa^{55}
龙　定	tɕai^{53}	dut^{55}	wet^{55}
烟　园	tɬai^{51}	dot^{11}	kwhak^{11}
双　龙	tɕi^{35}	pjɔ^{53}	wut^{53}
油　岭	—	hui^{42}; ɡui^{44}	vet^{44}

	忘记	喂(猪)	嗅
石板寨	ʔi^{55} wen^{33}	ʔu^{24}	min^{24}
高 寨	wæ^{55}	ʔu^{35}	m̥en^{55}
大南山	n̥au^{55}	po^{43}	n̥a^{44}
高 坡	hə^{13} (n̥õ^{13}) sə^{22}	ʔɯ^{42}	m̥e^{42}
宗 地	tɔ^{55} na^{42}	ʔəu^{55}	mi^{35}
石门坎	hi^{33} ȵtɕo^{33}	pu^{55}	tɕy^{33} ta^{55}
腊乙坪	noŋ^{44}	kaŋ^{42}	tɕi^{44} tɕə^{53}
小 章	ʔnaŋ^{55} hwei^{53}	səɯ^{55}	xaŋ^{33}
养 蒿	n̥oŋ^{33} qaŋ^{33}	ɬi^{13}	m̥i^{44}
菜地湾	neŋ^{33} qan^{24}	ɬi^{53}	mi^{44}
尧 告	n̥eŋ^{53}	ɬo^{22}	m̥an^{44}
河 坝	nuŋ^{13}	nuŋ^{44}	me^{33}
滚 董	ʔi^{55} noŋ^{31}	koŋ^{35}	ȵ̥i^{55}
毛 坳	nuŋ^{313}	kuŋ^{35}	m̥iŋ^{55}
七百弄	ta^{31} n̥oŋ^{53}	n̥oŋ^{33}	m̥e^{42}
西 山	tho^{22} noŋ^{35}	noŋ^{33}	məŋ^{13}
瑶 麓	ɗo^{53}	n̥eŋ^{33}	m̥an^{44}
巴 那	ta^{44} tɬuŋ^{44}	nuŋ^{13}	ɕuŋ^{35}
优 诺	mjoŋ^{21} ki^{54}	vi^{54}	ŋjoi^{54}
下水村	nu^{35} kjuŋ^{55}	ku^{33}	kuŋ^{33}
龙 华	kha^{55} n̥əŋ^{53}	jaŋ^{11}	m̥ai^{35}
龙 定	lu^{31} khu^{55}	ʔui^{24}	n̥o:m^{53}
烟 园	ȵeu^{51} kho^{11}	ʔui^{55}	ham^{31}
双 龙	n̥au^{35}	ti^{31}	m̥ja^{24}
油 岭	ka^{44} nau^{24}	ʔo^{42}	ȵuŋ^{44}

	问	吸气	洗(碗)
石板寨	na^{24}	ʂo^{33}	ntsi^{55}
高　寨	na^{35}	ʈhu^{35}	ntsi^{55}
大南山	no^{13}	ɬu^{33}	ntsua^{55}
高　坡	nə̃^{22}	tʂhə^{42}	nza^{13}
宗　地	noŋ^{13}	wə^{13}	ntsa^{42}
石门坎	nu^{31}	ɬy^{11}	ntsa^{55}
腊乙坪	ne^{42}	tɕi^{44}ɬju^{44}	ntsa^{44}
小　章	nei^{13}	ɬu^{55}	zai^{55}
养　蒿	nɛ^{13}	xhu^{53}	sa^{35}
菜地湾	nei^{53}	heu^{35}	tse^{33}
尧　告	no^{22}	ɬi^{35} pam^{44}	sɛ^{53}
河　坝	nei^{22}	ho^{11}	sæ^{13}
滚　董	nei^{44}	ɬu^{35}	nei^{31}
毛　坳	ne^{31}	haŋ^{53}	ntse^{313}
七百弄	he^{42}	hu^{31}	ntθe^{53}
西　山	xen^{13}	tiəu^{33} sɿ^{44}	sei^{35}
瑶　麓	haŋ^{44}	ɕe^{31}	ntsai^{13}
巴　那	ni^{22}	tɕhu^{13}	dzai^{44}
优　诺	no^{32}	seu^{55}	tai^{33}
下水村	nɔ^{53}	hjeu^{33}	nu^{35}
龙　华	no^{11}	ŋkjau^{31}	ntʃei^{53}
龙　定	na:i^{21}	so^{55}	dza:u^{24}
烟　园	na:i^{42}	ɡek^{11}	da:u^{55}
双　龙	na^{42}	lan^{35}	dza^{35}
油　岭	noi^{22}	—	dou^{24}

	洗(衣)	下(楼)	下(雨)
石板寨	ntsha^{24}	ŋɢa^{55}	ʔi^{55} ʔʑo^{33}
高寨	ntsha^{35}	ŋɢa^{55}	ʔɸ^{31}
大南山	ntshua^{44}	ŋqe^{21}	lo^{21} naŋ^{13}
高坡	nshu^{42}	ŋqa^{31}	—
宗地	ʑə^{42}	ŋkɪ^{11}	lu^{11} naŋ^{13}
石门坎	ntsha^{33}	ŋɢhɯ^{11}	lho^{11} naɯ^{55}
腊乙坪	ntsho^{53}	lɔ^{53}	ta^{31} noŋ^{42}
小章	tshəɯ^{33}	lo^{33}	da^{31} naŋ^{13}
养蒿	sho^{44}	ŋa^{11}	ta^{55} noŋ^{13}
菜地湾	sou^{44}	qha^{33}	—
尧告	sau^{44}	qhei^{53}	ʎjeu^{31} nam^{22}
河坝	sha^{33}	ŋa^{21}	ta^{55} nuŋ^{22}
滚董	ȵ̊o^{55}	haŋ^{55}	no^{11}
毛坳	ntsho^{55}	haŋ^{55}	puŋ^{35}
七百弄	θa^{231}	ŋko^{231}	tɔ^{13} nəŋ^{22}
西山	sak^{44}	ko^{44}	tho^{42}
瑶麓	ʑi^{31}	ŋko^{53}	lau^{53}
巴那	dzau^{35}	ga^{31}	nuŋ^{22}
优诺	tai^{33}	ŋa^{32}	to^{13}
下水村	nu^{35}	tjhuŋ^{33}	nu^{33}
龙华	ntʃhu^{35}	ɟo^{35}	ɟo^{35}
龙定	dzu^{24}	dʑe^{21}	tui^{31}
烟园	du^{31}	dʒa^{42}	lo^{11}
双龙	lun^{42}	dja^{42}	tui^{31}
油岭	du^{42}	ga^{22}	ga^{22}

	下(小猪)	想	削
石板寨	tha^{55}	siaŋ^{55}	tɕhi^{33}
高寨	—	qhen^{31}	tɕhe^{31}
大南山	ʑo^{13}	saŋ^{55}; ȵtɕhai^{55}	tu^{21}
高坡	tɬo^{22}	shã^{55}	ka^{24}; ʑõ^{13}
宗地	ȵəŋ^{11}	sen^{35}	kəu^{44}; læn^{232}
石门坎	ɕaɯ^{33}	ndɦy^{31}	ley^{11}; tɕhai^{11}
腊乙坪	ntha^{44}	ɕaŋ^{53}	ɕa^{44}
小章	qwei^{13}	sai^{55}	saŋ^{53}
养蒿	then^{44}; na^{13}	zen^{55}; zo^{13}	tɕhin^{53}
菜地湾	—	ɕaŋ^{33}	phin^{35}
尧告	tɬɔ^{22}	ɕaŋ^{44}	ɕeu^{44}
河坝	ʑi^{22}	ɕhuŋ^{33}	tɕha^{11}
滚董	tu^{55}	saŋ^{31}	tjhe^{35}
毛坳	tu^{55}	ɕuŋ^{313}	xuŋ^{35}
七百弄	ȵaŋ^{231}; ʑaŋ^{33}	ŋ̇i^{231}	ɗeŋ^{53}
西山	ko^{44}; zuəŋ^{42}	siaŋ^{35}	li^{35}
瑶麓	ʑuŋ^{31}	ȵtɕuŋ^{33}	tɕhei^{44}
巴那	tau^{35}	ɕon^{55}	sjo^{35}
优诺	ɗau^{44}	ɗjeu^{54}	le^{44}
下水村	jaŋ^{53}	sjɔŋ^{33}	phi^{33}
龙华	jaŋ^{11}	nen^{35}	ʃei^{55}
龙定	dʑe^{21}	n̥am^{53}	ɬjet^{55}
烟园	dʒa^{42}	tjo^{55}	phi^{51}
双龙	dja^{42}	ɕaŋ^{53}	ɕau^{33}
油岭	ʔeŋ^{42}; ɡa^{22}	—	ɬjat^{44}; hat^{44}

	笑	醒	选
石板寨	ʈu^{33}	za^{33}	sen^{55}
高　寨	ʈu^{31}	za^{31}	—
大南山	ʈo^{33}	tʂi^{13}	sai^{55}
高　坡	tʂə^{42}	sa^{55}	ʂə^{42}
宗　地	ʂo^{44}	si^{21} ŋɔ^{44}	ʐə^{13}
石门坎	tɬo^{11}	dʐɦy^{31}	sai^{55}
腊乙坪	ʈo^{44}	sa^{53}	sɛ^{53}
小　章	təɯ^{35}	zɿ^{35} ljau^{53}	khɯ^{53}
养　蒿	tjə^{53}	ŋjin^{13} mɛ^{13}	xhu^{53}
菜地湾	tjeu^{35}	ɕin^{33}	qen^{33}
尧　告	tjeu^{35}	tjen^{241} ɗɔ^{13}	teu^{22}
河　坝	tjeu^{11}	te^{33} me^{22}	ho^{11}
滚　董	tɕa^{53}	so^{35} tɕi^{42}	wei^{11}
毛　坳	tja^{53}	ɕaŋ^{31}	ŋkwi^{33}
七百弄	ʈɔ^{31}	ȵe^{22}	li^{22}
西　山	tɕo^{22}	ȵen^{22}	le^{22}
瑶　麓	tju^{44}	n̥ei^{13}	la^{31}
巴　那	kjeu^{55}	kwa^{31} tɕa^{53}	sjen^{44}
优　诺	tjeu^{55}	ɬen^{54}	ɬon^{32}
下水村	ku^{35}	saŋ^{33}	kha^{53}
龙　华	tʃu^{55}	θei^{44}	kan^{35}
龙　定	kat^{55}	ȵe^{33}	tɕɛn^{53}
烟　园	kjat^{55}	di:u^{33}	—
双　龙	klat^{53}	ȵa^{33}	ɕɛn^{35}
油　岭	tut^{44}	—	—

	寻找	压	痒
石板寨	ʔlen^{24}	ʔnen^{33}	tsəu^{55} kho^{33}
高寨	ʔnen^{35}	—	tsɿ^{55} kho^{31}
大南山	tʂau^{55}	na^{33}	tsau^{43}
高坡	—	nẽ^{42}	tə^{02} khə^{42}
宗地	kɔ^{22}	næn^{44}; ʐæn^{11}	kwo^{13}
石门坎	ɳʈhie^{55}	dzhai^{11}	khau^{11} khau^{11}
腊乙坪	tha^{53}	ʔa^{44}	ɕi^{44} to^{22}
小章	thu^{55}	nei^{35}	qa^{03} təɯ^{35}
养蒿	ɣaŋ^{13}	nei^{31}	tɕhu^{44} tɕha^{44}
菜地湾	—	te^{24}	—
尧告	ɣaŋ^{22}	tɕaŋ^{24}	ka^{35}
河坝	teu^{22}	te^{44}	ke^{11}
滚董	wai^{35}	tei^{35}	ŋu^{53}
毛坳	ŋkwei^{35}	ŋa^{53}	ŋku^{53}
七百弄	ɣɛ^{22}	ke^{22}	tɕhi^{31} tɕhu^{31}
西山	ʔleŋ^{13}	nat^{35}	ko^{22} tɕhu^{22}
瑶麓	tɕhou^{33}	nai^{53}	tɕhu^{55}
巴那	tɕau^{31}	ʑa^{35}	ɕa^{35}
优诺	thoŋ^{33}	ja^{13}	so^{55}
下水村	hɔ^{22}	ŋa^{35}	ka^{03} khi^{31}
龙华	thɒŋ^{53}	ŋa^{12}	ʃo^{55}
龙定	lo^{231}	dap^{55}; ŋat^{55}	sjet^{55}
烟园	lo^{31}	dap^{55}	ʃat^{11}
双龙	tɕɛn^{31}	ʔat^{53}	ɕit^{53}
油岭	taŋ^{53}	ʔap^{44}; kup^{22}	ket^{44}

	摇	咬	要
石板寨	ntshy^{55}ntshy^{33}	zəu^{33}	ʔȵaŋ^{55}
高　寨	ȵtɕhu^{55} ȵtɕhu^{31}	ʑu^{31}	ʔȵoŋ^{55}
大南山	tɕo^{44}	to^{24}	ʑua^{55}
高　坡	tə^{02} qɛ^{42}	tə^{55}	ʑa^{42}
宗　地	ʑaŋ^{13}；lei^{33}	to^{21}	—
石门坎	tɕo^{33}tɕo^{33}	dho^{31}	ʑa^{55}
腊乙坪	tɕi^{44} lja^{31}	to^{22}	lje^{42}
小　章	ŋəɯ^{31}	dəɯ^{35}	lji^{13}
养　蒿	khə^{44}	tə^{31}；ki^{53}	ʔə^{35}
菜地湾	ŋau^{22}	kue^{35}	—
尧　告	ŋo^{22}	ka^{35}	mi^{13}
河　坝	me^{53}	ke^{11}	ʑeu^{44}
滚　董	jo^{33}	ta^{42}	ja^{31}
毛　坳	ɬje^{31}	tha^{31}	ʑa^{313}
七百弄	pe^{42}	to^{21}	moŋ^{33}
西　山	peŋ^{13}	kət^{35}	ʔpəŋ^{33}
瑶　麓	vai^{42}	tau^{42}	meŋ^{33}
巴　那	ʑau^{313}	tau^{53}	ʑu^{44}
优　诺	ŋau^{13}	tu^{21}	ŋjeu^{44}
下水村	ŋɔ^{31}	thu^{35}	jɔŋ^{53}
龙　华	ŋau^{33}	ŋa^{55}	mo^{44}
龙　定	ɡam^{53}	tap^{22}；ŋa:t^{55}	luŋ^{21}
烟　园	ŋau^{33}	ʔtap^{42}	no:ŋ^{42}
双　龙	ʑɛu^{31}	that^{21}	nɔŋ^{42}
油　岭	ŋo^{22}；teu^{22}	ŋau^{44}	—

	移动	游	有
石板寨	thuŋ^{55}	ʑəu^{31}	ma^{31}
高　寨	—	ndu^{35}	ma^{31}
大南山	thoŋ^{55}	lua^{24}	mua^{31}
高　坡	—	lã^{55} ʔõ^{24}	mə̃^{55}
宗　地	laŋ^{11}	hua^{42} ʔaŋ^{32}	ɲɔ^{32}
石门坎	tɕhai^{11}; tʂhai^{11}	lɦa^{31}	mɦa^{35}
腊乙坪	tɕi^{44} ɕə^{35}	naŋ^{44}	me^{31}
小　章	bi^{35} lo^{33}	dʑɯ^{31} ʔu^{53}	mi^{31}
养　蒿	ʑa^{55}	ʑə^{11}	mɛ^{55}
菜地湾	—	tɕha^{24}	mi^{22}
尧　告	thɔ^{53} tɬan^{53}	mam^{53} ʔu^{13}	ɲaŋ^{13}
河　坝	ʑa^{55}	va^{22}; ʑeu^{21}	mei^{55}
滚　董	hei^{33}	ju^{33}	mei^{33}
毛　坳	ʑi^{33}	ʑu^{33}	me^{33}
七百弄	θe^{53}	ʑəu^{13}	moŋ^{13}
西　山	sen^{35}	viu^{44}	muəŋ^{42}
瑶　麓	kja^{55}	ntau^{53}	ɲe^{33}
巴　那	ʑi^{313}	ʑeu^{313}	mo^{313}
优　诺	ji^{13}	me^{21}	mɒ^{13}
下水村	ji^{31}	ju^{31}	ma^{31}
龙　华	je^{33}	jo^{33}	mo^{33}
龙　定	ɕei^{31}	ʑəu^{31}	maːi^{31}
烟　园	tui^{51}	zeu^{33}	naːi^{33}
双　龙	ɕi^{31}	tɕɛ^{33}; lja^{53}	ma^{31}
油　岭	—	ʑu^{53}	bot^{44}

	没有	栽	炸
石板寨	ta^{55} ma^{31}	ʑi^{55}	tsa^{24}
高寨	mu^{31} ma^{31}	ʑe^{55}	tsa^{31}
大南山	tʂi^{44} mua^{31}	tɕau^{13}	tʂua^{24}
高坡	—	tɕi^{31}	tə^{22}
宗地	—	tɕoŋ^{13}	tɯ^{13}
石门坎	hi^{33} m̥ha^{35}	dʑo^{31}	dey^{31}
腊乙坪	tɕ^{31} me^{31}	ȵtɕu^{44}	tə^{42}
小章	m^{55} mi^{31}	za^{13}	pəɯ^{35} tsa^{31}
养蒿	ʔa^{55} mɛ^{55}	tɕin^{11}	tu^{13}
菜地湾	—	tɕin^{212}	—
尧告	mo^{31} ȵaŋ^{13}	tji^{241}	ta^{22}
河坝	ʔa^{33} mei^{55}	tɕi^{21}	to^{22}
滚董	m^{33} tu^{55}	ȵeu^{53}	tau^{44}
毛坳	ʔa^{55} me^{33}	ȵtɕu^{53}	—
七百弄	nto^{42} moŋ^{13}	tɕi^{231}	ta^{13}
西山	ma^{42} muəŋ^{42}	tɕhi^{44}	tɕa^{13}
瑶麓	muŋ^{55} ȵe^{33}	tɕi^{53}	to^{31}
巴那	mo^{31} mo^{313}	tɕi^{31}	tu^{22}
优诺	mə^{32} mɒ^{13}	ti^{32}	tsa^{13}
下水村	ʔa^{35} ma^{31}	thi^{53}	tsa^{31}
龙华	n^{55} mo^{33}	tei^{31}	tʃa^{35}; mpa^{35}
龙定	m^{31} maːi^{31}	tsoːŋ^{24}	tsa^{24}
烟园	m^{55} naːi^{33}	ʃoːŋ^{55}	bap^{42}
双龙	n^{24} ma^{31}	tsɛ^{33}	bɛ^{35}; bɔ^{35}
油岭	ŋ^{53} no^{22}	tsuŋ^{42}; lui^{53}	tsa^{42}

	站	长(大)	胀
石板寨	so^{55}	ʂen^{31}	tshaŋ^{31}
高　寨	so^{55}	ɖu^{31}	—
大南山	ʂeu^{55}	ɖo^{43}	ɳʈo^{31}
高　坡	shə^{13}	ɖə^{24}	tʂã^{42}
宗　地	sə^{232}	ʐa^{32}	—
石门坎	ʂey^{55}	ɖo^{55}	tʂau^{33}
腊乙坪	ɕə^{44}	ʈaŋ^{22}	ȵtɕo^{53}
小　章	sɿ^{55}	daŋ^{55}	tso^{31}
养　蒿	ɕhu^{35}	ɖjhə^{33}	nji^{55}; sho^{33}
菜地湾	ɕo^{33}	—	tsaŋ^{44}
尧　告	ɕa^{53}	ljeu^{31}	ljeu^{31} teu^{241}
河　坝	ɕho^{13}	ljeɯ^{44}	ti^{33}
滚　董	ȵo^{44}	ɖjo^{35}	tɕe^{55}
毛　坳	ɕeu^{313}	tjuŋ^{313} ɖjo^{35}	tɕo^{55}
七百弄	so^{53}	laŋ^{31}; ʔu^{33}	ʂɛ^{33}
西　山	su^{35}	ma^{35}	tɕen^{13}
瑶　麓	ɕa^{13}	po^{33} lu^{53}	puŋ^{13}
巴　那	ɕu^{44}	ljeu^{13}	tɕon^{55}
优　诺	seu^{33}	ljeu^{44}	tjeu^{54}
下水村	su^{55}	vɔŋ^{31}	tsɔŋ^{33}
龙　华	θjau^{53}	tiŋ^{44}	tjəŋ^{53}
龙　定	səu^{53}	tsjaŋ^{31}	tsuŋ^{24}
烟　园	teu^{51}	ʃaŋ^{35}	tʃuŋ^{55}
双　龙	—	tjuə^{35}	—
油　岭	fu^{24}	ho^{42}	tiŋ^{42}

	找	照	折断
石板寨	$ʔlen^{24}$	$tsau^{24}$	$ʔl̥əu^{55}$
高寨	$ʔnen^{35}$	$laŋ^{35}$	$ʔl̥u^{55}$
大南山	$tʂau^{55}$	$tʂau^{24}$	lo^{55}
高坡	—	$tʂo^{13}$	$lə^{13}$
宗地	$kɔ^{22}$	men^{55}；$hæn^{35}$	$lɔ^{42}$
石门坎	$ɳʈhie^{55}$	$tʂau^{31}$；$tɕi^{33}$	lo^{55}
腊乙坪	$ʈha^{53}$	$tɕɔ^{35}$	lo^{44}
小章	thu^{55}	$tsəɯ^{33}$	$ʔəɯ^{55}$
养蒿	$ɣaŋ^{13}$	xha^{44}	lo^{35}
菜地湾	—	$tɕeu^{44}$	—
尧告	$ɣaŋ^{22}$	$ɣeu^{53}$	$l̥au^{53}$
河坝	teu^{22}	$tɕɔ^{13}$	$leɯ^{13}$
滚董	wai^{35}	$tɕeu^{35}$	no^{31}
毛坳	$ŋkwei^{35}$	$tɕeu^{35}$	nto^{313}
七百弄	$ɣɛ^{22}$	nta^{33}	$lɔ^{53}$
西山	$ɬi^{22}$	$tɕau^{13}$	$ʔl̥ɔ^{35}$
瑶麓	$tɕhou^{33}$	nai^{53}	lau^{13}
巴那	$tɕau^{31}$	$tɕi^{55}$	lau^{44}
优诺	$thoŋ^{44}$	$tsjeu^{54}$	$ʔɒ^{33}$
下水村	$hɔ^{33}$	tsi^{55}	$ʔui^{33}$
龙华	$thɒŋ^{53}$	$ʔi̥^{55}$	lu^{53}
龙定	lo^{231}	$tsjiu^{24}$	$ʔa:u^{53}$
烟园	lo^{31}	$tʃeu^{55}$	$ʔa:u^{51}$
双龙	$tɕɛn^{31}$	$tɕu^{24}$	$taŋ^{24}$
油岭	$taŋ^{53}$	$tsiu^{42}$	$ʔau^{24}$

	争	蒸	知道
石板寨	tsen^{31}	tɕaŋ^{33}	vu^{31} tɕho^{24}
高　寨	χi^{31}	tɕaŋ^{31}	tɕho^{35}
大南山	lu^{55} ɲtɕou^{31}	tɕo^{43}	pou^{43}
高　坡	sa^{13} ha^{42}	tɕə̃^{24}	po^{24}
宗　地	tsen^{55}	tɕoŋ^{32}	pɔ^{32}
石门坎	ha^{11}; tsɯ^{55}	tɕu^{55}	pau^{55}
腊乙坪	tɕi^{44} thei^{35}; tɕi^{44} nta^{53}	tɕe^{35}	ɲɛ^{22}
小　章	—	ti^{53}	pi^{53}
养　蒿	ɕi^{44} lu^{31}	tɕi^{33}	pu^{33}
菜地湾	ɕi^{44} lo^{13}	tɕi^{24}	po^{24}
尧　告	tɕi^{31} ɬa^{24}	tjo^{13}	poŋ^{13}
河　坝	ɕhi^{33} lo^{53}	tɕi^{33}	pɔ^{44}
滚　董	ta^{03} tɕiŋ^{35}	tɕaŋ^{35}	pei^{35}
毛　坳	tsaŋ^{55}	tɕaŋ^{35}	pi^{35}
七百弄	ɕi^{33} seŋ^{33}	tɕoŋ^{33}	pa^{33}
西　山	tsen^{33}	naŋ^{35}	pa^{33}
瑶　麓	lɯ^{44}	tɕuŋ^{33}	pu^{33}
巴　那	tje^{13}	phuŋ^{13}	po^{13}
优　诺	tse^{44}	tjeu^{44}	tə^{03} po^{44}
下水村	tsaŋ^{55}	tjaŋ^{22}	pe^{22}
龙　华	ʃeŋ^{53}	tʃəŋ^{53}	pei^{44}
龙　定	dzɛŋ^{33}	tsa:ŋ^{33}	pei^{33}
烟　园	ʔti^{55} tʃem^{35}	ʃa:ŋ^{35}	ʔpei^{35}
双　龙	djɛ^{33}	tjɔ^{33}	pəi^{33}
油　岭	tsaŋ^{22}	tsaŋ^{44}	be^{44} lei^{44}

	织(布)	指	肿
石板寨	ʔa^{24}ntəu^{33}	to^{24}	ʔuŋ^{24}
高寨	ʔa^{35}ntu^{31}	to^{35}	—
大南山	nto^{33}	tɕu^{44}	ʔau^{44}
高坡	ntə^{42}	—	ʔõ^{42}
宗地	nto^{44}	tə^{55}	ʔoŋ^{55}
石门坎	nto^{11}	qhə^{33}	—
腊乙坪	nto^{44}	tɕi^{44}tə^{53}	ʔaŋ^{53}
小章	dəɯ^{35}	ti^{35}na^{35}	ʔaŋ^{33}
养蒿	ʔɛ^{44}to^{53}	thu^{44}	ʔaŋ^{44}
菜地湾	ʔi^{44}tou^{24}	—	ʔaŋ^{44}
尧告	ʔo^{44}tau^{35}	neŋ^{241}	ʔaŋ^{44}
河坝	ʔe^{33}tɔ^{44}	tɕuŋ^{33}	—
滚董	na^{53}	tau^{55}	ʔaŋ^{55}
毛坳	nta^{53}	tsɿ^{33}	ʔuŋ^{55}
七百弄	ntɔ^{31}	ʑi^{21}	vɔ^{231}
西山	to^{22}	vi^{44}	—
瑶麓	ntau^{44}	to^{44}	pu^{13}
巴那	dau^{55}	tɕi^{55}	tɕon^{55}
优诺	ŋo^{55}	tsoi^{44}	—
下水村	ʔɔ^{33}	tsi^{55}	ʔŋ^{33}
龙华	ntu^{55}	ti^{55}	ʔuŋ^{35}
龙定	dat^{55}	nu^{55}	ʔom^{24}
烟园	dat^{55}	nu^{35}	ʔom^{55}
双龙	dat^{53}	nəi^{35}	ʔən^{24}
油岭	dat^{44}	tsi^{24}	fi^{42}

	种(菜)	煮	住
石板寨	ʔa^{24}	tɕo^{55}	ʔȵuŋ^{31}
高　寨	ʔa^{35}	tɕo^{55}	ʔȵoŋ^{31}
大南山	tɕau^{13}	hou^{44}	ȵau^{43}
高　坡	tɕi^{31}	ho^{42}	ȵõ^{24}
宗　地	tɔ^{55}；ɳʈo^{21}	tɕə^{42}；to^{22}	ȵɔ^{32}
石门坎	dʑo^{31}	hau^{11}	ȵo^{55}
腊乙坪	tɕaŋ^{53}	ho^{53}	ȵi^{35}
小　章	ʑaŋ^{55}	tha^{55}	ʔȵi
养　蒿	tɕin^{11}	ho^{44}	njaŋ^{33}
菜地湾	ʑaŋ^{24}	ho^{44}	njaŋ^{24}
尧　告	tji^{241}	hɔ^{44}	ȵaŋ^{13}
河　坝	tjɔ^{33}	hɔ^{33}	njaŋ^{44}
滚　董	tɕu^{44}	tɕeu^{31}	ȵoŋ^{35}
毛　坳	ȵtɕo^{53}	tɕo^{313}	ʑau^{313}
七百弄	tɕi^{231}	ha^{42}	ȵɛ^{33}
西　山	tɕhi^{44}	xa^{35}	ʔʑi^{33}
瑶　麓	su^{31}	su^{31}	ȵe^{33}
巴　那	tso^{44}	tɕu^{44}；lai^{53}	ȵuŋ^{13}
优　诺	ti^{32}	ty^{32}	ŋjaŋ^{44}
下水村	thi^{53}	tjeu^{55}	ti^{53}
龙　华	tei^{31}	tjau^{53}	ŋjəŋ^{44}
龙　定	tsoːŋ^{24}	tsəu^{53}	ʑem^{33}
烟　园	ʃaŋ^{55}	tʃeu^{51}	ʔpo^{42}
双　龙	tsɛ^{33}	tjəu^{35}	ʑan^{33}
油　岭	—	tep^{22}	kon^{22}

	抓	转(身)	转动
石板寨	ɳʈei^{24}	ʈuŋ^{55}	tshəu^{55}
高寨	ɳʈi^{35}	ʈoŋ^{55}	tshu^{55}
大南山	nthau^{33}	ti^{13} tɕe^{55}	ȵtɕi^{13}
高坡	tʂo^{13}; ŋkɛ^{31}	——	ŋki^{55}
宗地	ʑə^{21}	he^{42}	he^{42}
石门坎	ma^{55}	hi^{33} di^{55}	hi^{31} ȵdʑi^{31}
腊乙坪	cu^{44}	tɕi^{44} wa^{31}	tɕi^{44} ɕɛ^{35}
小章	thɯ^{31}; qa^{03} ʑɯ^{35}	tɕyan^{53}	——
养蒿	njo^{35}	tjaŋ^{35} tɕi^{35}	va^{13} tja^{13}
菜地湾	vei^{212}	——	vɛ^{53}
尧告	tjhu^{35}	ȵɔ^{31} ti^{53}	ɕɔ^{44}
河坝	kha^{13}	mi^{11}	tɕuæ̃^{33}
滚董	ŋo^{11}	to^{55}	wai^{44}
毛坳	ȵtɕau^{53}	tua^{55}	ȵtɕe^{31}
七百弄	ŋkwe^{231}	fa^{31}	pe^{42}
西山	va^{42}	tson^{35}	pen^{13}
瑶麓	kjou^{33}; meŋ^{33}	ŋkwai^{33}	ŋkwai^{31}
巴那	ɡwa^{31}	djuŋ^{44}	tsuŋ^{53}
优诺	tshɒ^{33}	thon^{21}	thun^{21} taŋ^{44}
下水村	kwa^{53}	tjɔ^{53}	vɔŋ^{35} khu^{35}
龙华	ŋjau^{55}	man^{44}	——
龙定	ȵau^{33}	dzun^{24}	kwjɛn^{31}
烟园	tjap^{42}	ven^{11}	kjun^{35}
双龙	da^{33}	mu^{42}; lau^{42}	xwaŋ^{33}
油岭	na^{22}	dun^{42}	——

	装	追	捉
石板寨	ʈu^{24}	ʔɣɛ^{33}	ŋɢwei^{55}
高寨	ʈu^{35}	ʔɣæ^{31}	ŋɢwi^{55}
大南山	nti^{24}	leu^{55}	nte^{21}
高坡	ntʂa^{24}	ʐə^{42}	tʂo^{13}; ŋkɛ^{31}
宗地	ɳʈa^{32}	haŋ^{42}	mpe^{11}; tɔ^{21}
石门坎	tsy^{11}; tʂua^{55}	ley^{55}	dʐɦau^{31}
腊乙坪	tɔ^{53}	tɕi^{44}tɕi^{53}	nɯ^{22}
小章	to^{33}	qo^{35}	nəɯ^{55}
养蒿	tɕi^{13}	tja^{13}	vi^{11}
菜地湾	mɛ^{53}	vuŋ^{24}	vei^{212}
尧告	tjo^{22}	kwe^{13} xa^{44}	ŋwi^{241}
河坝	læ^{22}	tɕu^{22}	ɣue^{21}
滚董	tɕaŋ^{33}	ju^{42}	ŋo^{11}
毛坳	tɕaŋ^{31}	kei^{35}	ŋkwa^{11}
七百弄	kwɛ^{31}	ɳoŋ^{231}	ŋkwe^{231}
西山	tsuaŋ^{33}	lue^{33}	kue^{44}
瑶麓	tsaŋ^{33}	tɕau^{33}	mpa^{53}
巴那	tja^{13}	tsei^{13}	ɡwa^{31}
优诺	tsoŋ^{44}	ko^{13}	tsho^{33}
下水村	tjhaŋ^{53}	kjhɔ^{31}	kwa^{53}
龙华	tjaŋ^{11}	ne^{12}	ŋkwa^{31}
龙定	tsaŋ^{33}	tsun^{21}	tso^{55}
烟园	ʔa:n^{35}	ɡwa^{42}	tʃap^{42}
双龙	tjɔ^{31}	kwan^{35}	tjɔ^{53}
油岭	toi^{42}	let^{22}	na^{22}

	啄	走	醉
石板寨	ɳ̊tɕo[33]	ndəu[24]	ɓu[24]
高　寨	ɳ̊tɕo[31]	ndu[35]	ɓu[35]
大南山	ɳ̊tɕeu[33]	mo[21]; ɬai[55]	qou[13] tɕeu[55]
高　坡	ɳ̊tɕə[42]	——	——
宗　地	ɳ̊tɕə[44]	məŋ[11]; lə[21]	ho[13] tɕə[42]
石门坎	ɳ̊tɕey[11]	mɦau[11]	ɢau[31]
腊乙坪	ɳ̊tɕu[44]	hwe[53]	su[35]
小　章	dja[35]	hwei[33]	sɿ[53]
养　蒿	tɕu[53]	haŋ[33]	ko[13] tɕu[35]
菜地湾	——	——	——
尧　告	tja[35]	kwe[13]	tsua[53] tɔ[31]
河　坝	tjo[55]	haŋ[44]	kɔ[22] tɕo[13]
滚　董	n̥au[53]	tɕa[44]	soŋ[35]
毛　坳	tjau[35]	ŋ[11], thau[31]	suŋ[35]
七百弄	ɳ̊tɕo[31]	to[13]; moŋ[231]	faŋ[33]
西　山	səu[13]	tɕho[42]	vaŋ[33]
瑶　麓	mpei[13]	meŋ[53]	tau[31]
巴　那	dʑu[55]	pei[44]	fŋ[13]
优　诺	tjon[44]	he[13]	hoŋ[44]
下水村	tju[35]	huŋ[31]	hɔŋ[33]
龙　华	ntjau[55]	he[33]	ʍɒŋ[44]
龙　定	dzo[55]	ʑaŋ[31]	gwjun[33]
烟　园	no:k[35]	zaŋ[33]	bjin[35]
双　龙	tɔ[24]	ɲ̊aŋ[31]	ɕɛn[33]
油　岭	ʑut[44]	ʑaŋ[53]	ʑon[44]

	坐	做	不
石板寨	ʔȵuŋ^{31}	ʔa^{24}	ma^{31}
高　寨	ʔȵoŋ^{31}	ʔa^{35}	mu^{31}
大南山	ȵau^{43}	ʔua^{44}	tɕi^{44}
高　坡	ȵõ^{24}	ʔu^{42}	ma^{13}
宗　地	ȵɔ^{32}	ʔaŋ^{55}	moŋ^{32}
石门坎	zhau^{31}	ʔa^{33}	hi^{33}
腊乙坪	tɕoŋ^{53}	thu^{44}	tɕe^{31}
小　章	ʔȵi^{53}	tha^{35}	m^{55}
养　蒿	njaŋ^{33}	ʔɛ^{44}	ʔa^{55}
菜地湾	njaŋ^{24}	ʔi^{44}	mi^{13}
尧　告	ȵaŋ^{13}	ʔo^{44}	mo^{31}
河　坝	njaŋ^{44} tue^{44}	ʔe^{33}	ʔa^{33}
滚　董	ȵoŋ^{35}	ʔi^{55}	ʔa^{55}
毛　坳	ȵtɕo^{31}	ʔe^{55}	ʔa^{55}
七百弄	ȵɛ^{33}	tθə^{22}	ma^{13}; nto^{42}
西　山	naŋ^{22}	suei^{22}	ma^{42}
瑶　麓	ȵe^{33}	su^{31}	muŋ^{55}
巴　那	ȵuŋ^{13}	ke^{55}	mo^{31}
优　诺	tjaŋ^{55}	ŋo^{55}	mə^{32}
下水村	juŋ^{22}	ʔɔ^{33}	ʔa^{35}
龙　华	ŋjaŋ^{44}	tʃe^{35}	n^{55}
龙　定	tsui^{231}	təu^{24}	m^{53}
烟　园	ʔet^{42}	ʔai^{55}	ma^{55}
双　龙	tsui^{42}	ʔui^{24}	m^{42}
油　岭	he^{44}	ʔai^{42}	m^{53}

	都	也	很
石板寨	pa^{55} lin^{31}	na^{55}	qlɛn^{55}
高　寨	ʑi^{31} χa^{55}	lo^{55}	tsa^{55}
大南山	tou^{43}	ʑi^{43}	hen^{55}
高　坡	tu^{42}	ʑe^{55}	hẽ^{55}
宗　地	təu^{55}	la^{32}	hua^{55}
石门坎	tu^{33}	la^{11}	hɯ^{55}
腊乙坪	sa^{53}	ʑa^{42}	hen^{53}
小　章	sa^{31}	ʑe^{55}	hen^{35}
养　蒿	sɛ^{11}; sei^{55} sei^{55}	sei^{55}	poŋ^{44} va^{44}
菜地湾	teu^{24}		khɛ^{212}
尧　告	tso^{241}	tsoŋ^{35}	hen^{53}
河　坝	se^{55} se^{55}	ʔeu^{44}	tei^{33}
滚　董	ʔi^{55} tɔ^{55}	ko^{44}	heŋ^{31}
毛　坳	ke^{55}	ʑa^{31}	qa^{35}
七百弄	pe^{13}	ɬə^{42}	həŋ^{53}
西　山	tu^{33}	la^{35}	ȵuəŋ^{35}
瑶　麓	—	tei^{42}	han^{55}
巴　那	tu^{44}	ʑa^{22}	tɕu^{22}
优　诺	je^{33} khi^{33}	ja^{21}	ly^{33}
下水村	han^{53} tsan^{53}	ja^{53}	khe^{53}
龙　华	tu^{53}	to^{33}	waŋ^{33}
龙　定	thoŋ^{33}	ʑa^{21}	hen^{53}
烟　园	dʒəu^{31}	taŋ^{51}	ket^{42}
双　龙	thɔŋ^{33}	tɕi^{33}	khəu^{35}
油　岭	du^{44}	nu^{22}	sjaŋ^{53}

	和	的	极
石板寨	ta^{31}	mo^{31}	qlɛn^{55}
高　寨	ta^{31}	mo^{31}	
大南山	tɕau^{43}	li^{44}	
高　坡	nta^{22}	ti^{24}	
宗　地	—	tei^{32}	
石门坎	nto^{31}	pie^{31}	
腊乙坪	ŋaŋ^{42}	naŋ^{44}	tɯ^{35}
小　章	—	xe^{31}	
养　蒿	tɕaŋ^{33}；na^{13}	paŋ^{31}	ljin^{13} njo^{55}
菜地湾	—	pu^{44}	
尧　告	tai^{35}	ŋŋ^{13}	tja^{24}
河　坝	ɣuŋ^{44}	huŋ^{44}	
滚　董	na^{44}	ȵaŋ^{42}	
毛　坳	tha^{35}	—	
七百弄	pu^{53}；ʑeŋ^{13}	ti^{42}	tɕi^{53}
西　山	ʔli^{35}	ti^{33}	ta^{22}
瑶　麓	tø^{13}	—	
巴　那	ko^{44}	ʑa^{44}	haŋ^{44}
优　诺	la^{44}	ke^{44}	kje^{55}
下水村	thɔ^{53}	ʔɔŋ^{33}	
龙　华	ta^{44}	ti^{44}	
龙　定	thin^{33}	ȵei^{33}	
烟　园	kwan^{51}	ȵaŋ^{33}	
双　龙	kin^{33}	nin^{31}	
油　岭	ka^{53}	nu^{53}	

附录二

汉字原字——女字表

一、自然

天：[illegible]，[illegible]，[illegible]，[illegible]，[illegible]，[illegible]，[illegible]，[illegible]。

地：[illegible]，[illegible]，[illegible]，[illegible]，[illegible]，[illegible]，[illegible]，[illegible]，[illegible]，[illegible]。

乾：[illegible]。

坤：[illegible]，[illegible]。

日：[illegible]，[illegible]，[illegible]，[illegible]，[illegible]，[illegible]。

月：[illegible]，[illegible]，[illegible]，[illegible]，[illegible]，[illegible]，[illegible]，[illegible]，[illegible]，[illegible]。

星：[illegible]，[illegible]，[illegible]，[illegible]，[illegible]，[illegible]，[illegible]，[illegible]，[illegible]，[illegible]，[illegible]，[illegible]，[illegible]，[illegible]，[illegible]，[illegible]。

風：[illegible]，[illegible]，[illegible]。

雨：[illegible]，[illegible]。

雷：[illegible]，[illegible]，[illegible]，[illegible]。

山：[illegible]，[illegible]，[illegible]。

河：[illegible]，[illegible]，[illegible]，[illegible]，[illegible]，[illegible]，[illegible]，[illegible]，[illegible]，[illegible]，[illegible]。

江：[illegible]，[illegible]，[illegible]，[illegible]

漢：[illegible]。

谷：[illegible]，[illegible]。

海：

岸：

島：

林：

孔：

坑：

井：

坟：

崖：

石：

水：

土：

田：

火：

金：

銀：

鉄：

玉：

道：

夜：[illegible]，[illegible]，[illegible]，[illegible]，[illegible]，[illegible]，[illegible]，[illegible]。

肖：[illegible]。

旦：[illegible]。

昔：[illegible]，[illegible]，[illegible]，[illegible]，[illegible]，[illegible]，[illegible]，[illegible]，[illegible]，[illegible]，[illegible]，[illegible]。

甲：[illegible]，[illegible]，[illegible]，[illegible]，[illegible]，[illegible]，[illegible]。

丙：[illegible]。

丁：[illegible]，[illegible]，[illegible]，[illegible]。

己：[illegible]，[illegible]。

辛：[illegible]，[illegible]，[illegible]，[illegible]，[illegible]，[illegible]。

丑：[illegible]，[illegible]，[illegible]，[illegible]，[illegible]，[illegible]。

未：[illegible]，[illegible]，[illegible]，[illegible]，[illegible]。

申：[illegible]，[illegible]，[illegible]。

戌：[illegible]。

亥：[illegible]，[illegible]，[illegible]，[illegible]，[illegible]，[illegible]，[illegible]，[illegible]，[illegible]，[illegible]。

前：[illegible]，[illegible]

左：[illegible]，[illegible]，[illegible]，[illegible]。

右：

中：

央：

東：

西：

北：

内：

外：

边：

界：

处：

所：

世：

亞：

省：

庄：

社：[illegible]，[illegible]。

巷：[illegible]。

三、人物

人：[illegible]。

品：[illegible]，[illegible]，[illegible]，[illegible]。

王：[illegible]，[illegible]，[illegible]，[illegible]，[illegible]，[illegible]。

君：[illegible]，[illegible]，[illegible]，[illegible]，[illegible]，[illegible]，[illegible]、[illegible]，[illegible]，[illegible]。

后：[illegible]．[illegible]。

妃：[illegible]。

官：[illegible]，[illegible]，[illegible]，[illegible]，[illegible]，[illegible]，[illegible]，[illegible]，[illegible]，[illegible]，[illegible]，[illegible]，[illegible]，[illegible]，[illegible]，[illegible]，[illegible]，[illegible]。

圣：[illegible]。

仕：[illegible]，[illegible]，[illegible]，[illegible]，[illegible]。

僧：[illegible]。

尼：[illegible]。

主：[illegible]，[illegible]，[illegible]，[illegible]，[illegible]，[illegible]。

客：[illegible]，[illegible]，[illegible]，[illegible]，[illegible]，[illegible]，[illegible]，[illegible]。

賓：[illegible]，[illegible]，[illegible]，[illegible]，[illegible]，[illegible]，[illegible]，[illegible]，[illegible]，[illegible]。

伴：
男：
女：
祖：
公：
爺：
父：
爹：
母：
娘：
伯：
姑：
夫：

妾：[illegible]，[illegible]。

妹：[illegible]，[illegible]。

子：[illegible]，[illegible]，[illegible]，[illegible]，[illegible]，[illegible]，[illegible]。

媳：[illegible]，[illegible]。

刘：[illegible]，[illegible]，[illegible]，[illegible]，[illegible]，[illegible]，[illegible]，[illegible]，[illegible]

歐：[illegible]，[illegible]，[illegible]，[illegible]，[illegible]，[illegible]。

曹：[illegible]，[illegible]，[illegible]，[illegible]，[illegible]，[illegible]，[illegible]，[illegible]，[illegible]，[illegible]，[illegible]。

杜：[illegible]，[illegible]，[illegible]。

秦：[illegible]，[illegible]。

吴：[illegible]。

四、人体

体：[illegible]，[illegible]，[illegible]。

丫：[illegible]，[illegible]。

眉：[illegible]，[illegible]，[illegible]，[illegible]，[illegible]，[illegible]，[illegible]，[illegible]，[illegible]，[illegible]，[illegible]，[illegible]，[illegible]，[illegible]，[illegible]，[illegible]，[illegible]，[illegible]。

眼：[illegible]，[illegible]。

目：[illegible]。

口：[illegible]，[illegible]，[illegible]，[illegible]，[illegible]。

耳：[illegible]。

须：[illegible]。

冉：[illegible]。

舌：[illegible]。

奶：[illegible]，[illegible]，[illegible]，[illegible]，[illegible]，[illegible]，[illegible]

背：[illegible]。

手：[illegible]，[illegible]，[illegible]，[illegible]。

掌：[illegible]，[illegible]，[illegible]。

腹：[illegible]，[illegible]，[illegible]，[illegible]，[illegible]，[illegible]，[illegible]，[illegible]，[illegible]，
[illegible]，[illegible]，[illegible]。

肚：[illegible]，[illegible]，[illegible]。

胆：[illegible]，[illegible]，[illegible]，[illegible]。

心：[illegible]，[illegible]，[illegible]，[illegible]，[illegible]。

骨：[illegible]，[illegible]。

肉：[illegible]，[illegible]，[illegible]，[illegible]，[illegible]，[illegible]。

步：[illegible]，[illegible]，[illegible]，[illegible]，[illegible]，[illegible]，[illegible]。

力：[illegible]，[illegible]，[illegible]，[illegible]，[illegible]，[illegible]，[illegible]，[illegible]，[illegible]，
[illegible]，[illegible]，[illegible]，[illegible]，[illegible]，[illegible]，[illegible]，[illegible]，[illegible]，
[illegible]，[illegible]，[illegible]，[illegible]，[illegible]，[illegible]。

屎：[illegible]，[illegible]。

尿：[illegible]，[illegible]。

五、动物

畜：[illegible]，[illegible]。

牛：[illegible]，[illegible]，[illegible]，[illegible]，[illegible]，[illegible]，[illegible]，[illegible]，[illegible]，
[illegible]，[illegible]，[illegible]。

羊：[illegible]，[illegible]，[illegible]，[illegible]，[illegible]，[illegible]，[illegible]，[illegible]，[illegible]，
[illegible]，[illegible]，[illegible]，[illegible]，[illegible]，[illegible]，[illegible]。

豕：[illegible]，[illegible]，[illegible]，[illegible]，[illegible]。

猫：[illegible]，[illegible]。

象：[illegible]，[illegible]，[illegible]，[illegible]，[illegible]，[illegible]，[illegible]，[illegible]，[illegible]，
[illegible]，[illegible]，[illegible]，[illegible]，[illegible]，[illegible]，[illegible]，[illegible]，[illegible]，
[illegible]，[illegible]，[illegible]，[illegible]。

皮：[illegible]，[illegible]，[illegible]，[illegible]，[illegible]，[illegible]，[illegible]，[illegible]，[illegible]。

毛：[illegible]。

角：[illegible]，[illegible]，[illegible]，[illegible]，[illegible]。

尾：[illegible]，[illegible]，[illegible]，[illegible]，[illegible]，[illegible]，[illegible]，[illegible]，[illegible]，
[illegible]，[illegible]，[illegible]，[illegible]，[illegible]，[illegible]，[illegible]，[illegible]，[illegible]，
[illegible]，[illegible]，[illegible]。

鳥：[illegible]，[illegible]，[illegible]，[illegible]，[illegible]，[illegible]，[illegible]，[illegible]，[illegible]，
[illegible]，[illegible]，[illegible]，[illegible]，[illegible]，[illegible]，[illegible]，[illegible]，[illegible]，
[illegible]，[illegible]，[illegible]，[illegible]，[illegible]，[illegible]，[illegible]，[illegible]，[illegible]，

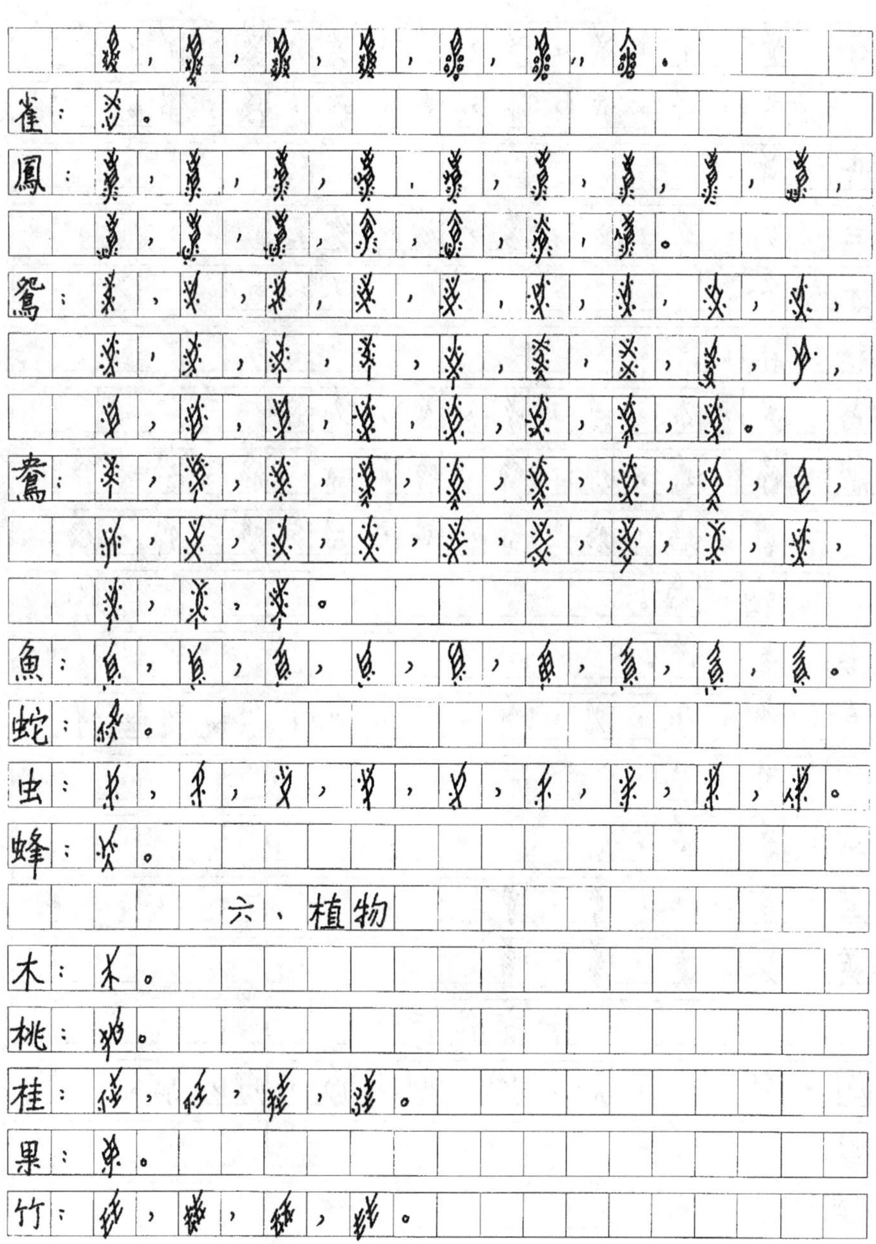

花：[illegible]，[illegible]，[illegible]，[illegible]，[illegible]，[illegible]，[illegible]，[illegible]，[illegible]，
[illegible]，[illegible]，[illegible]，[illegible]，[illegible]，[illegible]，[illegible]，[illegible]。

卉：[illegible]。

兰：[illegible]，[illegible]，[illegible]，[illegible]，[illegible]，[illegible]。

禾：[illegible]。

秧：[illegible]，[illegible]。

苗：[illegible]，[illegible]，[illegible]，[illegible]，[illegible]，[illegible]。

穀：[illegible]，[illegible]，[illegible]，[illegible]，[illegible]，[illegible]，[illegible]，[illegible]，[illegible]，
[illegible]，[illegible]，[illegible]，[illegible]，[illegible]，[illegible]，[illegible]，[illegible]，[illegible]，
[illegible]，[illegible]。

麦：[illegible]，[illegible]。

豆：[illegible]，[illegible]，[illegible]，[illegible]，[illegible]，[illegible]，[illegible]，[illegible]，[illegible]，
[illegible]，[illegible]。

麻：[illegible]，[illegible]。

草：[illegible]，[illegible]，[illegible]，[illegible]。

英：[illegible]，[illegible]，[illegible]，[illegible]。

七、食衣住行

厨：[illegible]，[illegible]，[illegible]，[illegible]，[illegible]，[illegible]，[illegible]，[illegible]。

灶：[illegible]，[illegible]。

鐺：[illegible]，[illegible]。

煲：[illegible]。

杯：[illegible]。

米：[illegible]，[illegible]，[illegible]，[illegible]。

飯：[illegible]，[illegible]，[illegible]。

酒：[illegible]，[illegible]，[illegible]，[illegible]，[illegible]，[illegible]，[illegible]，[illegible]，[illegible]。

茶：[illegible]，[illegible]，[illegible]，[illegible]，[illegible]，[illegible]，[illegible]，[illegible]，[illegible]，
[illegible]，[illegible]，[illegible]，[illegible]，[illegible]，[illegible]，[illegible]，[illegible]，[illegible]，
[illegible]，[illegible]，[illegible]，[illegible]，[illegible]，[illegible]，[illegible]，[illegible]，[illegible]，
[illegible]，[illegible]，[illegible]。

油：[illegible]，[illegible]，[illegible]，[illegible]，[illegible]，[illegible]，[illegible]，[illegible]，[illegible]，
[illegible]，[illegible]，[illegible]，[illegible]，[illegible]，[illegible]，[illegible]，[illegible]，[illegible]。

齋：[illegible]。

衣：[illegible]，[illegible]，[illegible]，[illegible]，[illegible]，[illegible]，[illegible]，[illegible]，[illegible]，
[illegible]，[illegible]，[illegible]，[illegible]，[illegible]，[illegible]，[illegible]，[illegible]，[illegible]，
[illegible]，[illegible]，[illegible]，[illegible]，[illegible]，[illegible]，[illegible]，[illegible]，[illegible]。

裙：[illegible]，[illegible]，[illegible]，[illegible]，[illegible]，[illegible]，[illegible]，[illegible]，[illegible]。

帽：[illegible]，[illegible]，[illegible]。

袖：[illegible]，[illegible]，[illegible]，[illegible]，[illegible]，[illegible]，[illegible]，[illegible]，[illegible]，
[illegible]，[illegible]，[illegible]。

布：[illegible]。

紗：[illegible]，[illegible]，[illegible]，[illegible]，[illegible]，[illegible]，[illegible]，[illegible]，[illegible]，[illegible]，[illegible]，[illegible]，[illegible]，[illegible]，[illegible]，[illegible]，[illegible]，[illegible]，[illegible]。

綢：[illegible]，[illegible]。

緞：[illegible]，[illegible]。

罗：[illegible]，[illegible]，[illegible]。

朝：[illegible]，[illegible]，[illegible]，[illegible]。

堂：[illegible]。

京：[illegible]，[illegible]，[illegible]，[illegible]，[illegible]，[illegible]，[illegible]，[illegible]，[illegible]。

街：[illegible]，[illegible]，[illegible]，[illegible]，[illegible]，[illegible]，[illegible]，[illegible]，[illegible]，[illegible]，[illegible]，[illegible]，[illegible]，[illegible]，[illegible]。

户：[illegible]，[illegible]，[illegible]。

卢：[illegible]，[illegible]。

蘭：[illegible]。

門：[illegible]，[illegible]，[illegible]，[illegible]，[illegible]，[illegible]，[illegible]，[illegible]，[illegible]，[illegible]，[illegible]，[illegible]，[illegible]，[illegible]，[illegible]。

柱：[illegible]，[illegible]，[illegible]。

家：[illegible]，[illegible]，[illegible]，[illegible]，[illegible]，[illegible]，[illegible]，[illegible]。

梯：[illegible]，[illegible]。

倉：[illegible]，[illegible]。

車：[illegible]。

刀：[illegible]，[illegible]，[illegible]，[illegible]，[illegible]，[illegible]，[illegible]，[illegible]。

炮：[illegible]，[illegible]，[illegible]。

扇：[illegible]，[illegible]，[illegible]，[illegible]，[illegible]，[illegible]，[illegible]，[illegible]，[illegible]，
[illegible]，[illegible]，[illegible]，[illegible]，[illegible]，[illegible]，[illegible]，[illegible]，[illegible]，
[illegible]，[illegible]，[illegible]，[illegible]，[illegible]，[illegible]，[illegible]，[illegible]，[illegible]，
[illegible]。

筆：[illegible]，[illegible]，[illegible]，[illegible]，[illegible]，[illegible]，[illegible]，[illegible]，[illegible]，
[illegible]。

炭：[illegible]。

票：[illegible]。

皂：[illegible]。

工：[illegible]，[illegible]。

業：[illegible]，[illegible]，[illegible]，[illegible]，[illegible]。

八、文化意识

文：[illegible]，[illegible]，[illegible]，[illegible]。

字：[illegible]，[illegible]，[illegible]，[illegible]，[illegible]，[illegible]，[illegible]，[illegible]，[illegible]，
[illegible]，[illegible]，[illegible]，[illegible]，[illegible]，[illegible]，

丿：[illegible]，[illegible]，[illegible]，[illegible]，[illegible]。

榜：[illegible]，[illegible]，[illegible]，[illegible]。

本：

表：

戋：

法：

命：

令：

倫：

責：

鬼：

福：

神：

史：

仙：

書：

經：

三：[illegible]。

四：[illegible]，[illegible]，[illegible]，[illegible]，[illegible]，[illegible]，[illegible]，[illegible]，[illegible]，
[illegible]，[illegible]，[illegible]，[illegible]。

五：[illegible]，[illegible]，[illegible]，[illegible]，[illegible]，[illegible]，[illegible]。

六：[illegible]，[illegible]，[illegible]，[illegible]。

七：[illegible]，[illegible]，[illegible]，[illegible]。

八：[illegible]，[illegible]，[illegible]，[illegible]，[illegible]，[illegible]，[illegible]，[illegible]。

九：[illegible]，[illegible]。

十：[illegible]，[illegible]。

百：[illegible]，[illegible]，[illegible]，[illegible]，[illegible]，[illegible]，[illegible]，[illegible]，[illegible]，
[illegible]。

千：[illegible]，[illegible]，[illegible]，[illegible]，[illegible]，[illegible]，[illegible]。

卐：[illegible]，[illegible]，[illegible]。

乜：[illegible]，[illegible]。

壹：[illegible]，[illegible]，[illegible]，[illegible]，[illegible]，[illegible]，[illegible]，[illegible]，[illegible]，
[illegible]，[illegible]，[illegible]，[illegible]，[illegible]，[illegible]，[illegible]，[illegible]，[illegible]，
[illegible]，[illegible]，[illegible]，[illegible]，[illegible]，[illegible]。

兩：[illegible]，[illegible]，[illegible]，[illegible]。

叁：[illegible]，[illegible]，[illegible]，[illegible]。

單：[illegible]，[illegible]，[illegible]，[illegible]，[illegible]，[illegible]。

獨：[illegible]，[illegible]，[illegible]，[illegible]，[illegible]，[illegible]，[illegible]，[illegible]，[illegible]，
[illegible]，[illegible]，[illegible]，[illegible]，[illegible]，[illegible]，[illegible]，[illegible]，[illegible]，
[illegible]，[illegible]，[illegible]，[illegible]，[illegible]，[illegible]，[illegible]，[illegible]，[illegible]，
[illegible]。

双：[illegible]，[illegible]。

些：[illegible]，[illegible]，[illegible]，[illegible]。

尺：[illegible]，[illegible]，[illegible]，[illegible]，[illegible]，[illegible]，[illegible]，[illegible]。

寸：[illegible]，[illegible]，[illegible]。

斗：[illegible]，[illegible]，[illegible]，[illegible]。

里：[illegible]，[illegible]，[illegible]，[illegible]，[illegible]，[illegible]，[illegible]，[illegible]。

元：[illegible]。

塊：[illegible]，[illegible]，[illegible]。

件：[illegible]，[illegible]，[illegible]，[illegible]。

条：[illegible]。

个：[illegible]，[illegible]，[illegible]，[illegible]，[illegible]。

隻：[illegible]，[illegible]。

匹：[illegible]，[illegible]。

間：[illegible]，[illegible]。

段：[illegible]。

句：[illegible]，[illegible]。

号：[illegible]。

份：[illegible]。

点：[illegible]，[illegible]，[illegible]，[illegible]，[illegible]，[illegible]，[illegible]，[illegible]，[illegible]，[illegible]，[illegible]，[illegible]，[illegible]，[illegible]。

年：[illegible]，[illegible]。

步：[illegible]，[illegible]。

十、指代

我：[illegible]，[illegible]，[illegible]，[illegible]，[illegible]，[illegible]，[illegible]，[illegible]，[illegible]。

你：[illegible]，[illegible]，[illegible]，[illegible]。

他：[illegible]，[illegible]，[illegible]，[illegible]，[illegible]，[illegible]，[illegible]，[illegible]，[illegible]，[illegible]，[illegible]，[illegible]，[illegible]，[illegible]。

吾：[illegible]，[illegible]

爾：[illegible]。

其：[illegible]，[illegible]，[illegible]，[illegible]。

此：[illegible]，[illegible]，[illegible]，[illegible]，[illegible]，[illegible]，[illegible]，[illegible]，[illegible]，[illegible]，[illegible]，[illegible]，[illegible]，[illegible]，[illegible]，[illegible]，[illegible]，[illegible]，

回：[illegible]，[illegible]，[illegible]，[illegible]，[illegible]，[illegible]，[illegible]，[illegible]，[illegible]，[illegible]，[illegible]，[illegible]，[illegible]，[illegible]，[illegible]，[illegible]，[illegible]，[illegible]，[illegible]。

归：[illegible]，[illegible]，[illegible]，[illegible]，[illegible]。

行：[illegible]，[illegible]，[illegible]，[illegible]，[illegible]，[illegible]，[illegible]，[illegible]，[illegible]，[illegible]，[illegible]，[illegible]，[illegible]，[illegible]，[illegible]，[illegible]，[illegible]，[illegible]，[illegible]，[illegible]。

休：[illegible]，[illegible]，[illegible]，[illegible]，[illegible]，[illegible]，[illegible]，[illegible]，[illegible]。

坐：[illegible]，[illegible]，[illegible]，[illegible]，[illegible]，[illegible]，[illegible]。

立：[illegible]，[illegible]，[illegible]，[illegible]，[illegible]，[illegible]。

住：[illegible]，[illegible]，[illegible]，[illegible]，[illegible]，[illegible]，[illegible]，[illegible]，[illegible]，[illegible]。

到：[illegible]，[illegible]，[illegible]，[illegible]，[illegible]，[illegible]，[illegible]，[illegible]。

退：[illegible]，[illegible]。

等：[illegible]，[illegible]。

候：[illegible]，[illegible]。

别：[illegible]，[illegible]

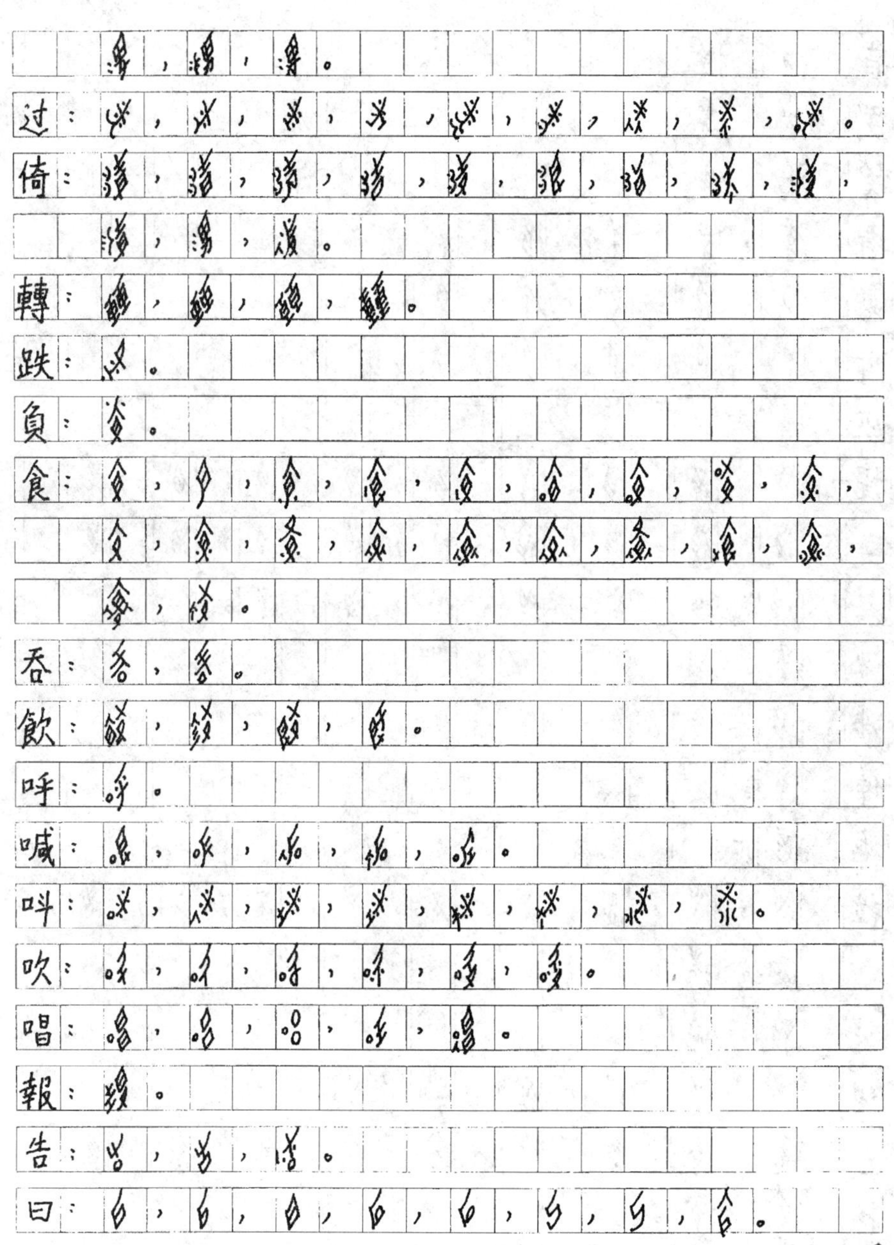

言：[illegible]，[illegible]，[illegible]，[illegible]。

哭：[illegible]，[illegible]。

笑：[illegible]，[illegible]。

看：[illegible]，[illegible]，[illegible]，[illegible]，[illegible]，[illegible]。

見：[illegible]，[illegible]，[illegible]，[illegible]，[illegible]。

听：[illegible]，[illegible]，[illegible]，[illegible]，[illegible]。

哑：[illegible]。

提：[illegible]，[illegible]。

談：[illegible]。

涉：[illegible]。

伸：[illegible]。

拖：[illegible]。

拉：[illegible]，[illegible]，[illegible]，[illegible]，[illegible]，[illegible]，[illegible]，[illegible]，[illegible]，[illegible]，[illegible]，[illegible]。

捉：[illegible]，[illegible]。

扯：[illegible]，[illegible]，[illegible]，[illegible]，[illegible]，[illegible]，[illegible]。

拿：[illegible]，[illegible]，[illegible]，[illegible]，[illegible]，[illegible]，[illegible]，[illegible]，[illegible]，[illegible]，[illegible]。

拍：[illegible]。

拔：[illegible]。

打：[illegible]。

采：[illegible]，[illegible]，[illegible]，[illegible]，[illegible]，[illegible]，[illegible]，[illegible]，[illegible]，
[illegible]，[illegible]，[illegible]，[illegible]，[illegible]，[illegible]，[illegible]。

捧：[illegible]，[illegible]。

拱：[illegible]。

跳：[illegible]，[illegible]，[illegible]。

踩：[illegible]，[illegible]。

跛：[illegible]。

拐：[illegible]，[illegible]。

十二、凭借动作

杀：[illegible]，[illegible]，[illegible]，[illegible]，[illegible]，[illegible]，[illegible]，[illegible]，[illegible]，
[illegible]，[illegible]。

伐：[illegible]，[illegible]，[illegible]。

砍：[illegible]，[illegible]，[illegible]，[illegible]，[illegible]，[illegible]，[illegible]，[illegible]。

切：[illegible]，[illegible]，[illegible]，[illegible]，[illegible]。

割：[illegible]，[illegible]，[illegible]，[illegible]，[illegible]，[illegible]，[illegible]，[illegible]，[illegible]，
[illegible]，[illegible]，[illegible]，[illegible]，[illegible]，[illegible]，[illegible]，[illegible]，[illegible]。
[illegible]，[illegible]，[illegible]，[illegible]，[illegible]，[illegible]，[illegible]，[illegible]，[illegible]，

刮：

剪：

刻：

删：

挖：

挑：

担：

夹：

煎：

修：

補：

耕：

堵：

勾：

炒：

包：

[illegible]，[illegible]，[illegible]，[illegible]，[illegible]。

煮：[illegible]，[illegible]，[illegible]，[illegible]，[illegible]，[illegible]。

窝：[illegible]，[illegible]，[illegible]，[illegible]，[illegible]，[illegible]。

插：[illegible]。

埋：[illegible]，[illegible]，[illegible]，[illegible]，[illegible]。

葬：[illegible]，[illegible]，[illegible]，[illegible]，[illegible]，[illegible]，[illegible]。

洗：[illegible]。

浸：[illegible]，[illegible]，[illegible]，[illegible]。

卜：[illegible]，[illegible]，[illegible]，[illegible]，[illegible]，[illegible]。

連：[illegible]，[illegible]，[illegible]，[illegible]，[illegible]，[illegible]，[illegible]，[illegible]。

束：[illegible]，[illegible]。

启：[illegible]，[illegible]，[illegible]，[illegible]，[illegible]，[illegible]。

折：[illegible]，[illegible]，[illegible]，[illegible]，[illegible]。

披：[illegible]，[illegible]。

穿：[illegible]，[illegible]。

脱：[illegible]，[illegible]，[illegible]，[illegible]，[illegible]，[illegible]，[illegible]。

蒙：[illegible]，[illegible]，[illegible]，[illegible]，[illegible]，[illegible]。

除：[illegible]。

压：[illegible]，[illegible]，[illegible]，[illegible]，[illegible]，[illegible]，[illegible]，[illegible]，[illegible]，
[illegible]。

摆：[illegible]。

番：[illegible]，[illegible]。

捐：[illegible]，[illegible]，[illegible]，[illegible]，[illegible]，[illegible]，[illegible]，[illegible]。

比：[illegible]，[illegible]，[illegible]，[illegible]，[illegible]，[illegible]，[illegible]，[illegible]，[illegible]，[illegible]，[illegible]，[illegible]，[illegible]，[illegible]，[illegible]。

措：[illegible]，[illegible]，[illegible]，[illegible]，[illegible]，[illegible]，[illegible]，[illegible]，[illegible]，[illegible]，[illegible]，[illegible]。

办：[illegible]，[illegible]。

用：[illegible]，[illegible]，[illegible]，[illegible]，[illegible]，[illegible]，[illegible]，[illegible]

十三、变化

变：[illegible]，[illegible]，[illegible]，[illegible]，[illegible]，[illegible]，[illegible]，[illegible]。

死：[illegible]。

亡：[illegible]。

丧：[illegible]，[illegible]，[illegible]。

生：[illegible]，[illegible]，[illegible]，[illegible]，[illegible]，[illegible]，[illegible]，[illegible]，[illegible]，[illegible]，[illegible]，[illegible]。

産：[illegible]，[illegible]，[illegible]，[illegible]。

出：[illegible]，[illegible]，[illegible]，[illegible]，[illegible]，[illegible]，[illegible]，[illegible]，[illegible]，[illegible]，[illegible]，[illegible]，[illegible]，[illegible]。

发：[illegible]，[illegible]，[illegible]，[illegible]，[illegible]，[illegible]。

盡：[illegible]，[illegible]，[illegible]，[illegible]，[illegible]。

絶：[illegible]，[illegible]。

娄：[illegible]，[illegible]，[illegible]，[illegible]。

失：[illegible]，[illegible]，[illegible]，[illegible]，[illegible]，[illegible]，[illegible]，[illegible]，[illegible]，[illegible]。

散：[illegible]，[illegible]，[illegible]。

有：[illegible]，[illegible]，[illegible]，[illegible]，[illegible]，[illegible]，[illegible]，[illegible]。

現：[illegible]。

分：[illegible]，[illegible]，[illegible]，[illegible]，[illegible]，[illegible]，[illegible]，[illegible]

合：[illegible]，[illegible]，[illegible]，[illegible]，[illegible]，[illegible]，[illegible]，[illegible]。

十四、交往

借：[illegible]，[illegible]。

还：[illegible]，[illegible]。

贈：[illegible]，[illegible]。

謝：[illegible]，[illegible]，[illegible]，[illegible]，[illegible]，[illegible]，[illegible]。

賣：[illegible]。

討：[illegible]，[illegible]，[illegible]。

争：[illegible]，[illegible]，[illegible]，[illegible]，[illegible]，[illegible]，[illegible]。

考：[illegible]。

习：[illegible]。

司：[illegible]，[illegible]

弄：[illegible]。

列：[illegible]。

排：[illegible]，[illegible]，[illegible]，[illegible]。

贪：[illegible]，[illegible]，[illegible]，[illegible]，[illegible]，[illegible]，[illegible]。

共：[illegible]，[illegible]。

約：[illegible]。

限：[illegible]。

介：个，[illegible]，[illegible]。

十五、心理活动

思：[illegible]，[illegible]，[illegible]，[illegible]，[illegible]，[illegible]，[illegible]，[illegible]，[illegible]。

愛：[illegible]，[illegible]，[illegible]，[illegible]，[illegible]，[illegible]，[illegible]，[illegible]，[illegible]，[illegible]，[illegible]。

怕：[illegible]，[illegible]，[illegible]，[illegible]，[illegible]，[illegible]，[illegible]，[illegible]，[illegible]。

恨：[illegible]，[illegible]，[illegible]，[illegible]，[illegible]，[illegible]，[illegible]，[illegible]，[illegible]。

希：[illegible]，[illegible]，[illegible]，[illegible]，[illegible]，[illegible]，[illegible]，[illegible]，[illegible]，[illegible]，[illegible]，[illegible]，[illegible]，[illegible]，[illegible]，[illegible]。

敢：[illegible]，[illegible]。

[illegible]，[illegible]。

悲：[illegible]，[illegible]，[illegible]，[illegible]，[illegible]，[illegible]。

焦：[illegible]，[illegible]，[illegible]，[illegible]。

愁：[illegible]，[illegible]，[illegible]，[illegible]，[illegible]，[illegible]，[illegible]，[illegible]，[illegible]，[illegible]，[illegible]，[illegible]，[illegible]，[illegible]。

嬌：[illegible]，[illegible]，[illegible]，[illegible]，[illegible]，[illegible]，[illegible]，[illegible]，[illegible]，[illegible]，[illegible]，[illegible]，[illegible]，[illegible]，[illegible]，[illegible]，[illegible]，[illegible]，[illegible]。

秀：[illegible]，[illegible]，[illegible]，[illegible]，[illegible]，[illegible]，[illegible]。

丽：[illegible]。

奧：[illegible]，[illegible]，[illegible]。

忿：[illegible]，[illegible]，[illegible]。

貴：[illegible]，[illegible]，[illegible]，[illegible]，[illegible]，[illegible]，[illegible]，[illegible]。

重：[illegible]，[illegible]，[illegible]，[illegible]。

精：[illegible]，[illegible]，[illegible]，[illegible]，[illegible]，[illegible]，[illegible]。

妙：[illegible]，[illegible]，[illegible]。

明：[illegible]，[illegible]，[illegible]，[illegible]，[illegible]，[illegible]，[illegible]。

伶：[illegible]，[illegible]，[illegible]，[illegible]，[illegible]，[illegible]。

錯：[illegible]，[illegible]，[illegible]，[illegible]，[illegible]，[illegible]，[illegible]，[illegible]，[illegible]，[illegible]，[illegible]，[illegible]。

乱：[illegible]，[illegible]，[illegible]，[illegible]，[illegible]。

响：[illegible]，[illegible]，[illegible]，[illegible]，[illegible]，[illegible]，[illegible]。

親：[illegible]，[illegible]，[illegible]，[illegible]，[illegible]，[illegible]，[illegible]，[illegible]，[illegible]，[illegible]，
[illegible]，[illegible]。

难：[illegible]，[illegible]，[illegible]，[illegible]，[illegible]，[illegible]。

閑：[illegible]。

便：[illegible]。

昌：[illegible]。

益：[illegible]，[illegible]，[illegible]。

專：[illegible]，[illegible]。

旺：[illegible]。

狂：[illegible]，[illegible]，[illegible]。

准：[illegible]，[illegible]。

恐：[illegible]，[illegible]。

刁：[illegible]，[illegible]。

足：[illegible]，[illegible]。

肖：[illegible]。

宛：[illegible]。

扎：[illegible]。

十七、状态

大：[illegible]，[illegible]，[illegible]，[illegible]。

小：[illegible]，[illegible]，[illegible]。

多：[illegible]，[illegible]，[illegible]，[illegible]，[illegible]，[illegible]。

少：[illegible]，[illegible]，[illegible]，[illegible]，[illegible]，[illegible]，[illegible]，[illegible]，[illegible]，
[illegible]，[illegible]，[illegible]，[illegible]。

高：[illegible]，[illegible]，[illegible]，[illegible]，[illegible]，[illegible]，[illegible]，[illegible]，[illegible]，
[illegible]，[illegible]，[illegible]，[illegible]，[illegible]，[illegible]，[illegible]，[illegible]，[illegible]，
[illegible]，[illegible]，[illegible]，[illegible]，[illegible]，[illegible]，[illegible]，[illegible]，[illegible]，
[illegible]，[illegible]，[illegible]，[illegible]，[illegible]，[illegible]，[illegible]，[illegible]，[illegible]，
[illegible]，[illegible]，[illegible]，[illegible]，[illegible]，[illegible]，[illegible]，[illegible]。

矮：[illegible]。

長：[illegible]，[illegible]，[illegible]，[illegible]，[illegible]，[illegible]，[illegible]。

遥：[illegible]，[illegible]，[illegible]，[illegible]，[illegible]，[illegible]。

遠：[illegible]，[illegible]，[illegible]，[illegible]，[illegible]，[illegible]，[illegible]，[illegible]，[illegible]，
[illegible]，[illegible]，[illegible]，[illegible]。

平：[illegible]，[illegible]。

正：[illegible]，[illegible]，[illegible]，[illegible]，[illegible]，[illegible]，[illegible]，[illegible]，[illegible]，
[illegible]，[illegible]，[illegible]，[illegible]，[illegible]。

反：[illegible]，[illegible]。

空：[illegible]，[illegible]，[illegible]，[illegible]，[illegible]，[illegible]，[illegible]，[illegible]，[illegible]，

弯：
曲：
齊：
方：
廣：
快：
紅：
黄：
白：
黑：
烏：
赤：
丹：

青：[illegible]，[illegible]，[illegible]。

朱：[illegible]，[illegible]，[illegible]，[illegible]，[illegible]，[illegible]，[illegible]。

清：[illegible]，[illegible]，[illegible]，[illegible]，[illegible]。

汪：[illegible]，[illegible]。

十八、虚字

曾：[illegible]，[illegible]，[illegible]，[illegible]。

常：[illegible]，[illegible]，[illegible]，[illegible]，[illegible]，[illegible]，[illegible]，[illegible]，[illegible]，[illegible]，[illegible]。

巨：[illegible]。

又：[illegible]。

没：[illegible]，[illegible]。

很：[illegible]，[illegible]。

更：[illegible]，[illegible]，[illegible]。

才：[illegible]，[illegible]，[illegible]，[illegible]。

太：[illegible]，[illegible]，[illegible]，[illegible]，[illegible]。

先：[illegible]，[illegible]，[illegible]，[illegible]，[illegible]，[illegible]，[illegible]，[illegible]，[illegible]，[illegible]。

必：[illegible]，[illegible]，[illegible]，[illegible]，[illegible]，[illegible]，[illegible]，[illegible]，[illegible]，[illegible]，[illegible]，[illegible]，[illegible]，[illegible]，[illegible]。

亦：[illegible]，[illegible]，[illegible]，[illegible]，[illegible]，[illegible]，[illegible]，[illegible]，[illegible]，

[illegible]，[illegible]，[illegible]。

不：[illegible]，[illegible]，[illegible]，[illegible]，[illegible]，[illegible]，[illegible]，[illegible]。

莫：[illegible]，[illegible]，[illegible]，[illegible]，[illegible]，[illegible]，[illegible]，[illegible]，[illegible]，
[illegible]，[illegible]，[illegible]，[illegible]，[illegible]，[illegible]，[illegible]。

无：[illegible]，[illegible]，[illegible]，[illegible]，[illegible]，[illegible]，[illegible]，[illegible]，[illegible]，
[illegible]，[illegible]，[illegible]，[illegible]。

非：[illegible]，[illegible]，[illegible]，[illegible]，[illegible]，[illegible]，[illegible]，[illegible]，[illegible]，
[illegible]。

相：[illegible]，[illegible]，[illegible]，[illegible]，[illegible]，[illegible]，[illegible]，[illegible]，[illegible]，
[illegible]，[illegible]，[illegible]，[illegible]，[illegible]，[illegible]，[illegible]，[illegible]，[illegible]，
[illegible]，[illegible]，[illegible]，[illegible]，[illegible]，[illegible]。

与：[illegible]。

把：[illegible]，[illegible]，[illegible]，[illegible]，[illegible]，[illegible]，[illegible]，[illegible]。

同：[illegible]，[illegible]，[illegible]，[illegible]，[illegible]，[illegible]，[illegible]，[illegible]，[illegible]，
[illegible]，[illegible]，[illegible]，[illegible]，[illegible]，[illegible]，[illegible]，[illegible]，[illegible]，
[illegible]，[illegible]，[illegible]，[illegible]，[illegible]，[illegible]，[illegible]，[illegible]，[illegible]，
[illegible]，[illegible]，[illegible]，[illegible]，[illegible]，[illegible]，[illegible]。

由：[illegible]。

岂：[illegible]。

且：[illegible]，[illegible]，[illegible]，[illegible]，[illegible]，[illegible]。

苟：[illegible]，[illegible]，[illegible]，[illegible]。

但：[illegible]，[illegible]，[illegible]，[illegible]。

并：[illegible]，[illegible]，[illegible]，[illegible]，[illegible]，[illegible]，[illegible]，[illegible]。

如：[illegible]，[illegible]，[illegible]，[illegible]，[illegible]。

了：[illegible]，[illegible]。

因：[illegible]，[illegible]，[illegible]，[illegible]，[illegible]。

乃：[illegible]，[illegible]，[illegible]，[illegible]，[illegible]，[illegible]，[illegible]，[illegible]，[illegible]，[illegible]，[illegible]，[illegible]。

尤：[illegible]，[illegible]，[illegible]，[illegible]，[illegible]，[illegible]，[illegible]。

而：[illegible]。

以：[illegible]。

之：[illegible]，[illegible]，[illegible]，[illegible]，[illegible]。

焉：[illegible]，[illegible]，[illegible]，[illegible]，[illegible]，[illegible]，[illegible]，[illegible]，[illegible]，[illegible]，[illegible]，[illegible]，[illegible]，[illegible]，[illegible]，[illegible]，[illegible]，[illegible]。

十九、其他

々（重写号）：[illegible]，[illegible]，[illegible]，[illegible]，[illegible]，[illegible]，[illegible]。

卍（寿纹）：[illegible]，[illegible]，[illegible]，[illegible]，[illegible]，[illegible]，[illegible]，[illegible]，[illegible]，[illegible]，[illegible]，[illegible]，[illegible]。

附录三　　苗瑶语常用字古音构拟

天	＊NGwəŋ^{平}	银	＊njian^{平}	脸	＊m̥ɛn^{平}
太阳	＊n̥ɐi^{平}	铜	＊doŋ^{平}	耳朵	＊mbrau^{平}
月亮	＊ɬa^{去}	铁	＊ɬek^{入}	嘴	＊dzjui^{平}
星	＊qɛŋ^{平}	盐	＊ntsrau^{上}	口	＊ʔlɔ^{去}
雷	＊ʍjo^{平}	火	＊deu^{上}	舌	＊mbljet^{入}
闪电	＊rap^{入}	烟	＊ntshjɛu^{去}	牙	＊m̥jɛm^{上}
	＊ljak^{入}	点（火）	＊tok^{入}	脖子	＊qlaŋ^{平}
风	＊kjɑu^{去}	炭	＊thɑn^{去}	腋	＊tsrɑp^{入}
雨	＊mluŋ^{去}	灰	＊tshræi^{上}	腰	＊qlai^{上}
雪	＊mpɛn^{去}	村寨	＊rɔŋ^{上}	肚脐	＊ntət^{入}
霜	＊tlau^{去}	园	＊waŋ^{平}	男阴	＊kæi^{去}
雾	＊hu^{平}	田	＊lriŋ^{平}	女阴	＊ʍɔt^{入}
地	＊tau^{平}	路	＊klau^{上}	屁股	＊qaŋ*
岭	＊ram^{平}	桥	＊gieu^{平}	脊背	＊Gek^{入}
石头	＊ʔrau^{平}	沟	＊kɔu^{平}	手	＊bre^{上}
洞	＊qhɔŋ^{上}	头	＊ʍæi^{上}	手指	＊nta^{上}
水	＊ʔwum^{平}		＊plei^{上}		＊ntɔk^{入}
河	＊Gle^{平}	眼睛	＊mɐi^{去}	脚	＊teu^{去}
金	＊kjɛm^{平}	鼻子	＊mbrit^{入}		＊lɔ^{平}
膝	＊dzjɔi^{去}	梦	＊mpei^{去}	水獭	＊ntshrai^{平}
毛	＊pljei^{平}	声音	＊r̥u^{平}	老鼠	＊naŋ^{上}
髓	＊ɬoi^{平}		＊siŋ^{平}	鸟	＊mlɔk^{入}
胡须	＊ŋjaŋ^{去}	力	＊rək^{入}	翅膀	＊tlɔt^{入}
辫子	＊mbjin^{上}	骡	＊lo^{平}	鸟窝	＊rau^{上}
皮	＊təp^{入}	郎猪	＊lɔŋ^{平}	鸡	＊qei^{平}
骨	＊thluŋ^{上}	鹅	＊ŋɑ^{平}	鸭子	＊ʔap^{入}
肉	＊NGəi^{平}	马	＊mja^{上}	蛋	＊qrau^{去}
筋	＊srei^{上}	鬃毛	＊tsoŋ^{平}	鹰	＊qlaŋ^{上}
血	＊ ntshram^{上}	尾巴	＊tloi^{上}	斑鸠	＊Nqu^{平}
肺	＊mprit^{入}	牛	＊ŋjəŋ^{平}	画眉	＊tsjɑŋ^{平}
心肝	＊r̥au^{平}	角	＊kləŋ^{平}	鱼	＊mbrau^{上}

胆 * tsrou平
肠子 * ŋ̊jɛu上
脓 * bɔi去
屎 * qai上
尿 * wrɛ上
污垢 * ŋkjeu上
脚印 * m̥jæn上
名字 * mpe去
苍蝇 * mɔŋ上
蚊子 * ʔjɑŋ上
蚂蚁 * mphjou上
蚯蚓 * kjuŋ平
螺蛳 * Groi平
蝴蝶 * mpjæ去
树 * ntɑŋ去
杉树 * kjin平
根 * gjuŋ平
叶子 * mblem平
花 * bjaŋ平
果子 * pjou上
桃 * Glɑu平
梨 * rai平
竹子 * ɬɔ上
* pli平
笋 * mbrai去
稻 * mblau平
秧 * ʔjɛŋ平
穗 * n̥raŋ平
饭 * n̥ɔŋ去
酒 * tsjiu上
茶 * gji上
粑粑 * ŋkjcu上
糠 * ʍjɑu去

羊 * juŋ平
狗 * qlau上
猪 * mpɑu去
猴子 * ʔleŋ平
老虎 * tsrəu上
熊 * qljop入
穿山甲 * rɔi去
豪猪 * dzei去
种子 * ʔnrem平
糯 * mblut入
麦子 * mrek入
荞麦 * gjeu平
红薯 * ndɑi平
豆 * dup入
黄豆 * pei上
菜 * ʔræi平
瓜 * qwa平
茄子 * gje平
芋头 * weu去
藠头 * Glju上
姜 * qhreŋ上
萝卜 * bɑk入
苋菜 * Gin去
壳 * qhok入
芭蕉 * tsriu平
木耳 * ŋkjau平
蕨菜 * r̥u平
苎麻 * ndu去
* ljap入
裹腿 * nthrɑŋ平
布 * ntei平
线 * ʍjo上
* sui去

蛙 * qaŋ上
蛇 * ʔnaŋ平
龙 * roŋ平
虫 * klaŋ平
臭虫 * pi平
虱 * tɛm上
蚕 * m̥əŋ平
头虱 * ntshrei上
庄稼 * qoŋ平
蓝靛 * ŋglam平
茅草 * Nqɑn平
鹰子 * m̥ljei平
人 * mlən平
客 * qhɛk入
雌（母） * mjɛp入
雄 * pu上
叔 * je上
舅 * nɛu上
儿子 * ton平
媳妇 * ŋjam平
女儿 * mphjak入
女婿 * ʔwei上
丈夫 * gjaŋ去
妻子 * we上
姐姐 * ʔau上
鬼 * qljaŋ平
王 * woŋ平
匠 * dzrɔŋ去
枕头 * ŋkjum去
船 * ŋglɔŋ平
斧 * tluk入
凿子 * dzuk入
绳子 * ɬou去

毒 *duk入
药 *ŋkjai平
灶 *tsəu去
锅 *win上
甑 *tsrɛŋ去
臼 *dzjɛu上
筷子 *dreu去
坛子 *ʔeŋ平
桶 *thoŋ上
衣 *ʔeu上
蓑衣 *sui平
裤 *qheu去
裙子 *teŋ平
帽子 *mɔu去
斗笠 *kup入
锁 *so上
锯 *kjeu去
粉末 *mpɛn上
墨 *mɑk入
香 *çoŋ平
价钱 *Nqɛ去
漆 *tshet入
鞋 *ɦai平
一 *ʔi平
二 *ʔwə平
三 *pe平
四 *plei平
五 *prɛ平
六 *krɔk入
七 *dzruŋ去
八 *jɛt入
九 *gju平
十 *gjəp入
织布机 *dzuŋ平
梭子 *NGɔŋ上
针 *kjem平
手镯 *bui去
房子 *prau上
柱子 *ŋgjau平
瓦 *ŋwɑ上
栋 *tuŋ去
梯子 *thei平
凳子 *taŋ去
鞍 *ʔon平
门 *greŋ平
圈 *nglɔn平
仓 *rɛm上
床 *tshjeu去
斤 *kjɔn平
两 *ljəŋ上
担 *ntɑm去
斗 *teu上
升 *sreŋ平
半（天）*ntam上
（一）钱 *dzen平
里 *lji上
庹 *Gljaŋ平
个 *ʔlɔm平
个（人）*lɑn平
只 *dlɛŋ上
根 *traŋ平
朵 *trɔi上
床 *phun平
滴 *ndrəu去
双 *ŋglok入
我们 *pe平
镰刀 *ljem平
簸箕 *ʔwaŋ平
槽 *qljuŋ平
筒 *druŋ平
盒 *ɦup入
壶 *ɦəu平
笼 *roŋ平
篾 *ntsjuk入
扇子 *mbjɛp入
梳子 *ɣau去
弓 *n̥a上
枪 *tsjoŋ去
鼓 *dru上
纸 *nteu上
秤 *ntshjɛŋ去
哪 *doi去
这 *ʔnæŋ上
中间 *ntroŋ平
后边 *qaŋ平
晚上 *m̥ɔŋ去
岁 *ŋ̊jaŋ去
不 *mə平
高 *r̥eŋ平
矮、低 *Ge上
厚 *tɑu平
薄 *ŋjeŋ上
大 *ɬjəu平
小 *ʔjui去
多 *ntɔi去
少 *dzrok入
长 *ntlau上
短 *ʔlɛŋ上
宽 *qwaŋ上

百	* pɛk^{入}	你	* mi^{平}	窄	* NGak^{入}
千	* tshen^{平}	他	* nɐn^{平}	粗	* tsheu^{平}
细	* mun^{上}	甜	* qam^{平}	重	* ŋ̊jæŋ^{上}
红	* sjik^{入}	苦	* ʔim^{平}	干	* Nqhai^{平}
黄	* Gwaŋ^{平}	辣	* mbrɛt^{入}	湿	* nton^{平}
绿	* mpru^{平}	香（气）	* ntaŋ^{平}	生（的）	* ŋjum^{上}
黑	* qlɛŋ^{平}	臭	* tsroi^{去}	熟	* sreŋ^{上}
白	* qleu^{平}	老	* ləu^{上}	粗糙	* ntshɛ^{平}
肥	* grun^{去}	嫩	* ʔrun^{去}	光滑	* mbljeŋ^{去}
瘦	* dzæi^{去}	新	* tshreŋ^{平}	锋利	* rai^{去}
快	* r̥ak^{入}	旧	* qo^{去}	枯	* qhɑu^{上}
慢	* man^{去}	勤快	* NGɑi^{去}	渴	* Nqhɔt^{入}
光	* qwaŋ^{平}	懒	* ŋglen^{上}	饱	* tsrui^{去}
暗	* qrek^{入}		* lui^{去}	早	* ntsɛu^{上}
远	* qwe^{平}	冷	* ʔnɑm^{去}	久	* ʔlau^{平}
近	* ʔre^{去}	热	* khɛŋ^{平}	干净	* ntshæ^{平}
清	* ntshreŋ^{平}		* klom^{平}	滑	* NGut^{入}
浊	* ndrəu^{上}	凉	* dzeŋ^{上}	聋	* luŋ^{平}
深	* tlo^{平}	暖	* srɛu^{上}		* tlɔŋ^{平}
圆	* Glun^{平}	软	* mljɐi^{去}	好	* ʔroŋ^{去}
弯曲	* ŋkhok^{入}	硬	* tɑu^{上}	稀	* r̥ɛ^{平}
酸	* srui^{平}	轻	* kwhɐ^{平}	浓	* ŋjoŋ^{平}
戴	* ntoŋ^{去}		* Nqeu^{去}	挂	* Gwan^{平}
看	* mɔŋ^{去}	哄	* qlai^{平}	收	* sreu^{平}
看见	* bat^{入}	咳嗽	* n̥up^{入}	分	* pon^{平}
眨	* ntsrop^{入}	穿（针）	* tshjun^{平}	伸	* ɕuŋ^{平}
听	* m̥ɑŋ^{去}	（衣）	* n̥aŋ^{上}	插	* threp^{入}
听见	* n̥om^{上}	开（门）	* qhai^{平}	接	* tsip^{入}
嗅	* m̥jɛm^{去}		* put^{入}	站	* sreu^{上}
数	* r̥au^{上}	关（门）	* tshɔk^{入}	走	* ɦaŋ^{平}
问	* nɐi^{去}	搓	* ʍja^{平}	立	* ljɑp^{入}
答	* tau^{平}	牵	* tsjuŋ^{去}	骑	* gji^{平}

哭 *ŋjæn上
笑 *krɑt入
吃 *nɑm平
*njɛn去
喝 *hup入
吹（火）*phru平
（笙）*phrəu上
嚼 *tsjai去
啃 *kok入
吞 *NGɔŋ上
去 *mriŋ上
回来 *ʔlɔ上
回转 *ntrun上
围 *woi平
嫁 *qɑ去
下（山）*NGɛ上
起来 *gwɛ上
过 *gwai去
睡 *poi去
攀登 *ntsjau去
歇 *srəu去
进入 *bjek入
到达 *dzɔ去
藏 *ʔrək入
痒 *khjət入
痛 *ʔmun平
怕 *ntshræ平
饿 *tshræ平
知道 *pei平
忘记 *n̥rɛu上
写 *srɛ上
塞 *ntsrok入
擦 *srɔŋ去

编织 *heŋ平
拍 *mbɑu平
盖（被）*ʔrəu上
解开 *nthai上
捉 *NGwe上
做 *ʔɐi去
释放 *tsrɔŋ去
放下 *pɔŋ去
挤（虱）*ʔlɛ去
撒，洒 *mphɑŋ去
敢 *qam上
认识 *ntsjek入
还、赔 *bui平
赌 *teu上
着 *dru去
害 *ɦɑi去
成 *dzjaŋ平
败 *bai去
有 *mrɛi平
要 *ʔjɑ上
借 *qa上
偷 *ŋjem去
买 *mɛi上
卖 *mɛi去
得到 *tuk入
杀 *tai去
割 *ɬak入
砍（树）*ntɔ上
剖开 *phai去
劈 *phjɐ平
溶化 *jaŋ平
破裂 *deu去
（线）断 *tlɛŋ去

烤火 *ntau去
住、在 *ŋjəm平
养 *jəŋ上
逃脱 *tət入
送 *suŋ去
来 *dai平
等候 *dɔŋ上
抬 *qɐŋ平
扛 *koi上
守 *ʔrəu上
射 *pun上
剪 *klɛp入
织（布）*ntat入
盖 *mbɛu去
缝 *run平
补 *mpjɛ上
煮 *hɔi去
*tsjeu上
蒸 *tsjɛŋ平
炒 *kɐ平
舀 *hip入
烧（山）*phe上
洗（手）*ntsau上
洗（衣）*tshu去
包 *qhoi上
捆 *qhəi平
*du平
擦 *tshut入
淋 *ljɛm平
钩 *Nqau去

春 *tu^{上}
扫 *tshje^{平}
量（米）*lrɛŋ^{平}
磨（刀）*hɛu^{上}
飞 *ʔjaŋ^{去}
舔 *jɛp^{入}
（鸟）叫 *Gəu^{平}
打鸣 *qai^{去}
拱（土）*phoi^{平}
斗 *ntreu^{去}
孵 *bu^{去}
咬 *dap^{入}
啄 *ntsjok^{入}
生（蛋）*ndau^{去}
满 *pəŋ^{上}
流 *ljou^{去}
沸 *mpei^{去}

折 *ʔlɔ^{上}
倒 *Gɔi^{去}
肿 *ʔom^{去}
死 *dai^{去}
烂 *ʔloi^{平}
*klam^{去}
缺 *Nqwak^{入}
完 *dzjaŋ^{上}
翻（船）*mphui^{去}
沉 *dem^{平}
崩 *pɔŋ^{平}
滚 *qljun^{上}
结（子）*pjou^{去}

主要参考文献

（明）郭子章《黔记》。

（清）田雯《黔书》。

（清）严如熤《苗防备览》。

（清）李来章《连阳八排风土记》，1990。

Paul Vial. Dictionarie Francais – LoLo，1909。

F. M. savina《法勉词典》，1926。

Sylvia J. Lombard，Herbert C. Purnell Jr. Yao – English – Chinese Dictionary，1968.

Joakim Enwall A Myth Become Reality – History and Development of the Miao Written Language，1994.

（美）米尔斯　斯特列克《黔东苗语中复合元音化，音节结构和“高舌位特征”》，1987。

田口善久《罗泊河苗语词汇集》，2008。

张琨《苗瑶语声调问题》，1947。

马学良、邰昌厚《贵州省东南部苗语语音的初步比较》，1956。

贵州省民族语文指导委员《苗族语言文字问题科学讨论会汇刊》，1957。

马学良、罗季光《我国汉藏语系语言元音的长短》，1962。

王辅世《贵州威宁苗语量词》，1957。

王辅世主编《苗语简志》，1985。

王辅世、毛宗武《苗瑶语古音构拟》，1995。

毛宗武、蒙朝吉、郑宗泽《瑶族语言简志》，1982。

毛宗武、蒙朝吉《畲语简志》，1986。

毛宗武《汉瑶词典》（勉语），1992。

石启贵《湘西苗族实地调查报告》，1986。

易先培《论湘西苗语名词的类别范畴》，1961。

张济民《苗语语法纲要》，1963。

中央民族学院苗瑶语研究室《苗瑶语方言词汇集》，1987。
张永祥《苗汉词典》（黔东方言），1990。
王春德《苗语语法》（黔东方言），1986。
王春德《汉苗词典》（黔东方言），1991。
罗安源《现代湘西苗语语法》，1990。
向日征《汉苗词典》（湘西方言），1992。
鲜松奎《新苗汉词典》，2000。
蒙朝吉《瑶族布努语方言研究》，2001。
巢宗祺、余伟文《连南八排瑶语》，1989。
孔江平《苗语浊送气的声学研究》，1993。
刘援朝《贵州安顺大山脚苗语音系及方言归属问题》，1991。
郑德宏《盘王大歌》，1987。
贵州黄平民委《苗族古歌古词》（酒歌），1988。
贵州黄平民委《苗族古歌古词》（理词），1988。
第二工作队、贵州语委《苗语调查报告》（油印），1960。
中央民族学院苗瑶语教研室《瑶语方言比较》（油印），1987。
胡起望、李迁贵编《苗族研究论丛》，1988。
陈其光《凯棠苗语的诗词格律》，1981。
陈其光《汉藏语概论·苗瑶语篇》，1991。
陈其光《汉语苗瑶语比较》，2002。
陈其光《女汉字典》，2006。

后　记

这是我在护理老伴时写的第二部书。

2001年，我正在编《女汉字典》的时候，老伴梁耀得了脑梗，右半身瘫痪，生活不能自理。我只好在孩子们的帮助下，为她喂饭喂药、接屎接尿、洗脸洗澡、按摩跑医院……用剩下的时间编字典，到2005年才完稿。

在此期间，她还能吃、能拉、能读诗、能唱歌、能哭能笑。我虽然又忧又累，但她丰富的表情给了我很大的动力。

到2005年冬，她的病加重了。不能吃，全靠鼻饲；不能拉，全靠抠；不能说，全靠我猜。但是她目光炯炯，我知道这是她唯一的希望，只好倍加小心来护理。护理之余，还有一些时间，于是《苗瑶语文》的写作开始了，转眼6年多的时间过去了，终是完成了。

现在，她的病更重了，左半身也已瘫痪，背上长了三个褥疮，对人毫无表情，可以说，只是一息尚存。

夫妻本是鸳鸯鸟，比翼双飞在人间。

只要她一息尚存，我和孩子们的护理将更加细心，我的写作也将继续。

陈其光

2012年3月20日